2024

年版

法律法规全书系列

中华人民共和国

工程建设法律法规全书

ENGINEERING CONSTRUCTION LAWS AND REGULATIONS

·含全部规章·

法律出版社法规中心 编

法律出版社
LAW PRESS·CHINA
北京

图书在版编目(CIP)数据

中华人民共和国工程建设法律法规全书：含全部规章/法律出版社法规中心编. --10版. --北京：法律出版社，2024

(法律法规全书系列)

ISBN 978-7-5197-8637-3

Ⅰ. ①中… Ⅱ. ①法… Ⅲ. ①建筑法-汇编-中国 Ⅳ. ①D922.297.9

中国国家版本馆CIP数据核字(2023)第239008号

中华人民共和国工程建设法律法规全书(含全部规章)
ZHONGHUA RENMIN GONGHEGUO GONGCHENG JIANSHE FALÜ FAGUI QUANSHU(HAN QUANBU GUIZHANG)

法律出版社法规中心 编

责任编辑 陈昱希
装帧设计 臧晓飞

出版发行 法律出版社
编辑统筹 法规出版分社
责任校对 张红蕊
责任印制 耿润瑜
经　　销 新华书店

开本 787毫米×960毫米 1/16
印张 39.25　**字数** 1265千
版本 2024年1月第10版
印次 2024年1月第1次印刷
印刷 天津嘉恒印务有限公司

地址：北京市丰台区莲花池西里7号(100073)
网址：www.lawpress.com.cn
投稿邮箱：info@lawpress.com.cn
举报盗版邮箱：jbwq@lawpress.com.cn

销售电话：010-83938349
客服电话：010-83938350
咨询电话：010-63939796

书号：ISBN 978-7-5197-8637-3　**定价**：88.00元

凡购买本社图书，如有印装错误，我社负责退换。电话：010-83938349

编辑出版说明

随着我国依法治国方略的实施，法律的价值日益凸显，法律已经全面渗透到社会生活的各个领域。工程建设在我国国民经济中占有非常重要的地位，其资金数额大、关系到人民群众生命财产安全，与其相关的法律法规在政府、从业人士、公众及社会各界的关注程度一直很高。为此我们精心编辑出版了这本《中华人民共和国工程建设法律法规全书(含全部规章)》。本书具有以下特点：

一、全面收录，创新编排，便利查询

收录改革开放以来至2023年11月公布的现行有效的与工程建设相关的法律、行政法规、部门规章、司法解释以及重要的政策性文件，全面覆盖工程建设法律制度的方方面面。

全书摒弃了以往部分工程建设法规类图书按勘察设计、施工、监理、竣工验收、质量管理简单分类的体例，结合工程建设法务实际，将全书分为工程建设主流程管理(含招投标、发承包、勘察设计、施工、监理、竣工验收)、工程重要事务管理(含合同、担保、施工安全、质量监管、价款)、工程相关要求(含抗震、消防、环保、规划、节能、无障碍设施)、从业管理(含企业资质、专业技术人员、外商投资)以及行政监管等几个部分。创新体例更有利于读者根据工作、事务需求查询对应类别相关规定。

二、特设条旨，收录典型案例，实用性强

对相关核心主体法附加条旨，指引读者迅速找到自己需要的条文。本书特别收录了2005年工程合同司法解释施行以来最高人民法院公报公布的大部分工程建设相关典型案例，这些案例在实践中起到指引法官"同案同判"的作用，具有很高的可读性和参照性。

三、精心整理附录，丰富内容

附录中，编辑精心整理了建设部发布的全部规章，以及2008年"建设部"改为"住房和城乡建设部"后发布的全部规章，并且将本书中收录的文件予以突出显示并且标注页码，便于读者查询。另外，附录中还整理收录了工程建设相关的民事案件权威裁判观点，使读者迅速了解裁判要点，掌握裁判依据。

四、特色服务，动态增补

为保持本书与新法的同步更新，避免读者在一定周期内重复购书，特结合法律出版社法规中心的资源优势提供动态增补服务。读者可扫描封底二维码，查看、下载增补材料。

由于编者水平有限，还望读者在使用过程中不吝赐教，提出您的宝贵意见(邮箱地址：faguizhongxin@163.com)，以便本书继续修订完善。

法律出版社法规中心

2023年12月

总 目 录

目 录

一、综 合

二、工程建设主流程管理

1. 工程招投标

① 目录中对有修改的文件,将其第一次公布的时间和最近一次修改的时间一并列出,在正文中收录的是最新修改后的文本。特此说明。

2. 工程发承包

• 对外承包工程

3. 工程勘察设计

4. 工程施工

5. 工程监理

6. 工程竣工验收

---

① 加*号的文件为重见件,在目录中可归于不同类别,在正文中只收录一次。

三、工程重要事务管理

1. 工程合同管理

2. 工程担保

3. 工程施工安全管理

4. 工程质量监管

5. 工程价款结算

四、工程相关要求

1. 抗震

2. 消防

3. 环境保护

4. 规划

5. 节能

6. 无障碍设施

五、从 业 管 理

1. 企业资质

(1)勘察设计资质

(2)施工资质

(3)监理资质

(4)项目管理资质

(5)其他

2. 专业技术人员

(1)注册建筑师、建造师

(2)注册工程师

(3)其他

3. 外商投资建筑企业

六、行 政 监 管

【典型案例】

附 录

一、综　合

资料补充栏

中华人民共和国建筑法

1. 1997年11月1日第八届全国人民代表大会常务委员会第二十八次会议通过

2. 根据2011年4月22日第十一届全国人民代表大会常务委员会第二十次会议《关于修改〈中华人民共和国建筑法〉的决定》第一次修正

3. 根据2019年4月23日第十三届全国人民代表大会常务委员会第十次会议《关于修改〈中华人民共和国建筑法〉等八部法律的决定》第二次修正

目　　录

第一章　总　　则

第一条　【立法目的】[①]为了加强对建筑活动的监督管理,维护建筑市场秩序,保证建筑工程的质量和安全,促进建筑业健康发展,制定本法。

第二条　【适用范围】在中华人民共和国境内从事建筑活动,实施对建筑活动的监督管理,应当遵守本法。

本法所称建筑活动,是指各类房屋建筑及其附属设施的建造和与其配套的线路、管道、设备的安装活动。

第三条　【建筑活动要求】建筑活动应当确保建筑工程质量和安全,符合国家的建筑工程安全标准。

第四条　【国家扶持】国家扶持建筑业的发展,支持建筑科学技术研究,提高房屋建筑设计水平,鼓励节约能源和保护环境,提倡采用先进技术、先进设备、先进工艺、新型建筑材料和现代管理方式。

第五条　【从业要求】从事建筑活动应当遵守法律、法规,不得损害社会公共利益和他人的合法权益。

任何单位和个人都不得妨碍和阻挠依法进行的建筑活动。

第六条　【管理部门】国务院建设行政主管部门对全国的建筑活动实施统一监督管理。

第二章　建筑许可

第一节　建筑工程施工许可

第七条　【许可证的领取】建筑工程开工前,建设单位应当按照国家有关规定向工程所在地县级以上人民政府建设行政主管部门申请领取施工许可证;但是,国务院建设行政主管部门确定的限额以下的小型工程除外。

按照国务院规定的权限和程序批准开工报告的建筑工程,不再领取施工许可证。

第八条　【许可证申领条件】申请领取施工许可证,应当具备下列条件:

(一)已经办理该建筑工程用地批准手续;

(二)依法应当办理建设工程规划许可证的,已经取得建设工程规划许可证;

(三)需要拆迁的,其拆迁进度符合施工要求;

(四)已经确定建筑施工企业;

(五)有满足施工需要的资金安排、施工图纸及技术资料;

(六)有保证工程质量和安全的具体措施。

建设行政主管部门应当自收到申请之日起七日内,对符合条件的申请颁发施工许可证。

第九条　【开工期限】建设单位应当自领取施工许可证之日起三个月内开工。因故不能按期开工的,应当向发证机关申请延期;延期以两次为限,每次不超过三个月。既不开工又不申请延期或者超过延期时限的,施工许可证自行废止。

第十条　【施工中止与恢复】在建的建筑工程因故中止施工的,建设单位应当自中止施工之日起一个月内,向发证机关报告,并按照规定做好建筑工程的维护管理工作。

建筑工程恢复施工时,应当向发证机关报告;中止施工满一年的工程恢复施工前,建设单位应当报发证

---

① 条文主旨为编者所加,下同。

机关核验施工许可证。

第十一条　【不能按期施工处理】按照国务院有关规定批准开工报告的建筑工程,因故不能按期开工或者中止施工的,应当及时向批准机关报告情况。因故不能按期开工超过六个月的,应当重新办理开工报告的批准手续。

第二节　从业资格

第十二条　【从业条件】从事建筑活动的建筑施工企业、勘察单位、设计单位和工程监理单位,应当具备下列条件:

(一)有符合国家规定的注册资本;

(二)有与其从事的建筑活动相适应的具有法定执业资格的专业技术人员;

(三)有从事相关建筑活动所应有的技术装备;

(四)法律、行政法规规定的其他条件。

第十三条　【资质等级】从事建筑活动的建筑施工企业、勘察单位、设计单位和工程监理单位,按照其拥有的注册资本、专业技术人员、技术装备和已完成的建筑工程业绩等资质条件,划分为不同的资质等级,经资质审查合格,取得相应等级的资质证书后,方可在其资质等级许可的范围内从事建筑活动。

第十四条　【执业资格的取得】从事建筑活动的专业技术人员,应当依法取得相应的执业资格证书,并在执业资格证书许可的范围内从事建筑活动。

第三章　建筑工程发包与承包

第一节　一般规定

第十五条　【承包合同】建筑工程的发包单位与承包单位应当依法订立书面合同,明确双方的权利和义务。

发包单位和承包单位应当全面履行合同约定的义务。不按照合同约定履行义务的,依法承担违约责任。

第十六条　【活动原则】建筑工程发包与承包的招标投标活动,应当遵循公开、公正、平等竞争的原则,择优选择承包单位。

建筑工程的招标投标,本法没有规定的,适用有关招标投标法律的规定。

第十七条　【禁止行贿、索贿】发包单位及其工作人员在建筑工程发包中不得收受贿赂、回扣或者索取其他好处。

承包单位及其工作人员不得利用向发包单位及其工作人员行贿、提供回扣或者给予其他好处等不正当手段承揽工程。

第十八条　【造价约定】建筑工程造价应当按照国家有关规定,由发包单位与承包单位在合同中约定。公开招标发包的,其造价的约定,须遵守招标投标法律的规定。

发包单位应当按照合同的约定,及时拨付工程款项。

第二节　发　　包

第十九条　【发包方式】建筑工程依法实行招标发包,对不适于招标发包的可以直接发包。

第二十条　【公开招标、开标方式】建筑工程实行公开招标的,发包单位应当依照法定程序和方式,发布招标公告,提供载有招标工程的主要技术要求、主要的合同条款、评标的标准和方法以及开标、评标、定标的程序等内容的招标文件。

开标应当在招标文件规定的时间、地点公开进行。开标后应当按照招标文件规定的评标标准和程序对标书进行评价、比较,在具备相应资质条件的投标者中,择优选定中标者。

第二十一条　【招标组织和监督】建筑工程招标的开标、评标、定标由建设单位依法组织实施,并接受有关行政主管部门的监督。

第二十二条　【发包约束】建筑工程实行招标发包的,发包单位应当将建筑工程发包给依法中标的承包单位。建筑工程实行直接发包的,发包单位应当将建筑工程发包给具有相应资质条件的承包单位。

第二十三条　【禁止限定发包】政府及其所属部门不得滥用行政权力,限定发包单位将招标发包的建筑工程发包给指定的承包单位。

第二十四条　【总承包原则】提倡对建筑工程实行总承包,禁止将建筑工程肢解发包。

建筑工程的发包单位可以将建筑工程的勘察、设计、施工、设备采购一并发包给一个工程总承包单位,也可以将建筑工程勘察、设计、施工、设备采购的一项或者多项发包给一个工程总承包单位;但是,不得将应当由一个承包单位完成的建筑工程肢解成若干部分发包给几个承包单位。

第二十五条　【建筑材料采购】按照合同约定,建筑材料、建筑构配件和设备由工程承包单位采购的,发包单位不得指定承包单位购入用于工程的建筑材料、建筑构配件和设备或者指定生产厂、供应商。

第三节　承　　包

第二十六条　【资质等级许可】承包建筑工程的单位应当持有依法取得的资质证书，并在其资质等级许可的业务范围内承揽工程。

禁止建筑施工企业超越本企业资质等级许可的业务范围或者以任何形式用其他建筑施工企业的名义承揽工程。禁止建筑施工企业以任何形式允许其他单位或者个人使用本企业的资质证书、营业执照，以本企业的名义承揽工程。

第二十七条　【共同承包】大型建筑工程或者结构复杂的建筑工程，可以由两个以上的承包单位联合共同承包。共同承包的各方对承包合同的履行承担连带责任。

两个以上不同资质等级的单位实行联合共同承包的，应当按照资质等级低的单位的业务许可范围承揽工程。

第二十八条　【禁止转包、分包】禁止承包单位将其承包的全部建筑工程转包给他人，禁止承包单位将其承包的全部建筑工程肢解以后以分包的名义分别转包给他人。

第二十九条　【分包认可和责任制】建筑工程总承包单位可以将承包工程中的部分工程发包给具有相应资质条件的分包单位；但是，除总承包合同中约定的分包外，必须经建设单位认可。施工总承包的，建筑工程主体结构的施工必须由总承包单位自行完成。

建筑工程总承包单位按照总承包合同的约定对建设单位负责；分包单位按照分包合同的约定对总承包单位负责。总承包单位和分包单位就分包工程对建设单位承担连带责任。

禁止总承包单位将工程分包给不具备相应资质条件的单位。禁止分包单位将其承包的工程再分包。

第四章　建筑工程监理

第三十条　【监理制度推行】国家推行建筑工程监理制度。

国务院可以规定实行强制监理的建筑工程的范围。

第三十一条　【监理委托】实行监理的建筑工程，由建设单位委托具有相应资质条件的工程监理单位监理。建设单位与其委托的工程监理单位应当订立书面委托监理合同。

第三十二条　【监理监督】建筑工程监理应当依照法律、行政法规及有关的技术标准、设计文件和建筑工程承包合同，对承包单位在施工质量、建设工期和建设资金使用等方面，代表建设单位实施监督。

工程监理人员认为工程施工不符合工程设计要求、施工技术标准和合同约定的，有权要求建筑施工企业改正。

工程监理人员发现工程设计不符合建筑工程质量标准或者合同约定的质量要求的，应当报告建设单位要求设计单位改正。

第三十三条　【监理事项通知】实施建筑工程监理前，建设单位应当将委托的工程监理单位、监理的内容及监理权限，书面通知被监理的建筑施工企业。

第三十四条　【监理范围与职责】工程监理单位应当在其资质等级许可的监理范围内，承担工程监理业务。

工程监理单位应当根据建设单位的委托，客观、公正地执行监理任务。

工程监理单位与被监理工程的承包单位以及建筑材料、建筑构配件和设备供应单位不得有隶属关系或者其他利害关系。

工程监理单位不得转让工程监理业务。

第三十五条　【违约责任】工程监理单位不按照委托监理合同的约定履行监理义务，对应当监督检查的项目不检查或者不按照规定检查，给建设单位造成损失的，应当承担相应的赔偿责任。

工程监理单位与承包单位串通，为承包单位谋取非法利益，给建设单位造成损失的，应当与承包单位承担连带赔偿责任。

第五章　建筑安全生产管理

第三十六条　【管理方针、目标】建筑工程安全生产管理必须坚持安全第一、预防为主的方针，建立健全安全生产的责任制度和群防群治制度。

第三十七条　【工程设计要求】建筑工程设计应当符合按照国家规定制定的建筑安全规程和技术规范，保证工程的安全性能。

第三十八条　【安全措施编制】建筑施工企业在编制施工组织设计时，应当根据建筑工程的特点制定相应的安全技术措施；对专业性较强的工程项目，应当编制专项安全施工组织设计，并采取安全技术措施。

第三十九条　【现场安全防范】建筑施工企业应当在施工现场采取维护安全、防范危险、预防火灾等措施；有条件的，应当对施工现场实行封闭管理。

施工现场对毗邻的建筑物、构筑物和特殊作业环境可能造成损害的，建筑施工企业应当采取安全防护措施。

第四十条 【地下管线保护】建设单位应当向建筑施工企业提供与施工现场相关的地下管线资料，建筑施工企业应当采取措施加以保护。

第四十一条 【污染控制】建筑施工企业应当遵守有关环境保护和安全生产的法律、法规的规定，采取控制和处理施工现场的各种粉尘、废气、废水、固体废物以及噪声、振动对环境的污染和危害的措施。

第四十二条 【须审批事项】有下列情形之一的，建设单位应当按照国家有关规定办理申请批准手续：

（一）需要临时占用规划批准范围以外场地的；

（二）可能损坏道路、管线、电力、邮电通讯等公共设施的；

（三）需要临时停水、停电、中断道路交通的；

（四）需要进行爆破作业的；

（五）法律、法规规定需要办理报批手续的其他情形。

第四十三条 【安全生产管理部门】建设行政主管部门负责建筑安全生产的管理，并依法接受劳动行政主管部门对建筑安全生产的指导和监督。

第四十四条 【施工企业安全责任】建筑施工企业必须依法加强对建筑安全生产的管理，执行安全生产责任制度，采取有效措施，防止伤亡和其他安全生产事故的发生。

建筑施工企业的法定代表人对本企业的安全生产负责。

第四十五条 【现场安全责任单位】施工现场安全由建筑施工企业负责。实行施工总承包的，由总承包单位负责。分包单位向总承包单位负责，服从总承包单位对施工现场的安全生产管理。

第四十六条 【安全生产教育培训】建筑施工企业应当建立健全劳动安全生产教育培训制度，加强对职工安全生产的教育培训；未经安全生产教育培训的人员，不得上岗作业。

第四十七条 【施工安全保障】建筑施工企业和作业人员在施工过程中，应当遵守有关安全生产的法律、法规和建筑行业安全规章、规程，不得违章指挥或者违章作业。作业人员有权对影响人身健康的作业程序和作业条件提出改进意见，有权获得安全生产所需的防护用品。作业人员对危及生命安全和人身健康的行为有权提出批评、检举和控告。

第四十八条 【企业承保】建筑施工企业应当依法为职工参加工伤保险缴纳工伤保险费。鼓励企业为从事危险作业的职工办理意外伤害保险，支付保险费。

第四十九条 【变动设计方案】涉及建筑主体和承重结构变动的装修工程，建设单位应当在施工前委托原设计单位或者具有相应资质条件的设计单位提出设计方案；没有设计方案的，不得施工。

第五十条 【房屋拆除安全】房屋拆除应当由具备保证安全条件的建筑施工单位承担，由建筑施工单位负责人对安全负责。

第五十一条 【事故应急处理】施工中发生事故时，建筑施工企业应当采取紧急措施减少人员伤亡和事故损失，并按照国家有关规定及时向有关部门报告。

第六章 建筑工程质量管理

第五十二条 【工程质量管理】建筑工程勘察、设计、施工的质量必须符合国家有关建筑工程安全标准的要求，具体管理办法由国务院规定。

有关建筑工程安全的国家标准不能适应确保建筑安全的要求时，应当及时修订。

第五十三条 【质量体系认证】国家对从事建筑活动的单位推行质量体系认证制度。从事建筑活动的单位根据自愿原则可以向国务院产品质量监督管理部门或者国务院产品质量监督管理部门授权的部门认可的认证机构申请质量体系认证。经认证合格的，由认证机构颁发质量体系认证证书。

第五十四条 【工程质量保证】建设单位不得以任何理由，要求建筑设计单位或者建筑施工企业在工程设计或者施工作业中，违反法律、行政法规和建筑工程质量、安全标准，降低工程质量。

建筑设计单位和建筑施工企业对建设单位违反前款规定提出的降低工程质量的要求，应当予以拒绝。

第五十五条 【工程质量责任制】建筑工程实行总承包的，工程质量由工程总承包单位负责，总承包单位将建筑工程分包给其他单位的，应当对分包工程的质量与分包单位承担连带责任。分包单位应当接受总承包单位的质量管理。

第五十六条 【工程勘察、设计职责】建筑工程的勘察、设计单位必须对其勘察、设计的质量负责。勘察、设计文件应当符合有关法律、行政法规的规定和建筑工程质量、安全标准、建筑工程勘察、设计技术规范以及合同的约定。设计文件选用的建筑材料、建筑构配件和设备，应当注明其规格、型号、性能等技术指标，其质量要求必须符合国家规定的标准。

第五十七条　**【建筑材料供给】**建筑设计单位对设计文件选用的建筑材料、建筑构配件和设备，不得指定生产厂、供应商。

第五十八条　**【施工质量责任制】**建筑施工企业对工程的施工质量负责。

建筑施工企业必须按照工程设计图纸和施工技术标准施工，不得偷工减料。工程设计的修改由原设计单位负责，建筑施工企业不得擅自修改工程设计。

第五十九条　**【建筑材料设备检验】**建筑施工企业必须按照工程设计要求、施工技术标准和合同的约定，对建筑材料、建筑构配件和设备进行检验，不合格的不得使用。

第六十条　**【地基和主体结构质量保证】**建筑物在合理使用寿命内，必须确保地基基础工程和主体结构的质量。

建筑工程竣工时，屋顶、墙面不得留有渗漏、开裂等质量缺陷；对已发现的质量缺陷，建筑施工企业应当修复。

第六十一条　**【工程验收】**交付竣工验收的建筑工程，必须符合规定的建筑工程质量标准，有完整的工程技术经济资料和经签署的工程保修书，并具备国家规定的其他竣工条件。

建筑工程竣工经验收合格后，方可交付使用；未经验收或者验收不合格的，不得交付使用。

第六十二条　**【工程质量保修】**建筑工程实行质量保修制度。

建筑工程的保修范围应当包括地基基础工程、主体结构工程、屋面防水工程和其他土建工程，以及电气管线、上下水管线的安装工程，供热、供冷系统工程等项目；保修的期限应当按照保证建筑物合理寿命年限内正常使用，维护使用者合法权益的原则确定。具体的保修范围和最低保修期限由国务院规定。

第六十三条　**【质量投诉】**任何单位和个人对建筑工程的质量事故、质量缺陷都有权向建设行政主管部门或者其他有关部门进行检举、控告、投诉。

第七章　法律责任

第六十四条　**【擅自施工处罚】**违反本法规定，未取得施工许可证或者开工报告未经批准擅自施工的，责令改正，对不符合开工条件的责令停止施工，可以处以罚款。

第六十五条　**【非法发包、承揽处罚】**发包单位将工程发包给不具有相应资质条件的承包单位的，或者违反本法规定将建筑工程肢解发包的，责令改正，处以罚款。

超越本单位资质等级承揽工程的，责令停止违法行为，处以罚款，可以责令停业整顿，降低资质等级；情节严重的，吊销资质证书；有违法所得的，予以没收。

未取得资质证书承揽工程的，予以取缔，并处罚款；有违法所得的，予以没收。

以欺骗手段取得资质证书的，吊销资质证书，处以罚款；构成犯罪的，依法追究刑事责任。

第六十六条　**【非法转让承揽工程处罚】**建筑施工企业转让、出借资质证书或者以其他方式允许他人以本企业的名义承揽工程的，责令改正，没收违法所得，并处罚款，可以责令停业整顿，降低资质等级；情节严重的，吊销资质证书。对因该项承揽工程不符合规定的质量标准造成的损失，建筑施工企业与使用本企业名义的单位或者个人承担连带赔偿责任。

第六十七条　**【转包处罚】**承包单位将承包的工程转包的，或者违反本法规定进行分包的，责令改正，没收违法所得，并处罚款，可以责令停业整顿，降低资质等级；情节严重的，吊销资质证书。

承包单位有前款规定的违法行为的，对因转包工程或者违法分包的工程不符合规定的质量标准造成的损失，与接受转包或者分包的单位承担连带赔偿责任。

第六十八条　**【行贿、索贿刑事责任】**在工程发包与承包中索贿、受贿、行贿，构成犯罪的，依法追究刑事责任；不构成犯罪的，分别处以罚款，没收贿赂的财物，对直接负责的主管人员和其他直接责任人员给予处分。

对在工程承包中行贿的承包单位，除依照前款规定处罚外，可以责令停业整顿，降低资质等级或者吊销资质证书。

第六十九条　**【非法监理处罚】**工程监理单位与建设单位或者建筑施工企业串通，弄虚作假、降低工程质量的，责令改正，处以罚款，降低资质等级或者吊销资质证书；有违法所得的，予以没收；造成损失的，承担连带赔偿责任；构成犯罪的，依法追究刑事责任。

工程监理单位转让监理业务的，责令改正，没收违法所得，可以责令停业整顿，降低资质等级；情节严重的，吊销资质证书。

第七十条 【擅自变动施工处罚】违反本法规定，涉及建筑主体或者承重结构变动的装修工程擅自施工的，责令改正，处以罚款；造成损失的，承担赔偿责任；构成犯罪的，依法追究刑事责任。

第七十一条 【安全事故处罚】建筑施工企业违反本法规定，对建筑安全事故隐患不采取措施予以消除的，责令改正，可以处以罚款；情节严重的，责令停业整顿，降低资质等级或者吊销资质证书；构成犯罪的，依法追究刑事责任。

建筑施工企业的管理人员违章指挥、强令职工冒险作业，因而发生重大伤亡事故或者造成其他严重后果的，依法追究刑事责任。

第七十二条 【质量降低处罚】建设单位违反本法规定，要求建筑设计单位或者建筑施工企业违反建筑工程质量、安全标准，降低工程质量的，责令改正，可以处以罚款；构成犯罪的，依法追究刑事责任。

第七十三条 【非法设计处罚】建筑设计单位不按照建筑工程质量、安全标准进行设计的，责令改正，处以罚款；造成工程质量事故的，责令停业整顿，降低资质等级或者吊销资质证书，没收违法所得，并处罚款；造成损失的，承担赔偿责任；构成犯罪的，依法追究刑事责任。

第七十四条 【非法施工处罚】建筑施工企业在施工中偷工减料的，使用不合格的建筑材料、建筑构配件和设备的，或者有其他不按照工程设计图纸或者施工技术标准施工的行为的，责令改正，处以罚款；情节严重的，责令停业整顿，降低资质等级或者吊销资质证书；造成建筑工程质量不符合规定的质量标准的，负责返工、修理，并赔偿因此造成的损失；构成犯罪的，依法追究刑事责任。

第七十五条 【不保修处罚及赔偿】建筑施工企业违反本法规定，不履行保修义务或者拖延履行保修义务的，责令改正，可以处以罚款，并对在保修期内因屋顶、墙面渗漏、开裂等质量缺陷造成的损失，承担赔偿责任。

第七十六条 【行政处罚机关】本法规定的责令停业整顿、降低资质等级和吊销资质证书的行政处罚，由颁发资质证书的机关决定；其他行政处罚，由建设行政主管部门或者有关部门依照法律和国务院规定的职权范围决定。

依照本法规定被吊销资质证书的，由工商行政管理部门吊销其营业执照。

第七十七条 【非法颁证处罚】违反本法规定，对不具备相应资质等级条件的单位颁发该等级资质证书的，由其上级机关责令收回所发的资质证书，对直接负责的主管人员和其他直接责任人员给予行政处分；构成犯罪的，依法追究刑事责任。

第七十八条 【限包处罚】政府及其所属部门的工作人员违反本法规定，限定发包单位将招标发包的工程发包给指定的承包单位的，由上级机关责令改正；构成犯罪的，依法追究刑事责任。

第七十九条 【非法颁证、验收处罚】负责颁发建筑工程施工许可证的部门及其工作人员对不符合施工条件的建筑工程颁发施工许可证的，负责工程质量监督检查或者竣工验收的部门及其工作人员对不合格的建筑工程出具质量合格文件或者按合格工程验收的，由上级机关责令改正，对责任人员给予行政处分；构成犯罪的，依法追究刑事责任；造成损失的，由该部门承担相应的赔偿责任。

第八十条 【损害赔偿】在建筑物的合理使用寿命内，因建筑工程质量不合格受到损害的，有权向责任者要求赔偿。

第八章 附 则

第八十一条 【适用范围补充】本法关于施工许可、建筑施工企业资质审查和建筑工程发包、承包、禁止转包，以及建筑工程监理、建筑工程安全和质量管理的规定，适用于其他专业建筑工程的建筑活动，具体办法由国务院规定。

第八十二条 【监管收费】建设行政主管部门和其他有关部门在对建筑活动实施监督管理中，除按照国务院有关规定收取费用外，不得收取其他费用。

第八十三条 【适用范围特别规定】省、自治区、直辖市人民政府确定的小型房屋建筑工程的建筑活动，参照本法执行。

依法核定作为文物保护的纪念建筑物和古建筑等的修缮，依照文物保护的有关法律规定执行。

抢险救灾及其他临时性房屋建筑和农民自建低层住宅的建筑活动，不适用本法。

第八十四条 【军用工程特别规定】军用房屋建筑工程建筑活动的具体管理办法，由国务院、中央军事委员会依据本法制定。

第八十五条 【施行日期】本法自 1998 年 3 月 1 日起施行。

保障农民工工资支付条例

1. 2019年12月30日国务院令第724号公布
2. 自2020年5月1日起施行

第一章　总　　则

第一条　为了规范农民工工资支付行为,保障农民工按时足额获得工资,根据《中华人民共和国劳动法》及有关法律规定,制定本条例。

第二条　保障农民工工资支付,适用本条例。

本条例所称农民工,是指为用人单位提供劳动的农村居民。

本条例所称工资,是指农民工为用人单位提供劳动后应当获得的劳动报酬。

第三条　农民工有按时足额获得工资的权利。任何单位和个人不得拖欠农民工工资。

农民工应当遵守劳动纪律和职业道德,执行劳动安全卫生规程,完成劳动任务。

第四条　县级以上地方人民政府对本行政区域内保障农民工工资支付工作负责,建立保障农民工工资支付工作协调机制,加强监管能力建设,健全保障农民工工资支付工作目标责任制,并纳入对本级人民政府有关部门和下级人民政府进行考核和监督的内容。

乡镇人民政府、街道办事处应当加强对拖欠农民工工资矛盾的排查和调处工作,防范和化解矛盾,及时调解纠纷。

第五条　保障农民工工资支付,应当坚持市场主体负责、政府依法监管、社会协同监督,按照源头治理、预防为主、防治结合、标本兼治的要求,依法根治拖欠农民工工资问题。

第六条　用人单位实行农民工劳动用工实名制管理,与招用的农民工书面约定或者通过依法制定的规章制度规定工资支付标准、支付时间、支付方式等内容。

第七条　人力资源社会保障行政部门负责保障农民工工资支付工作的组织协调、管理指导和农民工工资支付情况的监督检查,查处有关拖欠农民工工资案件。

住房城乡建设、交通运输、水利等相关行业工程建设主管部门按照职责履行行业监管责任,督办因违法发包、转包、违法分包、挂靠、拖欠工程款等导致的拖欠农民工工资案件。

发展改革等部门按照职责负责政府投资项目的审批管理,依法审查政府投资项目的资金来源和筹措方式,按规定及时安排政府投资,加强社会信用体系建设,组织对拖欠农民工工资失信联合惩戒对象依法依规予以限制和惩戒。

财政部门负责政府投资资金的预算管理,根据经批准的预算按规定及时足额拨付政府投资资金。

公安机关负责及时受理、侦办涉嫌拒不支付劳动报酬刑事案件,依法处置因农民工工资拖欠引发的社会治安案件。

司法行政、自然资源、人民银行、审计、国有资产管理、税务、市场监管、金融监管等部门,按照职责做好与保障农民工工资支付相关的工作。

第八条　工会、共产主义青年团、妇女联合会、残疾人联合会等组织按照职责依法维护农民工获得工资的权利。

第九条　新闻媒体应当开展保障农民工工资支付法律法规政策的公益宣传和先进典型的报道,依法加强对拖欠农民工工资违法行为的舆论监督,引导用人单位增强依法用工、按时足额支付工资的法律意识,引导农民工依法维权。

第十条　被拖欠工资的农民工有权依法投诉,或者申请劳动争议调解仲裁和提起诉讼。

任何单位和个人对拖欠农民工工资的行为,有权向人力资源社会保障行政部门或者其他有关部门举报。

人力资源社会保障行政部门和其他有关部门应当公开举报投诉电话、网站等渠道,依法接受对拖欠农民工工资行为的举报、投诉。对于举报、投诉的处理实行首问负责制,属于本部门受理的,应当依法及时处理;不属于本部门受理的,应当及时转送相关部门,相关部门应当依法及时处理,并将处理结果告知举报、投诉人。

第二章　工资支付形式与周期

第十一条　农民工工资应当以货币形式,通过银行转账或者现金支付给农民工本人,不得以实物或者有价证券等其他形式替代。

第十二条　用人单位应当按照与农民工书面约定或者依法制定的规章制度规定的工资支付周期和具体支付日期足额支付工资。

第十三条　实行月、周、日、小时工资制的,按照月、周、日、小时为周期支付工资；实行计件工资制的，工资支付周期由双方依法约定。

第十四条　用人单位与农民工书面约定或者依法制定的规章制度规定的具体支付日期，可以在农民工提供劳动的当期或者次期。具体支付日期遇法定节假日或者休息日的，应当在法定节假日或者休息日前支付。

用人单位因不可抗力未能在支付日期支付工资的，应当在不可抗力消除后及时支付。

第十五条　用人单位应当按照工资支付周期编制书面工资支付台账，并至少保存3年。

书面工资支付台账应当包括用人单位名称，支付周期，支付日期，支付对象姓名、身份证号码、联系方式，工作时间，应发工资项目及数额，代扣、代缴、扣除项目和数额，实发工资数额，银行代发工资凭证或者农民工签字等内容。

用人单位向农民工支付工资时，应当提供农民工本人的工资清单。

第三章　工资清偿

第十六条　用人单位拖欠农民工工资的，应当依法予以清偿。

第十七条　不具备合法经营资格的单位招用农民工，农民工已经付出劳动而未获得工资的，依照有关法律规定执行。

第十八条　用工单位使用个人、不具备合法经营资格的单位或者未依法取得劳务派遣许可证的单位派遣的农民工，拖欠农民工工资的，由用工单位清偿，并可以依法进行追偿。

第十九条　用人单位将工作任务发包给个人或者不具备合法经营资格的单位，导致拖欠所招用农民工工资的，依照有关法律规定执行。

用人单位允许个人、不具备合法经营资格或者未取得相应资质的单位以用人单位的名义对外经营，导致拖欠所招用农民工工资的，由用人单位清偿，并可以依法进行追偿。

第二十条　合伙企业、个人独资企业、个体经济组织等用人单位拖欠农民工工资的，应当依法予以清偿；不清偿的，由出资人依法清偿。

第二十一条　用人单位合并或者分立时，应当在实施合并或者分立前依法清偿拖欠的农民工工资；经与农民工书面协商一致的，可以由合并或者分立后承继其权利和义务的用人单位清偿。

第二十二条　用人单位被依法吊销营业执照或者登记证书、被责令关闭、被撤销或者依法解散的，应当在申请注销登记前依法清偿拖欠的农民工工资。

未依据前款规定清偿农民工工资的用人单位主要出资人，应当在注册新用人单位前清偿拖欠的农民工工资。

第四章　工程建设领域特别规定

第二十三条　建设单位应当有满足施工所需要的资金安排。没有满足施工所需要的资金安排的，工程建设项目不得开工建设；依法需要办理施工许可证的，相关行业工程建设主管部门不予颁发施工许可证。

政府投资项目所需资金，应当按照国家有关规定落实到位，不得由施工单位垫资建设。

第二十四条　建设单位应当向施工单位提供工程款支付担保。

建设单位与施工总承包单位依法订立书面工程施工合同，应当约定工程款计量周期、工程款进度结算办法以及人工费用拨付周期，并按照保障农民工工资按时足额支付的要求约定人工费用。人工费用拨付周期不得超过1个月。

建设单位与施工总承包单位应当将工程施工合同保存备查。

第二十五条　施工总承包单位与分包单位依法订立书面分包合同，应当约定工程款计量周期、工程款进度结算办法。

第二十六条　施工总承包单位应当按照有关规定开设农民工工资专用账户，专项用于支付该工程建设项目农民工工资。

开设、使用农民工工资专用账户有关资料应当由施工总承包单位妥善保存备查。

第二十七条　金融机构应当优化农民工工资专用账户开设服务流程，做好农民工工资专用账户的日常管理工作；发现资金未按约定拨付等情况的，及时通知施工总承包单位，由施工总承包单位报告人力资源社会保障行政部门和相关行业工程建设主管部门，并纳入欠薪预警系统。

工程完工且未拖欠农民工工资的，施工总承包单位公示30日后，可以申请注销农民工工资专用账户，账户内余额归施工总承包单位所有。

第二十八条　施工总承包单位或者分包单位应当依法与所招用的农民工订立劳动合同并进行用工实名登记，

具备条件的行业应当通过相应的管理服务信息平台进行用工实名登记、管理。未与施工总承包单位或者分包单位订立劳动合同并进行用工实名登记的人员，不得进入项目现场施工。

施工总承包单位应当在工程项目部配备劳资专管员，对分包单位劳动用工实施监督管理，掌握施工现场用工、考勤、工资支付等情况，审核分包单位编制的农民工工资支付表，分包单位应当予以配合。

施工总承包单位、分包单位应当建立用工管理台账，并保存至工程完工且工资全部结清后至少3年。

第二十九条　建设单位应当按照合同约定及时拨付工程款，并将人工费用及时足额拨付至农民工工资专用账户，加强对施工总承包单位按时足额支付农民工工资的监督。

因建设单位未按照合同约定及时拨付工程款导致农民工工资拖欠的，建设单位应当以未结清的工程款为限先行垫付被拖欠的农民工工资。

建设单位应当以项目为单位建立保障农民工工资支付协调机制和工资拖欠预防机制，督促施工总承包单位加强劳动用工管理，妥善处理与农民工工资支付相关的矛盾纠纷。发生农民工集体讨薪事件的，建设单位应当会同施工总承包单位及时处理，并向项目所在地人力资源社会保障行政部门和相关行业工程建设主管部门报告有关情况。

第三十条　分包单位对所招用农民工的实名制管理和工资支付负直接责任。

施工总承包单位对分包单位劳动用工和工资发放等情况进行监督。

分包单位拖欠农民工工资的，由施工总承包单位先行清偿，再依法进行追偿。

工程建设项目转包，拖欠农民工工资的，由施工总承包单位先行清偿，再依法进行追偿。

第三十一条　工程建设领域推行分包单位农民工工资委托施工总承包单位代发制度。

分包单位应当按月考核农民工工作量并编制工资支付表，经农民工本人签字确认后，与当月工程进度等情况一并交施工总承包单位。

施工总承包单位根据分包单位编制的工资支付表，通过农民工工资专用账户直接将工资支付到农民工本人的银行账户，并向分包单位提供代发工资凭证。

用于支付农民工工资的银行账户所绑定的农民工本人社会保障卡或者银行卡，用人单位或者其他人员不得以任何理由扣押或者变相扣押。

第三十二条　施工总承包单位应当按照有关规定存储工资保证金，专项用于支付为所承包工程提供劳动的农民工被拖欠的工资。

工资保证金实行差异化存储办法，对一定时期内未发生工资拖欠的单位实行减免措施，对发生工资拖欠的单位适当提高存储比例。工资保证金可以用金融机构保函替代。

工资保证金的存储比例、存储形式、减免措施等具体办法，由国务院人力资源社会保障行政部门会同有关部门制定。

第三十三条　除法律另有规定外，农民工工资专用账户资金和工资保证金不得因支付为本项目提供劳动的农民工工资之外的原因被查封、冻结或者划拨。

第三十四条　施工总承包单位应当在施工现场醒目位置设立维权信息告示牌，明示下列事项：

（一）建设单位、施工总承包单位及所在项目部、分包单位、相关行业工程建设主管部门、劳资专管员等基本信息；

（二）当地最低工资标准、工资支付日期等基本信息；

（三）相关行业工程建设主管部门和劳动保障监察投诉举报电话、劳动争议调解仲裁申请渠道、法律援助申请渠道、公共法律服务热线等信息。

第三十五条　建设单位与施工总承包单位或者承包单位与分包单位因工程数量、质量、造价等产生争议的，建设单位不得因争议不按照本条例第二十四条的规定拨付工程款中的人工费用，施工总承包单位也不得因争议不按照规定代发工资。

第三十六条　建设单位或者施工总承包单位将建设工程发包或者分包给个人或者不具备合法经营资格的单位，导致拖欠农民工工资的，由建设单位或者施工总承包单位清偿。

施工单位允许其他单位和个人以施工单位的名义对外承揽建设工程，导致拖欠农民工工资的，由施工单位清偿。

第三十七条　工程建设项目违反国土空间规划、工程建设等法律法规，导致拖欠农民工工资的，由建设单位清偿。

第五章　监督检查

第三十八条　县级以上地方人民政府应当建立农民工工

资支付监控预警平台，实现人力资源社会保障、发展改革、司法行政、财政、住房城乡建设、交通运输、水利等部门的工程项目审批、资金落实、施工许可、劳动用工、工资支付等信息及时共享。

人力资源社会保障行政部门根据水电燃气供应、物业管理、信贷、税收等反映企业生产经营相关指标的变化情况，及时监控和预警工资支付隐患并做好防范工作，市场监管、金融监管、税务等部门应当予以配合。

第三十九条 人力资源社会保障行政部门、相关行业工程建设主管部门和其他有关部门应当按照职责，加强对用人单位与农民工签订劳动合同、工资支付以及工程建设项目实行农民工实名制管理、农民工工资专用账户管理、施工总承包单位代发工资、工资保证金存储、维权信息公示等情况的监督检查，预防和减少拖欠农民工工资行为的发生。

第四十条 人力资源社会保障行政部门在查处拖欠农民工工资案件时，需要依法查询相关单位金融账户和相关当事人拥有房产、车辆等情况的，应当经设区的市级以上地方人民政府人力资源社会保障行政部门负责人批准，有关金融机构和登记部门应当予以配合。

第四十一条 人力资源社会保障行政部门在查处拖欠农民工工资案件时，发生用人单位拒不配合调查、清偿责任主体及相关当事人无法联系等情形的，可以请求公安机关和其他有关部门协助处理。

人力资源社会保障行政部门发现拖欠农民工工资的违法行为涉嫌构成拒不支付劳动报酬罪的，应当按照有关规定及时移送公安机关审查并作出决定。

第四十二条 人力资源社会保障行政部门作出责令支付被拖欠的农民工工资的决定，相关单位不支付的，可以依法申请人民法院强制执行。

第四十三条 相关行业工程建设主管部门应当依法规范本领域建设市场秩序，对违法发包、转包、违法分包、挂靠等行为进行查处，并对导致拖欠农民工工资的违法行为及时予以制止、纠正。

第四十四条 财政部门、审计机关和相关行业工程建设主管部门按照职责，依法对政府投资项目建设单位按照工程施工合同约定向农民工工资专用账户拨付资金情况进行监督。

第四十五条 司法行政部门和法律援助机构应当将农民工列为法律援助的重点对象，并依法为请求支付工资的农民工提供便捷的法律援助。

公共法律服务相关机构应当积极参与相关诉讼、咨询、调解等活动，帮助解决拖欠农民工工资问题。

第四十六条 人力资源社会保障行政部门、相关行业工程建设主管部门和其他有关部门应当按照“谁执法谁普法”普法责任制的要求，通过以案释法等多种形式，加大对保障农民工工资支付相关法律法规的普及宣传。

第四十七条 人力资源社会保障行政部门应当建立用人单位及相关责任人劳动保障守法诚信档案，对用人单位开展守法诚信等级评价。

用人单位有严重拖欠农民工工资违法行为的，由人力资源社会保障行政部门向社会公布，必要时可以通过召开新闻发布会等形式向媒体公开曝光。

第四十八条 用人单位拖欠农民工工资，情节严重或者造成严重不良社会影响的，有关部门应当将该用人单位及其法定代表人或者主要负责人、直接负责的主管人员和其他直接责任人员列入拖欠农民工工资失信联合惩戒对象名单，在政府资金支持、政府采购、招投标、融资贷款、市场准入、税收优惠、评优评先、交通出行等方面依法依规予以限制。

拖欠农民工工资需要列入失信联合惩戒名单的具体情形，由国务院人力资源社会保障行政部门规定。

第四十九条 建设单位未依法提供工程款支付担保或者政府投资项目拖欠工程款，导致拖欠农民工工资的，县级以上地方人民政府应当限制其新建项目，并记入信用记录，纳入国家信用信息系统进行公示。

第五十条 农民工与用人单位就拖欠工资存在争议，用人单位应当提供依法由其保存的劳动合同、职工名册、工资支付台账和清单等材料；不提供的，依法承担不利后果。

第五十一条 工会依法维护农民工工资权益，对用人单位工资支付情况进行监督；发现拖欠农民工工资的，可以要求用人单位改正，拒不改正的，可以请求人力资源社会保障行政部门和其他有关部门依法处理。

第五十二条 单位或者个人编造虚假事实或者采取非法手段讨要农民工工资，或者以拖欠农民工工资为名讨要工程款的，依法予以处理。

第六章 法律责任

第五十三条 违反本条例规定拖欠农民工工资的，依照有关法律规定执行。

第五十四条　有下列情形之一的，由人力资源社会保障行政部门责令限期改正；逾期不改正的，对单位处2万元以上5万元以下的罚款，对法定代表人或者主要负责人、直接负责的主管人员和其他直接责任人员处1万元以上3万元以下的罚款：

（一）以实物、有价证券等形式代替货币支付农民工工资；

（二）未编制工资支付台账并依法保存，或者未向农民工提供工资清单；

（三）扣押或者变相扣押用于支付农民工工资的银行账户所绑定的农民工本人社会保障卡或者银行卡。

第五十五条　有下列情形之一的，由人力资源社会保障行政部门、相关行业工程建设主管部门按照职责责令限期改正；逾期不改正的，责令项目停工，并处5万元以上10万元以下的罚款；情节严重的，给予施工单位限制承接新工程、降低资质等级、吊销资质证书等处罚：

（一）施工总承包单位未按规定开设或者使用农民工工资专用账户；

（二）施工总承包单位未按规定存储工资保证金或者未提供金融机构保函；

（三）施工总承包单位、分包单位未实行劳动用工实名制管理。

第五十六条　有下列情形之一的，由人力资源社会保障行政部门、相关行业工程建设主管部门按照职责责令限期改正；逾期不改正的，处5万元以上10万元以下的罚款：

（一）分包单位未按月考核农民工工作量、编制工资支付表并经农民工本人签字确认；

（二）施工总承包单位未对分包单位劳动用工实施监督管理；

（三）分包单位未配合施工总承包单位对其劳动用工进行监督管理；

（四）施工总承包单位未实行施工现场维权信息公示制度。

第五十七条　有下列情形之一的，由人力资源社会保障行政部门、相关行业工程建设主管部门按照职责责令限期改正；逾期不改正的，责令项目停工，并处5万元以上10万元以下的罚款：

（一）建设单位未依法提供工程款支付担保；

（二）建设单位未按约定及时足额向农民工工资专用账户拨付工程款中的人工费用；

（三）建设单位或者施工总承包单位拒不提供或者无法提供工程施工合同、农民工工资专用账户有关资料。

第五十八条　不依法配合人力资源社会保障行政部门查询相关单位金融账户的，由金融监管部门责令改正；拒不改正的，处2万元以上5万元以下的罚款。

第五十九条　政府投资项目政府投资资金不到位拖欠农民工工资的，由人力资源社会保障行政部门报本级人民政府批准，责令限期足额拨付所拖欠的资金；逾期不拨付的，由上一级人民政府人力资源社会保障行政部门约谈直接责任部门和相关监管部门负责人，必要时进行通报，约谈地方人民政府负责人。情节严重的，对地方人民政府及其有关部门负责人、直接负责的主管人员和其他直接责任人员依法依规给予处分。

第六十条　政府投资项目建设单位未经批准立项建设、擅自扩大建设规模、擅自增加投资概算、未及时拨付工程款等导致拖欠农民工工资的，除依法承担责任外，由人力资源社会保障行政部门、其他有关部门按照职责约谈建设单位负责人，并作为其业绩考核、薪酬分配、评优评先、职务晋升等的重要依据。

第六十一条　对于建设资金不到位、违法违规开工建设的社会投资工程建设项目拖欠农民工工资的，由人力资源社会保障行政部门、其他有关部门按照职责依法对建设单位进行处罚；对建设单位负责人依法依规给予处分。相关部门工作人员未依法履行职责的，由有关机关依法依规给予处分。

第六十二条　县级以上地方人民政府人力资源社会保障、发展改革、财政、公安等部门和相关行业工程建设主管部门工作人员，在履行农民工工资支付监督管理职责过程中滥用职权、玩忽职守、徇私舞弊的，依法依规给予处分；构成犯罪的，依法追究刑事责任。

第七章　附　　则

第六十三条　用人单位一时难以支付拖欠的农民工工资或者拖欠农民工工资逃匿的，县级以上地方人民政府可以动用应急周转金，先行垫付用人单位拖欠的农民工部分工资或者基本生活费。对已经垫付的应急周转金，应当依法向拖欠农民工工资的用人单位进行追偿。

第六十四条　本条例自2020年5月1日起施行。

保障中小企业款项支付条例

1. 2020年7月5日国务院令第728号公布
2. 自2020年9月1日起施行

第一条　为了促进机关、事业单位和大型企业及时支付中小企业款项，维护中小企业合法权益，优化营商环境，根据《中华人民共和国中小企业促进法》等法律，制定本条例。

第二条　机关、事业单位和大型企业采购货物、工程、服务支付中小企业款项，应当遵守本条例。

第三条　本条例所称中小企业，是指在中华人民共和国境内依法设立，依据国务院批准的中小企业划分标准确定的中型企业、小型企业和微型企业；所称大型企业，是指中小企业以外的企业。

中小企业、大型企业依合同订立时的企业规模类型确定。中小企业与机关、事业单位、大型企业订立合同时，应当主动告知其属于中小企业。

第四条　国务院负责中小企业促进工作综合管理的部门对机关、事业单位和大型企业及时支付中小企业款项工作进行宏观指导、综合协调、监督检查；国务院有关部门在各自职责范围内，负责相关管理工作。

县级以上地方人民政府负责本行政区域内机关、事业单位和大型企业及时支付中小企业款项的管理工作。

第五条　有关行业协会商会应当按照法律法规和组织章程，完善行业自律，禁止本行业大型企业利用优势地位拒绝或者迟延支付中小企业款项，规范引导其履行及时支付中小企业款项义务，保护中小企业合法权益。

第六条　机关、事业单位和大型企业不得要求中小企业接受不合理的付款期限、方式、条件和违约责任等交易条件，不得违约拖欠中小企业的货物、工程、服务款项。

中小企业应当依法经营，诚实守信，按照合同约定提供合格的货物、工程和服务。

第七条　机关、事业单位使用财政资金从中小企业采购货物、工程、服务，应当严格按照批准的预算执行，不得无预算、超预算开展采购。

政府投资项目所需资金应当按照国家有关规定确保落实到位，不得由施工单位垫资建设。

第八条　机关、事业单位从中小企业采购货物、工程、服务，应当自货物、工程、服务交付之日起30日内支付款项；合同另有约定的，付款期限最长不得超过60日。

大型企业从中小企业采购货物、工程、服务，应当按照行业规范、交易习惯合理约定付款期限并及时支付款项。

合同约定采取履行进度结算、定期结算等结算方式的，付款期限应当自双方确认结算金额之日起算。

第九条　机关、事业单位和大型企业与中小企业约定以货物、工程、服务交付后经检验或者验收合格作为支付中小企业款项条件的，付款期限应当自检验或者验收合格之日起算。

合同双方应当在合同中约定明确、合理的检验或者验收期限，并在该期限内完成检验或者验收。机关、事业单位和大型企业拖延检验或者验收的，付款期限自约定的检验或者验收期限届满之日起算。

第十条　机关、事业单位和大型企业使用商业汇票等非现金支付方式支付中小企业款项的，应当在合同中作出明确、合理约定，不得强制中小企业接受商业汇票等非现金支付方式，不得利用商业汇票等非现金支付方式变相延长付款期限。

第十一条　机关、事业单位和国有大型企业不得强制要求以审计机关的审计结果作为结算依据，但合同另有约定或者法律、行政法规另有规定的除外。

第十二条　除依法设立的投标保证金、履约保证金、工程质量保证金、农民工工资保证金外，工程建设中不得收取其他保证金。保证金的收取比例应当符合国家有关规定。

机关、事业单位和大型企业不得将保证金限定为现金。中小企业以金融机构保函提供保证的，机关、事业单位和大型企业应当接受。

机关、事业单位和大型企业应当按照合同约定，在保证期限届满后及时与中小企业对收取的保证金进行核实和结算。

第十三条　机关、事业单位和大型企业不得以法定代表人或者主要负责人变更，履行内部付款流程，或者在合同未作约定的情况下以等待竣工验收批复、决算审计等为由，拒绝或者迟延支付中小企业款项。

第十四条　中小企业以应收账款担保融资的，机关、事业单位和大型企业应当自中小企业提出确权请求之日起30日内确认债权债务关系，支持中小企业融资。

第十五条　机关、事业单位和大型企业迟延支付中小企业款项的,应当支付逾期利息。双方对逾期利息的利率有约定的,约定利率不得低于合同订立时1年期贷款市场报价利率;未作约定的,按照每日利率万分之五支付逾期利息。

第十六条　机关、事业单位应当于每年3月31日前将上一年度逾期尚未支付中小企业款项的合同数量、金额等信息通过网站、报刊等便于公众知晓的方式公开。

大型企业应当将逾期尚未支付中小企业款项的合同数量、金额等信息纳入企业年度报告,通过企业信用信息公示系统向社会公示。

第十七条　省级以上人民政府负责中小企业促进工作综合管理的部门应当建立便利畅通的渠道,受理对机关、事业单位和大型企业拒绝或者迟延支付中小企业款项的投诉。

受理投诉部门应当按照"属地管理、分级负责,谁主管谁负责"的原则,及时将投诉转交有关部门、地方人民政府处理,有关部门、地方人民政府应当依法及时处理,并将处理结果告知投诉人,同时反馈受理投诉部门。

机关、事业单位和大型企业不履行及时支付中小企业款项义务,情节严重的,受理投诉部门可以依法依规将其失信信息纳入全国信用信息共享平台,并将相关涉企信息通过企业信用信息公示系统向社会公示,依法实施失信惩戒。

第十八条　被投诉的机关、事业单位和大型企业及其工作人员不得以任何形式对投诉人进行恐吓、打击报复。

第十九条　对拒绝或者迟延支付中小企业款项的机关、事业单位,应当在公务消费、办公用房、经费安排等方面采取必要的限制措施。

第二十条　审计机关依法对机关、事业单位和国有大型企业支付中小企业款项情况实施审计监督。

第二十一条　省级以上人民政府建立督查制度,对及时支付中小企业款项工作进行监督检查。

第二十二条　国家依法开展中小企业发展环境评估和营商环境评价时,应当将及时支付中小企业款项工作情况纳入评估和评价内容。

第二十三条　国务院负责中小企业促进工作综合管理的部门依据国务院批准的中小企业划分标准,建立企业规模类型测试平台,提供中小企业规模类型自测服务。

对中小企业规模类型有争议的,可以向主张为中小企业一方所在地的县级以上地方人民政府负责中小企业促进工作综合管理的部门申请认定。

第二十四条　国家鼓励法律服务机构为与机关、事业单位和大型企业存在支付纠纷的中小企业提供法律服务。

新闻媒体应当开展对及时支付中小企业款项相关法律法规政策的公益宣传,依法加强对机关、事业单位和大型企业拒绝或者迟延支付中小企业款项行为的舆论监督。

第二十五条　机关、事业单位违反本条例,有下列情形之一的,由其上级机关、主管部门责令改正;拒不改正的,对直接负责的主管人员和其他直接责任人员依法给予处分:

(一)未在规定的期限内支付中小企业货物、工程、服务款项;

(二)拖延检验、验收;

(三)强制中小企业接受商业汇票等非现金支付方式,或者利用商业汇票等非现金支付方式变相延长付款期限;

(四)没有法律、行政法规依据或者合同约定,要求以审计机关的审计结果作为结算依据;

(五)违法收取保证金,拒绝接受中小企业提供的金融机构保函,或者不及时与中小企业对保证金进行核实、结算;

(六)以法定代表人或者主要负责人变更,履行内部付款流程,或者在合同未作约定的情况下以等待竣工验收批复、决算审计等为由,拒绝或者迟延支付中小企业款项;

(七)未按照规定公开逾期尚未支付中小企业款项信息;

(八)对投诉人进行恐吓、打击报复。

第二十六条　机关、事业单位有下列情形之一的,依照法律、行政法规和国家有关规定追究责任:

(一)使用财政资金从中小企业采购货物、工程、服务,未按照批准的预算执行;

(二)要求施工单位对政府投资项目垫资建设。

第二十七条　大型企业违反本条例,未按照规定在企业年度报告中公示逾期尚未支付中小企业款项信息或者隐瞒真实情况、弄虚作假的,由市场监督管理部门依法处理。

国有大型企业没有合同约定或者法律、行政法规依据,要求以审计机关的审计结果作为结算依据的,由其主管部门责令改正；拒不改正的，对直接负责的主管人员和其他直接责任人员依法给予处分。

第二十八条　部分或者全部使用财政资金的团体组织采购货物、工程、服务支付中小企业款项，参照本条例对机关、事业单位的有关规定执行。

军队采购货物、工程、服务支付中小企业款项，按照军队的有关规定执行。

第二十九条　本条例自2020年9月1日起施行。

国家重点建设项目管理办法

1. 1996年6月3日国务院批准

2. 1996年6月14日国家计划委员会发布

3. 根据2011年1月8日国务院令第588号《关于废止和修改部分行政法规的决定》修订

第一条　为了加强国家重点建设项目的管理，保证国家重点建设项目的工程质量和按期竣工，提高投资效益，促进国民经济持续、快速、健康发展，制定本办法。

第二条　本办法所称国家重点建设项目，是指从下列国家大中型基本建设项目中确定的对国民经济和社会发展有重大影响的骨干项目：

（一）基础设施、基础产业和支柱产业中的大型项目；

（二）高科技并能带动行业技术进步的项目；

（三）跨地区并对全国经济发展或者区域经济发展有重大影响的项目；

（四）对社会发展有重大影响的项目；

（五）其他骨干项目。

第三条　国家重点建设项目的确定，根据国家产业政策、国民经济和社会发展的需要和可能，实行突出重点、量力而行、留有余地、防止资金分散、保证投资落实和资金供应的原则。

第四条　国家重点建设项目由国务院计划主管部门商国务院有关主管部门确定。

第五条　省、自治区、直辖市以及计划单列市的人民政府计划主管部门和国务院有关主管部门（公司），按照本办法第二条规定的范围和第三条规定的原则，对本地区、本部门的基本建设项目进行平衡后，每年可以向国务院计划主管部门提出列为国家重点建设项目的申请。

国务院计划主管部门收到申请后，应当征求国务院有关主管部门的意见，进行综合平衡，在所申请项目的可行性研究报告批准后，确定国家重点建设预备项目；在所申请项目批准开工后，正式确定国家重点建设项目。

国家重点建设项目和国家重点建设预备项目确定后，由国务院计划主管部门公布。

第六条　国务院计划主管部门和有关地方人民政府计划主管部门，应当按照国家重点建设项目的建设工期，安排国家重点建设项目的年度投资计划。

第七条　国家重点建设项目，实行建设项目法人责任制；国家另有规定的，从其规定。

建设项目法人负责国家重点建设项目的筹划、筹资、建设、生产经营、偿还债务和资产的保值增值，依照国家有关规定对国家重点建设项目的建设资金、建设工期、工程质量、生产安全等进行严格管理。

建设项目法人的组织形式、组织机构，依照《中华人民共和国公司法》和国家有关规定执行。

第八条　根据国家重点建设项目的年度投资计划和合同，负有拨付建设资金责任的国务院有关主管部门、有关地方人民政府、银行和企业事业单位，应当按照项目的建设进度，保证拨付建设资金。

第九条　国家重点建设项目的设备储备资金，各有关银行和部门应当优先安排。

第十条　国务院计划主管部门和有关地方人民政府计划主管部门，在安排国家重点建设项目的年度投资计划时，应当预留一定比例的资金，用于国家重点建设项目建设过程中的特殊需要。

第十一条　任何单位和个人不得挪用、截留国家重点建设项目的建设资金以及设备储备资金。

第十二条　地方人民政府负责与国家重点建设项目征地有关的协调工作，并提供必要的便利条件。土地管理部门应当依法保证国家重点建设项目的建设用地。

第十三条　国家重点建设项目主体工程的设计、施工、监理、设备采购，由建设项目法人依法公开进行招标，择优选定中标单位；但是，按照规定经批准可以议标、邀请招标的除外。

国家重点建设项目的投标单位应当具有国家规定的甲级（一级）资格（资质）。

国家重点建设项目的中标单位，未经建设项目法人的同意，不得将合同转包或者分包。

国务院计划主管部门会同国务院有关主管部门、有关地方人民政府、银行,对国家重点建设项目的招标投标工作进行监督检查。

第十四条　电力、交通、邮电、供水、供热等单位,应当优先保证国家重点建设项目对施工和生产用电、物资运输、邮电通信和用水、用热等方面的需要,按照合同的约定履行义务。

第十五条　有关企业事业单位应当优先供应国家重点建设项目所需的设备、材料,按照合同的约定履行义务。

第十六条　任何单位和个人不得向国家重点建设项目收取费用;但是,法律或者国务院另有规定的,从其规定。

第十七条　建设项目法人应当按照国家有关规定,向国务院计划主管部门报送国家重点建设项目的建设情况和资料,并抄报有关主管部门和银行。

第十八条　为国家重点建设项目直接配套的项目,应当按照国家重点建设项目的建设进度,同步进行建设。为配套的项目提供建设资金的部门和单位,应当保证按照项目的建设进度拨付建设资金。

第十九条　国家重点建设项目建成并经过试运营,应当按照批准的设计文件和其他有关文件,由建设项目法人及时组织设计、施工等单位进行初步验收。

初步验收合格的,由国务院计划主管部门或者其委托的机构,组织有关单位进行竣工验收。

第二十条　国家重点建设项目竣工验收合格的,经过运营,应当按照国家有关规定进行项目后评价。

第二十一条　国务院计划主管部门会同国务院有关主管部门、有关地方人民政府,对国家重点建设项目的建设进行协调、指导和监督。

第二十二条　未按照规定拨付国家重点建设项目资金的,由国务院计划主管部门予以通报批评,并提请有关主管部门对负有直接责任的主管人员和其他责任人员依法给予行政处分;地方投资的部分连续两年未按照规定拨付的,国务院计划主管部门有权停止审批该地方下一年度的新开工项目。

未按照合同约定拨付国家重点建设项目资金的,应当承担相应的违约责任。

第二十三条　挪用、截留国家重点建设项目资金的,由审计机关、财政机关追还被挪用、截留的资金,予以通报批评,并提请有关主管部门对负有直接责任的主管人员和其他责任人员依法给予行政处分;构成犯罪的,依法追究刑事责任。

第二十四条　扰乱国家重点建设项目建设、生产经营秩序,致使其不能正常进行的,依照《中华人民共和国治安管理处罚法》的规定给予处罚;构成犯罪的,依法追究刑事责任。

第二十五条　国家重点建设项目工程因管理不善、弄虚作假,造成严重超概算、质量低劣、损失浪费或者责任事故的,由国务院计划主管部门予以通报批评,并提请有关主管部门对负有直接责任的主管人员和其他责任人员依法给予行政处分;构成犯罪的,依法追究刑事责任。

第二十六条　本办法自发布之日起施行。

国务院办公厅关于促进建筑业持续健康发展的意见

1. 2017年2月21日
2. 国办发〔2017〕19号

各省、自治区、直辖市人民政府,国务院各部委、各直属机构:

建筑业是国民经济的支柱产业。改革开放以来,我国建筑业快速发展,建造能力不断增强,产业规模不断扩大,吸纳了大量农村转移劳动力,带动了大量关联产业,对经济社会发展、城乡建设和民生改善作出了重要贡献。但也要看到,建筑业仍然大而不强,监管体制机制不健全、工程建设组织方式落后、建筑设计水平有待提高、质量安全事故时有发生、市场违法违规行为较多、企业核心竞争力不强、工人技能素质偏低等问题较为突出。为贯彻落实《中共中央 国务院关于进一步加强城市规划建设管理工作的若干意见》,进一步深化建筑业"放管服"改革,加快产业升级,促进建筑业持续健康发展,为新型城镇化提供支撑,经国务院同意,现提出以下意见:

一、总体要求

全面贯彻党的十八大和十八届二中、三中、四中、五中、六中全会以及中央经济工作会议、中央城镇化工作会议、中央城市工作会议精神,深入贯彻习近平总书记系列重要讲话精神和治国理政新理念新思想新战略,认真落实党中央、国务院决策部署,统筹推进"五位一体"总体布局和协调推进"四个全面"战略布局,牢固树立和贯彻落实创新、协调、绿色、开放、共享的发展理念，坚持以推进供给侧结构性改革为主线，按照适用、经济、安全、绿色、美观的要求，深化建筑业“放管服”改革，完善监管体制机制，优化市场环境，提升工程质量安全水平，强化队伍建设，增强企业核心竞争力，促进建筑业持续健康发展，打造“中国建造”品牌。

二、深化建筑业简政放权改革

（一）优化资质资格管理。进一步简化工程建设企业资质类别和等级设置，减少不必要的资质认定。选择部分地区开展试点，对信用良好、具有相关专业技术能力、能够提供足额担保的企业，在其资质类别内放宽承揽业务范围限制，同时，加快完善信用体系、工程担保及个人执业资格等相关配套制度，加强事中事后监管。强化个人执业资格管理，明晰注册执业人员的权利、义务和责任，加大执业责任追究力度。有序发展个人执业事务所，推动建立个人执业保险制度。大力推行“互联网+政务服务”，实行“一站式”网上审批，进一步提高建筑领域行政审批效率。

（二）完善招标投标制度。加快修订《工程建设项目招标范围和规模标准规定》，缩小并严格界定必须进行招标的工程建设项目范围，放宽有关规模标准，防止工程建设项目实行招标“一刀切”。在民间投资的房屋建筑工程中，探索由建设单位自主决定发包方式。将依法必须招标的工程建设项目纳入统一的公共资源交易平台，遵循公平、公正、公开和诚信的原则，规范招标投标行为。进一步简化招标投标程序，尽快实现招标投标交易全过程电子化，推行网上异地评标。对依法通过竞争性谈判或单一来源方式确定供应商的政府采购工程建设项目，符合相应条件的应当颁发施工许可证。

三、完善工程建设组织模式

（三）加快推行工程总承包。装配式建筑原则上应采用工程总承包模式。政府投资工程应完善建设管理模式，带头推行工程总承包。加快完善工程总承包相关的招标投标、施工许可、竣工验收等制度规定。按照总承包负总责的原则，落实工程总承包单位在工程质量安全、进度控制、成本管理等方面的责任。除以暂估价形式包括在工程总承包范围内且依法必须进行招标的项目外，工程总承包单位可以直接发包总承包合同中涵盖的其他专业业务。

（四）培育全过程工程咨询。鼓励投资咨询、勘察、设计、监理、招标代理、造价等企业采取联合经营、并购重组等方式发展全过程工程咨询，培育一批具有国际水平的全过程工程咨询企业。制定全过程工程咨询服务技术标准和合同范本。政府投资工程应带头推行全过程工程咨询，鼓励非政府投资工程委托全过程工程咨询服务。在民用建筑项目中，充分发挥建筑师的主导作用，鼓励提供全过程工程咨询服务。

四、加强工程质量安全管理

（五）严格落实工程质量责任。全面落实各方主体的工程质量责任，特别要强化建设单位的首要责任和勘察、设计、施工单位的主体责任。严格执行工程质量终身责任制，在建筑物明显部位设置永久性标牌，公示质量责任主体和主要责任人。对违反有关规定、造成工程质量事故的，依法给予责任单位停业整顿、降低资质等级、吊销资质证书等行政处罚并通过国家企业信用信息公示系统予以公示，给予注册执业人员暂停执业、吊销资格证书、一定时间直至终身不得进入行业等处罚。对发生工程质量事故造成损失的，要依法追究经济赔偿责任，情节严重的要追究有关单位和人员的法律责任。参与房地产开发的建筑业企业应依法合规经营，提高住宅品质。

（六）加强安全生产管理。全面落实安全生产责任，加强施工现场安全防护，特别要强化对深基坑、高支模、起重机械等危险性较大的分部分项工程的管理，以及对不良地质地区重大工程项目的风险评估或论证。推进信息技术与安全生产深度融合，加快建设建筑施工安全监管信息系统，通过信息化手段加强安全生产管理。建立健全全覆盖、多层次、经常性的安全生产培训制度，提升从业人员安全素质以及各方主体的本质安全水平。

（七）全面提高监管水平。完善工程质量安全法律法规和管理制度，健全企业负责、政府监管、社会监督的工程质量安全保障体系。强化政府对工程质量的监管，明确监管范围，落实监管责任，加大抽查抽测力度，重点加强对涉及公共安全的工程地基基础、主体结构等部位和竣工验收等环节的监督检查。加强工程质量监督队伍建设，监督机构履行职能所需经费由同级财政预算全额保障。政府可采取购买服务的方式，委托具备条件的社会力量进行工程质量监督检查。推进工程质量安全标准化管理，督促各方主体健全质量安全管控机制。强化对工程监理的监管，选择部分地区开展监理单位向政府报告质量监理情况的试点。加强工程质量检测机构管理，严厉打击出具虚假报告等行为。推动发展工程质量保险。

五、优化建筑市场环境

（八）建立统一开放市场。打破区域市场准入壁垒，取消各地区、各行业在法律、行政法规和国务院规定外对建筑业企业设置的不合理准入条件；严禁擅自设立或变相设立审批、备案事项，为建筑业企业提供公平市场环境。完善全国建筑市场监管公共服务平台，加快实现与全国信用信息共享平台和国家企业信用信息公示系统的数据共享交换。建立建筑市场主体黑名单制度，依法依规全面公开企业和个人信用记录，接受社会监督。

（九）加强承包履约管理。引导承包企业以银行保函或担保公司保函的形式，向建设单位提供履约担保。对采用常规通用技术标准的政府投资工程，在原则上实行最低价中标的同时，有效发挥履约担保的作用，防止恶意低价中标，确保工程投资不超预算。严厉查处转包和违法分包等行为。完善工程量清单计价体系和工程造价信息发布机制，形成统一的工程造价计价规则，合理确定和有效控制工程造价。

（十）规范工程价款结算。审计机关应依法加强对以政府投资为主的公共工程建设项目的审计监督，建设单位不得将未完成审计作为延期工程结算、拖欠工程款的理由。未完成竣工结算的项目，有关部门不予办理产权登记。对长期拖欠工程款的单位不得批准新项目开工。严格执行工程预付款制度，及时按合同约定足额向承包单位支付预付款。通过工程款支付担保等经济、法律手段约束建设单位履约行为，预防拖欠工程款。

六、提高从业人员素质

（十一）加快培养建筑人才。积极培育既有国际视野又有民族自信的建筑师队伍。加快培养熟悉国际规则的建筑业高级管理人才。大力推进校企合作，培养建筑业专业人才。加强工程现场管理人员和建筑工人的教育培训。健全建筑业职业技能标准体系，全面实施建筑业技术工人职业技能鉴定制度。发展一批建筑工人技能鉴定机构，开展建筑工人技能评价工作。通过制定施工现场技能工人基本配备标准、发布各个技能等级和工种的人工成本信息等方式，引导企业将工资分配向关键技术技能岗位倾斜。大力弘扬工匠精神，培养高素质建筑工人，到2020年建筑业中级工技能水平以上的建筑工人数量达到300万，2025年达到1000万。

（十二）改革建筑用工制度。推动建筑业劳务企业转型，大力发展木工、电工、砌筑、钢筋制作等以作业为主的专业企业。以专业企业为建筑工人的主要载体，逐步实现建筑工人公司化、专业化管理。鼓励现有专业企业进一步做专做精，增强竞争力，推动形成一批以作业为主的建筑业专业企业。促进建筑业农民工向技术工人转型，着力稳定和扩大建筑业农民工就业创业。建立全国建筑工人管理服务信息平台，开展建筑工人实名制管理，记录建筑工人的身份信息、培训情况、职业技能、从业记录等信息，逐步实现全覆盖。

（十三）保护工人合法权益。全面落实劳动合同制度，加大监察力度，督促施工单位与招用的建筑工人依法签订劳动合同，到2020年基本实现劳动合同全覆盖。健全工资支付保障制度，按照谁用工谁负责和总承包负总责的原则，落实企业工资支付责任，依法按月足额发放工人工资。将存在拖欠工资行为的企业列入黑名单，对其采取限制市场准入等惩戒措施，情节严重的降低资质等级。建立健全与建筑业相适应的社会保险参保缴费方式，大力推进建筑施工单位参加工伤保险。施工单位应履行社会责任，不断改善建筑工人的工作环境，提升职业健康水平，促进建筑工人稳定就业。

七、推进建筑产业现代化

（十四）推广智能和装配式建筑。坚持标准化设计、工厂化生产、装配化施工、一体化装修、信息化管理、智能化应用，推动建造方式创新，大力发展装配式混凝土和钢结构建筑，在具备条件的地方倡导发展现代木结构建筑，不断提高装配式建筑在新建建筑中的比例。力争用10年左右的时间，使装配式建筑占新建建筑面积的比例达到30%。在新建建筑和既有建筑改造中推广普及智能化应用，完善智能化系统运行维护机制，实现建筑舒适安全、节能高效。

（十五）提升建筑设计水平。建筑设计应体现地域特征、民族特点和时代风貌，突出建筑使用功能及节能、节水、节地、节材和环保等要求，提供功能适用、经济合理、安全可靠、技术先进、环境协调的建筑设计产品。健全适应建筑设计特点的招标投标制度，推行设计团队招标、设计方案招标等方式。促进国内外建筑设计企业公平竞争，培育有国际竞争力的建筑设计队伍。倡导开展建筑评论，促进建筑设计理念的融合和升华。

（十六）加强技术研发应用。加快先进建造设备、智能设备的研发、制造和推广应用，提升各类施工机具的性能和效率，提高机械化施工程度。限制和淘汰落后、危险工艺工法，保障生产施工安全。积极支持建筑业科研工作，大幅提高技术创新对产业发展的贡献率。加快推进建筑信息模型（BIM）技术在规划、勘察、设计、施工和运营维护全过程的集成应用，实现工程建设项目全生命周期数据共享和信息化管理，为项目方案优化和科学决策提供依据，促进建筑业提质增效。

（十七）完善工程建设标准。整合精简强制性标准，适度提高安全、质量、性能、健康、节能等强制性指标要求，逐步提高标准水平。积极培育团体标准，鼓励具备相应能力的行业协会、产业联盟等主体共同制定满足市场和创新需要的标准，建立强制性标准与团体标准相结合的标准供给体制，增加标准有效供给。及时开展标准复审，加快标准修订，提高标准的时效性。加强科技研发与标准制定的信息沟通，建立全国工程建设标准专家委员会，为工程建设标准化工作提供技术支撑，提高标准的质量和水平。

八、加快建筑业企业“走出去”

（十八）加强中外标准衔接。积极开展中外标准对比研究，适应国际通行的标准内容结构、要素指标和相关术语，缩小中国标准与国外先进标准的技术差距。加大中国标准外文版翻译和宣传推广力度，以“一带一路”战略为引领，优先在对外投资、技术输出和援建工程项目中推广应用。积极参加国际标准认证、交流等活动，开展工程技术标准的双边合作。到2025年，实现工程建设国家标准全部有外文版。

（十九）提高对外承包能力。统筹协调建筑业“走出去”，充分发挥我国建筑业企业在高铁、公路、电力、港口、机场、油气长输管道、高层建筑等工程建设方面的比较优势，有目标、有重点、有组织地对外承包工程，参与“一带一路”建设。建筑业企业要加大对国际标准的研究力度，积极适应国际标准，加强对外承包工程质量、履约等方面管理，在援外住房等民生项目中发挥积极作用。鼓励大企业带动中小企业、沿海沿边地区企业合作“出海”，积极有序开拓国际市场，避免恶性竞争。引导对外承包工程企业向项目融资、设计咨询、后续运营维护管理等高附加值的领域有序拓展。推动企业提高属地化经营水平，实现与所在国家和地区互利共赢。

（二十）加大政策扶持力度。加强建筑业“走出去”相关主管部门间的沟通协调和信息共享。到2025年，与大部分“一带一路”沿线国家和地区签订双边工程建设合作备忘录，同时争取在双边自贸协定中纳入相关内容，推进建设领域执业资格国际互认。综合发挥各类金融工具的作用，重点支持对外经济合作中建筑领域的重大战略项目。借鉴国际通行的项目融资模式，按照风险可控、商业可持续原则，加大对建筑业“走出去”的金融支持力度。

各地区、各部门要高度重视深化建筑业改革工作，健全工作机制，明确任务分工，及时研究解决建筑业改革发展中的重大问题，完善相关政策，确保按期完成各项改革任务。加快推动修订建筑法、招标投标法等法律，完善相关法律法规。充分发挥协会商会熟悉行业、贴近企业的优势，及时反映企业诉求，反馈政策落实情况，发挥好规范行业秩序、建立从业人员行为准则、促进企业诚信经营等方面的自律作用。

国务院办公厅关于清理规范工程建设领域保证金的通知

1．2016年6月23日
2．国办发〔2016〕49号

各省、自治区、直辖市人民政府，国务院各部委、各直属机构：

清理规范工程建设领域保证金，是推进简政放权、放管结合、优化服务改革的必要措施，有利于减轻企业负担、激发市场活力，有利于发展信用经济、建设统一市场、促进公平竞争、加快建筑业转型升级。为做好清理规范工程建设领域保证金工作，经国务院同意，现就有关事项通知如下：

一、全面清理各类保证金。对建筑业企业在工程建设中需缴纳的保证金，除依法依规设立的投标保证金、履约保证金、工程质量保证金、农民工工资保证金外，其他保证金一律取消。对取消的保证金，自本通知印发之日起，一律停止收取。

二、转变保证金缴纳方式。对保留的投标保证金、履约保证金、工程质量保证金、农民工工资保证金，推行银行保函制度，建筑业企业可以银行保函方式缴纳。

三、按时返还保证金。对取消的保证金，各地要抓紧制定具体可行的办法，于 2016 年底前退还相关企业；对保留的保证金，要严格执行相关规定，确保按时返还。未按规定或合同约定返还保证金的，保证金收取方应向建筑业企业支付逾期返还违约金。

四、严格工程质量保证金管理。工程质量保证金的预留比例上限不得高于工程价款结算总额的 5%。在工程项目竣工前，已经缴纳履约保证金的，建设单位不得同时预留工程质量保证金。

五、实行农民工工资保证金差异化缴存办法。对一定时期内未发生工资拖欠的企业，实行减免措施；对发生工资拖欠的企业，适当提高缴存比例。

六、规范保证金管理制度。对保留的保证金，要抓紧修订相关法律法规，完善保证金管理制度和具体办法。对取消的保证金，要抓紧修订或废止与清理规范工作要求不一致的制度规定。在清理规范保证金的同时，要通过纳入信用体系等方式，逐步建立监督约束建筑业企业的新机制。

七、严禁新设保证金项目。未经国务院批准，各地区、各部门一律不得以任何形式在工程建设领域新设保证金项目。要全面推进工程建设领域保证金信息公开，建立举报查处机制，定期公布查处结果，曝光违规收取保证金的典型案例。

各地区、各部门要加强组织领导，制定具体方案，强化监督检查，积极稳妥推进，切实将清理规范工程建设领域保证金工作落实到位。各地区要明确责任分工和时限要求，并于 2017 年 1 月底前将落实情况报送住房城乡建设部、财政部。住房城乡建设部、财政部要会同有关部门密切跟踪进展，加强统筹协调，对不按要求清理规范、瞒报保证金收取等情况的，要严肃追究责任，确保清理规范工作取得实效，并及时将落实情况上报国务院。

国务院办公厅关于开展工程建设项目审批制度改革试点的通知

1. 2018 年 5 月 14 日

2. 国办发〔2018〕33 号

各省、自治区、直辖市人民政府，国务院各部委、各直属机构：

为贯彻落实党中央、国务院关于深化“放管服”改革和优化营商环境的部署要求，推动政府职能转向减审批、强监管、优服务，促进市场公平竞争，国务院决定开展工程建设项目审批制度改革试点。经国务院同意，现就试点工作有关事项通知如下：

一、总体要求

（一）指导思想。全面深入贯彻党的十九大和十九届二中、三中全会精神，以习近平新时代中国特色社会主义思想为指导，按照党中央、国务院关于深化“放管服”改革和优化营商环境的部署要求，以推进政府治理体系和治理能力现代化为目标，对工程建设项目审批制度进行全流程、全覆盖改革，努力构建科学、便捷、高效的工程建设项目审批和管理体系。

（二）试点地区。北京市、天津市、上海市、重庆市、沈阳市、大连市、南京市、厦门市、武汉市、广州市、深圳市、成都市、贵阳市、渭南市、延安市和浙江省。

（三）改革内容。改革覆盖工程建设项目审批全过程（包括从立项到竣工验收和公共设施接入服务）；主要是房屋建筑和城市基础设施等工程，不包括特殊工程和交通、水利、能源等领域的重大工程；覆盖行政许可等审批事项和技术审查、中介服务、市政公用服务以及备案等其他类型事项，推动流程优化和标准化。

（四）工作目标。2018 年，试点地区建成工程建设项目审批制度框架和管理系统，按照规定的流程，审批时间压减一半以上，由目前平均 200 多个工作日压减至 120 个工作日。2019 年，总结推广试点经验，在全国范围开展工程建设项目审批制度改革，上半年将审批时间压减至 120 个工作日，试点地区审批事项和时间进一步减少；地级及以上城市建成工程建设项目审批制度框架和管理系统。2020 年，基本建成全国统一的工程建设项目审批和管理体系。

二、统一审批流程

（五）优化审批阶段。将工程建设项目审批流程主要划分为立项用地规划许可、工程建设许可、施工许可、竣工验收等四个阶段。其中，立项用地规划许可阶段主要包括项目审批核准备案、选址意见书核发、用地预审、用地规划许可等。工程建设许可阶段主要包括设计方案审查、建设工程规划许可证核发等。施工许可阶段主要包括消防、人防等设计审核确认和施工许可证核发等。竣工验收阶段主要包括规划、国土、消防、人防等验收及竣工验收备案等。其他行政许可、涉及安全的强制性评估、中介服务、市政公用服务以及备案等事项纳入相关阶段办理或与相关阶段并行推进。

（六）分类细化流程。根据工程建设项目类型、投资类别、规模大小等，分类细化审批流程，确定审批阶段和审批事项。简化社会投资的中小型工程建设项目审批，对于带方案出让土地的项目，不再对设计方案进行审核，将工程建设许可和施工许可合并为一个阶段。对于出让土地的工程建设项目，将建设用地审批纳入立项用地规划许可阶段。

（七）大力推广并联审批。每个审批阶段确定一家牵头部门，实行“一家牵头、并联审批、限时办结”，由牵头部门组织协调相关部门严格按照限定时间完成审批。

三、精简审批环节

（八）精减审批事项和条件。取消不符合上位法和不合规的审批事项。取消不合理、不必要的审批事项。对于保留的审批事项，要减少审批前置条件，公布审批事项清单。取消施工合同备案、建筑节能设计审查备案等事项。社会投资的房屋建筑工程，建设单位可以自主决定发包方式。

（九）下放审批权限。按照方便企业和群众办事的原则，对下级机关有能力承接的审批事项，下放或委托下级机关审批。相关部门要加强沟通协调，制定配套措施，完善监管制度，开展指导培训，提高审批效能。

（十）合并审批事项。由同一部门实施的管理内容相近或者属于同一办理阶段的多个审批事项，应整合为一个审批事项。推行联合勘验、联合测绘、联合审图、联合验收等。将消防设计审核、人防设计审查等技术审查并入施工图设计文件审查，相关部门不再进行技术审查。推行以政府购买服务方式开展施工图设计文件审查。将工程质量安全监督手续与施工许可证合并办理。规划、国土、消防、人防、档案、市政公用等部门和单位实行限时联合验收，统一竣工验收图纸和验收标准，统一出具验收意见。对于验收涉及的测量工作，实行“一次委托、统一测绘、成果共享”。

（十一）转变管理方式。对于能够用征求相关部门意见方式替代的审批事项，调整为政府内部协作事项。建设工程规划许可证核发时一并进行设计方案审查，由发证部门征求相关部门和单位意见，其他部门不再对设计方案进行单独审查。推行由政府统一组织对地震安全性评价、地质灾害危险性评估、环境影响评价、节能评价等事项实行区域评估。

（十二）调整审批时序。落实取消下放行政审批事项有关要求，环境影响评价、节能评价、地震安全性评价等评价事项不作为项目审批或核准条件，地震安全性评价在工程设计前完成即可，其他评价事项在施工许可前完成即可。可以将用地预审意见作为使用土地证明文件申请办理建设工程规划许可证，用地批准手续在施工许可前完成即可。将供水、供电、燃气、热力、排水、通信等市政公用基础设施报装提前到施工许可证核发后办理，在工程施工阶段完成相关设施建设，竣工验收后直接办理接入事宜。

（十三）推行告知承诺制。对通过事中事后监管能够纠正不符合审批条件的行为且不会产生严重后果的审批事项，实行告知承诺制。公布实行告知承诺制的审批事项清单及具体要求，申请人按照要求作出书面承诺的，审批部门可以直接作出审批决定。对已经实施区域评估的工程建设项目，相应的审批事项实行告知承诺制。在部分工程建设项目中推行建设工程规划许可告知承诺制。

四、完善审批体系

（十四）“一张蓝图”统筹项目实施。加快建立“多规合一”业务协同平台，统筹各类规划。以“多规合一”的“一张蓝图”为基础，统筹协调各部门提出项目建设条件，建设单位落实建设条件要求，相关部门加强监督管理和考核评估。

（十五）“一个系统”实施统一管理。在国家和地方现有信息平台基础上，整合形成“横向到边、纵向到底”的工程建设项目审批管理系统，覆盖各部门和市、县、区、乡镇（街道）各层级，实现统一受理、并联审批、实时流转、跟踪督办、信息共享。其中，涉密工程按照有关保密要求执行。审批管理系统要与“多规合一”业务协同平台、各部门审批管理系统等信息平台互联互通，做到审批过程、审批结果实时传送。通过工程建设项目审批管理系统，加强对地方工程建设项目审批工作的指导和监督管理。

（十六）“一个窗口”提供综合服务。整合各部门和各市政公用单位分散设立的服务窗口，设立工程建设项目审批综合服务窗口。建立完善“前台受理、后台审核”机制，综合服务窗口统一收件、出件，实现“一个窗口”服务和管理。

（十七）“一张表单”整合申报材料。各审批阶段均实行“一份办事指南，一张申请表单，一套申报材料，完成多项审批”的运作模式，牵头部门制定统一的办事指南和申报表格，每一个审批阶段申请人只需提交一套申报材料。不同审批阶段的审批部门应当共享申报材料，不得要求申请人重复提交。

（十八）“一套机制”规范审批运行。建立健全工程建设项目审批配套制度，明确部门职责，明晰工作规程，规范审批行为，确保审批各阶段、各环节无缝衔接。建立审批协调机制，协调解决部门意见分歧。建立督办督查制度，实时跟踪审批办理情况，对全过程实施督查。

五、强化监督管理

（十九）加强事中事后监管。建立与工程建设项目审批制度改革相适应的监管体系。全面推行“双随机、一公开”监管，加大监督检查力度，严肃查处违法违规行为。对于实行告知承诺制的审批事项，审批部门应当在规定时间内对申请人履行承诺的情况进行检查，对申请人未履行承诺的，撤销行政审批决定并追究申请人的相应责任。

（二十）加强信用体系建设。建立工程建设项目审批信用信息平台，建立黑名单制度，将企业和从业人员违法违规、不履行承诺的不良行为向社会公开，构建“一处失信、处处受限”的联合惩戒机制。

（二十一）规范中介和市政公用服务。建立健全管理制度，实行服务承诺制，明确服务标准和办事流程，规范服务收费。依托工程建设项目审批管理系统建立中介服务网上交易平台，对中介服务行为实施全过程监管。

六、统筹组织实施

（二十二）强化组织领导。住房城乡建设部要切实担负起工程建设项目审批制度改革工作的组织协调和督促指导责任，各有关部门要加强协作、密切配合。试点地区人民政府要高度重视工程建设项目审批制度改革工作，成立以主要负责同志为组长的领导小组，完善工作机制，层层压实责任。试点地区要根据本通知编制实施方案，细化分解任务，明确责任部门，制定时间表、路线图，确保试点工作有序推进，并于2018年6月15日前将实施方案报送住房城乡建设部。鼓励改革创新，改革中涉及突破相关法律法规及政策规定的，按照程序报有权机关授权。支持试点地区在立法权限范围内先行先试，依法依规推进改革工作。研究推动在农村地区因地制宜开展相关工程建设项目审批制度改革。

（二十三）建立考评机制。住房城乡建设部要会同相关部门建立工程建设项目审批制度改革考核评价机制，重点考核评价试点地区全流程、全覆盖实施改革情况，考核评价试点地区统一审批流程、精简审批环节、完善审批体系等情况，及时总结试点做法，形成可复制、可推广的经验，并将有关情况报国务院。试点地区人民政府要加大对有关部门改革工作的督查力度，跟踪督查改革任务落实情况。试点地区要定期向住房城乡建设部报送工作进展情况。对于工作推进不力、影响工程建设项目审批制度改革进程的，特别是未按时完成阶段性工作目标的，要依法依规严肃问责。

（二十四）做好宣传引导。试点地区要通过多种形式及时宣传报道相关工作措施和取得的成效，加强舆论引导，增进社会公众对试点工作的了解和支持，及时回应群众关切，为顺利推进试点工作营造良好的舆论环境。

住房和城乡建设部关于进一步加强建筑市场监管工作的意见

1. *2011年6月24日*
2. *建市〔2011〕86号*
3. *根据2019年3月18日《住房和城乡建设部关于修改有关文件的通知》（建法规〔2019〕3号）修正*

当前，我国建筑市场运行机制初步建立，建筑业规模不断扩大，为我国经济社会发展做出了积极贡献。但是，目前建筑市场仍然存在着一些突出问题，尤其是市场各方主体行为不规范，影响了建筑业的健康发展。为维护建筑市场秩序，保障工程质量安全，现就进一步加强建筑市场监管工作提出如下意见：

一、落实建设单位责任，严格依法发包工程

（一）不具备建设条件的项目一律不得发包。建设单位要严格遵守国家有关建设工程基本程序、工期、造价、质量、安全、节能与环境保护等方面的法律法规和强制性标准，依法进行项目发包，不得以任何名义不履行法定建设程序或者擅自简化法定建设程序。建设工程发包应当具备以下条件：

1. 已经履行工程立项审批、核准或备案手续；

2. 发包人为法人或依法成立的其他组织；

3. 有满足工程发包所需的资料或文件；

4. 工程建设资金已经落实；

5. 法律法规规定的其他条件。

（二）禁止设置不合理的招标条件。建设单位要严格依法进行工程招标，不得设置不合理条款排斥或限制潜在投标人，不得将所有制形式、企业注册地、过高资质等级要求、特定地域业绩及奖项等设置为招标条件，严禁政府投资项目使用带资承包方式进行建设。

（三）禁止肢解发包工程。建设单位要将工程发包给具备相应资质条件的承包单位，不得将应当由一个承包单位完成的建设工程肢解成若干部分发包给不同的承包单位。建设单位将施工总承包单位资质范围内的工程发包给两个及以上单位的，视为肢解发包，有关部门要依法进行查处。

建设单位直接向施工总承包单位的分包单位支付分包工程款，或者要求承包单位将已经承包的部分建设工程分包给指定单位的，有关部门应当依法进行查处。

（四）禁止建设单位指定工程分包单位。承包单位对其承包范围内的部分专业工程依法进行分包时，建设单位不得指定分包单位，不得要求承包单位购入其指定的建筑材料、构配件和设备，不得采用与总承包单位、分包单位签订"三方协议"的方式变相指定分包单位。

二、规范工程承包行为，严禁转包和违法分包

（五）禁止转包工程。承包单位要严格履行合同约定的责任和义务，不得转包工程。工程勘察、设计、施工单位不履行合同约定的责任和义务，将其承包的全部建设工程转给他人或者以分包名义分别转给他人的；分包工程的发包单位未在施工现场设立项目管理机构、派驻项目经理及配备项目管理人员的，视为转包工程，有关部门要依法进行查处。

实行施工总承包的工程，施工总承包单位与施工总承包范围内分包工程的发包单位是两个独立法人单位的；主体工程使用的主要建筑材料或设备由分包单位购买或租赁的，有关部门应当依法进行查处。

（六）禁止违法分包工程。承包单位要严格按照法律法规的规定进行工程分包。承包单位不得将承接工程的主体工程进行分包，分包单位不得将分包工程再分包。承包单位存在下列情形之一的视为违法分包，有关部门要依法进行查处：

1. 承包单位将建设工程分包给不具备相应资质条件的单位或个人的；

2. 承包合同中没有约定，又未经建设单位书面认可，承包单位将其承包的部分建设工程交由其他单位完成的；

3. 劳务企业将承包的劳务作业再分包的；

4. 法律法规规定的其他情形。

建筑工程设计单位将建筑专业的全部设计业务分包给其他单位的，建筑、结构、机电工程设计事务所将本专业的设计业务分包给其他单位的，其他专业工程设计单位将全部工艺设计业务分包给其他单位的，有关部门应当依法进行查处。

三、加强合同管理，规范合同履约行为

（七）规范合同订立。建设工程合同双方要在合同中明确约定承包范围、质量安全要求、工期、价款及支付方式、变更要求、验收与结算以及合同争议的解决方式等内容，避免因双方责任、权利、义务约定不明确造成合同纠纷。建设单位不得任意压低造价和压缩工期。合同双方要依据国家和建设项目所在地的有关规定，合理确定工程预付款、进度款的数额和支付方式，工程变更的调整方式，工程量清单错漏项的认定方式，人工及材料价格大幅变化所致风险的承担方式，竣工结算款的支付期限等。各地造价管理机构要依据市场实际价格情况及时发布建设工程造价信息，指导和推进合同双方规范工程计价行为。

（八）落实合同履约责任。合同双方应当按照合同约定，全面履行各自义务和责任，协商处理合同履行中出现的问题和争议。建设单位要及时跟踪工程质量安全、工程进展等情况，按时支付工程预付款、安全防护费、进度款和办理竣工结算，并督促承包单位落实质量安全防护措施。建设单位未按合同约定支付工程款，致使承包单位无法施工的，由建设单位承担工期延误的责任，并按照合同约定向承包单位赔偿经济损失。承包单位要按照合同约定认真履行工程质量安全、工期等义务，按时支付劳务费和办理竣工结算。

（九）建立合同履约风险防范机制。在工程建设项目特别是房地产开发项目中，要积极推行以业主工程款支付担保、承包商履约担保为主要内容的工程担保制度，完善相关措施，落实担保人保后监管责任，促进合同履约，防范和化解合同争议。要积极推行工程

质量保险制度，防范和降低工程质量风险。

四、加强施工现场管理，保障工程质量安全

（十）强化施工总承包单位负责制。施工总承包单位对工程施工的质量、安全、工期、造价以及执行强制性标准等负总责。施工总承包单位的责任不因工程分包行为而转移。分包单位责任导致的工程质量安全事故，施工总承包单位承担连带责任。专业分包或劳务分包单位应当接受施工总承包单位的施工现场统一管理。建设单位依法直接发包的专业工程，建设单位、专业承包单位要与施工总承包单位签订施工现场统一管理协议，明确各方的责任、权利、义务。

（十一）健全施工现场管理制度。施工单位要制定工程项目现场管理办法并严格执行，配备与项目规模技术要求相适应的项目管理班子。项目经理、施工、技术、质量、安全、劳资等管理人员应为本企业人员且持有相应资格的上岗证书。施工单位要切实履行职责，定期对本单位和分包单位的现场管理人员和作业人员到位和持证上岗、质量安全保证体系、技术交底、教育培训等实施情况进行检查。

（十二）强化设计单位的现场设计服务。建设单位和设计单位要明确约定现场设计服务的内容及费用。设计单位要加强工程项目建设过程中的现场设计服务，在项目施工前应对审查合格的施工图文件向施工单位做出详细说明，并及时解决施工过程中与设计有关的问题。设计单位要对参加现场设计服务情况做出记录并予以保存。

（十三）严格履行监理单位职责。监理单位要严格依照法律法规以及有关技术标准、设计文件和建设工程承包合同实施监理，对建设工程的施工质量安全依法承担监理责任。监理单位要落实项目总监负责制，建立项目监理机构，配备足够的、专业配套的监理人员，严格按程序开展监理工作。监理工程师要按照工程监理规范的要求，采取旁站、巡视、平行检验等多种形式，及时到位进行监督检查，对达不到规定要求的建筑材料、构配件、设备以及不符合要求的施工组织设计、施工方案不得签字放行。发现存在质量安全隐患的，应当要求施工单位整改；情况严重的，应当要求施工单位暂停施工，并及时报告建设单位。施工单位拒不整改或者不停止施工的，监理单位要及时向有关主管部门报告。

（十四）严格执行工程建设标准。建设工程的建设、勘察、设计、施工、监理、检测等单位要严格执行工程建设标准，督促从业人员认真掌握并严格执行相关工程建设标准。各地要加强对工程建设标准的培训和宣传，并将市场各方主体不执行工程建设强制性标准的情况及时在建筑市场诚信信息平台上公布。

五、加强建筑劳务管理，提高作业人员素质

（十五）落实用工单位责任。施工总承包单位对劳务分包单位的日常管理、劳务作业和用工情况负有监督管理责任，对监管不到位以及因转包、违法分包工程造成拖欠劳务人员工资的，依法承担相应责任。施工总承包单位不得要求劳务分包单位垫资承包，不得拖欠劳务分包单位的劳务费用。用工单位要依法与劳务人员签订规范的劳动合同。用工单位对内部用工管理、持证上岗作业和劳务人员工资发放负直接责任，并要按月或按合同约定及时支付劳务人员工资，不得以任何理由拖欠劳务人员工资。

（十六）加大农民工培训力度。要利用各类职业培训资源，充分发挥职业院校和社会化职业培训机构作用，建立政府部门、行业协会、施工单位多层次培训体系，多渠道筹集培训经费，加大对农民工的培训力度。进一步落实持证上岗制度，特殊工种人员严禁无证上岗。大力开展职业技能培训与鉴定工作，普通技术工人在“十二五”期间推行持证上岗。营造职业技能等级与劳动报酬挂钩的市场环境，增强农民工参加培训、提升技术水平的积极性，全面提高建筑劳务人员素质。

（十七）推行建筑劳务人员实名制管理。施工总承包单位要以工程项目为单位落实劳务人员实名管理制度，要配置专人对劳务分包单位的劳动统计、出工考勤、工资发放进行监管，并处理劳务人员的举报投诉。用工单位要设置专人对劳务人员身份信息、劳动合同、工资发放、持证上岗、工伤保险、意外伤害险等情况进行规范管理。各地要总结试点地区的经验，扩大建筑劳务人员信息化管理试点范围，实行建筑劳务人员从业档案电子化管理。

六、加强诚信体系建设，提高监管信息化水平

（十八）建立完善建筑市场监管信息系统。要加快行业注册人员数据库、企业数据库、工程项目数据库的建设步伐。住房城乡建设部将尽快制定全国建筑市场监管信息系统基础数据库的数据标准。各地要健全和完善省级建筑市场监管信息系统的基础数据库，实现与中央数据库的对接和互联互通，在全国范围内建

立覆盖建设、勘察、设计、施工、监理等各方主体，以及招标投标、施工许可、工程施工、质量安全各环节的监管信息系统。

（十九）加强信用信息的采集和录入。各地要建立由企业资质、人员资格、招标投标、施工许可、合同备案、设计、施工、监理、造价、质量、安全、行政执法等多部门组成的联席办公机制，建立综合与专业相结合、上下对口联动的信用信息采集体系，落实工作职责，按照《全国建筑市场责任主体不良行为记录基本标准》，及时录入和上报不良信用信息。住房城乡建设部将继续完善全国建筑市场诚信信息平台，尽快出台注册执业人员不良行为记录基本标准，并建立信息报送通报制度，对不按期报送、瞒报信用信息的地区进行通报批评。

（二十）实现市场主体行为信息公开。各级住房城乡建设主管部门要充分利用全国建筑市场诚信信息平台，向社会公布工程项目、承包企业及注册人员的基本情况、招投标、施工许可、质量安全、合同备案、合同履约等各类信息，尽快制定不良行为信息分级分类管理办法，公示市场主体的不良行为，公布发生较大及以上质量安全事故、转包工程、违法分包工程、拖欠农民工工资、以讨要工资为名扰乱正常生产生活秩序等违法违规行为的企业和人员，接受社会监督。要逐步建立失信惩戒、守信激励制度，通过约谈、公示、公告等方式进行信用惩戒和社会监督，通报表彰诚实守信的企业和人员，引导建设单位在发包中选用遵纪守法、重视质量安全的企业和人员，不用不遵纪守法、不重视质量安全的企业和人员。

七、加大市场清出力度，严肃查处违法违规行为

（二十一）强化质量安全事故“一票否决制”。各地要积极主动参与质量安全事故的调查处理，建立事故统计通报制度，及时将事故情况及涉及企业和个人信息通报上级住房城乡建设主管部门。对事故涉及的企业和个人，要暂停其资质资格的升级、增项。要加强事故责任认定后的处罚，对事故负有责任的企业和个人，要按照有关法律法规和《规范住房城乡建设部工程建设行政处罚裁量权实施办法》、《住房城乡建设部工程建设行政处罚裁量基准》，予以严肃查处。

（二十二）加强资质资格动态监管。要严格资质资格的审批，适度提高准入标准，调控各类企业数量规模。各级住房城乡建设主管部门要明确职责、严格把关，认真核实企业的工程业绩，严厉打击资质资格申报过程中弄虚作假行为。要认真落实《关于加强建筑市场资质资格动态监管完善企业和人员准入清出制度的指导意见》，对企业取得资质后是否符合资质标准进行动态核查，依法清理一批不再符合资质资格条件的企业和个人，逐步扭转建筑市场供大于求的局面。省级住房城乡建设主管部门每年要将本行政区域内对企业和从业人员违法违规行为的处罚情况书面报送住房城乡建设部，住房城乡建设部汇总后向全国通报。

（二十三）严肃查处建设单位违法违规行为。各地要及时纠正建设单位在招标时设置不合理条件，任意压缩工期和工程造价，或者政府投资工程要求带资承包等违法违规行为，建设单位拒不改正的，应依法进行处理。要依法查处建设单位肢解发包工程，指定分包单位或材料设备生产厂、供应商，强迫承包单位签订“阴阳合同”等违法违规行为，造成工程质量安全事故或重大隐患的，应依法追究建设单位的责任。要按照有关法律法规，严肃处理建设单位不按合同约定及时支付工程款，或质量保证金等到期不及时返还的问题，对造成农民工工资拖欠以及群体性事件的，应依法追究其责任。各地要严格施工许可管理，不符合法定条件的不得颁发施工许可证；对于违法开工的工程，要依法责令停工。建设单位发生上述行为的，各地应将其作为不良行为在建筑市场诚信信息平台上进行公布。

（二十四）严肃查处勘察、设计、施工单位的违法违规行为。对勘察、设计、施工单位转包、违法分包、转让、出借资质证书或者以其他方式允许他人以本单位名义承揽工程的，要责令改正，依法给予没收违法所得、罚款等行政处罚；对勘察设计单位不按照建设工程质量安全标准进行勘察设计，施工单位在施工中偷工减料的，或者使用不合格的材料、构配件和设备的，要责令改正，依法给予罚款等行政处罚。施工单位未将其承包的工程进行分包，但在施工现场所设项目管理机构的项目经理及项目管理人员与承包单位之间无注册执业关系和劳动合同及社会保险关系的，视同允许他人以本企业名义承揽工程进行查处。勘察、设计、施工单位的不良行为要在建筑市场诚信信息平台上向社会公布。对因拖欠农民工工资造成群体性事件的，要记入建筑市场诚信信息平台并向全国通报。对于造成工程质量安全事故的，依法给予停业整顿、降低资质等级、吊销资质证书的行政处罚；构成犯罪的，依法追究刑事责任。

（二十五）严肃查处工程监理等单位违法违规行为。各地要结合实际，对工程监理单位以及招标代理、造价咨询、工程检测、施工图审查等中介机构开展专项治理。对工程监理单位转让监理业务、不按《建设工程监理规范》规定和合同约定配备监理人员、超越资质等级承接业务、出卖或转让资质证书的，招标代理机构与招标人或投标人串通搞虚假招标的，造价咨询机构违法违规编审工程造价的，工程检测机构出具虚假检测报告的，施工图审查单位在审查中发生重大失误或弄虚作假的，要依法追究其责任，给委托方造成损失的，要承担相应赔偿责任。上述行为要作为不良行为在建筑市场诚信信息平台上向社会公布。对于造成工程质量安全事故的，要依法降低其资质资格等级直至吊销资质资格证书；构成犯罪的，依法追究刑事责任。

（二十六）严肃查处从业人员违法违规行为。各地要按照“企业和人员并重”的监管方针，切实加强对注册建筑师、勘察设计注册工程师、注册监理工程师、注册建造师等注册人员的监管，落实其法定责任和签章制度。要严肃查处注册人员出租出借资格证书、出卖印章、人证分离、重复注册、不执行有关法律法规与强制性标准等违法违规行为，造成工程质量安全事故，情节严重的，要依法吊销其执业资格直至终身禁止执业，并在建筑市场诚信信息平台上向社会公布；构成犯罪的，依法追究刑事责任。

八、创建良好市场环境，促进建筑业健康发展

（二十七）加强组织领导。各地要高度重视加强建筑市场监管工作，认真落实党中央、国务院关于开展工程建设领域突出问题专项治理的有关要求，坚持以科学发展观为指导，切实增强紧迫感和使命感，充分运用法律、经济、行政以及信用约束等手段，维护公平竞争、依法诚信的建筑市场秩序，保障工程质量安全和人民群众切身利益，维护社会和谐稳定。

各地要规范外地企业进入本地的告知性备案制度，取消强制要求外地企业在当地注册独立子公司，将本地区、本系统业绩作为评标加分条件等不合理的限制措施，维护全国建筑市场的统一。政府部门要加快与其所属企业脱钩，严禁利用自身监管权力违法违规干预工程招投标，为其下属或本地企业承接工程，努力构建公平竞争、合理流动的市场环境。

（二十八）健全监督执法机制。从2011年开始，住房城乡建设部将定期组织全国建筑市场专项检查活动，对建筑市场中的突出问题进行集中执法检查。市（县）级住房城乡建设主管部门要对本地所有在建工程项目进行全面检查，省级住房城乡建设主管部门要进行重点巡查，住房城乡建设部进行抽查，通过强化对市场主体违法违规行为的打击力度，将建筑市场专项检查活动常态化、制度化。各地要加强对开发区、保税区、工业园区等区域内工程建设的管理，不允许以加快建设、营造良好软环境为借口，不履行法定建设程序，不遵守相关法律制度，逃避监督执法。各地要充分发挥部门联动执法的作用，加强与工商、税务、司法、银行等相关行业主管部门的协调配合，完善沟通渠道，健全信息共享、联动执法等制度，形成建筑市场监管合力。

（二十九）加强监管队伍建设。各级住房城乡建设主管部门要加强建筑市场监管队伍建设，充实监管人员，落实必要的工作条件和经费。上级住房城乡建设主管部门要加强对基层建筑市场监管工作的指导，针对突出问题组织专题调研，强化对基层监管人员的业务培训和工作监督，提高基层建筑市场监管工作对政策的掌握水平和依法行政能力。各地要加强对建筑市场执法情况的检查，对有法不依、执法不严、违法不究的单位和人员，要依法追究责任。

（三十）促进行业发展。各地要督促企业落实“绿色建筑、节能减排”要求，推动企业技术进步，提升企业自主创新能力，鼓励企业开发具有自主知识产权的专利和专有技术，鼓励企业制定具有自身特点的技术标准和工法，提高大型现代化机械设备装备能力，增强企业的核心竞争力。要加大支持力度，在一些大型公共建筑和基础设施建设中推行工程总承包，引导大型设计、施工企业发展成为具有设计、采购、施工管理等全过程服务能力的龙头企业，全面提升建筑企业的技术与管理水平，促进建筑业健康发展。

住房和城乡建设部关于做好建筑企业跨省承揽业务监督管理工作的通知

1．2013年3月15日
2．建市〔2013〕38号

各省、自治区住房城乡建设厅，直辖市建委（建交委），北京市规委，新疆生产建设兵团建设局：

为推动建立统一开放、公平竞争的建筑市场秩序，促进建筑企业持续健康发展，现就进一步做好建筑企业（包括工程勘察、设计、施工、监理、招标代理，下同）跨省承揽业务监督管理工作通知如下：

一、各级住房城乡建设行政主管部门应当严格执行国家相关法律、法规，给予外地建筑企业与本地建筑企业同等待遇，严禁设置地方壁垒。不得对外地企业设立审批性备案和借用备案名义收取费用；不得强制要求外地企业在本地注册独立子公司、分公司；不得强行扣押外地备案企业和人员的相关证照资料；不得要求企业注册所在地住房城乡建设主管部门或其上级主管部门出具相关证明等。

二、实行备案的各省（区、市）住房城乡建设主管部门应当随时接收外地企业备案材料，即时办理备案手续，仅限于对企业营业执照、企业资质证书、企业安全生产许可证、企业驻本地办公场地租赁（或产权）证明、企业法定代表人签署的企业驻本地的业务负责人授权委托书进行备案复核。

三、省（区、市）住房城乡建设主管部门应当将已备案的外地企业信息及时通报本地区各级住房城乡建设主管部门，备案信息应当及时向社会公开。省内各级建设主管部门不得要求已在本省办理过登记备案手续的企业重复备案。

四、省（区、市）住房城乡建设主管部门应当结合建筑市场监管的实际情况，调整监管思路，创新监管机制，在简化备案手续的同时，加大对备案企业市场行为的动态监管力度。对允许其他单位或个人以本单位名义承揽业务，以任何方式同不具备资质、资格条件的单位或个人合作承揽业务，拖欠工程款和农民工工资，围标串标、转包和违法分包，超越资质等级承揽业务等违法违规行为和发生质量安全事故的企业依法予以查处。

五、省（区、市）住房城乡建设主管部门应当加强对本地区各级主管部门跨省备案管理工作的指导和监督，对在市场准入、招标投标等方面设立不合理条件排斥或限制外地企业承揽业务的，上级主管部门应当予以制止，并责令其限期改正，逾期仍未改正的，上级主管部门应当予以通报批评。

六、省（区、市）住房城乡建设主管部门应对所有本地和外地的建筑企业建立信用档案，积极推动本地区建筑市场监管信息系统建设，通过市场和现场的两场监管联动，实施跟踪管理。工程项目所在地县级及以上地方建设主管部门应当依法查处本区域跨省企业和个人在承揽业务中的违法违规行为，并将违法事实、处理结果或处理建议通过省（区、市）住房城乡建设主管部门及时告知该企业注册地省（区、市）住房城乡建设主管部门。对于重大违法违规行为，按照有关规定由省（区、市）住房城乡建设主管部门报送住房城乡建设部，作为不良行为信息向社会公布，并按有关规定严肃查处。

住房和城乡建设部关于推进建筑业发展和改革的若干意见

1. 2014年7月1日
2. 建市〔2014〕92号

各省、自治区住房城乡建设厅，直辖市建委（建设交通委），新疆生产建设兵团建设局：

为深入贯彻落实党的十八大和十八届三中全会精神，推进建筑业发展和改革，保障工程质量安全，提升工程建设水平，针对当前建筑市场和工程建设管理中存在的突出问题，提出如下意见：

一、指导思想和发展目标

（一）指导思想。以邓小平理论、“三个代表”重要思想、科学发展观为指导，加快完善现代市场体系，充分发挥市场在资源配置中的决定性作用和更好发挥政府作用，紧紧围绕正确处理好政府和市场关系的核心，切实转变政府职能，全面深化建筑业体制机制改革。

（二）发展目标。简政放权，开放市场，坚持放管并重，消除市场壁垒，构建统一开放、竞争有序、诚信守法、监管有力的全国建筑市场体系；创新和改进政府对建筑市场、质量安全的监督管理机制，加强事中事后监管，强化市场和现场联动，落实各方主体责任，确保工程质量安全；转变建筑业发展方式，推进建筑产业现代化，促进建筑业健康协调可持续发展。

二、建立统一开放的建筑市场体系

（三）进一步开放建筑市场。各地要严格执行国家相关法律法规，废除不利于全国建筑市场统一开放、妨碍企业公平竞争的各种规定和做法。全面清理涉及工程建设企业的各类保证金、押金等，对于没有法律法规依据的一律取消。积极推行银行保函和诚信担保。规范备案管理，不得设置任何排斥、限制外地企业进入本地区的准入条件，不得强制外地企业参加培训或在当地成立子公司等。各地有关跨省承揽业务的具体管理要求，应当向社会公开。各地要加强外地企业准入后的监督管理，建立跨省承揽业务企业的违法违规行为处理督办、协调机制，严厉查处围标串标、转包、挂靠、违法分包等违法违规行为及质量安全事故，对于情节严重的，予以清出本地建筑市场，并在全国建筑市场监管与诚信信息发布平台曝光。

（四）推进行政审批制度改革。坚持淡化工程建设企业资质、强化个人执业资格的改革方向，探索从主要依靠资质管理等行政手段实施市场准入，逐步转变为充分发挥社会信用、工程担保、保险等市场机制的作用，实现市场优胜劣汰。加快研究修订工程建设企业资质标准和管理规定，取消部分资质类别设置，合并业务范围相近的企业资质，合理设置资质标准条件，注重对企业、人员信用状况、质量安全等指标的考核，强化资质审批后的动态监管；简政放权，推进审批权限下放，健全完善工程建设企业资质和个人执业资格审查制度；改进审批方式，推进电子化审查，加大公开公示力度。

（五）改革招标投标监管方式。调整非国有资金投资项目发包方式，试行非国有资金投资项目建设单位自主决定是否进行招标发包，是否进入有形市场开展工程交易活动，并由建设单位对选择的设计、施工等单位承担相应的责任。建设单位应当依法将工程发包给具有相应资质的承包单位，依法办理施工许可、质量安全监督等手续，确保工程建设实施活动规范有序。各地要重点加强国有资金投资项目招标投标监管，严格控制招标人设置明显高于招标项目实际需要和脱离市场实际的不合理条件，严禁以各种形式排斥或限制潜在投标人投标。要加快推进电子招标投标，进一步完善专家评标制度，加大社会监督力度，健全中标候选人公示制度，促进招标投标活动公开透明。鼓励有条件的地区探索开展标后评估。勘察、设计、监理等工程服务的招标，不得以费用作为唯一的中标条件。

（六）推进建筑市场监管信息化与诚信体系建设。加快推进全国工程建设企业、注册人员、工程项目数据库建设，印发全国统一的数据标准和管理办法。各省级住房城乡建设主管部门要建立建筑市场和工程质量安全监管一体化工作平台，动态记录工程项目各方主体市场和现场行为，有效实现建筑市场和现场的两场联动。各级住房城乡建设主管部门要进一步加大信息的公开力度，通过全国统一信息平台发布建筑市场和质量安全监管信息，及时向社会公布行政审批、工程建设过程监管、执法处罚等信息，公开曝光各类市场主体和人员的不良行为信息，形成有效的社会监督机制。各地可结合本地实际，制定完善相关法规制度，探索开展工程建设企业和从业人员的建筑市场和质量安全行为评价办法，逐步建立“守信激励、失信惩戒”的建筑市场信用环境。鼓励有条件的地区研究、试行开展社会信用评价，引导建设单位等市场各方主体通过市场化运作综合运用信用评价结果。

（七）进一步完善工程监理制度。分类指导不同投资类型工程项目监理服务模式发展。调整强制监理工程范围，选择部分地区开展试点，研究制定有能力的建设单位自主决策选择监理或其它管理模式的政策措施。具有监理资质的工程咨询服务机构开展项目管理的工程项目，可不再委托监理。推动一批有能力的监理企业做优做强。

（八）强化建设单位行为监管。全面落实建设单位项目法人责任制，强化建设单位的质量责任。建设单位不得违反工程招标投标、施工图审查、施工许可、质量安全监督及工程竣工验收等基本建设程序，不得指定分包和肢解发包，不得与承包单位签订“阴阳合同”、任意压缩合理工期和工程造价，不得以任何形式要求设计、施工、监理及其他技术咨询单位违反工程建设强制性标准，不得拖欠工程款。政府投资工程一律不得采取带资承包方式进行建设，不得将带资承包作为招标投标的条件。积极探索研究对建设单位违法行为的制约和处罚措施。各地要进一步加强对建设单位市场行为和质量安全行为的监督管理，依法加大对建设单位违法违规行为的处罚力度，并将其不良行为在全国建筑市场监管与诚信信息发布平台曝光。

（九）建立与市场经济相适应的工程造价体系。逐步统一各行业、各地区的工程计价规则，服务建筑市场。健全工程量清单和定额体系，满足建设工程全过程不同设计深度、不同复杂程度、多种承包方式的计价需要。全面推行清单计价制度，建立与市场相适应的定额管理机制，构建多元化的工程造价信息服务方式，清理调整与市场不符的各类计价依据，充分发挥造价咨询企业等第三方专业服务作用，为市场决定工程造价提供保障。建立国家工程造价数据库，发布指标指数,提升造价信息服务。推行工程造价全过程咨询服务,强化国有投资工程造价监管。

三、强化工程质量安全管理

(十)加强勘察设计质量监管。进一步落实和强化施工图设计文件审查制度,推动勘察设计企业强化内部质量管控能力。健全勘察项目负责人对勘察全过程成果质量负责制度。推行勘察现场作业人员持证上岗制度。推动采用信息化手段加强勘察质量管理。研究建立重大设计变更管理制度。推行建筑工程设计使用年限告知制度。推行工程设计责任保险制度。

(十一)落实各方主体的工程质量责任。完善工程质量终身责任制,落实参建各方主体责任。落实工程质量抽查巡查制度,推进实施分类监管和差别化监管。完善工程质量事故质量问题查处通报制度,强化质量责任追究和处罚。健全工程质量激励机制,营造“优质优价”市场环境。规范工程质量保证金管理,积极探索试行工程质量保险制度,对已实行工程质量保险的工程,不再预留质量保证金。

(十二)完善工程质量检测制度。落实工程质量检测责任,提高施工企业质量检验能力。整顿规范工程质量检测市场,加强检测过程和检测行为监管,加大对虚假报告等违法违规行为处罚力度。建立健全政府对工程质量监督抽测制度,鼓励各地采取政府购买服务等方式加强监督检测。

(十三)推进质量安全标准化建设。深入推进项目经理责任制,不断提升项目质量安全水平。开展工程质量管理标准化活动,推行质量行为标准化和实体质量控制标准化。推动企业完善质量保证体系,加强对工程项目的质量管理,落实质量员等施工现场专业人员职责,强化过程质量控制。深入开展住宅工程质量常见问题专项治理,全面推行样板引路制度。全面推进建筑施工安全生产标准化建设,落实建筑施工安全生产标准化考评制度,项目安全标准化考评结果作为企业标准化考评的主要依据。

(十四)推动建筑施工安全专项治理。研究探索建筑起重机械和模板支架租赁、安装(搭设)、使用、拆除、维护保养一体化管理模式,提升起重机械、模板支架专业化管理水平。规范起重机械安装拆卸工、架子工等特种作业人员安全考核,提高从业人员安全操作技能。持续开展建筑起重机械、模板支架安全专项治理,有效遏制群死群伤事故发生。

(十五)强化施工安全监督。完善企业安全生产许可制度,以企业承建项目安全管理状况为安全生产许可延期审查重点,加强企业安全生产许可的动态管理。鼓励地方探索实施企业和人员安全生产动态扣分制度。完善企业安全生产费用保障机制,在招标时将安全生产费用单列,不得竞价,保障安全生产投入,规范安全生产费用的提取、使用和管理。加强企业对作业人员安全生产意识和技能培训,提高施工现场安全管理水平。加大安全隐患排查力度,依法处罚事故责任单位和责任人员。完善建筑施工安全监督制度和安全监管绩效考核机制。支持监管力量不足的地区探索以政府购买服务方式,委托具备能力的专业社会机构作为安全监督机构辅助力量。建立城市轨道交通等重大工程安全风险管理制度,推动建设单位对重大工程实行全过程安全风险管理,落实风险防控投入。鼓励建设单位聘用专业化社会机构提供安全风险管理咨询服务。

四、促进建筑业发展方式转变

(十六)推动建筑产业现代化。统筹规划建筑产业现代化发展目标和路径。推动建筑产业现代化结构体系、建筑设计、部品构件配件生产、施工、主体装修集成等方面的关键技术研究与应用。制定完善有关设计、施工和验收标准,组织编制相应标准设计图集,指导建立标准化部品构件体系。建立适应建筑产业现代化发展的工程质量安全监管制度。鼓励各地制定建筑产业现代化发展规划以及财政、金融、税收、土地等方面激励政策,培育建筑产业现代化龙头企业,鼓励建设、勘察、设计、施工、构件生产和科研等单位建立产业联盟。进一步发挥政府投资项目的试点示范引导作用并适时扩大试点范围,积极稳妥推进建筑产业现代化。

(十七)构建有利于形成建筑产业工人队伍的长效机制。建立以市场为导向、以关键岗位自有工人为骨干、劳务分包为主要用工来源、劳务派遣为临时用工补充的多元化建筑用工方式。施工总承包企业和专业承包企业要拥有一定数量的技术骨干工人,鼓励施工总承包企业拥有独资或控股的施工劳务企业。充分利用各类职业培训资源,建立多层次的劳务人员培训体系。大力推进建筑劳务基地化建设,坚持“先培训后输出、先持证后上岗”的原则。进一步落实持证上岗制度,从事关键技术工种的劳务人员,应取得相应证书后方可上岗作业。落实企业责任,保障劳务人员的合法权益。推行建筑劳务实名制管理,逐步实现建筑劳务人员信息化管理。

(十八)提升建筑设计水平。坚持以人为本、安全集约、生态环保、传承创新的理念,树立文化自信,鼓励建筑设计创作。树立设计企业是创新主体的意识,提倡精品设计。鼓励开展城市设计工作,加强建筑设计与城市规划间的衔接。探索放开建筑工程方案设计资质准入限制,鼓励相关专业人员和机构积极参与建筑设计方案竞选。完善建筑设计方案竞选制度,建立完善大型公共建筑方案公众参与和专家辅助决策机制,在方案评审中,重视设计方案文化内涵审查。加强建筑设计人才队伍建设,着力培养一批高层次创新人才。开展设计评优,激发建筑设计人员的创作激情。探索研究大型公共建筑设计后评估制度。

(十九)加大工程总承包推行力度。倡导工程建设项目采用工程总承包模式,鼓励有实力的工程设计和施工企业开展工程总承包业务。推动建立适合工程总承包发展的招标投标和工程建设管理机制,调整现行招标投标、施工许可、现场执法检查、竣工验收备案等环节管理制度,为推行工程总承包创造政策环境。工程总承包合同中涵盖的设计、施工业务可以不再通过公开招标方式确定分包单位。

(二十)提升建筑业技术能力。完善以工法和专有技术成果、试点示范工程为抓手的技术转移与推广机制,依法保护知识产权。积极推动以节能环保为特征的绿色建造技术的应用。推进建筑信息模型(BIM)等信息技术在工程设计、施工和运行维护全过程的应用,提高综合效益。推广建筑工程减隔震技术。探索开展白图替代蓝图、数字化审图等工作。建立技术研究应用与标准制定有效衔接的机制,促进建筑业科技成果转化,加快先进适用技术的推广应用。加大复合型、创新型人才培养力度。推动建筑领域国际技术交流合作。

五、加强建筑业发展和改革工作的组织和实施

(二十一)加强组织领导。各地要高度重视建筑业发展和改革工作,加强领导、明确责任、统筹安排,研究制定工作方案,不断完善相关法规制度,推进各项制度措施落实,及时解决发展和改革中遇到的困难和问题,整体推进建筑业发展和改革的不断深化。

(二十二)积极开展试点。各地要结合本地实际组织开展相关试点工作,把试点工作与推动本地区工作结合起来,及时分析试点进展情况,认真总结试点经验,研究解决试点中出现的问题,在条件成熟时向全国推广。要加大宣传推动力度,调动全行业和社会各方力量,共同推进建筑业的发展和改革。

(二十三)加强协会能力建设和行业自律。充分发挥协会在规范行业秩序、建立行业从业人员行为准则、促进企业诚信经营等方面的行业自律作用,提高协会在促进行业技术进步、提升行业管理水平、反映企业诉求、提出政策建议等方面的服务能力。鼓励行业协会研究制定非政府投资工程咨询服务类收费行业参考价,抵制恶意低价、不合理低价竞争行为,维护行业发展利益。

·典型案例·

河源市劳动服务建筑工程公司与龙川县人民政府建设工程施工合同纠纷案

【裁判摘要】

原告提出诉讼请求并经人民法院作出生效裁判后,又以实际争议标的额超出原诉讼请求为由,就超出的数额另行提起诉讼,系对同一争议事实再次起诉,违反一事不再理的民事诉讼原则,人民法院不应予以支持。

申请再审人(一审原告、二审被上诉人、原被申请人):河源市劳动服务建筑工程公司。

被申请人(一审被告、二审上诉人、原申请再审人):龙川县人民政府。

申请再审人河源市劳动服务建筑工程公司(以下简称劳服公司)因与被申请人龙川县人民政府(以下简称龙川县政府)建设工程施工合同纠纷一案,不服广东省高级人民法院(以下简称广东高院)(2010)粤高法审监民再字第11号民事裁定(以下简称再审裁定),向最高人民法院申请再审。最高人民法院依法组成合议庭对本案进行了审查,现已审查终结。

劳服公司申请再审称:(一)有新的证据,足以推翻再审裁定。劳服公司提交的2005年12月15日的工程款结算表是新的证据,证明双方确认龙川县政府所欠工程款4 506 688元及利息正在诉讼中,不在结算范围之内。(二)再审裁定认定的基本事实缺乏证据证明。广东高院(2004)粤高法民一终字第402号民事判决(以下简称402号判决)未对4 506 688元工程款进行判决,劳服公司对该部分工程款另行起诉,不违反一事不再理原则。再审裁定认定劳服公司再次对涉案工程的造价提起诉讼违反了一事不再理原则,缺乏证据证明。(三)再审裁定适用法律确有错误。再审裁定所依据的河源市公路局设计室出具的《审核报告》、广东省交通工程造价管理站出具的粤交造价〔2003〕091号《省道227(原1920)线龙川老隆至江广亭段改建工程调整投资规模审查意见》(以下简称《审查意见》)均不是由具备工程造价咨询企业资质的单位作出,适用法律确有错误。(四)再审裁定遗漏诉讼请求。再审裁定遗漏了双方签字认可402号判决未对4 506 688元工程款进行判决的事实。劳服公司依据《中华人民共和国民事诉讼法》第一百七十九条第一款第(一)项、第(二)项、第(六)项、第(十二)项的规定申请再审。

龙川县政府提交意见认为,劳服公司的再审申请缺乏事实与法律依据,请求予以驳回。

法院认为:1.关于劳服公司提交的2005年12月15日的工程款结算表是否属于新的证据的问题。劳服公司提交的工程款结算表在本案二审期间就已经存在,但劳服公司无正当理由未予提交,该证据不符合最高人民法院《关于适用〈中华人民共和国民事诉讼法〉审判监督程序若干问题的解释》第十条关于"新的证据"的规定,不属于新的证据。2.关于再审裁定认定劳服公司起诉违反一事不再理原则是否缺乏证据证明的问题。2004年2月18日,劳服公司以《审核报告》为依据,向广东省河源市中级人民法院(以下简称河源中院)起诉,请求龙川县政府、龙川县交通公路建设指挥部支付工程款15 061 995.39元。诉讼中,劳服公司依据河源市振丰工程造价咨询有限公司作出的《第三期工程造价鉴定报告》(以下简称《鉴定报告》),增加了工程款本金4 506 688元及利息的诉讼请求,后又以不能支付诉讼费为由撤回了增加的诉讼请求。河源中院一审以《审核报告》为依据,判决龙川县政府向劳服公司支付工程款15 061 995.39元及其利息。一审判决作出后,龙川县政府提起上诉。广东高院402号判决在一审判决的基础上,扣除双方当事人在二审期间重新确认的已支付工程款等,判令龙川县政府向劳服公司支付工程款14 792 283.71元及其利息,该判决已发生法律效力。第一次起诉时,劳服公司系以《审核报告》作为依据,并提出了相应的诉讼请求,只是由于在诉讼过程中,《鉴定报告》所确认的工程造价高于《审核报告》所确认的工程造价,劳服公司才增加了诉讼请求,后又以不能缴纳诉讼费为由,撤回了增加的诉讼请求。河源中院一审判决后,劳服公司亦未提起上诉。广东高院402号判决系对涉案工程款全案作出的终审判决,在该判决作出后,劳服公司再次对涉案工程款另案提起诉讼,系对同一争议事实再次起诉,违反一事不再理原则。故再审裁定驳回劳服公司的起诉,有充分的事实依据。3.关于再审裁定适用法律是否确有错误的问题。再审裁定仅对劳服公司的再次起诉是否违反一事不再理原则进行了认定,并未对涉案工程款数额进行认定,亦未将《审核报告》、《审查意见》作为认定事实的依据。因此,劳服公司关于再审裁定适用法律确有错误的申请再审理由不能成立。4.关于再审裁定是否遗漏诉讼请求的问题。双方当事人签字认可402号判决未对4 506 688元工程款进行判决,属于事实问题,而非诉讼请求,且再审裁定驳回劳服公司的起诉,并不涉及工程款的认定,故本案不存在遗漏诉讼请求的问题。

综上,劳服公司的再审申请不符合《中华人民共和国民事诉讼法》第一百七十九条第一款第(一)项、第(二)项、第(六)项、第(十二)项规定的情形。依照《中华人民共和国民事诉讼法》第一百八十一条第一款之规定,裁定如下:

驳回河源市劳动服务建筑工程公司的再审申请。

沈阳化工总公司诉本溪热电厂等建设工程施工合同纠纷案

【裁判摘要】

在诉讼调解中,案外人同意为当事人担保履行调解协议的,人民法院应当准许,并在调解书中予以列明。

上诉人(原审被告):本溪市人民政府。

被上诉人(原审原告):沈阳化工建设工程总公司。

被上诉人(原审被告):本溪热电厂。

被上诉人(原审被告):本溪市集中供热公司。

担保人:本溪市供热总公司。

上诉人本溪市人民政府与被上诉人沈阳化工建设工程总公司、本溪热电厂、本溪市集中供热公司建设工程施工合同纠纷一案,辽宁省高级人民法院于2004年6月18日作出(2003)辽民一房初字第17号民事判决,上诉人本溪市人民政府对该判决不服,向最高人民法院提起上诉。最高人民法院依法组成合议庭于2004年11月30日、12月13日对本案开庭审理，上诉人本溪市人民政府的委托代理人由靖、王金伟，被上诉人沈阳化工建设工程总公司的委托代理人于林，被上诉人本溪热电厂和本溪市集中供热公司的委托代理人王伟到庭参加诉讼。本案现已审理终结。

一审法院经审理查明：本溪集中供热工程是本溪市人民政府（以下简称本溪市政府）以世界银行贷款为主要资金来源，以解决城市改造、新房供暖、减少污染、改善环境为目的进行的城市基础设施建设。为此工程，本溪市政府于1992年8月27日成立了本溪热电厂工程指挥部（以下简称工程指挥部）。1993年5月12日，本溪市政府召开本溪热电厂（以下简称热电厂）工程筹建办公会议，该会议纪要载明："为热电厂建成后经营管理更好衔接，需尽快组建经济实体——本溪热电厂筹建处（以下简称筹建处），以筹建处为主体，全权主持热电厂建设，并承担经济责任。"后经该指挥部申请，本溪市计划委员会于同年6月22日作出批复："同意成立'本溪热电厂筹建处'。筹建处隶属本溪市计划委员会代管，全权主持热电厂的建设，并承担经济责任。"并任命张碧为筹建处主任。同年6月30日，经工商行政管理机关核准，热电厂成立，张碧任法定代表人。

1994年3月26日，筹建处与沈阳化工建设工程总公司（以下简称化建公司）签订《本溪集中供热工程（东坟地区）合同》约定，筹建处将本溪集中供热工程中的太子河泵站工程、供热管道工程和热力交换站工程承包给化建公司施工，预计工程总造价19 990 932元，施工时间为7个月。合同签订后，化建公司履行了建设施工义务，本溪市政府无异议。2001年11月28日，热电厂（筹建处）工程指挥部与化建公司对工程款支付情况予以确认，即本溪集中供热工程A、B、C三包决算净值21 020 204.78元，已付化建公司工程款及材料款11 332 391.33元，尚欠工程款9 687 813.45元。同年11月30日，工程指挥部与化建公司签订工程结算书，工程造价审定值为23 580 204.78元。

一审法院另查明：1994年4月5日，为适应世界银行对贷款及国家对环保的要求，热电厂组建了本溪市集中供热公司（以下简称供热公司），并经工商行政管理机关核准。供热公司的法定代表人为张碧。该公司与热电厂为"一套人马，两块牌子"。

2001年10月28日，热电厂因多年未参加企业年检，被工商行政管理机关吊销企业法人营业执照。2003年9月4日，化建公司向一审法院提起诉讼称，化建公司经招投标程序后，于1994年3月26日与筹建处签订本溪集中供热工程（东坟地区）六份工程承包合同书，承包了本溪市政府发包的本溪集中供热工程中的太子河泵站工程、供热管道工程和热力交换站工程。工程竣工后，经化建公司和工程指挥部结算确定工程总造价为23 580 204.78元，本溪市政府已付工程款11 332 391.33元，尚欠工程款12 247 813.45元及利息8 492 729.60元。由于本溪市政府拖欠工程款，造成化建公司因不能及时偿还设备材料款而承担违约金1 490 089.60元及由此产生的利息和诉讼费5 469 074.91元。此外，因本溪市政府一直未偿付化建公司垫付的设备及材料款而发生利息2 668 104.90元。综上，请求判令本溪市政府给付拖欠的工程款12 247 813.45元，给付工程款利息8 492 729.60元，赔偿经济损失6 959 164.51元，给付垫付的工程款利息2 668 104.90元。

本溪市政府答辩称，本溪市政府是热电厂集中供热工程的发起人或筹建人，筹建处是该工程"筹建中的法人"。筹建处签订合同所形成的债务，应由筹建成立的热电厂承担，故应将热电厂列为本案的被告。分立的供热公司享有热电厂的财产权，也应承担集中供热工程的连带债务，应将供热公司亦追加为本案的共同被告。本溪市政府既不是债务人，也不是合同纠纷诉讼的被告，请求驳回化建公司的起诉。

热电厂和供热公司答辩称：热电厂和供热公司是本溪市政府投资的直接受益人，依法享有热电厂工程建设的全部资产，也应承担该工程建设的全部债务。对尚欠化建公司工程款无异议，并愿意承担全部偿还义务。

一审法院审理期间，化建公司、本溪市政府、热电厂、供热公司对尚欠的工程款9 687 813.45元均无异议，热电厂和供热公司表示愿意承担该欠款的给付义务。

一审法院认为，筹建处与化建公司签订的集中供热工程承包合同，意思表示真实，不违反法律规定，应为有效。本溪市政府拖欠的工程款及利息应当给付。关于本溪市政府答辩称其没有与化建公司签订建设工程施工合同，不是合同的当事人，不应承担欠款债务的问题，因集中供热工程系政府设立的专项工程，其立项、机构组建、资金来源等均由本溪市政府决定和实施，工程承包合同也是由本溪市政府设立的筹建处与化建公司签订，签订合同和履行合同的主体均为筹建处，而筹建处作为本溪市政府的下属部门不具备法人资格，故由本溪市政府作为本案的诉讼主体并承担工程欠款的给付义务并无不当，本溪市政府的答辩主张不能成立。在化建公司承建热电厂建设工程的施工中，热电厂参与了本溪市政府与化建公司建设工程施工合同的履行，并支付了部分工程款。该工程竣工后，本溪市政府的筹建结果已全部实物转化为热电厂，热电厂和供热公司作为本溪市政府投资的受益人，表示愿意承担给付全部工程欠款的义务，故热电厂和供热公司应当与本溪市政府共同承担给付工程欠款及利息的义务。关于化建公司诉请本溪市政府赔偿经济损失6 959 164.51元的问题，因其源于化建公司与其他单位的经济纠纷，与本案不属同一法律关系，不予支持。关于化建公司请求本溪市政府给付因垫付工程款所产生的利息2 668 104.90元问题，因其诉讼请求第二项给付工程款利息系全部欠款利息，故此项请求属重复计算，不予支持。

综上，依照《中华人民共和国民法通则》第一百零六条第一款、第一百零八条的规定，判决如下：(一)本溪市政府、热电厂、供热公司于判决生效之日起15日内共同给付化建公司尚欠工程款9 687 813.45元；(二)本溪市政府、热电厂、供热公司于判决生效之日起15日内共同给付化建公司尚欠工程款的利息。利息按中国人民银行同期同类流动资金贷款利率计算，从2001年11月30日起至给付之日止；(三)驳回化建公司的其他诉讼请求。案件受理费161 849元，本溪市政府承担63 930.50元，热电厂和供热公司共同承担63 930.50元，化建公司承担33 988元。

本溪市政府不服一审判决，向法院提起上诉，请求撤销一审判决，依法改判。

法院二审期间，经法院主持调解，案外人本溪市供热总公司表示愿意参与本案调解，为热电厂、供热公司向化建公司提供债务履行担保并向法院出具了保证合同。根据最高人民法院《关于人民法院民事调解工作若干问题的规定》第十一条之规定，法院予以准许。

经双方当事人及担保人本溪市供热总公司友好协商，互谅互让，自愿达成以下《调解协议》：

一、沈阳化工建设工程总公司放弃本案对本溪市人民政府的全部诉讼请求，并不再另行提出其他请求。

二、本溪热电厂、本溪市集中供热公司支付沈阳化工建设工程总公司工程款9 687 813.45元。其中第一期480万元于本调解协议发生法律效力之日起30日内支付；第二期4 887 813.45元一年半内付清，即2005年12月30日前，支付300万元，2006年6月30日前，支付1 887 813.45元。上述工程款利息不再支付。

三、本溪热电厂、本溪市集中供热公司若不能按本调解协议约定的期限、数额支付第二期4 887 813.45元工程款，则须加倍支付迟延履行期间的工程款利息至给付之日止。

四、本溪市供热总公司作为保证人对第二期4 887 813.45元工程款的支付提供担保，即本溪热电厂、本溪市集中供热公司不能按本调解协议约定的期限、数额支付沈阳化工建设工程总公司工程款时，由本溪市供热总公司承担代偿责任。

五、一、二审案件受理费共计323 698元，由本溪热电厂、本溪市集中供热公司承担161 849元，沈阳化工建设工程总公司承担161 849元。

法院经审查认为，以上《调解协议》的内容是双方当事人自愿达成的真实意思表示，不违反法律规定，法院予以确认。

本调解书经各方当事人签收后即具有法律效力。

二、工程建设主流程管理

资料补充栏

1. 工程招投标

（1）一般规定

中华人民共和国招标投标法

1. 1999年8月30日第九届全国人民代表大会常务委员会第十一次会议通过

2. 根据2017年12月27日第十二届全国人民代表大会常务委员会第三十一次会议《关于修改〈中华人民共和国招标投标法〉、〈中华人民共和国计量法〉的决定》修正

目　　录

第一章　总　　则

第一条　【立法目的】为了规范招标投标活动，保护国家利益、社会公共利益和招标投标活动当事人的合法权益，提高经济效益，保证项目质量，制定本法。

第二条　【适用范围】在中华人民共和国境内进行招标投标活动，适用本法。

第三条　【必须进行招标的建设工程项目】在中华人民共和国境内进行下列工程建设项目包括项目的勘察、设计、施工、监理以及与工程建设有关的重要设备、材料等的采购，必须进行招标：

（一）大型基础设施、公用事业等关系社会公共利益、公众安全的项目；

（二）全部或者部分使用国有资金投资或者国家融资的项目；

（三）使用国际组织或者外国政府贷款、援助资金的项目。

前款所列项目的具体范围和规模标准，由国务院发展计划部门会同国务院有关部门制订，报国务院批准。

法律或者国务院对必须进行招标的其他项目的范围有规定的，依照其规定。

第四条　【规避招标的禁止】任何单位和个人不得将依法必须进行招标的项目化整为零或者以其他任何方式规避招标。

第五条　【招投标活动的原则】招标投标活动应当遵循公开、公平、公正和诚实信用的原则。

第六条　【招投标活动不受地区和部门的限制】依法必须进行招标的项目，其招标投标活动不受地区或者部门的限制。任何单位和个人不得违法限制或者排斥本地区、本系统以外的法人或者其他组织参加投标，不得以任何方式非法干涉招标投标活动。

第七条　【对招投标活动的监督】招标投标活动及其当事人应当接受依法实施的监督。

有关行政监督部门依法对招标投标活动实施监督，依法查处招标投标活动中的违法行为。

对招标投标活动的行政监督及有关部门的具体职权划分，由国务院规定。

第二章　招　　标

第八条　【招标人】招标人是依照本法规定提出招标项目、进行招标的法人或者其他组织。

第九条　【招标项目的批准】招标项目按照国家有关规定需要履行项目审批手续的，应当先履行审批手续，取得批准。

招标人应当有进行招标项目的相应资金或者资金来源已经落实，并应当在招标文件中如实载明。

第十条　【公开招标和邀请招标】招标分为公开招标和邀请招标。

公开招标，是指招标人以招标公告的方式邀请不特定的法人或者其他组织投标。

邀请招标，是指招标人以投标邀请书的方式邀请特定的法人或者其他组织投标。

第十一条　【适用邀请招标的情形】国务院发展计划部门确定的国家重点项目和省、自治区、直辖市人民政府确定的地方重点项目不适宜公开招标的，经国务院发展计划部门或者省、自治区、直辖市人民政府批准，可以进行邀请招标。

第十二条　【自行办理招标和招标代理】招标人有权自行选择招标代理机构，委托其办理招标事宜。任何单位和个人不得以任何方式为招标人指定招标代理机构。

招标人具有编制招标文件和组织评标能力的，可以自行办理招标事宜。任何单位和个人不得强制其委托招标代理机构办理招标事宜。

依法必须进行招标的项目,招标人自行办理招标事宜的,应当向有关行政监督部门备案。

第十三条 【招标代理机构及条件】招标代理机构是依法设立、从事招标代理业务并提供相关服务的社会中介组织。

招标代理机构应当具备下列条件:

(一)有从事招标代理业务的营业场所和相应资金;

(二)有能够编制招标文件和组织评标的相应专业力量。

第十四条 【招标代理机构的认定】招标代理机构与行政机关和其他国家机关不得存在隶属关系或者其他利益关系。

第十五条 【招标代理机构的代理范围】招标代理机构应当在招标人委托的范围内办理招标事宜,并遵守本法关于招标人的规定。

第十六条 【招标公告】招标人采用公开招标方式的,应当发布招标公告。依法必须进行招标的项目的招标公告,应当通过国家指定的报刊、信息网络或者其他媒介发布。

招标公告应当载明招标人的名称和地址、招标项目的性质、数量、实施地点和时间以及获取招标文件的办法等事项。

第十七条 【邀请招标方式的行使】招标人采用邀请招标方式的,应当向三个以上具备承担招标项目的能力、资信良好的特定的法人或者其他组织发出投标邀请书。

投标邀请书应当载明本法第十六条第二款规定的事项。

第十八条 【潜在投标人】招标人可以根据招标项目本身的要求,在招标公告或者投标邀请书中,要求潜在投标人提供有关资质证明文件和业绩情况,并对潜在投标人进行资格审查;国家对投标人的资格条件有规定的,依照其规定。

招标人不得以不合理的条件限制或者排斥潜在投标人,不得对潜在投标人实行歧视待遇。

第十九条 【招标文件】招标人应当根据招标项目的特点和需要编制招标文件。招标文件应当包括招标项目的技术要求、对投标人资格审查的标准、投标报价要求和评标标准等所有实质性要求和条件以及拟签订合同的主要条款。

国家对招标项目的技术、标准有规定的,招标人应当按照其规定在招标文件中提出相应要求。

招标项目需要划分标段、确定工期的,招标人应当合理划分标段、确定工期,并在招标文件中载明。

第二十条 【招标文件的限制】招标文件不得要求或者标明特定的生产供应者以及含有倾向或者排斥潜在投标人的其他内容。

第二十一条 【潜在投标人对项目现场的踏勘】招标人根据招标项目的具体情况,可以组织潜在投标人踏勘项目现场。

第二十二条 【已获取招标文件者及标底的保密】招标人不得向他人透露已获取招标文件的潜在投标人的名称、数量以及可能影响公平竞争的有关招标投标的其他情况。

招标人设有标底的,标底必须保密。

第二十三条 【招标文件的澄清或修改】招标人对已发出的招标文件进行必要的澄清或者修改的,应当在招标文件要求提交投标文件截止时间至少十五日前,以书面形式通知所有招标文件收受人。该澄清或者修改的内容为招标文件的组成部分。

第二十四条 【编制投标文件的时间】招标人应当确定投标人编制投标文件所需要的合理时间;但是,依法必须进行招标的项目,自招标文件开始发出之日起至投标人提交投标文件截止之日止,最短不得少于二十日。

第三章 投 标

第二十五条 【投标人】投标人是响应招标、参加投标竞争的法人或者其他组织。

依法招标的科研项目允许个人参加投标的,投标的个人适用本法有关投标人的规定。

第二十六条 【投标人的资格条件】投标人应当具备承担招标项目的能力;国家有关规定对投标人资格条件或者招标文件对投标人资格条件有规定的,投标人应当具备规定的资格条件。

第二十七条 【投标文件的编制】投标人应当按照招标文件的要求编制投标文件。投标文件应当对招标文件提出的实质性要求和条件作出响应。

招标项目属于建设施工的,投标文件的内容应当包括拟派出的项目负责人与主要技术人员的简历、业绩和拟用于完成招标项目的机械设备等。

第二十八条 【投标文件的送达】投标人应当在招标文

件要求提交投标文件的截止时间前，将投标文件送达投标地点。招标人收到投标文件后，应当签收保存，不得开启。投标人少于三个的，招标人应当依照本法重新招标。

在招标文件要求提交投标文件的截止时间后送达的投标文件，招标人应当拒收。

第二十九条　【投标文件的补充、修改、撤回】投标人在招标文件要求提交投标文件的截止时间前，可以补充、修改或者撤回已提交的投标文件，并书面通知招标人。补充、修改的内容为投标文件的组成部分。

第三十条　【投标文件对拟分包项目的载明】投标人根据招标文件载明的项目实际情况，拟在中标后将中标项目的部分非主体、非关键性工作进行分包的，应当在投标文件中载明。

第三十一条　【共同投标】两个以上法人或者其他组织可以组成一个联合体，以一个投标人的身份共同投标。

联合体各方均应当具备承担招标项目的相应能力；国家有关规定或者招标文件对投标人资格条件有规定的，联合体各方均应当具备规定的相应资格条件。由同一专业的单位组成的联合体，按照资质等级较低的单位确定资质等级。

联合体各方应当签订共同投标协议，明确约定各方拟承担的工作和责任，并将共同投标协议连同投标文件一并提交招标人。联合体中标的，联合体各方应当共同与招标人签订合同，就中标项目向招标人承担连带责任。

招标人不得强制投标人组成联合体共同投标，不得限制投标人之间的竞争。

第三十二条　【串通投标的禁止】投标人不得相互串通投标报价，不得排挤其他投标人的公平竞争，损害招标人或者其他投标人的合法权益。

投标人不得与招标人串通投标，损害国家利益、社会公共利益或者他人的合法权益。

禁止投标人以向招标人或者评标委员会成员行贿的手段谋取中标。

第三十三条　【低于成本的报价竞标与骗取中标的禁止】投标人不得以低于成本的报价竞标，也不得以他人名义投标或者以其他方式弄虚作假，骗取中标。

第四章　开标、评标和中标

第三十四条　【开标的时间与地点】开标应当在招标文件确定的提交投标文件截止时间的同一时间公开进行；开标地点应当为招标文件中预先确定的地点。

第三十五条　【开标人与参加人】开标由招标人主持，邀请所有投标人参加。

第三十六条　【开标方式】开标时，由投标人或者其推选的代表检查投标文件的密封情况，也可以由招标人委托的公证机构检查并公证；经确认无误后，由工作人员当众拆封，宣读投标人名称、投标价格和投标文件的其他主要内容。

招标人在招标文件要求提交投标文件的截止时间前收到的所有投标文件，开标时都应当当众予以拆封、宣读。

开标过程应当记录，并存档备查。

第三十七条　【评标】评标由招标人依法组建的评标委员会负责。

依法必须进行招标的项目，其评标委员会由招标人的代表和有关技术、经济等方面的专家组成，成员人数为五人以上单数，其中技术、经济等方面的专家不得少于成员总数的三分之二。

前款专家应当从事相关领域工作满八年并具有高级职称或者具有同等专业水平，由招标人从国务院有关部门或者省、自治区、直辖市人民政府有关部门提供的专家名册或者招标代理机构的专家库内的相关专业的专家名单中确定；一般招标项目可以采取随机抽取方式，特殊招标项目可以由招标人直接确定。

与投标人有利害关系的人不得进入相关项目的评标委员会；已经进入的应当更换。

评标委员会成员的名单在中标结果确定前应当保密。

第三十八条　【评标的保密】招标人应当采取必要的措施，保证评标在严格保密的情况下进行。

任何单位和个人不得非法干预、影响评标的过程和结果。

第三十九条　【投标人对投标文件的说明义务】评标委员会可以要求投标人对投标文件中含义不明确的内容作必要的澄清或者说明，但是澄清或者说明不得超出投标文件的范围或者改变投标文件的实质性内容。

第四十条　【评标的方法】评标委员会应当按照招标文件确定的评标标准和方法，对投标文件进行评审和比较；设有标底的，应当参考标底。评标委员会完成评标后，应当向招标人提出书面评标报告，并推荐合格的中标候选人。

招标人根据评标委员会提出的书面评标报告和推荐的中标候选人确定中标人。招标人也可以授权评标委员会直接确定中标人。

国务院对特定招标项目的评标有特别规定的，从其规定。

第四十一条　【中标人的投标应符合的条件】中标人的投标应当符合下列条件之一：

（一）能够最大限度地满足招标文件中规定的各项综合评价标准；

（二）能够满足招标文件的实质性要求，并且经评审的投标价格最低；但是投标价格低于成本的除外。

第四十二条　【对所有投标的否决】评标委员会经评审，认为所有投标都不符合招标文件要求的，可以否决所有投标。

依法必须进行招标的项目的所有投标被否决的，招标人应当依照本法重新招标。

第四十三条　【确定中标人前对招标人与投标人进行谈判的禁止】在确定中标人前，招标人不得与投标人就投标价格、投标方案等实质性内容进行谈判。

第四十四条　【评标委员会成员的义务】评标委员会成员应当客观、公正地履行职务，遵守职业道德，对所提出的评审意见承担个人责任。

评标委员会成员不得私下接触投标人，不得收受投标人的财物或者其他好处。

评标委员会成员和参与评标的有关工作人员不得透露对投标文件的评审和比较、中标候选人的推荐情况以及与评标有关的其他情况。

第四十五条　【中标通知书的发出】中标人确定后，招标人应当向中标人发出中标通知书，并同时将中标结果通知所有未中标的投标人。

中标通知书对招标人和中标人具有法律效力。中标通知书发出后，招标人改变中标结果的，或者中标人放弃中标项目的，应当依法承担法律责任。

第四十六条　【按投标文件订立书面合同】招标人和中标人应当自中标通知书发出之日起三十日内，按照招标文件和中标人的投标文件订立书面合同。招标人和中标人不得再行订立背离合同实质性内容的其他协议。

招标文件要求中标人提交履约保证金的，中标人应当提交。

第四十七条　【向有关行政监督部门提交招投标情况报告的期限】依法必须进行招标的项目，招标人应当自确定中标人之日起十五日内，向有关行政监督部门提交招标投标情况的书面报告。

第四十八条　【中标人对合同义务的履行】中标人应当按照合同约定履行义务，完成中标项目。中标人不得向他人转让中标项目，也不得将中标项目肢解后分别向他人转让。

中标人按照合同约定或者经招标人同意，可以将中标项目的部分非主体、非关键性工作分包给他人完成。接受分包的人应当具备相应的资格条件，并不得再次分包。

中标人应当就分包项目向招标人负责，接受分包的人就分包项目承担连带责任。

第五章　法律责任

第四十九条　【必须进行招标的项目不招标的责任】违反本法规定，必须进行招标的项目而不招标的，将必须进行招标的项目化整为零或者以其他任何方式规避招标的，责令限期改正，可以处项目合同金额千分之五以上千分之十以下的罚款；对全部或者部分使用国有资金的项目，可以暂停项目执行或者暂停资金拨付；对单位直接负责的主管人员和其他直接责任人员依法给予处分。

第五十条　【招标代理机构泄密、招投标人串通的责任】招标代理机构违反本法规定，泄露应当保密的与招标投标活动有关的情况和资料的，或者与招标人、投标人串通损害国家利益、社会公共利益或者他人合法权益的，处五万元以上二十五万元以下的罚款；对单位直接负责的主管人员和其他直接责任人员处单位罚款数额百分之五以上百分之十以下的罚款；有违法所得的，并处没收违法所得；情节严重的，禁止其一年至二年内代理依法必须进行招标的项目并予以公告，直至由工商行政管理机关吊销营业执照；构成犯罪的，依法追究刑事责任。给他人造成损失的，依法承担赔偿责任。

前款所列行为影响中标结果的，中标无效。

第五十一条　【限制或排斥潜在投标人的责任】招标人以不合理的条件限制或者排斥潜在投标人的，对潜在投标人实行歧视待遇的，强制要求投标人组成联合体共同投标的，或者限制投标人之间竞争的，责令改正，可以处一万元以上五万元以下的罚款。

第五十二条　【泄露招投标活动有关秘密的责任】依法必须进行招标的项目的招标人向他人透露已获取招标文件的潜在投标人的名称、数量或者可能影响公平竞争的有关招标投标的其他情况的，或者泄露标底的，给予警告，可以并处一万元以上十万元以下的罚款；对单位直接负责的主管人员和其他直接责任人员依法给予处分；构成犯罪的，依法追究刑事责任。

前款所列行为影响中标结果的，中标无效。

第五十三条　【串通投标的责任】投标人相互串通投标或者与招标人串通投标的，投标人以向招标人或者评标委员会成员行贿的手段谋取中标的，中标无效，处中标项目金额千分之五以上千分之十以下的罚款，对单位直接负责的主管人员和其他直接责任人员处单位罚款数额百分之五以上百分之十以下的罚款；有违法所得的，并处没收违法所得；情节严重的，取消其一年至二年内参加依法必须进行招标的项目的投标资格并予以公告，直至由工商行政管理机关吊销营业执照；构成犯罪的，依法追究刑事责任。给他人造成损失的，依法承担赔偿责任。

第五十四条　【骗取中标的责任】投标人以他人名义投标或者以其他方式弄虚作假，骗取中标的，中标无效，给招标人造成损失的，依法承担赔偿责任；构成犯罪的，依法追究刑事责任。

依法必须进行招标的项目的投标人有前款所列行为尚未构成犯罪的，处中标项目金额千分之五以上千分之十以下的罚款，对单位直接负责的主管人员和其他直接责任人员处单位罚款数额百分之五以上百分之十以下的罚款；有违法所得的，并处没收违法所得；情节严重的，取消其一年至三年内参加依法必须进行招标的项目的投标资格并予以公告，直至由工商行政管理机关吊销营业执照。

第五十五条　【招标人违规谈判的责任】依法必须进行招标的项目，招标人违反本法规定，与投标人就投标价格、投标方案等实质性内容进行谈判的，给予警告，对单位直接负责的主管人员和其他直接责任人员依法给予处分。

前款所列行为影响中标结果的，中标无效。

第五十六条　【评标委员会成员受贿、泄密的责任】评标委员会成员收受投标人的财物或者其他好处的，评标委员会成员或者参加评标的有关工作人员向他人透露对投标文件的评审和比较、中标候选人的推荐以及与评标有关的其他情况的，给予警告，没收收受的财物，可以并处三千元以上五万元以下的罚款，对有所列违法行为的评标委员会成员取消担任评标委员会成员的资格，不得再参加任何依法必须进行招标的项目的评标；构成犯罪的，依法追究刑事责任。

第五十七条　【招标人在中标候选之外确定中标人的责任】招标人在评标委员会依法推荐的中标候选人以外确定中标人的，依法必须进行招标的项目在所有投标被评标委员会否决后自行确定中标人的，中标无效，责令改正，可以处中标项目金额千分之五以上千分之十以下的罚款；对单位直接负责的主管人员和其他直接责任人员依法给予处分。

第五十八条　【中标人转让、分包中标项目的责任】中标人将中标项目转让给他人的，将中标项目肢解后分别转让给他人的，违反本法规定将中标项目的部分主体、关键性工作分包给他人的，或者分包人再次分包的，转让、分包无效，处转让、分包项目金额千分之五以上千分之十以下的罚款；有违法所得的，并处没收违法所得；可以责令停业整顿；情节严重的，由工商行政管理机关吊销营业执照。

第五十九条　【不按招投标文件订立合同的责任】招标人与中标人不按照招标文件和中标人的投标文件订立合同的，或者招标人、中标人订立背离合同实质性内容的协议的，责令改正；可以处中标项目金额千分之五以上千分之十以下的罚款。

第六十条　【中标人不履行合同义务的责任】中标人不履行与招标人订立的合同的，履约保证金不予退还，给招标人造成的损失超过履约保证金数额的，还应当对超过部分予以赔偿；没有提交履约保证金的，应当对招标人的损失承担赔偿责任。

中标人不按照与招标人订立的合同履行义务，情节严重的，取消其二年至五年内参加依法必须进行招标的项目的投标资格并予以公告，直至由工商行政管理机关吊销营业执照。

因不可抗力不能履行合同的，不适用前两款规定。

第六十一条　【行政处罚的决定】本章规定的行政处罚，由国务院规定的有关行政监督部门决定。本法已对实施行政处罚的机关作出规定的除外。

第六十二条　【干涉招投标活动的责任】任何单位违反本法规定，限制或者排斥本地区、本系统以外的法人或者其他组织参加投标的，为招标人指定招标代理机构的，强制招标人委托招标代理机构办理招标事宜的，或者以其他方式干涉招标投标活动的，责令改正；对单位直接负责的主管人员和其他直接责任人员依法给予警告、记过、记大过的处分，情节较重的，依法给予降级、撤职、开除的处分。

个人利用职权进行前款违法行为的,依照前款规定追究责任。

第六十三条 **【行政监督、机关工作人员的责任】**对招标投标活动依法负有行政监督职责的国家机关工作人员徇私舞弊、滥用职权或者玩忽职守,构成犯罪的,依法追究刑事责任;不构成犯罪的,依法给予行政处分。

第六十四条 **【中标无效的处理】**依法必须进行招标的项目违反本法规定,中标无效的,应当依照本法规定的中标条件从其余投标人中重新确定中标人或者依照本法重新进行招标。

第六章 附 则

第六十五条 **【异议或投诉】**投标人和其他利害关系人认为招标投标活动不符合本法有关规定的,有权向招标人提出异议或者依法向有关行政监督部门投诉。

第六十六条 **【招标除外项目】**涉及国家安全、国家秘密、抢险救灾或者属于利用扶贫资金实行以工代赈、需要使用农民工等特殊情况,不适宜进行招标的项目,按照国家有关规定可以不进行招标。

第六十七条 **【适用除外】**使用国际组织或者外国政府贷款、援助资金的项目进行招标,贷款方、资金提供方对招标投标的具体条件和程序有不同规定的,可以适用其规定,但违背中华人民共和国的社会公共利益的除外。

第六十八条 **【施行日期】**本法自2000年1月1日起施行。

中华人民共和国
招标投标法实施条例

1. 2011年12月20日国务院令第613号公布

2. 根据2017年3月1日国务院令第676号《关于修改和废止部分行政法规的决定》第一次修订

3. 根据2018年3月19日国务院令第698号《关于修改和废止部分行政法规的决定》第二次修订

4. 根据2019年3月2日国务院令第709号《关于修改部分行政法规的决定》第三次修订

第一章 总 则

第一条 为了规范招标投标活动,根据《中华人民共和国招标投标法》(以下简称招标投标法),制定本条例。

第二条 招标投标法第三条所称工程建设项目,是指工程以及与工程建设有关的货物、服务。

前款所称工程,是指建设工程,包括建筑物和构筑物的新建、改建、扩建及其相关的装修、拆除、修缮等;所称与工程建设有关的货物,是指构成工程不可分割的组成部分,且为实现工程基本功能所必需的设备、材料等;所称与工程建设有关的服务,是指为完成工程所需的勘察、设计、监理等服务。

第三条 依法必须进行招标的工程建设项目的具体范围和规模标准,由国务院发展改革部门会同国务院有关部门制订,报国务院批准后公布施行。

第四条 国务院发展改革部门指导和协调全国招标投标工作,对国家重大建设项目的工程招标投标活动实施监督检查。国务院工业和信息化、住房城乡建设、交通运输、铁道、水利、商务等部门,按照规定的职责分工对有关招标投标活动实施监督。

县级以上地方人民政府发展改革部门指导和协调本行政区域的招标投标工作。县级以上地方人民政府有关部门按照规定的职责分工,对招标投标活动实施监督,依法查处招标投标活动中的违法行为。县级以上地方人民政府对其所属部门有关招标投标活动的监督职责分工另有规定的,从其规定。

财政部门依法对实行招标投标的政府采购工程建设项目的政府采购政策执行情况实施监督。

监察机关依法对与招标投标活动有关的监察对象实施监察。

第五条 设区的市级以上地方人民政府可以根据实际需要,建立统一规范的招标投标交易场所,为招标投标活动提供服务。招标投标交易场所不得与行政监督部门存在隶属关系,不得以营利为目的。

国家鼓励利用信息网络进行电子招标投标。

第六条 禁止国家工作人员以任何方式非法干涉招标投标活动。

第二章 招 标

第七条 按照国家有关规定需要履行项目审批、核准手续的依法必须进行招标的项目,其招标范围、招标方式、招标组织形式应当报项目审批、核准部门审批、核准。项目审批、核准部门应当及时将审批、核准确定的招标范围、招标方式、招标组织形式通报有关行政监督部门。

第八条 国有资金占控股或者主导地位的依法必须进行

招标的项目,应当公开招标;但有下列情形之一的,可以邀请招标:

(一)技术复杂、有特殊要求或者受自然环境限制,只有少量潜在投标人可供选择;

(二)采用公开招标方式的费用占项目合同金额的比例过大。

有前款第二项所列情形,属于本条例第七条规定的项目,由项目审批、核准部门在审批、核准项目时作出认定;其他项目由招标人申请有关行政监督部门作出认定。

第九条 除招标投标法第六十六条规定的可以不进行招标的特殊情况外,有下列情形之一的,可以不进行招标:

(一)需要采用不可替代的专利或者专有技术;

(二)采购人依法能够自行建设、生产或者提供;

(三)已通过招标方式选定的特许经营项目投资人依法能够自行建设、生产或者提供;

(四)需要向原中标人采购工程、货物或者服务,否则将影响施工或者功能配套要求;

(五)国家规定的其他特殊情形。

招标人为适用前款规定弄虚作假的,属于招标投标法第四条规定的规避招标。

第十条 招标投标法第十二条第二款规定的招标人具有编制招标文件和组织评标能力,是指招标人具有与招标项目规模和复杂程度相适应的技术、经济等方面的专业人员。

第十一条 国务院住房城乡建设、商务、发展改革、工业和信息化等部门,按照规定的职责分工对招标代理机构依法实施监督管理。

第十二条 招标代理机构应当拥有一定数量的具备编制招标文件、组织评标等相应能力的专业人员。

第十三条 招标代理机构在招标人委托的范围内开展招标代理业务,任何单位和个人不得非法干涉。

招标代理机构代理招标业务,应当遵守招标投标法和本条例关于招标人的规定。招标代理机构不得在所代理的招标项目中投标或者代理投标,也不得为所代理的招标项目的投标人提供咨询。

第十四条 招标人应当与被委托的招标代理机构签订书面委托合同,合同约定的收费标准应当符合国家有关规定。

第十五条 公开招标的项目,应当依照招标投标法和本条例的规定发布招标公告、编制招标文件。

招标人采用资格预审办法对潜在投标人进行资格审查的,应当发布资格预审公告、编制资格预审文件。

依法必须进行招标的项目的资格预审公告和招标公告,应当在国务院发展改革部门依法指定的媒介发布。在不同媒介发布的同一招标项目的资格预审公告或者招标公告的内容应当一致。指定媒介发布依法必须进行招标的项目的境内资格预审公告、招标公告,不得收取费用。

编制依法必须进行招标的项目的资格预审文件和招标文件,应当使用国务院发展改革部门会同有关行政监督部门制定的标准文本。

第十六条 招标人应当按照资格预审公告、招标公告或者投标邀请书规定的时间、地点发售资格预审文件或者招标文件。资格预审文件或者招标文件的发售期不得少于5日。

招标人发售资格预审文件、招标文件收取的费用应当限于补偿印刷、邮寄的成本支出,不得以营利为目的。

第十七条 招标人应当合理确定提交资格预审申请文件的时间。依法必须进行招标的项目提交资格预审申请文件的时间,自资格预审文件停止发售之日起不得少于5日。

第十八条 资格预审应当按照资格预审文件载明的标准和方法进行。

国有资金占控股或者主导地位的依法必须进行招标的项目,招标人应当组建资格审查委员会审查资格预审申请文件。资格审查委员会及其成员应当遵守招标投标法和本条例有关评标委员会及其成员的规定。

第十九条 资格预审结束后,招标人应当及时向资格预审申请人发出资格预审结果通知书。未通过资格预审的申请人不具有投标资格。

通过资格预审的申请人少于3个的,应当重新招标。

第二十条 招标人采用资格后审办法对投标人进行资格审查的,应当在开标后由评标委员会按照招标文件规定的标准和方法对投标人的资格进行审查。

第二十一条 招标人可以对已发出的资格预审文件或者招标文件进行必要的澄清或者修改。澄清或者修改的内容可能影响资格预审申请文件或者投标文件编制的，招标人应当在提交资格预审申请文件截止时间至少3日前，或者投标截止时间至少15日前，以书面形式通知所有获取资格预审文件或者招标文件的潜在投标人；不足3日或者15日的，招标人应当顺延提交资格预审申请文件或者投标文件的截止时间。

第二十二条　潜在投标人或者其他利害关系人对资格预审文件有异议的，应当在提交资格预审申请文件截止时间2日前提出；对招标文件有异议的，应当在投标截止时间10日前提出。招标人应当自收到异议之日起3日内作出答复；作出答复前，应当暂停招标投标活动。

第二十三条　招标人编制的资格预审文件、招标文件的内容违反法律、行政法规的强制性规定，违反公开、公平、公正和诚实信用原则，影响资格预审结果或者潜在投标人投标的，依法必须进行招标的项目的招标人应当在修改资格预审文件或者招标文件后重新招标。

第二十四条　招标人对招标项目划分标段的，应当遵守招标投标法的有关规定，不得利用划分标段限制或者排斥潜在投标人。依法必须进行招标的项目的招标人不得利用划分标段规避招标。

第二十五条　招标人应当在招标文件中载明投标有效期。投标有效期从提交投标文件的截止之日起算。

第二十六条　招标人在招标文件中要求投标人提交投标保证金的，投标保证金不得超过招标项目估算价的2%。投标保证金有效期应当与投标有效期一致。

依法必须进行招标的项目的境内投标单位，以现金或者支票形式提交的投标保证金应当从其基本账户转出。

招标人不得挪用投标保证金。

第二十七条　招标人可以自行决定是否编制标底。一个招标项目只能有一个标底。标底必须保密。

接受委托编制标底的中介机构不得参加受托编制标底项目的投标，也不得为该项目的投标人编制投标文件或者提供咨询。

招标人设有最高投标限价的，应当在招标文件中明确最高投标限价或者最高投标限价的计算方法。招标人不得规定最低投标限价。

第二十八条　招标人不得组织单个或者部分潜在投标人踏勘项目现场。

第二十九条　招标人可以依法对工程以及与工程建设有关的货物、服务全部或者部分实行总承包招标。以暂估价形式包括在总承包范围内的工程、货物、服务属于依法必须进行招标的项目范围且达到国家规定规模标准的，应当依法进行招标。

前款所称暂估价，是指总承包招标时不能确定价格而由招标人在招标文件中暂时估定的工程、货物、服务的金额。

第三十条　对技术复杂或者无法精确拟定技术规格的项目，招标人可以分两阶段进行招标。

第一阶段，投标人按照招标公告或者投标邀请书的要求提交不带报价的技术建议，招标人根据投标人提交的技术建议确定技术标准和要求，编制招标文件。

第二阶段，招标人向在第一阶段提交技术建议的投标人提供招标文件，投标人按照招标文件的要求提交包括最终技术方案和投标报价的投标文件。

招标人要求投标人提交投标保证金的，应当在第二阶段提出。

第三十一条　招标人终止招标的，应当及时发布公告，或者以书面形式通知被邀请的或者已经获取资格预审文件、招标文件的潜在投标人。已经发售资格预审文件、招标文件或者已经收取投标保证金的，招标人应当及时退还所收取的资格预审文件、招标文件的费用，以及所收取的投标保证金及银行同期存款利息。

第三十二条　招标人不得以不合理的条件限制、排斥潜在投标人或者投标人。

招标人有下列行为之一的，属于以不合理条件限制、排斥潜在投标人或者投标人：

（一）就同一招标项目向潜在投标人或者投标人提供有差别的项目信息；

（二）设定的资格、技术、商务条件与招标项目的具体特点和实际需要不相适应或者与合同履行无关；

（三）依法必须进行招标的项目以特定行政区域或者特定行业的业绩、奖项作为加分条件或者中标条件；

（四）对潜在投标人或者投标人采取不同的资格审查或者评标标准；

（五）限定或者指定特定的专利、商标、品牌、原产地或者供应商；

（六）依法必须进行招标的项目非法限定潜在投标人或者投标人的所有制形式或者组织形式；

（七）以其他不合理条件限制、排斥潜在投标人或者投标人。

第三章　投　　标

第三十三条　投标人参加依法必须进行招标的项目的投标,不受地区或者部门的限制,任何单位和个人不得非法干涉。

第三十四条　与招标人存在利害关系可能影响招标公正性的法人、其他组织或者个人,不得参加投标。

单位负责人为同一人或者存在控股、管理关系的不同单位,不得参加同一标段投标或者未划分标段的同一招标项目投标。

违反前两款规定的,相关投标均无效。

第三十五条　投标人撤回已提交的投标文件,应当在投标截止时间前书面通知招标人。招标人已收取投标保证金的,应当自收到投标人书面撤回通知之日起5日内退还。

投标截止后投标人撤销投标文件的,招标人可以不退还投标保证金。

第三十六条　未通过资格预审的申请人提交的投标文件,以及逾期送达或者不按照招标文件要求密封的投标文件,招标人应当拒收。

招标人应当如实记载投标文件的送达时间和密封情况,并存档备查。

第三十七条　招标人应当在资格预审公告、招标公告或者投标邀请书中载明是否接受联合体投标。

招标人接受联合体投标并进行资格预审的,联合体应当在提交资格预审申请文件前组成。资格预审后联合体增减、更换成员的,其投标无效。

联合体各方在同一招标项目中以自己名义单独投标或者参加其他联合体投标的,相关投标均无效。

第三十八条　投标人发生合并、分立、破产等重大变化的,应当及时书面告知招标人。投标人不再具备资格预审文件、招标文件规定的资格条件或者其投标影响招标公正性的,其投标无效。

第三十九条　禁止投标人相互串通投标。

有下列情形之一的,属于投标人相互串通投标:

(一)投标人之间协商投标报价等投标文件的实质性内容;

(二)投标人之间约定中标人;

(三)投标人之间约定部分投标人放弃投标或者中标;

(四)属于同一集团、协会、商会等组织成员的投标人按照该组织要求协同投标;

(五)投标人之间为谋取中标或者排斥特定投标人而采取的其他联合行动。

第四十条　有下列情形之一的,视为投标人相互串通投标:

(一)不同投标人的投标文件由同一单位或者个人编制;

(二)不同投标人委托同一单位或者个人办理投标事宜;

(三)不同投标人的投标文件载明的项目管理成员为同一人;

(四)不同投标人的投标文件异常一致或者投标报价呈规律性差异;

(五)不同投标人的投标文件相互混装;

(六)不同投标人的投标保证金从同一单位或者个人的账户转出。

第四十一条　禁止招标人与投标人串通投标。

有下列情形之一的,属于招标人与投标人串通投标:

(一)招标人在开标前开启投标文件并将有关信息泄露给其他投标人;

(二)招标人直接或者间接向投标人泄露标底、评标委员会成员等信息;

(三)招标人明示或者暗示投标人压低或者抬高投标报价;

(四)招标人授意投标人撤换、修改投标文件;

(五)招标人明示或者暗示投标人为特定投标人中标提供方便;

(六)招标人与投标人为谋求特定投标人中标而采取的其他串通行为。

第四十二条　使用通过受让或者租借等方式获取的资格、资质证书投标的,属于招标投标法第三十三条规定的以他人名义投标。

投标人有下列情形之一的,属于招标投标法第三十三条规定的以其他方式弄虚作假的行为:

(一)使用伪造、变造的许可证件;

(二)提供虚假的财务状况或者业绩;

(三)提供虚假的项目负责人或者主要技术人员简历、劳动关系证明;

(四)提供虚假的信用状况;

(五)其他弄虚作假的行为。

第四十三条　提交资格预审申请文件的申请人应当遵守招标投标法和本条例有关投标人的规定。

第四章　开标、评标和中标

第四十四条　招标人应当按照招标文件规定的时间、地点开标。

投标人少于3个的，不得开标；招标人应当重新招标。

投标人对开标有异议的，应当在开标现场提出，招标人应当当场作出答复，并制作记录。

第四十五条　国家实行统一的评标专家专业分类标准和管理办法。具体标准和办法由国务院发展改革部门会同国务院有关部门制定。

省级人民政府和国务院有关部门应当组建综合评标专家库。

第四十六条　除招标投标法第三十七条第三款规定的特殊招标项目外，依法必须进行招标的项目，其评标委员会的专家成员应当从评标专家库内相关专业的专家名单中以随机抽取方式确定。任何单位和个人不得以明示、暗示等任何方式指定或者变相指定参加评标委员会的专家成员。

依法必须进行招标的项目的招标人非因招标投标法和本条例规定的事由，不得更换依法确定的评标委员会成员。更换评标委员会的专家成员应当依照前款规定进行。

评标委员会成员与投标人有利害关系的，应当主动回避。

有关行政监督部门应当按照规定的职责分工，对评标委员会成员的确定方式、评标专家的抽取和评标活动进行监督。行政监督部门的工作人员不得担任本部门负责监督项目的评标委员会成员。

第四十七条　招标投标法第三十七条第三款所称特殊招标项目，是指技术复杂、专业性强或者国家有特殊要求，采取随机抽取方式确定的专家难以保证胜任评标工作的项目。

第四十八条　招标人应当向评标委员会提供评标所必需的信息，但不得明示或者暗示其倾向或者排斥特定投标人。

招标人应当根据项目规模和技术复杂程度等因素合理确定评标时间。超过三分之一的评标委员会成员认为评标时间不够的，招标人应当适当延长。

评标过程中，评标委员会成员有回避事由、擅离职守或者因健康等原因不能继续评标的，应当及时更换。被更换的评标委员会成员作出的评审结论无效，由更换后的评标委员会成员重新进行评审。

第四十九条　评标委员会成员应当依照招标投标法和本条例的规定，按照招标文件规定的评标标准和方法，客观、公正地对投标文件提出评审意见。招标文件没有规定的评标标准和方法不得作为评标的依据。

评标委员会成员不得私下接触投标人，不得收受投标人给予的财物或者其他好处，不得向招标人征询确定中标人的意向，不得接受任何单位或者个人明示或者暗示提出的倾向或者排斥特定投标人的要求，不得有其他不客观、不公正履行职务的行为。

第五十条　招标项目设有标底的，招标人应当在开标时公布。标底只能作为评标的参考，不得以投标报价是否接近标底作为中标条件，也不得以投标报价超过标底上下浮动范围作为否决投标的条件。

第五十一条　有下列情形之一的，评标委员会应当否决其投标：

（一）投标文件未经投标单位盖章和单位负责人签字；

（二）投标联合体没有提交共同投标协议；

（三）投标人不符合国家或者招标文件规定的资格条件；

（四）同一投标人提交两个以上不同的投标文件或者投标报价，但招标文件要求提交备选投标的除外；

（五）投标报价低于成本或者高于招标文件设定的最高投标限价；

（六）投标文件没有对招标文件的实质性要求和条件作出响应；

（七）投标人有串通投标、弄虚作假、行贿等违法行为。

第五十二条　投标文件中有含义不明确的内容、明显文字或者计算错误，评标委员会认为需要投标人作出必要澄清、说明的，应当书面通知该投标人。投标人的澄清、说明应当采用书面形式，并不得超出投标文件的范围或者改变投标文件的实质性内容。

评标委员会不得暗示或者诱导投标人作出澄清、说明，不得接受投标人主动提出的澄清、说明。

第五十三条　评标完成后，评标委员会应当向招标人提交书面评标报告和中标候选人名单。中标候选人应当不超过3个，并标明排序。

评标报告应当由评标委员会全体成员签字。对评标结果有不同意见的评标委员会成员应当以书面形式说明其不同意见和理由，评标报告应当注明该不同意见。评标委员会成员拒绝在评标报告上签字又不书面说明其不同意见和理由的，视为同意评标结果。

第五十四条 依法必须进行招标的项目，招标人应当自收到评标报告之日起3日内公示中标候选人，公示期不得少于3日。

投标人或者其他利害关系人对依法必须进行招标的项目的评标结果有异议的，应当在中标候选人公示期间提出。招标人应当自收到异议之日起3日内作出答复；作出答复前，应当暂停招标投标活动。

第五十五条 国有资金占控股或者主导地位的依法必须进行招标的项目，招标人应当确定排名第一的中标候选人为中标人。排名第一的中标候选人放弃中标、因不可抗力不能履行合同、不按照招标文件要求提交履约保证金，或者被查实存在影响中标结果的违法行为等情形，不符合中标条件的，招标人可以按照评标委员会提出的中标候选人名单排序依次确定其他中标候选人为中标人，也可以重新招标。

第五十六条 中标候选人的经营、财务状况发生较大变化或者存在违法行为，招标人认为可能影响其履约能力的，应当在发出中标通知书前由原评标委员会按照招标文件规定的标准和方法审查确认。

第五十七条 招标人和中标人应当依照招标投标法和本条例的规定签订书面合同，合同的标的、价款、质量、履行期限等主要条款应当与招标文件和中标人的投标文件的内容一致。招标人和中标人不得再行订立背离合同实质性内容的其他协议。

招标人最迟应当在书面合同签订后5日内向中标人和未中标的投标人退还投标保证金及银行同期存款利息。

第五十八条 招标文件要求中标人提交履约保证金的，中标人应当按照招标文件的要求提交。履约保证金不得超过中标合同金额的10%。

第五十九条 中标人应当按照合同约定履行义务，完成中标项目。中标人不得向他人转让中标项目，也不得将中标项目肢解后分别向他人转让。

中标人按照合同约定或者经招标人同意，可以将中标项目的部分非主体、非关键性工作分包给他人完成。接受分包的人应当具备相应的资格条件，并不得再次分包。

中标人应当就分包项目向招标人负责，接受分包的人就分包项目承担连带责任。

第五章 投诉与处理

第六十条 投标人或者其他利害关系人认为招标投标活动不符合法律、行政法规规定的，可以自知道或者应当知道之日起10日内向有关行政监督部门投诉。投诉应当有明确的请求和必要的证明材料。

就本条例第二十二条、第四十四条、第五十四条规定事项投诉的，应当先向招标人提出异议，异议答复期间不计算在前款规定的期限内。

第六十一条 投诉人就同一事项向两个以上有权受理的行政监督部门投诉的，由最先收到投诉的行政监督部门负责处理。

行政监督部门应当自收到投诉之日起3个工作日内决定是否受理投诉，并自受理投诉之日起30个工作日内作出书面处理决定；需要检验、检测、鉴定、专家评审的，所需时间不计算在内。

投诉人捏造事实、伪造材料或者以非法手段取得证明材料进行投诉的，行政监督部门应当予以驳回。

第六十二条 行政监督部门处理投诉，有权查阅、复制有关文件、资料，调查有关情况，相关单位和人员应当予以配合。必要时，行政监督部门可以责令暂停招标投标活动。

行政监督部门的工作人员对监督检查过程中知悉的国家秘密、商业秘密，应当依法予以保密。

第六章 法律责任

第六十三条 招标人有下列限制或者排斥潜在投标人行为之一的，由有关行政监督部门依照招标投标法第五十一条的规定处罚：

（一）依法应当公开招标的项目不按照规定在指定媒介发布资格预审公告或者招标公告；

（二）在不同媒介发布的同一招标项目的资格预审公告或者招标公告的内容不一致，影响潜在投标人申请资格预审或者投标。

依法必须进行招标的项目的招标人不按照规定发布资格预审公告或者招标公告，构成规避招标的，依照招标投标法第四十九条的规定处罚。

第六十四条 招标人有下列情形之一的，由有关行政监督部门责令改正，可以处10万元以下的罚款：

（一）依法应当公开招标而采用邀请招标；

（二）招标文件、资格预审文件的发售、澄清、修改的时限，或者确定的提交资格预审申请文件、投标文件的时限不符合招标投标法和本条例规定；

（三）接受未通过资格预审的单位或者个人参加投标；

（四）接受应当拒收的投标文件。

招标人有前款第一项、第三项、第四项所列行为之一的，对单位直接负责的主管人员和其他直接责任人员依法给予处分。

第六十五条　招标代理机构在所代理的招标项目中投标、代理投标或者向该项目投标人提供咨询的，接受委托编制标底的中介机构参加受托编制标底项目的投标或者为该项目的投标人编制投标文件、提供咨询的，依照招标投标法第五十条的规定追究法律责任。

第六十六条　招标人超过本条例规定的比例收取投标保证金、履约保证金或者不按照规定退还投标保证金及银行同期存款利息的，由有关行政监督部门责令改正，可以处5万元以下的罚款；给他人造成损失的，依法承担赔偿责任。

第六十七条　投标人相互串通投标或者与招标人串通投标的，投标人向招标人或者评标委员会成员行贿谋取中标的，中标无效；构成犯罪的，依法追究刑事责任；尚不构成犯罪的，依照招标投标法第五十三条的规定处罚。投标人未中标的，对单位的罚款金额按照招标项目合同金额依照招标投标法规定的比例计算。

投标人有下列行为之一的，属于招标投标法第五十三条规定的情节严重行为，由有关行政监督部门取消其1年至2年内参加依法必须进行招标的项目的投标资格：

（一）以行贿谋取中标；

（二）3年内2次以上串通投标；

（三）串通投标行为损害招标人、其他投标人或者国家、集体、公民的合法利益，造成直接经济损失30万元以上；

（四）其他串通投标情节严重的行为。

投标人自本条第二款规定的处罚执行期限届满之日起3年内又有该款所列违法行为之一的，或者串通投标、以行贿谋取中标情节特别严重的，由工商行政管理机关吊销营业执照。

法律、行政法规对串通投标报价行为的处罚另有规定的，从其规定。

第六十八条　投标人以他人名义投标或者以其他方式弄虚作假骗取中标的，中标无效；构成犯罪的，依法追究刑事责任；尚不构成犯罪的，依照招标投标法第五十四条的规定处罚。依法必须进行招标的项目的投标人未中标的，对单位的罚款金额按照招标项目合同金额依照招标投标法规定的比例计算。

投标人有下列行为之一的，属于招标投标法第五十四条规定的情节严重行为，由有关行政监督部门取消其1年至3年内参加依法必须进行招标的项目的投标资格：

（一）伪造、变造资格、资质证书或者其他许可证件骗取中标；

（二）3年内2次以上使用他人名义投标；

（三）弄虚作假骗取中标给招标人造成直接经济损失30万元以上；

（四）其他弄虚作假骗取中标情节严重的行为。

投标人自本条第二款规定的处罚执行期限届满之日起3年内又有该款所列违法行为之一的，或者弄虚作假骗取中标情节特别严重的，由工商行政管理机关吊销营业执照。

第六十九条　出让或者出租资格、资质证书供他人投标的，依照法律、行政法规的规定给予行政处罚；构成犯罪的，依法追究刑事责任。

第七十条　依法必须进行招标的项目的招标人不按照规定组建评标委员会，或者确定、更换评标委员会成员违反招标投标法和本条例规定的，由有关行政监督部门责令改正，可以处10万元以下的罚款，对单位直接负责的主管人员和其他直接责任人员依法给予处分；违法确定或者更换的评标委员会成员作出的评审结论无效，依法重新进行评审。

国家工作人员以任何方式非法干涉选取评标委员会成员的，依照本条例第八十条的规定追究法律责任。

第七十一条　评标委员会成员有下列行为之一的，由有关行政监督部门责令改正；情节严重的，禁止其在一定期限内参加依法必须进行招标的项目的评标；情节特别严重的，取消其担任评标委员会成员的资格：

（一）应当回避而不回避；

（二）擅离职守；

（三）不按照招标文件规定的评标标准和方法评标；

（四）私下接触投标人；

（五）向招标人征询确定中标人的意向或者接受任何单位或者个人明示或者暗示提出的倾向或者排斥特定投标人的要求；

（六）对依法应当否决的投标不提出否决意见；

（七）暗示或者诱导投标人作出澄清、说明或者接受投标人主动提出的澄清、说明；

（八）其他不客观、不公正履行职务的行为。

第七十二条 评标委员会成员收受投标人的财物或者其他好处的，没收收受的财物，处3000元以上5万元以下的罚款，取消担任评标委员会成员的资格，不得再参加依法必须进行招标的项目的评标；构成犯罪的，依法追究刑事责任。

第七十三条 依法必须进行招标的项目的招标人有下列情形之一的，由有关行政监督部门责令改正，可以处中标项目金额10‰以下的罚款；给他人造成损失的，依法承担赔偿责任；对单位直接负责的主管人员和其他直接责任人员依法给予处分：

（一）无正当理由不发出中标通知书；

（二）不按照规定确定中标人；

（三）中标通知书发出后无正当理由改变中标结果；

（四）无正当理由不与中标人订立合同；

（五）在订立合同时向中标人提出附加条件。

第七十四条 中标人无正当理由不与招标人订立合同，在签订合同时向招标人提出附加条件，或者不按照招标文件要求提交履约保证金的，取消其中标资格，投标保证金不予退还。对依法必须进行招标的项目的中标人，由有关行政监督部门责令改正，可以处中标项目金额10‰以下的罚款。

第七十五条 招标人和中标人不按照招标文件和中标人的投标文件订立合同，合同的主要条款与招标文件、中标人的投标文件的内容不一致，或者招标人、中标人订立背离合同实质性内容的协议的，由有关行政监督部门责令改正，可以处中标项目金额5‰以上10‰以下的罚款。

第七十六条 中标人将中标项目转让给他人的，将中标项目肢解后分别转让给他人的，违反招标投标法和本条例规定将中标项目的部分主体、关键性工作分包给他人的，或者分包人再次分包的，转让、分包无效，处转让、分包项目金额5‰以上10‰以下的罚款；有违法所得的，并处没收违法所得；可以责令停业整顿；情节严重的，由工商行政管理机关吊销营业执照。

第七十七条 投标人或者其他利害关系人捏造事实、伪造材料或者以非法手段取得证明材料进行投诉，给他人造成损失的，依法承担赔偿责任。

招标人不按照规定对异议作出答复，继续进行招标投标活动的，由有关行政监督部门责令改正，拒不改正或者不能改正并影响中标结果的，依照本条例第八十一条的规定处理。

第七十八条 国家建立招标投标信用制度。有关行政监督部门应当依法公告对招标人、招标代理机构、投标人、评标委员会成员等当事人违法行为的行政处理决定。

第七十九条 项目审批、核准部门不依法审批、核准项目招标范围、招标方式、招标组织形式的，对单位直接负责的主管人员和其他直接责任人员依法给予处分。

有关行政监督部门不依法履行职责，对违反招标投标法和本条例规定的行为不依法查处，或者不按照规定处理投诉、不依法公告对招标投标当事人违法行为的行政处理决定的，对直接负责的主管人员和其他直接责任人员依法给予处分。

项目审批、核准部门和有关行政监督部门的工作人员徇私舞弊、滥用职权、玩忽职守，构成犯罪的，依法追究刑事责任。

第八十条 国家工作人员利用职务便利，以直接或者间接、明示或者暗示等任何方式非法干涉招标投标活动，有下列情形之一的，依法给予记过或者记大过处分；情节严重的，依法给予降级或者撤职处分；情节特别严重的，依法给予开除处分；构成犯罪的，依法追究刑事责任：

（一）要求对依法必须进行招标的项目不招标，或者要求对依法应当公开招标的项目不公开招标；

（二）要求评标委员会成员或者招标人以其指定的投标人作为中标候选人或者中标人，或者以其他方式非法干涉评标活动，影响中标结果；

（三）以其他方式非法干涉招标投标活动。

第八十一条 依法必须进行招标的项目的招标投标活动违反招标投标法和本条例的规定，对中标结果造成实质性影响，且不能采取补救措施予以纠正的，招标、投标、中标无效，应当依法重新招标或者评标。

第七章 附 则

第八十二条 招标投标协会按照依法制定的章程开展活

动,加强行业自律和服务。

第八十三条 政府采购的法律、行政法规对政府采购货物、服务的招标投标另有规定的,从其规定。

第八十四条 本条例自2012年2月1日起施行。

工程建设项目可行性研究报告增加招标内容和核准招标事项暂行规定

1. 2001年6月18日国家发展计划委员会令第9号公布

2. 根据2013年3月11日国家发展和改革委员会、工业和信息化部、财政部、住房和城乡建设部、交通运输部、铁道部、水利部、国家广播电影电视总局、中国民用航空局令第23号《关于废止和修改部分招标投标规章和规范性文件的决定》修订

第一条 为了规范工程建设项目的招标活动,依据《中华人民共和国招标投标法》、《中华人民共和国招标投标法实施条例》,制定本规定。

第二条 本规定适用于《工程建设项目招标范围和规模标准规定》(国家发展计划委员会令第3号)中规定的依法必须进行招标且按照国家有关规定需要履行项目审批、核准手续的各类工程建设项目。

第三条 本规定第二条包括的工程建设项目,必须在报送的项目可行性研究报告或者资金申请报告、项目申请报告中增加有关招标的内容。

第四条 增加的招标内容包括:

(一)建设项目的勘察、设计、施工、监理以及重要设备、材料等采购活动的具体招标范围(全部或者部分招标);

(二)建设项目的勘察、设计、施工、监理以及重要设备、材料等采购活动拟采用的招标组织形式(委托招标或者自行招标);拟自行招标的,还应按照《工程建设项目自行招标试行办法》(国家发展计划委员会令第5号)规定报送书面材料;

(三)建设项目的勘察、设计、施工、监理以及重要设备、材料等采购活动拟采用的招标方式(公开招标或者邀请招标);国家发展改革委确定的国家重点项目和省、自治区、直辖市人民政府确定的地方重点项目,拟采用邀请招标的,应对采用邀请招标的理由作出说明;

(四)其他有关内容。

报送招标内容时应附招标基本情况表。

第五条 属于下列情况之一的,建设项目可以不进行招标。但在报送可行性研究报告或者资金申请报告、项目申请报告中须提出不招标申请,并说明不招标原因:

(一)涉及国家安全、国家秘密、抢险救灾或者属于利用扶贫资金实行以工代赈、需要使用农民工等特殊情况,不适宜进行招标;

(二)建设项目的勘察、设计,采用不可替代的专利或者专有技术,或者其建筑艺术造型有特殊要求;

(三)承包商、供应商或者服务提供者少于三家,不能形成有效竞争;

(四)采购人依法能够自行建设、生产或者提供;

(五)已通过招标方式选定的特许经营项目投资人依法能够自行建设、生产或者提供;

(六)需要向原中标人采购工程、货物或者服务,否则将影响施工或者配套要求;

(七)国家规定的其他特殊情形。

第六条 经项目审批、核准部门审批、核准,工程建设项目因特殊情况可以在报送可行性研究报告或者资金申请报告、项目申请报告前先行开展招标活动,但应在报送的可行性研究报告或者资金申请报告、项目申请报告中予以说明。项目审批、核准部门认定先行开展的招标活动中有违背法律、法规的情形的,应要求其纠正。

第七条 在项目可行性研究报告或者资金申请报告、项目申请报告中增加的招标内容,作为附件与可行性研究报告或者资金申请报告、项目申请报告一同报送。

第八条 项目审批、核准部门应依据法律、法规规定的权限,对项目建设单位拟定的招标范围、招标组织形式、招标方式等内容提出是否予以审批、核准的意见。项目审批、核准部门对招标事项审批、核准意见格式见附表二。

第九条 审批、核准招标事项,按以下分工办理:

(一)应报送国家发展改革委审批和国家发展改革委核报国务院审批的建设项目,由国家发展改革委审批;

(二)应报送国务院行业主管部门审批的建设项目,由国务院行业主管部门审批;

(三)应报送地方人民政府发展改革部门审批和地方人民政府发展改革部门核报地方人民政府审批的

建设项目,由地方人民政府发展改革部门审批;

(四)按照规定应报送国家发展改革委核准的建设项目,由国家发展改革委核准;

(五)按照规定应报送地方人民政府发展改革部门核准的建设项目,由地方人民政府发展改革部门核准。

第十条 使用国际金融组织或者外国政府资金的建设项目,资金提供方对建设项目报送招标内容有规定的,从其规定。

第十一条 项目建设单位在招标活动中对审批、核准的招标范围、招标组织形式、招标方式等作出改变的,应向原审批、核准部门重新办理有关审批、核准手续。

第十二条 项目审批、核准部门应将审批、核准建设项目招标内容的意见抄送有关行政监督部门。

第十三条 项目建设单位在报送招标内容中弄虚作假,或者在招标活动中违背项目审批、核准部门审批、核准事项,由项目审批、核准部门和有关行政监督部门依法处罚。

第十四条 本规定由国家发展改革委解释。

第十五条 本规定自发布之日起施行。

附表:(略)

评标委员会和评标方法暂行规定

1. 2001年7月5日国家发展计划委员会、国家经济贸易委员会、建设部、铁道部、交通部、信息产业部、水利部令第12号公布

2. 根据2013年3月11日国家发展和改革委员会、工业和信息化部、财政部、住房和城乡建设部、交通运输部、铁道部、水利部、国家广播电影电视总局、中国民用航空局令第23号《关于废止和修改部分招标投标规章和规范性文件的决定》修订

第一章 总 则

第一条 为了规范评标活动,保证评标的公平、公正,维护招标投标活动当事人的合法权益,依照《中华人民共和国招标投标法》、《中华人民共和国招标投标法实施条例》,制定本规定。

第二条 本规定适用于依法必须招标项目的评标活动。

第三条 评标活动遵循公平、公正、科学、择优的原则。

第四条 评标活动依法进行,任何单位和个人不得非法干预或者影响评标过程和结果。

第五条 招标人应当采取必要措施,保证评标活动在严格保密的情况下进行。

第六条 评标活动及其当事人应当接受依法实施的监督。

有关行政监督部门依照国务院或者地方政府的职责分工,对评标活动实施监督,依法查处评标活动中的违法行为。

第二章 评标委员会

第七条 评标委员会依法组建,负责评标活动,向招标人推荐中标候选人或者根据招标人的授权直接确定中标人。

第八条 评标委员会由招标人负责组建。

评标委员会成员名单一般应于开标前确定。评标委员会成员名单在中标结果确定前应当保密。

第九条 评标委员会由招标人或其委托的招标代理机构熟悉相关业务的代表,以及有关技术、经济等方面的专家组成,成员人数为五人以上单数,其中技术、经济等方面的专家不得少于成员总数的三分之二。

评标委员会设负责人的,评标委员会负责人由评标委员会成员推举产生或者由招标人确定。评标委员会负责人与评标委员会的其他成员有同等的表决权。

第十条 评标委员会的专家成员应当从依法组建的专家库内的相关专家名单中确定。

按前款规定确定评标专家,可以采取随机抽取或者直接确定的方式。一般项目,可以采取随机抽取的方式;技术复杂、专业性强或者国家有特殊要求的招标项目,采取随机抽取方式确定的专家难以保证胜任的,可以由招标人直接确定。

第十一条 评标专家应符合下列条件:

(一)从事相关专业领域工作满八年并具有高级职称或者同等专业水平;

(二)熟悉有关招标投标的法律法规,并具有与招标项目相关的实践经验;

(三)能够认真、公正、诚实、廉洁地履行职责。

第十二条 有下列情形之一的,不得担任评标委员会成员:

(一)投标人或者投标人主要负责人的近亲属;

(二)项目主管部门或者行政监督部门的人员;

(三)与投标人有经济利益关系,可能影响对投标公正评审的;

（四）曾因在招标、评标以及其他与招标投标有关活动中从事违法行为而受过行政处罚或刑事处罚的。

评标委员会成员有前款规定情形之一的，应当主动提出回避。

第十三条　评标委员会成员应当客观、公正地履行职责，遵守职业道德，对所提出的评审意见承担个人责任。

评标委员会成员不得与任何投标人或者与招标结果有利害关系的人进行私下接触，不得收受投标人、中介人、其他利害关系人的财物或者其他好处，不得向招标人征询其确定中标人的意向，不得接受任何单位或者个人明示或者暗示提出的倾向或者排斥特定投标人的要求，不得有其他不客观、不公正履行职务的行为。

第十四条　评标委员会成员和与评标活动有关的工作人员不得透露对投标文件的评审和比较、中标候选人的推荐情况以及与评标有关的其他情况。

前款所称与评标活动有关的工作人员，是指评标委员会成员以外的因参与评标监督工作或者事务性工作而知悉有关评标情况的所有人员。

第三章　评标的准备与初步评审

第十五条　评标委员会成员应当编制供评标使用的相应表格，认真研究招标文件，至少应了解和熟悉以下内容：

（一）招标的目标；

（二）招标项目的范围和性质；

（三）招标文件中规定的主要技术要求、标准和商务条款；

（四）招标文件规定的评标标准、评标方法和在评标过程中考虑的相关因素。

第十六条　招标人或者其委托的招标代理机构应当向评标委员会提供评标所需的重要信息和数据，但不得带有明示或者暗示倾向或者排斥特定投标人的信息。

招标人设有标底的，标底在开标前应当保密，并在评标时作为参考。

第十七条　评标委员会应当根据招标文件规定的评标标准和方法，对投标文件进行系统地评审和比较。招标文件中没有规定的标准和方法不得作为评标的依据。

招标文件中规定的评标标准和评标方法应当合理，不得含有倾向或者排斥潜在投标人的内容，不得妨碍或者限制投标人之间的竞争。

第十八条　评标委员会应当按照投标报价的高低或者招标文件规定的其他方法对投标文件排序。以多种货币报价的，应当按照中国银行在开标日公布的汇率中间价换算成人民币。

招标文件应当对汇率标准和汇率风险作出规定。未作规定的，汇率风险由投标人承担。

第十九条　评标委员会可以书面方式要求投标人对投标文件中含义不明确、对同类问题表述不一致或者有明显文字和计算错误的内容作必要的澄清、说明或者补正。澄清、说明或者补正应以书面方式进行并不得超出投标文件的范围或者改变投标文件的实质性内容。

投标文件中的大写金额和小写金额不一致的，以大写金额为准；总价金额与单价金额不一致的，以单价金额为准，但单价金额小数点有明显错误的除外；对不同文字文本投标文件的解释发生异议的，以中文文本为准。

第二十条　在评标过程中，评标委员会发现投标人以他人的名义投标、串通投标、以行贿手段谋取中标或者以其他弄虚作假方式投标的，应当否决该投标人的投标。

第二十一条　在评标过程中，评标委员会发现投标人的报价明显低于其他投标报价或者在设有标底时明显低于标底，使得其投标报价可能低于其个别成本的，应当要求该投标人作出书面说明并提供相关证明材料。投标人不能合理说明或者不能提供相关证明材料的，由评标委员会认定该投标人以低于成本报价竞标，应当否决其投标。

第二十二条　投标人资格条件不符合国家有关规定和招标文件要求的，或者拒不按照要求对投标文件进行澄清、说明或者补正的，评标委员会可以否决其投标。

第二十三条　评标委员会应当审查每一投标文件是否对招标文件提出的所有实质性要求和条件作出响应。未能在实质上响应的投标，应当予以否决。

第二十四条　评标委员会应当根据招标文件，审查并逐项列出投标文件的全部投标偏差。

投标偏差分为重大偏差和细微偏差。

第二十五条　下列情况属于重大偏差：

（一）没有按照招标文件要求提供投标担保或者所提供的投标担保有瑕疵；

（二）投标文件没有投标人授权代表签字和加盖公章；

（三）投标文件载明的招标项目完成期限超过招标文件规定的期限；

（四）明显不符合技术规格、技术标准的要求；

(五)投标文件载明的货物包装方式、检验标准和方法等不符合招标文件的要求；

(六)投标文件附有招标人不能接受的条件；

(七)不符合招标文件中规定的其他实质性要求。

投标文件有上述情形之一的，为未能对招标文件作出实质性响应，并按本规定第二十三条规定作否决投标处理。招标文件对重大偏差另有规定的，从其规定。

第二十六条 细微偏差是指投标文件在实质上响应招标文件要求，但在个别地方存在漏项或者提供了不完整的技术信息和数据等情况，并且补正这些遗漏或者不完整不会对其他投标人造成不公平的结果。细微偏差不影响投标文件的有效性。

评标委员会应当书面要求存在细微偏差的投标人在评标结束前予以补正。拒不补正的，在详细评审时可以对细微偏差作不利于该投标人的量化，量化标准应当在招标文件中规定。

第二十七条 评标委员会根据本规定第二十条、第二十一条、第二十二条、第二十三条、第二十五条的规定否决不合格投标后，因有效投标不足三个使得投标明显缺乏竞争的，评标委员会可以否决全部投标。

投标人少于三个或者所有投标被否决的，招标人在分析招标失败的原因并采取相应措施后，应当依法重新招标。

第四章 详 细 评 审

第二十八条 经初步评审合格的投标文件，评标委员会应当根据招标文件确定的评标标准和方法，对其技术部分和商务部分作进一步评审、比较。

第二十九条 评标方法包括经评审的最低投标价法、综合评估法或者法律、行政法规允许的其他评标方法。

第三十条 经评审的最低投标价法一般适用于具有通用技术、性能标准或者招标人对其技术、性能没有特殊要求的招标项目。

第三十一条 根据经评审的最低投标价法，能够满足招标文件的实质性要求，并且经评审的最低投标价的投标，应当推荐为中标候选人。

第三十二条 采用经评审的最低投标价法的，评标委员会应当根据招标文件中规定的评标价格调整方法，对所有投标人的投标报价以及投标文件的商务部分作必要的价格调整。

采用经评审的最低投标价法的，中标人的投标应当符合招标文件规定的技术要求和标准，但评标委员会无需对投标文件的技术部分进行价格折算。

第三十三条 根据经评审的最低投标价法完成详细评审后，评标委员会应当拟定一份“标价比较表”，连同书面评标报告提交招标人。“标价比较表”应当载明投标人的投标报价、对商务偏差的价格调整和说明以及经评审的最终投标价。

第三十四条 不宜采用经评审的最低投标价法的招标项目，一般应当采取综合评估法进行评审。

第三十五条 根据综合评估法，最大限度地满足招标文件中规定的各项综合评价标准的投标，应当推荐为中标候选人。

衡量投标文件是否最大限度地满足招标文件中规定的各项评价标准，可以采取折算为货币的方法、打分的方法或者其他方法。需量化的因素及其权重应当在招标文件中明确规定。

第三十六条 评标委员会对各个评审因素进行量化时，应当将量化指标建立在同一基础或者同一标准上，使各投标文件具有可比性。

对技术部分和商务部分进行量化后，评标委员会应当对这两部分的量化结果进行加权，计算出每一投标的综合评估价或者综合评估分。

第三十七条 根据综合评估法完成评标后，评标委员会应当拟定一份“综合评估比较表”，连同书面评标报告提交招标人。“综合评估比较表”应当载明投标人的投标报价、所作的任何修正、对商务偏差的调整、对技术偏差的调整、对各评审因素的评估以及对每一投标的最终评审结果。

第三十八条 根据招标文件的规定，允许投标人投备选标的，评标委员会可以对中标人所投的备选标进行评审，以决定是否采纳备选标。不符合中标条件的投标人的备选标不予考虑。

第三十九条 对于划分有多个单项合同的招标项目，招标文件允许投标人为获得整个项目合同而提出优惠的，评标委员会可以对投标人提出的优惠进行审查，以决定是否将招标项目作为一个整体合同授予中标人。将招标项目作为一个整体合同授予的，整体合同中标人的投标应当最有利于招标人。

第四十条 评标和定标应当在投标有效期内完成。不能在投标有效期内完成评标和定标的，招标人应当通知所有投标人延长投标有效期。拒绝延长投标有效期的投标人有权收回投标保证金。同意延长投标有效期的投标人应当相应延长其投标担保的有效期,但不得修改投标文件的实质性内容。因延长投标有效期造成投标人损失的,招标人应当给予补偿,但因不可抗力需延长投标有效期的除外。

招标文件应当载明投标有效期。投标有效期从提交投标文件截止日起计算。

第五章　推荐中标候选人与定标

第四十一条　评标委员会在评标过程中发现的问题,应当及时作出处理或者向招标人提出处理建议,并作书面记录。

第四十二条　评标委员会完成评标后,应当向招标人提出书面评标报告,并抄送有关行政监督部门。评标报告应当如实记载以下内容:

(一)基本情况和数据表;

(二)评标委员会成员名单;

(三)开标记录;

(四)符合要求的投标一览表;

(五)否决投标的情况说明;

(六)评标标准、评标方法或者评标因素一览表;

(七)经评审的价格或者评分比较一览表;

(八)经评审的投标人排序;

(九)推荐的中标候选人名单与签订合同前要处理的事宜;

(十)澄清、说明、补正事项纪要。

第四十三条　评标报告由评标委员会全体成员签字。对评标结论持有异议的评标委员会成员可以书面方式阐述其不同意见和理由。评标委员会成员拒绝在评标报告上签字且不陈述其不同意见和理由的,视为同意评标结论。评标委员会应当对此作出书面说明并记录在案。

第四十四条　向招标人提交书面评标报告后,评标委员会应将评标过程中使用的文件、表格以及其他资料应当即时归还招标人。

第四十五条　评标委员会推荐的中标候选人应当限定在一至三人,并标明排列顺序。

第四十六条　中标人的投标应当符合下列条件之一:

(一)能够最大限度满足招标文件中规定的各项综合评价标准;

(二)能够满足招标文件的实质性要求,并且经评审的投标价格最低;但是投标价格低于成本的除外。

第四十七条　招标人不得与投标人就投标价格、投标方案等实质性内容进行谈判。

第四十八条　国有资金占控股或者主导地位的项目,招标人应当确定排名第一的中标候选人为中标人。排名第一的中标候选人放弃中标、因不可抗力提出不能履行合同,或者招标文件规定应当提交履约保证金而在规定的期限内未能提交,或者被查实存在影响中标结果的违法行为等情形,不符合中标条件的,招标人可以按照评标委员会提出的中标候选人名单排序依次确定其他中标候选人为中标人。依次确定其他中标候选人与招标人预期差距较大,或者对招标人明显不利的,招标人可以重新招标。

招标人可以授权评标委员会直接确定中标人。

国务院对中标人的确定另有规定的,从其规定。

第四十九条　中标人确定后,招标人应当向中标人发出中标通知书,同时通知未中标人,并与中标人在投标有效期内以及中标通知书发出之日起30日之内签订合同。

第五十条　中标通知书对招标人和中标人具有法律约束力。中标通知书发出后,招标人改变中标结果或者中标人放弃中标的,应当承担法律责任。

第五十一条　招标人应当与中标人按照招标文件和中标人的投标文件订立书面合同。招标人与中标人不得再行订立背离合同实质性内容的其他协议。

第五十二条　招标人与中标人签订合同后5日内,应当向中标人和未中标的投标人退还投标保证金。

第六章　罚　　则

第五十三条　评标委员会成员有下列行为之一的,由有关行政监督部门责令改正;情节严重的,禁止其在一定期限内参加依法必须进行招标的项目的评标;情节特别严重的,取消其担任评标委员会成员的资格:

(一)应当回避而不回避;

(二)擅离职守;

(三)不按照招标文件规定的评标标准和方法评标;

(四)私下接触投标人;

(五)向招标人征询确定中标人的意向或者接受任何单位或者个人明示或者暗示提出的倾向或者排斥特定投标人的要求;

(六)对依法应当否决的投标不提出否决意见;

(七)暗示或者诱导投标人作出澄清、说明或者接受投标人主动提出的澄清、说明；

（八）其他不客观、不公正履行职务的行为。

第五十四条 评标委员会成员收受投标人的财物或者其他好处的，评标委员会成员或者与评标活动有关的工作人员向他人透露对投标文件的评审和比较、中标候选人的推荐以及与评标有关的其他情况的，给予警告，没收收受的财物，可以并处三千元以上五万元以下的罚款；对有所列违法行为的评标委员会成员取消担任评标委员会成员的资格，不得再参加任何依法必须进行招标项目的评标；构成犯罪的，依法追究刑事责任。

第五十五条 招标人有下列情形之一的，责令改正，可以处中标项目金额千分之十以下的罚款；给他人造成损失的，依法承担赔偿责任；对单位直接负责的主管人员和其他直接责任人员依法给予处分：

（一）无正当理由不发出中标通知书；

（二）不按照规定确定中标人；

（三）中标通知书发出后无正当理由改变中标结果；

（四）无正当理由不与中标人订立合同；

（五）在订立合同时向中标人提出附加条件。

第五十六条 招标人与中标人不按照招标文件和中标人的投标文件订立合同的，合同的主要条款与招标文件、中标人的投标文件的内容不一致，或者招标人、中标人订立背离合同实质性内容的协议的，由有关行政监督部门责令改正，可以处中标项目金额千分之五以上千分之十以下的罚款。

第五十七条 中标人无正当理由不与招标人订立合同，在签订合同时向招标人提出附加条件，或者不按照招标文件要求提交履约保证金的，取消其中标资格，投标保证金不予退还。对依法必须进行招标的项目的中标人，由有关行政监督部门责令改正，可以处中标项目金额10‰以下的罚款。

第七章 附　　则

第五十八条 依法必须招标项目以外的评标活动，参照本规定执行。

第五十九条 使用国际组织或者外国政府贷款、援助资金的招标项目的评标活动，贷款方、资金提供方对评标委员会与评标方法另有规定的，适用其规定，但违背中华人民共和国的社会公共利益的除外。

第六十条 本规定颁布前有关评标机构和评标方法的规定与本规定不一致的，以本规定为准。法律或者行政法规另有规定的，从其规定。

第六十一条 本规定由国家发展改革委会同有关部门负责解释。

第六十二条 本规定自发布之日起施行。

电子招标投标办法

1. 2013年2月4日国家发展和改革委员会、工业和信息化部、监察部、住房和城乡建设部、交通运输部、铁道部、水利部、商务部令第20号公布

2. 自2013年5月1日起施行

第一章 总　　则

第一条 为了规范电子招标投标活动，促进电子招标投标健康发展，根据《中华人民共和国招标投标法》、《中华人民共和国招标投标法实施条例》（以下分别简称招标投标法、招标投标法实施条例），制定本办法。

第二条 在中华人民共和国境内进行电子招标投标活动，适用本办法。

本办法所称电子招标投标活动是指以数据电文形式，依托电子招标投标系统完成的全部或者部分招标投标交易、公共服务和行政监督活动。

数据电文形式与纸质形式的招标投标活动具有同等法律效力。

第三条 电子招标投标系统根据功能的不同，分为交易平台、公共服务平台和行政监督平台。

交易平台是以数据电文形式完成招标投标交易活动的信息平台。公共服务平台是满足交易平台之间信息交换、资源共享需要，并为市场主体、行政监督部门和社会公众提供信息服务的信息平台。行政监督平台是行政监督部门和监察机关在线监督电子招标投标活动的信息平台。

电子招标投标系统的开发、检测、认证、运营应当遵守本办法及所附《电子招标投标系统技术规范》（以下简称技术规范）。

第四条 国务院发展改革部门负责指导协调全国电子招标投标活动，各级地方人民政府发展改革部门负责指导协调本行政区域内电子招标投标活动。各级人民政府发展改革、工业和信息化、住房城乡建设、交通运输、铁道、水利、商务等部门，按照规定的职责分工，对电子招标投标活动实施监督，依法查处电子招标投标活动中的违法行为。

依法设立的招标投标交易场所的监管机构负责督促、指导招标投标交易场所推进电子招标投标工作，配合有关部门对电子招标投标活动实施监督。

省级以上人民政府有关部门对本行政区域内电子招标投标系统的建设、运营，以及相关检测、认证活动实施监督。

监察机关依法对与电子招标投标活动有关的监察对象实施监察。

第二章　电子招标投标交易平台

第五条　电子招标投标交易平台按照标准统一、互联互通、公开透明、安全高效的原则以及市场化、专业化、集约化方向建设和运营。

第六条　依法设立的招标投标交易场所、招标人、招标代理机构以及其他依法设立的法人组织可以按行业、专业类别，建设和运营电子招标投标交易平台。国家鼓励电子招标投标交易平台平等竞争。

第七条　电子招标投标交易平台应当按照本办法和技术规范规定，具备下列主要功能：

（一）在线完成招标投标全部交易过程；

（二）编辑、生成、对接、交换和发布有关招标投标数据信息；

（三）提供行政监督部门和监察机关依法实施监督和受理投诉所需的监督通道；

（四）本办法和技术规范规定的其他功能。

第八条　电子招标投标交易平台应当按照技术规范规定，执行统一的信息分类和编码标准，为各类电子招标投标信息的互联互通和交换共享开放数据接口、公布接口要求。

电子招标投标交易平台接口应当保持技术中立，与各类需要分离开发的工具软件相兼容对接，不得限制或者排斥符合技术规范规定的工具软件与其对接。

第九条　电子招标投标交易平台应当允许社会公众、市场主体免费注册登录和获取依法公开的招标投标信息，为招标投标活动当事人、行政监督部门和监察机关按各自职责和注册权限登录使用交易平台提供必要条件。

第十条　电子招标投标交易平台应当依照《中华人民共和国认证认可条例》等有关规定进行检测、认证，通过检测、认证的电子招标投标交易平台应当在省级以上电子招标投标公共服务平台上公布。

电子招标投标交易平台服务器应当设在中华人民共和国境内。

第十一条　电子招标投标交易平台运营机构应当是依法成立的法人，拥有一定数量的专职信息技术、招标专业人员。

第十二条　电子招标投标交易平台运营机构应当根据国家有关法律法规及技术规范，建立健全电子招标投标交易平台规范运行和安全管理制度，加强监控、检测，及时发现和排除隐患。

第十三条　电子招标投标交易平台运营机构应当采用可靠的身份识别、权限控制、加密、病毒防范等技术，防范非授权操作，保证交易平台的安全、稳定、可靠。

第十四条　电子招标投标交易平台运营机构应当采取有效措施，验证初始录入信息的真实性，并确保数据电文不被篡改、不遗漏和可追溯。

第十五条　电子招标投标交易平台运营机构不得以任何手段限制或者排斥潜在投标人，不得泄露依法应当保密的信息，不得弄虚作假、串通投标或者为弄虚作假、串通投标提供便利。

第三章　电 子 招 标

第十六条　招标人或者其委托的招标代理机构应当在其使用的电子招标投标交易平台注册登记，选择使用除招标人或招标代理机构之外第三方运营的电子招标投标交易平台的，还应当与电子招标投标交易平台运营机构签订使用合同，明确服务内容、服务质量、服务费用等权利和义务，并对服务过程中相关信息的产权归属、保密责任、存档等依法作出约定。

电子招标投标交易平台运营机构不得以技术和数据接口配套为由，要求潜在投标人购买指定的工具软件。

第十七条　招标人或者其委托的招标代理机构应当在资格预审公告、招标公告或者投标邀请书中载明潜在投标人访问电子招标投标交易平台的网络地址和方法。依法必须进行公开招标项目的上述相关公告应当在电子招标投标交易平台和国家指定的招标公告媒介同步发布。

第十八条　招标人或者其委托的招标代理机构应当及时将数据电文形式的资格预审文件、招标文件加载至电子招标投标交易平台，供潜在投标人下载或者查阅。

第十九条　数据电文形式的资格预审公告、招标公告、资格预审文件、招标文件等应当标准化、格式化，并符合有关法律法规以及国家有关部门颁发的标准文本的要求。

第二十条 除本办法和技术规范规定的注册登记外，任何单位和个人不得在招标投标活动中设置注册登记、投标报名等前置条件限制潜在投标人下载资格预审文件或者招标文件。

第二十一条 在投标截止时间前，电子招标投标交易平台运营机构不得向招标人或者其委托的招标代理机构以外的任何单位和个人泄露下载资格预审文件、招标文件的潜在投标人名称、数量以及可能影响公平竞争的其他信息。

第二十二条 招标人对资格预审文件、招标文件进行澄清或者修改的，应当通过电子招标投标交易平台以醒目的方式公告澄清或者修改的内容，并以有效方式通知所有已下载资格预审文件或者招标文件的潜在投标人。

第四章 电子投标

第二十三条 电子招标投标交易平台的运营机构，以及与该机构有控股或者管理关系可能影响招标公正性的任何单位和个人，不得在该交易平台进行的招标项目中投标和代理投标。

第二十四条 投标人应当在资格预审公告、招标公告或者投标邀请书载明的电子招标投标交易平台注册登记，如实递交有关信息，并经电子招标投标交易平台运营机构验证。

第二十五条 投标人应当通过资格预审公告、招标公告或者投标邀请书载明的电子招标投标交易平台递交数据电文形式的资格预审申请文件或者投标文件。

第二十六条 电子招标投标交易平台应当允许投标人离线编制投标文件，并且具备分段或者整体加密、解密功能。

投标人应当按照招标文件和电子招标投标交易平台的要求编制并加密投标文件。

投标人未按规定加密的投标文件，电子招标投标交易平台应当拒收并提示。

第二十七条 投标人应当在投标截止时间前完成投标文件的传输递交，并可以补充、修改或者撤回投标文件。投标截止时间前未完成投标文件传输的，视为撤回投标文件。投标截止时间后送达的投标文件，电子招标投标交易平台应当拒收。

电子招标投标交易平台收到投标人送达的投标文件，应当即时向投标人发出确认回执通知，并妥善保存投标文件。在投标截止时间前，除投标人补充、修改或者撤回投标文件外，任何单位和个人不得解密、提取投标文件。

第二十八条 资格预审申请文件的编制、加密、递交、传输、接收确认等，适用本办法关于投标文件的规定。

第五章 电子开标、评标和中标

第二十九条 电子开标应当按照招标文件确定的时间，在电子招标投标交易平台上公开进行，所有投标人均应当准时在线参加开标。

第三十条 开标时，电子招标投标交易平台自动提取所有投标文件，提示招标人和投标人按招标文件规定方式按时在线解密。解密全部完成后，应当向所有投标人公布投标人名称、投标价格和招标文件规定的其他内容。

第三十一条 因投标人原因造成投标文件未解密的，视为撤销其投标文件；因投标人之外的原因造成投标文件未解密的，视为撤回其投标文件，投标人有权要求责任方赔偿因此遭受的直接损失。部分投标文件未解密的，其他投标文件的开标可以继续进行。

招标人可以在招标文件中明确投标文件解密失败的补救方案，投标文件应按照招标文件的要求作出响应。

第三十二条 电子招标投标交易平台应当生成开标记录并向社会公众公布，但依法应当保密的除外。

第三十三条 电子评标应当在有效监控和保密的环境下在线进行。

根据国家规定应当进入依法设立的招标投标交易场所的招标项目，评标委员会成员应当在依法设立的招标投标交易场所登录招标项目所使用的电子招标投标交易平台进行评标。

评标中需要投标人对投标文件澄清或者说明的，招标人和投标人应当通过电子招标投标交易平台交换数据电文。

第三十四条 评标委员会完成评标后，应当通过电子招标投标交易平台向招标人提交数据电文形式的评标报告。

第三十五条 依法必须进行招标的项目中标候选人和中标结果应当在电子招标投标交易平台进行公示和公布。

第三十六条 招标人确定中标人后，应当通过电子招标投标交易平台以数据电文形式向中标人发出中标通知书，并向未中标人发出中标结果通知书。

招标人应当通过电子招标投标交易平台，以数据电文形式与中标人签订合同。

第三十七条　鼓励招标人、中标人等相关主体及时通过电子招标投标交易平台递交和公布中标合同履行情况的信息。

第三十八条　资格预审申请文件的解密、开启、评审、发出结果通知书等，适用本办法关于投标文件的规定。

第三十九条　投标人或者其他利害关系人依法对资格预审文件、招标文件、开标和评标结果提出异议，以及招标人答复，均应当通过电子招标投标交易平台进行。

第四十条　招标投标活动中的下列数据电文应当按照《中华人民共和国电子签名法》和招标文件的要求进行电子签名并进行电子存档：

（一）资格预审公告、招标公告或者投标邀请书；

（二）资格预审文件、招标文件及其澄清、补充和修改；

（三）资格预审申请文件、投标文件及其澄清和说明；

（四）资格审查报告、评标报告；

（五）资格预审结果通知书和中标通知书；

（六）合同；

（七）国家规定的其他文件。

第六章　信息共享与公共服务

第四十一条　电子招标投标交易平台应当依法及时公布下列主要信息：

（一）招标人名称、地址、联系人及联系方式；

（二）招标项目名称、内容范围、规模、资金来源和主要技术要求；

（三）招标代理机构名称、资格、项目负责人及联系方式；

（四）投标人名称、资质和许可范围、项目负责人；

（五）中标人名称、中标金额、签约时间、合同期限；

（六）国家规定的公告、公示和技术规范规定公布和交换的其他信息。

鼓励招标投标活动当事人通过电子招标投标交易平台公布项目完成质量、期限、结算金额等合同履行情况。

第四十二条　各级人民政府有关部门应当按照《中华人民共和国政府信息公开条例》等规定，在本部门网站及时公布并允许下载下列信息：

（一）有关法律法规规章及规范性文件；

（二）取得相关工程、服务资质证书或货物生产、经营许可证的单位名称、营业范围及年检情况；

（三）取得有关职称、职业资格的从业人员的姓名、电子证书编号；

（四）对有关违法行为作出的行政处理决定和招标投标活动的投诉处理情况；

（五）依法公开的工商、税务、海关、金融等相关信息。

第四十三条　设区的市级以上人民政府发展改革部门会同有关部门，按照政府主导、共建共享、公益服务的原则，推动建立本地区统一的电子招标投标公共服务平台，为电子招标投标交易平台、招标投标活动当事人、社会公众和行政监督部门、监察机关提供信息服务。

第四十四条　电子招标投标公共服务平台应当按照本办法和技术规范规定，具备下列主要功能：

（一）链接各级人民政府及其部门网站，收集、整合和发布有关法律法规规章及规范性文件、行政许可、行政处理决定、市场监管和服务的相关信息；

（二）连接电子招标投标交易平台、国家规定的公告媒介，交换、整合和发布本办法第四十一条规定的信息；

（三）连接依法设立的评标专家库，实现专家资源共享；

（四）支持不同电子认证服务机构数字证书的兼容互认；

（五）提供行政监督部门和监察机关依法实施监督、监察所需的监督通道；

（六）整合分析相关数据信息，动态反映招标投标市场运行状况、相关市场主体业绩和信用情况。

属于依法必须公开的信息，公共服务平台应当无偿提供。

公共服务平台应同时遵守本办法第八条至第十五条规定。

第四十五条　电子招标投标交易平台应当按照本办法和技术规范规定，在任一电子招标投标公共服务平台注册登记，并向电子招标投标公共服务平台及时提供本办法第四十一条规定的信息，以及双方协商确定的其他信息。

电子招标投标公共服务平台应当按照本办法和技术规范规定，开放数据接口、公布接口要求，与电子招标投标交易平台及时交换招标投标活动所必需的信息，以及双方协商确定的其他信息。

电子招标投标公共服务平台应当按照本办法和技术规范规定，开放数据接口、公布接口要求，与上一层级电子招标投标公共服务平台连接并注册登记，及时交换本办法第四十四条规定的信息，以及双方协商确定的其他信息。

电子招标投标公共服务平台应当允许社会公众、市场主体免费注册登录和获取依法公开的招标投标信息，为招标人、投标人、行政监督部门和监察机关按各自职责和注册权限登录使用公共服务平台提供必要条件。

第七章 监督管理

第四十六条 电子招标投标活动及相关主体应当自觉接受行政监督部门、监察机关依法实施的监督、监察。

第四十七条 行政监督部门、监察机关结合电子政务建设，提升电子招标投标监督能力，依法设置并公布有关法律法规规章、行政监督的依据、职责权限、监督环节、程序和时限、信息交换要求和联系方式等相关内容。

第四十八条 电子招标投标交易平台和公共服务平台应当按照本办法和技术规范规定，向行政监督平台开放数据接口、公布接口要求，按有关规定及时对接交换和公布有关招标投标信息。

行政监督平台应当开放数据接口，公布数据接口要求，不得限制和排斥已通过检测认证的电子招标投标交易平台和公共服务平台与其对接交换信息，并参照执行本办法第八条至第十五条的有关规定。

第四十九条 电子招标投标交易平台应当依法设置电子招标投标工作人员的职责权限，如实记录招标投标过程、数据信息来源，以及每一操作环节的时间、网络地址和工作人员，并具备电子归档功能。

电子招标投标公共服务平台应当记录和公布相关交换数据信息的来源、时间并进行电子归档备份。

任何单位和个人不得伪造、篡改或者损毁电子招标投标活动信息。

第五十条 行政监督部门、监察机关及其工作人员，除依法履行职责外，不得干预电子招标投标活动，并遵守有关信息保密的规定。

第五十一条 投标人或者其他利害关系人认为电子招标投标活动不符合有关规定的，通过相关行政监督平台进行投诉。

第五十二条 行政监督部门和监察机关在依法监督检查招标投标活动或者处理投诉时，通过其平台发出的行政监督或者行政监察指令，招标投标活动当事人和电子招标投标交易平台、公共服务平台的运营机构应当执行，并如实提供相关信息，协助调查处理。

第八章 法律责任

第五十三条 电子招标投标系统有下列情形的，责令改正；拒不改正的，不得交付使用，已经运营的应当停止运营。

（一）不具备本办法及技术规范规定的主要功能；

（二）不向行政监督部门和监察机关提供监督通道；

（三）不执行统一的信息分类和编码标准；

（四）不开放数据接口、不公布接口要求；

（五）不按照规定注册登记、对接、交换、公布信息；

（六）不满足规定的技术和安全保障要求；

（七）未按照规定通过检测和认证。

第五十四条 招标人或者电子招标投标系统运营机构存在以下情形的，视为限制或者排斥潜在投标人，依照招标投标法第五十一条规定处罚。

（一）利用技术手段对享有相同权限的市场主体提供有差别的信息；

（二）拒绝或者限制社会公众、市场主体免费注册并获取依法必须公开的招标投标信息；

（三）违规设置注册登记、投标报名等前置条件；

（四）故意与各类需要分离开发并符合技术规范规定的工具软件不兼容对接；

（五）故意对递交或者解密投标文件设置障碍。

第五十五条 电子招标投标交易平台运营机构有下列情形的，责令改正，并按照有关规定处罚。

（一）违反规定要求投标人注册登记、收取费用；

（二）要求投标人购买指定的工具软件；

（三）其他侵犯招标投标活动当事人合法权益的情形。

第五十六条 电子招标投标系统运营机构向他人透露已获取招标文件的潜在投标人的名称、数量、投标文件内容或者对投标文件的评审和比较以及其他可能影响公平竞争的招标投标信息，参照招标投标法第五十二条关于招标人泄密的规定予以处罚。

第五十七条 招标投标活动当事人和电子招标投标系统运营机构协助招标人、投标人串通投标的，依照招标投标法第五十三条和招标投标法实施条例第六十七条规定处罚。

第五十八条 招标投标活动当事人和电子招标投标系统运营机构伪造、篡改、损毁招标投标信息，或者以其他方式弄虚作假的，依照招标投标法第五十四条和招标投标法实施条例第六十八条规定处罚。

第五十九条 电子招标投标系统运营机构未按照本办法和技术规范规定履行初始录入信息验证义务，造成招标投标活动当事人损失的，应当承担相应的赔偿责任。

第六十条 有关行政监督部门及其工作人员不履行职责，或者利用职务便利非法干涉电子招标投标活动的，依照有关法律法规处理。

第九章 附 则

第六十一条 招标投标协会应当按照有关规定，加强电子招标投标活动的自律管理和服务。

第六十二条 电子招标投标某些环节需要同时使用纸质文件的，应当在招标文件中明确约定；当纸质文件与数据电文不一致时，除招标文件特别约定外，以数据电文为准。

第六十三条 本办法未尽事宜，按照有关法律、法规、规章执行。

第六十四条 本办法由国家发展和改革委员会会同有关部门负责解释。

第六十五条 技术规范作为本办法的附件，与本办法具有同等效力。

第六十六条 本办法自2013年5月1日起施行。

附件：《电子招标投标系统技术规范——第1部分》（略）

招标公告和公示信息发布管理办法

1. 2017年11月23日国家发展和改革委员会令第10号发布

2. 自2018年1月1日起施行

第一条 为规范招标公告和公示信息发布活动，保证各类市场主体和社会公众平等、便捷、准确地获取招标信息，根据《中华人民共和国招标投标法》《中华人民共和国招标投标法实施条例》等有关法律法规规定，制定本办法。

第二条 本办法所称招标公告和公示信息，是指招标项目的资格预审公告、招标公告、中标候选人公示、中标结果公示等信息。

第三条 依法必须招标项目的招标公告和公示信息，除依法需要保密或者涉及商业秘密的内容外，应当按照公益服务、公开透明、高效便捷、集中共享的原则，依法向社会公开。

第四条 国家发展改革委根据招标投标法律法规规定，对依法必须招标项目招标公告和公示信息发布媒介的信息发布活动进行监督管理。

省级发展改革部门对本行政区域内招标公告和公示信息发布活动依法进行监督管理。省级人民政府另有规定的，从其规定。

第五条 依法必须招标项目的资格预审公告和招标公告，应当载明以下内容：

（一）招标项目名称、内容、范围、规模、资金来源；

（二）投标资格能力要求，以及是否接受联合体投标；

（三）获取资格预审文件或招标文件的时间、方式；

（四）递交资格预审文件或投标文件的截止时间、方式；

（五）招标人及其招标代理机构的名称、地址、联系人及联系方式；

（六）采用电子招标投标方式的，潜在投标人访问电子招标投标交易平台的网址和方法；

（七）其他依法应当载明的内容。

第六条 依法必须招标项目的中标候选人公示应当载明以下内容：

（一）中标候选人排序、名称、投标报价、质量、工期（交货期），以及评标情况；

（二）中标候选人按照招标文件要求承诺的项目负责人姓名及其相关证书名称和编号；

（三）中标候选人响应招标文件要求的资格能力条件；

（四）提出异议的渠道和方式；

（五）招标文件规定公示的其他内容。

依法必须招标项目的中标结果公示应当载明中标人名称。

第七条　依法必须招标项目的招标公告和公示信息应当根据招标投标法律法规，以及国家发展改革委会同有关部门制定的标准文件编制，实现标准化、格式化。

第八条　依法必须招标项目的招标公告和公示信息应当在“中国招标投标公共服务平台”或者项目所在地省级电子招标投标公共服务平台（以下统一简称“发布媒介”）发布。

第九条　省级电子招标投标公共服务平台应当与“中国招标投标公共服务平台”对接，按规定同步交互招标公告和公示信息。对依法必须招标项目的招标公告和公示信息，发布媒介应当与相应的公共资源交易平台实现信息共享。

“中国招标投标公共服务平台”应当汇总公开全国招标公告和公示信息，以及本办法第八条规定的发布媒介名称、网址、办公场所、联系方式等基本信息，及时维护更新，与全国公共资源交易平台共享，并归集至全国信用信息共享平台，按规定通过“信用中国”网站向社会公开。

第十条　拟发布的招标公告和公示信息文本应当由招标人或其招标代理机构盖章，并由主要负责人或其授权的项目负责人签名。采用数据电文形式的，应当按规定进行电子签名。

招标人或其招标代理机构发布招标公告和公示信息，应当遵守招标投标法律法规关于时限的规定。

第十一条　依法必须招标项目的招标公告和公示信息鼓励通过电子招标投标交易平台录入后交互至发布媒介核验发布，也可以直接通过发布媒介录入并核验发布。

按照电子招标投标有关数据规范要求交互招标公告和公示信息文本的，发布媒介应当自收到起 12 小时内发布。采用电子邮件、电子介质、传真、纸质文本等其他形式提交或者直接录入招标公告和公示信息文本的，发布媒介应当自核验确认起 1 个工作日内发布。核验确认最长不得超过 3 个工作日。

招标人或其招标代理机构应当对其提供的招标公告和公示信息的真实性、准确性、合法性负责。发布媒介和电子招标投标交易平台应当对所发布的招标公告和公示信息的及时性、完整性负责。

发布媒介应当按照规定采取有效措施，确保发布招标公告和公示信息的数据电文不被篡改、不遗漏和至少 10 年内可追溯。

第十二条　发布媒介应当免费提供依法必须招标项目的招标公告和公示信息发布服务，并允许社会公众和市场主体免费、及时查阅前述招标公告和公示的完整信息。

第十三条　发布媒介应当通过专门栏目发布招标公告和公示信息，并免费提供信息归类和检索服务，对新发布的招标公告和公示信息作醒目标识，方便市场主体和社会公众查阅。

发布媒介应当设置专门栏目，方便市场主体和社会公众就其招标公告和公示信息发布工作反映情况、提出意见，并及时反馈。

第十四条　发布媒介应当实时统计本媒介招标公告和公示信息发布情况，及时向社会公布，并定期报送相应的省级以上发展改革部门或省级以上人民政府规定的其他部门。

第十五条　依法必须招标项目的招标公告和公示信息除在发布媒介发布外，招标人或其招标代理机构也可以同步在其他媒介公开，并确保内容一致。

其他媒介可以依法全文转载依法必须招标项目的招标公告和公示信息，但不得改变其内容，同时必须注明信息来源。

第十六条　依法必须招标项目的招标公告和公示信息有下列情形之一的，潜在投标人或者投标人可以要求招标人或其招标代理机构予以澄清、改正、补充或调整：

（一）资格预审公告、招标公告载明的事项不符合本办法第五条规定，中标候选人公示载明的事项不符合本办法第六条规定；

（二）在两家以上媒介发布的同一招标项目的招标公告和公示信息内容不一致；

（三）招标公告和公示信息内容不符合法律法规规定。

招标人或其招标代理机构应当认真核查，及时处理，并将处理结果告知提出意见的潜在投标人或者投标人。

第十七条　任何单位和个人认为招标人或其招标代理机构在招标公告和公示信息发布活动中存在违法违规行为的，可以依法向有关行政监督部门投诉、举报；认为发布媒介在招标公告和公示信息发布活动中存在违法违规行为的，根据有关规定可以向相应的省级以上发展改革部门或其他有关部门投诉、举报。

第十八条　招标人或其招标代理机构有下列行为之一的，由有关行政监督部门责令改正，并视情形依照《中华人民共和国招标投标法》第四十九条、第五十一条及有关规定处罚：

（一）依法必须公开招标的项目不按照规定在发布媒介发布招标公告和公示信息；

（二）在不同媒介发布的同一招标项目的资格预审公告或者招标公告的内容不一致，影响潜在投标人申请资格预审或者投标；

（三）资格预审公告或者招标公告中有关获取资格预审文件或者招标文件的时限不符合招标投标法律法规规定；

（四）资格预审公告或者招标公告中以不合理的条件限制或者排斥潜在投标人。

第十九条　发布媒介在发布依法必须招标项目的招标公告和公示信息活动中有下列情形之一的，由相应的省级以上发展改革部门或其他有关部门根据有关法律法规规定，责令改正；情节严重的，可以处 1 万元以下罚款：

（一）违法收取费用；

（二）无正当理由拒绝发布或者拒不按规定交互信息；

（三）无正当理由延误发布时间；

（四）因故意或重大过失导致发布的招标公告和公示信息发生遗漏、错误；

（五）违反本办法的其他行为。

其他媒介违规发布或转载依法必须招标项目的招标公告和公示信息的，由相应的省级以上发展改革部门或其他有关部门根据有关法律法规规定，责令改正；情节严重的，可以处 1 万元以下罚款。

第二十条　对依法必须招标项目的招标公告和公示信息进行澄清、修改，或者暂停、终止招标活动，采取公告形式向社会公布的，参照本办法执行。

第二十一条　使用国际组织或者外国政府贷款、援助资金的招标项目，贷款方、资金提供方对招标公告和公示信息的发布另有规定的，适用其规定。

第二十二条　本办法所称以上、以下包含本级或本数。

第二十三条　本办法由国家发展改革委负责解释。

第二十四条　本办法自 2018 年 1 月 1 日起施行。《招标公告发布暂行办法》（国家发展计划委第 4 号令）和《国家计委关于指定发布依法必须招标项目招标公告的媒介的通知》（计政策〔2000〕868 号）同时废止。

必须招标的工程项目规定

1. 2018 年 3 月 27 日国家发展和改革委员会令第 16 号公布
2. 自 2018 年 6 月 1 日起施行

第一条　为了确定必须招标的工程项目，规范招标投标活动，提高工作效率、降低企业成本、预防腐败，根据《中华人民共和国招标投标法》第三条的规定，制定本规定。

第二条　全部或者部分使用国有资金投资或者国家融资的项目包括：

（一）使用预算资金 200 万元人民币以上，并且该资金占投资额 10% 以上的项目；

（二）使用国有企业事业单位资金，并且该资金占控股或者主导地位的项目。

第三条　使用国际组织或者外国政府贷款、援助资金的项目包括：

（一）使用世界银行、亚洲开发银行等国际组织贷款、援助资金的项目；

（二）使用外国政府及其机构贷款、援助资金的项目。

第四条　不属于本规定第二条、第三条规定情形的大型基础设施、公用事业等关系社会公共利益、公众安全的项目，必须招标的具体范围由国务院发展改革部门会同国务院有关部门按照确有必要、严格限定的原则制订，报国务院批准。

第五条　本规定第二条至第四条规定范围内的项目，其勘察、设计、施工、监理以及与工程建设有关的重要设备、材料等的采购达到下列标准之一的，必须招标：

（一）施工单项合同估算价在 400 万元人民币以上；

（二）重要设备、材料等货物的采购，单项合同估算价在 200 万元人民币以上；

（三）勘察、设计、监理等服务的采购，单项合同估算价在 100 万元人民币以上。

同一项目中可以合并进行的勘察、设计、施工、监理以及与工程建设有关的重要设备、材料等的采购，合同估算价合计达到前款规定标准的，必须招标。

第六条　本规定自 2018 年 6 月 1 日起施行。

(2)各项招投标

房屋建筑和市政基础设施工程施工招标投标管理办法

1. 2001年6月1日建设部令第89号发布

2. 根据2018年9月28日住房和城乡建设部令第43号《关于修改〈房屋建筑和市政基础设施工程施工招标投标管理办法〉的决定》第一次修正

3. 根据2019年3月13日住房和城乡建设部令第47号《关于修改部分部门规章的决定》第二次修正

第一章 总 则

第一条 为了规范房屋建筑和市政基础设施工程施工招标投标活动,维护招标投标当事人的合法权益,依据《中华人民共和国建筑法》、《中华人民共和国招标投标法》等法律、行政法规,制定本办法。

第二条 依法必须进行招标的房屋建筑和市政基础设施工程(以下简称工程),其施工招标投标活动,适用本办法。

本办法所称房屋建筑工程,是指各类房屋建筑及其附属设施和与其配套的线路、管道、设备安装工程及室内外装修工程。

本办法所称市政基础设施工程,是指城市道路、公共交通、供水、排水、燃气、热力、园林、环卫、污水处理、垃圾处理、防洪、地下公共设施及附属设施的土建、管道、设备安装工程。

第三条 国务院建设行政主管部门负责全国工程施工招标投标活动的监督管理。

县级以上地方人民政府建设行政主管部门负责本行政区域内工程施工招标投标活动的监督管理。具体的监督管理工作,可以委托工程招标投标监督管理机构负责实施。

第四条 任何单位和个人不得违反法律、行政法规规定,限制或者排斥本地区、本系统以外的法人或者其他组织参加投标,不得以任何方式非法干涉施工招标投标活动。

第五条 施工招标投标活动及其当事人应当依法接受监督。

建设行政主管部门依法对施工招标投标活动实施监督,查处施工招标投标活动中的违法行为。

第二章 招 标

第六条 工程施工招标由招标人依法组织实施。招标人不得以不合理条件限制或者排斥潜在投标人,不得对潜在投标人实行歧视待遇,不得对潜在投标人提出与招标工程实际要求不符的过高的资质等级要求和其他要求。

第七条 工程施工招标应当具备下列条件:

(一)按照国家有关规定需要履行项目审批手续的,已经履行审批手续;

(二)工程资金或者资金来源已经落实;

(三)有满足施工招标需要的设计文件及其他技术资料;

(四)法律、法规、规章规定的其他条件。

第八条 工程施工招标分为公开招标和邀请招标。

依法必须进行施工招标的工程,全部使用国有资金投资或者国有资金投资占控股或者主导地位的,应当公开招标,但经国家计委或者省、自治区、直辖市人民政府依法批准可以进行邀请招标的重点建设项目除外;其他工程可以实行邀请招标。

第九条 工程有下列情形之一的,经县级以上地方人民政府建设行政主管部门批准,可以不进行施工招标:

(一)停建或者缓建后恢复建设的单位工程,且承包人未发生变更的;

(二)施工企业自建自用的工程,且该施工企业资质等级符合工程要求的;

(三)在建工程追加的附属小型工程或者主体加层工程,且承包人未发生变更的;

(四)法律、法规、规章规定的其他情形。

第十条 依法必须进行施工招标的工程,招标人自行办理施工招标事宜的,应当具有编制招标文件和组织评标的能力:

(一)有专门的施工招标组织机构;

(二)有与工程规模、复杂程度相适应并具有同类工程施工招标经验、熟悉有关工程施工招标法律法规的工程技术、概预算及工程管理的专业人员。

不具备上述条件的,招标人应当委托工程招标代理机构代理施工招标。

第十一条 招标人自行办理施工招标事宜的,应当在发布招标公告或者发出投标邀请书的5日前,向工程所在地县级以上地方人民政府建设行政主管部门备案,并报送下列材料:

（一）按照国家有关规定办理审批手续的各项批准文件；

（二）本办法第十条所列条件的证明材料，包括专业技术人员的名单、职称证书或者执业资格证书及其工作经历的证明材料；

（三）法律、法规、规章规定的其他材料。

招标人不具备自行办理施工招标事宜条件的，建设行政主管部门应当自收到备案材料之日起5日内责令招标人停止自行办理施工招标事宜。

第十二条　全部使用国有资金投资或者国有资金投资占控股或者主导地位，依法必须进行施工招标的工程项目，应当进入有形建筑市场进行招标投标活动。

政府有关管理机关可以在有形建筑市场集中办理有关手续，并依法实施监督。

第十三条　依法必须进行施工公开招标的工程项目，应当在国家或者地方指定的报刊、信息网络或者其他媒介上发布招标公告，并同时在中国工程建设和建筑业信息网上发布招标公告。

招标公告应当载明招标人的名称和地址，招标工程的性质、规模、地点以及获取招标文件的办法等事项。

第十四条　招标人采用邀请招标方式的，应当向3个以上符合资质条件的施工企业发出投标邀请书。

投标邀请书应当载明本办法第十三条第二款规定的事项。

第十五条　招标人可以根据招标工程的需要，对投标申请人进行资格预审，也可以委托工程招标代理机构对投标申请人进行资格预审。实行资格预审的招标工程，招标人应当在招标公告或者投标邀请书中载明资格预审的条件和获取资格预审文件的办法。

资格预审文件一般应当包括资格预审申请书格式、申请人须知，以及需要投标申请人提供的企业资质、业绩、技术装备、财务状况和拟派出的项目经理与主要技术人员的简历、业绩等证明材料。

第十六条　经资格预审后，招标人应当向资格预审合格的投标申请人发出资格预审合格通知书，告知获取招标文件的时间、地点和方法，并同时向资格预审不合格的投标申请人告知资格预审结果。

在资格预审合格的投标申请人过多时，可以由招标人从中选择不少于7家资格预审合格的投标申请人。

第十七条　招标人应当根据招标工程的特点和需要，自行或者委托工程招标代理机构编制招标文件。招标文件应当包括下列内容：

（一）投标须知，包括工程概况，招标范围，资格审查条件，工程资金来源或者落实情况，标段划分，工期要求，质量标准，现场踏勘和答疑安排，投标文件编制、提交、修改、撤回的要求，投标报价要求，投标有效期，开标的时间和地点，评标的方法和标准等；

（二）招标工程的技术要求和设计文件；

（三）采用工程量清单招标的，应当提供工程量清单；

（四）投标函的格式及附录；

（五）拟签订合同的主要条款；

（六）要求投标人提交的其他材料。

第十八条　依法必须进行施工招标的工程，招标人应当在招标文件发出的同时，将招标文件报工程所在地的县级以上地方人民政府建设行政主管部门备案，但实施电子招标投标的项目除外。建设行政主管部门发现招标文件有违反法律、法规内容的，应当责令招标人改正。

第十九条　招标人对已发出的招标文件进行必要的澄清或者修改的，应当在招标文件要求提交投标文件截止时间至少15日前，以书面形式通知所有招标文件收受人，并同时报工程所在地的县级以上地方人民政府建设行政主管部门备案，但实施电子招标投标的项目除外。该澄清或者修改的内容为招标文件的组成部分。

第二十条　招标人设有标底的，应当依据国家规定的工程量计算规则及招标文件规定的计价方法和要求编制标底，并在开标前保密。一个招标工程只能编制一个标底。

第二十一条　招标人对于发出的招标文件可以酌收工本费。其中的设计文件，招标人可以酌收押金。对于开标后将设计文件退还的，招标人应当退还押金。

第三章　投　　标

第二十二条　施工招标的投标人是响应施工招标、参与投标竞争的施工企业。

投标人应当具备相应的施工企业资质，并在工程业绩、技术能力、项目经理资格条件、财务状况等方面满足招标文件提出的要求。

第二十三条　投标人对招标文件有疑问需要澄清的，应当以书面形式向招标人提出。

第二十四条　投标人应当按照招标文件的要求编制投标文件，对招标文件提出的实质性要求和条件作出响应。

招标文件允许投标人提供备选标的，投标人可以按照招标文件的要求提交替代方案，并作出相应报价作备选标。

第二十五条　投标文件应当包括下列内容：

（一）投标函；

（二）施工组织设计或者施工方案；

（三）投标报价；

（四）招标文件要求提供的其他材料。

第二十六条　招标人可以在招标文件中要求投标人提交投标担保。投标担保可以采用投标保函或者投标保证金的方式。投标保证金可以使用支票、银行汇票等，一般不得超过投标总价的2%，最高不得超过50万元。

投标人应当按照招标文件要求的方式和金额，将投标保函或者投标保证金随投标文件提交招标人。

第二十七条　投标人应当在招标文件要求提交投标文件的截止时间前，将投标文件密封送达投标地点。招标人收到投标文件后，应当向投标人出具标明签收人和签收时间的凭证，并妥善保存投标文件。在开标前，任何单位和个人均不得开启投标文件。在招标文件要求提交投标文件的截止时间后送达的投标文件，为无效的投标文件，招标人应当拒收。

提交投标文件的投标人少于3个的，招标人应当依法重新招标。

第二十八条　投标人在招标文件要求提交投标文件的截止时间前，可以补充、修改或者撤回已提交的投标文件。补充、修改的内容为投标文件的组成部分，并应当按照本办法第二十七条第一款的规定送达、签收和保管。在招标文件要求提交投标文件的截止时间后送达的补充或者修改的内容无效。

第二十九条　两个以上施工企业可以组成一个联合体，签订共同投标协议，以一个投标人的身份共同投标。联合体各方均应当具备承担招标工程的相应资质条件。相同专业的施工企业组成的联合体，按照资质等级低的施工企业的业务许可范围承揽工程。

招标人不得强制投标人组成联合体共同投标，不得限制投标人之间的竞争。

第三十条　投标人不得相互串通投标，不得排挤其他投标人的公平竞争，损害招标人或者其他投标人的合法权益。

投标人不得与招标人串通投标，损害国家利益、社会公共利益或者他人的合法权益。

禁止投标人以向招标人或者评标委员会成员行贿的手段谋取中标。

第三十一条　投标人不得以低于其企业成本的报价竞标，不得以他人名义投标或者以其他方式弄虚作假，骗取中标。

第四章　开标、评标和中标

第三十二条　开标应当在招标文件确定的提交投标文件截止时间的同一时间公开进行；开标地点应当为招标文件中预先确定的地点。

第三十三条　开标由招标人主持，邀请所有投标人参加。开标应当按照下列规定进行：

由投标人或者其推选的代表检查投标文件的密封情况，也可以由招标人委托的公证机构进行检查并公证。经确认无误后，由有关工作人员当众拆封，宣读投标人名称、投标价格和投标文件的其他主要内容。

招标人在招标文件要求提交投标文件的截止时间前收到的所有投标文件，开标时都应当当众予以拆封、宣读。

开标过程应当记录，并存档备查。

第三十四条　在开标时，投标文件出现下列情形之一的，应当作为无效投标文件，不得进入评标：

（一）投标文件未按照招标文件的要求予以密封的；

（二）投标文件中的投标函未加盖投标人的企业及企业法定代表人印章的，或者企业法定代表人委托代理人没有合法、有效的委托书（原件）及委托代理人印章的；

（三）投标文件的关键内容字迹模糊、无法辨认的；

（四）投标人未按照招标文件的要求提供投标保函或者投标保证金的；

（五）组成联合体投标的，投标文件未附联合体各方共同投标协议的。

第三十五条　评标由招标人依法组建的评标委员会负责。

依法必须进行施工招标的工程，其评标委员会由招标人的代表和有关技术、经济等方面的专家组成，成员人数为5人以上单数，其中招标人、招标代理机构以外的技术、经济等方面专家不得少于成员总数的三分之二。评标委员会的专家成员，应当由招标人从建设行政主管部门及其他有关政府部门确定的专家名册或者工程招标代理机构的专家库内相关专业的专家名单中确定。确定专家成员一般应当采取随机抽取的方式。

与投标人有利害关系的人不得进入相关工程的评标委员会。评标委员会成员的名单在中标结果确定前应当保密。

第三十六条　建设行政主管部门的专家名册应当拥有一定数量规模并符合法定资格条件的专家。省、自治区、直辖市人民政府建设行政主管部门可以将专家数量少的地区的专家名册予以合并或者实行专家名册计算机联网。

建设行政主管部门应当对进入专家名册的专家组织有关法律和业务培训，对其评标能力、廉洁公正等进行综合评估，及时取消不称职或者违法违规人员的评标专家资格。被取消评标专家资格的人员，不得再参加任何评标活动。

第三十七条　评标委员会应当按照招标文件确定的评标标准和方法，对投标文件进行评审和比较，并对评标结果签字确认；设有标底的，应当参考标底。

第三十八条　评标委员会可以用书面形式要求投标人对投标文件中含义不明确的内容作必要的澄清或者说明。投标人应当采用书面形式进行澄清或者说明，其澄清或者说明不得超出投标文件的范围或者改变投标文件的实质性内容。

第三十九条　评标委员会经评审，认为所有投标文件都不符合招标文件要求的，可以否决所有投标。

依法必须进行施工招标工程的所有投标被否决的，招标人应当依法重新招标。

第四十条　评标可以采用综合评估法、经评审的最低投标标价法或者法律法规允许的其他评标方法。

采用综合评估法的，应当对投标文件提出的工程质量、施工工期、投标价格、施工组织设计或者施工方案、投标人及项目经理业绩等，能否最大限度地满足招标文件中规定的各项要求和评价标准进行评审和比较。以评分方式进行评估的，对于各种评比奖项不得额外计分。

采用经评审的最低投标价法的，应当在投标文件能够满足招标文件实质性要求的投标人中，评审出投标价格最低的投标人，但投标价格低于其企业成本的除外。

第四十一条　评标委员会完成评标后，应当向招标人提出书面评标报告，阐明评标委员会对各投标文件的评审和比较意见，并按照招标文件中规定的评标方法，推荐不超过3名有排序的合格的中标候选人。招标人根据评标委员会提出的书面评标报告和推荐的中标候选人确定中标人。

使用国有资金投资或者国家融资的工程项目，招标人应当按照中标候选人的排序确定中标人。当确定中标的中标候选人放弃中标或者因不可抗力提出不能履行合同的，招标人可以依序确定其他中标候选人为中标人。

招标人也可以授权评标委员会直接确定中标人。

第四十二条　有下列情形之一的，评标委员会可以要求投标人作出书面说明并提供相关材料：

（一）设有标底的，投标报价低于标底合理幅度的；

（二）不设标底的，投标报价明显低于其他投标报价，有可能低于其企业成本的。

经评标委员会论证，认定该投标人的报价低于其企业成本的，不能推荐为中标候选人或者中标人。

第四十三条　招标人应当在投标有效期截止时限30日前确定中标人。投标有效期应当在招标文件中载明。

第四十四条　依法必须进行施工招标的工程，招标人应当自确定中标人之日起15日内，向工程所在地的县级以上地方人民政府建设行政主管部门提交施工招标投标情况的书面报告。书面报告应当包括下列内容：

（一）施工招标投标的基本情况，包括施工招标范围、施工招标方式、资格审查、开评标过程和确定中标人的方式及理由等。

（二）相关的文件资料，包括招标公告或者投标邀请书、投标报名表、资格预审文件、招标文件、评标委员会的评标报告（设有标底的，应当附标底）、中标人的投标文件。委托工程招标代理的，还应当附工程施工招标代理委托合同。

前款第二项中已按照本办法的规定办理了备案的文件资料，不再重复提交。

第四十五条　建设行政主管部门自收到书面报告之日起5日内未通知招标人在招标投标活动中有违法行为的，招标人可以向中标人发出中标通知书，并将中标结果通知所有未中标的投标人。

第四十六条　招标人和中标人应当自中标通知书发出之日起30日内，按照招标文件和中标人的投标文件订立书面合同；招标人和中标人不得再行订立背离合同实质性内容的其他协议。

中标人不与招标人订立合同的，投标保证金不予退还并取消其中标资格，给招标人造成的损失超过投标保证金数额的，应当对超过部分予以赔偿；没有提交投标保证金的，应当对招标人的损失承担赔偿责任。

招标人无正当理由不与中标人签订合同，给中标人造成损失的，招标人应当给予赔偿。

第四十七条 招标文件要求中标人提交履约担保的，中标人应当提交。招标人应当同时向中标人提供工程款支付担保。

第五章 罚 则

第四十八条 有违反《招标投标法》行为的，县级以上地方人民政府建设行政主管部门应当按照《招标投标法》的规定予以处罚。

第四十九条 招标投标活动中有《招标投标法》规定中标无效情形的，由县级以上地方人民政府建设行政主管部门宣布中标无效，责令重新组织招标，并依法追究有关责任人责任。

第五十条 应当招标未招标的，应当公开招标未公开招标的，县级以上地方人民政府建设行政主管部门应当责令改正，拒不改正的，不得颁发施工许可证。

第五十一条 招标人不具备自行办理施工招标事宜条件而自行招标的，县级以上地方人民政府建设行政主管部门应当责令改正，处1万元以下的罚款。

第五十二条 评标委员会的组成不符合法律、法规规定的，县级以上地方人民政府建设行政主管部门应当责令招标人重新组织评标委员会。

第五十三条 招标人未向建设行政主管部门提交施工招标投标情况书面报告的，县级以上地方人民政府建设行政主管部门应当责令改正。

第六章 附 则

第五十四条 工程施工专业分包、劳务分包采用招标方式的，参照本办法执行。

第五十五条 招标文件或者投标文件使用两种以上语言文字的，必须有一种是中文；如对不同文本的解释发生异议的，以中文文本为准。用文字表示的金额与数字表示的金额不一致的，以文字表示的金额为准。

第五十六条 涉及国家安全、国家秘密、抢险救灾或者属于利用扶贫资金实行以工代赈、需要使用农民工等特殊情况，不适宜进行施工招标的工程，按照国家有关规定可以不进行施工招标。

第五十七条 使用国际组织或者外国政府贷款、援助资金的工程进行施工招标，贷款方、资金提供方对招标投标的具体条件和程序有不同规定的，可以适用其规定，但违背中华人民共和国的社会公共利益的除外。

第五十八条 本办法由国务院建设行政主管部门负责解释。

第五十九条 本办法自发布之日起施行。1992年12月30日建设部颁布的《工程建设施工招标投标管理办法》（建设部令第23号）同时废止。

工程建设项目施工招标投标办法

1. 2003年3月8日国家发展计划委员会、建设部、铁道部、交通部、信息产业部、水利部、中国民用航空总局令第30号公布

2. 根据2013年3月11日国家发展和改革委员会、工业和信息化部、财政部、住房和城乡建设部、交通运输部、铁道部、水利部、国家广播电影电视总局、中国民用航空局令第23号《关于废止和修改部分招标投标规章和规范性文件的决定》修订

第一章 总 则

第一条 为规范工程建设项目施工（以下简称工程施工）招标投标活动，根据《中华人民共和国招标投标法》、《中华人民共和国招标投标法实施条例》和国务院有关部门的职责分工，制定本办法。

第二条 在中华人民共和国境内进行工程施工招标投标活动，适用本办法。

第三条 工程建设项目符合《工程建设项目招标范围和规模标准规定》（国家计委令第3号）规定的范围和标准的，必须通过招标选择施工单位。

任何单位和个人不得将依法必须进行招标的项目化整为零或者以其他任何方式规避招标。

第四条 工程施工招标投标活动应当遵循公开、公平、公正和诚实信用的原则。

第五条 工程施工招标投标活动，依法由招标人负责。任何单位和个人不得以任何方式非法干涉工程施工招标投标活动。

施工招标投标活动不受地区或者部门的限制。

第六条 各级发展改革、工业和信息化、住房城乡建设、交通运输、铁道、水利、商务、民航等部门依照《国务院办公厅印发国务院有关部门实施招标投标活动行政监督的职责分工意见的通知》（国办发〔2000〕34号）和各地规定的职责分工，对工程施工招标投标活动实施监督，依法查处工程施工招标投标活动中的违法行为。

第二章　招　　标

第七条　工程施工招标人是依法提出施工招标项目、进行招标的法人或者其他组织。

第八条　依法必须招标的工程建设项目，应当具备下列条件才能进行施工招标：

（一）招标人已经依法成立；

（二）初步设计及概算应当履行审批手续的，已经批准；

（三）（2013年3月11日删除）

（四）有相应资金或资金来源已经落实；

（五）有招标所需的设计图纸及技术资料。

第九条　工程施工招标分为公开招标和邀请招标。

第十条　按照国家有关规定需要履行项目审批、核准手续的依法必须进行施工招标的工程建设项目，其招标范围、招标方式、招标组织形式应当报项目审批部门审批、核准。项目审批、核准部门应当及时将审批、核准确定的招标内容通报有关行政监督部门。

第十一条　依法必须进行公开招标的项目，有下列情形之一的，可以邀请招标：

（一）项目技术复杂或有特殊要求，或者受自然地域环境限制，只有少量潜在投标人可供选择；

（二）涉及国家安全、国家秘密或者抢险救灾，适宜招标但不宜公开招标；

（三）采用公开招标方式的费用占项目合同金额的比例过大。

有前款第二项所列情形，属于本办法第十条规定的项目，由项目审批、核准部门在审批、核准项目时作出认定；其他项目由招标人申请有关行政监督部门作出认定。

全部使用国有资金投资或者国有资金投资占控股或者主导地位的并需要审批的工程建设项目的邀请招标，应当经项目审批部门批准，但项目审批部门只审批立项的，由有关行政监督部门审批。

第十二条　依法必须进行施工招标的工程建设项目有下列情形之一的，可以不进行施工招标：

（一）涉及国家安全、国家秘密、抢险救灾或者属于利用扶贫资金实行以工代赈需要使用农民工等特殊情况，不适宜进行招标；

（二）施工主要技术采用不可替代的专利或者专有技术；

（三）已通过招标方式选定的特许经营项目投资人依法能够自行建设；

（四）采购人依法能够自行建设；

（五）在建工程追加的附属小型工程或者主体加层工程，原中标人仍具备承包能力，并且其他人承担将影响施工或者功能配套要求；

（六）国家规定的其他情形。

第十三条　采用公开招标方式的，招标人应当发布招标公告，邀请不特定的法人或者其他组织投标。依法必须进行施工招标项目的招标公告，应当在国家指定的报刊和信息网络上发布。

采用邀请招标方式的，招标人应当向三家以上具备承担施工招标项目的能力、资信良好的特定的法人或者其他组织发出投标邀请书。

第十四条　招标公告或者投标邀请书应当至少载明下列内容：

（一）招标人的名称和地址；

（二）招标项目的内容、规模、资金来源；

（三）招标项目的实施地点和工期；

（四）获取招标文件或者资格预审文件的地点和时间；

（五）对招标文件或者资格预审文件收取的费用；

（六）对投标人的资质等级的要求。

第十五条　招标人应当按招标公告或者投标邀请书规定的时间、地点出售招标文件或资格预审文件。自招标文件或者资格预审文件出售之日起至停止出售之日止，最短不得少于五日。

招标人可以通过信息网络或者其他媒介发布招标文件，通过信息网络或者其他媒介发布的招标文件与书面招标文件具有同等法律效力，出现不一致时以书面招标文件为准，国家另有规定的除外。

对招标文件或者资格预审文件的收费应当限于补偿印刷、邮寄的成本支出，不得以营利为目的。对于所附的设计文件，招标人可以向投标人酌收押金；对于开标后投标人退还设计文件的，招标人应当向投标人退还押金。

招标文件或者资格预审文件售出后，不予退还。除不可抗力原因外，招标人在发布招标公告、发出投标邀请书后或者售出招标文件或资格预审文件后不得终止招标。

第十六条 招标人可以根据招标项目本身的特点和需要,要求潜在投标人或者投标人提供满足其资格要求的文件,对潜在投标人或者投标人进行资格审查;国家对潜在投标人或者投标人的资格条件有规定的,依照其规定。

第十七条 资格审查分为资格预审和资格后审。

资格预审,是指在投标前对潜在投标人进行的资格审查。

资格后审,是指在开标后对投标人进行的资格审查。

进行资格预审的,一般不再进行资格后审,但招标文件另有规定的除外。

第十八条 采取资格预审的,招标人应当发布资格预审公告。资格预审公告适用本办法第十三条、第十四条有关招标公告的规定。

采取资格预审的,招标人应当在资格预审文件中载明资格预审的条件、标准和方法;采取资格后审的,招标人应当在招标文件中载明对投标人资格要求的条件、标准和方法。

招标人不得改变载明的资格条件或者以没有载明的资格条件对潜在投标人或者投标人进行资格审查。

第十九条 经资格预审后,招标人应当向资格预审合格的潜在投标人发出资格预审合格通知书,告知获取招标文件的时间、地点和方法,并同时向资格预审不合格的潜在投标人告知资格预审结果。资格预审不合格的潜在投标人不得参加投标。

经资格后审不合格的投标人的投标应予否决。

第二十条 资格审查应主要审查潜在投标人或者投标人是否符合下列条件:

(一)具有独立订立合同的权利;

(二)具有履行合同的能力,包括专业、技术资格和能力,资金、设备和其他物质设施状况,管理能力,经验、信誉和相应的从业人员;

(三)没有处于被责令停业,投标资格被取消,财产被接管、冻结,破产状态;

(四)在最近三年内没有骗取中标和严重违约及重大工程质量问题;

(五)国家规定的其他资格条件。

资格审查时,招标人不得以不合理的条件限制、排斥潜在投标人或者投标人,不得对潜在投标人或者投标人实行歧视待遇。任何单位和个人不得以行政手段或者其他不合理方式限制投标人的数量。

第二十一条 招标人符合法律规定的自行招标条件的,可以自行办理招标事宜。任何单位和个人不得强制其委托招标代理机构办理招标事宜。

第二十二条 招标代理机构应当在招标人委托的范围内承担招标事宜。招标代理机构可以在其资格等级范围内承担下列招标事宜:

(一)拟订招标方案,编制和出售招标文件、资格预审文件;

(二)审查投标人资格;

(三)编制标底;

(四)组织投标人踏勘现场;

(五)组织开标、评标,协助招标人定标;

(六)草拟合同;

(七)招标人委托的其他事项。

招标代理机构不得无权代理、越权代理,不得明知委托事项违法而进行代理。

招标代理机构不得在所代理的招标项目中投标或者代理投标,也不得为所代理的招标项目的投标人提供咨询;未经招标人同意,不得转让招标代理业务。

第二十三条 工程招标代理机构与招标人应当签订书面委托合同,并按双方约定的标准收取代理费;国家对收费标准有规定的,依照其规定。

第二十四条 招标人根据施工招标项目的特点和需要编制招标文件。招标文件一般包括下列内容:

(一)招标公告或投标邀请书;

(二)投标人须知;

(三)合同主要条款;

(四)投标文件格式;

(五)采用工程量清单招标的,应当提供工程量清单;

(六)技术条款;

(七)设计图纸;

(八)评标标准和方法;

(九)投标辅助材料。

招标人应当在招标文件中规定实质性要求和条件,并用醒目的方式标明。

第二十五条 招标人可以要求投标人在提交符合招标文件规定要求的投标文件外,提交备选投标方案,但应当在招标文件中作出说明,并提出相应的评审和比较办法。

第二十六条 招标文件规定的各项技术标准应符合国家强制性标准。

招标文件中规定的各项技术标准均不得要求或标明某一特定的专利、商标、名称、设计、原产地或生产供应者,不得含有倾向或者排斥潜在投标人的其他内容。如果必须引用某一生产供应者的技术标准才能准确或清楚地说明拟招标项目的技术标准时,则应当在参照后面加上“或相当于”的字样。

第二十七条 施工招标项目需要划分标段、确定工期的,招标人应当合理划分标段、确定工期,并在招标文件中载明。对工程技术上紧密相连、不可分割的单位工程不得分割标段。

招标人不得以不合理的标段或工期限制或者排斥潜在投标人或者投标人。依法必须进行施工招标的项目的招标人不得利用划分标段规避招标。

第二十八条 招标文件应当明确规定所有评标因素,以及如何将这些因素量化或者据以进行评估。

在评标过程中,不得改变招标文件中规定的评标标准、方法和中标条件。

第二十九条 招标文件应当规定一个适当的投标有效期,以保证招标人有足够的时间完成评标和与中标人签订合同。投标有效期从投标人提交投标文件截止之日起计算。

在原投标有效期结束前,出现特殊情况的,招标人可以书面形式要求所有投标人延长投标有效期。投标人同意延长的,不得要求或被允许修改其投标文件的实质性内容,但应当相应延长其投标保证金的有效期;投标人拒绝延长的,其投标失效,但投标人有权收回其投标保证金。因延长投标有效期造成投标人损失的,招标人应当给予补偿,但因不可抗力需要延长投标有效期的除外。

第三十条 施工招标项目工期较长的,招标文件中可以规定工程造价指数体系、价格调整因素和调整方法。

第三十一条 招标人应当确定投标人编制投标文件所需要的合理时间;但是,依法必须进行招标的项目,自招标文件开始发出之日起至投标人提交投标文件截止之日止,最短不得少于二十日。

第三十二条 招标人根据招标项目的具体情况,可以组织潜在投标人踏勘项目现场,向其介绍工程场地和相关环境的有关情况。潜在投标人依据招标人介绍情况作出的判断和决策,由投标人自行负责。

招标人不得单独或者分别组织任何一个投标人进行现场踏勘。

第三十三条 对于潜在投标人在阅读招标文件和现场踏勘中提出的疑问,招标人可以书面形式或召开投标预备会的方式解答,但需同时将解答以书面方式通知所有购买招标文件的潜在投标人。该解答的内容为招标文件的组成部分。

第三十四条 招标人可根据项目特点决定是否编制标底。编制标底的,标底编制过程和标底在开标前必须保密。

招标项目编制标底的,应根据批准的初步设计、投资概算,依据有关计价办法,参照有关工程定额,结合市场供求状况,综合考虑投资、工期和质量等方面的因素合理确定。

标底由招标人自行编制或委托中介机构编制。一个工程只能编制一个标底。

任何单位和个人不得强制招标人编制或报审标底,或干预其确定标底。

招标项目可以不设标底,进行无标底招标。

招标人设有最高投标限价的,应当在招标文件中明确最高投标限价或者最高投标限价的计算方法。招标人不得规定最低投标限价。

第三章 投　　标

第三十五条 投标人是响应招标、参加投标竞争的法人或者其他组织。招标人的任何不具独立法人资格的附属机构(单位),或者为招标项目的前期准备或者监理工作提供设计、咨询服务的任何法人及其任何附属机构(单位),都无资格参加该招标项目的投标。

第三十六条 投标人应当按照招标文件的要求编制投标文件。投标文件应当对招标文件提出的实质性要求和条件作出响应。

投标文件一般包括下列内容:

(一)投标函;

(二)投标报价;

(三)施工组织设计;

(四)商务和技术偏差表。

投标人根据招标文件载明的项目实际情况,拟在中标后将中标项目的部分非主体、非关键性工作进行分包的,应当在投标文件中载明。

第三十七条 招标人可以在招标文件中要求投标人提交投标保证金。投标保证金除现金外，可以是银行出具的银行保函、保兑支票、银行汇票或现金支票。

投标保证金不得超过项目估算价的百分之二，但最高不得超过八十万元人民币。投标保证金有效期应当与投标有效期一致。

投标人应当按照招标文件要求的方式和金额，将投标保证金随投标文件提交给招标人或其委托的招标代理机构。

依法必须进行施工招标的项目的境内投标单位，以现金或者支票形式提交的投标保证金应当从其基本账户转出。

第三十八条 投标人应当在招标文件要求提交投标文件的截止时间前，将投标文件密封送达投标地点。招标人收到投标文件后，应当向投标人出具标明签收人和签收时间的凭证，在开标前任何单位和个人不得开启投标文件。

在招标文件要求提交投标文件的截止时间后送达的投标文件，招标人应当拒收。

依法必须进行施工招标的项目提交投标文件的投标人少于三个的，招标人在分析招标失败的原因并采取相应措施后，应当依法重新招标。重新招标后投标人仍少于三个的，属于必须审批、核准的工程建设项目，报经原审批、核准部门审批、核准后可以不再进行招标；其他工程建设项目，招标人可自行决定不再进行招标。

第三十九条 投标人在招标文件要求提交投标文件的截止时间前，可以补充、修改、替代或者撤回已提交的投标文件，并书面通知招标人。补充、修改的内容为投标文件的组成部分。

第四十条 在提交投标文件截止时间后到招标文件规定的投标有效期终止之前，投标人不得撤销其投标文件，否则招标人可以不退还其投标保证金。

第四十一条 在开标前，招标人应妥善保管好已接收的投标文件、修改或撤回通知、备选投标方案等投标资料。

第四十二条 两个以上法人或者其他组织可以组成一个联合体，以一个投标人的身份共同投标。

联合体各方签订共同投标协议后，不得再以自己名义单独投标，也不得组成新的联合体或参加其他联合体在同一项目中投标。

第四十三条 招标人接受联合体投标并进行资格预审的，联合体应当在提交资格预审申请文件前组成。资格预审后联合体增减、更换成员的，其投标无效。

第四十四条 联合体各方应当指定牵头人，授权其代表所有联合体成员负责投标和合同实施阶段的主办、协调工作，并应当向招标人提交由所有联合体成员法定代表人签署的授权书。

第四十五条 联合体投标的，应当以联合体各方或者联合体中牵头人的名义提交投标保证金。以联合体中牵头人名义提交的投标保证金，对联合体各成员具有约束力。

第四十六条 下列行为均属投标人串通投标报价：

（一）投标人之间相互约定抬高或压低投标报价；

（二）投标人之间相互约定，在招标项目中分别以高、中、低价位报价；

（三）投标人之间先进行内部竞价，内定中标人，然后再参加投标；

（四）投标人之间其他串通投标报价的行为。

第四十七条 下列行为均属招标人与投标人串通投标：

（一）招标人在开标前开启投标文件并将有关信息泄露给其他投标人，或者授意投标人撤换、修改投标文件；

（二）招标人向投标人泄露标底、评标委员会成员等信息；

（三）招标人明示或者暗示投标人压低或抬高投标报价；

（四）招标人明示或者暗示投标人为特定投标人中标提供方便；

（五）招标人与投标人为谋求特定中标人中标而采取的其他串通行为。

第四十八条 投标人不得以他人名义投标。

前款所称以他人名义投标，指投标人挂靠其他施工单位，或从其他单位通过受让或租借的方式获取资格或资质证书，或者由其他单位及其法定代表人在自己编制的投标文件上加盖印章和签字等行为。

第四章 开标、评标和定标

第四十九条 开标应当在招标文件确定的提交投标文件截止时间的同一时间公开进行；开标地点应当为招标文件中确定的地点。

投标人对开标有异议的，应当在开标现场提出，招标人应当当场作出答复，并制作记录。

第五十条　投标文件有下列情形之一的，招标人应当拒收：

（一）逾期送达；

（二）未按招标文件要求密封。

有下列情形之一的，评标委员会应当否决其投标：

（一）投标文件未经投标单位盖章和单位负责人签字；

（二）投标联合体没有提交共同投标协议；

（三）投标人不符合国家或者招标文件规定的资格条件；

（四）同一投标人提交两个以上不同的投标文件或者投标报价，但招标文件要求提交备选投标的除外；

（五）投标报价低于成本或者高于招标文件设定的最高投标限价；

（六）投标文件没有对招标文件的实质性要求和条件作出响应；

（七）投标人有串通投标、弄虚作假、行贿等违法行为。

第五十一条　评标委员会可以书面方式要求投标人对投标文件中含义不明确、对同类问题表述不一致或者有明显文字和计算错误的内容作必要的澄清、说明或补正。评标委员会不得向投标人提出带有暗示性或诱导性的问题，或向其明确投标文件中的遗漏和错误。

第五十二条　投标文件不响应招标文件的实质性要求和条件的，评标委员会不得允许投标人通过修正或撤销其不符合要求的差异或保留，使之成为具有响应性的投标。

第五十三条　评标委员会在对实质上响应招标文件要求的投标进行报价评估时，除招标文件另有约定外，应当按下述原则进行修正：

（一）用数字表示的数额与用文字表示的数额不一致时，以文字数额为准；

（二）单价与工程量的乘积与总价之间不一致时，以单价为准。若单价有明显的小数点错位，应以总价为准，并修改单价。

按前款规定调整后的报价经投标人确认后产生约束力。

投标文件中没有列入的价格和优惠条件在评标时不予考虑。

第五十四条　对于投标人提交的优越于招标文件中技术标准的备选投标方案所产生的附加收益，不得考虑进评标价中。符合招标文件的基本技术要求且评标价最低或综合评分最高的投标人，其所提交的备选方案方可予以考虑。

第五十五条　招标人设有标底的，标底在评标中应当作为参考，但不得作为评标的唯一依据。

第五十六条　评标委员会完成评标后，应向招标人提出书面评标报告。评标报告由评标委员会全体成员签字。

依法必须进行招标的项目，招标人应当自收到评标报告之日起三日内公示中标候选人，公示期不得少于三日。

中标通知书由招标人发出。

第五十七条　评标委员会推荐的中标候选人应当限定在一至三人，并标明排列顺序。招标人应当接受评标委员会推荐的中标候选人，不得在评标委员会推荐的中标候选人之外确定中标人。

第五十八条　国有资金占控股或者主导地位的依法必须进行招标的项目，招标人应当确定排名第一的中标候选人为中标人。排名第一的中标候选人放弃中标、因不可抗力提出不能履行合同、不按照招标文件的要求提交履约保证金，或者被查实存在影响中标结果的违法行为等情形，不符合中标条件的，招标人可以按照评标委员会提出的中标候选人名单排序依次确定其他中标候选人为中标人。依次确定其他中标候选人与招标人预期差距较大，或者对招标人明显不利的，招标人可以重新招标。

招标人可以授权评标委员会直接确定中标人。

国务院对中标人的确定另有规定的，从其规定。

第五十九条　招标人不得向中标人提出压低报价、增加工作量、缩短工期或其他违背中标人意愿的要求，以此作为发出中标通知书和签订合同的条件。

第六十条　中标通知书对招标人和中标人具有法律效力。中标通知书发出后，招标人改变中标结果的，或者中标人放弃中标项目的，应当依法承担法律责任。

第六十一条　招标人全部或者部分使用非中标单位投标文件中的技术成果或技术方案时，需征得其书面同意，并给予一定的经济补偿。

第六十二条　招标人和中标人应当在投标有效期内并在自中标通知书发出之日起三十日内，按照招标文件和中标人的投标文件订立书面合同。招标人和中标人不得再行订立背离合同实质性内容的其他协议。

招标人要求中标人提供履约保证金或其他形式履约担保的，招标人应当同时向中标人提供工程款支付担保。

招标人不得擅自提高履约保证金，不得强制要求中标人垫付中标项目建设资金。

第六十三条 招标人最迟应当在与中标人签订合同后五日内，向中标人和未中标的投标人退还投标保证金及银行同期存款利息。

第六十四条 合同中确定的建设规模、建设标准、建设内容、合同价格应当控制在批准的初步设计及概算文件范围内；确需超出规定范围的，应当在中标合同签订前，报原项目审批部门审查同意。凡应报经审查而未报的，在初步设计及概算调整时，原项目审批部门一律不予承认。

第六十五条 依法必须进行施工招标的项目，招标人应当自发出中标通知书之日起十五日内，向有关行政监督部门提交招标投标情况的书面报告。

前款所称书面报告至少应包括下列内容：

（一）招标范围；

（二）招标方式和发布招标公告的媒介；

（三）招标文件中投标人须知、技术条款、评标标准和方法、合同主要条款等内容；

（四）评标委员会的组成和评标报告；

（五）中标结果。

第六十六条 招标人不得直接指定分包人。

第六十七条 对于不具备分包条件或者不符合分包规定的，招标人有权在签订合同或者中标人提出分包要求时予以拒绝。发现中标人转包或违法分包时，可要求其改正；拒不改正的，可终止合同，并报请有关行政监督部门查处。

监理人员和有关行政部门发现中标人违反合同约定进行转包或违法分包的，应当要求中标人改正，或者告知招标人要求其改正；对于拒不改正的，应当报请有关行政监督部门查处。

第五章 法律责任

第六十八条 依法必须进行招标的项目而不招标的，将必须进行招标的项目化整为零或者以其他任何方式规避招标的，有关行政监督部门责令限期改正，可以处项目合同金额千分之五以上千分之十以下的罚款；对全部或者部分使用国有资金的项目，项目审批部门可以暂停项目执行或者暂停资金拨付；对单位直接负责的主管人员和其他直接责任人员依法给予处分。

第六十九条 招标代理机构违法泄露应当保密的与招标投标活动有关的情况和资料的，或者与招标人、投标人串通损害国家利益、社会公共利益或者他人合法权益的，由有关行政监督部门处五万元以上二十五万元以下罚款，对单位直接负责的主管人员和其他直接责任人员处单位罚款数额百分之五以上百分之十以下罚款；有违法所得的，并处没收违法所得；情节严重的，有关行政监督部门可停止其一定时期内参与相关领域的招标代理业务，资格认定部门可暂停直至取消招标代理资格；构成犯罪的，由司法部门依法追究刑事责任。给他人造成损失的，依法承担赔偿责任。

前款所列行为影响中标结果，并且中标人为前款所列行为的受益人的，中标无效。

第七十条 招标人以不合理的条件限制或者排斥潜在投标人的，对潜在投标人实行歧视待遇的，强制要求投标人组成联合体共同投标的，或者限制投标人之间竞争的，有关行政监督部门责令改正，可处一万元以上五万元以下罚款。

第七十一条 依法必须进行招标项目的招标人向他人透露已获取招标文件的潜在投标人的名称、数量或者可能影响公平竞争的有关招标投标的其他情况的，或者泄露标底的，有关行政监督部门给予警告，可以并处一万元以上十万元以下的罚款；对单位直接负责的主管人员和其他直接责任人员依法给予处分；构成犯罪的，依法追究刑事责任。

前款所列行为影响中标结果的，中标无效。

第七十二条 招标人在发布招标公告、发出投标邀请书或者售出招标文件或资格预审文件后终止招标的，应当及时退还所收取的资格预审文件、招标文件的费用，以及所收取的投标保证金及银行同期存款利息。给潜在投标人或者投标人造成损失的，应当赔偿损失。

第七十三条 招标人有下列限制或者排斥潜在投标人行为之一的，由有关行政监督部门依照招标投标法第五十一条的规定处罚；其中，构成依法必须进行施工招标的项目的招标人规避招标的，依照招标投标法第四十九条的规定处罚：

（一）依法应当公开招标的项目不按照规定在指定媒介发布资格预审公告或者招标公告；

（二）在不同媒介发布的同一招标项目的资格预审公告或者招标公告的内容不一致，影响潜在投标人申请资格预审或者投标。

招标人有下列情形之一的，由有关行政监督部门责令改正，可以处10万元以下的罚款：

（一）依法应当公开招标而采用邀请招标；

（二）招标文件、资格预审文件的发售、澄清、修改的时限，或者确定的提交资格预审申请文件、投标文件的时限不符合招标投标法和招标投标法实施条例规定；

（三）接受未通过资格预审的单位或者个人参加投标；

（四）接受应当拒收的投标文件。

招标人有前款第一项、第三项、第四项所列行为之一的，对单位直接负责的主管人员和其他直接责任人员依法给予处分。

第七十四条　投标人相互串通投标或者与招标人串通投标的，投标人以向招标人或者评标委员会成员行贿的手段谋取中标的，中标无效，由有关行政监督部门处中标项目金额千分之五以上千分之十以下的罚款，对单位直接负责的主管人员和其他直接责任人员处单位罚款数额百分之五以上百分之十以下的罚款；有违法所得的，并处没收违法所得；情节严重的，取消其一至二年的投标资格，并予以公告，直至由工商行政管理机关吊销营业执照；构成犯罪的，依法追究刑事责任。给他人造成损失的，依法承担赔偿责任。投标人未中标的，对单位的罚款金额按照招标项目合同金额依照招标投标法规定的比例计算。

第七十五条　投标人以他人名义投标或者以其他方式弄虚作假，骗取中标的，中标无效，给招标人造成损失的，依法承担赔偿责任；构成犯罪的，依法追究刑事责任。

依法必须进行招标项目的投标人有前款所列行为尚未构成犯罪的，有关行政监督部门处中标项目金额千分之五以上千分之十以下的罚款，对单位直接负责的主管人员和其他直接责任人员处单位罚款数额百分之五以上百分之十以下的罚款；有违法所得的，并处没收违法所得；情节严重的，取消其一至三年投标资格，并予以公告，直至由工商行政管理机关吊销营业执照。投标人未中标的，对单位的罚款金额按照招标项目合同金额依照招标投标法规定的比例计算。

第七十六条　依法必须进行招标的项目，招标人违法与投标人就投标价格、投标方案等实质性内容进行谈判的，有关行政监督部门给予警告，对单位直接负责的主管人员和其他直接责任人员依法给予处分。

前款所列行为影响中标结果的，中标无效。

第七十七条　评标委员会成员收受投标人的财物或者其他好处的，没收收受的财物，可以并处三千元以上五万元以下的罚款，取消担任评标委员会成员的资格并予以公告，不得再参加依法必须进行招标的项目的评标；构成犯罪的，依法追究刑事责任。

第七十八条　评标委员会成员应当回避而不回避，擅离职守，不按照招标文件规定的评标标准和方法评标，私下接触投标人，向招标人征询确定中标人的意向或者接受任何单位或者个人明示或者暗示提出的倾向或者排斥特定投标人的要求，对依法应当否决的投标不提出否决意见，暗示或者诱导投标人作出澄清、说明或者接受投标人主动提出的澄清、说明，或者有其他不能客观公正地履行职责行为的，有关行政监督部门责令改正；情节严重的，禁止其在一定期限内参加依法必须进行招标的项目的评标；情节特别严重的，取消其担任评标委员会成员的资格。

第七十九条　依法必须进行招标的项目的招标人不按照规定组建评标委员会，或者确定、更换评标委员会成员违反招标投标法和招标投标法实施条例规定的，由有关行政监督部门责令改正，可以处10万元以下的罚款，对单位直接负责的主管人员和其他直接责任人员依法给予处分；违法确定或者更换的评标委员会成员作出的评审决定无效，依法重新进行评审。

第八十条　依法必须进行招标的项目的招标人有下列情形之一的，由有关行政监督部门责令改正，可以处中标项目金额千分之十以下的罚款；给他人造成损失的，依法承担赔偿责任；对单位直接负责的主管人员和其他直接责任人员依法给予处分：

（一）无正当理由不发出中标通知书；

（二）不按照规定确定中标人；

（三）中标通知书发出后无正当理由改变中标结果；

（四）无正当理由不与中标人订立合同；

（五）在订立合同时向中标人提出附加条件。

第八十一条　中标通知书发出后，中标人放弃中标项目的，无正当理由不与招标人签订合同的，在签订合同时向招标人提出附加条件或者更改合同实质性内容的，或者拒不提交所要求的履约保证金的，取消其中标资格，投标保证金不予退还；给招标人的损失超过投标保证金数额的，中标人应当对超过部分予以赔偿；没有提交投标保证金的，应当对招标人的损失承担赔偿责任。对依法必须进行施工招标的项目的中标人，由有关行政监督部门责令改正，可以处中标金额千分之十以下罚款。

第八十二条 中标人将中标项目转让给他人的，将中标项目肢解后分别转让给他人的，违法将中标项目的部分主体、关键性工作分包给他人的，或者分包人再次分包的，转让、分包无效，有关行政监督部门处转让、分包项目金额千分之五以上千分之十以下的罚款；有违法所得的，并处没收违法所得；可以责令停业整顿；情节严重的，由工商行政管理机关吊销营业执照。

第八十三条 招标人与中标人不按照招标文件和中标人的投标文件订立合同的，合同的主要条款与招标文件、中标人的投标文件的内容不一致，或者招标人、中标人订立背离合同实质性内容的协议的，有关行政监督部门责令改正；可以处中标项目金额千分之五以上千分之十以下的罚款。

第八十四条 中标人不履行与招标人订立的合同的，履约保证金不予退还，给招标人造成的损失超过履约保证金数额的，还应当对超过部分予以赔偿；没有提交履约保证金的，应当对招标人的损失承担赔偿责任。

中标人不按照与招标人订立的合同履行义务，情节严重的，有关行政监督部门取消其二至五年参加招标项目的投标资格并予以公告，直至由工商行政管理机关吊销营业执照。

因不可抗力不能履行合同的，不适用前两款规定。

第八十五条 招标人不履行与中标人订立的合同的，应当返还中标人的履约保证金，并承担相应的赔偿责任；没有提交履约保证金的，应当对中标人的损失承担赔偿责任。

因不可抗力不能履行合同的，不适用前款规定。

第八十六条 依法必须进行施工招标的项目违反法律规定，中标无效的，应当依照法律规定的中标条件从其余投标人中重新确定中标人或者依法重新进行招标。

中标无效的，发出的中标通知书和签订的合同自始没有法律约束力，但不影响合同中独立存在的有关解决争议方法的条款的效力。

第八十七条 任何单位违法限制或者排斥本地区、本系统以外的法人或者其他组织参加投标的，为招标人指定招标代理机构的，强制招标人委托招标代理机构办理招标事宜的，或者以其他方式干涉招标投标活动的，有关行政监督部门责令改正；对单位直接负责的主管人员和其他直接责任人员依法给予警告、记过、记大过的处分，情节较重的，依法给予降级、撤职、开除的处分。

个人利用职权进行前款违法行为的，依照前款规定追究责任。

第八十八条 对招标投标活动依法负有行政监督职责的国家机关工作人员徇私舞弊、滥用职权或者玩忽职守，构成犯罪的，依法追究刑事责任；不构成犯罪的，依法给予行政处分。

第八十九条 投标人或者其他利害关系人认为工程建设项目施工招标投标活动不符合国家规定的，可以自知道或者应当知道之日起10日内向有关行政监督部门投诉。投诉应当有明确的请求和必要的证明材料。

第六章 附 则

第九十条 使用国际组织或者外国政府贷款、援助资金的项目进行招标，贷款方、资金提供方对工程施工招标投标活动的条件和程序有不同规定的，可以适用其规定，但违背中华人民共和国社会公共利益的除外。

第九十一条 本办法由国家发展改革委会同有关部门负责解释。

第九十二条 本办法自2003年5月1日起施行。

工程建设项目勘察设计招标投标办法

1. *2003年6月12日国家发展和改革委员会、建设部、铁道部、交通部、信息产业部、水利部、中国民用航空总局、国家广播电影电视总局令第2号公布*
2. *根据2013年3月11日国家发展和改革委员会、工业和信息化部、财政部、住房和城乡建设部、交通运输部、铁道部、水利部、国家广播电影电视总局、中国民用航空局令第23号《关于废止和修改部分招标投标规章和规范性文件的决定》修订*

第一章 总 则

第一条 为规范工程建设项目勘察设计招标投标活动，提高投资效益，保证工程质量，根据《中华人民共和国招标投标法》、《中华人民共和国招标投标法实施条例》，制定本办法。

第二条 在中华人民共和国境内进行工程建设项目勘察

设计招标投标活动,适用本办法。

第三条　工程建设项目符合《工程建设项目招标范围和规模标准规定》(国家计委令第3号)规定的范围和标准的,必须依据本办法进行招标。

任何单位和个人不得将依法必须进行招标的项目化整为零或者以其他任何方式规避招标。

第四条　按照国家规定需要履行项目审批、核准手续的依法必须进行招标的项目,有下列情形之一的,经项目审批、核准部门审批、核准,项目的勘察设计可以不进行招标:

(一)涉及国家安全、国家秘密、抢险救灾或者属于利用扶贫资金实行以工代赈、需要使用农民工等特殊情况,不适宜进行招标;

(二)主要工艺、技术采用不可替代的专利或者专有技术,或者其建筑艺术造型有特殊要求;

(三)采购人依法能够自行勘察、设计;

(四)已通过招标方式选定的特许经营项目投资人依法能够自行勘察、设计;

(五)技术复杂或专业性强,能够满足条件的勘察设计单位少于三家,不能形成有效竞争;

(六)已建成项目需要改、扩建或者技术改造,由其他单位进行设计影响项目功能配套性;

(七)国家规定其他特殊情形。

第五条　勘察设计招标工作由招标人负责。任何单位和个人不得以任何方式非法干涉招标投标活动。

第六条　各级发展改革、工业和信息化、住房城乡建设、交通运输、铁道、水利、商务、广电、民航等部门依照《国务院办公厅印发国务院有关部门实施招标投标活动行政监督的职责分工意见的通知》(国办发〔2000〕34号)和各地规定的职责分工,对工程建设项目勘察设计招标投标活动实施监督,依法查处招标投标活动中的违法行为。

第二章　招　　标

第七条　招标人可以依据工程建设项目的不同特点,实行勘察设计一次性总体招标;也可以在保证项目完整性、连续性的前提下,按照技术要求实行分段或分项招标。

招标人不得利用前款规定限制或者排斥潜在投标人或者投标。依法必须进行招标的项目的招标人不得利用前款规定规避招标。

第八条　依法必须招标的工程建设项目,招标人可以对项目的勘察、设计、施工以及与工程建设有关的重要设备、材料的采购,实行总承包招标。

第九条　依法必须进行勘察设计招标的工程建设项目,在招标时应当具备下列条件:

(一)招标人已经依法成立;

(二)按照国家有关规定需要履行项目审批、核准或者备案手续的,已经审批、核准或者备案;

(三)勘察设计有相应资金或者资金来源已经落实;

(四)所必需的勘察设计基础资料已经收集完成;

(五)法律法规规定的其他条件。

第十条　工程建设项目勘察设计招标分为公开招标和邀请招标。

国有资金投资占控股或者主导地位的工程建设项目,以及国务院发展和改革部门确定的国家重点项目和省、自治区、直辖市人民政府确定的地方重点项目,除符合本办法第十一条规定条件并依法获得批准外,应当公开招标。

第十一条　依法必须进行公开招标的项目,在下列情况下可以进行邀请招标:

(一)技术复杂、有特殊要求或者受自然环境限制,只有少量潜在投标人可供选择;

(二)采用公开招标方式的费用占项目合同金额的比例过大。

有前款第二项所列情形,属于按照国家有关规定需要履行项目审批、核准手续的项目,由项目审批、核准部门在审批、核准项目时作出认定;其他项目由招标人申请有关行政监督部门作出认定。

招标人采用邀请招标方式的,应保证有三个以上具备承担招标项目勘察设计的能力,并具有相应资质的特定法人或者其他组织参加投标。

第十二条　招标人应当按照资格预审公告、招标公告或者投标邀请书规定的时间、地点出售招标文件或者资格预审文件。自招标文件或者资格预审文件出售之日起至停止出售之日止,最短不得少于五日。

第十三条　进行资格预审的,招标人只向资格预审合格的潜在投标人发售招标文件,并同时向资格预审不合格的潜在投标人告知资格预审结果。

第十四条　凡是资格预审合格的潜在投标人都应被允许参加投标。

招标人不得以抽签、摇号等不合理条件限制或者排斥资格预审合格的潜在投标人参加投标。

第十五条 招标人应当根据招标项目的特点和需要编制招标文件。

勘察设计招标文件应当包括下列内容：

（一）投标须知；

（二）投标文件格式及主要合同条款；

（三）项目说明书，包括资金来源情况；

（四）勘察设计范围，对勘察设计进度、阶段和深度要求；

（五）勘察设计基础资料；

（六）勘察设计费用支付方式，对未中标人是否给予补偿及补偿标准；

（七）投标报价要求；

（八）对投标人资格审查的标准；

（九）评标标准和方法；

（十）投标有效期。

投标有效期，从提交投标文件截止日起计算。

对招标文件的收费应仅限于补偿印刷、邮寄的成本支出，招标人不得通过出售招标文件谋取利益。

第十六条 招标人负责提供与招标项目有关的基础资料，并保证所提供资料的真实性、完整性。涉及国家秘密的除外。

第十七条 对于潜在投标人在阅读招标文件和现场踏勘中提出的疑问，招标人可以书面形式或召开投标预备会的方式解答，但需同时将解答以书面方式通知所有招标文件收受人。该解答的内容为招标文件的组成部分。

第十八条 招标人可以要求投标人在提交符合招标文件规定要求的投标文件外，提交备选投标文件，但应当在招标文件中做出说明，并提出相应的评审和比较办法。

第十九条 招标人应当确定潜在投标人编制投标文件所需要的合理时间。

依法必须进行勘察设计招标的项目，自招标文件开始发出之日起至投标人提交投标文件截止之日止，最短不得少于二十日。

第二十条 除不可抗力原因外，招标人在发布招标公告或者发出投标邀请书后不得终止招标，也不得在出售招标文件后终止招标。

第三章 投 标

第二十一条 投标人是响应招标、参加投标竞争的法人或者其他组织。

在其本国注册登记，从事建筑、工程服务的国外设计企业参加投标的，必须符合中华人民共和国缔结或者参加的国际条约、协定中所作的市场准入承诺以及有关勘察设计市场准入的管理规定。

投标人应当符合国家规定的资质条件。

第二十二条 投标人应当按照招标文件或者投标邀请书的要求编制投标文件。投标文件中的勘察设计收费报价，应当符合国务院价格主管部门制定的工程勘察设计收费标准。

第二十三条 投标人在投标文件有关技术方案和要求中不得指定与工程建设项目有关的重要设备、材料的生产供应者，或者含有倾向或者排斥特定生产供应者的内容。

第二十四条 招标文件要求投标人提交投标保证金的，保证金数额不得超过勘察设计估算费用的百分之二，最多不超过十万元人民币。

依法必须进行招标的项目的境内投标单位，以现金或者支票形式提交的投标保证金应当从其基本账户转出。

第二十五条 在提交投标文件截止时间后到招标文件规定的投标有效期终止之前，投标人不得撤销其投标文件，否则招标人可以不退还投标保证金。

第二十六条 投标人在投标截止时间前提交的投标文件，补充、修改或撤回投标文件的通知，备选投标文件等，都必须加盖所在单位公章，并且由其法定代表人或授权代表签字，但招标文件另有规定的除外。

招标人在接收上述材料时，应检查其密封或签章是否完好，并向投标人出具标明签收人和签收时间的回执。

第二十七条 以联合体形式投标的，联合体各方应签订共同投标协议，连同投标文件一并提交招标人。

联合体各方不得再单独以自己名义，或者参加另外的联合体投同一个标。

招标人接受联合体投标并进行资格预审的，联合体应当在提交资格预审申请文件前组成。资格预审后联合体增减、更换成员的，其投标无效。

第二十八条 联合体中标的，应指定牵头人或代表，授权其代表所有联合体成员与招标人签订合同，负责整个合同实施阶段的协调工作。但是，需要向招标人提交由所有联合体成员法定代表人签署的授权委托书。

第二十九条 投标人不得以他人名义投标，也不得利用伪造、转让、无效或者租借的资质证书参加投标，或者以任何方式请其他单位在自己编制的投标文件代为签字盖章，损害国家利益、社会公共利益和招标人的合法权益。

第三十条 投标人不得通过故意压低投资额、降低施工技术要求、减少占地面积，或者缩短工期等手段弄虚作假，骗取中标。

第四章 开标、评标和中标

第三十一条 开标应当在招标文件确定的提交投标文件截止时间的同一时间公开进行；除不可抗力原因外，招标人不得以任何理由拖延开标，或者拒绝开标。

投标人对开标有异议的，应当在开标现场提出，招标人应当当场作出答复，并制作记录。

第三十二条 评标工作由评标委员会负责。评标委员会的组成方式及要求，按《中华人民共和国招标投标法》、《中华人民共和国招标投标法实施条例》及《评标委员会和评标方法暂行规定》（国家计委等七部委联合令第12号）的有关规定执行。

第三十三条 勘察设计评标一般采取综合评估法进行。评标委员会应当按照招标文件确定的评标标准和方法，结合经批准的项目建议书、可行性研究报告或者上阶段设计批复文件，对投标人的业绩、信誉和勘察设计人员的能力以及勘察设计方案的优劣进行综合评定。

招标文件中没有规定的标准和方法，不得作为评标的依据。

第三十四条 评标委员会可以要求投标人对其技术文件进行必要的说明或介绍，但不得提出带有暗示性或诱导性的问题，也不得明确指出其投标文件中的遗漏和错误。

第三十五条 根据招标文件的规定，允许投标人投备选标的，评标委员会可以对中标人所提交的备选标进行评审，以决定是否采纳备选标。不符合中标条件的投标人的备选标不予考虑。

第三十六条 投标文件有下列情况之一的，评标委员会应当否决其投标：

（一）未经投标单位盖章和单位负责人签字；

（二）投标报价不符合国家颁布的勘察设计取费标准，或者低于成本，或者高于招标文件设定的最高投标限价；

（三）未响应招标文件的实质性要求和条件。

第三十七条 投标人有下列情况之一的，评标委员会应当否决其投标：

（一）不符合国家或者招标文件规定的资格条件；

（二）与其他投标人或者与招标人串通投标；

（三）以他人名义投标，或者以其他方式弄虚作假；

（四）以向招标人或者评标委员会成员行贿的手段谋取中标；

（五）以联合体形式投标，未提交共同投标协议；

（六）提交两个以上不同的投标文件或者投标报价，但招标文件要求提交备选投标的除外。

第三十八条 评标委员会完成评标后，应当向招标人提出书面评标报告，推荐合格的中标候选人。

评标报告的内容应当符合《评标委员会和评标方法暂行规定》第四十二条的规定。但是，评标委员会决定否决所有投标的，应在评标报告中详细说明理由。

第三十九条 评标委员会推荐的中标候选人应当限定在一至三人，并标明排列顺序。

能够最大限度地满足招标文件中规定的各项综合评价标准的投标人，应当推荐为中标候选人。

第四十条 国有资金占控股或者主导地位的依法必须招标的项目，招标人应当确定排名第一的中标候选人为中标人。

排名第一的中标候选人放弃中标、因不可抗力提出不能履行合同，不按照招标文件要求提交履约保证金，或者被查实存在影响中标结果的违法行为等情形，不符合中标条件的，招标人可以按照评标委员会提出的中标候选人名单排序依次确定其他中标候选人为中标人。依次确定其他中标候选人与招标人预期差距较大，或者对招标人明显不利的，招标人可以重新招标。

招标人可以授权评标委员会直接确定中标人。

国务院对中标人的确定另有规定的，从其规定。

第四十一条 招标人应在接到评标委员会的书面评标报告之日起三日内公示中标候选人，公示期不少于三日。

第四十二条 招标人和中标人应当在投标有效期内并在自中标通知书发出之日起三十日内，按照招标文件和中标人的投标文件订立书面合同。

中标人履行合同应当遵守《合同法》以及《建设工程勘察设计管理条例》中勘察设计文件编制实施的有关规定。

第四十三条 招标人不得以压低勘察设计费、增加工作量、缩短勘察设计周期等做为发出中标通知书的条件，也不得与中标人再行订立背离合同实质性内容的其他协议。

第四十四条 招标人与中标人签订合同后五日内，应当向中标人和未中标人一次性退还投标保证金及银行同期存款利息。招标文件中规定给予未中标人经济补偿的，也应在此期限内一并给付。

招标文件要求中标人提交履约保证金的，中标人应当提交；经中标人同意，可将其投标保证金抵作履约保证金。

第四十五条 招标人或者中标人采用其他未中标人投标文件中技术方案的，应当征得未中标人的书面同意，并支付合理的使用费。

第四十六条 评标定标工作应当在投标有效期内完成，不能如期完成的，招标人应当通知所有投标人延长投标有效期。

同意延长投标有效期的投标人应当相应延长其投标担保的有效期，但不得修改投标文件的实质性内容。

拒绝延长投标有效期的投标人有权收回投标保证金。招标文件中规定给予未中标人补偿的，拒绝延长的投标人有权获得补偿。

第四十七条 依法必须进行勘察设计招标的项目，招标人应当在确定中标人之日起十五日内，向有关行政监督部门提交招标投标情况的书面报告。

书面报告一般应包括以下内容：

（一）招标项目基本情况；

（二）投标人情况；

（三）评标委员会成员名单；

（四）开标情况；

（五）评标标准和方法；

（六）否决投标情况；

（七）评标委员会推荐的经排序的中标候选人名单；

（八）中标结果；

（九）未确定排名第一的中标候选人为中标人的原因；

（十）其他需说明的问题。

第四十八条 在下列情况下，依法必须招标项目的招标人在分析招标失败的原因并采取相应措施后，应当依照本办法重新招标：

（一）资格预审合格的潜在投标人不足三个的；

（二）在投标截止时间前提交投标文件的投标人少于三个的；

（三）所有投标均被否决的；

（四）评标委员会否决不合格投标后，因有效投标不足三个使得投标明显缺乏竞争，评标委员会决定否决全部投标的；

（五）根据第四十六条规定，同意延长投标有效期的投标人少于三个的。

第四十九条 招标人重新招标后，发生本办法第四十八条情形之一的，属于按照国家规定需要政府审批、核准的项目，报经原项目审批、核准部门审批、核准后可以不再进行招标；其他工程建设项目，招标人可自行决定不再进行招标。

第五章 罚 则

第五十条 招标人有下列限制或者排斥潜在投标人行为之一的，由有关行政监督部门依照招标投标法第五十一条的规定处罚；其中，构成依法必须进行勘察设计招标的项目的招标人规避招标的，依照招标投标法第四十九条的规定处罚：

（一）依法必须公开招标的项目不按照规定在指定媒介发布资格预审公告或者招标公告；

（二）在不同媒介发布的同一招标项目的资格预审公告或者招标公告的内容不一致，影响潜在投标人申请资格预审或者投标。

第五十一条 招标人有下列情形之一的，由有关行政监督部门责令改正，可以处10万元以下的罚款：

（一）依法应当公开招标而采用邀请招标；

（二）招标文件、资格预审文件的发售、澄清、修改的时限，或者确定的提交资格预审申请文件、投标文件的时限不符合招标投标法和招标投标法实施条例规定；

（三）接受未通过资格预审的单位或者个人参加投标；

（四）接受应当拒收的投标文件。招标人有前款第一项、第三项、第四项所列行为之一的，对单位直接负责的主管人员和其他直接责任人员依法给予处分。

第五十二条 依法必须进行招标的项目的投标人以他人名义投标，利用伪造、转让、租借、无效的资质证书参加投标，或者请其他单位在自己编制的投标文件上代为签字盖章，弄虚作假，骗取中标的，中标无效。尚未构成犯罪的，处中标项目金额千分之五以上千分之十以下的罚款，对单位直接负责的主管人员和其他直接责任人员处单位罚款数额百分之五以上百分之十以下的罚款;有违法所得的,并处没收违法所得;情节严重的,取消其一年至三年内参加依法必须进行招标的项目的投标资格并予以公告,直至由工商行政管理机关吊销营业执照。

第五十三条　招标人以抽签、摇号等不合理的条件限制或者排斥资格预审合格的潜在投标人参加投标,对潜在投标人实行歧视待遇的,强制要求投标人组成联合体共同投标的,或者限制投标人之间竞争的,责令改正,可以处一万元以上五万元以下的罚款。

依法必须进行招标的项目的招标人不按照规定组建评标委员会,或者确定、更换评标委员会成员违反招标投标法和招标投标法实施条例规定的,由有关行政监督部门责令改正,可以处10万元以下的罚款,对单位直接负责的主管人员和其他直接责任人员依法给予处分;违法确定或者更换的评标委员会成员作出的评审结论无效,依法重新进行评审。

第五十四条　评标委员会成员有下列行为之一的,由有关行政监督部门责令改正;情节严重的,禁止其在一定期限内参加依法必须进行招标的项目的评标;情节特别严重的,取消其担任评标委员会成员的资格:

(一)不按照招标文件规定的评标标准和方法评标;

(二)应当回避而不回避;

(三)擅离职守;

(四)私下接触投标人;

(五)向招标人征询确定中标人的意向或者接受任何单位或者个人明示或者暗示提出的倾向或者排斥特定投标人的要求;

(六)对依法应当否决的投标不提出否决意见;

(七)暗示或者诱导投标人作出澄清、说明或者接受投标人主动提出的澄清、说明;

(八)其他不客观、不公正履行职务的行为。

第五十五条　招标人与中标人不按照招标文件和中标人的投标文件订立合同,责令改正,可以处中标项目金额千分之五以上千分之十以下的罚款。

第五十六条　本办法对违法行为及其处罚措施未做规定的,依据《中华人民共和国招标投标法》、《中华人民共和国招标投标法实施条例》和有关法律、行政法规的规定执行。

第六章　附　　则

第五十七条　使用国际组织或者外国政府贷款、援助资金的项目进行招标,贷款方、资金提供方对工程勘察设计招标投标的条件和程序另有规定的,可以适用其规定,但违背中华人民共和国社会公共利益的除外。

第五十八条　本办法发布之前有关勘察设计招标投标的规定与本办法不一致的,以本办法为准。法律或者行政法规另有规定的,从其规定。

第五十九条　本办法由国家发展和改革委员会会同有关部门负责解释。

第六十条　本办法自2003年8月1日起施行。

工程建设项目货物招标投标办法

1. 2005年1月18日国家发展和改革委员会、建设部、铁道部、交通部、信息产业部、水利部、中国民用航空总局令第27号公布

2. 根据2013年3月11日国家发展和改革委员会、工业和信息化部、财政部、住房和城乡建设部、交通运输部、铁道部、水利部、国家广播电影电视总局、中国民用航空局令第23号《关于废止和修改部分招标投标规章和规范性文件的决定》修订

第一章　总　　则

第一条　为规范工程建设项目的货物招标投标活动,保护国家利益、社会公共利益和招标投标活动当事人的合法权益,保证工程质量,提高投资效益,根据《中华人民共和国招标投标法》、《中华人民共和国招标投标法实施条例》和国务院有关部门的职责分工,制定本办法。

第二条　本办法适用于在中华人民共和国境内工程建设项目货物招标投标活动。

第三条　工程建设项目符合《工程建设项目招标范围和规模标准规定》(原国家计委令第3号)规定的范围和标准的,必须通过招标选择货物供应单位。

任何单位和个人不得将依法必须进行招标的项目化整为零或者以其他任何方式规避招标。

第四条　工程建设项目货物招标投标活动应当遵循公开、公平、公正和诚实信用的原则。货物招标投标活动不受地区或者部门的限制。

第五条　工程建设项目货物招标投标活动,依法由招标人负责。

工程建设项目招标人对项目实行总承包招标时,

未包括在总承包范围内的货物属于依法必须进行招标的项目范围且达到国家规定规模标准的，应当由工程建设项目招标人依法组织招标。

工程建设项目实行总承包招标时，以暂估价形式包括在总承包范围内的货物属于依法必须进行招标的项目范围且达到国家规定规模标准的，应当依法组织招标。

第六条　各级发展改革、工业和信息化、住房城乡建设、交通运输、铁道、水利、民航等部门依照国务院和地方各级人民政府关于工程建设项目行政监督的职责分工，对工程建设项目中所包括的货物招标投标活动实施监督，依法查处货物招标投标活动中的违法行为。

第二章　招　　标

第七条　工程建设项目招标人是依法提出招标项目、进行招标的法人或者其他组织。本办法第五条总承包中标人单独或者共同招标时，也为招标人。

第八条　依法必须招标的工程建设项目，应当具备下列条件才能进行货物招标：

（一）招标人已经依法成立；

（二）按照国家有关规定应当履行项目审批、核准或者备案手续的，已经审批、核准或者备案；

（三）有相应资金或者资金来源已经落实；

（四）能够提出货物的使用与技术要求。

第九条　依法必须进行招标的工程建设项目，按国家有关规定需要履行审批、核准手续的，招标人应当在报送的可行性研究报告、资金申请报告或者项目申请报告中将货物招标范围、招标方式（公开招标或邀请招标）、招标组织形式（自行招标或委托招标）等有关招标内容报项目审批、核准部门审批、核准。项目审批、核准部门应当将审批、核准的招标内容通报有关行政监督部门。

第十条　货物招标分为公开招标和邀请招标。

第十一条　依法应当公开招标的项目，有下列情形之一的，可以邀请招标：

（一）技术复杂、有特殊要求或者受自然环境限制，只有少量潜在投标人可供选择；

（二）采用公开招标方式的费用占项目合同金额的比例过大；

（三）涉及国家安全、国家秘密或者抢险救灾，适宜招标但不宜公开招标。

有前款第二项所列情形，属于按照国家有关规定需要履行项目审批、核准手续的依法必须进行招标的项目，由项目审批、核准部门认定；其他项目由招标人申请有关行政监督部门作出认定。

第十二条　采用公开招标方式的，招标人应当发布资格预审公告或者招标公告。依法必须进行货物招标的资格预审公告或者招标公告，应当在国家指定的报刊或者信息网络上发布。

采用邀请招标方式的，招标人应当向三家以上具备货物供应的能力、资信良好的特定的法人或者其他组织发出投标邀请书。

第十三条　招标公告或者投标邀请书应当载明下列内容：

（一）招标人的名称和地址；

（二）招标货物的名称、数量、技术规格、资金来源；

（三）交货的地点和时间；

（四）获取招标文件或者资格预审文件的地点和时间；

（五）对招标文件或者资格预审文件收取的费用；

（六）提交资格预审申请书或者投标文件的地点和截止日期；

（七）对投标人的资格要求。

第十四条　招标人应当按照资格预审公告、招标公告或者投标邀请书规定的时间、地点发售招标文件或者资格预审文件。自招标文件或者资格预审文件发售之日起至停止发售之日止，最短不得少于五日。

招标人可以通过信息网络或者其他媒介发布招标文件，通过信息网络或者其他媒介发布的招标文件与书面招标文件具有同等法律效力，出现不一致时以书面招标文件为准，但国家另有规定的除外。

对招标文件或者资格预审文件的收费应当限于补偿印刷、邮寄的成本支出，不得以营利为目的。

除不可抗力原因外，招标文件或者资格预审文件发出后，不予退还；招标人在发布招标公告、发出投标邀请书后或者发出招标文件或资格预审文件后不得终止招标。招标人终止招标的，应当及时发布公告，或者以书面形式通知被邀请的或者已经获取资格预审文件、招标文件的潜在投标人。已经发售资格预审文件、招标文件或者已经收取投标保证金的，招标人应当及时退还所收取的资格预审文件、招标文件的费用，以及所收取的投标保证金及银行同期存款利息。

第十五条　招标人可以根据招标货物的特点和需要，对潜在投标人或者投标人进行资格审查；国家对潜在投标人或者投标人的资格条件有规定的，依照其规定。

第十六条　资格审查分为资格预审和资格后审。

资格预审，是指招标人出售招标文件或者发出投标邀请书前对潜在投标人进行的资格审查。资格预审一般适用于潜在投标人较多或者大型、技术复杂货物的招标。

资格后审，是指在开标后对投标人进行的资格审查。资格后审一般在评标过程中的初步评审开始时进行。

第十七条　采取资格预审的，招标人应当发布资格预审公告。资格预审公告适用本办法第十二条、第十三条有关招标公告的规定。

第十八条　资格预审文件一般包括下列内容：

（一）资格预审公告；

（二）申请人须知；

（三）资格要求；

（四）其他业绩要求；

（五）资格审查标准和方法；

（六）资格预审结果的通知方式。

第十九条　采取资格预审的，招标人应当在资格预审文件中详细规定资格审查的标准和方法；采取资格后审的，招标人应当在招标文件中详细规定资格审查的标准和方法。

招标人在进行资格审查时，不得改变或补充载明的资格审查标准和方法或者以没有载明的资格审查标准和方法对潜在投标人或者投标人进行资格审查。

第二十条　经资格预审后，招标人应当向资格预审合格的潜在投标人发出资格预审合格通知书，告知获取招标文件的时间、地点和方法，并同时向资格预审不合格的潜在投标人告知资格预审结果。依法必须招标的项目通过资格预审的申请人不足三个的，招标人在分析招标失败的原因并采取相应措施后，应当重新招标。

对资格后审不合格的投标人，评标委员会应当否决其投标。

第二十一条　招标文件一般包括下列内容：

（一）招标公告或者投标邀请书；

（二）投标人须知；

（三）投标文件格式；

（四）技术规格、参数及其他要求；

（五）评标标准和方法；

（六）合同主要条款。

招标人应当在招标文件中规定实质性要求和条件，说明不满足其中任何一项实质性要求和条件的投标将被拒绝，并用醒目的方式标明；没有标明的要求和条件在评标时不得作为实质性要求和条件。对于非实质性要求和条件，应规定允许偏差的最大范围、最高项数，以及对这些偏差进行调整的方法。

国家对招标货物的技术、标准、质量等有规定的，招标人应当按照其规定在招标文件中提出相应要求。

第二十二条　招标货物需要划分标包的，招标人应合理划分标包，确定各标包的交货期，并在招标文件中如实载明。

招标人不得以不合理的标包限制或者排斥潜在投标人或者投标人。依法必须进行招标的项目的招标人不得利用标包划分规避招标。

第二十三条　招标人允许中标人对非主体货物进行分包的，应当在招标文件中载明。主要设备、材料或者供货合同的主要部分不得要求或者允许分包。

除招标文件要求不得改变标准货物的供应商外，中标人经招标人同意改变标准货物的供应商的，不应视为转包和违法分包。

第二十四条　招标人可以要求投标人在提交符合招标文件规定要求的投标文件外，提交备选投标方案，但应当在招标文件中作出说明。不符合中标条件的投标人的备选投标方案不予考虑。

第二十五条　招标文件规定的各项技术规格应当符合国家技术法规的规定。

招标文件中规定的各项技术规格均不得要求或标明某一特定的专利技术、商标、名称、设计、原产地或供应者等，不得含有倾向或者排斥潜在投标人的其他内容。如果必须引用某一供应者的技术规格才能准确或清楚地说明拟招标货物的技术规格时，则应当在参照后面加上“或相当于”的字样。

第二十六条　招标文件应当明确规定评标时包含价格在内的所有评标因素，以及据此进行评估的方法。

在评标过程中，不得改变招标文件中规定的评标标准、方法和中标条件。

第二十七条　招标人可以在招标文件中要求投标人以自己的名义提交投标保证金。投标保证金除现金外，可以是银行出具的银行保函、保兑支票、银行汇票或现金支票,也可以是招标人认可的其他合法担保形式。依法必须进行招标的项目的境内投标单位,以现金或者支票形式提交的投标保证金应当从其基本账户转出。

投标保证金不得超过项目估算价的百分之二,但最高不得超过八十万元人民币。投标保证金有效期应当与投标有效期一致。

投标人应当按照招标文件要求的方式和金额,在提交投标文件截止时间前将投标保证金提交给招标人或其委托的招标代理机构。

第二十八条 招标文件应当规定一个适当的投标有效期,以保证招标人有足够的时间完成评标和与中标人签订合同。投标有效期从招标文件规定的提交投标文件截止之日起计算。

在原投标有效期结束前,出现特殊情况的,招标人可以书面形式要求所有投标人延长投标有效期。投标人同意延长的,不得要求或被允许修改其投标文件的实质性内容,但应当相应延长其投标保证金的有效期;投标人拒绝延长的,其投标失效,但投标人有权收回其投标保证金及银行同期存款利息。

依法必须进行招标的项目同意延长投标有效期的投标人少于三个的,招标人在分析招标失败的原因并采取相应措施后,应当重新招标。

第二十九条 对于潜在投标人在阅读招标文件中提出的疑问,招标人应当以书面形式、投标预备会方式或者通过电子网络解答,但需同时将解答以书面方式通知所有购买招标文件的潜在投标人。该解答的内容为招标文件的组成部分。

除招标文件明确要求外,出席投标预备会不是强制性的,由潜在投标人自行决定,并自行承担由此可能产生的风险。

第三十条 招标人应当确定投标人编制投标文件所需的合理时间。依法必须进行招标的货物,自招标文件开始发出之日起至投标人提交投标文件截止之日止,最短不得少于二十日。

第三十一条 对无法精确拟定其技术规格的货物,招标人可以采用两阶段招标程序。

在第一阶段,招标人可以首先要求潜在投标人提交技术建议,详细阐明货物的技术规格、质量和其它特性。招标人可以与投标人就其建议的内容进行协商和讨论,达成一个统一的技术规格后编制招标文件。

在第二阶段,招标人应当向第一阶段提交了技术建议的投标人提供包含统一技术规格的正式招标文件,投标人根据正式招标文件的要求提交包括价格在内的最后投标文件。

招标人要求投标人提交投标保证金的,应当在第二阶段提出。

第三章 投 标

第三十二条 投标人是响应招标、参加投标竞争的法人或者其他组织。

法定代表人为同一个人的两个及两个以上法人,母公司、全资子公司及其控股公司,都不得在同一货物招标中同时投标。

违反前两款规定的,相关投标均无效。

一个制造商对同一品牌同一型号的货物,仅能委托一个代理商参加投标。

第三十三条 投标人应当按照招标文件的要求编制投标文件。投标文件应当对招标文件提出的实质性要求和条件作出响应。

投标文件一般包括下列内容:

(一)投标函;

(二)投标一览表;

(三)技术性能参数的详细描述;

(四)商务和技术偏差表;

(五)投标保证金;

(六)有关资格证明文件;

(七)招标文件要求的其他内容。

投标人根据招标文件载明的货物实际情况,拟在中标后将供货合同中的非主要部分进行分包的,应当在投标文件中载明。

第三十四条 投标人应当在招标文件要求提交投标文件的截止时间前,将投标文件密封送达招标文件中规定的地点。招标人收到投标文件后,应当向投标人出具标明签收人和签收时间的凭证,在开标前任何单位和个人不得开启投标文件。

在招标文件要求提交投标文件的截止时间后送达的投标文件,招标人应当拒收。

依法必须进行招标的项目,提交投标文件的投标人少于三个的,招标人在分析招标失败的原因并采取相应措施后,应当重新招标。重新招标后投标人仍少于三个,按国家有关规定需要履行审批、核准手续的依法必须进行招标的项目,报项目审批、核准部门审批、核准后可以不再进行招标。

第三十五条　投标人在招标文件要求提交投标文件的截止时间前，可以补充、修改、替代或者撤回已提交的投标文件，并书面通知招标人。补充、修改的内容为投标文件的组成部分。

第三十六条　在提交投标文件截止时间后，投标人不得撤销其投标文件，否则招标人可以不退还其投标保证金。

第三十七条　招标人应妥善保管好已接收的投标文件、修改或撤回通知、备选投标方案等投标资料，并严格保密。

第三十八条　两个以上法人或者其他组织可以组成一个联合体，以一个投标人的身份共同投标。

联合体各方签订共同投标协议后，不得再以自己名义单独投标，也不得组成或参加其他联合体在同一项目中投标；否则相关投标均无效。

联合体中标的，应当指定牵头人或代表，授权其代表所有联合体成员与招标人签订合同，负责整个合同实施阶段的协调工作。但是，需要向招标人提交由所有联合体成员法定代表人签署的授权委托书。

第三十九条　招标人接受联合体投标并进行资格预审的，联合体应当在提交资格预审申请文件前组成。资格预审后联合体增减、更换成员的，其投标无效。

招标人不得强制资格预审合格的投标人组成联合体。

第四章　开标、评标和定标

第四十条　开标应当在招标文件确定的提交投标文件截止时间的同一时间公开进行；开标地点应当为招标文件中确定的地点。

投标人或其授权代表有权出席开标会，也可以自主决定不参加开标会。

投标人对开标有异议的，应当在开标现场提出，招标人应当当场作出答复，并制作记录。

第四十一条　投标文件有下列情形之一的，招标人应当拒收：

（一）逾期送达；

（二）未按招标文件要求密封。

有下列情形之一的，评标委员会应当否决其投标：

（一）投标文件未经投标单位盖章和单位负责人签字；

（二）投标联合体没有提交共同投标协议；

（三）投标人不符合国家或者招标文件规定的资格条件；

（四）同一投标人提交两个以上不同的投标文件或者投标报价，但招标文件要求提交备选投标的除外；

（五）投标标价低于成本或者高于招标文件设定的最高投标限价；

（六）投标文件没有对招标文件的实质性要求和条件作出响应；

（七）投标人有串通投标、弄虚作假、行贿等违法行为。

依法必须招标的项目评标委员会否决所有投标的，或者评标委员会否决一部分投标后其他有效投标不足三个使得投标明显缺乏竞争，决定否决全部投标的，招标人在分析招标失败的原因并采取相应措施后，应当重新招标 。

第四十二条　评标委员会可以书面方式要求投标人对投标文件中含义不明确、对同类问题表述不一致或者有明显文字和计算错误的内容作必要的澄清、说明或补正。评标委员会不得向投标人提出带有暗示性或诱导性的问题，或向其明确投标文件中的遗漏和错误。

第四十三条　投标文件不响应招标文件的实质性要求和条件的，评标委员会不得允许投标人通过修正或撤销其不符合要求的差异或保留，使之成为具有响应性的投标。

第四十四条　技术简单或技术规格、性能、制作工艺要求统一的货物，一般采用经评审的最低投标价法进行评标。技术复杂或技术规格、性能、制作工艺要求难以统一的货物，一般采用综合评估法进行评标。

第四十五条　符合招标文件要求且评标价最低或综合评分最高而被推荐为中标候选人的投标人，其所提交的备选投标方案方可予以考虑。

第四十六条　评标委员会完成评标后，应向招标人提出书面评标报告。评标报告由评标委员会全体成员签字。

第四十七条　评标委员会在书面评标报告中推荐的中标候选人应当限定在一至三人，并标明排列顺序。招标人应当接受评标委员会推荐的中标候选人，不得在评标委员会推荐的中标候选人之外确定中标人。

依法必须进行招标的项目，招标人应当自收到评标报告之日起三日内公示中标候选人，公示期不得少于三日。

第四十八条　国有资金占控股或者主导地位的依法必须进行招标的项目，招标人应当确定排名第一的中标候选人为中标人。排名第一的中标候选人放弃中标、因不可抗力提出不能履行合同、不按照招标文件要求提交履约保证金,或者被查实存在影响中标结果的违法行为等情形,不符合中标条件的,招标人可以按照评标委员会提出的中标候选人名单排序依次确定其他中标候选人为中标人。依次确定其他中标候选人与招标人预期差距较大,或者对招标人明显不利的,招标人可以重新招标 。

招标人可以授权评标委员会直接确定中标人。

国务院对中标人的确定另有规定的,从其规定。

第四十九条 招标人不得向中标人提出压低报价、增加配件或者售后服务量以及其他超出招标文件规定的违背中标人意愿的要求,以此作为发出中标通知书和签订合同的条件。

第五十条 中标通知书对招标人和中标人具有法律效力。中标通知书发出后,招标人改变中标结果的,或者中标人放弃中标项目的,应当依法承担法律责任。

中标通知书由招标人发出,也可以委托其招标代理机构发出。

第五十一条 招标人和中标人应当在投标有效期内并在自中标通知书发出之日起三十日内,按照招标文件和中标人的投标文件订立书面合同。招标人和中标人不得再行订立背离合同实质性内容的其他协议。

招标文件要求中标人提交履约保证金或者其他形式履约担保的,中标人应当提交;拒绝提交的,视为放弃中标项目。招标人要求中标人提供履约保证金或其他形式履约担保的,招标人应当同时向中标人提供货物款支付担保。

履约保证金不得超过中标合同金额的10%。

第五十二条 招标人最迟应当在书面合同签订后五日内,向中标人和未中标的投标人一次性退还投标保证金及银行同期存款利息。

第五十三条 必须审批的工程建设项目,货物合同价格应当控制在批准的概算投资范围内;确需超出范围的,应当在中标合同签订前,报原项目审批部门审查同意。项目审批部门应当根据招标的实际情况,及时作出批准或者不予批准的决定;项目审批部门不予批准的,招标人应当自行平衡超出的概算。

第五十四条 依法必须进行货物招标的项目,招标人应当自确定中标人之日起十五日内,向有关行政监督部门提交招标投标情况的书面报告。

前款所称书面报告至少应包括下列内容:

(一)招标货物基本情况;

(二)招标方式和发布招标公告或者资格预审公告的媒介;

(三)招标文件中投标人须知、技术条款、评标标准和方法、合同主要条款等内容;

(四)评标委员会的组成和评标报告;

(五)中标结果。

第五章 罚 则

第五十五条 招标人有下列限制或者排斥潜在投标行为之一的,由有关行政监督部门依照招标投标法第五十一条的规定处罚;其中,构成依法必须进行招标的项目的招标人规避招标的,依照招标投标法第四十九条的规定处罚:

(一)依法应当公开招标的项目不按照规定在指定媒介发布资格预审公告或者招标公告;

(二)在不同媒介发布的同一招标项目的资格预审公告或者招标公告内容不一致,影响潜在投标人申请资格预审或者投标。

第五十六条 招标人有下列情形之一的,由有关行政监督部门责令改正,可以处10万元以下的罚款:

(一)依法应当公开招标而采用邀请招标;

(二)招标文件、资格预审文件的发售、澄清、修改的时限,或者确定的提交资格预审申请文件、投标文件的时限不符合招标投标法和招标投标法实施条例规定;

(三)接受未通过资格预审的单位或者个人参加投标;

(四)接受应当拒收的投标文件。招标人有前款第一项、第三项、第四项所列行为之一的,对单位直接负责的主管人员和其他直接责任人员依法给予处分。

第五十七条 评标委员会成员有下列行为之一的,由有关行政监督部门责令改正;情节严重的,禁止其在一定期限内参加依法必须进行招标的项目的评标;情节特别严重的,取消其担任评标委员会成员的资格:

(一)应当回避而不回避;

(二)擅离职守;

(三)不按照招标文件规定的评标标准和方法评标;

(四)私下接触投标人;

(五)向招标人征询确定中标人的意向或者接受

任何单位或者个人明示或者暗示提出的倾向或者排斥特定投标人的要求；

（六）对依法应当否决的投标不提出否决意见；

（七）暗示或者诱导投标人作出澄清、说明或者接受投标人主动提出的澄清、说明；

（八）其他不客观、不公正履行职务的行为。

第五十八条　依法必须进行招标的项目的招标人有下列情形之一的，由有关行政监督部门责令改正，可以处中标项目金额千分之十以下的罚款；给他人造成损失的，依法承担赔偿责任；对单位直接负责的主管人员和其他直接责任人员依法给予处分：

（一）无正当理由不发出中标通知书；

（二）不按照规定确定中标人；

（三）中标通知书发出后无正当理由改变中标结果；

（四）无正当理由不与中标人订立合同；

（五）在订立合同时向中标人提出附加条件。

中标通知书发出后，中标人放弃中标项目的，无正当理由不与招标人签订合同的，在签订合同时向招标人提出附加条件或者更改合同实质性内容的，或者拒不提交所要求的履约保证金的，取消其中标资格，投标保证金不予退还；给招标人的损失超过投标保证金数额的，中标人应当对超过部分予以赔偿；没有提交投标保证金的，应当对招标人的损失承担赔偿责任。对依法必须进行招标的项目的中标人，由有关行政监督部门责令改正，可以处中标金额千分之十以下罚款。

第五十九条　招标人不履行与中标人订立的合同的，应当返还中标人的履约保证金，并承担相应的赔偿责任；没有提交履约保证金的，应当对中标人的损失承担赔偿责任。

因不可抗力不能履行合同的，不适用前款规定。

第六十条　中标无效的，发出的中标通知书和签订的合同自始没有法律约束力，但不影响合同中独立存在的有关解决争议方法的条款的效力。

第六章　附　　则

第六十一条　不属于工程建设项目，但属于固定资产投资的货物招标投标活动，参照本办法执行。

第六十二条　使用国际组织或者外国政府贷款、援助资金的项目进行招标，贷款方、资金提供方对货物招标投标活动的条件和程序有不同规定的，可以适用其规定，但违背中华人民共和国社会公共利益的除外。

第六十三条　本办法由国家发展和改革委员会会同有关部门负责解释。

第六十四条　本办法自2005年3月1日起施行。

建筑工程方案设计招标投标管理办法

1. 2008年3月21日住房和城乡建设部发布

2. 建市〔2008〕63号

3. 根据2019年3月18日《住房和城乡建设部关于修改有关文件的通知》（建法规〔2019〕3号）修正

第一章　总　　则

第一条　为规范建筑工程方案设计招标投标活动，提高建筑工程方案设计质量，体现公平有序竞争，根据《中华人民共和国建筑法》、《中华人民共和国招标投标法》及相关法律、法规和规章，制定本办法。

第二条　在中华人民共和国境内从事建筑工程方案设计招标投标及其管理活动的，适用本办法。

学术性的项目方案设计竞赛或不对某工程项目下一步设计工作的承接具有直接因果关系的“创意征集”等活动，不适用本办法。

第三条　本办法所称建筑工程方案设计招标投标，是指在建筑工程方案设计阶段，按照有关招标投标法律、法规和规章等规定进行的方案设计招标投标活动。

第四条　按照国家规定需要政府审批的建筑工程项目，有下列情形之一的，经有关部门批准，可以不进行招标：

（一）涉及国家安全、国家秘密的；

（二）涉及抢险救灾的；

（三）主要工艺、技术采用特定专利、专有技术，或者建筑艺术造型有特殊要求的；

（四）技术复杂或专业性强，能够满足条件的设计机构少于三家，不能形成有效竞争的；

（五）项目的改、扩建或者技术改造，由其他设计机构设计影响项目功能配套性的；

（六）法律、法规规定可以不进行设计招标的其他情形。

第五条　国务院建设主管部门负责全国建筑工程方案设计招标投标活动统一监督管理。县级以上人民政府建设主管部门依法对本行政区域内建筑工程方案设计招标投标活动实施监督管理。

建筑工程方案设计招标投标管理流程图详见附件一。

第六条　建筑工程方案设计应按照科学发展观，全面贯彻适用、经济，在可能条件下注意美观的原则。建筑工程设计方案要与当地经济发展水平相适应，积极鼓励采用节能、节地、节水、节材、环保技术的建筑工程设计方案。

第七条　建筑工程方案设计招标投标活动应遵循公开、公平、公正、择优和诚实信用的原则。

第八条　建筑工程方案设计应严格执行《建设工程质量管理条例》、《建设工程勘察设计管理条例》和国家强制性标准条文；满足现行的建筑工程建设标准、设计规范（规程）和本办法规定的相应设计文件编制深度要求。

第二章　招　　标

第九条　建筑工程方案设计招标方式分为公开招标和邀请招标。

全部使用国有资金投资或者国有资金投资占控股或者主导地位的建筑工程项目，以及国务院发展和改革部门确定的国家重点项目和省、自治区、直辖市人民政府确定的地方重点项目，除符合本办法第四条及第十条规定条件并依法获得批准外，应当公开招标。

第十条　依法必须进行公开招标的建筑工程项目，在下列情形下可以进行邀请招标：

（一）项目的技术性、专业性强，或者环境资源条件特殊，符合条件的潜在投标人数量有限的；

（二）如采用公开招标，所需费用占建筑工程项目总投资额比例过大的；

（三）受自然因素限制，如采用公开招标，影响建筑工程项目实施时机的；

（四）法律、法规规定不宜公开招标的。

招标人采用邀请招标的方式，应保证有三个以上具备承担招标项目设计能力，并具有相应资质的机构参加投标。

第十一条　根据设计条件及设计深度，建筑工程方案设计招标类型分为建筑工程概念性方案设计招标和建筑工程实施性方案设计招标两种类型。

招标人应在招标公告或者投标邀请函中明示采用何种招标类型。

第十二条　建筑工程方案设计招标时应当具备下列条件：

（一）按照国家有关规定需要履行项目审批手续的，已履行审批手续，取得批准；

（二）设计所需要资金已经落实；

（三）设计基础资料已经收集完成；

（四）符合相关法律、法规规定的其他条件。

建筑工程概念性方案设计招标和建筑工程实施性方案设计招标的招标条件详见本办法附件二。

第十三条　公开招标的项目，招标人应当在指定的媒介发布招标公告。大型公共建筑工程的招标公告应当按照有关规定在指定的全国性媒介发布。

第十四条　招标人填写的招标公告或投标邀请函应当内容真实、准确和完整。

招标公告或投标邀请函的主要内容应当包括：工程概况、招标方式、招标类型、招标内容及范围、投标人承担设计任务范围、对投标人资质、经验及业绩的要求、投标人报名要求、招标文件工本费收费标准、投标报名时间、提交资格预审申请文件的截止时间、投标截止时间等。

建筑工程方案设计招标公告和投标邀请函样本详见本办法附件三。

第十五条　招标人应当按招标公告或者投标邀请函规定的时间、地点发出招标文件或者资格预审文件。自招标文件或者资格预审文件发出之日起至停止发出之日止，不得少于5个工作日。

第十六条　大型公共建筑工程项目或投标人报名数量较多的建筑工程项目招标可以实行资格预审。采用资格预审的，招标人应在招标公告中明示，并发出资格预审文件。招标人不得通过资格预审排斥潜在投标人。

对于投标人数量过多，招标人实行资格预审的情形，招标人应在招标公告中明确进行资格预审所需达到的投标人报名数量。招标人未在招标公告中明确或实际投标人报名数量未达到招标公告中规定的数量时，招标人不得进行资格预审。

资格预审必须由专业人员评审。资格预审不采用打分的方式评审，只有“通过”和“未通过”之分。如果通过资格预审投标人的数量不足三家，招标人应修订并公布新的资格预审条件，重新进行资格预审，直至三家或三家以上投标人通过资格预审为止。特殊情况下，招标人不能重新制定新的资格预审条件的，必须依据国家相关法律、法规规定执行。

建筑工程方案设计招标资格预审文件样本详见本

办法附件四。

第十七条　招标人应当根据建筑工程特点和需要编制招标文件。招标文件包括以下方面内容：

（一）投标须知；

（二）投标技术文件要求；

（三）投标商务文件要求；

（四）评标、定标标准及方法说明；

（五）设计合同授予及投标补偿费用说明。

招标人应在招标文件中明确执行国家规定的设计收费标准或提供投标人设计收费的统一计算基价。

对政府或国有资金投资的大型公共建筑工程项目，招标人应当在招标文件中明确参与投标的设计方案必须包括有关使用功能、建筑节能、工程造价、运营成本等方面的专题报告。

设计招标文件中的投标须知样本、招标技术文件编写内容及深度要求、投标商务文件内容等分别详见本办法附件五、附件六和附件七。

第十八条　各级建设主管部门对招标投标活动实施监督。

第十九条　概念性方案设计招标或者实施性方案设计招标的中标人应按招标文件要求承担方案及后续阶段的设计和服务工作。但中标人为中华人民共和国境外企业的，若承担后续阶段的设计和服务工作应按照《关于外国企业在中华人民共和国境内从事建设工程设计活动的管理暂行规定》（建市〔2004〕78 号）执行。

如果招标人只要求中标人承担方案阶段设计，而不再委托中标人承接或参加后续阶段工程设计业务的，应在招标公告或投标邀请函中明示，并说明支付中标人的设计费用。采用建筑工程实施性方案设计招标的，招标人应按照国家规定方案阶段设计付费标准支付中标人。采用建筑工程概念性方案设计招标的，招标人应按照国家规定方案阶段设计付费标准的 80% 支付中标人。

第三章　投　　标

第二十条　参加建筑工程项目方案设计的投标人应具备下列主体资格：

（一）在中华人民共和国境内注册的企业，应当具有建设主管部门颁发的建筑工程设计资质证书或建筑专业事务所资质证书，并按规定的等级和范围参加建筑工程项目方案设计投标活动。

（二）注册在中华人民共和国境外的企业，应当是其所在国或者所在地区的建筑设计行业协会或组织推荐的会员。其行业协会或组织的推荐名单应由建设单位确认。

（三）各种形式的投标联合体各方应符合上述要求。招标人不得强制投标人组成联合体共同投标，不得限制投标人组成联合体参与投标。

招标人可以根据工程项目实际情况，在招标公告或投标邀请函中明确投标人其他资格条件。

第二十一条　采用国际招标的，不应人为设置条件排斥境内投标人。

第二十二条　投标人应按照招标文件确定的内容和深度提交投标文件。

第二十三条　招标人要求投标人提交备选方案的，应当在招标文件中明确相应的评审和比选办法。

凡招标文件中未明确规定允许提交备选方案的，投标人不得提交备选方案。如投标人擅自提交备选方案的，招标人应当拒绝该投标人提交的所有方案。

第二十四条　建筑工程概念性方案设计投标文件编制一般不少于二十日，其中大型公共建筑工程概念性方案设计投标文件编制一般不少于四十日；建筑工程实施性方案设计投标文件编制一般不少于四十五日。招标文件中规定的编制时间不符合上述要求的，建设主管部门对招标文件不予备案。

第四章　开标、评标、定标

第二十五条　开标应在招标文件规定提交投标文件截止时间的同一时间公开进行；除不可抗力外，招标人不得以任何理由拖延开标，或者拒绝开标。

建筑工程方案设计招标开标程序详见本办法附件八。

第二十六条　投标文件出现下列情形之一的，其投标文件作为无效标处理，招标人不予受理：

（一）逾期送达的或者未送达指定地点的；

（二）投标文件未按招标文件要求予以密封的；

（三）违反有关规定的其他情形。

第二十七条　招标人或招标代理机构根据招标建筑工程项目特点和需要组建评标委员会，其组成应当符合有关法律、法规和本办法的规定：

（一）评标委员会的组成应包括招标人以及与建筑工程项目方案设计有关的建筑、规划、结构、经济、设备等专业专家。大型公共建筑工程项目应增加环境保护、节能、消防专家。评委应以建筑专业专家为主，其中技术、经济专家人数应占评委总数的三分之二以上；

（二）评标委员会人数为5人以上单数组成，其中大型公共建筑工程项目评标委员会人数不应少于9人；

（三）大型公共建筑工程或具有一定社会影响的建筑工程，以及技术特别复杂、专业性要求特别高的建筑工程，采取随机抽取确定的专家难以胜任的，经主管部门批准，招标人可以从设计类资深专家库中直接确定，必要时可以邀请外地或境外资深专家参加评标。

第二十八条 评标委员会必须严格按照招标文件确定的评标标准和评标办法进行评审。评委应遵循公平、公正、客观、科学、独立、实事求是的评标原则。

评审标准主要包括以下方面：

（一）对方案设计符合有关技术规范及标准规定的要求进行分析、评价；

（二）对方案设计水平、设计质量高低、对招标目标的响应度进行综合评审；

（三）对方案社会效益、经济效益及环境效益的高低进行分析、评价；

（四）对方案结构设计的安全性、合理性进行分析、评价；

（五）对方案投资估算的合理性进行分析、评价；

（六）对方案规划及经济技术指标的准确度进行比较、分析；

（七）对保证设计质量、配合工程实施，提供优质服务的措施进行分析、评价；

（八）对招标文件规定废标或被否决的投标文件进行评判。

评标方法主要包括记名投票法、排序法和百分制综合评估法等，招标人可根据项目实际情况确定评标方法。评标方法及实施步骤详见本办法附件九。

第二十九条 设计招标投标评审活动应当符合以下规定：

（一）招标人应确保评标专家有足够时间审阅投标文件，评审时间安排应与工程的复杂程度、设计深度、提交有效标的投标人数量和投标人提交设计方案的数量相适应。

（二）评审应由评标委员会负责人主持，负责人应从评标委员会中确定一名资深技术专家担任，并从技术评委中推荐一名评标会议纪要人。

（三）评标应严格按照招标文件中规定的评标标准和办法进行，除了有关法律、法规以及国家标准中规定的强制性条文外，不得引用招标文件规定以外的标准和办法进行评审。

（四）在评标过程中，当评标委员会对投标文件有疑问，需要向投标人质疑时，投标人可以到场解释或澄清投标文件有关内容。

（五）在评标过程中，一旦发现投标人有对招标人、评标委员会成员或其他有关人员施加不正当影响的行为，评标委员会有权拒绝该投标人的投标。

（六）投标人不得以任何形式干扰评标活动，否则评标委员会有权拒绝该投标人的投标。

（七）对于国有资金投资或国家融资的有重大社会影响的标志性建筑，招标人可以邀请人大代表、政协委员和社会公众代表列席，接受社会监督。但列席人员不发表评审意见，也不得以任何方式干涉评标委员会独立开展评标工作。

第三十条 大型公共建筑工程项目如有下列情况之一的，招标人可以在评标过程中对其中有关规划、安全、技术、经济、结构、环保、节能等方面进行专项技术论证：

（一）对于重要地区主要景观道路沿线，设计方案是否适合周边地区环境条件兴建的；

（二）设计方案中出现的安全、技术、经济、结构、材料、环保、节能等有重大不确定因素的；

（三）有特殊要求，需要进行设计方案技术论证的。

一般建筑工程项目，必要时，招标人也可进行涉及安全、技术、经济、结构、材料、环保、节能中的一个或多个方面的专项技术论证，以确保建筑方案的安全性和合理性。

第三十一条 投标文件有下列情形之一的，经评标委员会评审后按废标处理或被否决：

（一）投标文件中的投标函无投标人公章（有效签署）、投标人的法定代表人有效签章及未有相应资格的注册建筑师有效签章的；或者投标人的法定代表人授权委托人没有经有效签章的合法、有效授权委托书原件的；

（二）以联合体形式投标，未向招标人提交共同签署的联合体协议书的；

（三）投标联合体通过资格预审后在组成上发生

变化的；

（四）投标文件中标明的投标人与资格预审的申请人在名称和组织结构上存在实质性差别的；

（五）未按招标文件规定的格式填写，内容不全，未响应招标文件的实质性要求和条件的，经评标委员会评审未通过的；

（六）违反编制投标文件的相关规定，可能对评标工作产生实质性影响的；

（七）与其他投标人串通投标，或者与招标人串通投标的；

（八）以他人名义投标，或者以其他方式弄虚作假的；

（九）未按招标文件的要求提交投标保证金的；

（十）投标文件中承诺的投标有效期短于招标文件规定的；

（十一）在投标过程中有商业贿赂行为的；

（十二）其他违反招标文件规定实质性条款要求的。

评标委员会对投标文件确认为废标的，应当由三分之二以上评委签字确认。

第三十二条　有下列情形之一的，招标人应当依法重新招标：

（一）所有投标均做废标处理或被否决的；

（二）评标委员会界定为不合格标或废标后，因有效投标人不足3个使得投标明显缺乏竞争，评标委员会决定否决全部投标的；

（三）同意延长投标有效期的投标人少于3个的。

符合前款第一种情形的，评标委员会应在评标纪要上详细说明所有投标均做废标处理或被否决的理由。

招标人依法重新招标的，应对有串标、欺诈、行贿、压价或弄虚作假等违法或严重违规行为的投标人取消其重新投标的资格。

第三十三条　评标委员会按如下规定向招标人推荐合格的中标候选人：

（一）采取公开和邀请招标方式的，推荐1至3名；

（二）招标人也可以委托评标委员会直接确定中标人；

（三）经评标委员会评审，认为各投标文件未最大程度响应招标文件要求，重新招标时间又不允许的，经评标委员会同意，评委可以以记名投票方式，按自然多数票产生3名或3名以上投标人进行方案优化设计。评标委员会重新对优化设计方案评审后，推荐合格的中标候选人。

第三十四条　各级建设主管部门应在评标结束后15天内在指定媒介上公开排名顺序，并对推荐中标方案、评标专家名单及各位专家评审意见进行公示，公示期为5个工作日。

第三十五条　推荐中标方案在公示期间没有异议、异议不成立、没有投诉或投诉处理后没有发现问题的，招标人应当根据招标文件中规定的定标方法从评标委员会推荐的中标候选方案中确定中标人。定标方法主要包括：

（一）招标人委托评标委员会直接确定中标人。

（二）招标人确定评标委员会推荐的排名第一的中标候选人为中标人。排名第一的中标候选人放弃中标、因不可抗力提出不能履行合同、招标文件规定应当提交履约保证金而在规定的期限内未提交的，或者存在违法行为被有关部门依法查处，且其违法行为影响中标结果的，招标人可以确定排名第二的中标候选人为中标人。如排名第二的中标候选人也发生上述问题，依次可确定排名第三的中标候选人为中标人。

（三）招标人根据评标委员会的书面评标报告，组织审查评标委员会推荐的中标候选方案后，确定中标人。

第三十六条　依法必须进行设计招标的项目，招标人应当在确定中标人之日起15日内，向有关建设主管部门提交招标投标情况的书面报告。

建筑工程方案设计招标投标情况书面报告的主要内容详见本办法附件十。

第五章　其　　他

第三十七条　招标人和中标人应当自中标通知书发出之日起30日内，依据《中华人民共和国合同法》及有关工程设计合同管理规定的要求，按照不违背招标文件和中标人的投标文件内容签订设计委托合同，并履行合同约定的各项内容。合同中确定的建设标准、建设内容应当控制在经审批的可行性报告规定范围内。

国家制定的设计收费标准上下浮动20%是签订建筑工程设计合同的依据。招标人不得以压低设计费、增加工作量、缩短设计周期等作为发出中标通知书的条件，也不得与中标人再订立背离合同实质性内容的其他协议。如招标人违反上述规定,其签订的合同效力按《中华人民共和国合同法》有关规定执行,同时建设主管部门对设计合同不予备案,并依法予以处理。

招标人应在签订设计合同起 7 个工作日内,将设计合同报项目所在地建设或规划主管部门备案。

第三十八条 对于达到设计招标文件要求但未中标的设计方案,招标人应给予不同程度的补偿。

(一)采用公开招标,招标人应在招标文件中明确其补偿标准。若投标人数量过多,招标人可在招标文件中明确对一定数量的投标人进行补偿。

(二)采用邀请招标,招标人应给予每个未中标的投标人经济补偿,并在投标邀请函中明确补偿标准。

招标人可根据情况设置不同档次的补偿标准,以便对评标委员会评选出的优秀设计方案给予适当鼓励。

第三十九条 境内外设计企业在中华人民共和国境内参加建筑工程设计招标的设计收费,应按照同等国民待遇原则,严格执行中华人民共和国的设计收费标准。

工程设计中采用投标人自有专利或者专有技术的,其专利和专有技术收费由招标人和投标人协商确定。

第四十条 招标人应保护投标人的知识产权。投标人拥有设计方案的著作权(版权)。未经投标人书面同意,招标人不得将交付的设计方案向第三方转让或用于本招标范围以外的其他建设项目。

招标人与中标人签署设计合同后,招标人在该建设项目中拥有中标方案的使用权。中标人应保护招标人一旦使用其设计方案不能受到来自第三方的侵权诉讼或索赔,否则中标人应承担由此而产生的一切责任。

招标人或者中标人使用其他未中标人投标文件中的技术成果或技术方案的,应当事先征得该投标人的书面同意,并按规定支付使用费。未经相关投标人书面许可,招标人或者中标人不得擅自使用其他投标人投标文件中的技术成果或技术方案。

联合体投标人合作完成的设计方案,其知识产权由联合体成员共同所有。

第四十一条 设计单位应对其提供的方案设计的安全性、可行性、经济性、合理性、真实性及合同履行承担相应的法律责任。

由于设计原因造成工程项目总投资超出预算的,建设单位有权依法对设计单位追究责任。但设计单位根据建设单位要求,仅承担方案设计,不承担后续阶段工程设计业务的情形除外。

第四十二条 各级建设主管部门应加强对建设单位、招标代理机构、设计单位及取得执业资格注册人员的诚信管理。在设计招标投标活动中对招标代理机构、设计单位及取得执业资格注册人员的各种失信行为和违法违规行为记录在案,并建立招标代理机构、设计单位及取得执业资格注册人员的诚信档案。

第四十三条 各级政府部门不得干预正常的招标投标活动和无故否决依法按规定程序评出的中标方案。

各级政府相关部门应加强监督国家和地方建设方针、政策、标准、规范的落实情况,查处不正当竞争行为。

在建筑工程方案设计招标投标活动中,对违反《中华人民共和国招标投标法》、《工程建设项目勘察设计招标投标办法》和本办法规定的,建设主管部门应当依法予以处理。

第六章 附 则

第四十四条 本办法所称大型公共建筑工程一般指建筑面积 2 万平方米以上的办公建筑、商业建筑、旅游建筑、科教文卫建筑、通信建筑以及交通运输用房等。

第四十五条 使用国际组织或者外国政府贷款、援助资金的建筑工程进行设计招标时,贷款方、资金提供方对招标投标的条件和程序另有规定的,可以适用其规定,但违背中华人民共和国社会公共利益的除外。

第四十六条 各省、自治区、直辖市建设主管部门可依据本办法制定实施细则。

第四十七条 本办法自 2008 年 5 月 1 日起施行。

附件:(略)

建筑工程设计招标投标管理办法

1. 2017 年 1 月 24 日住房和城乡建设部令第 33 号发布

2. 自 2017 年 5 月 1 日起施行

第一条 为规范建筑工程设计市场,提高建筑工程设计水平,促进公平竞争,繁荣建筑创作,根据《中华人民共和国建筑法》、《中华人民共和国招标投标法》、《建设工程勘察设计管理条例》和《中华人民共和国招标投标法实施条例》等法律法规,制定本办法。

第二条 依法必须进行招标的各类房屋建筑工程,其设计招标投标活动，适用本办法。

第三条　国务院住房城乡建设主管部门依法对全国建筑工程设计招标投标活动实施监督。

县级以上地方人民政府住房城乡建设主管部门依法对本行政区域内建筑工程设计招标投标活动实施监督，依法查处招标投标活动中的违法违规行为。

第四条　建筑工程设计招标范围和规模标准按照国家有关规定执行，有下列情形之一的，可以不进行招标：

（一）采用不可替代的专利或者专有技术的；

（二）对建筑艺术造型有特殊要求，并经有关主管部门批准的；

（三）建设单位依法能够自行设计的；

（四）建筑工程项目的改建、扩建或者技术改造，需要由原设计单位设计，否则将影响功能配套要求的；

（五）国家规定的其他特殊情形。

第五条　建筑工程设计招标应当依法进行公开招标或者邀请招标。

第六条　建筑工程设计招标可以采用设计方案招标或者设计团队招标，招标人可以根据项目特点和实际需要选择。

设计方案招标，是指主要通过对投标人提交的设计方案进行评审确定中标人。

设计团队招标，是指主要通过对投标人拟派设计团队的综合能力进行评审确定中标人。

第七条　公开招标的，招标人应当发布招标公告。邀请招标的，招标人应当向3个以上潜在投标人发出投标邀请书。

招标公告或者投标邀请书应当载明招标人名称和地址、招标项目的基本要求、投标人的资质要求以及获取招标文件的办法等事项。

第八条　招标人一般应当将建筑工程的方案设计、初步设计和施工图设计一并招标。确需另行选择设计单位承担初步设计、施工图设计的，应当在招标公告或者投标邀请书中明确。

第九条　鼓励建筑工程实行设计总包。实行设计总包的，按照合同约定或者经招标人同意，设计单位可以不通过招标方式将建筑工程非主体部分的设计进行分包。

第十条　招标文件应当满足设计方案招标或者设计团队招标的不同需求，主要包括以下内容：

（一）项目基本情况；

（二）城乡规划和城市设计对项目的基本要求；

（三）项目工程经济技术要求；

（四）项目有关基础资料；

（五）招标内容；

（六）招标文件答疑、现场踏勘安排；

（七）投标文件编制要求；

（八）评标标准和方法；

（九）投标文件送达地点和截止时间；

（十）开标时间和地点；

（十一）拟签订合同的主要条款；

（十二）设计费或者计费方法；

（十三）未中标方案补偿办法。

第十一条　招标人应当在资格预审公告、招标公告或者投标邀请书中载明是否接受联合体投标。采用联合体形式投标的，联合体各方应当签订共同投标协议，明确约定各方承担的工作和责任，就中标项目向招标人承担连带责任。

第十二条　招标人可以对已发出的招标文件进行必要的澄清或者修改。澄清或者修改的内容可能影响投标文件编制的，招标人应当在投标截止时间至少15日前，以书面形式通知所有获取招标文件的潜在投标人，不足15日的，招标人应当顺延提交投标文件的截止时间。

潜在投标人或者其他利害关系人对招标文件有异议的，应当在投标截止时间10日前提出。招标人应当自收到异议之日起3日内作出答复；作出答复前，应当暂停招标投标活动。

第十三条　招标人应当确定投标人编制投标文件所需要的合理时间，自招标文件开始发出之日起至投标人提交投标文件截止之日止，时限最短不少于20日。

第十四条　投标人应当具有与招标项目相适应的工程设计资质。境外设计单位参加国内建筑工程设计投标的，按照国家有关规定执行。

第十五条　投标人应当按照招标文件的要求编制投标文件。投标文件应当对招标文件提出的实质性要求和条件作出响应。

第十六条　评标由评标委员会负责。

评标委员会由招标人代表和有关专家组成。评标委员会人数为5人以上单数，其中技术和经济方面的专家不得少于成员总数的2/3。建筑工程设计方案评标时，建筑专业专家不得少于技术和经济方面专家总数的2/3。

评标专家一般从专家库随机抽取，对于技术复杂、专业性强或者国家有特殊要求的项目，招标人也可以直接邀请相应专业的中国科学院院士、中国工程院院士、全国工程勘察设计大师以及境外具有相应资历的专家参加评标。

投标人或者与投标人有利害关系的人员不得参加评标委员会。

第十七条 有下列情形之一的，评标委员会应当否决其投标：

（一）投标文件未按招标文件要求经投标人盖章和单位负责人签字；

（二）投标联合体没有提交共同投标协议；

（三）投标人不符合国家或者招标文件规定的资格条件；

（四）同一投标人提交两个以上不同的投标文件或者投标报价，但招标文件要求提交备选投标的除外；

（五）投标文件没有对招标文件的实质性要求和条件作出响应；

（六）投标人有串通投标、弄虚作假、行贿等违法行为；

（七）法律法规规定的其他应当否决投标的情形。

第十八条 评标委员会应当按照招标文件确定的评标标准和方法，对投标文件进行评审。

采用设计方案招标的，评标委员会应当在符合城乡规划、城市设计以及安全、绿色、节能、环保要求的前提下，重点对功能、技术、经济和美观等进行评审。

采用设计团队招标的，评标委员会应当对投标人拟从事项目设计的人员构成、人员业绩、人员从业经历、项目解读、设计构思、投标人信用情况和业绩等进行评审。

第十九条 评标委员会应当在评标完成后，向招标人提出书面评标报告，推荐不超过3个中标候选人，并标明顺序。

第二十条 招标人应当公示中标候选人。采用设计团队招标的，招标人应当公示中标候选人投标文件中所列主要人员、业绩等内容。

第二十一条 招标人根据评标委员会的书面评标报告和推荐的中标候选人确定中标人。招标人也可以授权评标委员会直接确定中标人。

采用设计方案招标的，招标人认为评标委员会推荐的候选方案不能最大限度满足招标文件规定的要求的，应当依法重新招标。

第二十二条 招标人应当在确定中标人后及时向中标人发出中标通知书，并同时将中标结果通知所有未中标人。

第二十三条 招标人应当自确定中标人之日起15日内，向县级以上地方人民政府住房城乡建设主管部门提交招标投标情况的书面报告。

第二十四条 县级以上地方人民政府住房城乡建设主管部门应当自收到招标投标情况的书面报告之日起5个工作日内，公开专家评审意见等信息，涉及国家秘密、商业秘密的除外。

第二十五条 招标人和中标人应当自中标通知书发出之日起30日内，按照招标文件和中标人的投标文件订立书面合同。

第二十六条 招标人、中标人使用未中标方案的，应当征得提交方案的投标人同意并付给使用费。

第二十七条 国务院住房城乡建设主管部门，省、自治区、直辖市人民政府住房城乡建设主管部门应当加强建筑工程设计评标专家和专家库的管理。

建筑专业专家库应当按建筑工程类别细化分类。

第二十八条 住房城乡建设主管部门应当加快推进电子招标投标，完善招标投标信息平台建设，促进建筑工程设计招标投标信息化监管。

第二十九条 招标人以不合理的条件限制或者排斥潜在投标人的，对潜在投标人实行歧视待遇的，强制要求投标人组成联合体共同投标的，或者限制投标人之间竞争的，由县级以上地方人民政府住房城乡建设主管部门责令改正，可以处1万元以上5万元以下的罚款。

第三十条 招标人澄清、修改招标文件的时限，或者确定的提交投标文件的时限不符合本办法规定的，由县级以上地方人民政府住房城乡建设主管部门责令改正，可以处10万元以下的罚款。

第三十一条 招标人不按照规定组建评标委员会，或者评标委员会成员的确定违反本办法规定的，由县级以上地方人民政府住房城乡建设主管部门责令改正，可以处10万元以下的罚款，相应评审结论无效，依法重新进行评审。

第三十二条 招标人有下列情形之一的，由县级以上地方人民政府住房城乡建设主管部门责令改正，可以处中标项目金额10‰以下的罚款；给他人造成损失的，依法承担赔偿责任；对单位直接负责的主管人员和其他直接责任人员依法给予处分：

（一）无正当理由未按本办法规定发出中标通知书；

（二）不按照规定确定中标人；

（三）中标通知书发出后无正当理由改变中标结果；

（四）无正当理由未按本办法规定与中标人订立合同；

（五）在订立合同时向中标人提出附加条件。

第三十三条　投标人以他人名义投标或者以其他方式弄虚作假，骗取中标的，中标无效，给招标人造成损失的，依法承担赔偿责任；构成犯罪的，依法追究刑事责任。

投标人有前款所列行为尚未构成犯罪的，由县级以上地方人民政府住房城乡建设主管部门处中标项目金额5‰以上10‰以下的罚款，对单位直接负责的主管人员和其他直接责任人员处单位罚款数额5%以上10%以下的罚款；有违法所得的，并处没收违法所得；情节严重的，取消其1年至3年内参加依法必须进行招标的建筑工程设计招标的投标资格，并予以公告，直至由工商行政管理机关吊销营业执照。

第三十四条　评标委员会成员收受投标人的财物或者其他好处的，评标委员会成员或者参加评标的有关工作人员向他人透露对投标文件的评审和比较、中标候选人的推荐以及与评标有关的其他情况的，由县级以上地方人民政府住房城乡建设主管部门给予警告，没收收受的财物，可以并处3000元以上5万元以下的罚款。

评标委员会成员有前款所列行为的，由有关主管部门通报批评并取消担任评标委员会成员的资格，不得再参加任何依法必须进行招标的建筑工程设计招标投标的评标；构成犯罪的，依法追究刑事责任。

第三十五条　评标委员会成员违反本办法规定，对应当否决的投标不提出否决意见的，由县级以上地方人民政府住房城乡建设主管部门责令改正；情节严重的，禁止其在一定期限内参加依法必须进行招标的建筑工程设计招标投标的评标；情节特别严重的，由有关主管部门取消其担任评标委员会成员的资格。

第三十六条　住房城乡建设主管部门或者有关职能部门的工作人员徇私舞弊、滥用职权或者玩忽职守，构成犯罪的，依法追究刑事责任；不构成犯罪的，依法给予行政处分。

第三十七条　市政公用工程及园林工程设计招标投标参照本办法执行。

第三十八条　本办法自2017年5月1日起施行。2000年10月18日建设部颁布的《建筑工程设计招标投标管理办法》（建设部令第82号）同时废止。

（3）自行招标与代理招标

工程建设项目自行招标试行办法

1. 2000年7月1日国家发展计划委员会令第5号公布

2. 根据2013年3月11日国家发展和改革委员会、工业和信息化部、财政部、住房和城乡建设部、交通运输部、铁道部、水利部、国家广播电影电视总局、中国民用航空局令第23号《关于废止和修改部分招标投标规章和规范性文件的决定》修订

第一条　为了规范工程建设项目招标人自行招标行为，加强对招标投标活动的监督，根据《中华人民共和国招标投标法》（以下简称招标投标法）、《中华人民共和国招标投标法实施条例》（以下简称招标投标法实施条例）和《国务院办公厅印发国务院有关部门实施招标投标活动行政监督的职责分工意见的通知》（国办发〔2000〕34号），制定本办法。

第二条　本办法适用于经国家发展改革委审批、核准（含经国家发展改革委初审后报国务院审批）依法必须进行招标的工程建设项目的自行招标活动。

前款工程建设项目的招标范围和规模标准，适用《工程建设项目招标范围和规模标准规定》（国家计委第3号令）。

第三条　招标人是指依照法律规定进行工程建设项目的勘察、设计、施工、监理以及与工程建设有关的重要设备、材料等招标的法人。

第四条　招标人自行办理招标事宜，应当具有编制招标文件和组织评标的能力，具体包括：

（一）具有项目法人资格（或者法人资格）；

（二）具有与招标项目规模和复杂程度相适应的工程技术、概预算、财务和工程管理等方面专业技术力量；

（三）有从事同类工程建设项目招标的经验；

（四）拥有3名以上取得招标职业资格的专职招标业务人员；

（五）熟悉和掌握招标投标法及有关法规规章。

第五条 招标人自行招标的，项目法人或者组建中的项目法人应当在向国家发展改革委上报项目可行性研究报告或者资金申请报告、项目申请报告时，一并报送符合本办法第四条规定的书面材料。

书面材料应当至少包括：

（一）项目法人营业执照、法人证书或者项目法人组建文件；

（二）与招标项目相适应的专业技术力量情况；

（三）取得招标职业资格的专职招标业务人员的基本情况；

（四）拟使用的专家库情况；

（五）以往编制的同类工程建设项目招标文件和评标报告，以及招标业绩的证明材料；

（六）其他材料。

在报送可行性研究报告或者资金申请报告、项目申请报告前，招标人确需通过招标方式或者其他方式确定勘察、设计单位开展前期工作的，应当在前款规定的书面材料中说明。

第六条 国家发展改革委审查招标人报送的书面材料，核准招标人符合本办法规定的自行招标条件的，招标人可以自行办理招标事宜。任何单位和个人不得限制其自行办理招标事宜，也不得拒绝办理工程建设有关手续。

第七条 国家发展改革委审查招标人报送的书面材料，认定招标人不符合本办法规定的自行招标条件的，在批复、核准可行性研究报告或者资金申请报告、项目申请报告时，要求招标人委托招标代理机构办理招标事宜。

第八条 一次核准手续仅适用于一个工程建设项目。

第九条 招标人不具备自行招标条件，不影响国家发展改革委对项目的审批或者核准。

第十条 招标人自行招标的，应当自确定中标人之日起十五日内，向国家发展改革委提交招标投标情况的书面报告。书面报告至少应包括下列内容：

（一）招标方式和发布资格预审公告、招标公告的媒介；

（二）招标文件中投标人须知、技术规格、评标标准和方法、合同主要条款等内容；

（三）评标委员会的组成和评标报告；

（四）中标结果。

第十一条 招标人不按本办法规定要求履行自行招标核准手续的或者报送的书面材料有遗漏的，国家发展改革委要求其补正；不及时补正的，视同不具备自行招标条件。

招标人履行核准手续中有弄虚作假情况的，视同不具备自行招标条件。

第十二条 招标人不按本办法提交招标投标情况的书面报告的，国家发展改革委要求补正；拒不补正的，给予警告，并视招标人是否有招标投标法第五章以及招标投标法实施条例第六章规定的违法行为，给予相应的处罚。

第十三条 任何单位和个人非法强制招标人委托招标代理机构或者其他组织办理招标事宜的，非法拒绝办理工程建设有关手续的，或者以其他任何方式非法干预招标人自行招标活动的，由国家发展改革委依据招标投标法以及招标投标法实施条例的有关规定处罚或者向有关行政监督部门提出处理建议。

第十四条 本办法自发布之日起施行。

（4）监督与投诉

工程建设项目招标投标活动投诉处理办法

1. *2004年7月6日国家发展和改革委员会、建设部、铁道部、交通部、信息产业部、水利部、民用航空总局令第11号公布*
2. *根据2013年3月11日国家发展和改革委员会、工业和信息化部、财政部、住房和城乡建设部、交通运输部、铁道部、水利部、国家广播电影电视总局、中国民用航空局令第23号《关于废止和修改部分招标投标规章和规范性文件的决定》修订*

第一条 为保护国家利益、社会公共利益和招标投标当事人的合法权益，建立公平、高效的工程建设项目招标投标活动投诉处理机制，根据《中华人民共和国招标投标法》、《中华人民共和国招标投标法实施条例》，制定本办法。

第二条 本办法适用于工程建设项目招标投标活动的投诉及其处理活动。

前款所称招标投标活动，包括招标、投标、开标、评标、中标以及签订合同等各阶段。

第三条 投标人或者其他利害关系人认为招标投标活动不符合法律、法规和规章规定的，有权依法向有关行政监督部门投诉。

前款所称其他利害关系人是指投标人以外的，与招标项目或者招标活动有直接和间接利益关系的法人、其他组织和自然人。

第四条 各级发展改革、工业和信息化、住房城乡建设、水利、交通运输、铁道、商务、民航等招标投标活动行政监督部门，依照《国务院办公厅印发国务院有关部门实施招标投标活动行政监督的职责分工的意见的通知》（国办发〔2000〕34号）和地方各级人民政府规定的职责分工，受理投诉并依法做出处理决定。

对国家重大建设项目（含工业项目）招标投标活动的投诉，由国家发展改革委受理并依法做出处理决定。对国家重大建设项目招标投标活动的投诉，有关行业行政监督部门已经收到的，应当通报国家发展改革委，国家发展改革委不再受理。

第五条 行政监督部门处理投诉时，应当坚持公平、公正、高效原则，维持国家利益、社会公共利益和招标投标当事人的合法权益。

第六条 行政监督部门应当确定本部门内部负责受理投诉的机构及其电话、传真、电子信箱和通讯地址，并向社会公布。

第七条 投诉人投诉时，应当提交投诉书。投诉书应当包括下列内容：

（一）投诉人的名称、地址及有效联系方式；

（二）被投诉人的名称、地址及有效联系方式；

（三）投诉事项的基本事实；

（四）相关请求及主张；

（五）有效线索和相关证明材料。

对招标投标法实施条例规定应先提出异议的事项进行投诉的，应当附提出异议的证明文件。已向有关行政监督部门投诉的，应当一并说明。

投诉人是法人的，投诉书必须由其法定代表人或者授权代表签字并盖章；其他组织或者自然人投诉的，投诉书必须由其主要负责人或者投诉人本人签字，并附有效身份证明复印件。

投诉书有关材料是外文的，投诉人应当同时提供其中文译本。

第八条 投诉人不得以投诉为名排挤竞争对手，不得进行虚假、恶意投诉，阻碍招标投标活动的正常进行。

第九条 投诉人认为招标投标活动不符合法律行政法规规定的，可以在知道或者应当知道之日起十日内提出书面投诉。依照有关行政法规提出异议的，异议答复期间不计算在内。

第十条 投诉人可以自己直接投诉，也可以委托代理人办理投诉事务。代理人办理投诉事务时，应将授权委托书连同投诉书一并提交给行政监督部门。授权委托书应当明确有关委托代理权限和事项。

第十一条 行政监督部门收到投诉书后，应当在三个工作日内进行审查，视情况分别做出以下处理决定。

（一）不符合投诉处理条件的，决定不予受理，并将不予受理的理由书面告知投诉人；

（二）对符合投诉处理条件，但不属于本部门受理的投诉，书面告知投诉人向其他行政监督部门提出投诉。

对于符合投诉处理条件并决定受理的，收到投诉书之日即为正式受理。

第十二条 有下列情形之一的投诉，不予受理：

（一）投诉人不是所投诉招标投标活动的参与者，或者与投诉项目无任何利害关系；

（二）投诉事项不具体，且未提供有效线索，难以查证的；

（三）投诉书未署具投诉人真实姓名、签字和有效联系方式的；以法人名义投诉的，投诉书未经法定代表人签字并加盖公章的；

（四）超过投诉时效的；

（五）已经作出处理决定，并且投诉人没有提出新的证据；

（六）投诉事项应先提出异议没有提出异议、已进入行政复议或行政诉讼程序的。

第十三条 行政监督部门负责投诉处理的工作人员，有下列情形之一的，应当主动回避：

（一）近亲属是被投诉人、投诉人，或者是被投诉人、投诉人的主要负责人；

（二）在近三年内本人曾经在被投诉人单位担任高级管理职务；

（三）与被投诉人、投诉人有其他利害关系，可能影响对投诉事项公正处理的。

第十四条 行政监督部门受理投诉后，应当调取、查阅有关文件，调查、核实有关情况。

对情况复杂、涉及面广的重大投诉事项，有权受理投诉的行政监督部门可以会同其他有关的行政监督部门进行联合调查，共同研究后由受理部门做出处理决定。

第十五条 行政监督部门调查取证时，应当由两名以上行政执法人员进行，并做笔录，交被调查人签字确认。

第十六条 在投诉处理过程中，行政监督部门应当听取被投诉人的陈述和申辩，必要时可通知投诉人和被投诉人进行质证。

第十七条 行政监督部门负责处理投诉的人员应当严格遵守保密规定，对于在投诉处理过程中所接触到的国家秘密、商业秘密应当予以保密，也不得将投诉事项透露给与投诉无关的其他单位和个人。

第十八条 行政监督部门处理投诉，有权查阅、复制有关文件、资料，调查有关情况，相关单位和人员应当予以配合。必要时，行政监督部门可以责令暂停招标投标活动。

对行政监督部门依法进行的调查，投诉人、被投诉人以及评标委员会成员等与投诉事项有关的当事人应当予以配合，如实提供有关资料及情况，不得拒绝、隐匿或者伪报。

第十九条 投诉处理决定做出前，投诉人要求撤回投诉的，应当以书面形式提出并说明理由，由行政监督部门视以下情况，决定是否准予撤回：

（一）已经查实有明显违法行为的，应当不准撤回，并继续调查直至做出处理决定；

（二）撤回投诉不损害国家利益、社会公共利益或者其他当事人合法权益的，应当准予撤回，投诉处理过程终止。投诉人不得以同一事实和理由再提出投诉。

第二十条 行政监督部门应当根据调查和取证情况，对投诉事项进行审查，按照下列规定做出处理决定：

（一）投诉缺乏事实根据或者法律依据的，或者投诉人捏造事实、伪造材料或者以非法手段取得证明材料进行投诉的，驳回投诉；

（二）投诉情况属实，招标投标活动确实存在违法行为的，依据《中华人民共和国招标投标法》、《中华人民共和国招标投标法实施条例》及其他有关法规、规章做出处罚。

第二十一条 负责受理投诉的行政监督部门应当自受理投诉之日起三十个工作日内，对投诉事项做出处理决定，并以书面形式通知投诉人、被投诉人和其他与投诉处理结果有关的当事人。需要检验、检测、鉴定、专家评审的，所需时间不计算在内。

第二十二条 投诉处理决定应当包括下列主要内容：

（一）投诉人和被投诉人的名称、住址；

（二）投诉人的投诉事项及主张；

（三）被投诉人的答辩及请求；

（四）调查认定的基本事实；

（五）行政监督部门的处理意见及依据。

第二十三条 行政监督部门应当建立投诉处理档案，并做好保存和管理工作，接受有关方面的监督检查。

第二十四条 行政监督部门在处理投诉过程中，发现被投诉人单位直接负责的主管人员和其他直接责任人员有违法、违规或者违纪行为的，应当建议其行政主管机关、纪检监察部门给予处分；情节严重构成犯罪的，移送司法机关处理。

对招标代理机构有违法行为，且情节严重的，依法暂停直至取消招标代理资格。

第二十五条 当事人对行政监督部门的投诉处理决定不服或者行政监督部门逾期未做处理的，可以依法申请行政复议或者向人民法院提起行政诉讼。

第二十六条 投诉人故意捏造事实、伪造证明材料或者以非法手段取得证明材料进行投诉，给他人造成损失的，依法承担赔偿责任。

第二十七条 行政监督部门工作人员在处理投诉过程中徇私舞弊、滥用职权或者玩忽职守，对投诉人打击报复的，依法给予行政处分；构成犯罪的，依法追究刑事责任。

第二十八条 行政监督部门在处理投诉过程中，不得向投诉人和被投诉人收取任何费用。

第二十九条 对于性质恶劣、情节严重的投诉事项，行政监督部门可以将投诉处理结果在有关媒体上公布，接受舆论和公众监督。

第三十条 本办法由国家发展改革委会同国务院有关部门解释。

第三十一条 本办法自2004年8月1日起施行。

招标投标违法行为记录公告暂行办法

1．2008年6月18日国家发展和改革委员会、工业和信息化部、监察部、财政部、住房和城乡建设部、交通运输部、铁道部、水利部、商务部、国务院法制办公室发布

2．发改法规〔2008〕1531号

3．自2009年1月1日起施行

第一章　总　　则

第一条　为贯彻《国务院办公厅关于进一步规范招投标活动的若干意见》(国办发〔2004〕56号)，促进招标投标信用体系建设，健全招标投标失信惩戒机制，规范招标投标当事人行为，根据《招标投标法》等相关法律规定，制定本办法。

第二条　对招标投标活动当事人的招标投标违法行为记录进行公告，适用本办法。

本办法所称招标投标活动当事人是指招标人、投标人、招标代理机构以及评标委员会成员。

本办法所称招标投标违法行为记录，是指有关行政主管部门在依法履行职责过程中，对招标投标当事人违法行为所作行政处理决定的记录。

第三条　国务院有关行政主管部门按照规定的职责分工，建立各自的招标投标违法行为记录公告平台，并负责公告平台的日常维护。

国家发展改革委会同国务院其他有关行政主管部门制定公告平台管理方面的综合性政策和相关规定。

省级人民政府有关行政主管部门按照规定的职责分工，建立招标投标违法行为记录公告平台，并负责公告平台的日常维护。

第四条　招标投标违法行为记录的公告应坚持准确、及时、客观的原则。

第五条　招标投标违法行为记录公告不得公开涉及国家秘密、商业秘密、个人隐私的记录。但是，经权利人同意公开或者行政机关认为不公开可能对公共利益造成重大影响的涉及商业秘密、个人隐私的违法行为记录，可以公开。

第二章　违法行为记录的公告

第六条　国务院有关行政主管部门和省级人民政府有关行政主管部门(以下简称“公告部门”)应自招标投标违法行为行政处理决定作出之日起20个工作日内对外进行记录公告。

省级人民政府有关行政主管部门公告的招标投标违法行为行政处理决定应同时抄报相应国务院行政主管部门。

第七条　对招标投标违法行为所作出的以下行政处理决定应给予公告：

(一)警告；

(二)罚款；

(三)没收违法所得；

(四)暂停或者取消招标代理资格；

(五)取消在一定时期内参加依法必须进行招标的项目的投标资格；

(六)取消担任评标委员会成员的资格；

(七)暂停项目执行或追回已拨付资金；

(八)暂停安排国家建设资金；

(九)暂停建设项目的审查批准；

(十)行政主管部门依法作出的其他行政处理决定。

第八条　违法行为记录公告的基本内容为：被处理招标投标当事人名称(或姓名)、违法行为、处理依据、处理决定、处理时间和处理机关等。

公告部门可将招标投标违法行为行政处理决定书直接进行公告。

第九条　违法行为记录公告期限为六个月。公告期满后，转入后台保存。

依法限制招标投标当事人资质(资格)等方面的行政处理决定，所认定的限制期限长于六个月的，公告期限从其决定。

第十条　公告部门负责建立公告平台信息系统，对记录信息数据进行追加、修改、更新，并保证公告的违法行为记录与行政处理决定的相关内容一致。

公告平台信息系统应具备历史公告记录查询功能。

第十一条　公告部门应对公告记录所依据的招标投标违法行为行政处理决定书等材料妥善保管、留档备查。

第十二条　被公告的招标投标当事人认为公告记录与行政处理决定的相关内容不符的，可向公告部门提出书面更正申请，并提供相关证据。

公告部门接到书面申请后，应在5个工作日内进行核对。公告的记录与行政处理决定的相关内容不一致的，应当给予更正并告知申请人；公告的记录与行政处理决定的相关内容一致的，应当告知申请人。

公告部门在作出答复前不停止对违法行为记录的公告。

第十三条　行政处理决定在被行政复议或行政诉讼期间，公告部门依法不停止对违法行为记录的公告，但行政处理决定被依法停止执行的除外。

第十四条　原行政处理决定被依法变更或撤销的，公告部门应当及时对公告记录予以变更或撤销，并在公告平台上予以声明。

第三章　监督管理

第十五条　有关行政主管部门应依法加强对招标投标违法行为记录被公告当事人的监督管理。

第十六条　招标投标违法行为记录公告应逐步实现互联互通、互认共用，条件成熟时建立统一的招标投标违法行为记录公告平台。

第十七条　公告的招标投标违法行为记录应当作为招标代理机构资格认定，依法必须招标项目资质审查、招标代理机构选择、中标人推荐和确定、评标委员会成员确定和评标专家考核等活动的重要参考。

第十八条　有关行政主管部门及其工作人员在违法行为记录的提供、收集和公告等工作中有玩忽职守、弄虚作假或者徇私舞弊等行为的，由其所在单位或者上级主管机关予以通报批评，并依纪依法追究直接责任人和有关领导的责任；构成犯罪的，移送司法机关依法追究刑事责任。

第四章　附　　则

第十九条　各省、自治区、直辖市发展改革部门可会同有关部门根据本办法制定具体实施办法。

第二十条　本办法由国家发展改革委会同国务院有关部门负责解释。

第二十一条　本办法自2009年1月1日起施行。

建设部关于加强房屋建筑和市政基础设施工程项目施工招标投标行政监督工作的若干意见

1．2005年10月10日

2．建市〔2005〕208号

各省、自治区建设厅，直辖市建委，江苏省、山东省建管局，新疆生产建设兵团建设局，解放军总后营房部工程管理局，计划单列市建委：

近年来，各地建设行政主管部门以建立统一、开放、竞争、有序的建筑市场为目标，不断深化招标投标体制改革，完善招标投标法律法规，依法履行行政监督职能，健全建设工程交易中心的服务功能，使招标投标工作和建设工程交易中心建设取得了新的进展。为进一步规范房屋建筑和市政基础设施工程项目（以下简称工程项目）的施工招标投标活动，维护市场秩序，保证工程质量，根据《国务院办公厅关于进一步规范招投标活动的若干意见》（国办发〔2004〕56号）精神，现就加强招标投标行政监督的有关工作提出如下意见。

一、明确招标人自行办理招标事宜的条件和监督程序

依法必须进行招标的工程项目，招标人自行办理施工招标事宜的，应当在发布招标公告或者发出投标邀请书的5日前，向建设行政主管部门备案，以证明其具备以下编制招标文件和组织评标的能力：具有项目法人资格或者法人资格；有从事同类工程招标的经验；有与招标项目规模和复杂程度相适应的工程技术、概预算、财务和工程管理等方面的专业技术力量，即招标人应当具有3名以上本单位的中级以上职称的工程技术经济人员，并熟悉和掌握招标投标有关法规，并且至少包括1名在本单位注册的造价工程师。

建设行政主管部门在收到招标人自行办理招标事宜的备案材料后，应当对照标准及时进行核查，发现招标人不具备自行办理招标事宜的条件或者在备案材料中弄虚作假的，应当依法责令其改正，并且要求其委托具有相应资格的工程建设项目招标代理机构（以下简称招标代理机构）代理招标。

二、完善资格审查制度

资格审查分为资格预审和资格后审，一般使用合格制的资格审查方式。

在工程项目的施工招标中，除技术特别复杂或者具有特殊专业技术要求的以外，提倡实行资格后审。实行资格预审的，提倡招标人邀请所有资格预审合格的潜在投标人（以下简称合格申请人）参加投标。

依法必须公开招标的工程项目的施工招标实行资格预审，并且采用经评审的最低投标价法评标的，招标人必须邀请所有合格申请人参加投标，不得对投标人的数量进行限制。

依法必须公开招标的工程项目的施工招标实行资格预审，并且采用综合评估法评标的，当合格申请人数量过多时，一般采用随机抽签的方法，特殊情况也可以采用评分排名的方法选择规定数量的合格申请人参加投标。其中，工程投资额1000万元以上的工程项目，邀请的合格申请人应当不少于9个；工程投资额1000万元以下的工程项目，邀请的合格申请人应当不少于7个。

实行资格后审的，招标文件应当设置专门的章节，明确合格投标人的条件、资格后审的评审标准和评审方法。

实行资格预审的，资格预审文件应当明确合格申请人的条件、资格预审的评审标准和评审方法、合格申请人过多时将采用的选择方法和拟邀请参加投标的合格申请人数量等内容。资格预审文件一经发出，不得擅自更改。确需更改的，应当将更改的内容通知所有已经获取资格预审文件的潜在投标人。

对潜在投标人或者投标人的资格审查必须充分体现公开、公平、公正的原则，不得提出高于招标工程实际情况所需要的资质等级要求。资格审查中还应当注重对拟选派的项目经理（建造师）的劳动合同关系、参加社会保险、正在施工和正在承接的工程项目等方面情况的审查。要严格执行项目经理管理规定的要求，一个项目经理（建造师）只宜担任一个施工项目的管理工作，当其负责管理的施工项目临近竣工，并已经向发包人提出竣工验收申请后，方可参加其他工程项目的投标。

三、深化对评标专家和评标活动的管理

各地要不断深化对已经建立的评标专家名册的管理，建立对评标专家的培训教育、定期考核和准入、清出制度。要强化对评标专家的职业道德教育和纪律约束，有组织、有计划地组织培训学习和交流研讨，提高评标专家的综合素质。对不能胜任评标工作或者有不良行为记录的评标专家，应当暂停或者取消其评标专家资格。

工程项目的评标专家应当从建设部或者省、自治区、直辖市建设行政主管部门组建的专家名册内抽取，抽取工作应当在建设工程交易中心内进行，并采取必要的保密措施，参与抽取的所有人员应当在抽取清单上签字。评标委员会中招标人的代表应当具备评标专家的相应条件。

评标工作应当在建设工程交易中心进行，有条件的地方应当建立评标监控系统。评标时间在1天以上的，应当采取必要的隔离措施，隔断评委与外界，尤其是与投标人的联系。提倡采用电子招标、电子投标和计算机辅助评标等现代化的手段，提高招标投标的效率和评标结果的准确性、公正性。

四、积极推行工程量清单计价方式招标

各地要进一步在国有资金投资的工程项目中推行《建设工程工程量清单计价规范》（以下简称《计价规范》）。工程量清单作为招标文件的重要组成部分，应当本着严格、准确的原则，依据《计价规范》的规定进行编制。

提倡在工程项目的施工招标中设立对投标报价的最高限价，以预防和遏制串通投标和哄抬标价的行为。招标人设定最高限价的，应当在投标截止日3天前公布。

五、探索实行科学、公正、合理的评标方法

各地要深化对经评审的最低投标价法、综合评估法等评标方法的研究，制定更加明确的标准，尤其要突出《计价规范》所要求的技术与经济密切结合的特点。

对于具有通用技术和性能标准的一般工程，当采用经评审的不低于成本的最低投标价法时，提倡对技术部分采用合格制评审的方法。对可能低于成本的投标，评标委员会不仅要审查投标报价是否存在漏项或者缺项，是否符合招标文件规定的要求，还应当从技术和经济相结合的角度，对工程内容是否完整，施工方法是否正确，施工组织和技术措施是否合理、可行，单价和费用的组成、工料机消耗及费用、利润的确定是否合理，主要材料的规格、型号、价格是否合理，有无具有说服力的证明材料等方面进行重点评审。在充分发挥招标投标机制实现社会资源合理分配的同时，要防止恶意的、不理性的“低价抢标”行为，维护正当的竞争秩序。

在推行经评审的最低投标价法的同时，除了要完善与评标程序、评标标准有关的规定外，还应当积极推行工程担保制度的实施，按市场规律建立风险防范机制。国有资金投资的工程项目实行担保的，应当由金融机构或者具有风险防范能力的专业担保机构实施担保。对于以价格低为理由，在合同履行中偷工减料、减少必要的安全施工措施和设施、拖延工期、拖欠农民工

工资、降低工程质量标准等行为，要予以公开曝光，依法处理，并记入信用档案。

对于技术复杂的工程项目，可以采用综合评估的方法，但不能任意提高技术部分的评分比重，一般技术部分的分值权重不得高于40%，商务部分的分值权重不得少于60%。

所有的评标标准和方法必须在招标文件中详细载明，招标文件未载明评标的具体标准和方法的，或者评标委员会使用与招标文件规定不一致的评标标准和方法的，评标结果无效，应当依法重新评标或者重新招标。招标文件应当将投标文件存在重大偏差和应当废除投标的情形集中在一起进行表述，并要求表达清晰、含义明确。严禁针对某一投标人的特点，采取“量体裁衣”等手法确定评标的标准和方法，对这类行为应当视为对投标人实行歧视待遇，要按照法律、法规、规章的相关规定予以处理。

六、建立中标候选人的公示制度，加强对确定中标人的管理

各地应当建立中标候选人的公示制度。采用公开招标的，在中标通知书发出前，要将预中标人的情况在该工程项目招标公告发布的同一信息网络和建设工程交易中心予以公示，公示的时间最短应当不少于2个工作日。

确定中标人必须以评标委员会出具的评标报告为依据，严格按照法定的程序，在规定的时间内完成，并向中标人发出中标通知书。对于拖延确定中标人、随意更换中标人、向中标人提出额外要求甚至无正当理由拒不与中标人签署合同的招标人，要依法予以处理。

七、建立和完善各管理机构之间的联动机制，监督合同的全面履行

各地建设行政主管部门应当进一步建立和完善建筑市场与招标投标、资质和资格、工程造价、质量和安全监督等管理机构之间的相互联动机制，相互配合，加强对合同履行的监督管理，及时发现和严厉查处中标后随意更换项目经理（建造师）、转包、违法分包、任意进行合同变更、不合理地增加合同价款、拖延支付工程款、拖延竣工结算等违法、违规和违约行为，促进合同的全面履行，营造诚信经营、忠实履约的市场环境。同时，要建立工程信息和信用档案管理系统，及时、全面地掌握工程项目的进展情况和合同履约情况，对于发现的不良行为和违法行为，要及时予以查处，并计入相应责任单位和责任人的信用档案，向社会公布。

八、加强对招标代理机构的管理，维护招标代理市场秩序

招标代理机构必须遵循《民法通则》和《合同法》的规定，订立工程招标代理合同，严格履行民事代理责任。招标代理服务费原则上向招标人收取。

各地建设行政主管部门要在严格招标代理机构资格市场准入的基础上，加强对招标代理机构承接业务后的行为管理，重点是代理合同的签订、代理项目专职人员的落实、在代理过程中签字、盖章手续的履行等。应当尽快建立和实施对招标代理机构及其专职人员的清出制度，严厉打击挂靠，出让代理资格，通过采用虚假招标、串通投标等违法方式操纵招标结果，违反规定将代理服务费转嫁给投标人或者中标人，以及以赢利为目的的高价出售资格预审文件和招标文件等行为。对上述行为，经查证核实的，除依法对招标代理机构进行处理外，还应当将负有直接和相关责任的专职人员清出招标代理机构。

各地工程招标投标行政监督机构和建设工程招标投标行业社团组织应当建立对招标代理机构专职人员的继续教育制度，通过不断的培训教育，提高其业务水平、综合素质和工程招标代理的服务质量。

各地建设行政主管部门要积极推动工程招标投标行业社团组织的建设，充分发挥行业社团组织的特点和优势，建立和完善工程招标投标行业自律机制，包括行业技术规范、行业行为准则以及行业创建活动等，规范和约束工程招标代理机构的行为，维护工程招标投标活动的秩序。

九、继续推进建设工程交易中心的建设与管理，充分发挥建设工程交易中心的作用

建设工程交易中心是经省级以上建设行政主管部门批准设立，为工程项目的交易活动提供服务的特殊场所，应当为非盈利性质的事业单位。各地建设行政主管部门要全面贯彻落实《国务院办公厅转发建设部、国家计委、监察部关于健全和规范有形建筑市场若干意见的通知》（国办发〔2002〕21号）要求，加强对建设工程交易中心的管理，继续做好与纪检监察及其他有关部门的协调工作，强化对建设工程交易中心的监督、指导和考核，及时研究、解决实际工作中遇到的困难和问题，完善服务设施，规范服务行为，提高服务质量。

建设工程交易中心要在充分发挥现有服务功能的基础上，积极拓展服务范围、服务内容和服务领域，为工程项目的交易活动提供全面、规范和高效的服务。当前要重点做好以下两个方面的工作：一是为全国建筑市场与工程项目招标投标的信用体系建设提供信息网络平台，为建筑市场参与各方提供真实、准确、便捷的信用状况服务，为营造诚实守信、失信必惩的建筑市场环境，提高整个行业的信用水平，推进建设领域诚信建设创造条件。各地可以以项目经理（建造师）的联网管理作为试点，取得经验后逐步向其他方面拓展。二是建立档案管理制度，加强对工程项目交易档案的管理，及时收集和整理建设工程交易活动中产生的各类文字、音像、图片资料和原始记录，并妥善保存档案资料。

十、切实加强工程项目施工招标投标活动的监督管理

各地建设行政主管部门要切实加强对工程项目施工招标投标活动的监督管理工作，依法履行好行政监督职能。

对于招标投标活动中的各个重要环节，应当通过完善方式、明确重点来实施有效的监督。在监督的对象上，要以国有资金投资的工程项目为重点，对非国有资金投资的工程项目的施工招标投标活动，可以转变方式，突出重点；在监督的主体上，要以招标人、招标代理机构和评标委员会为重点；在监督的方法上，除了全过程监督外，要进一步创新方法，将有针对性的过程监督和随机监督有机地结合起来，提高行政监督的效率和权威。同时，要注意发挥建设工程交易中心的作用，相互配合，形成合力，共同推进招标投标工作水平的提高。

要按照国家七部委颁发的《工程建设项目招标投标活动投诉处理办法》的要求，进一步加强招标投标活动中的投诉处理工作，建立和完善公正、高效的投诉处理机制，及时受理和妥善处理投诉，查处投诉处理中发现的违法行为。

招标投标监督管理机构是受建设行政主管部门委托，依法对工程项目的招标投标活动实施监督的职能机构，各地要积极、认真地解决好工程招标投标监督管理机构的编制、人员和经费等问题，为工程项目招标投标的监督提供保障，同时要加强工程招标投标监督管理机构的廉政建设和所属工作人员的教育和培训，提高依法监督和依法行政的水平。

住房和城乡建设部关于进一步加强房屋建筑和市政工程项目招标投标监督管理工作的指导意见

1. *2012年4月18日*
2. *建市〔2012〕61号*

各省、自治区住房和城乡建设厅，直辖市建委（建设交通委），新疆生产建设兵团建设局：

为全面贯彻《招标投标法实施条例》，深入落实工程建设领域突出问题专项治理有关要求，进一步规范房屋建筑和市政工程项目（以下简称房屋市政工程项目）招标投标活动，严厉打击招标投标过程中存在的规避招标、串通投标、以他人名义投标、弄虚作假等违法违规行为，维护建筑市场秩序，保障工程质量和安全，现就加强房屋市政工程项目招标投标监管有关重点工作提出如下意见。

一、依法履行招标投标监管职责，做好招标投标监管工作

招标投标活动是房屋市政工程项目建设的重要环节，加强招标投标监管是住房城乡建设主管部门履行建筑市场监管职责，规范建筑市场秩序，确保工程质量安全的重要手段。各地住房城乡建设主管部门要认真贯彻落实《招标投标法实施条例》，在全面清理现有规定的同时，抓紧完善配套法规和相关制度。按照法律法规等规定，依法履行房屋市政工程项目招标投标监管职责，合理配置监管资源，重点加强政府和国有投资房屋市政工程项目招标投标监管，探索优化非国有投资房屋市政工程项目的监管方式。加强招标投标过程监督和标后监管，形成“两场联动”监管机制，依法查处违法违规行为。加强有形市场（招标投标交易场所）建设，推进招标投标监管工作的规范化、标准化和信息化。加强与纪检监察部门的联动，加强管理、完善制度、堵塞漏洞。探索引入社会监督机制，建立招标投标特邀监督员、社会公众旁听等制度，提高招标投标工作的透明度。

二、加快推行电子招标投标，提高监管效率

电子招标投标是一种新型工程交易方式，有利于降低招标投标成本，方便各方当事人，提高评标效率，减少人为因素干扰，遏制弄虚作假行为，增加招标投标活动透明度，保证招标投标活动的公开、公平和公正，预防和减少腐败现象的发生。各省级住房城乡建设主管部门要充分认识推行电子招标投标的重要意义,统一规划,稳步推进,避免重复建设。可依托有形市场,按照科学、安全、高效、透明的原则,健全完善房屋市政工程项目电子招标投标系统。通过推行电子招标投标,实现招标投标交易、服务、监管和监察的全过程电子化。电子招标投标应当包括招标投标活动各类文件无纸化、工作流程网络化、计算机辅助评标、异地远程评标、招标投标档案电子化管理、电子监察等。各地住房城乡建设主管部门在积极探索完善电子招标投标系统的同时,应当逐步实现与行业注册人员、企业和房屋市政工程项目等数据库对接,不断提高监管效率。

各地住房城乡建设主管部门应当在电子招标投标系统功能建设、维护等方面给予政策、资金、人员和设施等支持,确保电子招标投标系统建设稳步推进。

三、建立完善综合评标专家库,探索开展标后评估制度

住房城乡建设部在2012年底前建立全国房屋市政工程项目综合评标专家库,研究制定评标专家特别是资深和稀缺专业评标专家标准及管理使用办法。各省级住房城乡建设主管部门应当按照我部的统一部署和要求,在2013年6月底前将本地区的房屋市政工程项目评标专家库与全国房屋市政工程项目综合评标专家库对接,逐步实现评标专家资源共享和评标专家异地远程评标,为招标人跨地区乃至在全国范围内选择评标专家提供服务。

各地住房城乡建设主管部门要研究出台评标专家管理和使用办法,健全完善对评标专家的入库审查、考核培训、动态监管和抽取监督等管理制度,加强对评标专家的管理,严格履行对评标专家的监管职责。研究建立住房城乡建设系统标后评估制度,推选一批"品德正、业务精、经验足、信誉好"的资深评标专家,对评标委员会评审情况和评标报告进行抽查和后评估,查找分析专家评标过程中存在的突出问题,提出评价建议,不断提高评标质量。对于不能胜任评标工作或者有不良行为记录的评标专家,应当暂停或者取消其评标专家资格;对于有违法违规行为、不能公正履行职责的评标专家,应当依法从严查处、清出。

四、利用好现有资源,充分发挥有形市场作用

招标投标监管是建筑市场监管的源头,有形市场作为房屋市政工程项目交易服务平台,对于加强建筑市场交易活动管理和施工现场质量安全行为管理,促进"两场联动"具有重要意义。各地住房城乡建设主管部门要从实际出发,充分利用有形市场现有场地、人员、设备、信息及专业管理经验等资源,进一步完善有形市场服务功能,加强有形市场设施建设,为房屋市政工程项目招标投标活动和建筑市场监管、工程项目建设实施和质量安全监督、诚信体系建设等提供数据信息支持,为建设工程招标投标活动提供优良服务。各地住房城乡建设主管部门要按照《关于开展工程建设领域突出问题专项治理工作的意见》(中办发〔2009〕27号)提出的"统一进场、集中交易、行业监管、行政监察"要求,加强对有形市场的管理,创新考核机制,强化对有形市场建设的监督、指导,严格规范有形市场的收费,坚决取消不合理的收费项目,及时研究、解决实际工作中遇到的困难和问题,继续做好与纪检监察及其他有关部门的协调配合工作。

五、加强工程建设项目招标代理机构资格管理,规范招标投标市场秩序

依据《招标投标法》及相关规定,从事工程建设项目招标代理业务的机构,应当依法取得国务院住房城乡建设主管部门或者省级人民政府住房城乡建设主管部门认定的工程建设项目招标代理机构资格,并在其资格许可的范围内从事相应的工程建设项目招标代理业务。各地住房城乡建设主管部门要依法严格执行工程建设项目招标代理机构资格市场准入和清出制度,加强对工程建设项目招标代理机构及其从业人员的动态监管,严肃查处工程建设项目招标代理机构挂靠出让资格、泄密、弄虚作假、串通投标等违法行为。对于有违法违规行为的工程建设项目招标代理机构和从业人员,要按照《关于印发〈建筑市场诚信行为信息管理办法〉的通知》(建市〔2007〕9号)和《关于印发〈全国建筑市场注册执业人员不良行为记录认定标准〉(试行)的通知》(建办市〔2011〕38号)要求,及时记入全国建筑市场主体不良行为记录,通过全国建筑市场诚信信息平台向全社会公布,营造"诚信激励、失信惩戒"的市场氛围。

各地住房城乡建设主管部门要加强工程建设项目招标代理合同管理。工程建设项目招标代理机构与招标人签订的书面委托代理合同应当明确招标代理项目负责人,项目负责人应当是具有工程建设类注册执业资格的本单位在职人员。工程建设项目招标代理机构从业人员应当具备相应能力,办理工程建设项目招标代理业务应当实行实名制，并对所代理业务承担相应责任。工程建设项目招标代理合同应当报当地住房城乡建设主管部门备案。

六、加强招标公告管理，加大招标投标过程公开公示力度

公开透明是从源头预防和遏制腐败的治本之策，是实现招标投标“公开、公平、公正”的重要途径。各地住房城乡建设主管部门应当加强招标公告管理，房屋市政工程项目招标人应当通过有形市场发布资格预审公告或者招标公告。有形市场应当建立与法定招标公告发布媒介的有效链接。资格预审公告或招标公告内容应当真实合法，不得设定与招标项目的具体特点和实际需要不相适应的不合理条件限制和排斥潜在投标人。

各地住房城乡建设主管部门要进一步健全中标候选人公示制度，依法必须进行招标的项目，招标人应当在有形市场公示中标候选人。公示应当包括以下内容：评标委员会推荐的中标候选人名单及其排序；采用资格预审方式的，资格预审的结果；唱标记录；投标文件被判定为废标的投标人名称、废标原因及其依据；评标委员会对投标报价给予修正的原因、依据和修正结果；评标委员会成员对各投标人投标文件的评分；中标价和中标价中包括的暂估价、暂列金额等。

各地住房城乡建设主管部门要认真执行《招标投标法》、《招标投标法实施条例》等法律法规和本指导意见，不断总结完善招标投标监管成熟经验做法，狠抓制度配套落实，切实履行好房屋市政工程招标投标监管职责，不断规范招标投标行为，促进建筑市场健康发展。

2. 工程发承包

房屋建筑和市政基础设施项目工程总承包管理办法

1. 2019年12月23日住房和城乡建设部、国家发展和改革委员会发布
2. 建市规〔2019〕12号
3. 自2020年3月1日起施行

第一章 总 则

第一条 为规范房屋建筑和市政基础设施项目工程总承包活动,提升工程建设质量和效益,根据相关法律法规,制定本办法。

第二条 从事房屋建筑和市政基础设施项目工程总承包活动,实施对房屋建筑和市政基础设施项目工程总承包活动的监督管理,适用本办法。

第三条 本办法所称工程总承包,是指承包单位按照与建设单位签订的合同,对工程设计、采购、施工或者设计、施工等阶段实行总承包,并对工程的质量、安全、工期和造价等全面负责的工程建设组织实施方式。

第四条 工程总承包活动应当遵循合法、公平、诚实守信的原则,合理分担风险,保证工程质量和安全,节约能源,保护生态环境,不得损害社会公共利益和他人的合法权益。

第五条 国务院住房和城乡建设主管部门对全国房屋建筑和市政基础设施项目工程总承包活动实施监督管理。国务院发展改革部门依据固定资产投资建设管理的相关法律法规履行相应的管理职责。

县级以上地方人民政府住房和城乡建设主管部门负责本行政区域内房屋建筑和市政基础设施项目工程总承包(以下简称工程总承包)活动的监督管理。县级以上地方人民政府发展改革部门依据固定资产投资建设管理的相关法律法规在本行政区域内履行相应的管理职责。

第二章 工程总承包项目的发包和承包

第六条 建设单位应当根据项目情况和自身管理能力等,合理选择工程建设组织实施方式。

建设内容明确、技术方案成熟的项目,适宜采用工程总承包方式。

第七条 建设单位应当在发包前完成项目审批、核准或者备案程序。采用工程总承包方式的企业投资项目,应当在核准或者备案后进行工程总承包项目发包。采用工程总承包方式的政府投资项目,原则上应当在初步设计审批完成后进行工程总承包项目发包;其中,按照国家有关规定简化报批文件和审批程序的政府投资项目,应当在完成相应的投资决策审批后进行工程总承包项目发包。

第八条 建设单位依法采用招标或者直接发包等方式选择工程总承包单位。

工程总承包项目范围内的设计、采购或者施工中,有任一项属于依法必须进行招标的项目范围且达到国家规定规模标准的,应当采用招标的方式选择工程总承包单位。

第九条 建设单位应当根据招标项目的特点和需要编制工程总承包项目招标文件,主要包括以下内容:

(一)投标人须知;

(二)评标办法和标准;

(三)拟签订合同的主要条款;

(四)发包人要求,列明项目的目标、范围、设计和其他技术标准,包括对项目的内容、范围、规模、标准、功能、质量、安全、节约能源、生态环境保护、工期、验收等的明确要求;

(五)建设单位提供的资料和条件,包括发包前完成的水文地质、工程地质、地形等勘察资料,以及可行性研究报告、方案设计文件或者初步设计文件等;

(六)投标文件格式;

(七)要求投标人提交的其他材料。

建设单位可以在招标文件中提出对履约担保的要求,依法要求投标文件载明拟分包的内容;对于设有最高投标限价的,应当明确最高投标限价或者最高投标限价的计算方法。

推荐使用由住房和城乡建设部会同有关部门制定的工程总承包合同示范文本。

第十条 工程总承包单位应当同时具有与工程规模相适应的工程设计资质和施工资质,或者由具有相应资质的设计单位和施工单位组成联合体。工程总承包单位应当具有相应的项目管理体系和项目管理能力、财务和风险承担能力,以及与发包工程相类似的设计、施工

或者工程总承包业绩。

设计单位和施工单位组成联合体的，应当根据项目的特点和复杂程度，合理确定牵头单位，并在联合体协议中明确联合体成员单位的责任和权利。联合体各方应当共同与建设单位签订工程总承包合同，就工程总承包项目承担连带责任。

第十一条 工程总承包单位不得是工程总承包项目的代建单位、项目管理单位、监理单位、造价咨询单位、招标代理单位。

政府投资项目的项目建议书、可行性研究报告、初步设计文件编制单位及其评估单位，一般不得成为该项目的工程总承包单位。政府投资项目招标人公开已经完成的项目建议书、可行性研究报告、初步设计文件的，上述单位可以参与该工程总承包项目的投标，经依法评标、定标，成为工程总承包单位。

第十二条 鼓励设计单位申请取得施工资质，已取得工程设计综合资质、行业甲级资质、建筑工程专业甲级资质的单位，可以直接申请相应类别施工总承包一级资质。鼓励施工单位申请取得工程设计资质，具有一级及以上施工总承包资质的单位可以直接申请相应类别的工程设计甲级资质。完成的相应规模工程总承包业绩可以作为设计、施工业绩申报。

第十三条 建设单位应当依法确定投标人编制工程总承包项目投标文件所需要的合理时间。

第十四条 评标委员会应当依照法律规定和项目特点，由建设单位代表、具有工程总承包项目管理经验的专家，以及从事设计、施工、造价等方面的专家组成。

第十五条 建设单位和工程总承包单位应当加强风险管理，合理分担风险。

建设单位承担的风险主要包括：

（一）主要工程材料、设备、人工价格与招标时基期价相比，波动幅度超过合同约定幅度的部分；

（二）因国家法律法规政策变化引起的合同价格的变化；

（三）不可预见的地质条件造成的工程费用和工期的变化；

（四）因建设单位原因产生的工程费用和工期的变化；

（五）不可抗力造成的工程费用和工期的变化。

具体风险分担内容由双方在合同中约定。

鼓励建设单位和工程总承包单位运用保险手段增强防范风险能力。

第十六条 企业投资项目的工程总承包宜采用总价合同，政府投资项目的工程总承包应当合理确定合同价格形式。采用总价合同的，除合同约定可以调整的情形外，合同总价一般不予调整。

建设单位和工程总承包单位可以在合同中约定工程总承包计量规则和计价方法。

依法必须进行招标的项目，合同价格应当在充分竞争的基础上合理确定。

第三章 工程总承包项目实施

第十七条 建设单位根据自身资源和能力，可以自行对工程总承包项目进行管理，也可以委托勘察设计单位、代建单位等项目管理单位，赋予相应权利，依照合同对工程总承包项目进行管理。

第十八条 工程总承包单位应当建立与工程总承包相适应的组织机构和管理制度，形成项目设计、采购、施工、试运行管理以及质量、安全、工期、造价、节约能源和生态环境保护管理等工程总承包综合管理能力。

第十九条 工程总承包单位应当设立项目管理机构，设置项目经理，配备相应管理人员，加强设计、采购与施工的协调，完善和优化设计，改进施工方案，实现对工程总承包项目的有效管理控制。

第二十条 工程总承包项目经理应当具备下列条件：

（一）取得相应工程建设类注册执业资格，包括注册建筑师、勘察设计注册工程师、注册建造师或者注册监理工程师等；未实施注册执业资格的，取得高级专业技术职称；

（二）担任过与拟建项目相类似的工程总承包项目经理、设计项目负责人、施工项目负责人或者项目总监理工程师；

（三）熟悉工程技术和工程总承包项目管理知识以及相关法律法规、标准规范；

（四）具有较强的组织协调能力和良好的职业道德。

工程总承包项目经理不得同时在两个或者两个以上工程项目担任工程总承包项目经理、施工项目负责人。

第二十一条 工程总承包单位可以采用直接发包的方式进行分包。但以暂估价形式包括在总承包范围内的工程、货物、服务分包时，属于依法必须进行招标的项目范围且达到国家规定规模标准的，应当依法招标。

第二十二条 建设单位不得迫使工程总承包单位以低于

成本的价格竞标，不得明示或者暗示工程总承包单位违反工程建设强制性标准、降低建设工程质量，不得明示或者暗示工程总承包单位使用不合格的建筑材料、建筑构配件和设备。

工程总承包单位应当对其承包的全部建设工程质量负责，分包单位对其分包工程的质量负责，分包不免除工程总承包单位对其承包的全部建设工程所负的质量责任。

工程总承包单位、工程总承包项目经理依法承担质量终身责任。

第二十三条 建设单位不得对工程总承包单位提出不符合建设工程安全生产法律、法规和强制性标准规定的要求，不得明示或者暗示工程总承包单位购买、租赁、使用不符合安全施工要求的安全防护用具、机械设备、施工机具及配件、消防设施和器材。

工程总承包单位对承包范围内工程的安全生产负总责。分包单位应当服从工程总承包单位的安全生产管理，分包单位不服从管理导致生产安全事故的，由分包单位承担主要责任，分包不免除工程总承包单位的安全责任。

第二十四条 建设单位不得设置不合理工期，不得任意压缩合理工期。

工程总承包单位应当依据合同对工期全面负责，对项目总进度和各阶段的进度进行控制管理，确保工程按期竣工。

第二十五条 工程保修书由建设单位与工程总承包单位签署，保修期内工程总承包单位应当根据法律法规规定以及合同约定承担保修责任，工程总承包单位不得以其与分包单位之间保修责任划分而拒绝履行保修责任。

第二十六条 建设单位和工程总承包单位应当加强设计、施工等环节管理，确保建设地点、建设规模、建设内容等符合项目审批、核准、备案要求。

政府投资项目所需资金应当按照国家有关规定确保落实到位，不得由工程总承包单位或者分包单位垫资建设。政府投资项目建设投资原则上不得超过经核定的投资概算。

第二十七条 工程总承包单位和工程总承包项目经理在设计、施工活动中有转包违法分包等违法违规行为或者造成工程质量安全事故的，按照法律法规对设计、施工单位及其项目负责人相同违法违规行为的规定追究责任。

第四章 附 则

第二十八条 本办法自 2020 年 3 月 1 日起施行。

房屋建筑和市政基础设施工程施工分包管理办法

1. 2004 年 2 月 3 日建设部令第 124 号公布

2. 根据 2014 年 8 月 27 日住房和城乡建设部令第 19 号《关于修改〈房屋建筑和市政基础设施工程施工分包管理办法〉的决定》第一次修正

3. 根据 2019 年 3 月 13 日住房和城乡建设部令第 47 号《关于修改部分部门规章的决定》第二次修正

第一条 为了规范房屋建筑和市政基础设施工程施工分包活动，维护建筑市场秩序，保证工程质量和施工安全，根据《中华人民共和国建筑法》、《中华人民共和国招标投标法》、《建设工程质量管理条例》等有关法律、法规，制定本办法。

第二条 在中华人民共和国境内从事房屋建筑和市政基础设施工程施工分包活动，实施对房屋建筑和市政基础设施工程施工分包活动的监督管理，适用本办法。

第三条 国务院住房城乡建设主管部门负责全国房屋建筑和市政基础设施工程施工分包的监督管理工作。

县级以上地方人民政府住房城乡建设主管部门负责本行政区域内房屋建筑和市政基础设施工程施工分包的监督管理工作。

第四条 本办法所称施工分包，是指建筑业企业将其所承包的房屋建筑和市政基础设施工程中的专业工程或者劳务作业发包给其他建筑业企业完成的活动。

第五条 房屋建筑和市政基础设施工程施工分包分为专业工程分包和劳务作业分包。

本办法所称专业工程分包，是指施工总承包企业（以下简称专业分包工程发包人）将其所承包工程中的专业工程发包给具有相应资质的其他建筑业企业（以下简称专业分包工程承包人）完成的活动。

本办法所称劳务作业分包，是指施工总承包企业或者专业承包企业（以下简称劳务作业发包人）将其承包工程中的劳务作业发包给劳务分包企业（以下简称劳务作业承包人）完成的活动。

本办法所称分包工程发包人包括本条第二款、第三款中的专业分包工程发包人和劳务作业发包人；分包工程承包人包括本条第二款、第三款中的专业分包工程承包人和劳务作业承包人。

第六条 房屋建筑和市政基础设施工程施工分包活动必须依法进行。

鼓励发展专业承包企业和劳务分包企业，提倡分包活动进入有形建筑市场公开交易，完善有形建筑市场的分包工程交易功能。

第七条 建设单位不得直接指定分包工程承包人。任何单位和个人不得对依法实施的分包活动进行干预。

第八条 分包工程承包人必须具有相应的资质，并在其资质等级许可的范围内承揽业务。

严禁个人承揽分包工程业务。

第九条 专业工程分包除在施工总承包合同中有约定外，必须经建设单位认可。专业分包工程承包人必须自行完成所承包的工程。

劳务作业分包由劳务作业发包人与劳务作业承包人通过劳务合同约定。劳务作业承包人必须自行完成所承包的任务。

第十条 分包工程发包人和分包工程承包人应当依法签订分包合同，并按照合同履行约定的义务。分包合同必须明确约定支付工程款和劳务工资的时间、结算方式以及保证按期支付的相应措施，确保工程款和劳务工资的支付。

第十一条 分包工程发包人应当设立项目管理机构，组织管理所承包工程的施工活动。

项目管理机构应当具有与承包工程的规模、技术复杂程度相适应的技术、经济管理人员。其中，项目负责人、技术负责人、项目核算负责人、质量管理人员、安全管理人员必须是本单位的人员。具体要求由省、自治区、直辖市人民政府住房城乡建设主管部门规定。

前款所指本单位人员，是指与本单位有合法的人事或者劳动合同、工资以及社会保险关系的人员。

第十二条 分包工程发包人可以就分包合同的履行，要求分包工程承包人提供分包工程履约担保；分包工程承包人在提供担保后，要求分包工程发包人同时提供分包工程付款担保的，分包工程发包人应当提供。

第十三条 禁止将承包的工程进行转包。不履行合同约定，将其承包的全部工程发包给他人，或者将其承包的全部工程肢解后以分包的名义分别发包给他人的，属于转包行为。

违反本办法第十二条规定，分包工程发包人将工程分包后，未在施工现场设立项目管理机构和派驻相应人员，并未对该工程的施工活动进行组织管理的，视同转包行为。

第十四条 禁止将承包的工程进行违法分包。下列行为，属于违法分包：

（一）分包工程发包人将专业工程或者劳务作业分包给不具备相应资质条件的分包工程承包人的；

（二）施工总承包合同中未有约定，又未经建设单位认可，分包工程发包人将承包工程中的部分专业工程分包给他人的。

第十五条 禁止转让、出借企业资质证书或者以其他方式允许他人以本企业名义承揽工程。

分包工程发包人没有将其承包的工程进行分包，在施工现场所设项目管理机构的项目负责人、技术负责人、项目核算负责人、质量管理人员、安全管理人员不是工程承包人本单位人员的，视同允许他人以本企业名义承揽工程。

第十六条 分包工程承包人应当按照分包合同的约定对其承包的工程向分包工程发包人负责。分包工程发包人和分包工程承包人就分包工程对建设单位承担连带责任。

第十七条 分包工程发包人对施工现场安全负责，并对分包工程承包人的安全生产进行管理。专业分包工程承包人应当将其分包工程的施工组织设计和施工安全方案报分包工程发包人备案，专业分包工程发包人发现事故隐患，应当及时作出处理。

分包工程承包人就施工现场安全向分包工程发包人负责，并应当服从分包工程发包人对施工现场的安全生产管理。

第十八条 违反本办法规定，转包、违法分包或者允许他人以本企业名义承揽工程的，以及接受转包和用他人名义承揽工程的，按《中华人民共和国建筑法》、《中华人民共和国招标投标法》和《建设工程质量管理条例》的规定予以处罚。具体办法由国务院住房城乡建设主管部门依据有关法律法规另行制定。

第十九条 未取得建筑业企业资质承接分包工程的，按照《中华人民共和国建筑法》第六十五条第三款和《建设工程质量管理条例》第六十条第一款、第二款的规定处罚。

第二十条 本办法自 2004 年 4 月 1 日起施行。原城乡建设环境保护部 1986 年 4 月 30 日发布的《建筑安装工程总分包实施办法》同时废止。

建筑工程施工发包与承包违法行为认定查处管理办法

1. 2019年1月3日住房和城乡建设部发布
2. 建市规〔2019〕1号
3. 自2019年1月1日起施行

第一条 为规范建筑工程施工发包与承包活动中违法行为的认定、查处和管理，保证工程质量和施工安全，有效遏制发包与承包活动中的违法行为，维护建筑市场秩序和建筑工程主要参与方的合法权益，根据《中华人民共和国建筑法》《中华人民共和国招标投标法》《中华人民共和国合同法》《建设工程质量管理条例》《建设工程安全生产管理条例》《中华人民共和国招标投标法实施条例》等法律法规，以及《全国人大法工委关于对建筑施工企业母公司承接工程后交由子公司实施是否属于转包以及行政处罚两年追诉期认定法律适用问题的意见》（法工办发〔2017〕223号），结合建筑活动实践，制定本办法。

第二条 本办法所称建筑工程，是指房屋建筑和市政基础设施工程及其附属设施和与其配套的线路、管道、设备安装工程。

第三条 住房和城乡建设部对全国建筑工程施工发包与承包违法行为的认定查处工作实施统一监督管理。

县级以上地方人民政府住房和城乡建设主管部门在其职责范围内具体负责本行政区域内建筑工程施工发包与承包违法行为的认定查处工作。

本办法所称的发包与承包违法行为具体是指违法发包、转包、违法分包及挂靠等违法行为。

第四条 建设单位与承包单位应严格依法签订合同，明确双方权利、义务、责任，严禁违法发包、转包、违法分包和挂靠，确保工程质量和施工安全。

第五条 本办法所称违法发包，是指建设单位将工程发包给个人或不具有相应资质的单位、肢解发包、违反法定程序发包及其他违反法律法规规定发包的行为。

第六条 存在下列情形之一的，属于违法发包：

（一）建设单位将工程发包给个人的；

（二）建设单位将工程发包给不具有相应资质的单位的；

（三）依法应当招标未招标或未按照法定招标程序发包的；

（四）建设单位设置不合理的招标投标条件，限制、排斥潜在投标人或者投标人的；

（五）建设单位将一个单位工程的施工分解成若干部分发包给不同的施工总承包或专业承包单位的。

第七条 本办法所称转包，是指承包单位承包工程后，不履行合同约定的责任和义务，将其承包的全部工程或者将其承包的全部工程肢解后以分包的名义分别转给其他单位或个人施工的行为。

第八条 存在下列情形之一的，应当认定为转包，但有证据证明属于挂靠或者其他违法行为的除外：

（一）承包单位将其承包的全部工程转给其他单位（包括母公司承接建筑工程后将所承接工程交由具有独立法人资格的子公司施工的情形）或个人施工的；

（二）承包单位将其承包的全部工程肢解以后，以分包的名义分别转给其他单位或个人施工的；

（三）施工总承包单位或专业承包单位未派驻项目负责人、技术负责人、质量管理负责人、安全管理负责人等主要管理人员，或派驻的项目负责人、技术负责人、质量管理负责人、安全管理负责人中一人及以上与施工单位没有订立劳动合同且没有建立劳动工资和社会养老保险关系，或派驻的项目负责人未对该工程的施工活动进行组织管理，又不能进行合理解释并提供相应证明的；

（四）合同约定由承包单位负责采购的主要建筑材料、构配件及工程设备或租赁的施工机械设备，由其他单位或个人采购、租赁，或施工单位不能提供有关采购、租赁合同及发票等证明，又不能进行合理解释并提供相应证明的；

（五）专业作业承包人承包的范围是承包单位承包的全部工程，专业作业承包人计取的是除上缴给承包单位“管理费”之外的全部工程价款的；

（六）承包单位通过采取合作、联营、个人承包等形式或名义，直接或变相将其承包的全部工程转给其他单位或个人施工的；

（七）专业工程的发包单位不是该工程的施工总承包或专业承包单位的，但建设单位依约作为发包单位的除外；

（八）专业作业的发包单位不是该工程承包单

位的；

（九）施工合同主体之间没有工程款收付关系，或者承包单位收到款项后又将款项转拨给其他单位和个人，又不能进行合理解释并提供材料证明的。

两个以上的单位组成联合体承包工程，在联合体分工协议中约定或者在项目实际实施过程中，联合体一方不进行施工也未对施工活动进行组织管理的，并且向联合体其他方收取管理费或者其他类似费用的，视为联合体一方将承包的工程转包给联合体其他方。

第九条 本办法所称挂靠，是指单位或个人以其他有资质的施工单位的名义承揽工程的行为。

前款所称承揽工程，包括参与投标、订立合同、办理有关施工手续、从事施工等活动。

第十条 存在下列情形之一的，属于挂靠：

（一）没有资质的单位或个人借用其他施工单位的资质承揽工程的；

（二）有资质的施工单位相互借用资质承揽工程的，包括资质等级低的借用资质等级高的，资质等级高的借用资质等级低的，相同资质等级相互借用的；

（三）本办法第八条第一款第（三）至（九）项规定的情形，有证据证明属于挂靠的。

第十一条 本办法所称违法分包，是指承包单位承包工程后违反法律法规规定，把单位工程或分部分项工程分包给其他单位或个人施工的行为。

第十二条 存在下列情形之一的，属于违法分包：

（一）承包单位将其承包的工程分包给个人的；

（二）施工总承包单位或专业承包单位将工程分包给不具备相应资质单位的；

（三）施工总承包单位将施工总承包合同范围内工程主体结构的施工分包给其他单位的，钢结构工程除外；

（四）专业分包单位将其承包的专业工程中非劳务作业部分再分包的；

（五）专业作业承包人将其承包的劳务再分包的；

（六）专业作业承包人除计取劳务作业费用外，还计取主要建筑材料款和大中型施工机械设备、主要周转材料费用的。

第十三条 任何单位和个人发现违法发包、转包、违法分包及挂靠等违法行为的，均可向工程所在地县级以上人民政府住房和城乡建设主管部门进行举报。

接到举报的住房和城乡建设主管部门应当依法受理、调查、认定和处理，除无法告知举报人的情况外，应当及时将查处结果告知举报人。

第十四条 县级以上地方人民政府住房和城乡建设主管部门如接到人民法院、检察机关、仲裁机构、审计机关、纪检监察等部门转交或移送的涉及本行政区域内建筑工程发包与承包违法行为的建议或相关案件的线索或证据，应当依法受理、调查、认定和处理，并把处理结果及时反馈给转交或移送机构。

第十五条 县级以上人民政府住房和城乡建设主管部门对本行政区域内发现的违法发包、转包、违法分包及挂靠等违法行为，应当依法进行调查，按照本办法进行认定，并依法予以行政处罚。

（一）对建设单位存在本办法第五条规定的违法发包情形的处罚：

1. 依据本办法第六条（一）、（二）项规定认定的，依据《中华人民共和国建筑法》第六十五条、《建设工程质量管理条例》第五十四条规定进行处罚；

2. 依据本办法第六条（三）项规定认定的，依据《中华人民共和国招标投标法》第四十九条、《中华人民共和国招标投标法实施条例》第六十四条规定进行处罚；

3. 依据本办法第六条（四）项规定认定的，依据《中华人民共和国招标投标法》第五十一条、《中华人民共和国招标投标法实施条例》第六十三条规定进行处罚；

4. 依据本办法第六条（五）项规定认定的，依据《中华人民共和国建筑法》第六十五条、《建设工程质量管理条例》第五十五条规定进行处罚；

5. 建设单位违法发包，拒不整改或者整改后仍达不到要求的，视为没有依法确定施工企业，将其违法行为记入诚信档案，实行联合惩戒。对全部或部分使用国有资金的项目，同时将建设单位违法发包的行为告知其上级主管部门及纪检监察部门，并建议对建设单位直接负责的主管人员和其他直接责任人员给予相应的行政处分。

（二）对认定有转包、违法分包违法行为的施工单位，依据《中华人民共和国建筑法》第六十七条、《建设工程质量管理条例》第六十二条规定进行处罚。

（三）对认定有挂靠行为的施工单位或个人，依据

《中华人民共和国招标投标法》第五十四条、《中华人民共和国建筑法》第六十五条和《建设工程质量管理条例》第六十条规定进行处罚。

（四）对认定有转让、出借资质证书或者以其他方式允许他人以本单位的名义承揽工程的施工单位，依据《中华人民共和国建筑法》第六十六条、《建设工程质量管理条例》第六十一条规定进行处罚。

（五）对建设单位、施工单位给予单位罚款处罚的，依据《建设工程质量管理条例》第七十三条、《中华人民共和国招标投标法》第四十九条、《中华人民共和国招标投标法实施条例》第六十四条规定，对单位直接负责的主管人员和其他直接责任人员进行处罚。

（六）对认定有转包、违法分包、挂靠、转让出借资质证书或者以其他方式允许他人以本单位的名义承揽工程等违法行为的施工单位，可依法限制其参加工程投标活动、承揽新的工程项目，并对其企业资质是否满足资质标准条件进行核查，对达不到资质标准要求的限期整改，整改后仍达不到要求的，资质审批机关撤回其资质证书。

对2年内发生2次及以上转包、违法分包、挂靠、转让出借资质证书或者以其他方式允许他人以本单位的名义承揽工程的施工单位，应当依法按照情节严重情形给予处罚。

（七）因违法发包、转包、违法分包、挂靠等违法行为导致发生质量安全事故的，应当依法按照情节严重情形给予处罚。

第十六条 对于违法发包、转包、违法分包、挂靠等违法行为的行政处罚追溯期限，应当按照法工办发〔2017〕223号文件的规定，从存在违法发包、转包、违法分包、挂靠的建筑工程竣工验收之日起计算；合同工程量未全部完成而解除或终止履行合同的，自合同解除或终止之日起计算。

第十七条 县级以上人民政府住房和城乡建设主管部门应将查处的违法发包、转包、违法分包、挂靠等违法行为和处罚结果记入相关单位或个人信用档案，同时向社会公示，并逐级上报至住房和城乡建设部，在全国建筑市场监管公共服务平台公示。

第十八条 房屋建筑和市政基础设施工程以外的专业工程可参照本办法执行。省级人民政府住房和城乡建设主管部门可结合本地实际，依据本办法制定相应实施细则。

第十九条 本办法中施工总承包单位、专业承包单位均指直接承接建设单位发包的工程的单位；专业分包单位是指承接施工总承包或专业承包企业分包专业工程的单位；承包单位包括施工总承包单位、专业承包单位和专业分包单位。

第二十条 本办法由住房和城乡建设部负责解释。

第二十一条 本办法自2019年1月1日起施行。2014年10月1日起施行的《建筑工程施工转包违法分包等违法行为认定查处管理办法（试行）》（建市〔2014〕118号）同时废止。

建设部、国家工商行政管理局关于禁止在工程建设中垄断市场和肢解发包工程的通知

1. 1996年4月22日
2. 建建〔1996〕240号

各省、自治区、直辖市建委（建设厅）、工商行政管理局，计划单列市建委（建工局）、工商行政管理局，国务院有关部门基建局：

改革开放以来，我国公用事业发展迅速，对促进国民经济与社会的发展和人民生活水平的提高，发挥了积极作用。但是，在一些地方和行业中，不同程度地存在着依赖行业特权垄断市场、肢解工程发包等不正当行为。主要表现为：在工程承包中，有关单位强行垄断本专业的建设项目，要求承包单位和建设单位必须采购其指定厂家生产的材料、设备，否则不予验收工程，不予供水、供气、供热、供电等。这种做法，不符合建立社会主义市场经济体制的要求和《反不正当竞争法》的有关规定。为此，特通知如下：

一、在工程施工中，总包（包括施工总包，下同）单位有能力并有相应资质承担上下水、暖气、电气、电讯、消防工程和清运渣土的，应当由其自行组织施工和清运；若总包单位需将上述某种工程分包的，在征得建设单位同意后，亦可分包给具有相应资质的企业，但必须由总包单位统一进行管理，切实承担总包责任。建设单位要加强监督检查，明确责任，保证工程质量和施工安全。

除总包单位外，任何单位和个人均不得以任何方

式指定分包单位。

二、单项工程或住宅小区以外的供水、供热、供气、供电、电讯、消防等工程项目，应依法按工程建设程序及有关规定，通过招标投标、公平竞争，优选具有相应资质的企业承包。工程项目的主管部门及企事业单位，不得以任何方式强行垄断承包本专业的工程项目。

三、工程建设的材料、设备，应主要由承包单位负责采购，并明确责任，择优选购，加强检查验收，切实保证材料、设备的质量。建设单位需要自己定货采购的，要在合同中明确其责任和要求。对可能影响工程质量和使用功能的劣质材料、设备，承包单位有权拒绝使用；若建设单位强行要求承包单位使用的，由建设单位承担由此造成的工程质量和安全责任。

任何单位和个人，均不得强行要求承包单位购买其指定厂家生产的材料、设备。

四、建设行政主管部门要加强对工程竣工验收的管理。工程竣工后，建设单位或有关方面，应按规定及时组织各有关部门共同验收，任何部门和单位不得拒绝参加。工程按规定经验收通过后，供水、排水、供气、供热、供电、电讯等公用企事业单位必须按规定接通管线、线路。

五、各级建设行政主管部门和工商行政管理部门要按照各自的职责权限加强对建筑市场的监督检查，同时，要建立举报制度，发挥全社会的监督作用。对于垄断市场、肢解发包工程的行为，工商行政管理部门要依照《反不正当竞争法》和国家工商行政管理局《关于禁止公用企业限制竞争行为的若干规定》，严肃查处。建设行政主管部门要按照《关于在工程建设中深入开展反对腐败和反对不正当竞争的通知》中的规定，对违法单位的负责人给予党纪政纪处分。各级建设行政主管部门和工商行政管理部门要加强协作，密切配合，共同做好执法工作。

建设部、国家发改委、财政部、中国人民银行关于严禁政府投资项目使用带资承包方式进行建设的通知

1. 2006年1月4日

2. 建市〔2006〕6号

各省、自治区、直辖市人民政府：

近年来，一些地方政府和部门要求建筑业企业以带资承包的方式建设新的工程项目；同时也有一些建筑业企业以承诺带资承包作为竞争手段，承揽政府投资项目。上述行为严重干扰了国家对固定资产投资的宏观调控，扰乱了建筑市场秩序，同时由于超概算资金落实难度大，造成了拖欠工程款和农民工工资。为贯彻落实《国务院关于投资体制改革的决定》和《国务院办公厅转发建设部等部门关于进一步解决建设领域拖欠工程款问题意见的通知》精神，加强政府投资项目管理，完善宏观调控，防止政府投资项目超概算，维护建筑市场秩序，防止拖欠工程款和农民工工资，特通知如下：

一、政府投资项目一律不得以建筑业企业带资承包的方式进行建设，不得将建筑业企业带资承包作为招投标条件；严禁将此类内容写入工程承包合同及补充条款，同时要对政府投资项目实行告知性合同备案制度。

政府投资项目是指使用各类政府投资资金，包括预算内资金、各类专项建设基金、国际金融组织和外国政府贷款的国家主权外债资金建设的项目。党政机关（包括党的机关、人大机关、行政机关、政协机关、审判机关、检察机关，以及工会、共青团、妇联等人民团体）及财政拨款的事业单位自筹资金建设的项目，视同政府投资项目适用本通知，采用BOT、BOOT、BOO方式建设的政府投资项目可不适用本通知。

带资承包是指建设单位未全额支付工程预付款或未按工程进度按月支付工程款（不含合同约定的质量保证金），由建筑业企业垫款施工。

二、各级发展改革、财政、建设等有关部门，要在各自职责范围内加强对政府投资项目的管理，严禁带资承包。

各级发展改革及有关审批部门要把好工程建设项目审核关，不得批准建设资金来源不落实的政府投资项目；各商业银行要据实出具项目开工前的项目资金存款证明；各级财政部门要对工程建设过程中的资金进行监管；各级建设行政主管部门在发放施工许可时要严格审验资金到位情况，对建设资金不落实的，不予发放施工许可证。

三、对于使用带资承包方式建设的政府投资项目，一经发现，有关部门要按照有关法律法规对该建设单位进行查处并依法进行行政处罚；建设等部门应停止办理其报建手续，对该项目不予竣工验收备案；发展改革等有关部门对该单位新建项目给予制约；对于在工程建设过程中抽逃资金的，财政部门要立即停止该项目的资

金拨付。

有关部门要建立健全建筑业企业不良信用档案制度，对于违反规定的企业，给予相应处罚。对以带资承包方式承揽政府投资项目的施工总承包企业和以带资承包方式承揽专业分包工程、劳务工程的专业分包企业、劳务分包企业，一经发现，有关部门要按照有关法律法规对该企业依法进行查处。

银行等金融机构应加强对建设项目的授信审查和贷款管理，在借款合同中明确约定不得利用银行贷款带资承包政府投资项目。对违反约定的，应限期追回银行信贷资金，并通过人民银行信贷登记咨询系统向其他银行通报，各银行不得再对该企业提供信贷支持。对于违反本通知规定的银行，金融监管部门应予以处罚。

四、各地区、各部门及各有关单位要严格政府投资项目管理，有关部门要加强对政府投资项目的监督检查。对违反本通知有关规定，把关不严，造成工作失误的，视情节轻重追究直接责任人和主要领导的责任。

五、各有关部门要在职责范围内对政府投资项目是否使用带资承包进行建设情况进行稽察。任何单位或个人对违反本通知规定使用带资承包方式进行建设的政府投资项目，以及该项目的主管部门和承建该项目的建筑业企业，都有权向建设部门、发展改革部门和财政部门予以举报。

本通知自下发之日起实行。原建建〔1996〕347号《关于严格禁止在工程建设中带资承包的通知》同时废止。

住房和城乡建设部关于进一步推进工程总承包发展的若干意见

1. 2016年5月20日

2. 建市〔2016〕93号

各省、自治区住房城乡建设厅，直辖市建委，北京市规委，新疆生产建设兵团建设局，国务院有关部门建设司（局）：

为落实《中共中央国务院关于进一步加强城市规划建设管理工作的若干意见》，深化建设项目组织实施方式改革，推广工程总承包制，提升工程建设质量和效益，现提出以下意见。

一、大力推进工程总承包

（一）充分认识推进工程总承包的意义。工程总承包是国际通行的建设项目组织实施方式。大力推进工程总承包，有利于提升项目可行性研究和初步设计深度，实现设计、采购、施工等各阶段工作的深度融合，提高工程建设水平；有利于发挥工程总承包企业的技术和管理优势，促进企业做优做强，推动产业转型升级，服务于“一带一路”战略实施。

（二）工程总承包的主要模式。工程总承包是指从事工程总承包的企业按照与建设单位签订的合同，对工程项目的设计、采购、施工等实行全过程的承包，并对工程的质量、安全、工期和造价等全面负责的承包方式。工程总承包一般采用设计—采购—施工总承包或者设计—施工总承包模式。建设单位也可以根据项目特点和实际需要，按照风险合理分担原则和承包工作内容采用其他工程总承包模式。

（三）优先采用工程总承包模式。建设单位在选择建设项目组织实施方式时，应当本着质量可靠、效率优先的原则，优先采用工程总承包模式。政府投资项目和装配式建筑应当积极采用工程总承包模式。

二、完善工程总承包管理制度

（四）工程总承包项目的发包阶段。建设单位可以根据项目特点，在可行性研究、方案设计或者初步设计完成后，按照确定的建设规模、建设标准、投资限额、工程质量和进度要求等进行工程总承包项目发包。

（五）建设单位的项目管理。建设单位应当加强工程总承包项目全过程管理，督促工程总承包企业履行合同义务。建设单位根据自身资源和能力，可以自行对工程总承包项目进行管理，也可以委托项目管理单位，依照合同对工程总承包项目进行管理。项目管理单位可以是本项目的可行性研究、方案设计或者初步设计单位，也可以是其他工程设计、施工或者监理等单位，但项目管理单位不得与工程总承包企业具有利害关系。

（六）工程总承包企业的选择。建设单位可以依法采用招标或者直接发包的方式选择工程总承包企业。工程总承包评标可以采用综合评估法，评审的主要因素包括工程总承包报价、项目管理组织方案、设计方案、设备采购方案、施工计划、工程业绩等。工程总承包项目可以采用总价合同或者成本加酬金合同，合同价格应当在充分竞争的基础上合理确定，合同的制订可以参照住房城乡建设部、工商总局联合印发的建设项目工程总承包合同示范文本。

（七）工程总承包企业的基本条件。工程总承包企业应当具有与工程规模相适应的工程设计资质或者施工资质，相应的财务、风险承担能力，同时具有相应的组织机构、项目管理体系、项目管理专业人员和工程业绩。

（八）工程总承包项目经理的基本要求。工程总承包项目经理应当取得工程建设类注册执业资格或者高级专业技术职称，担任过工程总承包项目经理、设计项目负责人或者施工项目经理，熟悉工程建设相关法律法规和标准，同时具有相应工程业绩。

（九）工程总承包项目的分包。工程总承包企业可以在其资质证书许可的工程项目范围内自行实施设计和施工，也可以根据合同约定或者经建设单位同意，直接将工程项目的设计或者施工业务择优分包给具有相应资质的企业。仅具有设计资质的企业承接工程总承包项目时，应当将工程总承包项目中的施工业务依法分包给具有相应施工资质的企业。仅具有施工资质的企业承接工程总承包项目时，应当将工程总承包项目中的设计业务依法分包给具有相应设计资质的企业。

（十）工程总承包项目严禁转包和违法分包。工程总承包企业应当加强对分包的管理，不得将工程总承包项目转包，也不得将工程总承包项目中设计和施工业务一并或者分别分包给其他单位。工程总承包企业自行实施设计的，不得将工程总承包项目工程主体部分的设计业务分包给其他单位。工程总承包企业自行实施施工的，不得将工程总承包项目工程主体结构的施工业务分包给其他单位。

（十一）工程总承包企业的义务和责任。工程总承包企业应当加强对工程总承包项目的管理，根据合同约定和项目特点，制定项目管理计划和项目实施计划，建立工程管理与协调制度，加强设计、采购与施工的协调，完善和优化设计，改进施工方案，合理调配设计、采购和施工力量，实现对工程总承包项目的有效控制。工程总承包企业对工程总承包项目的质量和安全全面负责。工程总承包企业按照合同约定对建设单位负责，分包企业按照分包合同的约定对工程总承包企业负责。工程分包不能免除工程总承包企业的合同义务和法律责任，工程总承包企业和分包企业就分包工程对建设单位承担连带责任。

（十二）工程总承包项目的风险管理。工程总承包企业和建设单位应当加强风险管理，公平合理分担风险。工程总承包企业按照合同约定向建设单位出具履约担保，建设单位向工程总承包企业出具支付担保。

（十三）工程总承包项目的监管手续。按照法规规定进行施工图设计文件审查的工程总承包项目，可以根据实际情况按照单体工程进行施工图设计文件审查。住房城乡建设主管部门可以根据工程总承包合同及分包合同确定的设计、施工企业，依法办理建设工程质量、安全监督和施工许可等相关手续。相关许可和备案表格，以及需要工程总承包企业签署意见的相关工程管理技术文件，应当增加工程总承包企业、工程总承包项目经理等栏目。

（十四）安全生产许可证和质量保修。工程总承包企业自行实施工程总承包项目施工的，应当依法取得安全生产许可证；将工程总承包项目中的施工业务依法分包给具有相应资质的施工企业完成的，施工企业应当依法取得安全生产许可证。工程总承包企业应当组织分包企业配合建设单位完成工程竣工验收，签署工程质量保修书。

三、提升企业工程总承包能力和水平

（十五）完善工程总承包企业组织机构。工程总承包企业要根据开展工程总承包业务的实际需要，及时调整和完善企业组织机构、专业设置和人员结构，形成集设计、采购和施工各阶段项目管理于一体，技术与管理密切结合，具有工程总承包能力的组织体系。

（十六）加强工程总承包人才队伍建设。工程总承包企业要高度重视工程总承包的项目经理及从事项目控制、设计管理、采购管理、施工管理、合同管理、质量安全管理和风险管理等方面的人才培养。加强项目管理业务培训，并在工程总承包项目实践中锻炼人才、培育人才，培养一批符合工程总承包业务需求的专业人才，为开展工程总承包业务提供人才支撑。

（十七）加强工程总承包项目管理体系建设。工程总承包企业要不断建立完善包括技术标准、管理标准、质量管理体系、职业健康安全和环境管理体系在内的工程总承包项目管理标准体系。加强对分包企业的跟踪、评估和管理，充分利用市场优质资源，保证项目的有效实施。积极推广应用先进实用的项目管理软件，建立与工程总承包管理相适应的信息网络平台，完善相关数据库，提高数据统计、分析和管控水平。

四、加强推进工程总承包发展的组织和实施

（十八）*加强组织领导*。各级住房城乡建设主管部门要高度重视推进工程总承包发展工作，创新建设工程管理机制，完善相关配套政策；加强领导，推进各项制度措施落实，明确管理部门，依据职责加强对房屋建筑和市政工程的工程总承包活动的监督管理；加强与发展改革、财政、税务、审计等有关部门的沟通协调，积极解决制约工程总承包项目实施的有关问题。

（十九）*加强示范引导*。各级住房城乡建设主管部门要引导工程建设项目采用工程总承包模式进行建设，从重点企业入手，培育一批工程总承包骨干企业，发挥示范引领带动作用，提高工程总承包的供给质量和能力。加大宣传力度，加强人员培训，及时总结和推广经验，扩大工程总承包的影响力。

（二十）*发挥行业组织作用*。充分发挥行业组织桥梁和纽带作用，在推进工程总承包发展过程中，行业组织要积极反映企业诉求，协助政府开展相关政策研究，组织开展工程总承包项目管理人才培训，开展工程总承包企业经验交流，促进工程总承包发展。

• 对外承包工程

对外承包工程管理条例

1. 2008年7月21日国务院令第527号公布

2. 根据2017年3月1日国务院令第676号《关于修改和废止部分行政法规的决定》修订

第一章 总 则

第一条 为了规范对外承包工程，促进对外承包工程健康发展，制定本条例。

第二条 本条例所称对外承包工程，是指中国的企业或者其他单位（以下统称单位）承包境外建设工程项目（以下简称工程项目）的活动。

第三条 国家鼓励和支持开展对外承包工程，提高对外承包工程的质量和水平。

国务院有关部门制定和完善促进对外承包工程的政策措施，建立、健全对外承包工程服务体系和风险保障机制。

第四条 开展对外承包工程，应当维护国家利益和社会公共利益，保障外派人员的合法权益。

开展对外承包工程，应当遵守工程项目所在国家或者地区的法律，信守合同，尊重当地的风俗习惯，注重生态环境保护，促进当地经济社会发展。

第五条 国务院商务主管部门负责全国对外承包工程的监督管理，国务院有关部门在各自的职责范围内负责与对外承包工程有关的管理工作。

国务院建设主管部门组织协调建设企业参与对外承包工程。

省、自治区、直辖市人民政府商务主管部门负责本行政区域内对外承包工程的监督管理。

第六条 有关对外承包工程的协会、商会按照章程为其成员提供与对外承包工程有关的信息、培训等方面的服务，依法制定行业规范，发挥协调和自律作用，维护公平竞争和成员利益。

第二章 对外承包工程活动

第七条 国务院商务主管部门应当会同国务院有关部门建立对外承包工程安全风险评估机制，定期发布有关国家和地区安全状况的评估结果，及时提供预警信息，指导对外承包工程的单位做好安全风险防范。

第八条 对外承包工程的单位不得以不正当的低价承揽工程项目、串通投标，不得进行商业贿赂。

第九条 对外承包工程的单位应当与境外工程项目发包人订立书面合同，明确双方的权利和义务，并按照合同约定履行义务。

第十条 对外承包工程的单位应当加强对工程质量和安全生产的管理，建立、健全并严格执行工程质量和安全生产管理的规章制度。

对外承包工程的单位将工程项目分包的，应当与分包单位订立专门的工程质量和安全生产管理协议，或者在分包合同中约定各自的工程质量和安全生产管理责任，并对分包单位的工程质量和安全生产工作统一协调、管理。

对外承包工程的单位不得将工程项目分包给不具备国家规定的相应资质的单位；工程项目的建筑施工部分不得分包给未依法取得安全生产许可证的境内建筑施工企业。

分包单位不得将工程项目转包或者再分包。对外承包工程的单位应当在分包合同中明确约定分包单位不得将工程项目转包或者再分包，并负责监督。

第十一条　从事对外承包工程外派人员中介服务的机构应当取得国务院商务主管部门的许可，并按照国务院商务主管部门的规定从事对外承包工程外派人员中介服务。

对外承包工程的单位通过中介机构招用外派人员的，应当选择依法取得许可并合法经营的中介机构，不得通过未依法取得许可或者有重大违法行为的中介机构招用外派人员。

第十二条　对外承包工程的单位应当依法与其招用的外派人员订立劳动合同，按照合同约定向外派人员提供工作条件和支付报酬，履行用人单位义务。

第十三条　对外承包工程的单位应当有专门的安全管理机构和人员，负责保护外派人员的人身和财产安全，并根据所承包工程项目的具体情况，制定保护外派人员人身和财产安全的方案，落实所需经费。

对外承包工程的单位应当根据工程项目所在国家或者地区的安全状况，有针对性地对外派人员进行安全防范教育和应急知识培训，增强外派人员的安全防范意识和自我保护能力。

第十四条　对外承包工程的单位应当为外派人员购买境外人身意外伤害保险。

第十五条　对外承包工程的单位应当按照国务院商务主管部门和国务院财政部门的规定，及时存缴备用金。

前款规定的备用金，用于支付对外承包工程的单位拒绝承担或者无力承担的下列费用：

（一）外派人员的报酬；

（二）因发生突发事件，外派人员回国或者接受其他紧急救助所需费用；

（三）依法应当对外派人员的损失进行赔偿所需费用。

第十六条　对外承包工程的单位与境外工程项目发包人订立合同后，应当及时向中国驻该工程项目所在国使馆（领馆）报告。

对外承包工程的单位应当接受中国驻该工程项目所在国使馆（领馆）在突发事件防范、工程质量、安全生产及外派人员保护等方面的指导。

第十七条　对外承包工程的单位应当制定突发事件应急预案；在境外发生突发事件时，应当及时、妥善处理，并立即向中国驻该工程项目所在国使馆（领馆）和国内有关主管部门报告。

国务院商务主管部门应当会同国务院有关部门，按照预防和处置并重的原则，建立、健全对外承包工程突发事件预警、防范和应急处置机制，制定对外承包工程突发事件应急预案。

第十八条　对外承包工程的单位应当定期向商务主管部门报告其开展对外承包工程的情况，并按照国务院商务主管部门和国务院统计部门的规定，向有关部门报送业务统计资料。

第十九条　国务院商务主管部门应当会同国务院有关部门建立对外承包工程信息收集、通报制度，向对外承包工程的单位无偿提供信息服务。

有关部门应当在货物通关、人员出入境等方面，依法为对外承包工程的单位提供快捷、便利的服务。

第三章　法律责任

第二十条　对外承包工程的单位有下列情形之一的，由商务主管部门责令改正，处10万元以上20万元以下的罚款，对其主要负责人处1万元以上2万元以下的罚款；拒不改正的，商务主管部门可以禁止其在1年以上3年以下的期限内对外承包新的工程项目；造成重大工程质量问题、发生较大事故以上生产安全事故或者造成其他严重后果的，建设主管部门或者其他有关主管部门可以降低其资质等级或者吊销其资质证书：

（一）未建立并严格执行工程质量和安全生产管理的规章制度的；

（二）没有专门的安全管理机构和人员负责保护外派人员的人身和财产安全，或者未根据所承包工程项目的具体情况制定保护外派人员人身和财产安全的方案并落实所需经费的；

（三）未对外派人员进行安全防范教育和应急知识培训的；

（四）未制定突发事件应急预案，或者在境外发生突发事件，未及时、妥善处理的。

第二十一条　对外承包工程的单位有下列情形之一的，由商务主管部门责令改正，处15万元以上30万元以下的罚款，对其主要负责人处2万元以上5万元以下的罚款；拒不改正的，商务主管部门可以禁止其在2年以上5年以下的期限内对外承包新的工程项目；造成重大工程质量问题、发生较大事故以上生产安全事故或者造成其他严重后果的，建设主管部门或者其他有关主管部门可以降低其资质等级或者吊销其资质证书：

（一）以不正当的低价承揽工程项目、串通投标或者进行商业贿赂的；

（二）未与分包单位订立专门的工程质量和安全生产管理协议，或者未在分包合同中约定各自的工程质量和安全生产管理责任，或者未对分包单位的工程质量和安全生产工作统一协调、管理的；

（三）将工程项目分包给不具备国家规定的相应资质的单位，或者将工程项目的建筑施工部分分包给未依法取得安全生产许可证的境内建筑施工企业的；

（四）未在分包合同中明确约定分包单位不得将工程项目转包或者再分包的。

分包单位将其承包的工程项目转包或者再分包的，由建设主管部门责令改正，依照前款规定的数额对分包单位及其主要负责人处以罚款；造成重大工程质量问题，或者发生较大事故以上生产安全事故的，建设主管部门或者其他有关主管部门可以降低其资质等级或者吊销其资质证书。

第二十二条 对外承包工程的单位有下列情形之一的，由商务主管部门责令改正，处2万元以上5万元以下的罚款；拒不改正的，对其主要负责人处5000元以上1万元以下的罚款：

（一）与境外工程项目发包人订立合同后，未及时向中国驻该工程项目所在国使馆（领馆）报告的；

（二）在境外发生突发事件，未立即向中国驻该工程项目所在国使馆（领馆）和国内有关主管部门报告的；

（三）未定期向商务主管部门报告其开展对外承包工程的情况，或者未按照规定向有关部门报送业务统计资料的。

第二十三条 对外承包工程的单位通过未依法取得许可或者有重大违法行为的中介机构招用外派人员，或者不依照本条例规定为外派人员购买境外人身意外伤害保险，或者未按照规定存缴备用金的，由商务主管部门责令限期改正，处5万元以上10万元以下的罚款，对其主要负责人处5000元以上1万元以下的罚款；逾期不改正的，商务主管部门可以禁止其在1年以上3年以下的期限内对外承包新的工程项目。

未取得国务院商务主管部门的许可，擅自从事对外承包工程外派人员中介服务的，由国务院商务主管部门责令改正，处10万元以上20万元以下的罚款；有违法所得的，没收违法所得；对其主要负责人处5万元以上10万元以下的罚款。

第二十四条 商务主管部门、建设主管部门和其他有关部门的工作人员在对外承包工程监督管理工作中滥用职权、玩忽职守、徇私舞弊，构成犯罪的，依法追究刑事责任；尚不构成犯罪的，依法给予处分。

第四章　附　　则

第二十五条 对外承包工程涉及的货物进出口、技术进出口、人员出入境、海关以及税收、外汇等事项，依照有关法律、行政法规和国家有关规定办理。

第二十六条 对外承包工程的单位以投标、议标方式参与报价金额在国务院商务主管部门和国务院财政部门等有关部门规定标准以上的工程项目的，其银行保函的出具等事项，依照国务院商务主管部门和国务院财政部门等有关部门的规定办理。

第二十七条 对外承包工程的单位承包特定工程项目，或者在国务院商务主管部门会同外交部等有关部门确定的特定国家或者地区承包工程项目的，应当经国务院商务主管部门会同国务院有关部门批准。

第二十八条 中国内地的单位在香港特别行政区、澳门特别行政区、台湾地区承包工程项目，参照本条例的规定执行。

第二十九条 中国政府对外援建的工程项目的实施及其管理，依照国家有关规定执行。

第三十条 本条例自2008年9月1日起施行。

对外承包工程保函风险专项资金管理暂行办法

1. 2001年10月10日财政部、对外贸易经济合作部发布
2. 财企〔2001〕625号
3. 根据2003年3月31日《财政部、商务部关于印发〈对外承包工程保函风险专项资金管理暂行办法〉补充规定的通知》（财企〔2003〕137号）修订

第一章　总　　则

第一条 为进一步扩大对外承包工程规模，解决对外经济合作企业承揽对外承包工程项目出现的开立保函资金困难问题，根据国办发〔2000〕32号文件的有关精神，特制定本办法。

第二条 对外承包工程保函风险专项资金（以下简称保

函风险资金)系指由中央财政出资设立,为符合本办法规定的对外承包工程项目(以下简称项目)开具的有关保函提供担保、垫支赔付款的专项资金。

第三条　保函风险资金支出范围:

(一)为符合条件的项目开具的投标保函、履约保函和预付款保函提供担保;

(二)垫支对外赔付资金;

(三)垫支赔付资金的核销。

第四条　保函风险资金由财政部、外经贸部委托中国银行及其授权分行具体办理。

第五条　企业应积极在银行申请授信额度,获得授信额度的企业须先使用其授信额度开立保函。

第二章　申请与审批

第六条　申请使用保函风险资金的企业须具备以下条件:

(一)经对外贸易经济合作部(以下简称外经贸部)批准,具有对外经济合作经营资格并在工商行政管理部门登记注册的企业法人;

(二)资产总额在8000万元人民币以上(含8000万元人民币),所有者权益在1500万元人民币以上(含1500万元人民币),连续两年盈利;

(三)未发生拖欠或挪用各类国家专项基金、资金及其他违法违规经营记录。

第七条　申请使用保函风险资金的项目须具备以下条件:

(一)合同额(或投标金额)在500万美元或其他等值货币以上(含500万美元);

(二)取得《对外承包工程项目投(议)标许可证》;

(三)符合我国外经贸政策。

第八条　中央管理的在京企业向中国银行总行提出申请,各地方企业及在地方的中央管理企业向当地或就近的中国银行授权分行提出申请。

第九条　企业向中国银行及其授权分行提出使用保函风险资金开具投标保函须提供以下材料:

(一)企业营业执照副本及复印件;

(二)中国人民银行颁发的贷款卡;

(三)企业近两年来经会计师事务所审计的财务会计报告及审计报告;

(四)项目基本情况介绍,包括项目背景、实施项目的资金来源、项目可行性研究报告、项目收支预算表;

(五)招标文件副本,包括项目介绍部分及商务部分;

(六)外经贸部颁发的《对外承包工程项目投(议)标许可证》;

(七)中国银行及其授权分行要求提供的有关材料。

第十条　企业向中国银行及其授权分行申请使用保函风险资金开具履约保函须提供以下材料:

(一)企业营业执照副本及复印件;

(二)中国人民银行颁发的贷款卡;

(三)企业近两年来经会计师事务所审计的财务会计报告及审计报告;

(四)项目的基本情况介绍,包括项目背景、实施项目的资金来源、项目可行性研究报告、项目收支预算表等;

(五)中标通知书或合同副本,包括项目介绍部分及商务部分;

(六)外经贸部颁发的《对外承包工程项目投(议)标许可证》;

(七)中国银行及其授权分行要求提供的有关材料。

第十一条　中国银行及其授权分行对上述材料审核后,即可为可行的项目开具保函。上述工作应在中国银行规定的工作日内完成。并有责任为企业提供有关保函咨询等方面的服务。

经审核,如中国银行及其授权分行不同意为企业开具保函,应向企业说明理由。

第十二条　同一企业累计开立保函余额为3000万美元。对承接发展前景良好,确有经济效益的特大型对外工程项目的企业不得超过4000万美元。

第十三条　中国银行须按月向财政部、外经贸部报送保函风险资金使用情况。

第十四条　开具的保函发生赔付时,如企业无力按业主要求及时支付赔付款,可向中国银行提出使用保函风险资金垫支的申请。中国银行及其授权分行应在中国银行规定的工作日内完成资金的对外垫付工作。

第十五条　发生垫支赔付款的企业应在中国银行对外支付垫款之日起15日内归还垫付款,如未能按期归还,在180天内按中国银行公布的同期外汇贷款利率,交纳保函风险资金占用费;超过180天按中国银行公布的逾期外汇贷款利率交纳保函风险资金占用费。

第十六条　中国银行负责于垫支赔付款后180天内向企

业收回垫支款及占用费并存入保函风险资金账户。

第三章　管理、监督、检查

第十七条　保函风险资金纳入中央财政预算管理。

（一）外经贸部负责编报保函风险资金年度预、决算，并根据财政部的决算批复进行账务处理；

（二）财政部负责对保函风险资金的使用情况进行年度审核。

第十八条　财政部、外经贸部对中国银行及其授权分行、企业和项目情况进行监督和检查。

中国银行及其授权分行在保函风险资金的使用动作过程中，应当遵循国家有关金融法律法规的有关规定，对于违反规定的工作人员和主要负责人要依法追究相应责任。

第四章　罚　　则

第十九条　申请使用保函风险资金的企业有下列情形之一，均构成违规行为：

（一）报送虚假文件；

（二）不按期归还赔付款；

（三）拒绝相关部门对使用保函风险资金项目的监督、检查或对相关部门的监督和检查不予配合的。

第二十条　根据外经贸部有关对外经济合作企业管理的有关规定，对发生违规的企业，视其情节轻重，给予警告。

第二十一条　对负有直接责任的企业主管人员和其他人员，建议有关部门给予行政处分。构成犯罪的，应移交司法机关处理。

第五章　附　　则

第二十二条　各地财政、外经贸主管部门可根据本地实际情况，参照本办法设立本地区的保函风险资金。

第二十三条　本办法由财政部、外经贸部负责解释和修订。

第二十四条　本办法自发布之日起实施。

关于对外承包工程质量安全问题处理的有关规定

1. 2002年10月15日对外贸易经济合作部、建设部发布
2. 外经贸发〔2002〕500号
3. 自2002年12月1日起施行

第一条　为加强对外承包工程企业的监督管理，促进对外承包工程业务的健康发展，根据《中华人民共和国建筑法》、《中华人民共和国对外贸易法》等有关法律、行政法规，制定本规定。

第二条　本规定所称对外承包工程，是指中华人民共和国境内企业与境外企业合资、合作等方式（以下简称境内企业）在境外从事建设工程的勘察、设计、施工、监理及其他工程服务活动。

第三条　对境内企业在对外承包工程中发生质量安全问题的处理，适用本规定。

第四条　从事对外承包工程的企业应当具有建设行政主管部门颁发的勘察、设计、施工、监理等企业资质证书，并须取得国务院对外经济贸易主管部门颁发的《对外经济合作经营资格证书》。从事对外承包工程企业应当在其资质等级和《对外经济合作经营资格证书》许可的范围内从事对外承包工程活动。

已经取得《对外经济合作经营资格证书》而尚未取得勘察、设计、施工、监理等企业资质证书的，应按照有关资质管理规定，取得相应的资质证书。

第五条　境内企业对外承包工程的业绩和质量安全情况应当作为国内对勘察、设计、施工、监理等企业资质管理的内容。

第六条　对外承包工程的业绩可以作为企业申请勘察、设计、施工、监理等企业资质证书以及资质年检的业绩。企业申报对外承包工程业绩，应当根据资质管理等规定提交相应的申报材料。

第七条　对外承包工程中发生下列质量安全事故或严重质量安全问题的，对外承包工程企业必须在事故发生之日起24小时内向驻外使（领）馆经济商务机构报告；驻外使（领）馆经济商务机构应当向国务院建设主管部门报告，并抄报国务院对外经济贸易主管部门：

（一）造成一人以上死亡或者三人以上重伤，或者直接经济损失100万元人民币以上的质量安全事故的；

（二）严重违反工程所在国或者地区规定采用的工程建设技术法规或者强制性标准，造成其他质量安全问题的；

（三）其他涉及质量安全的违法违规行为，在工程所在国或者地区造成不良后果的。

第八条　在对外承包工程中发生重大质量安全事故或者其他严重质量安全问题，在工程所在国或者地区造成恶劣影响的，国务院对外经济贸易主管部门和国务院建设主管部门可以组织联合调查组进行调查。

第九条　对于在外承包工程中发生质量安全事故或者其他严重质量安全问题的企业，建设行政主管部门根据《建筑业企业资质管理规定》(建设部令第87号)等有关规定予以处理；对外经济贸易行政主管部门根据有关规定，予以警告、不予通过《对外经济合作经营资格证书》年审的处理。

第十条　对于隐瞒对外承包工程质量安全事故或者严重质量安全问题的企业，除按本规定第九条的规定予以处理外，一年内不得申请晋升资质等级或者增项资质；不得申请扩大对外经济合作资格经营范围。

第十一条　对外经济贸易行政主管部门和建设行政主管部门将境内企业在对外承包工程中发生的重大质量安全事故或严重质量安全问题载入该企业的信用档案，并在相关的信息网上个公布。

第十二条　对境内企业在香港特别行政区、澳门特别行政区以及台湾地区承包工程发生质量安全问题的处理，参照本规定执行。

第十三条　本办法由国务院对外经济贸易主管部门和国务院建设主管部门共同负责解释。

第十四条　本规定自2002年12月1日起实施。

3. 工程勘察设计

建设工程勘察设计管理条例

1. 2000年9月25日国务院令第293号公布
2. 根据2015年6月12日国务院令第662号《关于修改〈建设工程勘察设计管理条例〉的决定》第一次修订
3. 根据2017年10月7日国务院令第687号《关于修改部分行政法规的决定》第二次修订

第一章　总　　则

第一条　为了加强对建设工程勘察、设计活动的管理，保证建设工程勘察、设计质量，保护人民生命和财产安全，制定本条例。

第二条　从事建设工程勘察、设计活动，必须遵守本条例。

本条例所称建设工程勘察，是指根据建设工程的要求，查明、分析、评价建设场地的地质地理环境特征和岩土工程条件，编制建设工程勘察文件的活动。

本条例所称建设工程设计，是指根据建设工程的要求，对建设工程所需的技术、经济、资源、环境等条件进行综合分析、论证，编制建设工程设计文件的活动。

第三条　建设工程勘察、设计应当与社会、经济发展水平相适应，做到经济效益、社会效益和环境效益相统一。

第四条　从事建设工程勘察、设计活动，应当坚持先勘察、后设计、再施工的原则。

第五条　县级以上人民政府建设行政主管部门和交通、水利等有关部门应当依照本条例的规定，加强对建设工程勘察、设计活动的监督管理。

建设工程勘察、设计单位必须依法进行建设工程勘察、设计，严格执行工程建设强制性标准，并对建设工程勘察、设计的质量负责。

第六条　国家鼓励在建设工程勘察、设计活动中采用先进技术、先进工艺、先进设备、新型材料和现代管理方法。

第二章　资质资格管理

第七条　国家对从事建设工程勘察、设计活动的单位，实行资质管理制度。具体办法由国务院建设行政主管部门商国务院有关部门制定。

第八条　建设工程勘察、设计单位应当在其资质等级许可的范围内承揽建设工程勘察、设计业务。

禁止建设工程勘察、设计单位超越其资质等级许可的范围或者以其他建设工程勘察、设计单位的名义承揽建设工程勘察、设计业务。禁止建设工程勘察、设计单位允许其他单位或者个人以本单位的名义承揽建设工程勘察、设计业务。

第九条　国家对从事建设工程勘察、设计活动的专业技术人员，实行执业资格注册管理制度。

未经注册的建设工程勘察、设计人员，不得以注册执业人员的名义从事建设工程勘察、设计活动。

第十条　建设工程勘察、设计注册执业人员和其他专业技术人员只能受聘于一个建设工程勘察、设计单位；未受聘于建设工程勘察、设计单位的，不得从事建设工程的勘察、设计活动。

第十一条　建设工程勘察、设计单位资质证书和执业人员注册证书，由国务院建设行政主管部门统一制作。

第三章　建设工程勘察设计发包与承包

第十二条　建设工程勘察、设计发包依法实行招标发包或者直接发包。

第十三条　建设工程勘察、设计应当依照《中华人民共和国招标投标法》的规定，实行招标发包。

第十四条　建设工程勘察、设计方案评标，应当以投标人的业绩、信誉和勘察、设计人员的能力以及勘察、设计方案的优劣为依据，进行综合评定。

第十五条　建设工程勘察、设计的招标人应当在评标委员会推荐的候选方案中确定中标方案。但是，建设工程勘察、设计的招标人认为评标委员会推荐的候选方案不能最大限度满足招标文件规定的要求的，应当依法重新招标。

第十六条　下列建设工程的勘察、设计，经有关主管部门批准，可以直接发包：

（一）采用特定的专利或者专有技术的；

（二）建筑艺术造型有特殊要求的；

（三）国务院规定的其他建设工程的勘察、设计。

第十七条　发包方不得将建设工程勘察、设计业务发包给不具有相应勘察、设计资质等级的建设工程勘察、设计单位。

第十八条　发包方可以将整个建设工程的勘察、设计发包给一个勘察、设计单位；也可以将建设工程的勘察、设计分别发包给几个勘察、设计单位。

第十九条 除建设工程主体部分的勘察、设计外，经发包方书面同意，承包方可以将建设工程其他部分的勘察、设计再分包给其他具有相应资质等级的建设工程勘察、设计单位。

第二十条 建设工程勘察、设计单位不得将所承揽的建设工程勘察、设计转包。

第二十一条 承包方必须在建设工程勘察、设计资质证书规定的资质等级和业务范围内承揽建设工程的勘察、设计业务。

第二十二条 建设工程勘察、设计的发包方与承包方，应当执行国家规定的建设工程勘察、设计程序。

第二十三条 建设工程勘察、设计的发包方与承包方应当签订建设工程勘察、设计合同。

第二十四条 建设工程勘察、设计发包方与承包方应当执行国家有关建设工程勘察费、设计费的管理规定。

第四章 建设工程勘察设计文件的编制与实施

第二十五条 编制建设工程勘察、设计文件，应当以下列规定为依据：

（一）项目批准文件；

（二）城乡规划；

（三）工程建设强制性标准；

（四）国家规定的建设工程勘察、设计深度要求。

铁路、交通、水利等专业建设工程，还应当以专业规划的要求为依据。

第二十六条 编制建设工程勘察文件，应当真实、准确，满足建设工程规划、选址、设计、岩土治理和施工的需要。

编制方案设计文件，应当满足编制初步设计文件和控制概算的需要。

编制初步设计文件，应当满足编制施工招标文件、主要设备材料订货和编制施工图设计文件的需要。

编制施工图设计文件，应当满足设备材料采购、非标准设备制作和施工的需要，并注明建设工程合理使用年限。

第二十七条 设计文件中选用的材料、构配件、设备，应当注明其规格、型号、性能等技术指标，其质量要求必须符合国家规定的标准。

除有特殊要求的建筑材料、专用设备和工艺生产线等外，设计单位不得指定生产厂、供应商。

第二十八条 建设单位、施工单位、监理单位不得修改建设工程勘察、设计文件；确需修改建设工程勘察、设计文件的，应当由原建设工程勘察、设计单位修改。经原建设工程勘察、设计单位书面同意，建设单位也可以委托其他具有相应资质的建设工程勘察、设计单位修改。修改单位对修改的勘察、设计文件承担相应责任。

施工单位、监理单位发现建设工程勘察、设计文件不符合工程建设强制性标准、合同约定的质量要求的，应当报告建设单位，建设单位有权要求建设工程勘察、设计单位对建设工程勘察、设计文件进行补充、修改。

建设工程勘察、设计文件内容需要作重大修改的，建设单位应当报经原审批机关批准后，方可修改。

第二十九条 建设工程勘察、设计文件中规定采用的新技术、新材料，可能影响建设工程质量和安全，又没有国家技术标准的，应当由国家认可的检测机构进行试验、论证，出具检测报告，并经国务院有关部门或者省、自治区、直辖市人民政府有关部门组织的建设工程技术专家委员会审定后，方可使用。

第三十条 建设工程勘察、设计单位应当在建设工程施工前，向施工单位和监理单位说明建设工程勘察、设计意图，解释建设工程勘察、设计文件。

建设工程勘察、设计单位应当及时解决施工中出现的勘察、设计问题。

第五章 监督管理

第三十一条 国务院建设行政主管部门对全国的建设工程勘察、设计活动实施统一监督管理。国务院铁路、交通、水利等有关部门按照国务院规定的职责分工，负责对全国的有关专业建设工程勘察、设计活动的监督管理。

县级以上地方人民政府建设行政主管部门对本行政区域内的建设工程勘察、设计活动实施监督管理。县级以上地方人民政府交通、水利等有关部门在各自的职责范围内，负责对本行政区域内的有关专业建设工程勘察、设计活动的监督管理。

第三十二条 建设工程勘察、设计单位在建设工程勘察、设计资质证书规定的业务范围内跨部门、跨地区承揽勘察、设计业务的，有关地方人民政府及其所属部门不得设置障碍，不得违反国家规定收取任何费用。

第三十三条 施工图设计文件审查机构应当对房屋建筑工程、市政基础设施工程施工图设计文件中涉及公共利益、公众安全、工程建设强制性标准的内容进行审查。县级以上人民政府交通运输等有关部门应当按照职责对施工图设计文件中涉及公共利益、公众安全、工程建设强制性标准的内容进行审查。

施工图设计文件未经审查批准的,不得使用。

第三十四条 任何单位和个人对建设工程勘察、设计活动中的违法行为都有权检举、控告、投诉。

第六章 罚 则

第三十五条 违反本条例第八条规定的,责令停止违法行为,处合同约定的勘察费、设计费1倍以上2倍以下的罚款,有违法所得的,予以没收;可以责令停业整顿,降低资质等级;情节严重的,吊销资质证书。

未取得资质证书承揽工程的,予以取缔,依照前款规定处以罚款;有违法所得的,予以没收。

以欺骗手段取得资质证书承揽工程的,吊销资质证书,依照本条第一款规定处以罚款;有违法所得的,予以没收。

第三十六条 违反本条例规定,未经注册,擅自以注册建设工程勘察、设计人员的名义从事建设工程勘察、设计活动的,责令停止违法行为,没收违法所得,处违法所得2倍以上5倍以下罚款;给他人造成损失的,依法承担赔偿责任。

第三十七条 违反本条例规定,建设工程勘察、设计注册执业人员和其他专业技术人员未受聘于一个建设工程勘察、设计单位或者同时受聘于两个以上建设工程勘察、设计单位,从事建设工程勘察、设计活动的,责令停止违法行为,没收违法所得,处违法所得2倍以上5倍以下的罚款;情节严重的,可以责令停止执行业务或者吊销资格证书;给他人造成损失的,依法承担赔偿责任。

第三十八条 违反本条例规定,发包方将建设工程勘察、设计业务发包给不具有相应资质等级的建设工程勘察、设计单位的,责令改正,处50万元以上100万元以下的罚款。

第三十九条 违反本条例规定,建设工程勘察、设计单位将所承揽的建设工程勘察、设计转包的,责令改正,没收违法所得,处合同约定的勘察费、设计费25%以上50%以下的罚款,可以责令停业整顿,降低资质等级;情节严重的,吊销资质证书。

第四十条 违反本条例规定,勘察、设计单位未依据项目批准文件,城乡规划及专业规划,国家规定的建设工程勘察、设计深度要求编制建设工程勘察、设计文件的,责令限期改正;逾期不改正的,处10万元以上30万元以下的罚款;造成工程质量事故或者环境污染和生态破坏的,责令停业整顿,降低资质等级;情节严重的,吊销资质证书;造成损失的,依法承担赔偿责任。

第四十一条 违反本条例规定,有下列行为之一的,依照《建设工程质量管理条例》第六十三条的规定给予处罚:

(一)勘察单位未按照工程建设强制性标准进行勘察的;

(二)设计单位未根据勘察成果文件进行工程设计的;

(三)设计单位指定建筑材料、建筑构配件的生产厂、供应商的;

(四)设计单位未按照工程建设强制性标准进行设计的。

第四十二条 本条例规定的责令停业整顿、降低资质等级和吊销资质证书、资格证书的行政处罚,由颁发资质证书、资格证书的机关决定;其他行政处罚,由建设行政主管部门或者其他有关部门依据法定职权范围决定。

依照本条例规定被吊销资质证书的,由工商行政管理部门吊销其营业执照。

第四十三条 国家机关工作人员在建设工程勘察、设计活动的监督管理工作中玩忽职守、滥用职权、徇私舞弊,构成犯罪的,依法追究刑事责任;尚不构成犯罪的,依法给予行政处分。

第七章 附 则

第四十四条 抢险救灾及其他临时性建筑和农民自建两层以下住宅的勘察、设计活动,不适用本条例。

第四十五条 军事建设工程勘察、设计的管理,按照中央军事委员会的有关规定执行。

第四十六条 本条例自公布之日起施行。

建设部办公厅关于对《建设工程勘察设计管理条例》第二十八条理解适用问题的批复

2003年10月8日

河南省建设厅:

《河南省建设厅关于对建设工程勘察设计管理条

例第二十八条理解适用问题的请示》（豫建法监〔2003〕13号）收悉。经研究，批复如下：

一、委托设计是建设单位与设计单位之间的法律关系。请示中涉及的案例，建设单位委托了原设计单位进行加固设计，与加固设计是否适用《建设工程勘察设计管理条例》第二十八条的规定没有直接关系。

二、建设单位、施工企业、设计企业等单位对加固设计费用问题存在分歧，属于一般的经济纠纷。人民法院委托第三方作出鉴定，与《建设工程勘察设计管理条例》的规定并不矛盾。

三、请示涉及的案例中，原设计企业所估算的加固费用和人民法院委托单位所估算的加固费用相差十分悬殊。请你厅调查原因，并将结果告建设部建筑市场管理司和质量安全司。

此复。

建设工程勘察质量管理办法

1. 2002年12月4日建设部令第115号公布

2. 根据2007年11月22日建设部令第163号《关于修改〈建设工程勘察质量管理办法〉的决定》第一次修正

3. 根据2021年4月1日住房和城乡建设部令第53号《关于修改〈建设工程勘察质量管理办法〉的决定》第二次修正

第一章　总　　则

第一条　为了加强对建设工程勘察质量的管理，保证建设工程质量，根据《中华人民共和国建筑法》、《建设工程质量管理条例》、《建设工程勘察设计管理条例》等有关法律、法规，制定本办法。

第二条　凡在中华人民共和国境内从事建设工程勘察活动的，必须遵守本办法。

本办法所称建设工程勘察，是指根据建设工程的要求，查明、分析、评价建设场地的地质地理环境特征和岩土工程条件，编制建设工程勘察文件的活动。

第三条　工程勘察企业应当按照有关建设工程质量的法律、法规、工程建设强制性标准和勘察合同进行勘察工作，并对勘察质量负责。

勘察文件应当符合国家规定的勘察深度要求，必须真实、准确。

第四条　国务院住房和城乡建设主管部门对全国的建设工程勘察质量实施统一监督管理。

国务院铁路、交通、水利等有关部门按照国务院规定的职责分工，负责对全国的有关专业建设工程勘察质量的监督管理。

县级以上地方人民政府住房和城乡建设主管部门对本行政区域内的建设工程勘察质量实施监督管理。

县级以上地方人民政府有关部门在各自的职责范围内，负责对本行政区域内的有关专业建设工程勘察质量的监督管理。

第二章　质量责任和义务

第五条　建设单位应当为勘察工作提供必要的现场工作条件，保证合理的勘察工期，提供真实、可靠的原始资料。

建设单位应当加强履约管理，及时足额支付勘察费用，不得迫使工程勘察企业以低于成本的价格承揽任务。

建设单位应当依法将工程勘察文件送施工图审查机构审查。建设单位应当验收勘察报告，组织勘察技术交底和验槽。

建设单位项目负责人应当按照有关规定履行代表建设单位进行勘察质量管理的职责。

第六条　工程勘察企业必须依法取得工程勘察资质证书，并在资质等级许可的范围内承揽勘察业务。

工程勘察企业不得超越其资质等级许可的业务范围或者以其他勘察企业的名义承揽勘察业务；不得允许其他企业或者个人以本企业的名义承揽勘察业务；不得转包或者违法分包所承揽的勘察业务。

第七条　工程勘察企业应当健全勘察质量管理体系和质量责任制度，建立勘察现场工作质量责任可追溯制度。

工程勘察企业将勘探、试验、测试等技术服务工作交由具备相应技术条件的其他单位承担的，工程勘察企业对相关勘探、试验、测试工作成果质量全面负责。

第八条　工程勘察企业应当拒绝用户提出的违反国家有关规定的不合理要求，有权提出保证工程勘察质量所必需的现场工作条件和合理工期。

第九条　工程勘察企业应当向设计、施工和监理等单位进行勘察技术交底，参与施工验槽，及时解决工程设计和施工中与勘察工作有关的问题，按规定参加工程竣工验收。

第十条 工程勘察企业应当参与建设工程质量事故的分析，并对因勘察原因造成的质量事故，提出相应的技术处理方案。

第十一条 工程勘察项目负责人、审核人、审定人及有关技术人员应当具有相应的技术职称或者注册资格。

第十二条 工程勘察企业法定代表人应当建立健全并落实本单位质量管理制度，授权具备相应资格的人员担任项目负责人。

工程勘察企业项目负责人应当签署质量终身责任承诺书，执行勘察纲要和工程建设强制性标准，落实本单位勘察质量管理制度，制定项目质量保证措施，组织开展工程勘察各项工作。

第十三条 工程勘察企业的法定代表人、项目负责人、审核人、审定人等相关人员，应当在勘察文件上签字或者盖章，并对勘察质量负责。

工程勘察企业法定代表人对本企业勘察质量全面负责；项目负责人对项目的勘察文件负主要质量责任；项目审核人、审定人对其审核、审定项目的勘察文件负审核、审定的质量责任。

第十四条 工程勘察工作的原始记录应当在勘察过程中及时整理、核对，确保取样、记录的真实和准确，禁止原始记录弄虚作假。钻探、取样、原位测试、室内试验等主要过程的影像资料应当留存备查。

司钻员、描述员、土工试验员等作业人员应当在原始记录上签字。工程勘察企业项目负责人应当对原始记录进行验收并签字。

鼓励工程勘察企业采用信息化手段，实时采集、记录、存储工程勘察数据。

第十五条 工程勘察企业应当确保仪器、设备的完好。钻探、取样的机具设备、原位测试、室内试验及测量仪器等应当符合有关规范、规程的要求。

第十六条 工程勘察企业应当加强职工技术培训和职业道德教育，提高勘察人员的质量责任意识。司钻员、描述员、土工试验员等人员应当按照有关规定接受安全生产、职业道德、理论知识和操作技能等方面的专业培训。

第十七条 工程勘察企业应当建立工程勘察档案管理制度。工程勘察企业应当在勘察报告提交建设单位后20日内将工程勘察文件和勘探、试验、测试原始记录及成果、质量安全管理记录归档保存。归档资料应当经项目负责人签字确认，保存期限应当不少于工程的设计使用年限。

国家鼓励工程勘察企业推进传统载体档案数字化。电子档案与传统载体档案具有同等效力。

第三章 监督管理

第十八条 县级以上人民政府住房和城乡建设主管部门或者其他有关部门（以下简称工程勘察质量监督部门）应当通过“双随机、一公开”方式开展工程勘察质量监管，检查及处理结果及时向社会公开。

工程勘察质量监督部门可以通过政府购买技术服务方式，聘请具有专业技术能力的单位和人员对工程勘察质量进行检查，所需费用向本级财政申请予以保障。

工程勘察质量监督部门应当运用互联网等信息化手段开展工程勘察质量监管，提升监管的精准化、智能化水平。

第十九条 工程勘察发生重大质量、安全事故时，有关单位应当按照规定向工程勘察质量监督部门报告。

第二十条 任何单位和个人有权向工程勘察质量监督部门检举、投诉工程勘察质量、安全问题。

第四章 罚则

第二十一条 工程勘察企业违反《建设工程勘察设计管理条例》、《建设工程质量管理条例》的，由工程勘察质量监督部门按照有关规定给予处罚。

第二十二条 违反本办法规定，建设单位有下列行为之一的，由工程勘察质量监督部门责令改正，处1万元以上3万元以下的罚款：

（一）未提供必要的现场工作条件；

（二）未提供与工程勘察有关的原始资料或者提供的原始资料不真实、不可靠；

（三）未组织勘察技术交底；

（四）未组织验槽。

第二十三条 违反本办法规定，工程勘察企业未按照工程建设强制性标准进行勘察、弄虚作假、提供虚假成果资料的，由工程勘察质量监督部门责令改正，处10万元以上30万元以下的罚款；造成工程质量事故的，责令停业整顿，降低资质等级；情节严重的，吊销资质证书；造成损失的，依法承担赔偿责任。

第二十四条 违反本办法规定，工程勘察企业有下列行为之一的，由工程勘察质量监督部门责令改正，处1万元以上3万元以下的罚款：

（一）使用的勘察仪器、设备不满足相关规定；

（二）司钻员、描述员、土工试验员等关键岗位作业人员未接受专业培训；

（三）未按规定参加建设单位组织的勘察技术交底或者验槽；

（四）原始记录弄虚作假；

（五）未将钻探、取样、原位测试、室内试验等主要过程的影像资料留存备查；

（六）未按规定及时将工程勘察文件和勘探、试验、测试原始记录及成果、质量安全管理记录归档保存。

第二十五条　违反本办法规定，工程勘察企业法定代表人有下列行为之一的，由工程勘察质量监督部门责令改正，处1万元以上3万元以下的罚款：

（一）未建立或者落实本单位勘察质量管理制度；

（二）授权不具备相应资格的项目负责人开展勘察工作；

（三）未按规定在工程勘察文件上签字或者盖章。

第二十六条　违反本办法规定，工程勘察企业项目负责人有下列行为之一的，由工程勘察质量监督部门责令改正，处1万元以上3万元以下的罚款：

（一）未执行勘察纲要和工程建设强制性标准；

（二）未落实本单位勘察质量管理制度，未制定项目质量保证措施；

（三）未按规定在工程勘察文件上签字；

（四）未对原始记录进行验收并签字；

（五）未对归档资料签字确认。

第二十七条　依照本办法规定，给予建设单位、勘察企业罚款处罚的，由工程勘察质量监督部门对建设单位、勘察企业的法定代表人和其他直接责任人员处以企业罚款数额的5%以上10%以下的罚款。

第二十八条　国家机关工作人员在建设工程勘察质量监督管理工作中玩忽职守、滥用职权、徇私舞弊的，依法给予行政处分；构成犯罪的，依法追究刑事责任。

第五章　附　　则

第二十九条　本办法自2003年2月1日起施行。

房屋建筑和市政基础设施工程施工图设计文件审查管理办法

1. 2013年4月27日住房和城乡建设部令第13号公布

2. 根据2015年5月4日住房和城乡建设部令第24号《关于修改〈房地产开发企业资质管理规定〉等部门规章的决定》第一次修正

3. 根据2018年12月29日住房和城乡建设部令第46号《关于修改〈房屋建筑和市政基础设施工程施工图设计文件审查管理办法〉的决定》第二次修正

第一条　为了加强对房屋建筑工程、市政基础设施工程施工图设计文件审查的管理，提高工程勘察设计质量，根据《建设工程质量管理条例》、《建设工程勘察设计管理条例》等行政法规，制定本办法。

第二条　在中华人民共和国境内从事房屋建筑工程、市政基础设施工程施工图设计文件审查和实施监督管理的，应当遵守本办法。

第三条　国家实施施工图设计文件（含勘察文件，以下简称施工图）审查制度。

本办法所称施工图审查，是指施工图审查机构（以下简称审查机构）按照有关法律、法规，对施工图涉及公共利益、公众安全和工程建设强制性标准的内容进行的审查。施工图审查应当坚持先勘察、后设计的原则。

施工图未经审查合格的，不得使用。从事房屋建筑工程、市政基础设施工程施工、监理等活动，以及实施对房屋建筑和市政基础设施工程质量安全监督管理，应当以审查合格的施工图为依据。

第四条　国务院住房城乡建设主管部门负责对全国的施工图审查工作实施指导、监督。

县级以上地方人民政府住房城乡建设主管部门负责对本行政区域内的施工图审查工作实施监督管理。

第五条　省、自治区、直辖市人民政府住房城乡建设主管部门应当会同有关主管部门按照本办法规定的审查机构条件，结合本行政区域内的建设规模，确定相应数量的审查机构，逐步推行以政府购买服务方式开展施工图设计文件审查。具体办法由国务院住房城乡建设主管部门另行规定。

审查机构是专门从事施工图审查业务，不以营利为目的的独立法人。

省、自治区、直辖市人民政府住房城乡建设主管部门应当将审查机构名录报国务院住房城乡建设主管部门备案，并向社会公布。

第六条 审查机构按承接业务范围分两类，一类机构承接房屋建筑、市政基础设施工程施工图审查业务范围不受限制；二类机构可以承接中型及以下房屋建筑、市政基础设施工程的施工图审查。

房屋建筑、市政基础设施工程的规模划分，按照国务院住房城乡建设主管部门的有关规定执行。

第七条 一类审查机构应当具备下列条件：

（一）有健全的技术管理和质量保证体系。

（二）审查人员应当有良好的职业道德；有15年以上所需专业勘察、设计工作经历；主持过不少于5项大型房屋建筑工程、市政基础设施工程相应专业的设计或者甲级工程勘察项目相应专业的勘察；已实行执业注册制度的专业，审查人员应当具有一级注册建筑师、一级注册结构工程师或者勘察设计注册工程师资格，并在本审查机构注册；未实行执业注册制度的专业，审查人员应当具有高级工程师职称；近5年内未因违反工程建设法律法规和强制性标准受到行政处罚。

（三）在本审查机构专职工作的审查人员数量：从事房屋建筑工程施工图审查的，结构专业审查人员不少于7人，建筑专业不少于3人，电气、暖通、给排水、勘察等专业审查人员各不少于2人；从事市政基础设施工程施工图审查的，所需专业的审查人员不少于7人，其他必须配套的专业审查人员各不少于2人；专门从事勘察文件审查的，勘察专业审查人员不少于7人。

承担超限高层建筑工程施工图审查的，还应当具有主持过超限高层建筑工程或者100米以上建筑工程结构专业设计的审查人员不少于3人。

（四）60岁以上审查人员不超过该专业审查人员规定数的1/2。

第八条 二类审查机构应当具备下列条件：

（一）有健全的技术管理和质量保证体系。

（二）审查人员应当有良好的职业道德；有10年以上所需专业勘察、设计工作经历；主持过不少于5项中型以上房屋建筑工程、市政基础设施工程相应专业的设计或者乙级以上工程勘察项目相应专业的勘察；已实行执业注册制度的专业，审查人员应当具有一级注册建筑师、一级注册结构工程师或者勘察设计注册工程师资格，并在本审查机构注册；未实行执业注册制度的专业，审查人员应当具有高级工程师职称；近5年内未因违反工程建设法律法规和强制性标准受到行政处罚。

（三）在本审查机构专职工作的审查人员数量：从事房屋建筑工程施工图审查的，结构专业审查人员不少于3人，建筑、电气、暖通、给排水、勘察等专业审查人员各不少于2人；从事市政基础设施工程施工图审查的，所需专业的审查人员不少于4人，其他必须配套的专业审查人员各不少于2人；专门从事勘察文件审查的，勘察专业审查人员不少于4人。

（四）60岁以上审查人员不超过该专业审查人员规定数的1/2。

第九条 建设单位应当将施工图送审查机构审查，但审查机构不得与所审查项目的建设单位、勘察设计企业有隶属关系或者其他利害关系。送审管理的具体办法由省、自治区、直辖市人民政府住房城乡建设主管部门按照"公开、公平、公正"的原则规定。

建设单位不得明示或者暗示审查机构违反法律法规和工程建设强制性标准进行施工图审查，不得压缩合理审查周期、压低合理审查费用。

第十条 建设单位应当向审查机构提供下列资料并对所提供资料的真实性负责：

（一）作为勘察、设计依据的政府有关部门的批准文件及附件；

（二）全套施工图；

（三）其他应当提交的材料。

第十一条 审查机构应当对施工图审查下列内容：

（一）是否符合工程建设强制性标准；

（二）地基基础和主体结构的安全性；

（三）消防安全性；

（四）人防工程（不含人防指挥工程）防护安全性；

（五）是否符合民用建筑节能强制性标准，对执行绿色建筑标准的项目，还应当审查是否符合绿色建筑标准；

（六）勘察设计企业和注册执业人员以及相关人员是否按规定在施工图上加盖相应的图章和签字；

（七）法律、法规、规章规定必须审查的其他内容。

第十二条 施工图审查原则上不超过下列时限：

（一）大型房屋建筑工程、市政基础设施工程为15个工作日，中型及以下房屋建筑工程、市政基础设施工程为10个工作日。

（二）工程勘察文件，甲级项目为7个工作日，乙级及以下项目为5个工作日。

以上时限不包括施工图修改时间和审查机构的复审时间。

第十三条　审查机构对施工图进行审查后，应当根据下列情况分别作出处理：

（一）审查合格的，审查机构应当向建设单位出具审查合格书，并在全套施工图上加盖审查专用章。审查合格书应当有各专业的审查人员签字，经法定代表人签发，并加盖审查机构公章。审查机构应当在出具审查合格书后5个工作日内，将审查情况报工程所在地县级以上地方人民政府住房城乡建设主管部门备案。

（二）审查不合格的，审查机构应当将施工图退建设单位并出具审查意见告知书，说明不合格原因。同时，应当将审查意见告知书及审查中发现的建设单位、勘察设计企业和注册执业人员违反法律、法规和工程建设强制性标准的问题，报工程所在地县级以上地方人民政府住房城乡建设主管部门。

施工图退建设单位后，建设单位应当要求原勘察设计企业进行修改，并将修改后的施工图送原审查机构复审。

第十四条　任何单位或者个人不得擅自修改审查合格的施工图；确需修改的，凡涉及本办法第十一条规定内容的，建设单位应当将修改后的施工图送原审查机构审查。

第十五条　勘察设计企业应当依法进行建设工程勘察、设计，严格执行工程建设强制性标准，并对建设工程勘察、设计的质量负责。

审查机构对施工图审查工作负责，承担审查责任。施工图经审查合格后，仍有违反法律、法规和工程建设强制性标准的问题，给建设单位造成损失的，审查机构依法承担相应的赔偿责任。

第十六条　审查机构应当建立、健全内部管理制度。施工图审查应当有经各专业审查人员签字的审查记录。审查记录、审查合格书、审查意见告知书等有关资料应当归档保存。

第十七条　已实行执业注册制度的专业，审查人员应当按规定参加执业注册继续教育。

未实行执业注册制度的专业，审查人员应当参加省、自治区、直辖市人民政府住房城乡建设主管部门组织的有关法律、法规和技术标准的培训，每年培训时间不少于40学时。

第十八条　按规定应当进行审查的施工图，未经审查合格的，住房城乡建设主管部门不得颁发施工许可证。

第十九条　县级以上人民政府住房城乡建设主管部门应当加强对审查机构的监督检查，主要检查下列内容：

（一）是否符合规定的条件；

（二）是否超出范围从事施工图审查；

（三）是否使用不符合条件的审查人员；

（四）是否按规定的内容进行审查；

（五）是否按规定上报审查过程中发现的违法违规行为；

（六）是否按规定填写审查意见告知书；

（七）是否按规定在审查合格书和施工图上签字盖章；

（八）是否建立健全审查机构内部管理制度；

（九）审查人员是否按规定参加继续教育。

县级以上人民政府住房城乡建设主管部门实施监督检查时，有权要求被检查的审查机构提供有关施工图审查的文件和资料，并将监督检查结果向社会公布。

涉及消防安全性、人防工程（不含人防指挥工程）防护安全性的，由县级以上人民政府有关部门按照职责分工实施监督检查和行政处罚，并将监督检查结果向社会公布。

第二十条　审查机构应当向县级以上地方人民政府住房城乡建设主管部门报审查情况统计信息。

县级以上地方人民政府住房城乡建设主管部门应当定期对施工图审查情况进行统计，并将统计信息报上级住房城乡建设主管部门。

第二十一条　县级以上人民政府住房城乡建设主管部门应当及时受理对施工图审查工作中违法、违规行为的检举、控告和投诉。

第二十二条　县级以上人民政府住房城乡建设主管部门对审查机构报告的建设单位、勘察设计企业、注册执业人员的违法违规行为，应当依法进行查处。

第二十三条　审查机构列入名录后不再符合规定条件的，省、自治区、直辖市人民政府住房城乡建设主管部门应当责令其限期改正；逾期不改的，不再将其列入审查机构名录。

第二十四条　审查机构违反本办法规定，有下列行为之一的，由县级以上地方人民政府住房城乡建设主管部门责令改正，处3万元罚款，并记入信用档案；情节严重的，省、自治区、直辖市人民政府住房城乡建设主管部门不再将其列入审查机构名录：

（一）超出范围从事施工图审查的；

（二）使用不符合条件审查人员的；

（三）未按规定的内容进行审查的；

（四）未按规定上报审查过程中发现的违法违规行为的；

（五）未按规定填写审查意见告知书的；

（六）未按规定在审查合格书和施工图上签字盖章的；

（七）已出具审查合格书的施工图，仍有违反法律、法规和工程建设强制性标准的。

第二十五条 审查机构出具虚假审查合格书的，审查合格书无效，县级以上地方人民政府住房城乡建设主管部门处3万元罚款，省、自治区、直辖市人民政府住房城乡建设主管部门不再将其列入审查机构名录。

审查人员在虚假审查合格书上签字的，终身不得再担任审查人员；对于已实行执业注册制度的专业的审查人员，还应当依照《建设工程质量管理条例》第七十二条、《建设工程安全生产管理条例》第五十八条规定予以处罚。

第二十六条 建设单位违反本办法规定，有下列行为之一的，由县级以上地方人民政府住房城乡建设主管部门责令改正，处3万元罚款；情节严重的，予以通报：

（一）压缩合理审查周期的；

（二）提供不真实送审资料的；

（三）对审查机构提出不符合法律、法规和工程建设强制性标准要求的。

建设单位为房地产开发企业的，还应当依照《房地产开发企业资质管理规定》进行处理。

第二十七条 依照本办法规定，给予审查机构罚款处罚的，对机构的法定代表人和其他直接责任人员处机构罚款数额5%以上10%以下的罚款，并记入信用档案。

第二十八条 省、自治区、直辖市人民政府住房城乡建设主管部门未按照本办法规定确定审查机构的，国务院住房城乡建设主管部门责令改正。

第二十九条 国家机关工作人员在施工图审查监督管理工作中玩忽职守、滥用职权、徇私舞弊，构成犯罪的，依法追究刑事责任；尚不构成犯罪的，依法给予行政处分。

第三十条 省、自治区、直辖市人民政府住房城乡建设主管部门可以根据本办法，制定实施细则。

第三十一条 本办法自2013年8月1日起施行。原建设部2004年8月23日发布的《房屋建筑和市政基础设施工程施工图设计文件审查管理办法》（建设部令第134号）同时废止。

住房和城乡建设部关于进一步促进工程勘察设计行业改革与发展的若干意见

1. 2013年2月6日

2. 建市〔2013〕23号

工程勘察设计行业是国民经济的基础产业之一，是现代服务业的重要组成部分。工程勘察设计是工程建设的先导和灵魂，是贯彻落实国家发展规划、产业政策和促进先进技术向现实生产力转化的关键环节，是提高建设项目投资效益、社会效益和保障工程质量安全的重要保证，对传承优秀历史文化、促进城乡协调发展科学发展、推动经济转型升级、建设创新型国家起着十分重要的作用。

当前，我国正处于全面建成小康社会的决定性阶段，也是信息化和工业化深度融合、工业化和城镇化良性互动的重要时期。为进一步优化工程建设发展环境，提升服务水平，促进工程勘察设计行业改革与发展，提出如下意见。

一、坚持科学发展理念，明确基本思路和主要目标

（一）发展理念

工程勘察设计要坚持质量第一、以人为本，资源节约、生态环保，科技引领、人才兴业，文化传承、创新驱动的理念。

工程勘察设计要始终坚持将质量安全放在第一位，确保工程建设项目功能和质量；充分考虑地域、人文、环境、资源等特点，促进人与自然和谐发展；节约集约利用资源和能源，推进低碳循环经济建设；注重环境保护，促进生态文明建设；加快科技成果向现实生产力转化，推进产业技术进步；加强人才培养，提升行业队伍素质；坚持安全、适用、经济、美观的原则，弘扬优秀历史文化；坚持技术、管理和业态创新，促进勘察设计行业健康可持续发展。

（二）基本思路

以邓小平理论、“三个代表”重要思想、科学发展观为指导，以加快转变行业发展方式为主线，坚持市场化、国际化的发展方向，完善行业发展体制与机制，推进技术、管理和业态创新，优化行业发展环境，提升行业核心竞争力，不断提高勘察设计质量与技术水平，实现勘察设计行业全面协调可持续的科学发展。

（三）主要目标

构建与社会主义市场经济体制相适应、具有中国特色的工程勘察设计行业管理体制和运行机制。以加强企业资质和个人执业资格动态监管为手段，以推进工程担保、保险和诚信体系建设为重点，完善勘察设计市场运行体系；以大型综合工程勘察设计企业和工程公司为龙头，以中小型专业工程勘察设计企业为基础，构建规模级配合理、专业分工有序的行业结构体系；以质量安全为核心，以技术、管理、业态创新为动力，逐步形成涵盖工程建设全过程的行业服务体系，实现建设工程的经济效益、社会效益和环境效益相统一。

二、优化行业发展环境

（四）完善企业资质管理制度

进一步简化工程勘察设计资质分类，加强对专业相关、相近的企业资质归并整合的研究。加强企业资质动态监管，强化勘察设计市场准入清出机制。完善工程勘察设计企业跨区域开展业务的管理，规范企业市场行为，防止地方保护，加快建立统一开放、竞争有序的工程勘察设计市场。

（五）完善个人执业资格管理制度

进一步完善勘察设计个人执业资格制度框架体系，合理优化专业划分，逐步实现相关、相近类别注册资格的归并整合。完善执业标准，探索拓宽注册建筑师、勘察设计注册工程师的执业范围，强化执业责任，维护执业合法权益。加强执业监管，规范执业行为，加大对人员业绩、从业行为、诚信行为、社保关系的审查力度，防止注册执业人员的人证分离，全面提高执业人员的素质。

（六）改进工程勘察设计招投标制度

针对勘察设计行业特点完善招投标制度，研究推行不同的招标方式，大中型建筑设计项目采用概念性方案设计招标、实施性方案设计招标等形式，大中型工业设计项目采用工艺方案比选、初步设计招标等形式。工程勘察设计招标应重点评估投标人的能力、业绩、信誉以及方案的优劣，不得以压低勘察设计费、增加工作量、缩短勘察设计周期作为中标条件。

（七）加强工程勘察设计市场监管

健全工程勘察设计市场监督管理机制，加强对企业市场行为和个人从业行为的动态监管，定期开展勘察设计市场集中检查。健全勘察设计行业管理信息系统，逐步实现与工商、社保、税务等行政主管部门的信息联动，实现对各类市场主体、专业技术人员、工程项目等相关数据的共享和管理联动，提高监管效能。

（八）推行勘察设计责任保险和担保

进一步完善市场风险防范机制，加快建立由政府倡导、按市场模式运行的工程保险、担保制度，保障企业稳定运营。支持工程勘察设计领域的保险产品创新，积极运用保险机制分担工程勘察设计企业和人员的从业风险。引导工程担保制度发展，为工程勘察设计企业增强服务能力、提升企业实力提供支撑。

（九）保证工程勘察设计合理收费和周期

完善工程勘察设计收费和周期管理体系，进一步提高工程勘察设计质量和水平。合理确定工程勘察设计各阶段周期，在合同中明确约定并严格履行。完善优化设计激励办法，鼓励和推行优质优价。监督建设工程勘察设计承发包双方严格执行工程勘察设计收费标准。加大对工程勘察设计企业违规低价竞标和建设单位压缩合理勘察设计周期等行为的处罚力度。

（十）健全工程勘察设计行业诚信体系

按照“依法经营、诚实守信、失信必惩、保障有力”的原则，推进诚信体系建设，营造良好的勘察设计市场环境。完善工程勘察设计行业诚信标准，建立比较完整的各类市场主体和注册执业人员的信用档案。依托全国统一的诚信信息平台，及时采集并公布诚信信息，接受社会监督。加强对诚信信息的分析和应用，推行市场准入清出、勘察设计招投标、市场动态监管等环节的差别化管理，逐步培育依法竞争、合理竞争、诚实守信的勘察设计市场。

三、提升行业服务水平

（十一）拓宽工程勘察设计企业服务范围

支持企业参与工程建设项目全过程管理，引导企业加强业态创新。促进大型设计企业向具有项目前期咨询、工程总承包、项目管理和融资能力的工程公司或工程设计咨询公司发展；促进大型勘察企业向具有集成化服务能力的岩土工程公司或岩土工程咨询公司发展;促进中小型工程勘察设计企业向具有较强专业技术优势的专业公司发展。鼓励有条件的大中型工程勘察设计企业以设计和研发为基础,以自身专利及专有技术为优势,拓展装备制造、设备成套、项目运营维护等相关业务,逐步形成工程项目全生命周期的一体化服务体系。

(十二)增强工程勘察设计企业自主创新能力

鼓励工程勘察设计企业坚持自主创新,引导企业建立自主创新的工作机制和激励制度。鼓励企业创建技术研发中心,重点开发具有自主知识产权的核心技术、专利和专有技术及产品,形成完备的科研开发和技术运用体系。引导行业企业与生产企业、高等院校、科研单位进行战略合作,重点解决影响行业发展的关键性技术。支持有条件的工程勘察设计企业申请高新技术企业,全面提高工程勘察设计企业的科技水平。

(十三)强化工程勘察设计行业人才支撑

工程勘察设计企业要重视人才队伍建设,制订人才发展规划,努力建设一支结构合理、素质优秀的人才队伍。要建立健全与市场接轨的人才选拔任用、培养和分配激励制度,最大限度地调动从业人员的积极性和创造性,吸引和留住人才。加快行业领军人物、复合型人才、卓越工程师的培养,加强多层次人才梯队建设。强化职业道德教育,提高从业人员的责任心和使命感。

(十四)推进工程勘察设计行业信息化建设

加强信息化建设,不断提升信息技术应用水平。加快建立勘察设计行业信息化标准。积极推广三维设计、协同设计系统的建设与应用,大型建筑设计企业要积极应用 BIM 等技术。建立项目管理、综合办公管理、科研管理等相结合的集成化系统。探索发展云计算平台,实现硬件、软件、数据等资源的全面共享,增强企业的规范化、精细化管理能力,全面提高行业生产效率。

(十五)提高工程勘察设计质量保障水平

勘察设计企业应当严格执行法律法规和工程建设强制性标准,建立健全内部质量保证体系,注重全过程质量控制,加强审核环节管理,同时提高自身技术装备水平,积极开展人员职业道德与业务素质教育,全面提高勘察设计质量。勘察设计企业应当对设计使用年限内的勘察设计质量负责,企业法定代表人、技术负责人、项目负责人、各专业设计人、注册执业人员对勘察设计质量承担相应的责任。施工图审查机构应当对勘察设计质量严格把关,按照要求对勘察设计文件中涉及公共利益、公众安全和工程建设强制性标准的内容进行审查,全面提高工程勘察设计行业的质量水平。

(十六)鼓励工程勘察设计行业参与村镇建设

鼓励工程勘察设计企业和专业技术人员积极开展村镇建设工程勘察设计和相关专业技术工作,参与农房建设标准规范和农村房屋建设标准设计图集编制,提供农村基础设施和农房设计服务。允许注册建筑师、注册结构工程师等专业技术人员以个人名义承担农村低层房屋设计任务,并对设计质量负责,逐步提高农村房屋的工程质量。

(十七)推动工程勘察设计企业"走出去"

积极培育一批具有较强国际竞争力的大型工程勘察设计企业,加快行业国际化发展进程。对有实力、有信誉的工程勘察设计企业,在对外承包工程等经营活动等方面给予政策支持。鼓励企业与国际先进的工程公司、供应商、专利商、分包商建立合作关系,带动国际工程承包业务发展和设备材料出口。推动大型工程勘察设计企业掌握国际标准规范和通行规则,积极将国内标准规范推广应用于国际工程项目,逐步提高我国标准规范的国际地位。

四、强化行业组织作用

(十八)充分发挥工程勘察设计行业组织作用

充分发挥行业组织"提供服务、反映诉求、规范行为"的桥梁纽带作用,切实履行服务行业企业的宗旨,加强行业自律,维护行业合法权益。支持行业组织参与政策研究、法规标准制定、行业科技进步、国际市场拓展等相关工作。引导行业组织在人才培训、国际交流、协调对外工程服务贸易争端、诚信体系建设、行业改革与发展等方面发挥更大作用。鼓励行业组织间加强沟通、交流与合作,形成合力,深入开展行业调研,研究行业发展与改革中的重大问题,提出对策建议,共同促进勘察设计行业的科学发展。

4. 工程施工

建设工程施工现场综合考评试行办法

1. 1995年7月14日建设部发布
2. 建监〔1995〕407号

第一章　总　　则

第一条　为加强建设工程施工现场管理，提高施工现场的管理水平，实现文明施工，确保工程质量和施工安全，根据《建设工程施工现场管理规定》，制定本办法。

第二条　本办法所称施工现场，是指从事土木建筑工程，线路管道及设备安装工程，装饰装修工程等新建、扩建，改建活动经批准占用的施工场地。

所称建设工程施工现场综合考评，是指对工程建设参与各方（业主、监理、设计、施工、材料及设备供应单位等）在施工现场中各种行为的评价。

第三条　建设工程施工现场的综合考评，要覆盖到每一个建设工程，覆盖到建设工程施工的全过程。

第四条　国务院建设行政主管部门归口负责全国建设工程施工现场综合考评的管理工作。

国务院各有关部门负责所直接实施的建设工程施工现场综合考评的管理工作。

县级以上（含县级）地方人民政府建设行政主管部门负责本行政区域内地方建设工程施工现场综合考评的管理工作。施工现场综合考评实施机构（以下简称考评机构）可在现有工程质量监督站的基础上，加以健全或充实。

第二章　考 评 内 容

第五条　建设工程施工现场综合考评的内容，分为建筑业企业的施工组织管理、工程质量管理、施工安全管理、文明施工管理和业主、监理单位的现场管理等五个方面。综合考评满分为100分。

第六条　施工组织管理考评，满分为20分。考评的主要内容是合同签订及履约、总分包、企业及项目经理资质、关键岗位培训及持证上岗、施工组织设计及实施情况等。

有下列行为之一的，该项考评得分为零分：

（一）企业资质或项目经理资质与所承担的工程任务不符的；

（二）总包单位对分包单位不进行有效管理，不按照本办法进行定期评价的；

（三）没有施工组织设计或施工方案，或其未经批准的；

（四）关键岗位未持证上岗的。

第七条　工程质量管理考评，满分为40分。考评的主要内容是质量管理与保证体系、工程质量、质量保证资料情况等。

工程质量检查按照现行的国家标准、行业标准、地方标准和有关规定执行。

有下列情况之一的，该项考评得分为零分：

（一）当次检查的主要项目质量不合格的；

（二）当次检查的主要项目无质量保证资料的；

（三）出现结构质量事故或严重质量问题的。

第八条　施工安全管理考评，满分为20分。考评的主要内容是安全生产保证体系和施工安全技术、规范、标准的实施情况等。

施工安全管理检查按照国家现行的有关标准和规定执行。

有下列情况之一的，该项考评得分为零分：

（一）当次检查不合格的；

（二）无专职安全员的；

（三）无消防设施或消防设施不能使用的；

（四）发生死亡或重伤2人以上（包括2人）事故的。

第九条　文明施工管理考评，满分为10分。考评的主要内容是场容场貌、料具管理、环境保护、社会治巡情况等。

有下列情况之一的，该项考评得分为零分：

（一）用电线路架设、用电设施安装不符合施工组织设计，安全没有保证的；

（二）临时设施、大宗材料堆放不符合施工总平面图要求，侵占场道及危及安全防护的；

（三）现场成品保护存在严重问题的；

（四）尘埃及噪声严重超标，造成扰民的；

（五）现场人员扰乱社会治安，受到拘留处理的。

第十条　业主、监理单位现场管理考评，满分为10分。考评的主要内容是有无专人或委托监理单位管理现场、有无隐蔽验收签认、有无现场检查认可记录及执行合同情况等。

有下列情况之一的，该项考评得分为零分：

（一）未取得施工许可证而擅自开工的；

（二）现场没有专职管理人员技术人员的；

（三）没有隐蔽验收签认制度的；

（四）无正当理由严重影响合同履约的；

（五）未办理质量监督手续而进行施工的。

第三章 考评办法

第十一条 建设工程施工现场的综合考评，实行考评机构定期抽查和企业主管部门或总包单位对分包单位日常检查相结合的办法。企业日常检查应按考评内容每周检查一次。考评机构的定期抽查每月不少于一次。一个施工现场有多个单体工程的，应分别按单体工程进行考评；多个单体工程过小，也可以按一个施工现场考评。

全国建设工程质量和施工安全大检查的结果，作为建设工程施工现场综合考评的组成部分。

有关单位或群众对在建工程、竣工工程的管理状况及工程质量、安全生产的投诉和评价，经核实后，可作为综合考评得分的增减因素。

第十二条 建设工程施工现场综合考评，得分在 70 分以上（含 70 分）的施工现场为合格现场。当次考评达不到 70 分或有一项单项得分为零的施工现场为不合格现场。

第十三条 建设工程施工现场综合考评的结果，是建筑业企业、监理单位资质动态管理的依据之一。考评机构应按季度向相应的资质管理部门通报考评结果。

国务院各有关部门和省、自治区、直辖市人民政府建设行政主管部门在审查企业资质等级升级和进行企业资质年检时，应当把该企业施工现场综合考评结果作为考核条件之一。

第十四条 建筑业企业、监理单位资质管理部门在接到考评机构关于降低企业资质等级的处理意见后，应在 1 个月之内办理降级的手续。

被降低资质等级的建筑业企业、监理单位和被取消资格的项目经理、监理工程师，须在 2 年后经检查考评合格，方可申请恢复原资质等级。

第十五条 国务院各有关部门和省、自治区、直辖市人民政府建设行政主管部门应当在每年 1 月底前，将本部门、本地区一级建筑业企业及甲级监理单位上年度的施工现场综合考评结果，按照《建筑业企业（监理单位）施工现场综合考评结果汇总表》（格式详见附表一）的要求报送建设部。

第十六条 一级建筑业企业、甲级监理单位的建设工程施工现场综合考评结果，由建设部按年度在行业内通报，并向社会公布。

对于当年无质量伤亡事故、综合考评成绩突出的建筑业企业、监理单位等予以表彰，并给予一定的奖励。

第十七条 各省、自治区、直辖市建设行政主管部门应当对本省（自治区、直辖市）的和在本行政区域内承建任务外地的二、三、四级建筑业企业，乙、丙级监理单位及业主的施工现场综合考评结果，在本省（自治区、直辖市）范围内向社会公布。

对于当年无质量伤亡事故、综合考评成绩突出的建筑业企业及监理单位等予以表彰，并给予一定的奖励。

第四章 罚则

第十八条 对于综合考评达不到合格的施工现场，由主管考评工作的建设行政主管部门根据责任情况，向建筑业企业或业主或监理单位提出警告。

对于一个年度内同一个施工现场发生两次警告的，根据责任情况，给予建筑业企业或业主或监理单位通报批评的处罚；给予项目经理或监理工程师通报批评的处罚。

对于一个年度内同一施工现场发生 3 次警告的，根据责任情况，给予建筑业企业或监理单位降低资质一级的处罚；给予项目经理、监理工程师取消资格的处罚；责令该施工现场停工整顿。

第十九条 对于本办法第九条由于业主原因，考评得分为零分的，第一次出现零分由当地建设行政主管部门提出警告；一年内出现 2 次得分为零分的，给予通报批评；一年内出现 3 次零分的，责令该施工现场停工整顿。

第二十条 凡发生一起三级以上（含三级）或两起四级工程建设重大事故的，由当地建设行政主管部门根据责任情况，给予建筑业企业或监理单位降低资质一级的处罚；给予项目经理或监理工程师取消资格的处罚；业主责任者由所在地单位给予当事者行政处分。情节严重构成犯罪的，由司法机关依法追究刑事责任。

第二十一条 建设行政主管部门作出处罚决定后，应及时将处罚决定书（格式详见附表二）送交被处罚者。

第二十二条　综合考评监督及检查人员不认真履行职责，对检查中发现的问题不及时处理或伪造综合考评结果的，由其所在单位给予行政处分。构成犯罪的，由司法机关依法追究刑事责任。

第二十三条　当事人对行政处罚决定不服的，可以在接到处罚通知之日起15日内，向作出处罚决定机关的上一级机关申请复议，对复议决定不服的，可以在接到复议决定之日起15日内向人民法院起诉；也可以直接向人民法院起诉。逾期不申请复议，也不向人民法院起诉，又不履行处罚决定的，由作出处罚决定的机关申请人民法院强制执行。

第五章　附　　则

第二十四条　各试点城市（区、县）建设行政主管部门可以根据本办法制定实施细则，并报建设部备案。

第二十五条　对在中国境内承包工程的外国企业和台湾、香港、澳门地区建筑施工企业（承包商）的施工现场综合考评，参照本办法执行。

第二十六条　本办法由建设部负责解释。

第二十七条　本办法自发布之日起施行。

附：一、建筑业企业（监理单位）建设工程施工现场综合考评汇总表（略）

二、建设工程施工现场综合考评处罚通知书（略）

三、建设工程施工现场综合考评汇总表及二级指标表（略）

工程建设工法管理办法

1．2014年7月16日住房和城乡建设部发布

2．建质〔2014〕103号

第一条　为促进建筑施工企业技术创新，提升施工技术水平，规范工程建设工法的管理，制定本办法。

第二条　本办法适用于工法的开发、申报、评审和成果管理。

第三条　本办法所称的工法，是指以工程为对象，以工艺为核心，运用系统工程原理，把先进技术和科学管理结合起来，经过一定工程实践形成的综合配套的施工方法。

工法分为房屋建筑工程、土木工程、工业安装工程三个类别。

第四条　工法分为企业级、省（部）级和国家级，实施分级管理。

企业级工法由建筑施工企业（以下简称企业）根据工程特点开发，通过工程实际应用，经企业组织评审和公布。

省（部）级工法由企业自愿申报，经省、自治区、直辖市住房城乡建设主管部门或国务院有关部门（行业协会）、中央管理的有关企业（以下简称省（部）级工法主管部门）组织评审和公布。

国家级工法由企业自愿申报，经省（部）级工法主管部门推荐，由住房和城乡建设部组织评审和公布。

第五条　工法必须符合国家工程建设的方针、政策和标准，具有先进性、科学性和适用性，能保证工程质量安全、提高施工效率和综合效益，满足节约资源、保护环境等要求。

第六条　企业应当建立工法管理制度，根据工程特点制定工法开发计划，定期组织企业级工法评审，并将公布的企业级工法向省（部）级工法主管部门备案。

第七条　企业应在工程建设中积极推广应用工法，推动技术创新成果转化，提升工程施工的科技含量。

第八条　省（部）级工法主管部门应当督促指导企业开展工法开发和推广应用，组织省（部）级工法评审，将公布的省（部）级工法报住房和城乡建设部备案，择优推荐申报国家级工法。

第九条　住房和城乡建设部每两年组织一次国家级工法评审，评审遵循优中选优、总量控制的原则。

第十条　国家级工法申报遵循企业自愿原则，每项工法由一家建筑施工企业申报，主要完成人员不超过5人。申报企业应是开发应用工法的主要完成单位。

第十一条　申报国家级工法应满足以下条件：

（一）已公布为省（部）级工法；

（二）工法的关键性技术达到国内领先及以上水平；工法中采用的新技术、新工艺、新材料尚没有相应的工程建设国家、行业或地方标准的，已经省级及以上住房城乡建设主管部门组织的技术专家委员会审定；

（三）工法已经过2项及以上工程实践应用，安全可靠，具有较高推广应用价值，经济效益和社会效益显著；

（四）工法遵循国家工程建设的方针、政策和工程建设强制性标准，符合国家建筑技术发展方向和节约资源、保护环境等要求；

（五）工法编写内容齐全完整，包括前言、特点、适用范围、工艺原理、工艺流程及操作要点、材料与设备、质量控制、安全措施、环保措施、效益分析和应用实例；

（六）工法内容不得与已公布的有效期内的国家级工法雷同。

第十二条 申报国家级工法按以下程序进行：

（一）申报企业向省（部）级工法主管部门提交申报材料；

（二）省（部）级工法主管部门审核企业申报材料，择优向住房和城乡建设部推荐。

第十三条 企业申报国家级工法，只能向批准该省（部）级工法的主管部门申报，同一工法不得同时向多个省（部）级工法主管部门申报。

第十四条 省（部）级工法主管部门推荐申报国家级工法时，内容不得存在雷同。

第十五条 国家级工法申报资料应包括以下内容：

（一）国家级工法申报表；

（二）工法文本；

（三）省（部）级工法批准文件、工法证书；

（四）省（部）级工法评审意见（包括关键技术的评价）；

（五）建设单位或监理单位出具的工程应用证明、施工许可证或开工报告、工程施工合同；

（六）经济效益证明；

（七）工法应用的有关照片或视频资料；

（八）科技查新报告；

（九）涉及他方专利的无争议声明书；

（十）技术标准、专利证书、科技成果获奖证明等其他有关材料。

第十六条 国家级工法评审分为形式审查、专业组审查、评委会审核三个阶段。形式审查、专业组审查采用网络评审方式，评委会审核采用会议评审方式。

（一）形式审查。对申报资料完整性、符合性进行审查，符合申报条件的列入专业组审查。

（二）专业组审查。对通过形式审查的工法按专业分组，评审专家对工法的关键技术水平、工艺流程和操作要点的科学性、合理性、安全可靠性、推广应用价值、文本编制等进行评审，评审结果提交评委会审核。

（三）评委会审核。评委会分房屋建筑、土木工程、工业安装工程三类进行评议审核、实名投票表决，有效票数达到三分之二及以上的通过审核。

第十七条 住房和城乡建设部负责建立国家级工法评审专家库，评审专家从专家库中选取。专家库专家应具有高级及以上专业技术职称，有丰富的施工实践经验和坚实的专业基础理论知识，担任过大型施工企业技术负责人或大型项目负责人，年龄不超过70周岁。院士、获得省（部）级及以上科技进步奖和优质工程奖的专家优先选任。

第十八条 评审专家应坚持公正、公平的原则，严格按照标准评审，对评审意见负责，遵守评审工作纪律和保密规定，保证工法评审的严肃性和科学性。

第十九条 国家级工法评审实行专家回避制度，专业组评审专家不得评审本企业工法。

第二十条 住房和城乡建设部对审核通过的国家级工法进行公示，公示无异议后予以公布。

第二十一条 对获得国家级工法的单位和个人，由住房和城乡建设部颁发证书。

第二十二条 住房和城乡建设部负责建立国家级工法管理和查询信息系统，省（部）级工法主管部门负责建立本地区（部门）工法信息库。

第二十三条 国家级工法有效期为8年。

对有效期内的国家级工法，其完成单位应注意技术跟踪，注重创新和发展，保持工法技术的先进性和适用性。

超出有效期的国家级工法仍具有先进性的，工法完成单位可重新申报。

第二十四条 获得国家级工法证书的单位为该工法的所有权人。工法所有权人可根据国家有关法律法规的规定有偿转让工法使用权，但工法完成单位、主要完成人员不得变更。未经工法所有权人同意，任何单位和个人不得擅自公开工法的关键技术内容。

第二十五条 鼓励企业采用新技术、新工艺、新材料、新设备，加快技术积累和科技成果转化。鼓励符合专利法、科学技术奖励规定条件的工法及其关键技术申请专利和科学技术发明、进步奖。

第二十六条 各级住房城乡建设主管部门和有关部门应积极推动将技术领先、应用广泛、效益显著的工法纳入相关的国家标准、行业标准和地方标准。

第二十七条 鼓励企业积极开发和推广应用工法。省（部）级工法主管部门应对开发和应用工法有突出贡献的企业和个人给予表彰。企业应对开发和推广应用工法有突出贡献的个人给予表彰和奖励。

第二十八条　企业提供虚假材料申报国家级工法的，予以全国通报，5 年内不受理其申报国家级工法。

企业以剽窃作假等欺骗手段获得国家级工法的，撤消其国家级工法称号，予以全国通报，5 年内不受理其申报国家级工法。

企业提供虚假材料申报国家级工法，或以剽窃作假等欺骗手段获得国家级工法的，作为不良行为记录，记入企业信用档案。

第二十九条　评审专家存在徇私舞弊、违反回避制度和保密纪律等行为的，取消国家级工法评审专家资格。

第三十条　各地区、各部门可参照本办法制定省（部）级工法管理办法。

第三十一条　本办法自发布之日起施行。原《工程建设工法管理办法》（建质〔2005〕145 号）同时废止。

建筑工程施工许可管理办法

1. 2014 年 6 月 25 日住房和城乡建设部令第 18 号发布

2. 根据 2018 年 9 月 28 日住房和城乡建设部令第 42 号《关于修改〈建筑工程施工许可管理办法〉的决定》第一次修正

3. 根据 2021 年 3 月 30 日住房和城乡建设部令第 52 号《关于修改〈建筑工程施工许可管理办法〉等三部规章的决定》第二次修正

第一条　为了加强对建筑活动的监督管理，维护建筑市场秩序，保证建筑工程的质量和安全，根据《中华人民共和国建筑法》，制定本办法。

第二条　在中华人民共和国境内从事各类房屋建筑及其附属设施的建造、装修装饰和与其配套的线路、管道、设备的安装，以及城镇市政基础设施工程的施工，建设单位在开工前应当依照本办法的规定，向工程所在地的县级以上地方人民政府住房城乡建设主管部门（以下简称发证机关）申请领取施工许可证。

工程投资额在 30 万元以下或者建筑面积在 300 平方米以下的建筑工程，可以不申请办理施工许可证。省、自治区、直辖市人民政府住房城乡建设主管部门可以根据当地的实际情况，对限额进行调整，并报国务院住房城乡建设主管部门备案。

按照国务院规定的权限和程序批准开工报告的建筑工程，不再领取施工许可证。

第三条　本办法规定应当申请领取施工许可证的建筑工程未取得施工许可证的，一律不得开工。

任何单位和个人不得将应当申请领取施工许可证的工程项目分解为若干限额以下的工程项目，规避申请领取施工许可证。

第四条　建设单位申请领取施工许可证，应当具备下列条件，并提交相应的证明文件：

（一）依法应当办理用地批准手续的，已经办理该建筑工程用地批准手续。

（二）依法应当办理建设工程规划许可证的，已经取得建设工程规划许可证。

（三）施工场地已经基本具备施工条件，需要征收房屋的，其进度符合施工要求。

（四）已经确定施工企业。按照规定应当招标的工程没有招标，应当公开招标的工程没有公开招标，或者肢解发包工程，以及将工程发包给不具备相应资质条件的企业的，所确定的施工企业无效。

（五）有满足施工需要的资金安排、施工图纸及技术资料，建设单位应当提供建设资金已经落实承诺书，施工图设计文件已按规定审查合格。

（六）有保证工程质量和安全的具体措施。施工企业编制的施工组织设计中有根据建筑工程特点制定的相应质量、安全技术措施。建立工程质量安全责任制并落实到人。专业性较强的工程项目编制了专项质量、安全施工组织设计，并按照规定办理了工程质量、安全监督手续。

县级以上地方人民政府住房城乡建设主管部门不得违反法律法规规定，增设办理施工许可证的其他条件。

第五条　申请办理施工许可证，应当按照下列程序进行：

（一）建设单位向发证机关领取《建筑工程施工许可证申请表》。

（二）建设单位持加盖单位及法定代表人印鉴的《建筑工程施工许可证申请表》，并附本办法第四条规定的证明文件，向发证机关提出申请。

（三）发证机关在收到建设单位报送的《建筑工程施工许可证申请表》和所附证明文件后，对于符合条件的，应当自收到申请之日起七日内颁发施工许可证；对于证明文件不齐全或者失效的，应当当场或者五日内一次告知建设单位需要补正的全部内容，审批时间可以自证明文件补正齐全后作相应顺延；对于不符合条件的，应当自收到申请之日起七日内书面通知建设单位,并说明理由。

建筑工程在施工过程中,建设单位或者施工单位发生变更的,应当重新申请领取施工许可证。

第六条 建设单位申请领取施工许可证的工程名称、地点、规模,应当符合依法签订的施工承包合同。

施工许可证应当放置在施工现场备查,并按规定在施工现场公开。

第七条 施工许可证不得伪造和涂改。

第八条 建设单位应当自领取施工许可证之日起三个月内开工。因故不能按期开工的,应当在期满前向发证机关申请延期,并说明理由;延期以两次为限,每次不超过三个月。既不开工又不申请延期或者超过延期次数、时限的,施工许可证自行废止。

第九条 在建的建筑工程因故中止施工的,建设单位应当自中止施工之日起一个月内向发证机关报告,报告内容包括中止施工的时间、原因、在施部位、维修管理措施等,并按照规定做好建筑工程的维护管理工作。

建筑工程恢复施工时,应当向发证机关报告;中止施工满一年的工程恢复施工前,建设单位应当报发证机关核验施工许可证。

第十条 发证机关应当将办理施工许可证的依据、条件、程序、期限以及需要提交的全部材料和申请表示范文本等,在办公场所和有关网站予以公示。

发证机关作出的施工许可决定,应当予以公开,公众有权查阅。

第十一条 发证机关应当建立颁发施工许可证后的监督检查制度,对取得施工许可证后条件发生变化、延期开工、中止施工等行为进行监督检查,发现违法违规行为及时处理。

第十二条 对于未取得施工许可证或者为规避办理施工许可证将工程项目分解后擅自施工的,由有管辖权的发证机关责令停止施工,限期改正,对建设单位处工程合同价款1%以上2%以下罚款;对施工单位处3万元以下罚款。

第十三条 建设单位采用欺骗、贿赂等不正当手段取得施工许可证的,由原发证机关撤销施工许可证,责令停止施工,并处1万元以上3万元以下罚款;构成犯罪的,依法追究刑事责任。

第十四条 建设单位隐瞒有关情况或者提供虚假材料申请施工许可证的,发证机关不予受理或者不予许可,并处1万元以上3万元以下罚款;构成犯罪的,依法追究刑事责任。

建设单位伪造或者涂改施工许可证的,由发证机关责令停止施工,并处1万元以上3万元以下罚款;构成犯罪的,依法追究刑事责任。

第十五条 依照本办法规定,给予单位罚款处罚的,对单位直接负责的主管人员和其他直接责任人员处单位罚款数额5%以上10%以下罚款。

单位及相关责任人受到处罚的,作为不良行为记录予以通报。

第十六条 发证机关及其工作人员,违反本办法,有下列情形之一的,由其上级行政机关或者监察机关责令改正;情节严重的,对直接负责的主管人员和其他直接责任人员,依法给予行政处分:

(一)对不符合条件的申请人准予施工许可的;

(二)对符合条件的申请人不予施工许可或者未在法定期限内作出准予许可决定的;

(三)对符合条件的申请不予受理的;

(四)利用职务上的便利,收受他人财物或者谋取其他利益的;

(五)不依法履行监督职责或者监督不力,造成严重后果的。

第十七条 建筑工程施工许可证由国务院住房城乡建设主管部门制定格式,由各省、自治区、直辖市人民政府住房城乡建设主管部门统一印制。

施工许可证分为正本和副本,正本和副本具有同等法律效力。复印的施工许可证无效。

第十八条 本办法关于施工许可管理的规定适用于其他专业建筑工程。有关法律、行政法规有明确规定的,从其规定。

《建筑法》第八十三条第三款规定的建筑活动,不适用本办法。

军事房屋建筑工程施工许可的管理,按国务院、中央军事委员会制定的办法执行。

第十九条 省、自治区、直辖市人民政府住房城乡建设主管部门可以根据本办法制定实施细则。

第二十条 本办法自2014年10月25日起施行。1999年10月15日建设部令第71号发布、2001年7月4日建设部令第91号修正的《建筑工程施工许可管理办法》同时废止。

5. 工程监理

建设工程监理范围和规模标准规定

2001年1月17日建设部令第86号公布施行

第一条 为了确定必须实行监理的建设工程项目具体范围和规模标准,规范建设工程监理活动,根据《建设工程质量管理条例》,制定本规定。

第二条 下列建设工程必须实行监理:

(一)国家重点建设工程;

(二)大中型公用事业工程;

(三)成片开发建设的住宅小区工程;

(四)利用外国政府或者国际组织贷款、援助资金的工程;

(五)国家规定必须实行监理的其他工程。

第三条 国家重点建设工程,是指依据《国家重点建设项目管理办法》所确定的对国民经济和社会发展有重大影响的骨干项目。

第四条 大中型公用事业工程,是指项目总投资额在3000万元以上的下列工程项目:

(一)供水、供电、供气、供热等市政工程项目;

(二)科技、教育、文化等项目;

(三)体育、旅游、商业等项目;

(四)卫生、社会福利等项目;

(五)其他公用事业项目。

第五条 成片开发建设的住宅小区工程,建筑面积在5万平方米以上的住宅建设工程必须实行监理;5万平方米以下的住宅建设工程,可以实行监理,具体范围和规模标准,由省、自治区、直辖市人民政府建设行政主管部门规定。

为了保证住宅质量,对高层住宅及地基、结构复杂的多层住宅应当实行监理。

第六条 利用外国政府或者国际组织贷款、援助资金的工程范围包括:

(一)使用世界银行、亚洲开发银行等国际组织贷款资金的项目;

(二)使用国外政府及其机构贷款资金的项目;

(三)使用国际组织或者国外政府援助资金的项目。

第七条 国家规定必须实行监理的其他工程是指:

(一)项目总投资额在3000万元以上关系社会公共利益、公众安全的下列基础设施项目:

(1)煤炭、石油、化工、天然气、电力、新能源等项目;

(2)铁路、公路、管道、水运、民航以及其他交通运输业等项目;

(3)邮政、电信枢纽、通信、信息网络等项目;

(4)防洪、灌溉、排涝、发电、引(供)水、滩涂治理、水资源保护、水土保持等水利建设项目;

(5)道路、桥梁、地铁和轻轨交通、污水排放及处理、垃圾处理、地下管道、公共停车场等城市基础设施项目;

(6)生态环境保护项目;

(7)其他基础设施项目。

(二)学校、影剧院、体育场馆项目。

第八条 国务院建设行政主管部门商同国务院有关部门后,可以对本规定确定的必须实行监理的建设工程具体范围和规模标准进行调整。

第九条 本规定由国务院建设行政主管部门负责解释。

第十条 本规定自发布之日起施行。

房屋建筑工程施工旁站监理管理办法(试行)

1. 2002年7月17日建设部发布
2. 建市〔2002〕189号
3. 自2003年1月1日起施行

第一条 为加强对房屋建筑工程施工旁站监理的管理,保证工程质量,依据《建设工程质量管理条例》的有关规定,制定本办法。

第二条 本办法所称房屋建筑工程施工旁站监理(以下简称旁站监理),是指监理人员在房屋建筑工程施工阶段监理中,对关键部位、关键工序的施工质量实施全过程现场跟班的监督活动。

本办法所规定的房屋建筑工程的关键部位、关键工序,在基础工程方面包括:土方回填,混凝土灌注桩浇筑,地下连续墙、土钉墙、后浇带及其他结构混凝土、防水混凝土浇筑,卷材防水层细部构造处理,钢结构安装;在主体结构工程方面包括:梁柱节点钢筋隐蔽过程,混凝土浇筑,预应力张拉,装配式结构安装,钢结构安装,网架结构安装,索膜安装。

第三条 监理企业在编制监理规划时,应当制定旁站监理方案,明确旁站监理的范围、内容、程序和旁站监理人员职责等。旁站监理方案应当送建设单位和施工企业各一份,并抄送工程所在地的建设行政主管部门或其委托的工程质量监督机构。

第四条 施工企业根据监理企业制定的旁站监理方案,在需要实施旁站监理的关键部位、关键工序进行施工前24小时,应当书面通知监理企业派驻工地的项目监理机构。项目监理机构应当安排旁站监理人员按照旁站监理方案实施旁站监理。

第五条 旁站监理在总监理工程师的指导下,由现场监理人员负责具体实施。

第六条 旁站监理人员的主要职责是:

(一)检查施工企业现场质检人员到岗、特殊工种人员持证上岗以及施工机械、建筑材料准备情况;

(二)在现场跟班监督关键部位、关键工序的施工执行施工方案以及工程建设强制性标准情况;

(三)核查进场建筑材料、建筑构配件、设备和商品混凝土的质量检验报告等,并可在现场监督施工企业进行检验或者委托具有资格的第三方进行复验;

(四)做好旁站监理记录和监理日记,保存旁站监理原始资料。

第七条 旁站监理人员应当认真履行职责,对需要实施旁站监理的关键部位、关键工序在施工现场跟班监督,及时发现和处理旁站监理过程中出现的质量问题,如实准确地做好旁站监理记录。凡旁站监理人员和施工企业现场质检人员未在旁站监理记录(见附件)上签字的,不得进行下一道工序施工。

第八条 旁站监理人员实施旁站监理时,发现施工企业有违反工程建设强制性标准行为的,有权责令施工企业立即整改;发现其施工活动已经或者可能危及工程质量的,应当及时向监理工程师或者总监理工程师报告,由总监理工程师下达局部暂停施工指令或者采取其他应急措施。

第九条 旁站监理记录是监理工程师或者总监理工程师依法行使有关签字权的重要依据。对于需要旁站监理的关键部位、关键工序施工,凡没有实施旁站监理或者没有旁站监理记录的,监理工程师或者总监理工程师不得在相应文件上签字。在工程竣工验收后,监理企业应当将旁站监理记录存档备查。

第十条 对于按照本办法规定的关键部位、关键工序实施旁站监理的,建设单位应当严格按照国家规定的监理取费标准执行;对于超出本办法规定的范围,建设单位要求监理企业实施旁站监理的,建设单位应当另行支付监理费用,具体费用标准由建设单位与监理企业在合同中约定。

第十一条 建设行政主管部门应当加强对旁站监理的监督检查,对于不按照本办法实施旁站监理的监理企业和有关监理人员要进行通报,责令整改,并作为不良记录载入该企业和有关人员的信用档案;情节严重的,在资质年检时应定为不合格,并按照下一个资质等级重新核定其资质等级;对于不按照本办法实施旁站监理而发生工程质量事故的,除依法对有关责任单位进行处罚外,还要依法追究监理企业和有关监理人员的相应责任。

第十二条 其他工程的施工旁站监理,可以参照本办法实施。

第十三条 本办法自2003年1月1日起施行。

建设部办公厅关于监理单位审核工程预算资格和建设工程项目承包发包有关问题的复函

1. 2003年1月9日

2. 建办法函〔2003〕7号

广西壮族自治区建设厅:

你厅《关于监理单位审核工程预算资格问题的请示》(桂建报字〔2002〕72号)和《关于建设工程项目承包发包有关法规问题的请示》(桂建报字〔2002〕73号)收悉。经研究,现答复如下:

一、监理单位在监理工程中,可以接受建设单位的委托做所监理工程的预算审核工作。监理单位出具的工程预算书可以作为甲方与乙方谈判的参考,但不能作为甲乙双方结算的依据。

二、装修工程可以与所依附的工程分开招标发包。装修工程是否应当招投标,应当执行《工程建设项目招标投标范围和规模标准规定》(国家计委令第3号)的规定。

此复。

建设部关于落实建设工程安全生产监理责任的若干意见

1. 2006年10月16日
2. 建市〔2006〕248号

各省、自治区建设厅，直辖市建委，山东、江苏省建管局，新疆生产建设兵团建设局，国务院有关部门，总后基建营房部工程管理局，国资委管理的有关企业，有关行业协会：

为了认真贯彻《建设工程安全生产管理条例》（以下简称《条例》），指导和督促工程监理单位（以下简称“监理单位”）落实安全生产监理责任，做好建设工程安全生产的监理工作（以下简称“安全监理”），切实加强建设工程安全生产管理，提出如下意见：

一、建设工程安全监理的主要工作内容

监理单位应当按照法律、法规和工程建设强制性标准及监理委托合同实施监理，对所监理工程的施工安全生产进行监督检查，具体内容包括：

（一）施工准备阶段安全监理的主要工作内容

1. 监理单位应根据《条例》的规定，按照工程建设强制性标准、《建设工程监理规范》（GB 50319）和相关行业监理规范的要求，编制包括安全监理内容的项目监理规划，明确安全监理的范围、内容、工作程序和制度措施，以及人员配备计划和职责等。

2. 对中型及以上项目和《条例》第二十六条规定的危险性较大的分部分项工程，监理单位应当编制监理实施细则。实施细则应当明确安全监理的方法、措施和控制要点，以及对施工单位安全技术措施的检查方案。

3. 审查施工单位编制的施工组织设计中的安全技术措施和危险性较大的分部分项工程安全专项施工方案是否符合工程建设强制性标准要求。审查的主要内容应当包括：

（1）施工单位编制的地下管线保护措施方案是否符合强制性标准要求；

（2）基坑支护与降水、土方开挖与边坡防护、模板、起重吊装、脚手架、拆除、爆破等分部分项工程的专项施工方案是否符合强制性标准要求；

（3）施工现场临时用电施工组织设计或者安全用电技术措施和电气防火措施是否符合强制性标准要求；

（4）冬季、雨季等季节性施工方案的制定是否符合强制性标准要求；

（5）施工总平面布置图是否符合安全生产的要求，办公、宿舍、食堂、道路等临时设施设置以及排水、防火措施是否符合强制性标准要求。

4. 检查施工单位在工程项目上的安全生产规章制度和安全监管机构的建立、健全及专职安全生产管理人员配备情况，督促施工单位检查各分包单位的安全生产规章制度的建立情况。

5. 审查施工单位资质和安全生产许可证是否合法有效。

6. 审查项目经理和专职安全生产管理人员是否具备合法资格，是否与投标文件相一致。

7. 审核特种作业人员的特种作业操作资格证书是否合法有效。

8. 审核施工单位应急救援预案和安全防护措施费用使用计划。

（二）施工阶段安全监理的主要工作内容

1. 监督施工单位按照施工组织设计中的安全技术措施和专项施工方案组织施工，及时制止违规施工作业。

2. 定期巡视检查施工过程中的危险性较大工程作业情况。

3. 核查施工现场施工起重机械、整体提升脚手架、模板等自升式架设设施和安全设施的验收手续。

4. 检查施工现场各种安全标志和安全防护措施是否符合强制性标准要求，并检查安全生产费用的使用情况。

5. 督促施工单位进行安全自查工作，并对施工单位自查情况进行抽查，参加建设单位组织的安全生产专项检查。

二、建设工程安全监理的工作程序

（一）监理单位按照《建设工程监理规范》和相关行业监理规范要求，编制含有安全监理内容的监理规划和监理实施细则。

（二）在施工准备阶段，监理单位审查核验施工单位提交的有关技术文件及资料，并由项目总监在有关技术文件报审表上签署意见；审查未通过的，安全技术措施及专项施工方案不得实施。

（三）在施工阶段，监理单位应对施工现场安全生产情况进行巡视检查,对发现的各类安全事故隐患,应书面通知施工单位,并督促其立即整改;情况严重的,监理单位应及时下达工程暂停令,要求施工单位停工整改,并同时报告建设单位。安全事故隐患消除后,监理单位应检查整改结果,签署复查或复工意见。施工单位拒不整改或不停工整改的,监理单位应当及时向工程所在地建设主管部门或工程项目的行业主管部门报告,以电话形式报告的,应当有通话记录,并及时补充书面报告。检查、整改、复查、报告等情况应记载在监理日志、监理月报中。

监理单位应核查施工单位提交的施工起重机械、整体提升脚手架、模板等自升式架设设施和安全设施等验收记录,并由安全监理人员签收备案。

(四)工程竣工后,监理单位应将有关安全生产的技术文件、验收记录、监理规划、监理实施细则、监理月报、监理会议纪要及相关书面通知等按规定立卷归档。

三、建设工程安全生产的监理责任

(一)监理单位应对施工组织设计中的安全技术措施或专项施工方案进行审查,未进行审查的,监理单位应承担《条例》第五十七条规定的法律责任。

施工组织设计中的安全技术措施或专项施工方案未经监理单位审查签字认可,施工单位擅自施工的,监理单位应及时下达工程暂停令,并将情况及时书面报告建设单位。监理单位未及时下达工程暂停令并报告的,应承担《条例》第五十七条规定的法律责任。

(二)监理单位在监理巡视检查过程中,发现存在安全事故隐患的,应按照有关规定及时下达书面指令要求施工单位进行整改或停止施工。监理单位发现安全事故隐患没有及时下达书面指令要求施工单位进行整改或停止施工的,应承担《条例》第五十七条规定的法律责任。

(三)施工单位拒绝按照监理单位的要求进行整改或者停止施工的,监理单位应及时将情况向当地建设主管部门或工程项目的行业主管部门报告。监理单位没有及时报告,应承担《条例》第五十七条规定的法律责任。

(四)监理单位未依照法律、法规和工程建设强制性标准实施监理的,应当承担《条例》第五十七条规定的法律责任。

监理单位履行了上述规定的职责,施工单位未执行监理指令继续施工或发生安全事故的,应依法追究监理单位以外的其他相关单位和人员的法律责任。

四、落实安全生产监理责任的主要工作

(一)健全监理单位安全监理责任制。监理单位法定代表人应对本企业监理工程项目的安全监理全面负责。总监理工程师要对工程项目的安全监理负责,并根据工程项目特点,明确监理人员的安全监理职责。

(二)完善监理单位安全生产管理制度。在健全审查核验制度、检查验收制度和督促整改制度基础上,完善工地例会制度及资料归档制度。定期召开工地例会,针对薄弱环节,提出整改意见,并督促落实;指定专人负责监理内业资料的整理、分类及立卷归档。

(三)建立监理人员安全生产教育培训制度。监理单位的总监理工程师和安全监理人员需经安全生产教育培训后方可上岗,其教育培训情况记入个人继续教育档案。

各级建设主管部门和有关主管部门应当加强建设工程安全生产管理工作的监督检查,督促监理单位落实安全生产监理责任,对监理单位实施安全监理给予支持和指导,共同督促施工单位加强安全生产管理,防止安全事故的发生。

住房和城乡建设部关于促进工程监理行业转型升级创新发展的意见

1. 2017年7月7日
2. 建市〔2017〕145号

各省、自治区住房城乡建设厅,直辖市建委,新疆生产建设兵团建设局,中央军委后勤保障部军事设施建设局:

建设工程监理制度的建立和实施,推动了工程建设组织实施方式的社会化、专业化,为工程质量安全提供了重要保障,是我国工程建设领域重要改革举措和改革成果。为贯彻落实中央城市工作会议精神和《国务院办公厅关于促进建筑业持续健康发展的意见》(国办发〔2017〕19号),完善工程监理制度,更好发挥监理作用,促进工程监理行业转型升级、创新发展,现提出如下意见:

一、主要目标

工程监理服务多元化水平显著提升,服务模式得到有效创新，逐步形成以市场化为基础、国际化为方向、信息化为支撑的工程监理服务市场体系。行业组织结构更趋优化，形成以主要从事施工现场监理服务的企业为主体，以提供全过程工程咨询服务的综合性企业为骨干，各类工程监理企业分工合理、竞争有序、协调发展的行业布局。监理行业核心竞争力显著增强，培育一批智力密集型、技术复合型、管理集约型的大型工程建设咨询服务企业。

二、主要任务

（一）推动监理企业依法履行职责。工程监理企业应当根据建设单位的委托，客观、公正地执行监理任务，依照法律、行政法规及有关技术标准、设计文件和建筑工程承包合同，对承包单位实施监督。建设单位应当严格按照相关法律法规要求，选择合格的监理企业，依照委托合同约定，按时足额支付监理费用，授权并支持监理企业开展监理工作，充分发挥监理的作用。施工单位应当积极配合监理企业的工作，服从监理企业的监督和管理。

（二）引导监理企业服务主体多元化。鼓励支持监理企业为建设单位做好委托服务的同时，进一步拓展服务主体范围，积极为市场各方主体提供专业化服务。适应政府加强工程质量安全管理的工作要求，按照政府购买社会服务的方式，接受政府质量安全监督机构的委托，对工程项目关键环节、关键部位进行工程质量安全检查。适应推行工程质量保险制度要求，接受保险机构的委托，开展施工过程中风险分析评估、质量安全检查等工作。

（三）创新工程监理服务模式。鼓励监理企业在立足施工阶段监理的基础上，向“上下游”拓展服务领域，提供项目咨询、招标代理、造价咨询、项目管理、现场监督等多元化的“菜单式”咨询服务。对于选择具有相应工程监理资质的企业开展全过程工程咨询服务的工程，可不再另行委托监理。适应发挥建筑师主导作用的改革要求，结合有条件的建设项目试行建筑师团队对施工质量进行指导和监督的新型管理模式，试点由建筑师委托工程监理实施驻场质量技术监督。鼓励监理企业积极探索政府和社会资本合作（PPP）等新型融资方式下的咨询服务内容、模式。

（四）提高监理企业核心竞争力。引导监理企业加大科技投入，采用先进检测工具和信息化手段，创新工程监理技术、管理、组织和流程，提升工程监理服务能力和水平。鼓励大型监理企业采取跨行业、跨地域的联合经营、并购重组等方式发展全过程工程咨询，培育一批具有国际水平的全过程工程咨询企业。支持中小监理企业、监理事务所进一步提高技术水平和服务水平，为市场提供特色化、专业化的监理服务。推进建筑信息模型（BIM）在工程监理服务中的应用，不断提高工程监理信息化水平。鼓励工程监理企业抓住“一带一路”的国家战略机遇，主动参与国际市场竞争，提升企业的国际竞争力。

（五）优化工程监理市场环境。加快以简化企业资质类别和等级设置、强化个人执业资格为核心的行政审批制度改革，推动企业资质标准与注册执业人员数量要求适度分离，健全完善注册监理工程师签章制度，强化注册监理工程师执业责任落实，推动建立监理工程师个人执业责任保险制度。加快推进监理行业诚信机制建设，完善企业、人员、项目及诚信行为数据库信息的采集和应用，建立黑名单制度，依法依规公开企业和个人信用记录。

（六）强化对工程监理的监管。工程监理企业发现安全事故隐患严重且施工单位拒不整改或者不停止施工的，应及时向政府主管部门报告。开展监理企业向政府报告质量监理情况的试点，建立健全监理报告制度。建立企业资质和人员资格电子化审查及动态核查制度，加大对重点监控企业现场人员到岗履职情况的监督检查，及时清出存在违法违规行为的企业和从业人员。对违反有关规定、造成质量安全事故的，依法给予负有责任的监理企业停业整顿、降低资质等级、吊销资质证书等行政处罚，给予负有责任的注册监理工程师暂停执业、吊销执业资格证书、一定时间内或终生不予注册等处罚。

（七）充分发挥行业协会作用。监理行业协会要加强自身建设，健全行业自律机制，提升为监理企业和从业人员服务能力，切实维护监理企业和人员的合法权益。鼓励各级监理行业协会围绕监理服务成本、服务质量、市场供求状况等进行深入调查研究，开展工程监理服务收费价格信息的收集和发布，促进公平竞争。监理行业协会应及时向政府主管部门反映企业诉求，反馈政策落实情况，为政府有关部门制订法规政策、行业发展规划及标准提出建议。

三、组织实施

（一）加强组织领导。各级住房城乡建设主管部门要充分认识工程监理行业改革发展的重要性，按照改革的总体部署，因地制宜制定本地区改革实施方案，细化政策措施，推进工程监理行业改革不断深化。

（二）积极开展试点。坚持试点先行、样板引路，各地要在调查研究的基础上，结合本地区实际，积极开展培育全过程工程咨询服务、推动监理服务主体多元化等试点工作。要及时跟踪试点进展情况，研究解决试点中发现的问题，总结经验，完善制度，适时加以推广。

（三）营造舆论氛围。全面准确评价工程监理制度，大力宣传工程监理行业改革发展的重要意义，开展行业典型的宣传推广，同时加强舆论监督，加大对违法违规行为的曝光力度，形成有利于工程监理行业改革发展的舆论环境。

6. 工程竣工验收

房屋建筑和市政基础设施工程竣工验收规定

1. 2013年12月2日住房和城乡建设部发布
2. 建质〔2013〕171号

第一条 为规范房屋建筑和市政基础设施工程的竣工验收,保证工程质量,根据《中华人民共和国建筑法》和《建设工程质量管理条例》,制定本规定。

第二条 凡在中华人民共和国境内新建、扩建、改建的各类房屋建筑和市政基础设施工程的竣工验收(以下简称工程竣工验收),应当遵守本规定。

第三条 国务院住房和城乡建设主管部门负责全国工程竣工验收的监督管理。

县级以上地方人民政府建设主管部门负责本行政区域内工程竣工验收的监督管理,具体工作可以委托所属的工程质量监督机构实施。

第四条 工程竣工验收由建设单位负责组织实施。

第五条 工程符合下列要求方可进行竣工验收:

(一)完成工程设计和合同约定的各项内容。

(二)施工单位在工程完工后对工程质量进行了检查,确认工程质量符合有关法律、法规和工程建设强制性标准,符合设计文件及合同要求,并提出工程竣工报告。工程竣工报告应经项目经理和施工单位有关负责人审核签字。

(三)对于委托监理的工程项目,监理单位对工程进行了质量评估,具有完整的监理资料,并提出工程质量评估报告。工程质量评估报告应经总监理工程师和监理单位有关负责人审核签字。

(四)勘察、设计单位对勘察、设计文件及施工过程中由设计单位签署的设计变更通知书进行了检查,并提出质量检查报告。质量检查报告应经该项目勘察、设计负责人和勘察、设计单位有关负责人审核签字。

(五)有完整的技术档案和施工管理资料。

(六)有工程使用的主要建筑材料、建筑构配件和设备的进场试验报告,以及工程质量检测和功能性试验资料。

(七)建设单位已按合同约定支付工程款。

(八)有施工单位签署的工程质量保修书。

(九)对于住宅工程,进行分户验收并验收合格,建设单位按户出具《住宅工程质量分户验收表》。

(十)建设主管部门及工程质量监督机构责令整改的问题全部整改完毕。

(十一)法律、法规规定的其他条件。

第六条 工程竣工验收应当按以下程序进行:

(一)工程完工后,施工单位向建设单位提交工程竣工报告,申请工程竣工验收。实行监理的工程,工程竣工报告须经总监理工程师签署意见。

(二)建设单位收到工程竣工报告后,对符合竣工验收要求的工程,组织勘察、设计、施工、监理等单位组成验收组,制定验收方案。对于重大工程和技术复杂工程,根据需要可邀请有关专家参加验收组。

(三)建设单位应当在工程竣工验收7个工作日前将验收的时间、地点及验收组名单书面通知负责监督该工程的工程质量监督机构。

(四)建设单位组织工程竣工验收。

1. 建设、勘察、设计、施工、监理单位分别汇报工程合同履约情况和在工程建设各个环节执行法律、法规和工程建设强制性标准的情况;

2. 审阅建设、勘察、设计、施工、监理单位的工程档案资料;

3. 实地查验工程质量;

4. 对工程勘察、设计、施工、设备安装质量和各管理环节等方面作出全面评价,形成经验收组人员签署的工程竣工验收意见。

参与工程竣工验收的建设、勘察、设计、施工、监理等各方不能形成一致意见时,应当协商提出解决的方法,待意见一致后,重新组织工程竣工验收。

第七条 工程竣工验收合格后,建设单位应当及时提出工程竣工验收报告。工程竣工验收报告主要包括工程概况,建设单位执行基本建设程序情况,对工程勘察、设计、施工、监理等方面的评价,工程竣工验收时间、程序、内容和组织形式,工程竣工验收意见等内容。

工程竣工验收报告还应附有下列文件:

(一)施工许可证。

(二)施工图设计文件审查意见。

(三)本规定第五条(二)、(三)、(四)、(八)项规定的文件。

（四）验收组人员签署的工程竣工验收意见。

（五）法规、规章规定的其他有关文件。

第八条 负责监督该工程的工程质量监督机构应当对工程竣工验收的组织形式、验收程序、执行验收标准等情况进行现场监督，发现有违反建设工程质量管理规定行为的，责令改正，并将对工程竣工验收的监督情况作为工程质量监督报告的重要内容。

第九条 建设单位应当自工程竣工验收合格之日起15日内，依照《房屋建筑和市政基础设施工程竣工验收备案管理办法》（住房和城乡建设部令第2号）的规定，向工程所在地的县级以上地方人民政府建设主管部门备案。

第十条 抢险救灾工程、临时性房屋建筑工程和农民自建低层住宅工程，不适用本规定。

第十一条 军事建设工程的管理，按照中央军事委员会的有关规定执行。

第十二条 省、自治区、直辖市人民政府住房和城乡建设主管部门可以根据本规定制定实施细则。

第十三条 本规定由国务院住房和城乡建设主管部门负责解释。

第十四条 本规定自发布之日起施行。《房屋建筑工程和市政基础设施工程竣工验收暂行规定》（建建〔2000〕142号）同时废止。

房屋建筑和市政基础设施工程竣工验收备案管理办法

1. 2000年4月4日建设部令第78号公布

2. 根据2009年10月19日住房和城乡建设部令第2号《关于修改〈房屋建筑工程和市政基础设施工程竣工验收备案管理暂行办法〉的决定》修正

第一条 为了加强房屋建筑和市政基础设施工程质量的管理，根据《建设工程质量管理条例》，制定本办法。

第二条 在中华人民共和国境内新建、扩建、改建各类房屋建筑和市政基础设施工程的竣工验收备案，适用本办法。

第三条 国务院住房和城乡建设主管部门负责全国房屋建筑和市政基础设施工程（以下统称工程）的竣工验收备案管理工作。

县级以上地方人民政府建设主管部门负责本行政区域内工程的竣工验收备案管理工作。

第四条 建设单位应当自工程竣工验收合格之日起15日内，依照本办法规定，向工程所在地的县级以上地方人民政府建设主管部门（以下简称备案机关）备案。

第五条 建设单位办理工程竣工验收备案应当提交下列文件：

（一）工程竣工验收备案表；

（二）工程竣工验收报告。竣工验收报告应当包括工程报建日期，施工许可证号，施工图设计文件审查意见，勘察、设计、施工、工程监理等单位分别签署的质量合格文件及验收人员签署的竣工验收原始文件，市政基础设施的有关质量检测和功能性试验资料以及备案机关认为需要提供的有关资料；

（三）法律、行政法规规定应当由规划、环保等部门出具的认可文件或者准许使用文件；

（四）法律规定应当由公安消防部门出具的对大型的人员密集场所和其他特殊建设工程验收合格的证明文件；

（五）施工单位签署的工程质量保修书；

（六）法规、规章规定必须提供的其他文件。

住宅工程还应当提交《住宅质量保证书》和《住宅使用说明书》。

第六条 备案机关收到建设单位报送的竣工验收备案文件，验证文件齐全后，应当在工程竣工验收备案表上签署文件收讫。

工程竣工验收备案表一式两份，一份由建设单位保存，一份留备案机关存档。

第七条 工程质量监督机构应当在工程竣工验收之日起5日内，向备案机关提交工程质量监督报告。

第八条 备案机关发现建设单位在竣工验收过程中有违反国家有关建设工程质量管理规定行为的，应当在收讫竣工验收备案文件15日内，责令停止使用，重新组织竣工验收。

第九条 建设单位在工程竣工验收合格之日起15日内未办理工程竣工验收备案的，备案机关责令限期改正，处20万元以上50万元以下罚款。

第十条 建设单位将备案机关决定重新组织竣工验收的工程，在重新组织竣工验收前，擅自使用的，备案机关责令停止使用，处工程合同价款2%以上4%以下罚款。

第十一条　建设单位采用虚假证明文件办理工程竣工验收备案的，工程竣工验收无效，备案机关责令停止使用，重新组织竣工验收，处20万元以上50万元以下罚款；构成犯罪的，依法追究刑事责任。

第十二条　备案机关决定重新组织竣工验收并责令停止使用的工程，建设单位在备案之前已投入使用或者建设单位擅自继续使用造成使用人损失的，由建设单位依法承担赔偿责任。

第十三条　竣工验收备案文件齐全，备案机关及其工作人员不办理备案手续的，由有关机关责令改正，对直接责任人员给予行政处分。

第十四条　抢险救灾工程、临时性房屋建筑工程和农民自建低层住宅工程，不适用本办法。

第十五条　军用房屋建筑工程竣工验收备案，按照中央军事委员会的有关规定执行。

第十六条　省、自治区、直辖市人民政府住房和城乡建设主管部门可以根据本办法制定实施细则。

第十七条　本办法自发布之日起施行。

城市建设档案管理规定

1. 1997年12月23日建设部令第61号公布

2. 根据2001年7月4日建设部令第90号《关于修改〈城市建设档案管理规定〉的决定》第一次修正

3. 根据2011年1月26日住房和城乡建设部令第9号《关于废止和修改部分规章的决定》第二次修正

4. 根据2019年3月13日住房和城乡建设部令第47号《关于修改部分部门规章的决定》第三次修正

第一条　为了加强城市建设档案（以下简称城建档案）管理，充分发挥城建档案在城市规划、建设、管理中的作用，根据《中华人民共和国档案法》、《中华人民共和国城乡规划法》、《建设工程质量管理条例》、《科学技术档案工作条例》，制定本规定。

第二条　本规定适用于城市内（包括城市各类开发区）的城建档案的管理。

本规定所称城建档案，是指在城市规划、建设及其管理活动中直接形成的对国家和社会具有保存价值的文字、图纸、图表、声像等各种载体的文件材料。

第三条　国务院建设行政主管部门负责全国城建档案管理工作，业务上受国家档案部门的监督、指导。

县级以上地方人民政府建设行政主管部门负责本行政区域内的城建档案管理工作，业务上受同级档案部门的监督、指导。

城市的建设行政主管部门应当设置城建档案工作管理机构或者配备城建档案管理人员，负责全市城建档案工作。城市的建设行政主管部门也可以委托城建档案馆负责城建档案工作的日常管理工作。

第四条　城建档案馆的建设资金按照国家或地方的有关规定，采取多种渠道解决。城建档案馆的设计应当符合档案馆建筑设计规范要求。城建档案的管理应当逐步采用新技术，实现管理现代化。

第五条　城建档案馆重点管理下列档案资料：

（一）各类城市建设工程档案：

1. 工业、民用建筑工程；

2. 市政基础设施工程；

3. 公用基础设施工程；

4. 交通基础设施工程；

5. 园林建设、风景名胜建设工程；

6. 市容环境卫生设施建设工程；

7. 城市防洪、抗震、人防工程；

8. 军事工程档案资料中，除军事禁区和军事管理区以外的穿越市区的地下管线走向和有关隐蔽工程的位置图。

（二）建设系统各专业管理部门（包括城市规划、勘测、设计、施工、监理、园林、风景名胜、环卫、市政、公用、房地产管理、人防等部门）形成的业务管理和业务技术档案。

（三）有关城市规划、建设及其管理的方针、政策、法规、计划方面的文件、科学研究成果和城市历史、自然、经济等方面的基础资料。

第六条　建设单位应当在工程竣工验收后三个月内，向城建档案馆报送一套符合规定的建设工程档案。凡建设工程档案不齐全的，应当限期补充。

停建、缓建工程的档案，暂由建设单位保管。

撤销单位的建设工程档案，应当向上级主管机关或者城建档案馆移交。

第七条　对改建、扩建和重要部位维修的工程，建设单位应当组织设计、施工单位据实修改、补充和完善原建设工程档案。凡结构和平面布置等改变的，应当重新编制建设工程档案，并在工程竣工后三个月内向城建档案馆报送。

第八条 列入城建档案馆档案接收范围的工程，城建档案管理机构按照建设工程竣工联合验收的规定对工程档案进行验收。

第九条 建设系统各专业管理部门形成的业务管理和业务技术档案，凡具有永久保存价值的，在本单位保管使用一至五年后，按本规定全部向城建档案馆移交。有长期保存价值的档案，由城建档案馆根据城市建设的需要选择接收。

城市地下管线普查和补测补绘形成的地下管线档案应当在普查、测绘结束后三个月内接收进馆。地下管线专业管理单位每年应当向城建档案馆报送更改、报废、漏测部分的管线现状图和资料。

房地产权属档案的管理，由国务院建设行政主管部门另行规定。

第十条 城建档案馆对接收的档案应当及时登记、整理，编制检索工具。做好档案的保管、保护工作，对破损或者变质的档案应当及时抢救。特别重要的城建档案应当采取有效措施，确保其安全无损。

城建档案馆应当积极开发档案信息资源，并按照国家的有关规定，向社会提供服务。

第十一条 建设行政主管部门对在城建档案工作中做出显著成绩的单位和个人，应当给予表彰和奖励。

第十二条 违反本规定有下列行为之一的，由建设行政主管部门对直接负责的主管人员或者其他直接责任人员依法给予行政处分；构成犯罪的，由司法机关依法追究刑事责任：

（一）无故延期或者不按照规定归档、报送的；

（二）涂改、伪造档案的；

（三）档案工作人员玩忽职守，造成档案损失的。

第十三条 建设工程竣工验收后，建设单位未按照本规定移交建设工程档案的，依照《建设工程质量管理条例》的规定处罚。

第十四条 省、自治区、直辖市人民政府建设行政主管部门可以根据本规定制定实施细则。

第十五条 本规定由国务院建设行政主管部门负责解释。

第十六条 本规定自1998年1月1日起施行。以前发布的有关规定与本规定不符的，按本规定执行。

城市地下管线工程档案管理办法

1. 2005年1月7日建设部令第136号公布
2. 根据2011年1月26日住房和城乡建设部令第9号《关于废止和修改部分规章的决定》第一次修正
3. 根据2019年3月13日住房和城乡建设部令第47号《关于修改部分部门规章的决定》第二次修正

第一条 为了加强城市地下管线工程档案的管理，根据《中华人民共和国城乡规划法》、《中华人民共和国档案法》、《建设工程质量管理条例》等有关法律、行政法规，制定本办法。

第二条 本办法适用于城市规划区内地下管线工程档案的管理。

本办法所称城市地下管线工程，是指城市新建、扩建、改建的各类地下管线（含城市供水、排水、燃气、热力、电力、电信、工业等地下管线）及相关的人防、地铁等工程。

第三条 国务院建设主管部门对全国城市地下管线工程档案管理工作实施指导、监督。

省、自治区人民政府建设主管部门负责本行政区域内城市地下管线工程档案的管理工作，并接受国务院建设主管部门的指导、监督。

县级以上城市人民政府建设主管部门或者规划主管部门负责本行政区域内城市地下管线工程档案的管理工作，并接受上一级建设主管部门的指导、监督。

城市地下管线工程档案的收集、保管。利用等具体工作，由城建档案馆或者城建档案室（以下简称城建档案管理机构）负责。

各级城建档案管理机构同时接受同级档案行政管理部门的业务指导、监督。

第四条 建设单位在申请领取建设工程规划许可证前，应当到城建档案管理机构查询施工地段的地下管线工程档案，取得该施工地段地下管线现状资料。

第五条 建设单位在申请领取建设工程规划许可证时，应当向规划主管部门报送地下管线现状资料。

第六条 在建设单位办理地下管线工程施工许可手续时，城建档案管理机构应当将工程竣工后需移交的工程档案内容和要求告知建设单位。

第七条 施工单位在地下管线工程施工前应当取得施工地段地下管线现状资料；施工中发现未建档的管线，应当及时通过建设单位向当地县级以上人民政府建设主管部门或者规划主管部门报告。

建设主管部门、规划主管部门接到报告后，应当查明未建档的管线性质、权属，责令地下管线产权单位测定其坐标、标高及走向，地下管线产权单位应当及时将测量的材料向城建档案管理机构报送。

第八条 地下管线工程覆土前，建设单位应当委托具有相应资质的工程测量单位，按照《城市地下管线探测技术规程》（CJJ 61）进行竣工测量，形成准确的竣工测量数据文件和管线工程测量图。

第九条 城建档案管理机构应当按照建设工程竣工联合验收的规定对地下管线工程档案进行验收。

第十条 建设单位在地下管线工程竣工验收备案前，应当向城建档案管理机构移交下列档案资料：

（一）地下管线工程项目准备阶段文件、监理文件、施工文件、竣工验收文件和竣工图；

（二）地下管线竣工测量成果；

（三）其他应当归档的文件资料（电子文件、工程照片、录像等）。

城市供水、排水、燃气、热力、电力、电讯等地下管线专业管理单位（以下简称地下管线专业管理单位）应当及时向城建档案管理机构移交地下专业管线图。

第十一条 建设单位向城建档案管理机构移交的档案资料应当符合《建设工程文件归档整理规范》（GB/T 50328）的要求。

第十二条 地下管线专业管理单位应当将更改、报废、漏测部分的地下管线工程档案，及时修改补充到本单位的地下管线专业图上，并将修改补充的地下管线专业图及有关资料向城建档案管理机构移交。

第十三条 工程测量单位应当及时向城建档案管理机构移交有关地下管线工程的1∶500城市地形图和控制成果。

对于工程测量单位移交的城市地形图和控制成果，城建档案管理机构不得出售、转让。

第十四条 城建档案管理机构应当绘制城市地下管线综合图，建立城市地下管线信息系统，并及时接收普查和补测、补绘所形成的地下管线成果。

城建档案管理机构应当依据地下管线专业图等有关的地下管线工程档案资料和工程测量单位移交的城市地形图和控制成果，及时修改城市地下管线综合图，并输入城市地下管线信息系统。

第十五条 城建档案管理机构应当建立、健全科学的管理制度，依法做好地下管线工程档案的接收、整理、鉴定、统计、保管、利用和保密工作。

第十六条 城建档案管理机构应当建立地下管线工程档案资料的使用制度，积极开发地下管线工程档案资源，为城市规划、建设和管理提供服务。

第十七条 建设单位违反本办法规定，未移交地下管线工程档案的，由建设主管部门责令改正，处1万元以上10万元以下的罚款；对单位直接负责的主管人员和其他直接责任人员，处单位罚款数额5%以上10%以下的罚款；因建设单位未移交地下管线工程档案，造成施工单位在施工中损坏地下管线的，建设单位依法承担相应的责任。

第十八条 地下管线专业管理单位违反本办法规定，未移交地下管线工程档案的，由建设主管部门责令改正，处1万元以下的罚款；因地下管线专业管理单位未移交地下管线工程档案，造成施工单位在施工中损坏地下管线的，地下管线专业管理单位依法承担相应的责任。

第十九条 建设单位和施工单位未按照规定查询和取得施工地段的地下管线资料而擅自组织施工，损坏地下管线给他人造成损失的，依法承担赔偿责任。

第二十条 工程测量单位未按照规定提供准确的地下管线测量成果，致使施工时损坏地下管线给他人造成损失的，依法承担赔偿责任。

第二十一条 城建档案管理机构因保管不善，致使档案丢失，或者因汇总管线信息资料错误致使在施工中造成损失的，依法承担赔偿责任；对有关责任人员，依法给予行政处分。

第二十二条 本办法自2005年5月1日起施行。

住房和城乡建设部关于做好住宅工程质量分户验收工作的通知

1. 2009年12月22日

2. 建质〔2009〕291号

各省、自治区住房和城乡建设厅，直辖市建委及有关部门，新疆生产建设兵团建设局：

为进一步加强住宅工程质量管理，落实住宅工程参建各方主体质量责任，提高住宅工程质量水平，现就做好住宅工程质量分户验收工作通知如下：

一、高度重视分户验收工作

住宅工程质量分户验收（以下简称分户验收），是指建设单位组织施工、监理等单位，在住宅工程各检验批、分项、分部工程验收合格的基础上，在住宅工程竣工验收前，依据国家有关工程质量验收标准，对每户住宅及相关公共部位的观感质量和使用功能等进行检查验收，并出具验收合格证明的活动。

住宅工程涉及千家万户，住宅工程质量的好坏直接关系到广大人民群众的切身利益。各地住房城乡建设主管部门要进一步增强做好分户验收工作的紧迫感和使命感，把全面开展住宅工程质量分户验收工作提高到实践科学发展观、构建社会主义和谐社会的高度来认识，明确要求，制定措施，加强监管，切实把这项工作摆到重要的议事日程，抓紧抓好。

二、分户验收内容

分户验收内容主要包括：

（一）地面、墙面和顶棚质量；

（二）门窗质量；

（三）栏杆、护栏质量；

（四）防水工程质量；

（五）室内主要空间尺寸；

（六）给水排水系统安装质量；

（七）室内电气工程安装质量；

（八）建筑节能和采暖工程质量；

（九）有关合同中规定的其他内容。

三、分户验收依据

分户验收依据为国家现行有关工程建设标准，主要包括住宅建筑规范、混凝土结构工程施工质量验收、砌体工程施工质量验收、建筑装饰装修工程施工质量验收、建筑地面工程施工质量验收、建筑给水排水及采暖工程施工质量验收、建筑电气工程施工质量验收、建筑节能工程施工质量验收、智能建筑工程质量验收、屋面工程质量验收、地下防水工程质量验收等标准规范，以及经审查合格的施工图设计文件。

四、分户验收程序

分户验收应当按照以下程序进行：

（一）根据分户验收的内容和住宅工程的具体情况确定检查部位、数量；

（二）按照国家现行有关标准规定的方法，以及分户验收的内容适时进行检查；

（三）每户住宅和规定的公共部位验收完毕，应填写《住宅工程质量分户验收表》（见附件），建设单位和施工单位项目负责人、监理单位项目总监理工程师分别签字；

（四）分户验收合格后，建设单位必须按户出具《住宅工程质量分户验收表》，并作为《住宅质量保证书》的附件，一同交给住户。

分户验收不合格，不能进行住宅工程整体竣工验收。同时，住宅工程整体竣工验收前，施工单位应制作工程标牌，将工程名称、竣工日期和建设、勘察、设计、施工、监理单位全称镶嵌在该建筑工程外墙的显著部位。

五、分户验收的组织实施

分户验收由施工单位提出申请，建设单位组织实施，施工单位项目负责人、监理单位项目总监理工程师及相关质量、技术人员参加，对所涉及的部位、数量按分户验收内容进行检查验收。已经预选物业公司的项目，物业公司应当派人参加分户验收。

建设、施工、监理等单位应严格履行分户验收职责，对分户验收的结论进行签认，不得简化分户验收程序。对于经检查不符合要求的，施工单位应及时进行返修，监理单位负责复查。返修完成后重新组织分户验收。

工程质量监督机构要加强对分户验收工作的监督检查，发现问题及时监督有关方面认真整改，确保分户验收工作质量。对在分户验收中弄虚作假、降低标准或将不合格工程按合格工程验收的，依法对有关单位和责任人进行处罚，并纳入不良行为记录。

六、加强对分户验收工作的领导

各地住房城乡建设主管部门应结合本地实际，制定分户验收实施细则或管理办法，明确提高住宅工程质量的工作目标和任务，突出重点和关键环节，尤其在保障性住房中应全面推行分户验收制度，把分户验收工作落到实处，确保住宅工程结构安全和使用功能质量，促进提高住宅工程质量总体水平。

附件：

住宅工程质量分户验收表

<table>
<tr><td colspan="2">工程名称</td><td></td><td>房(户)号</td><td></td></tr>
<tr><td colspan="2">建设单位</td><td></td><td>验收日期</td><td></td></tr>
<tr><td colspan="2">施工单位</td><td></td><td>监理单位</td><td></td></tr>
<tr><td>序号</td><td>验收项目</td><td>主要验收内容</td><td colspan="2">验收记录</td></tr>
<tr><td>1</td><td>楼地面、墙面和顶棚</td><td>地面裂缝、空鼓、材料环保性能，墙面和顶棚爆灰、空鼓、裂缝，装饰图案、缝格、色泽、表面洁净</td><td colspan="2"></td></tr>
<tr><td>2</td><td>门窗</td><td>窗台高度、渗水、门窗启闭、玻璃安装</td><td colspan="2"></td></tr>
<tr><td>3</td><td>栏杆</td><td>栏杆高度、间距、安装牢固、防攀爬措施</td><td colspan="2"></td></tr>
<tr><td>4</td><td>防水工程</td><td>屋面渗水、厨卫间渗水、阳台地面渗水、外墙渗水</td><td colspan="2"></td></tr>
<tr><td>5</td><td>室内主要空间尺寸</td><td>开间净尺寸、室内净高</td><td colspan="2"></td></tr>
<tr><td>6</td><td>给排水工程</td><td>管道渗水、管道坡向、安装固定、地漏水封、给水口位置</td><td colspan="2"></td></tr>
<tr><td>7</td><td>电气工程</td><td>接地、相位、控制箱配置，开关、插座位置</td><td colspan="2"></td></tr>
<tr><td>8</td><td>建筑节能</td><td>保温层厚度、固定措施</td><td colspan="2"></td></tr>
<tr><td>9</td><td>其它</td><td>烟道、通风道、邮政信报箱等</td><td colspan="2"></td></tr>
<tr><td colspan="2">分户验收结论</td><td colspan="3"></td></tr>
<tr><td colspan="2">建设单位</td><td>施工单位</td><td>监理单位</td><td>物业或其他单位</td></tr>
<tr><td colspan="2">项目负责人：
验收人员：
年 月 日</td><td>项目经理：
验收人员：
年 月 日</td><td>总监理工程师：
验收人员：
年 月 日</td><td>项目负责人：
验收人员：
年 月 日</td></tr>
</table>

全国人民代表大会常务委员会法制工作委员会关于对地方性法规中以审计结果作为政府投资建设项目竣工结算依据有关规定提出的审查建议的复函

1. 2017年6月5日
2. 法工备函〔2017〕22号

中国建筑业协会：

你会2015年5月提出的对地方性法规中以审计结果作为政府投资建设项目竣工结算依据有关规定进行审查的建议收悉。我们对有关审计的地方性法规进行了梳理，并依照立法法第九十九条第二款的规定对审查建议提出的问题进行了研究，征求了全国人大财经委、全国人大常委会预工委、国务院法制办、财政部、住房城乡建设部、审计署、国资委、最高人民法院等单位的意见，并赴地方进行了调研，听取了部分地方人大法制工作机构、政府有关部门、人民法院和建筑施工企业、律师、学者等方面的意见。在充分调研和征求意见的基础上，我们研究认为，地方性法规中直接以审计结果作为竣工结算依据和应当在招标文件中载明或者在合同中约定以审计结果作为竣工结算依据的规定，限制了民事权利，超越了地方立法权限，应当予以纠正。

我们已经将全国人大常委会法工委《对地方性法规中以审计结果作为政府投资建设项目竣工结算依据有关规定的研究意见》印送各省、自治区、直辖市人大常委会。目前，有关地方人大常委会正在对地方性法规中的相关规定自行清理、纠正，我们将持续予以跟踪。

感谢你们对国家立法和监督工作的关系和支持。

特此函复。

·典型案例·

威海市鲸园建筑有限公司与威海市福利企业服务公司、威海市盛发贸易有限公司拖欠建筑工程款纠纷案

【裁判摘要】

依照《中华人民共和国合同法》第二百七十九条、《建设工程质量管理条例》第十六条的规定，建设工程竣工后，发包人应当按照相关施工验收规定对工程及时组织验收，该验收既是发包人的义务，亦是发包人的权利。承包人未经发包人同意对工程组织验收，单方向质量监督部门办理竣工验收手续的，侵害了发包人工程验收权利。在此情况下，质检部门对该工程出具的验收报告及工程优良证书因不符合法定验收程序，不能产生相应的法律效力。

申请再审人（一审原告、反诉被告，二审被上诉人）：威海市鲸园建筑有限公司。

被申请人（一审被告、反诉原告，二审上诉人）：威海市福利企业服务公司。

原审被告：威海市盛发贸易有限公司。

申请再审人威海市鲸园建筑有限公司（以下简称鲸园公司）与被申请人威海市福利企业服务公司（以下简称福利公司）、原审被告威海市盛发贸易有限公司（以下简称盛发公司）拖欠建筑工程款纠纷一案，山东省高级人民法院于2007年4月19日作出（2005）鲁民再终字第16号民事判决，已经发生法律效力。鲸园公司对该判决不服，向最高人民法院申请再审。最高人民法院于2010年7月2日作出（2009）民申字第56－1号民事裁定，提审本案。最高人民法院依法组成合议庭，于2011年3月22日对本案进行了询问。鲸园公司的委托代理人马晓君，福利公司的委托代理人王准到庭参加了询问。本案现已审理终结。

2002年4月28日，鲸园公司提起诉讼称：1998年10月15日，鲸园公司与中国康复研究中心威海国际旅游基地（以下简称旅游基地）签订《建筑工程施工合同》，约定鲸园公司承建旅游基地开发的泉盛公寓楼。合同履行过程中，鲸园公司按照合同约定于1998年10月5日开工，但旅游基地没有按照合同约定按时、足额支付工程款，造成鲸园公司窝工、利息等损失，共计1 651 753.78元。1999年12月30日工程竣工，并于2000年6月8日经威海市建筑工程质量建设监督管理站评定达到优良标准。2001年11月9日，经山东江德会计师事务所有限公司威海分所审核验证，工程结算值为7 638 124.44元。鲸园公司、旅游基地均予以盖章认可。但旅游基地未支付工程款，现尚欠工程款5 767 123.8元。2000年9月，旅游基地因未参加年检被威海市高新技术开发区工商局吊销营业执照，债权债务均由其开办单位福利公司全权处

理。鲸园公司承建的工程系旅游基地与威海经济技术开发区泉盛贸易公司(以下简称泉盛公司)合作开发的项目。2000 年 9 月,泉盛公司因未参加年检被工商部门吊销营业执照,该公司债权债务均由盛发公司接收。请求判令福利公司、盛发公司:1. 支付工程款 5 767 123.8 元;2. 支付优良工程奖 38.2 万元;3. 支付因福利公司违约给其造成的损失 1 651 753.78 元。

福利公司提出反诉称:1998 年 10 月 15 日,旅游基地与鲸园公司签订《建筑工程施工合同》。依照合同约定,鲸园公司应于 1999 年 5 月 30 日前向旅游基地提交完整竣工资料和竣工验收报告,但鲸园公司至今未予交付。而且,鲸园公司承包的本工程因至今未达到竣工验收条件未通过验收,致使旅游基地未按约向盛发公司交付房屋,被人民法院判令向盛发公司承担违约赔偿金 1 370 850 元(按银行利率计算)。福利公司已经按照生效判决履行了上述给付义务。因鲸园公司拖延竣工导致旅游基地其他损失 127 万元。请求判令鲸园公司:1. 提供竣工图纸及全套竣工资料;2. 赔偿拖延工期造成的损失 2 645 676 元(截至 2002 年 7 月 30 日)。诉讼费用由鲸园公司承担。

山东省威海市中级人民法院(以下简称威海中院)经审理查明:1998 年 2 月 18 日,旅游基地与泉盛公司签订《开发泉盛公寓楼房地产协议》,约定旅游基地出资,泉盛公司出地,联合开发泉盛公寓楼。同日,旅游基地与鲸园公司口头达成泉盛公寓楼建设工程承包协议。鲸园公司于同年 10 月 5 日开始施工。同年 10 月 15 日,旅游基地与鲸园公司补签了《建设工程施工合同》,约定泉盛公寓楼工程面积为 8800 平方米;承包范围是土建、水暖卫电安;工程预算价款为 440 万元;竣工日期为 1999 年 5 月 30 日;工程质量等级为优良,达到优良标准奖励工程价款的 5%;旅游基地提供三大材;合同签订之时拨付总价款的 25% 为开班费,工程开工三日内拨付工程款的 10%,基础工程完工拨付工程款的 10%;基础完工后按进度拨款,主体工程完工拨付工程款至 60%,工程竣工之时拨付工程款至 90%,余款待决算后付清;旅游基地不按时付款,按银行最高利率计算支付鲸园公司损失;旅游基地不支付工程款,鲸园公司可留置部分或全部工程,并予以妥善保护,由旅游基地承担保护费用及赔偿因违约给鲸园公司造成的窝工等损失;工程具备竣工验收条件,鲸园公司按照国家工程竣工有关规定,向旅游公司基地代表提供完整的竣工资料和竣工验收报告,旅游基地代表组织有关部门验收;鲸园公司未按约定工期竣工,支付违约金,违约金数额按实际发生计算;竣工报告批准后,鲸园公司应向旅游基地代表提出结算报告,办理竣工结算。

合同签订后,鲸园公司继续施工。旅游基地在合同签订之日拨付 20 万元;基础工程完工时拨付 98 584 元;至主体工程完工时拨付 638 670 元;至 2000 年 4 月 3 日,旅游基地实际拨付鲸园公司工程款及材料折款共计 1 870 986.7元。

旅游基地因未取得房地产开发资质等级证书,在办工程手续时将“建设单位”办在鲸园公司名下。1998 年 11 月 5 日、1999 年 4 月 2 日,鲸园公司既作为建设方,又作为施工方,请求威海市环翠区建筑勘察设计院对泉盛公寓楼基础工程、主体工程进行评定。上述工程被评为合格工程。2000 年 3 月 15 日,泉盛公司与鲸园公司联合以旅游基地资金未能及时到位,致使工程拖延,要求尽快筹集资金,否则将终止合同为内容向旅游基地发出书面通知。2000 年 4 月 5 日,鲸园公司、旅游基地及泉盛公司三方法定代表人均在通知上签字。此后,旅游基地未再拨付工程款及材料。依据鲸园公司的申请,威海市建设工程质量造价监督管理站(以下简称质监站)于 2000 年 4 月 30 日对该工程出具了竣工验收报告,2000 年 6 月 8 日出具了工程质量优良等级评定证书,其中注明该工程的建筑面积为 5500 平方米。2000 年 6 月 18 日,盛发公司委托山东汇德会计师事务所有限公司威海分公司与鲸园公司对该工程进行了审核决算。2001 年 11 月 9 日,该事务所出具《工程结算审核报告》,确定涉案工程结算值为 7 638 124.3 元。

2000 年 9 月 18 日,旅游基地与泉盛公司均因未年检被工商部门吊销营业执照,旅游基地的债权债务由福利公司承接,泉盛公司的债权债务由盛发公司承接。

另查明,福利公司就联合开发涉案工程起诉盛发公司,威海中院就上述案件作出(2001)威民初字第 1 号民事判决,认定该工程应于 2000 年 4 月主体完工,至 2001 年 11 月 20 日仍未竣工验收,不具备房屋交付条件,福利公司违约,判决福利公司因逾期交房支付盛发公司违约金 1 370 850 元(已执行)。福利公司依据上述判决在本案中提出反诉,要求鲸园公司赔偿因逾期交付房屋造成其损失 1 370 850 元。

福利公司在威海中院对本案进行第一次审理期间申请对工程造价重新鉴定,但在该院限定期限内,未预交鉴定费。

山东省威海市环翠区人民检察院于2003年3月对本案所涉工程监理唐新建的调查笔录载明，在质监站出具验收报告时涉案工程未完工，该工程的门窗是福利公司分包给案外人施工的。

山东省高级人民法院（以下简称山东高院）二审审理期间，福利公司申请对涉案工程造价进行重新鉴定。山东高院依法委托山东正源和信有限责任会计师事务所（以下简称正源会计师事务所）对该楼的工程造价进行鉴定。2006年6月28日，该所出具《威海市泉盛公寓楼工程造价司法鉴定报告》[鲁正信工咨字（2006）第1011号]，结论为泉盛公寓楼工程总造价6 810 949.46元，门窗造价348 426.85元。双方对该结论质证后，对争议问题达成一致意见，2006年8月10日，共同委托该所出具《〈威海市泉盛公寓楼工程造价司法鉴定报告〉的补充说明》[鲁正信工咨字（2006）第1011号]，称：一、2006年8月3日，山东高院对福利公司、鲸园公司、盛发公司拖欠建筑工程款纠纷一案所涉及的威海市泉盛公寓楼的工程造价进行了听证。对双方当事人争议较大的问题，经法院调解，双方当事人达成一致意见，并就诸如屋面保温层、屋面防水上刷保护涂料等问题达成共识，由此涉及到原造价数额的变动，双方当事人在法庭上已经认可。二、泉盛公寓楼工程造价在原报告基础上增加137 730.58元。

山东高院二审期间委托威海中院就本案建设工程是否全部竣工验收向质监站进行了调查。该站证明，本案所涉工程是全部竣工验收，不是部分验收。

威海中院因拍卖本案所涉楼房，委托威海市价格认证中心对泉盛公寓综合楼进行价格鉴定。2003年6月18日，该中心出具《山东省涉案资产价格认定书》载明，综合楼属未完工工程，水、电、暖等配套均不齐。

2002年9月16日，威海中院作出（2002）威民一初字第10号民事判决，判令福利公司支付鲸园公司工程款5 767 137.74元、优良工程款381 906.22元及各项损失1 427 199.6元，合计7 576 243.56元；双方的其他诉讼请求予以驳回。福利公司不服上述判决，上诉至山东高院。山东高院作出（2002）鲁民一终字第297号判决，驳回上诉，维持原判。福利公司不服生效判决，向山东高院申请再审。山东高院以（2003）鲁民一监字第77－2号民事裁定，撤销威海中院（2002）威民一初字第10号和山东高院（2002）鲁民一终字第297号民事判决，将案件发回威海中院重审。

威海中院重审认为，鲸园公司与旅游基地签订的《建设工程施工合同》合法有效。按合同约定，工程一切手续由旅游基地申办，由于其没有开发资质，故将手续中的建设方办在鲸园公司名下，使该工程的质量评定及验收报告中，建设单位和施工单位均为鲸园公司一方，对该事实予以认定，并推定旅游基地对上述事实明知，且该结果系旅游基地行为所致，鲸园公司不应承担责任。旅游基地因没有按时拨付工程款，导致泉盛公司与鲸园公司联合向其发出终止合同的书面通知，旅游基地法定代表人在通知上签字，此后旅游基地亦未再向鲸园公司拨付工程款。旅游基地上述行为，足以使鲸园公司有理由相信旅游基地在终止合同通知上签字的意思为同意鲸园公司终止合同，该表述促使鲸园公司与泉盛公司对工程进行决算，故鲸园公司未与福利公司进行决算，而与盛发公司进行决算，应属合理，且经具有鉴定资质的部门依法定程序进行了鉴定，出具了工程竣工验收报告及工程质量评定书，具有法律效力，应作为本案的定案依据。经调查证实，该工程是全部竣工验收，而不是部分验收，因此，鲸园公司请求判令福利公司支付工程款、利息及要求支付优良工程款理由正当，应予支持。旅游基地未按合同约定及时拨付工程款，应承担鲸园公司保护工程的费用，并赔偿鲸园公司设备及周转性材料停滞费。鉴于旅游基地与泉盛公司在合作开发合同中明确约定泉盛公司出地，旅游基地出资，且本案所涉《建设工程施工合同》也是鲸园公司与旅游基地签订，鲸园公司要求盛发公司承担连带责任缺乏事实和法律依据，不予支持。因旅游基地投资不到位，致使工程不能如期完工，因此，福利公司反诉请求理由不当，不予支持。本案诉争工程已属竣工工程，福利公司反诉请求对5000平方米未完工程赔偿损失理由不当，不予支持。

威海中院于2005年1月25日作出（2002）威民一再重初字第10号民事判决（以下简称威海中院一审判决）：（一）福利公司支付鲸园公司工程款5 767 137.74元；（二）福利公司支付鲸园公司优良工程款381 906.22元；（三）福利公司偿付鲸园公司工程款利息损失852 264.7元、工程保管费53 150元、设备及周转性材料停滞损失费521 784.9元，合计1 427 199.6元；（四）驳回鲸园公司要求盛发公司承担连带偿付义务的诉讼请求；（五）驳回福利公司请求鲸园公司赔偿其经济损失264 576元的诉讼请求；（六）鲸园公司提供给福利公司竣工图纸及竣工验收报告各一份。

福利公司不服威海中院一审判决，向山东高院提起上诉。

山东高院二审认为，本案焦点问题为：1. 涉案工程在质监站验收时是否竣工；2. 质监站出具的竣工验收报告是否有效及优良奖是否应予支持；3. 涉案工程造价是多少；4. 旅游基地逾期付款是否应支付违约金；5. 工程保管费、设备及周转性材料停滞费和逾期向盛发公司交付工程造成的损失应由哪方当事人承担。

关于涉案工程是否竣工的问题。威海中院（2001）威民初字第1号民事判决认定该工程至2001年11月20日仍未竣工验收，该判决已发生法律效力，应作为有效证据。因质监站竣工验收的时间是2000年4月，该证据证明质监站出具竣工验收报告及优良工程评定书时该工程未完工。该站出具的竣工验收报告及优良工程评定书与事实不符。同时，依据合同约定及相关法律法规的规定，涉案工程应由建设单位旅游基地组织验收，鲸园公司作为施工方擅自委托质监站进行验收，违背合同约定和相关法律法规的规定，程序违法。因此，质监站出具验收报告及工程评定书，应认定无效。鲸园公司主张的优良奖381 906.22元，无事实依据，不予支持。

关于涉案工程的造价问题。依据合同约定及相关法律法规的规定，涉案工程竣工后，应由施工方鲸园公司向建设方旅游基地提供结算报告，由旅游基地批准结算。山东汇德会计师事务所有限公司威海分公司出具的结算书，是盛发公司委托的，盛发公司不是合同当事人，其与鲸园公司对涉案工程决算违背合同约定和法律规定，该决算无效，不能作为定案依据。正源会计师事务所出具的涉案工程的司法鉴定报告及补充说明，程序合法、内容客观，且经当事人质证，合法有效，应作为定案依据。该报告认定的涉案工程值为6 948 680.04元，扣除门窗造价348 426.85元及旅游公司拨付的工程款及材料折价1 870 986.7元，旅游基地尚欠鲸园公司工程款4 729 266.49元。

关于旅游基地逾期付款是否应支付违约金的问题。旅游基地未按合同约定及时、足额拨付工程款，根据合同约定应支付鲸园公司损失。按合同约定，该损失应以旅游基地应付而未付的款项及应付欠款的时间分段计算。一审认定按中国人民银行同期贷款利率计算，双方当事人均无异议，应予采信。鲸园公司发终止合同通知后，在双方未对后继事项进行处理的情况下，其以自己的名义于2000年4月30日委托对未完工工程进行验收，此后造成的损失应由鲸园公司承担，旅游基地未及时付款造成的损失应计算至2000年4月30日。因此，旅游基地未及时付款给鲸园公司造成的损失，按中国人民银行同期贷款利率，根据合同约定应付而未付的欠款和时间分段计到2000年4月30日。

关于工程保管费、设备及周转性材料停滞费和逾期向盛发公司交付工程造成的损失应由谁承担的问题。泉盛公寓楼应于1999年5月30日完工而未完工，工程因延期造成的保管费53 450元、设备及周转性材料停滞费521 784.9元，福利公司逾期向盛发公司交付涉案工程，被威海中院（2001）威民初字第1号民事判决判令赔偿盛发公司的实际经济损失（已执行完毕），是由旅游基地拨款不到位和鲸园公司未按约完工造成的，旅游基地拨款不到位是造成损失的主要原因，应承担主要责任；鲸园公司未按约完工是造成损失的次要原因，应承担次要责任。依据公平原则，上述损失的70%由旅游基地承担，30%由鲸园公司承担。

旅游基地被注销后，其债权债务由福利公司承担，故旅游基地的上述债务应由福利公司偿还。

山东高院于2007年4月19日作出（2005）鲁民再终字第16号民事判决（以下简称山东高院二审判决）：一、撤销威海中院一审判决第二、三、五项；二、维持威海中院一审判决第四、六项；三、变更威海中院一审判决第一项为：福利公司支付鲸园公司工程款4 729 266.49元；四、福利公司支付鲸园公司逾期付款违约金，按中国人民银行同期贷款利率，根据合同约定应拨付而未拨付的欠款和时间分段计算到2000年4月30日，计140 893元；五、福利公司支付鲸园公司工程保管费、设备及周转性材料停滞费的70%计款402 664.43元；六、福利公司因逾期交付涉案工程赔偿给盛发公司的1 370 850元，由鲸园公司承担30%计款411 255元。上述款项，逾期支付的，加倍支付迟延履行期间的债务利息。

鲸园公司对山东高院二审判决不服，向法院申请再审，请求撤销山东高院二审判决，维持威海中院一审判决。主要理由：

1. 山东高院二审判决采信正源会计师事务所出具的鉴定报告，适用法律错误。

威海中院第一次一审期间，福利公司提出对工程造价进行重新鉴定，但在法院指定期限内没有交纳鉴定费，丧失了要求重新鉴定的权利。山东高院二审期间准许福利公司重新鉴定的申请，适用法律错误。

鲸园公司对正源会计师事务所出具的司法鉴定提出书面异议并提供了相关证据，该会计师事务所对鲸园公司提出的7项异议内容表示同意，并答应作出书面修改意见或答复。但鲸园公司并未收到正源会计师事务所出具的补充说明，亦未对补充说明发表任何质证意见。山东高院二审判决却提出有"补充说明"，并将其作为判决依据，侵犯了鲸园公司的诉权，在实体上也使工程造价直接降低了100余万元，侵害了鲸园公司的利益。

2. 一审判决判令鲸园公司承担工程保管费、设备及周转材料停滞费和逾期向盛发公司交付工程造成损失的30%是错误的。

双方签订的《建设工程施工合同》约定，福利公司不按期拨付工程款项，鲸园公司在催告后有权停止施工并索要逾期付款利息、违约金、窝工损失等。本案中，二审判决认定的工程造价是660万元，而福利公司加上材料仅拨付了187万元，严重拖欠工程进度款，经多次催告仍不拨付，致使鲸园公司无法施工，人员、设备均窝在了工地上，造成巨大的经济损失。二审法院却在没有任何证据的情况下，称依据公平原则判令鲸园公司承担30%的停工损失及违约责任，适用法律错误。

3. 二审判决对福利公司支付违约金的截止时间及其是否应当支付工程优良奖的事实认定错误。

依据《中华人民共和国合同法》第一百一十九条规定："当事人一方违约后，对方应当采取适当措施防止损失的扩大；没有采取适当措施致使损失扩大的，不得就扩大的损失要求赔偿。"鲸园公司在工程施工完毕，在福利公司同意终止合同退出合作开发且杳无音信的情况下，本着将各方损失降到最低的宗旨组织了竣工验收并无过错。且旅游基地在办理开工手续时将鲸园公司填报为建设单位，所以工程竣工验收只能是鲸园公司作为申请人组织验收。即使鲸园公司不应组织竣工验收，福利公司在主体完工前应支付工程款264万元，但其仅支付了187万元，这部分欠付的工程款是一直持续存在的，并非到2000年4月30日就停止了，二审法院认定鲸园公司以自己的名义于2000年4月30日委托对未完工工程进行验收，此后造成的损失应由鲸园公司承担，旅游基地未及时拨款造成的损失应计算至2000年4月30日是错误的。

关于工程是否竣工验收及是否应支付优良奖的问题上，二审判决认定"威海中院(2001)威民初字第1号民事判决书已发生法律效力，该判决认定的事实应作为有效证据使用"。但上述判决在第7页工程"未竣工验收"的认为和第4页查明事实中认定的没有综合验收，是不一致的，明显是个笔误。二审法院对上述判决作片面理解，适用法律错误。况且，依据国家相关规定及双方当事人在合同中的约定，质监站是工程质量评定的行政机关，其作出的竣工验收证书及建筑工程质量等级评定证书非经法定程序是不能否认其效力的。更何况福利公司在起诉状中也称该工程已完工。所以泉盛公寓楼工程已在2000年4月竣工，且是优良工程是不争的事实，鲸园公司主张381 906.22元的优良奖理应受到支持。

福利公司答辩称：(一)二审判决认定事实的主要证据已经质证。1. 福利公司对涉案工程申请重新鉴定符合法律规定。最高人民法院《关于民事诉讼证据的若干规定》第二十八条规定："一方当事人自行委托有关部门作出的鉴定结论，另一方当事人有证据足以反驳并申请重新鉴定的，人民法院应予准许。"2000年6月18日，盛发公司委托山东汇德会计师事务所有限公司威海分公司与鲸园公司对涉案工程进行了审核决算，该事务所出具鉴定报告称涉案工程结算值为7 638 124.3元。盛发公司不是合同当事人，其委托他人与鲸园公司对涉案工程决算，违背合同约定和法律规定，该决算无效，不能作为定案的依据。2005年，福利公司得知威海市建设监理公司监理员唐新建在威海市环翠区检察院关于涉案工程是未完工工程的供述后，在山东高院第二次审理本案过程中，申请对涉案工程造价进行重新鉴定，山东高院委托山东正源和信会计师事务所对涉案工程值进行司法鉴定，鲸园公司对此同意，该司法鉴定符合法律规定。2. 正源会计师事务所所作涉案司法鉴定已质证。

正源会计师事务所对涉案工程所作的司法鉴定报告及补充说明，程序合法，内容客观，且经当事人质证，合法有效，应作为定案的依据。

(二)原审判决适用法律正确。1. 鲸园公司是承包方，擅自对工程进行验收，给福利公司造成极大损失，依法就应承担违约责任。虽然涉案工程在办理开工手续时建设单位填报的是鲸园公司，但这不能改变鲸园公司是工程承包人的合同约定和施工事实，鲸园公司不能代表发包人对工程进行验收。2000年4月5日，本案所涉《建设工程施工合同》终止，鲸园公司已不是涉案工程的建设单位了，却在2000年4月30日委托质监站对涉案工程进行验收是违法的。二审判决认定鲸园公司在发出终止合同通知后，擅自以自己的名义对未完工工程进行验收,此后造成的损失应由鲸园公司承担是正确的。2.鲸园公司主张7年违约金没有根据。《建设工程施工合同》终止后,涉案工程一直掌控在鲸园公司手中。2003年3月29日,鲸园公司根据当时生效现已被撤销的山东高院(2002)鲁民一终字第297号民事判决书,向威海中院申请执行。2003年7月16日,威海中院委托威海市房地产拍卖行对福利公司3759.15平方米的楼房进行了拍卖。2003年8月7日,威海市房地产拍卖行将该楼房拍卖给鲸园公司,总价为3 360 000元,每平方米价格893.82元。2003年10月15日,威海中院(2003)威执一字第71号《民事裁定书》将上述3759.15平方米的楼房裁定归鲸园公司所有。现在鲸园公司主张福利公司要支付违约金至今,缺乏法律依据。3.涉案工程是未完工工程,鲸园公司请求支付工程优良奖缺乏事实依据。根据法院已查明的事实,足以证明涉案工程是未完工工程。此外已发生法律效力的威海中院(2001)威民初字第1号民事判决书第7页认定涉案工程"未竣工验收"。2000年3月15日,盛发公司与鲸园公司联合以旅游基地资金未能及时到位,致使工程拖延,要求尽快筹集资金,否则将终止合同为内容向旅游基地发出书面通知。这证明2000年4月5日,涉案工程还没有竣工,而《建设工程施工合同》已终止。合同约定的建筑面积是8800平方米,质监站出具的验收报告载明建筑面积是5500平方米,证明涉案工程未完工。2003年2月24日,威海经济技术开发区公证处做的(2003)威开证经字第78号《公证书》证明涉案工程未完工。质监站工作人员唐新建在检察院的供述证明涉案工程未完工。《山东省涉案资产价格认定书》认定涉案工程未完工。鲸园公司法定代表人王喜海的陈述证明涉案工程未完工。

(三)鲸园公司承认威海中院一审判决及山东高院二审判决是合法有效的,已申请执行,这表明其已放弃申请再审权。2007年6月26日,鲸园公司向威海中院提出"陕复执行申请书",申请对威海中院(2003)威执一字第71号执行案恢复执行。这说明鲸园公司对二审判决是认可的。

法院查明的事实与威海中院一审查明的事实相同。

法院认为,本案再审双方当事人争议的焦点问题为:1.山东高院二审准许福利公司的鉴定申请并委托鉴定单位进行鉴定,适用法律是否正确,鉴定报告是否可以作为证据予以采信;2.涉案工程是否为优良工程,福利公司是否应当按照合同约定支付工程优良奖;3.山东高院二审判决对计算福利公司违约金截止时间的认定是否正确;4.山东高院二审判决判令鲸园公司、福利公司按照3:7的比例分担工程延期损失是否正确。

(一)关于山东高院二审准许福利公司的鉴定申请并委托鉴定单位进行鉴定,适用法律是否正确,鉴定报告是否可以作为证据予以采信问题。

本案中,鲸园公司主张福利公司欠付工程款数额的依据是山东汇德会计师事务所有限公司威海分公司出具的《工程结算审核报告》,该报告系由盛发公司委托出具,而盛发公司并非本案所涉《建设工程施工合同》的缔约人,其委托结算行为亦未经上述合同缔约双方认可。且上述报告审核的依据是鲸园公司单方提供的涉案工程决算书,该决算书亦未经发包方旅游基地认可。在山东高院二审期间,福利公司提供了威海市环翠区人民检察院的侦查笔录,该笔录中涉案工程监理人员称质监站验收涉案工程时,该工程尚未完工,而上述结算审核报告及鲸园公司提供的结算书均是在完工基础上对工程款进行的结算审核,依照上述事实可以认定山东汇德会计师事务所有限公司威海分公司出具的《工程结算审核报告》,对工程款结算数额的审核不准确,不能作为证据予以采信。二审法院综合上述情况,准许福利公司重新鉴定的申请,适用法律并无不当。鲸园公司认为二审法院准许福利公司重新鉴定的申请适用法律错误,法院不予支持。

正源会计师事务所出具的《威海市泉盛公寓楼工程造价司法鉴定报告》,鉴定人员具有相应的鉴定资质。二审法院组织鉴定人员及双方当事人对鉴定报告进行了质证,并当庭就双方当事人对鉴定报告提出的异议是否成立进行了认定,鉴定单位依据法庭的认定对鉴定报告进行修改,作出《〈威海市泉盛公寓楼工程造价司法鉴定报告〉的补充说明》。鲸园公司主张其针对鉴定报告提出的异议,鉴定单位未予回复,作出的补充鉴定报告未经其质证,与本案查明的事实不符,其主张上述鉴定报告不能作为证据予以采信,法院不予支持。

(二)关于涉案工程是否为优良工程,福利公司是否应当按照合同约定支付工程优良奖问题。

《合同法》第二百六十九条规定:"建设工程是承包人进行工程建设,发包人支付价款的合同。"第二百七十九条规定:"建设工程竣工后,发包人应当根据施工图纸及说明书、国家颁发的施工验收规范和质量验收标准及时进行验收。验收合格的,发包人应当按照约定支付价款,并接收该建设工程。"《建设工程质量管理条例》第十六条规定:“建设单位收到建设工程竣工报告后,应当组织设计、施工、工程监理等有关单位进行竣工验收。”上述法律、法规规定表明,竣工验收既是发包人的权利,也是发包人的义务。发包人对建设工程组织验收,是建设工程通过竣工验收的必经程序。本案查明事实表明,旅游基地因不具有相关的开发建设资格,故将涉案工程的建设单位登记为鲸园公司。鲸园公司应本着诚实信用原则,维护旅游基地作为发包人权利义务的行使。双方签订的《建设工程施工合同》约定了鲸园公司提供竣工资料和验收报告的时间,表明旅游基地并未将其对工程组织验收的权利委托鲸园公司。鲸园公司在未经旅游基地同意情形下,单方向质监站办理竣工验收手续,申报质量评定等级,侵害了福利公司作为工程发包人的权利,导致质监站对该工程验收出具的工程竣工验收报告及工程优良评定证书,不符合法定程序,不能产生相应的法律效力。鲸园公司依照质监站出具的工程竣工验收报告及工程优良评定证书主张工程已经竣工验收,且质量优良,福利公司应当支付工程优良奖的理由不成立,法院不予支持。

(三)关于山东高院二审判决对计算福利公司违约金截止时间的认定是否正确问题。

山东高院二审庭审笔录记载鲸园公司称违约金应计算到2000年4月30日。上述陈述应作为鲸园公司对违约金终止计算时间的自认。现其认为违约金应计算至款项实际支付之日止,与其自认不相符,法院不予支持。

(四)山东高院二审判决判令鲸园公司、福利公司按照3:7的比例分担工程延期损失是否正确问题。

本案查明事实表明,在本案所涉建设工程并未符合竣工验收条件时,鲸园公司单方申报竣工验收,侵害了旅游基地作为工程发包单位的权利,对工程未及时竣工亦造成影响。山东高院二审判决在鲸园公司存在上述过错基础上,判令鲸园公司对工程延误造成的损失承担30%的赔偿责任,符合本案实际情况。鲸园公司认为其没有过错,不应承担赔偿责任,法院不予支持。

综上,山东高院二审判决认定事实清楚,适用法律正确。依照《中华人民共和国民事诉讼法》第一百八十六条第一款、第一百五十三条第一款第(一)项之规定,判决如下:

维持山东省高级人民法院(2005)鲁民再终字第16号民事判决。

本判决为终审判决。

夏善荣诉徐州市建设局行政证明纠纷案

【裁判摘要】

一、建设行政主管部门对在集体土地上建造的住宅小区组织竣工综合验收并颁发验收合格证,不违背《城市房地产开发经营管理条例》关于“房地产开发项目竣工,经验收合格后,方可交付使用”的立法原意,是依职权实施的具体行政行为。该行为直接影响到住宅小区居民的利益,属可诉的具体行政行为。

二、建设行政主管部门是本行政区域内住宅小区竣工综合验收的组织者和最终审验者,代表国家对住宅小区行使竣工综合验收权力。在竣工综合验收合格后建设行政主管部门颁发的《住宅竣工验收合格证书》,是以政府机关公信力来担保住宅小区的建筑质量达到了可以交付使用的水平。建设行政主管部门在颁发证书前,必须保证证书所证明的每个事实都真实,以免因此破坏政府机关的公信力。如果证书所证明的某一事实是虚假的,建设行政主管部门应当承担审查失职的法律责任。

三、按照审判监督程序审理的行政诉讼案件,当事人应依法提供其在原审举证期限届满后发现的新证据。对确因客观原因不能自行收集且提供了相关线索的,当事人可以申请人民法院调取,人民法院也可以依职权向行政机关、其他组织或者公民调取证据。经过对新的证据质证、认证,被诉具体行政行为所依据的主要事实不能成立的,应当改判撤销原具体行政行为。

原告:夏善荣,女,55岁,江苏省徐州市奎山乡关庄村农民,暂住徐州市湖北路西段菜地。

被告:江苏省徐州市建设局,住所地:徐州市解放路。

法定代表人:郭宗明,该局局长。

第三人:江苏省徐州市恒信房地产开发有限公司,住所地:徐州市中山南路。

法定代表人:闻远,该公司总经理。

2001年6月18日,被告徐州市建设局给第三人徐州市恒信房地产开发有限公司(以下简称恒信房产公司)颁发徐建验证(15)号《住宅竣工验收合格证书》(以下简称15号验收合格证),认定:恒信房产公司建设的世纪花园1-6号、11号住宅楼经专家组验收,验评得分80.5分,符合验收标准,具备入住条件。原告夏善荣认为该证书侵犯其合法权益,向江苏省徐州市云龙区人民法院提起行政诉讼,云龙区人民法院将此案移送徐州市泉山区人民法院,泉山区人民法院追加恒信房产公司为第三人公开审理了此案。

原告夏善荣诉称:世纪花园小区内有第三人恒信房产公司给原告提供的拆迁安置房。由于该房质量不合格,且第三人还拖欠着过渡房费,原告提起民事诉讼,在诉讼中得知,世纪花园是经被告徐州市建设局验收的合格工程。原告认为,在被告验收时,世纪花园住宅小区尚未安装电表,明显不具备竣工合格条件,被告却为第三人颁发验收合格证,严重损害原告利益。请求判令撤销被告颁发的15号验收合格证。

原告夏善荣提交以下证据:

1.《拆迁协议书》,用以证明夏善荣是世纪花园合法住户,对房屋质量有权主张权利;

2.照片7张,用以证明世纪花园内的房屋存在质量问题;

3.通知1份,用以证明世纪花园住宅小区竣工时未安装电表,直至2002年3月25日第三人恒信房产公司才开始校验电表及内线。

除此以外,原告夏善荣还申请证人许吉良出庭作证。许吉良的证言内容是:夏善荣提交的反映房屋质量问题的照片为其所摄,世纪花园住宅小区内垃圾未清理、绿化未搞好、道路不通,电表直至2001年9月才安装,根本不具备交房条件,被拆迁户为此曾多次到市政府反映问题。

被告徐州市建设局辩称:为履行法定职责,依照法定程序,被告在组织专家组对世纪花园住宅小区进行综合验收后,根据建设单位整改情况才颁发验收合格证。被告向第三人恒信房产公司颁证的行为,与原告夏善荣主张的“房屋质量不合格以及拖欠过渡房费”等事实无关,应当驳回原告的诉讼请求。

被告徐州市建设局提交以下证据:

1.徐州市计划委员会制作的《关于奎山乡刘场东村改造项目建议书的批复》,徐州市规划局制作的《建设用地规划许可证》、《建设工程规划许可证》,徐州市国土管理局制作的《征用土地批准通知书》,徐州市土木建筑工程质量监督站制作的《建筑安装工程质量初验等级证书》,徐州市公安消防支队制作的《消防验收意见书》,以及《物业托管合同书》等,用以证明综合验收需审查的各单项手续齐全、合法;

2.住宅竣工验收申报表、《徐州市住宅小区竣工验收评分标准》、15号验收合格证,用以证明综合验收符合程序、符合要求;

3.国务院发布的《城市房地产开发经营管理条例》,建设部发布的《城市住宅小区竣工综合验收管理办法》,徐州市建设委员会发布的《关于修改住宅小区竣工验收标准的通知》,用以证明实施综合验收具体行政行为的法律依据。

第三人恒信房产公司述称:被告徐州市建设局向第三人颁发验收合格证,是依照法定程序履行法定职责。颁证行为与原告夏善荣主张的“房屋质量不合格以及拖欠过渡房费”等事实无关,应当驳回原告的诉讼请求。

经质证、认证,徐州市泉山区人民法院查明:

徐州市计划委员会批准在刘场村建设世纪花园小区住宅楼,用于安置在徐州市奎山乡关庄村实施旧城改造中私房被拆除的村民,该项目工程交第三人恒信房产公司开发。原告夏善荣是私房被拆除的村民,1999年7月,奎山乡关庄村委会与其签订《拆迁协议书》,约定在世纪花园住宅小区为夏善荣安置住房,18个月内交房。2001年5月8日,恒信房产公司向被告徐州市建设局报告,世纪花园住宅小区的住宅楼已经建成,申请竣工综合验收,同时提供了竣工综合验收所需的各种验收资料。徐州市建设局组织专家到现场验收后,世纪花园住宅小区总得分为80.5分,无不合格项目。据此,徐州市建设局于2001年6月18日为恒信房产公司颁发了15号验收合格证。

另查,世纪花园住宅小区在通知交房后,能够保证居民通电,但电表是2001年9月才安装到位。

徐州市泉山区人民法院认为:被告徐州市建设局是徐州市的建设行政主管部门,具备组织实施城市住宅小区竣下综合验收的法定职责;验收合格证是建设行政主管部门履行综合验收职责、确认住宅符合验收标准的载体,徐州市建设局具有颁发验收合格证的主体资格,被告徐州市建设局举证证明,该局在接受了第三人恒信房产公司的申报材料后,于2001年5月8日组织综合验收小组到现场检查。经综合验收小组的现场检查、鉴定和评价,世纪花园住宅小区在规划设计、建筑设计、工程质量、公建配套设施、市政基础设施以及物业管理等方面均合格,总评分80.5分,符合国务院《城市房地产开发经营管理条例》、建设部《城市住宅小区竣工综合验收管理办法》和徐州市建设委员会《关于修改住宅小区竣工验收标准的通知》规定的程序与实体要求。对上述法规和规范性文件的效力,原告夏善荣认可。徐州市建设局根据这些文件的规定和综合验收结果,向恒信房产公司颁发15号验收合格证,事实清楚,证据确凿,适用法律正确,程序合法。

被告徐州市建设局的职责,是对世纪花园住宅小区进行综合验收,不是对该小区的单项工程质量进行鉴定。徐州市土木建筑工程质量监督站出具的《建筑安装工程质量初验等级证书》证明,世纪花园住宅小区的工程质量符合《徐州市住宅小区竣工验收评分标准》的要求。世纪花园住宅小区内的电表未及时安装,综合验收时已经被专家注意到,并在评分时相应扣除。该小区虽然存在局部瑕疵,但总评分仍旧合格,局部瑕疵没有影响整个小区的工程质量,况且法律也没有规定安装电表是住宅小区综合验收的必要条件。原告夏善荣如果对该小区的单项工程质量存在异议,可依建设下程保修制度或投诉制度保护自身合法权益。夏善荣以单项工程质量存在的问题否定徐州市建设局对世纪花园住宅小区的竣工综合验收工作,理由不能成立。

综上,徐州市泉山区人民法院依照《中华人民共和国行政诉讼法》第五十四条第(一)项的规定,于2002年11月26日判决:

维持被告徐州市建设局于2001年6月18日颁发的15号验收合格证。

一审宣判后,夏善荣不服,向江苏省徐州市中级人民法院提出上诉。理由是:世纪花园1-6号楼、11号楼未执行现行的建筑设计国家标准,还存在擅自改动图纸及房屋结构,以致外观整体造型不美观等问题,属建筑设计、规划设计验收标准中的应保证项目不合格;厨房、卫生间及墙体多处漏水,无地漏,水电未安装到位,地基深度不够,说明工程质量不合格;供电、供水设施不齐全,不能正常运转,说明公建配套设施和市政基础设施不合格;建筑垃圾在验收时未全部清运,说明物业管理不合格。存在这么多问题的住宅楼,根本不具备验收条件。在此情况下,被上诉人徐州市建设局仍向第三人恒信房产公司颁发15号验收合格证,违反相关规定,应当撤销。一审认定事实不清,适用法律错误,请求二审改判。

被上诉人徐州市建设局答辩称:根据建设单位申请,被上诉人在查验了其提供的相关资料后,于2001年5月8日组织专家组现场综合验收,然后根据建设单位整改情况给世纪花园1-6号楼、11号楼颁发了验收合格证。一审对被上诉人的颁证行为认定事实清楚,适用法律正确,二审应当驳回上诉,维持原判。

原审第三人恒信房产公司称:第三人是严格按照标准和图纸施工,世纪花园住宅小区不存在任何工程质量问题。被上诉人严格按照法定程序给第三人颁发15号验收合格证,是合法的行政行为,二审应当维持一审判决。

徐州市中级人民法院经审理,认定的案件事实与一审无异。

徐州市中级人民法院认为:作为徐州市的建设行政主管部门,被上诉人徐州市建设局在其组织实施的竣工综合验收工作中的法定职责,是检查小区的土地使用情况是否符合要求,小区建设是否符合建设工程规划、是否具备各单项工程的检验合格证明、是否有消防验收合格证明等。而出具《建设工程规划许可证》、各单项工程的检验合格证明、消防验收合格证明等,则是相应职能部门的法定职责,不在建设行政主管部门的职权范围内;各项证明的内容是否正确、综合验收小组的打分是否恰当,也不属建设行政主管部门的审查范围。上诉人夏善荣上诉所称的房屋工程质量不合格,与徐州市土木建筑工程质量监督站出具的《建筑安装工程质量初验等级证书》相矛盾。如果夏善荣认为徐州市土木建筑工程质量监督站出具的证明错误,或其他单项工程质量有问题,可通过其他途径解决,以维护自身合法权益,但不属本案审查范围。至于夏善荣所提1、2号楼地基深度不够、小区垃圾未清运、电表未及时安装等问题,综合验收小组在评分时均已适当扣除,且局部瑕疵不影响整个小区的综合验收工作,因此不予支持。

综上,原判认定事实清楚,证据充分,审判程序合法,适用法律正确。徐州市中级人民法院依照行政诉讼法第六十一条第(一)项的规定,于2003年4月14日判决:

驳回上诉,维持原判。

二审宣判后,夏善荣仍不服,向江苏省高级人民法院申请再审。主要理由是:《建设工程规划许可证》是原审被上诉人徐州市建设局在竣工综合验收中必须审查的一项证明。原审第三人恒信房产公司申请住宅小区竣工综合验收时,只向徐州市建设局提交过徐市规建20010108号《建设工程规划许可证》(以下简称108号规划许可证)的复印件。经了解,108号规划许可证复印件与徐州市规划局留存的同一编号规划许可证存根内容不一致;徐州市规划局证明,恒信房产公司承建世纪花园从未办理过建设工程规划许可证,该局拟对恒信房产公司进行处罚；充分证明恒信房产公司提交的108号规划许可证复印件是伪造的证据。徐州市建设局依据伪造的规划许可证给恒信房产公司颁发15号验收合格证，颁证的主要证据不足。原判称徐州市建设局的颁证行为合法，属认定事实不清，适用法律错误。请求再审撤销原一、二审行政判决，依法改判撤销15号验收合格证；原一、二审诉讼费由徐州市建设局负担。

为证明再审理由成立，再审申请人夏善荣提交了徐州市规划局于2004年7月29日作出的《关于对许吉良人民来信的答复》（以下简称《答复》）。该《答复》的主要内容为：徐州市规划局接到许吉良举报后，查明恒信房产公司承建的世纪花园未办理《建设工程规划许可证》，依法对其进行了查处，并拟在组织听证后，按照法定程序作出行政处罚。夏善荣同时申请法院调取徐州市规划局对恒信房产公司进行行政处罚作出的（2004）徐规行罚字第90号《行政处罚决定书》（以下简称90号处罚决定书）。

原审被上诉人徐州市建设局答辩称：作为徐州市的建设行政主管部门，徐州市建设局只是本行政区域内城市住宅小区竣工综合验收工作的组织者。世纪花园使用的是集体土地，对在集体土地上建设的住宅小区，法律没有规定必须由建设行政主管部门进行竣工综合验收。为了保护旧村改造过程中拆迁安置户的利益，避免出现不同的交付标准，根据广大拆迁安置户的要求，并应原审第三人恒信房产公司申请，徐州市建设局才对世纪花园进行了竣工综合验收。在竣工综合验收中，徐州市建设局仅对《建设工程规划许可证》进行形式审查，不负责验证真伪，因此不知道恒信房产公司未办理《建设工程规划许可证》；况且在综合验收时，对世纪花园落实规划设计方面的情况，是由综合验收小组中的徐州市规划局工作人员负责检查的。徐州市规划局的工作人员从未在综合验收时提出规划许可证存在问题，事后该局虽然发现了规划许可证存在问题，并据此对恒信房产公司进行了行政处罚，也未将有关情况向徐州市建设局通报。因此，徐州市建设局虽然是依据恒信房产公司提交的复印件进行综合验收，但只要该复印件得到规划部门的认可，徐州市建设局就可以认定世纪花园住宅小区落实了规划设计。该复印件如果被证明是假的，责任也只能由认可该复印件的徐州市规划局承担。徐州市建设局根据综合验收小组提交的竣工综合验收报告颁发15号验收合格证，并无不当。

原审被上诉人徐州市建设局提交徐州市人民政府办公室于1999年5月21日作出的第20号《市政府办公室关于晓庄部分居民拆迁问题会议纪要》（以下简称《会议纪要》），用以证明在奎山乡关庄村实施旧村改造中建造农民住宅安置房所用的土地是集体土地。再审申请人夏善荣认为，该《会议纪要》未加盖公章，也不是新的证据，不能作为定案依据。

原审第三人恒信房产公司称：108号规划许可证的原件由于被盗而丢失，恒信房产公司才在世纪花园竣工综合验收中，向原审被上诉人徐州市建设局提交了该证复印件；在一、二审中，再审申请人夏善荣从未对108号规划许可证的真实性提出过异议，108号规划许可证的效力经过法律程序得到确认；徐州市建设局依据有法律效力的108号规划许可证颁发15号验收合格证，是合法的。108号规划许可证复印件如果与徐州市规划局留存的该许可证存根内容不一致，只能证明徐州市规划局内部管理极其混乱。徐州市规划局对恒信房产公司所作的90号处罚决定书，仅涉及世纪花园项目中部分建筑的违规超建，且未明确超建范围，与本案诉争的颁证行为无关。夏善荣的房屋建造在集体土地上，对集体土地上建造的房屋，徐州市建设局没有组织竣工综合验收的法定职责。徐州市建设局为保护拆迁安置户的利益才组织世纪花园的竣工综合验收，这不是依法行使职权的具体行政行为，不属于人民法院行政诉讼受案范围。

原审第三人恒信房产公司提交徐州市公安局彭城派出所2003年7月14日填写的《接处警登记表》，用以证明108号规划许可证的原件因被盗丢失。

江苏省高级人民法院审查认为：最高人民法院《关于行政诉讼证据若干问题的规定》（以下简称《行政诉讼证据规定》）第五十二条第（三）项规定，当事人在举证期限届满后发现的证据，是新的证据。再审申请人夏善荣申请再审时，以《答复》作为证据。《答复》于原审判决生效后作出，夏善荣不可能在举证期限内发现，因此属于新的证据。夏善荣持新的证据申请再审，符合再审条件，对本案应当立案再审。

再审期间，江苏省高级人民法院依照《行政诉讼证据规定》第二十二条、第二十三条第（三）项规定，根据再审申请人夏善荣的申请，向徐州市规划局调取了90号处罚决定书和108号规划许可证的存根、建设工程规划定点批办单、批准定点通知书存根和发放登记等证据。90号处罚决定书载明：恒信房产公司在世纪花园建12栋楼合计49 139.9m^2，其中超规划定点建5049.4m^2的行为，违反了《徐州市城市规划管理办法》第十九条的规定，根据该办法第三十七条、第三十八条规定，决定对恒信房产公司罚款49 527元，缴清罚款后按规定补办规划审批手续。108号规划许可证的存根、建设工程规划定点批办单、批准定点通知书存根和发放登记等证据证明，108号规划许可证的建设单位为徐州市奎山农房综合开发公司，建设项目名称为营业、住宅楼（1－8#），建设位置为泰山路南侧，建设规模为40 930m^2。而原审第三人恒信房产公司提交给原审被上诉人徐州市建设局的108号规划许可证复印件，载明的建设单位为恒信房产公司，建设项目名称为住宅楼（1－11#），建设位置为湖北路北侧刘场东村，建设规模为66 800m^2。两份规划许可证的编号虽然一致，所载内容却完全不同。

再审庭审中经质证、辩论，各方当事人对案件事实部分存在以下两个争议：

1. 世纪花园住宅小区所在土地是集体所有还是国有？再审申请人夏善荣认为，世纪花园住宅小区所在土地的性质已由集体土地变更为国有土地，因此对世纪花园住宅小区，原审被上诉人徐州市建设局有责任组织竣工综合验收。徐州市建设局认为，世纪花园住宅小区所在土地仍然是集体土地，其为保护旧村改造过程中拆迁安置户的利益，根据广大拆迁安置户的要求，并应原审第三人恒信房产公司申请，才对世纪花园组织竣工综合验收，进行此项工作不属于其履行法定职责。恒信房产公司认为，世纪花园住宅小区所在土地是集体土地，对在集体土地上建造的住宅小区组织竣工综合验收，不是徐州市建设局的法定职责，由此引起的纠纷也不属于人民法院行政诉讼受案范围。法庭认为，一审时，徐州市建设局提交了徐州市计划委员会徐计投（1996）第184号《关于奎山乡刘场东村改造项目建议书的批复》、徐州市规划局徐市规地（99）95号《建设用地规划许可证》，这些证据足以证明世纪花园住宅小区所处土地为集体土地，各方当事人在一、二审时对此本无争议。再审期间，夏善荣虽然主张世纪花园住宅小区所在土地已由集体变更为国有土地，但未提供新的证据支持这一主张，故该主张不能成立。

2. 108号规划许可证复印件是否真实？再审申请人夏善荣以《答复》为证，指控原审第三人恒信房产公司伪造了108号规划许可证。恒信房产公司则以《接处警登记表》为证，辩称108号规划许可证的原件丢失，所以才向原审被上诉人徐州市建设局提交了复印件；对复印件与108号规划许可证存根的内容不一致，恒信房产公司以“徐州市规划局管理极其混乱”做解释。法庭认为，《接处警登记表》上仅记录了报警内容、损失情况，没有记录失窃文件名称，不能证明恒信房产公司曾持有108号规划许可证原件。徐州市规划局保留的108号规划许可证存根，其内容有同时存档的建设工程规划定点批办单、批准定点通知书存根、发放登记等证据印证，是真实的。而恒信房产公司提交的108号规划许可证复印件，所载内容不仅与108号规划许可证的存根内容不一致，且没有其他证据可以印证。据此认定，恒信房产公司提交的108号规划许可证复印件，是虚假的、伪造的证据。

除上述两点以外，各方当事人对原审认定的其他事实无异议，再审予以确认。

再审应解决的争议焦点是：1. 对在集体土地上建设的世纪花园住宅小区，徐州市建设局在组织竣工综合验收后颁发验收合格证，是否属于可诉的行政行为？2. 108号规划许可证复印件被查出是伪造的证据后，责任应当由谁承担？

江苏省高级人民法院经审理认为：

一、国务院《城市房地产开发经营管理条例》第十七条规定：“房地产开发项目竣工，经验收合格后，方可交付使用；未经验收或者验收不合格的，不得交付使用。”“房地产开发项目竣工后，房地产开发企业应当向项目所在地的县级以上地方人民政府房地产开发主管部门提出竣工验收申请。房地产开发主管部门应当自收到竣工验收申请之日起30日内，对涉及公共安全的内容，组织工程质量监督、规划、消防、人防等有关部门或者单位进行验收。”建设部《城市住宅小区竣工综合验收管理办法》第三条第三款规定：“城市人民政府建设行政主管部门负责组织实施本行政区域内城市住宅小区竣工综合验收工作。”现行法律、法规和规章虽然规定建设行政主管部门负责本行政区域内城市住宅小区的组织竣工综合验收工作，但建设行政主管部门对建设在集体土地上的住宅小区组织竣工综合验收，也不违背“房地产开发项目竣工，经验收合格后，方可交付使用”的立法原意。无论世纪花园住宅小区所在的土地是国有还是集体所有，原审被上诉人徐州市建设局都必须依其享有的行政职权，才能对该住宅小区组织竣工综合验收。其在竣工综合验收后颁发15号验收合格证，直接影响到世纪花园住宅小区居民的利益，属可诉的行政行为。原审第三人恒信房产公司认为徐州市建设局对世纪花园颁发验收合格证的行为不属于行政诉讼受案范围,理由不能成立。

二、《城市房地产开发经营管理条例》第十八条第一款规定:"住宅小区等群体房地产开发项目竣工,应当依照本条例第十七条的规定和下列要求进行综合验收:(一)城市规划设计条件的落实情况;(二)城市规划要求配套的基础设施和公共设施的建设情况;(三)单项工程的工程质量验收情况;(四)拆迁安置方案的落实情况;(五)物业管理的落实情况。"《城市住宅小区竣工综合验收管理办法》第八条第一款规定:"住宅小区竣工综合验收应当按照以下程序进行:(一)住宅小区建设项目全部竣工后,开发建设单位应当向城市人民政府建设行政主管部门提出住宅小区综合竣工验收申请报告并附本办法第六条规定的文件资料;(二)城市人民政府建设行政主管部门在接到住宅小区竣工综合验收申请报告和有关资料1个月内,应当组成由城建(包括市政工程、公用事业、园林绿化、环境卫生)、规划、房地产、工程质量监督等有关部门及住宅小区经营管理单位参加的综合验收小组;(三)综合验收小组应当审阅有关验收资料,听取开发建设单位汇报情况,进行现场检查,对住宅小区建设、管理的情况进行全面鉴定和评价,提出验收意见并向城市人民政府建设行政主管部门提交住宅小区竣工综合验收报告;(四)城市人民政府建设行政主管部门对综合验收报告进行审查。综合验收报告审查合格后,开发建设单位方可将房屋和有关设施办理交付使用手续。"

依照上述规定,作为徐州市人民政府的建设行政主管部门,原审被上诉人徐州市建设局是依法代表国家对世纪花园住宅小区行使竣工综合验收权力。在竣工综合验收合格后,徐州市建设局向原审第三人恒信房产公司颁发《住宅竣工验收合格证书》,是凭借由国家公权力形成的政府机关公信力,来担保该住宅小区的建筑质量达到了可以交付使用的水平。徐州市建设局在颁发该证书前,必须保证该证书所依据的每个事实都真实,以免因此而破坏政府机关的公信力。在竣工综合验收中,徐州市建设局虽然不直接审阅有关验收资料,但却是综合验收小组的组织者,对综合验收小组提交的住宅小区竣工综合验收报告负有审查职责。《建设工程规划许可证》是住宅小区竣工综合验收报告所附的验收资料之一,对该证件的真实性,当然由参加综合验收小组的徐州市规划局工作人员先行审查,但徐州市建设局不能因此而推脱自己最终审核的责任。特别是在恒信房产公司只提交了108号规划许可证复印件的情况下,徐州市建设局更应当谨慎审查。徐州市建设局没有审查出108号规划许可证复印件是伪造的证据,并据此伪造证据颁发了15号验收合格证,应当承担审查失职的法律责任。15号验收合格证是徐州市建设局对世纪花园住宅小区进行竣工综合验收后所作的结论,这个结论建立在虚假证据的基础上,因此不具备证明世纪花园住宅小区经验收合格可以交付使用的作用。徐州市建设局向恒信房产公司颁发15号验收合格证,主要证据不足、适用法律法规错误,应当撤销。

鉴于在原一、二审中,再审申请人夏善荣不是以世纪花园规划设计条件未落实为由提起诉讼,在诉讼中各方当事人也均未对108号规划许可证的真实性提出过异议,故一、二审法院根据当时已知的证据认定事实,并作出维持被诉具体行政行为的判决,不违反法律规定。再审查明原一、二审据以定案的证据发生了改变,原一、二审判决的事实根据已不存在,因此再审依法应当予以改判。据此,江苏省高级人民法院依照行政诉讼法第五十四条第(二)项第1目、第2目,第六十一条第(二)项,最高人民法院《关于执行〈中华人民共和国行政诉讼法〉若干问题的解释》第七十六条第一款、第七十八条的规定,于2006年3月6日判决:

一、撤销二审行政判决;撤销一审行政判决;

二、撤销原审被上诉人徐州市建设局于2001年6月18日颁发的15号验收合格证。

本判决为终审判决。

再审改判后,江苏省高级人民法院为妥善化解行政争议,促进依法行政,于2006年3月13日以司法建议向徐州市人民政府通报了本案案情,指出:某些行政机关及其工作人员伪造国家公文,已严重影响到国家正常的行政管理秩序,损害了政府的诚信,极易引发行政争议、激化官民矛盾,不利于建设法治江苏、构建和谐社会。建议徐州市人民政府依法追究相关人员伪造国家公文的责任。

三、工程重要事务管理

资料补充栏

1. 工程合同管理

中华人民共和国民法典(节录)

1. 2020年5月28日第十三届全国人民代表大会第三次会议通过
2. 2020年5月28日中华人民共和国主席令第45号公布
3. 自2021年1月1日起施行

第三编 合 同

第一分编 通 则

第一章 一般规定

第四百六十三条 【合同编的调整范围】本编调整因合同产生的民事关系。

第四百六十四条 【合同的定义和身份关系协议的法律适用】合同是民事主体之间设立、变更、终止民事法律关系的协议。

婚姻、收养、监护等有关身份关系的协议,适用有关该身份关系的法律规定;没有规定的,可以根据其性质参照适用本编规定。

第四百六十五条 【依法成立的合同效力】依法成立的合同,受法律保护。

依法成立的合同,仅对当事人具有法律约束力,但是法律另有规定的除外。

第四百六十六条 【合同条款的解释】当事人对合同条款的理解有争议的,应当依据本法第一百四十二条第一款的规定,确定争议条款的含义。

合同文本采用两种以上文字订立并约定具有同等效力的,对各文本使用的词句推定具有相同含义。各文本使用的词句不一致的,应当根据合同的相关条款、性质、目的以及诚信原则等予以解释。

第四百六十七条 【非典型合同及涉外合同的法律适用】本法或者其他法律没有明文规定的合同,适用本编通则的规定,并可以参照适用本编或者其他法律最相类似合同的规定。

在中华人民共和国境内履行的中外合资经营企业合同、中外合作经营企业合同、中外合作勘探开发自然资源合同,适用中华人民共和国法律。

第四百六十八条 【非因合同产生的债权债务关系的法律适用】非因合同产生的债权债务关系,适用有关该债权债务关系的法律规定;没有规定的,适用本编通则的有关规定,但是根据其性质不能适用的除外。

第二章 合同的订立

第四百六十九条 【合同订立形式】当事人订立合同,可以采用书面形式、口头形式或者其他形式。

书面形式是合同书、信件、电报、电传、传真等可以有形地表现所载内容的形式。

以电子数据交换、电子邮件等方式能够有形地表现所载内容,并可以随时调取查用的数据电文,视为书面形式。

第四百七十条 【合同主要条款与示范文本】合同的内容由当事人约定,一般包括下列条款:

(一)当事人的姓名或者名称和住所;
(二)标的;
(三)数量;
(四)质量;
(五)价款或者报酬;
(六)履行期限、地点和方式;
(七)违约责任;
(八)解决争议的方法。

当事人可以参照各类合同的示范文本订立合同。

第四百七十一条 【合同订立方式】当事人订立合同,可以采取要约、承诺方式或者其他方式。

第四百七十二条 【要约的定义及构成条件】要约是希望与他人订立合同的意思表示,该意思表示应当符合下列条件:

(一)内容具体确定;
(二)表明经受要约人承诺,要约人即受该意思表示约束。

第四百七十三条 【要约邀请】要约邀请是希望他人向自己发出要约的表示。拍卖公告、招标公告、招股说明书、债券募集办法、基金招募说明书、商业广告和宣传、寄送的价目表等为要约邀请。

商业广告和宣传的内容符合要约条件的,构成要约。

第四百七十四条 【要约生效时间】要约生效的时间适用本法第一百三十七条的规定。

第四百七十五条 【要约撤回】要约可以撤回。要约的撤回适用本法第一百四十一条的规定。

第四百七十六条 【要约不得撤销情形】要约可以撤销,

但是有下列情形之一的除外：

（一）要约人以确定承诺期限或者其他形式明示要约不可撤销；

（二）受要约人有理由认为要约是不可撤销的，并已经为履行合同做了合理准备工作。

第四百七十七条　【要约撤销】撤销要约的意思表示以对话方式作出的，该意思表示的内容应当在受要约人作出承诺之前为受要约人所知道；撤销要约的意思表示以非对话方式作出的，应当在受要约人作出承诺之前到达受要约人。

第四百七十八条　【要约失效】有下列情形之一的，要约失效：

（一）要约被拒绝；

（二）要约被依法撤销；

（三）承诺期限届满，受要约人未作出承诺；

（四）受要约人对要约的内容作出实质性变更。

第四百七十九条　【承诺的定义】承诺是受要约人同意要约的意思表示。

第四百八十条　【承诺的方式】承诺应当以通知的方式作出；但是，根据交易习惯或者要约表明可以通过行为作出承诺的除外。

第四百八十一条　【承诺的期限】承诺应当在要约确定的期限内到达要约人。

要约没有确定承诺期限的，承诺应当依照下列规定到达：

（一）要约以对话方式作出的，应当即时作出承诺；

（二）要约以非对话方式作出的，承诺应当在合理期限内到达。

第四百八十二条　【承诺期限的起算点】要约以信件或者电报作出的，承诺期限自信件载明的日期或者电报交发之日开始计算。信件未载明日期的，自投寄该信件的邮戳日期开始计算。要约以电话、传真、电子邮件等快速通讯方式作出的，承诺期限自要约到达受要约人时开始计算。

第四百八十三条　【合同成立时间】承诺生效时合同成立，但是法律另有规定或者当事人另有约定的除外。

第四百八十四条　【承诺生效时间】以通知方式作出的承诺，生效的时间适用本法第一百三十七条的规定。

承诺不需要通知的，根据交易习惯或者要约的要求作出承诺的行为时生效。

第四百八十五条　【承诺的撤回】承诺可以撤回。承诺的撤回适用本法第一百四十一条的规定。

第四百八十六条　【逾期承诺】受要约人超过承诺期限发出承诺，或者在承诺期限内发出承诺，按照通常情形不能及时到达要约人的，为新要约；但是，要约人及时通知受要约人该承诺有效的除外。

第四百八十七条　【因传递迟延造成逾期承诺的法律效果】受要约人在承诺期限内发出承诺，按照通常情形能够及时到达要约人，但是因其他原因致使承诺到达要约人时超过承诺期限的，除要约人及时通知受要约人因承诺超过期限不接受该承诺外，该承诺有效。

第四百八十八条　【承诺对要约内容的实质性变更】承诺的内容应当与要约的内容一致。受要约人对要约的内容作出实质性变更的，为新要约。有关合同标的、数量、质量、价款或者报酬、履行期限、履行地点和方式、违约责任和解决争议方法等的变更，是对要约内容的实质性变更。

第四百八十九条　【承诺对要约内容的非实质性变更】承诺对要约的内容作出非实质性变更的，除要约人及时表示反对或者要约表明承诺不得对要约的内容作出任何变更外，该承诺有效，合同的内容以承诺的内容为准。

第四百九十条　【采用书面形式订立的合同成立时间】当事人采用合同书形式订立合同的，自当事人均签名、盖章或者按指印时合同成立。在签名、盖章或者按指印之前，当事人一方已经履行主要义务，对方接受时，该合同成立。

法律、行政法规规定或者当事人约定合同应当采用书面形式订立，当事人未采用书面形式但是一方已经履行主要义务，对方接受时，该合同成立。

第四百九十一条　【签订确认书的合同及电子合同成立时间】当事人采用信件、数据电文等形式订立合同要求签订确认书的，签订确认书时合同成立。

当事人一方通过互联网等信息网络发布的商品或者服务信息符合要约条件的，对方选择该商品或者服务并提交订单成功时合同成立，但是当事人另有约定的除外。

第四百九十二条　【合同成立地点】承诺生效的地点为合同成立的地点。

采用数据电文形式订立合同的，收件人的主营业地为合同成立的地点；没有主营业地的，其住所地为合同成立的地点。当事人另有约定的,按照其约定。

第四百九十三条 【书面合同成立地点】当事人采用合同书形式订立合同的,最后签名、盖章或者按指印的地点为合同成立的地点,但是当事人另有约定的除外。

第四百九十四条 【强制缔约义务】国家根据抢险救灾、疫情防控或者其他需要下达国家订货任务、指令性任务的,有关民事主体之间应当依照有关法律、行政法规规定的权利和义务订立合同。

依照法律、行政法规的规定负有发出要约义务的当事人,应当及时发出合理的要约。

依照法律、行政法规的规定负有作出承诺义务的当事人,不得拒绝对方合理的订立合同要求。

第四百九十五条 【预约合同】当事人约定在将来一定期限内订立合同的认购书、订购书、预订书等,构成预约合同。

当事人一方不履行预约合同约定的订立合同义务的,对方可以请求其承担预约合同的违约责任。

第四百九十六条 【格式条款】格式条款是当事人为了重复使用而预先拟定,并在订立合同时未与对方协商的条款。

采用格式条款订立合同的,提供格式条款的一方应当遵循公平原则确定当事人之间的权利和义务,并采取合理的方式提示对方注意免除或者减轻其责任等与对方有重大利害关系的条款,按照对方的要求,对该条款予以说明。提供格式条款的一方未履行提示或者说明义务,致使对方没有注意或者理解与其有重大利害关系的条款的,对方可以主张该条款不成为合同的内容。

第四百九十七条 【格式条款无效的情形】有下列情形之一的,该格式条款无效:

(一)具有本法第一编第六章第三节和本法第五百零六条规定的无效情形;

(二)提供格式条款一方不合理地免除或者减轻其责任、加重对方责任、限制对方主要权利;

(三)提供格式条款一方排除对方主要权利。

第四百九十八条 【格式条款的解释】对格式条款的理解发生争议的,应当按照通常理解予以解释。对格式条款有两种以上解释的,应当作出不利于提供格式条款一方的解释。格式条款和非格式条款不一致的,应当采用非格式条款。

第四百九十九条 【悬赏广告】悬赏人以公开方式声明对完成特定行为的人支付报酬的,完成该行为的人可以请求其支付。

第五百条 【缔约过失责任】当事人在订立合同过程中有下列情形之一,造成对方损失的,应当承担赔偿责任:

(一)假借订立合同,恶意进行磋商;

(二)故意隐瞒与订立合同有关的重要事实或者提供虚假情况;

(三)有其他违背诚信原则的行为。

第五百零一条 【当事人保密义务】当事人在订立合同过程中知悉的商业秘密或者其他应当保密的信息,无论合同是否成立,不得泄露或者不正当地使用;泄露、不正当地使用该商业秘密或者信息,造成对方损失的,应当承担赔偿责任。

第三章 合同的效力

第五百零二条 【合同生效时间】依法成立的合同,自成立时生效,但是法律另有规定或者当事人另有约定的除外。

依照法律、行政法规的规定,合同应当办理批准等手续的,依照其规定。未办理批准等手续影响合同生效的,不影响合同中履行报批等义务条款以及相关条款的效力。应当办理申请批准等手续的当事人未履行义务的,对方可以请求其承担违反该义务的责任。

依照法律、行政法规的规定,合同的变更、转让、解除等情形应当办理批准等手续的,适用前款规定。

第五百零三条 【被代理人对无权代理合同的追认】无权代理人以被代理人的名义订立合同,被代理人已经开始履行合同义务或者接受相对人履行的,视为对合同的追认。

第五百零四条 【越权订立的合同效力】法人的法定代表人或者非法人组织的负责人超越权限订立的合同,除相对人知道或者应当知道其超越权限外,该代表行为有效,订立的合同对法人或者非法人组织发生效力。

第五百零五条 【超越经营范围订立的合同效力】当事人超越经营范围订立的合同的效力,应当依照本法第一编第六章第三节和本编的有关规定确定,不得仅以超越经营范围确认合同无效。

第五百零六条 【免责条款效力】合同中的下列免责条款无效:

(一)造成对方人身损害的;

(二)因故意或者重大过失造成对方财产损失的。

第五百零七条　【争议解决条款效力】合同不生效、无效、被撤销或者终止的，不影响合同中有关解决争议方法的条款的效力。

第五百零八条　【合同效力援引规定】本编对合同的效力没有规定的，适用本法第一编第六章的有关规定。

第四章　合同的履行

第五百零九条　【合同履行的原则】当事人应当按照约定全面履行自己的义务。

当事人应当遵循诚信原则，根据合同的性质、目的和交易习惯履行通知、协助、保密等义务。

当事人在履行合同过程中，应当避免浪费资源、污染环境和破坏生态。

第五百一十条　【合同没有约定或者约定不明的补救措施】合同生效后，当事人就质量、价款或者报酬、履行地点等内容没有约定或者约定不明确的，可以协议补充；不能达成补充协议的，按照合同相关条款或者交易习惯确定。

第五百一十一条　【合同约定不明确时的履行】当事人就有关合同内容约定不明确，依据前条规定仍不能确定的，适用下列规定：

（一）质量要求不明确的，按照强制性国家标准履行；没有强制性国家标准的，按照推荐性国家标准履行；没有推荐性国家标准的，按照行业标准履行；没有国家标准、行业标准的，按照通常标准或者符合合同目的的特定标准履行。

（二）价款或者报酬不明确的，按照订立合同时履行地的市场价格履行；依法应当执行政府定价或者政府指导价的，依照规定履行。

（三）履行地点不明确，给付货币的，在接受货币一方所在地履行；交付不动产的，在不动产所在地履行；其他标的，在履行义务一方所在地履行。

（四）履行期限不明确的，债务人可以随时履行，债权人也可以随时请求履行，但是应当给对方必要的准备时间。

（五）履行方式不明确的，按照有利于实现合同目的的方式履行。

（六）履行费用的负担不明确的，由履行义务一方负担；因债权人原因增加的履行费用，由债权人负担。

第五百一十二条　【电子合同标的交付时间】通过互联网等信息网络订立的电子合同的标的为交付商品并采用快递物流方式交付的，收货人的签收时间为交付时间。电子合同的标的为提供服务的，生成的电子凭证或者实物凭证中载明的时间为提供服务时间；前述凭证没有载明时间或者载明时间与实际提供服务时间不一致的，以实际提供服务的时间为准。

电子合同的标的物为采用在线传输方式交付的，合同标的物进入对方当事人指定的特定系统且能够检索识别的时间为交付时间。

电子合同当事人对交付商品或者提供服务的方式、时间另有约定的，按照其约定。

第五百一十三条　【政府定价、政府指导价】执行政府定价或者政府指导价的，在合同约定的交付期限内政府价格调整时，按照交付时的价格计价。逾期交付标的物的，遇价格上涨时，按照原价格执行；价格下降时，按照新价格执行。逾期提取标的物或者逾期付款的，遇价格上涨时，按照新价格执行；价格下降时，按照原价格执行。

第五百一十四条　【金钱之债中对于履行币种约定不明时的处理】以支付金钱为内容的债，除法律另有规定或者当事人另有约定外，债权人可以请求债务人以实际履行地的法定货币履行。

第五百一十五条　【选择之债中选择权归属与移转】标的有多项而债务人只需履行其中一项的，债务人享有选择权；但是，法律另有规定、当事人另有约定或者另有交易习惯的除外。

享有选择权的当事人在约定期限内或者履行期限届满未作选择，经催告后在合理期限内仍未选择的，选择权转移至对方。

第五百一十六条　【选择权的行使】当事人行使选择权应当及时通知对方，通知到达对方时，标的确定。标的确定后不得变更，但是经对方同意的除外。

可选择的标的发生不能履行情形的，享有选择权的当事人不得选择不能履行的标的，但是该不能履行的情形是由对方造成的除外。

第五百一十七条　【按份之债】债权人为二人以上，标的可分，按照份额各自享有债权的，为按份债权；债务人为二人以上，标的可分，按照份额各自负担债务的，为按份债务。

按份债权人或者按份债务人的份额难以确定的，视为份额相同。

第五百一十八条　【连带之债】债权人为二人以上，部分或者全部债权人均可以请求债务人履行债务的，为连带债权；债务人为二人以上，债权人可以请求部分或者全部债务人履行全部债务的，为连带债务。

连带债权或者连带债务，由法律规定或者当事人约定。

第五百一十九条 【连带债务人的份额确定及追偿权】连带债务人之间的份额难以确定的，视为份额相同。

实际承担债务超过自己份额的连带债务人，有权就超出部分在其他连带债务人未履行的份额范围内向其追偿，并相应地享有债权人的权利，但是不得损害债权人的利益。其他连带债务人对债权人的抗辩，可以向该债务人主张。

被追偿的连带债务人不能履行其应分担份额的，其他连带债务人应当在相应范围内按比例分担。

第五百二十条 【连带债务涉他效力】部分连带债务人履行、抵销债务或者提存标的物的，其他债务人对债权人的债务在相应范围内消灭；该债务人可以依据前条规定向其他债务人追偿。

部分连带债务人的债务被债权人免除的，在该连带债务人应当承担的份额范围内，其他债务人对债权人的债务消灭。

部分连带债务人的债务与债权人的债权同归于一人的，在扣除该债务人应当承担的份额后，债权人对其他债务人的债权继续存在。

债权人对部分连带债务人的给付受领迟延的，对其他连带债务人发生效力。

第五百二十一条 【连带债权的内外部关系及法律适用】连带债权人之间的份额难以确定的，视为份额相同。

实际受领债权的连带债权人，应当按比例向其他连带债权人返还。

连带债权参照适用本章连带债务的有关规定。

第五百二十二条 【向第三人履行的合同】当事人约定由债务人向第三人履行债务，债务人未向第三人履行债务或者履行债务不符合约定的，应当向债权人承担违约责任。

法律规定或者当事人约定第三人可以直接请求债务人向其履行债务，第三人未在合理期限内明确拒绝，债务人未向第三人履行债务或者履行债务不符合约定的，第三人可以请求债务人承担违约责任；债务人对债权人的抗辩，可以向第三人主张。

第五百二十三条 【由第三人履行的合同】当事人约定由第三人向债权人履行债务，第三人不履行债务或者履行债务不符合约定的，债务人应当向债权人承担违约责任。

第五百二十四条 【第三人代为履行】债务人不履行债务，第三人对履行该债务具有合法利益的，第三人有权向债权人代为履行；但是，根据债务性质、按照当事人约定或者依照法律规定只能由债务人履行的除外。

债权人接受第三人履行后，其对债务人的债权转让给第三人，但是债务人和第三人另有约定的除外。

第五百二十五条 【同时履行抗辩权】当事人互负债务，没有先后履行顺序的，应当同时履行。一方在对方履行之前有权拒绝其履行请求。一方在对方履行债务不符合约定时，有权拒绝其相应的履行请求。

第五百二十六条 【后履行抗辩权】当事人互负债务，有先后履行顺序，应当先履行债务一方未履行的，后履行一方有权拒绝其履行请求。先履行一方履行债务不符合约定的，后履行一方有权拒绝其相应的履行请求。

第五百二十七条 【不安抗辩权】应当先履行债务的当事人，有确切证据证明对方有下列情形之一的，可以中止履行：

（一）经营状况严重恶化；

（二）转移财产、抽逃资金，以逃避债务；

（三）丧失商业信誉；

（四）有丧失或者可能丧失履行债务能力的其他情形。

当事人没有确切证据中止履行的，应当承担违约责任。

第五百二十八条 【不安抗辩权的效力】当事人依据前条规定中止履行的，应当及时通知对方。对方提供适当担保的，应当恢复履行。中止履行后，对方在合理期限内未恢复履行能力且未提供适当担保的，视为以自己的行为表明不履行主要债务，中止履行的一方可以解除合同并可以请求对方承担违约责任。

第五百二十九条 【因债权人原因致债务履行困难时的处理】债权人分立、合并或者变更住所没有通知债务人，致使履行债务发生困难的，债务人可以中止履行或者将标的物提存。

第五百三十条 【债务人提前履行债务】债权人可以拒绝债务人提前履行债务，但是提前履行不损害债权人利益的除外。

债务人提前履行债务给债权人增加的费用，由债务人负担。

第五百三十一条　【债务人部分履行债务】债权人可以拒绝债务人部分履行债务，但是部分履行不损害债权人利益的除外。

债务人部分履行债务给债权人增加的费用，由债务人负担。

第五百三十二条　【当事人姓名等变化对合同履行的影响】合同生效后，当事人不得因姓名、名称的变更或者法定代表人、负责人、承办人的变动而不履行合同义务。

第五百三十三条　【情势变更】合同成立后，合同的基础条件发生了当事人在订立合同时无法预见的、不属于商业风险的重大变化，继续履行合同对于当事人一方明显不公平的，受不利影响的当事人可以与对方重新协商；在合理期限内协商不成的，当事人可以请求人民法院或者仲裁机构变更或者解除合同。

人民法院或者仲裁机构应当结合案件的实际情况，根据公平原则变更或者解除合同。

第五百三十四条　【合同监管】对当事人利用合同实施危害国家利益、社会公共利益行为的，市场监督管理和其他有关行政主管部门依照法律、行政法规的规定负责监督处理。

第五章　合同的保全

第五百三十五条　【债权人代位权】因债务人怠于行使其债权或者与该债权有关的从权利，影响债权人的到期债权实现的，债权人可以向人民法院请求以自己的名义代位行使债务人对相对人的权利，但是该权利专属于债务人自身的除外。

代位权的行使范围以债权人的到期债权为限。债权人行使代位权的必要费用，由债务人负担。

相对人对债务人的抗辩，可以向债权人主张。

第五百三十六条　【保存行为】债权人的债权到期前，债务人的债权或者与该债权有关的从权利存在诉讼时效期间即将届满或者未及时申报破产债权等情形，影响债权人的债权实现的，债权人可以代位向债务人的相对人请求其向债务人履行、向破产管理人申报或者作出其他必要的行为。

第五百三十七条　【债权人代位权行使效果】人民法院认定代位权成立的，由债务人的相对人向债权人履行义务，债权人接受履行后，债权人与债务人、债务人与相对人之间相应的权利义务终止。债务人对相对人的债权或者与该债权有关的从权利被采取保全、执行措施，或者债务人破产的，依照相关法律的规定处理。

第五百三十八条　【撤销债务人无偿行为】债务人以放弃其债权、放弃债权担保、无偿转让财产等方式无偿处分财产权益，或者恶意延长其到期债权的履行期限，影响债权人的债权实现的，债权人可以请求人民法院撤销债务人的行为。

第五百三十九条　【撤销债务人有偿行为】债务人以明显不合理的低价转让财产、以明显不合理的高价受让他人财产或者为他人的债务提供担保，影响债权人的债权实现，债务人的相对人知道或者应当知道该情形的，债权人可以请求人民法院撤销债务人的行为。

第五百四十条　【债权人撤销权行使范围以及必要费用承担】撤销权的行使范围以债权人的债权为限。债权人行使撤销权的必要费用，由债务人负担。

第五百四十一条　【债权人撤销权行使期间】撤销权自债权人知道或者应当知道撤销事由之日起一年内行使。自债务人的行为发生之日起五年内没有行使撤销权的，该撤销权消灭。

第五百四十二条　【债权人撤销权行使效果】债务人影响债权人的债权实现的行为被撤销的，自始没有法律约束力。

第六章　合同的变更和转让

第五百四十三条　【协议变更合同】当事人协商一致，可以变更合同。

第五百四十四条　【变更不明确推定为未变更】当事人对合同变更的内容约定不明确的，推定为未变更。

第五百四十五条　【债权转让】债权人可以将债权的全部或者部分转让给第三人，但是有下列情形之一的除外：

（一）根据债权性质不得转让；

（二）按照当事人约定不得转让；

（三）依照法律规定不得转让。

当事人约定非金钱债权不得转让的，不得对抗善意第三人。当事人约定金钱债权不得转让的，不得对抗第三人。

第五百四十六条　【债权转让通知】债权人转让债权，未通知债务人的，该转让对债务人不发生效力。

债权转让的通知不得撤销，但是经受让人同意的除外。

第五百四十七条　【债权转让时从权利一并变动】债权

人转让债权的，受让人取得与债权有关的从权利，但是该从权利专属于债权人自身的除外。

受让人取得从权利不因该从权利未办理转移登记手续或者未转移占有而受到影响。

第五百四十八条　【债权转让时债务人抗辩权】债务人接到债权转让通知后，债务人对让与人的抗辩，可以向受让人主张。

第五百四十九条　【债权转让时债务人抵销权】有下列情形之一的，债务人可以向受让人主张抵销：

（一）债务人接到债权转让通知时，债务人对让与人享有债权，且债务人的债权先于转让的债权到期或者同时到期；

（二）债务人的债权与转让的债权是基于同一合同产生。

第五百五十条　【债权转让增加的履行费用的负担】因债权转让增加的履行费用，由让与人负担。

第五百五十一条　【债务转移】债务人将债务的全部或者部分转移给第三人的，应当经债权人同意。

债务人或者第三人可以催告债权人在合理期限内予以同意，债权人未作表示的，视为不同意。

第五百五十二条　【债务加入】第三人与债务人约定加入债务并通知债权人，或者第三人向债权人表示愿意加入债务，债权人未在合理期限内明确拒绝的，债权人可以请求第三人在其愿意承担的债务范围内和债务人承担连带债务。

第五百五十三条　【债务转移时新债务人抗辩和抵销】债务人转移债务的，新债务人可以主张原债务人对债权人的抗辩；原债务人对债权人享有债权的，新债务人不得向债权人主张抵销。

第五百五十四条　【债务转移时从债务一并转移】债务人转移债务的，新债务人应当承担与主债务有关的从债务，但是该从债务专属于原债务人自身的除外。

第五百五十五条　【合同权利义务一并转让】当事人一方经对方同意，可以将自己在合同中的权利和义务一并转让给第三人。

第五百五十六条　【合同权利义务一并转让的法律适用】合同的权利和义务一并转让的，适用债权转让、债务转移的有关规定。

第七章　合同的权利义务终止

第五百五十七条　【债权债务终止情形】有下列情形之一的，债权债务终止：

（一）债务已经履行；

（二）债务相互抵销；

（三）债务人依法将标的物提存；

（四）债权人免除债务；

（五）债权债务同归于一人；

（六）法律规定或者当事人约定终止的其他情形。

合同解除的，该合同的权利义务关系终止。

第五百五十八条　【后合同义务】债权债务终止后，当事人应当遵循诚信等原则，根据交易习惯履行通知、协助、保密、旧物回收等义务。

第五百五十九条　【债权的从权利消灭】债权债务终止时，债权的从权利同时消灭，但是法律另有规定或者当事人另有约定的除外。

第五百六十条　【债的清偿抵充顺序】债务人对同一债权人负担的数项债务种类相同，债务人的给付不足以清偿全部债务的，除当事人另有约定外，由债务人在清偿时指定其履行的债务。

债务人未作指定的，应当优先履行已经到期的债务；数项债务均到期的，优先履行对债权人缺乏担保或者担保最少的债务；均无担保或者担保相等的，优先履行债务人负担较重的债务；负担相同的，按照债务到期的先后顺序履行；到期时间相同的，按照债务比例履行。

第五百六十一条　【费用、利息和主债务的抵充顺序】债务人在履行主债务外还应当支付利息和实现债权的有关费用，其给付不足以清偿全部债务的，除当事人另有约定外，应当按照下列顺序履行：

（一）实现债权的有关费用；

（二）利息；

（三）主债务。

第五百六十二条　【合同约定解除】当事人协商一致，可以解除合同。

当事人可以约定一方解除合同的事由。解除合同的事由发生时，解除权人可以解除合同。

第五百六十三条　【合同法定解除】有下列情形之一的，当事人可以解除合同：

（一）因不可抗力致使不能实现合同目的；

（二）在履行期限届满前，当事人一方明确表示或者以自己的行为表明不履行主要债务；

（三）当事人一方迟延履行主要债务，经催告后在合理期限内仍未履行；

（四）当事人一方迟延履行债务或者有其他违约行为致使不能实现合同目的；

（五）法律规定的其他情形。

以持续履行的债务为内容的不定期合同，当事人可以随时解除合同，但是应当在合理期限之前通知对方。

第五百六十四条　【解除权行使期限】法律规定或者当事人约定解除权行使期限，期限届满当事人不行使的，该权利消灭。

法律没有规定或者当事人没有约定解除权行使期限，自解除权人知道或者应当知道解除事由之日起一年内不行使，或者经对方催告后在合理期限内不行使的，该权利消灭。

第五百六十五条　【合同解除程序】当事人一方依法主张解除合同的，应当通知对方。合同自通知到达对方时解除；通知载明债务人在一定期限内不履行债务则合同自动解除，债务人在该期限内未履行债务的，合同自通知载明的期限届满时解除。对方对解除合同有异议的，任何一方当事人均可以请求人民法院或者仲裁机构确认解除行为的效力。

当事人一方未通知对方，直接以提起诉讼或者申请仲裁的方式依法主张解除合同，人民法院或者仲裁机构确认该主张的，合同自起诉状副本或者仲裁申请书副本送达对方时解除。

第五百六十六条　【合同解除的效力】合同解除后，尚未履行的，终止履行；已经履行的，根据履行情况和合同性质，当事人可以请求恢复原状或者采取其他补救措施，并有权请求赔偿损失。

合同因违约解除的，解除权人可以请求违约方承担违约责任，但是当事人另有约定的除外。

主合同解除后，担保人对债务人应当承担的民事责任仍应当承担担保责任，但是担保合同另有约定的除外。

第五百六十七条　【合同终止后有关结算和清理条款效力】合同的权利义务关系终止，不影响合同中结算和清理条款的效力。

第五百六十八条　【债务法定抵销】当事人互负债务，该债务的标的物种类、品质相同的，任何一方可以将自己的债务与对方的到期债务抵销；但是，根据债务性质、按照当事人约定或者依照法律规定不得抵销的除外。

当事人主张抵销的，应当通知对方。通知自到达对方时生效。抵销不得附条件或者附期限。

第五百六十九条　【债务约定抵销】当事人互负债务，标的物种类、品质不相同的，经协商一致，也可以抵销。

第五百七十条　【标的物提存的条件】有下列情形之一，难以履行债务的，债务人可以将标的物提存：

（一）债权人无正当理由拒绝受领；

（二）债权人下落不明；

（三）债权人死亡未确定继承人、遗产管理人，或者丧失民事行为能力未确定监护人；

（四）法律规定的其他情形。

标的物不适于提存或者提存费用过高的，债务人依法可以拍卖或者变卖标的物，提存所得的价款。

第五百七十一条　【提存成立及提存对债务人效力】债务人将标的物或者将标的物依法拍卖、变卖所得价款交付提存部门时，提存成立。

提存成立的，视为债务人在其提存范围内已经交付标的物。

第五百七十二条　【提存通知】标的物提存后，债务人应当及时通知债权人或者债权人的继承人、遗产管理人、监护人、财产代管人。

第五百七十三条　【提存期间风险、孳息和提存费用】标的物提存后，毁损、灭失的风险由债权人承担。提存期间，标的物的孳息归债权人所有。提存费用由债权人负担。

第五百七十四条　【提存物的受领及受领权消灭】债权人可以随时领取提存物。但是，债权人对债务人负有到期债务的，在债权人未履行债务或者提供担保之前，提存部门根据债务人的要求应当拒绝其领取提存物。

债权人领取提存物的权利，自提存之日起五年内不行使而消灭，提存物扣除提存费用后归国家所有。但是，债权人未履行对债务人的到期债务，或者债权人向提存部门书面表示放弃领取提存物权利的，债务人负担提存费用后有权取回提存物。

第五百七十五条　【债务免除】债权人免除债务人部分或者全部债务的，债权债务部分或者全部终止，但是债务人在合理期限内拒绝的除外。

第五百七十六条　【债权债务混同】债权和债务同归于一人的，债权债务终止，但是损害第三人利益的除外。

第八章　违约责任

第五百七十七条　【违约责任】当事人一方不履行合同义务或者履行合同义务不符合约定的，应当承担继续履行、采取补救措施或者赔偿损失等违约责任。

第五百七十八条　【预期违约责任】当事人一方明确表示或者以自己的行为表明不履行合同义务的，对方可以在履行期限届满前请求其承担违约责任。

第五百七十九条　【金钱债务继续履行】当事人一方未支付价款、报酬、租金、利息，或者不履行其他金钱债务的，对方可以请求其支付。

第五百八十条　【非金钱债务继续履行责任及违约责任】当事人一方不履行非金钱债务或者履行非金钱债务不符合约定的，对方可以请求履行，但是有下列情形之一的除外：

（一）法律上或者事实上不能履行；

（二）债务的标的不适于强制履行或者履行费用过高；

（三）债权人在合理期限内未请求履行。

有前款规定的除外情形之一，致使不能实现合同目的的，人民法院或者仲裁机构可以根据当事人的请求终止合同权利义务关系，但是不影响违约责任的承担。

第五百八十一条　【替代履行】当事人一方不履行债务或者履行债务不符合约定，根据债务的性质不得强制履行的，对方可以请求其负担由第三人替代履行的费用。

第五百八十二条　【瑕疵履行的补救】履行不符合约定的，应当按照当事人的约定承担违约责任。对违约责任没有约定或者约定不明确，依据本法第五百一十条的规定仍不能确定的，受损害方根据标的的性质以及损失的大小，可以合理选择请求对方承担修理、重作、更换、退货、减少价款或者报酬等违约责任。

第五百八十三条　【违约损害赔偿责任】当事人一方不履行合同义务或者履行合同义务不符合约定的，在履行义务或者采取补救措施后，对方还有其他损失的，应当赔偿损失。

第五百八十四条　【损害赔偿范围】当事人一方不履行合同义务或者履行合同义务不符合约定，造成对方损失的，损失赔偿额应当相当于因违约所造成的损失，包括合同履行后可以获得的利益；但是，不得超过违约一方订立合同时预见到或者应当预见到的因违约可能造成的损失。

第五百八十五条　【违约金】当事人可以约定一方违约时应当根据违约情况向对方支付一定数额的违约金，也可以约定因违约产生的损失赔偿额的计算方法。

约定的违约金低于造成的损失的，人民法院或者仲裁机构可以根据当事人的请求予以增加；约定的违约金过分高于造成的损失的，人民法院或者仲裁机构可以根据当事人的请求予以适当减少。

当事人就迟延履行约定违约金的，违约方支付违约金后，还应当履行债务。

第五百八十六条　【定金担保】当事人可以约定一方向对方给付定金作为债权的担保。定金合同自实际交付定金时成立。

定金的数额由当事人约定；但是，不得超过主合同标的额的百分之二十，超过部分不产生定金的效力。实际交付的定金数额多于或者少于约定数额的，视为变更约定的定金数额。

第五百八十七条　【定金罚则】债务人履行债务的，定金应当抵作价款或者收回。给付定金的一方不履行债务或者履行债务不符合约定，致使不能实现合同目的的，无权请求返还定金；收受定金的一方不履行债务或者履行债务不符合约定，致使不能实现合同目的的，应当双倍返还定金。

第五百八十八条　【违约金与定金竞合时的责任】当事人既约定违约金，又约定定金的，一方违约时，对方可以选择适用违约金或者定金条款。

定金不足以弥补一方违约造成的损失的，对方可以请求赔偿超过定金数额的损失。

第五百八十九条　【拒绝受领和受领迟延】债务人按照约定履行债务，债权人无正当理由拒绝受领的，债务人可以请求债权人赔偿增加的费用。

在债权人受领迟延期间，债务人无须支付利息。

第五百九十条　【不可抗力】当事人一方因不可抗力不能履行合同的，根据不可抗力的影响，部分或者全部免除责任，但是法律另有规定的除外。因不可抗力不能履行合同的，应当及时通知对方，以减轻可能给对方造成的损失，并应当在合理期限内提供证明。

当事人迟延履行后发生不可抗力的，不免除其违约责任。

第五百九十一条　【减损规则】当事人一方违约后，对方应当采取适当措施防止损失的扩大；没有采取适当措施致使损失扩大的，不得就扩大的损失请求赔偿。

当事人因防止损失扩大而支出的合理费用，由违约方负担。

第五百九十二条　【双方违约和与有过错】当事人都违反合同的，应当各自承担相应的责任。

当事人一方违约造成对方损失，对方对损失的发生有过错的，可以减少相应的损失赔偿额。

第五百九十三条　【第三人原因造成违约时违约责任承担】当事人一方因第三人的原因造成违约的，应当依法向对方承担违约责任。当事人一方和第三人之间的纠纷，依照法律规定或者按照约定处理。

第五百九十四条　【国际贸易合同诉讼时效和仲裁时效】因国际货物买卖合同和技术进出口合同争议提起诉讼或者申请仲裁的时效期间为四年。

第二分编　典 型 合 同

第十八章　建设工程合同

第七百八十八条　【建设工程合同定义和种类】建设工程合同是承包人进行工程建设，发包人支付价款的合同。

建设工程合同包括工程勘察、设计、施工合同。

第七百八十九条　【建设工程合同的形式】建设工程合同应当采用书面形式。

第七百九十条　【建设工程招投标活动的原则】建设工程的招标投标活动，应当依照有关法律的规定公开、公平、公正进行。

第七百九十一条　【建设工程的发包、承包、分包】发包人可以与总承包人订立建设工程合同，也可以分别与勘察人、设计人、施工人订立勘察、设计、施工承包合同。发包人不得将应当由一个承包人完成的建设工程支解成若干部分发包给数个承包人。

总承包人或者勘察、设计、施工承包人经发包人同意，可以将自己承包的部分工作交由第三人完成。第三人就其完成的工作成果与总承包人或者勘察、设计、施工承包人向发包人承担连带责任。承包人不得将其承包的全部建设工程转包给第三人或者将其承包的全部建设工程支解以后以分包的名义分别转包给第三人。

禁止承包人将工程分包给不具备相应资质条件的单位。禁止分包单位将其承包的工程再分包。建设工程主体结构的施工必须由承包人自行完成。

第七百九十二条　【订立国家重大建设工程合同】国家重大建设工程合同，应当按照国家规定的程序和国家批准的投资计划、可行性研究报告等文件订立。

第七百九十三条　【建设工程合同无效、验收不合格的处理】建设工程施工合同无效，但是建设工程经验收合格的，可以参照合同关于工程价款的约定折价补偿承包人。

建设工程施工合同无效，且建设工程经验收不合格的，按照以下情形处理：

（一）修复后的建设工程经验收合格的，发包人可以请求承包人承担修复费用；

（二）修复后的建设工程经验收不合格的，承包人无权请求参照合同关于工程价款的约定折价补偿。

发包人对因建设工程不合格造成的损失有过错的，应当承担相应的责任。

第七百九十四条　【勘察、设计合同的内容】勘察、设计合同的内容一般包括提交有关基础资料和概预算等文件的期限、质量要求、费用以及其他协作条件等条款。

第七百九十五条　【施工合同的内容】施工合同的内容一般包括工程范围、建设工期、中间交工工程的开工和竣工时间、工程质量、工程造价、技术资料交付时间、材料和设备供应责任、拨款和结算、竣工验收、质量保修范围和质量保证期、相互协作等条款。

第七百九十六条　【建设工程监理】建设工程实行监理的，发包人应当与监理人采用书面形式订立委托监理合同。发包人与监理人的权利和义务以及法律责任，应当依照本编委托合同以及其他有关法律、行政法规的规定。

第七百九十七条　【发包人的检查权】发包人在不妨碍承包人正常作业的情况下，可以随时对作业进度、质量进行检查。

第七百九十八条　【隐蔽工程】隐蔽工程在隐蔽以前，承包人应当通知发包人检查。发包人没有及时检查的，承包人可以顺延工程日期，并有权请求赔偿停工、窝工等损失。

第七百九十九条　【建设工程的竣工验收】建设工程竣工后，发包人应当根据施工图纸及说明书、国家颁发的施工验收规范和质量检验标准及时进行验收。验收合格的，发包人应当按照约定支付价款，并接收该建设工程。

建设工程竣工经验收合格后，方可交付使用；未经验收或者验收不合格的，不得交付使用。

第八百条　【勘察人、设计人对勘察、设计的责任】勘察、设计的质量不符合要求或者未按照期限提交勘察、设计文件拖延工期，造成发包人损失的，勘察人、设计人应当继续完善勘察、设计，减收或者免收勘察、设计费并赔偿损失。

第八百零一条 【施工人对建设工程质量承担的民事责任】因施工人的原因致使建设工程质量不符合约定的，发包人有权请求施工人在合理期限内无偿修理或者返工、改建。经过修理或者返工、改建后，造成逾期交付的，施工人应当承担违约责任。

第八百零二条 【合理使用期限内质量保证责任】因承包人的原因致使建设工程在合理使用期限内造成人身损害和财产损失的，承包人应当承担赔偿责任。

第八百零三条 【发包人未按约定的时间和要求提供相关物资的违约责任】发包人未按照约定的时间和要求提供原材料、设备、场地、资金、技术资料的，承包人可以顺延工程日期，并有权请求赔偿停工、窝工等损失。

第八百零四条 【因发包人原因造成工程停建、缓建所应承担责任】因发包人的原因致使工程中途停建、缓建的，发包人应当采取措施弥补或者减少损失，赔偿承包人因此造成的停工、窝工、倒运、机械设备调迁、材料和构件积压等损失和实际费用。

第八百零五条 【因发包人原因造成勘察、设计的返工、停工或者修改设计所应承担责任】因发包人变更计划，提供的资料不准确，或者未按照期限提供必需的勘察、设计工作条件而造成勘察、设计的返工、停工或者修改设计，发包人应当按照勘察人、设计人实际消耗的工作量增付费用。

第八百零六条 【合同解除及后果处理的规定】承包人将建设工程转包、违法分包的，发包人可以解除合同。

发包人提供的主要建筑材料、建筑构配件和设备不符合强制性标准或者不履行协助义务，致使承包人无法施工，经催告后在合理期限内仍未履行相应义务的，承包人可以解除合同。

合同解除后，已经完成的建设工程质量合格的，发包人应当按照约定支付相应的工程价款；已经完成的建设工程质量不合格的，参照本法第七百九十三条的规定处理。

第八百零七条 【发包人未支付工程价款的责任】发包人未按照约定支付价款的，承包人可以催告发包人在合理期限内支付价款。发包人逾期不支付的，除根据建设工程的性质不宜折价、拍卖外，承包人可以与发包人协议将该工程折价，也可以请求人民法院将该工程依法拍卖。建设工程的价款就该工程折价或者拍卖的价款优先受偿。

第八百零八条 【适用承揽合同】本章没有规定的，适用承揽合同的有关规定。

最高人民法院关于审理建设工程施工合同纠纷案件适用法律问题的解释（一）

1. 2020年12月25日最高人民法院审判委员会第1825次会议通过
2. 2020年12月29日公布
3. 法释〔2020〕25号
4. 自2021年1月1日起施行

为正确审理建设工程施工合同纠纷案件，依法保护当事人合法权益，维护建筑市场秩序，促进建筑市场健康发展，根据《中华人民共和国民法典》《中华人民共和国建筑法》《中华人民共和国招标投标法》《中华人民共和国民事诉讼法》等相关法律规定，结合审判实践，制定本解释。

第一条 建设工程施工合同具有下列情形之一的，应当依据民法典第一百五十三条第一款的规定，认定无效：

（一）承包人未取得建筑业企业资质或者超越资质等级的；

（二）没有资质的实际施工人借用有资质的建筑施工企业名义的；

（三）建设工程必须进行招标而未招标或者中标无效的。

承包人因转包、违法分包建设工程与他人签订的建设工程施工合同，应当依据民法典第一百五十三条第一款及第七百九十一条第二款、第三款的规定，认定无效。

第二条 招标人和中标人另行签订的建设工程施工合同约定的工程范围、建设工期、工程质量、工程价款等实质性内容，与中标合同不一致，一方当事人请求按照中标合同确定权利义务的，人民法院应予支持。

招标人和中标人在中标合同之外就明显高于市场价格购买承建房产、无偿建设住房配套设施、让利、向建设单位捐赠财物等另行签订合同，变相降低工程价款，一方当事人以该合同背离中标合同实质性内容为由请求确认无效的，人民法院应予支持。

第三条　当事人以发包人未取得建设工程规划许可证等规划审批手续为由，请求确认建设工程施工合同无效的，人民法院应予支持，但发包人在起诉前取得建设工程规划许可证等规划审批手续的除外。

发包人能够办理审批手续而未办理，并以未办理审批手续为由请求确认建设工程施工合同无效的，人民法院不予支持。

第四条　承包人超越资质等级许可的业务范围签订建设工程施工合同，在建设工程竣工前取得相应资质等级，当事人请求按照无效合同处理的，人民法院不予支持。

第五条　具有劳务作业法定资质的承包人与总承包人、分包人签订的劳务分包合同，当事人请求确认无效的，人民法院依法不予支持。

第六条　建设工程施工合同无效，一方当事人请求对方赔偿损失的，应当就对方过错、损失大小、过错与损失之间的因果关系承担举证责任。

损失大小无法确定，一方当事人请求参照合同约定的质量标准、建设工期、工程价款支付时间等内容确定损失大小的，人民法院可以结合双方过错程度、过错与损失之间的因果关系等因素作出裁判。

第七条　缺乏资质的单位或者个人借用有资质的建筑施工企业名义签订建设工程施工合同，发包人请求出借方与借用方对建设工程质量不合格等因出借资质造成的损失承担连带赔偿责任的，人民法院应予支持。

第八条　当事人对建设工程开工日期有争议的，人民法院应当分别按照以下情形予以认定：

（一）开工日期为发包人或者监理人发出的开工通知载明的开工日期；开工通知发出后，尚不具备开工条件的，以开工条件具备的时间为开工日期；因承包人原因导致开工时间推迟的，以开工通知载明的时间为开工日期。

（二）承包人经发包人同意已经实际进场施工的，以实际进场施工时间为开工日期。

（三）发包人或者监理人未发出开工通知，亦无相关证据证明实际开工日期的，应当综合考虑开工报告、合同、施工许可证、竣工验收报告或者竣工验收备案表等载明的时间，并结合是否具备开工条件的事实，认定开工日期。

第九条　当事人对建设工程实际竣工日期有争议的，人民法院应当分别按照以下情形予以认定：

（一）建设工程经竣工验收合格的，以竣工验收合格之日为竣工日期；

（二）承包人已经提交竣工验收报告，发包人拖延验收的，以承包人提交验收报告之日为竣工日期；

（三）建设工程未经竣工验收，发包人擅自使用的，以转移占有建设工程之日为竣工日期。

第十条　当事人约定顺延工期应当经发包人或者监理人签证等方式确认，承包人虽未取得工期顺延的确认，但能够证明在合同约定的期限内向发包人或者监理人申请过工期顺延且顺延事由符合合同约定，承包人以此为由主张工期顺延的，人民法院应予支持。

当事人约定承包人未在约定期限内提出工期顺延申请视为工期不顺延的，按照约定处理，但发包人在约定期限后同意工期顺延或者承包人提出合理抗辩的除外。

第十一条　建设工程竣工前，当事人对工程质量发生争议，工程质量经鉴定合格的，鉴定期间为顺延工期期间。

第十二条　因承包人的原因造成建设工程质量不符合约定，承包人拒绝修理、返工或者改建，发包人请求减少支付工程价款的，人民法院应予支持。

第十三条　发包人具有下列情形之一，造成建设工程质量缺陷，应当承担过错责任：

（一）提供的设计有缺陷；

（二）提供或者指定购买的建筑材料、建筑构配件、设备不符合强制性标准；

（三）直接指定分包人分包专业工程。

承包人有过错的，也应当承担相应的过错责任。

第十四条　建设工程未经竣工验收，发包人擅自使用后，又以使用部分质量不符合约定为由主张权利的，人民法院不予支持；但是承包人应当在建设工程的合理使用寿命内对地基基础工程和主体结构质量承担民事责任。

第十五条　因建设工程质量发生争议的，发包人可以以总承包人、分包人和实际施工人为共同被告提起诉讼。

第十六条　发包人在承包人提起的建设工程施工合同纠纷案件中，以建设工程质量不符合合同约定或者法律规定为由，就承包人支付违约金或者赔偿修理、返工、改建的合理费用等损失提出反诉的，人民法院可以合并审理。

第十七条　有下列情形之一，承包人请求发包人返还工程质量保证金的，人民法院应予支持：

（一）当事人约定的工程质量保证金返还期限届满；

（二）当事人未约定工程质量保证金返还期限的，自建设工程通过竣工验收之日起满二年；

（三）因发包人原因建设工程未按约定期限进行竣工验收的，自承包人提交工程竣工验收报告九十日后当事人约定的工程质量保证金返还期限届满；当事人未约定工程质量保证金返还期限的，自承包人提交工程竣工验收报告九十日后起满二年。

发包人返还工程质量保证金后，不影响承包人根据合同约定或者法律规定履行工程保修义务。

第十八条 因保修人未及时履行保修义务，导致建筑物毁损或者造成人身损害、财产损失的，保修人应当承担赔偿责任。

保修人与建筑物所有人或者发包人对建筑物毁损均有过错的，各自承担相应的责任。

第十九条 当事人对建设工程的计价标准或者计价方法有约定的，按照约定结算工程价款。

因设计变更导致建设工程的工程量或者质量标准发生变化，当事人对该部分工程价款不能协商一致的，可以参照签订建设工程施工合同时当地建设行政主管部门发布的计价方法或者计价标准结算工程价款。

建设工程施工合同有效，但建设工程经竣工验收不合格的，依照民法典第五百七十七条规定处理。

第二十条 当事人对工程量有争议的，按照施工过程中形成的签证等书面文件确认。承包人能够证明发包人同意其施工，但未能提供签证文件证明工程量发生的，可以按照当事人提供的其他证据确认实际发生的工程量。

第二十一条 当事人约定，发包人收到竣工结算文件后，在约定期限内不予答复，视为认可竣工结算文件的，按照约定处理。承包人请求按照竣工结算文件结算工程价款的，人民法院应予支持。

第二十二条 当事人签订的建设工程施工合同与招标文件、投标文件、中标通知书载明的工程范围、建设工期、工程质量、工程价款不一致，一方当事人请求将招标文件、投标文件、中标通知书作为结算工程价款的依据的，人民法院应予支持。

第二十三条 发包人将依法不属于必须招标的建设工程进行招标后，与承包人另行订立的建设工程施工合同背离中标合同的实质性内容，当事人请求以中标合同作为结算建设工程价款依据的，人民法院应予支持，但发包人与承包人因客观情况发生了在招标投标时难以预见的变化而另行订立建设工程施工合同的除外。

第二十四条 当事人就同一建设工程订立的数份建设工程施工合同均无效，但建设工程质量合格，一方当事人请求参照实际履行的合同关于工程价款的约定折价补偿承包人的，人民法院应予支持。

实际履行的合同难以确定，当事人请求参照最后签订的合同关于工程价款的约定折价补偿承包人的，人民法院应予支持。

第二十五条 当事人对垫资和垫资利息有约定，承包人请求按照约定返还垫资及其利息的，人民法院应予支持，但是约定的利息计算标准高于垫资时的同类贷款利率或者同期贷款市场报价利率的部分除外。

当事人对垫资没有约定的，按照工程欠款处理。

当事人对垫资利息没有约定，承包人请求支付利息的，人民法院不予支持。

第二十六条 当事人对欠付工程价款利息计付标准有约定的，按照约定处理。没有约定的，按照同期同类贷款利率或者同期贷款市场报价利率计息。

第二十七条 利息从应付工程价款之日开始计付。当事人对付款时间没有约定或者约定不明的，下列时间视为应付款时间：

（一）建设工程已实际交付的，为交付之日；

（二）建设工程没有交付的，为提交竣工结算文件之日；

（三）建设工程未交付，工程价款也未结算的，为当事人起诉之日。

第二十八条 当事人约定按照固定价结算工程价款，一方当事人请求对建设工程造价进行鉴定的，人民法院不予支持。

第二十九条 当事人在诉讼前已经对建设工程价款结算达成协议，诉讼中一方当事人申请对工程造价进行鉴定的，人民法院不予准许。

第三十条 当事人在诉讼前共同委托有关机构、人员对建设工程造价出具咨询意见，诉讼中一方当事人不认可该咨询意见申请鉴定的，人民法院应予准许，但双方当事人明确表示受该咨询意见约束的除外。

第三十一条 当事人对部分案件事实有争议的，仅对有争议的事实进行鉴定，但争议事实范围不能确定，或者双方当事人请求对全部事实鉴定的除外。

第三十二条 当事人对工程造价、质量、修复费用等专门性问题有争议,人民法院认为需要鉴定的,应当向负有举证责任的当事人释明。当事人经释明未申请鉴定,虽申请鉴定但未支付鉴定费用或者拒不提供相关材料的,应当承担举证不能的法律后果。

一审诉讼中负有举证责任的当事人未申请鉴定,虽申请鉴定但未支付鉴定费用或者拒不提供相关材料,二审诉讼中申请鉴定,人民法院认为确有必要的,应当依照民事诉讼法第一百七十条第一款第三项的规定处理。

第三十三条 人民法院准许当事人的鉴定申请后,应当根据当事人申请及查明案件事实的需要,确定委托鉴定的事项、范围、鉴定期限等,并组织当事人对争议的鉴定材料进行质证。

第三十四条 人民法院应当组织当事人对鉴定意见进行质证。鉴定人将当事人有争议且未经质证的材料作为鉴定依据的,人民法院应当组织当事人就该部分材料进行质证。经质证认为不能作为鉴定依据的,根据该材料作出的鉴定意见不得作为认定案件事实的依据。

第三十五条 与发包人订立建设工程施工合同的承包人,依据民法典第八百零七条的规定请求其承建工程的价款就工程折价或者拍卖的价款优先受偿的,人民法院应予支持。

第三十六条 承包人根据民法典第八百零七条规定享有的建设工程价款优先受偿权优于抵押权和其他债权。

第三十七条 装饰装修工程具备折价或者拍卖条件,装饰装修工程的承包人请求工程价款就该装饰装修工程折价或者拍卖的价款优先受偿的,人民法院应予支持。

第三十八条 建设工程质量合格,承包人请求其承建工程的价款就工程折价或者拍卖的价款优先受偿的,人民法院应予支持。

第三十九条 未竣工的建设工程质量合格,承包人请求其承建工程的价款就其承建工程部分折价或者拍卖的价款优先受偿的,人民法院应予支持。

第四十条 承包人建设工程价款优先受偿的范围依照国务院有关行政主管部门关于建设工程价款范围的规定确定。

承包人就逾期支付建设工程价款的利息、违约金、损害赔偿金等主张优先受偿的,人民法院不予支持。

第四十一条 承包人应当在合理期限内行使建设工程价款优先受偿权,但最长不得超过十八个月,自发包人应当给付建设工程价款之日起算。

第四十二条 发包人与承包人约定放弃或者限制建设工程价款优先受偿权,损害建筑工人利益,发包人根据该约定主张承包人不享有建设工程价款优先受偿权的,人民法院不予支持。

第四十三条 实际施工人以转包人、违法分包人为被告起诉的,人民法院应当依法受理。

实际施工人以发包人为被告主张权利的,人民法院应当追加转包人或者违法分包人为本案第三人,在查明发包人欠付转包人或者违法分包人建设工程价款的数额后,判决发包人在欠付建设工程价款范围内对实际施工人承担责任。

第四十四条 实际施工人依据民法典第五百三十五条规定,以转包人或者违法分包人怠于向发包人行使到期债权或者与该债权有关的从权利,影响其到期债权实现,提起代位权诉讼的,人民法院应予支持。

第四十五条 本解释自2021年1月1日起施行。

·典型案例·

陕西西岳山庄有限公司
与中建三局建发工程有限公司、
中建三局第三建设工程有限责任公司
建设工程施工合同纠纷案

【裁判摘要】

根据《中华人民共和国合同法》第七十九条的规定,债权人可以将合同的权利全部或者部分转让给第三人,但根据合同性质不得转让的、按照当事人约定不得转让的和依照法律规定不得转让的除外。法律、法规并不禁止建设工程施工合同项下的债权转让,只要建设工程施工合同的当事人没有约定合同项下的债权不得转让,债权人向第三人转让债权并通知债务人的,债权转让合法有效,债权人无须就债权转让事项征得债务人同意。

上诉人:(原审被告、反诉原告)陕西西岳山庄有限公司。

被上诉人(原审原告、反诉被告):中建三局建发工程有限公司。

被上诉人(原审第三人):中建三局第三建设工程有

限责任公司。

上诉人陕西西岳山庄有限公司（以下简称西岳山庄）为与被上诉人中建三局建发工程有限公司（原武汉中建三局建发工程有限公司，以下简称建发公司）、中建三局第三建设工程有限责任公司（原中国建筑第三工程局第三建筑安装工程公司，以下简称三公司）建设工程施工合同纠纷一案，不服陕西省高级人民法院（2005）陕民一初字第10号民事判决，向最高人民法院提起上诉。最高人民法院依法组成合议庭，于2007年2月12日对本案进行了开庭审理。上诉人西岳山庄的委托代理人徐邦炜、董纯钢，被上诉人建发公司的委托代理人张晓飞、肖坚，被上诉人三公司的委托代理人陈常凯、田莉莉到庭参加了诉讼。本案现已审理终结。

一审法院经审理查明：西岳山庄（甲方）就其所属的华山假日酒店工程，于2001年11月30日与三公司（乙方）签订《建设工程施工合同》（以下简称施工合同），约定工程开、竣工日期为2001年12月26日至2002年10月31日。合同价款：以最终结算价为准；工程为包工包料，依据1999年《陕西省建筑工程综合概预算定额》、《全国统一安装工程预算定额陕西省价目表》（2001版）及配套使用的《陕西省建筑工程、安装工程、仿古园林工程及装饰工程费用定额》（1999版）及省、市有关造价文件的规定计算；本工程按二类工程取费，并对四项费率下浮20%计算。工期奖罚：在合同工期上每提前或延误一天，按乙方承包工程总造价0.1‰对等奖罚。合同价款支付及合同价款的调整：桩基施工由甲方支付乙方300万元工程预付款；本工程按形象进度付款，基础施工完，甲方支付乙方300万元工程进度款；主体施工完，甲方另支付乙方500万元装饰工程预付款；装饰工程完成50%工作量，甲方再支付乙方1300万元工程进度款；工程完工交付甲方前，甲方再支付乙方1000万元工程款；工程验收合格后甲方支付乙方800万元；工程竣工验收后，除留5%质保金外，剩余工程款甲方在两年内分期支付给乙方；5%质保金在保修期满后，甲方一次性返还乙方。合同价款调整：合同价款在合同约定后，任何一方不得擅自改变，但发生下列情况之一的可作调整：甲方代表确认的工程量增减；甲方代表确认的设计变更或工程洽商；工程造价管理部门公布的价格调整；一周内非乙方原因造成停水、停电、停气影响停工累计超过8小时，且造成经济损失的；合同约定的其他增加或调整；乙方应在上述情况发生10日内将调整原因、金额以书面形式通知甲方代表，甲方代表批准后通知经办银行和乙方，甲方代表收到乙方通知后10日内不作答复，即视为已经批准；乙方未按上述要求及时办理而造成工程延误，由乙方负责；甲方未按上述要求及时办理审核签字和付款时，乙方可向甲方发出要求付款通知，甲方在收到乙方通知5日内仍不能按要求支付时，应承担违约责任。竣工与结算：甲方代表在收到乙方送交的竣工验收报告后10日内无正当理由不组织验收，或验收后5日内不予批准且不能提出修改意见，可视为竣工验收已被批准，即可办理结算手续。甲方无正当理由在批准竣工报告后30日内不办理结算，从第31日起按施工企业向银行计划外贷款的利率支付拖欠工程款利息，并承担违约责任。违约责任：甲方代表不能及时给出必要指令、确认、批准，不按合同约定履行自己的各项义务、支付款项及发生其他使合同无法履行的行为，应承担违约责任（包括支付因其违约导致乙方增加的经济支出和从应支付之日起计算的应支付款项的利息等），相应顺延工期；按协议条款约定支付违约金和赔偿因其违约给乙方造成的窝工等损失。乙方不能按合同工期竣工，施工质量达不到设计和规范的要求，或发生其他使合同无法履行的行为，甲方代表可通知乙方，按协议条款约定支付违约金，赔偿因其违约给甲方造成的损失。除非双方协议将合同终止，或因一方违约使合同无法履行，违约方承担上述违约责任后仍应继续履行合同；因一方违约使合同不能履行，另一方欲中止或解除合同，应提前10日通知违约方后，方可中止或解除合同，由违约方承担违约责任。本合同履行过程中根据合同发生的会议纪要、签证、各种通知文件、委托、证书等书面资料均应作为合同条款以补充内容，与合同条款具有同等效力。增订条款：本工程所需材料由乙方自行采购、保管，其中钢材、水泥由乙方采购，甲方提供资金担保；任何材料的选购，其价格和质量、数量需经甲方同意验证方可采购；工程欠款不计贷款利息。2002年4月23日，西岳山庄将其与陕西林华工程监理公司（以下简称监理公司）签订的《建设工程委托监理合同》送交三公司，并要求其接受监督和管理。

2002年7月30日，一、二区基础分部工程验收合格。2002年9月20日，西岳山庄与三公司签订的《会议纪要》约定：华山假日酒店一区素土回填完，二区素土回填一半，由西岳山庄一周内付款100万元；砌体队伍进场后一周内由西岳山庄付款50万元；后期工程施工的主要材料由西岳山庄供应或代付款；一区10月10日主体封顶，三区10月15日主体封顶,一区素土回填至25日完,二区素土回填至第40日完,四区土方开挖10月15日开始,员工宿舍9月25日动工,西岳山庄保证一周内一次性付款不少于300万元;三区保证地下室及时施工,完毕后及时回填,甲方张总认可后付款50万元。2003年3月11日三区基础分部工程验收合格。2003年4月11日,主体分部工程验收合格。2003年3月17日,西岳山庄与中建三局三公司安装分公司签订了安装工程补充协议。2003年7月,三公司取得渭南市城乡建设局颁发的安全文明工地奖牌。

2004年4月14日,三公司向西岳山庄发出债权转移通知书称:"贵方与公司于2002年签订了建设工程施工合同,现在我公司因改制重组的需要,欲将我公司对贵方所享有的上述债权转让给武汉中建三局建发实业发展公司。"西岳山庄予以签收。

2004年9月29日,西岳山庄与江苏环建建设投资有限公司(以下简称环建公司)签订《建设工程施工合同》(关于给水、排水、强弱电、暖通工程);2004年10月1日,西岳山庄与华阴市永泰建筑公司签订《建设工程施工合同》(关于华山假日酒店未完的土建工程)。2005年10月10日,三公司向西岳山庄发出《关于解除合同的通知》。

2006年1月19日,一审法院依据双方当事人的申请,委托陕西三秦工程造价咨询有限责任公司(以下简称三秦造价公司),就三公司已完成的涉案工程造价、西岳山庄已支付的工程款及欠付的工程款数额进行鉴定。2006年6月20日,三秦造价公司作出的鉴定结论为:1.根据双方认可的中国轻工西安设计院设计的华山假日酒店结构施工图纸和除未做部分签认量加现场签证,计算出三公司已完成的华山假日酒店(含员工宿舍)土建工程量工程造价为23 121 871.05元(不含劳保统筹和安全文明工地费)。2.根据双方认可的中国轻工西安设计院设计施工图纸、现场签证及双方提供的三公司完成工程量记录等资料,计算出三公司已完成的华山假日酒店(含员工宿舍)安装工程量工程造价为1 607 359.51元(不含劳保统筹和安全文明工地费)。3.确认西岳山庄已付工程款、材料款合计为15 199 163.76元。鉴定报告另对当事人有争议的工程量造价、有争议的付款项目详细列明。2006年6月27日,鉴定报告送达给三方当事人,当事人在限定期限内对鉴定报告提出了书面异议。2006年7月26日,一审法院对鉴定报告进行庭审质证,并由三秦造价公司出庭接受当事人的质询。三秦造价公司在庭后就当事人质询作了书面答复。2006年8月2日,该答复意见送达给三方当事人。

另查明:2002年12月27日,中国建筑第三工程局第三建筑安装工程公司变更登记为中建三局第三建设工程有限责任公司。2004年11月17日,武汉中建三局建发工程有限公司变更登记为中建三局建发工程有限公司。

2002年7月至2003年4月间,三公司数次向西岳山庄催要工程进度款;2004年10月29日,三公司向西岳山庄以特快专递方式送达《工作联系单》《现场变更签证单》《致陕西西岳山庄有限公司关于华山假日酒店工程进度报量问题的函》,请求西岳山庄确认工期顺延、窝工费及机械停滞费。西岳山庄亦提供了大量的监理例会纪要、工程联系单等证据,用以证明三公司施工不规范,工程质量不合格,管理不严,拖延工期等问题。

2002年7月,三公司与陕西省荣誉军人康复医院签订供水协议。2006年4月12日,陕西省荣誉军人康复医院出具证明,三公司从2003年6月24日至2005年12月21日共欠水费13 307.68元至今未交。西岳山庄代付工地2002年8月至2003年5月电费137 932.97元双方无争议(鉴定报告已作为西岳山庄已付款计入),对西岳山庄主张代付2003年7月至2004年9月电费63 513.52元,三公司、建发公司不予认可。

建发公司认为西岳山庄违反合同约定,拖欠工程款并造成窝工损失,遂向一审法院提起诉讼,请求:(1)依法判令西岳山庄依约支付拖欠建发公司工程款及窝工损失共计23 213 450元;(2)由西岳山庄承担本案的诉讼费、保全费及律师费用等全部诉讼费用;(3)建发公司对所承接的工程依法享有优先受偿权。

西岳山庄提起反诉,认为三公司违反合同约定,迟延交付涉案工程,给西岳山庄造成了经济损失,请求依法判令建发公司与三公司:(1)向西岳山庄赔偿拖延工期罚金1 552 460元;(2)赔偿西岳山庄额外支出的工程款1 472 921元;(3)赔偿西岳山庄因工程拖延交付使用造成的不能营业的经济损失8 558 237元;(4)承担本案全部诉讼费用。

一审法院认为:西岳山庄与三公司所签订的《施工合同》,系双方的真实意思表示,且不违反法律、行政法规强制性规定,应为有效合同。三公司将合同债权转让给建发公司,并向西岳山庄送达了债权转让通知书,符合相关法律规定。该转让行为系转让人与受让人真实意思表示，并不损害债务人的利益，依法认定有效。建发公司因此取得三公司应享有的合同债权。由于华山假日酒店工程正在施工之中，西岳山庄与三公司并未就工程款最后决算，建发公司所享有的合同债权数额并未确定；对于西岳山庄已支付的工程款数额，三公司与西岳山庄也说法不一，一审法院依据双方当事人申请，委托三秦造价公司对涉案工程造价及西岳山庄已付工程款进行鉴定，该鉴定结论已经双方当事人庭审质证，依法应予确认。

对于鉴定报告单列有争议工程量工程造价部分，经一审法院审核，应作如下认定：1. 关于有争议的工程量工程造价部分，对于三公司所报而西岳山庄不予认可部分的工程量，仅凭三公司所报工程量，没有西岳山庄及监理公司签证，无法认定该工程量，对该部分所涉及的土建、安装工程造价不予确认。2. 关于应否计取安全文明工地费。经核算土建工程造价的安全文明工地费 221 299. 07 元，安装工程量工程造价的安全文明工地费 15 504. 62 元，因该工地已被渭南市城乡建设局授予安全文明工地，故该部分费用应按规定计取，并随工程造价的调整而增减。3. 关于有争议的已付工程款部分。有争议的 2003 年 6 月 24 日至 2005 年 12 月 21 日水费 13 307. 68 元（其中 2003 年 6 月 24 日至 8 月 21 日 4003. 96 元；2003 年 9 月 21 日至 11 月 24 日 1692. 60 元；2003 年 11 月 24 日至 2005 年 12 月 21 日 7611. 12 元），鉴于票据无法详细区分，因 2004 年 9 月 29 日西岳山庄已与环建公司签订了施工合同，故对水费 13 307. 68 元中 2003 年 11 月 24 日前的 5696. 56 元水费由三公司承担，2003 年 11 月 24 日至 2005 年 12 月 21 日的水费 7611. 12 元由西岳山庄与三公司各半负担。西岳山庄已购石渣、沙子、配电箱、线管、管件等费用合计 407 078. 71 元，因未见三公司收料单，该笔费用未计入工程造价，亦不应计入已付工程款。侯宏伟借款 1 万元，属另一法律关系，本案不予涉及。供电局劳动服务公司收取西岳山庄 2 万元，因系线路维修所产生之费用，亦不应计入已付工程款。西岳山庄代付 2003 年 7 月至 2004 年 9 月电费 63 513. 52 元，理应由三公司承担，并从应结算的工程款中扣付。综上，双方虽有争议，但应计入已付工程款合计为 73 015. 64 元。

综上，西岳山庄应支付工程款共计 24 992 875. 13 元，扣减西岳山庄已付工程款、材料款及代付的水电费共计 15 273 309. 40 元后，西岳山庄应支付建发公司剩余工程款 9 719 565. 73 元。依照《中华人民共和国合同法》第二百八十六条的规定，建发公司就该工程在西岳山庄应付的工程款范围内享有优先受偿的权利。由于华山假日酒店工程至今尚未完工，双方均有一定责任。因西岳山庄付款不到位，三公司施工不规范、施工管理不严、返工等情况，共同造成工期延误。据此，对建发公司主张的窝工损失以及西岳山庄反诉请求三公司、建发公司支付拖延工期的罚金，一审法院均不予支持。关于西岳山庄诉请的额外支出，因环建公司等单位施工的相关费用并未计入本次鉴定的工程造价内，西岳山庄并不存在额外支出，一审法院亦不予支持。关于西岳山庄请求的逾期营业损失，因其提供的证据并不能证明其逾期开业的损失数额，且三公司对洲际集团等公司的管理合同没法预见，故依法对该证据不予采信，对其请求不予支持。一审法院依照《中华人民共和国合同法》第七条、第八条、第六十条、第八十条、第二百八十六条的规定，判决：（一）自该判决生效之日起三十日内，西岳山庄支付建发公司工程款 9 719 565. 73 元；（二）建发公司在西岳山庄欠付的工程款范围内，对该工程享有优先受偿权；（三）驳回建发公司的其余诉讼请求；（四）驳回西岳山庄的反诉请求。一审案件受理费 126 077. 25 元，鉴定费 16. 5 万元，共计 291 077. 25 元由建发公司承担 174 646. 35 元，西岳山庄承担 116 430. 90 元；反诉费 67 928. 08 元，由西岳山庄公司承担；诉讼保全费 109 738 元，由建发公司承担。

西岳山庄不服一审判决，向法院提起上诉称：原判认定事实和适用法律均有错误。（1）原审判决判令三公司将其涉案合同债权转让给建发公司有效。依据合同性质，涉案合同债权依法不得转让，转让时涉案工程项目根本不具备结算条件，三公司与西岳山庄之间的债权债务关系无法确定，西岳山庄仅在回执上注明收到该通知并未同意其转让行为。（2）西岳山庄已超额支付工程款，并不存在付款不到位的事实。（3）三公司承认在施工中存在不按施工计划开工、窝工、施工质量不合格及不文明施工等事实。三公司依约应向西岳山庄支付违约金。三公司在拒不完成主体部分施工的情况下，于 2004 年 2 月后逐渐全部撤场，导致合同无法继续履行。由于三公司恶意违约，致使华山假日酒店迟迟不能完工，应承担逾期竣工造成的营业损失。西岳山庄的反诉请求依法应予支持。（4）原判将鉴定报告中关于土建及安装工程所对应税金、安全文明工地费、文明补贴等费用计入工程造价，超出合同约定，应以合同约定为准。（5）三公司单方提出解除合同，西岳山庄并未表示同意，《施工合同》仍应履行。（6）建发公司作为《施工合同》以外的第三人，既不是合同约定的施工方,也不是该建设项目的承包人,因此建发公司对涉案工程行使优先受偿权于法无据。鉴此,西岳山庄请求:(1)撤销一审判决,驳回被上诉人的全部诉讼请求;(2)支持上诉人的全部反诉请求;(3)被上诉人承担全部诉讼费用。

被上诉人建发公司、三公司辩称:(1)关于债权转让问题。三公司与建发公司就本案债权转让达成了合意,并将这一合意通知了债务人,转让合法有效。(2)关于拖欠工程款问题。西岳山庄并未依照合同约定支付工程款。截至2003年4月14日,有关催要工程款的签证单、监理会议纪要多达16份之多,证明西岳山庄严重拖欠工程款。2004年10月29日,三公司以公证送达的方式向西岳山庄进行了付款催告,西岳山庄拒绝履行付款义务。其行为已构成根本违约,三公司享有先履行抗辩权,未如期完成工程施工不构成违约。(3)关于解除《施工合同》的问题。西岳山庄的违约行为,特别是违法重复发包行为致使合同目的无法实现,三公司依法获得合同解除权。(4)关于西岳山庄额外支付工程款的问题。本案未涉及环建公司完成的工程量,西岳山庄因工程施工支付的工程款不属于额外支出。(5)关于西岳山庄的预期收益损失问题。洲际酒店集团的损益表缺乏证据的基本要件,三公司没有实施违约行为,不承担违约责任。

二审开庭后,西岳山庄向法院提交了三公司关于申报文明工地不向西岳山庄索取费用的《证明》等证据。法院认为:西岳山庄本应在一审举证期限内提交这些证据,其在二审开庭后举证已超过举证期限,且未说明延期举证的理由。根据最高人民法院《关于民事诉讼证据的若干规定》第三十四条的规定,逾期举证的,视为放弃举证权利,西岳山庄在二审中提交的证据对本案不具有证明力。

法院二审查明:西岳山庄于2001年4月10日经工商行政管理部门批准成立并取得企业法人营业执照。2002年3月7日,西岳山庄取得华阴市人民政府城市规划部门颁发的2002-3号《建设用地规划许可证》和《建设工程规划许可证》。翌日又取得华阴市建设局颁发的2002-24号《建设工程施工许可证》,其中载明建设工程名称为华山假日酒店,建筑面积43 000平方米,工程造价6000万元,开工日期2002年3月8日。2003年5月,西岳山庄分别取得华阴市人民政府颁发的阴国用(2003)字第606、607号《国有土地使用证》。

《施工合同》还约定,主体结构三层完,西岳山庄再向三公司支付300万元工程款;主体封顶,西岳山庄再向三公司支付300万元工程款。2002年3月19日,西岳山庄尚未向三公司提供施工图和地质勘探资料,亦未解决施工所需的供水、供电问题。三公司开挖地基时遇到大石块,曾安排破碎机进行破石。2002年4月15日,三公司将其依据施工图制订的《施工组织设计》提交监理部门。同年6月5日,工程监理对《施工组织设计》提出了审查意见。同年6月13日,主体工程进入二层顶板施工,西岳山庄尚未提供三层以上安装图。

建发公司、三公司均于2002年12月27日经工商行政管理部门批准成立并取得企业法人营业执照,前者的经营范围包括各类建设工程总承包、施工、咨询等,后者的经营范围包括建筑装饰装修工程、钢结构工程、房屋建筑工程总承包等。

二审查明的本案其他事实与一审判决认定的事实相同。2007年9月27日,建发公司向法院提出,同意在二审维持原判的前提下,在执行阶段放弃文明工地定额费用中的20万元,在提出执行申请时予以扣除。

法院认为:西岳山庄与三公司签订的《施工合同》和2002年9月20日签订的《会议纪要》,是双方当事人的真实意思表示,该合同与纪要的内容不违反法律、法规的强制性规定,应认定合法有效,双方对此均负有履行义务。涉案工程工期拖延是由于西岳山庄和三公司共同违约造成的,均应承担违约责任。本案涉及以下焦点问题:(1)三公司向建发公司转让债权是否合法有效;(2)西岳山庄是否按工程进度向三公司足额支付了工程款;(3)《施工合同》是否应当解除;(4)一审认定的工程款项目和数额是否合理;(5)西岳山庄的反诉请求是否成立;(6)建发公司对其完成的工程是否享有优先受偿权。现分述如下:

(一)关于三公司向建发公司转让债权是否合法有效的问题。

本案中,三公司履行了部分合同义务,取得了向西岳山庄请求支付相应工程款的权利。转让行为发生时,三公司的此项债权已经形成,债权数额后被本案鉴定结论所确认。西岳山庄接到三公司的《债权转移通知书》后,并未对此提出异议,法律、法规亦不禁止建设工程施工合同项下的债权转让,债权转让无须征得债务人同意。根据《合同法》第八十条、第八十一条的规定,法院确认涉案债权转让合法有效,建发公司因此受让三公司对西岳山庄的债权及从权利。西岳山庄虽然主张涉案债权依法不得转让，但并未提供相关法律依据，故对西岳山庄关于三公司转让债权的行为无效的主张，法院不予支持。建发公司基于受让三公司的债权取得本案诉讼主体资格。

（二）关于西岳山庄是否按工程进度向三公司足额支付了工程款的问题。

根据《施工合同》约定，涉案工程按形象进度付款。这里的付款是指西岳山庄向三公司直接支付工程款，不包括西岳山庄对涉案工程的其他支出抵扣工程款的情形。按照工程进度，2003年4月11日，华山假日酒店主体分部工程验收合格，三公司还完成楼面找平和部分内粉，按进度西岳山庄应支付工程款1700万元，而工程鉴定报告确认西岳山庄支付的工程款、材料款两项合计为15 273 309.4元。西岳山庄拖欠工程款的行为已构成违约，应对工程迟延交付承担相应的违约责任。西岳山庄关于向三公司超额支付工程款的主张缺乏事实依据，法院不予支持。建发公司关于西岳山庄拖欠工程款的主张有理有据，法院予以支持。

（三）关于涉案《施工合同》是否应当解除的问题。

根据《施工合同》第十八条18－1的约定，只要因一方违约导致合同不能继续履行，另一方即可解除合同并应提前10日通知对方，无须征得对方同意。三公司解除合同前已撤出施工现场，西岳山庄就同一工程与环建公司签订续建的施工合同，客观上《施工合同》已不能继续履行，三公司行使合同解除权符合合同约定。对于西岳山庄关于未经其同意，三公司无权单方解除合同的主张，法院不予支持。三公司应根据实际完成的工程量结算工程款。

（四）关于一审认定的工程款项目和数额是否合理的问题。

一审中，鉴定部门针对双方当事人就工程造价鉴定结论所提异议作了答复，并对异议合理的项目做了调整。法院认为，一审判决已在应付工程款中扣除了西岳山庄支付的1130元破石人工费，对西岳山庄所提工程其他项目的造价不作调整也是合理的。关于土建及安装所对应税金、安全文明工地费、文明补贴等费用是否应计入工程造价的问题。根据《施工合同》第四条的约定，合同价款计算的依据为1999年陕西省建筑工程相关定额，该定额包括税金和安全、文明施工定额补贴费。因此，一审判决将这两项费用计入工程造价，符合合同约定，不存在额外增加计费项目。对西岳山庄关于相应税金、安全文明工地费、文明补贴等费用不应计入工程造价的主张，法院不予支持。

（五）关于西岳山庄的反诉请求是否成立的问题。

首先，关于支付拖延工期罚金的请求。涉案工程迟延交付的原因，一是西岳山庄办理工程报建手续迟延，取得建设工程开工许可证的日期晚于合同约定的开工日期4个多月，取得《国有土地使用证》的日期晚于合同约定的工程竣工日期。二是西岳山庄提供施工图纸迟延，并且未在开工前解决施工所需的供水、供电。按图施工是建设工程的客观要求，但时至2002年3月19日，西岳山庄尚未向三公司交付施工图纸，水、电供应不足，导致三公司不能正常施工。三是西岳山庄没有按进度付足工程款，严重影响施工。三公司也存在施工现场人员和设备不足，施工管理不严和返工等情况，影响了施工进度。鉴此，一审认定西岳山庄与三公司共同造成工期延误并无不当。由于西岳山庄存在严重违约，对其关于三公司应当承担赔偿责任的主张，法院不予支持。其次，关于西岳山庄要求赔偿额外支付的工程款问题。一审判决确认的西岳山庄向建发公司支付工程款，仅包括三公司已完成的工程量所应支付的工程款，西岳山庄并不存在额外支出。西岳山庄关于建发公司应向其赔偿另一合同工程款的主张，缺乏事实和法律依据，法院不予支持。再次，关于西岳山庄索赔逾期营业损失的问题。由于西岳山庄违约在先，且不能提供足够的证据证明损失的数额，故对西岳山庄的此项主张，法院不予支持。

（六）关于建发公司对涉案工程是否享有优先受偿权的问题。

建设工程款具有优先受偿性质。建发公司基于受让债权取得此项权利。鉴于该项建设工程目前尚未全部竣工，《施工合同》因西岳山庄拖欠工程款等原因而迟延履行，建发公司优先受偿权的行使期限应从2005年10月10日解除合同时起算。此前建发公司已提起诉讼，故不应认定其优先受偿权的行使期限已超过6个月。对于西岳山庄关于建发公司已超过行使优先受偿权期限的主张，法院不予支持。

综上，三公司向建发公司转让债权合法有效，建发公司具有诉讼主体资格。西岳山庄与三公司在履行《施工合同》过程中均有违约行为，对工程延期完工均有责任。但由于西岳山庄违约在先，并长期拖欠工程款，也不存在额外支出，故对西岳山庄的反诉请求，一审法院不予支持是正确的。鉴于《施工合同》确已无法履行，三公司依约有权解除合同。合同解除后，未履行的部分不再履行。

由于《施工合同》约定的工程保质期已过，质保金不再从工程款中扣除。建发公司基于债权受让，在合同解除前已提起诉讼，对涉案工程享有优先受偿权。原判认定事实基本清楚，适用法律正确。二审中，建发公司提出在本案执行阶段放弃20万元文明工地定额费用，并在申请执行时予以扣除，依法应予准许。依据《中华人民共和国民事诉讼法》第一百五十三条第一款第（一）项之规定，判决如下：

驳回上诉，维持原判。

逾期不履行本判决确定的金钱给付义务，应当依照《中华人民共和国民事诉讼法》第二百三十二条的规定，加倍支付迟延履行期间的债务利息。

二审案件受理费126 077.25元，由陕西西岳山庄有限公司负担。

本判决为终审判决。

通州建总集团有限公司与内蒙古兴华房地产有限责任公司建设工程施工合同纠纷案

【裁判摘要】

一、对以物抵债协议的效力、履行等问题的认定，应以尊重当事人的意思自治为基本原则。一般而言，除当事人有明确约定外，当事人于债务清偿期届满后签订的以物抵债协议，并不以债权人现实地受领抵债物，或取得抵债物所有权、使用权等财产权利，为成立或生效要件。只要双方当事人的意思表示真实，合同内容不违反法律、行政法规的强制性规定，合同即为有效。

二、当事人于债务清偿期届满后达成的以物抵债协议，可能构成债的更改，即成立新债务，同时消灭旧债务；亦可能属于新债清偿，即成立新债务，与旧债务并存。基于保护债权的理念，债的更改一般需有当事人明确消灭旧债的合意，否则，当事人于债务清偿期届满后达成的以物抵债协议，性质一般应为新债清偿。

三、在新债清偿情形下，旧债务于新债务履行之前不消灭，旧债务和新债务处于衔接并存的状态；在新债务合法有效并得以履行完毕后，因完成了债务清偿义务，旧债务才归于消灭。

四、在债权人与债务人达成以物抵债协议、新债务与旧债务并存时，确定债权是否得以实现，应以债务人是否按照约定全面履行自己义务为依据。若新债务届期不履行，致使以物抵债协议目的不能实现的，债权人有权请求债务人履行旧债务，且该请求权的行使，并不以以物抵债协议无效、被撤销或者被解除为前提。

上诉人（原审被告、反诉原告）：内蒙古兴华房地产有限责任公司，住所地内蒙古自治区呼和浩特市赛罕区昭乌达南路诚华集团四楼。

法定代表人：陈英，该公司董事长。

委托诉讼代理人：杨晓敏，内蒙古慧灵律师事务所律师。

委托诉讼代理人：苏晓伟，内蒙古慧灵律师事务所实习律师。

被上诉人（原审原告、反诉被告）：通州建总集团有限公司，住所地江苏省南通市通州区金沙镇新金路34号。

法定代表人：张晓华，该公司董事长。

委托诉讼代理人：严锦华，该公司经营部副经理。

委托诉讼代理人：李永，北京盈渊律师事务所律师。

上诉人内蒙古兴华房地产有限责任公司（以下简称兴华公司）因与被上诉人通州建总集团有限公司（以下简称通州建总）建设工程施工合同纠纷一案，不服内蒙古自治区高级人民法院（2012）内民一初字第38号民事判决，向本院提起上诉。本院于2016年7月6日立案后，依法组成合议庭，开庭进行了审理。兴华公司的法定代表人陈英及委托诉讼代理人杨晓敏、苏晓伟，通州建总的委托诉讼代理人严锦华、李永到庭参加诉讼。本案现已审理终结。

兴华公司上诉请求：1. 依法撤销一审判决第一项；2. 依法改判兴华公司支付通州建总工程款为13 022 759元，并且兴华公司不向通州建总支付判决前的利息（二审庭审中，兴华公司明确为：兴华公司不向通州建总支付一审判决作出之前的利息，即应自2015年12月18日起给付利息）；3. 一、二审本诉的诉讼费用由通州建总承担。事实和理由：一、一审判决对兴华公司已支付工程款全额的认定遗漏证据。兴华公司在一审开庭时提交了《房屋抵顶工程款协议书》一份，该协议书中明确约定兴华公司以财富大厦A座9层房屋抵顶通州建总工程款1095万元。因在本案一审起诉前，兴华公司与通州建总协商将A座9层变更为10层，通州建总不同意，此后兴华公司不再变更楼层并告知了通州建总。对该《房屋抵顶工程款协议书》，双方既未解除，也未被法院确认无效或撤销,故对双方均有约束力,该房屋已经属于通州建总。因此,该1095万元应当认定为兴华公司已付工程款。一审法院对《房屋抵顶工程款协议书》避而不谈,不将1095万元认定为已付工程款,属于遗漏证据。二、一审判决认定兴华公司自2011年2月20日起支付所欠工程款利息,事实不清,且适用法律错误。第一,双方签订的《建设工程施工合同》对给付工程进度款之后的工程款有明确约定。在本案起诉前,兴华公司已经超付了工程进度款。按照合同约定,剩余工程款的数额需要经过审计才能确定,审计后的30日后才应当给付。但通州建总不同意审计,坚持要求按照其单方制作的《结算书》给付剩余工程款,并拒绝交付工程竣工验收资料,双方对此发生僵持,直至在本案一审中才由法院委托审计,此时才符合合同约定的剩余工程款确定和给付条件。此外,由于是在诉讼中进行的审计,剩余工程款的数额由法院确认,所以剩余工程款的给付时间应当在一审判决后才开始计算。第二,在双方对剩余工程款如何计算、如何给付约定非常明确的情况下,一审法院适用最高人民法院《关于审理建设工程施工合同纠纷案件适用法律问题的解释》第十八条的规定,明显与事实不符。涉案工程没有交付过,只是兴华公司为了减少下游合同违约损失而不得已逐步入住,双方从来没有签订过工程交付文件,不可能存在"交付之日"。第三,一审法院认定2010年底为工程交付日,但空调机组供电安装工程、机房更改工程、弱电安装工程、A区一层新增钢结构工程等工程,均是在2011年5月或2012年1月才陆续开始施工,部分工程至今尚未竣工。三、一审法院对个别增补项目工程款数额和甲供材料价值认定有误。第一,一审判决对于增补项目中弱电安装工程的人工费525 722元的认定有误。该弱电安装工程的全称为"新增监控弱电工程的人工费",该部分费用已经包含在CCTV监控系统工程中,兴华公司曾向一审法院书面提出《关于恳请法院责令通州建总提供新增工程及相关预决算书的要求》,但一审法院未让通州建总提供依据,导致该笔费用被重复计算。第二,兴华公司虽然在一审法院组织核对的甲供材料价值24 568 708.65元的统计上签过字,但明确注明该数字属于阶段性对账。仍有部分甲供材料,兴华公司未能与通州建总核对清楚。一审法院最终认定甲供材料价值为24 568 708.65元,属于认定事实不清。

通州建总答辩称,第一,兴华公司在一审中出示《房屋抵顶工程款协议书》的目的在于证明其有履行付款义务的意思,而非主张用以抵顶工程款,并且该协议并未履行,不可能抵顶已付工程款。第二,当事人在《建设工程施工合同》专用条款中虽然约定工程款报送双方认可的审计部门审计后30日支付,但双方最终未就审计部门的审计达成一致,对于此时应如何计付工程款,当事人没有约定,故一审判决认定合同对此约定不明,并适用最高人民法院《关于审理建设工程施工合同纠纷案件适用法律问题的解释》第十八条的规定,是完全正确的。至于机房更改等项目,只是主合同完毕后的增补部分,并且金额总共只有83万元,不应影响工程款利息的支付。第三,增补项目中弱电安装工程人工费525 722元与CCTV监控系统安装工程是两个项目,分别独立,而且两个项目费用的确认相差了两年,不可能存在包含关系。第四,一审法院对加工材料金额的认定是根据双方签字确认的付款凭证作出的,兴华公司在一审中没有证据否定双方签订的付款凭证,即便其有新证据,因其在一审诉讼中的三年多时间里不提供,也应视为其放弃相应权利。综上,请求驳回兴华公司的上诉。

通州建总向一审法院起诉请求:1. 兴华公司向通州建总支付工程欠款59 423 053元;2. 兴华公司向通州建总支付工程欠款的利息(从2011年2月20日至实际给付之日按照银行同期贷款利率计算);3. 兴华公司向通州建总支付违约金11 594 336元;4. 兴华公司承担本案全部诉讼费用。兴华公司反诉请求:1. 通州建总提供涉案工程竣工验收报告和完整的工程竣工资料;2. 通州建总返还位于呼和浩特供水财富大厦A座一层350平方米商铺和物业楼一楼30平方米办公室一间,并支付自2011年2月20日至2012年9月20日占用一层商铺租金损失997 500元(5元×350平方米×570天=997 500元)。如不能立即返还,判令支付租金损失到实际返还时止。

一审法院认定事实:2005年6月28日,兴华公司与通州建总签订《建设工程施工合同》,兴华公司将呼和浩特市供水大厦(此后也被当事人称为"供水财富大厦"或"财富大厦")工程的施工任务发包给通州建总。约定:一、工程内容:土建与安装工程总承包(双方另有约定及专业设备安装除外)。二、工程承包范围:呼和浩特市供水大厦工程图纸的全部工作量(双方另有约定除外)。三、合同工期:2005年7月8日开工,2006年11月30日竣工。……五、合同价款:暂定6000万元(以工程决算为准)。合同专用条款第六条第23项:本工程结算以施工图加工程签证为依据,套用2004年《内蒙古自治区建筑工程消耗量定额及基础价格》《内蒙古自治区装饰装修工程消耗量定额及基础价格》和2004年《内蒙古自治区安装工程消耗量定额及基础价格》(12册),取费执行2004年《内蒙古自治区建设工程费用计算规则》及配套的相关文件。结算时土建、安装按照国家规定工程取费类别取费,措施项目费、各项规费按规定计取。

2005年7月1日,兴华公司制作《招标文件》,对供水大厦土建工程以邀请招标方式进行招标,《招标文件》第26.5条规定:本次招标只报土建工程费率。2005年7月12日,通州建总制作《投标文件》进行投标,投标报价费率24.56%。2005年7月14日,兴华公司及招标代理机构向通州建总发出《中标通知书》,确定通州建总为中标单位。同日,兴华公司给呼和浩特市建设工程招投标管理办公室及其他投标人分别发出《中标确认书》及《中标结果通知书》。2005年7月18日,呼和浩特市建设工程招投标管理办公室在《建设工程项目招标中标通知书》上签署备案意见。该通知书载明中标内容:见招标文件;中标价格:24.56%。2005年7月28日,双方签订《建设工程施工合同》并在呼和浩特市建设工程招投标管理办公室备案。该合同约定:一、工程名称:呼和浩特市供水大厦;工程内容:土建与安装工程总承包(甲乙双方另有约定及专业设备安装除外)。二、工程承包范围:呼和浩特市供水大厦工程图纸的全部工程量(双方另有约定的除外)。三、合同工期:开工日期2005年7月18日,竣工日期2006年11月20日。……四、合同价款:暂定价5040万元,中标费率24.56%。专用条款第23条约定:本工程结算以施工图加工程签证为依据,套用2004年《内蒙古自治区建筑工程消耗量定额及基础价格》《内蒙古自治区装饰装修工程消耗量定额及基础价格》和2004年《内蒙古自治区安装工程消耗量定额及基础价格》(12册),取费执行2004年《内蒙古自治区建设工程费用计算规则》及配套的相关文件。结算时土建、安装按照国家规定工程取费类别取费,措施项目费、各项规费按规定计取。

合同签订后,通州建总进场施工完毕,涉案工程没有进行竣工验收,兴华公司于2010年底投入使用。

一审法院就涉案土建及安装工程造价(不包括CCTV监控系统、车辆管理系统及新增项目工程)委托鉴定,内蒙古誉博工程项目管理有限责任公司(以下简称誉博公司)于2014年3月10日作出审核鉴定报告(内誉博鉴定字〔2013〕第02号),鉴定意见为:土建工程造价96 477 172.76元,安装工程造价8 706 173元,合计105 183 345.80元。兴华公司与通州建总均提出异议,一审法院委托誉博公司进行补充鉴定,誉博公司又于2015年10月10日作出《工程造价鉴定意见书》(内誉博鉴定字〔2015〕第01号),鉴定意见为:(一)按投标文件费率工程造价(含3.5%社会保障费):土建工程99 154 997元;安装工程12 380 189元;合计111 535 186元,其中社会保障费111 535 186元÷1.0344÷1.048×3.5% = 3 601 058元。(二)按合同约定工程造价(含3.5%社会保障费):土建工程101 049 789元;安装工程12 380 189元;合计113 429 978元,其中社会保障费113 429 978元÷1.0344÷1.048×3.5% =3 662 234元。

2009年9月21日,双方确定CCTV监控系统按82万元进行结算,车辆管理系统按20万元进行结算,两项合计102万元。

2011年5月至2012年1月,双方就增补项目进行结算,空调机组供电安装工程95 000元、机房更改工程15万元、弱电安装人工费525 722元、A区一层新增钢结构工程6万元,合计新增项目工程款为830 722元。

兴华公司已付工程款数额为59 211 582元(58 511 582元+5万元+10万元+55万元),甲供材料价值24 568 708.65元。

一审法院认为,2005年7月28日,双方签订《建设工程施工合同》并在呼和浩特市建设工程招投标管理办公室备案。该合同内容并不违反法律、行政法规的规定,应为有效。

一、关于通州建总主张兴华公司给付工程款59 423 053元及相应利息的依据问题

首先,关于工程造价问题。通州建总承建的工程已经完工,虽未竣工验收,但兴华公司已投入使用,故通州建总主张兴华公司支付欠付工程款,应予支持。誉博公司已就涉案土建及安装工程造价作出补充鉴定结论,土建工程费率分别按投标文件费率及定额费率作出,安装工程费率均按照定额费率作出。双方备案合同专用条款第23条约定费率采用定额费率,与土建工程投标及中标费率24.56%不符。《中华人民共和国招标投标法》第四十六条第一款规定:"招标人和中标人应当自中标通知书发出之日起30日内,按照招标文件和中标人的投标文件订立书面合同。招标人和中标人不得再行订立背离合同实质性内容的其他协议。"而本案土建工程进行了招

投标,土建工程应以中标费率24.56%确定工程造价,故誉博公司〔2015〕第01号《鉴定意见书》第一项鉴定结论应予采信,即涉案土建及安装工程造价为111 535 186元。兴华公司主张鉴定结论中模板数量未经其核实的问题,誉博公司在鉴定意见中明确,本次报告内所有工程量双方已核对认可,故兴华公司该项主张不能成立。兴华公司主张安装工程的费率也应以投标费率为准,鉴于安装工程并未进行招投标,兴华公司招标文件要求只报土建工程费率,通州建总投标也是土建费率,所以涉案安装工程费率应以双方合同约定的定额费率为准,兴华公司该项主张不能成立。兴华公司主张社会保障费应予扣除问题,《内蒙古自治区建设工程社会保障费筹集管理办法》第四条规定:"在自治区行政区域内从事新建、改建、扩建、维修和技术改造等建设工程项目的建设单位,应当向建设工程社会保障费管理机构缴纳建设工程社会保障费。建设单位应当在建设工程项目办理工程施工许可前,预缴建设工程社会保障费;在建设工程项目竣工备案前,结算建设工程社会保障费。结算手续应当作为办理建设工程项目竣工备案的条件。"据此,社会保障费应由建设单位向社会保障费管理机构缴纳,故本案社会保障费应予扣除,兴华公司该项主张成立。

其次,关于已付工程款数额问题。2015年11月12日,一审法院组织双方就已付工程款进行对账。双方无争议的已付工程款58 511 582元,有争议的内容是五项,分别为:1. 2007年2月12日引黄办代付5万元;2. 2007年7月12日引黄办代付10万元;3. 2006年6月17日停工费3万元;4. 2008年12月12日许贵球顶车款23万元;5. 顶房款60万元。针对第1项,通州建总主张2007年2月12日引黄办代付5万元,兴华公司认可,一审法院予以确认。针对第2项,通州建总公司主张2007年7月12日引黄办代付10万元并提交相应证据,兴华公司表示引黄办实际给付数额不清。一审法院认为,引黄办在50万元收据上载明,由于公司分次拨款,本次为10万元可先支付。结合进账单,通州建总实际收到工程款为10万元,一审法院予以确认。针对第3项,因兴华公司没有证据证明其已付停车费3万元,通州建总又不认可,一审法院对该项费用不予确认。针对第4项,因许贵球与兴华公司还有其他承包工程,无法证明该项车款23万元与本案存在直接关系,故对兴华公司该项主张不予支持。针对第5项,因双方就占用房屋达成一致,同意按照55万元抵顶工程款,一审法院予以确认。

综上,兴华公司已付工程款数额为59 211 582元(58 511 582元+5万元+10万元+55万元)。

同日,一审法院组织双方当事人对甲供材料进行了核对。针对甲供材料,通州建总提供一份甲供材料汇总表,证明甲供材料价值24 568 708.65元,可以折抵工程款。兴华公司质证认为这只是阶段性的对账,不是最终结果,其主张甲供材料价值大约2500多万元。一审法院认为,兴华公司主张甲供材料大约2500多万元,但无充分证据证明。通州建总认可甲供材料价值24 568 708.65元,该数字已经双方核对,一审法院予以采信。故一审法院认定兴华公司甲供材料价值24 568 708.65元,该款可以折抵工程款。

因此,兴华公司尚欠通州建总工程价款为26 004 559.35元[111 535 186元(土建、安装工程)+1 020 000元(CCTV监控系统、车辆管理系统)+830 722元(新增项目工程款)-3 601 058元(社会保障费)-59 211 582元(已付工程款)-24 568 708.65元(甲供材料价值)]。

最后,关于利息问题。最高人民法院《关于审理建设工程施工合同纠纷案件适用法律问题的解释》第十七条规定:"当事人对欠付工程价款利息计付标准有约定的,按照约定处理;没有约定的,按照中国人民银行发布的同期同类贷款利率计息。"第十八条规定:"利息从应付工程款之日计付。当事人对付款时间没有约定或者约定不明的,下列时间视为应付款时间:(一)建设工程已实际交付的,为交付之日;……"因此,兴华公司应向通州建总支付上述工程欠款的利息。关于利息起算时间,双方约定工程价款报送双方认可的审计部门进行审计,但最终未就审计部门达成一致,应视为付款时间约定不明,故利息起算时间应以工程实际交付之日即2010年底起算为宜。因通州建总起诉主张从2011年2月20日起算,应予支持。通州建总主张利率按照中国人民银行同期同类贷款利率计算并不违反法律规定,工程欠款利率应按照中国人民银行同期同类贷款利率计算。

二、关于通州建总主张兴华公司给付违约金11 594 336元的依据问题

通州建总主张依据双方合同专用条款第35.1条约定,因兴华公司存在迟延付款,故应按照拖欠工程款同期贷款利率2倍支付违约金。通州建总并未提供充分证据证明兴华公司存在迟延付款,兴华公司对此亦不认可,通州建总该项诉讼请求不能成立,一审法院不予支持。

三、关于通州建总应否交付兴华公司工程竣工验收报告和完整的工程竣工资料问题

《中华人民共和国建筑法》第六十一条第一款规定："交付竣工验收的建筑工程，必须符合规定的建筑工程质量标准，有完整的工程技术经济资料和经签署的工程保修书，并具备国家规定的其他竣工条件。"《建设工程质量管理条例》第十六条规定："建设单位在收到建设工程竣工报告后，应当组织设计、施工、工程监理等有关单位进行竣工验收。建设工程竣工验收应当具备下列条件：(一)完成建设工程设计和合同约定的各项内容；(二)有完整的技术档案和施工管理资料；(三)有工程使用的主要建筑材料、建筑构配件和设备的进场试验报告；(四)有勘察、设计、施工、工程监理等单位分别签署的质量合格文件；(五)有施工单位签署的工程保修书。建设工程经验收合格后，方可交付使用。"双方合同通用条款第32.1条约定："工程具备竣工验收条件，承包人按国家工程竣工验收有关规定，向发包人提供完整竣工资料及竣工验收报告。双方约定由承包人提供竣工图的，应当在专用条款内约定提供的日期及份数。"故提交工程竣工报告和竣工资料是承包方的法定义务及双方合同约定义务，通州建总应交付兴华公司工程竣工报告及竣工资料。兴华公司该项反诉请求成立，应予支持。

四、关于通州建总是否占用供水大厦A座一层350平方米商铺以及物业楼一楼30平方米办公室一间及应否返还并赔偿商铺相应的租金损失问题

因兴华公司自认于2010年底使用涉案工程，且其无充分证据证明通州建总占用上述房屋，故兴华公司该项反诉请求不能成立。

综上，通州建总本诉请求及兴华公司反诉请求部分成立。一审法院依照《中华人民共和国合同法》第六十条，《中华人民共和国招标投标法》第四十六条第一款，《中华人民共和国建筑法》第六十一条第一款，《建设工程质量管理条例》第十六条，最高人民法院《关于审理建设工程施工合同纠纷案件适用法律问题的解释》第十七条、第十八条，《中华人民共和国民事诉讼法》第一百四十八条第一款、第三款之规定，判决：一、兴华公司于判决生效之日起三十日内给付通州建总工程款26 004 559.35元及其利息(从2011年2月20日起至付清之日止，按中国人民银行同期同类贷款利率计算)；二、通州建总于判决生效之日起三十日内交付兴华公司涉案工程竣工报告及竣工资料；三、驳回通州建总其他诉讼请求；四、驳回兴华公司其他反诉请求。如未按判决指定期间履行给付金钱义务或者其他义务的，应当依照《中华人民共和国民事诉讼法》第二百五十三条之规定，加倍支付迟延履行期间的债务利息或者迟延履行金。本诉案件受理费425 873元，由通州建总负担269 931元，由兴华公司负担155 942元；反诉案件受理费6887.50元，由兴华公司负担；保全费5000元，由通州建总负担；鉴定费473 325元，由双方各负担一半。

本院二审期间，兴华公司围绕上诉请求依法提交了新证据：一是通州建总呼和浩特分公司第二工程处2011年5月19日致兴华公司的《报告》一份，载明："至今尚欠工程款约62 218 595元(审计后确定)……"二是《供水财富大厦未完工程电气、给排水及土建各项说明》，兴华公司法定代表人陈英、通州建总经营部副经理翟雪峰均在该说明上签字，落款时间为2013年4月7日。上述两份证据，并结合兴华公司一审中提交的其他相关证据，意在证明当事人对工程款的给付时间有明确约定，而且，截至2013年4月7日，尚有电气、给排水、土建等部分工程尚未完工，故以2010年底作为涉案工程交付时间是错误的。本院组织当事人进行了证据交换和质证。通州建总对于上述两份证据的真实性与合法性不持异议，但认为不能证明兴华公司所要证明的目的。

根据当事人于一审、二审期间提交并经质证的证据，对当事人二审争议的事实，本院认定如下：涉案《建设工程施工合同》专用条款第26条"工程款(进度款)支付条款"约定："装修、安装工程施工期间发包方按月进度拨付给承包方工程进度款为已完工程量70%，竣工验收后乙方上报工程结算单，报双方认可的审计部门在30个工作日内审计结束，发包方在30个工作日内拨付给承包方工程款至审计后工程总价95%。"

2011年9月17日，通州建总向兴华公司报送了《弱电安装人工费预(决)算书》，报价584 135元。兴华公司法定代表人陈英于2011年10月12日批示："同意下浮10%结算。"此外，对于增补项目中其他项目的工程款结算，兴华公司法定代表人陈英在通州建总报送的《机房更改工程预(决)算书》上签署同意付款15万元的时间是2012年1月12日，在通州建总报送的《A区一层新增钢结构工程预(决)算书》上签署同意付款6万元的时间是2011年6月13日，在通州建总报送的《空调机组供电安装工程预(决)算书》上签署同意付款95 000元的时间是2011年5月23日。通州建总于2011年12月16日编

制了《增补项目结算汇总表》。

2012年1月13日,兴华公司(甲方)与通州建总呼和浩特分公司第二工程处(乙方)签订《房屋抵顶工程款协议书》一份,约定:“就乙方承揽施工甲方的供水财富大厦工程,将协商用该楼盘A座9层房屋抵顶工程款一事达成协议如下:一、抵顶房屋位置:呼和浩特市新华东街以南/丰州路以西路口转角处,财富大厦A座9层。……双方抵顶房屋协议价为7500元/平方米,计1095万元。二、乙方用通州建总集团有限公司呼和浩特分公司拥有的产权房,坐落在呼和浩特市东洪桥蒙荣中心嘉园2号楼2单元的3套住宅进行置换,……总价合计1 527 450元,……乙方扣除置换住宅楼价1 527 450元,抵顶工程款计9 422 550元,结算时互相补办手续并签订正式合同等。……”二审中,兴华公司认可财富大厦A座9层尚未办理房屋所有权首次登记及任何转移登记。

至于兴华公司于本院二审中提交的前述两份证据,本院认为,其与待证事实之间没有关联性,故不予采信。

本院认为,根据当事人的上诉请求、答辩意见以及有关证据,并经当事人当庭确认,本案二审争议焦点为:一、供水财富大厦A座9层抵顶工程款是否应计入已付工程款中。二、一审判决是否将弱电安装工程人工费525 722元作为应付工程款进行了重复计算。三、一审判决认定的甲供材料价值是否正确。四、欠付工程款应自何时起计付利息。

一、关于供水财富大厦A座9层抵顶工程款是否应计入已付工程款中的问题

首先,以物抵债,系债务清偿的方式之一,是当事人之间对于如何清偿债务作出的安排,故对以物抵债协议的效力、履行等问题的认定,应以尊重当事人的意思自治为基本原则。一般而言,除当事人明确约定外,当事人于债务清偿期届满后签订的以物抵债协议,并不以债权人现实地受领抵债物,或取得抵债物所有权、使用权等财产权利,为成立或生效要件。只要双方当事人的意思表示真实,合同内容不违反法律、行政法规的强制性规定,合同即为有效。本案中,兴华公司与通州建总呼和浩特分公司第二工程处2012年1月13日签订的《房屋抵顶工程款协议书》,是双方当事人的真实意思表示,不存在违反法律、行政法规规定的情形,故该协议书有效。

其次,当事人于债务清偿期届满后达成的以物抵债协议,可能构成债的更改,即成立新债务,同时消灭旧债务;亦可能属于新债清偿,即成立新债务,与旧债务并存。基于保护债权的理念,债的更改一般需有当事人明确消灭旧债的合意,否则,当事人于债务清偿期届满后达成的以物抵债协议,性质一般应为新债清偿。换言之,债务清偿期届满后,债权人与债务人所签订的以物抵债协议,如未约定消灭原有的金钱给付债务,应认定系双方当事人另行增加一种清偿债务的履行方式,而非原金钱给付债务的消灭。本案中,双方当事人签订了《房屋抵顶工程款协议书》,但并未约定因此而消灭相应金额的工程款债务,故该协议在性质上应属于新债清偿协议。

再次,所谓清偿,是指依照债之本旨实现债务内容的给付行为,其本意在于按约履行。若债务人未实际履行以物抵债协议,则债权人与债务人之间的旧债务并未消灭。也就是说,在新债清偿,旧债务于新债务履行之前不消灭,旧债务和新债务处于衔接并存的状态;在新债务合法有效并得以履行完毕后,因完成了债务清偿义务,旧债务才归于消灭。据此,本案中,仅凭当事人签订《房屋抵顶工程款协议书》的事实,尚不足以认定该协议书约定的供水财富大厦A座9层房屋抵顶工程款应计入已付工程款,从而消灭相应金额的工程款债务,是否应计为已付工程款并在欠付工程款金额中予以相应扣除,还应根据该协议书的实际履行情况加以判定。对此,一方面,《中华人民共和国物权法》第九条规定:“不动产物权的设立、变更、转让和消灭,经依法登记,发生效力;未经登记,不发生效力,但法律另有规定的除外”。据此,除法律另有规定的以外,房屋所有权的转移,于依法办理房屋所有权转移登记之日发生效力。而本案中,《房屋抵顶工程款协议书》签订后,供水财富大厦A座9层房屋的所有权并未登记在通州建总名下,故通州建总未取得供水财富大厦A座9层房屋的所有权。另一方面,兴华公司已经于2010年底将涉案房屋投入使用,故通州建总在事实上已交付了包括供水财富大厦A座9层在内的房屋。兴华公司并无充分证据推翻这一事实,也没有证据证明供水财富大厦A座9层目前在通州建总的实际控制或使用中,故亦不能认定供水财富大厦A座9层房屋实际交付给了通州建总。可见,供水财富大厦A座9层房屋既未交付通州建总实际占有使用,亦未办理所有权转移登记于通州建总名下,兴华公司并未履行《房屋抵顶工程款协议书》约定的义务,故通州建总对于该协议书约定的拟以房抵顶的相应工程款债权并未消灭。

最后,当事人应当遵循诚实信用原则,按照约定全面履行自己的义务,这是合同履行所应遵循的基本原则,也

是人民法院处理合同履行纠纷时所应秉承的基本理念。据此，债务人于债务已届清偿期时，应依约按时足额清偿债务。在债权人与债务人达成以物抵债协议、新债务与旧债务并存时，确定债权人应通过主张新债务抑或旧债务履行以实现债权，亦应以此作为出发点和立足点。若新债务届期不履行，致使以物抵债协议目的不能实现的，债权人有权请求债务人履行旧债务；而且，该请求权的行使，并不以以物抵债协议无效、被撤销或者被解除为前提。本案中，涉案工程于2010年底已交付，兴华公司即应依约及时结算并支付工程款，但兴华公司却未能依约履行该义务。相反，就其所欠的部分工程款，兴华公司试图通过以部分房屋抵顶的方式加以履行，遂经与通州建总协商后签订了《房屋抵顶工程款协议书》。对此，兴华公司亦应按照该协议书的约定积极履行相应义务。但在《房屋抵顶工程款协议书》签订后，兴华公司就曾欲变更协议约定的抵债房屋的位置，在未得到通州建总同意的情况下，兴华公司既未及时主动向通州建总交付约定的抵债房屋，也未恢复对旧债务的履行即向通州建总支付相应的工程欠款。通州建总提起本案诉讼向兴华公司主张工程款债权后，双方仍就如何履行《房屋抵顶工程款协议书》以抵顶相应工程款进行过协商，但亦未达成一致。而从涉案《房屋抵顶工程款协议书》的约定看，通州建总签订该协议，意为接受兴华公司交付的供水财富大厦A座9层房屋，取得房屋所有权，或者占有使用该房屋，从而实现其相应的工程款债权。虽然该协议书未明确约定履行期限，但自协议签订之日至今已四年多，兴华公司的工程款债务早已届清偿期，兴华公司却仍未向通州建总交付该协议书所约定的房屋，亦无法为其办理房屋所有权登记。综上所述，兴华公司并未履行《房屋抵顶工程款协议书》约定的义务，其行为有违诚实信用原则，通州建总签订《房屋抵顶工程款协议书》的目的无法实现。在这种情况下，通州建总提起本案诉讼，请求兴华公司直接给付工程欠款，符合法律规定的精神以及本案实际，应予支持。

此外，虽然兴华公司在一审中提交了《房屋抵顶工程款协议书》，但其陈述的证明目的是兴华公司有履行给付工程款的意愿，而并未主张以此抵顶工程款，或者作为已付工程款，故一审判决基于此对《房屋抵顶工程款协议书》没有表述，并不构成违反法定程序。

综上，涉案《房屋抵顶工程款协议书》约定的供水财富大厦A座9层房屋抵顶工程款金额不应计入已付工程款金额，一审法院认定并判令兴华公司应向通州建总支付相应的工程欠款，并无不当，兴华公司的该项上诉理由不能成立。

二、关于一审判决是否将弱电安装工程人工费525 722元作为应付工程款进行了重复计算的问题

一审中，通州建总提交了关于包含弱电安装工程在内的新增项目结算的证据资料，兴华公司虽然在一审及二审中均提出异议，认为构成了重复计算，但其提交的《供水大厦誉博财富大厦中心工程（新增部分）结算书》、《呼和浩特市供水大厦专业工程造价核定书》等证据，均不足以证明其主张的事实，根据最高人民法院《关于适用〈中华人民共和国民事诉讼法〉的解释》第九十条之规定，兴华公司对此应当承担不利的后果。

而且，从CCTV监控系统工程、弱电安装工程两个工程看，前者属于合同正常履行过程中的专业安装工程，双方结算于2009年9月；后者是在工程已经实际投入使用之后变更而形成的增补项目之一，双方结算于2011年10月。除非有证据证明当事人约定后者不再另行计付工程款，否则，主张CCTV监控系统工程款82万元包含了后者工程款，没有事实和法律依据。此外，在通州建总报送的弱电安装工程人工费的《预（决）算书》上，兴华公司的法定代表人陈英于2011年10月12日批示："同意下浮10%结算。"可见，兴华公司同意按照通州建总报送的结算价下浮10%支付弱电安装工程人工费，这一金额计算即为525 722元。

综上，一审判决将弱电安装工程人工费525 722元计入应付工程款并无不当，兴华公司有关构成了重复计算的主张不能成立。

三、关于一审判决认定的甲供材料价值是否正确的问题

针对甲供材料，兴华公司在一审中提交了购销合同、付款凭证等证据，主张甲供材料价值大约2500多万元。对此，通州建总认可甲供材料价值为24 568 708.65元。兴华公司对于24 568 708.65元予以认可，同时质证称这只是阶段性的对账，不是最终结果。对于其主张的超出24 568 708.65元的部分，兴华公司在二审中进一步确定金额为1 502 077.35元，并提交了购销合同、付款凭证等证据，但其明确表示均不作为二审新证据，而且这些证据也不足以证明相应的材料已提供给通州建总用于涉案工程施工建设，或者与通州建总在一审中已经认可的甲供材料之间不存在任何重复包含关系，通州建总在二审中

对此亦均不予认可，故兴华公司应当对此承担相应的不利后果。一审法院以双方核对认可的甲供材料价值24 568 708.65元，作为认定可以折抵工程款的甲供材料价款，于法有据，兴华公司的该上诉理由不能成立。

四、关于欠付工程款应自何时起计付利息的问题

本院认为，双方在涉案《建设工程施工合同》中虽约定工程价款在报双方认可的审计部门在30个工作日内审计结束后的30个工作日内支付95%，但双方未就审计部门的选定达成一致，故该约定的付款时间实际上无法确定，因此，一审判决认定应视为付款时间约定不明，并无不当。

最高人民法院《关于审理建设工程施工合同纠纷案件适用法律问题的解释》第十八条规定："利息从应付工程款之日计付。当事人对付款时间没有约定或者约定不明的，下列时间视为应付款时间：（一）建设工程已实际交付的，为交付之日；……"故认定涉案工程欠付工程款应以工程实际交付之日起算，于法有据。涉案工程虽然没有经过竣工验收，但于2010年底已经实际交由兴华公司占有使用，故以2010年底作为起算欠付工程款利息的时间符合本案实际。当然，由于通州建总一审起诉主张从2011年2月20日起算，该日期晚于2010年底，当事人有权处分自己的民事权利，故应以2011年2月20日起算欠付工程款利息。

但由于涉案工程在实际交付使用之后，根据双方协商，通州建总又进行了一些增补项目的施工，并于2011年5月至2012年1月进行了相应的结算，共涉及新增项目工程款830 722元，对这部分款项也一体自2011年2月20日起计付利息，与最高人民法院《关于审理建设工程施工合同纠纷案件适用法律问题的解释》第十八条确立的原则相悖。虽然兴华公司的上诉状中有关欠付工程款利息起算不符的理由不能成立，但由于其针对一审判决对欠付工程款利息起算的处理提起了上诉，故对于新增项目工程款830 722元的利息起算时间问题，亦应一并处理。考虑到每个增补项目工程款金额均相对不太大，通州建总于2011年12月16日编制了《增补项目结算汇总表》，兴华公司的法定代表人陈英在四个增补项目上的签字时间不同，但最晚的签字时间是2012年1月12日，故本院酌定于2012年1月13日起计付新增项目工程款830 722元的利息。对于其余的欠付工程款25 173 837.35元（26 004 559.35元－830 722元），则仍应自2011年2月20日起计付利息。

综上所述，兴华公司的上诉理由不能成立，但其关于欠付工程款利息起算时间的上诉请求，部分能够成立；一审判决认定事实清楚，适用法律基本正确，但在部分欠付工程款利息起算时间问题的处理上存在不当，应予纠正。依照最高人民法院《关于审理建设工程施工合同纠纷案件适用法律问题的解释》第十八条、《中华人民共和国民事诉讼法》第一百七十条第一款第二项规定，判决如下：

一、维持内蒙古自治区高级人民法院（2012）内民一初字第38号民事判决第二项、第三项、第四项；

二、变更内蒙古自治区高级人民法院（2012）内民一初字第38号民事判决第一项为"内蒙古兴华房地产有限责任公司于本判决生效之日起三十日内给付通州建总集团有限公司工程款26 004 559.35元及其利息（其中25 173 837.35元自2011年2月20日起至付清之日止，830 722元自2012年1月13日起至付清之日止，按中国人民银行同期同类贷款利率计算）"。

一审案件受理费425 873元、反诉案件受理费6887.50元、保全费5000元，按一审判决执行。二审案件受理费99 690.80元，由内蒙古兴华房地产有限责任公司负担。

本判决为终审判决。

2. 工程担保

中华人民共和国民法典(节录)

1. 2020年5月28日第十三届全国人民代表大会第三次会议通过
2. 2020年5月28日中华人民共和国主席令第45号公布
3. 自2021年1月1日起施行

第三编　合　　同

第二分编　典型合同

第十三章　保证合同

第一节　一般规定

第六百八十一条　【保证合同定义】保证合同是为保障债权的实现,保证人和债权人约定,当债务人不履行到期债务或者发生当事人约定的情形时,保证人履行债务或者承担责任的合同。

第六百八十二条　【保证合同的从属性及保证合同无效的法律后果】保证合同是主债权债务合同的从合同。主债权债务合同无效的,保证合同无效,但是法律另有规定的除外。

保证合同被确认无效后,债务人、保证人、债权人有过错的,应当根据其过错各自承担相应的民事责任。

第六百八十三条　【不得担任保证人的主体范围】机关法人不得为保证人,但是经国务院批准为使用外国政府或者国际经济组织贷款进行转贷的除外。

以公益为目的的非营利法人、非法人组织不得为保证人。

第六百八十四条　【保证合同内容】保证合同的内容一般包括被保证的主债权的种类、数额,债务人履行债务的期限,保证的方式、范围和期间等条款。

第六百八十五条　【保证合同形式】保证合同可以是单独订立的书面合同,也可以是主债权债务合同中的保证条款。

第三人单方以书面形式向债权人作出保证,债权人接收且未提出异议的,保证合同成立。

第六百八十六条　【保证方式】保证的方式包括一般保证和连带责任保证。

当事人在保证合同中对保证方式没有约定或者约定不明确的,按照一般保证承担保证责任。

第六百八十七条　【一般保证及先诉抗辩权】当事人在保证合同中约定,债务人不能履行债务时,由保证人承担保证责任的,为一般保证。

一般保证的保证人在主合同纠纷未经审判或者仲裁,并就债务人财产依法强制执行仍不能履行债务前,有权拒绝向债权人承担保证责任,但是有下列情形之一的除外:

(一)债务人下落不明,且无财产可供执行;

(二)人民法院已经受理债务人破产案件;

(三)债权人有证据证明债务人的财产不足以履行全部债务或者丧失履行债务能力;

(四)保证人书面表示放弃本款规定的权利。

第六百八十八条　【连带责任保证】当事人在保证合同中约定保证人和债务人对债务承担连带责任的,为连带责任保证。

连带责任保证的债务人不履行到期债务或者发生当事人约定的情形时,债权人可以请求债务人履行债务,也可以请求保证人在其保证范围内承担保证责任。

第六百八十九条　【反担保】保证人可以要求债务人提供反担保。

第六百九十条　【最高额保证合同】保证人与债权人可以协商订立最高额保证的合同,约定在最高债权额限度内就一定期间连续发生的债权提供保证。

最高额保证除适用本章规定外,参照适用本法第二编最高额抵押权的有关规定。

第二节　保证责任

第六百九十一条　【保证范围】保证的范围包括主债权及其利息、违约金、损害赔偿金和实现债权的费用。当事人另有约定的,按照其约定。

第六百九十二条　【保证期间】保证期间是确定保证人承担保证责任的期间,不发生中止、中断和延长。

债权人与保证人可以约定保证期间,但是约定的保证期间早于主债务履行期限或者与主债务履行期限同时届满的,视为没有约定;没有约定或者约定不明确的,保证期间为主债务履行期限届满之日起六个月。

债权人与债务人对主债务履行期限没有约定或者约定不明确的,保证期间自债权人请求债务人履行债务的宽限期届满之日起计算。

第六百九十三条　【保证责任免除】一般保证的债权人

未在保证期间对债务人提起诉讼或者申请仲裁的，保证人不再承担保证责任。

连带责任保证的债权人未在保证期间请求保证人承担保证责任的，保证人不再承担保证责任。

第六百九十四条 【保证债务诉讼时效】一般保证的债权人在保证期间届满前对债务人提起诉讼或者申请仲裁的，从保证人拒绝承担保证责任的权利消灭之日起，开始计算保证债务的诉讼时效。

连带责任保证的债权人在保证期间届满前请求保证人承担保证责任的，从债权人请求保证人承担保证责任之日起，开始计算保证债务的诉讼时效。

第六百九十五条 【主合同变更对保证责任影响】债权人和债务人未经保证人书面同意，协商变更主债权债务合同内容，减轻债务的，保证人仍对变更后的债务承担保证责任；加重债务的，保证人对加重的部分不承担保证责任。

债权人和债务人变更主债权债务合同的履行期限，未经保证人书面同意的，保证期间不受影响。

第六百九十六条 【债权转让对保证责任影响】债权人转让全部或者部分债权，未通知保证人的，该转让对保证人不发生效力。

保证人与债权人约定禁止债权转让，债权人未经保证人书面同意转让债权的，保证人对受让人不再承担保证责任。

第六百九十七条 【债务承担对保证责任影响】债权人未经保证人书面同意，允许债务人转移全部或者部分债务，保证人对未经其同意转移的债务不再承担保证责任，但是债权人和保证人另有约定的除外。

第三人加入债务的，保证人的保证责任不受影响。

第六百九十八条 【一般保证人保证责任免除】一般保证的保证人在主债务履行期限届满后，向债权人提供债务人可供执行财产的真实情况，债权人放弃或者怠于行使权利致使该财产不能被执行的，保证人在其提供可供执行财产的价值范围内不再承担保证责任。

第六百九十九条 【共同保证】同一债务有两个以上保证人的，保证人应当按照保证合同约定的保证份额，承担保证责任；没有约定保证份额的，债权人可以请求任何一个保证人在其保证范围内承担保证责任。

第七百条 【保证人追偿权】保证人承担保证责任后，除当事人另有约定外，有权在其承担保证责任的范围内向债务人追偿，享有债权人对债务人的权利，但是不得损害债权人的利益。

第七百零一条 【保证人抗辩权】保证人可以主张债务人对债权人的抗辩。债务人放弃抗辩的，保证人仍有权向债权人主张抗辩。

第七百零二条 【抵销权和撤销权范围内的免责】债务人对债权人享有抵销权或者撤销权的，保证人可以在相应范围内拒绝承担保证责任。

关于在房地产开发项目中推行工程建设合同担保的若干规定（试行）

1. 2004年8月6日建设部发布
2. 建市〔2004〕137号

第一章 总 则

第一条 为进一步规范建筑市场主体行为，降低工程风险，保障从事建设工程活动各方的合法权益和维护社会稳定，根据《中华人民共和国建筑法》、《中华人民共和国招投标法》、《中华人民共和国合同法》、《中华人民共和国担保法》及有关法律法规，制定本规定。

第二条 工程建设合同造价在1000万元以上的房地产开发项目（包括新建、改建、扩建的项目），适用本规定。其他建设项目可参照本规定执行。

第三条 本规定所称工程建设合同担保，是指在工程建设活动中，根据法律法规规定或合同约定，由担保人向债权人提供的，保证债务人不履行债务时，由担保人代为履行或承担责任的法律行为。

本规定所称担保的有效期，是指债权人要求担保人承担担保责任的权利存续期间。在有效期内，债权人有权要求担保人承担担保责任。有效期届满，债权人要求担保人承担担保责任的实体权利消灭，担保人免除担保责任。

第四条 保证人提供的保证方式为一般保证或连带责任保证。

第五条 本规定所称担保分为投标担保、业主工程款支付担保、承包商履约担保和承包商付款担保。投标担保可采用投标保证金或保证的方式。业主工程款支付担保，承包商履约担保和承包商支付担保应采用保证的方式。当事人对保证方式没有约定或者约定不明确的，按照连带责任保证承担保证责任。

第六条 工程建设合同担保的保证人应是中华人民共和国境内注册的有资格的银行业金融机构、专业担保公司。

本规定所称专业担保公司，是指以担保为主要经营范围和主要经营业务，依法登记注册的担保机构。

第七条 依法设立的专业担保公司可以承担工程建设合同担保。但是，专业担保公司担保余额的总额不得超过净资产的10倍；单笔担保金额不得超过该担保公司净资产的50%。不符合该条件的，可以与其他担保公司共同提供担保。

第八条 工程建设合同担保的担保费用可计入工程造价。

第九条 国务院建设行政主管部门负责对工程建设合同担保工作实行统一监督管理，县级以上地方人民政府建设行政主管部门负责对本行政区域内的工程建设合同担保进行监督管理。

第十条 各级建设行政主管部门将业主（房地产开发商）、承包商违反本办法的行为记入房地产信息管理系统、建筑市场监督管理系统等不良行为记录及信用评估系统。

第二章 业主工程款支付担保

第十一条 业主工程款支付担保，是指为保证业主履行工程合同约定的工程款支付义务，由担保人为业主向承包商提供的，保证业主支付工程款的担保。

业主在签订工程建设合同的同时，应当向承包商提交业主工程款支付担保。未提交业主工程款支付担保的建设工程，视作建设资金未落实。

第十二条 业主工程款支付担保可以采用银行保函、专业担保公司的保证。

业主支付担保的担保金额应当与承包商履约担保的担保金额相等。

第十三条 业主工程款支付担保的有效期应当在合同中约定。合同约定的有效期截止时间为业主根据合同的约定完成了除工程质量保修金以外的全部工程结算款项支付之日起30天至180天。

第十四条 对于工程建设合同额超过1亿元人民币以上的工程，业主工程款支付担保可以按工程合同确定的付款周期实行分段滚动担保，但每段的担保金额为该段工程合同额的10—15%。

第十五条 业主工程款支付担保采用分段滚动担保的，在业主、项目监理工程师或造价工程师对分段工程进度签字确认或结算，业主支付相应的工程款后，当期业主工程款支付担保解除，并自动进入下一阶段工程的担保。

第十六条 业主工程款支付担保与工程建设合同应当由业主一并送建设行政主管部门备案。

第三章 投标担保

第十七条 投标担保是指由担保人为投标人向招标人提供的，保证投标人按照招标文件的规定参加招标活动的担保。投标人在投标有效期内撤回投标文件，或中标后不签署工程建设合同的，由担保人按照约定履行担保责任。

第十八条 投标担保可采用银行保函、专业担保公司的保证，或定金（保证金）担保方式，具体方式由招标人在招标文件中规定。

第十九条 投标担保的担保金额一般不超过投标总价的2%，最高不得超过80万元人民币。

第二十条 投标人采用保证金担保方式的，招标人与中标人签订合同后5个工作日内，应当向中标人和未中标的投标人退还投标保证金。

第二十一条 投标担保的有效期应当在合同中约定。合同约定的有效期截止时间为投标有效期后的30天至180天。

第二十二条 除不可抗力外，中标人在截标后的投标有效期内撤回投标文件，或者中标后在规定的时间内不与招标人签订承包合同的，招标人有权对该投标人所交付的保证金不予返还；或由保证人按照下列方式之一，履行保证责任：

（一）代承包商向招标人支付投标保证金，支付金额不超过双方约定的最高保证金额；

（二）招标人依法选择次低标价中标，保证人向招标人支付中标价与次低标价之间的差额，支付金额不超过双方约定的最高保证金额；

（三）招标人依法重新招标，保证人向招标人支付重新招标的费用，支付金额不超过双方约定的最高保证金额。

第四章 承包商履约担保

第二十三条 承包商履约担保，是指由保证人为承包商向业主提供的，保证承包商履行工程建设合同约定义务的担保。

第二十四条 承包商履约担保的担保金额不得低于工程建设合同价格(中标价格)的10%。采用经评审的最低投标价法中标的招标工程,担保金额不得低于工程合同价格的15%。

第二十五条 承包商履约担保的方式可采用银行保函、专业担保公司的保证。具体方式由招标人在招标文件中作出规定或者在工程建设合同中约定。

第二十六条 承包商履约担保的有效期应当在合同中约定。合同约定的有效期截止时间为工程建设合同约定的工程竣工验收合格之日后30天至180天。

第二十七条 承包商由于非业主的原因而不履行工程建设合同约定的义务时,由保证人按照下列方式之一,履行保证责任:

(一)向承包商提供资金、设备或者技术援助,使其能继续履行合同义务;

(二)直接接管该项工程或者另觅经业主同意的有资质的其他承包商,继续履行合同义务,业主仍按原合同约定支付工程款,超出原合同部分的,由保证人在保证额度内代为支付;

(三)按照合同约定,在担保额度范围内,向业主支付赔偿金。

第二十八条 业主向保证人提出索赔之前,应当书面通知承包商,说明其违约情况并提供项目总监理工程师及其监理单位对承包商违约的书面确认书。如果业主索赔的理由是因建筑工程质量问题,业主还需同时提供建筑工程质量检测机构出具的检测报告。

第二十九条 同一银行分支行或专业担保公司不得为同一工程建设合同提供业主工程款支付担保和承包商履约担保。

第五章 承包商付款担保

第三十条 承包商付款担保,是指担保人为承包商向分包商、材料设备供应商、建设工人提供的,保证承包商履行工程建设合同的约定向分包商、材料设备供应商、建设工人支付各项费用和价款,以及工资等款项的担保。

第三十一条 承包商付款担保可以采用银行保函、专业担保公司的保证。

第三十二条 承包商付款担保的有效期应当在合同中约定。合同约定的有效期截止时间为自各项相关工程建设分包合同(主合同)约定的付款截止日之后的30天至180天。

第三十三条 承包商不能按照合同约定及时支付分包商、材料设备供应商、工人工资等各项费用和价款的,由担保人按照担保函或保证合同的约定承担担保责任。

建设部关于在建设工程项目中进一步推行工程担保制度的意见

1. 2006年12月7日
2. 建市〔2006〕326号

推行工程担保制度是规范建筑市场秩序的一项重要举措,对规范工程承发包交易行为,防范和化解工程风险,遏制拖欠工程款和农民工工资,保证工程质量和安全等具有重要作用。建设部于2004年8月和2005年5月分别印发了《关于在房地产开发项目中推行工程建设合同担保的若干规定(试行)》(建市〔2004〕137号)和《工程担保合同示范文本》,并在部分试点城市取得了经验。为了进一步推行工程担保制度,现提出如下意见。

一、充分认识推行工程担保制度的意义,明确目标和原则

1. 工程担保是指在工程建设活动中,由保证人向合同一方当事人(受益人)提供的,保证合同另一方当事人(被保证人)履行合同义务的担保行为,在被保证人不履行合同义务时,由保证人代为履行或承担代偿责任。引入工程担保机制,增加合同履行的责任主体,根据企业实力和信誉的不同实行有差别的担保,用市场手段加大违约失信的成本和惩戒力度,使工程建设各方主体行为更加规范透明,有利于转变建筑市场监管方式,有利于促进建筑市场优胜劣汰,有利于推动建设领域治理商业贿赂工作。

2. 工作目标:2007年6月份前,省会城市和计划单列市在房地产开发项目中推行试点;2008年年底前,全国地级以上城市在房地产开发项目中推行工程担保制度试点,有条件的地方可根据本地实际扩大推行范围;到2010年,工程担保制度应具备较为完善的法律法规体系、信用管理体系、风险控制体系和行业自律机制。

3. 基本原则:借鉴国际经验,结合中国国情,坚持促进发展与防范风险相结合,政府推进与行业自律相结合,政策性引导与市场化操作相结合,培育市场与扶优限劣相结合。发挥市场机制作用,结合信用体系建设，调动各方积极性，积极推行工程担保制度。

二、积极稳妥推进工程担保试点工作

4. 近几年来，一些地方在建立和推行工程担保制度方面开展了有成效的工作。2005年10月，建设部确定天津、深圳、厦门、青岛、成都、杭州、常州等七城市作为推行工程担保试点城市，为进一步推行工程担保制度积累了经验。各省、自治区、直辖市建设行政主管部门应在2007年3月底前确定本地区的工程担保试点城市或试点项目。

5. 各地要针对推行工程担保制度过程中存在的问题，如相关法律法规滞后，工程担保市场监管有待加强，专业化担保机构发育不成熟，工程担保行为不规范等，加强调查研究，及时总结经验，根据相关法律法规和本地区的实际情况，制定本地区实施工程担保制度的相关管理规定，推动地方工程担保制度的实施。

6. 工程建设合同造价在1000万元以上的房地产开发项目（包括新建、改建、扩建的项目），施工单位应当提供以建设单位为受益人的承包商履约担保，建设单位应当提供以施工单位为受益人的业主工程款支付担保。不按照规定提供担保的，地方建设行政主管部门应当要求其改正，并作为不良行为记录记入建设行业信用信息系统。其他工程担保品种除了另有规定外，可以由建设单位、施工单位自行选择实行。除了《关于在房地产开发项目中推行工程建设合同担保的若干规定（试行）》中所规定的投标担保、承包商履约担保、业主工程款支付担保、承包商付款担保等四个担保品种外，各地还应积极鼓励开展符合建筑市场需要的其他类型的工程担保品种，如预付款担保、分包履约担保、保修金担保等。

三、加强工程担保市场监管

7.《关于在房地产开发项目中推行工程建设合同担保的若干规定（试行）》已经明确："国务院建设行政主管部门负责对工程建设合同的担保工作实行统一监督管理，县级以上地方人民政府建设行政主管部门负责对本行政区域内的工程建设合同担保进行监督管理。"各级建设行政主管部门要落实责任，明确目标，加大工作力度，积极稳妥推进工程担保制度。

8. 提供工程担保的保证人可以是在中华人民共和国境内注册的有资格的银行、专业担保公司、保险公司。专业担保公司应当具有与当地行政区域内的银行签订的合作协议，并取得银行一定额度的授信，或根据中国银行业监督管理委员会的规定具备与银行开展授信业务的条件。银行、专业担保公司、保险公司从事工程担保应当遵守相关法律法规和建设行政主管部门的有关规定。

9. 专业担保公司从事工程担保业务应符合资金规模和人员结构的要求，并在地方建设行政主管部门进行备案。专业担保公司开展工程担保业务应向地方建设行政主管部门报送反映其经营状况及相关资信的材料。地方建设行政主管部门应当根据本地区的实际情况，引导市场主体在工程建设活动中，要求具有与其所担保工程相适应的自有资金、专业人员的专业担保公司提供担保。

10. 已开展工程担保的地区应当尽快建立对专业担保公司资信和担保能力的评价体系，使专业担保公司的信用信息在行业内公开化，以利于当事人对其选择和发挥行业与社会的监督作用。

11. 担保金额是指担保主合同的标的金额，担保余额是指某时点上已发生且尚未解除担保责任的金额，担保代偿是指保证人按照约定为债务人代为清偿债务的行为，再担保是指再担保人为保证人承保的担保业务提供全部保证或部分保证责任的担保行为。

12. 专业担保机构的担保余额一般应控制在该公司上一年度末净资产的10倍，单笔履约担保的担保金额不得超过该公司上一年度末净资产的50%，单笔业主工程款支付担保的担保金额不得超过该公司上一年度末净资产的20%。

13. 要尽快建立工程担保信息调查分析系统，便于对保证人的数量、市场份额、担保代偿情况、担保余额和保函的查询、统计和管理工作，担保余额超出担保能力的专业担保机构限制其出具保函或要求其做出联保、再担保等安排。

14. 工程担保监管措施完善的地方，在工程担保可以提交银行保函、专业担保公司或保险公司保函的情况下，应由被保证人自主选择其担保方式，但其提交的担保必须符合有关规定。使用外资建设的项目，投资人对工程担保有专门要求的除外。

15. 各地建设行政主管部门可以根据本地区的实际情况，制定合理的担保费率的最低限额，避免出现恶性竞争影响担保行业的健康发展。

四、规范工程担保行为

16. 地方建设行政主管部门可以参考建设部颁发

的工程担保合同示范文本，制定本地区统一使用的工程担保合同或保函格式文本。

17. 保证人提供的保证方式应当是连带责任保证。保证人应当建立健全对被保证人和项目的保前评审、保后服务和风险监控制度，加强内部管理，规范经营。保证人对于承保的施工项目，应当有效地进行保后风险监控工作，定期出具保后跟踪调查报告。

18. 在保函有效期截止前30日，被保证人合同义务尚未实际履行完毕的，保证人应当对被保证人作出续保的提示，被保证人应当及时提交续保保函。被保证人在保函有效期截止日前未提交续保保函的，建设行政主管部门将该行为记入建设行业信用信息系统，并可以按照有关规定予以处理。

19. 工程担保保函应为不可撤销保函，在保函约定的有效期届满之前，除因主合同终止执行外，保证人、被保证人和受益人都不得以任何理由撤保。

20. 保证人要求被保证人提供第三方反担保的，该反担保人不得为受益人或受益人的关联企业。

21. 工程建设单位依承包商履约保函向保证人提出索赔之前，应当书面通知施工单位，说明导致索赔的原因，并向保证人提供项目总监理工程师及其监理单位对索赔理由的书面确认。项目总监理工程师及其监理单位应当在承发包合同约定的时间内对建设单位的索赔理由进行核实并作出相应的处理。施工单位依业主工程款支付保函向保证人提出索赔之前，应当书面通知建设单位和保证人，说明导致索赔的原因。建设单位应当在14天内向保证人提供能够证明工程款已按约定支付或工程款不应支付的有关证据，否则保证人应该在担保额度内予以代偿。

五、实行保函集中保管制度

22. 地方建设行政主管部门可以实行保函集中保管制度。建设行政主管部门可以委托建设工程交易服务中心或相关单位具体实施保函保管、工程担保信息的统计分析工作以及对索赔处理的监管。

23. 建设单位在申办建设工程施工许可证前，应当将施工单位提供的承包商履约保函原件和建设单位提供的业主工程款支付保函原件提交建设行政主管部门或其委托单位保管。工程投标担保提倡以保函形式提交，把投标保函纳入集中保管的范围。实行分段滚动担保的，应将涵盖各阶段保证责任的保函原件分阶段提交建设行政主管部门或其委托单位保管。

24. 建设行政主管部门或其委托单位应当对保函的合规性（包括保证人主体的合规性和保函条件的合规性等）进行审核，发现保函不合规的，不予收存。建设行政主管部门或其委托单位对保函的真实性不承担责任，但有权对保函的真实性进行核查。建设单位、施工单位提供虚假担保资料或虚假保函的，建设行政主管部门将该行为记入建设行业信用信息系统，并可以根据相关规定给予处分。

25. 在保函约定的有效期内发生索赔时，索赔方可凭索赔文件到建设行政主管部门或其委托单位取回被索赔方的保函原件，向保证人提起索赔。经索赔后，如被索赔方的主合同义务尚未履行完毕，索赔方应当将被索赔方的保函原件交回建设行政主管部门或其委托单位保管；如被索赔方的保函金额已不足以保证主合同继续履行的，索赔方应当要求被索赔方续保，并将续保的保函原件送交建设行政主管部门或其委托单位保管。

26. 工程建设单位、施工单位的主合同义务已实际履行完毕，应当分别凭施工单位出具的工程款支付情况证明或工程竣工验收证明文件以及由建设行政主管部门出具的保函收讫证明原件，由保函受益人到建设行政主管部门或其委托单位分别取回保函原件，退回保证人。

27. 在保函有效期届满前，建设工程因故中止施工三个月以上，或建设工程未完工但工程承包合同解除，需要解除担保责任的，工程建设单位、施工单位经协商一致，应当凭双方中止施工的协议、中止施工的情况说明或合同解除备案证明，到建设行政主管部门或其委托单位取回保函原件，办理解除担保手续，恢复施工前应当按规定重新办理担保手续。

28. 建设行政主管部门或其委托单位应当建立保证人工程担保余额台帐，进行有关信息的统计和管理工作，建立相应的数据库，为保证人的担保余额、保函的查询提供方便条件。

六、加快信用体系建设

29. 各地要按照建设部《关于加快推进建筑市场信用体系建设工作的意见》、《建筑市场诚信行为信息管理试行办法》和《全国建筑市场责任主体不良行为记录基本标准》等有关规定，加快建筑市场信用体系建设，为推行工程担保制度提供支持。

30. 保证人可依据建筑市场主体在资质、经营管理、安全与文明施工、质量管理和社会责任等方面的信用信息，实施担保费率差别化制度。对于资信良好的建设单位、施工单位，应当适当降低承保条件，实现市场奖优罚劣的功能。

31. 保证人在工程担保业务活动中存在以下情况的，应记入建筑市场信用信息系统，并作为不良行为记录予以公布，情节严重的，应禁止其开展工程担保业务：

（1）超出担保能力从事工程担保业务的；

（2）虚假注册、虚增注册资本金或抽逃资本金的；

（3）擅自挪用被保证人保证金的；

（4）违反约定，拖延或拒绝承担保证责任的；

（5）在保函备案时制造虚假资料或提供虚假信息的；

（6）撤保或变相撤保的；

（7）安排受益人和被保证人互保的；

（8）恶意压低担保收费，进行不正当竞争的；

（9）不进行风险预控和保后风险监控的；

（10）其他违反法律、法规规定的行为。

七、加强行业自律、宣传培训和专题研究

32. 建设行政主管部门、行业自律组织应积极宣传、介绍工程担保制度，开展有关的培训工作，特别应当注重对专业担保公司从业人员的培训，有条件的地方可以组织专业担保公司从业人员进行专业性的考核。

33. 建设行政主管部门、行业自律组织、有关科研机构应加强对工程担保推行情况的调研工作，进一步深化对工程担保品种、模式的研究，及时总结实践经验，设计切实可行的担保品种，推广有效的工程担保模式，促进工程担保制度健康发展。

住房和城乡建设部等部门关于加快推进房屋建筑和市政基础设施工程实行工程担保制度的指导意见

1. 2019年6月20日

2. 建市〔2019〕68号

各省、自治区住房和城乡建设厅、发展改革委、财政厅、人力资源社会保障厅，直辖市住房和城乡建设（管）委、发展改革委、财政局、人力资源社会保障局，计划单列市发展改革委，新疆生产建设兵团住房和城乡建设局、发展改革委、财政局、人力资源社会保障局，中国人民银行上海总部，各分行、营业管理部，省会（首府）城市中心支行，副省级城市中心支行，各银保监局：

工程担保是转移、分担、防范和化解工程风险的重要措施，是市场信用体系的主要支撑，是保障工程质量安全的有效手段。当前建筑市场存在着工程防风险能力不强，履约纠纷频发，工程欠款、欠薪屡禁不止等问题，亟需通过完善工程担保应用机制加以解决。为贯彻落实《国务院办公厅关于清理规范工程建设领域保证金的通知》（国办发〔2016〕49号）、《国务院办公厅关于促进建筑业持续健康发展的意见》（国办发〔2017〕19号）、《国务院办公厅关于全面开展工程建设项目审批制度改革的实施意见》（国办发〔2019〕11号），进一步优化营商环境，强化事中事后监管，保障工程建设各方主体合法权益，现就加快推进房屋建筑和市政基础设施工程实行工程担保制度提出如下意见。

一、总体要求

以习近平新时代中国特色社会主义思想为指导，深入贯彻党的十九大和十九届二中、三中全会精神，落实党中央、国务院关于防范应对各类风险、优化营商环境、减轻企业负担的工作部署，通过加快推进实施工程担保制度，推进建筑业供给侧结构性改革，激发市场主体活力，创新建筑市场监管方式，适应建筑业"走出去"发展需求。

二、工作目标

加快推行投标担保、履约担保、工程质量保证担保和农民工工资支付担保。支持银行业金融机构、工程担保公司、保险机构作为工程担保保证人开展工程担保业务。到2020年，各类保证金的保函替代率明显提升；工程担保保证人的风险识别、风险控制能力显著增强；银行信用额度约束力、建设单位及建筑业企业履约能力全面提升。

三、分类实施工程担保制度

（一）推行工程保函替代保证金。加快推行银行保函制度，在有条件的地区推行工程担保公司保函和工程保证保险。严格落实国务院清理规范工程建设领域保证金的工作要求，对于投标保证金、履约保证金、工程质量保证金、农民工工资保证金，建筑业企业可以保函的方式缴纳。严禁任何单位和部门将现金保证金挪作他用，保证金到期应当及时予以退还。

（二）大力推行投标担保。对于投标人在投标有效期内撤销投标文件、中标后在规定期限内不签订合同或未在规定的期限内提交履约担保等行为，鼓励将其纳入投标保函的保证范围进行索赔。招标人到期不按规定退还投标保证金及银行同期存款利息或投标保函的，应作为不良行为记入信用记录。

（三）着力推行履约担保。招标文件要求中标人提交履约担保的，中标人应当按照招标文件的要求提交。招标人要求中标人提供履约担保的，应当同时向中标人提供工程款支付担保。建设单位和建筑业企业应当加强工程风险防控能力建设。工程担保保证人应当不断提高专业化承保能力，增强风险识别能力，认真开展保中、保后管理，及时做好预警预案，并在违约发生后按保函约定及时代为履行或承担损失赔付责任。

（四）强化工程质量保证银行保函应用。以银行保函替代工程质量保证金的，银行保函金额不得超过工程价款结算总额的3%。在工程项目竣工前，已经缴纳履约保证金的，建设单位不得同时预留工程质量保证金。建设单位到期未退还保证金的，应作为不良行为记入信用记录。

（五）推进农民工工资支付担保应用。农民工工资支付保函全部采用具有见索即付性质的独立保函，并实行差别化管理。对被纳入拖欠农民工工资“黑名单”的施工企业，实施失信联合惩戒。工程担保保证人应不断提升专业能力，提前预控农民工工资支付风险。各地住房和城乡建设主管部门要会同人力资源社会保障部门加快应用建筑工人实名制平台，加强对农民工合法权益保障力度，推进建筑工人产业化进程。

四、促进工程担保市场健康发展

（六）加强风险控制能力建设。支持工程担保保证人与全过程工程咨询、工程监理单位开展深度合作，创新工程监管和化解工程风险模式。工程担保保证人的工作人员应当具有第三方风险控制能力和工程领域的专业技术能力。

（七）创新监督管理方式。修订保函示范文本，修改完善工程招标文件和合同示范文本，推进工程担保应用；积极发展电子保函，鼓励以工程再担保体系增强对担保机构的信用管理，推进“互联网＋”工程担保市场监管。

（八）完善风险防控机制。推进工程担保保证人不断完善内控管理制度，积极开展风险管理服务，有效防范和控制风险。保证人应不断规范工程担保行为，加强风险防控机制建设，发展保后风险跟踪和风险预警服务能力，增强处理合同纠纷、认定赔付责任等能力。全面提升工程担保保证人风险评估、风险防控能力，切实发挥工程担保作用。鼓励工程担保保证人遵守相关监管要求，积极为民营、中小建筑业企业开展保函业务。

（九）加强建筑市场监管。建设单位在办理施工许可时，应当有满足施工需要的资金安排。政府投资项目所需资金应当按照国家有关规定确保落实到位，不得由施工单位垫资建设。对于未履行工程款支付责任的建设单位，将其不良行为记入信用记录。

（十）加大信息公开力度。加大建筑市场信息公开力度，全面公开企业资质、人员资格、工程业绩、信用信息以及工程担保相关信息，方便与保函相关的人员及机构查询。

（十一）推进信用体系建设。引导各方市场主体树立信用意识，加强内部信用管理，不断提高履约能力，积累企业信用。积极探索建筑市场信用评价结果直接应用于工程担保的办法，为信用状况良好的企业提供便利，降低担保费用、简化担保程序；对恶意索赔等严重失信企业纳入建筑市场主体“黑名单”管理，实施联合惩戒，构建“一处失信、处处受制”的市场环境。

五、加强统筹推进

（十二）加强组织领导。各地有关部门要高度重视工程担保工作，依据职责明确分工，明晰工作目标，健全工作机制，完善配套政策，落实工作责任。加大对工程担保保证人的动态监管，不断提升保证人专业能力，防范化解工程风险。

（十三）做好宣传引导。各地有关部门要通过多种形式积极做好工程担保的宣传工作，加强舆论引导，促进建筑市场主体对工程担保的了解和应用，切实发挥工程担保防范和化解工程风险的作用。

3. 工程施工安全管理

（1）一般规定

中华人民共和国安全生产法

1. 2002年6月29日第九届全国人民代表大会常务委员会第二十八次会议通过

2. 根据2009年8月27日第十一届全国人民代表大会常务委员会第十次会议《关于修改部分法律的决定》第一次修正

3. 根据2014年8月31日第十二届全国人民代表大会常务委员会第十次会议《关于修改〈中华人民共和国安全生产法〉的决定》第二次修正

4. 根据2021年6月10日第十三届全国人民代表大会常务委员会第二十九次会议《关于修改〈中华人民共和国安全生产法〉的决定》第三次修正

目　　录

第一章　总　　则

第一条　【立法目的】为了加强安全生产工作，防止和减少生产安全事故，保障人民群众生命和财产安全，促进经济社会持续健康发展，制定本法。

第二条　【效力范围】在中华人民共和国领域内从事生产经营活动的单位（以下统称生产经营单位）的安全生产，适用本法；有关法律、行政法规对消防安全和道路交通安全、铁路交通安全、水上交通安全、民用航空安全以及核与辐射安全、特种设备安全另有规定的，适用其规定。

第三条　【工作方针、理念、机制】安全生产工作坚持中国共产党的领导。

安全生产工作应当以人为本，坚持人民至上、生命至上，把保护人民生命安全摆在首位，树牢安全发展理念，坚持安全第一、预防为主、综合治理的方针，从源头上防范化解重大安全风险。

安全生产工作实行管行业必须管安全、管业务必须管安全、管生产经营必须管安全，强化和落实生产经营单位主体责任与政府监管责任，建立生产经营单位负责、职工参与、政府监管、行业自律和社会监督的机制。

第四条　【生产经营单位的基本义务】生产经营单位必须遵守本法和其他有关安全生产的法律、法规，加强安全生产管理，建立健全全员安全生产责任制和安全生产规章制度，加大对安全生产资金、物资、技术、人员的投入保障力度，改善安全生产条件，加强安全生产标准化、信息化建设，构建安全风险分级管控和隐患排查治理双重预防机制，健全风险防范化解机制，提高安全生产水平，确保安全生产。

平台经济等新兴行业、领域的生产经营单位应当根据本行业、领域的特点，建立健全并落实全员安全生产责任制，加强从业人员安全生产教育和培训，履行本法和其他法律、法规规定的有关安全生产义务。

第五条　【生产经营单位主要负责人及其他负责人的职责】生产经营单位的主要负责人是本单位安全生产第一责任人，对本单位的安全生产工作全面负责。其他负责人对职责范围内的安全生产工作负责。

第六条　【从业人员安全生产权利义务】生产经营单位的从业人员有依法获得安全生产保障的权利，并应当依法履行安全生产方面的义务。

第七条　【工会职责】工会依法对安全生产工作进行监督。

生产经营单位的工会依法组织职工参加本单位安全生产工作的民主管理和民主监督，维护职工在安全生产方面的合法权益。生产经营单位制定或者修改有关安全生产的规章制度，应当听取工会的意见。

第八条　【安全生产规划】国务院和县级以上地方各级人民政府应当根据国民经济和社会发展规划制定安全生产规划，并组织实施。安全生产规划应当与国土空间规划等相关规划相衔接。

各级人民政府应当加强安全生产基础设施建设和安全生产监管能力建设，所需经费列入本级预算。

县级以上地方各级人民政府应当组织有关部门建

立完善安全风险评估与论证机制，按照安全风险管控要求，进行产业规划和空间布局，并对位置相邻、行业相近、业态相似的生产经营单位实施重大安全风险联防联控。

第九条　【各级人民政府安全生产工作职责】国务院和县级以上地方各级人民政府应当加强对安全生产工作的领导，建立健全安全生产工作协调机制，支持、督促各有关部门依法履行安全生产监督管理职责，及时协调、解决安全生产监督管理中存在的重大问题。

乡镇人民政府和街道办事处，以及开发区、工业园区、港区、风景区等应当明确负责安全生产监督管理的有关工作机构及其职责，加强安全生产监管力量建设，按照职责对本行政区域或者管理区域内生产经营单位安全生产状况进行监督检查，协助人民政府有关部门或者按照授权依法履行安全生产监督管理职责。

第十条　【安全生产监督管理体制】国务院应急管理部门依照本法，对全国安全生产工作实施综合监督管理；县级以上地方各级人民政府应急管理部门依照本法，对本行政区域内安全生产工作实施综合监督管理。

国务院交通运输、住房和城乡建设、水利、民航等有关部门依照本法和其他有关法律、行政法规的规定，在各自的职责范围内对有关行业、领域的安全生产工作实施监督管理；县级以上地方各级人民政府有关部门依照本法和其他有关法律、法规的规定，在各自的职责范围内对有关行业、领域的安全生产工作实施监督管理。对新兴行业、领域的安全生产监督管理职责不明确的，由县级以上地方各级人民政府按照业务相近的原则确定监督管理部门。

应急管理部门和对有关行业、领域的安全生产工作实施监督管理的部门，统称负有安全生产监督管理职责的部门。负有安全生产监督管理职责的部门应当相互配合、齐抓共管、信息共享、资源共用，依法加强安全生产监督管理工作。

第十一条　【安全生产相关标准】国务院有关部门应当按照保障安全生产的要求，依法及时制定有关的国家标准或者行业标准，并根据科技进步和经济发展适时修订。

生产经营单位必须执行依法制定的保障安全生产的国家标准或者行业标准。

第十二条　【安全生产国家标准的制定】国务院有关部门按照职责分工负责安全生产强制性国家标准的项目提出、组织起草、征求意见、技术审查。国务院应急管理部门统筹提出安全生产强制性国家标准的立项计划。国务院标准化行政主管部门负责安全生产强制性国家标准的立项、编号、对外通报和授权批准发布工作。国务院标准化行政主管部门、有关部门依据法定职责对安全生产强制性国家标准的实施进行监督检查。

第十三条　【安全生产教育】各级人民政府及其有关部门应当采取多种形式，加强对有关安全生产的法律、法规和安全生产知识的宣传，增强全社会的安全生产意识。

第十四条　【协会组织职责】有关协会组织依照法律、行政法规和章程，为生产经营单位提供安全生产方面的信息、培训等服务，发挥自律作用，促进生产经营单位加强安全生产管理。

第十五条　【为安全生产提供技术、管理服务机构的职责】依法设立的为安全生产提供技术、管理服务的机构，依照法律、行政法规和执业准则，接受生产经营单位的委托为其安全生产工作提供技术、管理服务。

生产经营单位委托前款规定的机构提供安全生产技术、管理服务的，保证安全生产的责任仍由本单位负责。

第十六条　【生产安全事故责任追究制度】国家实行生产安全事故责任追究制度，依照本法和有关法律、法规的规定，追究生产安全事故责任单位和责任人员的法律责任。

第十七条　【安全生产权力和责任清单】县级以上各级人民政府应当组织负有安全生产监督管理职责的部门依法编制安全生产权力和责任清单，公开并接受社会监督。

第十八条　【国家鼓励安全生产科研及技术推广】国家鼓励和支持安全生产科学技术研究和安全生产先进技术的推广应用，提高安全生产水平。

第十九条　【国家奖励】国家对在改善安全生产条件、防止生产安全事故、参加抢险救护等方面取得显著成绩的单位和个人，给予奖励。

第二章　生产经营单位的安全生产保障

第二十条　【生产经营单位应当具备安全生产条件】生产经营单位应当具备本法和有关法律、行政法规和国家标准或者行业标准规定的安全生产条件；不具备安全生产条件的,不得从事生产经营活动。

第二十一条　【生产经营单位的主要负责人的职责】生产经营单位的主要负责人对本单位安全生产工作负有下列职责:

（一）建立健全并落实本单位全员安全生产责任制,加强安全生产标准化建设;

（二）组织制定并实施本单位安全生产规章制度和操作规程;

（三）组织制定并实施本单位安全生产教育和培训计划;

（四）保证本单位安全生产投入的有效实施;

（五）组织建立并落实安全风险分级管控和隐患排查治理双重预防工作机制,督促、检查本单位的安全生产工作,及时消除生产安全事故隐患;

（六）组织制定并实施本单位的生产安全事故应急救援预案;

（七）及时、如实报告生产安全事故。

第二十二条　【全员安全生产责任制】生产经营单位的全员安全生产责任制应当明确各岗位的责任人员、责任范围和考核标准等内容。

生产经营单位应当建立相应的机制,加强对全员安全生产责任制落实情况的监督考核,保证全员安全生产责任制的落实。

第二十三条　【安全投入保障义务】生产经营单位应当具备的安全生产条件所必需的资金投入,由生产经营单位的决策机构、主要负责人或者个人经营的投资人予以保证,并对由于安全生产所必需的资金投入不足导致的后果承担责任。

有关生产经营单位应当按照规定提取和使用安全生产费用,专门用于改善安全生产条件。安全生产费用在成本中据实列支。安全生产费用提取、使用和监督管理的具体办法由国务院财政部门会同国务院应急管理部门征求国务院有关部门意见后制定。

第二十四条　【安全生产管理机构及人员的设置、配备】矿山、金属冶炼、建筑施工、运输单位和危险物品的生产、经营、储存、装卸单位,应当设置安全生产管理机构或者配备专职安全生产管理人员。

前款规定以外的其他生产经营单位,从业人员超过一百人的,应当设置安全生产管理机构或者配备专职安全生产管理人员;从业人员在一百人以下的,应当配备专职或者兼职的安全生产管理人员。

第二十五条　【安全生产管理机构及管理人员的职责】生产经营单位的安全生产管理机构以及安全生产管理人员履行下列职责:

（一）组织或者参与拟订本单位安全生产规章制度、操作规程和生产安全事故应急救援预案;

（二）组织或者参与本单位安全生产教育和培训,如实记录安全生产教育和培训情况;

（三）组织开展危险源辨识和评估,督促落实本单位重大危险源的安全管理措施;

（四）组织或者参与本单位应急救援演练;

（五）检查本单位的安全生产状况,及时排查生产安全事故隐患,提出改进安全生产管理的建议;

（六）制止和纠正违章指挥、强令冒险作业、违反操作规程的行为;

（七）督促落实本单位安全生产整改措施。

生产经营单位可以设置专职安全生产分管负责人,协助本单位主要负责人履行安全生产管理职责。

第二十六条　【履职要求与履职保障】生产经营单位的安全生产管理机构以及安全生产管理人员应当恪尽职守,依法履行职责。

生产经营单位作出涉及安全生产的经营决策,应当听取安全生产管理机构以及安全生产管理人员的意见。

生产经营单位不得因安全生产管理人员依法履行职责而降低其工资、福利等待遇或者解除与其订立的劳动合同。

危险物品的生产、储存单位以及矿山、金属冶炼单位的安全生产管理人员的任免,应当告知主管的负有安全生产监督管理职责的部门。

第二十七条　【知识和管理能力】生产经营单位的主要负责人和安全生产管理人员必须具备与本单位所从事的生产经营活动相应的安全生产知识和管理能力。

危险物品的生产、经营、储存、装卸单位以及矿山、金属冶炼、建筑施工、运输单位的主要负责人和安全生产管理人员,应当由主管的负有安全生产监督管理职责的部门对其安全生产知识和管理能力考核合格。考核不得收费。

危险物品的生产、储存、装卸单位以及矿山、金属冶炼单位应当有注册安全工程师从事安全生产管理工作。鼓励其他生产经营单位聘用注册安全工程师从事安全生产管理工作。注册安全工程师按专业分类管理，具体办法由国务院人力资源和社会保障部门、国务院应急管理部门会同国务院有关部门制定。

第二十八条 【安全生产教育和培训】生产经营单位应当对从业人员进行安全生产教育和培训，保证从业人员具备必要的安全生产知识，熟悉有关的安全生产规章制度和安全操作规程，掌握本岗位的安全操作技能，了解事故应急处理措施，知悉自身在安全生产方面的权利和义务。未经安全生产教育和培训合格的从业人员，不得上岗作业。

生产经营单位使用被派遣劳动者的，应当将被派遣劳动者纳入本单位从业人员统一管理，对被派遣劳动者进行岗位安全操作规程和安全操作技能的教育和培训。劳务派遣单位应当对被派遣劳动者进行必要的安全生产教育和培训。

生产经营单位接收中等职业学校、高等学校学生实习的，应当对实习学生进行相应的安全生产教育和培训，提供必要的劳动防护用品。学校应当协助生产经营单位对实习学生进行安全生产教育和培训。

生产经营单位应当建立安全生产教育和培训档案，如实记录安全生产教育和培训的时间、内容、参加人员以及考核结果等情况。

第二十九条 【技术更新的安全教育培训】生产经营单位采用新工艺、新技术、新材料或者使用新设备，必须了解、掌握其安全技术特性，采取有效的安全防护措施，并对从业人员进行专门的安全生产教育和培训。

第三十条 【特种作业人员安全管理规定】生产经营单位的特种作业人员必须按照国家有关规定经专门的安全作业培训，取得相应资格，方可上岗作业。

特种作业人员的范围由国务院应急管理部门会同国务院有关部门确定。

第三十一条 【建设项目安全设施“三同时”制度】生产经营单位新建、改建、扩建工程项目（以下统称建设项目）的安全设施，必须与主体工程同时设计、同时施工、同时投入生产和使用。安全设施投资应当纳入建设项目概算。

第三十二条 【特殊建设项目安全评价】矿山、金属冶炼建设项目和用于生产、储存、装卸危险物品的建设项目，应当按照国家有关规定进行安全评价。

第三十三条 【建设项目安全设计审查】建设项目安全设施的设计人、设计单位应当对安全设施设计负责。

矿山、金属冶炼建设项目和用于生产、储存、装卸危险物品的建设项目的安全设施设计应当按照国家有关规定报经有关部门审查，审查部门及其负责审查的人员对审查结果负责。

第三十四条 【建设项目安全设施施工与验收】矿山、金属冶炼建设项目和用于生产、储存、装卸危险物品的建设项目的施工单位必须按照批准的安全设施设计施工，并对安全设施的工程质量负责。

矿山、金属冶炼建设项目和用于生产、储存、装卸危险物品的建设项目竣工投入生产或者使用前，应当由建设单位负责组织对安全设施进行验收；验收合格后，方可投入生产和使用。负有安全生产监督管理职责的部门应当加强对建设单位验收活动和验收结果的监督核查。

第三十五条 【安全警示标志】生产经营单位应当在有较大危险因素的生产经营场所和有关设施、设备上，设置明显的安全警示标志。

第三十六条 【安全设备管理】安全设备的设计、制造、安装、使用、检测、维修、改造和报废，应当符合国家标准或者行业标准。

生产经营单位必须对安全设备进行经常性维护、保养，并定期检测，保证正常运转。维护、保养、检测应当作好记录，并由有关人员签字。

生产经营单位不得关闭、破坏直接关系生产安全的监控、报警、防护、救生设备、设施，或者篡改、隐瞒、销毁其相关数据、信息。

餐饮等行业的生产经营单位使用燃气的，应当安装可燃气体报警装置，并保障其正常使用。

第三十七条 【特种设备安全管理】生产经营单位使用的危险物品的容器、运输工具，以及涉及人身安全、危险性较大的海洋石油开采特种设备和矿山井下特种设备，必须按照国家有关规定，由专业生产单位生产，并经具有专业资质的检测、检验机构检测、检验合格，取得安全使用证或者安全标志，方可投入使用。检测、检验机构对检测、检验结果负责。

第三十八条 【工艺、设备淘汰制度】国家对严重危及生产安全的工艺、设备实行淘汰制度，具体目录由国务院应急管理部门会同国务院有关部门制定并公布。法律、行政法规对目录的制定另有规定的，适用其规定。

省、自治区、直辖市人民政府可以根据本地区实际情况制定并公布具体目录，对前款规定以外的危及生产安全的工艺、设备予以淘汰。

生产经营单位不得使用应当淘汰的危及生产安全的工艺、设备。

第三十九条　【危险物品的监管】生产、经营、运输、储存、使用危险物品或者处置废弃危险物品的，由有关主管部门依照有关法律、法规的规定和国家标准或者行业标准审批并实施监督管理。

生产经营单位生产、经营、运输、储存、使用危险物品或者处置废弃危险物品，必须执行有关法律、法规和国家标准或者行业标准，建立专门的安全管理制度，采取可靠的安全措施，接受有关主管部门依法实施的监督管理。

第四十条　【重大危险源安全管理】生产经营单位对重大危险源应当登记建档，进行定期检测、评估、监控，并制定应急预案，告知从业人员和相关人员在紧急情况下应当采取的应急措施。

生产经营单位应当按照国家有关规定将本单位重大危险源及有关安全措施、应急措施报有关地方人民政府应急管理部门和有关部门备案。有关地方人民政府应急管理部门和有关部门应当通过相关信息系统实现信息共享。

第四十一条　【风险管控和隐患排查治理】生产经营单位应当建立安全风险分级管控制度，按照安全风险分级采取相应的管控措施。

生产经营单位应当建立健全并落实生产安全事故隐患排查治理制度，采取技术、管理措施，及时发现并消除事故隐患。事故隐患排查治理情况应当如实记录，并通过职工大会或者职工代表大会、信息公示栏等方式向从业人员通报。其中，重大事故隐患排查治理情况应当及时向负有安全生产监督管理职责的部门和职工大会或者职工代表大会报告。

县级以上地方各级人民政府负有安全生产监督管理职责的部门应当将重大事故隐患纳入相关信息系统，建立健全重大事故隐患治理督办制度，督促生产经营单位消除重大事故隐患。

第四十二条　【生产经营场所和员工宿舍安全管理】生产、经营、储存、使用危险物品的车间、商店、仓库不得与员工宿舍在同一座建筑物内，并应当与员工宿舍保持安全距离。

生产经营场所和员工宿舍应当设有符合紧急疏散要求、标志明显、保持畅通的出口、疏散通道。禁止占用、锁闭、封堵生产经营场所或者员工宿舍的出口、疏散通道。

第四十三条　【危险作业现场安全管理】生产经营单位进行爆破、吊装、动火、临时用电以及国务院应急管理部门会同国务院有关部门规定的其他危险作业，应当安排专门人员进行现场安全管理，确保操作规程的遵守和安全措施的落实。

第四十四条　【从业人员安全管理】生产经营单位应当教育和督促从业人员严格执行本单位的安全生产规章制度和安全操作规程；并向从业人员如实告知作业场所和工作岗位存在的危险因素、防范措施以及事故应急措施。

生产经营单位应当关注从业人员的身体、心理状况和行为习惯，加强对从业人员的心理疏导、精神慰藉，严格落实岗位安全生产责任，防范从业人员行为异常导致事故发生。

第四十五条　【生产经营单位提供劳动防护用品】生产经营单位必须为从业人员提供符合国家标准或者行业标准的劳动防护用品，并监督、教育从业人员按照使用规则佩戴、使用。

第四十六条　【检查职责及重大事故隐患报告】生产经营单位的安全生产管理人员应当根据本单位的生产经营特点，对安全生产状况进行经常性检查；对检查中发现的安全问题，应当立即处理；不能处理的，应当及时报告本单位有关负责人，有关负责人应当及时处理。检查及处理情况应当如实记录在案。

生产经营单位的安全生产管理人员在检查中发现重大事故隐患，依照前款规定向本单位有关负责人报告，有关负责人不及时处理的，安全生产管理人员可以向主管的负有安全生产监督管理职责的部门报告，接到报告的部门应当依法及时处理。

第四十七条　【经费保障】生产经营单位应当安排用于配备劳动防护用品、进行安全生产培训的经费。

第四十八条　【交叉作业的安全管理】两个以上生产经营单位在同一作业区域内进行生产经营活动，可能危及对方生产安全的，应当签订安全生产管理协议，明确各自的安全生产管理职责和应当采取的安全措施，并指定专职安全生产管理人员进行安全检查与协调。

第四十九条　【发包与出租的安全生产责任】生产经营单位不得将生产经营项目、场所、设备发包或者出租给不具备安全生产条件或者相应资质的单位或者个人。

生产经营项目、场所发包或者出租给其他单位的，生产经营单位应当与承包单位、承租单位签订专门的安全生产管理协议,或者在承包合同、租赁合同中约定各自的安全生产管理职责;生产经营单位对承包单位、承租单位的安全生产工作统一协调、管理,定期进行安全检查,发现安全问题的,应当及时督促整改。

矿山、金属冶炼建设项目和用于生产、储存、装卸危险物品的建设项目的施工单位应当加强对施工项目的安全管理,不得倒卖、出租、出借、挂靠或者以其他形式非法转让施工资质,不得将其承包的全部建设工程转包给第三人或者将其承包的全部建设工程支解以后以分包的名义分别转包给第三人,不得将工程分包给不具备相应资质条件的单位。

第五十条 【事故发生时主要负责人职责】生产经营单位发生生产安全事故时,单位的主要负责人应当立即组织抢救,并不得在事故调查处理期间擅离职守。

第五十一条 【工伤保险和安全生产责任保险】生产经营单位必须依法参加工伤保险,为从业人员缴纳保险费。

国家鼓励生产经营单位投保安全生产责任保险;属于国家规定的高危行业、领域的生产经营单位,应当投保安全生产责任保险。具体范围和实施办法由国务院应急管理部门会同国务院财政部门、国务院保险监督管理机构和相关行业主管部门制定。

第三章 从业人员的安全生产权利义务

第五十二条 【劳动合同应载明的安全事项】生产经营单位与从业人员订立的劳动合同,应当载明有关保障从业人员劳动安全、防止职业危害的事项,以及依法为从业人员办理工伤保险的事项。

生产经营单位不得以任何形式与从业人员订立协议,免除或者减轻其对从业人员因生产安全事故伤亡依法应承担的责任。

第五十三条 【知情权和建议权】生产经营单位的从业人员有权了解其作业场所和工作岗位存在的危险因素、防范措施及事故应急措施,有权对本单位的安全生产工作提出建议。

第五十四条 【批评、检举、控告、拒绝权】从业人员有权对本单位安全生产工作中存在的问题提出批评、检举、控告;有权拒绝违章指挥和强令冒险作业。

生产经营单位不得因从业人员对本单位安全生产工作提出批评、检举、控告或者拒绝违章指挥、强令冒险作业而降低其工资、福利等待遇或者解除与其订立的劳动合同。

第五十五条 【紧急撤离权】从业人员发现直接危及人身安全的紧急情况时,有权停止作业或者在采取可能的应急措施后撤离作业场所。

生产经营单位不得因从业人员在前款紧急情况下停止作业或者采取紧急撤离措施而降低其工资、福利等待遇或者解除与其订立的劳动合同。

第五十六条 【及时救治义务及损害赔偿请求权】生产经营单位发生生产安全事故后,应当及时采取措施救治有关人员。

因生产安全事故受到损害的从业人员,除依法享有工伤保险外,依照有关民事法律尚有获得赔偿的权利的,有权提出赔偿要求。

第五十七条 【从业人员安全生产义务】从业人员在作业过程中,应当严格落实岗位安全责任,遵守本单位的安全生产规章制度和操作规程,服从管理,正确佩戴和使用劳动防护用品。

第五十八条 【从业人员接受安全生产教育培训】从业人员应当接受安全生产教育和培训,掌握本职工作所需的安全生产知识,提高安全生产技能,增强事故预防和应急处理能力。

第五十九条 【对事故隐患及不安全因素的报告义务】从业人员发现事故隐患或者其他不安全因素,应当立即向现场安全生产管理人员或者本单位负责人报告;接到报告的人员应当及时予以处理。

第六十条 【工会监督】工会有权对建设项目的安全设施与主体工程同时设计、同时施工、同时投入生产和使用进行监督,提出意见。

工会对生产经营单位违反安全生产法律、法规,侵犯从业人员合法权益的行为,有权要求纠正;发现生产经营单位违章指挥、强令冒险作业或者发现事故隐患时,有权提出解决的建议,生产经营单位应当及时研究答复;发现危及从业人员生命安全的情况时,有权向生产经营单位建议组织从业人员撤离危险场所,生产经营单位必须立即作出处理。

工会有权依法参加事故调查,向有关部门提出处理意见,并要求追究有关人员的责任。

第六十一条 【被派遣劳动者的权利义务】生产经营单位使用被派遣劳动者的,被派遣劳动者享有本法规定的从业人员的权利,并应当履行本法规定的从业人员的义务。

第四章　安全生产的监督管理

第六十二条　【政府和应急管理部门职责】县级以上地方各级人民政府应当根据本行政区域内的安全生产状况，组织有关部门按照职责分工，对本行政区域内容易发生重大生产安全事故的生产经营单位进行严格检查。

应急管理部门应当按照分类分级监督管理的要求，制定安全生产年度监督检查计划，并按照年度监督检查计划进行监督检查，发现事故隐患，应当及时处理。

第六十三条　【安全生产事项的审批、验收】负有安全生产监督管理职责的部门依照有关法律、法规的规定，对涉及安全生产的事项需要审查批准（包括批准、核准、许可、注册、认证、颁发证照等，下同）或者验收的，必须严格依照有关法律、法规和国家标准或者行业标准规定的安全生产条件和程序进行审查；不符合有关法律、法规和国家标准或者行业标准规定的安全生产条件的，不得批准或者验收通过。对未依法取得批准或者验收合格的单位擅自从事有关活动的，负责行政审批的部门发现或者接到举报后应当立即予以取缔，并依法予以处理。对已经依法取得批准的单位，负责行政审批的部门发现其不再具备安全生产条件的，应当撤销原批准。

第六十四条　【审批、验收的禁止性规定】负有安全生产监督管理职责的部门对涉及安全生产的事项进行审查、验收，不得收取费用；不得要求接受审查、验收的单位购买其指定品牌或者指定生产、销售单位的安全设备、器材或者其他产品。

第六十五条　【现场检查权】应急管理部门和其他负有安全生产监督管理职责的部门依法开展安全生产行政执法工作，对生产经营单位执行有关安全生产的法律、法规和国家标准或者行业标准的情况进行监督检查，行使以下职权：

（一）进入生产经营单位进行检查，调阅有关资料，向有关单位和人员了解情况；

（二）对检查中发现的安全生产违法行为，当场予以纠正或者要求限期改正；对依法应当给予行政处罚的行为，依照本法和其他有关法律、行政法规的规定作出行政处罚决定；

（三）对检查中发现的事故隐患，应当责令立即排除；重大事故隐患排除前或者排除过程中无法保证安全的，应当责令从危险区域内撤出作业人员，责令暂时停产停业或者停止使用相关设施、设备；重大事故隐患排除后，经审查同意，方可恢复生产经营和使用；

（四）对有根据认为不符合保障安全生产的国家标准或者行业标准的设施、设备、器材以及违法生产、储存、使用、经营、运输的危险物品予以查封或者扣押，对违法生产、储存、使用、经营危险物品的作业场所予以查封，并依法作出处理决定。

监督检查不得影响被检查单位的正常生产经营活动。

第六十六条　【配合监督检查】生产经营单位对负有安全生产监督管理职责的部门的监督检查人员（以下统称安全生产监督检查人员）依法履行监督检查职责，应当予以配合，不得拒绝、阻挠。

第六十七条　【安全生产监督检查人员的工作原则】安全生产监督检查人员应当忠于职守，坚持原则，秉公执法。

安全生产监督检查人员执行监督检查任务时，必须出示有效的行政执法证件；对涉及被检查单位的技术秘密和业务秘密，应当为其保密。

第六十八条　【书面记录】安全生产监督检查人员应当将检查的时间、地点、内容、发现的问题及其处理情况，作出书面记录，并由检查人员和被检查单位的负责人签字；被检查单位的负责人拒绝签字的，检查人员应当将情况记录在案，并向负有安全生产监督管理职责的部门报告。

第六十九条　【各部门联合检查】负有安全生产监督管理职责的部门在监督检查中，应当互相配合，实行联合检查；确需分别进行检查的，应当互通情况，发现存在的安全问题应当由其他有关部门进行处理的，应当及时移送其他有关部门并形成记录备查，接受移送的部门应当及时进行处理。

第七十条　【强制停止生产经营活动】负有安全生产监督管理职责的部门依法对存在重大事故隐患的生产经营单位作出停产停业、停止施工、停止使用相关设施或者设备的决定，生产经营单位应当依法执行，及时消除事故隐患。生产经营单位拒不执行，有发生生产安全事故的现实危险的，在保证安全的前提下，经本部门主要负责人批准，负有安全生产监督管理职责的部门可以采取通知有关单位停止供电、停止供应民用爆炸物品等措施,强制生产经营单位履行决定。通知应当采用书面形式,有关单位应当予以配合。

负有安全生产监督管理职责的部门依照前款规定采取停止供电措施,除有危及生产安全的紧急情形外,应当提前二十四小时通知生产经营单位。生产经营单位依法履行行政决定、采取相应措施消除事故隐患的,负有安全生产监督管理职责的部门应当及时解除前款规定的措施。

第七十一条 【监察】监察机关依照监察法的规定,对负有安全生产监督管理职责的部门及其工作人员履行安全生产监督管理职责实施监察。

第七十二条 【安全生产服务机构资质与义务】承担安全评价、认证、检测、检验职责的机构应当具备国家规定的资质条件,并对其作出的安全评价、认证、检测、检验结果的合法性、真实性负责。资质条件由国务院应急管理部门会同国务院有关部门制定。

承担安全评价、认证、检测、检验职责的机构应当建立并实施服务公开和报告公开制度,不得租借资质、挂靠、出具虚假报告。

第七十三条 【举报核查】负有安全生产监督管理职责的部门应当建立举报制度,公开举报电话、信箱或者电子邮件地址等网络举报平台,受理有关安全生产的举报;受理的举报事项经调查核实后,应当形成书面材料;需要落实整改措施的,报经有关负责人签字并督促落实。对不属于本部门职责,需要由其他有关部门进行调查处理的,转交其他有关部门处理。

涉及人员死亡的举报事项,应当由县级以上人民政府组织核查处理。

第七十四条 【举报权利和公益诉讼】任何单位或者个人对事故隐患或者安全生产违法行为,均有权向负有安全生产监督管理职责的部门报告或者举报。

因安全生产违法行为造成重大事故隐患或者导致重大事故,致使国家利益或者社会公共利益受到侵害的,人民检察院可以根据民事诉讼法、行政诉讼法的相关规定提起公益诉讼。

第七十五条 【居民委员会、村民委员会对安全隐患的报告义务】居民委员会、村民委员会发现其所在区域内的生产经营单位存在事故隐患或者安全生产违法行为时,应当向当地人民政府或者有关部门报告。

第七十六条 【举报奖励】县级以上各级人民政府及其有关部门对报告重大事故隐患或者举报安全生产违法行为的有功人员,给予奖励。具体奖励办法由国务院应急管理部门会同国务院财政部门制定。

第七十七条 【舆论监督】新闻、出版、广播、电影、电视等单位有进行安全生产公益宣传教育的义务,有对违反安全生产法律、法规的行为进行舆论监督的权利。

第七十八条 【违法行为信息库】负有安全生产监督管理职责的部门应当建立安全生产违法行为信息库,如实记录生产经营单位及其有关从业人员的安全生产违法行为信息;对违法行为情节严重的生产经营单位及其有关从业人员,应当及时向社会公告,并通报行业主管部门、投资主管部门、自然资源主管部门、生态环境主管部门、证券监督管理机构以及有关金融机构。有关部门和机构应当对存在失信行为的生产经营单位及其有关从业人员采取加大执法检查频次、暂停项目审批、上调有关保险费率、行业或者职业禁入等联合惩戒措施,并向社会公示。

负有安全生产监督管理职责的部门应当加强对生产经营单位行政处罚信息的及时归集、共享、应用和公开,对生产经营单位作出处罚决定后七个工作日内在监督管理部门公示系统予以公开曝光,强化对违法失信生产经营单位及其有关从业人员的社会监督,提高全社会安全生产诚信水平。

第五章 生产安全事故的应急救援与调查处理

第七十九条 【加强生产安全事故应急能力建设】国家加强生产安全事故应急能力建设,在重点行业、领域建立应急救援基地和应急救援队伍,并由国家安全生产应急救援机构统一协调指挥;鼓励生产经营单位和其他社会力量建立应急救援队伍,配备相应的应急救援装备和物资,提高应急救援的专业化水平。

国务院应急管理部门牵头建立全国统一的生产安全事故应急救援信息系统,国务院交通运输、住房和城乡建设、水利、民航等有关部门和县级以上地方人民政府建立健全相关行业、领域、地区的生产安全事故应急救援信息系统,实现互联互通、信息共享,通过推行网上安全信息采集、安全监管和监测预警,提升监管的精准化、智能化水平。

第八十条 【各级人民政府建立应急救援体系】县级以上地方各级人民政府应当组织有关部门制定本行政区域内生产安全事故应急救援预案,建立应急救援体系。

乡镇人民政府和街道办事处,以及开发区、工业园区、港区、风景区等应当制定相应的生产安全事故应急救援预案，协助人民政府有关部门或者按照授权依法履行生产安全事故应急救援工作职责。

第八十一条　【生产经营单位制定应急救援预案】生产经营单位应当制定本单位生产安全事故应急救援预案，与所在地县级以上地方人民政府组织制定的生产安全事故应急救援预案相衔接，并定期组织演练。

第八十二条　【高危行业生产经营单位的应急救援义务】危险物品的生产、经营、储存单位以及矿山、金属冶炼、城市轨道交通运营、建筑施工单位应当建立应急救援组织；生产经营规模较小的，可以不建立应急救援组织，但应当指定兼职的应急救援人员。

危险物品的生产、经营、储存、运输单位以及矿山、金属冶炼、城市轨道交通运营、建筑施工单位应当配备必要的应急救援器材、设备和物资，并进行经常性维护、保养，保证正常运转。

第八十三条　【安全事故报告和抢救义务】生产经营单位发生生产安全事故后，事故现场有关人员应当立即报告本单位负责人。

单位负责人接到事故报告后，应当迅速采取有效措施，组织抢救，防止事故扩大，减少人员伤亡和财产损失，并按照国家有关规定立即如实报告当地负有安全生产监督管理职责的部门，不得隐瞒不报、谎报或者迟报，不得故意破坏事故现场、毁灭有关证据。

第八十四条　【行政机关事故报告义务】负有安全生产监督管理职责的部门接到事故报告后，应当立即按照国家有关规定上报事故情况。负有安全生产监督管理职责的部门和有关地方人民政府对事故情况不得隐瞒不报、谎报或者迟报。

第八十五条　【事故抢救】有关地方人民政府和负有安全生产监督管理职责的部门的负责人接到生产安全事故报告后，应当按照生产安全事故应急救援预案的要求立即赶到事故现场，组织事故抢救。

参与事故抢救的部门和单位应当服从统一指挥，加强协同联动，采取有效的应急救援措施，并根据事故救援的需要采取警戒、疏散等措施，防止事故扩大和次生灾害的发生，减少人员伤亡和财产损失。

事故抢救过程中应当采取必要措施，避免或者减少对环境造成的危害。

任何单位和个人都应当支持、配合事故抢救，并提供一切便利条件。

第八十六条　【事故调查处理的原则】事故调查处理应当按照科学严谨、依法依规、实事求是、注重实效的原则，及时、准确地查清事故原因，查明事故性质和责任，评估应急处置工作，总结事故教训，提出整改措施，并对事故责任单位和人员提出处理建议。事故调查报告应当依法及时向社会公布。事故调查和处理的具体办法由国务院制定。

事故发生单位应当及时全面落实整改措施，负有安全生产监督管理职责的部门应当加强监督检查。

负责事故调查处理的国务院有关部门和地方人民政府应当在批复事故调查报告后一年内，组织有关部门对事故整改和防范措施落实情况进行评估，并及时向社会公开评估结果；对不履行职责导致事故整改和防范措施没有落实的有关单位和人员，应当按照有关规定追究责任。

第八十七条　【责任事故的法律后果】生产经营单位发生生产安全事故，经调查确定为责任事故的，除了应当查明事故单位的责任并依法予以追究外，还应当查明对安全生产的有关事项负有审查批准和监督职责的行政部门的责任，对有失职、渎职行为的，依照本法第九十条的规定追究法律责任。

第八十八条　【不得阻挠和干涉对事故的依法调查处理】任何单位和个人不得阻挠和干涉对事故的依法调查处理。

第八十九条　【定期统计分析生产安全事故情况】县级以上地方各级人民政府应急管理部门应当定期统计分析本行政区域内发生生产安全事故的情况，并定期向社会公布。

第六章　法 律 责 任

第九十条　【监管部门工作人员的违法行为及责任】负有安全生产监督管理职责的部门的工作人员，有下列行为之一的，给予降级或者撤职的处分；构成犯罪的，依照刑法有关规定追究刑事责任：

（一）对不符合法定安全生产条件的涉及安全生产的事项予以批准或者验收通过的；

（二）发现未依法取得批准、验收的单位擅自从事有关活动或者接到举报后不予取缔或者不依法予以处理的；

（三）对已经依法取得批准的单位不履行监督管理职责，发现其不再具备安全生产条件而不撤销原批准或者发现安全生产违法行为不予查处的；

（四）在监督检查中发现重大事故隐患，不依法及时处理的。

负有安全生产监督管理职责的部门的工作人员有前款规定以外的滥用职权、玩忽职守、徇私舞弊行为的，依法给予处分；构成犯罪的，依照刑法有关规定追究刑事责任。

第九十一条 【监管部门违法责任】负有安全生产监督管理职责的部门，要求被审查、验收的单位购买其指定的安全设备、器材或者其他产品的，在对安全生产事项的审查、验收中收取费用的，由其上级机关或者监察机关责令改正，责令退还收取的费用；情节严重的，对直接负责的主管人员和其他直接责任人员依法给予处分。

第九十二条 【承担安全评价、认证、检测、检验职责的机构及责任人员的法律责任】承担安全评价、认证、检测、检验职责的机构出具失实报告的，责令停业整顿，并处三万元以上十万元以下的罚款；给他人造成损害的，依法承担赔偿责任。

承担安全评价、认证、检测、检验职责的机构租借资质、挂靠、出具虚假报告的，没收违法所得；违法所得在十万元以上的，并处违法所得二倍以上五倍以下的罚款，没有违法所得或者违法所得不足十万元的，单处或者并处十万元以上二十万元以下的罚款；对其直接负责的主管人员和其他直接责任人员处五万元以上十万元以下的罚款；给他人造成损害的，与生产经营单位承担连带赔偿责任；构成犯罪的，依照刑法有关规定追究刑事责任。

对有前款违法行为的机构及其直接责任人员，吊销其相应资质和资格，五年内不得从事安全评价、认证、检测、检验等工作；情节严重的，实行终身行业和职业禁入。

第九十三条 【未投入保证安全生产所必需的资金的法律责任】生产经营单位的决策机构、主要负责人或者个人经营的投资人不依照本法规定保证安全生产所必需的资金投入，致使生产经营单位不具备安全生产条件的，责令限期改正，提供必需的资金；逾期未改正的，责令生产经营单位停产停业整顿。

有前款违法行为，导致发生生产安全事故的，对生产经营单位的主要负责人给予撤职处分，对个人经营的投资人处二万元以上二十万元以下的罚款；构成犯罪的，依照刑法有关规定追究刑事责任。

第九十四条 【主要负责人未履行安全生产职责的法律责任】生产经营单位的主要负责人未履行本法规定的安全生产管理职责的，责令限期改正，处二万元以上五万元以下的罚款；逾期未改正的，处五万元以上十万元以下的罚款，责令生产经营单位停产停业整顿。

生产经营单位的主要负责人有前款违法行为，导致发生生产安全事故的，给予撤职处分；构成犯罪的，依照刑法有关规定追究刑事责任。

生产经营单位的主要负责人依照前款规定受刑事处罚或者撤职处分的，自刑罚执行完毕或者受处分之日起，五年内不得担任任何生产经营单位的主要负责人；对重大、特别重大生产安全事故负有责任的，终身不得担任本行业生产经营单位的主要负责人。

第九十五条 【发生生产安全事故后主要负责人的法律责任】生产经营单位的主要负责人未履行本法规定的安全生产管理职责，导致发生生产安全事故的，由应急管理部门依照下列规定处以罚款：

（一）发生一般事故的，处上一年年收入百分之四十的罚款；

（二）发生较大事故的，处上一年年收入百分之六十的罚款；

（三）发生重大事故的，处上一年年收入百分之八十的罚款；

（四）发生特别重大事故的，处上一年年收入百分之一百的罚款。

第九十六条 【其他负责人和安全生产管理人员未履行安全生产职责的法律责任】生产经营单位的其他负责人和安全生产管理人员未履行本法规定的安全生产管理职责的，责令限期改正，处一万元以上三万元以下的罚款；导致发生生产安全事故的，暂停或者吊销其与安全生产有关的资格，并处上一年年收入百分之二十以上百分之五十以下的罚款；构成犯罪的，依照刑法有关规定追究刑事责任。

第九十七条 【与从业人员、教育培训相关的违法行为及法律责任】生产经营单位有下列行为之一的，责令限期改正，处十万元以下的罚款；逾期未改正的，责令停产停业整顿，并处十万元以上二十万元以下的罚款，对其直接负责的主管人员和其他直接责任人员处二万元以上五万元以下的罚款：

（一）未按照规定设置安全生产管理机构或者配备安全生产管理人员、注册安全工程师的；

（二）危险物品的生产、经营、储存、装卸单位以及矿山、金属冶炼、建筑施工、运输单位的主要负责人和安全生产管理人员未按照规定经考核合格的；

（三）未按照规定对从业人员、被派遣劳动者、实习学生进行安全生产教育和培训，或者未按照规定如实告知有关的安全生产事项的；

（四）未如实记录安全生产教育和培训情况的；

（五）未将事故隐患排查治理情况如实记录或者未向从业人员通报的；

（六）未按照规定制定生产安全事故应急救援预案或者未定期组织演练的；

（七）特种作业人员未按照规定经专门的安全作业培训并取得相应资格，上岗作业的。

第九十八条　【与矿山、金属冶炼建设项目相关违法行为及法律后果】生产经营单位有下列行为之一的，责令停止建设或者停产停业整顿，限期改正，并处十万元以上五十万元以下的罚款，对其直接负责的主管人员和其他直接责任人员处二万元以上五万元以下的罚款；逾期未改正的，处五十万元以上一百万元以下的罚款，对其直接负责的主管人员和其他直接责任人员处五万元以上十万元以下的罚款；构成犯罪的，依照刑法有关规定追究刑事责任：

（一）未按照规定对矿山、金属冶炼建设项目或者用于生产、储存、装卸危险物品的建设项目进行安全评价的；

（二）矿山、金属冶炼建设项目或者用于生产、储存、装卸危险物品的建设项目没有安全设施设计或者安全设施设计未按照规定报经有关部门审查同意的；

（三）矿山、金属冶炼建设项目或者用于生产、储存、装卸危险物品的建设项目的施工单位未按照批准的安全设施设计施工的；

（四）矿山、金属冶炼建设项目或者用于生产、储存、装卸危险物品的建设项目竣工投入生产或者使用前，安全设施未经验收合格的。

第九十九条　【与安全设备相关的违法行为及法律后果】生产经营单位有下列行为之一的，责令限期改正，处五万元以下的罚款；逾期未改正的，处五万元以上二十万元以下的罚款，对其直接负责的主管人员和其他直接责任人员处一万元以上二万元以下的罚款；情节严重的，责令停产停业整顿；构成犯罪的，依照刑法有关规定追究刑事责任：

（一）未在有较大危险因素的生产经营场所和有关设施、设备上设置明显的安全警示标志的；

（二）安全设备的安装、使用、检测、改造和报废不符合国家标准或者行业标准的；

（三）未对安全设备进行经常性维护、保养和定期检测的；

（四）关闭、破坏直接关系生产安全的监控、报警、防护、救生设备、设施，或者篡改、隐瞒、销毁其相关数据、信息的；

（五）未为从业人员提供符合国家标准或者行业标准的劳动防护用品的；

（六）危险物品的容器、运输工具，以及涉及人身安全、危险性较大的海洋石油开采特种设备和矿山井下特种设备未经具有专业资质的机构检测、检验合格，取得安全使用证或者安全标志，投入使用的；

（七）使用应当淘汰的危及生产安全的工艺、设备的；

（八）餐饮等行业的生产经营单位使用燃气未安装可燃气体报警装置的。

第一百条　【违反危险物品安全管理的法律责任】未经依法批准，擅自生产、经营、运输、储存、使用危险物品或者处置废弃危险物品的，依照有关危险物品安全管理的法律、行政法规的规定予以处罚；构成犯罪的，依照刑法有关规定追究刑事责任。

第一百零一条　【与安全管理制度相关的违法行为及法律责任】生产经营单位有下列行为之一的，责令限期改正，处十万元以下的罚款；逾期未改正的，责令停产停业整顿，并处十万元以上二十万元以下的罚款，对其直接负责的主管人员和其他直接责任人员处二万元以上五万元以下的罚款；构成犯罪的，依照刑法有关规定追究刑事责任：

（一）生产、经营、运输、储存、使用危险物品或者处置废弃危险物品，未建立专门安全管理制度、未采取可靠的安全措施的；

（二）对重大危险源未登记建档，未进行定期检测、评估、监控，未制定应急预案，或者未告知应急措施的；

（三）进行爆破、吊装、动火、临时用电以及国务院应急管理部门会同国务院有关部门规定的其他危险作业，未安排专门人员进行现场安全管理的；

（四）未建立安全风险分级管控制度或者未按照

安全风险分级采取相应管控措施的；

（五）未建立事故隐患排查治理制度，或者重大事故隐患排查治理情况未按照规定报告的。

第一百零二条 【未采取措施消除事故隐患的法律责任】生产经营单位未采取措施消除事故隐患的，责令立即消除或者限期消除，处五万元以下的罚款；生产经营单位拒不执行的，责令停产停业整顿，对其直接负责的主管人员和其他直接责任人员处五万元以上十万元以下的罚款；构成犯罪的，依照刑法有关规定追究刑事责任。

第一百零三条 【违反承包、出租中安全管理职责的法律责任】生产经营单位将生产经营项目、场所、设备发包或者出租给不具备安全生产条件或者相应资质的单位或者个人的，责令限期改正，没收违法所得；违法所得十万元以上的，并处违法所得二倍以上五倍以下的罚款；没有违法所得或者违法所得不足十万元的，单处或者并处十万元以上二十万元以下的罚款；对其直接负责的主管人员和其他直接责任人员处一万元以上二万元以下的罚款；导致发生生产安全事故给他人造成损害的，与承包方、承租方承担连带赔偿责任。

生产经营单位未与承包单位、承租单位签订专门的安全生产管理协议或者未在承包合同、租赁合同中明确各自的安全生产管理职责，或者未对承包单位、承租单位的安全生产统一协调、管理的，责令限期改正，处五万元以下的罚款，对其直接负责的主管人员和其他直接责任人员处一万元以下的罚款；逾期未改正的，责令停产停业整顿。

矿山、金属冶炼建设项目和用于生产、储存、装卸危险物品的建设项目的施工单位未按照规定对施工项目进行安全管理的，责令限期改正，处十万元以下的罚款，对其直接负责的主管人员和其他直接责任人员处二万元以下的罚款；逾期未改正的，责令停产停业整顿。以上施工单位倒卖、出租、出借、挂靠或者以其他形式非法转让施工资质的，责令停产停业整顿，吊销资质证书，没收违法所得；违法所得十万元以上的，并处违法所得二倍以上五倍以下的罚款，没有违法所得或者违法所得不足十万元的，单处或者并处十万元以上二十万元以下的罚款；对其直接负责的主管人员和其他直接责任人员处五万元以上十万元以下的罚款；构成犯罪的，依照刑法有关规定追究刑事责任。

第一百零四条 【违反交叉作业安全管理的法律责任】两个以上生产经营单位在同一作业区域内进行可能危及对方安全生产的生产经营活动，未签订安全生产管理协议或者未指定专职安全生产管理人员进行安全检查与协调的，责令限期改正，处五万元以下的罚款，对其直接负责的主管人员和其他直接责任人员处一万元以下的罚款；逾期未改正的，责令停产停业。

第一百零五条 【员工宿舍不符合安全要求的法律责任】生产经营单位有下列行为之一的，责令限期改正，处五万元以下的罚款，对其直接负责的主管人员和其他直接责任人员处一万元以下的罚款；逾期未改正的，责令停产停业整顿；构成犯罪的，依照刑法有关规定追究刑事责任：

（一）生产、经营、储存、使用危险物品的车间、商店、仓库与员工宿舍在同一座建筑内，或者与员工宿舍的距离不符合安全要求的；

（二）生产经营场所和员工宿舍未设有符合紧急疏散需要、标志明显、保持畅通的出口、疏散通道，或者占用、锁闭、封堵生产经营场所或者员工宿舍出口、疏散通道的。

第一百零六条 【免责协议无效】生产经营单位与从业人员订立协议，免除或者减轻其对从业人员因生产安全事故伤亡依法应承担的责任的，该协议无效；对生产经营单位的主要负责人、个人经营的投资人处二万元以上十万元以下的罚款。

第一百零七条 【从业人员不服从安全管理的法律责任】生产经营单位的从业人员不落实岗位安全责任，不服从管理，违反安全生产规章制度或者操作规程的，由生产经营单位给予批评教育，依照有关规章制度给予处分；构成犯罪的，依照刑法有关规定追究刑事责任。

第一百零八条 【拒绝、阻碍安全检查的法律责任】违反本法规定，生产经营单位拒绝、阻碍负有安全生产监督管理职责的部门依法实施监督检查的，责令改正；拒不改正的，处二万元以上二十万元以下的罚款；对其直接负责的主管人员和其他直接责任人员处一万元以上二万元以下的罚款；构成犯罪的，依照刑法有关规定追究刑事责任。

第一百零九条 【未按规定投保的法律责任】高危行业、领域的生产经营单位未按照国家规定投保安全生产责任保险的，责令限期改正，处五万元以上十万元以下的罚款；逾期未改正的，处十万元以上二十万元以下的罚款。

第一百一十条　【主要负责人不立即组织抢救的法律责任】生产经营单位的主要负责人在本单位发生生产安全事故时，不立即组织抢救或者在事故调查处理期间擅离职守或者逃匿的，给予降级、撤职的处分，并由应急管理部门处上一年年收入百分之六十至百分之一百的罚款；对逃匿的处十五日以下拘留；构成犯罪的，依照刑法有关规定追究刑事责任。

生产经营单位的主要负责人对生产安全事故隐瞒不报、谎报或者迟报的，依照前款规定处罚。

第一百一十一条　【对生产安全事故隐瞒不报、谎报或者迟报的法律责任】有关地方人民政府、负有安全生产监督管理职责的部门，对生产安全事故隐瞒不报、谎报或者迟报的，对直接负责的主管人员和其他直接责任人员依法给予处分；构成犯罪的，依照刑法有关规定追究刑事责任。

第一百一十二条　【拒不改正的法律后果】生产经营单位违反本法规定，被责令改正且受到罚款处罚，拒不改正的，负有安全生产监督管理职责的部门可以自作出责令改正之日的次日起，按照原处罚数额按日连续处罚。

第一百一十三条　【"关闭"行政处罚的具体适用】生产经营单位存在下列情形之一的，负有安全生产监督管理职责的部门应当提请地方人民政府予以关闭，有关部门应当依法吊销其有关证照。生产经营单位主要负责人五年内不得担任任何生产经营单位的主要负责人；情节严重的，终身不得担任本行业生产经营单位的主要负责人：

（一）存在重大事故隐患，一百八十日内三次或者一年内四次受到本法规定的行政处罚的；

（二）经停产停业整顿，仍不具备法律、行政法规和国家标准或者行业标准规定的安全生产条件的；

（三）不具备法律、行政法规和国家标准或者行业标准规定的安全生产条件，导致发生重大、特别重大生产安全事故的；

（四）拒不执行负有安全生产监督管理职责的部门作出的停产停业整顿决定的。

第一百一十四条　【应急管理部门处以罚款的情形】发生生产安全事故，对负有责任的生产经营单位除要求其依法承担相应的赔偿等责任外，由应急管理部门依照下列规定处以罚款：

（一）发生一般事故的，处三十万元以上一百万元以下的罚款；

（二）发生较大事故的，处一百万元以上二百万元以下的罚款；

（三）发生重大事故的，处二百万元以上一千万元以下的罚款；

（四）发生特别重大事故的，处一千万元以上二千万元以下的罚款。

发生生产安全事故，情节特别严重、影响特别恶劣的，应急管理部门可以按照前款罚款数额的二倍以上五倍以下对负有责任的生产经营单位处以罚款。

第一百一十五条　【行政处罚决定机关】本法规定的行政处罚，由应急管理部门和其他负有安全生产监督管理职责的部门按照职责分工决定；其中，根据本法第九十五条、第一百一十条、第一百一十四条的规定应当给予民航、铁路、电力行业的生产经营单位及其主要负责人行政处罚的，也可以由主管的负有安全生产监督管理职责的部门进行处罚。予以关闭的行政处罚，由负有安全生产监督管理职责的部门报请县级以上人民政府按照国务院规定的权限决定；给予拘留的行政处罚，由公安机关依照治安管理处罚的规定决定。

第一百一十六条　【赔偿】生产经营单位发生生产安全事故造成人员伤亡、他人财产损失的，应当依法承担赔偿责任；拒不承担或者其负责人逃匿的，由人民法院依法强制执行。

生产安全事故的责任人未依法承担赔偿责任，经人民法院依法采取执行措施后，仍不能对受害人给予足额赔偿的，应当继续履行赔偿义务；受害人发现责任人有其他财产的，可以随时请求人民法院执行。

第七章　附　　则

第一百一十七条　【法律术语】本法下列用语的含义：

危险物品，是指易燃易爆物品、危险化学品、放射性物品等能够危及人身安全和财产安全的物品。

重大危险源，是指长期地或者临时地生产、搬运、使用或者储存危险物品，且危险物品的数量等于或者超过临界量的单元（包括场所和设施）。

第一百一十八条　【安全事故的划分标准】本法规定的生产安全一般事故、较大事故、重大事故、特别重大事故的划分标准由国务院规定。

国务院应急管理部门和其他负有安全生产监督管理职责的部门应当根据各自的职责分工，制定相关行业、领域重大危险源的辨识标准和重大事故隐患的判定标准。

第一百一十九条 【**施行日期**】本法自2002年11月1日起施行。

建设工程安全生产管理条例

1. 2003年11月24日国务院令第393号公布

2. 自2004年2月1日起施行

第一章 总 则

第一条 为了加强建设工程安全生产监督管理,保障人民群众生命和财产安全,根据《中华人民共和国建筑法》、《中华人民共和国安全生产法》,制定本条例。

第二条 在中华人民共和国境内从事建设工程的新建、扩建、改建和拆除等有关活动及实施对建设工程安全生产的监督管理,必须遵守本条例。

本条例所称建设工程,是指土木工程、建筑工程、线路管道和设备安装工程及装修工程。

第三条 建设工程安全生产管理,坚持安全第一、预防为主的方针。

第四条 建设单位、勘察单位、设计单位、施工单位、工程监理单位及其他与建设工程安全生产有关的单位,必须遵守安全生产法律、法规的规定,保证建设工程安全生产,依法承担建设工程安全生产责任。

第五条 国家鼓励建设工程安全生产的科学技术研究和先进技术的推广应用,推进建设工程安全生产的科学管理。

第二章 建设单位的安全责任

第六条 建设单位应当向施工单位提供施工现场及毗邻区域内供水、排水、供电、供气、供热、通信、广播电视等地下管线资料,气象和水文观测资料,相邻建筑物和构筑物、地下工程的有关资料,并保证资料的真实、准确、完整。

建设单位因建设工程需要,向有关部门或者单位查询前款规定的资料时,有关部门或者单位应当及时提供。

第七条 建设单位不得对勘察、设计、施工、工程监理等单位提出不符合建设工程安全生产法律、法规和强制性标准规定的要求,不得压缩合同约定的工期。

第八条 建设单位在编制工程概算时,应当确定建设工程安全作业环境及安全施工措施所需费用。

第九条 建设单位不得明示或者暗示施工单位购买、租赁、使用不符合安全施工要求的安全防护用具、机械设备、施工机具及配件、消防设施和器材。

第十条 建设单位在申请领取施工许可证时,应当提供建设工程有关安全施工措施的资料。

依法批准开工报告的建设工程,建设单位应当自开工报告批准之日起15日内,将保证安全施工的措施报送建设工程所在地的县级以上地方人民政府建设行政主管部门或者其他有关部门备案。

第十一条 建设单位应当将拆除工程发包给具有相应资质等级的施工单位。

建设单位应当在拆除工程施工15日前,将下列资料报送建设工程所在地的县级以上地方人民政府建设行政主管部门或者其他有关部门备案:

(一)施工单位资质等级证明;

(二)拟拆除建筑物、构筑物及可能危及毗邻建筑的说明;

(三)拆除施工组织方案;

(四)堆放、清除废弃物的措施。

实施爆破作业的,应当遵守国家有关民用爆炸物品管理的规定。

第三章 勘察、设计、工程监理及其他有关单位的安全责任

第十二条 勘察单位应当按照法律、法规和工程建设强制性标准进行勘察,提供的勘察文件应当真实、准确,满足建设工程安全生产的需要。

勘察单位在勘察作业时,应当严格执行操作规程,采取措施保证各类管线、设施和周边建筑物、构筑物的安全。

第十三条 设计单位应当按照法律、法规和工程建设强制性标准进行设计,防止因设计不合理导致生产安全事故的发生。

设计单位应当考虑施工安全操作和防护的需要,对涉及施工安全的重点部位和环节在设计文件中注明,并对防范生产安全事故提出指导意见。

采用新结构、新材料、新工艺的建设工程和特殊结构的建设工程,设计单位应当在设计中提出保障施工作业人员安全和预防生产安全事故的措施建议。

设计单位和注册建筑师等注册执业人员应当对其设计负责。

第十四条　工程监理单位应当审查施工组织设计中的安全技术措施或者专项施工方案是否符合工程建设强制性标准。

工程监理单位在实施监理过程中，发现存在安全事故隐患的，应当要求施工单位整改；情况严重的，应当要求施工单位暂时停止施工，并及时报告建设单位。施工单位拒不整改或者不停止施工的，工程监理单位应当及时向有关主管部门报告。

工程监理单位和监理工程师应当按照法律、法规和工程建设强制性标准实施监理，并对建设工程安全生产承担监理责任。

第十五条　为建设工程提供机械设备和配件的单位，应当按照安全施工的要求配备齐全有效的保险、限位等安全设施和装置。

第十六条　出租的机械设备和施工机具及配件，应当具有生产（制造）许可证、产品合格证。

出租单位应当对出租的机械设备和施工机具及配件的安全性能进行检测，在签订租赁协议时，应当出具检测合格证明。

禁止出租检测不合格的机械设备和施工机具及配件。

第十七条　在施工现场安装、拆卸施工起重机械和整体提升脚手架、模板等自升式架设设施，必须由具有相应资质的单位承担。

安装、拆卸施工起重机械和整体提升脚手架、模板等自升式架设设施，应当编制拆装方案、制定安全施工措施，并由专业技术人员现场监督。

施工起重机械和整体提升脚手架、模板等自升式架设设施安装完毕后，安装单位应当自检，出具自检合格证明，并向施工单位进行安全使用说明，办理验收手续并签字。

第十八条　施工起重机械和整体提升脚手架、模板等自升式架设设施的使用达到国家规定的检验检测期限的，必须经具有专业资质的检验检测机构检测。经检测不合格的，不得继续使用。

第十九条　检验检测机构对检测合格的施工起重机械和整体提升脚手架、模板等自升式架设设施，应当出具安全合格证明文件，并对检测结果负责。

第四章　施工单位的安全责任

第二十条　施工单位从事建设工程的新建、扩建、改建和拆除等活动，应当具备国家规定的注册资本、专业技术人员、技术装备和安全生产等条件，依法取得相应等级的资质证书，并在其资质等级许可的范围内承揽工程。

第二十一条　施工单位主要负责人依法对本单位的安全生产工作全面负责。施工单位应当建立健全安全生产责任制度和安全生产教育培训制度，制定安全生产规章制度和操作规程，保证本单位安全生产条件所需资金的投入，对所承担的建设工程进行定期和专项安全检查，并做好安全检查记录。

施工单位的项目负责人应当由取得相应执业资格的人员担任，对建设工程项目的安全施工负责，落实安全生产责任制度、安全生产规章制度和操作规程，确保安全生产费用的有效使用，并根据工程的特点组织制定安全施工措施，消除安全事故隐患，及时、如实报告生产安全事故。

第二十二条　施工单位对列入建设工程概算的安全作业环境及安全施工措施所需费用，应当用于施工安全防护用具及设施的采购和更新、安全施工措施的落实、安全生产条件的改善，不得挪作他用。

第二十三条　施工单位应当设立安全生产管理机构，配备专职安全生产管理人员。

专职安全生产管理人员负责对安全生产进行现场监督检查。发现安全事故隐患，应当及时向项目负责人和安全生产管理机构报告；对违章指挥、违章操作的，应当立即制止。

专职安全生产管理人员的配备办法由国务院建设行政主管部门会同国务院其他有关部门制定。

第二十四条　建设工程实行施工总承包的，由总承包单位对施工现场的安全生产负总责。

总承包单位应当自行完成建设工程主体结构的施工。

总承包单位依法将建设工程分包给其他单位的，分包合同中应当明确各自的安全生产方面的权利、义务。总承包单位和分包单位对分包工程的安全生产承担连带责任。

分包单位应当服从总承包单位的安全生产管理，分包单位不服从管理导致生产安全事故的，由分包单位承担主要责任。

第二十五条　垂直运输机械作业人员、安装拆卸工、爆破作业人员、起重信号工、登高架设作业人员等特种作业人员，必须按照国家有关规定经过专门的安全作业培训，并取得特种作业操作资格证书后，方可上岗作业。

第二十六条 施工单位应当在施工组织设计中编制安全技术措施和施工现场临时用电方案，对下列达到一定规模的危险性较大的分部分项工程编制专项施工方案，并附具安全验算结果，经施工单位技术负责人、总监理工程师签字后实施，由专职安全生产管理人员进行现场监督：

（一）基坑支护与降水工程；

（二）土方开挖工程；

（三）模板工程；

（四）起重吊装工程；

（五）脚手架工程；

（六）拆除、爆破工程；

（七）国务院建设行政主管部门或者其他有关部门规定的其他危险性较大的工程。

对前款所列工程中涉及深基坑、地下暗挖工程、高大模板工程的专项施工方案，施工单位还应当组织专家进行论证、审查。

本条第一款规定的达到一定规模的危险性较大工程的标准，由国务院建设行政主管部门会同国务院其他有关部门制定。

第二十七条 建设工程施工前，施工单位负责项目管理的技术人员应当对有关安全施工的技术要求向施工作业班组、作业人员作出详细说明，并由双方签字确认。

第二十八条 施工单位应当在施工现场入口处、施工起重机械、临时用电设施、脚手架、出入通道口、楼梯口、电梯井口、孔洞口、桥梁口、隧道口、基坑边沿、爆破物及有害危险气体和液体存放处等危险部位，设置明显的安全警示标志。安全警示标志必须符合国家标准。

施工单位应当根据不同施工阶段和周围环境及季节、气候的变化，在施工现场采取相应的安全施工措施。施工现场暂时停止施工的，施工单位应当做好现场防护，所需费用由责任方承担，或者按照合同约定执行。

第二十九条 施工单位应当将施工现场的办公、生活区与作业区分开设置，并保持安全距离；办公、生活区的选址应当符合安全性要求。职工的膳食、饮水、休息场所等应当符合卫生标准。施工单位不得在尚未竣工的建筑物内设置员工集体宿舍。

施工现场临时搭建的建筑物应当符合安全使用要求。施工现场使用的装配式活动房屋应当具有产品合格证。

第三十条 施工单位对因建设工程施工可能造成损害的毗邻建筑物、构筑物和地下管线等，应当采取专项防护措施。

施工单位应当遵守有关环境保护法律、法规的规定，在施工现场采取措施，防止或者减少粉尘、废气、废水、固体废物、噪声、振动和施工照明对人和环境的危害和污染。

在城市市区内的建设工程，施工单位应当对施工现场实行封闭围挡。

第三十一条 施工单位应当在施工现场建立消防安全责任制度，确定消防安全责任人，制定用火、用电、使用易燃易爆材料等各项消防安全管理制度和操作规程，设置消防通道、消防水源，配备消防设施和灭火器材，并在施工现场入口处设置明显标志。

第三十二条 施工单位应当向作业人员提供安全防护用具和安全防护服装，并书面告知危险岗位的操作规程和违章操作的危害。

作业人员有权对施工现场的作业条件、作业程序和作业方式中存在的安全问题提出批评、检举和控告，有权拒绝违章指挥和强令冒险作业。

在施工中发生危及人身安全的紧急情况时，作业人员有权立即停止作业或者在采取必要的应急措施后撤离危险区域。

第三十三条 作业人员应当遵守安全施工的强制性标准、规章制度和操作规程，正确使用安全防护用具、机械设备等。

第三十四条 施工单位采购、租赁的安全防护用具、机械设备、施工机具及配件，应当具有生产（制造）许可证、产品合格证，并在进入施工现场前进行查验。

施工现场的安全防护用具、机械设备、施工机具及配件必须由专人管理，定期进行检查、维修和保养，建立相应的资料档案，并按照国家有关规定及时报废。

第三十五条 施工单位在使用施工起重机械和整体提升脚手架、模板等自升式架设设施前，应当组织有关单位进行验收，也可以委托具有相应资质的检验检测机构进行验收；使用承租的机械设备和施工机具及配件的，由施工总承包单位、分包单位、出租单位和安装单位共同进行验收。验收合格的方可使用。

《特种设备安全监察条例》规定的施工起重机械，在验收前应当经有相应资质的检验检测机构监督检验合格。

施工单位应当自施工起重机械和整体提升脚手

架、模板等自升式架设设施验收合格之日起 30 日内，向建设行政主管部门或者其他有关部门登记。登记标志应当置于或者附着于该设备的显著位置。

第三十六条　施工单位的主要负责人、项目负责人、专职安全生产管理人员应当经建设行政主管部门或者其他有关部门考核合格后方可任职。

施工单位应当对管理人员和作业人员每年至少进行一次安全生产教育培训，其教育培训情况记入个人工作档案。安全生产教育培训考核不合格的人员，不得上岗。

第三十七条　作业人员进入新的岗位或者新的施工现场前，应当接受安全生产教育培训。未经教育培训或者教育培训考核不合格的人员，不得上岗作业。

施工单位在采用新技术、新工艺、新设备、新材料时，应当对作业人员进行相应的安全生产教育培训。

第三十八条　施工单位应当为施工现场从事危险作业的人员办理意外伤害保险。

意外伤害保险费由施工单位支付。实行施工总承包的，由总承包单位支付意外伤害保险费。意外伤害保险期限自建设工程开工之日起至竣工验收合格止。

第五章　监 督 管 理

第三十九条　国务院负责安全生产监督管理的部门依照《中华人民共和国安全生产法》的规定，对全国建设工程安全生产工作实施综合监督管理。

县级以上地方人民政府负责安全生产监督管理的部门依照《中华人民共和国安全生产法》的规定，对本行政区域内建设工程安全生产工作实施综合监督管理。

第四十条　国务院建设行政主管部门对全国的建设工程安全生产实施监督管理。国务院铁路、交通、水利等有关部门按照国务院规定的职责分工，负责有关专业建设工程安全生产的监督管理。

县级以上地方人民政府建设行政主管部门对本行政区域内的建设工程安全生产实施监督管理。县级以上地方人民政府交通、水利等有关部门在各自的职责范围内，负责本行政区域内的专业建设工程安全生产的监督管理。

第四十一条　建设行政主管部门和其他有关部门应当将本条例第十条、第十一条规定的有关资料的主要内容抄送同级负责安全生产监督管理的部门。

第四十二条　建设行政主管部门在审核发放施工许可证时，应当对建设工程是否有安全施工措施进行审查，对没有安全施工措施的，不得颁发施工许可证。

建设行政主管部门或者其他有关部门对建设工程是否有安全施工措施进行审查时，不得收取费用。

第四十三条　县级以上人民政府负有建设工程安全生产监督管理职责的部门在各自的职责范围内履行安全监督检查职责时，有权采取下列措施：

（一）要求被检查单位提供有关建设工程安全生产的文件和资料；

（二）进入被检查单位施工现场进行检查；

（三）纠正施工中违反安全生产要求的行为；

（四）对检查中发现的安全事故隐患，责令立即排除；重大安全事故隐患排除前或者排除过程中无法保证安全的，责令从危险区域内撤出作业人员或者暂时停止施工。

第四十四条　建设行政主管部门或者其他有关部门可以将施工现场的监督检查委托给建设工程安全监督机构具体实施。

第四十五条　国家对严重危及施工安全的工艺、设备、材料实行淘汰制度。具体目录由国务院建设行政主管部门会同国务院其他有关部门制定并公布。

第四十六条　县级以上人民政府建设行政主管部门和其他有关部门应当及时受理对建设工程生产安全事故及安全事故隐患的检举、控告和投诉。

第六章　生产安全事故的应急救援和调查处理

第四十七条　县级以上地方人民政府建设行政主管部门应当根据本级人民政府的要求，制定本行政区域内建设工程特大生产安全事故应急救援预案。

第四十八条　施工单位应当制定本单位生产安全事故应急救援预案，建立应急救援组织或者配备应急救援人员，配备必要的应急救援器材、设备，并定期组织演练。

第四十九条　施工单位应当根据建设工程施工的特点、范围，对施工现场易发生重大事故的部位、环节进行监控，制定施工现场生产安全事故应急救援预案。实行施工总承包的，由总承包单位统一组织编制建设工程生产安全事故应急救援预案，工程总承包单位和分包单位按照应急救援预案，各自建立应急救援组织或者配备应急救援人员，配备救援器材、设备，并定期组织演练。

第五十条　施工单位发生生产安全事故，应当按照国家有关伤亡事故报告和调查处理的规定，及时、如实地向负责安全生产监督管理的部门、建设行政主管部门或者其他有关部门报告；特种设备发生事故的，还应当同时向特种设备安全监督管理部门报告。接到报告的部门应当按照国家有关规定，如实上报。

实行施工总承包的建设工程，由总承包单位负责上报事故。

第五十一条 发生生产安全事故后，施工单位应当采取措施防止事故扩大，保护事故现场。需要移动现场物品时，应当做出标记和书面记录，妥善保管有关证物。

第五十二条 建设工程生产安全事故的调查、对事故责任单位和责任人的处罚与处理，按照有关法律、法规的规定执行。

第七章 法 律 责 任

第五十三条 违反本条例的规定，县级以上人民政府建设行政主管部门或者其他有关行政管理部门的工作人员，有下列行为之一的，给予降级或者撤职的行政处分；构成犯罪的，依照刑法有关规定追究刑事责任：

（一）对不具备安全生产条件的施工单位颁发资质证书的；

（二）对没有安全施工措施的建设工程颁发施工许可证的；

（三）发现违法行为不予查处的；

（四）不依法履行监督管理职责的其他行为。

第五十四条 违反本条例的规定，建设单位未提供建设工程安全生产作业环境及安全施工措施所需费用的，责令限期改正；逾期未改正的，责令该建设工程停止施工。

建设单位未将保证安全施工的措施或者拆除工程的有关资料报送有关部门备案的，责令限期改正，给予警告。

第五十五条 违反本条例的规定，建设单位有下列行为之一的，责令限期改正，处20万元以上50万元以下的罚款；造成重大安全事故，构成犯罪的，对直接责任人员，依照刑法有关规定追究刑事责任；造成损失的，依法承担赔偿责任：

（一）对勘察、设计、施工、工程监理等单位提出不符合安全生产法律、法规和强制性标准规定的要求的；

（二）要求施工单位压缩合同约定的工期的；

（三）将拆除工程发包给不具有相应资质等级的施工单位的。

第五十六条 违反本条例的规定，勘察单位、设计单位有下列行为之一的，责令限期改正，处10万元以上30万元以下的罚款；情节严重的，责令停业整顿，降低资质等级，直至吊销资质证书；造成重大安全事故，构成犯罪的，对直接责任人员，依照刑法有关规定追究刑事责任；造成损失的，依法承担赔偿责任：

（一）未按照法律、法规和工程建设强制性标准进行勘察、设计的；

（二）采用新结构、新材料、新工艺的建设工程和特殊结构的建设工程，设计单位未在设计中提出保障施工作业人员安全和预防生产安全事故的措施建议的。

第五十七条 违反本条例的规定，工程监理单位有下列行为之一的，责令限期改正；逾期未改正的，责令停业整顿，并处10万元以上30万元以下的罚款；情节严重的，降低资质等级，直至吊销资质证书；造成重大安全事故，构成犯罪的，对直接责任人员，依照刑法有关规定追究刑事责任；造成损失的，依法承担赔偿责任：

（一）未对施工组织设计中的安全技术措施或者专项施工方案进行审查的；

（二）发现安全事故隐患未及时要求施工单位整改或者暂时停止施工的；

（三）施工单位拒不整改或者不停止施工，未及时向有关主管部门报告的；

（四）未依照法律、法规和工程建设强制性标准实施监理的。

第五十八条 注册执业人员未执行法律、法规和工程建设强制性标准的，责令停止执业3个月以上1年以下；情节严重的，吊销执业资格证书，5年内不予注册；造成重大安全事故的，终身不予注册；构成犯罪的，依照刑法有关规定追究刑事责任。

第五十九条 违反本条例的规定，为建设工程提供机械设备和配件的单位，未按照安全施工的要求配备齐全有效的保险、限位等安全设施和装置的，责令限期改正，处合同价款1倍以上3倍以下的罚款；造成损失的，依法承担赔偿责任。

第六十条 违反本条例的规定，出租单位出租未经安全性能检测或者经检测不合格的机械设备和施工机具及配件的，责令停业整顿，并处5万元以上10万元以下的罚款；造成损失的，依法承担赔偿责任。

第六十一条 违反本条例的规定，施工起重机械和整体提升脚手架、模板等自升式架设设施安装、拆卸单位有下列行为之一的，责令限期改正，处5万元以上10万元以下的罚款；情节严重的，责令停业整顿，降低资质等级，直至吊销资质证书；造成损失的，依法承担赔偿责任：

（一）未编制拆装方案、制定安全施工措施的；

（二）未由专业技术人员现场监督的；

（三）未出具自检合格证明或者出具虚假证明的；

（四）未向施工单位进行安全使用说明，办理移交手续的。

施工起重机械和整体提升脚手架、模板等自升式架设设施安装、拆卸单位有前款规定的第（一）项、第（三）项行为，经有关部门或者单位职工提出后，对事故隐患仍不采取措施，因而发生重大伤亡事故或者造成其他严重后果，构成犯罪的，对直接责任人员，依照刑法有关规定追究刑事责任。

第六十二条　违反本条例的规定，施工单位有下列行为之一的，责令限期改正；逾期未改正的，责令停业整顿，依照《中华人民共和国安全生产法》的有关规定处以罚款；造成重大安全事故，构成犯罪的，对直接责任人员，依照刑法有关规定追究刑事责任：

（一）未设立安全生产管理机构、配备专职安全生产管理人员或者分部分项工程施工时无专职安全生产管理人员现场监督的；

（二）施工单位的主要负责人、项目负责人、专职安全生产管理人员、作业人员或者特种作业人员，未经安全教育培训或者经考核不合格即从事相关工作的；

（三）未在施工现场的危险部位设置明显的安全警示标志，或者未按照国家有关规定在施工现场设置消防通道、消防水源、配备消防设施和灭火器材的；

（四）未向作业人员提供安全防护用具和安全防护服装的；

（五）未按照规定在施工起重机械和整体提升脚手架、模板等自升式架设设施验收合格后登记的；

（六）使用国家明令淘汰、禁止使用的危及施工安全的工艺、设备、材料的。

第六十三条　违反本条例的规定，施工单位挪用列入建设工程概算的安全生产作业环境及安全施工措施所需费用的，责令限期改正，处挪用费用20%以上50%以下的罚款；造成损失的，依法承担赔偿责任。

第六十四条　违反本条例的规定，施工单位有下列行为之一的，责令限期改正；逾期未改正的，责令停业整顿，并处5万元以上10万元以下的罚款；造成重大安全事故，构成犯罪的，对直接责任人员，依照刑法有关规定追究刑事责任：

（一）施工前未对有关安全施工的技术要求作出详细说明的；

（二）未根据不同施工阶段和周围环境及季节、气候的变化，在施工现场采取相应的安全施工措施，或者在城市市区内的建设工程的施工现场未实行封闭围挡的；

（三）在尚未竣工的建筑物内设置员工集体宿舍的；

（四）施工现场临时搭建的建筑物不符合安全使用要求的；

（五）未对因建设工程施工可能造成损害的毗邻建筑物、构筑物和地下管线等采取专项防护措施的。

施工单位有前款规定第（四）项、第（五）项行为，造成损失的，依法承担赔偿责任。

第六十五条　违反本条例的规定，施工单位有下列行为之一的，责令限期改正；逾期未改正的，责令停业整顿，并处10万元以上30万元以下的罚款；情节严重的，降低资质等级，直至吊销资质证书；造成重大安全事故，构成犯罪的，对直接责任人员，依照刑法有关规定追究刑事责任；造成损失的，依法承担赔偿责任：

（一）安全防护用具、机械设备、施工机具及配件在进入施工现场前未经查验或者查验不合格即投入使用的；

（二）使用未经验收或者验收不合格的施工起重机械和整体提升脚手架、模板等自升式架设设施的；

（三）委托不具有相应资质的单位承担施工现场安装、拆卸施工起重机械和整体提升脚手架、模板等自升式架设设施的；

（四）在施工组织设计中未编制安全技术措施、施工现场临时用电方案或者专项施工方案的。

第六十六条　违反本条例的规定，施工单位的主要负责人、项目负责人未履行安全生产管理职责的，责令限期改正；逾期未改正的，责令施工单位停业整顿；造成重大安全事故、重大伤亡事故或者其他严重后果，构成犯罪的，依照刑法有关规定追究刑事责任。

作业人员不服管理、违反规章制度和操作规程冒险作业造成重大伤亡事故或者其他严重后果，构成犯罪的，依照刑法有关规定追究刑事责任。

施工单位的主要负责人、项目负责人有前款违法行为，尚不够刑事处罚的，处2万元以上20万元以下的罚款或者按照管理权限给予撤职处分;自刑罚执行完毕或者受处分之日起,5年内不得担任任何施工单位的主要负责人、项目负责人。

第六十七条　施工单位取得资质证书后,降低安全生产条件的,责令限期改正;经整改仍未达到与其资质等级相适应的安全生产条件的,责令停业整顿,降低其资质等级直至吊销资质证书。

第六十八条　本条例规定的行政处罚,由建设行政主管部门或者其他有关部门依照法定职权决定。

违反消防安全管理规定的行为,由公安消防机构依法处罚。

有关法律、行政法规对建设工程安全生产违法行为的行政处罚决定机关另有规定的,从其规定。

第八章　附　　则

第六十九条　抢险救灾和农民自建低层住宅的安全生产管理,不适用本条例。

第七十条　军事建设工程的安全生产管理,按照中央军事委员会的有关规定执行。

第七十一条　本条例自2004年2月1日起施行。

危险性较大的分部分项工程安全管理规定

1. 2018年3月8日住房和城乡建设部令第37号发布

2. 根据2019年3月13日住房和城乡建设部令第47号《关于修改部分部门规章的决定》修正

第一章　总　　则

第一条　为加强对房屋建筑和市政基础设施工程中危险性较大的分部分项工程安全管理,有效防范生产安全事故,依据《中华人民共和国建筑法》《中华人民共和国安全生产法》《建设工程安全生产管理条例》等法律法规,制定本规定。

第二条　本规定适用于房屋建筑和市政基础设施工程中危险性较大的分部分项工程安全管理。

第三条　本规定所称危险性较大的分部分项工程(以下简称"危大工程"),是指房屋建筑和市政基础设施工程在施工过程中,容易导致人员群死群伤或者造成重大经济损失的分部分项工程。

危大工程及超过一定规模的危大工程范围由国务院住房城乡建设主管部门制定。

省级住房城乡建设主管部门可以结合本地区实际情况,补充本地区危大工程范围。

第四条　国务院住房城乡建设主管部门负责全国危大工程安全管理的指导监督。

县级以上地方人民政府住房城乡建设主管部门负责本行政区域内危大工程的安全监督管理。

第二章　前 期 保 障

第五条　建设单位应当依法提供真实、准确、完整的工程地质、水文地质和工程周边环境等资料。

第六条　勘察单位应当根据工程实际及工程周边环境资料,在勘察文件中说明地质条件可能造成的工程风险。

设计单位应当在设计文件中注明涉及危大工程的重点部位和环节,提出保障工程周边环境安全和工程施工安全的意见,必要时进行专项设计。

第七条　建设单位应当组织勘察、设计等单位在施工招标文件中列出危大工程清单,要求施工单位在投标时补充完善危大工程清单并明确相应的安全管理措施。

第八条　建设单位应当按照施工合同约定及时支付危大工程施工技术措施费以及相应的安全防护文明施工措施费,保障危大工程施工安全。

第九条　建设单位在申请办理施工许可手续时,应当提交危大工程清单及其安全管理措施等资料。

第三章　专项施工方案

第十条　施工单位应当在危大工程施工前组织工程技术人员编制专项施工方案。

实行施工总承包的,专项施工方案应当由施工总承包单位组织编制。危大工程实行分包的,专项施工方案可以由相关专业分包单位组织编制。

第十一条　专项施工方案应当由施工单位技术负责人审核签字、加盖单位公章,并由总监理工程师审查签字、加盖执业印章后方可实施。

危大工程实行分包并由分包单位编制专项施工方案的,专项施工方案应当由总承包单位技术负责人及分包单位技术负责人共同审核签字并加盖单位公章。

第十二条　对于超过一定规模的危大工程,施工单位应当组织召开专家论证会对专项施工方案进行论证。实行施工总承包的,由施工总承包单位组织召开专家论证会。专家论证前专项施工方案应当通过施工单位审核和总监理工程师审查。

专家应当从地方人民政府住房城乡建设主管部门建立的专家库中选取,符合专业要求且人数不得少于

5 名。与本工程有利害关系的人员不得以专家身份参加专家论证会。

第十三条　专家论证会后，应当形成论证报告，对专项施工方案提出通过、修改后通过或者不通过的一致意见。专家对论证报告负责并签字确认。

专项施工方案经论证需修改后通过的，施工单位应当根据论证报告修改完善后，重新履行本规定第十一条的程序。

专项施工方案经论证不通过的，施工单位修改后应当按照本规定的要求重新组织专家论证。

第四章　现场安全管理

第十四条　施工单位应当在施工现场显著位置公告危大工程名称、施工时间和具体责任人员，并在危险区域设置安全警示标志。

第十五条　专项施工方案实施前，编制人员或者项目技术负责人应当向施工现场管理人员进行方案交底。

施工现场管理人员应当向作业人员进行安全技术交底，并由双方和项目专职安全生产管理人员共同签字确认。

第十六条　施工单位应当严格按照专项施工方案组织施工，不得擅自修改专项施工方案。

因规划调整、设计变更等原因确需调整的，修改后的专项施工方案应当按照本规定重新审核和论证。涉及资金或者工期调整的，建设单位应当按照约定予以调整。

第十七条　施工单位应当对危大工程施工作业人员进行登记，项目负责人应当在施工现场履职。

项目专职安全生产管理人员应当对专项施工方案实施情况进行现场监督，对未按照专项施工方案施工的，应当要求立即整改，并及时报告项目负责人，项目负责人应当及时组织限期整改。

施工单位应当按照规定对危大工程进行施工监测和安全巡视，发现危及人身安全的紧急情况，应当立即组织作业人员撤离危险区域。

第十八条　监理单位应当结合危大工程专项施工方案编制监理实施细则，并对危大工程施工实施专项巡视检查。

第十九条　监理单位发现施工单位未按照专项施工方案施工的，应当要求其进行整改；情节严重的，应当要求其暂停施工，并及时报告建设单位。施工单位拒不整改或者不停止施工的，监理单位应当及时报告建设单位和工程所在地住房城乡建设主管部门。

第二十条　对于按照规定需要进行第三方监测的危大工程，建设单位应当委托具有相应勘察资质的单位进行监测。

监测单位应当编制监测方案。监测方案由监测单位技术负责人审核签字并加盖单位公章，报送监理单位后方可实施。

监测单位应当按照监测方案开展监测，及时向建设单位报送监测成果，并对监测成果负责；发现异常时，及时向建设、设计、施工、监理单位报告，建设单位应当立即组织相关单位采取处置措施。

第二十一条　对于按照规定需要验收的危大工程，施工单位、监理单位应当组织相关人员进行验收。验收合格的，经施工单位项目技术负责人及总监理工程师签字确认后，方可进入下一道工序。

危大工程验收合格后，施工单位应当在施工现场明显位置设置验收标识牌，公示验收时间及责任人员。

第二十二条　危大工程发生险情或者事故时，施工单位应当立即采取应急处置措施，并报告工程所在地住房城乡建设主管部门。建设、勘察、设计、监理等单位应当配合施工单位开展应急抢险工作。

第二十三条　危大工程应急抢险结束后，建设单位应当组织勘察、设计、施工、监理等单位制定工程恢复方案，并对应急抢险工作进行后评估。

第二十四条　施工、监理单位应当建立危大工程安全管理档案。

施工单位应当将专项施工方案及审核、专家论证、交底、现场检查、验收及整改等相关资料纳入档案管理。

监理单位应当将监理实施细则、专项施工方案审查、专项巡视检查、验收及整改等相关资料纳入档案管理。

第五章　监 督 管 理

第二十五条　设区的市级以上地方人民政府住房城乡建设主管部门应当建立专家库，制定专家库管理制度，建立专家诚信档案，并向社会公布，接受社会监督。

第二十六条　县级以上地方人民政府住房城乡建设主管部门或者所属施工安全监督机构，应当根据监督工作计划对危大工程进行抽查。

县级以上地方人民政府住房城乡建设主管部门或者所属施工安全监督机构，可以通过政府购买技术服务方式,聘请具有专业技术能力的单位和人员对危大工程进行检查,所需费用向本级财政申请予以保障。

第二十七条 县级以上地方人民政府住房城乡建设主管部门或者所属施工安全监督机构,在监督抽查中发现危大工程存在安全隐患的,应当责令施工单位整改;重大安全事故隐患排除前或者排除过程中无法保证安全的,责令从危险区域内撤出作业人员或者暂时停止施工;对依法应当给予行政处罚的行为,应当依法作出行政处罚决定。

第二十八条 县级以上地方人民政府住房城乡建设主管部门应当将单位和个人的处罚信息纳入建筑施工安全生产不良信用记录。

第六章 法律责任

第二十九条 建设单位有下列行为之一的,责令限期改正,并处1万元以上3万元以下的罚款;对直接负责的主管人员和其他直接责任人员处1000元以上5000元以下的罚款:

(一)未按照本规定提供工程周边环境等资料的;

(二)未按照本规定在招标文件中列出危大工程清单的;

(三)未按照施工合同约定及时支付危大工程施工技术措施费或者相应的安全防护文明施工措施费的;

(四)未按照本规定委托具有相应勘察资质的单位进行第三方监测的;

(五)未对第三方监测单位报告的异常情况组织采取处置措施的。

第三十条 勘察单位未在勘察文件中说明地质条件可能造成的工程风险的,责令限期改正,依照《建设工程安全生产管理条例》对单位进行处罚;对直接负责的主管人员和其他直接责任人员处1000元以上5000元以下的罚款。

第三十一条 设计单位未在设计文件中注明涉及危大工程的重点部位和环节,未提出保障工程周边环境安全和工程施工安全的意见的,责令限期改正,并处1万元以上3万元以下的罚款;对直接负责的主管人员和其他直接责任人员处1000元以上5000元以下的罚款。

第三十二条 施工单位未按照本规定编制并审核危大工程专项施工方案的,依照《建设工程安全生产管理条例》对单位进行处罚,并暂扣安全生产许可证30日;对直接负责的主管人员和其他直接责任人员处1000元以上5000元以下的罚款。

第三十三条 施工单位有下列行为之一的,依照《中华人民共和国安全生产法》《建设工程安全生产管理条例》对单位和相关责任人员进行处罚:

(一)未向施工现场管理人员和作业人员进行方案交底和安全技术交底的;

(二)未在施工现场显著位置公告危大工程,并在危险区域设置安全警示标志的;

(三)项目专职安全生产管理人员未对专项施工方案实施情况进行现场监督的。

第三十四条 施工单位有下列行为之一的,责令限期改正,处1万元以上3万元以下的罚款,并暂扣安全生产许可证30日;对直接负责的主管人员和其他直接责任人员处1000元以上5000元以下的罚款:

(一)未对超过一定规模的危大工程专项施工方案进行专家论证的;

(二)未根据专家论证报告对超过一定规模的危大工程专项施工方案进行修改,或者未按照本规定重新组织专家论证的;

(三)未严格按照专项施工方案组织施工,或者擅自修改专项施工方案的。

第三十五条 施工单位有下列行为之一的,责令限期改正,并处1万元以上3万元以下的罚款;对直接负责的主管人员和其他直接责任人员处1000元以上5000元以下的罚款:

(一)项目负责人未按照本规定现场履职或者组织限期整改的;

(二)施工单位未按照本规定进行施工监测和安全巡视的;

(三)未按照本规定组织危大工程验收的;

(四)发生险情或者事故时,未采取应急处置措施的;

(五)未按照本规定建立危大工程安全管理档案的。

第三十六条 监理单位有下列行为之一的,依照《中华人民共和国安全生产法》《建设工程安全生产管理条例》对单位进行处罚;对直接负责的主管人员和其他直接责任人员处1000元以上5000元以下的罚款:

(一)总监理工程师未按照本规定审查危大工程专项施工方案的;

(二)发现施工单位未按照专项施工方案实施,未要求其整改或者停工的；

（三）施工单位拒不整改或者不停止施工时，未向建设单位和工程所在地住房城乡建设主管部门报告的。

第三十七条 监理单位有下列行为之一的，责令限期改正，并处1万元以上3万元以下的罚款；对直接负责的主管人员和其他直接责任人员处1000元以上5000元以下的罚款：

（一）未按照本规定编制监理实施细则的；

（二）未对危大工程施工实施专项巡视检查的；

（三）未按照本规定参与组织危大工程验收的；

（四）未按照本规定建立危大工程安全管理档案的。

第三十八条 监测单位有下列行为之一的，责令限期改正，并处1万元以上3万元以下的罚款；对直接负责的主管人员和其他直接责任人员处1000元以上5000元以下的罚款：

（一）未取得相应勘察资质从事第三方监测的；

（二）未按照本规定编制监测方案的；

（三）未按照监测方案开展监测的；

（四）发现异常未及时报告的。

第三十九条 县级以上地方人民政府住房城乡建设主管部门或者所属施工安全监督机构的工作人员，未依法履行危大工程安全监督管理职责的，依照有关规定给予处分。

第七章 附 则

第四十条 本规定自2018年6月1日起施行。

住房城乡建设部办公厅关于实施《危险性较大的分部分项工程安全管理规定》有关问题的通知

1. 2018年5月17日

2. 建办质〔2018〕31号

各省、自治区住房城乡建设厅，北京市住房城乡建设委、天津市城乡建设委、上海市住房城乡建设管委、重庆市城乡建设委，新疆生产建设兵团住房城乡建设局：

为贯彻实施《危险性较大的分部分项工程安全管理规定》（住房城乡建设部令第37号），进一步加强和规范房屋建筑和市政基础设施工程中危险性较大的分部分项工程（以下简称危大工程）安全管理，现将有关问题通知如下：

一、关于危大工程范围

危大工程范围详见附件1。超过一定规模的危大工程范围详见附件2。

二、关于专项施工方案内容

危大工程专项施工方案的主要内容应当包括：

（一）工程概况：危大工程概况和特点、施工平面布置、施工要求和技术保证条件；

（二）编制依据：相关法律、法规、规范性文件、标准、规范及施工图设计文件、施工组织设计等；

（三）施工计划：包括施工进度计划、材料与设备计划；

（四）施工工艺技术：技术参数、工艺流程、施工方法、操作要求、检查要求等；

（五）施工安全保证措施：组织保障措施、技术措施、监测监控措施等；

（六）施工管理及作业人员配备和分工：施工管理人员、专职安全生产管理人员、特种作业人员、其他作业人员等；

（七）验收要求：验收标准、验收程序、验收内容、验收人员等；

（八）应急处置措施；

（九）计算书及相关施工图纸。

三、关于专家论证会参会人员

超过一定规模的危大工程专项施工方案专家论证会的参会人员应当包括：

（一）专家；

（二）建设单位项目负责人；

（三）有关勘察、设计单位项目技术负责人及相关人员；

（四）总承包单位和分包单位技术负责人或授权委派的专业技术人员、项目负责人、项目技术负责人、专项施工方案编制人员、项目专职安全生产管理人员及相关人员；

（五）监理单位项目总监理工程师及专业监理工程师。

四、关于专家论证内容

对于超过一定规模的危大工程专项施工方案，专家论证的主要内容应当包括：

（一）专项施工方案内容是否完整、可行；

（二）专项施工方案计算书和验算依据、施工图是否符合有关标准规范；

（三）专项施工方案是否满足现场实际情况，并能够确保施工安全。

五、关于专项施工方案修改

超过一定规模的危大工程专项施工方案经专家论证后结论为“通过”的，施工单位可参考专家意见自行修改完善；结论为“修改后通过”的，专家意见要明确具体修改内容，施工单位应当按照专家意见进行修改，并履行有关审核和审查手续后方可实施，修改情况应及时告知专家。

六、关于监测方案内容

进行第三方监测的危大工程监测方案的主要内容应当包括工程概况、监测依据、监测内容、监测方法、人员及设备、测点布置与保护、监测频次、预警标准及监测成果报送等。

七、关于验收人员

危大工程验收人员应当包括：

（一）总承包单位和分包单位技术负责人或授权委派的专业技术人员、项目负责人、项目技术负责人、专项施工方案编制人员、项目专职安全生产管理人员及相关人员；

（二）监理单位项目总监理工程师及专业监理工程师；

（三）有关勘察、设计和监测单位项目技术负责人。

八、关于专家条件

设区的市级以上地方人民政府住房城乡建设主管部门建立的专家库专家应当具备以下基本条件：

（一）诚实守信、作风正派、学术严谨；

（二）从事相关专业工作 15 年以上或具有丰富的专业经验；

（三）具有高级专业技术职称。

九、关于专家库管理

设区的市级以上地方人民政府住房城乡建设主管部门应当加强对专家库专家的管理，定期向社会公布专家业绩，对于专家不认真履行论证职责、工作失职等行为，记入不良信用记录，情节严重的，取消专家资格。

《关于印发〈危险性较大的分部分项工程安全管理办法〉的通知》（建质〔2009〕87 号）自 2018 年 6 月 1 日起废止。

附件：1. 危险性较大的分部分项工程范围

2. 超过一定规模的危险性较大的分部分项工程范围

附件 1

危险性较大的分部分项工程范围

一、基坑工程

（一）开挖深度超过 3m（含 3m）的基坑（槽）的土方开挖、支护、降水工程。

（二）开挖深度虽未超过 3m，但地质条件、周围环境和地下管线复杂，或影响毗邻建、构筑物安全的基坑（槽）的土方开挖、支护、降水工程。

二、模板工程及支撑体系

（一）各类工具式模板工程：包括滑模、爬模、飞模、隧道模等工程。

（二）混凝土模板支撑工程：搭设高度 5m 及以上，或搭设跨度 10m 及以上，或施工总荷载（荷载效应基本组合的设计值，以下简称设计值）$10kN/m^2$ 及以上，或集中线荷载（设计值）15kN/m 及以上，或高度大于支撑水平投影宽度且相对独立无联系构件的混凝土模板支撑工程。

（三）承重支撑体系：用于钢结构安装等满堂支撑体系。

三、起重吊装及起重机械安装拆卸工程

（一）采用非常规起重设备、方法，且单件起吊重量在 10kN 及以上的起重吊装工程。

（二）采用起重机械进行安装的工程。

（三）起重机械安装和拆卸工程。

四、脚手架工程

（一）搭设高度 24m 及以上的落地式钢管脚手架工程（包括采光井、电梯井脚手架）。

（二）附着式升降脚手架工程。

（三）悬挑式脚手架工程。

（四）高处作业吊篮。

（五）卸料平台、操作平台工程。

（六）异型脚手架工程。

五、拆除工程

可能影响行人、交通、电力设施、通讯设施或其它建、构筑物安全的拆除工程。

六、暗挖工程

采用矿山法、盾构法、顶管法施工的隧道、洞室工程。

七、其它

(一)建筑幕墙安装工程。

(二)钢结构、网架和索膜结构安装工程。

(三)人工挖孔桩工程。

(四)水下作业工程。

(五)装配式建筑混凝土预制构件安装工程。

(六)采用新技术、新工艺、新材料、新设备可能影响工程施工安全,尚无国家、行业及地方技术标准的分部分项工程。

附件 2

超过一定规模的危险性较大的分部分项工程范围

一、深基坑工程

开挖深度超过 5m(含 5m)的基坑(槽)的土方开挖、支护、降水工程。

二、模板工程及支撑体系

(一)各类工具式模板工程:包括滑模、爬模、飞模、隧道模等工程。

(二)混凝土模板支撑工程:搭设高度 8m 及以上,或搭设跨度 18m 及以上,或施工总荷载(设计值)15kN/m^2 及以上,或集中线荷载(设计值)20kN/m 及以上。

(三)承重支撑体系:用于钢结构安装等满堂支撑体系,承受单点集中荷载 7kN 及以上。

三、起重吊装及起重机械安装拆卸工程

(一)采用非常规起重设备、方法,且单件起吊重量在 100kN 及以上的起重吊装工程。

(二)起重量 300kN 及以上,或搭设总高度 200m 及以上,或搭设基础标高在 200m 及以上的起重机械安装和拆卸工程。

四、脚手架工程

(一)搭设高度 50m 及以上的落地式钢管脚手架工程。

(二)提升高度在 150m 及以上的附着式升降脚手架工程或附着式升降操作平台工程。

(三)分段架体搭设高度 20m 及以上的悬挑式脚手架工程。

五、拆除工程

(一)码头、桥梁、高架、烟囱、水塔或拆除中容易引起有毒有害气(液)体或粉尘扩散、易燃易爆事故发生的特殊建、构筑物的拆除工程。

(二)文物保护建筑、优秀历史建筑或历史文化风貌区影响范围内的拆除工程。

六、暗挖工程

采用矿山法、盾构法、顶管法施工的隧道、洞室工程。

七、其它

(一)施工高度 50m 及以上的建筑幕墙安装工程。

(二)跨度 36m 及以上的钢结构安装工程,或跨度 60m 及以上的网架和索膜结构安装工程。

(三)开挖深度 16m 及以上的人工挖孔桩工程。

(四)水下作业工程。

(五)重量 1000kN 及以上的大型结构整体顶升、平移、转体等施工工艺。

(六)采用新技术、新工艺、新材料、新设备可能影响工程施工安全,尚无国家、行业及地方技术标准的分部分项工程。

建筑施工安全生产标准化考评暂行办法

1. 2014 年 7 月 31 日住房和城乡建设部发布

2. 建质〔2014〕111 号

第一章 总 则

第一条 为进一步加强建筑施工安全生产管理,落实企业安全生产主体责任,规范建筑施工安全生产标准化考评工作,根据《国务院关于进一步加强企业安全生产工作的通知》(国发〔2010〕23 号)、《国务院关于坚持科学发展安全发展促进安全生产形势持续稳定好转的意见》(国发〔2011〕40 号)等文件,制定本办法。

第二条 本办法所称建筑施工安全生产标准化是指建筑施工企业在建筑施工活动中,贯彻执行建筑施工安全法律法规和标准规范,建立企业和项目安全生产责任制,制定安全管理制度和操作规程,监控危险性较大分部分项工程,排查治理安全生产隐患,使人、机、物、环始终处于安全状态,形成过程控制、持续改进的安全管理机制。

第三条 本办法所称建筑施工安全生产标准化考评包括

建筑施工项目安全生产标准化考评和建筑施工企业安全生产标准化考评。

建筑施工项目是指新建、扩建、改建房屋建筑和市政基础设施工程项目。

建筑施工企业是指从事新建、扩建、改建房屋建筑和市政基础设施工程施工活动的建筑施工总承包及专业承包企业。

第四条 国务院住房城乡建设主管部门监督指导全国建筑施工安全生产标准化考评工作。

县级以上地方人民政府住房城乡建设主管部门负责本行政区域内建筑施工安全生产标准化考评工作。

县级以上地方人民政府住房城乡建设主管部门可以委托建筑施工安全监督机构具体实施建筑施工安全生产标准化考评工作。

第五条 建筑施工安全生产标准化考评工作应坚持客观、公正、公开的原则。

第六条 鼓励应用信息化手段开展建筑施工安全生产标准化考评工作。

第二章 项目考评

第七条 建筑施工企业应当建立健全以项目负责人为第一责任人的项目安全生产管理体系，依法履行安全生产职责，实施项目安全生产标准化工作。

建筑施工项目实行施工总承包的，施工总承包单位对项目安全生产标准化工作负总责。施工总承包单位应当组织专业承包单位等开展项目安全生产标准化工作。

第八条 工程项目应当成立由施工总承包及专业承包单位等组成的项目安全生产标准化自评机构，在项目施工过程中每月主要依据《建筑施工安全检查标准》(JGJ 59)等开展安全生产标准化自评工作。

第九条 建筑施工企业安全生产管理机构应当定期对项目安全生产标准化工作进行监督检查，检查及整改情况应当纳入项目自评材料。

第十条 建设、监理单位应当对建筑施工企业实施的项目安全生产标准化工作进行监督检查，并对建筑施工企业的项目自评材料进行审核并签署意见。

第十一条 对建筑施工项目实施安全生产监督的住房城乡建设主管部门或其委托的建筑施工安全监督机构(以下简称“项目考评主体”)负责建筑施工项目安全生产标准化考评工作。

第十二条 项目考评主体应当对已办理施工安全监督手续并取得施工许可证的建筑施工项目实施安全生产标准化考评。

第十三条 项目考评主体应当对建筑施工项目实施日常安全监督时同步开展项目考评工作，指导监督项目自评工作。

第十四条 项目完工后办理竣工验收前，建筑施工企业应当向项目考评主体提交项目安全生产标准化自评材料。

项目自评材料主要包括：

(一)项目建设、监理、施工总承包、专业承包等单位及其项目主要负责人名录；

(二)项目主要依据《建筑施工安全检查标准》(JGJ 59)等进行自评结果及项目建设、监理单位审核意见；

(三)项目施工期间因安全生产受到住房城乡建设主管部门奖惩情况(包括限期整改、停工整改、通报批评、行政处罚、通报表扬、表彰奖励等)；

(四)项目发生生产安全责任事故情况；

(五)住房城乡建设主管部门规定的其他材料。

第十五条 项目考评主体收到建筑施工企业提交的材料后，经查验符合要求的，以项目自评为基础，结合日常监管情况对项目安全生产标准化工作进行评定，在10个工作日内向建筑施工企业发放项目考评结果告知书。

评定结果为“优良”、“合格”及“不合格”。

项目考评结果告知书中应包括项目建设、监理、施工总承包、专业承包等单位及其项目主要负责人信息。

评定结果为不合格的，应当在项目考评结果告知书中说明理由及项目考评不合格的责任单位。

第十六条 建筑施工项目具有下列情形之一的，安全生产标准化评定为不合格：

(一)未按规定开展项目自评工作的；

(二)发生生产安全责任事故的；

(三)因项目存在安全隐患在一年内受到住房城乡建设主管部门2次及以上停工整改的；

(四)住房城乡建设主管部门规定的其他情形。

第十七条 各省级住房城乡建设部门可结合本地区实际确定建筑施工项目安全生产标准化优良标准。

安全生产标准化评定为优良的建筑施工项目数量，原则上不超过所辖区域内本年度拟竣工项目数量的10%。

第十八条　项目考评主体应当及时向社会公布本行政区域内建筑施工项目安全生产标准化考评结果，并逐级上报至省级住房城乡建设主管部门。

建筑施工企业跨地区承建的工程项目，项目所在地省级住房城乡建设主管部门应当及时将项目的考评结果转送至该企业注册地省级住房城乡建设主管部门。

第十九条　项目竣工验收时建筑施工企业未提交项目自评材料的，视同项目考评不合格。

第三章　企业考评

第二十条　建筑施工企业应当建立健全以法定代表人为第一责任人的企业安全生产管理体系，依法履行安全生产职责，实施企业安全生产标准化工作。

第二十一条　建筑施工企业应当成立企业安全生产标准化自评机构，每年主要依据《施工企业安全生产评价标准》（JGJ/T 77）等开展企业安全生产标准化自评工作。

第二十二条　对建筑施工企业颁发安全生产许可证的住房城乡建设主管部门或其委托的建筑施工安全监督机构（以下简称“企业考评主体”）负责建筑施工企业的安全生产标准化考评工作。

第二十三条　企业考评主体应当对取得安全生产许可证且许可证在有效期内的建筑施工企业实施安全生产标准化考评。

第二十四条　企业考评主体应当对建筑施工企业安全生产许可证实施动态监管时同步开展企业安全生产标准化考评工作，指导监督建筑施工企业开展自评工作。

第二十五条　建筑施工企业在办理安全生产许可证延期时，应当向企业考评主体提交企业自评材料。

企业自评材料主要包括：

（一）企业承建项目台帐及项目考评结果；

（二）企业主要依据《施工企业安全生产评价标准》（JGJ/T 77）等进行自评结果；

（三）企业近三年内因安全生产受到住房城乡建设主管部门奖惩情况（包括通报批评、行政处罚、通报表扬、表彰奖励等）；

（四）企业承建项目发生生产安全责任事故情况；

（五）省级及以上住房城乡建设主管部门规定的其他材料。

第二十六条　企业考评主体收到建筑施工企业提交的材料后，经查验符合要求的，以企业自评为基础，以企业承建项目安全生产标准化考评结果为主要依据，结合安全生产许可证动态监管情况对企业安全生产标准化工作进行评定，在20个工作日内向建筑施工企业发放企业考评结果告知书。

评定结果为“优良”、“合格”及“不合格”。

企业考评结果告知书应包括企业考评年度及企业主要负责人信息。

评定结果为不合格的，应当说明理由，责令限期整改。

第二十七条　建筑施工企业具有下列情形之一的，安全生产标准化评定为不合格：

（一）未按规定开展企业自评工作的；

（二）企业近三年所承建的项目发生较大及以上生产安全责任事故的；

（三）企业近三年所承建已竣工项目不合格率超过5%的（不合格率是指企业近三年作为项目考评不合格责任主体的竣工工程数量与企业承建已竣工工程数量之比）；

（四）省级及以上住房城乡建设主管部门规定的其他情形。

第二十八条　各省级住房城乡建设部门可结合本地区实际确定建筑施工企业安全生产标准化优良标准。

安全生产标准化评定为优良的建筑施工企业数量，原则上不超过本年度拟办理安全生产许可证延期企业数量的10%。

第二十九条　企业考评主体应当及时向社会公布建筑施工企业安全生产标准化考评结果。

对跨地区承建工程项目的建筑施工企业，项目所在地省级住房城乡建设主管部门可以参照本办法对该企业进行考评，考评结果及时转送至该企业注册地省级住房城乡建设主管部门。

第三十条　建筑施工企业在办理安全生产许可证延期时未提交企业自评材料的，视同企业考评不合格。

第四章　奖励和惩戒

第三十一条　建筑施工安全生产标准化考评结果作为政府相关部门进行绩效考核、信用评级、诚信评价、评先推优、投融资风险评估、保险费率浮动等重要参考依据。

第三十二条　政府投资项目招投标应优先选择建筑施工安全生产标准化工作业绩突出的建筑施工企业及项目

负责人。

第三十三条 住房城乡建设主管部门应当将建筑施工安全生产标准化考评情况记入安全生产信用档案。

第三十四条 对于安全生产标准化考评不合格的建筑施工企业，住房城乡建设主管部门应当责令限期整改，在企业办理安全生产许可证延期时，复核其安全生产条件，对整改后具备安全生产条件的，安全生产标准化考评结果为“整改后合格”，核发安全生产许可证；对不再具备安全生产条件的，不予核发安全生产许可证。

第三十五条 对于安全生产标准化考评不合格的建筑施工企业及项目，住房城乡建设主管部门应当在企业主要负责人、项目负责人办理安全生产考核合格证书延期时，责令限期重新考核，对重新考核合格的，核发安全生产考核合格证；对重新考核不合格的，不予核发安全生产考核合格证。

第三十六条 经安全生产标准化考评合格或优良的建筑施工企业及项目，发现有下列情形之一的，由考评主体撤销原安全生产标准化考评结果，直接评定为不合格，并对有关责任单位和责任人员依法予以处罚。

（一）提交的自评材料弄虚作假的；

（二）漏报、谎报、瞒报生产安全事故的；

（三）考评过程中有其他违法违规行为的。

第五章 附 则

第三十七条 省、自治区、直辖市人民政府住房城乡建设主管部门可根据本办法制定实施细则并报国务院住房城乡建设主管部门备案。

第三十八条 本办法自发布之日起施行。

房屋建筑和市政基础设施工程施工安全监督规定

1. 2014年10月24日住房和城乡建设部发布

2. 建质〔2014〕153号

3. 根据2019年3月18日《住房和城乡建设部关于修改有关文件的通知》（建法规〔2019〕3号）修正

第一条 为了加强房屋建筑和市政基础设施工程施工安全监督，保护人民群众生命财产安全，规范住房城乡建设主管部门安全监督行为，根据《中华人民共和国建筑法》、《中华人民共和国安全生产法》、《建设工程安全生产管理条例》等有关法律、行政法规，制定本规定。

第二条 本规定所称施工安全监督，是指住房城乡建设主管部门依据有关法律法规，对房屋建筑和市政基础设施工程的建设、勘察、设计、施工、监理等单位及人员（以下简称工程建设责任主体）履行安全生产职责，执行法律、法规、规章、制度及工程建设强制性标准等情况实施抽查并对违法违规行为进行处理的行政执法活动。

第三条 国务院住房城乡建设主管部门负责指导全国房屋建筑和市政基础设施工程施工安全监督工作。

县级以上地方人民政府住房城乡建设主管部门负责本行政区域内房屋建筑和市政基础设施工程施工安全监督工作。

县级以上地方人民政府住房城乡建设主管部门可以将施工安全监督工作委托所属的施工安全监督机构具体实施。

第四条 住房城乡建设主管部门应当加强施工安全监督机构建设，建立施工安全监督工作考核制度。

第五条 施工安全监督机构应当具备以下条件：

（一）具有完整的组织体系，岗位职责明确；

（二）具有符合本规定第六条规定的施工安全监督人员，人员数量满足监督工作需要且专业结构合理，其中监督人员应当占监督机构总人数的75%以上；

（三）具有固定的工作场所，配备满足监督工作需要的仪器、设备、工具及安全防护用品；

（四）有健全的施工安全监督工作制度，具备与监督工作相适应的信息化管理条件。

第六条 施工安全监督人员应当具备下列条件：

（一）具有工程类相关专业大专及以上学历或初级及以上专业技术职称；

（二）具有两年及以上施工安全管理经验；

（三）熟悉掌握相关法律法规和工程建设标准规范；

（四）经业务培训考核合格，取得相关执法证书；

（五）具有良好的职业道德。

第七条 县级以上地方人民政府住房城乡建设主管部门或其所属的施工安全监督机构（以下合称监督机构）应当对本行政区域内已取得施工许可证的工程项目实施施工安全监督。

第八条 施工安全监督主要包括以下内容：

（一）抽查工程建设责任主体履行安全生产职责

情况；

（二）抽查工程建设责任主体执行法律、法规、规章、制度及工程建设强制性标准情况；

（三）抽查建筑施工安全生产标准化开展情况；

（四）组织或参与工程项目施工安全事故的调查处理；

（五）依法对工程建设责任主体违法违规行为实施行政处罚；

（六）依法处理与工程项目施工安全相关的投诉、举报。

第九条　监督机构实施工程项目的施工安全监督，应当依照下列程序进行：

（一）建设单位申请办理工程项目施工许可证；

（二）制定工程项目施工安全监督工作计划并组织实施；

（三）实施工程项目施工安全监督抽查并形成监督记录；

（四）评定工程项目安全生产标准化工作并办理终止施工安全监督手续；

（五）整理工程项目施工安全监督资料并立卷归档。

第十条　监督机构实施工程项目的施工安全监督，有权采取下列措施：

（一）要求工程建设责任主体提供有关工程项目安全管理的文件和资料；

（二）进入工程项目施工现场进行安全监督抽查；

（三）发现安全隐患，责令整改或暂时停止施工；

（四）发现违法违规行为，按权限实施行政处罚或移交有关部门处理；

（五）向社会公布工程建设责任主体安全生产不良信息。

第十一条　工程项目因故中止施工的，监督机构对工程项目中止施工安全监督。

工程项目经建设、监理、施工单位确认施工结束的，监督机构对工程项目终止施工安全监督。

第十二条　施工安全监督人员有下列玩忽职守、滥用职权、徇私舞弊情形之一，造成严重后果的，给予行政处分；构成犯罪的，依法追究刑事责任：

（一）发现施工安全违法违规行为不予查处的；

（二）在监督过程中，索取或者接受他人财物，或者谋取其他利益的；

（三）对涉及施工安全的举报、投诉不处理的。

第十三条　有下列情形之一的，监督机构和施工安全监督人员不承担责任：

（一）工程项目中止施工安全监督期间或者施工安全监督终止后，发生安全事故的；

（二）对发现的施工安全违法行为和安全隐患已经依法查处，工程建设责任主体拒不执行安全监管指令发生安全事故的；

（三）现行法规标准尚无规定或工程建设责任主体弄虚作假，致使无法作出正确执法行为的；

（四）因自然灾害等不可抗力导致安全事故的；

（五）按照工程项目监督工作计划已经履行监督职责的。

第十四条　省、自治区、直辖市人民政府住房城乡建设主管部门可以根据本规定制定具体实施办法。

第十五条　本规定自发布之日起施行。原《建筑工程安全生产监督管理工作导则》同时废止。

房屋建筑和市政基础设施工程施工安全监督工作规程

1. 2014年10月28日住房和城乡建设部发布
2. 建质〔2014〕154号
3. 根据2019年3月18日《住房和城乡建设部关于修改有关文件的通知》（建法规〔2019〕3号）修正

第一条　为规范房屋建筑和市政基础设施工程施工安全监督工作程序，依据有关法律法规，制定本规程。

第二条　县级以上地方人民政府住房城乡建设主管部门或其所属的施工安全监督机构（以下合称监督机构）对新建、扩建、改建房屋建筑和市政基础设施工程实施施工安全监督的，适用本规程。

第三条　监督机构应当在办公场所、有关网站公示施工安全监督工作流程。

第四条　工程项目施工前，建设单位应当申请办理施工许可证。住房城乡建设主管部门可以将建设单位提交的保证安全施工具体措施的资料（包括工程项目及参建单位基本信息）委托监督机构进行查验，必要时可以进行现场踏勘，对不符合施工许可条件的，不得颁发施工许可证。

第五条　监督机构应当根据工程项目实际情况，编制

《施工安全监督工作计划》，明确主要监督内容、抽查频次、监督措施等。对含有超过一定规模的危险性较大分部分项工程的工程项目、近一年发生过生产安全事故的施工企业承接的工程项目应当增加抽查次数。

施工安全监督过程中，对发生过生产安全事故以及检查中发现安全隐患较多的工程项目，应当调整监督工作计划，增加抽查次数。

第六条 已取得施工许可证的工程项目，监督机构应当组织建设、勘察、设计、施工、监理等单位及人员（以下简称工程建设责任主体）召开施工安全监督告知会议，提出安全监督要求。

第七条 监督机构应当委派2名及以上监督人员按照监督计划对工程项目施工现场进行随机抽查。

监督人员应当在抽查前了解工程项目有关情况，确定抽查范围和内容，备好所需设备、资料和文书等。

第八条 监督人员应当依据法律法规和工程建设强制性标准，对工程建设责任主体的安全生产行为、施工现场的安全生产状况和安全生产标准化开展情况进行抽查。工程项目危险性较大分部分项工程应当作为重点抽查内容。

监督人员实施施工安全监督，可采用抽查、抽测现场实物，查阅施工合同、施工图纸、管理资料，询问现场有关人员等方式。

监督人员进入工程项目施工现场抽查时，应当向工程建设责任主体出示有效证件。

第九条 监督人员在抽查过程中发现工程项目施工现场存在安全生产隐患的，应当责令立即整改；无法立即整改的，下达《限期整改通知书》，责令限期整改；安全生产隐患排除前或排除过程中无法保证安全的，下达《停工整改通知书》，责令从危险区域内撤出作业人员。对抽查中发现的违反相关法律、法规规定的行为，依法实施行政处罚或移交有关部门处理。

第十条 被责令限期整改、停工整改的工程项目，施工单位应当在排除安全隐患后，由监理单位组织验收，验收合格后形成安全隐患整改报告，经建设、施工、监理单位项目负责人签字并加盖单位公章，提交监督机构。

监督机构收到施工单位提交的安全隐患整改报告后进行查验，必要时进行现场抽查。经查验符合要求的，监督机构向停工整改的工程项目，发放《恢复施工通知书》。

责令限期整改、停工整改的工程项目，逾期不整改的，监督机构应当按权限实施行政处罚或移交有关部门处理。

第十一条 监督人员应当如实记录监督抽查情况，监督抽查结束后形成监督记录并整理归档。监督记录包括抽查时间、范围、部位、内容、结果及必要的影像资料等。

第十二条 工程项目因故中止施工的，建设单位应当向监督机构申请办理中止施工安全监督手续，并提交中止施工的时间、原因、在施部位及安全保障措施等资料。

监督机构收到建设单位提交的资料后，经查验符合要求的，应当在5个工作日内向建设单位发放《中止施工安全监督告知书》。监督机构对工程项目中止施工期间不实施施工安全监督。

第十三条 中止施工的工程项目恢复施工，建设单位应当向监督机构申请办理恢复施工安全监督手续，并提交经建设、监理、施工单位项目负责人签字并加盖单位公章的复工条件验收报告。

监督机构收到建设单位提交的复工条件验收报告后，经查验符合复工条件的，应当在5个工作日内向建设单位发放《恢复施工安全监督告知书》，对工程项目恢复实施施工安全监督。

第十四条 工程项目完工办理竣工验收前，建设单位应当向监督机构申请办理终止施工安全监督手续，并提交经建设、监理、施工单位确认的工程施工结束证明，施工单位应当提交经建设、监理单位审核的项目安全生产标准化自评材料。

监督机构收到建设单位提交的资料后，经查验符合要求的，在5个工作日内向建设单位发放《终止施工安全监督告知书》，同时终止对工程项目的施工安全监督。

监督机构应当按照有关规定，对项目安全生产标准化作出评定，并向施工单位发放《项目安全生产标准化考评结果告知书》。

第十五条 工程项目终止施工安全监督后，监督机构应当整理工程项目的施工安全监督资料，包括监督文书、抽查记录、项目安全生产标准化自评材料等，形成工程项目的施工安全监督档案。工程项目施工安全监督档案保存期限三年，自归档之日起计算。

第十六条　监督机构应当将工程建设责任主体安全生产不良行为及处罚结果、工程项目安全生产标准化考评结果记入施工安全信用档案，并向社会公开。

第十七条　鼓励监督机构建立施工安全监管信息平台，应用信息化手段实施施工安全监督。

第十八条　监督机构应当制作统一的监督文书，并对监督文书进行统一编号，加盖监督机构公章。

第十九条　本规程自发布之日起实施。

（2）负责人责任

建筑施工企业安全生产管理机构设置及专职安全生产管理人员配备办法

1. 2008年5月13日住房和城乡建设部发布
2. 建质〔2008〕91号

第一条　为规范建筑施工企业安全生产管理机构的设置，明确建筑施工企业和项目专职安全生产管理人员的配备标准，根据《中华人民共和国安全生产法》、《建设工程安全生产管理条例》、《安全生产许可证条例》及《建筑施工企业安全生产许可证管理规定》，制定本办法。

第二条　从事土木工程、建筑工程、线路管道和设备安装工程及装修工程的新建、改建、扩建和拆除等活动的建筑施工企业安全生产管理机构的设置及其专职安全生产管理人员的配备，适用本办法。

第三条　本办法所称安全生产管理机构是指建筑施工企业设置的负责安全生产管理工作的独立职能部门。

第四条　本办法所称专职安全生产管理人员是指经建设主管部门或者其他有关部门安全生产考核合格取得安全生产考核合格证书，并在建筑施工企业及其项目从事安全生产管理工作的专职人员。

第五条　建筑施工企业应当依法设置安全生产管理机构，在企业主要负责人的领导下开展本企业的安全生产管理工作。

第六条　建筑施工企业安全生产管理机构具有以下职责：

（一）宣传和贯彻国家有关安全生产法律法规和标准；

（二）编制并适时更新安全生产管理制度并监督实施；

（三）组织或参与企业生产安全事故应急救援预案的编制及演练；

（四）组织开展安全教育培训与交流；

（五）协调配备项目专职安全生产管理人员；

（六）制订企业安全生产检查计划并组织实施；

（七）监督在建项目安全生产费用的使用；

（八）参与危险性较大工程安全专项施工方案专家论证会；

（九）通报在建项目违规违章查处情况；

（十）组织开展安全生产评优评先表彰工作；

（十一）建立企业在建项目安全生产管理档案；

（十二）考核评价分包企业安全生产业绩及项目安全生产管理情况；

（十三）参加生产安全事故的调查和处理工作；

（十四）企业明确的其他安全生产管理职责。

第七条　建筑施工企业安全生产管理机构专职安全生产管理人员在施工现场检查过程中具有以下职责：

（一）查阅在建项目安全生产有关资料、核实有关情况；

（二）检查危险性较大工程安全专项施工方案落实情况；

（三）监督项目专职安全生产管理人员履责情况；

（四）监督作业人员安全防护用品的配备及使用情况；

（五）对发现的安全生产违章违规行为或安全隐患，有权当场予以纠正或作出处理决定；

（六）对不符合安全生产条件的设施、设备、器材，有权当场作出查封的处理决定；

（七）对施工现场存在的重大安全隐患有权越级报告或直接向建设主管部门报告；

（八）企业明确的其他安全生产管理职责。

第八条　建筑施工企业安全生产管理机构专职安全生产管理人员的配备应满足下列要求，并应根据企业经营规模、设备管理和生产需要予以增加：

（一）建筑施工总承包资质序列企业：特级资质不少于6人；一级资质不少于4人；二级和二级以下资质企业不少于3人。

（二）建筑施工专业承包资质序列企业：一级资质不少于3人；二级和二级以下资质企业不少于2人。

（三）建筑施工劳务分包资质序列企业：不少于2人。

（四）建筑施工企业的分公司、区域公司等较大的分支机构（以下简称分支机构）应依据实际生产情况配备不少于2人的专职安全生产管理人员。

第九条 建筑施工企业应当实行建设工程项目专职安全生产管理人员委派制度。建设工程项目的专职安全生产管理人员应当定期将项目安全生产管理情况报告企业安全生产管理机构。

第十条 建筑施工企业应当在建设工程项目组建安全生产领导小组。建设工程实行施工总承包的，安全生产领导小组由总承包企业、专业承包企业和劳务分包企业项目经理、技术负责人和专职安全生产管理人员组成。

第十一条 安全生产领导小组的主要职责：

（一）贯彻落实国家有关安全生产法律法规和标准；

（二）组织制定项目安全生产管理制度并监督实施；

（三）编制项目生产安全事故应急救援预案并组织演练；

（四）保证项目安全生产费用的有效使用；

（五）组织编制危险性较大工程安全专项施工方案；

（六）开展项目安全教育培训；

（七）组织实施项目安全检查和隐患排查；

（八）建立项目安全生产管理档案；

（九）及时、如实报告安全生产事故。

第十二条 项目专职安全生产管理人员具有以下主要职责：

（一）负责施工现场安全生产日常检查并做好检查记录；

（二）现场监督危险性较大工程安全专项施工方案实施情况；

（三）对作业人员违规违章行为有权予以纠正或查处；

（四）对施工现场存在的安全隐患有权责令立即整改；

（五）对于发现的重大安全隐患，有权向企业安全生产管理机构报告；

（六）依法报告生产安全事故情况。

第十三条 总承包单位配备项目专职安全生产管理人员应当满足下列要求：

（一）建筑工程、装修工程按照建筑面积配备：

1. 1万平方米以下的工程不少于1人；

2. 1万～5万平方米的工程不少于2人；

3. 5万平方米及以上的工程不少于3人，且按专业配备专职安全生产管理人员。

（二）土木工程、线路管道、设备安装工程按照工程合同价配备：

1. 5000万元以下的工程不少于1人；

2. 5000万～1亿元的工程不少于2人；

3. 1亿元及以上的工程不少于3人，且按专业配备专职安全生产管理人员。

第十四条 分包单位配备项目专职安全生产管理人员应当满足下列要求：

（一）专业承包单位应当配备至少1人，并根据所承担的分部分项工程的工程量和施工危险程度增加。

（二）劳务分包单位施工人员在50人以下的，应当配备1名专职安全生产管理人员；50人～200人的，应当配备2名专职安全生产管理人员；200人及以上的，应当配备3名及以上专职安全生产管理人员，并根据所承担的分部分项工程施工危险实际情况增加，不得少于工程施工人员总人数的5‰。

第十五条 采用新技术、新工艺、新材料或致害因素多、施工作业难度大的工程项目，项目专职安全生产管理人员的数量应当根据施工实际情况，在第十三条、第十四条规定的配备标准上增加。

第十六条 施工作业班组可以设置兼职安全巡查员，对本班组的作业场所进行安全监督检查。

建筑施工企业应当定期对兼职安全巡查员进行安全教育培训。

第十七条 安全生产许可证颁发管理机关颁发安全生产许可证时，应当审查建筑施工企业安全生产管理机构设置及其专职安全生产管理人员的配备情况。

第十八条 建设主管部门核发施工许可证或者核准开工报告时，应当审查该工程项目专职安全生产管理人员的配备情况。

第十九条 建设主管部门应当监督检查建筑施工企业安全生产管理机构及其专职安全生产管理人员履责情况。

第二十条　本办法自颁发之日起实施，原《关于印发〈建筑施工企业安全生产管理机构设置及专职安全生产管理人员配备办法〉和〈危险性较大工程安全专项施工方案编制及专家论证审查办法〉的通知》（建质〔2004〕213号）中的《建筑施工企业安全生产管理机构设置及专职安全生产管理人员配备办法》废止。

建筑施工企业负责人及项目负责人施工现场带班暂行办法

1. 2011年7月22日住房和城乡建设部发布
2. 建质〔2011〕111号

第一条　为进一步加强建筑施工现场质量安全管理工作，根据《国务院关于进一步加强企业安全生产工作的通知》（国发〔2010〕23号）要求和有关法规规定，制定本办法。

第二条　本办法所称的建筑施工企业负责人，是指企业的法定代表人、总经理、主管质量安全和生产工作的副总经理、总工程师和副总工程师。

本办法所称的项目负责人，是指工程项目的项目经理。

本办法所称的施工现场，是指进行房屋建筑和市政工程施工作业活动的场所。

第三条　建筑施工企业应当建立企业负责人及项目负责人施工现场带班制度，并严格考核。

施工现场带班制度应明确其工作内容、职责权限和考核奖惩等要求。

第四条　施工现场带班包括企业负责人带班检查和项目负责人带班生产。

企业负责人带班检查是指由建筑施工企业负责人带队实施对工程项目质量安全生产状况及项目负责人带班生产情况的检查。

项目负责人带班生产是指项目负责人在施工现场组织协调工程项目的质量安全生产活动。

第五条　建筑施工企业法定代表人是落实企业负责人及项目负责人施工现场带班制度的第一责任人，对落实带班制度全面负责。

第六条　建筑施工企业负责人要定期带班检查，每月检查时间不少于其工作日的25%。

建筑施工企业负责人带班检查时，应认真做好检查记录，并分别在企业和工程项目存档备查。

第七条　工程项目进行超过一定规模的危险性较大的分部分项工程施工时，建筑施工企业负责人应到施工现场进行带班检查。对于有分公司（非独立法人）的企业集团，集团负责人因故不能到现场的，可书面委托工程所在地的分公司负责人对施工现场进行带班检查。

本条所称“超过一定规模的危险性较大的分部分项工程”详见《关于印发〈危险性较大的分部分项工程安全管理办法〉的通知》（建质〔2009〕87号）的规定。

第八条　工程项目出现险情或发现重大隐患时，建筑施工企业负责人应到施工现场带班检查，督促工程项目进行整改，及时消除险情和隐患。

第九条　项目负责人是工程项目质量安全管理的第一责任人，应对工程项目落实带班制度负责。

项目负责人在同一时期只能承担一个工程项目的管理工作。

第十条　项目负责人带班生产时，要全面掌握工程项目质量安全生产状况，加强对重点部位、关键环节的控制，及时消除隐患。要认真做好带班生产记录并签字存档备查。

第十一条　项目负责人每月带班生产时间不得少于本月施工时间的80%。因其他事务需离开施工现场时，应向工程项目的建设单位请假，经批准后方可离开。离开期间应委托项目相关负责人负责其外出时的日常工作。

第十二条　各级住房城乡建设主管部门应加强对建筑施工企业负责人及项目负责人施工现场带班制度的落实情况的检查。对未执行带班制度的企业和人员，按有关规定处理；发生质量安全事故的，要给予企业规定上限的经济处罚，并依法从重追究企业法定代表人及相关人员的责任。

第十三条　工程项目的建设、监理等相关责任主体的施工现场带班要求应参照本办法执行。

第十四条　省级住房城乡建设主管部门可依照本办法制定实施细则。

第十五条　本办法自发文之日起施行。

建筑施工企业主要负责人、项目负责人和专职安全生产管理人员安全生产管理规定

1. 2014年6月25日住房和城乡建设部令第17号发布
2. 自2014年9月1日起施行

第一章　总　　则

第一条　为了加强房屋建筑和市政基础设施工程施工安全监督管理，提高建筑施工企业主要负责人、项目负责人和专职安全生产管理人员（以下合称“安管人员”）的安全生产管理能力，根据《中华人民共和国安全生产法》、《建设工程安全生产管理条例》等法律法规，制定本规定。

第二条　在中华人民共和国境内从事房屋建筑和市政基础设施工程施工活动的建筑施工企业的“安管人员”，参加安全生产考核，履行安全生产责任，以及对其实施安全生产监督管理，应当符合本规定。

第三条　企业主要负责人，是指对本企业生产经营活动和安全生产工作具有决策权的领导人员。

项目负责人，是指取得相应注册执业资格，由企业法定代表人授权，负责具体工程项目管理的人员。

专职安全生产管理人员，是指在企业专职从事安全生产管理工作的人员，包括企业安全生产管理机构的人员和工程项目专职从事安全生产管理工作的人员。

第四条　国务院住房城乡建设主管部门负责对全国“安管人员”安全生产工作进行监督管理。

县级以上地方人民政府住房城乡建设主管部门负责对本行政区域内“安管人员”安全生产工作进行监督管理。

第二章　考核发证

第五条　“安管人员”应当通过其受聘企业，向企业工商注册地的省、自治区、直辖市人民政府住房城乡建设主管部门（以下简称考核机关）申请安全生产考核，并取得安全生产考核合格证书。安全生产考核不得收费。

第六条　申请参加安全生产考核的“安管人员”，应当具备相应文化程度、专业技术职称和一定安全生产工作经历，与企业确立劳动关系，并经企业年度安全生产教育培训合格。

第七条　安全生产考核包括安全生产知识考核和管理能力考核。

安全生产知识考核内容包括：建筑施工安全的法律法规、规章制度、标准规范，建筑施工安全管理基本理论等。

安全生产管理能力考核内容包括：建立和落实安全生产管理制度、辨识和监控危险性较大的分部分项工程、发现和消除安全事故隐患、报告和处置生产安全事故等方面的能力。

第八条　对安全生产考核合格的，考核机关应当在20个工作日内核发安全生产考核合格证书，并予以公告；对不合格的，应当通过“安管人员”所在企业通知本人并说明理由。

第九条　安全生产考核合格证书有效期为3年，证书在全国范围内有效。

证书式样由国务院住房城乡建设主管部门统一规定。

第十条　安全生产考核合格证书有效期届满需要延续的，“安管人员”应当在有效期届满前3个月内，由本人通过受聘企业向原考核机关申请证书延续。准予证书延续的，证书有效期延续3年。

对证书有效期内未因生产安全事故或者违反本规定受到行政处罚，信用档案中无不良行为记录，且已按规定参加企业和县级以上人民政府住房城乡建设主管部门组织的安全生产教育培训的，考核机关应当在受理延续申请之日起20个工作日内，准予证书延续。

第十一条　“安管人员”变更受聘企业的，应当与原聘用企业解除劳动关系，并通过新聘用企业到考核机关申请办理证书变更手续。考核机关应当在受理变更申请之日起5个工作日内办理完毕。

第十二条　“安管人员”遗失安全生产考核合格证书的，应当在公共媒体上声明作废，通过其受聘企业向原考核机关申请补办。考核机关应当在受理申请之日起5个工作日内办理完毕。

第十三条　“安管人员”不得涂改、倒卖、出租、出借或者以其他形式非法转让安全生产考核合格证书。

第三章　安全责任

第十四条　主要负责人对本企业安全生产工作全面负责，应当建立健全企业安全生产管理体系，设置安全生产管理机构，配备专职安全生产管理人员，保证安全生

产投入，督促检查本企业安全生产工作，及时消除安全事故隐患，落实安全生产责任。

第十五条 主要负责人应当与项目负责人签订安全生产责任书，确定项目安全生产考核目标、奖惩措施，以及企业为项目提供的安全管理和技术保障措施。

工程项目实行总承包的，总承包企业应当与分包企业签订安全生产协议，明确双方安全生产责任。

第十六条 主要负责人应当按规定检查企业所承担的工程项目，考核项目负责人安全生产管理能力。发现项目负责人履职不到位的，应当责令其改正；必要时，调整项目负责人。检查情况应当记入企业和项目安全管理档案。

第十七条 项目负责人对本项目安全生产管理全面负责，应当建立项目安全生产管理体系，明确项目管理人员安全职责，落实安全生产管理制度，确保项目安全生产费用有效使用。

第十八条 项目负责人应当按规定实施项目安全生产管理，监控危险性较大分部分项工程，及时排查处理施工现场安全事故隐患，隐患排查处理情况应当记入项目安全管理档案；发生事故时，应当按规定及时报告并开展现场救援。

工程项目实行总承包的，总承包企业项目负责人应当定期考核分包企业安全生产管理情况。

第十九条 企业安全生产管理机构专职安全生产管理人员应当检查在建项目安全生产管理情况，重点检查项目负责人、项目专职安全生产管理人员履责情况，处理在建项目违规违章行为，并记入企业安全管理档案。

第二十条 项目专职安全生产管理人员应当每天在施工现场开展安全检查，现场监督危险性较大的分部分项工程安全专项施工方案实施。对检查中发现的安全事故隐患，应当立即处理；不能处理的，应当及时报告项目负责人和企业安全生产管理机构。项目负责人应当及时处理。检查及处理情况应当记入项目安全管理档案。

第二十一条 建筑施工企业应当建立安全生产教育培训制度，制定年度培训计划，每年对"安管人员"进行培训和考核，考核不合格的，不得上岗。培训情况应当记入企业安全生产教育培训档案。

第二十二条 建筑施工企业安全生产管理机构和工程项目应当按规定配备相应数量和相关专业的专职安全生产管理人员。危险性较大的分部分项工程施工时，应当安排专职安全生产管理人员现场监督。

第四章 监督管理

第二十三条 县级以上人民政府住房城乡建设主管部门应当依照有关法律法规和本规定，对"安管人员"持证上岗、教育培训和履行职责等情况进行监督检查。

第二十四条 县级以上人民政府住房城乡建设主管部门在实施监督检查时，应当有两名以上监督检查人员参加，不得妨碍企业正常的生产经营活动，不得索取或者收受企业的财物，不得谋取其他利益。

有关企业和个人对依法进行的监督检查应当协助与配合，不得拒绝或者阻挠。

第二十五条 县级以上人民政府住房城乡建设主管部门依法进行监督检查时，发现"安管人员"有违反本规定行为的，应当依法查处并将违法事实、处理结果或者处理建议告知考核机关。

第二十六条 考核机关应当建立本行政区域内"安管人员"的信用档案。违法违规行为、被投诉举报处理、行政处罚等情况应当作为不良行为记入信用档案，并按规定向社会公开。

"安管人员"及其受聘企业应当按规定向考核机关提供相关信息。

第五章 法律责任

第二十七条 "安管人员"隐瞒有关情况或者提供虚假材料申请安全生产考核的，考核机关不予考核，并给予警告；"安管人员"1年内不得再次申请考核。

"安管人员"以欺骗、贿赂等不正当手段取得安全生产考核合格证书的，由原考核机关撤销安全生产考核合格证书；"安管人员"3年内不得再次申请考核。

第二十八条 "安管人员"涂改、倒卖、出租、出借或者以其他形式非法转让安全生产考核合格证书的，由县级以上地方人民政府住房城乡建设主管部门给予警告，并处1000元以上5000元以下的罚款。

第二十九条 建筑施工企业未按规定开展"安管人员"安全生产教育培训考核，或者未按规定如实将考核情况记入安全生产教育培训档案的，由县级以上地方人民政府住房城乡建设主管部门责令限期改正，并处2万元以下的罚款。

第三十条 建筑施工企业有下列行为之一的，由县级以上人民政府住房城乡建设主管部门责令限期改正；逾期未改正的，责令停业整顿，并处2万元以下的罚款；

导致不具备《安全生产许可证条例》规定的安全生产条件的，应当依法暂扣或者吊销安全生产许可证：

（一）未按规定设立安全生产管理机构的；

（二）未按规定配备专职安全生产管理人员的；

（三）危险性较大的分部分项工程施工时未安排专职安全生产管理人员现场监督的；

（四）“安管人员”未取得安全生产考核合格证书的。

第三十一条 “安管人员”未按规定办理证书变更的，由县级以上地方人民政府住房城乡建设主管部门责令限期改正，并处1000元以上5000元以下的罚款。

第三十二条 主要负责人、项目负责人未按规定履行安全生产管理职责的，由县级以上人民政府住房城乡建设主管部门责令限期改正；逾期未改正的，责令建筑施工企业停业整顿；造成生产安全事故或者其他严重后果的，按照《生产安全事故报告和调查处理条例》的有关规定，依法暂扣或者吊销安全生产考核合格证书；构成犯罪的，依法追究刑事责任。

主要负责人、项目负责人有前款违法行为，尚不够刑事处罚的，处2万元以上20万元以下的罚款或者按照管理权限给予撤职处分；自刑罚执行完毕或者受处分之日起，5年内不得担任建筑施工企业的主要负责人、项目负责人。

第三十三条 专职安全生产管理人员未按规定履行安全生产管理职责的，由县级以上地方人民政府住房城乡建设主管部门责令限期改正，并处1000元以上5000元以下的罚款；造成生产安全事故或者其他严重后果的，按照《生产安全事故报告和调查处理条例》的有关规定，依法暂扣或者吊销安全生产考核合格证书；构成犯罪的，依法追究刑事责任。

第三十四条 县级以上人民政府住房城乡建设主管部门及其工作人员，有下列情形之一的，由其上级行政机关或者监察机关责令改正，对直接负责的主管人员和其他直接责任人员依法给予处分；构成犯罪的，依法追究刑事责任：

（一）向不具备法定条件的“安管人员”核发安全生产考核合格证书的；

（二）对符合法定条件的“安管人员”不予核发或者不在法定期限内核发安全生产考核合格证书的；

（三）对符合法定条件的申请不予受理或者未在法定期限内办理完毕的；

（四）利用职务上的便利，索取或者收受他人财物或者谋取其他利益的；

（五）不依法履行监督管理职责，造成严重后果的。

第六章　附　　则

第三十五条 本规定自2014年9月1日起施行。

建筑施工企业主要负责人、项目负责人和专职安全生产管理人员安全生产管理规定实施意见

1. 2015年12月10日住房和城乡建设部发布

2. 建质〔2015〕206号

为贯彻落实《建筑施工企业主要负责人、项目负责人和专职安全生产管理人员安全生产管理规定》（住房城乡建设部令第17号），制定本实施意见。

一、企业主要负责人的范围

企业主要负责人包括法定代表人、总经理（总裁）、分管安全生产的副总经理（副总裁）、分管生产经营的副总经理（副总裁）、技术负责人、安全总监等。

二、专职安全生产管理人员的分类

专职安全生产管理人员分为机械、土建、综合三类。机械类专职安全生产管理人员可以从事起重机械、土石方机械、桩工机械等安全生产管理工作。土建类专职安全生产管理人员可以从事除起重机械、土石方机械、桩工机械等安全生产管理工作以外的安全生产管理工作。综合类专职安全生产管理人员可以从事全部安全生产管理工作。

新申请专职安全生产管理人员安全生产考核只可以在机械、土建、综合三类中选择一类。机械类专职安全生产管理人员在参加土建类安全生产管理专业考试合格后，可以申请取得综合类专职安全生产管理人员安全生产考核合格证书。土建类专职安全生产管理人员在参加机械类安全生产管理专业考试合格后，可以申请取得综合类专职安全生产管理人员安全生产考核合格证书。

三、申请安全生产考核应具备的条件

（一）申请建筑施工企业主要负责人安全生产考核，应当具备下列条件：

1. 具有相应的文化程度、专业技术职称（法定代表人除外）；

2. 与所在企业确立劳动关系；

3. 经所在企业年度安全生产教育培训合格。

（二）申请建筑施工企业项目负责人安全生产考核，应当具备下列条件：

1. 取得相应注册执业资格；

2. 与所在企业确立劳动关系；

3. 经所在企业年度安全生产教育培训合格。

（三）申请专职安全生产管理人员安全生产考核，应当具备下列条件：

1. 年龄已满18周岁未满60周岁，身体健康；

2. 具有中专（含高中、中技、职高）及以上文化程度或初级及以上技术职称；

3. 与所在企业确立劳动关系，从事施工管理工作两年以上；

4. 经所在企业年度安全生产教育培训合格。

四、安全生产考核的内容与方式

安全生产考核包括安全生产知识考核和安全生产管理能力考核。安全生产考核要点见附件1。

安全生产知识考核可采用书面或计算机答卷的方式；安全生产管理能力考核可采用现场实操考核或通过视频、图片等模拟现场考核方式。

机械类专职安全生产管理人员及综合类专职安全生产管理人员安全生产管理能力考核内容必须包括攀爬塔吊及起重机械隐患识别等。

五、安全生产考核合格证书的样式

建筑施工企业主要负责人、项目负责人和专职安全生产管理人员的安全生产考核合格证书由我部统一规定样式（见附件2）。主要负责人证书封皮为红色，项目负责人证书封皮为绿色，专职安全生产管理人员证书封皮为蓝色。

六、安全生产考核合格证书的编号

建筑施工企业主要负责人、项目负责人安全生产考核合格证书编号应遵照《关于建筑施工企业主要负责人、项目负责人和专职安全生产管理人员安全生产考核合格证书有关问题的通知》（建办质〔2004〕23号）有关规定。

专职安全生产管理人员安全生产考核合格证书按照下列规定编号：

（一）机械类专职安全生产管理人员，代码为C1，编号组成：省、自治区、直辖市简称＋建安＋C1＋（证书颁发年份全称）＋证书颁发当年流水次序号（7位），如京建安C1（2015）0000001；

（二）土建类专职安全生产管理人员，代码为C2，编号组成：省、自治区、直辖市简称＋建安＋C2＋（证书颁发年份全称）＋证书颁发当年流水次序号（7位），如京建安C2（2015）0000001；

（三）综合类专职安全生产管理人员，代码为C3，编号组成：省、自治区、直辖市简称＋建安＋C3＋（证书颁发年份全称）＋证书颁发当年流水次序号（7位），如京建安C3（2015）0000001。

七、安全生产考核合格证书的延续

建筑施工企业主要负责人、项目负责人和专职安全生产管理人员应当在安全生产考核合格证书有效期届满前3个月内，经所在企业向原考核机关申请证书延续。

符合下列条件的准予证书延续：

（一）在证书有效期内未因生产安全事故或者安全生产违法违规行为受到行政处罚；

（二）信用档案中无安全生产不良行为记录；

（三）企业年度安全生产教育培训合格，且在证书有效期内参加县级以上住房城乡建设主管部门组织的安全生产教育培训时间满24学时。

不符合证书延续条件的应当申请重新考核。不办理证书延续的，证书自动失效。

八、安全生产考核合格证书的换发

在本意见实施前已经取得专职安全生产管理人员安全生产考核合格证书且证书在有效期内的人员，经所在企业向原考核机关提出换发证书申请，可以选择换发土建类专职安全生产管理人员安全生产考核合格证书或者机械类专职安全生产管理人员安全生产考核合格证书。

九、安全生产考核合格证书的跨省变更

建筑施工企业主要负责人、项目负责人和专职安全生产管理人员跨省更换受聘企业的，应到原考核发证机关办理证书转出手续。原考核发证机关应为其办理包含原证书有效期限等信息的证书转出证明。

建筑施工企业主要负责人、项目负责人和专职安全生产管理人员持相关证明通过新受聘企业到该企业工商注册所在地的考核发证机关办理新证书。新证书应延续原证书的有效期。

十、专职安全生产管理人员的配备

建筑施工企业应当按照《建筑施工企业安全生产管理机构设置及专职安全生产管理人员配备办法》

（建质〔2008〕91号）的有关规定配备专职安全生产管理人员。建筑施工企业安全生产管理机构和建设工程项目中，应当既有可以从事起重机械、土石方机械、桩工机械等安全生产管理工作的专职安全生产管理人员，也有可以从事除起重机械、土石方机械、桩工机械等安全生产管理工作以外的安全生产管理工作的专职安全生产管理人员。

十一、安全生产考核合格证书的暂扣和撤销

建筑施工企业专职安全生产管理人员未按规定履行安全生产管理职责，导致发生一般生产安全事故的，考核机关应当暂扣其安全生产考核合格证书六个月以上一年以下。建筑施工企业主要负责人、项目负责人和专职安全生产管理人员未按规定履行安全生产管理职责，导致发生较大及以上生产安全事故的，考核机关应当撤销其安全生产考核合格证书。

十二、安全生产考核费用

建筑施工企业主要负责人、项目负责人和专职安全生产管理人员安全生产考核不得收取费用，考核工作所需相关费用，由省级人民政府住房城乡建设主管部门商同级财政部门予以保障。

附件：1. 安全生产考核要点（略）

2. 安全生产考核合格证书样式（略）

（3）事故预防

建筑工程预防高处坠落事故若干规定

1. 2003年4月17日建设部发布

2. 建质〔2003〕82号

第一条 为预防高处坠落事故发生，保证施工安全，依据《建筑法》和《安全生产法》对施工企业提出的有关要求，制定本规定。

第二条 本规定适用于脚手架上作业、各类登高作业、外用电梯安装作业及洞口临边作业等可能发生高处坠落的施工作业。

第三条 施工单位的法定代表人对本单位的安全生产全面负责。施工单位在编制施工组织设计时，应制定预防高处坠落事故的安全技术措施。

项目经理对本项目的安全生产全面负责。项目经理部应结合施工组织设计，根据建筑工程特点编制预防高处坠落事故的专项施工方案，并组织实施。

第四条 施工单位应做好高处作业人员的安全教育及相关的安全预防工作。

（一）所有高处作业人员应接受高处作业安全知识的教育；特种高处作业人员应持证上岗，上岗前应依据有关规定进行专门的安全技术签字交底。采用新工艺、新技术、新材料和新设备的，应按规定对作业人员进行相关安全技术签字交底。

（二）高处作业人员应经过体检，合格后方可上岗。施工单位应为作业人员提供合格的安全帽、安全带等必备的安全防护用具，作业人员应按规定正确佩戴和使用。

第五条 施工单位应按类别，有针对性地将各类安全警示标志悬挂于施工现场各相应部位，夜间应设红灯示警。

第六条 高处作业前，应由项目分管负责人组织有关部门对安全防护设施进行验收，经验收合格签字后，方可作业。安全防护设施应做到定型化、工具化，防护栏杆以黄黑（或红白）相间的条纹标示，盖件等以黄（或红）色标示。需要临时拆除或变动安全设施的，应经项目分管负责人审批签字，并组织有关部门验收，经验收合格签字后，方可实施。

第七条 物料提升机应按有关规定由其产权单位编制安装拆卸施工方案，产权单位分管负责人审批签字，并负责安装和拆卸；使用前与施工单位共同进行验收，经验收合格签字后，方可作业。物料提升机应有完好的停层装置，各层联络要有明确信号和楼层标记。物料提升机上料口应装设有联锁装置的安全门，同时采用断绳保护装置或安全停靠装置。通道口走道板应满铺并固定牢靠，两侧边应设置符合要求的防护栏杆和挡脚板，并用密目式安全网封闭两侧。物料提升机严禁乘人。

第八条 施工外用电梯应按有关规定由其产权单位编制安装拆卸施工方案，产权单位分管负责人审批签字，并负责安装和拆卸；使用前与施工单位共同进行验收，经验收合格签字后，方可作业。施工外用电梯各种限位应灵敏可靠，楼层门应采取防止人员和物料坠落措施，电梯上下运行行程内应保证无障碍物。电梯轿厢内乘人、载物时，严禁超载，载荷应均匀分布，防止偏重。

第九条 移动式操作平台应按相关规定编制施工方案，项目分管负责人审批签字并组织有关部门验收，经验收合格签字后,方可作业。移动式操作平台立杆应保持垂直,上部适当向内收紧,平台作业面不得超出底脚。立杆底部和平台立面应分别设置扫地杆、剪刀撑或斜撑,平台应用坚实木板满铺,并设置防护栏杆和登高扶梯。

第十条　各类作业平台、卸料平台应按相关规定编制施工方案,项目分管负责人审批签字并组织有关部门验收,经验收合格签字后,方可作业。架体应保持稳固,不得与施工脚手架连接。作业平台上严禁超载。

第十一条　脚手架应按相关规定编制施工方案,施工单位分管负责人审批签字,项目分管负责人组织有关部门验收,经验收合格签字后,方可作业。作业层脚手架的脚手板应铺设严密,下部应用安全平网兜底。脚手架外侧应采用密目式安全网做全封闭,不得留有空隙。密目式安全网应可靠固定在架体上。作业层脚手板与建筑物之间的空隙大于15cm时应作全封闭,防止人员和物料坠落。作业人员上下应有专用通道,不得攀爬架体。

第十二条　附着式升降脚手架和其他外挂式脚手架应按相关规定由其产权单位编制施工方案,产权单位分管负责人审批签字,并与施工单位在使用前进行验收,经验收合格签字后,方可作业。附着式升降脚手架和其他外挂式脚手架每提升一次,都应由项目分管负责人组织有关部门验收,经验收合格签字后,方可作业。附着式升降脚手架和其他外挂式脚手架应设置安全可靠的防倾覆、防坠落装置,每一作业层架体外侧应设置符合要求的防护栏杆和挡脚板。附着式升降脚手架和其他外挂式脚手架升降时,应设专人对脚手架作业区域进行监护。

第十三条　模板工程应按相关规定编制施工方案,施工单位分管负责人审批签字;项目分管负责人组织有关部门验收,经验收合格签字后,方可作业。模板工程在绑扎钢筋、粉刷模板、支拆模板时应保证作业人员有可靠立足点,作业面应按规定设置安全防护设施。模板及其支撑体系的施工荷载应均匀堆置,并不得超过设计计算要求。

第十四条　吊篮应按相关规定由其产权单位编制施工方案,产权单位分管负责人审批签字,并与施工单位在使用前进行验收,经验收合格签字后,方可作业。吊篮产权单位应做好日常例保和记录。吊篮悬挂机构的结构件应选用钢材或其他适合的金属结构材料制造,其结构应具有足够的强度和刚度。作业人员应按规定佩戴安全带;安全带应挂设在单独设置的安全绳上,严禁安全绳与吊篮连接。

第十五条　施工单位对电梯井门应按定型化、工具化的要求设计制作,其高度应在15m至18m范围内。电梯井内不超过10m应设置一道安全平网;安装拆卸电梯井内安全平网时,作业人员应按规定佩戴安全带。

第十六条　施工单位进行屋面卷材防水层施工时,屋面周围应设置符合要求的防护栏杆。屋面上的孔洞应加盖封严,短边尺寸大于15m时,孔洞周边也应设置符合要求的防护栏杆,底部加设安全平网。在坡度较大的屋面作业时,应采取专门的安全措施。

建筑工程预防坍塌事故若干规定

1. 2003年4月17日建设部发布

2. 建质〔2003〕82号

第一条　为预防坍塌事故发生,保证施工安全,依据《建筑法》和《安全生产法》对施工企业提出的有关要求,制定本规定。

第二条　凡从事建筑工程新建、改建、扩建等活动的有关单位,应当遵守本规定。

第三条　本规定所称坍塌是指施工基坑(槽)坍塌、边坡坍塌、基础桩壁坍塌、模板支撑系统失稳坍塌及施工现场临时建筑(包括施工围墙)倒塌等。

第四条　施工单位的法定代表人对本单位的安全生产全面负责,施工单位在编制施工组织设计时,应制定预防坍塌事故的安全技术措施。

项目经理对本项目的安全生产全面负责。项目经理部应结合施工组织设计,根据建筑工程特点,编制预防坍塌事故的专项施工方案,并组织实施。

第五条　基坑(槽)、边坡、基础桩、模板和临时建筑作业前,施工单位应按设计单位要求,根据地质情况、施工工艺、作业条件及周边环境编制施工方案,单位分管负责人审批签字,项目分管负责人组织有关部门验收,经验收合格签字后,方可作业。

第六条　土方开挖前,施工单位应确认地下管线的埋置深度、位置及防护要求后,制定防护措施,经项目分管负责人审批签字后,方可作业。土方开挖时,施工单位应对相邻建(构)筑物、道路的沉降和位移情况进行观测。

第七条 施工单位应编制深基坑(槽)、高切坡、桩基和超高、超重、大跨度模板支撑系统等专项施工方案,并组织专家审查。

本规定所称深基坑(槽)是指开挖深度超过5m的基坑(槽)、或深度未超过5m但地质情况和周围环境较复杂的基坑(槽)。高切坡是指岩质边坡超过30m、或土质边坡超过15m的边坡。超高、超重、大跨度模板支撑系统是指高度超过8m、或跨度超过18m、或施工总荷载大于10KN/m、或集中线荷载大于15KN/m的模板支撑系统。

第八条 施工单位应作好施工区域内临时排水系统规划,临时排水不得破坏相邻建(构)筑物的地基和挖、填土方的边坡。在地形、地质条件复杂,可能发生滑坡、坍塌的地段挖方时,应由设计单位确定排水方案。场地周围出现地表水汇流、排泄或地下水管渗漏时,施工单位应组织排水,对基坑采取保护措施。开挖低于地下水位的基坑(槽)、边坡和基础桩时,施工单位应合理选用降水措施降低地下水位。

第九条 基坑(槽)、边坡设置坑(槽)壁支撑时,施工单位应根据开挖深度、土质条件、地下水位、施工方法及相邻建(构)筑物等情况设计支撑。拆除支撑时应按基坑(槽)回填顺序自下而上逐层拆除,随拆随填,防止边坡塌方或相邻建(构)筑物产生破坏,必要时应采取加固措施。

第十条 基坑(槽)、边坡和基础桩孔边堆置各类建筑材料的,应按规定距离堆置。各类施工机械距基坑(槽)、边坡和基础桩孔边的距离,应根据设备重量、基坑(槽)、边坡和基础桩的支护、土质情况确定,并不得小于15m。

第十一条 基坑(槽)作业时,施工单位应在施工方案中确定攀登设施及专用通道,作业人员不得攀爬模板、脚手架等临时设施。

第十二条 机械开挖土方时,作业人员不得进入机械作业范围内进行清理或找坡作业。

第十三条 地质灾害易发区内施工时,施工单位应根据地质勘察资料编制施工方案,单位分管负责人审批签字,项目分管负责人组织有关部门验收,经验收合格签字后,方可作业。施工时应遵循自上而下的开挖顺序,严禁先切除坡脚。爆破施工时,应防止爆破震动影响边坡稳定。

第十四条 施工单位应防止地面水流入基坑(槽)内造成边坡塌方或土体破坏。基坑(槽)开挖后,应及时进行地下结构和安装工程施工,基坑(槽)开挖或回填应连续进行。在施工过程中,应随时检查坑(槽)壁的稳定情况。

第十五条 模板作业时,施工单位对模板支撑宜采用钢支撑材料作支撑立柱,不得使用严重锈蚀、变形、断裂、脱焊、螺栓松动的钢支撑材料和竹材作立柱。支撑立柱基础应牢固,并按设计计算严格控制模板支撑系统的沉降量。支撑立柱基础为泥土地面时,应采取排水措施,对地面平整、夯实,并加设满足支撑承载力要求的垫板后,方可用以支撑立柱。斜支撑和立柱应牢固拉接,行成整体。

第十六条 基坑(槽)、边坡和基础桩施工及模板作业时,施工单位应指定专人指挥、监护,出现位移、开裂及渗漏时,应立即停止施工,将作业人员撤离作业现场,待险情排除后,方可作业。

第十七条 楼面、屋面堆放建筑材料、模板、施工机具或其他物料时,施工单位应严格控制数量、重量,防止超载。堆放数量较多时,应进行荷载计算,并对楼面、屋面进行加固。

第十八条 施工单位应按地质资料和设计规范,确定临时建筑的基础型式和平面布局,并按施工规范进行施工。施工现场临时建筑与建筑材料等的间距应符合技术标准。

第十九条 临时建筑外侧为街道或行人通道的,施工单位应采取加固措施。禁止在施工围墙墙体上方或紧靠施工围墙架设广告或宣传标牌。施工围墙外侧应有禁止人群停留、聚集和堆砌土方、货物等的警示。

第二十条 施工现场使用的组装式活动房屋应有产品合格证。施工单位在组装后进行验收,经验收合格签字后,方能使用。对搭设在空旷、山脚等处的活动房应采取防风、防洪和防暴雨等措施。

第二十一条 雨期施工,施工单位应对施工现场的排水系统进行检查和维护,保证排水畅通。在傍山、沿河地区施工时,应采取必要的防洪、防泥石流措施。

深基坑特别是稳定性差的土质边坡、顺向坡,施工方案应充分考虑雨季施工等诱发因素,提出预案措施。

第二十二条 冬季解冻期施工时,施工单位应对基坑(槽)和基础桩支护进行检查,无异常情况后,方可施工。

建筑工程安全防护、文明施工措施费用及使用管理规定

1. 2005年6月7日建设部发布
2. 建办〔2005〕89号
3. 自2005年9月1日起施行

第一条　为加强建筑工程安全生产、文明施工管理，保障施工从业人员的作业条件和生活环境，防止施工安全事故发生，根据《中华人民共和国安全生产法》、《中华人民共和国建筑法》、《建设工程安全生产管理条例》、《安全生产许可证条例》等法律法规，制定本规定。

第二条　本规定适用于各类新建、扩建、改建的房屋建筑工程（包括与其配套的线路管道和设备安装工程、装饰工程）、市政基础设施工程和拆除工程。

第三条　本规定所称安全防护、文明施工措施费用，是指按照国家现行的建筑施工安全、施工现场环境与卫生标准和有关规定，购置和更新施工安全防护用具及设施、改善安全生产条件和作业环境所需要的费用。安全防护、文明施工措施项目清单详见附表。

建设单位对建筑工程安全防护、文明施工措施有其他要求的，所发生费用一并计入安全防护、文明施工措施费。

第四条　建筑工程安全防护、文明施工措施费用是由《建筑安装工程费用项目组成》（建标〔2003〕206号）中措施费所含的文明施工费，环境保护费，临时设施费，安全施工费组成。

其中安全施工费由临边、洞口、交叉、高处作业安全防护费，危险性较大工程安全措施费及其他费用组成。危险性较大工程安全措施费及其他费用项目组成由各地建设行政主管部门结合本地区实际自行确定。

第五条　建设单位、设计单位在编制工程概（预）算时，应当依据工程所在地工程造价管理机构测定的相应费率，合理确定工程安全防护、文明施工措施费。

第六条　依法进行工程招投标的项目，招标方或具有资质的中介机构编制招标文件时，应当按照有关规定并结合工程实际单独列出安全防护、文明施工措施项目清单。

投标方应当根据现行标准规范，结合工程特点、工期进度和作业环境要求，在施工组织设计文件中制定相应的安全防护、文明施工措施，并按照招标文件要求结合自身的施工技术水平、管理水平对工程安全防护、文明施工措施项目单独报价。投标方安全防护、文明施工措施的报价，不得低于依据工程所在地工程造价管理机构测定费率计算所需费用总额的90%。

第七条　建设单位与施工单位应当在施工合同中明确安全防护、文明施工措施项目总费用，以及费用预付、支付计划，使用要求、调整方式等条款。

建设单位与施工单位在施工合同中对安全防护、文明施工措施费用预付、支付计划未作约定或约定不明的，合同工期在一年以内的，建设单位预付安全防护、文明施工措施项目费用不得低于该费用总额的50%；合同工期在一年以上的（含一年），预付安全防护、文明施工措施费用不得低于该费用总额的30%，其余费用应当按照施工进度支付。

实行工程总承包的，总承包单位依法将建筑工程分包给其他单位的，总承包单位与分包单位应当在分包合同中明确安全防护、文明施工措施费用由总承包单位统一管理。安全防护、文明施工措施由分包单位实施的，由分包单位提出专项安全防护措施及施工方案，经总承包单位批准后及时支付所需费用。

第八条　建设单位申请领取建筑工程施工许可证时，应当将施工合同中约定的安全防护、文明施工措施费用支付计划作为保证工程安全的具体措施提交建设行政主管部门。未提交的，建设行政主管部门不予核发施工许可证。

第九条　建设单位应当按照本规定及合同约定及时向施工单位支付安全防护、文明施工措施费，并督促施工企业落实安全防护、文明施工措施。

第十条　工程监理单位应当对施工单位落实安全防护、文明施工措施情况进行现场监理。对施工单位已经落实的安全防护、文明施工措施，总监理工程师或者造价工程师应当及时审查并签认所发生的费用。监理单位发现施工单位未落实施工组织设计及专项施工方案中安全防护和文明施工措施的，有权责令其立即整改；对施工单位拒不整改或未按期限要求完成整改的，工程监理单位应当及时向建设单位和建设行政主管部门报告，必要时责令其暂停施工。

第十一条　施工单位应当确保安全防护、文明施工措施

费专款专用，在财务管理中单独列出安全防护、文明施工措施项目费用清单备查。施工单位安全生产管理机构和专职安全生产管理人员负责对建筑工程安全防护、文明施工措施的组织实施进行现场监督检查，并有权向建设主管部门反映情况。

工程总承包单位对建筑工程安全防护、文明施工措施费用的使用负总责。总承包单位应当按照本规定及合同约定及时向分包单位支付安全防护、文明施工措施费用。总承包单位不按本规定和合同约定支付费用，造成分包单位不能及时落实安全防护措施导致发生事故的，由总承包单位负主要责任。

第十二条 建设行政主管部门应当按照现行标准规范对施工现场安全防护、文明施工措施落实情况进行监督检查，并对建设单位支付及施工单位使用安全防护、文明施工措施费用情况进行监督。

第十三条 建设单位未按本规定支付安全防护、文明施工措施费用的，由县级以上建设行政主管部门依据《建设工程安全生产管理条例》第五十四条规定，责令限期整改；逾期未改正的，责令该建设工程停止施工。

第十四条 施工单位挪用安全防护、文明施工措施费用的，由县级以上建设主管部门依据《建设工程安全生产管理条例》第六十三条规定，责令限期整改，处挪用费用20%以上50%以下的罚款；造成损失的，依法承担赔偿责任。

第十五条 建设行政主管部门的工作人员有下列行为之一的，由其所在单位或者上级主管机关给予行政处分；构成犯罪的，依照刑法有关规定追究刑事责任：

（一）对没有提交安全防护、文明施工措施费用支付计划的工程颁发施工许可证的；

（二）发现违法行为不予查处的；

（三）不依法履行监督管理职责的其他行为。

第十六条 建筑工程以外的工程项目安全防护、文明施工措施费用及使用管理可以参照本规定执行。

第十七条 各地可依照本规定，结合本地区实际制定实施细则。

第十八条 本规定由国务院建设行政主管部门负责解释。

第十九条 本规定自2005年9月1日起施行。

房屋市政工程生产安全重大隐患排查治理挂牌督办暂行办法

1. 2011年10月8日住房和城乡建设部发布

2. 建质〔2011〕158号

第一条 为推动企业落实房屋市政工程生产安全重大隐患排查治理责任，积极防范和有效遏制事故的发生，根据《国务院关于进一步加强企业安全生产工作的通知》（国发〔2010〕23号），对房屋市政工程生产安全重大隐患排查治理实行挂牌督办。

第二条 本办法所称重大隐患是指在房屋建筑和市政工程施工过程中，存在的危害程度较大、可能导致群死群伤或造成重大经济损失的生产安全隐患。

本办法所称挂牌督办是指住房城乡建设主管部门以下达督办通知书以及信息公开等方式，督促企业按照法律法规和技术标准，做好房屋市政工程生产安全重大隐患排查治理的工作。

第三条 建筑施工企业是房屋市政工程生产安全重大隐患排查治理的责任主体，应当建立健全重大隐患排查治理工作制度，并落实到每一个工程项目。企业及工程项目的主要负责人对重大隐患排查治理工作全面负责。

第四条 建筑施工企业应当定期组织安全生产管理人员、工程技术人员和其他相关人员排查每一个工程项目的重大隐患，特别是对深基坑、高支模、地铁隧道等技术难度大、风险大的重要工程应重点定期排查。对排查出的重大隐患，应及时实施治理消除，并将相关情况进行登记存档。

第五条 建筑施工企业应及时将工程项目重大隐患排查治理的有关情况向建设单位报告。建设单位应积极协调勘察、设计、施工、监理、监测等单位，并在资金、人员等方面积极配合做好重大隐患排查治理工作。

第六条 房屋市政工程生产安全重大隐患治理挂牌督办按照属地管理原则，由工程所在地住房城乡建设主管部门组织实施。省级住房城乡建设主管部门进行指导和监督。

第七条 住房城乡建设主管部门接到工程项目重大隐患举报，应立即组织核实，属实的由工程所在地住房城乡建设主管部门及时向承建工程的建筑施工企业下达

《房屋市政工程生产安全重大隐患治理挂牌督办通知书》，并公开有关信息，接受社会监督。

第八条　《房屋市政工程生产安全重大隐患治理挂牌督办通知书》包括下列内容：

（一）工程项目的名称；

（二）重大隐患的具体内容；

（三）治理要求及期限；

（四）督办解除的程序；

（五）其他有关的要求。

第九条　承建工程的建筑施工企业接到《房屋市政工程生产安全重大隐患治理挂牌督办通知书》后，应立即组织进行治理。确认重大隐患消除后，向工程所在地住房城乡建设主管部门报送治理报告，并提请解除督办。

第十条　工程所在地住房城乡建设主管部门收到建筑施工企业提出的重大隐患解除督办申请后，应当立即进行现场审查。审查合格的，依照规定解除督办。审查不合格的，继续实施挂牌督办。

第十一条　建筑施工企业不认真执行《房屋市政工程生产安全重大隐患治理挂牌督办通知书》的，应依法责令整改；情节严重的要依法责令停工整改；不认真整改导致生产安全事故发生的，依法从重追究企业和相关负责人的责任。

第十二条　省级住房城乡建设主管部门应定期总结本地区房屋市政工程生产安全重大隐患治理挂牌督办工作经验教训，并将相关情况报告住房和城乡建设部。

第十三条　省级住房城乡建设主管部门可根据本地区实际，制定具体实施细则。

第十四条　本办法自印发之日起施行。

建设项目安全设施“三同时”监督管理办法

1. 2010年12月14日国家安全生产监督管理总局令第36号公布

2. 根据2015年4月2日国家安全生产监督管理总局令第77号《关于修改〈《生产安全事故报告和调查处理条例》罚款处罚暂行规定〉等四部规章的决定》修正

第一章　总　　则

第一条　为加强建设项目安全管理，预防和减少生产安全事故，保障从业人员生命和财产安全，根据《中华人民共和国安全生产法》和《国务院关于进一步加强企业安全生产工作的通知》等法律、行政法规和规定，制定本办法。

第二条　经县级以上人民政府及其有关主管部门依法审批、核准或者备案的生产经营单位新建、改建、扩建工程项目（以下统称建设项目）安全设施的建设及其监督管理，适用本办法。

法律、行政法规及国务院对建设项目安全设施建设及其监督管理另有规定的，依照其规定。

第三条　本办法所称的建设项目安全设施，是指生产经营单位在生产经营活动中用于预防生产安全事故的设备、设施、装置、构（建）筑物和其他技术措施的总称。

第四条　生产经营单位是建设项目安全设施建设的责任主体。建设项目安全设施必须与主体工程同时设计、同时施工、同时投入生产和使用（以下简称“三同时”）。安全设施投资应当纳入建设项目概算。

第五条　国家安全生产监督管理总局对全国建设项目安全设施“三同时”实施综合监督管理，并在国务院规定的职责范围内承担有关建设项目安全设施“三同时”的监督管理。

县级以上地方各级安全生产监督管理部门对本行政区域内的建设项目安全设施“三同时”实施综合监督管理，并在本级人民政府规定的职责范围内承担本级人民政府及其有关主管部门审批、核准或者备案的建设项目安全设施“三同时”的监督管理。

跨两个及两个以上行政区域的建设项目安全设施“三同时”由其共同的上一级人民政府安全生产监督管理部门实施监督管理。

上一级人民政府安全生产监督管理部门根据工作需要，可以将其负责监督管理的建设项目安全设施“三同时”工作委托下一级人民政府安全生产监督管理部门实施监督管理。

第六条　安全生产监督管理部门应当加强建设项目安全设施建设的日常安全监管，落实有关行政许可及其监管责任，督促生产经营单位落实安全设施建设责任。

第二章　建设项目安全预评价

第七条　下列建设项目在进行可行性研究时，生产经营单位应当按照国家规定，进行安全预评价：

（一）非煤矿矿山建设项目；

（二）生产、储存危险化学品（包括使用长输管道输送危险化学品，下同）的建设项目；

（三）生产、储存烟花爆竹的建设项目；

（四）金属冶炼建设项目；

（五）使用危险化学品从事生产并且使用量达到规定数量的化工建设项目（属于危险化学品生产的除外，下同）；

（六）法律、行政法规和国务院规定的其他建设项目。

第八条　生产经营单位应当委托具有相应资质的安全评价机构，对其建设项目进行安全预评价，并编制安全预评价报告。

建设项目安全预评价报告应当符合国家标准或者行业标准的规定。

生产、储存危险化学品的建设项目和化工建设项目安全预评价报告除符合本条第二款的规定外，还应当符合有关危险化学品建设项目的规定。

第九条　本办法第七条规定以外的其他建设项目，生产经营单位应当对其安全生产条件和设施进行综合分析，形成书面报告备查。

第三章　建设项目安全设施设计审查

第十条　生产经营单位在建设项目初步设计时，应当委托有相应资质的设计单位对建设项目安全设施同时进行设计，编制安全设施设计。

安全设施设计必须符合有关法律、法规、规章和国家标准或者行业标准、技术规范的规定，并尽可能采用先进适用的工艺、技术和可靠的设备、设施。本办法第七条规定的建设项目安全设施设计还应当充分考虑建设项目安全预评价报告提出的安全对策措施。

安全设施设计单位、设计人应当对其编制的设计文件负责。

第十一条　建设项目安全设施设计应当包括下列内容：

（一）设计依据；

（二）建设项目概述；

（三）建设项目潜在的危险、有害因素和危险、有害程度及周边环境安全分析；

（四）建筑及场地布置；

（五）重大危险源分析及检测监控；

（六）安全设施设计采取的防范措施；

（七）安全生产管理机构设置或者安全生产管理人员配备要求；

（八）从业人员安全生产教育和培训要求；

（九）工艺、技术和设备、设施的先进性和可靠性分析；

（十）安全设施专项投资概算；

（十一）安全预评价报告中的安全对策及建议采纳情况；

（十二）预期效果以及存在的问题与建议；

（十三）可能出现的事故预防及应急救援措施；

（十四）法律、法规、规章、标准规定需要说明的其他事项。

第十二条　本办法第七条第（一）项、第（二）项、第（三）项、第（四）项规定的建设项目安全设施设计完成后，生产经营单位应当按照本办法第五条的规定向安全生产监督管理部门提出审查申请，并提交下列文件资料：

（一）建设项目审批、核准或者备案的文件；

（二）建设项目安全设施设计审查申请；

（三）设计单位的设计资质证明文件；

（四）建设项目安全设施设计；

（五）建设项目安全预评价报告及相关文件资料；

（六）法律、行政法规、规章规定的其他文件资料。

安全生产监督管理部门收到申请后，对属于本部门职责范围内的，应当及时进行审查，并在收到申请后5个工作日内作出受理或者不予受理的决定，书面告知申请人；对不属于本部门职责范围内的，应当将有关文件资料转送有审查权的安全生产监督管理部门，并书面告知申请人。

第十三条　对已经受理的建设项目安全设施设计审查申请，安全生产监督管理部门应当自受理之日起20个工作日内作出是否批准的决定，并书面告知申请人。20个工作日内不能作出决定的，经本部门负责人批准，可以延长10个工作日，并应当将延长期限的理由书面告知申请人。

第十四条　建设项目安全设施设计有下列情形之一的，不予批准，并不得开工建设：

（一）无建设项目审批、核准或者备案文件的；

（二）未委托具有相应资质的设计单位进行设计的；

（三）安全预评价报告由未取得相应资质的安全

评价机构编制的；

（四）设计内容不符合有关安全生产的法律、法规、规章和国家标准或者行业标准、技术规范的规定的；

（五）未采纳安全预评价报告中的安全对策和建议，且未作充分论证说明的；

（六）不符合法律、行政法规规定的其他条件的。

建设项目安全设施设计审查未予批准的，生产经营单位经过整改后可以向原审查部门申请再审。

第十五条　已经批准的建设项目及其安全设施设计有下列情形之一的，生产经营单位应当报原批准部门审查同意；未经审查同意的，不得开工建设：

（一）建设项目的规模、生产工艺、原料、设备发生重大变更的；

（二）改变安全设施设计且可能降低安全性能的；

（三）在施工期间重新设计的。

第十六条　本办法第七条第（一）项、第（二）项、第（三）项和第（四）项规定以外的建设项目安全设施设计，由生产经营单位组织审查，形成书面报告备查。

第四章　建设项目安全设施施工和竣工验收

第十七条　建设项目安全设施的施工应当由取得相应资质的施工单位进行，并与建设项目主体工程同时施工。

施工单位应当在施工组织设计中编制安全技术措施和施工现场临时用电方案，同时对危险性较大的分部分项工程依法编制专项施工方案，并附具安全验算结果，经施工单位技术负责人、总监理工程师签字后实施。

施工单位应当严格按照安全设施设计和相关施工技术标准、规范施工，并对安全设施的工程质量负责。

第十八条　施工单位发现安全设施设计文件有错漏的，应当及时向生产经营单位、设计单位提出。生产经营单位、设计单位应当及时处理。

施工单位发现安全设施存在重大事故隐患时，应当立即停止施工并报告生产经营单位进行整改。整改合格后，方可恢复施工。

第十九条　工程监理单位应当审查施工组织设计中的安全技术措施或者专项施工方案是否符合工程建设强制性标准。

工程监理单位在实施监理过程中，发现存在事故隐患的，应当要求施工单位整改；情况严重的，应当要求施工单位暂时停止施工，并及时报告生产经营单位。施工单位拒不整改或者不停止施工的，工程监理单位应当及时向有关主管部门报告。

工程监理单位、监理人员应当按照法律、法规和工程建设强制性标准实施监理，并对安全设施工程的工程质量承担监理责任。

第二十条　建设项目安全设施建成后，生产经营单位应当对安全设施进行检查，对发现的问题及时整改。

第二十一条　本办法第七条规定的建设项目竣工后，根据规定建设项目需要试运行（包括生产、使用，下同）的，应当在正式投入生产或者使用前进行试运行。

试运行时间应当不少于30日，最长不得超过180日，国家有关部门有规定或者特殊要求的行业除外。

生产、储存危险化学品的建设项目和化工建设项目，应当在建设项目试运行前将试运行方案报负责建设项目安全许可的安全生产监督管理部门备案。

第二十二条　本办法第七条规定的建设项目安全设施竣工或者试运行完成后，生产经营单位应当委托具有相应资质的安全评价机构对安全设施进行验收评价，并编制建设项目安全验收评价报告。

建设项目安全验收评价报告应当符合国家标准或者行业标准的规定。

生产、储存危险化学品的建设项目和化工建设项目安全验收评价报告除符合本条第二款的规定外，还应当符合有关危险化学品建设项目的规定。

第二十三条　建设项目竣工投入生产或者使用前，生产经营单位应当组织对安全设施进行竣工验收，并形成书面报告备查。安全设施竣工验收合格后，方可投入生产和使用。

安全监管部门应当按照下列方式之一对本办法第七条第（一）项、第（二）项、第（三）项和第（四）项规定建设项目的竣工验收活动和验收结果的监督核查：

（一）对安全设施竣工验收报告按照不少于总数10%的比例进行随机抽查；

（二）在实施有关安全许可时，对建设项目安全设施竣工验收报告进行审查。

抽查和审查以书面方式为主。对竣工验收报告的实质内容存在疑问，需要到现场核查的，安全监管部门应当指派两名以上工作人员对有关内容进行现场核查。工作人员应当提出现场核查意见，并如实记录在案。

第二十四条 建设项目的安全设施有下列情形之一的，建设单位不得通过竣工验收，并不得投入生产或者使用：

（一）未选择具有相应资质的施工单位施工的；

（二）未按照建设项目安全设施设计文件施工或者施工质量未达到建设项目安全设施设计文件要求的；

（三）建设项目安全设施的施工不符合国家有关施工技术标准的；

（四）未选择具有相应资质的安全评价机构进行安全验收评价或者安全验收评价不合格的；

（五）安全设施和安全生产条件不符合有关安全生产法律、法规、规章和国家标准或者行业标准、技术规范规定的；

（六）发现建设项目试运行期间存在事故隐患未整改的；

（七）未依法设置安全生产管理机构或者配备安全生产管理人员的；

（八）从业人员未经过安全生产教育和培训或者不具备相应资格的；

（九）不符合法律、行政法规规定的其他条件的。

第二十五条 生产经营单位应当按照档案管理的规定，建立建设项目安全设施"三同时"文件资料档案，并妥善保存。

第二十六条 建设项目安全设施未与主体工程同时设计、同时施工或者同时投入使用的，安全生产监督管理部门对与此有关的行政许可一律不予审批，同时责令生产经营单位立即停止施工、限期改正违法行为，对有关生产经营单位和人员依法给予行政处罚。

第五章 法律责任

第二十七条 建设项目安全设施"三同时"违反本办法的规定，安全生产监督管理部门及其工作人员给予审批通过或者颁发有关许可证的，依法给予行政处分。

第二十八条 生产经营单位对本办法第七条第（一）项、第（二）项、第（三）项和第（四）项规定的建设项目有下列情形之一的，责令停止建设或者停产停业整顿，限期改正；逾期未改正的，处50万元以上100万元以下的罚款，对其直接负责的主管人员和其他直接责任人员处2万元以上5万元以下的罚款；构成犯罪的，依照刑法有关规定追究刑事责任：

（一）未按照本办法规定对建设项目进行安全评价的；

（二）没有安全设施设计或者安全设施设计未按照规定报经安全生产监督管理部门审查同意，擅自开工的；

（三）施工单位未按照批准的安全设施设计施工的；

（四）投入生产或者使用前，安全设施未经验收合格的。

第二十九条 已经批准的建设项目安全设施设计发生重大变更，生产经营单位未报原批准部门审查同意擅自开工建设的，责令限期改正，可以并处1万元以上3万元以下的罚款。

第三十条 本办法第七条第（一）项、第（二）项、第（三）项和第（四）项规定以外的建设项目有下列情形之一的，对有关生产经营单位责令限期改正，可以并处5000元以上3万元以下的罚款：

（一）没有安全设施设计的；

（二）安全设施设计未组织审查，并形成书面审查报告的；

（三）施工单位未按照安全设施设计施工的；

（四）投入生产或者使用前，安全设施未经竣工验收合格，并形成书面报告的。

第三十一条 承担建设项目安全评价的机构弄虚作假、出具虚假报告，尚未构成犯罪的，没收违法所得，违法所得在10万元以上的，并处违法所得二倍以上五倍以下的罚款；没有违法所得或者违法所得不足10万元的，单处或者并处10万元以上20万元以下的罚款，对其直接负责的主管人员和其他直接责任人员处2万元以上5万元以下的罚款；给他人造成损害的，与生产经营单位承担连带赔偿责任。

对有前款违法行为的机构，吊销其相应资质。

第三十二条 本办法规定的行政处罚由安全生产监督管理部门决定。法律、行政法规对行政处罚的种类、幅度和决定机关另有规定的，依照其规定。

安全生产监督管理部门对应当由其他有关部门进行处理的"三同时"问题，应当及时移送有关部门并形成记录备查。

第六章 附 则

第三十三条 本办法自2011年2月1日起施行。

(4)事故报告查处

房屋市政工程生产安全和质量事故查处督办暂行办法

1. 2011年5月11日住房和城乡建设部发布
2. 建质〔2011〕66号

第一条 为依法严肃查处房屋市政工程生产安全和质量事故,有效防范和遏制事故发生,保障人民群众生命和财产安全,根据《国务院关于进一步加强企业安全生产工作的通知》(国发〔2010〕23号),制定本办法。

第二条 本办法所称房屋市政工程生产安全和质量事故查处督办,是指上级住房城乡建设行政主管部门督促下级住房城乡建设行政主管部门,依照有关法律法规做好房屋建筑和市政工程生产安全和质量事故的调查处理工作。

第三条 依照《关于进一步规范房屋建筑和市政工程生产安全事故报告和调查处理工作的若干意见》(建质〔2007〕257号)和《关于做好房屋建筑和市政基础设施工程质量事故报告和调查处理工作的通知》(建质〔2010〕111号)的事故等级划分,住房城乡建设部负责房屋市政工程生产安全和质量较大及以上事故的查处督办,省级住房城乡建设行政主管部门负责一般事故的查处督办。

第四条 房屋市政工程生产安全和质量较大及以上事故的查处督办,按照以下程序办理:

(一)较大及以上事故发生后,住房城乡建设部质量安全司提出督办建议,并报部领导审定同意后,以住房城乡建设部安委会或办公厅名义向省级住房城乡建设行政主管部门下达《房屋市政工程生产安全和质量较大及以上事故查处督办通知书》;

(二)在住房城乡建设部网站上公布较大及以上事故的查处督办信息,接受社会监督。

第五条 《房屋市政工程生产安全和质量较大及以上事故查处督办通知书》包括下列内容:

(一)事故名称;

(二)事故概况;

(三)督办事项;

(四)办理期限;

(五)督办解除方式、程序。

第六条 省级住房城乡建设行政主管部门接到《房屋市政工程生产安全和质量较大及以上事故查处督办通知书》后,应当依据有关规定,组织本部门及督促下级住房城乡建设行政主管部门按照要求做好下列事项:

(一)在地方人民政府的领导下,积极组织或参与事故的调查工作,提出意见;

(二)依据事故事实和有关法律法规,对违法违规企业给予吊销资质证书或降低资质等级、吊销或暂扣安全生产许可证、责令停业整顿、罚款等处罚,对违法违规人员给予吊销执业资格注册证书或责令停止执业、吊销或暂扣安全生产考核合格证书、罚款等处罚;

(三)对违法违规企业和人员处罚权限不在本级或本地的,向有处罚权限的住房城乡建设行政主管部门及时上报或转送事故事实材料,并提出处罚建议;

(四)其他相关的工作。

第七条 省级住房城乡建设行政主管部门应当在房屋市政工程生产安全和质量较大及以上事故发生之日起60日内,完成事故查处督办事项。有特殊情况不能完成的,要向住房城乡建设部作出书面说明。

第八条 省级住房城乡建设行政主管部门完成房屋市政工程生产安全和质量较大及以上事故查处督办事项后,要向住房城乡建设部作出书面报告,并附送有关材料。住房城乡建设部审核后,依照规定解除督办。

第九条 在房屋市政工程生产安全和质量较大及以上事故查处督办期间,省级住房城乡建设行政主管部门应当加强与住房城乡建设部质量安全司的沟通,及时汇报有关情况。住房城乡建设部质量安全司负责对事故查处督办事项的指导和协调。

第十条 房屋市政工程生产安全和质量一般事故的查处督办参照本办法执行。省级住房城乡建设行政主管部门可制定具体实施细则。

第十一条 各级住房城乡建设行政主管部门不得对房屋市政工程生产安全和质量事故查处督办事项无故拖延、敷衍塞责,或者在解除督办过程中弄虚作假。

第十二条 各级住房城乡建设行政主管部门要将房屋市政工程生产安全和质量事故查处情况,及时予以公告,接受社会监督。

第十三条 各级住房城乡建设行政主管部门要定期总结房屋市政工程生产安全和质量事故查处工作,并报告上级住房城乡建设行政主管部门。

第十四条 房屋市政工程生产安全和质量事故查处工作实行通报和约谈制度，上级住房城乡建设行政主管部门对工作不力的下级住房城乡建设行政主管部门予以通报批评，并约谈部门的主要负责人。

第十五条 本办法自印发之日起施行。

房屋市政工程
生产安全事故报告和查处工作规程

1. 2013年1月14日住房和城乡建设部发布
2. 建质〔2013〕4号

第一条 为规范房屋市政工程生产安全事故报告和查处工作，落实事故责任追究制度，防止和减少事故发生，根据《建设工程安全生产管理条例》、《生产安全事故报告和调查处理条例》等有关规定，制定本规程。

第二条 房屋市政工程生产安全事故，是指在房屋建筑和市政基础设施工程施工过程中发生的造成人身伤亡或者重大直接经济损失的生产安全事故。

第三条 根据造成的人员伤亡或者直接经济损失，房屋市政工程生产安全事故分为以下等级：

（一）特别重大事故，是指造成30人以上死亡，或者100人以上重伤，或者1亿元以上直接经济损失的事故；

（二）重大事故，是指造成10人以上30人以下死亡，或者50人以上100人以下重伤，或者5000万元以上1亿元以下直接经济损失的事故；

（三）较大事故，是指造成3人以上10人以下死亡，或者10人以上50人以下重伤，或者1000万元以上5000万元以下直接经济损失的事故；

（四）一般事故，是指造成3人以下死亡，或者10人以下重伤，或者100万元以上1000万元以下直接经济损失的事故。

本等级划分所称的“以上”包括本数，所称的“以下”不包括本数。

第四条 房屋市政工程生产安全事故的报告，应当及时、准确、完整，任何单位和个人对事故不得迟报、漏报、谎报或者瞒报。

房屋市政工程生产安全事故的查处，应当坚持实事求是、尊重科学的原则，及时、准确地查明事故原因，总结事故教训，并对事故责任者依法追究责任。

第五条 事故发生地住房城乡建设主管部门接到施工单位负责人或者事故现场有关人员的事故报告后，应当逐级上报事故情况。

特别重大、重大、较大事故逐级上报至国务院住房城乡建设主管部门，一般事故逐级上报至省级住房城乡建设主管部门。

必要时，住房城乡建设主管部门可以越级上报事故情况。

第六条 国务院住房城乡建设主管部门应当在特别重大和重大事故发生后4小时内，向国务院上报事故情况。

省级住房城乡建设主管部门应当在特别重大、重大事故或者可能演化为特别重大、重大的事故发生后3小时内，向国务院住房城乡建设主管部门上报事故情况。

第七条 较大事故、一般事故发生后，住房城乡建设主管部门每级上报事故情况的时间不得超过2小时。

第八条 事故报告主要应当包括以下内容：

（一）事故的发生时间、地点和工程项目名称；

（二）事故已经造成或者可能造成的伤亡人数（包括下落不明人数）；

（三）事故工程项目的建设单位及项目负责人、施工单位及其法定代表人和项目经理、监理单位及其法定代表人和项目总监；

（四）事故的简要经过和初步原因；

（五）其他应当报告的情况。

第九条 省级住房城乡建设主管部门应当通过传真向国务院住房城乡建设主管部门书面上报特别重大、重大、较大事故情况。

特殊情形下确实不能按时书面上报的，可先电话报告，了解核实情况后及时书面上报。

第十条 事故报告后出现新情况，以及事故发生之日起30日内伤亡人数发生变化的，住房城乡建设主管部门应当及时补报。

第十一条 住房城乡建设主管部门应当及时通报事故基本情况以及事故工程项目的建设单位及项目负责人、施工单位及其法定代表人和项目经理、监理单位及其法定代表人和项目总监。

国务院住房城乡建设主管部门对特别重大、重大、较大事故进行全国通报。

第十二条 住房城乡建设主管部门应当按照有关人民政府的要求,依法组织或者参与事故调查工作。

第十三条 住房城乡建设主管部门应当积极参加事故调查工作,应当选派具有事故调查所需要的知识和专长,并与所调查的事故没有直接利害关系的人员参加事故调查工作。

参加事故调查工作的人员应当诚信公正、恪尽职守,遵守事故调查组的纪律。

第十四条 住房城乡建设主管部门应当按照有关人民政府对事故调查报告的批复,依照法律法规,对事故责任企业实施吊销资质证书或者降低资质等级、吊销或者暂扣安全生产许可证、责令停业整顿、罚款等处罚,对事故责任人员实施吊销执业资格注册证书或者责令停止执业、吊销或者暂扣安全生产考核合格证书、罚款等处罚。

第十五条 对事故责任企业或者人员的处罚权限在上级住房城乡建设主管部门的,当地住房城乡建设主管部门应当在收到有关人民政府对事故调查报告的批复后15日内,逐级将事故调查报告(附具有关证据材料)、有关人民政府批复文件、本部门处罚建议等材料报送至有处罚权限的住房城乡建设主管部门。

接收到材料的住房城乡建设主管部门应当按照有关人民政府对事故调查报告的批复,依照法律法规,对事故责任企业或者人员实施处罚,并向报送材料的住房城乡建设主管部门反馈处罚情况。

第十六条 对事故责任企业或者人员的处罚权限在其他省级住房城乡建设主管部门的,事故发生地省级住房城乡建设主管部门应当将事故调查报告(附具有关证据材料)、有关人民政府批复文件、本部门处罚建议等材料转送至有处罚权限的其他省级住房城乡建设主管部门,同时抄报国务院住房城乡建设主管部门。

接收到材料的其他省级住房城乡建设主管部门应当按照有关人民政府对事故调查报告的批复,依照法律法规,对事故责任企业或者人员实施处罚,并向转送材料的事故发生地省级住房城乡建设主管部门反馈处罚情况,同时抄报国务院住房城乡建设主管部门。

第十七条 住房城乡建设主管部门应当按照规定,对下级住房城乡建设主管部门的房屋市政工程生产安全事故查处工作进行督办。

国务院住房城乡建设主管部门对重大、较大事故查处工作进行督办,省级住房城乡建设主管部门对一般事故查处工作进行督办。

第十八条 住房城乡建设主管部门应当对发生事故的企业和工程项目吸取事故教训、落实防范和整改措施的情况进行监督检查。

第十九条 住房城乡建设主管部门应当及时向社会公布事故责任企业和人员的处罚情况,接受社会监督。

第二十条 对于经调查认定为非生产安全事故的,住房城乡建设主管部门应当在事故性质认定后10日内,向上级住房城乡建设主管部门报送有关材料。

第二十一条 省级住房城乡建设主管部门应当按照规定,通过“全国房屋市政工程生产安全事故信息报送及统计分析系统”及时、全面、准确地报送事故简要信息、事故调查信息和事故处罚信息。

第二十二条 住房城乡建设主管部门应当定期总结分析事故报告和查处工作,并将有关情况报送上级住房城乡建设主管部门。

国务院住房城乡建设主管部门定期对事故报告和查处工作进行通报。

第二十三条 省级住房城乡建设主管部门可结合本地区实际,依照本规程制定具体实施细则。

第二十四条 本规程自印发之日起施行。

(5)安全生产许可证

安全生产许可证条例

1. 2004年1月13日国务院令第397号公布
2. 根据2013年7月18日国务院令第638号《关于废止和修改部分行政法规的决定》第一次修订
3. 根据2014年7月29日国务院令第653号《关于修改部分行政法规的决定》第二次修订

第一条 为了严格规范安全生产条件,进一步加强安全生产监督管理,防止和减少生产安全事故,根据《中华人民共和国安全生产法》的有关规定,制定本条例。

第二条 国家对矿山企业、建筑施工企业和危险化学品、烟花爆竹、民用爆炸物品生产企业(以下统称企业)实行安全生产许可制度。

企业未取得安全生产许可证的,不得从事生产活动。

第三条 国务院安全生产监督管理部门负责中央管理的

非煤矿矿山企业和危险化学品、烟花爆竹生产企业安全生产许可证的颁发和管理。

省、自治区、直辖市人民政府安全生产监督管理部门负责前款规定以外的非煤矿矿山企业和危险化学品、烟花爆竹生产企业安全生产许可证的颁发和管理，并接受国务院安全生产监督管理部门的指导和监督。

国家煤矿安全监察机构负责中央管理的煤矿企业安全生产许可证的颁发和管理。

在省、自治区、直辖市设立的煤矿安全监察机构负责前款规定以外的其他煤矿企业安全生产许可证的颁发和管理，并接受国家煤矿安全监察机构的指导和监督。

第四条 省、自治区、直辖市人民政府建设主管部门负责建筑施工企业安全生产许可证的颁发和管理，并接受国务院建设主管部门的指导和监督。

第五条 省、自治区、直辖市人民政府民用爆炸物品行业主管部门负责民用爆炸物品生产企业安全生产许可证的颁发和管理，并接受国务院民用爆炸物品行业主管部门的指导和监督。

第六条 企业取得安全生产许可证，应当具备下列安全生产条件：

（一）建立、健全安全生产责任制，制定完备的安全生产规章制度和操作规程；

（二）安全投入符合安全生产要求；

（三）设置安全生产管理机构，配备专职安全生产管理人员；

（四）主要负责人和安全生产管理人员经考核合格；

（五）特种作业人员经有关业务主管部门考核合格，取得特种作业操作资格证书；

（六）从业人员经安全生产教育和培训合格；

（七）依法参加工伤保险，为从业人员缴纳保险费；

（八）厂房、作业场所和安全设施、设备、工艺符合有关安全生产法律、法规、标准和规程的要求；

（九）有职业危害防治措施，并为从业人员配备符合国家标准或者行业标准的劳动防护用品；

（十）依法进行安全评价；

（十一）有重大危险源检测、评估、监控措施和应急预案；

（十二）有生产安全事故应急救援预案、应急救援组织或者应急救援人员，配备必要的应急救援器材、设备；

（十三）法律、法规规定的其他条件。

第七条 企业进行生产前，应当依照本条例的规定向安全生产许可证颁发管理机关申请领取安全生产许可证，并提供本条例第六条规定的相关文件、资料。安全生产许可证颁发管理机关应当自收到申请之日起45日内审查完毕，经审查符合本条例规定的安全生产条件的，颁发安全生产许可证；不符合本条例规定的安全生产条件的，不予颁发安全生产许可证，书面通知企业并说明理由。

煤矿企业应当以矿（井）为单位，依照本条例的规定取得安全生产许可证。

第八条 安全生产许可证由国务院安全生产监督管理部门规定统一的式样。

第九条 安全生产许可证的有效期为3年。安全生产许可证有效期满需要延期的，企业应当于期满前3个月向原安全生产许可证颁发管理机关办理延期手续。

企业在安全生产许可证有效期内，严格遵守有关安全生产的法律法规，未发生死亡事故的，安全生产许可证有效期届满时，经原安全生产许可证颁发管理机关同意，不再审查，安全生产许可证有效期延期3年。

第十条 安全生产许可证颁发管理机关应当建立、健全安全生产许可证档案管理制度，并定期向社会公布企业取得安全生产许可证的情况。

第十一条 煤矿企业安全生产许可证颁发管理机关、建筑施工企业安全生产许可证颁发管理机关、民用爆炸物品生产企业安全生产许可证颁发管理机关，应当每年向同级安全生产监督管理部门通报其安全生产许可证颁发和管理情况。

第十二条 国务院安全生产监督管理部门和省、自治区、直辖市人民政府安全生产监督管理部门对建筑施工企业、民用爆炸物品生产企业、煤矿企业取得安全生产许可证的情况进行监督。

第十三条 企业不得转让、冒用安全生产许可证或者使用伪造的安全生产许可证。

第十四条 企业取得安全生产许可证后，不得降低安全生产条件，并应当加强日常安全生产管理，接受安全生产许可证颁发管理机关的监督检查。

安全生产许可证颁发管理机关应当加强对取得安

全生产许可证的企业的监督检查，发现其不再具备本条例规定的安全生产条件的，应当暂扣或者吊销安全生产许可证。

第十五条 安全生产许可证颁发管理机关工作人员在安全生产许可证颁发、管理和监督检查工作中，不得索取或者接受企业的财物，不得谋取其他利益。

第十六条 监察机关依照《中华人民共和国行政监察法》的规定，对安全生产许可证颁发管理机关及其工作人员履行本条例规定的职责实施监察。

第十七条 任何单位或者个人对违反本条例规定的行为，有权向安全生产许可证颁发管理机关或者监察机关等有关部门举报。

第十八条 安全生产许可证颁发管理机关工作人员有下列行为之一的，给予降级或者撤职的行政处分；构成犯罪的，依法追究刑事责任：

（一）向不符合本条例规定的安全生产条件的企业颁发安全生产许可证的；

（二）发现企业未依法取得安全生产许可证擅自从事生产活动，不依法处理的；

（三）发现取得安全生产许可证的企业不再具备本条例规定的安全生产条件，不依法处理的；

（四）接到对违反本条例规定行为的举报后，不及时处理的；

（五）在安全生产许可证颁发、管理和监督检查工作中，索取或者接受企业的财物，或者谋取其他利益的。

第十九条 违反本条例规定，未取得安全生产许可证擅自进行生产的，责令停止生产，没收违法所得，并处10万元以上50万元以下的罚款；造成重大事故或者其他严重后果，构成犯罪的，依法追究刑事责任。

第二十条 违反本条例规定，安全生产许可证有效期满未办理延期手续，继续进行生产的，责令停止生产，限期补办延期手续，没收违法所得，并处5万元以上10万元以下的罚款；逾期仍不办理延期手续，继续进行生产的，依照本条例第十九条的规定处罚。

第二十一条 违反本条例规定，转让安全生产许可证的，没收违法所得，处10万元以上50万元以下的罚款，并吊销其安全生产许可证；构成犯罪的，依法追究刑事责任；接受转让的，依照本条例第十九条的规定处罚。

冒用安全生产许可证或者使用伪造的安全生产许可证的，依照本条例第十九条的规定处罚。

第二十二条 本条例施行前已经进行生产的企业，应当自本条例施行之日起1年内，依照本条例的规定向安全生产许可证颁发管理机关申请办理安全生产许可证；逾期不办理安全生产许可证，或者经审查不符合本条例规定的安全生产条件，未取得安全生产许可证，继续进行生产的，依照本条例第十九条的规定处罚。

第二十三条 本条例规定的行政处罚，由安全生产许可证颁发管理机关决定。

第二十四条 本条例自公布之日起施行。

建筑施工企业安全生产许可证管理规定

1. 2004年7月5日建设部令第128号公布

2. 根据2015年1月22日住房和城乡建设部令第23号《关于修改〈市政公用设施抗灾设防管理规定〉等部门规章的决定》修正

第一章 总 则

第一条 为了严格规范建筑施工企业安全生产条件，进一步加强安全生产监督管理，防止和减少生产安全事故，根据《安全生产许可证条例》、《建设工程安全生产管理条例》等有关行政法规，制定本规定。

第二条 国家对建筑施工企业实行安全生产许可制度。

建筑施工企业未取得安全生产许可证的，不得从事建筑施工活动。

本规定所称建筑施工企业，是指从事土木工程、建筑工程、线路管道和设备安装工程及装修工程的新建、扩建、改建和拆除等有关活动的企业。

第三条 国务院住房城乡建设主管部门负责对全国建筑施工企业安全生产许可证的颁发和管理工作进行监督指导。

省、自治区、直辖市人民政府住房城乡建设主管部门负责本行政区域内建筑施工企业安全生产许可证的颁发和管理工作。

市、县人民政府住房城乡建设主管部门负责本行政区域内建筑施工企业安全生产许可证的监督管理，并将监督检查中发现的企业违法行为及时报告安全生产许可证颁发管理机关。

第二章 安全生产条件

第四条 建筑施工企业取得安全生产许可证，应当具备下列安全生产条件：

（一）建立、健全安全生产责任制，制定完备的安全生产规章制度和操作规程；

（二）保证本单位安全生产条件所需资金的投入；

（三）设置安全生产管理机构，按照国家有关规定配备专职安全生产管理人员；

（四）主要负责人、项目负责人、专职安全生产管理人员经住房城乡建设主管部门或者其他有关部门考核合格；

（五）特种作业人员经有关业务主管部门考核合格，取得特种作业操作资格证书；

（六）管理人员和作业人员每年至少进行一次安全生产教育培训并考核合格；

（七）依法参加工伤保险，依法为施工现场从事危险作业的人员办理意外伤害保险，为从业人员交纳保险费；

（八）施工现场的办公、生活区及作业场所和安全防护用具、机械设备、施工机具及配件符合有关安全生产法律、法规、标准和规程的要求；

（九）有职业危害防治措施，并为作业人员配备符合国家标准或者行业标准的安全防护用具和安全防护服装；

（十）有对危险性较大的分部分项工程及施工现场易发生重大事故的部位、环节的预防、监控措施和应急预案；

（十一）有生产安全事故应急救援预案、应急救援组织或者应急救援人员，配备必要的应急救援器材、设备；

（十二）法律、法规规定的其他条件。

第三章　安全生产许可证的申请与颁发

第五条　建筑施工企业从事建筑施工活动前，应当依照本规定向企业注册所在地省、自治区、直辖市人民政府住房城乡建设主管部门申请领取安全生产许可证。

中央管理的建筑施工企业（集团公司、总公司）应当向国务院住房城乡建设主管部门申请领取安全生产许可证。

前款规定以外的其他建筑施工企业，包括中央管理的建筑施工企业（集团公司、总公司）下属的建筑施工企业，应当向企业注册所在地省、自治区、直辖市人民政府住房城乡建设主管部门申请领取安全生产许可证。

第六条　建筑施工企业申请安全生产许可证时，应当向住房城乡建设主管部门提供下列材料：

（一）建筑施工企业安全生产许可证申请表；

（二）企业法人营业执照；

（三）第四条规定的相关文件、材料。

建筑施工企业申请安全生产许可证，应当对申请材料实质内容的真实性负责，不得隐瞒有关情况或者提供虚假材料。

第七条　住房城乡建设主管部门应当自受理建筑施工企业的申请之日起45日内审查完毕；经审查符合安全生产条件的，颁发安全生产许可证；不符合安全生产条件的，不予颁发安全生产许可证，书面通知企业并说明理由。企业自接到通知之日起应当进行整改，整改合格后方可再次提出申请。

住房城乡建设主管部门审查建筑施工企业安全生产许可证申请，涉及铁路、交通、水利等有关专业工程时，可以征求铁路、交通、水利等有关部门的意见。

第八条　安全生产许可证的有效期为3年。安全生产许可证有效期满需要延期的，企业应当于期满前3个月向原安全生产许可证颁发管理机关申请办理延期手续。

企业在安全生产许可证有效期内，严格遵守有关安全生产的法律法规，未发生死亡事故的，安全生产许可证有效期届满时，经原安全生产许可证颁发管理机关同意，不再审查，安全生产许可证有效期延期3年。

第九条　建筑施工企业变更名称、地址、法定代表人等，应当在变更后10日内，到原安全生产许可证颁发管理机关办理安全生产许可证变更手续。

第十条　建筑施工企业破产、倒闭、撤销的，应当将安全生产许可证交回原安全生产许可证颁发管理机关予以注销。

第十一条　建筑施工企业遗失安全生产许可证，应当立即向原安全生产许可证颁发管理机关报告，并在公众媒体上声明作废后，方可申请补办。

第十二条　安全生产许可证申请表采用建设部规定的统一式样。

安全生产许可证采用国务院安全生产监督管理部门规定的统一式样。

安全生产许可证分正本和副本，正、副本具有同等法律效力。

第四章　监 督 管 理

第十三条　县级以上人民政府住房城乡建设主管部门应

当加强对建筑施工企业安全生产许可证的监督管理。住房城乡建设主管部门在审核发放施工许可证时，应当对已经确定的建筑施工企业是否有安全生产许可证进行审查，对没有取得安全生产许可证的，不得颁发施工许可证。

第十四条 跨省从事建筑施工活动的建筑施工企业有违反本规定行为的，由工程所在地的省级人民政府住房城乡建设主管部门将建筑施工企业在本地区的违法事实、处理结果和处理建议抄告原安全生产许可证颁发管理机关。

第十五条 建筑施工企业取得安全生产许可证后，不得降低安全生产条件，并应当加强日常安全生产管理，接受住房城乡建设主管部门的监督检查。安全生产许可证颁发管理机关发现企业不再具备安全生产条件的，应当暂扣或者吊销安全生产许可证。

第十六条 安全生产许可证颁发管理机关或者其上级行政机关发现有下列情形之一的，可以撤销已经颁发的安全生产许可证：

（一）安全生产许可证颁发管理机关工作人员滥用职权、玩忽职守颁发安全生产许可证的；

（二）超越法定职权颁发安全生产许可证的；

（三）违反法定程序颁发安全生产许可证的；

（四）对不具备安全生产条件的建筑施工企业颁发安全生产许可证的；

（五）依法可以撤销已经颁发的安全生产许可证的其他情形。

依照前款规定撤销安全生产许可证，建筑施工企业的合法权益受到损害的，住房城乡建设主管部门应当依法给予赔偿。

第十七条 安全生产许可证颁发管理机关应当建立、健全安全生产许可证档案管理制度，定期向社会公布企业取得安全生产许可证的情况，每年向同级安全生产监督管理部门通报建筑施工企业安全生产许可证颁发和管理情况。

第十八条 建筑施工企业不得转让、冒用安全生产许可证或者使用伪造的安全生产许可证。

第十九条 住房城乡建设主管部门工作人员在安全生产许可证颁发、管理和监督检查工作中，不得索取或者接受建筑施工企业的财物，不得谋取其他利益。

第二十条 任何单位或者个人对违反本规定的行为，有权向安全生产许可证颁发管理机关或者监察机关等有关部门举报。

第五章 罚 则

第二十一条 违反本规定，住房城乡建设主管部门工作人员有下列行为之一的，给予降级或者撤职的行政处分；构成犯罪的，依法追究刑事责任：

（一）向不符合安全生产条件的建筑施工企业颁发安全生产许可证的；

（二）发现建筑施工企业未依法取得安全生产许可证擅自从事建筑施工活动，不依法处理的；

（三）发现取得安全生产许可证的建筑施工企业不再具备安全生产条件，不依法处理的；

（四）接到对违反本规定行为的举报后，不及时处理的；

（五）在安全生产许可证颁发、管理和监督检查工作中，索取或者接受建筑施工企业的财物，或者谋取其他利益的。

由于建筑施工企业弄虚作假，造成前款第（一）项行为的，对住房城乡建设主管部门工作人员不予处分。

第二十二条 取得安全生产许可证的建筑施工企业，发生重大安全事故的，暂扣安全生产许可证并限期整改。

第二十三条 建筑施工企业不再具备安全生产条件的，暂扣安全生产许可证并限期整改；情节严重的，吊销安全生产许可证。

第二十四条 违反本规定，建筑施工企业未取得安全生产许可证擅自从事建筑施工活动的，责令其在建项目停止施工，没收违法所得，并处10万元以上50万元以下的罚款；造成重大安全事故或者其他严重后果，构成犯罪的，依法追究刑事责任。

第二十五条 违反本规定，安全生产许可证有效期满未办理延期手续，继续从事建筑施工活动的，责令其在建项目停止施工，限期补办延期手续，没收违法所得，并处5万元以上10万元以下的罚款；逾期仍不办理延期手续，继续从事建筑施工活动的，依照本规定第二十四条的规定处罚。

第二十六条 违反本规定，建筑施工企业转让安全生产许可证的，没收违法所得，处10万元以上50万元以下的罚款，并吊销安全生产许可证；构成犯罪的，依法追究刑事责任；接受转让的，依照本规定第二十四条的规定处罚。

冒用安全生产许可证或者使用伪造的安全生产许可证的，依照本规定第二十四条的规定处罚。

第二十七条　违反本规定，建筑施工企业隐瞒有关情况或者提供虚假材料申请安全生产许可证的，不予受理或者不予颁发安全生产许可证，并给予警告，1年内不得申请安全生产许可证。

建筑施工企业以欺骗、贿赂等不正当手段取得安全生产许可证的，撤销安全生产许可证，3年内不得再次申请安全生产许可证；构成犯罪的，依法追究刑事责任。

第二十八条　本规定的暂扣、吊销安全生产许可证的行政处罚，由安全生产许可证的颁发管理机关决定；其他行政处罚，由县级以上地方人民政府住房城乡建设主管部门决定。

第六章　附　　则

第二十九条　本规定施行前已依法从事建筑施工活动的建筑施工企业，应当自《安全生产许可证条例》施行之日起（2004年1月13日起）1年内向住房城乡建设主管部门申请办理建筑施工企业安全生产许可证；逾期不办理安全生产许可证，或者经审查不符合本规定的安全生产条件，未取得安全生产许可证，继续进行建筑施工活动的，依照本规定第二十四条的规定处罚。

第三十条　本规定自公布之日起施行。

建筑施工企业安全生产许可证管理规定实施意见

1．2004年8月27日建设部发布

2．建质〔2004〕148号

为了贯彻落实《建筑施工企业安全生产许可证管理规定》（建设部令第128号，以下简称《规定》），制定本实施意见。

一、安全生产许可证的适用对象

（一）建筑施工企业安全生产许可证的适用对象为：在中华人民共和国境内从事土木工程、建筑工程、线路管道和设备安装工程及装修工程的新建、扩建、改建和拆除等有关活动，依法取得工商行政管理部门颁发的《企业法人营业执照》，符合《规定》要求的安全生产条件的建筑施工企业。

二、安全生产许可证的申请

（二）安全生产许可证颁发管理机关应当在办公场所、本机关网站上公示审批安全生产许可证的依据、条件、程序、期限，申请所需提交的全部资料目录以及申请书示范文本等。

（三）建筑施工企业从事建筑施工活动前，应当按照分级、属地管理的原则，向企业注册地省级以上人民政府建设主管部门申请领取安全生产许可证。

（四）中央管理的建筑施工企业（集团公司、总公司）应当向建设部申请领取安全生产许可证，建设部主管业务司局为工程质量安全监督与行业发展司。中央管理的建筑施工企业（集团公司、总公司）是指国资委代表国务院履行出资人职责的建筑施工类企业总部（名单见附件一）。

（五）中央管理的建筑施工企业（集团公司、总公司）下属的建筑施工企业，以及其他建筑施工企业向注册所在地省、自治区、直辖市人民政府建设主管部门申请领取安全生产许可证。

三、申请材料

（六）申请人申请安全生产许可证时，应当按照《规定》第六条的要求，向安全生产许可证颁发管理机关提供下列材料（括号里为材料的具体要求）：

1. 建筑施工企业安全生产许可证申请表（一式三份，样式见附件二）；

2. 企业法人营业执照（复印件）；

3. 各级安全生产责任制和安全生产规章制度目录及文件，操作规程目录；

4. 保证安全生产投入的证明文件（包括企业保证安全生产投入的管理办法或规章制度、年度安全资金投入计划及实施情况）；

5. 设置安全生产管理机构和配备专职安全生产管理人员的文件（包括企业设置安全管理机构的文件、安全管理机构的工作职责、安全机构负责人的任命文件、安全管理机构组成人员明细表）；

6. 主要负责人、项目负责人、专职安全生产管理人员安全生产考核合格名单及证书（复印件）；

7. 本企业特种作业人员名单及操作资格证书（复印件）；

8. 本企业管理人员和作业人员年度安全培训教育材料（包括企业培训计划、培训考核记录）；

9. 从业人员参加工伤保险以及施工现场从事危险作业人员参加意外伤害保险有关证明；

10. 施工起重机械设备检测合格证明；

11. 职业危害防治措施（要针对本企业业务特点

可能会导致的职业病种类制定相应的预防措施）；

12. 危险性较大分部分项工程及施工现场易发生重大事故的部位、环节的预防监控措施和应急预案（根据本企业业务特点，详细列出危险性较大分部分项工程和事故易发部位、环节及有针对性和可操作性的控制措施和应急预案）；

13. 生产安全事故应急救援预案（应本着事故发生后有效救援原则，列出救援组织人员详细名单、救援器材、设备清单和救援演练记录）。

其中，第2至第13项统一装订成册。企业在申请安全生产许可证时，需要交验所有证件、凭证原件。

（七）申请人应对申请材料实质内容的真实性负责。

四、安全生产许可证申请的受理和颁发

（八）安全生产许可证颁发管理机关对申请人提交的申请，应当按照下列规定分别处理：

1. 对申请事项不属于本机关职权范围的申请，应当及时作出不予受理的决定，并告知申请人向有关安全生产许可证颁发管理机关申请；

2. 对申请材料存在可以当场更正的错误的，应当允许申请人当场更正；

3. 申请材料不齐全或者不符合要求的，应当当场或者在5个工作日内书面一次告知申请人需要补正的全部内容，逾期不告知的，自收到申请材料之日起即为受理；

4. 申请材料齐全、符合要求或者按照要求全部补正的，自收到申请材料或者全部补正之日起为受理。

（九）对于隐瞒有关情况或者提供虚假材料申请安全生产许可证的，安全生产许可证颁发管理机关不予受理，该企业一年之内不得再次申请安全生产许可证。

（十）对已经受理的申请，安全生产许可证颁发管理机关对申请材料进行审查，必要时应到企业施工现场进行抽查。涉及铁路、交通、水利等有关专业工程时，可以征求铁道、交通、水利等部门的意见。安全生产许可证颁发管理机关在受理申请之日起45个工作日内应作出颁发或者不予颁发安全生产许可证的决定。

安全生产许可证颁发管理机关作出准予颁发申请人安全生产许可证决定的，应当自决定之日起10个工作日内向申请人颁发、送达安全生产许可证；对作出不予颁发决定的，应当在10个工作日内书面通知申请人并说明理由。

（十一）安全生产许可证有效期为3年。安全生产许可证有效期满需要延期的，企业应当于期满前3个月向原安全生产许可证颁发管理机关提出延期申请，并提交本意见第6条规定的文件、资料以及原安全生产许可证。

建筑施工企业在安全生产许可证有效期内，严格遵守有关安全生产法律、法规和规章，未发生死亡事故的，安全生产许可证有效期届满时，经原安全生产许可证颁发管理机关同意，不再审查，直接办理延期手续。

对于本条第二款规定情况以外的建筑施工企业，安全生产许可证颁发管理机关应当对其安全生产条件重新进行审查，审查合格的，办理延期手续。

（十二）对申请延期的申请人审查合格或有效期满经原安全生产许可证颁发管理机关同意不再审查直接办理延期手续的企业，安全生产许可证颁发管理机关收回原安全生产许可证，换发新的安全生产许可证。

五、安全生产许可证证书

（十三）建筑施工企业安全生产许可证采用国家安全生产监督管理局规定的统一样式。证书分为正本和副本，正本为悬挂式，副本为折页式，正、副本具有同等法律效力。建筑施工企业安全生产许可证证书由建设部统一印制，实行全国统一编码。证书式样、编码方法和证书订购等有关事宜见附件三。

（十四）中央管理的建筑施工企业（集团公司、总公司）的安全生产许可证加盖建设部公章有效。中央管理的建筑施工企业（集团公司、总公司）下属的建筑施工企业，以及其他建筑施工企业的安全生产许可证加盖省、自治区、直辖市人民政府建设主管部门公章有效。由建设部以及各省、自治区、直辖市人民政府建设主管部门颁发的安全生产许可证均在全国范围内有效。

（十五）每个具有独立企业法人资格的建筑施工企业只能取得一套安全生产许可证，包括一个正本，两个副本。企业需要增加副本的，经原安全生产许可证颁发管理机关批准，可以适当增加。

（十六）建筑施工企业的名称、地址、法定代表人等内容发生变化的，应当自工商营业执照变更之日起10个工作日内提出申请，持原安全生产许可证和变更后的工商营业执照、变更批准文件等相关证明材料，向原安全生产许可证颁发管理机关申请变更安全生产许可证。安全生产许可证颁发管理机关在对申请人提交的相关文件、资料审查后，及时办理安全生产许可证变更手续。

（十七）建筑施工企业遗失安全生产许可证，应持申请补办的报告及在公众媒体上刊登的遗失作废声明向原安全生产许可证颁发管理机关申请补办。

六、对取得安全生产许可证单位的监督管理

（十八）2005 年 1 月 13 日以后，建设主管部门在向建设单位审核发放施工许可证时，应当对已经确定的建筑施工企业是否取得安全生产许可证进行审查，没有取得安全生产许可证的，不得颁发施工许可证。对于依法批准开工报告的建设工程，在建设单位报送建设工程所在地县级以上地方人民政府或者其他有关部门备案的安全施工措施资料中，应包括承接工程项目的建筑施工企业的安全生产许可证。

（十九）市、县级人民政府建设主管部门负责本行政区域内取得安全生产许可证的建筑施工企业的日常监督管理工作。在监督检查过程中发现企业有违反《规定》行为的，市、县级人民政府建设主管部门应及时、逐级向本地安全生产许可证颁发管理机关报告。本行政区域内取得安全生产许可证的建筑施工企业既包括在本地区注册的建筑施工企业，也包括跨省在本地区从事建筑施工活动的建筑施工企业。

跨省从事建筑施工活动的建筑施工企业有违反《规定》行为的，由工程所在地的省级人民政府建设主管部门将其在本地区的违法事实、处理建议和处理结果抄告其安全生产许可证颁发管理机关。

安全生产许可证颁发管理机关根据下级建设主管部门报告或者其他省级人民政府建设主管部门抄告的违法事实、处理建议和处理结果，按照《规定》对企业进行相应处罚，并将处理结果通告原报告或抄告部门。

（二十）根据《建设工程安全生产管理条例》，县级以上地方人民政府交通、水利等有关部门负责本行政区域内有关专业建设工程安全生产的监督管理，对从事有关专业建设工程的建筑施工企业违反《规定》的，将其违法事实抄告同级建设主管部门；铁路建设安全生产监督管理机构负责铁路建设工程安全生产监督管理，对从事铁路建设工程的建筑施工企业违反《规定》的，将其违法事实抄告省级以上人民政府建设主管部门。

（二十一）安全生产许可证颁发管理机关或者其上级行政机关发现有下列情形之一的，可以撤销已经颁发的安全生产许可证：

1. 安全生产许可证颁发管理机关工作人员滥用职权、玩忽职守颁发安全生产许可证的；

2. 超越法定职权颁发安全生产许可证的；

3. 违反法定程序颁发安全生产许可证的；

4. 对不具备安全生产条件的建筑施工企业颁发安全生产许可证的；

5. 依法可以撤销已经颁发的安全生产许可证的其他情形。

依照前款规定撤销安全生产许可证，建筑施工企业的合法权益受到损害的，建设主管部门应当依法给予赔偿。

（二十二）发生下列情形之一的，安全生产许可证颁发管理机关应当依法注销已经颁发的安全生产许可证：

1. 企业依法终止的；

2. 安全生产许可证有效期届满未延续的；

3. 安全生产许可证依法被撤销、吊销的；

4. 因不可抗力导致行政许可事项无法实施的；

5. 依法应当注销安全生产许可证的其他情形。

（二十三）安全生产许可证颁发管理机关应当建立健全安全生产许可证档案，定期通过报纸、网络等公众媒体向社会公布企业取得安全生产许可证的情况，以及暂扣、吊销安全生产许可证等行政处罚情况。

七、对取得安全生产许可证单位的行政处罚

（二十四）安全生产许可证颁发管理机关或市、县级人民政府建设主管部门发现取得安全生产许可证的建筑施工企业不再具备《规定》第四条规定安全生产条件的，责令限期改正；经整改仍未达到规定安全生产条件的，处以暂扣安全生产许可证 7 日至 30 日的处罚；安全生产许可证暂扣期间，拒不整改或经整改仍未达到规定安全生产条件的，处以延长暂扣期 7 至 15 天直至吊销安全生产许可证的处罚。

（二十五）企业发生死亡事故的，安全生产许可证颁发管理机关应当立即对企业安全生产条件进行复查，发现企业不再具备《规定》第四条规定安全生产条件的，处以暂扣安全生产许可证 30 日至 90 日的处罚；

安全生产许可证暂扣期间，拒不整改或经整改仍未达到规定安全生产条件的，处以延长暂扣期30日至60日直至吊销安全生产许可证的处罚。

（二十六）企业安全生产许可证被暂扣期间，不得承揽新的工程项目，发生问题的在建项目停工整改，整改合格后方可继续施工；企业安全生产许可证被吊销后，该企业不得进行任何施工活动，且一年之内不得重新申请安全生产许可证。

八、附则

（二十七）由建设部直接实施的建筑施工企业安全生产许可证审批，按照《关于印发〈建设部机关实施行政许可工作规程〉的通知》（建法〔2004〕111号）进行，使用规范许可文书并加盖建设部行政许可专用章。各省、自治区、直辖市人民政府建设主管部门参照上述文件规定，规范许可程序和各项许可文书。

（二十八）各省、自治区、直辖市人民政府建设主管部门可依照《规定》和本意见，制定本地区的实施细则。

附件：（略）

建筑施工企业安全生产许可证动态监管暂行办法

1. 2008年6月30日住房和城乡建设部发布
2. 建质〔2008〕121号

第一条 为加强建筑施工企业安全生产许可证的动态监管，促进建筑施工企业保持和改善安全生产条件，控制和减少生产安全事故，根据《安全生产许可证条例》、《建设工程安全生产管理条例》和《建筑施工企业安全生产许可证管理规定》等法规规章，制定本办法。

第二条 建设单位或其委托的工程招标代理机构在编制资格预审文件和招标文件时，应当明确要求建筑施工企业提供安全生产许可证，以及企业主要负责人、拟担任该项目负责人和专职安全生产管理人员（以下简称“三类人员”）相应的安全生产考核合格证书。

第三条 建设主管部门在审核发放施工许可证时，应当对已经确定的建筑施工企业是否具有安全生产许可证以及安全生产许可证是否处于暂扣期内进行审查，对未取得安全生产许可证及安全生产许可证处于暂扣期内的，不得颁发施工许可证。

第四条 建设工程实行施工总承包的，建筑施工总承包企业应当依法将工程分包给具有安全生产许可证的专业承包企业或劳务分包企业，并加强对分包企业安全生产条件的监督检查。

第五条 工程监理单位应当查验承建工程的施工企业安全生产许可证和有关“三类人员”安全生产考核合格证书持证情况，发现其持证情况不符合规定的或施工现场降低安全生产条件的，应当要求其立即整改。施工企业拒不整改的，工程监理单位应当向建设单位报告。建设单位接到工程监理单位报告后，应当责令施工企业立即整改。

第六条 建筑施工企业应当加强对本企业和承建工程安全生产条件的日常动态检查，发现不符合法定安全生产条件的，应当立即进行整改，并做好自查和整改记录。

第七条 建筑施工企业在“三类人员”配备、安全生产管理机构设置及其它法定安全生产条件发生变化以及因施工资质升级、增项而使得安全生产条件发生变化时，应当向安全生产许可证颁发管理机关（以下简称颁发管理机关）和当地建设主管部门报告。

第八条 颁发管理机关应当建立建筑施工企业安全生产条件的动态监督检查制度，并将安全生产管理薄弱、事故频发的企业作为监督检查的重点。

颁发管理机关根据监管情况、群众举报投诉和企业安全生产条件变化报告，对相关建筑施工企业及其承建工程项目的安全生产条件进行核查，发现企业降低安全生产条件的，应当视其安全生产条件降低情况对其依法实施暂扣或吊销安全生产许可证的处罚。

第九条 市、县级人民政府建设主管部门或其委托的建筑安全监督机构在日常安全生产监督检查中，应当查验承建工程施工企业的安全生产许可证。发现企业降低施工现场安全生产条件的或存在事故隐患的，应立即提出整改要求；情节严重的，应责令工程项目停止施工并限期整改。

第十条 依据本办法第九条责令停止施工符合下列情形之一的，市、县级人民政府建设主管部门应当于作出最后一次停止施工决定之日起15日内以书面形式向颁发管理机关（县级人民政府建设主管部门同时抄报设区市级人民政府建设主管部门；工程承建企业跨省施工的，通过省级人民政府建设主管部门抄告）提出暂扣企业安全生产许可证的建议，并附具企业及有关工程项目违法违规事实和证明安全生产条件降低的相关询问笔录或其它证据材料。

（一）在12个月内，同一企业同一项目被两次责令停止施工的；

（二）在12个月内，同一企业在同一市、县内三个项目被责令停止施工的；

（三）施工企业承建工程经责令停止施工后，整改仍达不到要求或拒不停工整改的。

第十一条 颁发管理机关接到本办法第十条规定的暂扣安全生产许可证建议后，应当于5个工作日内立案，并根据情节轻重依法给予企业暂扣安全生产许可证30日至60日的处罚。

第十二条 工程项目发生一般及以上生产安全事故的，工程所在地市、县级人民政府建设主管部门应当立即按照事故报告要求向本地区颁发管理机关报告。

工程承建企业跨省施工的，工程所在地省级建设主管部门应当在事故发生之日起15日内将事故基本情况书面通报颁发管理机关，同时附具企业及有关项目违法违规事实和证明安全生产条件降低的相关询问笔录或其它证据材料。

第十三条 颁发管理机关接到本办法第十二条规定的报告或通报后，应立即组织对相关建筑施工企业（含施工总承包企业和与发生事故直接相关的分包企业）安全生产条件进行复核，并于接到报告或通报之日起20日内复核完毕。

颁发管理机关复核施工企业及其工程项目安全生产条件，可以直接复核或委托工程所在地建设主管部门复核。被委托的建设主管部门应严格按照法规规章和相关标准进行复核，并及时向颁发管理机关反馈复核结果。

第十四条 依据本办法第十三条进行复核，对企业降低安全生产条件的，颁发管理机关应当依法给予企业暂扣安全生产许可证的处罚；属情节特别严重的或者发生特别重大事故的，依法吊销安全生产许可证。

暂扣安全生产许可证处罚视事故发生级别和安全生产条件降低情况，按下列标准执行：

（一）发生一般事故的，暂扣安全生产许可证30至60日。

（二）发生较大事故的，暂扣安全生产许可证60至90日。

（三）发生重大事故的，暂扣安全生产许可证90至120日。

第十五条 建筑施工企业在12个月内第二次发生生产安全事故的，视事故级别和安全生产条件降低情况，分别按下列标准进行处罚：

（一）发生一般事故的，暂扣时限为在上一次暂扣时限的基础上再增加30日。

（二）发生较大事故的，暂扣时限为在上一次暂扣时限的基础上再增加60日。

（三）发生重大事故的，或按本条（一）、（二）处罚暂扣时限超过120日的，吊销安全生产许可证。

12个月内同一企业连续发生三次生产安全事故的，吊销安全生产许可证。

第十六条 建筑施工企业瞒报、谎报、迟报或漏报事故的，在本办法第十四条、第十五条处罚的基础上，再处延长暂扣期30日至60日的处罚。暂扣时限超过120日的，吊销安全生产许可证。

第十七条 建筑施工企业在安全生产许可证暂扣期内，拒不整改的，吊销其安全生产许可证。

第十八条 建筑施工企业安全生产许可证被暂扣期间，企业在全国范围内不得承揽新的工程项目。发生问题或事故的工程项目停工整改，经工程所在地有关建设主管部门核查合格后方可继续施工。

第十九条 建筑施工企业安全生产许可证被吊销后，自吊销决定作出之日起一年内不得重新申请安全生产许可证。

第二十条 建筑施工企业安全生产许可证暂扣期满前10个工作日，企业需向颁发管理机关提出发还安全生产许可证申请。颁发管理机关接到申请后，应当对被暂扣企业安全生产条件进行复查，复查合格的，应当在暂扣期满时发还安全生产许可证；复查不合格的，增加暂扣期限直至吊销安全生产许可证。

第二十一条 颁发管理机关应建立建筑施工企业安全生产许可动态监管激励制度。对于安全生产工作成效显著、连续三年及以上未被暂扣安全生产许可证的企业，在评选各级各类安全生产先进集体和个人、文明工地、优质工程等时可以优先考虑，并可根据本地实际情况在监督管理时采取有关优惠政策措施。

第二十二条 颁发管理机关应将建筑施工企业安全生产许可证审批、延期、暂扣、吊销情况，于做出有关行政决定之日起5个工作日内录入全国建筑施工企业安全生产许可证管理信息系统，并对录入信息的真实性和准确性负责。

第二十三条 在建筑施工企业安全生产许可证动态监管中,涉及有关专业建设工程主管部门的,依照有关职责分工实施。

各省、自治区、直辖市人民政府建设主管部门可根据本办法,制定本地区的实施细则。

(6)安全培训与劳动保护

施工现场安全防护用具及机械设备使用监督管理规定

1. 1998年9月4日建设部、国家工商行政管理局、国家质量技术监督局发布
2. 建设〔1998〕64号
3. 自1998年10月1日起施行

第一条 为加强对施工现场上使用的安全防护用具及机械设备的监督管理,防止因不合格产品流入施工现场而造成伤亡事故,确保施工安全,制定本规定。

第二条 凡从事建筑施工(包括土木建筑、线路管道设备安装、装饰装修)的企业和个人以及为其提供安全防护用具及机械设备的单位和个人,必须遵守本规定。

第三条 本规定所指的安全防护用具及机械设备,是指在施工现场上使用的安全防护用品,安全防护设施、电气产品、架设机具和施工机械设备:

(一)安全防护用具

1. 安全防护用品,包括安全帽、安全带、安全网、安全绳及其他个人防护用品等;

2. 安全防护设施,包括各种“临边、洞口”的防护用具等;

3. 电气产品,包括手持电动工具、木工机具、钢筋机械、振动机具、漏电保护器、电闸箱、电缆、电器开关、插座及电工元器件等;

4. 架设机具,包括用竹、木、钢等材料组成的各类脚手架及其零部件、登高设施、简易起重吊装机具等。

(二)施工机械设备

包括大中型起重机械、施工电梯、挖掘机、打桩机、混凝土搅拌机等施工机械设备。

第四条 各级建设行政主管部门负责对施工现场安全防护用具及施工机械设备的使用实施监督管理。施工现场安全防护用具及机械设备使用的具体监督管理工作,可以委托所属的建筑安全监督管理机构负责实施。

工商行政管理机关负责查处市场管理和商标管理中发现的经销掺假或假冒的安全防护用具及机械设备;质量技术监督机关负责查处生产和流通领域中安全防护用具及机械设备的质量违法行为。

第五条 为施工现场提供安全防护用具及机械设备的生产、销售单位,必须遵守有关的法律、法规、规章和标准,设计、生产、销售符合施工安全要求的产品。

第六条 向建筑施工企业或者施工现场销售安全防护用具及机械设备的单位,应当提供检测合格证明及下列资料:

(一)产品的生产许可证(指实行生产许可证的产品)和出厂产品合格证;

(二)产品的有关技术标准、规范;

(三)产品的有关图纸及技术资料;

(四)产品的技术性能、安全防护装置的说明。

第七条 建筑安全监督管理机构要对建筑施工企业或者施工现场使用的安全防护用具及机械设备,进行定期或者不定期的抽检,发现不合格产品或者技术指标和安全性能不能满足施工安全需要的产品,必须立即停止使用,并清除出施工现场。

第八条 建筑施工企业和施工现场必须采购、使用具有生产许可证、产品合格证的产品,并建立安全防护用具及机械设备的采购、使用、检查、维修、保养的责任制。

第九条 施工现场新安装或者停工6个月以上又重新使用的塔式起重机、龙门架(井字架)、整体提升脚手架等,在使用前必须组织由本企业的安全、施工等技术管理人员参加的检验,经检验合格后方可使用。不能自行检验的,可以委托当地建筑安全监督管理机构进行检验。

第十条 建筑施工企业及其项目经理部必须对施工中使用的安全防护用具及机械设备进行定期检查,发现隐患或者不符合要求的,应当立即采取措施解决。

第十一条 建设,工商行政管理、质量技术监督行政主管部门根据职能分工,可以对施工现场安全防护用具及机械设备组织联合检查,并公布合格或者不合格产品名录。

有条件的城市可以建立安全防护用具及机械设备交易市场,为生产、销售单位和建筑施工企业提供服务,并加强监督管理。

第十二条 对于违反本规定的生产、销售单位和建筑施工企业,由建设、工商行政管理、质量技术监督行政主管部门根据各自的职责,依法作出处罚。

第十三条 本规定自1998年10月1日起施行。

建筑施工人员个人劳动保护用品使用管理暂行规定

1. 2007年11月5日建设部发布
2. 建质〔2007〕255号

第一条 为加强对建筑施工人员个人劳动保护用品的使用管理,保障施工作业人员安全与健康,根据《中华人民共和国建筑法》、《建设工程安全生产管理条例》、《安全生产许可证条例》等法律法规,制定本规定。

第二条 本规定所称个人劳动保护用品,是指在建筑施工现场,从事建筑施工活动的人员使用的安全帽、安全带以及安全(绝缘)鞋、防护眼镜、防护手套、防尘(毒)口罩等个人劳动保护用品(以下简称“劳动保护用品”)。

第三条 凡从事建筑施工活动的企业和个人,劳动保护用品的采购、发放、使用、管理等必须遵守本规定。

第四条 劳动保护用品的发放和管理,坚持“谁用工,谁负责”的原则。施工作业人员所在企业(包括总承包企业、专业承包企业、劳务企业等,下同)必须按国家规定免费发放劳动保护用品,更换已损坏或已到使用期限的劳动保护用品,不得收取或变相收取任何费用。

劳动保护用品必须以实物形式发放,不得以货币或其他物品替代。

第五条 企业应建立完善劳动保护用品的采购、验收、保管、发放、使用、更换、报废等规章制度。同时应建立相应的管理台账,管理台账保存期限不得少于两年,以保证劳动保护用品的质量具有可追溯性。

第六条 企业采购、个人使用的安全帽、安全带及其他劳动防护用品等,必须符合《安全帽》(GB 2811)、《安全带》(GB 6095)及其他劳动保护用品相关国家标准的要求。

企业、施工作业人员,不得采购和使用无安全标记或不符合国家相关标准要求的劳动保护用品。

第七条 企业应当按照劳动保护用品采购管理制度的要求,明确企业内部有关部门、人员的采购管理职责。企业在一个地区组织施工的,可以集中统一采购;对企业工程项目分布在多个地区,集中统一采购有困难的,可由各地区或项目部集中采购。

第八条 企业采购劳动保护用品时,应查验劳动保护用品生产厂家或供货商的生产、经营资格,验明商品合格证明和商品标识,以确保采购劳动保护用品的质量符合安全使用要求。

企业应当向劳动保护用品生产厂家或供货商索要法定检验机构出具的检验报告或由供货商签字盖章的检验报告复印件,不能提供检验报告或检验报告复印件的劳动保护用品不得采购。

第九条 企业应加强对施工作业人员的教育培训,保证施工作业人员能正确使用劳动保护用品。

工程项目部应有教育培训的记录,有培训人员和被培训人员的签名和时间。

第十条 企业应加强对施工作业人员劳动保护用品使用情况的检查,并对施工作业人员劳动保护用品的质量和正确使用负责。实行施工总承包的工程项目,施工总承包企业应加强对施工现场内所有施工作业人员劳动保护用品的监督检查。督促相关分包企业和人员正确使用劳动保护用品。

第十一条 施工作业人员有接受安全教育培训的权利,有按照工作岗位规定使用合格的劳动保护用品的权利;有拒绝违章指挥、拒绝使用不合格劳动保护用品的权利。同时,也负有正确使用劳动保护用品的义务。

第十二条 监理单位要加强对施工现场劳动保护用品的监督检查。发现有不使用、或使用不符合要求的劳动保护用品,应责令相关企业立即改正。对拒不改正的,应当向建设行政主管部门报告。

第十三条 建设单位应当及时、足额向施工企业支付安全措施专项经费,并督促施工企业落实安全防护措施,使用符合相关国家产品质量要求的劳动保护用品。

第十四条 各级建设行政主管部门应当加强对施工现场劳动保护用品使用情况的监督管理。发现有不使用、或使用不符合要求的劳动保护用品的违法违规行为的,应当责令改正;对因不使用或使用不符合要求的劳动保护用品造成事故或伤害的，应当依据《建设工程安全生产管理条例》和《安全生产许可证条例》等法律法规，对有关责任方给予行政处罚。

第十五条 各级建设行政主管部门应将企业劳动保护用品的发放、管理情况列入建筑施工企业《安全生产许可证》条件的审查内容之一；施工现场劳动保护用品的质量情况作为认定企业是否降低安全生产条件的内容之一；施工作业人员是否正确使用劳动保护用品情况作为考核企业安全生产教育培训是否到位的依据之一。

第十六条 各地建设行政主管部门可建立合格劳动保护用品的信息公告制度，为企业购买合格的劳动保护用品提供信息服务。同时依法加大对采购、使用不合格劳动保护用品的处罚力度。

第十七条 施工现场内，为保证施工作业人员安全与健康所需的其他劳动保护用品可参照本规定执行。

第十八条 各地可根据本规定，制定具体的实施办法。

第十九条 本规定自发布之日起施行。

市场监管总局办公厅、住房和城乡建设部办公厅、应急管理部办公厅关于进一步加强安全帽等特种劳动防护用品监督管理工作的通知

1. 2019年7月4日
2. 市监质监〔2019〕35号

各省、自治区、直辖市及新疆生产建设兵团市场监管局（委、厅）、住房和城乡建设厅（委、局）、应急管理厅（局）：

安全帽、安全带及防护绝缘鞋、防护手套、自吸过滤式防毒面具等特种劳动防护用品是维护公共安全和生产安全的重要防线，是守护劳动者生命安全和职业健康的重要保障。为加强特种劳动防护用品监督管理，杜绝不符合国家标准或行业标准的产品流入市场、进入企业，切实保障劳动者职业安全和健康，现就有关事项通知如下：

一、总体要求

以习近平新时代中国特色社会主义思想为指导，牢固树立安全发展理念，坚持源头防范、系统治理、依法监管的原则，在生产、销售、使用环节加强特种劳动防护用品监管，确保劳动者人身安全和企业生产安全，为决胜全面建成小康社会创造良好环境。

二、主要内容

（一）加强生产流通领域质量安全监管。

1. 全面落实企业主体责任。各级市场监管部门要加大对特种劳动防护用品的监管力度，督促企业全面落实产品质量主体责任，通过建立完善原料进厂查验、过程质量控制、成品出厂检验以及产品质量追溯等制度，切实履行法律法规规定的产品质量安全责任与义务，提高质量保障能力，促进行业健康发展。

2. 强化产品质量监督抽查。各级市场监管部门要结合本地区行业状况，统筹做好生产和流通领域特种劳动防护用品的质量监督抽查。要以建材市场、批发零售市场、工地周边、城乡结合部劳保商店以及电商平台等为重点场所，以防护性能等涉及安全的指标为重点项目，加大对流通领域的监督抽查力度，提高抽查比重，扩大抽查范围。对抽查不合格的生产、销售企业，要依法严肃处理。

3. 严厉打击质量违法行为。各级市场监管部门对制假“黑窝点”，要报请当地政府予以取缔；对违反产品标识规定、伪造冒用质量标志、偷工减料、以次充好、以不合格产品冒充合格产品等行为，要依法查处。要加强对电商平台的监督管理，督促其落实法定责任，规范网络交易行为。

（二）加强使用环节监督管理。

1. 加强采购进场监管。各级住房和城乡建设、应急管理部门要督促建筑施工企业、相关工矿企业等特种劳动防护用品使用单位采购持有营业执照和出厂检验合格报告的生产厂家生产的产品；要求使用单位严格控制进场验收程序，建立特种劳动防护用品收货验收制度，并留存生产企业的产品合格证和检验检测报告，所配发的劳动防护用品安全防护性能要符合国家或行业标准，禁止质量不合格、资料不齐全或假冒伪劣产品进入现场。

2. 加强现场使用监管。各级住房和城乡建设、应急管理部门要督促使用单位按照国家规定，免费发放和管理特种劳动防护用品，并建立验货、保管、发放、使用、更换、报废等管理制度，及时形成管理档案；对存有疑义或发现与检测报告不符的，要将该批产品退出现场，重新购置质量达标的产品并进行见证取样送检。要落实施工总承包单位的管理责任，鼓励实行统一采

购配发的管理制度。

3. 加强日常检查管理。各级住房和城乡建设、应急管理部门要督促使用单位切实加强对作业现场特种劳动防护用品质量和使用情况的日常监督管理，并形成检查台账。对不符合质量要求及破损的劳动防护用品要及时处理更换；对到报废期的劳动防护用品，要立即进行报废处理；已损坏的，不得擅自修补使用。

（三）构建监管长效机制。

1. 实施失信企业联合惩戒。各级主管部门对生产、销售和使用特种劳动防护用品过程中的违法行为作出的行政处罚，应及时归集至国家企业信用信息公示系统并依法向社会公示。要加强安全信用建设，建立守信激励和失信惩戒机制，将信用情况作为招投标、资质资格、施工许可等市场准入管理的重要依据。对于严重失信行为，要依法依规列入"黑名单"，与有关部门实施联合惩戒。

2. 实施质量安全手册制度。要落实企业安全生产主体责任，提高从业人员安全素质，提升现场安全管理能力。

3. 加强劳动防护知识普及。开展各种形式的宣传教育和培训活动，普及劳动防护知识，提高企业安全生产管理水平和职工自我保护意识。

4. 加强质量监管信息联动。各级主管部门要加强与辖区内特种劳动防护用品使用单位的信息联动，鼓励使用单位及个人积极反馈质量问题，及时获取不合格产品及生产销售企业的相关情况。对不在本辖区的生产企业，要及时向企业所在地监管部门通报。要建立不合格特种劳动防护用品信息公示制度，为企业购买产品提供信息服务。

三、保障措施

（一）加强组织领导。各级市场监管、住房和城乡建设、应急管理部门要以对劳动者生命安全和职业健康高度负责的态度，充分认识加强特种劳动防护用品监管工作的重要意义，加强领导、精心组织、认真部署、明确责任，层层督促落实。

（二）强化督促检查。各级市场监管、住房和城乡建设、应急管理部门要加强对特种劳动防护用品生产、销售和使用单位的监督检查，对发现的问题要严格依照相关法律法规处罚，对问题突出的生产、销售、使用单位要进行约谈，并公开曝光。

（三）加强部门联动。各级住房和城乡建设、应急管理部门要将在日常监督检查中发现的特种劳动防护用品质量问题线索，及时向同级市场监管部门通报，市场监管部门要根据线索倒查市场流通和生产环节，努力从源头消除问题和隐患。

（四）严格追责问责。对未使用符合国家或行业标准的特种劳动防护用品，特种劳动防护用品进入现场前未经查验或查验不合格即投入使用，因特种劳动防护用品管理混乱给作业人员带来事故伤害及职业危害的责任单位和责任人，依法追究相关责任。

（7）建筑机械安全监督

建筑起重机械安全管理座谈会会议纪要

1. 2007年10月15日印发

2. 建质安函〔2007〕84号

2007年9月28日，建设部质量安全司在河北省石家庄市召开了建筑起重机械安全管理座谈会。河北、山东、上海、福建、江苏、四川、黑龙江、广东等地区建设主管部门、安全监督管理机构，中国建筑业协会机械管理与租赁分会，部分建筑施工企业、起重机械租赁企业等单位的代表参加了此次会议。

座谈会上，与会代表介绍了本地区建筑起重机械安全监督管理工作情况，分析了建筑起重机械事故发生原因，提出了加强建筑起重机械安全管理的建议，讨论修改了《建筑起重机械安全监督管理规定》（征求意见稿）。

与会代表一致认为，近年来随着我国国民经济快速发展，建筑业规模不断扩大，建筑施工机械化程度逐步提高，建筑起重机械事故呈多发态势。如何加强起重机械安全管理、大力提升建筑起重机械安全管理水平是现阶段摆在我们面前一个重要课题。

经过分析讨论，与会代表认为建筑起重机械事故多发的主要原因有以下四个方面：

一、建筑起重机械设备本身存在质量安全隐患。一些生产厂家对原材料把关不严，甚至使用劣质钢材进行加工制造；也有一些厂家质保体系不健全，致使生产制造的塔身、臂架等主要钢结构焊接质量较差；还有相当一部分企业自有的建筑起重机械主要部件和结构已老化，带病作业、超期服役现象严重。

二、建筑起重机械租赁市场不规范。有些租赁企业出租的起重机械未经检验检测，保险限位装置不齐全或完全失效；也有一些租赁企业技术力量薄弱，设备维护保养能力差，出租设备完好率偏低；还有一些租赁企业自身管理水平低下，对出租的起重机械性能指标、运行情况、维修改造情况不了解，使其安全性能难以保证。

三、建筑起重机械安装拆卸行为不规范。一些企业或个人无资质从事建筑起重机械安装、拆卸活动；也有一些施工企业未按照规定编审和实施起重机械安装、拆卸工程专项施工方案；一些施工总承包企业对分包的起重机械拆装工程未认真履行安全管理职责；一些监理企业未对起重机械拆装过程实施旁站监理。

四、建筑起重机械使用管理不规范。有些使用单位对起重机械缺乏专业管理，不重视日常维护保养；一些企业未建立健全设备安全检查制度，不能及时发现并消除安全隐患；一些起重机械操作人员未经培训考核，无证上岗；还有一些操作人员违章指挥、冒险作业，甚至人为破坏限位保险装置造成超载起吊。

与会代表认为，加强建筑起重机械安全监管，坚决防范遏制起重机械事故，应当采取以下主要措施：

一、认真贯彻落实各项法律法规。按照《建设工程安全生产管理条例》和《特种设备安全监察条例》规定，各有关部门应当加强对建筑起重机械设计、制造、租赁、安装、拆卸、使用、维修等环节进行全过程系统管理。建设主管部门应当按照职责分工抓紧出台《建筑起重机械安全管理规定》，强化对房屋建筑和市政工程工地起重机械的租赁、安装、使用的安全监管，全面落实建设单位、施工总承包单位、租赁单位、安装单位、使用单位、监理单位在起重机械拆装、使用过程安全责任。

二、逐步完善建筑起重机械安全管理制度。要尽快建立健全起重机械注册登记和使用登记制度、安装单位资质许可制度、特种作业人员持证上岗制度、起重机械安全技术档案管理制度、安装拆卸工程专项施工方案编审制度、安装工程验收制度、安装拆卸工程旁站监理制度、起重机械日常维护保养制度、报废制度等一系列管理制度，促进建筑起重机械安全管理规范化、制度化。

三、进一步规范建筑起重机械租赁市场。充分发挥行业协会作用，加强建筑起重机械租赁行业自律，促进建筑起重机械租赁行业健康发展；强化租赁合同管理，明确租赁单位对出租起重机械安全管理职责，严禁出租国家明令淘汰不准再使用、超过安全技术规范规定使用年限、达不到国家和行业安全技术标准规定的起重机械。

四、继续强化特种作业人员安全培训。制定《建筑施工企业特种作业人员培训考核管理规定》，明确由省级建设主管部门负责对建筑施工企业特种作业人员考核发证；探索建立建筑安全培训基地，强化对特种作业人员实务培训；完善岗前培训和安全技术交底制度，特种作业人员上岗前必须了解起重机械结构特点、工作原理及操作规程；开展经常性的安全教育培训，不断提高特种作业人员安全意识。

五、切实加大起重机械安全检查力度。各地建设主管部门要重点检查起重机械拆装单位资质情况、特种作业人员持证上岗情况、起重机械安全专项施工方案编审情况、日常维护保养情况等。对于存在安全隐患的，要责令立即停止使用及时消除隐患；对于造成安全事故的，要严格按照“四不放过”原则严肃查处事故责任单位和责任人。

建筑起重机械安全监督管理规定

1. 2008年1月28日建设部令第166号公布

2. 自2008年6月1日起施行

第一条 为了加强建筑起重机械的安全监督管理，防止和减少生产安全事故，保障人民群众生命和财产安全，依据《建设工程安全生产管理条例》、《特种设备安全监察条例》、《安全生产许可证条例》，制定本规定。

第二条 建筑起重机械的租赁、安装、拆卸、使用及其监督管理，适用本规定。

本规定所称建筑起重机械，是指纳入特种设备目录，在房屋建筑工地和市政工程工地安装、拆卸、使用的起重机械。

第三条 国务院建设主管部门对全国建筑起重机械的租赁、安装、拆卸、使用实施监督管理。

县级以上地方人民政府建设主管部门对本行政区域内的建筑起重机械的租赁、安装、拆卸、使用实施监督管理。

第四条 出租单位出租的建筑起重机械和使用单位购置、租赁、使用的建筑起重机械应当具有特种设备制造许可证、产品合格证、制造监督检验证明。

第五条 出租单位在建筑起重机械首次出租前，自购建筑起重机械的使用单位在建筑起重机械首次安装前，应当持建筑起重机械特种设备制造许可证、产品合格证和制造监督检验证明到本单位工商注册所在地县级以上地方人民政府建设主管部门办理备案。

第六条 出租单位应当在签订的建筑起重机械租赁合同中，明确租赁双方的安全责任，并出具建筑起重机械特种设备制造许可证、产品合格证、制造监督检验证明、备案证明和自检合格证明，提交安装使用说明书。

第七条 有下列情形之一的建筑起重机械，不得出租、使用：

（一）属国家明令淘汰或者禁止使用的；

（二）超过安全技术标准或者制造厂家规定的使用年限的；

（三）经检验达不到安全技术标准规定的；

（四）没有完整安全技术档案的；

（五）没有齐全有效的安全保护装置的。

第八条 建筑起重机械有本规定第七条第（一）、（二）、（三）项情形之一的，出租单位或者自购建筑起重机械的使用单位应当予以报废，并向原备案机关办理注销手续。

第九条 出租单位、自购建筑起重机械的使用单位，应当建立建筑起重机械安全技术档案。

建筑起重机械安全技术档案应当包括以下资料：

（一）购销合同、制造许可证、产品合格证、制造监督检验证明、安装使用说明书、备案证明等原始资料；

（二）定期检验报告、定期自行检查记录、定期维护保养记录、维修和技术改造记录、运行故障和生产安全事故记录、累计运转记录等运行资料；

（三）历次安装验收资料。

第十条 从事建筑起重机械安装、拆卸活动的单位（以下简称安装单位）应当依法取得建设主管部门颁发的相应资质和建筑施工企业安全生产许可证，并在其资质许可范围内承揽建筑起重机械安装、拆卸工程。

第十一条 建筑起重机械使用单位和安装单位应当在签订的建筑起重机械安装、拆卸合同中明确双方的安全生产责任。

实行施工总承包的，施工总承包单位应当与安装单位签订建筑起重机械安装、拆卸工程安全协议书。

第十二条 安装单位应当履行下列安全职责：

（一）按照安全技术标准及建筑起重机械性能要求，编制建筑起重机械安装、拆卸工程专项施工方案，并由本单位技术负责人签字；

（二）按照安全技术标准及安装使用说明书等检查建筑起重机械及现场施工条件；

（三）组织安全施工技术交底并签字确认；

（四）制定建筑起重机械安装、拆卸工程生产安全事故应急救援预案；

（五）将建筑起重机械安装、拆卸工程专项施工方案，安装、拆卸人员名单，安装、拆卸时间等材料报施工总承包单位和监理单位审核后，告知工程所在地县级以上地方人民政府建设主管部门。

第十三条 安装单位应当按照建筑起重机械安装、拆卸工程专项施工方案及安全操作规程组织安装、拆卸作业。

安装单位的专业技术人员、专职安全生产管理人员应当进行现场监督，技术负责人应当定期巡查。

第十四条 建筑起重机械安装完毕后，安装单位应当按照安全技术标准及安装使用说明书的有关要求对建筑起重机械进行自检、调试和试运转。自检合格的，应当出具自检合格证明，并向使用单位进行安全使用说明。

第十五条 安装单位应当建立建筑起重机械安装、拆卸工程档案。

建筑起重机械安装、拆卸工程档案应当包括以下资料：

（一）安装、拆卸合同及安全协议书；

（二）安装、拆卸工程专项施工方案；

（三）安全施工技术交底的有关资料；

（四）安装工程验收资料；

（五）安装、拆卸工程生产安全事故应急救援预案。

第十六条 建筑起重机械安装完毕后，使用单位应当组织出租、安装、监理等有关单位进行验收，或者委托具有相应资质的检验检测机构进行验收。建筑起重机械经验收合格后方可投入使用，未经验收或者验收不合格的不得使用。

实行施工总承包的，由施工总承包单位组织验收。

建筑起重机械在验收前应当经有相应资质的检验检测机构监督检验合格。

检验检测机构和检验检测人员对检验检测结果、鉴定结论依法承担法律责任。

第十七条　使用单位应当自建筑起重机械安装验收合格之日起30日内，将建筑起重机械安装验收资料、建筑起重机械安全管理制度、特种作业人员名单等，向工程所在地县级以上地方人民政府建设主管部门办理建筑起重机械使用登记。登记标志置于或者附着于该设备的显著位置。

第十八条　使用单位应当履行下列安全职责：

（一）根据不同施工阶段、周围环境以及季节、气候的变化，对建筑起重机械采取相应的安全防护措施；

（二）制定建筑起重机械生产安全事故应急救援预案；

（三）在建筑起重机械活动范围内设置明显的安全警示标志，对集中作业区做好安全防护；

（四）设置相应的设备管理机构或者配备专职的设备管理人员；

（五）指定专职设备管理人员、专职安全生产管理人员进行现场监督检查；

（六）建筑起重机械出现故障或者发生异常情况的，立即停止使用，消除故障和事故隐患后，方可重新投入使用。

第十九条　使用单位应当对在用的建筑起重机械及其安全保护装置、吊具、索具等进行经常性和定期的检查、维护和保养，并做好记录。

使用单位在建筑起重机械租期结束后，应当将定期检查、维护和保养记录移交出租单位。

建筑起重机械租赁合同对建筑起重机械的检查、维护、保养另有约定的，从其约定。

第二十条　建筑起重机械在使用过程中需要附着的，使用单位应当委托原安装单位或者具有相应资质的安装单位按照专项施工方案实施，并按照本规定第十六条规定组织验收。验收合格后方可投入使用。

建筑起重机械在使用过程中需要顶升的，使用单位委托原安装单位或者具有相应资质的安装单位按照专项施工方案实施后，即可投入使用。

禁止擅自在建筑起重机械上安装非原制造厂制造的标准节和附着装置。

第二十一条　施工总承包单位应当履行下列安全职责：

（一）向安装单位提供拟安装设备位置的基础施工资料，确保建筑起重机械进场安装、拆卸所需的施工条件；

（二）审核建筑起重机械的特种设备制造许可证、产品合格证、制造监督检验证明、备案证明等文件；

（三）审核安装单位、使用单位的资质证书、安全生产许可证和特种作业人员的特种作业操作资格证书；

（四）审核安装单位制定的建筑起重机械安装、拆卸工程专项施工方案和生产安全事故应急救援预案；

（五）审核使用单位制定的建筑起重机械生产安全事故应急救援预案；

（六）指定专职安全生产管理人员监督检查建筑起重机械安装、拆卸、使用情况；

（七）施工现场有多台塔式起重机作业时，应当组织制定并实施防止塔式起重机相互碰撞的安全措施。

第二十二条　监理单位应当履行下列安全职责：

（一）审核建筑起重机械特种设备制造许可证、产品合格证、制造监督检验证明、备案证明等文件；

（二）审核建筑起重机械安装单位、使用单位的资质证书、安全生产许可证和特种作业人员的特种作业操作资格证书；

（三）审核建筑起重机械安装、拆卸工程专项施工方案；

（四）监督安装单位执行建筑起重机械安装、拆卸工程专项施工方案情况；

（五）监督检查建筑起重机械的使用情况；

（六）发现存在生产安全事故隐患的，应当要求安装单位、使用单位限期整改，对安装单位、使用单位拒不整改的，及时向建设单位报告。

第二十三条　依法发包给两个及两个以上施工单位的工程，不同施工单位在同一施工现场使用多台塔式起重机作业时，建设单位应当协调组织制定防止塔式起重机相互碰撞的安全措施。

安装单位、使用单位拒不整改生产安全事故隐患的，建设单位接到监理单位报告后，应当责令安装单位、使用单位立即停工整改。

第二十四条　建筑起重机械特种作业人员应当遵守建筑起重机械安全操作规程和安全管理制度，在作业中有权拒绝违章指挥和强令冒险作业，有权在发生危及人身安全的紧急情况时立即停止作业或者采取必要的应急措施后撤离危险区域。

第二十五条　建筑起重机械安装拆卸工、起重信号工、起重司机、司索工等特种作业人员应当经建设主管部门考核合格，并取得特种作业操作资格证书后，方可上岗作业。

省、自治区、直辖市人民政府建设主管部门负责组织实施建筑施工企业特种作业人员的考核。

特种作业人员的特种作业操作资格证书由国务院建设主管部门规定统一的样式。

第二十六条 建设主管部门履行安全监督检查职责时，有权采取下列措施：

（一）要求被检查的单位提供有关建筑起重机械的文件和资料；

（二）进入被检查单位和被检查单位的施工现场进行检查；

（三）对检查中发现的建筑起重机械生产安全事故隐患，责令立即排除；重大生产安全事故隐患排除前或者排除过程中无法保证安全的，责令从危险区域撤出作业人员或者暂时停止施工。

第二十七条 负责办理备案或者登记的建设主管部门应当建立本行政区域内的建筑起重机械档案，按照有关规定对建筑起重机械进行统一编号，并定期向社会公布建筑起重机械的安全状况。

第二十八条 违反本规定，出租单位、自购建筑起重机械的使用单位，有下列行为之一的，由县级以上地方人民政府建设主管部门责令限期改正，予以警告，并处以5000元以上1万元以下罚款：

（一）未按照规定办理备案的；

（二）未按照规定办理注销手续的；

（三）未按照规定建立建筑起重机械安全技术档案的。

第二十九条 违反本规定，安装单位有下列行为之一的，由县级以上地方人民政府建设主管部门责令限期改正，予以警告，并处以5000元以上3万元以下罚款：

（一）未履行第十二条第（二）、（四）、（五）项安全职责的；

（二）未按照规定建立建筑起重机械安装、拆卸工程档案的；

（三）未按照建筑起重机械安装、拆卸工程专项施工方案及安全操作规程组织安装、拆卸作业的。

第三十条 违反本规定，使用单位有下列行为之一的，由县级以上地方人民政府建设主管部门责令限期改正，予以警告，并处以5000元以上3万元以下罚款：

（一）未履行第十八条第（一）、（二）、（四）、（六）项安全职责的；

（二）未指定专职设备管理人员进行现场监督检查的；

（三）擅自在建筑起重机械上安装非原制造厂制造的标准节和附着装置的。

第三十一条 违反本规定，施工总承包单位未履行第二十一条第（一）、（三）、（四）、（五）、（七）项安全职责的，由县级以上地方人民政府建设主管部门责令限期改正，予以警告，并处以5000元以上3万元以下罚款。

第三十二条 违反本规定，监理单位未履行第二十二条第（一）、（二）、（四）、（五）项安全职责的，由县级以上地方人民政府建设主管部门责令限期改正，予以警告，并处以5000元以上3万元以下罚款。

第三十三条 违反本规定，建设单位有下列行为之一的，由县级以上地方人民政府建设主管部门责令限期改正，予以警告，并处以5000元以上3万元以下罚款；逾期未改的，责令停止施工：

（一）未按照规定协调组织制定防止多台塔式起重机相互碰撞的安全措施的；

（二）接到监理单位报告后，未责令安装单位、使用单位立即停工整改的。

第三十四条 违反本规定，建设主管部门的工作人员有下列行为之一的，依法给予处分；构成犯罪的，依法追究刑事责任：

（一）发现违反本规定的违法行为不依法查处的；

（二）发现在用的建筑起重机械存在严重生产安全事故隐患不依法处理的；

（三）不依法履行监督管理职责的其他行为。

第三十五条 本规定自2008年6月1日起施行。

建筑起重机械备案登记办法

1. 2008年4月18日住房和城乡建设部发布
2. 建质〔2008〕76号
3. 自2008年6月1日起施行

第一条 为加强建筑起重机械备案登记管理，根据《建筑起重机械安全监督管理规定》（建设部令第166号），制定本办法。

第二条 本办法所称建筑起重机械备案登记包括建筑起重机械备案、安装（拆卸）告知和使用登记。

第三条 县级以上地方人民政府建设主管部门可以使用

计算机信息管理系统办理建筑起重机械备案登记，并建立数据库。

县级以上地方人民政府建设主管部门应当提供本行政区域内建筑起重机械备案登记查询服务。

第四条　出租、安装、使用单位应当按规定提交建筑起重机械备案登记资料，并对所提供资料的真实性负责。

县级以上地方人民政府建设主管部门应当建立建筑起重机械备案登记诚信考核制度。

第五条　建筑起重机械出租单位或者自购建筑起重机械使用单位（以下简称“产权单位”）在建筑起重机械首次出租或安装前，应当向本单位工商注册所在地县级以上地方人民政府建设主管部门（以下简称“设备备案机关”）办理备案。

第六条　产权单位在办理备案手续时，应当向设备备案机关提交以下资料：

（一）产权单位法人营业执照副本；

（二）特种设备制造许可证；

（三）产品合格证；

（四）制造监督检验证明；

（五）建筑起重机械设备购销合同、发票或相应有效凭证；

（六）设备备案机关规定的其他资料。

所有资料复印件应当加盖产权单位公章。

第七条　设备备案机关应当自收到产权单位提交的备案资料之日起7个工作日内，对符合备案条件且资料齐全的建筑起重机械进行编号，向产权单位核发建筑起重机械备案证明。

建筑起重机械备案编号规则见附件一。

第八条　有下列情形之一的建筑起重机械，设备备案机关不予备案，并通知产权单位：

（一）属国家和地方明令淘汰或者禁止使用的；

（二）超过制造厂家或者安全技术标准规定的使用年限的；

（三）经检验达不到安全技术标准规定的。

第九条　起重机械产权单位变更时，原产权单位应当持建筑起重机械备案证明到设备备案机关办理备案注销手续。设备备案机关应当收回其建筑起重机械备案证明。

原产权单位应当将建筑起重机械的安全技术档案移交给现产权单位。

现产权单位应当按照本办法办理建筑起重机械备案手续。

第十条　建筑起重机械属于本办法第八条情形之一的，产权单位应当及时采取解体等销毁措施予以报废，并向设备备案机关办理备案注销手续。

第十一条　从事建筑起重机械安装、拆卸活动的单位（以下简称“安装单位”）办理建筑起重机械安装（拆卸）告知手续前，应当将以下资料报送施工总承包单位、监理单位审核：

（一）建筑起重机械备案证明；

（二）安装单位资质证书、安全生产许可证副本；

（三）安装单位特种作业人员证书；

（四）建筑起重机械安装（拆卸）工程专项施工方案；

（五）安装单位与使用单位签订的安装（拆卸）合同及安装单位与施工总承包单位签订的安全协议书；

（六）安装单位负责建筑起重机械安装（拆卸）工程专职安全生产管理人员、专业技术人员名单；

（七）建筑起重机械安装（拆卸）工程生产安全事故应急救援预案；

（八）辅助起重机械资料及其特种作业人员证书；

（九）施工总承包单位、监理单位要求的其他资料。

第十二条　施工总承包单位、监理单位应当在收到安装单位提交的齐全有效的资料之日起2个工作日内审核完毕并签署意见。

第十三条　安装单位应当在建筑起重机械安装（拆卸）前2个工作日内通过书面形式、传真或者计算机信息系统告知工程所在地县级以上地方人民政府建设主管部门，同时按规定提交经施工总承包单位、监理单位审核合格的有关资料。

第十四条　建筑起重机械使用单位在建筑起重机械安装验收合格之日起30日内，向工程所在地县级以上地方人民政府建设主管部门（以下简称“使用登记机关”）办理使用登记。

第十五条　使用单位在办理建筑起重机械使用登记时，应当向使用登记机关提交下列资料：

（一）建筑起重机械备案证明；

（二）建筑起重机械租赁合同；

（三）建筑起重机械检验检测报告和安装验收资料；

（四）使用单位特种作业人员资格证书；

（五）建筑起重机械维护保养等管理制度；

（六）建筑起重机械生产安全事故应急救援预案；

（七）使用登记机关规定的其他资料。

第十六条 使用登记机关应当自收到使用单位提交的资料之日起7个工作日内，对于符合登记条件且资料齐全的建筑起重机械核发建筑起重机械使用登记证明。

第十七条 有下列情形之一的建筑起重机械，使用登记机关不予使用登记并有权责令使用单位立即停止使用或者拆除：

（一）属于本办法第八条情形之一的；

（二）未经检验检测或者经检验检测不合格的；

（三）未经安装验收或者经安装验收不合格的。

第十八条 使用登记机关应当在安装单位办理建筑起重机械拆卸告知手续时，注销建筑起重机械使用登记证明。

第十九条 建筑起重机械实行年度统计上报制度。省、自治区、直辖市人民政府建设主管部门应当在每年年底将本地区建筑起重机械备案登记情况汇总后上报国务院建设主管部门。

建筑起重机械备案登记汇总表见附件二。

第二十条 县级以上地方人民政府建设主管部门应当对施工现场的建筑起重机械备案登记情况进行监督检查。

第二十一条 省级以上人民政府建设主管部门应当按照有关规定及时公布限制或禁止使用的建筑起重机械。

第二十二条 出租、安装、使用单位未按规定办理建筑起重机械备案、安装（拆卸）告知、使用登记及注销手续的，由建设主管部门依照有关法规和规章进行处罚。

第二十三条 省、自治区、直辖市人民政府建设主管部门可结合本地区实际制定实施细则。

第二十四条 本办法自2008年6月1日起施行。

附件一：建筑起重机械备案编号规则（略）

附件二：建筑起重机械备案登记汇总表（略）

4. 工程质量监管

(1)工程质量管理

建设工程质量管理条例

1. 2000年1月30日国务院令第279号公布
2. 根据2017年10月7日国务院令第687号《关于修改部分行政法规的决定》第一次修订
3. 根据2019年4月23日国务院令第714号《关于修改部分行政法规的决定》第二次修订

第一章 总 则

第一条 为了加强对建设工程质量的管理,保证建设工程质量,保护人民生命和财产安全,根据《中华人民共和国建筑法》,制定本条例。

第二条 凡在中华人民共和国境内从事建设工程的新建、扩建、改建等有关活动及实施对建设工程质量监督管理的,必须遵守本条例。本条例所称建设工程,是指土木工程、建筑工程、线路管道和设备安装工程及装修工程。

第三条 建设单位、勘察单位、设计单位、施工单位、工程监理单位依法对建设工程质量负责。

第四条 县级以上人民政府建设行政主管部门和其他有关部门应当加强对建设工程质量的监督管理。

第五条 从事建设工程活动,必须严格执行基本建设程序,坚持先勘察、后设计、再施工的原则。

县级以上人民政府及其有关部门不得超越权限审批建设项目或者擅自简化基本建设程序。

第六条 国家鼓励采用先进的科学技术和管理方法,提高建设工程质量。

第二章 建设单位的质量责任和义务

第七条 建设单位应当将工程发包给具有相应资质等级的单位。

建设单位不得将建设工程肢解发包。

第八条 建设单位应当依法对工程建设项目的勘察、设计、施工、监理以及与工程建设有关的重要设备、材料等的采购进行招标。

第九条 建设单位必须向有关的勘察、设计、施工、工程监理等单位提供与建设工程有关的原始资料。

原始资料必须真实、准确、齐全。

第十条 建设工程发包单位不得迫使承包方以低于成本的价格竞标,不得任意压缩合理工期。

建设单位不得明示或者暗示设计单位或者施工单位违反工程建设强制性标准,降低建设工程质量。

第十一条 施工图设计文件审查的具体办法,由国务院建设行政主管部门、国务院其他有关部门制定。

施工图设计文件未经审查批准的,不得使用。

第十二条 实行监理的建设工程,建设单位应当委托具有相应资质等级的工程监理单位进行监理,也可以委托具有工程监理相应资质等级并与被监理工程的施工承包单位没有隶属关系或者其他利害关系的该工程的设计单位进行监理。

下列建设工程必须实行监理:

(一)国家重点建设工程;

(二)大中型公用事业工程;

(三)成片开发建设的住宅小区工程;

(四)利用外国政府或者国际组织贷款、援助资金的工程;

(五)国家规定必须实行监理的其他工程。

第十三条 建设单位在开工前,应当按照国家有关规定办理工程质量监督手续,工程质量监督手续可以与施工许可证或者开工报告合并办理。

第十四条 按照合同约定,由建设单位采购建筑材料、建筑构配件和设备的,建设单位应当保证建筑材料、建筑构配件和设备符合设计文件和合同要求。

建设单位不得明示或者暗示施工单位使用不合格的建筑材料、建筑构配件和设备。

第十五条 涉及建筑主体和承重结构变动的装修工程,建设单位应当在施工前委托原设计单位或者具有相应资质等级的设计单位提出设计方案;没有设计方案的,不得施工。

房屋建筑使用者在装修过程中,不得擅自变动房屋建筑主体和承重结构。

第十六条 建设单位收到建设工程竣工报告后,应当组织设计、施工、工程监理等有关单位进行竣工验收。

建设工程竣工验收应当具备下列条件:

(一)完成建设工程设计和合同约定的各项内容;

(二)有完整的技术档案和施工管理资料;

(三)有工程使用的主要建筑材料、建筑构配件和设备的进场试验报告；

（四）有勘察、设计、施工、工程监理等单位分别签署的质量合格文件；

（五）有施工单位签署的工程保修书。

建设工程经验收合格的，方可交付使用。

第十七条 建设单位应当严格按照国家有关档案管理的规定，及时收集、整理建设项目各环节的文件资料，建立、健全建设项目档案，并在建设工程竣工验收后，及时向建设行政主管部门或者其他有关部门移交建设项目档案。

第三章 勘察、设计单位的质量责任和义务

第十八条 从事建设工程勘察、设计的单位应当依法取得相应等级的资质证书，并在其资质等级许可的范围内承揽工程。

禁止勘察、设计单位超越其资质等级许可的范围或者以其他勘察、设计单位的名义承揽工程。禁止勘察、设计单位允许其他单位或者个人以本单位的名义承揽工程。

勘察、设计单位不得转包或者违法分包所承揽的工程。

第十九条 勘察、设计单位必须按照工程建设强制性标准进行勘察、设计，并对其勘察、设计的质量负责。

注册建筑师、注册结构工程师等注册执业人员应当在设计文件上签字，对设计文件负责。

第二十条 勘察单位提供的地质、测量、水文等勘察成果必须真实、准确。

第二十一条 设计单位应当根据勘察成果文件进行建设工程设计。

设计文件应当符合国家规定的设计深度要求，注明工程合理使用年限。

第二十二条 设计单位在设计文件中选用的建筑材料、建筑构配件和设备，应当注明规格、型号、性能等技术指标，其质量要求必须符合国家规定的标准。

除有特殊要求的建筑材料、专用设备、工艺生产线等外，设计单位不得指定生产厂、供应商。

第二十三条 设计单位应当就审查合格的施工图设计文件向施工单位作出详细说明。

第二十四条 设计单位应当参与建设工程质量事故分析，并对因设计造成的质量事故，提出相应的技术处理方案。

第四章 施工单位的质量责任和义务

第二十五条 施工单位应当依法取得相应等级的资质证书，并在其资质等级许可的范围内承揽工程。

禁止施工单位超越本单位资质等级许可的业务范围或者以其他施工单位的名义承揽工程。禁止施工单位允许其他单位或者个人以本单位的名义承揽工程。

施工单位不得转包或者违法分包工程。

第二十六条 施工单位对建设工程的施工质量负责。

施工单位应当建立质量责任制，确定工程项目的项目经理、技术负责人和施工管理负责人。

建设工程实行总承包的，总承包单位应当对全部建设工程质量负责；建设工程勘察、设计、施工、设备采购的一项或者多项实行总承包的，总承包单位应当对其承包的建设工程或者采购的设备的质量负责。

第二十七条 总承包单位依法将建设工程分包给其他单位的，分包单位应当按照分包合同的约定对其分包工程的质量向总承包单位负责，总承包单位与分包单位对分包工程的质量承担连带责任。

第二十八条 施工单位必须按照工程设计图纸和施工技术标准施工，不得擅自修改工程设计，不得偷工减料。

施工单位在施工过程中发现设计文件和图纸有差错的，应当及时提出意见和建议。

第二十九条 施工单位必须按照工程设计要求、施工技术标准和合同约定，对建筑材料、建筑构配件、设备和商品混凝土进行检验，检验应当有书面记录和专人签字；未经检验或者检验不合格的，不得使用。

第三十条 施工单位必须建立、健全施工质量的检验制度，严格工序管理，作好隐蔽工程的质量检查和记录。隐蔽工程在隐蔽前，施工单位应当通知建设单位和建设工程质量监督机构。

第三十一条 施工人员对涉及结构安全的试块、试件以及有关材料，应当在建设单位或者工程监理单位监督下现场取样，并送具有相应资质等级的质量检测单位进行检测。

第三十二条 施工单位对施工中出现质量问题的建设工程或者竣工验收不合格的建设工程，应当负责返修。

第三十三条 施工单位应当建立、健全教育培训制度，加强对职工的教育培训；未经教育培训或者考核不合格的人员，不得上岗作业。

第五章 工程监理单位的质量责任和义务

第三十四条 工程监理单位应当依法取得相应等级的资

质证书，并在其资质等级许可的范围内承担工程监理业务。

禁止工程监理单位超越本单位资质等级许可的范围或者以其他工程监理单位的名义承担工程监理业务。禁止工程监理单位允许其他单位或者个人以本单位的名义承担工程监理业务。

工程监理单位不得转让工程监理业务。

第三十五条　工程监理单位与被监理工程的施工承包单位以及建筑材料、建筑构配件和设备供应单位有隶属关系或者其他利害关系的，不得承担该项建设工程的监理业务。

第三十六条　工程监理单位应当依照法律、法规以及有关技术标准、设计文件和建设工程承包合同，代表建设单位对施工质量实施监理，并对施工质量承担监理责任。

第三十七条　工程监理单位应当选派具备相应资格的总监理工程师和监理工程师进驻施工现场。

未经监理工程师签字，建筑材料、建筑构配件和设备不得在工程上使用或者安装，施工单位不得进行下一道工序的施工。未经总监理工程师签字，建设单位不拨付工程款，不进行竣工验收。

第三十八条　监理工程师应当按照工程监理规范的要求，采取旁站、巡视和平行检验等形式，对建设工程实施监理。

第六章　建设工程质量保修

第三十九条　建设工程实行质量保修制度。

建设工程承包单位在向建设单位提交工程竣工验收报告时，应当向建设单位出具质量保修书。质量保修书中应当明确建设工程的保修范围、保修期限和保修责任等。

第四十条　在正常使用条件下，建设工程的最低保修期限为：

（一）基础设施工程、房屋建筑的地基基础工程和主体结构工程，为设计文件规定的该工程的合理使用年限；

（二）屋面防水工程、有防水要求的卫生间、房间和外墙面的防渗漏，为5年；

（三）供热与供冷系统，为2个采暖期、供冷期；

（四）电气管线、给排水管道、设备安装和装修工程，为2年。

其他项目的保修期限由发包方与承包方约定。

建设工程的保修期，自竣工验收合格之日起计算。

第四十一条　建设工程在保修范围和保修期限内发生质量问题的，施工单位应当履行保修义务，并对造成的损失承担赔偿责任。

第四十二条　建设工程在超过合理使用年限后需要继续使用的，产权所有人应当委托具有相应资质等级的勘察、设计单位鉴定，并根据鉴定结果采取加固、维修等措施，重新界定使用期。

第七章　监 督 管 理

第四十三条　国家实行建设工程质量监督管理制度。

国务院建设行政主管部门对全国的建设工程质量实施统一监督管理。国务院铁路、交通、水利等有关部门按照国务院规定的职责分工，负责对全国的有关专业建设工程质量的监督管理。

县级以上地方人民政府建设行政主管部门对本行政区域内的建设工程质量实施监督管理。县级以上地方人民政府交通、水利等有关部门在各自的职责范围内，负责对本行政区域内的专业建设工程质量的监督管理。

第四十四条　国务院建设行政主管部门和国务院铁路、交通、水利等有关部门应当加强对有关建设工程质量的法律、法规和强制性标准执行情况的监督检查。

第四十五条　国务院发展计划部门按照国务院规定的职责，组织稽察特派员，对国家出资的重大建设项目实施监督检查。

国务院经济贸易主管部门按照国务院规定的职责，对国家重大技术改造项目实施监督检查。

第四十六条　建设工程质量监督管理，可以由建设行政主管部门或者其他有关部门委托的建设工程质量监督机构具体实施。

从事房屋建筑工程和市政基础设施工程质量监督的机构，必须按照国家有关规定经国务院建设行政主管部门或者省、自治区、直辖市人民政府建设行政主管部门考核；从事专业建设工程质量监督的机构，必须按照国家有关规定经国务院有关部门或者省、自治区、直辖市人民政府有关部门考核。经考核合格后，方可实施质量监督。

第四十七条　县级以上地方人民政府建设行政主管部门和其他有关部门应当加强对有关建设工程质量的法律、法规和强制性标准执行情况的监督检查。

第四十八条　县级以上人民政府建设行政主管部门和其

他有关部门履行监督检查职责时，有权采取下列措施：

（一）要求被检查的单位提供有关工程质量的文件和资料；

（二）进入被检查单位的施工现场进行检查；

（三）发现有影响工程质量的问题时，责令改正。

第四十九条 建设单位应当自建设工程竣工验收合格之日起15日内，将建设工程竣工验收报告和规划、公安消防、环保等部门出具的认可文件或者准许使用文件报建设行政主管部门或者其他有关部门备案。

建设行政主管部门或者其他有关部门发现建设单位在竣工验收过程中有违反国家有关建设工程质量管理规定行为的，责令停止使用，重新组织竣工验收。

第五十条 有关单位和个人对县级以上人民政府建设行政主管部门和其他有关部门进行的监督检查应当支持与配合，不得拒绝或者阻碍建设工程质量监督检查人员依法执行职务。

第五十一条 供水、供电、供气、公安消防等部门或者单位不得明示或者暗示建设单位、施工单位购买其指定的生产供应单位的建筑材料、建筑构配件和设备。

第五十二条 建设工程发生质量事故，有关单位应当在24小时内向当地建设行政主管部门和其他有关部门报告。对重大质量事故，事故发生地的建设行政主管部门和其他有关部门应当按照事故类别和等级向当地人民政府和上级建设行政主管部门和其他有关部门报告。

特别重大质量事故的调查程序按照国务院有关规定办理。

第五十三条 任何单位和个人对建设工程的质量事故、质量缺陷都有权检举、控告、投诉。

第八章 罚 则

第五十四条 违反本条例规定，建设单位将建设工程发包给不具有相应资质等级的勘察、设计、施工单位或者委托给不具有相应资质等级的工程监理单位的，责令改正，处50万元以上100万元以下的罚款。

第五十五条 违反本条例规定，建设单位将建设工程肢解发包的，责令改正，处工程合同价款百分之零点五以上百分之一以下的罚款；对全部或者部分使用国有资金的项目，并可以暂停项目执行或者暂停资金拨付。

第五十六条 违反本条例规定，建设单位有下列行为之一的，责令改正，处20万元以上50万元以下的罚款：

（一）迫使承包方以低于成本的价格竞标的；

（二）任意压缩合理工期的；

（三）明示或者暗示设计单位或者施工单位违反工程建设强制性标准，降低工程质量的；

（四）施工图设计文件未经审查或者审查不合格，擅自施工的；

（五）建设项目必须实行工程监理而未实行工程监理的；

（六）未按照国家规定办理工程质量监督手续的；

（七）明示或者暗示施工单位使用不合格的建筑材料、建筑构配件和设备的；

（八）未按照国家规定将竣工验收报告、有关认可文件或者准许使用文件报送备案的。

第五十七条 违反本条例规定，建设单位未取得施工许可证或者开工报告未经批准，擅自施工的，责令停止施工，限期改正，处工程合同价款百分之一以上百分之二以下的罚款。

第五十八条 违反本条例规定，建设单位有下列行为之一的，责令改正，处工程合同价款百分之二以上百分之四以下的罚款；造成损失的，依法承担赔偿责任：

（一）未组织竣工验收，擅自交付使用的；

（二）验收不合格，擅自交付使用的；

（三）对不合格的建设工程按照合格工程验收的。

第五十九条 违反本条例规定，建设工程竣工验收后，建设单位未向建设行政主管部门或者其他有关部门移交建设项目档案的，责令改正，处1万元以上10万元以下的罚款。

第六十条 违反本条例规定，勘察、设计、施工、工程监理单位超越本单位资质等级承揽工程的，责令停止违法行为，对勘察、设计单位或者工程监理单位处合同约定的勘察费、设计费或者监理酬金1倍以上2倍以下的罚款；对施工单位处工程合同价款百分之二以上百分之四以下的罚款，可以责令停业整顿，降低资质等级；情节严重的，吊销资质证书；有违法所得的，予以没收。

未取得资质证书承揽工程的，予以取缔，依照前款规定处以罚款；有违法所得的，予以没收。

以欺骗手段取得资质证书承揽工程的，吊销资质证书，依照本条第一款规定处以罚款；有违法所得的，予以没收。

第六十一条 违反本条例规定，勘察、设计、施工、工程监理单位允许其他单位或者个人以本单位名义承揽工程的，责令改正，没收违法所得，对勘察、设计单位和工程监理单位处合同约定的勘察费、设计费和监理酬金1倍以上2倍以下的罚款；对施工单位处工程合同价款百分之二以上百分之四以下的罚款；可以责令停业整顿，降低资质等级；情节严重的，吊销资质证书。

第六十二条　违反本条例规定，承包单位将承包的工程转包或者违法分包的，责令改正，没收违法所得，对勘察、设计单位处合同约定的勘察费、设计费百分之二十五以上百分之五十以下的罚款；对施工单位处工程合同价款百分之零点五以上百分之一以下的罚款；可以责令停业整顿，降低资质等级；情节严重的，吊销资质证书。

工程监理单位转让工程监理业务的，责令改正，没收违法所得，处合同约定的监理酬金百分之二十五以上百分之五十以下的罚款；可以责令停业整顿，降低资质等级；情节严重的，吊销资质证书。

第六十三条　违反本条例规定，有下列行为之一的，责令改正，处10万元以上30万元以下的罚款：

（一）勘察单位未按照工程建设强制性标准进行勘察的；

（二）设计单位未根据勘察成果文件进行工程设计的；

（三）设计单位指定建筑材料、建筑构配件的生产厂、供应商的；

（四）设计单位未按照工程建设强制性标准进行设计的。

有前款所列行为，造成工程质量事故的，责令停业整顿，降低资质等级；情节严重的，吊销资质证书；造成损失的，依法承担赔偿责任。

第六十四条　违反本条例规定，施工单位在施工中偷工减料的，使用不合格的建筑材料、建筑构配件和设备的，或者有不按照工程设计图纸或者施工技术标准施工的其他行为的，责令改正，处工程合同价款百分之二以上百分之四以下的罚款；造成建设工程质量不符合规定的质量标准的，负责返工、修理，并赔偿因此造成的损失；情节严重的，责令停业整顿，降低资质等级或者吊销资质证书。

第六十五条　违反本条例规定，施工单位未对建筑材料、建筑构配件、设备和商品混凝土进行检验，或者未对涉及结构安全的试块、试件以及有关材料取样检测的，责令改正，处10万元以上20万元以下的罚款；情节严重的，责令停业整顿，降低资质等级或者吊销资质证书；造成损失的，依法承担赔偿责任。

第六十六条　违反本条例规定，施工单位不履行保修义务或者拖延履行保修义务的，责令改正，处10万元以上20万元以下的罚款，并对在保修期内因质量缺陷造成的损失承担赔偿责任。

第六十七条　工程监理单位有下列行为之一的，责令改正，处50万元以上100万元以下的罚款，降低资质等级或者吊销资质证书；有违法所得的，予以没收；造成损失的，承担连带赔偿责任：

（一）与建设单位或者施工单位串通，弄虚作假、降低工程质量的；

（二）将不合格的建设工程、建筑材料、建筑构配件和设备按照合格签字的。

第六十八条　违反本条例规定，工程监理单位与被监理工程的施工承包单位以及建筑材料、建筑构配件和设备供应单位有隶属关系或者其他利害关系承担该项建设工程的监理业务的，责令改正，处5万元以上10万元以下的罚款，降低资质等级或者吊销资质证书；有违法所得的，予以没收。

第六十九条　违反本条例规定，涉及建筑主体或者承重结构变动的装修工程，没有设计方案擅自施工的，责令改正，处50万元以上100万元以下的罚款；房屋建筑使用者在装修过程中擅自变动房屋建筑主体和承重结构的，责令改正，处5万元以上10万元以下的罚款。

有前款所列行为，造成损失的，依法承担赔偿责任。

第七十条　发生重大工程质量事故隐瞒不报、谎报或者拖延报告期限的，对直接负责的主管人员和其他责任人员依法给予行政处分。

第七十一条　违反本条例规定，供水、供电、供气、公安消防等部门或者单位明示或者暗示建设单位或者施工单位购买其指定的生产供应单位的建筑材料、建筑构配件和设备的，责令改正。

第七十二条　违反本条例规定，注册建筑师、注册结构工程师、监理工程师等注册执业人员因过错造成质量事故的，责令停止执业1年；造成重大质量事故的，吊销执业资格证书，5年以内不予注册；情节特别恶劣的，终身不予注册。

第七十三条　依照本条例规定，给予单位罚款处罚的，对单位直接负责的主管人员和其他直接责任人员处单位罚款数额百分之五以上百分之十以下的罚款。

第七十四条 建设单位、设计单位、施工单位、工程监理单位违反国家规定,降低工程质量标准,造成重大安全事故,构成犯罪的,对直接责任人员依法追究刑事责任。

第七十五条 本条例规定的责令停业整顿,降低资质等级和吊销资质证书的行政处罚,由颁发资质证书的机关决定;其他行政处罚,由建设行政主管部门或者其他有关部门依照法定职权决定。

依照本条例规定被吊销资质证书的,由工商行政管理部门吊销其营业执照。

第七十六条 国家机关工作人员在建设工程质量监督管理工作中玩忽职守、滥用职权、徇私舞弊,构成犯罪的,依法追究刑事责任;尚不构成犯罪的,依法给予行政处分。

第七十七条 建设、勘察、设计、施工、工程监理单位的工作人员因调动工作、退休等原因离开该单位后,被发现在该单位工作期间违反国家有关建设工程质量管理规定,造成重大工程质量事故的,仍应当依法追究法律责任。

第九章 附 则

第七十八条 本条例所称肢解发包,是指建设单位将应当由一个承包单位完成的建设工程分解成若干部分发包给不同的承包单位的行为。

本条例所称违法分包,是指下列行为:

(一)总承包单位将建设工程分包给不具备相应资质条件的单位的;

(二)建设工程总承包合同中未有约定,又未经建设单位认可,承包单位将其承包的部分建设工程交由其他单位完成的;

(三)施工总承包单位将建设工程主体结构的施工分包给其他单位的;

(四)分包单位将其承包的建设工程再分包的。

本条例所称转包,是指承包单位承包建设工程后,不履行合同约定的责任和义务,将其承包的全部建设工程转给他人或者将其承包的全部建设工程肢解以后以分包的名义分别转给其他单位承包的行为。

第七十九条 本条例规定的罚款和没收的违法所得,必须全部上缴国库。

第八十条 抢险救灾及其他临时性房屋建筑和农民自建低层住宅的建设活动,不适用本条例。

第八十一条 军事建设工程的管理,按照中央军事委员会的有关规定执行。

第八十二条 本条例自发布之日起施行。

建设部关于运用《建设工程质量管理条例》第六十七条、第三十一条的复函

1. 2002年4月24日
2. 建法函〔2002〕99号

福建省建设厅:

你厅"关于如何具体运用《建设工程质量管理条例》第六十七条、第三十一条的请示"(闽建法〔2002〕9号)收悉。经研究,现答复如下:

一、监理单位在实施监理时,未按照设计文件要求实施监理,致使工程质量未能达到原设计文件要求,降低了原设计质量标准的,应当认定为降低工程质量的行为。

二、《建设工程质量管理条例》第三十一条规定的"具有相应资质等级的质量检测单位",是指经省级以上(含省级)建设行政主管部门资质审查合格和有关部门计量认证通过的工程质量检测单位。

建设部关于适用《建设工程质量管理条例》第58条有关问题的复函

1. 2006年1月20日
2. 建法函〔2006〕23号

河北省建设厅:

你厅《关于适用〈建设工程质量管理条例〉第58条有关问题的请示》(冀建法〔2005〕535号)收悉。经研究,现函复如下:

一、《建设工程质量管理条例》中的建设工程在房屋建筑中一般是指单位工程。

二、工程合同价款是指双方商定认可的价款。

建设领域推广应用新技术管理规定

2001年11月29日建设部令第109号公布施行

第一条 为了促进建设科技成果推广转化,调整产业、产品结构,推动产业技术升级,提高建设工程质量,节约

资源,保护和改善环境,根据《中华人民共和国促进科技成果转化法》、《建设工程质量管理条例》和有关法律、法规,制定本规定。

第二条　在建设领域推广应用新技术和限制、禁止使用落后技术的活动,适用本规定。

第三条　本规定所称的新技术,是指经过鉴定、评估的先进、成熟、适用的技术、材料、工艺、产品。

本规定所称限制、禁止使用的落后技术,是指已无法满足工程建设、城市建设、村镇建设等领域的使用要求,阻碍技术进步与行业发展,且已有替代技术,需要对其应用范围加以限制或者禁止使用的技术、材料、工艺和产品。

第四条　推广应用新技术和限制、禁止使用落后技术应当遵循有利于可持续发展、有利于行业科技进步和科技成果产业化、有利于产业技术升级以及有利于提高经济效益、社会效益和环境效益的原则。

推广应用新技术应当遵循自愿、互利、公平、诚实信用原则,依法或者依照合同的约定,享受利益,承担风险。

第五条　国务院建设行政主管部门负责管理全国建设领域推广应用新技术和限制、禁止使用落后技术工作。

县级以上地方人民政府建设行政主管部门负责管理本行政区域内建设领域推广应用新技术和限制、禁止使用落后技术工作。

第六条　推广应用新技术和限制、禁止使用落后技术的发布采取以下方式:

(一)《建设部重点实施技术》(以下简称《重点实施技术》)。由国务院建设行政主管部门根据产业优化升级的要求,选择技术成熟可靠,使用范围广,对建设行业技术进步有显著促进作用,需重点组织技术推广的技术领域,定期发布。

《重点实施技术》主要发布需重点组织技术推广的技术领域名称。

(二)《推广应用新技术和限制、禁止使用落后技术公告》(以下简称《技术公告》)。根据《重点实施技术》确定的技术领域和行业发展的需要,由国务院建设行政主管部门和省、自治区、直辖市人民政府建设行政主管部门分别组织编制,定期发布。

《技术公告》主要发布推广应用和限制、禁止使用的技术类别、主要技术指标和适用范围。

限制和禁止使用落后技术的内容,涉及国家发布的工程建设强制性标准的,应由国务院建设行政主管部门发布。

(三)《科技成果推广项目》(以下简称《推广项目》)。根据《技术公告》推广应用新技术的要求,由国务院建设行政主管部门和省、自治区、直辖市人民政府建设行政主管部门分别组织专家评选具有良好推广应用前景的科技成果,定期发布。

《推广项目》主要发布科技成果名称、适用范围和技术依托单位。其中,产品类科技成果发布其生产技术或者应用技术。

第七条　国务院建设行政主管部门发布的《重点实施技术》、《技术公告》和《推广项目》适用于全国或者规定的范围;省、自治区、直辖市人民政府建设行政主管部门发布的《技术公告》和《推广项目》适用于本行政区域或者本行政区域内规定的范围。

第八条　发布《技术公告》的建设行政主管部门,对于限制或者禁止使用的落后技术,应当及时修订有关的标准、定额,组织修编相应的标准图和相关计算机软件等,对该类技术及相关工作实施规范化管理。

第九条　国务院建设行政主管部门和省、自治区、直辖市人民政府建设行政主管部门应当制定推广应用新技术的政策措施和规划,组织重点实施技术示范工程,制定相应的标准规范,建立新技术产业化基地,培育建设技术市场,促进新技术的推广应用。

第十条　国家鼓励使用《推广项目》中的新技术,保护和支持各种合法形式的新技术推广应用活动。

第十一条　市、县人民政府建设行政主管部门应当制定相应的政策措施,选择适宜的工程项目,协助或者组织实施建设部和省、自治区、直辖市人民政府建设行政主管部门重点实施技术示范工程。

重点实施技术示范工程选用的新技术应当是《推广项目》发布的推广技术。

第十二条　县级以上人民政府建设行政主管部门应当积极鼓励和扶持建设科技中介服务机构从事新技术推广应用工作,充分发挥行业协会、学会的作用,开展新技术推广应用工作。

第十三条　城市规划、公用事业、工程勘察、工程设计、建筑施工、工程监理和房地产开发等单位,应当积极采用和支持应用发布的新技术,其应用新技术的业绩应当作为衡量企业技术进步的重要内容。

第十四条　县级以上人民政府建设行政主管部门,应当确定相应的机构和人员，负责新技术的推广应用、限制和禁止使用落后技术工作。

第十五条 从事新技术推广应用的有关人员应当具有一定的专业知识，或者接受相应的专业技术培训，掌握相关的知识和技能，具有较丰富的工程实践经验。

第十六条 对在推广应用新技术工作中作出突出贡献的单位和个人，其主管部门应当予以奖励。

第十七条 新技术的技术依托单位在推广应用过程中，应当提供配套的技术文件，采取有效措施做好技术服务，并在合同中约定质量指标。

第十八条 任何单位和个人不得超越范围应用限制使用的技术，不得应用禁止使用的技术。

第十九条 县级以上人民政府建设行政主管部门应当加强对有关单位执行《技术公告》的监督管理，对明令限制或者禁止使用的内容，应当采取有效措施限制或者禁止使用。

第二十条 违反本规定应用限制或者禁止使用的落后技术并违反工程建设强制性标准的，依据《建设工程质量管理条例》进行处罚。

第二十一条 省、自治区、直辖市人民政府建设行政主管部门可以依据本规定制定实施细则。

第二十二条 本规定由国务院建设行政主管部门负责解释。

第二十三条 本规定自发布之日起施行。

建设工程质量投诉处理暂行规定

1. 1997年4月2日建设部发布
2. 建监〔1997〕60号

第一条 为确保建设工程质量，维护建设工程各方当事人的合法权益，认真做好工程质量投诉的处理工作，依据有关法规，制定本规定。

第二条 本办法中所称工程质量投诉，是指公民、法人和其他组织通过信函、电话、来访等形式反映工程质量问题的活动。

第三条 凡是新建、改建、扩建的各类建筑安装、市政、公用、装饰装修等建设工程，在保修期内和建设过程中发生的工程质量问题，均属投诉范围。

对超过保修期，在使用过程中发生的工程质量问题，由产权单位或有关部门处理。

第四条 接待和处理工程质量投诉是各级建设行政主管部门的一项重要日常工作。各级建设行政主管部门要支持和保护群众通过正常渠道、采取正当方式反映工程质量问题。对于工程质量的投诉，要认真对待，妥善处理。

第五条 工程质量投诉处理工作（以下简称“投诉处理工作”）应当在各级建设行政主管部门领导下，坚持分级负责、归口办理，及时、就地依法解决的原则。

第六条 建设部负责全国建设工程质量投诉管理工作。国务院各有关主管部门的工程质量投诉受理工作，由各部门根据具体情况指定专门机构负责。省、自治区、直辖市建设行政主管部门指定专门机构，负责受理工程质量的投诉。

第七条 建设部对工程质量投诉管理工作的主要职责是：

（一）制订工程质量投诉处理的有关规定和办法；

（二）对各省、自治区、直辖市和国务院有关部门的投诉处理工作进行指导、督促；

（三）受理全国范围内有重大影响的工程质量投诉。

第八条 各省、自治区、直辖市建设行政主管部门和国务院各有关主管部门对工程质量投诉管理工作的主要职责是：

（一）贯彻国家有关建设工程质量方面的方针、政策和法律、法规、规章，制订本地区、本部门的工程质量投诉处理的有关规定和办法；

（二）组织、协调和督促本地区、本部门的工程质量投诉处理工作；

（三）受理本地区、本部门范围内的工程质量投诉。

第九条 市（地）、县建委（建设局）的工程质量投诉管理机构和职责，由省、自治区、直辖市建设行政主管部门或地方人民政府确定。

第十条 对涉及到由建筑施工、房地产开发、勘察设计、建筑规划、市政公用建设和村镇建设等方面原因引起的工程质量投诉，应在建设行政主管部门的领导和协调下，由分管该业务的职能部门负责调查处理。

第十一条 投诉处理机构要督促工程质量责任方，按照有关规定，认真处理好用户的工程质量投诉。

第十二条 投诉处理机构对于投诉的信函要做好登记；对以电话、来访等形式的投诉，承办人员在接待时，要认真听取陈述意见，做好详细记录并进行登记。

第十三条　对需要几个部门共同处理的投诉，投诉处理机构要主动与有关部门协商，在政府的统一领导和协调下，有关部门各司其职，协同处理。

第十四条　建设部批转各地区、各部门处理的工程质量投诉材料，各地区、各部门的投诉处理机构应在三个月内将调查和处理情况报建设部。

第十五条　省级投诉处理机构受理的工程质量投诉，按照属地解决的原则，交由工程所在地的投诉处理机构处理，并要求报告处理结果。对于严重的工程质量问题可派人协助有关方面调查处理。

第十六条　市、县级投诉处理机构受理的工程质量投诉，原则上应直接派人或与有关部门共同调查处理，不得层层转批。

第十七条　对于投诉的工程质量问题，投诉处理机构要本着实事求是的原则，对合理的要求，要及时妥善处理；暂时解决不了的，要向投诉人作出解释，并责成工程质量责任方限期解决；对不合理的要求，要作出说明，经说明后仍坚持无理要求的，应给予批评教育。

第十八条　对注明联系地址和联系人姓名的投诉，要将处理的情况通知投诉人。

第十九条　在处理工程质量投诉过程中，不得将工程质量投诉中涉及到的检举、揭发、控告材料及有关情况，透露或者转送给被检举、揭发、控告的人员和单位。任何组织和个人不得压制、打击报复、迫害投诉人。

第二十条　各级建设行政主管部门要把处理工程质量投诉作为工程质量监督管理工作的重要内容抓好。对在工程质量投诉处理工作中做出成绩的单位和个人，要给予表彰。对在处理投诉工作中不履行职责、敷衍、推诿、拖延的单位及人员，要给予批评教育。

第二十一条　本规定由建设部负责解释。

第二十二条　本规定自发布之日起实施。

房屋建筑工程和市政基础设施工程实行见证取样和送检的规定

1．2000年9月26日建设部发布

2．建建〔2000〕211号

第一条　为规范房屋建筑工程和市政基础设施工程中涉及结构安全的试块、试件和材料的见证取样和送检工作，保证工程质量，根据《建设工程质量管理条例》，制定本规定。

第二条　凡从事房屋建筑工程和市政基础设施工程的新建、扩建、改建等有关活动，应当遵守本规定。

第三条　本规定所称见证取样和送检是指在建设单位或工程监理单位人员的见证下，由施工单位的现场试验人员对工程中涉及结构安全的试块、试件和材料在现场取样，并送至经过省级以上建设行政主管部门对其资质认可和质量技术监督部门对其计量认证的质量检测单位（以下简称“检测单位”）进行检测。

第四条　国务院建设行政主管部门对全国房屋建筑工程和市政基础设施工程的见证取样和送检工作实施统一监督管理。

县级以上地方人民政府建设行政主管部门对本行政区域内的房屋建筑工程和市政基础设施工程的见证取样和送检工作实施监督管理。

第五条　涉及结构安全的试块、试件和材料见证取样和送检的比例不得低于有关技术标准中规定应取样数量的30%。

第六条　下列试块、试件和材料必须实施见证取样和送检：

（一）用于承重结构的混凝土试块；

（二）用于承重墙体的砌筑砂浆试块；

（三）用于承重结构的钢筋及连接接头试件；

（四）用于承重墙的砖和混凝土小型砌块；

（五）用于拌制混凝土和砌筑砂浆的水泥；

（六）用于承重结构的混凝土中使用的掺加剂；

（七）地下、屋面、厕浴间使用的防水材料；

（八）国家规定必须实行见证取样和送检的其它试块、试件和材料。

第七条　见证人员应由建设单位或该工程的监理单位具备建筑施工试验知识的专业技术人员担任，并应由建设单位或该工程的监理单位书面通知施工单位、检测单位和负责该项工程的质量监督机构。

第八条　在施工过程中，见证人员应按照见证取样和送检计划，对施工现场的取样和送检进行见证，取样人员应在试样或其包装上作出标识、封志。标识和封志应标明工程名称、取样部位、取样日期、样品名称和样品数量，并由见证人员和取样人员签字。见证人员应制作见证记录，并将见证记录归入施工技术档案。

见证人员和取样人员应对试样的代表性和真实性

负责。

第九条 见证取样的试块、试件和材料送检时，应由送检单位填写委托单，委托单应有见证人员和送检人员签字。检测单位应检查委托单及试样上的标识和封志，确认无误后方可进行检测。

第十条 检测单位应严格按照有关管理规定和技术标准进行检测，出具公正、真实准确的检测报告。见证取样和送检的检测报告必须加盖见证取样检测的专用章。

第十一条 本规定由国务院建设行政主管部门负责解释。

第十二条 本规定自发布之日起施行。

房屋建筑工程质量保修办法

2000年6月30日建设部令第80号公布施行

第一条 为保护建设单位、施工单位、房屋建筑所有人和使用人的合法权益，维护公共安全和公众利益，根据《中华人民共和国建筑法》和《建设工程质量管理条例》，制订本办法。

第二条 在中华人民共和国境内新建、扩建、改建各类房屋建筑工程（包括装修工程）的质量保修，适用本办法。

第三条 本办法所称房屋建筑工程质量保修，是指对房屋建筑工程竣工验收后在保修期限内出现的质量缺陷，予以修复。

本办法所称质量缺陷，是指房屋建筑工程的质量不符合工程建设强制性标准以及合同的约定。

第四条 房屋建筑工程在保修范围和保修期限内出现质量缺陷，施工单位应当履行保修义务。

第五条 国务院建设行政主管部门负责全国房屋建筑工程质量保修的监督管理。

县级以上地方人民政府建设行政主管部门负责本行政区域内房屋建筑工程质量保修的监督管理。

第六条 建设单位和施工单位应当在工程质量保修书中约定保修范围、保修期限和保修责任等，双方约定的保修范围、保修期限必须符合国家有关规定。

第七条 在正常使用条件下，房屋建筑工程的最低保修期限为：

（一）地基基础工程和主体结构工程，为设计文件规定的该工程的合理使用年限；

（二）屋面防水工程、有防水要求的卫生间、房间和外墙面的防渗漏，为5年；

（三）供热与供冷系统，为2个采暖期、供冷期；

（四）电气管线、给排水管道、设备安装为2年；

（五）装修工程为2年。

其他项目的保修期限由建设单位和施工单位约定。

第八条 房屋建筑工程保修期从工程竣工验收合格之日起计算。

第九条 房屋建筑工程在保修期限内出现质量缺陷，建设单位或者房屋建筑所有人应当向施工单位发出保修通知。

施工单位接到保修通知后，应当到现场核查情况，在保修书约定的时间内予以保修。发生涉及结构安全或者严重影响使用功能的紧急抢修事故，施工单位接到保修通知后，应当立即到达现场抢修。

第十条 发生涉及结构安全的质量缺陷，建设单位或者房屋建筑所有人应当立即向当地建设行政主管部门报告，采取安全防范措施；由原设计单位或者具有相应资质等级的设计单位提出保修方案，施工单位实施保修，原工程质量监督机构负责监督。

第十一条 保修完成后，由建设单位或者房屋建筑所有人组织验收。涉及结构安全的，应当报当地建设行政主管部门备案。

第十二条 施工单位不按工程质量保修书约定保修的，建设单位可以另行委托其他单位保修，由原施工单位承担相应责任。

第十三条 保修费用由质量缺陷的责任方承担。

第十四条 在保修期限内，因房屋建筑工程质量缺陷造成房屋所有人、使用人或者第三方人身、财产损害的，房屋所有人、使用人或者第三方可以向建设单位提出赔偿要求。建设单位向造成房屋建筑工程质量缺陷的责任方追偿。

第十五条 因保修不及时造成新的人身、财产损害，由造成拖延的责任方承担赔偿责任。

第十六条 房地产开发企业售出的商品房保修，还应当执行《城市房地产开发经营管理条例》和其他有关规定。

第十七条 下列情况不属于本办法规定的保修范围：

（一）因使用不当或者第三方造成的质量缺陷；

（二）不可抗力造成的质量缺陷。

第十八条　施工单位有下列行为之一的，由建设行政主管部门责令改正，并处1万元以上3万元以下的罚款。

（一）工程竣工验收后，不向建设单位出具质量保修书的；

（二）质量保修的内容、期限违反本办法规定的。

第十九条　施工单位不履行保修义务或者拖延履行保修义务的，由建设行政主管部门责令改正，处10万元以上20万元以下的罚款。

第二十条　军事建设工程的管理，按照中央军事委员会的有关规定执行。

第二十一条　本办法由国务院建设行政主管部门负责解释。

第二十二条　本办法自发布之日起施行。

建设工程质量检测管理办法

1. 2022年12月29日住房和城乡建设部令第57号公布

2. 自2023年3月1日起施行

第一章　总　　则

第一条　为了加强对建设工程质量检测的管理，根据《中华人民共和国建筑法》《建设工程质量管理条例》《建设工程抗震管理条例》等法律、行政法规，制定本办法。

第二条　从事建设工程质量检测相关活动及其监督管理，适用本办法。

本办法所称建设工程质量检测，是指在新建、扩建、改建房屋建筑和市政基础设施工程活动中，建设工程质量检测机构（以下简称检测机构）接受委托，依据国家有关法律、法规和标准，对建设工程涉及结构安全、主要使用功能的检测项目，进入施工现场的建筑材料、建筑构配件、设备，以及工程实体质量等进行的检测。

第三条　检测机构应当按照本办法取得建设工程质量检测机构资质（以下简称检测机构资质），并在资质许可的范围内从事建设工程质量检测活动。

未取得相应资质证书的，不得承担本办法规定的建设工程质量检测业务。

第四条　国务院住房和城乡建设主管部门负责全国建设工程质量检测活动的监督管理。

县级以上地方人民政府住房和城乡建设主管部门负责本行政区域内建设工程质量检测活动的监督管理，可以委托所属的建设工程质量监督机构具体实施。

第二章　检测机构资质管理

第五条　检测机构资质分为综合类资质、专项类资质。

检测机构资质标准和业务范围，由国务院住房和城乡建设主管部门制定。

第六条　申请检测机构资质的单位应当是具有独立法人资格的企业、事业单位，或者依法设立的合伙企业，并具备相应的人员、仪器设备、检测场所、质量保证体系等条件。

第七条　省、自治区、直辖市人民政府住房和城乡建设主管部门负责本行政区域内检测机构的资质许可。

第八条　申请检测机构资质应当向登记地所在省、自治区、直辖市人民政府住房和城乡建设主管部门提出，并提交下列材料：

（一）检测机构资质申请表；

（二）主要检测仪器、设备清单；

（三）检测场所不动产权属证书或者租赁合同；

（四）技术人员的职称证书；

（五）检测机构管理制度以及质量控制措施。

检测机构资质申请表由国务院住房和城乡建设主管部门制定格式。

第九条　资质许可机关受理申请后，应当进行材料审查和专家评审，在20个工作日内完成审查并作出书面决定。对符合资质标准的，自作出决定之日起10个工作日内颁发检测机构资质证书，并报国务院住房和城乡建设主管部门备案。专家评审时间不计算在资质许可期限内。

第十条　检测机构资质证书实行电子证照，由国务院住房和城乡建设主管部门制定格式。资质证书有效期为5年。

第十一条　申请综合类资质或者资质增项的检测机构，在申请之日起前一年内有本办法第三十条规定行为的，资质许可机关不予批准其申请。

取得资质的检测机构，按照本办法第三十五条应当整改但尚未完成整改的，对其综合类资质或者资质增项申请，资质许可机关不予批准。

第十二条　检测机构需要延续资质证书有效期的，应当在资质证书有效期届满30个工作日前向资质许可机关提出资质延续申请。

对符合资质标准且在资质证书有效期内无本办法第三十条规定行为的检测机构，经资质许可机关同意，有效期延续5年。

第十三条 检测机构在资质证书有效期内名称、地址、法定代表人等发生变更的，应当在办理营业执照或者法人证书变更手续后30个工作日内办理资质证书变更手续。资质许可机关应当在2个工作日内办理完毕。

检测机构检测场所、技术人员、仪器设备等事项发生变更影响其符合资质标准的，应当在变更后30个工作日内向资质许可机关提出资质重新核定申请，资质许可机关应当在20个工作日内完成审查，并作出书面决定。

第三章 检测活动管理

第十四条 从事建设工程质量检测活动，应当遵守相关法律、法规和标准，相关人员应当具备相应的建设工程质量检测知识和专业能力。

第十五条 检测机构与所检测建设工程相关的建设、施工、监理单位，以及建筑材料、建筑构配件和设备供应单位不得有隶属关系或者其他利害关系。

检测机构及其工作人员不得推荐或者监制建筑材料、建筑构配件和设备。

第十六条 委托方应当委托具有相应资质的检测机构开展建设工程质量检测业务。检测机构应当按照法律、法规和标准进行建设工程质量检测，并出具检测报告。

第十七条 建设单位应当在编制工程概预算时合理核算建设工程质量检测费用，单独列支并按照合同约定及时支付。

第十八条 建设单位委托检测机构开展建设工程质量检测活动的，建设单位或者监理单位应当对建设工程质量检测活动实施见证。见证人员应当制作见证记录，记录取样、制样、标识、封志、送检以及现场检测等情况，并签字确认。

第十九条 提供检测试样的单位和个人，应当对检测试样的符合性、真实性及代表性负责。检测试样应当具有清晰的、不易脱落的唯一性标识、封志。

建设单位委托检测机构开展建设工程质量检测活动的，施工人员应当在建设单位或者监理单位的见证人员监督下现场取样。

第二十条 现场检测或者检测试样送检时，应当由检测内容提供单位、送检单位等填写委托单。委托单应当由送检人员、见证人员等签字确认。

检测机构接收检测试样时，应当对试样状况、标识、封志等符合性进行检查，确认无误后方可进行检测。

第二十一条 检测报告经检测人员、审核人员、检测机构法定代表人或者其授权的签字人等签署，并加盖检测专用章后方可生效。

检测报告中应当包括检测项目代表数量（批次）、检测依据、检测场所地址、检测数据、检测结果、见证人员单位及姓名等相关信息。

非建设单位委托的检测机构出具的检测报告不得作为工程质量验收资料。

第二十二条 检测机构应当建立建设工程过程数据和结果数据、检测影像资料及检测报告记录与留存制度，对检测数据和检测报告的真实性、准确性负责。

第二十三条 任何单位和个人不得明示或者暗示检测机构出具虚假检测报告，不得篡改或者伪造检测报告。

第二十四条 检测机构在检测过程中发现建设、施工、监理单位存在违反有关法律法规规定和工程建设强制性标准等行为，以及检测项目涉及结构安全、主要使用功能检测结果不合格的，应当及时报告建设工程所在地县级以上地方人民政府住房和城乡建设主管部门。

第二十五条 检测结果利害关系人对检测结果存在争议的，可以委托共同认可的检测机构复检。

第二十六条 检测机构应当建立档案管理制度。检测合同、委托单、检测数据原始记录、检测报告按照年度统一编号，编号应当连续，不得随意抽撤、涂改。

检测机构应当单独建立检测结果不合格项目台账。

第二十七条 检测机构应当建立信息化管理系统，对检测业务受理、检测数据采集、检测信息上传、检测报告出具、检测档案管理等活动进行信息化管理，保证建设工程质量检测活动全过程可追溯。

第二十八条 检测机构应当保持人员、仪器设备、检测场所、质量保证体系等方面符合建设工程质量检测资质标准，加强检测人员培训，按照有关规定对仪器设备进行定期检定或者校准，确保检测技术能力持续满足所开展建设工程质量检测活动的要求。

第二十九条 检测机构跨省、自治区、直辖市承担检测业务的，应当向建设工程所在地的省、自治区、直辖市人民政府住房和城乡建设主管部门备案。

检测机构在承担检测业务所在地的人员、仪器设备、检测场所、质量保证体系等应当满足开展相应建设工程质量检测活动的要求。

第三十条　检测机构不得有下列行为：

（一）超出资质许可范围从事建设工程质量检测活动；

（二）转包或者违法分包建设工程质量检测业务；

（三）涂改、倒卖、出租、出借或者以其他形式非法转让资质证书；

（四）违反工程建设强制性标准进行检测；

（五）使用不能满足所开展建设工程质量检测活动要求的检测人员或者仪器设备；

（六）出具虚假的检测数据或者检测报告。

第三十一条　检测人员不得有下列行为：

（一）同时受聘于两家或者两家以上检测机构；

（二）违反工程建设强制性标准进行检测；

（三）出具虚假的检测数据；

（四）违反工程建设强制性标准进行结论判定或者出具虚假判定结论。

第四章　监督管理

第三十二条　县级以上地方人民政府住房和城乡建设主管部门应当加强对建设工程质量检测活动的监督管理，建立建设工程质量检测监管信息系统，提高信息化监管水平。

第三十三条　县级以上人民政府住房和城乡建设主管部门应当对检测机构实行动态监管，通过"双随机、一公开"等方式开展监督检查。

实施监督检查时，有权采取下列措施：

（一）进入建设工程施工现场或者检测机构的工作场地进行检查、抽测；

（二）向检测机构、委托方、相关单位和人员询问、调查有关情况；

（三）对检测人员的建设工程质量检测知识和专业能力进行检查；

（四）查阅、复制有关检测数据、影像资料、报告、合同以及其他相关资料；

（五）组织实施能力验证或者比对试验；

（六）法律、法规规定的其他措施。

第三十四条　县级以上地方人民政府住房和城乡建设主管部门应当加强建设工程质量监督抽测。建设工程质量监督抽测可以通过政府购买服务的方式实施。

第三十五条　检测机构取得检测机构资质后，不再符合相应资质标准的，资质许可机关应当责令其限期整改并向社会公开。检测机构完成整改后，应当向资质许可机关提出资质重新核定申请。重新核定符合资质标准前出具的检测报告不得作为工程质量验收资料。

第三十六条　县级以上地方人民政府住房和城乡建设主管部门对检测机构实施行政处罚的，应当自行政处罚决定书送达之日起20个工作日内告知检测机构的资质许可机关和违法行为发生地省、自治区、直辖市人民政府住房和城乡建设主管部门。

第三十七条　县级以上地方人民政府住房和城乡建设主管部门应当依法将建设工程质量检测活动相关单位和人员受到的行政处罚等信息予以公开，建立信用管理制度，实行守信激励和失信惩戒。

第三十八条　对建设工程质量检测活动中的违法违规行为，任何单位和个人有权向建设工程所在地县级以上人民政府住房和城乡建设主管部门投诉、举报。

第五章　法律责任

第三十九条　违反本办法规定，未取得相应资质、资质证书已过有效期或者超出资质许可范围从事建设工程质量检测活动的，其检测报告无效，由县级以上地方人民政府住房和城乡建设主管部门处5万元以上10万元以下罚款；造成危害后果的，处10万元以上20万元以下罚款；构成犯罪的，依法追究刑事责任。

第四十条　检测机构隐瞒有关情况或者提供虚假材料申请资质，资质许可机关不予受理或者不予行政许可，并给予警告；检测机构1年内不得再次申请资质。

第四十一条　以欺骗、贿赂等不正当手段取得资质证书的，由资质许可机关予以撤销；由县级以上地方人民政府住房和城乡建设主管部门给予警告或者通报批评，并处5万元以上10万元以下罚款；检测机构3年内不得再次申请资质；构成犯罪的，依法追究刑事责任。

第四十二条　检测机构未按照本办法第十三条第一款规定办理检测机构资质证书变更手续的，由县级以上地方人民政府住房和城乡建设主管部门责令限期办理；逾期未办理的，处5000元以上1万元以下罚款。

检测机构未按照本办法第十三条第二款规定向资质许可机关提出资质重新核定申请的，由县级以上地方人民政府住房和城乡建设主管部门责令限期改正；逾期未改正的，处1万元以上3万元以下罚款。

第四十三条　检测机构违反本办法第二十二条、第三十条第六项规定的，由县级以上地方人民政府住房和城乡建设主管部门责令改正，处5万元以上10万元以下罚款；造成危害后果的，处10万元以上20万元以下罚款；构成犯罪的，依法追究刑事责任。

检测机构在建设工程抗震活动中有前款行为的，依照《建设工程抗震管理条例》有关规定给予处罚。

第四十四条 检测机构违反本办法规定，有第三十条第二项至第五项行为之一的，由县级以上地方人民政府住房和城乡建设主管部门责令改正，处5万元以上10万元以下罚款；造成危害后果的，处10万元以上20万元以下罚款；构成犯罪的，依法追究刑事责任。

检测人员违反本办法规定，有第三十一条行为之一的，由县级以上地方人民政府住房和城乡建设主管部门责令改正，处3万元以下罚款。

第四十五条 检测机构违反本办法规定，有下列行为之一的，由县级以上地方人民政府住房和城乡建设主管部门责令改正，处1万元以上5万元以下罚款：

（一）与所检测建设工程相关的建设、施工、监理单位，以及建筑材料、建筑构配件和设备供应单位有隶属关系或者其他利害关系的；

（二）推荐或者监制建筑材料、建筑构配件和设备的；

（三）未按照规定在检测报告上签字盖章的；

（四）未及时报告发现的违反有关法律法规规定和工程建设强制性标准等行为的；

（五）未及时报告涉及结构安全、主要使用功能的不合格检测结果的；

（六）未按照规定进行档案和台账管理的；

（七）未建立并使用信息化管理系统对检测活动进行管理的；

（八）不满足跨省、自治区、直辖市承担检测业务的要求开展相应建设工程质量检测活动的；

（九）接受监督检查时不如实提供有关资料、不按照要求参加能力验证和比对试验，或者拒绝、阻碍监督检查的。

第四十六条 检测机构违反本办法规定，有违法所得的，由县级以上地方人民政府住房和城乡建设主管部门依法予以没收。

第四十七条 违反本办法规定，建设、施工、监理等单位有下列行为之一的，由县级以上地方人民政府住房和城乡建设主管部门责令改正，处3万元以上10万元以下罚款；造成危害后果的，处10万元以上20万元以下罚款；构成犯罪的，依法追究刑事责任：

（一）委托未取得相应资质的检测机构进行检测的；

（二）未将建设工程质量检测费用列入工程概预算并单独列支的；

（三）未按照规定实施见证的；

（四）提供的检测试样不满足符合性、真实性、代表性要求的；

（五）明示或者暗示检测机构出具虚假检测报告的；

（六）篡改或者伪造检测报告的；

（七）取样、制样和送检试样不符合规定和工程建设强制性标准的。

第四十八条 依照本办法规定，给予单位罚款处罚的，对单位直接负责的主管人员和其他直接责任人员处3万元以下罚款。

第四十九条 县级以上地方人民政府住房和城乡建设主管部门工作人员在建设工程质量检测管理工作中，有下列情形之一的，依法给予处分；构成犯罪的，依法追究刑事责任：

（一）对不符合法定条件的申请人颁发资质证书的；

（二）对符合法定条件的申请人不予颁发资质证书的；

（三）对符合法定条件的申请人未在法定期限内颁发资质证书的；

（四）利用职务上的便利，索取、收受他人财物或者谋取其他利益的；

（五）不依法履行监督职责或者监督不力，造成严重后果的。

第六章 附 则

第五十条 本办法自2023年3月1日起施行。2005年9月28日原建设部公布的《建设工程质量检测管理办法》（建设部令第141号）同时废止。

房屋建筑和市政基础设施工程质量监督管理规定

1. 2010年8月1日住房和城乡建设部令第5号公布
2. 自2010年9月1日起施行

第一条 为了加强房屋建筑和市政基础设施工程质量的

监督,保护人民生命和财产安全,规范住房和城乡建设主管部门及工程质量监督机构(以下简称主管部门)的质量监督行为,根据《中华人民共和国建筑法》、《建设工程质量管理条例》等有关法律、行政法规,制定本规定。

第二条 在中华人民共和国境内主管部门实施对新建、扩建、改建房屋建筑和市政基础设施工程质量监督管理的,适用本规定。

第三条 国务院住房和城乡建设主管部门负责全国房屋建筑和市政基础设施工程(以下简称工程)质量监督管理工作。

县级以上地方人民政府建设主管部门负责本行政区域内工程质量监督管理工作。

工程质量监督管理的具体工作可以由县级以上地方人民政府建设主管部门委托所属的工程质量监督机构(以下简称监督机构)实施。

第四条 本规定所称工程质量监督管理,是指主管部门依据有关法律法规和工程建设强制性标准,对工程实体质量和工程建设、勘察、设计、施工、监理单位(以下简称工程质量责任主体)和质量检测等单位的工程质量行为实施监督。

本规定所称工程实体质量监督,是指主管部门对涉及工程主体结构安全、主要使用功能的工程实体质量情况实施监督。

本规定所称工程质量行为监督,是指主管部门对工程质量责任主体和质量检测等单位履行法定质量责任和义务的情况实施监督。

第五条 工程质量监督管理应当包括下列内容:

(一)执行法律法规和工程建设强制性标准的情况;

(二)抽查涉及工程主体结构安全和主要使用功能的工程实体质量;

(三)抽查工程质量责任主体和质量检测等单位的工程质量行为;

(四)抽查主要建筑材料、建筑构配件的质量;

(五)对工程竣工验收进行监督;

(六)组织或者参与工程质量事故的调查处理;

(七)定期对本地区工程质量状况进行统计分析;

(八)依法对违法违规行为实施处罚。

第六条 对工程项目实施质量监督,应当依照下列程序进行:

(一)受理建设单位办理质量监督手续;

(二)制订工作计划并组织实施;

(三)对工程实体质量、工程质量责任主体和质量检测等单位的工程质量行为进行抽查、抽测;

(四)监督工程竣工验收,重点对验收的组织形式、程序等是否符合有关规定进行监督;

(五)形成工程质量监督报告;

(六)建立工程质量监督档案。

第七条 工程竣工验收合格后,建设单位应当在建筑物明显部位设置永久性标牌,载明建设、勘察、设计、施工、监理单位等工程质量责任主体的名称和主要责任人姓名。

第八条 主管部门实施监督检查时,有权采取下列措施:

(一)要求被检查单位提供有关工程质量的文件和资料;

(二)进入被检查单位的施工现场进行检查;

(三)发现有影响工程质量的问题时,责令改正。

第九条 县级以上地方人民政府建设主管部门应当根据本地区的工程质量状况,逐步建立工程质量信用档案。

第十条 县级以上地方人民政府建设主管部门应当将工程质量监督中发现的涉及主体结构安全和主要使用功能的工程质量问题及整改情况,及时向社会公布。

第十一条 省、自治区、直辖市人民政府建设主管部门应当按照国家有关规定,对本行政区域内监督机构每三年进行一次考核。

监督机构经考核合格后,方可依法对工程实施质量监督,并对工程质量监督承担监督责任。

第十二条 监督机构应当具备下列条件:

(一)具有符合本规定第十三条规定的监督人员。人员数量由县级以上地方人民政府建设主管部门根据实际需要确定。监督人员应当占监督机构总人数的75%以上;

(二)有固定的工作场所和满足工程质量监督检查工作需要的仪器、设备和工具等;

(三)有健全的质量监督工作制度,具备与质量监督工作相适应的信息化管理条件。

第十三条 监督人员应当具备下列条件:

(一)具有工程类专业大学专科以上学历或者工程类执业注册资格;

（二）具有三年以上工程质量管理或者设计、施工、监理等工作经历；

（三）熟悉掌握相关法律法规和工程建设强制性标准；

（四）具有一定的组织协调能力和良好职业道德。

监督人员符合上述条件经考核合格后，方可从事工程质量监督工作。

第十四条 监督机构可以聘请中级职称以上的工程类专业技术人员协助实施工程质量监督。

第十五条 省、自治区、直辖市人民政府建设主管部门应当每两年对监督人员进行一次岗位考核，每年进行一次法律法规、业务知识培训，并适时组织开展继续教育培训。

第十六条 国务院住房和城乡建设主管部门对监督机构和监督人员的考核情况进行监督抽查。

第十七条 主管部门工作人员玩忽职守、滥用职权、徇私舞弊，构成犯罪的，依法追究刑事责任；尚不构成犯罪的，依法给予行政处分。

第十八条 抢险救灾工程、临时性房屋建筑工程和农民自建低层住宅工程，不适用本规定。

第十九条 省、自治区、直辖市人民政府建设主管部门可以根据本规定制定具体实施办法。

第二十条 本规定自2010年9月1日起施行。

建筑工程五方责任主体项目负责人质量终身责任追究暂行办法

1. 2014年8月25日住房和城乡建设部发布
2. 建质〔2004〕124号

第一条 为加强房屋建筑和市政基础设施工程（以下简称建筑工程）质量管理，提高质量责任意识，强化质量责任追究，保证工程建设质量，根据《中华人民共和国建筑法》、《建设工程质量管理条例》等法律法规，制定本办法。

第二条 建筑工程五方责任主体项目负责人是指承担建筑工程项目建设的建设单位项目负责人、勘察单位项目负责人、设计单位项目负责人、施工单位项目经理、监理单位总监理工程师。

建筑工程开工建设前，建设、勘察、设计、施工、监理单位法定代表人应当签署授权书，明确本单位项目负责人。

第三条 建筑工程五方责任主体项目负责人质量终身责任，是指参与新建、扩建、改建的建筑工程项目负责人按照国家法律法规和有关规定，在工程设计使用年限内对工程质量承担相应责任。

第四条 国务院住房城乡建设主管部门负责对全国建筑工程项目负责人质量终身责任追究工作进行指导和监督管理。

县级以上地方人民政府住房城乡建设主管部门负责对本行政区域内的建筑工程项目负责人质量终身责任追究工作实施监督管理。

第五条 建设单位项目负责人对工程质量承担全面责任，不得违法发包、肢解发包，不得以任何理由要求勘察、设计、施工、监理单位违反法律法规和工程建设标准，降低工程质量，其违法违规或不当行为造成工程质量事故或质量问题应当承担责任。

勘察、设计单位项目负责人应当保证勘察设计文件符合法律法规和工程建设强制性标准的要求，对因勘察、设计导致的工程质量事故或质量问题承担责任。

施工单位项目经理应当按照经审查合格的施工图设计文件和施工技术标准进行施工，对因施工导致的工程质量事故或质量问题承担责任。

监理单位总监理工程师应当按照法律法规、有关技术标准、设计文件和工程承包合同进行监理，对施工质量承担监理责任。

第六条 符合下列情形之一的，县级以上地方人民政府住房城乡建设主管部门应当依法追究项目负责人的质量终身责任：

（一）发生工程质量事故；

（二）发生投诉、举报、群体性事件、媒体报道并造成恶劣社会影响的严重工程质量问题；

（三）由于勘察、设计或施工原因造成尚在设计使用年限内的建筑工程不能正常使用；

（四）存在其他需追究责任的违法违规行为。

第七条 工程质量终身责任实行书面承诺和竣工后永久性标牌等制度。

第八条 项目负责人应当在办理工程质量监督手续前签署工程质量终身责任承诺书，连同法定代表人授权书，报工程质量监督机构备案。项目负责人如有更换的，应当按规定办理变更程序，重新签署工程质量终身责任承诺书，连同法定代表人授权书，报工程质量监督机构备案。

第九条 建筑工程竣工验收合格后，建设单位应当在建筑物明显部位设置永久性标牌，载明建设、勘察、设计、施工、监理单位名称和项目负责人姓名。

第十条 建设单位应当建立建筑工程各方主体项目负责人质量终身责任信息档案，工程竣工验收合格后移交城建档案管理部门。项目负责人质量终身责任信息档案包括下列内容：

（一）建设、勘察、设计、施工、监理单位项目负责人姓名，身份证号码，执业资格，所在单位，变更情况等；

（二）建设、勘察、设计、施工、监理单位项目负责人签署的工程质量终身责任承诺书；

（三）法定代表人授权书。

第十一条 发生本办法第六条所列情形之一的，对建设单位项目负责人按以下方式进行责任追究：

（一）项目负责人为国家公职人员的，将其违法违规行为告知其上级主管部门及纪检监察部门，并建议对项目负责人给予相应的行政、纪律处分；

（二）构成犯罪的，移送司法机关依法追究刑事责任；

（三）处单位罚款数额5%以上10%以下的罚款；

（四）向社会公布曝光。

第十二条 发生本办法第六条所列情形之一的，对勘察单位项目负责人、设计单位项目负责人按以下方式进行责任追究：

（一）项目负责人为注册建筑师、勘察设计注册工程师的，责令停止执业1年；造成重大质量事故的，吊销执业资格证书，5年以内不予注册；情节特别恶劣的，终身不予注册；

（二）构成犯罪的，移送司法机关依法追究刑事责任；

（三）处单位罚款数额5%以上10%以下的罚款；

（四）向社会公布曝光。

第十三条 发生本办法第六条所列情形之一的，对施工单位项目经理按以下方式进行责任追究：

（一）项目经理为相关注册执业人员的，责令停止执业1年；造成重大质量事故的，吊销执业资格证书，5年以内不予注册；情节特别恶劣的，终身不予注册；

（二）构成犯罪的，移送司法机关依法追究刑事责任；

（三）处单位罚款数额5%以上10%以下的罚款；

（四）向社会公布曝光。

第十四条 发生本办法第六条所列情形之一的，对监理单位总监理工程师按以下方式进行责任追究：

（一）责令停止注册监理工程师执业1年；造成重大质量事故的，吊销执业资格证书，5年以内不予注册；情节特别恶劣的，终身不予注册；

（二）构成犯罪的，移送司法机关依法追究刑事责任；

（三）处单位罚款数额5%以上10%以下的罚款；

（四）向社会公布曝光。

第十五条 住房城乡建设主管部门应当及时公布项目负责人质量责任追究情况，将其违法违规等不良行为及处罚结果记入个人信用档案，给予信用惩戒。

鼓励住房城乡建设主管部门向社会公开项目负责人终身质量责任承诺等质量责任信息。

第十六条 项目负责人因调动工作等原因离开原单位后，被发现在原单位工作期间违反国家法律法规、工程建设标准及有关规定，造成所负责项目发生工程质量事故或严重质量问题的，仍应按本办法第十一条、第十二条、第十三条、第十四条规定依法追究相应责任。

项目负责人已退休的，被发现在工作期间违反国家法律法规、工程建设标准及有关规定，造成所负责项目发生工程质量事故或严重质量问题的，仍应按本办法第十一条、第十二条、第十三条、第十四条规定依法追究相应责任，且不得返聘从事相关技术工作。项目负责人为国家公职人员的，根据其承担责任依法应当给予降级、撤职、开除处分的，按照规定相应降低或取消其享受的待遇。

第十七条 工程质量事故或严重质量问题相关责任单位已被撤销、注销、吊销营业执照或者宣告破产的，仍应按本办法第十一条、第十二条、第十三条、第十四条规定依法追究项目负责人的责任。

第十八条 违反法律法规规定，造成工程质量事故或严重质量问题的，除依照本办法规定追究项目负责人终身责任外，还应依法追究相关责任单位和责任人员的责任。

第十九条 省、自治区、直辖市住房城乡建设主管部门可以根据本办法,制定实施细则。

第二十条 本办法自印发之日起施行。

建筑施工项目经理质量安全责任十项规定(试行)

1. 2014年8月25日住房和城乡建设部发布

2. 建质〔2014〕123号

一、建筑施工项目经理(以下简称项目经理)必须按规定取得相应执业资格和安全生产考核合格证书;合同约定的项目经理必须在岗履职,不得违反规定同时在两个及两个以上的工程项目担任项目经理。

二、项目经理必须对工程项目施工质量安全负全责,负责建立质量安全管理体系,负责配备专职质量、安全等施工现场管理人员,负责落实质量安全责任制、质量安全管理规章制度和操作规程。

三、项目经理必须按照工程设计图纸和技术标准组织施工,不得偷工减料;负责组织编制施工组织设计,负责组织制定质量安全技术措施,负责组织编制、论证和实施危险性较大分部分项工程专项施工方案;负责组织质量安全技术交底。

四、项目经理必须组织对进入现场的建筑材料、构配件、设备、预拌混凝土等进行检验,未经检验或检验不合格,不得使用;必须组织对涉及结构安全的试块、试件以及有关材料进行取样检测,送检试样不得弄虚作假,不得篡改或者伪造检测报告,不得明示或暗示检测机构出具虚假检测报告。

五、项目经理必须组织做好隐蔽工程的验收工作,参加地基基础、主体结构等分部工程的验收,参加单位工程和工程竣工验收;必须在验收文件上签字,不得签署虚假文件。

六、项目经理必须在起重机械安装、拆卸,模板支架搭设等危险性较大分部分项工程施工期间现场带班;必须组织起重机械、模板支架等使用前验收,未经验收或验收不合格,不得使用;必须组织起重机械使用过程日常检查,不得使用安全保护装置失效的起重机械。

七、项目经理必须将安全生产费用足额用于安全防护和安全措施,不得挪作他用;作业人员未配备安全防护用具,不得上岗;严禁使用国家明令淘汰、禁止使用的危及施工质量安全的工艺、设备、材料。

八、项目经理必须定期组织质量安全隐患排查,及时消除质量安全隐患;必须落实住房城乡建设主管部门和工程建设相关单位提出的质量安全隐患整改要求,在隐患整改报告上签字。

九、项目经理必须组织对施工现场作业人员进行岗前质量安全教育,组织审核建筑施工特种作业人员操作资格证书,未经质量安全教育和无证人员不得上岗。

十、项目经理必须按规定报告质量安全事故,立即启动应急预案,保护事故现场,开展应急救援。

建筑施工企业应当定期或不定期对项目经理履职情况进行检查,发现项目经理履职不到位的,及时予以纠正;必要时,按照规定程序更换符合条件的项目经理。

住房城乡建设主管部门应当加强对项目经理履职情况的动态监管,在检查中发现项目经理违反上述规定的,依照相关法律法规和规章实施行政处罚(建筑施工项目经理质量安全违法违规行为行政处罚规定见附件1),同时对相应违法违规行为实行记分管理(建筑施工项目经理质量安全违法违规行为记分管理规定见附件2),行政处罚及记分情况应当在建筑市场监管与诚信信息发布平台上公布。

附件:1. 建筑施工项目经理质量安全违法违规行为行政处罚规定

2. 建筑施工项目经理质量安全违法违规行为记分管理规定

附件1:

建筑施工项目经理质量安全违法违规行为行政处罚规定

一、违反第一项规定的行政处罚

(一)未按规定取得建造师执业资格注册证书担任大中型工程项目经理的,对项目经理按照《注册建造师管理规定》第35条规定实施行政处罚。

(二)未取得安全生产考核合格证书担任项目经理的,对施工单位按照《建设工程安全生产管理条例》第62条规定实施行政处罚,对项目经理按照《建设工程安全生产管理条例》第58条或第66条规定实施行政处罚。

(三)违反规定同时在两个及两个以上工程项目

担任项目经理的，对项目经理按照《注册建造师管理规定》第37条规定实施行政处罚。

二、违反第二项规定的行政处罚

（一）未落实项目安全生产责任制，或者未落实质量安全管理规章制度和操作规程的，对项目经理按照《建设工程安全生产管理条例》第58条或第66条规定实施行政处罚。

（二）未按规定配备专职安全生产管理人员的，对施工单位按照《建设工程安全生产管理条例》第62条规定实施行政处罚，对项目经理按照《建设工程安全生产管理条例》第58条或第66条规定实施行政处罚。

三、违反第三项规定的行政处罚

（一）未按照工程设计图纸和技术标准组织施工的，对施工单位按照《建设工程质量管理条例》第64条规定实施行政处罚；对项目经理按照《建设工程质量管理条例》第73条规定实施行政处罚。

（二）在施工组织设计中未编制安全技术措施的，对施工单位按照《建设工程安全生产管理条例》第65条规定实施行政处罚；对项目经理按照《建设工程安全生产管理条例》第58条或第66条规定实施行政处罚。

（三）未编制危险性较大分部分项工程专项施工方案的，对施工单位按照《建设工程安全生产管理条例》第65条规定实施行政处罚；对项目经理按照《建设工程安全生产管理条例》第58条或第66条规定实施行政处罚。

（四）未进行安全技术交底的，对施工单位按照《建设工程安全生产管理条例》第64条规定实施行政处罚；对项目经理按照《建设工程安全生产管理条例》第58条或第66条规定实施行政处罚。

四、违反第四项规定的行政处罚

（一）未对进入现场的建筑材料、建筑构配件、设备、预拌混凝土等进行检验的，对施工单位按照《建设工程质量管理条例》第65条规定实施行政处罚；对项目经理按照《建设工程质量管理条例》第73条规定实施行政处罚。

（二）使用不合格的建筑材料、建筑构配件、设备的，对施工单位按照《建设工程质量管理条例》第64条规定实施行政处罚；对项目经理按照《建设工程质量管理条例》第73条规定实施行政处罚。

（三）未对涉及结构安全的试块、试件以及有关材料取样检测的，对施工单位按照《建设工程质量管理条例》第65条规定实施行政处罚；对项目经理按照《建设工程质量管理条例》第73条规定实施行政处罚。

五、违反第五项规定的行政处罚

（一）未参加分部工程、单位工程和工程竣工验收的，对施工单位按照《建设工程质量管理条例》第64条规定实施行政处罚；对项目经理按照《建设工程质量管理条例》第73条规定实施行政处罚。

（二）签署虚假文件的，对项目经理按照《注册建造师管理规定》第37条规定实施行政处罚。

六、违反第六项规定的行政处罚

使用未经验收或者验收不合格的起重机械的，对施工单位按照《建设工程安全生产管理条例》第65条规定实施行政处罚；对项目经理按照《建设工程安全生产管理条例》第58条或第66条规定实施行政处罚。

七、违反第七项规定的行政处罚

（一）挪用安全生产费用的，对施工单位按照《建设工程安全生产管理条例》第63条规定实施行政处罚；对项目经理按照《建设工程安全生产管理条例》第58条或第66条规定实施行政处罚。

（二）未向作业人员提供安全防护用具的，对施工单位按照《建设工程安全生产管理条例》第62条规定实施行政处罚；对项目经理按照《建设工程安全生产管理条例》第58条或第66条规定实施行政处罚。

（三）使用国家明令淘汰、禁止使用的危及施工安全的工艺、设备、材料的，对施工单位按照《建设工程安全生产管理条例》第62条规定实施行政处罚；对项目经理按照《建设工程安全生产管理条例》第58条或第66条规定实施行政处罚。

八、违反第八项规定的行政处罚

对建筑安全事故隐患不采取措施予以消除的，对施工单位按照《建筑法》第71条规定实施行政处罚，对项目经理按照《建设工程安全生产管理条例》第58条或第66条规定实施行政处罚。

九、违反第九项规定的行政处罚

作业人员或者特种作业人员未经安全教育培训或者经考核不合格即从事相关工作的，对施工单位按照《建设工程安全生产管理条例》第62条规定实施行政处罚;对项目经理按照《建设工程安全生产管理条例》第58条或第66条规定实施行政处罚。

十、违反第十项规定的行政处罚

未按规定报告生产安全事故的,对项目经理按照《建设工程安全生产管理条例》第58条或第66条规定实施行政处罚。

附件2:

建筑施工项目经理质量安全违法违规行为记分管理规定

一、建筑施工项目经理(以下简称项目经理)质量安全违法违规行为记分周期为12个月,满分为12分。自项目经理所负责的工程项目取得《建筑工程施工许可证》之日起计算。

二、依据项目经理质量安全违法违规行为的类别以及严重程度,一次记分的分值分为12分、6分、3分、1分四种。

三、项目经理有下列行为之一的,一次记12分:

(一)超越执业范围或未取得安全生产考核合格证书担任项目经理的;

(二)执业资格证书或安全生产考核合格证书过期仍担任项目经理的;

(三)因未履行安全生产管理职责或未执行法律法规、工程建设强制性标准造成质量安全事故的;

(四)谎报、瞒报质量安全事故的;

(五)发生质量安全事故后故意破坏事故现场或未开展应急救援的。

四、项目经理有下列行为之一的,一次记6分:

(一)违反规定同时在两个或两个以上工程项目上担任项目经理的;

(二)未按照工程设计图纸和施工技术标准组织施工的;

(三)未按规定组织编制、论证和实施危险性较大分部分项工程专项施工方案的;

(四)未按规定组织对涉及结构安全的试块、试件以及有关材料进行见证取样的;

(五)送检试样弄虚作假的;

(六)篡改或者伪造检测报告的;

(七)明示或暗示检测机构出具虚假检测报告的;

(八)未参加分部工程验收,或未参加单位工程和工程竣工验收的;

(九)签署虚假文件的;

(十)危险性较大分部分项工程施工期间未在现场带班的;

(十一)未组织起重机械、模板支架等使用前验收的;

(十二)使用安全保护装置失效的起重机械的;

(十三)使用国家明令淘汰、禁止使用的危及施工质量安全的工艺、设备、材料的;

(十四)未组织落实住房城乡建设主管部门和工程建设相关单位提出的质量安全隐患整改要求的。

五、项目经理有下列行为之一的,一次记3分:

(一)合同约定的项目经理未在岗履职的;

(二)未按规定组织对进入现场的建筑材料、构配件、设备、预拌混凝土等进行检验的;

(三)未按规定组织做好隐蔽工程验收的;

(四)挪用安全生产费用的;

(五)现场作业人员未配备安全防护用具上岗作业的;

(六)未组织质量安全隐患排查,或隐患排查治理不到位的;

(七)特种作业人员无证上岗作业的;

(八)作业人员未经质量安全教育上岗作业的。

六、项目经理有下列行为之一的,一次记1分:

(一)未按规定配备专职质量、安全管理人员的;

(二)未落实质量安全责任制的;

(三)未落实企业质量安全管理规章制度和操作规程的;

(四)未按规定组织编制施工组织设计或制定质量安全技术措施的;

(五)未组织实施质量安全技术交底的;

(六)未按规定在验收文件或隐患整改报告上签字,或由他人代签的。

七、工程所在地住房城乡建设主管部门在检查中发现项目经理有质量安全违法违规行为的,应当责令其改正,并按本规定进行记分;在一次检查中发现项目经理有两个及以上质量安全违法违规行为的,应当分别记分,累加分值。

八、项目经理在一个记分周期内累积记分超过6分的,工程所在地住房城乡建设主管部门应当对其负责的工程项目实施重点监管,增加监督执法抽查频次。

九、项目经理在一个记分周期内累积记分达到12分的,住房城乡建设主管部门应当依法责令该项目经理停止执业1年;情节严重的,吊销执业资格证书,5年内不予注册;造成重大质量安全事故的,终身不予注册。项目经理在停止执业期间,应当接受住房城乡建设主管部门组织的质量安全教育培训,其所属施工单位应当按规定程序更换符合条件的项目经理。

十、各省、自治区、直辖市人民政府住房城乡建设主管部门可以根据本办法,结合本地区实际制定实施细则。

建设单位项目负责人质量安全责任八项规定(试行)

1. 2015年3月6日住房和城乡建设部发布

2. 建市〔2015〕35号

建设单位项目负责人是指建设单位法定代表人或经法定代表人授权,代表建设单位全面负责工程项目建设全过程管理,并对工程质量承担终身责任的人员。建筑工程开工建设前,建设单位法定代表人应当签署授权书,明确建设单位项目负责人。建设单位项目负责人应当严格遵守以下规定并承担相应责任:

一、建设单位项目负责人应当依法组织发包,不得将工程发包给个人或不具有相应资质等级的单位;不得将一个单位工程的施工分解成若干部分发包给不同的施工总承包或专业承包单位;不得将施工合同范围内的单位工程或分部分项工程又另行发包;不得违反合同约定,通过各种形式要求承包单位选择指定的分包单位。建设单位项目负责人发现承包单位有转包、违法分包及挂靠等违法行为的,应当及时向住房城乡建设主管部门报告。

二、建设单位项目负责人在组织发包时应当提出合理的造价和工期要求,不得迫使承包单位以低于成本的价格竞标,不得与承包单位签订"阴阳合同",不得拖欠勘察设计、工程监理费用和工程款,不得任意压缩合理工期。确需压缩工期的,应当组织专家予以论证,并采取保证建筑工程质量安全的相应措施,支付相应的费用。

三、建设单位项目负责人在组织编制工程概算时,应当将建筑工程安全生产措施费用和工伤保险费用单独列支,作为不可竞争费,不参与竞标。

四、建设单位项目负责人应当负责向勘察、设计、施工、工程监理等单位提供与建筑工程有关的真实、准确、齐全的原始资料,应当严格执行施工图设计文件审查制度,及时将施工图设计文件报有关机构审查,未经审查批准的,不得使用;发生重大设计变更的,应送原审图机构审查。

五、建设单位项目负责人应当在项目开工前按照国家有关规定办理工程质量、安全监督手续,申请领取施工许可证。依法应当实行监理的工程,应当委托工程监理单位进行监理。

六、建设单位项目负责人应当加强对工程质量安全的控制和管理,不得以任何方式要求设计单位或者施工单位违反工程建设强制性标准,降低工程质量;不得以任何方式要求检测机构出具虚假报告;不得以任何方式要求施工单位使用不合格或者不符合设计要求的建筑材料、建筑构配件和设备;不得违反合同约定,指定承包单位购入用于工程建设的建筑材料、建筑构配件和设备或者指定生产厂、供应商。

七、建设单位项目负责人应当按照有关规定组织勘察、设计、施工、工程监理等有关单位进行竣工验收,并按照规定将竣工验收报告、有关认可文件或者准许使用文件报送备案。未组织竣工验收或验收不合格的,不得交付使用。

八、建设单位项目负责人应当严格按照国家有关档案管理的规定,及时收集、整理建设项目各环节的文件资料,建立、健全建设项目档案和建筑工程各方主体项目负责人质量终身责任信息档案,并在建筑工程竣工验收后,及时向住房城乡建设主管部门或者其他有关部门移交建设项目档案及各方主体项目负责人的质量终身责任信息档案。

各级住房城乡建设主管部门应当加强对建设单位项目负责人履职情况的监督检查,发现存在违反上述规定的,依照相关法律法规和规章实施行政处罚或处理(建设单位项目负责人质量安全违法违规行为行政处罚规定见附件)。应当建立健全建设单位和建设单位项目负责人的信用档案,将其违法违规行为及处罚处理结果记入信用档案,并在建筑市场监管与诚信信息发布平台上予以曝光。

附件:建设单位项目负责人质量安全违法违规行为行政处罚规定

附件：

建设单位项目负责人质量安全违法违规行为行政处罚规定

一、违反第一项规定的行政处罚

（一）将建筑工程发包给不具有相应资质等级的勘察、设计、施工、工程监理单位的，按照《中华人民共和国建筑法》第六十五条、《建设工程质量管理条例》第五十四条规定对建设单位实施行政处罚；按照《建设工程质量管理条例》第七十三条规定对建设单位项目负责人实施行政处罚。

（二）将建筑工程肢解发包的，按照《中华人民共和国建筑法》第六十五条、《建设工程质量管理条例》第五十五条规定对建设单位实施行政处罚；按照《建设工程质量管理条例》第七十三条规定对建设单位项目负责人实施行政处罚。

二、违反第二项规定的行政处罚

（一）迫使承包方以低于成本的价格竞标的，按照《建设工程质量管理条例》第五十六条规定对建设单位实施行政处罚；按照《建设工程质量管理条例》第七十三条规定对建设单位项目负责人实施行政处罚。

（二）任意压缩合理工期的，按照《建设工程质量管理条例》第五十六条规定对建设单位实施行政处罚；按照《建设工程质量管理条例》第七十三条规定对建设单位项目负责人实施行政处罚。

三、违反第三条规定的行政处罚

未提供建筑工程安全生产作业环境及安全施工措施所需费用的，按照《建设工程安全生产管理条例》第五十四条规定对建设单位实施行政处罚。

四、违反第四项规定的行政处罚

施工图设计文件未经审查或者审查不合格，擅自施工的，按照《建设工程质量管理条例》第五十六条规定对建设单位实施行政处罚；按照《建设工程质量管理条例》第七十三条规定对建设单位项目负责人实施行政处罚。

五、违反第五项规定的行政处罚

（一）未按照国家规定办理工程质量监督手续的，按照《建设工程质量管理条例》第五十六条规定对建设单位实施行政处罚；按照《建设工程质量管理条例》第七十三条规定对建设单位项目负责人实施行政处罚。

（二）未取得施工许可证擅自施工的，按照《中华人民共和国建筑法》第六十四条、《建设工程质量管理条例》第五十七条规定对建设单位实施行政处罚；按照《建设工程质量管理条例》第七十三条规定对建设单位项目负责人实施行政处罚。

（三）必须实行工程监理而未实行工程监理的，按照《建设工程质量管理条例》第五十六条规定对建设单位实施行政处罚；按照《建设工程质量管理条例》第七十三条规定对建设单位项目负责人实施行政处罚。

六、违反第六项规定的行政处罚

（一）明示或者暗示设计单位或者施工单位违反工程建设强制性标准，降低工程质量的，按照《中华人民共和国建筑法》第七十二条、《建设工程质量管理条例》第五十六条规定对建设单位实施行政处罚；按照《建设工程质量管理条例》第七十三条规定对建设单位项目负责人实施行政处罚。

（二）明示或者暗示检测机构出具虚假检测报告的，按照《建设工程质量检测管理办法》（建设部令第141号）第三十一条规定对建设单位实施行政处罚。

（三）明示或者暗示施工单位使用不合格的建筑材料、建筑构配件和设备的，按照《建设工程质量管理条例》第五十六条规定对建设单位实施行政处罚；按照《建设工程质量管理条例》第七十三条规定对建设单位项目负责人实施行政处罚。

七、违反第七项规定的行政处罚

（一）未组织竣工验收或验收不合格，擅自交付使用的；对不合格的建筑工程按照合格工程验收的，按照《建设工程质量管理条例》第五十八条规定对建设单位实施行政处罚；按照《建设工程质量管理条例》第七十三条规定对建设单位项目负责人实施行政处罚。

（二）未按照国家规定将竣工验收报告、有关认可文件或者准许使用文件报送备案的，按照《建设工程质量管理条例》第五十六条规定对建设单位实施行政处罚；按照《建设工程质量管理条例》第七十三条规定对建设单位项目负责人实施行政处罚。

八、违反第八项规定的行政处罚

工程竣工验收后，未向住房城乡建设主管部门或者其他有关部门移交建设项目档案的，按照《建设工程质量管理条例》第五十九条规定对建设单位实施行政处罚；按照《建设工程质量管理条例》第七十三条规定对建设单位项目负责人实施行政处罚。

建筑工程勘察单位项目负责人质量安全责任七项规定(试行)

1. 2015年3月6日住房和城乡建设部发布
2. 建市〔2015〕35号

建筑工程勘察单位项目负责人(以下简称勘察项目负责人)是指经勘察单位法定代表人授权,代表勘察单位负责建筑工程项目全过程勘察质量管理,并对建筑工程勘察质量安全承担总体责任的人员。勘察项目负责人应当由具备勘察质量安全管理能力的专业技术人员担任。甲、乙级岩土工程勘察的项目负责人应由注册土木工程师(岩土)担任。建筑工程勘察工作开始前,勘察单位法定代表人应当签署授权书,明确勘察项目负责人。勘察项目负责人应当严格遵守以下规定并承担相应责任:

一、勘察项目负责人应当确认承担项目的勘察人员符合相应的注册执业资格要求,具备相应的专业技术能力,观测员、记录员、机长等现场作业人员符合专业培训要求。不得允许他人以本人的名义承担工程勘察项目。

二、勘察项目负责人应当依据有关法律法规、工程建设强制性标准和勘察合同(包括勘察任务委托书),组织编写勘察纲要,就相关要求向勘察人员交底,组织开展工程勘察工作。

三、勘察项目负责人应当负责勘察现场作业安全,要求勘察作业人员严格执行操作规程,并根据建设单位提供的资料和场地情况,采取措施保证各类人员,场地内和周边建筑物、构筑物及各类管线设施的安全。

四、勘察项目负责人应当对原始取样、记录的真实性和准确性负责,组织人员及时整理、核对原始记录,核验有关现场和试验人员在记录上的签字,对原始记录、测试报告、土工试验成果等各项作业资料验收签字。

五、勘察项目负责人应当对勘察成果的真实性和准确性负责,保证勘察文件符合国家规定的深度要求,在勘察文件上签字盖章。

六、勘察项目负责人应当对勘察后期服务工作负责,组织相关勘察人员及时解决工程设计和施工中与勘察工作有关的问题;组织参与施工验槽;组织勘察人员参加工程竣工验收,验收合格后在相关验收文件上签字,对城市轨道交通工程,还应参加单位工程、项目工程验收并在验收文件上签字;组织勘察人员参与相关工程质量安全事故分析,并对因勘察原因造成的质量安全事故,提出与勘察工作有关的技术处理措施。

七、勘察项目负责人应当对勘察资料的归档工作负责,组织相关勘察人员将全部资料分类编目,装订成册,归档保存。

勘察项目负责人对以上行为承担责任,并不免除勘察单位和其他人员的法定责任。

勘察单位应当加强对勘察项目负责人履职情况的检查,发现勘察项目负责人履职不到位的,及时予以纠正,或按照规定程序更换符合条件的勘察项目负责人,由更换后的勘察项目负责人承担项目的全面勘察质量责任。

各级住房城乡建设主管部门应加强对勘察项目负责人履职情况的监管,在检查中发现勘察项目负责人违反上述规定的,记入不良记录,并依照相关法律法规和规章实施行政处罚(勘察项目负责人质量安全违法违规行为行政处罚规定见附件)。

附件:勘察项目负责人质量安全违法违规行为行政处罚规定

附件:

勘察项目负责人质量安全违法违规行为行政处罚规定

一、违反第一项规定的行政处罚

勘察单位允许其他单位或者个人以本单位名义承揽工程或将承包的工程转包或违法分包,依照《建设工程质量管理条例》第六十一条、六十二条规定被处罚的,应当依照该条例第七十三条规定对负有直接责任的勘察项目负责人进行处罚。

二、违反第二项规定的行政处罚

勘察单位违反工程强制性标准,依照《建设工程质量管理条例》第六十三条规定被处罚的,应当依照该条例第七十三条规定对负有直接责任的勘察项目负责人进行处罚。

三、违反第三项规定的行政处罚

勘察单位未执行《建设工程安全生产管理条例》第十二条规定的,应当依照该条例第五十八条规定,对担任勘察项目负责人的注册执业人员进行处罚。

四、违反第四项规定的行政处罚

勘察单位不按照规定记录原始记录或记录不完整、作业资料无责任人签字或签字不全，依照《建设工程勘察质量管理办法》第二十五条规定被处罚的，应当依照该办法第二十七条规定对负有直接责任的勘察项目负责人进行处罚。

五、违反第五项规定的行政处罚

勘察单位弄虚作假、提供虚假成果资料，依照《建设工程勘察质量管理办法》第二十四条规定被处罚的，应当依照该办法第二十七条规定对负有直接责任的勘察项目负责人进行处罚。

勘察文件没有勘察项目负责人签字，依照《建设工程勘察质量管理办法》第二十五条规定被处罚的，应当依照该办法第二十七条规定对负有直接责任的勘察项目负责人进行处罚。

六、违反第六项规定的行政处罚

勘察单位不组织相关勘察人员参加施工验槽，依照《建设工程勘察质量管理办法》第二十五条规定被处罚的，应当依照该办法第二十七条规定对负有直接责任的勘察项目负责人进行处罚。

七、违反第七项规定的行政处罚

项目完成后，勘察单位不进行勘察文件归档保存，依照《建设工程勘察质量管理办法》第二十五条规定被处罚的，应当依照该办法第二十七条规定对负有直接责任的勘察项目负责人进行处罚。

地方有关法规和规章条款不在此详细列出，各地可自行补充有关规定。

建筑工程设计单位项目负责人质量安全责任七项规定（试行）

1. 2015年3月6日住房和城乡建设部发布
2. 建市〔2015〕35号

建筑工程设计单位项目负责人（以下简称设计项目负责人）是指经设计单位法定代表人授权，代表设计单位负责建筑工程项目全过程设计质量管理，对工程设计质量承担总体责任的人员。设计项目负责人应当由取得相应的工程建设类注册执业资格（主导专业未实行注册执业制度的除外），并具备设计质量管理能力的人员担任。承担民用房屋建筑工程的设计项目负责人原则上由注册建筑师担任。建筑工程设计工作开始前，设计单位法定代表人应当签署授权书，明确设计项目负责人。设计项目负责人应当严格遵守以下规定并承担相应责任：

一、设计项目负责人应当确认承担项目的设计人员符合相应的注册执业资格要求，具备相应的专业技术能力。不得允许他人以本人的名义承担工程设计项目。

二、设计项目负责人应当依据有关法律法规、项目批准文件、城乡规划、工程建设强制性标准、设计深度要求、设计合同（包括设计任务书）和工程勘察成果文件，就相关要求向设计人员交底，组织开展建筑工程设计工作，协调各专业之间及与外部各单位之间的技术接口工作。

三、设计项目负责人应当要求设计人员在设计文件中注明建筑工程合理使用年限，标明采用的建筑材料、建筑构配件和设备的规格、性能等技术指标，其质量要求必须符合国家规定的标准及建筑工程的功能需求。

四、设计项目负责人应当要求设计人员考虑施工安全操作和防护的需要，在设计文件中注明涉及施工安全的重点部位和环节，并对防范安全生产事故提出指导意见；采用新结构、新材料、新工艺和特殊结构的，应在设计中提出保障施工作业人员安全和预防生产安全事故的措施建议。

五、设计项目负责人应当核验各专业设计、校核、审核、审定等技术人员在相关设计文件上的签字，核验注册建筑师、注册结构工程师等注册执业人员在设计文件上的签章，并对各专业设计文件验收签字。

六、设计项目负责人应当在施工前就审查合格的施工图设计文件，组织设计人员向施工及监理单位做出详细说明；组织设计人员解决施工中出现的设计问题。不得在违反强制性标准或不满足设计要求的变更文件上签字。应当根据设计合同中约定的责任、权利、费用和时限，组织开展后期服务工作。

七、设计项目负责人应当组织设计人员参加建筑工程竣工验收，验收合格后在相关验收文件上签字；组织设计人员参与相关工程质量安全事故分析，并对因设计原因造成的质量安全事故，提出与设计工作相关的技术处理措施；组织相关人员及时将设计资料归档保存。

设计项目负责人对以上行为承担责任，并不免除设计单位和其他人员的法定责任。

设计单位应当加强对设计项目负责人履职情况的

检查，发现设计项目负责人履职不到位的，及时予以纠正，或按照规定程序更换符合条件的设计项目负责人，由更换后的设计项目负责人承担项目的全面设计质量责任。

各级住房城乡建设主管部门应加强对设计项目负责人履职情况的监管，在检查中发现设计项目负责人违反上述规定的，记入不良记录，并依照相关法律法规和规章实施行政处罚或依照相关规定进行处理（设计项目负责人质量安全违法违规行为行政处罚（处理）规定见附件）。

附件：设计项目负责人质量安全违法违规行为行政处罚（处理）规定

附件：

设计项目负责人质量安全违法违规行为行政处罚（处理）规定

一、违反第一项规定的行政处罚

设计单位允许其他单位或者个人以本单位名义承揽工程或将承包的工程转包或违法分包，依照《建设工程质量管理条例》第六十一条、六十二条规定被处罚的，应当依照该条例第七十三条规定对负有直接责任的设计项目负责人进行处罚。

二、违反第二项规定的行政处罚

设计单位未依据勘察成果文件或未按照工程建设强制性标准进行工程设计，依照《建设工程质量管理条例》第六十三条规定被处罚的，应当依照该条例第七十三条规定对负有直接责任的设计项目负责人进行处罚。

三、违反第三项规定的处理

设计单位违反《建设工程质量管理条例》第二十二条第一款的，对设计项目负责人予以通报批评。

四、违反第四项规定的处罚

设计单位未执行《建设工程安全生产管理条例》第十三条第三款的，按照《建设工程安全生产管理条例》第五十六条规定对负有直接责任的设计项目负责人进行处罚。

五、违反第五项规定的处理

设计文件签章不全的，对设计项目负责人予以通报批评。

六、违反第六项规定的处理

设计项目负责人在施工前未组织设计人员向施工单位进行设计交底的，对设计项目负责人予以通报批评。

七、违反第七项规定的处理

设计项目负责人未组织设计人员参加建筑工程竣工验收或未组织设计人员参与建筑工程质量事故分析的，对设计项目负责人予以通报批评。

地方有关法规和规章条款不在此详细列出，各地可自行补充有关规定。

建筑工程项目总监理工程师质量安全责任六项规定（试行）

1. 2015年3月6日住房和城乡建设部发布

2. 建市〔2015〕35号

建筑工程项目总监理工程师（以下简称项目总监）是指经工程监理单位法定代表人授权，代表工程监理单位主持建筑工程项目的全面监理工作并对其承担终身责任的人员。建筑工程项目开工前，监理单位法定代表人应当签署授权书，明确项目总监。项目总监应当严格执行以下规定并承担相应责任：

一、项目监理工作实行项目总监负责制。项目总监应当按规定取得注册执业资格；不得违反规定受聘于两个及以上单位从事执业活动。

二、项目总监应当在岗履职。应当组织审查施工单位提交的施工组织设计中的安全技术措施或者专项施工方案，并监督施工单位按已批准的施工组织设计中的安全技术措施或者专项施工方案组织施工；应当组织审查施工单位报审的分包单位资格，督促施工单位落实劳务人员持证上岗制度；发现施工单位存在转包和违法分包的，应当及时向建设单位和有关主管部门报告。

三、工程监理单位应当选派具备相应资格的监理人员进驻项目现场，项目总监应当组织项目监理人员采取旁站、巡视和平行检验等形式实施工程监理，按照规定对施工单位报审的建筑材料、建筑构配件和设备进行检查，不得将不合格的建筑材料、建筑构配件和设备按合格签字。

四、项目总监发现施工单位未按照设计文件施工、违反工程建设强制性标准施工或者发生质量事故的，应当按照建设工程监理规范规定及时签发工程暂停令。

五、在实施监理过程中，发现存在安全事故隐患的，项目总监应当要求施工单位整改;情况严重的,应当要求施工单位暂时停止施工,并及时报告建设单位;施工单位拒不整改或者不停止施工的,项目总监应当及时向有关主管部门报告,主管部门接到项目总监报告后,应当及时处理。

六、项目总监应当审查施工单位的竣工申请,并参加建设单位组织的工程竣工验收,不得将不合格工程按照合格签认。

项目总监责任的落实不免除工程监理单位和其他监理人员按照法律法规和监理合同应当承担和履行的相应责任。

各级住房城乡建设主管部门应当加强对项目总监履职情况的监督检查,发现存在违反上述规定的,依照相关法律法规和规章实施行政处罚或处理(建筑工程项目总监理工程师质量安全违法违规行为行政处罚规定见附件)。应当建立健全监理企业和项目总监的信用档案,将其违法违规行为及处罚处理结果记入信用档案,并在建筑市场监管与诚信信息发布平台上公布。

附件:建筑工程项目总监理工程师质量安全违法违规行为行政处罚规定

附件:

建筑工程项目总监理工程师质量安全违法违规行为行政处罚规定

一、违反第一项规定的行政处罚

项目总监未按规定取得注册执业资格的,按照《注册监理工程师管理规定》第二十九条规定对项目总监实施行政处罚。项目总监违反规定受聘于两个及以上单位并执业的,按照《注册监理工程师管理规定》第三十一条规定对项目总监实施行政处罚。

二、违反第二项规定的行政处罚

项目总监未按规定组织审查施工单位提交的施工组织设计中的安全技术措施或者专项施工方案,按照《建设工程安全生产管理条例》第五十七条规定对监理单位实施行政处罚;按照《建设工程安全生产管理条例》第五十八条规定对项目总监实施行政处罚。

三、违反第三项规定的行政处罚

项目总监未按规定组织项目监理机构人员采取旁站、巡视和平行检验等形式实施监理造成质量事故的,按照《建设工程质量管理条例》第七十二条规定对项目总监实施行政处罚。项目总监将不合格的建筑材料、建筑构配件和设备按合格签字的,按照《建设工程质量管理条例》第六十七条规定对监理单位实施行政处罚;按照《建设工程质量管理条例》第七十三条规定对项目总监实施行政处罚。

四、违反第四项规定的行政处罚

项目总监发现施工单位未按照法律法规以及有关技术标准、设计文件和建设工程承包合同施工未要求施工单位整改,造成质量事故的,按照《建设工程质量管理条例》第七十二条规定对项目总监实施行政处罚。

五、违反第五项规定的行政处罚

项目总监发现存在安全事故隐患,未要求施工单位整改;情况严重的,未要求施工单位暂时停止施工,未及时报告建设单位;施工单位拒不整改或者不停止施工,未及时向有关主管部门报告的,按照《建设工程安全生产管理条例》第五十七条规定对监理单位实施行政处罚;按照《建设工程安全生产管理条例》第五十八条规定对项目总监实施行政处罚。

六、违反第六项规定的行政处罚

项目总监未按规定审查施工单位的竣工申请,未参加建设单位组织的工程竣工验收的,按照《注册监理工程师管理规定》第三十一条规定对项目总监实施行政处罚。项目总监将不合格工程按照合格签认的,按照《建设工程质量管理条例》第六十七条规定对监理单位实施行政处罚;按照《建设工程质量管理条例》第七十三条规定对项目总监实施行政处罚。

建设工程质量保证金管理办法

1. 2017年6月20日住房城乡建设部、财政部发布
2. 建质〔2017〕138号
3. 自2017年7月1日起施行

第一条 为规范建设工程质量保证金管理,落实工程在缺陷责任期内的维修责任,根据《中华人民共和国建筑法》《建设工程质量管理条例》《国务院办公厅关于清理规范工程建设领域保证金的通知》和《基本建设财务管理规则》等相关规定,制定本办法。

第二条 本办法所称建设工程质量保证金(以下简称保

证金)是指发包人与承包人在建设工程承包合同中约定,从应付的工程款中预留,用以保证承包人在缺陷责任期内对建设工程出现的缺陷进行维修的资金。

缺陷是指建设工程质量不符合工程建设强制性标准、设计文件,以及承包合同的约定。

缺陷责任期一般为1年,最长不超过2年,由发、承包双方在合同中约定。

第三条 发包人应当在招标文件中明确保证金预留、返还等内容,并与承包人在合同条款中对涉及保证金的下列事项进行约定:

(一)保证金预留、返还方式;

(二)保证金预留比例、期限;

(三)保证金是否计付利息,如计付利息,利息的计算方式;

(四)缺陷责任期的期限及计算方式;

(五)保证金预留、返还及工程维修质量、费用等争议的处理程序;

(六)缺陷责任期内出现缺陷的索赔方式;

(七)逾期返还保证金的违约金支付办法及违约责任。

第四条 缺陷责任期内,实行国库集中支付的政府投资项目,保证金的管理应按国库集中支付的有关规定执行。其他政府投资项目,保证金可以预留在财政部门或发包方。缺陷责任期内,如发包方被撤销,保证金随交付使用资产一并移交使用单位管理,由使用单位代行发包人职责。

社会投资项目采用预留保证金方式的,发、承包双方可以约定将保证金交由第三方金融机构托管。

第五条 推行银行保函制度,承包人可以银行保函替代预留保证金。

第六条 在工程项目竣工前,已经缴纳履约保证金的,发包人不得同时预留工程质量保证金。

采用工程质量保证担保、工程质量保险等其他保证方式的,发包人不得再预留保证金。

第七条 发包人应按照合同约定方式预留保证金,保证金总预留比例不得高于工程价款结算总额的3%。合同约定由承包人以银行保函替代预留保证金的,保函金额不得高于工程价款结算总额的3%。

第八条 缺陷责任期从工程通过竣工验收之日起计。由于承包人原因导致工程无法按规定期限进行竣工验收的,缺陷责任期从实际通过竣工验收之日起计。由于发包人原因导致工程无法按规定期限进行竣工验收的,在承包人提交竣工验收报告90天后,工程自动进入缺陷责任期。

第九条 缺陷责任期内,由承包人原因造成的缺陷,承包人应负责维修,并承担鉴定及维修费用。如承包人不维修也不承担费用,发包人可按合同约定从保证金或银行保函中扣除,费用超出保证金额的,发包人可按合同约定向承包人进行索赔。承包人维修并承担相应费用后,不免除对工程的损失赔偿责任。

由他人原因造成的缺陷,发包人负责组织维修,承包人不承担费用,且发包人不得从保证金中扣除费用。

第十条 缺陷责任期内,承包人认真履行合同约定的责任,到期后,承包人向发包人申请返还保证金。

第十一条 发包人在接到承包人返还保证金申请后,应于14天内会同承包人按照合同约定的内容进行核实。如无异议,发包人应当按照约定将保证金返还给承包人。对返还期限没有约定或者约定不明确的,发包人应当在核实后14天内将保证金返还承包人,逾期未返还的,依法承担违约责任。发包人在接到承包人返还保证金申请后14天内不予答复,经催告后14天内仍不予答复,视同认可承包人的返还保证金申请。

第十二条 发包人和承包人对保证金预留、返还以及工程维修质量、费用有争议的,按承包合同约定的争议和纠纷解决程序处理。

第十三条 建设工程实行工程总承包的,总承包单位与分包单位有关保证金的权利与义务的约定,参照本办法关于发包人与承包人相应权利与义务的约定执行。

第十四条 本办法由住房城乡建设部、财政部负责解释。

第十五条 本办法自2017年7月1日起施行,原《建设工程质量保证金管理暂行办法》(建质〔2016〕295号)同时废止。

建设部关于加强住宅工程质量管理的若干意见

1. 2004年1月30日
2. 建质〔2004〕18号

各省、自治区建设厅,直辖市建委、房地局,江苏省、山东省建管局,新疆生产建设兵团建设局:

近年来,我国住宅工程质量的总体水平有很大提高，但各地的质量状况还不平衡。为进一步加强住宅工程质量管理，切实提高住宅工程质量水平，现提出如下意见：

一、进一步提高对抓好住宅工程质量工作重要意义的认识

住宅工程质量，不仅关系到国家社会经济的房地产市场持续健康发展，而且直接关系到广大人民群众的切身利益。各地建设行政主管部门和工程建设各方责任主体要从实践“三个代表”重要思想的高度，充分认识当前做好住宅工程质量工作的重要意义，增强搞好住宅工程质量的紧迫感和使命感。各地要根据本地区经济发展水平和住宅工程质量的现状，确立提高住宅工程质量的阶段目标和任务，确保住宅工程结构安全和使用功能。各地要通过开展创建“无质量通病住宅工程”和“精品住宅工程”活动，不断促进住宅工程质量总体水平的提高。

二、突出重点环节，强化工程建设各方主体的质量管理责任

（一）建设单位（含开发企业，下同）是住宅工程质量的第一责任者，对建设的住宅工程的质量全面负责。建设单位应设立质量管理机构并配备相应人员，加强对设计和施工质量的过程控制和验收管理。在工程建设中，要保证合理工期、造价和住宅设计标准，不得擅自变更已审查批准的施工图设计文件等。

要综合、系统地考虑住宅小区的给水、排水、供暖、燃气、电气、电讯等管网系统的统一设计、设计施工，编制统一的管网综合图，在保证各专业技术标准要求的前提下，合理安排管线，统筹设计和施工。

建设单位应在住宅工程的显著部位镶刻铭牌，将工程建设的有关单位名称和工程竣工日期向社会公示。

（二）开发企业应在房屋销售合同中明确因住宅工程质量原因所产生的退房和保修的具体内容以及保修赔偿方式等相关条款。保修期内发生住宅工程质量投诉的，由开发企业负责查明责任，并组织有关责任方解决质量问题。暂时无法落实责任的，开发企业也应先行解决，待质量问题的原因查明后由责任方承担相关费用。

（三）设计单位应严格执行国家有关强制性技术标准，注重提高住宅工程的科技含量。要坚持以人为本，注重生态环境建设和住宅内部功能设计，在确保结构安全的基础上，保证设计文件能够满足对日照、采光、隔声、节能、抗震、自然通风、无障碍设计、公共卫生和居住方便的需要，并对容易产生质量通病的部位和环节，尽量优化细化设计作法。

（四）施工单位应严格执行国家《建筑工程施工质量验收规范》，强化施工质量过程控制，保证各工序质量达到验收规范的要求。要制定本企业的住宅工程施工工艺标准，结合工程实际，落实设计图纸会审中保证施工质量的设计交底措施，对容易产生空鼓、开裂、渗漏等质量通病的部位和容易影响空气质量的厨房、卫生间管材等环节，采取相应的技术保障措施。

（五）监管单位应针对工程的具体情况制定监理规划和监理实施细则，按国家技术标准进行验收，工序质量验收不合格的，不得进行下道工序。要将住宅工程结构质量、使用功能和建筑材料对室内环境的污染作为监理工作的控制重点，并按有关规定做好旁站监理和见证取样工作，特别是要做好厕浴间蓄水试验等重要使用功能的检查工作。

三、采取有效措施，切实加强对住宅工程质量的监督管理

（一）各地建设行政主管部门要加大对住宅工程质量的监管力度。对工程建设各方违法违规降低住宅工程质量的行为，要严格按照国家有关法律法规进行处罚。

对工程造价和工期明显低于本地区一般水平的住宅工程，要作为施工图审查和工程质量监督的重点。特别要加大对经济适用房、旧城改造回迁房以及城乡结合部商品房的设计和施工质量的监管力度。对检查中发现问题较多的住宅工程，要加大检查频次，并将其列入企业的不良记录。

（二）要加强对住宅工程施工图设计文件的审查，要将结构安全、容易造成质量通病的设计和厨房、卫生间的设计是否符合强制性条文进行重点审查。

（三）各地建设行政主管部门要对进行住宅工程现场的建筑材料、榴配件和设备加强监督抽查，强化对住宅工程竣工验收前的室内环境质量检测工作的监督。

（四）各地建设行政主管部门要加强对住宅工程竣工验收备案工作的管理，将竣工验收备案情况及时向社会公布。单体住宅工程未经竣工验收备案的，不得进行住宅小区的综合验收。住宅工程经竣工验收备案后，方可办理产权证。

（五）各地建设行政主管部门要完善住宅工程质量投诉处理制度，对经查实的违法违规行为应依法进行处罚。要建立住宅工程的工程质量信用档案，将建设过程中违反工程建设强制性标准和使用后投诉处理等情况进行记录，并向社会公布。

四、加强政策引导，依靠科技进步，不断提高住宅工程质量

（一）各地建设行政主管部门要充分发挥协会、科研单位和企业的技术力量，针对本地区的住宅工程质量通病，研究制定克服住宅工程质量通病技术规程，积极开展质量通病专项治理。要结合创建“精品住宅工程”的活动，制定地方或企业的质量创优评审技术标准，并建立相应的激励机制。

（二）各地建设行政主管部门要结合本地区实际，积极推行住宅产业现代化，完善住宅性能认定和住宅部品认证、淘汰制度。大力推广建筑业新技术示范工程的经验，及时淘汰住宅工程建设中的落后产品、施工机具和工艺。

（三）各地建设行政主管部门要积极组织开展住宅工程质量保证的试点工作，鼓励实行住宅工程的工程质量保险制度，引导建设单位积极投保。

（四）各地建设行政主管部门要培育和发展住宅工程质量评估中介机构。当用户与开发企业对住宅工程的质量问题存在较大争议时，可委托具有相应资质的工程质量检测机构进行检测。逐步建立住宅工程质量评估和工程质量保险相结合的工程质量纠纷处理仲裁机制。

住房和城乡建设部关于进一步强化住宅工程质量管理和责任的通知

1. 2010年5月4日
2. 建市〔2010〕68号

各省、自治区住房和城乡建设厅，直辖市建委（建设交通委），北京市规划委，总后基建营房工程局：

住宅工程质量，关系到人民群众的切身利益和生命财产安全，关系到住有所居、安居乐业政策的有效落实。近几年来，住宅工程质量总体上是好的，但在一些住宅工程中，违反建设程序、降低质量标准、违规违章操作、执法监督不力等现象依然存在，重大质量事故仍有发生。为进一步加强质量管理，强化质量责任，切实保证住宅工程质量，现将有关问题通知如下：

一、强化住宅工程质量责任，规范建设各方主体行为

（一）建设单位的责任。建设单位要严格履行项目用地许可、规划许可、招投标、施工图审查、施工许可、委托监理、质量安全监督、工程竣工验收、工程技术档案移交、工程质量保修等法定职责，依法承担住宅工程质量的全面管理责任。建设单位要落实项目法人责任制，设立质量管理机构并配备专职人员，高度重视项目前期的技术论证，及时提供住宅工程所需的基础资料，统一协调安排住宅工程建设各相关方的工作；要加强对勘察、设计、采购和施工质量的过程控制和验收管理，不得将住宅工程发包给不具有相应资质等级的勘察、设计、施工、监理等单位，不得将住宅工程肢解发包，不得违规指定分包单位，不得以任何明示或暗示的方式要求勘察、设计、施工、监理等单位违反法律、法规、工程建设标准和任意更改相关工作的成果及结论；要严格按照基本建设程序进行住宅工程建设，不得以任何名义不履行法定建设程序或擅自简化建设程序；要保证合理的工期和造价，严格执行有关工程建设标准，确保住宅工程质量。

（二）勘察单位的责任。勘察单位要严格按照法律、法规、工程建设标准进行勘察，对住宅工程的勘察质量依法承担责任。勘察单位要建立健全质量管理体系，全面加强对现场踏勘、勘察纲要编制、现场作业、土水试验和成果资料审核等关键环节的管理，确保勘察工作内容满足国家法律、法规、工程建设标准和工程设计与施工的需要；要强化质量责任制，落实注册土木工程师（岩土）执业制度，加强对钻探描述（记录）员、机长、观测员、试验员等作业人员的岗位培训；要增强勘察从业人员的质量责任意识，及时整理、核对勘察过程中的各类原始记录，不得虚假勘察，不得离开现场进行追记、补记和修改记录，保证地质、测量、水文等勘察成果资料的真实性和准确性。

（三）设计单位的责任。设计单位要严格按照法律、法规、工程建设标准、规划许可条件和勘察成果文件进行设计，对住宅工程的设计质量依法承担责任。设计单位要建立健全质量管理体系，加强设计过程的质量控制，保证设计质量符合工程建设标准和设计深度的要求；要依法设计、精心设计，坚持以人为本，对容易产生质量通病的部位和环节，实施优化及细化设计；

要配备足够数量和符合资格的设计人员做好住宅工程设计和现场服务工作，严禁采用未按规定审定的可能影响住宅工程质量和安全的技术和材料；要进一步强化注册建筑师、勘察设计注册工程师等执业人员的责任意识，加强文件审查，对不符合要求的设计文件不得签字认可，确保所签章的设计文件能够满足住宅工程对安全、抗震、节能、防火、环保、无障碍设计、公共卫生和居住方便等结构安全和使用功能的需要，并在设计使用年限内有足够的可靠性。

（四）施工单位的责任。施工单位要严格按照经审查合格的施工图设计文件和施工技术标准进行施工，对住宅工程的施工质量依法承担责任。施工单位要建立健全质量管理体系，强化质量责任制，确定符合规定并满足施工需要的项目管理机构和项目经理、技术负责人等主要管理人员，不得转包和违法分包，不得擅自修改设计文件，不得偷工减料；要建立健全教育培训制度，所有施工管理和作业人员必须经过教育培训且考核合格后方可上岗；要按照工程设计要求、施工技术标准和合同约定，对建筑材料、建筑构配件、设备和商品混凝土进行检验，未经检验或者检验不合格的，不得使用；要健全施工过程的质量检验检测制度，做好工程重要结构部位和隐蔽工程的质量检查和记录，隐蔽工程在隐蔽前，要按规定通知有关单位验收；要对施工或者竣工验收中出现质量问题的住宅工程负责返修，对已竣工验收合格并交付使用的住宅工程要按规定承担保修责任。

（五）监理单位的责任。监理单位要严格依照法律、法规以及有关技术标准、设计文件和建设工程承包合同进行监理，对住宅工程的施工质量依法承担监理责任。监理单位因不按照监理合同约定履行监理职责，给建设单位造成损失的，要承担违约赔偿责任；因监理单位弄虚作假，降低工程质量标准，造成工程质量事故的，要依法承担相应法律责任。监理单位要建立健全质量管理体系，落实项目总监负责制，建立适宜的组织机构，配备足够的、专业配套的合格监理人员，严格按照监理规划和规定的监理程序开展监理工作，不得转让工程监理业务，不得与被监理的住宅工程的施工单位以及建筑材料、建筑构配件和设备供应单位有隶属关系或其他利害关系。监理人员要按规定采取旁站、巡视、平行检验等多种形式，及时到位进行监督检查，对达不到规定要求的材料、设备、工程以及不符合要求的施工组织设计、施工方案不得签字放行，并按规定及时向建设单位和有关部门报告，确保监理工作质量。

（六）有关专业机构的责任。工程质量检测机构依法对其检测数据和检测报告的真实性和准确性负责，因违反国家有关规定给他人造成损失的，要依法承担相应赔偿责任及其他法律责任。工程质量检测机构要建立健全质量管理体系，严格依据法律、法规、工程建设标准和批准的资质范围实施质量检测，不得转包检测业务，不得与承接工程项目建设的各方有隶属关系或其他利害关系；要加强检测工程的质量监控，保证检测报告真实有效、结论明确，并要将检测过程中发现的建设、监理、施工等单位违反国家有关规定以及涉及结构安全检测结果的不合格情况，及时按规定向有关部门报告。施工图审查机构要依法对施工图设计文件（含勘察文件，下同）质量承担审查责任。施工图设计文件经审查合格后，仍有违反法律、法规和工程建设强制性标准的问题，给建设单位造成损失的，要依法承担相应赔偿责任。施工图审查机构要建立健全内部质量管理制度，配备合格、专业配套的审查人员，严格按照国家有关规定和认定范围进行审查，不得降低标准或虚假审查，并要按规定将审查过程中发现的建设、勘察、设计单位和注册执业人员的违法违规行为向有关部门报告。

二、加强住宅工程质量管理，严格执行法定基本制度

（七）加强市场准入清出管理。住宅工程要严格执行房地产开发、招标代理、勘察、设计、施工、监理等企业资质管理制度，严禁企业无资质或超越资质等级和业务范围承揽业务。要健全关键岗位个人注册执业签章制度，严禁执业人员出租、出借执业证书和印章，从事非法执业活动。对不满足资质标准、存在违法违规行为，以及出租、出借、重复注册、不履行执业责任等行为的企业和执业人员，要依法进行处罚。对发生重大质量事故的，要依法降低资质等级、吊销资质证书、吊销执业资格并追究其他法律责任。

（八）加强工程招标投标管理。住宅工程要依法执行招标投标制度。严禁围标、串标，严禁招标代理机构串通招标人或投标人操纵招标投标。要加强评标专家管理，建立培训、考核、评价制度，规范评标专家行为，健全评标专家退出机制；要完善评标方法和标准，坚决制止不经评审的最低价中标的做法。对存在围

标、串标的企业以及不正确履行职责的招标代理机构、评标专家要依法进行处罚；对情节严重的，要依法降低资质等级、吊销资质证书、取消评标专家资格并追究其他法律责任。

（九）加强合同管理。住宅工程的工程总承包、施工总承包、专业承包、劳务分包以及勘察、设计、施工、监理、项目管理等都要依法订立书面合同。各类合同都应有明确的承包范围、质量要求以及违约责任等内容。对于违反合同的单位，要依法追究违约责任。发生合同争议时，合同各方应积极协商解决，协商不成的，要及时通过仲裁或诉讼妥善解决，维护合法权益。各地要加强合同备案管理制度，及时掌握合同履约情况，减少合同争议的发生。对因合同争议而引发群体性事件或突发性事件，损害房屋所有人、使用人以及施工作业人员合法权益，以及存在转包、挂靠、违法分包、签订阴阳合同等违法违规行为的单位，要依法进行处罚，并追究单位法定代表人的责任。

（十）加强施工许可管理。住宅工程要严格执行施工许可制度。依法必须申请领取施工许可证的住宅工程未取得施工许可手续的，不得擅自开工建设。任何单位和个人不得将应该申请领取施工许可证的工程项目分解为若干限额以下的工程项目，规避申请领取施工许可证。各地要切实加强施工许可证的发放管理，严格依法审查住宅工程用地、规划、设计等前置条件，不符合法定条件的不得颁发施工许可证。对存在违法开工行为的单位和个人，要依法进行处罚，并追究建设单位和施工单位法定代表人的责任。对于不按规定颁发施工许可证的有关部门和个人，要依法追究法律责任。

（十一）加强施工图审查管理。建设单位要严格执行施工图设计文件审查制度，及时将住宅工程施工图设计文件报有关机构审查；要先行将勘察文件报审，不得将勘察文件和设计文件同时报审，未经审查合格的勘察文件不得作为设计依据。施工图审查机构要重点对住宅工程的地基基础和主体结构的安全性，防火、抗震、节能、环保以及厨房、卫生间等关键场所的设计质量是否符合工程建设强制性标准进行审查，任何单位和个人不得擅自修改已审查合格的施工图设计文件。确需修改的，建设单位要按有关规定将修改后的施工图设计文件送原审查机构审查。凡出据虚假审查合格书或未尽审查职责的审查机构和审查人员要依法承担相应责任。

（十二）加强总承包责任管理。住宅工程实行总承包的要严格执行国家有关法律、法规，总承包单位分包工程要取得建设单位书面认可。严禁总承包单位将承接工程转包或将其主体工程分包，严禁分包单位将分包工程再分包。对转包和违法分包的单位，要依法停业整顿，降低资质等级，情节严重的要依法吊销资质证书。要认真落实总承包单位负责制，总承包单位要按照合同约定加强对分包单位的组织协调和管理，并对所承接工程质量负总责。对因分包单位责任导致工程质量事故的，总承包单位要承担连带责任。

（十三）加强建筑节能管理。建设单位要严格遵守国家建筑节能的有关法律法规，按照相应的建筑节能标准和技术要求委托住宅工程项目的规划设计、开工建设、组织竣工验收，不得以任何理由要求设计、施工等单位擅自修改经审查合格的节能设计文件，降低建筑节能标准。勘察、设计、施工、监理单位及其注册执业人员，要严格按照建筑节能强制性标准开展工作，加强节能管理，提高能源利用效率和可再生能源利用水平，保证住宅工程建筑节能质量。对违反国家有关节能规定，降低建设节能标准的有关单位和个人，要依法追究法律责任。

（十四）加强工期和造价管理。合理工期和造价是保证住宅工程质量的重要前提。建设单位要从保证住宅工程安全和质量的角度出发，科学确定住宅工程合理工期以及勘察、设计和施工等各阶段的合理时间；要在住宅工程合同中明确合理工期要求，并严格约定工期调整的前提和条件。建设、勘察、设计和施工等单位要严格执行住宅工程合同，任何单位和个人不得任意压缩合理工期，不得不顾客观规律随意调整工期。建设单位要严格执行国家有关工程造价计价办法和计价标准，不得任意降低住宅工程质量标准，不得要求承包方以低于成本的价格竞标。勘察、设计、施工和监理等单位要严格执行国家有关收费标准，坚持质量第一，严禁恶意压价竞争。对违反国家有关规定，任意压缩合理工期或降低工程造价造成工程质量事故的有关单位和个人，要依法追究法律责任。

（十五）加强施工现场组织管理。施工单位要建立施工现场管理责任制，全面负责施工过程中的现场管理。住宅工程实行总承包的，由总包方负责施工现场的统一管理，分包方在总包方的统一管理下，在其分包范围内实施施工现场管理。施工单位要按规定编制施工组织设计和专项施工方案并组织实施。任何单位和个人不得擅自修改已批准的施工组织设计和施工方案。建设单位要指定施工现场总代表人，全面负责协调施工现场的组织管理。建设单位要根据事先确定的设计、施工方案，定期对住宅工程项目实施情况进行检查，督促施工现场的设计、施工、监理等单位加强现场管理，并及时处理和解决有关问题，切实保证住宅工程建设及原有地下管线、地下建筑和周边建筑、构筑物的质量安全。设计单位要加强住宅工程项目实施过程中的驻场设计服务，及时解决与设计有关的各种问题。要加强与建设、施工单位的沟通，不断优化设计方案，保证工程质量。监理单位要加强对施工现场的巡查，认真履行对重大质量问题和事故的督促整改和报告的责任。对于因建设、设计、施工和监理单位未正确履行现场组织管理职责，造成工程质量事故的，要依法进行处罚，并追究单位法定代表人的责任。

（十六）加强竣工验收管理。住宅工程建成后，建设单位要组织勘察、设计、施工、监理等有关单位严格按照规定的组织形式、验收程序和验收标准进行竣工验收，并及时将有关验收文件报有关住房和城乡建设主管部门备案。各地要加强对住宅工程竣工验收备案的管理，将竣工验收备案情况及时向社会公布。未经验收或验收不合格的住宅工程不得交付使用。住宅工程经竣工验收备案后，方可办理房屋所有权证。对发现建设单位在竣工验收过程中有违反国家有关建设工程质量管理规定以及建筑节能强制性标准行为的，或采用虚假证明文件办理工程竣工验收备案的住宅工程项目，要限期整改，重新组织竣工验收，并依法追究建设单位及其法定代表人的责任。

有条件的地区，在住宅工程竣工验收前，要积极推行由建设单位组织实施的分户验收。若住房地基基础和主体结构质量经法定检测不符合验收质量标准或全装修住房的装饰装修标准不符合合同约定的，购房人有权按照合同约定向建设单位索赔。

（十七）加强工程质量保修管理。建设单位要按照国家有关工程质量保修规定和住宅质量保证书承诺的内容承担相应法律责任。施工单位要按照国家有关工程质量保修规定和工程质量保修书的要求，对住宅工程竣工验收后在保修期限内出现的质量缺陷予以修复。在保修期内，因住宅工程质量缺陷造成房屋所有人、使用人或者第三方人身、财产损害的，房屋所有人、使用人或者第三方可以向建设单位提出赔偿要求，建设单位可以向造成房屋建筑工程质量缺陷的责任方追偿。对因不履行保修义务或保修不及时、不到位，造成工程质量事故的建设单位和施工单位，要依法追究法律责任。建设单位要逐步推进质量安全保险机制，在住宅工程项目中实行工程质量保险，为用户在工程竣工一定时期内出现的质量缺陷提供保险。

（十八）加强工程质量报告工作。各地要建立住宅工程质量报告制度。建设单位要按工程进度及时向工程项目所在地住房和城乡建设主管部门报送工程质量报告。质量报告要如实反映工程质量情况，工程质量负责人和监理负责人要对填报的内容签字负责。住宅工程发生重大质量事故，事故发生单位要依法向工程项目所在地住房和城乡建设主管部门及有关部门报告。对弄虚作假和隐瞒不报的，要依法追究有关单位责任人和建设单位法定代表人的责任。

（十九）加强城市建设档案管理。住宅工程要按照《城市建设档案管理规定》有关要求，建立健全项目档案管理制度。建设单位要组织勘察、设计、施工、监理等有关单位严格按照规定收集、整理、归档从项目决策立项到工程竣工验收各环节的全部文件资料及竣工图，并在规定时限内向城市建设档案管理机构报送。城市建设档案管理机构和档案管理人员要严格履行职责，认真做好档案的登记、验收、保管和保护工作。对未按照规定移交建设工程档案的建设单位以及在档案管理中失职的有关单位和人员，要依法严肃处理。

（二十）加强应急救援管理。建设单位要建立健全应急抢险组织，充分考虑住宅工程施工过程中可能出现的紧急情况，制定施工应急救援预案，并开展应急救援预案的演练。施工单位要根据住宅工程施工特点制定切实可行的应急救援预案，配备相应装备和人员，并按有关规定进行演练。监理单位要审查应急救援预案并督促落实各项应急准备措施。住宅工程施工现场各有关单位要重视应急救援管理，共同建立起与政府应急体系的联动机制，确保应急救援反应灵敏、行动迅速、处置得力。

三、强化工程质量负责制，落实住宅工程质量责任

（二十一）强化建设单位法定代表人责任制。建设单位是住宅工程的主要质量责任主体，要依法对所建设的商品住房、保障性安居工程等住宅工程在设计使用年限内的质量负全面责任。建设单位的法定代表人要对所建设的住宅工程质量负主要领导责任。住宅工程发生工程质量事故的，除依法追究建设单位及有关责任人的法律责任以外，还要追究建设单位法定代表人的领导责任。对政府部门作为建设单位直接负责组织建设的保障性安居工程发生工程质量事故的，除依法追究有关责任人外，还要追究政府部门相关负责人的领导责任。

（二十二）强化参建单位法定代表人责任制。勘察、设计、施工、监理等单位按照法律规定和合同约定对所承接的住宅工程承担相应法律责任。勘察、设计、施工、监理等单位的法定代表人，对所承接的住宅工程项目的工程质量负领导责任。因参建单位责任导致工程质量事故的，除追究直接责任人的责任外，还要追究参建单位法定代表人的领导责任。

（二十三）强化关键岗位执业人员负责制。住宅工程项目要严格执行国家规定的注册执业管理制度。注册建筑师、勘察设计注册工程师、注册监理工程师、注册建造师等注册执业人员应对其法定义务内的工作和签章文件负责。因注册执业人员的过错造成工程质量事故的，要依法追究注册执业人员的责任。

（二十四）强化工程质量终身负责制。住宅工程的建设、勘察、设计、施工、监理等单位的法定代表人、工程项目负责人、工程技术负责人、注册执业人员要按各自职责对所承担的住宅工程项目在设计使用年限内的质量负终身责任。违反国家有关建设工程质量管理规定，造成重大工程质量事故的，无论其在何职何岗，身居何处，都要依法追究相应责任。

四、加强政府监管和社会监督，健全住宅工程质量监督体系

（二十五）加强政府监管。各级住房城乡建设主管部门要加强对建设、勘察、设计、施工、监理以及质量检测、施工图审查等有关单位执行建设工程质量管理规定和工程建设标准情况的监督检查。要加大对住宅工程质量的监管力度，特别要加大对保障性安居工程质量的监管力度。要充分发挥工程质量监督机构的作用，严格按照工程建设标准，依法对住宅工程实行强制性工程质量监督检查，对在监督检查中发现的问题，各有关单位要及时处理和整改。对检查中发现问题较多的住宅工程，要加大检查频次，并将其列入企业的不良记录。对检查中发现有重大工程质量问题的项目，要及时发出整改通知，限期进行整改，对违法违规行为要依法予以查处。要加强质量监管队伍建设，充实监管人员，提供必要的工作条件和经费；要严格质量监督机构和人员的考核，进一步加强监管人员培训教育，提高监管机构和监管人员执法能力，保障住宅工程质量监管水平。

地方政府要切实负起农房建设质量安全的监管责任，采取多种形式加强对农房建设质量安全的监督管理工作，加大对农民自建低层住宅的技术服务和指导。实施统建的，要参照本文件进行管理，并严格执行有关质量管理规定。

（二十六）加强社会监督。建设单位要在住宅工程施工现场的显著部位，将建设、勘察、设计、施工、监理等单位的名称、联系电话、主要责任人姓名和工程基本情况挂牌公示。住宅工程建成后，建设单位须在每栋建筑物明显部位永久标注建设、勘察、设计、施工、监理单位的名称及主要责任人的姓名，接受社会监督。各地和有关单位要公布质量举报电话，建立质量投诉渠道，完善投诉处理制度。要进一步加强信息公开制度，及时向社会公布住宅建筑工程质量的相关信息，切实发挥媒体与公众的监督作用。所有单位、个人和新闻媒体都有权举报和揭发工程质量问题。各有关单位要及时处理在社会监督中发现的问题，对于不能及时处理有关问题的单位和个人，要依法进行处罚。

（二十七）加强组织领导。各地要高度重视，加强领导，认真贯彻“百年大计，质量第一”的方针，充分认识保证住宅工程质量的重要性，要把强化质量责任，保证住宅工程质量摆在重要位置。要认真贯彻中共中央办公厅、国务院办公厅《关于实行党政领导干部问责的暂行规定》，严格落实党政领导干部问责制，对发生住宅工程质量事故的，除按有关法律法规追究有关单位和个人的责任外，还要严格按照规定的问责内容、问责程序，对有关党政领导干部进行问责。各地要结合本地区住宅工程质量实际情况，切实采取有效措施，进一步做好宣传和教育工作，增强各单位及从业人员的责任意识，切实将住宅工程质量责任落实到位，真正确保住宅工程质量。

住房和城乡建设部关于做好房屋建筑和市政基础设施工程质量事故报告和调查处理工作的通知

1. 2010年7月20日
2. 建质〔2010〕111号

各省、自治区住房和城乡建设厅，直辖市建委（建设交通委、规委），新疆生产建设兵团建设局：

为维护国家财产和人民生命财产安全，落实工程质量事故责任追究制度，根据《生产安全事故报告和调查处理条例》和《建设工程质量管理条例》，现就规范、做好房屋建筑和市政基础设施工程（以下简称工程）质量事故报告与调查处理工作通知如下：

一、工程质量事故，是指由于建设、勘察、设计、施工、监理等单位违反工程质量有关法律法规和工程建设标准，使工程产生结构安全、重要使用功能等方面的质量缺陷，造成人身伤亡或者重大经济损失的事故。

二、事故等级划分

根据工程质量事故造成的人员伤亡或者直接经济损失，工程质量事故分为4个等级：

（一）特别重大事故，是指造成30人以上死亡，或者100人以上重伤，或者1亿元以上直接经济损失的事故；

（二）重大事故，是指造成10人以上30人以下死亡，或者50人以上100人以下重伤，或者5000万元以上1亿元以下直接经济损失的事故；

（三）较大事故，是指造成3人以上10人以下死亡，或者10人以上50人以下重伤，或者1000万元以上5000万元以下直接经济损失的事故；

（四）一般事故，是指造成3人以下死亡，或者10人以下重伤，或者100万元以上1000万元以下直接经济损失的事故。

本等级划分所称的“以上”包括本数，所称的“以下”不包括本数。

三、事故报告

（一）工程质量事故发生后，事故现场有关人员应当立即向工程建设单位负责人报告；工程建设单位负责人接到报告后，应于1小时内向事故发生地县级以上人民政府住房和城乡建设主管部门及有关部门报告。

情况紧急时，事故现场有关人员可直接向事故发生地县级以上人民政府住房和城乡建设主管部门报告。

（二）住房和城乡建设主管部门接到事故报告后，应当依照下列规定上报事故情况，并同时通知公安、监察机关等有关部门：

1. 较大、重大及特别重大事故逐级上报至国务院住房和城乡建设主管部门，一般事故逐级上报至省级人民政府住房和城乡建设主管部门，必要时可以越级上报事故情况。

2. 住房和城乡建设主管部门上报事故情况，应当同时报告本级人民政府；国务院住房和城乡建设主管部门接到重大和特别重大事故的报告后，应当立即报告国务院。

3. 住房和城乡建设主管部门逐级上报事故情况时，每级上报时间不得超过2小时。

4. 事故报告应包括下列内容：

（1）事故发生的时间、地点、工程项目名称、工程各参建单位名称；

（2）事故发生的简要经过、伤亡人数（包括下落不明的人数）和初步估计的直接经济损失；

（3）事故的初步原因；

（4）事故发生后采取的措施及事故控制情况；

（5）事故报告单位、联系人及联系方式；

（6）其它应当报告的情况。

5. 事故报告后出现新情况，以及事故发生之日起30日内伤亡人数发生变化的，应当及时补报。

四、事故调查

（一）住房和城乡建设主管部门应当按照有关人民政府的授权或委托，组织或参与事故调查组对事故进行调查，并履行下列职责：

1. 核实事故基本情况，包括事故发生的经过、人员伤亡情况及直接经济损失；

2. 核查事故项目基本情况，包括项目履行法定建设程序情况、工程各参建单位履行职责的情况；

3. 依据国家有关法律法规和工程建设标准分析事故的直接原因和间接原因，必要时组织对事故项目进行检测鉴定和专家技术论证；

4. 认定事故的性质和事故责任；

5. 依照国家有关法律法规提出对事故责任单位和责任人员的处理建议；

6. 总结事故教训，提出防范和整改措施；

7. 提交事故调查报告。

（二）事故调查报告应当包括下列内容：

1. 事故项目及各参建单位概况；

2. 事故发生经过和事故救援情况；

3. 事故造成的人员伤亡和直接经济损失；

4. 事故项目有关质量检测报告和技术分析报告；

5. 事故发生的原因和事故性质；

6. 事故责任的认定和事故责任者的处理建议；

7. 事故防范和整改措施。

事故调查报告应当附具有关证据材料。事故调查组成员应当在事故调查报告上签名。

五、事故处理

（一）住房和城乡建设主管部门应当依据有关人民政府对事故调查报告的批复和有关法律法规的规定，对事故相关责任者实施行政处罚。处罚权限不属本级住房和城乡建设主管部门的，应当在收到事故调查报告批复后15个工作日内，将事故调查报告（附具有关证据材料）、结案批复、本级住房和城乡建设主管部门对有关责任者的处理建议等转送有权限的住房和城乡建设主管部门。

（二）住房和城乡建设主管部门应当依据有关法律法规的规定，对事故负有责任的建设、勘察、设计、施工、监理等单位和施工图审查、质量检测等有关单位分别给予罚款、停业整顿、降低资质等级、吊销资质证书其中一项或多项处罚，对事故负有责任的注册执业人员分别给予罚款、停止执业、吊销执业资格证书、终身不予注册其中一项或多项处罚。

六、其他要求

（一）事故发生地住房和城乡建设主管部门接到事故报告后，其负责人应立即赶赴事故现场，组织事故救援。

发生一般及以上事故，或者领导有批示要求的，设区的市级住房和城乡建设主管部门应派员赶赴现场了解事故有关情况。

发生较大及以上事故，或者领导有批示要求的，省级住房和城乡建设主管部门应派员赶赴现场了解事故有关情况。

发生重大及以上事故，或者领导有批示要求的，国务院住房和城乡建设主管部门应根据相关规定派员赶赴现场了解事故有关情况。

（二）没有造成人员伤亡，直接经济损失没有达到100万元，但是社会影响恶劣的工程质量问题，参照本通知的有关规定执行。

七、村镇建设工程质量事故的报告和调查处理按照有关规定执行。

八、各省、自治区、直辖市住房和城乡建设主管部门可以根据本地实际制定实施细则。

· 典型案例 ·

江苏南通二建集团有限公司与吴江恒森房地产开发有限公司建设工程施工合同纠纷案

【裁判摘要】

承包人交付的建设工程应符合合同约定的交付条件及相关工程验收标准。工程实际存在明显的质量问题，承包人以工程竣工验收合格证明等主张工程质量合格的，人民法院不予支持。

在双方当事人已失去合作信任的情况下，为解决双方矛盾，人民法院可以判决由发包人自行委托第三方参照修复设计方案对工程质量予以整改，所需费用由承包人承担。

原告、反诉被告：江苏南通二建集团有限公司。

被告、反诉原告：吴江恒森房地产开发有限公司。

江苏南通二建集团有限公司（以下简称南通二建）因与吴江恒森房地产开发有限公司（以下简称恒森公司）本诉支付工程余款、反诉赔偿屋面渗漏重作损失建设工程施工合同纠纷一案，向江苏省苏州市中级人民法院提起诉讼。该院于2010年8月5日作出（2006）苏中民一初字第0022号民事判决，南通二建、恒森公司均不服，向江苏省高级人民法院提起上诉。该院于2011年3月3日作出（2010）苏民终字第0188号民事裁定，撤销原判并发回重审。

重审中，原告南通二建诉称：2004年10月15日，原、被告签订《建设工程施工合同》一份，约定由原告承建吴江恒森国际广场的土建工程。2005年7月20日涉案工程全部竣工验收合格,并同时由被告恒森公司接收使用。被告仅支付了 26 815 307 元,余款计 16 207 442 元拒不支付。请求判令:1. 被告支付工程余款及逾期付款违约金 153 922. 39 元合计 16 361 364. 39 元。2. 被告赔偿由于设计变更造成原告钢筋成型损失 6 万元。

被告恒森公司辩称:被告已按约定要求支付工程款,请求驳回原告南通二建诉讼请求;并反诉称:1. 反诉被告偷工减料,未按设计图纸施工,质量不合格,导致屋面广泛渗漏,该部分重作的工程报价为 3 335 092. 99 元,请求判令反诉被告赔偿该损失。2. 双方约定工程竣工日期为 2005 年 4 月中旬,实际工程竣工日期为 2005 年 7 月 26 日,逾期 91. 5 天,反诉被告应赔偿延误工期违约金 915 万元。

南通二建针对恒森公司的反诉辩称: 1. 涉案工程已竣工验收合格。对已竣工验收合格的工程,《建设工程质量管理条例》规定施工单位仅有保修义务。2. 屋面渗漏系原设计中楼盖板伸缩缝部位没有翻边等原因造成。且工程竣工后恒森公司的承租方在屋顶擅自打螺丝孔装灯,破坏了防水层。3. 根据双方会议纪要,恒森公司已承认是地下室等各种因素导致工期延误,明确不追究原合同工期,不奖也不罚。故对反诉请求不予认可。

江苏省苏州市中级人民法院一审查明:

2004 年 10 月 15 日,南通二建与恒森公司依法签订建设工程施工合同,其中约定由南通二建承建恒森公司发包的吴江恒森国际广场全部土建工程,合同价款 30 079 113元,开工日期 2004 年 10 月 31 日,竣工日期 2005 年 4 月 28 日。同日,双方签订补充协议约定:开工日期计划 2004 年 10 月 2 日(以开工令为准),竣工日期 2005 年 3 月 11 日,工期 141 天(春节前后 15 天不计算在内)。每迟后一天,南通二建支付违约金 10 万元。土建工程造价按标底暂定为 3523 万元,竣工结算经吴江市有资质的审计部门审计核实后,按审计决算总价下浮 9. 5% 为本工程决算总价。补充协议还对付款方式进行了约定,并约定留总价 5% 款项作为保修保证金,两年后返还。

2004 年 10 月 30 日,南通二建致函恒森公司,认为因设计变更造成其钢筋成型损失约 6 万元,要求恒森公司承担该损失。2004 年 11 月 10 日,恒森公司致函南通二建,认为应对成型钢筋尽量利用,对确实无法利用的,由南通二建上报明细,经双方核对后,由恒森公司给予补偿。嗣后,南通二建未报损失明细。

2005 年 1 月 6 日,南通二建与恒森公司签订会议纪要,双方确认南通二建为总包单位,由南通二建收取恒森公司分包合同总价 1% 总包管理费。该会议纪要同时明确,由于工期延误引发的争议已经双方协商解决,因地下室等各种因素的制约导致工期延误,双方不追究原合同工期,双方同意既不奖也不罚,但恒森公司法定代表人强调必须在 2005 年 4 月中旬全部竣工通验。

2005 年 4 月 20 日,南通二建与恒森公司签订补充合同,约定恒森公司将恒森国际广场室外铺装总体工程发包给南通二建施工,工程总价暂按 270 万元计,最终结算价按江苏省建安 2004 定额审计下浮 12% 确认,室外工程工期为 2005 年 4 月 20 日至 2005 年 6 月 20 日。

2005 年 6 月 27 日,南通二建与恒森公司就工程现场签证单确认问题等事项订立会议纪要,双方经协商确认工程于六月底前全部竣工,如不能如期竣工,根据原因由责任方承担责任。

施工期间,恒森公司陆续将水电、消防、暖通通风、二次装修、幕墙工程分别分包给第三方施工。其中幕墙分包工程固定总价 205 万元,另四份协议均约定由南通二建按分包合同总价 2. 5% 向分包单位收取配合管理费。经确认,南通二建已收取配合管理费 323 750 元。

涉案工程于 2005 年 7 月 20 日竣工验收。工程竣工后,恒森公司将其中建筑面积 22 275 平方米的房屋出租。原一审中经现场勘查,承租人在屋顶场地中央打螺丝孔安装照明灯 4 盏。

原一审中,南通二建申请对工程造价进行审计;恒森公司申请对屋面渗漏的重作损失进行鉴定。一审法院依当事人申请,委托苏州市价格认证中心(以下简称认证中心)、苏州天正房屋安全司法鉴定所(以下简称天正鉴定所)及苏州东吴建筑设计院有限责任公司(以下简称东吴设计院)对相关事项予以鉴定。

认证中心的鉴定意见为:南通二建施工工程造价为 35 034 260. 23 元,其中屋面结构层以上实际施工部分造价为 1 677 635 元。

天正鉴定所经鉴定确定,屋面渗漏部位主要位于伸缩缝、落水管、出屋面排气管及屋面板;南通二建实际施工部分与原设计图纸相比,屋面防水构造做法中无 50 厚粗砂隔离层、干铺无纺布一层、2. 0 厚聚合物水泥基弹性防水涂料层及 20 厚水泥砂浆找平层,伸缩缝部位另缺 3. 0 厚防水卷材。鉴定意见为:屋面构造做法不符合原设计要求,屋面渗漏范围包括伸缩缝、部分落水管道、出屋面排气管及局部屋面板。

东吴设计院鉴定明确，因现有屋面板构造做法与原设计不符，局部修复方案不能保证屋面渗漏问题彻底有效解决（主要指局部维修施工带来其余部位的渗漏），建议将原防水层全面铲除，重做屋面防水层，并出具了全面设计方案。该全面设计方案中包括南通二建在实际施工中未施工工序，并在原设计方案伸缩缝部位增加了翻边。

认证中心根据东吴设计院上述全面设计方案出具的鉴证价格为3 975 454元（以2009年4月27日为鉴定基准日）。

重一审中，一审法院委托苏州市建设工程质量检测中心就本案原设计方案中伸缩缝部位无翻边设计是否符合国家和地方强制标准及屋顶安装4盏路灯与屋面渗漏是否存在因果关系进行鉴定。2012年3月15日该检测中心出具书面鉴定意见为：伸缩缝设计样式及用材均为参考而并无统一的强制性规范。所调查4处路灯基座，3处未见螺栓破坏现有防水层现象，其中一处路灯基座位置现有防水层存在局部破损现象，但其对屋面防水层整体防水功能的影响程度无法做出明确判断。

重一审中，认证中心出具汇总表一份，明确在全面设计方案的总修复费用中，屋面防水构造做法中未施工的50厚粗砂隔离层、干铺无纺布一层、2.0厚聚合物水泥基弹性防水涂料层及20厚水泥砂浆找平层的工程款为755 036.46元；伸缩缝部位50厚粗砂隔离层、干铺无纺布一层、2.0厚聚合物水泥基弹性防水涂料、3.0厚防水卷材的工程款为13 267.56元；伸缩缝部位翻边的工程款为8713.30元。

一审法院认定本案争议焦点为：一、工程价款如何认定。二、因屋面渗漏，南通二建作为施工单位应如何承担责任。三、南通二建是否应承担延误工期的违约责任。

一、关于工程价款如何认定的问题。

诉讼中，南通二建、恒森公司均同意以鉴定造价35 034 260.23元作为工程款结算的依据，并一致认可已支付工程款26 815 307元。南通二建同时认为，工程价款还应加上总包管理费15万元及钢筋成型损失6万元。

一审认为，因诉讼中双方一致认可按司法鉴定造价为工程款结算依据，应予准许。关于总包管理费问题，施工期间双方曾确定南通二建为总包单位、南通二建可收取恒森公司分包合同总价1%总包管理费，此系双方真实意思表示，应予确认。恒森公司分包合同总价为1500万元，故恒森公司应按约支付15万元。关于钢筋成型损失问题，双方曾约定恒森公司给予损失补偿的前提是由南通二建上报无法利用钢筋的明细，现因南通二建未能提供因设计变更导致无法利用的钢筋数量明细，应视为该部分成型钢筋已合理用于本案工程中，施工方未实际发生成型钢筋损失，故对南通二建该项诉讼请求不予支持。另，因保修期限届满，且屋面广泛性渗漏问题将在本案中作出处理，故恒森公司应退还保修保证金。综上，一审法院认定恒森公司应付工程总价款为35 184 260.23元（35 034 260.23元+150 000元），扣除恒森公司已付工程款26 815 307元，恒森公司尚应支付南通二建工程价款8 368 953.23元。恒森公司欠付工程款的利息可参照双方确认的补充协议中的付款期限计算。

二、关于屋面渗漏，南通二建作为施工单位应如何承担责任的问题。

一审认为，结合鉴定意见及现场情况，应确认屋面渗漏系南通二建未按原设计图纸施工导致隐患及承租人擅自安装路灯破坏防水层两方面因素所致，其中未按设计图纸施工为主要原因，路灯破坏防水层为局部和次要原因。南通二建提出的原设计不合理的问题，因标准或规范中对伸缩缝部位设计翻边并无强制性要求，其也无其他依据得出伸缩缝部位无翻边必然会漏水的结论，故对南通二建该抗辩不予支持。

南通二建主张自己仅应承担保修义务，而不应承担全面修复费用的问题。一审认为，因现有屋面板构造做法与原设计不符，存在质量隐患，局部修复方案不能保证屋面渗漏问题得到彻底解决，还会因维修施工带来其余部位的渗漏；况且，南通二建因偷工减料造成质量不符合设计要求是全面性而非局部性的问题。东吴设计院建议将原防水层全面铲除，重做屋面防水层，并由此出具全面设计方案，该方案较原设计方案相比，仅增加了伸缩缝翻边设计。因此，可以认定全面设计方案宜作为彻底解决本案屋面渗漏的修复方案。鉴于诉讼双方目前已失去良好的合作关系，由南通二建进场施工重做防水层缺乏可行性，故恒森公司可委托第三方参照全面设计方案对屋面缺陷予以整改，并由南通二建承担整改费用。

关于对全面设计方案修复费用3 975 454元应如何承担的问题。一审认为，全面设计方案中相较原设计，伸缩缝部位增加了一道翻边，由此增加的费用8713元应扣除。南通二建在实际施工中少做的工序并未计入工程总价款，而全面设计方案中包含了该几道工序，基于权利义务相一致的原则，该部分费用应扣除。但屋面渗漏主要系南通二建施工原因造成,工程实际修复时建筑行业人工、材料价格均有上涨,此事实上增加了恒森公司的负担,该上涨部分的费用应由南通二建承担。经鉴定,2004年10月15日,南通二建工程屋面结构层以上实际施工部分工程价款为1 677 635元,而2009年4月27日,相同工程量的工程价款为3 198 436.68元(全面修复总费用3 975 454元-屋面防水构造做法中增做部分755 036.46元-伸缩缝部位增做部分13 267.56元-伸缩缝翻边8713.30元)。因此,屋面防水构造做法与伸缩缝部位中应做而未做的部分在2004年10月15日的实际工程价款为402 988.66元,而在2009年4月27日相应工程价款则为768 304.02元,两者之间的差额365 315.36元应由南通二建承担。另,承租人在屋顶打洞装灯破坏防水层,亦是导致屋面渗漏的原因之一,故应当相应减轻南通二建的责任。鉴于该处路灯位于屋面停车场中央较高位置及该路灯仅对屋面板渗漏有影响,而实际渗漏部位还包括伸缩缝、落水管、出屋面排气管等多部位,酌情认定应予扣除修复工程款金额15万元。综上,南通二建应支付的修复费用合计为3 413 752.04元。

三、关于南通二建是否应承担延误工期的违约责任。

一审认为,根据双方补充协议,南通二建应于2005年3月11日完工,否则按每天10万元承担违约责任;实际施工期间,因地基工程施工失败,双方约定由南通二建接替原地基工程施工单位实施地下室围护的抢险施工及围护桩加固工作,该项工作并非总包单位合同内容,属于增加工程,必然导致工期延长,故双方就工期协商约定互不追究原合同工期、既不奖也不罚,但恒森公司并未放弃工期要求,在承诺不针对原工期奖罚的同时要求南通二建必须于2005年4月中旬竣工。此外,恒森公司将室外铺装工程另行发包给南通二建施工,并明确室外铺装工程工期至2005年6月20日止,结合双方于2005年6月27日会议纪要中作出的工程应于6月底前竣工、否则根据原因由责任方承担责任的意思表示,可认为双方因地下室及工程量增加等原因,已协商将竣工时间延长至2005年6月30日。事实上,本案工程于2005年7月20日竣工,南通二建逾期完工20天,南通二建未能举证证明该20天存在可据实延长的情形,故逾期完工20天的责任应由南通二建承担。因恒森公司投资建房的目的之一系对外招租开设大卖场以获取租金收益,南通二建逾期完工必然导致恒森公司迟延接收使用房屋并获得租金收益,结合恒森公司将所建房屋对外实际出租的状况及规模,一审法院酌定由南通二建赔偿工期延误损失25万元。

综上,一审法院遂依照《中华人民共和国合同法》第七十七条、第一百零七条、第二百八十一条,最高人民法院《关于审理建设工程施工合同纠纷案件适用法律问题的解释》第十四条、第十七条、第十八条,《中华人民共和国民事诉讼法》(2007年修正)第十三条,最高人民法院《关于民事诉讼证据的若干规定》第二条、第七十一条之规定,于2012年8月31日作出判决:

一、恒森公司支付南通二建工程价款8 368 953.23元。二、恒森公司支付南通二建工程余款利息。三、南通二建赔偿恒森公司屋面修复费用3 413 752.04元。四、南通二建赔偿恒森公司工期延误损失250 000元。五、驳回南通二建及恒森公司其他诉讼请求。

南通二建不服一审判决,向江苏省高级人民法院提起上诉称:1. 涉案工程已竣工验收合格,施工单位仅应履行保修义务,一审法院判决南通二建承担屋面整体重作费用没有法律依据。2. 原设计方案有缺陷,此也是造成屋面渗漏的原因,一审法院对原设计缺陷的责任未加认定错误。3. 双方合同已约定工程总价款下浮9.5%,故修复费用也应下浮9.5%。4. 0~100厚c30细石混凝土找平层系为配合伸缩缝翻边而增加的工序,原设计方案中没有此工序,该费用应予扣除。5. 一审法院确认屋面渗漏原因中,路灯破坏防水层为次要原因,仅减轻南通二建15万元赔偿责任不公平。综上,请求依法改判。

被上诉人恒森公司答辩认为:1. 南通二建认为涉案工程已验收合格,故只承担保修义务的理由不能成立,因为屋面渗漏系南通二建擅自减少工序而导致,不全面重作已不能有效解决渗漏,南通二建理应承担全面赔偿责任。2. 实际施工部分的工程款下浮是基于双方在施工合同中的约定,而全面设计方案的工程造价,是南通二建作为施工人向恒森公司承担的赔偿责任,不应下浮。3. 0~100厚c30细石混凝土找平层费用不应扣除,因全面设计方案是为彻底解决屋面渗漏而设计的,而屋面渗漏是南通二建未按设计施工导致的,因此,不应扣除全面设计方案中的任何费用。请求驳回上诉,维持原判。

江苏省高级人民法院查明事实与一审相同。

二审法院另查明:东吴设计院鉴定人员在二审庭审中陈述,涉案工程原设计方案无0~100毫米厚细石混凝土找平层工程,该工程是为配合伸缩缝部位翻边设计而增设的。该部分费用合计536 379.74元。经双方当事人确认，二审争议焦点为：1. 屋面渗漏的质量问题是否存在设计方面的原因；屋面渗漏的质量问题应按何种方案修复。2. 若选择全面设计方案修复，全面设计方案的费用应如何分担；全面设计方案的费用是否应下浮9.5%；全面设计方案的费用中，0～100毫米厚细石混凝土找平层费用是否应当扣除。

江苏省高级人民法院二审认为：

一、屋面广泛性渗漏属客观存在并已经法院确认的事实，竣工验收合格证明及其他任何书面证明均不能对该客观事实形成有效对抗，故南通二建根据验收合格抗辩屋面广泛性渗漏，其理由不能成立。其依据《建设工程质量管理条例》，进而认为其只应承担保修责任而不应重作的问题，同样不能成立。因为该条例是管理性规范，而本案屋面渗漏主要系南通二建施工过程中偷工减料而形成，其交付的屋面本身不符合合同约定，且已对恒森公司形成仅保修无法救济的损害，故本案裁判的基本依据为民法通则、合同法等基本法律而非该条例，根据法律位阶关系，该条例在本案中只作参考。本案中屋面渗漏质量问题的赔偿责任应按谁造成、谁承担的原则处理，这是符合法律的公平原则的。

二、屋面渗漏的质量问题不在于原设计而在于南通二建偷工减料，未按设计要求施工，故应按全面设计方案修复。南通二建上诉提出，原设计方案中伸缩缝部位无翻边设计，不符合苏J9503图集要求；原设计方案中屋面伸缩缝未跨越坡低谷点，设计坡度不够；原设计方案中屋面伸缩缝以两种不匹配材料粘接。并认为上述设计缺陷均是造成屋面渗漏的原因。对南通二建所提的异议，工程质量检测中心曾于2012年3月15日出具鉴定意见，对原设计方案是否有缺陷以及与屋面渗漏是否存在因果关系作出说明。二审庭审中，工程质量检测中心的鉴定人员也出庭接受了质询。关于原设计方案中伸缩缝部位无翻边设计的问题，二审认为，苏J9503图集并非强制性规定，伸缩缝翻边仅是为进一步保险起见采取的更有效的防水措施，伸缩缝是否做翻边与屋面渗漏之间无必然联系，施工方如果按照原设计规范保质保量施工，结合一般工程施工实际考量，屋面不会渗漏。南通二建欲以原设计方案伸缩缝部位无翻边设计减轻其自身责任的上诉理由缺乏依据。关于原设计屋面伸缩缝未跨越坡低谷点的问题，二审认为，增大屋面坡度并跨越坡低谷点，其虽有利防水防漏，但南通二建严格按原设计标准施工即能防止渗漏，故南通二建该上诉理由亦不能成立。关于原设计中屋面伸缩缝以两种不匹配材料粘接的问题，二审认为，不同种材料原本难言完全匹配，且国家并没有相关规范或标准对材料粘接匹配作出禁止性规定，此点与屋面渗漏亦无必然联系，故南通二建该上诉理由也不能成立。退而言之，合同双方在合同的履行中均应认真而善意地关注对方的权利实现，这既属于合同的附随义务，亦与自身的权利实现紧密关联，故而南通二建的此类抗辩更应事前沟通而不应成为其推卸责任的充分理由。

关于本案屋面渗漏应按何种方案修复的问题，二审认为，根据《中华人民共和国合同法》第一百零七条、第二百八十一条之规定，因施工方原因致使工程质量不符合约定的，施工方理应承担无偿修理、返工、改建或赔偿损失等违约责任。本案中，双方当事人对涉案屋面所做的工序进行了明确约定，然南通二建在施工过程中，擅自减少多道工序，尤其是缺少对防水起重要作用的2.0厚聚合物水泥基弹性防水涂料层，其交付的屋面不符合约定要求，导致屋面渗漏，其理应对此承担违约责任。鉴于恒森公司几经局部维修仍不能彻底解决屋面渗漏，双方当事人亦失去信任的合作基础，为彻底解决双方矛盾，原审法院按照司法鉴定意见认定按全面设计方案修复，并判决由恒森公司自行委托第三方参照全面设计方案对屋面渗漏予以整改，南通二建承担与改建相应责任有事实和法律依据，亦属必要。

三、全面设计方案修复费用应在考虑案情实际的基础上合理分担。二审认为，在确定赔偿责任时，应以造成损害后果的各种原因及原因力大小为原则。一审法院根据天正鉴定所及工程质量检测中心的鉴定意见，认定屋面渗漏南通二建未按设计图纸施工为主要原因，路灯破坏防水层为局部和次要原因。一审法院在鉴定机构就破坏防水层的路灯对屋面防水层整体防水功能的影响程度无法做出明确判断的情况下，鉴于屋面渗漏位置与路灯位置的关系、路灯局部破坏防水层对屋面渗漏整体情形的影响力大小等因素，且南通二建擅自减少工序在先，即使没有该处路灯螺栓孔洞影响防水层，也难避免屋面渗漏的事实，酌情减轻南通二建15万元赔偿责任尚属得当。至于全面设计方案的费用应否下浮9.5%的问题。二审认为，承担全面设计方案的工程造价，是南通二建作为施工人向恒森公司承担的违约责任，与工程实际施工工程款结算分属不同的法律关系，南通二建要求比照施工工程款下浮9.5%的方式计算全面设计方案修复费用，缺乏合同依据和法律依据。关于全面设计方案费用中，0～100毫米厚细石混凝土找平层费用536 379.74元是否应当扣除的问题。二审认为，0～100毫米厚细石混凝土找平层是涉案工程原设计方案没有的，系全面设计方案中为配合伸缩缝部位翻边设计而增加的，由此增加的费用536 379.74元应从总修复费用中扣除。综前所述，南通二建在本案中应支付的修复费用合计为2 877 372.30元（3 198 436.68元＋365 315.36元－150 000元－536 379.74元）。

综上，江苏省高级人民法院遂依照《中华人民共和国民事诉讼法》第一百五十三条第一款第（三）项（2007年修正）之规定，于2012年12月15日作出判决：

维持一审判决主文第一项、第二项、第四项、第五项；变更一审判决主文第三项为：南通二建赔偿恒森公司屋面修复费用2 877 372.30元。

本判决为终审判决。

住房和城乡建设部通报的工程质量治理两年行动违法违规典型案例（一）

（2014年9月26日　建市函〔2014〕247号）

案例一：

河北中建工程有限公司施工的河北省邯郸市金百合小区4号楼工程，项目经理冯杰；建设单位为邯郸市腾易房地产开发有限公司，项目负责人王森；监理单位为邯郸市四方建设监理有限公司，项目总监李义平。

主要违法违规事实：一是自然人高国辉存在挂靠行为，其以施工单位名义承揽工程；二是施工单位存在出借资质证书行为，其允许高国辉以施工单位名义承揽工程；三是LL15梁抗扭钢筋不符合设计文件要求；四是约束边缘构件在连梁高度范围未设置箍筋，违反强制性标准。

案例二：

辽宁东亿建筑（集团）有限公司施工的辽宁省本溪市汤河福湾小区B－18号楼工程，项目经理刘德刚；建设单位为本溪县建六房屋开发有限公司，项目负责人孟祥宝；监理单位为沈阳方正建设监理有限公司，项目总监魏淑晶。

主要违法违规事实：一是施工单位存在转包行为，其项目主要建筑材料、构配件及工程设备的采购交由个人实施，项目经理没有到岗履行项目管理义务；二是抽测部分楼板厚度、钢筋保护层厚度不满足设计要求，违反强制性标准。

案例三：

内蒙古广厦建安工程有限责任公司施工的内蒙古包头市裕民新城一期10号楼工程，项目经理王蒙生；建设单位为包头市裕民置业有限责任公司，项目负责人董秉刚；监理单位为包头诚信达工程咨询监理有限责任公司，项目总监王振飞。

主要违法违规事实：一是多个剪力墙边缘构件少设箍筋，违反强制性标准；二是剪力墙主要受力部位有孔洞、蜂窝、露筋等外观质量严重缺陷，违反强制性标准。

案例四：

陇海建设集团有限公司施工的山西省临汾市洪洞县山焦棚改广泉小区四期E－1号楼工程，项目经理王广庆；建设单位为洪洞县峰兴建设有限公司，项目负责人王生林；监理单位为洪洞县泽泰建设监理有限公司，项目总监石银海。

主要违法违规事实：一是钢筋焊接无工艺性检测报告，违反强制性标准；二是抽测部分楼板上部钢筋保护层厚度不满足要求；三是作业层钢筋连接质量差，电渣压力焊焊包不饱满。

案例五：

南通市达欣工程股份有限公司施工的河北省邯郸市玉如意小区4号楼工程，项目经理王利强；建设单位为邯郸市嘉大房地产开发有限公司，项目负责人温艳丽；监理单位为邯郸市新和建设工程项目管理有限公司，项目总监英脉。

主要违法违规事实：抽测部分混凝土强度推定值不满足设计要求。

案例六：

新蒲建设集团有限公司施工的河南省新乡市中心医院全科医师临床培养基地综合楼工程，项目经理姜兵强；建设单位为新乡市中心医院，项目负责人刘天存；监理单位为河南卓越工程管理有限公司，项目总监李贤怀。

主要违法违规事实：一是钢筋焊接工艺试验报告不完整，未见焊接工艺参数记录，违反强制性标准；二是楼梯施工缝留置在端部剪力最大处，且无施工技术方案。

案例七：

林州八建集团工程有限公司施工的河南省新乡市星海国际8号楼工程，项目经理杨国红；建设单位为新乡统建文苑置业有限公司，项目负责人赵长富；监理单位为河南永祥工程管理有限公司，项目总监李军令。

主要违法违规事实：一是施工单位存在转包行为，其项目经理未履行项目管理职责，现场实际负责人无社会保险证明，没有提供设备采购、租赁合同及银行转账凭证，没有提供商品混凝土采购款银行转账凭证和发票等材料；二是建设单位未取得施工许可证开工建设。

案例八：

中国二冶集团有限公司施工的内蒙古自治区包头市和悦大厦工程，项目经理王宏斌；建设单位为包头市保障性住房发展建设投资有限公司，项目负责人赵智兴；监理单位为内蒙古科大工程项目管理有限公司，项目总监田包文。

主要违法违规事实：施工单位存在违法分包行为，其将工程主体结构分包给其他单位施工。

案例九：

山西洪洞市政工程有限公司施工的山西省临汾市坡底村新农村（槐荫小区）工程，项目经理刘星；建设单位为洪洞县大槐树镇前坡底村村民委员会，项目负责人郭东胜；监理单位为洪洞县泽泰建设监理有限公司，项目总监高建花。

主要违法违规事实：一是施工单位存在违法分包行为，其将桩基工程分包给不具有相应资质的企业施工；二是王天虎存在挂靠行为，其以山东大汉建筑机械有限公司名义承揽塔吊安装分包工程。

住房和城乡建设部通报的工程质量治理两年行动违法违规典型案例（二）

（2014 年 10 月 5 日　建市函〔2014〕255 号）

案例一：

咸阳市秦优建筑安装工程公司施工的陕西省咸阳市三里桥客运综合枢纽站主楼工程，项目经理王锋；建设单位为陕西咸运集团有限公司，项目负责人王勇；监理单位为陕西万基建设工程监理有限公司，项目总监卢悦权。

主要违法违规事实：一是基础工程的混凝土试件留置数量不足，违反强制性标准；二是钢筋工程未进行现场条件下的焊接工艺试验，违反强制性标准；三是经抽测，混凝土回弹强度推定值不满足设计要求。

案例二：

双辽市顺新建筑安装工程有限公司施工的吉林省四平市江山物流有限公司辽西综合办公楼工程，项目经理张起忱；建设单位为双辽市江山物流有限公司，项目负责人李德义；监理单位为双辽市建设监理有限公司，项目总监张力林。

主要违法违规事实：一是施工图设计文件未经审查即违法施工；二是部分混凝土框架柱上下错位、部分梁柱节点处夹渣，部分主次梁相交处主梁梁底梁侧有裂缝，违反强制性标准。

案例三：

宁夏石油化工建设有限公司施工的宁夏回族自治区石嘴山市惠农区进士第小区 18 号楼工程，项目经理吴志近；建设单位为宁夏康欣房地产开发有限公司，项目负责人周进武；监理单位为宁夏恒建监理有限公司，项目总监董学珍。

主要违法违规事实：一是无地基承载力检测报告，违反强制性标准；二是部分构造柱位移严重；三是抽查发现楼梯现浇板钢筋保护层厚度不符合设计要求。

案例四：

中煤建设集团工程有限公司施工的北京市琨御府项目 7 号楼工程，项目经理李连进；建设单位为北京京投兴业置业有限公司，项目负责人何刚；监理单位为北京中协成建设监理有限责任公司，项目总监孙飞龙。

主要违法违规事实：经抽测，混凝土回弹强度推定值不满足设计要求。

案例五：

新泰市建筑安装工程总公司施工的山东新泰市新兴小区（二期）经适房 11 号楼工程，项目经理吕汝新；建设单位为新泰市房地产开发公司，项目负责人高秀萍；监理单位为泰安瑞兴工程咨询有限公司，项目总监李德安。

主要违法违规事实：一是局部混凝土抗压试块取样数量不足，违反强制性标准；二是局部构造柱设置不符合设计要求。

案例六：

陕西天酬路桥建筑工程有限责任公司施工的陕西省兴平市四季花园 SY－2 号楼工程，项目经理陈磊涛；建设单位为陕西天酬房地产开发有限公司，项目负责人刘江；监理单位为咸阳新业工程监理有限公司，项目总监符远锋。

主要违法违规事实：钢筋工程未进行现场条件下的焊接工艺试验，违反强制性标准。

案例七：

浙江三江建设工程有限公司施工的内蒙古包头市三

江尊园三期工程7号楼工程，项目经理为汤洪良；建设单位为包头市三江金茂房地产开发有限责任公司，项目负责人刘清华；监理单位为浙江城建工程监理有限责任公司，项目总监陈跃。

主要违法违规事实：一是钢筋工程焊接开工前，未进行现场条件下的焊接工艺试验；二是施工单位未提供扣件进场后材料复试报告。

案例八：

慈溪市天润建筑工程有限公司施工的山东泰安东瑞御山府小区1号住宅楼工程，项目经理兰瑞友；建设单位为泰安东瑞置业有限公司，项目负责人陈建波；监理单位为慈溪市建设工程监理咨询有限公司，项目总监张立军。

主要违法违规事实：一是施工单位存在转包行为，其钢材采购款和方木模板材料款由个人直接支付；二是建设单位未取得施工许可证开工建设。

案例九：

双辽市腾达建筑有限责任公司施工的双辽市华申理想城邦二期3号、4号楼工程，项目经理陈华；建设单位为四平市华申房地产开发有限公司，项目负责人马亮；监理单位为双辽市工程建设监理有限公司，项目总监马宏。

主要违法违规事实：施工单位存在转包行为，其将该项目主要建筑材料、构配件及工程设备的采购交由个人实施，项目经理未履行项目管理义务。

案例十：

石嘴山市鑫岭建筑工程有限公司施工的石嘴山市惠农区棚户区改造工程项目五区一标段工程，项目经理夏冬；建设单位为宁夏恒力盛泰房地产开发有限公司，项目负责人马静海；监理单位为石嘴山市鸿建建设监理有限公司，项目总监张存信。

主要违法违规事实：施工单位存在违法分包行为，其将防水分部工程分包给不具有相应资质的企业承揽。

住房和城乡建设部通报的工程质量治理两年行动违法违规典型案例（三）

（2014年10月14日 建市函〔2014〕266号）

案例一：

新疆苏泰建筑有限公司施工的乌鲁木齐市荣和城三期商住小区1号、4号、11号楼工程，项目经理牛世斌、郑立新、邓华军；建设单位为新疆青建投资控股有限公司，项目负责人刘林斌；监理单位为新疆工程建设项目管理公司，项目总监刘克冬。

主要违法违规事实：一是经抽测，1号楼局部钢筋保护层厚度不满足规范要求，部分楼板厚度偏大，不符合设计要求；二是自然人翟江民存在挂靠行为，其以新疆苏泰建筑有限公司的名义承揽工程；三是新疆苏泰建筑有限公司存在出借资质证书行为，其允许翟江民以本单位名义承揽工程；四是自然人麻金山存在挂靠行为，其以乌鲁木齐铁工建筑防水工程有限公司的名义承揽工程；五是乌鲁木齐铁工建筑防水工程有限公司存在出借资质证书行为，其允许麻金山以本单位名义承揽防水工程；六是新疆苏泰建筑有限公司存在违法分包行为，劳务分包单位计取周转材料款。

案例二：

青海元亨建设工程有限公司施工的青海省海东市乐都桥南粮站片区旧城棚户区改造项目百和锦庭4号楼工程，项目经理许汝明；建设单位为青海百和置业投资有限公司，项目负责人胡永胜、张孝贵；监理单位为青海中远建设工程监理有限公司，项目总监王雪兰。

主要违法违规事实：一是局部现浇板上部钢筋的间距过大，违反强制性标准；二是无混凝土施工记录，违反强制性标准；三是部分卫生间现浇板未按设计标高施工，违反强制性标准；四是主体结构已施工至17层，地基基础分部还未验收；五是重大设计变更未经原审图机构审查。

案例三：

青海华金建设集团有限公司施工的青海省海东医院家属区2号楼改造工程，项目经理刘伟；建设单位为海东市人民医院，项目负责人鲍生富；监理单位为浙江新世纪工程咨询有限公司，项目总监黄祥文。

主要违法违规事实：一是涉及结构安全的设计变更未经原审图机构审查；二是个别剪力墙存在混凝土孔洞、疏松等严重质量缺陷，违反强制性标准；三是二层现浇板未按图施工，无设计变更依据，且存在严重结构安全隐患；四是经抽测，局部混凝土回弹强度推定值不满足设计要求；五是构造柱上下500mm范围内箍筋未加密，且箍筋未错位绑扎固定，违反强制性标准。

案例四：

庆阳万嘉建筑安装工程有限公司施工的甘肃省庆阳市后官寨村东庄组失地农民安置小区二期住宅工程，项目经理赵广伟；建设单位为西峰区后官寨乡后官寨村村民委员会，项目负责人后建伟；监理单位为甘肃同兴工程项目咨询有限公司，项目总监黄卫东。

主要违法违规事实：一是主体结构混凝土标准养护试件留置数量不足，违反强制性标准；二是多处剪力墙暗柱中随意留置悬挑架孔洞，造成较多竖向纵筋截断或弯折失效，部分梁箍筋配筋率不足，违反强制性标准。

案例五：

天津市房信建筑工程总承包有限公司施工的天津市秋泽园8号楼工程，项目经理曹政；建设单位为天津市天房融创置业有限公司，项目负责人白英超；监理单位为天津市华泰建设监理有限公司，项目总监闫喆。

主要违法违规事实：一是局部楼梯板上下排主筋均少设置1根，上排钢筋未按设计要求与相邻板上排钢筋连通，断于梁内，违反强制性标准；二是灌注桩混凝土试件留置数量不足，违反强制性标准。

案例六：

齐翔建工集团翔宇建筑有限公司施工的黑龙江省齐齐哈尔市金湖湾首府3号楼工程，项目经理韩英旺；建设单位为齐齐哈尔天成房地产开发有限公司，项目负责人聂凯；监理单位为齐齐哈尔市中诚建设工程项目管理公司，项目总监陈波。

主要违法违规事实：经抽测，部分楼板厚度不符合设计要求。

案例七：

庆阳市兴盛建筑安装工程有限公司施工的甘肃省庆阳利源大厦工程，项目经理方相文；建设单位为庆阳紫东工贸有限责任公司，项目负责人杨鑫；监理单位为庆阳新力工程监理有限公司，项目总监刘静。

主要违法违规事实：复合地基承载力检测数量不足，违反强制性标准。

案例八：

中国建筑第四工程局有限公司施工的天津开发区第一中学改扩建（一期）工程，项目经理范明星；建设单位为天津经济技术开发区管理委员会基本建设中心，项目负责人孙伟；监理单位为天津开发区建设工程监理公司，项目总监刘岩。

主要违法违规事实：一是施工单位存在转包行为，项目经理及主要管理人员的劳动合同与其下属子公司签订，社保由下属子公司缴纳，工资由下属子公司支付；二是建设单位未取得施工许可证开工建设，未按合同约定支付工程款；三是专业分包和劳务分包单位的现场负责人无劳动合同、社保凭证、工资支付凭证。

案例九：

齐齐哈尔北疆建筑安装工程有限公司施工的黑龙江省齐齐哈尔市北疆经典小区一期一标段2－4号楼工程，项目经理马瑞；建设单位为齐齐哈尔北疆房地产开发有限公司，项目负责人朱长海；监理单位为齐齐哈尔市大成建筑工程监理咨询公司，项目总监富晖。

主要违法违规事实：施工单位存在转包行为，未对项目施工实施有效管理，将主要建筑材料、构配件、工程设备的采购交由劳务分包单位现场负责人周海实施，土石方分包工程也由周海负责实施。

案例十：

甘肃第五建设集团公司施工的甘肃省庆阳市南郡壹號2号、3号住宅楼及地下车库工程，项目经理霍金仲；建设单位为庆阳市国立置业有限公司，项目负责人邵俊峰；监理单位为甘肃金诚建设监理有限责任公司，项目总监弟兰新。

主要违法违规事实：施工单位存在转包行为，不履行管理义务，只收取管理费，现场主要管理人员无社保证明。

案例十一：

青海省广厦建筑工程有限公司施工的青海省海东市平安东方明珠都市花园9号、10号、11号楼项目工程，项目经理郭伟东；建设单位为青海兴安房地产开发有限公司，项目负责人刘青侠；监理单位为四川元丰建设项目管理有限公司、陕西永明项目管理有限公司，项目总监王向明、李万林。

主要违法违规事实：一是施工单位存在转包行为，将其承包的10号、11号楼工程转给非本公司注册项目经理朱集寿等人施工；二是施工单位存在违法分包行为，其将防水分部工程分包给无资质的自然人刘振威个人；三是9号楼现场主要管理人员无社保证明。

住房和城乡建设部通报的工程质量治理两年行动违法违规典型案例（四）

（2015年7月20日　建质函〔2015〕192号）

一、质量安全违法违规典型案例

案例一：福建省上杭县宏庄建筑工程有限公司施工的福建省龙岩市盛世鑫城小区11号楼工程，项目经理阙海华；建设单位为福建省鑫盛房地产开发有限公司，项目负责人蓝浩泉；监理单位为福建泉宏工程管理有限公司，项目总监吴小红。

主要违法违规事实：一是局部楼梯钢筋配置不符合设计要求；二是混凝土试件未按要求养护，违反强制性标准。

案例二：茂名市建筑集团有限公司施工的广东省东莞市康城假日花园小区1号楼工程，项目经理吕帝雄；建设单位为东莞市康城假日房地产开发有限公司，项目负责人李启朝；监理单位为东莞市杰高建设工程监理有限公司，项目总监谭安德。

主要违法违规事实：一是已施工完成的楼梯间中部填充墙两端未按设计要求设置构造柱；二是经抽测，局部剪力墙混凝土回弹强度推定值达不到设计强度。

案例三：十一冶建设集团有限责任公司施工的广西自治区柳州市金碧苑小区3号楼工程，项目经理李宁波；建设单位为广西柳州腾安房地产开发有限责任公司，项目负责人韦运忠；监理单位为广西壮族自治区建设监理有限责任公司，项目总监罗林。

主要违法违规事实是：一是施工单位项目经理超范围执业；二是塔式起重机回转塔身与回转支承连接螺栓松动严重，多个安全装置失效，违反强制性标准；三是施工升降机开口型脚手架未设置横向斜撑，违反强制性标准。

案例四：茂名市建筑集团有限公司施工的海南省儋州市盛世皇冠小区（二期）6号楼工程，项目经理卓新红；建设单位为海南洋浦天立实业有限公司，项目负责人褚小果；监理单位为北京华兴建设监理咨询有限公司，项目总监张明亮。

主要违法违规事实：一是部分钢筋未进行进场复验，违反强制性标准；二是监理单位履职不到位，未按规定开展旁站、巡视及平行检验等工作；三是局部模板支架搭设不规范，塔吊力矩限制器失灵，存在安全隐患。

案例五：福建六建集团有限公司施工的海南省儋州市正恒帝景小区3号楼工程，项目经理杨嫦青；建设单位为儋州泽南实业有限公司，项目负责人陈扬东；监理单位为深圳市建星项目管理顾问有限公司，项目总监陈英姿。

主要违法违规事实是：一是混凝土构件存在较多蜂窝、孔洞等严重缺陷，局部剪力墙错位，违反强制性规定；二是局部模板支架缺少纵横水平杆，开关箱中漏电保护器不符合要求，违反强制性标准。

案例六：重庆市五一实业（集团）有限公司施工的重庆市丰都县2013年龙河东组团廉租房、公租房项目1号、4号商住楼工程，项目经理刘平；建设单位为丰都县公共房屋保障中心，项目负责人钟荣华；监理单位为重庆市益民工程监理有限公司，项目总监彭图强。

主要违法违规事实：一是局部楼板主筋的钢筋保护层厚度不符合规范要求，局部楼板实测钢筋数量不足，不符合设计要求；二是脚手架施工进度滞后，塔吊与建筑物干涉，存在安全隐患。

案例七：四川华宏建设有限公司施工的四川省泸州市抚琴山水安置小区一期12号楼工程，项目经理魏淮海；建设单位为泸州市龙马谭区国有资产经营有限公司，项目负责人黄亨木；监理单位为四川省名杨建设工程管理有限公司，项目总监施大全。

主要违法违规事实：一是局部混凝土强度推定值达不到设计要求；二是悬挑脚手架搭设不规范，施工升降机部分装置失效，存在安全隐患。

案例八：泸州第七建筑工程公司施工的四川省泸州市叙永县汇锦峰小区3号楼工程，项目经理邓秋正；建设单位为泸州市鑫精科房地产开发有限公司，项目负责人金世敏；监理单位为四川江阳工程项目管理有限公司，项目总监李玉林。

主要违法违规事实：一是悬挑卸料平台两侧栏杆与整体提升脚手架直接联结，不符合规范要求；二是施工升降机部分装置失效，存在安全隐患。

案例九：贵州省冶金建设公司施工的贵州省遵义市环城路片区棚户区改造工程（时代天街项目）C栋，项目经理沈志飞；建设单位为遵义市华玮房地产开发有限公司，项目负责人毛国勇；监理单位为四川亿博工程项目管理有限公司，项目总监王学彬。

主要违法违规事实：一是总配电箱处未做重复接地，电缆未使用五芯电缆，违反强制性标准；二是起重机械回转支撑螺栓松动，标准节点与回转连接处部分螺栓单母，附着部分连接大销轴处开口销漏装或用其他代用品代用，违反强制性标准。

案例十：重庆市凤山建筑工程有限责任公司施工的贵州省遵义市遵义县正源金港城小区9号楼工程，项目负责人经理袁奇；建设单位为遵义县正源房地产开发有限公司，项目负责人李松；监理单位为天津港油工程建设有限责任公司，项目总监崔明强。

主要违法违规事实:一是桩基无静载报告或载荷板实验,违反强制性标准;二是塔式起重机附着连接处大销轴开口销用其他代用品代用,违反强制性标准。

案例十一:红河建设集团有限公司施工的云南省曲靖市妇幼保健院新建南苑医院公租房一标段工程,项目经理徐澍,建设单位为曲靖市妇幼保健院,项目负责人余雄武;监理单位为成都衡泰工程管理有限责任公司,项目总监刘洪川。

主要违法违规事实:一是地下室筏板混凝土标养试块留置不符合要求,违反强制性标准;二是厨房、卫生间等有水房间无混凝土翻边,违反强制性标准;三是钢筋工程未进行现场条件下的焊接工艺试验,违反强制性标准;四是现场砌筑砂浆无砂浆检验报告,且部分颜色发黄,含泥量偏高,违反强制性标准。

案例十二:云南中润建筑工程集团有限公司施工的云南省曲靖市龙湖壹号小区(一期)7号楼工程,项目经理冯贵有;建设单位为云南嘉旺置业有限公司,项目负责人沈富强;监理单位为云南建宇建设咨询监理有限公司,项目总监姚宏。

主要违法违规事实:一是地下室筏板混凝土标养试块留置不符合要求,违反强制性标准;二是钢筋工程未进行现场条件下的焊接工艺试验,违反强制性标准。

二、建筑市场违法违规典型案例

案例一:福建省上杭县宏庄建筑工程有限公司施工的福建省龙岩市盛世鑫城1#、2#、3#、11#楼及1、2层地下室工程,项目经理阙海华;建设单位为福建鑫盛房地产有限公司,项目负责人蓝浩泉;监理单位为福建泉宏工程管理有限公司,项目总监吴小红。

主要违法违规事实:建设单位存在违法发包行为,与施工单位签订的施工总承包合同未包括消防工程、金属门窗、建筑智能化等专业内容。

案例二:广西桂川建设集团有限公司施工的海南省儋州市广场花园(二期)工程,项目经理蒙志成;建设单位为儋州深源实业有限公司,项目负责人林贤光;监理单位为河北鸿泰工程项目咨询有限公司,项目总监杨冠洲。

主要违法违规事实:自然人符云存在挂靠行为,其以广西桂川建设集团有限公司的名义承揽工程;广西桂川建设集团有限公司存在出借资质证书行为,其允许符云以本单位名义承揽工程。

案例三:汕头市建安实业(集团)有限公司施工的广东省东莞市领誉环保研发中心科研楼工程,项目经理吴利松;建设单位为东莞市领誉环保投资股份有限公司;监理单位为广东安业建设工程顾问有限公司,项目总监李书山。

主要违法违规事实:施工单位存在转包行为,未在施工现场设立项目管理机构,不履行管理义务,只收取管理费;劳务分包企业东莞市东茂春建筑劳务分包有限公司存在出借资质行为,只收取管理费,不履行合同义务。

案例四:广西建工集团第三建筑工程有限责任公司施工的广西农垦糖业集团柳兴制糖有限公司危旧房改造工程,项目经理李重华;建设单位为广西农垦糖业集团柳兴制糖有限公司,项目负责人张国华;监理单位为广西共创建设项目管理有限责任公司,项目总监韦天肯。

主要违法违规事实:监理单位项目总监韦天肯未办理变更注册执业。

案例五:泸县龙鑫建筑装饰工程有限公司施工的四川省泸州市嘉亿·康桥郡B区项目,项目经理胡小龙;建设单位为泸州嘉亿置业有限公司,项目负责人张文驰;监理单位为泸县建设工程监理有限公司,项目总监万人友。

主要违法违规事实:施工单位存在转包行为,将收到的大部分工程款转给侯聃、张文驰,并由上述二人直接支付建筑材料、劳务工资等费用。

案例六:重庆市五一实业(集团)有限公司施工的重庆市丰都县龙河东组团廉租房、公租房工程,项目经理刘平;建设单位为丰都县公共房屋保障中心,项目负责人文江成;监理单位为重庆市益民工程监理有限公司,项目总监彭图强。

主要违法违规事实:自然人代利军存在挂靠行为,其以重庆市五一实业(集团)有限公司的名义承揽工程;重庆市五一实业(集团)有限公司存在出借资质证书行为,其允许代利军以本单位名义承揽工程。

案例七:贵州省冶金建设公司施工的遵义市环城路棚户区改造工程(遵义时代天街)工程,项目经理沈志飞;建设单位为遵义华玮房地产开发有限公司,项目负责人毛国勇;监理单位为四川亿博工程项目管理有限公司,项目总监王学彬。

主要违法违规事实:施工单位存在违法分包行为,项目经理履职不到位,以项目部的名义签订材料采购、设备租赁及劳务分包合同,款项由个人支付。

住房和城乡建设部通报的工程质量治理两年行动违法违规典型案例(五)

(2015 年 8 月 28 日　建质函〔2015〕222 号)

一、质量安全违法违规典型案例

案例一:天津市瑞耐建筑工程有限公司施工的天津市雍海园项目 2 号楼工程,项目经理郭广玉;建设单位为天津雍景湾房地产开发有限公司,项目负责人李增光;监理单位为天津市建设工程监理公司,项目总监关英超。

主要违法违规事实:一是局部楼梯间梯段板施工缝部位纵向受力主筋严重露筋;二是一个开关箱控制 4 个插座;三是塔式起重机附着连接大销轴开口销、塔帽与回转连接大销轴开口销用其他代用品代用,附着与建筑物连接处漏装螺栓。

案例二:歌山建设集团有限公司施工的河北省廊坊市香邑廊桥 A 地块 14 号楼工程,项目经理齐福九;建设单位为廊坊怡祥房地产开发有限公司,项目负责人李振华;监理单位为廊坊市万盈建设工程监理有限公司,项目总监孟双为。

主要违法违规事实:一是局部外墙变形缝构造处理不符合设计要求;二是模板支架临边局部区域与悬挑脚手架水平大横杆相连接。

案例三:安阳建设(集团)有限责任公司施工的河南省许昌市锦绣东方小区 17 号楼工程,项目经理李朋;建设单位为禹州锦瑞置业有限公司,项目负责人时广永;监理单位为许昌市复兴建设工程监理有限公司,项目总监李志娟。

主要违法违规事实:一是局部构造柱钢筋数量规格、楼梯板纵向钢筋数量不符合设计要求,混凝土标养试块留置养护不规范;二是塔式起重机附着框、杆连接销轴用标准节螺栓替代,起重臂与楼干涉,现场配电系统无总配电箱,电缆线沿地面明设。

案例四:山西六建集团有限公司施工的闻喜县国有工矿中信机电制造公司总医院(五四一医院)棚户区改造 2 号楼工程,项目经理边慧杰;建设单位为中信机电制造公司总医院,项目负责人王相;监理单位为运城市博星工程建设监理有限公司,项目总监张国清。

主要违法违规事实:一是梁板受力钢筋多处露筋;二是塔式起重机部分安全装置未接线调试。

案例五:阿鲁科尔沁旗蒙安建筑建材有限责任公司施工的内蒙古自治区阿鲁科尔沁旗仁和家园三期 3 号楼工程,项目经理贺勇金;建设单位为赤峰市双兴房地产开发有限责任公司,项目负责人贺贵树;监理单位为阿鲁科尔沁旗华宇建设监理有限公司,项目总监贠峰。

主要违法违规事实:多根框架梁上部受力钢筋及节点区箍筋间距不符合设计要求。

案例六:陕西建工机械施工集团有限公司施工的陕西省安康市图书馆,项目经理韩运;建设单位为陕西省安康学院,项目负责人张富华;监理单位为安康市天成建设工程监理有限公司,项目总监王鹏云。

主要违法违规事实:一是机械成孔灌注桩未进行单桩承载力检验;二是部分模板支架固定在脚手架架体上;三是塔式起重机起重臂长拉杆连接板销轴未安装开口销。

案例七:甘肃建投土木工程建设有限公司施工的甘肃省定西市恒正华府 9 号楼工程,项目经理胡晓勇;建设单位为定西恒正房地产开发有限公司,项目负责人赵宏科;监理单位为兰州华铁工程监理咨询有限公司,项目总监寿洁。

主要违法违规事实:一是混凝土标养试块养护不规范,且现场无同条件养护试块;二是深度大于 5m 的基坑工程未实施基坑工程监测;三是相邻塔式起重机安全距离不足。

二、建筑市场违法违规典型案例

案例一:北京市顺义建筑工程公司施工的北京市顺义新城第 7 街区(两限商品住房)项目,项目经理吴绍松;建设单位为北京东泽房地产投资有限公司;监理单位为北京市顺金盛建设工程监理有限责任公司,项目总监周春芳。

主要违法违规事实:施工单位项目经理履职不到位,监理例会签到表大部分由他人代签;监理单位项目总监履职不到位,2015 年 6 月 7 日至 7 月 5 日监理日志未见签字。

案例二:浙江舜江建设集团有限公司施工的天津杨嘴城中村改造 4 期住房项目,项目经理陈莉萍;建设单位为天津市津房置业发展有限责任公司,项目负责人李程林;监理单位为天津市方兴工程建设管理有限公司,项目总监杨玉乐。

主要违法违规事实:施工单位中标项目经理长期不在岗,更换项目经理也未履行变更手续。

案例三：歌山建设集团有限公司施工的河北省廊坊市香邑廊桥项目A地块14号楼项目，项目经理齐福九；建设单位为廊坊怡祥房地产开发有限公司，项目负责人李振华；监理单位为廊坊市万盈建设监理有限公司，项目总监孟双为。

主要违法违规事实：施工单位存在违法分包行为，将模板、砌筑、混凝土等劳务作业分包给个人。

案例四：中铝长城建设有限公司施工的河南省长葛宏基钻石城小区A27#楼项目，项目经理布雷辉；建设单位为长葛市宏基伟业房地产开发有限公司，项目负责人朱豆晓；监理单位为河南荣耀工程监理有限公司，项目总监费志顺。

主要违法违规事实：施工单位存在转包行为，将项目结构主体及安装工程，转包给只有劳务资质的郑州市和圆实业有限公司施工。

案例五：平陆县建筑工程公司施工的山西省平陆县虞国新天地22号楼项目，建设单位为平陆县恒基置业有限公司。

主要违法违规事实：未取得建设工程施工许可证，擅自开工。

案例六：陕西金科建筑工程发展有限责任公司施工的陕西省汉阴县自强金海岸商住小区4、5、6号楼项目，项目经理董华；建设单位为陕西省汉阴自强房地产开发有限公司，项目负责人成显军；监理单位为陕西环宇建设工程项目管理有限公司，项目总监袁泽富。

主要违法违规事实：施工单位项目经理董华未到岗履职。自然人张万康存在挂靠行为，其以中国建筑西南勘察设计研究院有限公司西安分公司的名义承揽边坡支护工程；中国建筑西南勘察设计研究院有限公司西安分公司存在出借资质证书行为，其允许张万康以本单位名义承揽边坡支护工程。自然人李俊花存在挂靠行为，其以陕西长明防水建筑材料有限公司的名义承揽防水工程；陕西长明防水建筑材料有限公司存在出借资质证书行为，其允许李俊花以本单位名义承揽防水工程。自然人沈德平存在挂靠行为，其以陕西宏远建设（集团）有限公司的名义承揽塔吊安拆工程；陕西宏远建设（集团）有限公司存在出借资质证书行为，其允许沈德平以本单位名义承揽塔吊安拆工程。

案例七：甘肃锦华建设集团有限公司施工的丽苑新城（陇西）住宅小区二期工程10、11、20号楼项目，项目经理张文效；建设单位为甘肃宇通房地产开发有限公司，项目负责人岳全忠；监理单位为甘肃金建工程建设监理有限责任公司，项目总监费鸿禹。

主要违法违规事实：施工单位存在违法分包行为，违反合同约定，将防水工程分包给保定市北方防水工程公司。

住房和城乡建设部通报的工程质量治理两年行动违法违规典型案例（六）

（2015年10月9日　建质函〔2015〕253号）

一、质量安全违法违规典型案例

案例一：黑龙江省建安建筑安装工程集团有限公司施工的黑龙江省黑河市嫩江县颐江园二期4号楼工程，项目经理商云福；建设单位为嫩江县嫩水房地产开发有限责任公司，项目负责人韦来祥；监理单位为黑河市宏信建筑监理有限责任公司，项目总监孙兰芝。

主要违法违规事实：一是后浇带变更为加强带，现场未按设计变更施工；二是局部框架柱箍筋未按设计要求绑扎；三是灌注桩钢筋无进场复试报告，混凝土无抗压强度试验报告，筏板基础混凝土无抗压强度试验报告；四是悬挑脚手架搭设局部不符合规范要求；五是基坑专项施工方案编制不符合规范要求。

案例二：中国建筑第二工程局有限公司施工的辽宁省兴城市文化馆、图书馆工程，项目经理贾春；建设单位为兴城市文化广播影视局，项目负责人李以君；监理单位为兴城市工程建设监理所，项目总监孙长彦。

主要违法违规事实：一是局部位置钢筋施工不符合设计要求；二是个别框架柱在梁柱交接处尺寸偏差较大；三是未按设计要求留置后浇带；四是钢筋进场复验不符合规范要求；五是落地式脚手架搭设多处不符合规范要求。

案例三：辽宁绥四建设工程集团有限公司施工的葫芦岛市中心医院病房楼工程，项目经理乔永华；建设单位为辽宁省葫芦岛市中心医院，项目负责人韩春德；监理单位为辽宁方圆建设项目管理有限公司，项目总监张春芝。

主要违法违规事实：塔式起重机变幅小车断绳保护装置失效，起重臂连接下弦销多数没有使用开口销，不符合规范要求。

案例四：宁夏宏泰建设工程有限公司施工的宁夏回族自治区吴忠市恒业枫林湾商住项目9号楼工程，项目经理杨双霞；建设单位为宁夏恒业房地产开发有限公司，项目负责人王金红；监理单位为深圳鲲鹏工程顾问有限公司，项目总监许骅。

主要违法违规事实：一是受力钢筋焊接未作焊接工艺试验；二是塔式起重机起升高度限位器、回转限位器、小车断绳保护装置、主卷扬钢丝绳滑轮的钢丝绳防脱装置等多个安全装置失效，且回转塔身与回转支承连接螺栓松动严重。

案例五：珲春正大建筑工程有限公司施工的吉林省延边州中央公馆1号楼工程，项目经理李彬；建设单位为珲春龙达房地产开发有限公司，项目负责人王霄汉；监理单位为珲春市工程建设监理站，项目总监酆玉盛。

主要违法违规事实：一是局部框架柱所用钢筋不符合设计要求；二是塔式起重机主卷扬钢丝绳滑轮的钢丝绳防脱装置失效；三是现场使用的扣件未进行抽样复试。

案例六：海北恒泰建设工程有限公司施工的青海省海北州门源县干部周转房秀水花园西片区6号楼工程，项目经理马德虎；建设单位为青海省海北州门源县发展和改革局，项目负责人郭金世；监理单位为青海国安工程监理有限公司，项目总监许有国。

主要违法违规事实：一是楼梯休息平台处梁柱节点钢筋不符合设计要求；二是同条件养护试块的留置不符合规范要求；三是总配电柜漏电保护器装置不符合规范要求；四是塔式起重机力矩限制器不符合规范要求。

案例七：新疆石油工程建设有限责任公司施工的克拉玛依工程教育基地图文信息中心工程，项目经理施克毅；建设单位为克拉玛依市城市建设投资发展有限责任公司，项目负责人李剑；监理单位为新疆石油工程建设监理有限责任公司，项目总监王伟臣。

主要违法违规事实：一是经抽测，局部混凝土回弹强度推定值不满足设计要求；二是混凝土试块留置不符合规范要求；三是局部高支模架体缺少水平剪刀撑、部分拉结未与结构相连接；四是塔式起重机附着架长度大于原厂规定，且没有设计计算。

二、建筑市场违法违规典型案例

案例一：徐州华夏建设工程有限公司施工的黑龙江省黑河市嫩江县地铁小区6号楼工程，项目经理李令站；建设单位为黑龙江省亿盈房地产开发有限公司，项目负责人范国龙；监理单位为嫩江县大洋建设监理有限责任公司，项目总监刘冬旭。

主要违法违规事实：施工单位的项目经理、技术负责人、质量员履职不到位。

案例二：中国建筑一局（集团）有限公司施工的吉林省延边州延吉市延吉万达广场工程，项目经理蔡荣；建设单位为延吉万达广场投资有限公司，项目负责人姬祥；监理单位为北京方正建设工程管理有限公司，项目总监付明强。

主要违法违规事实：一是建设单位存在违法发包行为，违法发包幕墙工程、外立面装修工程、通风空调工程，直接向专业承包单位支付工程款；二是施工单位存在违法分包行为，将挡土墙工程以包工包料的形式分包给延边嘉森建筑劳务分包有限公司，与南通连通建筑劳务有限公司、重庆鑫昌建筑劳务有限公司签订的劳务分包合同中，劳务分包企业都计取了周转材料费用。

案例三：安徽双丰建设集团有限公司施工的青海省海北藏族自治州西海民族寄宿制学校风雨操场建设项目，项目经理黄正超；建设单位为海北藏族自治州教育局，项目负责人马成才；监理单位为青海百鑫工程监理咨询有限公司，项目总监赵生荣。

主要违法违规事实：施工单位存在违法分包行为，将劳务作业分包给不具有安全生产许可证的劳务企业，并且向劳务公司支付塔吊的租赁费用。

住房和城乡建设部通报的工程质量治理两年行动违法违规典型案例（七）

（2015年11月19日　建质函〔2015〕280号）

一、质量安全违法违规典型案例

案例一：华太建设集团有限公司施工的浙江省温岭市城东街道林家村立改套项目3号楼工程，项目经理杨日新；建设单位为温岭市城东街道林家村村民委员会，项目负责人林禹池；监理单位为浙江省工程咨询有限公司，项目总监江黎明。

主要违法违规事实：一是受力钢筋焊接未作焊接工艺试验；二是塔式起重机工作半径内的输电线无防护措施；三是临时用电工程验收缺少审核、批准部门参与。

案例二：上海建工五建集团有限公司施工的上海市中房滨江项目6号楼工程，项目经理左海峰；建设单位为上海中房滨江房产有限公司，项目负责人李强；监理单位为上海三凯建设管理咨询有限公司，项目总监龚鑫刚。

主要违法违规事实：局部构件施工不符合设计要求。

案例三：鲲鹏建设集团有限公司施工的江苏省徐州市小韩安置小区二期北地块33号楼工程，项目经理黎传寿；建设单位为徐州明旺佳景置业有限公司，项目负责人吴仁森；监理单位为徐州共创建设监理有限公司，项目总监周兴法。

主要违法违规事实：一是局部位置未做混凝土同条件试块抗压强度统计评定即进行分部工程验收；二是部分模板支架固定在外脚手架架体上，立柱底部未在纵横水平方向设扫地杆；三是钢筋加工区一个开关箱同时控制一个插座和一台钢筋加工机械，且未设重复接地。

案例四：高青县建筑安装总公司施工的山东省淄博市高青县雍翠园小区4号住宅楼及地下车库工程，项目经理邱兆义；建设单位为高青华威房地产综合开发有限责任公司，项目负责人王琪；监理单位为淄博正信工程建设监理有限公司，项目总监孙磊。

主要违法违规事实：一是重大设计变更未经施工图审查机构重新审查；二是楼梯板上部钢筋保护层厚度不符合规范要求。

案例五：中城建第四工程局有限公司施工的安徽省临泉县新区花园三期公租房第二标段14号楼工程，项目经理赵建；建设单位为临泉县重点工程建设管理局，项目负责人陈少华；监理单位为菏泽市建设监理公司，项目总监陈爱贞。

主要违法违规事实：一是现场塔式起重机相互干涉，相邻塔式起重机最小架设距离小于2米；二是现场办公与住宿彩钢板用房使用夹芯聚苯板易燃材料，二层宿舍内使用电热器具，电源线路私拉乱接。

案例六：襄阳市好运来建筑工程有限公司施工的湖北省老河口市和信水西门K4号楼工程，项目经理郭剑平；建设单位为襄阳市真龙房地产开发有限公司，项目负责人周先军；监理单位老河口市兴业建设项目管理有限公司，项目总监郝静波。

主要违法违规事实：一是钢筋进场复验不符合规范要求；二是塔式起重机起重臂与在建楼体干涉；三是塔式起重机力矩限制器弓形板不符合要求；四是进出总配电箱的电缆线路未埋地或架空敷设；五是落地脚手架立杆基础不在同一高度上，扫地杆未延长设置固定。

案例七：江西安信建设工程有限公司施工的江西省宜春市秀江名门8号楼工程，项目经理卢艳斌；建设单位为江西鸿昇投资有限公司，项目负责人付健江；监理单位为新疆卓越工程项目管理有限公司，项目总监糜文斌。

主要违法违规事实：一是钢筋进场复验不符合规范要求；二是部分剪力墙砼存在烂根、孔洞、露筋等严重质量问题，部分墙体出现较大缺棱掉角情况，且存在外挑架钢梁设置侵入墙体钢筋部位情况；三是开口型双排脚手架的两端未设置横向斜撑；四是塔式起重机起升高度限位器、回转限位器失效，小车缓冲装置部分缺失。

案例八：株洲友联建筑工程有限责任公司施工的湖南省株洲市上海名苑3号楼工程，项目经理楚新明；建设单位为株洲大西洋房地产开发有限公司，项目负责人倪秋林；监理单位为湖南建科工程项目管理有限公司，项目总监金石桥。

主要违法违规事实：一是工程后浇带模板支撑体系未单独设置；二是后接地下室顶板未按设计施工；三是部分模板支撑体系未设置上横杆，顶端旋臂长度大于500mm，支架底部杆件未设置扫地杆；四是塔式起重机起重力矩限制器安装不规范，回转限位器失效，小车缓冲装置缺失。

二、建筑市场违法违规典型案例

案例一：鲲鹏建设集团有限公司施工的江苏省徐州市小韩安置小区二期北地块33号楼工程，项目经理黎传寿；建设单位为徐州明旺佳景置业有限公司，项目负责人吴仁森；监理单位为徐州共创建设监理有限公司，项目总监周兴法。

主要违法违规事实：一是建设单位存在违法发包行为，在工程承包合同中明确要求该工程的铝合金门窗、外墙涂料等专业工程由建设单位直接发包。二是施工单位存在违法分包行为，将脚手架劳务作业分包给自然人杨召权。

案例二：高青县田兴建工有限责任公司等5家单位施工的山东省淄博市雍翠园小区1－6号住宅楼、地下车库工程，其中5－6号楼项目经理张洪德；建设单位为高青华威房地产综合开发有限责任公司，项目负责人王琪；监理单位为淄博正信工程建设监理有限公司，项目总监孙磊。

主要违法违规事实：一是建设单位存在违法发包行为，将拥有同一基础的1－4号楼，肢解发包给4家施工单位。二是高青县田兴建工有限责任公司施工的5－6号楼，项目经理张洪德超越个人执业资格范围执业，该项目住宅均为26层以上，超过张洪德二级注册建造师执业范围。

案例三:安徽地矿建设工程有限责任公司施工的安徽省阜阳市华仑国际皖新文化广场项目,项目经理毛国江;建设单位为阜阳华仑国际文化投资有限公司,项目负责人陈庆;监理单位为合肥市工程建设监理有限公司,项目总监储招兵。

主要违法违规事实:施工单位项目经理毛国江未到岗履职。

案例四:中城建第四工程局有限公司施工的安徽省临泉县新区花园三期公租房第二标段项目,项目经理赵建;建设单位为临泉县重点工程建设管理局,项目负责人陈少华;监理单位为菏泽市建设监理公司,项目总监陈爱贞。

主要违法违规事实:施工单位存在违法分包行为,将安装、防水、消防工程以及模板等周转性材料分包给安徽阜阳天祥建筑劳务有限公司。

案例五:襄阳市好运来建筑工程有限公司施工的湖北省老河口市和信水西门 K1—K4#楼项目,项目经理郭剑平;建设单位为襄阳市真龙房地产开发有限公司,项目负责人周先军;监理单位为老河口市兴业建设项目管理有限公司,项目总监郝静波。

主要违法违规事实:一是施工单位存在违法分包行为,与雷武个人签定塔吊租赁合同,并在租赁合同中约定由雷武个人组织实施塔吊装拆;二是施工单位项目经理郭剑平未到岗履职。

住房和城乡建设部通报的工程质量治理两年行动违法违规典型案例(八)

(2016 年 6 月 22 日 建质函〔2016〕132 号)

一、质量安全违法违规典型案例

案例一:江西建工第三建筑有限责任公司施工的江西省南昌市桃花三村安置房 6 号楼工程,项目经理姜建儒;建设单位为南昌市西湖城市建设投资发展有限公司,项目负责人姜龙;监理单位为江西中昌工程咨询监理有限公司,项目总监董军。

主要违法违规事实:一是钢筋检测未对设计要求的部分力学指标进行检测;二是局部剪力墙偏位严重,几何尺寸超出规范允许偏差;三是相邻塔式起重机间距和高差不符合规范要求。

案例二:福建省中嘉建设工程有限公司施工的福建省宁德市霞浦县唐宁街 1 号小区 8 号楼工程,项目经理王世强;建设单位为福建德华房地产开发有限公司,项目负责人陈勇;监理单位为厦门住总建设工程监理有限公司,项目总监危冠元。

主要违法违规事实:一是局部悬挑板未按设计施工;二是总配电箱中漏电保护器不符合规范要求;三是模板支架可调托座伸出顶层水平杆的悬臂长度过长。

案例三:中建三局第一建设工程有限责任公司施工的广东省珠海市富力盈凯广场主体工程,项目经理董晓刚;建设单位为珠海富力房地产开发有限公司,项目负责人周双球;监理单位为广州天富建设工程监理有限公司,项目总监丘国林。

主要违法违规事实:基础灌注桩钢筋采用焊接连接,未进行焊接工艺检验,未对焊接头进行力学性能检验。

案例四:衡阳县第二建筑工程有限公司施工的湖南省衡阳市衡阳县坤鑫中央广场 1 号楼工程,项目经理李正良;建设单位为湖南坤鑫置业有限公司,项目负责人吕友生;监理单位为衡阳远见建设工程监理有限公司,项目总监蔡文君。

主要违法违规事实:施工图设计文件未经审查合格即进行施工。

案例五:广西金利建设有限责任公司施工的云星·钱隆首府 A 地块工程 6 号楼工程,项目经理温自成;建设单位为广西怡华房地产开发有限责任公司,项目负责人颜日富;监理单位为桂林南方建设监理有限责任公司,项目总监何超。

主要违法违规事实:一是局部混凝土回弹强度推定值不满足设计要求;二是塔式起重机起升滑轮槽磨损超标,滑轮钢丝绳防跳槽装置安装不齐全;三是临时用电组织设计未按要求由电气工程技术人员编制。

案例六:新十建设集团有限公司施工的海南省海口市君临华府二期工程,项目经理李带平;建设单位为海南振昌源实业有限公司,项目负责人高元顺;监理单位为海南航达工程建设监理有限公司,项目总监许元虎。

主要违法违规事实:一是施工升降机底层防护围栏门未设置机械锁紧装置,升降机附着以上导轨架自由端高度超过使用说明书要求;二是塔式起重机小车断绳保护装置安装不齐全;三是埋地电缆未进行标识。

案例七:四川润扬建设集团有限公司施工的四川省成都市润扬观澜鹭岛二期 5 号楼工程,项目经理赵小明;

建设单位为成都市屹立房地产开发有限公司,项目负责人庞定彪;监理单位为成都市新都建设工程监理有限公司,项目总监李小明。

主要违法违规事实:一是悬挑式物料平台与附着式脚手架相连,违反规范要求;二是塔式起重机专用配电箱未进行重复接地,违反规范规定;三是局部混凝土回弹强度推定值不满足设计要求。

案例八:普洱雷霆建设集团有限公司施工的云南省普洱市茶马古城旅游小镇三期B标27号楼工程,项目经理李庚霆;建设单位为普洱茶马古城发展有限公司,项目负责人沈逸民;监理单位为昆明建设咨询监理有限公司,项目总监林昆。

主要违法违规事实:一是塔式起重机力矩限制器、起重限制器、回转限位器失效;二是施工现场总配电箱漏电保护器、设备专用开关箱漏电保护器不符合规范要求,部分电缆沿地面明敷设,缺少必要的保护措施。

案例九:贵州化工建设公司施工的贵州省贵阳市金阳新区马关坝基地搬迁安置房项目1号楼工程,项目经理徐德均;建设单位为贵州全力房地产开发有限公司,项目负责人张荣;监理单位为贵州和润建设工程监理有限公司,项目总监黄艳。

主要违法违规事实:一是塔式起重机无使用过程的安全技术交底,力矩限制器变形,违反规范要求;二是施工现场总配电箱漏电保护器不符合规范要求,部分电缆沿地面明敷设,缺少必要的保护措施;三是部分脚手架安装人员无特种作业操作证;四是钢筋焊接工艺试验不符合规范要求,抗震钢筋未检测最大力下总伸长率。

二、建筑市场违法违规典型案例

案例一:福建省来宝建设工程有限公司施工的福建省宁德市中融·中央首府项目,项目经理黄传铃;建设单位为福建中融房地产有限公司,项目负责人郭永陈;监理单位为福建工大工程咨询监理有限公司,项目总监张子荣。

主要违法违规事实:施工单位存在转包行为,项目管理机构中除项目经理外,其余主要管理人员均为劳务分包单位宁德市建安建筑劳务有限公司人员。

案例二:广东大唐建设有限公司施工的广东省珠海市恒隆华萃园项目,项目经理徐建波;建设单位为珠海金塘投资有限公司,项目负责人彭伟宏;监理单位为珠海市强宇工程监理有限公司,项目总监戴建文。

主要违法违规事实:施工单位存在违法分包行为,违反施工总承包合同约定又未经建设单位同意,将桩基础工程擅自分包给广东省地质工程公司。

案例三:衡阳县第二建筑工程公司施工的湖南省衡阳市坤鑫中央广场(一期)项目,项目经理李正良;建设单位为湖南坤鑫置业有限公司,项目负责人吕友生;监理单位为衡阳远见建设工程监理有限公司,项目总监蔡文君。

主要违法违规事实:施工单位超越资质承揽工程,该项目单体建筑面积大于4万平方米,超过其建筑工程施工总承包二级资质承包工程范围;项目经理超越个人执业资格范围执业,该项目为27层住宅,超过其二级注册建造师执业范围。

案例四:浙江海天建设集团有限公司施工的广西壮族自治区南宁经济技术开发区北部湾科技园总部基地一期项目,项目经理陆镇喜;建设单位为南宁绿港建设投资集团有限公司,项目负责人李彬;监理单位为广西大通建设监理咨询管理有限公司,项目总监莫细喜。

主要违法违规事实:施工单位存在违法分包行为,将脚手架作业分包给无资质的南宁顺凯建筑材料租赁有限责任公司。

案例五:四川润扬建设集团有限公司施工的四川省成都市润扬观澜鹭岛二期5号楼项目,项目经理赵小明;建设单位为成都屹立房地产开发有限公司,项目负责人庞定彪;监理单位为成都市新都建设工程监理有限公司,项目总监李小明。

主要违法违规事实:四川润源租赁有限公司存在挂靠行为,其以深圳市特辰科技有限公司的名义承揽附着式脚手架工程;深圳市特辰科技有限公司存在出借资质证书行为,其允许四川润源租赁有限公司以本单位名义承揽附着式脚手架工程。

案例六:云南昌霖建设工程有限公司施工的云南省普洱市盛景园小区二期三标段项目,项目经理高艳玲;建设单位为云南普洱兴盛房地产开发有限公司,项目负责人陈小明;监理单位为云南青山建设监理咨询有限责任公司,项目总监黎斌。

主要违法违规事实:建设单位存在违法发包行为,将土方开挖、基坑支护、桩基施工部分分别肢解发包给思茅农场建筑安装公司、普洱瑞光建筑工程有限公司、江西昌宇建设工程公司;施工单位项目经理、安全管理负责人履职不到位。

住房和城乡建设部通报的工程质量治理两年行动违法违规典型案例（九）

（2016 年 8 月 10 日　建质函〔2016〕170 号）

一、质量安全违法违规典型案例

案例一：承德宏浩建筑安装有限公司施工的河北省承德市隆化县商贸综合体一期 1 号楼工程，项目经理王磊；建设单位为隆化县新合作房地产开发有限公司，项目负责人刘成立；监理单位为秦皇岛广建工程项目管理有限公司，项目总监张玉刚。

主要违法违规事实：一是不合格桩的技术处理方案无设计单位处理措施且未报审图机构审查，不合格桩处理后没有验收记录；二是现场临时用电施工组织设计编制人不符合规范要求。

案例二：山西省晋中建设集团有限公司施工的山西省晋中市金色豪庭住宅小区和黄金海岸商务中心项目（一标段）1 号楼工程，项目经理李永刚；建设单位为晋中德圣房地产开发有限公司，项目负责人谢建忠；监理单位为山西鲁班工程项目管理有限公司，项目总监杨春风。

主要违法违规事实：一是局部剪力墙混凝土试块达不到设计强度，未见整改措施；二是局部箍筋锚固不符合规范要求；三是埋地电缆未做标识。

案例三：河南城建建设集团有限责任公司施工的山西省晋中市太谷县御锦华府小区商住项目四期 14 号楼工程，项目经理张智；建设单位为山西锦都房地产开发有限公司，项目负责人李海鹏；监理单位为山西鲁班工程项目管理有限公司，项目总监宫智勇。

主要违法违规事实：一是局部箍筋锚固长度不足，箍筋加工不满足抗震要求；二是项目车库变更基础形式，未重新报审图机构审查；三是脚手架搭设不符合规范要求；四是塔式起重机回转齿圈与结构连接螺栓松动，不符合规范要求。

案例四：南通华荣建设集团有限公司施工的江苏省泰州市华润国际社区 C1 地块 2 号楼工程，项目经理黄树培；建设单位为华润置地（泰州）有限公司，项目负责人陈叶红；监理单位为江苏苏维工程管理有限公司，项目总监童加龙。

主要违法违规事实：一是部分剪力墙受力钢筋未按设计要求施工，主次梁节点处主梁箍筋数量不足；二是附着式脚手架搭设不符合规范要求。

案例五：上海信元建设工程有限公司施工的上海市金山区运河佳苑动迁安置房 2 号楼工程，项目经理吴林伟；建设单位为上海恒信源房地产开发有限公司，项目负责人阮正林；监理单位为上海建腾建筑工程监理有限公司，项目总监吴永年。

主要违法违规事实：一是剪力墙边缘构件未按设计要求施工；二是钢筋焊接未按照规范要求进行工艺检验；三是模板支架缺少纵横向扫地杆、纵横向水平拉杆，不符合规范要求。

案例六：合肥建工集团有限公司施工的安徽省合肥市巢湖华邦·书香里 9 号楼工程，项目经理俞兴伍；建设单位为巢湖邦晟置业有限公司，项目负责人朱浩；监理单位为安徽凯奇建设项目管理有限公司，项目总监李吉林。

主要违法违规事实：一是部分阳台栏板钢筋间距不符合设计要求；二是相邻塔式起重机安全距离不足，不符合规范要求。

案例七：中冶建工集团有限公司施工的浙江省宁波市慈土储横河 1101# －1 地块（峙山庄园）三期 3 号楼工程，项目经理王明杰；建设单位为宁波美辰置业有限公司，项目负责人俞小明；监理单位为慈溪市建设工程监理咨询有限公司，项目总监佟全玉。

主要违法违规事实：一是局部剪力墙混凝土回弹强度推定值不满足设计要求；二是部分楼梯墙体竖向钢筋位置偏差过大；三是塔式起重机起重臂下弦连接销轴的开口销一侧失效，不符合规范要求。

案例八：中冶天工集团有限公司施工的山东省烟台福山御花园小区项目三期 25 号楼工程，项目经理白建文；建设单位为烟台市福山区御花园置业有限公司，项目负责人许瑞军；监理单位为烟台市工程建设第一监理有限公司，项目总监左绪强。

主要违法违规事实：相邻塔式起重机安全距离不足，不符合规范要求。

案例九：洛阳广鑫建设集团有限公司施工的洛阳市伊滨区福民工程五号安置小区 20 号住宅楼工程，项目经理何如意；建设单位为洛阳市撤村并城规划建设办公室，项目负责人翟旭杰；监理单位为高达建设管理发展有限责任公司，项目总监缑玉福。

主要违法违规事实：一是局部剪力墙混凝土回弹强

度推定值不满足设计要求；二是未进行基础分部验收即进行上部施工；三是总配电箱中漏电保护器额定漏电动作电流与额定漏电动作时间的乘积不符合规范要求；四是塔式起重机基础底架的斜支撑部分有变形，不符合规范要求。

案例十：中国建筑第五工程局有限公司施工的洛阳名门城市广场8号楼工程，项目经理薛帅印；建设单位为洛阳名众房地产开发有限公司，项目负责人闫明鑫；监理单位为河南省育兴建设工程管理有限公司，项目总监唐永刚。

主要违法违规事实：一是局部剪力墙混凝土回弹强度推定值不满足设计要求；二是未进行基础分部验收即进行上部施工。

案例十一：武汉天马建设有限公司施工的湖北省武汉市江堤村城中村改造产业用地项目（江腾广场）1号工程，项目经理刘金涛；建设单位为武汉江腾经贸集团有限公司，项目负责人肖喜平；监理单位为武汉市合盛建设工程监理有限责任公司，项目总监张忠。

主要违法违规事实：一是局部混凝土回弹强度推定值不满足设计要求；二是送检的钢筋接头试件未按规范要求从工程结构中随机截取，隐蔽工程验收记录未写明取样部位，不符合规范要求；三是总配电箱中漏电保护器额定漏电动作电流与额定漏电动作时间的乘积不符合规范要求，部分开关箱内漏电保护器漏电动作电流不符合规范要求；四是塔式起重机附着装置存在不同程度的焊缝开裂，群塔作业专项方案没有针对性；五是部分爬架附墙支座锚固螺栓采用单螺母，不符合规范要求。

案例十二：中天建设集团有限公司施工的陕西省西安市牟家村城中村改造项目地块四二期11号楼工程，项目经理朱国华；建设单位为陕西航华投资管理有限公司，项目负责人唐大磊；监理单位为深圳市中行建设监理有限公司，项目总监田新社。

主要违法违规事实：一是部分楼梯梯板厚度不满足设计要求，地下室二层混凝土强度设计变更未重新报审图机构审查；二是送检的部分柱钢筋接头试件未按规范要求从工程结构中随机截取，隐蔽工程验收记录未写明取样部位，不符合规范要求；三是施工现场部分电缆沿地面明敷设，缺少必要的保护措施，部分电器设备缺少专用开关箱，部分电器设备未接专用保护导体PE（保护接零），不符合规范要求。

二、建筑市场违法违规典型案例

案例一：承德宏浩建筑安装工程有限公司、石家庄一建建设集团有限公司、河北东方建筑工程有限公司施工的河北省隆化县商贸综合体一期项目，项目经理王磊、陈晓辉、李立强；建设单位为隆化县新合作房地产开发有限公司，项目负责人刘成立；监理单位为秦皇岛广建工程项目管理有限公司，项目总监张玉刚。

主要违法违规事实：建设单位将土方工程肢解发包给隆化鼎胜恒太建筑工程安装有限公司。

案例二：山西省晋中建设集团有限公司施工的山西省晋中市金色豪庭住宅小区和黄金海岸商务中心（一标段）项目，项目经理李永刚；建设单位为晋中德圣房地产开发有限公司，项目负责人谢建忠；监理单位为山西鲁班工程项目管理有限公司，项目总监杨春风。

主要违法违规事实：一是在未取得规划许可证的情况下，建设单位提前发布招标公告，违法发包；二是在未取得施工许可证的情况下，擅自开工建设；三是建设单位将该工程的桩基础工程肢解发包给新大鑫基础工程有限公司、土石方工程肢解发包给榆次金顺凯机械施工队。

案例三：河南城建建设集团有限公司施工的山西省晋中市太谷县御锦华府小区商住项目四期，项目经理张智；建设单位为山西锦都房地产开发有限公司，项目负责人李海鹏；监理单位为山西鲁班工程项目管理有限公司，项目总监宫智勇。

主要违法违规事实：建设单位将桩基础工程部分肢解发包给山西烽运岩土工程有限责任公司。

案例四：六安亚杰建设工程有限公司施工的安徽省合肥市湖畔名郡10号楼项目，项目经理陈锦；建设单位为巢湖市天易房地产开发有限公司，项目负责人黄锦晶；监理单位为安徽达仁建设工程咨询有限公司，项目总监张兵。

主要违法违规事实：一是未取得施工许可证擅自开工建设；二是总承包单位将防水工程分包给个人，违法分包。

案例五：上海伦明建设（集团）有限公司施工的河南省洛阳市和昌城（汉阳）项目C区11号楼项目，项目经理唐伟；建设单位为河南兴昌置业有限公司，项目负责人黄德志；监理单位为郑州广源建设监理咨询有限公司，项目总监杨树伟。

主要违法违规事实：未取得施工许可擅自开工建设。

住房和城乡建设部通报的工程质量治理两年行动违法违规典型案例(十)

(2016年10月8日　建质函〔2016〕216号)

一、质量安全违法违规典型案例

案例一:天津市武清区建筑工程总公司施工的天津市武清区第二人民医院迁址新建工程(住院楼),项目经理李新红;建设单位为天津市武清区国有资产经营投资公司,项目负责人肖力;监理单位为天津建工工程管理有限公司,项目总监于志敏。

主要违法违规事实:一是部分梁柱节点和部分柱的箍筋间距不符合设计要求;二是部分拉结筋未按设计要求通长设置;三是脚手架局部连墙件数量不足,不符合规范要求;四是部分塔式起重机与建筑物安全距离不符合规范要求。

案例二:北京博大经开建设有限公司施工的北京市亦庄开发区G1R1地块5号楼工程,项目经理吴双;建设单位为北京经开投资开发股份有限公司,项目负责人于春权;监理单位为北京伟泽工程项目管理有限公司,项目总监贺成林。

主要违法违规事实:一是部分柱主筋数量不符合设计要求;二是塔式起重机塔身标准节混用,部分塔式起重机标准节无顶升横梁防脱功能,不符合规范要求。

案例三:内蒙古第三建筑工程有限公司施工的内蒙古自治区呼和浩特市新城区毫沁营棚户区集中回迁小区2号楼工程,项目经理史建军;建设单位为呼和浩特保障性住房发展建设投资有限责任公司,项目负责人赵航;监理单位为内蒙古宏夏工程项目管理有限公司,项目总监全丽萍。

主要违法违规事实:一是部分框架梁纵向受力钢筋未按设计要求施工;二是悬挑式物料钢平台未设置荷载限定标牌,钢丝绳设置不符合规范要求;三是塔式起重机直立梯安装不符合规范要求。

案例四:海城市胜明建筑工程有限公司施工的辽宁省鞍山市海城市玉皇山老海高地块棚户区改造项目A10号楼工程,项目经理崔静;建设单位为海城市金财土地房屋投资有限公司,项目负责人李生奇;监理单位为海城市工程建设监理处,项目总监刘辉。

主要违法违规事实:一是部分楼板底部存在多处裂缝;二是部分脚手架立杆有缺失,主节点处缺少横杆,不符合规范要求;三是塔式起重机附着架撑杆与建筑物连接不符合规范要求。

案例五:海伦市恒济建筑工程有限公司施工的黑龙江省海伦市第九中学教育楼工程,项目经理王海彬;建设单位为海伦市教育局,项目负责人李青;监理单位为海伦市力达工程咨询服务有限公司,项目总监马贵生。

主要违法违规事实:一是塔式起重机起升高度限位器、起重力矩限制器失效,不符合规范要求;二是钢筋堆场部分钢筋型号不符合设计要求,且无进场验收复试记录。

案例六:黑龙江宏达建筑工程有限公司施工的黑龙江省海伦市中医院工程,项目经理王希东;建设单位为海伦市中医医院,项目负责人王久阳;监理单位为绥化市工程建设监理有限公司,项目总监徐达。

主要违法违规事实:一是塔式起重机回转限位器、起重力矩限制器失效,主卷扬钢丝绳防脱槽装置缺失,不符合规范要求;二是基础中部分钢筋焊接无复试报告。

案例七:吉林市安宇建筑工程有限责任公司施工的吉林省吉林市永吉县经济开发区中心小学校工程,项目经理孟晨朔;建设单位为永吉县经济开发区中心小学校,项目负责人李景有;监理单位为吉林弘建工程建设监理有限公司,项目总监尹玉中。

主要违法违规事实:一是部分柱钢筋未按设计要求施工;二是部分楼梯下部主筋数量不足,不符合设计要求;三是部分楼梯平台梁箍筋用光圆钢筋替换螺纹钢筋,不符合规范要求。

案例八:视通建设有限公司施工的宁夏回族自治区中卫市海源县回族花儿艺术传承培训中心工程,项目经理高喜成;建设单位为海原县文化旅游广电局,项目负责人马启峰;监理单位为河南建基工程监理有限公司,项目总监王再兴。

主要违法违规事实:一是独立基础使用的部分钢筋未提供进场检验记录和复试报告;二是地基换填后承载力检测结果不满足设计要求;三是未按设计要求进行沉降观测;四是塔式起重机重量限制器、回转限位器、滑轮的钢丝绳防脱装置功能失效,部分标准节连接螺栓松动,不符合规范要求。

案例九:金昌市隆凯建筑安装有限公司施工的甘肃省金昌市永昌县同人商贸影视城工程,项目经理李玉龙;建设单位为永昌县万安房地产开发有限公司,项目负责人陈希天；监理单位为金昌恒业建设工程监理有限公司，项目总监袁强。

主要违法违规事实：一是一层新增悬挑板无设计变更，局部缺少上部负弯矩筋；二是部分框架柱漏放单支箍筋，箍筋弯钩角度不足，不符合规范要求；三是部分模板支架扫地杆、纵横向水平杆、顶部水平拉杆缺失，不符合规范要求；四是施工现场配电系统未采用 TN－S 系统，钢筋加工区设备外壳直接做保护接地，不符合规范要求；五是塔式起重机回转限位器、幅度限位器功能失效，钢丝绳端头达到报废标准，部分标准节连接螺栓松动，不符合规范要求。

案例十：宁夏煤炭基本建设有限公司施工的新疆维吾尔自治区乌鲁木齐市乌东矿区异地安置片区棚户区改造项目 6 号楼工程，项目经理方立军；建设单位为神华新疆能源有限责任公司，项目负责人董新龙；监理单位为河南宏业建设管理有限公司，项目总监杜小燕。

主要违法违规事实：一是钢筋气压焊接头未进行工艺试验即开始施焊，不符合规范要求；二是塔式起重机平衡重未安装到规定位置，不符合规范要求。

案例十一：青海省建工工程有限公司施工的青海省西宁市第二人民医院儿童诊疗中心工程，项目经理李发海；建设单位为西宁市第二人民医院，项目负责人麻承德；监理单位为青海国安工程监理有限公司，项目总监董海萍。

主要违法违规事实：塔式起重机回转范围内存在高压线路，未采取安全防护措施；塔式起重机附着杆超长使用，设计计算书存在错误。

二、建筑市场违法违规典型案例

案例一：福建省第五建筑工程公司施工的天津市润合佳园住宅小区 9 号楼工程，项目经理吕建星；建设单位为天津农垦中南置业投资有限公司，项目负责人王立；监理单位为天津市环外建设监理有限公司，项目总监方广军。

主要违法违规事实：施工总承包单位存在违法分包行为，将工程的钢材款、项目管理人员工资等，交由劳务分包企业天津恒德建筑工程有限公司支付；非项目部管理人员程海超、王玉来、刘东乐、程树军等四人签批财务报销凭证。

案例二：南通一建集团有限公司施工的内蒙古自治区呼和浩特市万锦·领秀 1－7 号楼、S3 商业楼工程，项目经理季晓进；建设单位为呼和浩特市鹏盛房地产开发有限公司，项目负责人赵乐；监理单位为内蒙古居泰监理咨询有限公司，项目总监云慧芳。

主要违法违规事实：建设单位存在违法发包行为，将桩基工程发包给不具有地基与基础工程专业承包资质的内蒙古工大岩土工程有限责任公司；施工总承包单位存在违法分包行为，将起重设备安装工程分包给不具有独立法人资格的广西建工集团建筑机械制造有限责任公司内蒙古分公司；广西建工集团建筑机械制造有限责任公司内蒙古分公司存在挂靠行为，未提供现场负责人劳动合同、社保证明、工资发放单。

案例三：辽宁鸿润达建筑工程有限公司施工的辽宁省鞍山市半岛国际二期 D 区（22 号楼）工程，项目经理赵祥龙；建设单位为海城市中恒置业有限公司，项目负责人张小红；监理单位为海城市工程建设监理处，项目总监李万生。

主要违法违规事实：建设单位存在违法发包行为，将桩基工程施工直接发包给鞍山沃原基础工程有限责任公司。

案例四：海伦市恒济建筑工程有限公司施工的黑龙江省海伦市第九中学工程，项目经理王海彬；建设单位为海伦市教育局，项目负责人李青；监理单位为海伦市力达工程咨询服务有限公司，项目总监马贵生。

主要违法违规事实：建设单位存在违法发包行为，在未招标的情况下先行确定施工单位，且将起重设备安装工程直接发包给绥化市吉达建筑起重机安拆有限公司；施工总承包单位项目经理王海彬履职不到位，实际项目负责人刘国权非本单位人员。

案例五：黑龙江宏达建筑工程有限公司施工的黑龙江省海伦市中医院工程，项目经理王希东；建设单位为海伦市中医院，项目负责人王久阳；监理单位为绥化市工程建设监理有限公司，项目总监徐达。

主要违法违规事实：施工总承包单位项目经理王希东、安全员国成履职不到位，实际项目负责人徐成礼、项目管理人员吴占君非本单位人员。

案例六：甘肃宏达建筑工程有限责任公司施工的甘肃省金昌市甘肃农垦宾馆有限公司三星级商务宾馆工程，项目经理麻宗科；建设单位为甘肃农垦宾馆有限责任公司，项目负责人刘子智；监理单位为兰州交大工程咨询有限责任公司，项目总监杜亚恒。

主要违法违规事实：施工总承包单位存在违法分包行为，将防水工程分包给不具备相关资质的皋兰县天禹防水材料有限责任公司。

案例七:宁夏煤炭基本建设有限公司施工的新疆维吾尔自治区乌鲁木齐市乌东矿区异地安置片区棚户区改造项目6号楼工程,项目经理方立军;建设单位为神华新疆能源有限责任公司,项目负责人董新龙;监理单位为河南宏业建设管理有限公司,项目总监杜小燕。

主要违法违规事实:建设单位在未取得施工许可证的情况下,擅自开工建设;施工总承包单位存在违法分包行为,其在与劳务分包单位石嘴山市信实劳务有限公司签订的劳务合同中包含计取周转材料、塔吊、施工电梯相关条款,且升降机租赁合同由劳务方陈铁球代总承包单位签订。

案例八:青海省建工工程有限公司施工的青海省西宁市第二人民医院儿童诊疗中心工程,项目经理李发海;建设单位为西宁市第二人民医院,项目负责人麻承德;监理单位为青海国安工程监理有限公司,项目总监董海萍。

主要违法违规事实:施工总承包单位存在违法分包行为,将塔吊安装工程分包给不具备相应资质的单位。

(2)工程建设标准化管理

工程建设国家标准管理办法

1992年12月30日建设部令第24号公布施行

第一章 总 则

第一条 为了加强工程建设国家标准的管理,促进技术进步,保证工程质量,保障人体健康和人身、财产安全,根据《中华人民共和国标准化法》、《中华人民共和国标准化法实施条例》和国家有关工程建设的法律、行政法规,制定本办法。

第二条 对需要在全国范围内统一的下列技术要求,应当制定国家标准:

(一)工程建设勘察、规划、设计、施工(包括安装)及验收等通用的质量要求;

(二)工程建设通用的有关安全、卫生和环境保护的技术要求;

(三)工程建设通用的术语、符号、代号、量与单位、建筑模数和制图方法;

(四)工程建设通用的试验、检验和评定等方法;

(五)工程建设通用的信息技术要求;

(六)国家需要控制的其他工程建设通用的技术要求。

法律另有规定的,依照法律的规定执行。

第三条 国家标准分为强制性标准和推荐性标准。

下列标准属于强制性标准:

(一)工程建设勘察、规划、设计、施工(包括安装)及验收等通用的综合标准和重要的通用的质量标准;

(二)工程建设通用的有关安全、卫生和环境保护的标准;

(三)工程建设重要的通用的术语、符号、代号、量与单位、建筑模数和制图方法标准;

(四)工程建设重要的通用的试验、检验和评定方法等标准;

(五)工程建设重要的通用的信息技术标准;

(六)国家需要控制的其他工程建设通用的标准。

强制性标准以外的标准是推荐性标准。

第二章 国家标准的计划

第四条 国家标准的计划分为五年计划和年度计划。五年计划是编制年度计划的依据;年度计划是确定工作任务和组织编制标准的依据。

第五条 编制国家标准的计划,应当遵循下列原则:

(一)在国民经济发展的总目标和总方针的指导下进行,体现国家的技术、经济政策;

(二)适应工程建设和科学技术发展的需要;

(三)在充分做好调查研究和认真总结经验的基础上,根据工程建设标准体系表的要求,综合考虑相关标准之间的构成和协调配套;

(四)从实际出发,保证重点,统筹兼顾,根据需要和可能,分别轻重缓急,做好计划的综合平衡。

第六条 五年计划由计划编制纲要和计划项目两部分组成。其内容应当符合下列要求:

(一)计划编制纲要包括计划编制的依据、指导思想、预期目标、工作重点和实施计划的主要措施等;

(二)计划项目的内容包括标准名称、制订或修订、适用范围及其主要技术内容、主编部门、主编单位和起始年限等。

第七条 列入五年计划的国家标准制订项目应当落实主编单位。主编单位应当具备下列条件:

(一)承担过与该国家标准项目相应的工程建设勘察、规划、设计、施工或科研任务的企业、事业单位;

(二)具有较丰富的工程建设经验、较高的技术水平和组织管理水平，能组织解决国家标准编制中的重大技术问题。

第八条 列入五年计划的国家标准修订项目，其主编单位一般由原国家标准的管理单位承担。

第九条 五年计划的编制工作应当按下列程序进行：

（一）国务院工程建设行政主管部门根据国家编制国民经济和社会发展五年计划的原则和要求，统一部署编制国家标准五年计划的任务；

（二）国务院有关行政主管部门和省、自治区、直辖市工程建设行政主管部门，根据国务院工程建设行政主管部门统一部署的要求，提出五年计划建议草案，报国务院工程建设行政主管部门；

（三）国务院工程建设行政主管部门对五年计划建议草案进行汇总，在与各有关方面充分协商的基础上进行综合平衡，并提出五年计划草案，报国务院计划行政主管部门批准下达。

第十条 年度计划由计划编制的简要说明和计划项目两部分组成。计划项目的内容包括标准名称、制订或修订、适用范围及其主要技术内容、主编部门和主编单位、参加单位、起止年限、进度要求等。

第十一条 年度计划应当在五年计划的基础上进行编制。国家标准项目在列入年度计划之前由主编单位做好年度计划的前期工作，并提出前期工作报告。前期工作报告应当包括：国家标准项目名称、目的和作用、技术条件和成熟程度、与各类现行标准的关系、预期的经济效益和社会效益、建议参编单位和起止年限。

第十二条 列入年度计划的国家标准项目，应当具备下列条件：

（一）有年度计划的前期工作报告；

（二）有生产和建设的实践经验；

（三）相应的科研成果经过鉴定和验证，具备推广应用的条件；

（四）不与相关的国家标准重复或矛盾；

（五）参编单位已落实。

第十三条 年度计划的编制工作应当按下列程序进行：

（一）国务院有关行政主管部门和省、自治区、直辖市工程建设行政主管部门，应当根据五年计划的要求，分期分批地安排各国家标准项目的主编单位进行年度计划的前期工作。由主编单位提出的前期工作报告和年度计划项目表，报主管部门审查；

（二）国务院有关行政主管部门和省、自治区、直辖市工程建设行政主管部门，根据国务院工程建设行政主管部门当年的统一部署，做好所承担年度计划项目的落实工作并在规定期限前报国务院工程建设行政主管部门；

（三）国务院工程建设行政主管部门根据各主管部门提出的计划项目，经综合平衡后，编制工程建设国家标准的年度计划草案，在规定期限前报国务院计划行政主管部门批准下达。

第十四条 列入年度计划国家标准项目的主编单位应当按计划要求组织实施。在计划执行中遇有特殊情况，不能按原计划实施时，应当向主管部门提交申请变更计划的报告。各主管部门可根据实际情况提出调整计划的建议，经国务院工程建设行政主管部门批准后，按调整的计划组织实施。

第十五条 国务院各有关行政主管部门和省、自治区、直辖市工程建设行政主管部门对主管的国家标准项目计划执行情况负有监督和检查的责任，并负责协调解决计划执行中的重大问题。各主编单位在每年年底前将本年度计划执行情况和下年度的工作安排报行政主管部门，并报国务院工程建设行政主管部门备案。

第三章 国家标准的制订

第十六条 制订国家标准必须贯彻执行国家的有关法律、法规和方针、政策，密切结合自然条件，合理利用资源，充分考虑使用和维修的要求，做到安全适用、技术先进、经济合理。

第十七条 制订国家标准，对需要进行科学试验或测试验证的项目，应当纳入各级主管部门的科研计划，认真组织实施，写出成果报告。凡经过行政主管部门或受委托单位鉴定，技术上成熟，经济上合理的项目应当纳入标准。

第十八条 制订国家标准应当积极采用新技术、新工艺、新设备、新材料。纳入标准的新技术、新工艺、新设备、新材料，应当经有关主管部门或受委托单位鉴定，有完整的技术文件，且经实践检验行之有效。

第十九条 制订国家标准要积极采用国际标准和国外先进标准，凡经过认真分析论证或测试验证，并且符合我国国情的，应当纳入国家标准。

第二十条 制订国家标准，其条文规定应当严谨明确，文句简练，不得模棱两可；其内容深度、术语、符号、计量单位等应当前后一致，不得矛盾。

第二十一条 制订国家标准必须做好与现行相关标准之

间的协调工作。对需要与现行工程建设国家标准协调的,应当遵守现行工程建设国家标准的规定;确有充分依据对其内容进行更改的,必须经过国务院工程建设行政主管部门审批,方可另行规定。凡属于产品标准方面的内容,不得在工程建设国家标准中加以规定。

第二十二条 制订国家标准必须充分发扬民主。对国家标准中有关政策性问题,应当认真研究、充分讨论、统一认识;对有争论的技术性问题,应当在调查研究、试验验证或专题讨论的基础上,经过充分协商,恰如其分地做出结论。

第二十三条 制订国家标准的工作程序按准备、征求意见、送审和报批四个阶段进行。

第二十四条 准备阶段的工作应当符合下列要求:

(一)主编单位根据年度计划的要求,进行编制国家标准的筹备工作。落实国家标准编制组成员,草拟制订国家标准的工作大纲。工作大纲包括国家标准的主要章节内容、需要调查研究的主要问题、必要的测试验证项目、工作进度计划及编制组成员分工等内容;

(二)主编单位筹备工作完成后,由主编部门或由主编部门委托主编单位主持召开编制组第一次工作会议。其内容包括:宣布编制组成员、学习工程建设标准化工作的有关文件、讨论通过工作大纲和会议纪要。会议纪要印发国家标准的参编部门和单位,并报国务院工程建设行政主管部门备案。

第二十五条 征求意见阶段的工作应当符合下列要求:

(一)编制组根据制订国家标准的工作大纲开展调查研究工作。调查对象应当具有代表性和典型性。调查研究工作结束后,应当及时提出调查研究报告,并将整理好的原始调查记录和收集到的国内外有关资料由编制组统一归档;

(二)测试验证工作在编制组统一计划下进行,落实负责单位、制订测试验证工作大纲、确定统一的测试验证方法等。测试验证结果,应当由项目的负责单位组织有关专家进行鉴定。鉴定成果及有关的原始资料由编制组统一归档;

(三)编制组对国家标准中的重大问题或有分歧的问题,应当根据需要召开专题会议。专题会议邀请有代表性和有经验的专家参加,并应当形成会议纪要。会议纪要及会议记录等由编制组统一归档;

(四)编制组在做好上述各项工作的基础上,编写标准征求意见稿及其条文说明。主编单位对标准征求意见稿及其条文说明的内容全面负责;

(五)主编部门对主编单位提出的征求意见稿及其条文说明根据本办法制订标准的原则进行审核。审核的主要内容:国家标准的适用范围与技术内容协调一致;技术内容体现国家的技术经济政策;准确反映生产、建设的实践经验;标准的技术数据和参数有可靠的依据,并与相关标准相协调;对有分歧和争论的问题,编制组内取得一致意见;国家标准的编写符合工程建设国家标准编写的统一规定;

(六)征求意见稿及其条文说明应由主编单位印发国务院有关行政主管部门、各有关省、自治区、直辖市工程建设行政主管部门和各单位征求意见。征求意见的期限一般为两个月。必要时,对其中的重要问题,可以采取走访或召开专题会议的形式征求意见。

第二十六条 送审阶段的工作应当符合下列要求:

(一)编制组将征求意见阶段收集到的意见,逐条归纳整理,在分析研究的基础上提出处理意见,形成国家标准送审稿及其条文说明。对其中有争议的重大问题可以视具体情况进行补充的调查研究、测试验证或召开专题会议,提出处理意见;

(二)当国家标准需要进行全面的综合技术经济比较时,编制组要按国家标准送审稿组织试设计或施工试用。试设计或施工试用应当选择有代表性的工程进行。试设计或施工试用结束后应当提出报告;

(三)国家标准送审的文件一般应当包括:国家标准送审稿及其条文说明、送审报告、主要问题的专题报告、试设计或施工试用报告等。送审报告的内容主要包括:制订标准任务的来源、制订标准过程中所作的主要工作、标准中重点内容确定的依据及其成熟程度、与国外相关标准水平的对比、标准实施后的经济效益和社会效益以及对标准的初步总评价、标准中尚存在的主要问题和今后需要进行的主要工作等;

(四)国家标准送审文件应当在开会之前一个半月发至各主管部门和有关单位;

(五)国家标准送审稿的审查,一般采取召开审查会议的形式。经国务院工程建设行政主管部门同意后,也可以采取函审和小型审定会议的形式;

(六)审查会议应由主编部门主持召开。参加会议的代表应包括国务院有关行政主管部门的代表、有经验的专家代表、相关的国家标准编制组或管理组的代表。

审查会议可以成立会议领导小组，负责研究解决会议中提出的重大问题。会议由代表和编制组成员共同对标准送审稿进行审查，对其中重要的或有争议的问题应当进行充分讨论和协商，集中代表的正确意见；对有争议并不能取得一致意见的问题，应当提出倾向性审查意见。

审查会议应当形成会议纪要。其内容一般包括：审查会议概况、标准送审稿中的重点内容及分歧较大问题的审查意见、对标准送审稿的评价、会议代表和领导小组成员名单等；

（七）采取函审和小型审定会议对标准送审稿进行审查时，由主编部门印发通知。参加函审的单位和专家，应经国务院工程建设行政主管部门审查同意。主编部门在函审的基础上主持召开小型审定会议，对标准中的重大问题和有分歧的问题提出审查意见，形成会议纪要，印发各有关部门和单位并报国务院工程建设行政主管部门。

第二十七条　报批阶段的工作应当符合下列要求：

（一）编制组根据审查会议或函审和小型审定会议的审查意见，修改标准送审稿及其条文说明，形成标准报批稿及其条文说明。标准的报批文件经主编单位审查后报主编部门。报批文件一般包括标准报批稿及其条文说明、报批报告、审查或审定会议纪要、主要问题的专题报告、试设计或施工试用报告等。

（二）主编部门应当对标准报批文件进行全面审查，并会同国务院工程建设行政主管部门共同对标准报批稿进行审核。主编部门将共同确认的标准报批文件一式三份报国务院工程建设行政主管部门审批。

第四章　国家标准的审批、发布

第二十八条　国家标准由国务院工程建设行政主管部门审查批准，由国务院标准化行政主管部门统一编号，由国务院标准化行政主管部门和国务院工程建设行政主管部门联合发布。

第二十九条　国家标准的编号由国家标准代号、发布标准的顺序号和发布标准的年号组成，并应当符合下列统一格式：

（一）强制性国家标准的编号为：

GB　50×××—××

- GB——强制性国家标准的代号
- 50×××——发布标准的顺序号
- ××——发布标准的年号

（二）推荐性国家标准的编号：

GB/T　50×××—××

- GB/T——推荐性国家标准的代号
- 50×××——发布标准的顺序号
- ××——发布标准的年号

第三十条　国家标准的出版由国务院工程建设行政主管部门负责组织。国家标准的出版印刷应当符合工程建设标准出版印刷的统一要求。

第三十一条　国家标准属于科技成果。对技术水平高、取得显著经济效益或社会效益的国家标准，应当纳入各级科学技术进步奖励范围，予以奖励。

第五章　国家标准的复审与修订

第三十二条　国家标准实施后，应当根据科学技术的发展和工程建设的需要，由该国家标准的管理部门适时组织有关单位进行复审。复审一般在国家标准实施后五年进行一次。

第三十三条　国家标准复审的具体工作由国家标准管理单位负责。复审可以采取函审或会议审查，一般由参加过该标准编制或审查的单位或个人参加。

第三十四条　国家标准复审后，标准管理单位应当提出其继续有效或者予以修订、废止的意见，经该国家标准的主管部门确认后报国务院工程建设行政主管部门批准。

第三十五条　对确认继续有效的国家标准，当再版或汇编时，应在其封面或扉页上的标准编号下方增加“××××年×月确认继续有效”。对确认继续有效或予以废止的国家标准，由国务院工程建设行政主管部门在指定的报刊上公布。

第三十六条　对需要全面修订的国家标准，由其管理单位做好前期工作。国家标准修订的准备阶段工作应在管理阶段进行，其他有关的要求应当符合制订国家标准的有关规定。

第三十七条　凡属下列情况之一的国家标准应当进行局部修订：

（一）国家标准的部分规定已制约了科学技术新成果的推广应用；

（二）国家标准的部分规定经修订后可取得明显的经济效益、社会效益、环境效益；

（三）国家标准的部分规定有明显缺陷或与相关的国家标准相抵触；

（四）需要对现行的国家标准做局部补充规定。

第三十八条　国家标准局部修订的计划和编制程序，应当符合工程建设技术标准局部修订的统一规定。

第六章 国家标准的日常管理

第三十九条 国家标准发布后，由其管理单位组建国家标准管理组，负责国家标准的日常管理工作。

第四十条 国家标准管理组设专职或兼职若干人。其人员组成，经国家标准管理单位报该国家标准管理部门审定后报国务院工程建设行政主管部门备案。

第四十一条 国家标准日常管理的主要任务是：

（一）根据主管部门的授权负责国家标准的解释；

（二）对国家标准中遗留的问题，负责组织调查研究、必要的测试验证和重点科研工作；

（三）负责国家标准的宣传贯彻工作；

（四）调查了解国家标准的实施情况，收集和研究国内外有关标准、技术信息资料和实践经验，参加相应的国际标准化活动；

（五）参与有关工程建设质量事故的调查和咨询；

（六）负责开展标准的研究和学术交流活动；

（七）负责国家标准的复审、局部修订和技术档案工作。

第四十二条 国家标准管理人员在该国家标准管理部门和管理单位的领导下工作。管理单位应当加强对其的领导，进行经常性的督促检查，定期研究和解决国家标准日常管理工作中的问题。

第七章 附　　则

第四十三条 推荐性国家标准可由国务院工程建设行政主管部门委托中国工程建设标准化协会等单位编制计划、组织制订。

第四十四条 本办法由国务院工程建设行政主管部门负责解释。

第四十五条 本办法自发布之日起施行。

工程建设行业标准管理办法

1992 年 12 月 30 日建设部令第 25 号公布施行

第一条 为加强工程建设行业标准的管理，根据《中华人民共和国标准化法》、《中华人民共和国标准化法实施条例》和国家有关工程建设的法律、行政法规，制定本办法。

第二条 对没有国家标准而需要在全国某个行业范围内统一的下列技术要求，可以制定行业标准：

（一）工程建设勘察、规划、设计、施工（包括安装）及验收等行业专用的质量要求；

（二）工程建设行业专用的有关安全、卫生和环境保护的技术要求；

（三）工程建设行业专用的术语、符号、代号、量与单位和制图方法；

（四）工程建设行业专用的试验、检验和评定等方法；

（五）工程建设行业专用的信息技术要求；

（六）其他工程建设行业专用的技术要求。

第三条 行业标准分为强制性标准和推荐性标准。

下列标准属于强制性标准：

（一）工程建设勘察、规划、设计、施工（包括安装）及验收等行业专用的综合性标准和重要的行业专用的质量标准；

（二）工程建设行业专用的有关安全、卫生和环境保护的标准；

（三）工程建设重要的行业专用的术语、符号、代号、量与单位和制图方法标准；

（四）工程建设重要的行业专用的试验、检验和评定方法等标准；

（五）工程建设重要的行业专用的信息技术标准；

（六）行业需要控制的其他工程建设标准。

强制性标准以外的标准是推荐性标准。

第四条 国务院有关行政主管部门根据《中华人民共和国标准化法》和国务院工程建设行政主管部门确定的行业标准管理范围，履行行业标准的管理职责。

第五条 行业标准的计划根据国务院工程建设行政主管部门的统一部署由国务院有关行政主管部门组织编制和下达，并报国务院工程建设行政主管部门备案。

与两个以上国务院行政主管部门有关的行业标准，其主编部门由相关的行政主管部门协商确定或由国务院工程建设行政主管部门协调确定，其计划由被确定的主编部门下达。

第六条 行业标准不得与国家标准相抵触。有关行业标准之间应当协调、统一，避免重复。

第七条 制订、修订行业标准的工作程序，可以按准备、征求意见、送审和报批四个阶段进行。

第八条 行业标准的编写应当符合工程建设标准编写的统一规定。

第九条 行业标准由国务院有关行政主管部门审批、编号和发布。

其中，两个以上部门共同制订的行业标准，由有关的行政主管部门联合审批、发布，并由其主编部门负责编号。

第十条 行业标准的某些规定与国家标准不一致时，必须有充分的科学依据和理由，并经国家标准的审批部门批准。

行业标准在相应的国家标准实施后，应当及时修订或废止。

第十一条 行业标准实施后，该标准的批准部门应当根据科学技术的发展和工程建设的实际需要适时进行复审，确认其继续有效或予以修订、废止。一般五年复审一次，复审结果报国务院工程建设行政主管部门备案。

第十二条 行业标准的编号由行业标准的代号、标准发布的顺序号和批准标准的年号组成，并应当符合下列统一格式：

（一）强制性行业标准的编号：

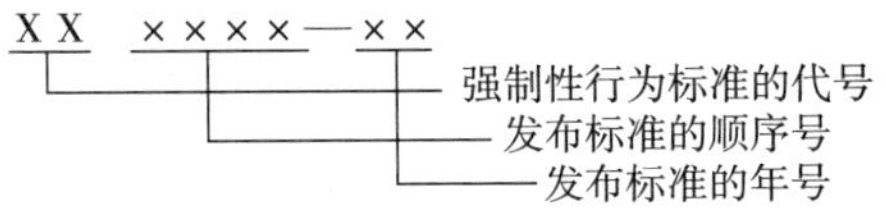

（二）推荐性行业标准的编号：

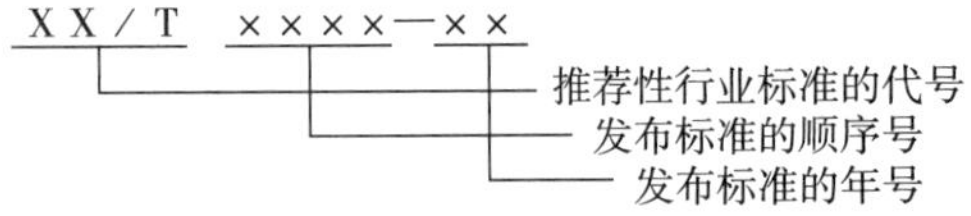

第十三条 行业标准发布后，应当报国务院工程建设行政主管部门备案。

第十四条 行业标准由标准的批准部门负责组织出版，并应当符合工程建设标准出版印刷的统一规定。

第十五条 行业标准属于科技成果。对技术水平高，取得显著经济效益、社会效益和环境效益的行业标准，应当纳入各级科学技术进步奖励范围，并予以奖励。

第十六条 国务院有关行政主管部门可以根据《中华人民共和国标准化法》、《中华人民共和国标准化法实施条例》和本办法制定本行业的工程建设行业标准管理细则。

第十七条 本办法由国务院工程建设行政主管部门负责解释。

第十八条 本办法自发布之日起实施。原《工程建设专业标准规范管理暂行办法》同时废止。

工程建设标准局部修订管理办法

1. 1994年3月31日建设部发布
2. 建标〔1994〕219号

第一条 为了使现行的工程建设标准（以下简称标准）的内容能够得到及时的修订，以适应科学技术的发展和工程建设的需要，根据《工程建设国家标准管理办法》和《工程建设行业标准管理办法》的规定，制定本办法。

第二条 本办法适用于工程建设国家标准、行业标准的局部修订。

第三条 现行标准凡属下列情况之一时，应当及时进行局部修订：

一、标准的部分规定已制约了科学技术新成果的推广应用；

二、标准的部分规定经修订后可取得明显的经济效益、社会效益、环境效益；

三、标准的部分规定有明显缺陷或与相关的标准相抵触；

四、根据工程建设的需要而又可能对现行的标准作局部补充规定。

第四条 标准的局部修订，必须贯彻执行有关的国家法律、法规和方针、政策，做到安全适用、技术先进、经济合理。

第五条 标准的局部修订计划，应当由标准的管理单位，根据标准的实施情况和本办法第三条的规定，提出标准局部修订的工作报告和修订内容的建议方案，上报工程建设有关主管部门。其中，国家标准的局部修订工作计划由有关主管部门审查，报国务院工程建设行政主管部门下达；行业标准的局部修订工作计划由行业主管部门审查并下达。

第六条 标准的局部修订工作程序应适当简化。标准管理单位要根据主管部门下达的标准局部修订计划开展工作，必要时可吸收原参编人员和邀请有关专家参加局部修订工作。标准的局部修订稿要在吸取各方面意见的基础上，充分发扬民主，提出送审稿并报有关主编部门。

第七条 标准的局部修订送审稿的审查，可采取召开审查会议的形式；经主管部门同意后，也可采取函审和小型审定会的形式。审查会议（或小型审定会）由主编部门或主编单位主持召开，并应形成会议纪要，作为标准局部修订的报批依据。

第八条 局部修订后的国家标准由国务院工程建设行政主管部门批准并公告；局部修订后的行业标准由行业主管部门批准并公告。

第九条 标准局部修订的条文及其条文说明的编写，应当符合工程建设标准的编写规定。

第十条 标准局部修订条文的编号，应符合下列规定：

一、修改条文的编号不变；

二、对新增条文，可在节内按顺序依次递增编号。也可按原有条文编号后加注大写正体拉丁字母编号，如：在第3.2.4条与第3.2.5条之间补充新的条文，其编号为“3.2.4A”；

三、对新增的节，应在相应章内按顺序依次递增编号；

四、对新增的章，应在标准的正文后按顺序依次递增编号。

第十一条 局部修订中新增或修改条文应当在其条（节）的编号下方加横线标记。

删除的章、节、条应保留原编号，并应加“此章、节、条删除”字样。

第十二条 局部修订的条文及其条文说明应当在指定的刊物上发表，且条文说明应紧接在相应条文后编排，并采用框线标记。

第十三条 当标准再版时，应按经批准的局部修订的条文和条文说明排版印刷，并应加印局部修订公告和标记。在封面和扉页中标准名称的下方应加印“××××年版”的字样。

标准再版时的出版印刷应当符合有关规定。

第十四条 本办法由建设部标准定额司负责解释。

第十五条 本办法自公布之日起实行。

实施工程建设强制性标准监督规定

1. 2000年8月25日建设部令第81号公布

2. 根据2015年1月22日住房和城乡建设部令第23号《关于修改〈市政公用设施抗灾设防管理规定〉等部门规章的决定》第一次修正

3. 根据2021年3月30日住房和城乡建设部令第52号《关于修改〈建筑工程施工许可管理办法〉等三部规章的决定》第二次修正

第一条 为加强工程建设强制性标准实施的监督工作，保证建设工程质量，保障人民的生命、财产安全，维护社会公共利益，根据《中华人民共和国标准化法》、《中华人民共和国标准化法实施条例》、《建设工程质量管理条例》等法律法规，制定本规定。

第二条 在中华人民共和国境内从事新建、扩建、改建等工程建设活动，必须执行工程建设强制性标准。

第三条 本规定所称工程建设强制性标准是指直接涉及工程质量、安全、卫生及环境保护等方面的工程建设标准强制性条文。

国家工程建设标准强制性条文由国务院住房城乡建设主管部门会同国务院有关主管部门确定。

第四条 国务院住房城乡建设主管部门负责全国实施工程建设强制性标准的监督管理工作。

国务院有关主管部门按照国务院的职能分工负责实施工程建设强制性标准的监督管理工作。

县级以上地方人民政府住房城乡建设主管部门负责本行政区域内实施工程建设强制性标准的监督管理工作。

第五条 建设工程勘察、设计文件中规定采用的新技术、新材料，可能影响建设工程质量和安全，又没有国家技术标准的，应当由国家认可的检测机构进行试验、论证，出具检测报告，并经国务院有关主管部门或者省、自治区、直辖市人民政府有关主管部门组织的建设工程技术专家委员会审定后，方可使用。

第六条 建设项目规划审查机构应当对工程建设规划阶段执行强制性标准的情况实施监督。

施工图设计文件审查单位应当对工程建设勘察、设计阶段执行强制性标准的情况实施监督。

建筑安全监督管理机构应当对工程建设施工阶段执行施工安全强制性标准的情况实施监督。

工程质量监督机构应当对工程建设施工、监理、验收等阶段执行强制性标准的情况实施监督。

第七条 建设项目规划审查机关、施工设计图设计文件审查单位、建筑安全监督管理机构、工程质量监督机构的技术人员必须熟悉、掌握工程建设强制性标准。

第八条 工程建设标准批准部门应当定期对建设项目规划审查机关、施工图设计文件审查单位、建筑安全监督管理机构、工程质量监督机构实施强制性标准的监督进行检查，对监督不力的单位和个人，给予通报批评，建议有关部门处理。

第九条 工程建设标准批准部门应当对工程项目执行强

制性标准情况进行监督检查。监督检查可以采取重点检查、抽查和专项检查的方式。

第十条 强制性标准监督检查的内容包括：

（一）有关工程技术人员是否熟悉、掌握强制性标准；

（二）工程项目的规划、勘察、设计、施工、验收等是否符合强制性标准的规定；

（三）工程项目采用的材料、设备是否符合强制性标准的规定；

（四）工程项目的安全、质量是否符合强制性标准的规定；

（五）工程中采用的导则、指南、手册、计算机软件的内容是否符合强制性标准的规定。

第十一条 工程建设标准批准部门应当将强制性标准监督检查结果在一定范围内公告。

第十二条 工程建设强制性标准的解释由工程建设标准批准部门负责。

有关标准具体技术内容的解释，工程建设标准批准部门可以委托该标准的编制管理单位负责。

第十三条 工程技术人员应当参加有关工程建设强制性标准的培训，并可以计入继续教育学时。

第十四条 住房城乡建设主管部门或者有关主管部门在处理重大工程事故时，应当有工程建设标准方面的专家参加；工程事故报告应当包括是否符合工程建设强制性标准的意见。

第十五条 任何单位和个人对违反工程建设强制性标准的行为有权向住房城乡建设主管部门或者有关部门检举、控告、投诉。

第十六条 建设单位有下列行为之一的，责令改正，并处以20万元以上50万元以下的罚款：

（一）明示或者暗示施工单位使用不合格的建筑材料、建筑构配件和设备的；

（二）明示或者暗示设计单位或者施工单位违反工程建设强制性标准，降低工程质量的。

第十七条 勘察、设计单位违反工程建设强制性标准进行勘察、设计的，责令改正，并处以10万元以上30万元以下的罚款。

有前款行为，造成工程质量事故的，责令停业整顿，降低资质等级；情节严重的，吊销资质证书；造成损失的，依法承担赔偿责任。

第十八条 施工单位违反工程建设强制性标准的，责令改正，处工程合同价款2%以上4%以下的罚款；造成建设工程质量不符合规定的质量标准的，负责返工、修理，并赔偿因此造成的损失；情节严重的，责令停业整顿，降低资质等级或者吊销资质证书。

第十九条 工程监理单位违反强制性标准规定，将不合格的建设工程以及建筑材料、建筑构配件和设备按照合格签字的，责令改正，处50万元以100万元以下的罚款，降低资质等级或者吊销资质证书；有违法所得的，予以没收；造成损失的，承担连带赔偿责任。

第二十条 违反工程建设强制性标准造成工程质量、安全隐患或者工程质量安全事故的，按照《建设工程质量管理条例》、《建设工程勘察设计管理条例》和《建设工程安全生产管理条例》的有关规定进行处罚。

第二十一条 有关责令停业整顿、降低资质等级和吊销资质证书的行政处罚，由颁发资质证书的机关决定；其他行政处罚，由住房城乡建设主管部门或者有关部门依照法定职权决定。

第二十二条 住房城乡建设主管部门和有关行政部门工作人员，玩忽职守、滥用职权、徇私舞弊的，给予行政处分；构成犯罪的，依法追究刑事责任。

第二十三条 本规定由国务院住房城乡建设主管部门负责解释。

第二十四条 本规定自发布之日起施行。

工程建设标准涉及专利管理办法

1. 2017年1月12日住房和城乡建设部办公厅发布
2. 建办标〔2017〕3号
3. 自2017年6月1日起施行

第一章　总　　则

第一条 为规范工程建设标准涉及专利的管理，鼓励创新和合理采用新技术，保护公众和专利权人及相关权利人合法权益，依据标准化法、专利法等有关规定制定本办法。

第二条 本办法适用于工程建设国家标准、行业标准和地方标准（以下统称标准）的立项、编制、实施过程中涉及专利相关事项的管理。

本办法所称专利包括有效的专利和专利申请。

第三条 标准中涉及的专利应当是必要专利，并应经工程实践检验，在该项标准适用范围内具有先进性和适用性。必要专利是指实施该标准必不可少的专利。

第四条 强制性标准一般不涉及收费许可使用的专利。

第五条 标准涉及专利相关事项的管理，应当坚持科学、公开、公平、公正、统一的原则。

第六条 国务院有关部门和省、自治区、直辖市人民政府有关部门，负责对所批准标准涉及专利相关事项的管理。

第二章 专利信息披露

第七条 提交标准立项申请的单位在立项申请时，应同时提交所申请标准涉及专利的检索情况。

第八条 在标准的初稿、征求意见稿、送审稿封面上，应当标注征集潜在专利信息的提示。在标准的初稿、征求意见稿、送审稿、报批稿前言中，应当标注标准涉及专利的信息。

第九条 在标准制修订任何阶段，标准起草单位或者个人应当及时向标准第一起草单位告知其拥有或知悉的必要专利，同时提供专利信息及相应证明材料，并对其真实性负责。

第十条 鼓励未参与标准起草的单位或者个人，在标准制修订任何阶段披露其拥有和知悉的必要专利，同时将专利信息及相应的证明材料提交标准第一起草单位，并对其真实性负责。

第十一条 标准第一起草单位应当及时核实本单位拥有及获得的专利信息，并对专利的必要性、先进性、适用性进行论证。

第十二条 任何单位或者个人可以直接将其知悉的专利信息和相关材料，寄送标准批准部门。

第三章 专利实施许可

第十三条 标准在制修订过程中涉及专利的，标准第一起草单位应当及时联系专利权人或者专利申请人，告知本标准制修订预计完成时间和商请签署专利实施许可声明的要求，并请专利权人或者专利申请人按照下列选项签署书面专利实施许可声明：

（一）同意在公平、合理、无歧视基础上，免费许可任何单位或者个人在实施该标准时实施其专利；

（二）同意在公平、合理、无歧视基础上，收费许可任何单位或者个人在实施该标准时实施其专利。

第十四条 未获得专利权人或者专利申请人签署的专利实施许可声明的，标准内容不得包括基于该专利的条款。

第十五条 当标准修订导致已签署的许可声明不再适用时，应当按照本办法的规定重新签署书面专利实施许可声明。当标准废止时，已签署的专利实施许可声明同时终止。

第十六条 对于已经向标准第一起草单位提交实施许可声明的专利，专利权人或者专利申请人转让或者转移该专利时，应当保证受让人同意受该专利实施许可声明的约束，并将专利转让或转移情况及相应证明材料书面告知标准第一起草单位。

第四章 涉及专利标准的批准和实施

第十七条 涉及专利的标准报批时，标准第一起草单位应当同时提交涉及专利的证明材料、专利实施许可声明、论证报告等相关文件。标准批准部门应当对标准第一起草单位提交的有关文件进行审核。

第十八条 标准发布后，对涉及专利但没有专利实施许可声明的，标准批准部门应当责成标准第一起草单位在规定时间内，获得专利权人或者专利申请人签署的专利实施许可声明，并提交标准批准部门。未能在规定时间内获得专利实施许可声明的，标准批准部门视情况采取暂停实施该标准、启动标准修订或废止程序等措施。

第十九条 标准发布后，涉及专利的信息发生变化时，标准第一起草单位应当及时提出处置方案，经标准批准部门审核后对该标准进行相应处置。

第二十条 标准实施过程中，涉及专利实施许可费问题，由标准使用人与专利权人或者专利申请人依据签署的专利实施许可声明协商处理。

第五章 附 则

第二十一条 在标准制修订过程中引用涉及专利的标准条款时，应当按照本办法第三章的规定，由标准第一起草单位办理专利实施许可声明。

第二十二条 工程建设团体标准的立项、编制、实施过程中涉及专利相关事项可参照本办法执行。

第二十三条 本办法由住房城乡建设部负责解释。

第二十四条 本办法自2017年6月1日起实施。

5. 工程价款结算

建筑工程施工发包与承包计价管理办法

1. 2013年12月11日住房和城乡建设部令第16号公布
2. 自2014年2月1日起施行

第一条　为了规范建筑工程施工发包与承包计价行为，维护建筑工程发包与承包双方的合法权益，促进建筑市场的健康发展，根据有关法律、法规，制定本办法。

第二条　在中华人民共和国境内的建筑工程施工发包与承包计价（以下简称工程发承包计价）管理，适用本办法。

本办法所称建筑工程是指房屋建筑和市政基础设施工程。

本办法所称工程发承包计价包括编制工程量清单、最高投标限价、招标标底、投标报价，进行工程结算，以及签订和调整合同价款等活动。

第三条　建筑工程施工发包与承包价在政府宏观调控下，由市场竞争形成。

工程发承包计价应当遵循公平、合法和诚实信用的原则。

第四条　国务院住房城乡建设主管部门负责全国工程发承包计价工作的管理。

县级以上地方人民政府住房城乡建设主管部门负责本行政区域内工程发承包计价工作的管理。其具体工作可以委托工程造价管理机构负责。

第五条　国家推广工程造价咨询制度，对建筑工程项目实行全过程造价管理。

第六条　全部使用国有资金投资或者以国有资金投资为主的建筑工程（以下简称国有资金投资的建筑工程），应当采用工程量清单计价；非国有资金投资的建筑工程，鼓励采用工程量清单计价。

国有资金投资的建筑工程招标的，应当设有最高投标限价；非国有资金投资的建筑工程招标的，可以设有最高投标限价或者招标标底。

最高投标限价及其成果文件，应当由招标人报工程所在地县级以上地方人民政府住房城乡建设主管部门备案。

第七条　工程量清单应当依据国家制定的工程量清单计价规范、工程量计算规范等编制。工程量清单应当作为招标文件的组成部分。

第八条　最高投标限价应当依据工程量清单、工程计价有关规定和市场价格信息等编制。招标人设有最高投标限价的，应当在招标时公布最高投标限价的总价，以及各单位工程的分部分项工程费、措施项目费、其他项目费、规费和税金。

第九条　招标标底应当依据工程计价有关规定和市场价格信息等编制。

第十条　投标报价不得低于工程成本，不得高于最高投标限价。

投标报价应当依据工程量清单、工程计价有关规定、企业定额和市场价格信息等编制。

第十一条　投标报价低于工程成本或者高于最高投标限价总价的，评标委员会应当否决投标人的投标。

对是否低于工程成本报价的异议，评标委员会可以参照国务院住房城乡建设主管部门和省、自治区、直辖市人民政府住房城乡建设主管部门发布的有关规定进行评审。

第十二条　招标人与中标人应当根据中标价订立合同。不实行招标投标的工程由发承包双方协商订立合同。

合同价款的有关事项由发承包双方约定，一般包括合同价款约定方式，预付工程款、工程进度款、工程竣工价款的支付和结算方式，以及合同价款的调整情形等。

第十三条　发承包双方在确定合同价款时，应当考虑市场环境和生产要素价格变化对合同价款的影响。

实行工程量清单计价的建筑工程，鼓励发承包双方采用单价方式确定合同价款。

建设规模较小、技术难度较低、工期较短的建筑工程，发承包双方可以采用总价方式确定合同价款。

紧急抢险、救灾以及施工技术特别复杂的建筑工程，发承包双方可以采用成本加酬金方式确定合同价款。

第十四条　发承包双方应当在合同中约定，发生下列情形时合同价款的调整方法：

（一）法律、法规、规章或者国家有关政策变化影响合同价款的；

（二）工程造价管理机构发布价格调整信息的；

（三）经批准变更设计的；

（四）发包方更改经审定批准的施工组织设计造

成费用增加的；

（五）双方约定的其他因素。

第十五条 发承包双方应当根据国务院住房城乡建设主管部门和省、自治区、直辖市人民政府住房城乡建设主管部门的规定，结合工程款、建设工期等情况在合同中约定预付工程款的具体事宜。

预付工程款按照合同价款或者年度工程计划额度的一定比例确定和支付，并在工程进度款中予以抵扣。

第十六条 承包方应当按照合同约定向发包方提交已完成工程量报告。发包方收到工程量报告后，应当按照合同约定及时核对并确认。

第十七条 发承包双方应当按照合同约定，定期或者按照工程进度分段进行工程款结算和支付。

第十八条 工程完工后，应当按照下列规定进行竣工结算：

（一）承包方应当在工程完工后的约定期限内提交竣工结算文件。

（二）国有资金投资建筑工程的发包方，应当委托具有相应资质的工程造价咨询企业对竣工结算文件进行审核，并在收到竣工结算文件后的约定期限内向承包方提出由工程造价咨询企业出具的竣工结算文件审核意见；逾期未答复的，按照合同约定处理，合同没有约定的，竣工结算文件视为已被认可。

非国有资金投资的建筑工程发包方，应当在收到竣工结算文件后的约定期限内予以答复，逾期未答复的，按照合同约定处理，合同没有约定的，竣工结算文件视为已被认可；发包方对竣工结算文件有异议的，应当在答复期内向承包方提出，并可以在提出异议之日起的约定期限内与承包方协商；发包方在协商期内未与承包方协商或者经协商未能与承包方达成协议的，应当委托工程造价咨询企业进行竣工结算审核，并在协商期满后的约定期限内向承包方提出由工程造价咨询企业出具的竣工结算文件审核意见。

（三）承包方对发包方提出的工程造价咨询企业竣工结算审核意见有异议的，在接到该审核意见后一个月内，可以向有关工程造价管理机构或者有关行业组织申请调解，调解不成的，可以依法申请仲裁或者向人民法院提起诉讼。

发承包双方在合同中对本条第（一）项、第（二）项的期限没有明确约定的，应当按照国家有关规定执行；国家没有规定的，可认为其约定期限均为28日。

第十九条 工程竣工结算文件经发承包双方签字确认的，应当作为工程决算的依据，未经对方同意，另一方不得就已生效的竣工结算文件委托工程造价咨询企业重复审核。发包方应当按照竣工结算文件及时支付竣工结算款。

竣工结算文件应当由发包方报工程所在地县级以上地方人民政府住房城乡建设主管部门备案。

第二十条 造价工程师编制工程量清单、最高投标限价、招标标底、投标报价、工程结算审核和工程造价鉴定文件，应当签字并加盖造价工程师执业专用章。

第二十一条 县级以上地方人民政府住房城乡建设主管部门应当依照有关法律、法规和本办法规定，加强对建筑工程发承包计价活动的监督检查和投诉举报的核查，并有权采取下列措施：

（一）要求被检查单位提供有关文件和资料；

（二）就有关问题询问签署文件的人员；

（三）要求改正违反有关法律、法规、本办法或者工程建设强制性标准的行为。

县级以上地方人民政府住房城乡建设主管部门应当将监督检查的处理结果向社会公开。

第二十二条 造价工程师在最高投标限价、招标标底或者投标报价编制、工程结算审核和工程造价鉴定中，签署有虚假记载、误导性陈述的工程造价成果文件的，记入造价工程师信用档案，依照《注册造价工程师管理办法》进行查处；构成犯罪的，依法追究刑事责任。

第二十三条 工程造价咨询企业在建筑工程计价活动中，出具有虚假记载、误导性陈述的工程造价成果文件的，记入工程造价咨询企业信用档案，由县级以上地方人民政府住房城乡建设主管部门责令改正，处1万元以上3万元以下的罚款，并予以通报。

第二十四条 国家机关工作人员在建筑工程计价监督管理工作中玩忽职守、徇私舞弊、滥用职权的，由有关机关给予行政处分；构成犯罪的，依法追究刑事责任。

第二十五条 建筑工程以外的工程施工发包与承包计价管理可以参照本办法执行。

第二十六条 省、自治区、直辖市人民政府住房城乡建设主管部门可以根据本办法制定实施细则。

第二十七条 本办法自2014年2月1日起施行。原建设部2001年11月5日发布的《建筑工程施工发包与承包计价管理办法》（建设部令第107号）同时废止。

建设工程价款结算暂行办法

1. 2004年10月20日财政部、建设部发布
2. 财建〔2004〕369号

第一章　总　　则

第一条　为加强和规范建设工程价款结算，维护建设市场正常秩序，根据《中华人民共和国合同法》、《中华人民共和国建筑法》、《中华人民共和国招标投标法》、《中华人民共和国预算法》、《中华人民共和国政府采购法》、《中华人民共和国预算法实施条例》等有关法律、行政法规制订本办法。

第二条　凡在中华人民共和国境内的建设工程价款结算活动，均适用本办法。国家法律法规另有规定的，从其规定。

第三条　本办法所称建设工程价款结算（以下简称“工程价款结算”），是指对建设工程的发承包合同价款进行约定和依据合同约定进行工程预付款、工程进度款、工程竣工价款结算的活动。

第四条　国务院财政部门、各级地方政府财政部门和国务院建设行政主管部门、各级地方政府建设行政主管部门在各自职责范围内负责工程价款结算的监督管理。

第五条　从事工程价款结算活动，应当遵循合法、平等、诚信的原则，并符合国家有关法律、法规和政策。

第二章　工程合同价款的约定与调整

第六条　招标工程的合同价款应当在规定时间内，依据招标文件、中标人的投标文件，由发包人与承包人（以下简称“发、承包人”）订立书面合同约定。

非招标工程的合同价款依据审定的工程预（概）算书由发、承包人在合同中约定。

合同价款在合同中约定后，任何一方不得擅自改变。

第七条　发包人、承包人应当在合同条款中对涉及工程价款结算的下列事项进行约定：

（一）预付工程款的数额、支付时限及抵扣方式；

（二）工程进度款的支付方式、数额及时限；

（三）工程施工中发生变更时，工程价款的调整方法、索赔方式、时限要求及金额支付方式；

（四）发生工程价款纠纷的解决方法；

（五）约定承担风险的范围及幅度以及超出约定范围和幅度的调整办法；

（六）工程竣工价款的结算与支付方式、数额及时限；

（七）工程质量保证（保修）金的数额、预扣方式及时限；

（八）安全措施和意外伤害保险费用；

（九）工期及工期提前或延后的奖惩办法；

（十）与履行合同、支付价款相关的担保事项。

第八条　发、承包人在签订合同时对于工程价款的约定，可选用下列一种约定方式：

（一）固定总价。合同工期较短且工程合同总价较低的工程，可以采用固定总价合同方式。

（二）固定单价。双方在合同中约定综合单价包含的风险范围和风险费用的计算方法，在约定的风险范围内综合单价不再调整。风险范围以外的综合单价调整方法，应当在合同中约定。

（三）可调价格。可调价格包括可调综合单价和措施费等，双方应在合同中约定综合单价和措施费的调整方法，调整因素包括：

1. 法律、行政法规和国家有关政策变化影响合同价款；

2. 工程造价管理机构的价格调整；

3. 经批准的设计变更；

4. 发包人更改经审定批准的施工组织设计（修正错误除外）造成费用增加；

5. 双方约定的其他因素。

第九条　承包人应当在合同规定的调整情况发生后14天内，将调整原因、金额以书面形式通知发包人，发包人确认调整金额后将其作为追加合同价款，与工程进度款同期支付。发包人收到承包人通知后14天内不予确认也不提出修改意见，视为已经同意该项调整。

当合同规定的调整合同价款的调整情况发生后，承包人未在规定时间内通知发包人，或者未在规定时间内提出调整报告，发包人可以根据有关资料，决定是否调整和调整的金额，并书面通知承包人。

第十条　工程设计变更价款调整

（一）施工中发生工程变更，承包人按照经发包人认可的变更设计文件，进行变更施工，其中，政府投资项目重大变更，需按基本建设程序报批后方可施工。

（二）在工程设计变更确定后14天内，设计变更涉及工程价款调整的，由承包人向发包人提出，经发包人审核同意后调整合同价款。变更合同价款按下列方法进行：

1. 合同中已有适用于变更工程的价格，按合同已有的价格变更合同价款；

2. 合同中只有类似于变更工程的价格，可以参照类似价格变更合同价款；

3. 合同中没有适用或类似于变更工程的价格，由承包人或发包人提出适当的变更价格，经对方确认后执行。如双方不能达成一致的，双方可提请工程所在地工程造价管理机构进行咨询或按合同约定的争议或纠纷解决程序办理。

（三）工程设计变更确定后14天内，如承包人未提出变更工程价款报告，则发包人可根据所掌握的资料决定是否调整合同价款和调整的具体金额。重大工程变更涉及工程价款变更报告和确认的时限由发承包双方协商确定。

收到变更工程价款报告一方，应在收到之日起14天内予以确认或提出协商意见，自变更工程价款报告送达之日起14天内，对方未确认也未提出协商意见时，视为变更工程价款报告已被确认。

确认增（减）的工程变更价款作为追加（减）合同价款与工程进度款同期支付。

第三章 工程价款结算

第十一条 工程价款结算应按合同约定办理，合同未作约定或约定不明的，发、承包双方应依照下列规定与文件协商处理：

（一）国家有关法律、法规和规章制度；

（二）国务院建设行政主管部门、省、自治区、直辖市或有关部门发布的工程造价计价标准、计价办法等有关规定；

（三）建设项目的合同、补充协议、变更签证和现场签证，以及经发、承包人认可的其他有效文件；

（四）其他可依据的材料。

第十二条 工程预付款结算应符合下列规定：

（一）包工包料工程的预付款按合同约定拨付，原则上预付比例不低于合同金额的10%，不高于合同金额的30%，对重大工程项目，按年度工程计划逐年预付。计价执行《建设工程工程量清单计价规范》（GB 50500－2003）的工程，实体性消耗和非实体性消耗部分应在合同中分别约定预付款比例。

（二）在具备施工条件的前提下，发包人应在双方签订合同后的一个月内或不迟于约定的开工日期前的7天内预付工程款，发包人不按约定预付，承包人应在预付时间到期后10天内向发包人发出要求预付的通知，发包人收到通知后仍不按要求预付，承包人可在发出通知14天后停止施工，发包人应从约定应付之日起向承包人支付应付款的利息（利率按同期银行贷款利率计），并承担违约责任。

（三）预付的工程款必须在合同中约定抵扣方式，并在工程进度款中进行抵扣。

（四）凡是没有签订合同或不具备施工条件的工程，发包人不得预付工程款，不得以预付款为名转移资金。

第十三条 工程进度款结算与支付应当符合下列规定：

（一）工程进度款结算方式

1. 按月结算与支付。即实行按月支付进度款，竣工后清算的办法。合同工期在两个年度以上的工程，在年终进行工程盘点，办理年度结算。

2. 分段结算与支付。即当年开工、当年不能竣工的工程按照工程形象进度，划分不同阶段支付工程进度款。具体划分在合同中明确。

（二）工程量计算

1. 承包人应当按照合同约定的方法和时间，向发包人提交已完工程量的报告。发包人接到报告后14天内核实已完工程量，并在核实前1天通知承包人，承包人应提供条件并派人参加核实，承包人收到通知后不参加核实，以发包人核实的工程量作为工程价款支付的依据。发包人不按约定时间通知承包人，致使承包人未能参加核实，核实结果无效。

2. 发包人收到承包人报告后14天内未核实完工程量，从第15天起，承包人报告的工程量即视为被确认，作为工程价款支付的依据，双方合同另有约定的，按合同执行。

3. 对承包人超出设计图纸（含设计变更）范围和因承包人原因造成返工的工程量，发包人不予计量。

（三）工程进度款支付

1. 根据确定的工程计量结果，承包人向发包人提出支付工程进度款申请，14天内，发包人应按不低于工程价款的60%，不高于工程价款的90%向承包人支付工程进度款。按约定时间发包人应扣回的预付款，与工程进度款同期结算抵扣。

2. 发包人超过约定的支付时间不支付工程进度

款,承包人应及时向发包人发出要求付款的通知,发包人收到承包人通知后仍不能按要求付款,可与承包人协商签订延期付款协议,经承包人同意后可延期支付,协议应明确延期支付的时间和从工程计量结果确认后第15天起计算应付款的利息(利率按同期银行贷款利率计)。

3. 发包人不按合同约定支付工程进度款,双方又未达成延期付款协议,导致施工无法进行,承包人可停止施工,由发包人承担违约责任。

第十四条 工程完工后,双方应按照约定的合同价款及合同价款调整内容以及索赔事项,进行工程竣工结算。

(一)工程竣工结算方式

工程竣工结算分为单位工程竣工结算、单项工程竣工结算和建设项目竣工总结算。

(二)工程竣工结算编审

1. 单位工程竣工结算由承包人编制,发包人审查;实行总承包的工程,由具体承包人编制,在总包人审查的基础上,发包人审查。

2. 单项工程竣工结算或建设项目竣工总结算由总(承)包人编制,发包人可直接进行审查,也可以委托具有相应资质的工程造价咨询机构进行审查。政府投资项目,由同级财政部门审查。单项工程竣工结算或建设项目竣工总结算经发、承包人签字盖章后有效。

承包人应在合同约定期限内完成项目竣工结算编制工作,未在规定期限内完成的并且提不出正当理由延期的,责任自负。

(三)工程竣工结算审查期限

单项工程竣工后,承包人应在提交竣工验收报告的同时,向发包人递交竣工结算报告及完整的结算资料,发包人应按以下规定时限进行核对(审查)并提出审查意见。

工程竣工结算报告金额	审查时间
1. 500万元以下	从接到竣工结算报告和完整的竣工结算资料之日起20天
2. 500万元-2000万元	从接到竣工结算报告和完整的竣工结算资料之日起30天
3. 2000万元-5000万元	从接到竣工结算报告和完整的竣工结算资料之日起45天
4. 5000万元以上	从接到竣工结算报告和完整的竣工结算资料之日起60天

建设项目竣工总结算在最后一个单项工程竣工结算审查确认后15天内汇总,送发包人后30天内审查完成。

(四)工程竣工价款结算

发包人收到承包人递交的竣工结算报告及完整的结算资料后,应按本办法规定的期限(合同约定有期限的,从其约定)进行核实,给予确认或者提出修改意见。发包人根据确认的竣工结算报告向承包人支付工程竣工结算价款,保留5%左右的质量保证(保修)金,待工程交付使用一年质保期到期后清算(合同另有约定的,从其约定),质保期内如有返修,发生费用应在质量保证(保修)金内扣除。

(五)索赔价款结算

发承包人未能按合同约定履行自己的各项义务或发生错误,给另一方造成经济损失的,由受损方按合同约定提出索赔,索赔金额按合同约定支付。

(六)合同以外零星项目工程价款结算

发包人要求承包人完成合同以外零星项目,承包人应在接受发包人要求的7天内就用工数量和单价、机械台班数量和单价、使用材料和金额等向发包人提出施工签证,发包人签证后施工,如发包人未签证,承包人施工后发生争议的,责任由承包人自负。

第十五条 发包人和承包人要加强施工现场的造价控制,及时对工程合同外的事项如实纪录并履行书面手续。凡由发、承包双方授权的现场代表签字的现场签证以及发、承包双方协商确定的索赔等费用,应在工程竣工结算中如实办理,不得因发、承包双方现场代表的中途变更改变其有效性。

第十六条 发包人收到竣工结算报告及完整的结算资料后,在本办法规定或合同约定期限内,对结算报告及资料没有提出意见,则视同认可。

承包人如未在规定时间内提供完整的工程竣工结算资料,经发包人催促后14天内仍未提供或没有明确答复,发包人有权根据已有资料进行审查,责任由承包人自负。

根据确认的竣工结算报告,承包人向发包人申请支付工程竣工结算款。发包人应在收到申请后15天内支付结算款,到期没有支付的应承担违约责任。承包人可以催告发包人支付结算价款,如达成延期支付协议,承包人应按同期银行贷款利率支付拖欠工程价款的利息。如未达成延期支付协议,承包人可以与发包人协商将该工程折价，或申请人民法院将该工程依法拍卖，承包人就该工程折价或者拍卖的价款优先受偿。

第十七条 工程竣工结算以合同工期为准，实际施工工期比合同工期提前或延后，发、承包双方应按合同约定的奖惩办法执行。

第四章 工程价款结算争议处理

第十八条 工程造价咨询机构接受发包人或承包人委托，编审工程竣工结算，应按合同约定和实际履约事项认真办理，出具的竣工结算报告经发、承包双方签字后生效。当事人一方对报告有异议的，可对工程结算中有异议部分，向有关部门申请咨询后协商处理，若不能达成一致的，双方可按合同约定的争议或纠纷解决程序办理。

第十九条 发包人对工程质量有异议，已竣工验收或已竣工未验收但实际投入使用的工程，其质量争议按该工程保修合同执行；已竣工未验收且未实际投入使用的工程以及停工、停建工程的质量争议，应当就有争议部分的竣工结算暂缓办理，双方可就有争议的工程委托有资质的检测鉴定机构进行检测，根据检测结果确定解决方案，或按工程质量监督机构的处理决定执行，其余部分的竣工结算依照约定办理。

第二十条 当事人对工程造价发生合同纠纷时，可通过下列办法解决：

（一）双方协商确定；

（二）按合同条款约定的办法提请调解；

（三）向有关仲裁机构申请仲裁或向人民法院起诉。

第五章 工程价款结算管理

第二十一条 工程竣工后，发、承包双方应及时办清工程竣工结算，否则，工程不得交付使用，有关部门不予办理权属登记。

第二十二条 发包人与中标的承包人不按照招标文件和中标的承包人的投标文件订立合同的，或者发包人、中标的承包人背离合同实质性内容另行订立协议，造成工程价款结算纠纷的，另行订立的协议无效，由建设行政主管部门责令改正，并按《中华人民共和国招标投标法》第五十九条进行处罚。

第二十三条 接受委托承接有关工程结算咨询业务的工程造价咨询机构应具有工程造价咨询单位资质，其出具的办理拨付工程价款和工程结算的文件，应当由造价工程师签字，并应加盖执业专用章和单位公章。

第六章 附 则

第二十四条 建设工程施工专业分包或劳务分包，总（承）包人与分包人必须依法订立专业分包或劳务分包合同，按照本办法的规定在合同中约定工程价款及其结算办法。

第二十五条 政府投资项目除执行本办法有关规定外，地方政府或地方政府财政部门对政府投资项目合同价款约定与调整、工程价款结算、工程价款结算争议处理等事项，如另有特殊规定的，从其规定。

第二十六条 凡实行监理的工程项目，工程价款结算过程中涉及监理工程师签证事项，应按工程监理合同约定执行。

第二十七条 有关主管部门、地方政府财政部门和地方政府建设行政主管部门可参照本办法，结合本部门、本地区实际情况，另行制订具体办法，并报财政部、建设部备案。

第二十八条 合同示范文本内容如与本办法不一致，以本办法为准。

第二十九条 本办法自公布之日起施行。

建设工程定额管理办法

1. 2015年12月25日住房和城乡建设部发布

2. 建标〔2015〕230号

第一章 总 则

第一条 为规范建设工程定额（以下简称定额）管理，合理确定和有效控制工程造价，更好地为工程建设服务，依据相关法律法规，制定本办法。

第二条 国务院住房城乡建设行政主管部门、各省级住房城乡建设行政主管部门和行业主管部门（以下简称各主管部门）发布的各类定额，适用本办法。

第三条 本办法所称定额是指在正常施工条件下完成规定计量单位的合格建筑安装工程所消耗的人工、材料、施工机具台班、工期天数及相关费率等的数量基准。

定额是国有资金投资工程编制投资估算、设计概算和最高投标限价的依据，对其他工程仅供参考。

第四条 定额管理包括定额的体系与计划、制定与修订、发布与日常管理。

第五条 定额管理应遵循统一规划、分工负责、科学编制、动态管理的原则。

第六条 国务院住房城乡建设行政主管部门负责全国统一定额管理工作，指导监督全国各类定额的实施；

行业主管部门负责本行业的定额管理工作；

省级住房城乡建设行政主管部门负责本行政区域内的定额管理工作。

定额管理具体工作由各主管部门所属建设工程造价管理机构负责。

第二章 体系与计划

第七条 各主管部门应编制和完善相应的定额体系表，并适时调整。

国务院住房城乡建设行政主管部门负责制定定额体系编制的统一要求。各行业主管部门、省级住房城乡建设行政主管部门按统一要求编制完善本行业和地区的定额体系表，并报国务院住房城乡建设行政主管部门。

国务院住房城乡建设行政主管部门根据各行业主管部门、省级住房城乡建设行政主管部门报送的定额体系表编制发布全国定额体系表。

第八条 各主管部门应根据工程建设发展的需要，按照定额体系相关要求，组织工程造价管理机构编制定额年度工作计划，明确工作任务、工作重点、主要措施、进度安排、工作经费等。

第三章 制定与修订

第九条 定额的制定与修订包括制定、全面修订、局部修订、补充。

（一）对新型工程以及建筑产业现代化、绿色建筑、建筑节能等工程建设新要求，应及时制定新定额。

（二）对相关技术规程和技术规范已全面更新且不能满足工程计价需要的定额，发布实施已满五年的定额，应全面修订。

（三）对相关技术规程和技术规范发生局部调整且不能满足工程计价需要的定额，部分子目已不适应工程计价需要的定额，应及时局部修订。

（四）对定额发布后工程建设中出现的新技术、新工艺、新材料、新设备等情况，应根据工程建设需求及时编制补充定额。

第十条 定额应按统一的规则进行编制，术语、符号、计量单位等严格执行国家相关标准和规范，做到格式规范、语言严谨、数据准确。

第十一条 定额应合理反映工程建设的实际情况，体现工程建设的社会平均水平，积极引导新技术、新工艺、新材料、新设备的应用。

第十二条 各主管部门可通过购买服务等多种方式，充分发挥企业、科研单位、社团组织等社会力量在工程定额编制中的基础作用，提高定额编制科学性、及时性。鼓励企业编制企业定额。

第十三条 定额的制定、全面修订和局部修订工作均应按准备、编制初稿、征求意见、审查、批准发布五个步骤进行。

（一）准备：建设工程造价管理机构根据定额工作计划，组织具有一定工程实践经验和专业技术水平的人员成立编制组。编制组负责拟定工作大纲，建设工程造价管理机构负责对工作大纲进行审查。工作大纲主要内容应包括：任务依据、编制目的、编制原则、编制依据、主要内容、需要解决的主要问题、编制组人员与分工、进度安排、编制经费来源等。

（二）编制初稿：编制组根据工作大纲开展调查研究工作，深入定额使用单位了解情况、广泛收集数据，对编制中的重大问题或技术问题，应进行测算验证或召开专题会议论证，并形成相应报告，在此基础上经过项目划分和水平测算后编制完成定额初稿。

（三）征求意见：建设工程造价管理机构组织专家对定额初稿进行初审。编制组根据定额初审意见修改完成定额征求意见稿。征求意见稿由各主管部门或其授权的建设工程造价管理机构公开征求意见。征求意见的期限一般为一个月。征求意见稿包括正文和编制说明。

（四）审查：建设工程造价管理机构组织编制组根据征求意见进行修改后形成定额送审文件。送审文件应包括正文、编制说明、征求意见处理汇总表等。

定额送审文件的审查一般采取审查会议的形式。审查会议应由各主管部门组织召开，参加会议的人员应由有经验的专家代表、编制组人员等组成，审查会议应形成会议纪要。

（五）批准发布：建设工程造价管理机构组织编制组根据定额送审文件审查意见进行修改后形成报批文件，报送各主管部门批准。报批文件包括正文、编制报告、审查会议纪要、审查意见处理汇总表等。

第十四条 定额制定与修订工作完成后，编制组应将计算底稿等基础资料和成果提交建设工程造价管理机构存档。

第四章　发布与日常管理

第十五条　定额应按国务院住房城乡建设主管部门制定的规则统一命名与编号。

第十六条　各省、自治区、直辖市和行业的定额发布后应由其主管部门报国务院住房城乡建设行政主管部门备案。

第十七条　建设工程造价管理机构负责定额日常管理，主要任务是：

（一）每年应面向社会公开征求意见，深入市场调查，收集公众、工程建设各方主体对定额的意见和新要求，并提出处理意见；

（二）组织开展定额的宣传贯彻；

（三）负责收集整理有关定额解释和定额实施情况的资料；

（四）组织开展定额实施情况的指导监督；

（五）负责组建定额编制专家库，加强定额管理队伍建设。

第五章　经　　费

第十八条　各主管部门应按照《财政部、国家发展改革委关于公布取消和停止征收100项行政事业性收费项目的通知》（财综〔2008〕78号）要求，积极协调同级财政部门在财政预算中保障定额相关经费。

第十九条　定额经费的使用应符合国家、行业或地方财务管理制度，实行专款专用，接受有关部门的监督与检查。

第六章　附　　则

第二十条　本办法由国务院住房城乡建设行政主管部门负责解释。

第二十一条　各省级住房城乡建设行政主管部门和行业主管部门可以根据本办法制定实施细则。

第二十二条　本办法自发布之日起施行。

建设领域农民工工资支付管理暂行办法

1．2004年9月6日劳动和社会保障部、建设部发布

2．劳社部发〔2004〕22号

为规范建设领域农民工工资支付行为，预防和解决建筑业企业拖欠或克扣农民工工资问题，根据《中华人民共和国劳动法》、《工资支付暂行规定》等有关规定，制定本办法。

一、本办法适用于在中华人民共和国境内的建筑业企业（以下简称企业）和与之形成劳动关系的农民工。

本办法所指建筑业企业，是指从事土木工程、建筑工程、线路管道设备安装工程、装修工程的新建、扩建、改建活动的企业。

二、县级以上劳动和社会保障行政部门负责企业工资支付的监督管理，建设行政主管部门协助劳动和社会保障行政部门对企业执行本办法的情况进行监督检查。

三、企业必须严格按照《劳动法》、《工资支付暂行规定》和《最低工资规定》等有关规定支付农民工工资，不得拖欠或克扣。

四、企业应依法通过集体协商或其他民主协商形式制定内部工资支付办法，并告知本企业全体农民工，同时抄报当地劳动和社会保障行政部门与建设行政主管部门。

五、企业内部工资支付办法应包括以下内容：支付项目、支付标准、支付方式、支付周期和日期、加班工资计算基数、特殊情况下的工资支付以及其他工资支付内容。

六、企业应当根据劳动合同约定的农民工工资标准等内容，按照依法签订的集体合同或劳动合同约定的日期按月支付工资，并不得低于当地最低工资标准。具体支付方式可由企业结合建筑行业特点在内部工资支付办法中规定。

七、企业应将工资直接发放给农民工本人，严禁发放给“包工头”或其他不具备用工主体资格的组织和个人。

企业可委托银行发放农民工工资。

八、企业支付农民工工资应编制工资支付表，如实记录支付单位、支付时间、支付对象、支付数额等工资支付情况，并保存两年以上备查。

九、工程总承包企业应对劳务分包企业工资支付进行监督，督促其依法支付农民工工资。

十、业主或工程总承包企业未按合同约定与建设工程承包企业结清工程款，致使建设工程承包企业拖欠农民工工资的，由业主或工程总承包企业先行垫付农民工被拖欠的工资，先行垫付的工资数额以未结清的工程款为限。

十一、企业因被拖欠工程款导致拖欠农民工工资的，企业追回的被拖欠工程款，应优先用于支付拖欠的农民工工资。

十二、工程总承包企业不得将工程违反规定发包、分包给不具备用工主体资格的组织或个人，否则应承担清偿拖欠工资连带责任。

十三、企业应定期如实向当地劳动和社会保障行政部门及建设行政主管部门报送本单位工资支付情况。

十四、企业违反国家工资支付规定拖欠或克扣农民工工资的，记入信用档案，并通报有关部门。

建设行政主管部门可依法对其市场准入、招投标资格和新开工项目施工许可等进行限制，并予以相应处罚。

十五、企业应按有关规定缴纳工资保障金，存入当地政府指定的专户，用于垫付拖欠的农民工工资。

十六、农民工发现企业有下列情形之一的，有权向劳动和社会保障行政部门举报：

（一）未按照约定支付工资的；

（二）支付工资低于当地最低工资标准的；

（三）拖欠或克扣工资的；

（四）不支付加班工资的；

（五）侵害工资报酬权益的其他行为。

十七、各级劳动和社会保障行政部门依法对企业支付农民工工资情况进行监察，对违法行为进行处理。企业在接受监察时应当如实报告情况，提供必要的资料和证明。

十八、农民工与企业因工资支付发生争议的，按照国家劳动争议处理有关规定处理。

对事实清楚、不及时裁决会导致农民工生活困难的工资争议案件，以及涉及农民工工伤、患病期间工资待遇的争议案件，劳动争议仲裁委员会可部分裁决；企业不执行部分裁决的，当事人可依法向人民法院申请强制执行。

十九、本办法自发布之日起施行。

最高人民法院关于建设工程承包合同案件中双方当事人已确认的工程决算价款与审计部门审计的工程决算价款不一致时如何适用法律问题的电话答复意见

1. 2001年4月2日

2. 〔2001〕民一他字第2号

河南省高级人民法院：

你院“关于建设工程承包合同案件中双方当事人已确认的工程决算价款与审计部门审计的工程决算价款不一致时如何适用法律问题的请示”收悉。经研究认为，审计是国家对建设单位的一种行政监督，不影响建设单位与承建单位的合同效力。建设工程承包合同案件应以当事人的约定作为法院判决的依据。只有在合同明确约定以审计结论作为结算依据或者合同约定不明确、合同约定无效的情况下，才能将审计结论作为判决的依据。

最高人民法院关于装修装饰工程款是否享有合同法第二百八十六条规定的优先受偿权的函复

1. 2004年12月8日

2. 〔2004〕民一他字第14号

福建省高级人民法院：

你院闽高法〔2004〕143号《关于福州市康辉装修工程有限公司与福州天胜房地产开发有限公司、福州绿叶房产代理有限公司装修工程承包合同纠纷一案的请示》收悉。经研究，答复如下：

装修装饰工程属于建设工程，可以适用《中华人民共和国合同法》第二百八十六条关于优先受偿权的规定，但装修装饰工程的发包人不是该建筑物的所有权人或者承包人与该建筑物的所有权人之间没有合同关系的除外。享有优先权的承包人只能在建筑物因装修装饰而增加价值的范围内优先受偿。

此复。

最高人民法院关于如何理解和适用《最高人民法院关于审理建设工程施工合同纠纷案件适用法律问题的解释》第二十条的请示的复函

1. 2006年4月25日

2. 〔2005〕民一他字第23号

重庆市高级人民法院：

你院渝高法〔2005〕154号《关于如何理解和适用最高人民法院〈关于审理建设工程施工合同纠纷案件适用法律问题的解释〉第二十条的请示》收悉。经研究，答复如下：

同意你院审委会的第二种意见，即：适用该司法解释第二十条的前提条件是当事人之间约定了发包人收到竣工结算文件后，在约定期限内不予答复，则视为认可竣工结算文件。承包人提交的竣工结算文件可以作为工程款结算的依据。建设部制定的建设工程施工合同格式文本中的通用条款第33条第3款的规定，不能简单地推论出，双方当事人具有发包人收到竣工结算文件一定期限内不予答复，则视为认可承包人提交的竣工结算文件的一致意思表示，承包人提交的竣工结算文件不能作为工程款结算的依据。

最高人民法院关于人民法院在审理建设工程施工合同纠纷案件中如何认定财政评审中心出具的审核结论问题的答复

1. 2008年5月16日

2. 〔2008〕民一他字第4号

福建省高级人民法院：

你院〔2007〕闽民他字第12号请示收悉。关于人民法院在审理建设工程施工合同纠纷案件中如何认定财政评审中心出具的审核结论问题，经研究，答复如下：

财政部门对财政投资的评定审核是国家对建设单位基本建设资金的监督管理，不影响建设单位与承建单位的合同效力及履行。但是，建设合同中明确约定以财政投资的审核结论作为结算依据的，审核结论应当作为结算的依据。

·典型案例·

齐河环盾钢结构有限公司与济南永君物资有限责任公司建设工程施工合同纠纷案

【裁判摘要】

鉴定机构分别按照定额价和市场价作出鉴定结论的，在确定工程价款时，一般应以市场价确定工程价款。这是因为，以定额为基础确定工程造价大多未能反映企业的施工、技术和管理水平，定额标准往往跟不上市场价格的变化，而建设行政主管部门发布的市场价格信息，更贴近市场价格，更接近建筑工程的实际造价成本，且符合《合同法》的有关规定，对双方当事人更公平。

申请再审人（一审被告、二审被上诉人，原被申诉人）：济南永君物资有限责任公司。

被申请人（一审原告、二审上诉人，原申诉人）：齐河环盾钢结构有限公司。

申请再审人济南永君物资有限责任公司（以下简称永君公司）与被申请人齐河环盾钢结构有限公司（以下简称环盾公司）建设工程施工合同纠纷一案，不服山东省高级人民法院（2008）鲁民提字第304号民事判决，向最高人民法院申请再审。最高人民法院于2010年12月22日作出（2010）民再申字第109号民事裁定，提审本案。法院依法组成合议庭，于2011年6月21日开庭审理了本案。永君公司的法定代表人杨文平及其委托代理人于毅、陈学锋，环盾公司的委托代理人陈杰、李乔到庭参加诉讼。本案现已审理终结。

2006年4月22日，环盾公司起诉至山东省济南市历城区人民法院称，2003年11月1日，环盾公司承揽了永君公司的30万吨棒材轧钢厂厂房与翼缘板轧制厂厂房项目，按合同约定，两项工程共计1588万元。该工程已经交付永君公司使用近两年，永君公司尚欠环盾公司工程款455万余元拒绝支付，请求法院判令永君公司立即支付工程款。永君公司辩称，环盾公司从未与永君公司签订任何合同，也不欠其工程款，环盾公司主体不适格，请求驳回环盾公司的起诉。

山东省济南市历城区人民法院一审查明，一、关于钢结构厂房工程的实际施工主体问题。环盾公司提供了两份建设工程施工合同均是制式合同。两份合同记载的发包人均是永君公司，承包人均是“第九冶金建设公司第五分公司”。其中一份合同约定：工程名称是翼缘板轧制厂，厂房建筑面积11 639平方米，工程内容是按投标工程报价的各项目内容及施工图纸规定项目施工，承包范围是图纸设计内容（除水电安装、地面以外图纸所设计的所有内容），工程质量标准为合格，争取优良，合同价款是452万元，合同订立时间是2003年11月1日，项目经理是刘文栋。另一份合同约定：工程名称是30万吨棒线材轧钢厂，厂房建筑面积18 601平方米，工程内容是按投标工程报价的各项目内容及施工图纸规定项目施工,承包范围是图纸设计内容(除水电安装、地面以外图纸所设计的所有内容),工程质量标准为合格,争取优良,合同价款1186万元,合同订立时间是2003年11月1日,项目经理是刘文栋。两份合同在甲方(发包方)一栏加盖公章的均是永君公司,签名的委托代理人均是刘泽洪;在乙方(承包方)一栏加盖公章的名称均是"第九冶金建筑公司第五分公司合同专用章",签名的委托代理人均是石忠义;电话0534－5676388,传真0534－5676999。环盾公司为证明自己是钢结构厂房的实际施工人,除提供其持有的上述两份施工合同,还提供中国网通齐河分公司书证,证明上述施工合同乙方(承包方)一栏记载的电话0534－5676388、0534－5676999均是环盾公司办公电话。环盾公司提供山东省齐河经济开发区管理委员会书证,证明争议工程的合同和技术资料中出现的石忠义在环盾公司任经理,王振楼与李宗义是公司的技术员。环盾公司提供工程图纸会审和设计交底记录、地基与基础工程质量评定表、地基隐蔽工程验收记录、纤探结论等工程技术资料中施工单位加盖的公章均是"第九冶金建筑公司第五分公司"公章,签名是环盾公司法定代表人刘文栋。环盾公司提供提货单,证明永君公司抵顶工程款的钢材均运送到环盾公司。环盾公司提供三份施工合同、环盾公司财务记账凭证、外联单位的收款收据、发票等证据来证明支付给工程外联单位的各种款项均是环盾公司支付。永君公司对环盾公司提供的上述证据的真实性没有异议,但认为环盾公司提供的证据不能证明环盾公司是工程的实际施工人。

为查明争议工程合同主体和实际施工主体情况,山东省济南市历城区人民法院调取了(2005)历城民商初字第739号民事卷宗和(2006)历城民商初字第1113号民事卷宗中的有关材料。(2005)历城民商初字第739号民事卷宗的卷宗材料有:1.环盾公司法定代表人刘文栋以"第九冶金建筑公司第五分公司"项目经理名义作为该案委托代理人参加诉讼的授权委托书,委托书加盖"第九冶金建筑公司第五分公司"公章,落款时间是2005年6月12日。2.环盾公司法定代表人刘文栋与永君公司工作人员刘泽洪签订的一份证明,证明称永君公司发包给"第九冶金建筑公司第五分公司"承建的30万吨棒线材轧钢厂、加热炉厂房及翼缘板轧钢工程的施工地点已由济南市工业北路68号改为董家镇机场路谢家屯村西。3.环盾公司法定代表人刘文栋以"第九冶金建筑公司第五分公司"名义与案外人山东英格利实业有限公司签订的用于"济南永君钢铁公司轧钢厂房"工程预拌混凝土供需合同。(2006)历城民商初字第1113号民事卷宗的卷宗材料有:1.中国第九冶金建设公司第五工程公司出具的书证,证明石忠义、刘文栋不是该公司人员,该公司从未在山东济南从事施工和承接工程。2.法院工作人员在工商注册登记机关未查到有"第九冶金建筑公司第五分公司"工商注册登记记录的情况说明。3.环盾公司工作人员徐显富以"第九冶金建筑公司第五分公司"名义与案外人刘延平签订的铝合金安装及制作工程承包合同,以及徐显富为刘延平出具的刘延平在永君翼板厂安装铝合金窗完成的工程量的书面证明。审理中双方当事人对上述证据均无异议。

根据(2006)历城民商初字第1113号民事卷宗中的调查材料及中国第九冶金建设公司第五工程公司出具的书证表明,"第九冶金建筑公司第五分公司"公章是虚假的,中国第九冶金建设公司第五工程公司并未承揽双方争议的钢结构厂房工程。环盾公司提供的证据表明,环盾公司持有双方争议工程的施工合同、施工技术资料,收取了永君公司供应的工程用钢材及永君公司支付的工程价款。结合环盾公司提供的外联采购合同和调取的另外两案卷宗中环盾公司法定代表人和工作人员以"第九冶金建筑公司第五分公司"名义,为争议的钢结构工程建设签订采购混凝土和外包铝合金门窗加工合同等证据,能够认定环盾公司是双方争议的钢结构厂房工程的实际施工人。

二、关于钢结构工程的竣工验收及工程造价问题。1.工程竣工验收情况。环盾公司提供《工程竣工质量验收报告》,报告载明的工程类别为钢结构,工程地点在谢家屯,工程名称是永君钢铁轧钢车间,工程性质是工业用,包工总价是1588万元,发包单位是永君公司,工程量及简要内容是柱基开挖、浇筑混凝土、钢结构厂房的制作、安装(含行车梁的制作安装),发包、监理、承包和设计单位验收意见是验收达到合格标准、开工日期是2003年11月2日,验收日期是2004年5月28日。永君公司在报告发包方一栏加盖公章,陕西省冶金设计研究院在设计单位一栏加盖公章,承包单位一栏加盖的公章名称是"第九冶金建筑公司第五分公司",报告书监理单位一栏未加盖公章。环盾公司还提供了钢结构安装单位工程观感质量表、各分项工程质量验收记录、分部工程质量评定表均记载质量合格,济南市历城区建设工程监理服务中心业务一科在上述材料上加盖了公章。环盾公司提供工程竣工验收总表，竣工验收情况结论是基础施工、钢构件制作、焊接、钢构件安装等符合要求合格，永君公司、济南市历城区建设工程监理服务中心业务一科在总表上加盖公章，施工单位一栏加盖的公章是“第九冶金建筑公司第五分公司”，签名的是环盾公司法定代表人刘文栋。永君公司对环盾公司提供的上述证据有异议，认为验收报告不真实，出具报告的时间是2004年5月23日，但报告书中验收日期是2004年5月28日，所以报告书是在未验收的情况下形成的；报告书没有监理部门签章，不能证明工程已经验收；验收总表记载竣工日期是2004年5月20日与验收报告记载的日期矛盾，所以，环盾公司不能证明工程已竣工验收合格。环盾公司提供的《工程竣工质量验收报告》虽然没有监理单位加盖公章，但环盾公司提供了钢结构安装单位工程观感质量表、各分项工程质量验收记录、分部工程质量评定表均记载质量合格，济南市历城区建设工程监理服务中心业务一科加盖公章；环盾公司还提供了工程竣工验收总表，竣工验收情况结论是基础施工、钢构件制作、焊接、钢构件安装等符合要求合格，永君公司、济南市历城区建设工程监理服务中心业务一科加盖公章。该工程永君公司也已接收并投入使用，结合环盾公司提供的竣工验收明细材料应认定，环盾公司实际施工的双方争议的钢结构厂房工程已经竣工验收，质量合格。2. 工程造价问题。环盾公司主张工程造价应按其提供的两份施工合同约定的造价合计1588万元结算。针对环盾公司提供的两份施工合同，审理中永君公司也提供一份施工合同。该合同约定：发包人为济南永君钢铁有限公司，承包人为第九冶金建设公司第五分公司，工程名称是轧钢厂房，厂房建筑面积28 254平方米，工程内容按投标工程报价的各项目内容及施工图纸规定项目施工，承包范围是图纸设计内容（除水电安装、地面以外图纸所设计的所有内容），工程质量标准为合格，争取优良，合同价款是988万元，合同订立时间是2003年11月1日，项目经理是刘文栋。合同在甲方（发包方）一栏加盖公章的是永君公司，签名的委托代理人是刘泽洪，在乙方（承包方）一栏加盖公章的名称是“第九冶金建筑公司第五分公司合同专用章”，签名的委托代理人是石忠义。因双方当事人提供的合同价款相互矛盾，但合同记载的签订时间却是同一日期，相同的委托代理人签订，承包方公章是虚假的，所以无法按合同确定工程价款。山东省济南市历城区人民法院一审审理中委托山东省实信工程造价咨询有限公司（以下简称实信造价公司）对环盾公司承建的钢结构厂房的造价进行鉴定。实信造价公司出具的济南永君轧钢车间《造价鉴定报告书》认定，济南永君轧钢车间工程造价无异议部分是15 772 204.01元，其中直接工程费和措施费合计12 097 423.01元；有异议部分是39 922.82元。该报告书第五项有关情况说明称，钢结构工程有两种结算方式：一种为市场价；另一种为定额价。按照钢结构工程造价鉴定的惯例，应以市场价进行鉴定。根据一审法院要求，实信造价公司出具《造价鉴定补充说明》，该说明以永君公司提供的总价款为988万元的合同约定的单价337.73元/平方米和施工图纸及施工记录记载的建筑面积29 240平方米为依据，得出工程总造价市场价值为9 875 225.20元。环盾公司对此认定提出异议，认为进行鉴定就是因为双方提供的合同约定的价款相互矛盾，鉴定部门仍依永君公司提供的合同得出市场价显然不妥。实信造价公司又出具《造价鉴定补充说明（一）》，该说明称收到的三份合同相互矛盾，均不采纳。结合当时市场情况和双方提供的其他证据，认为综合单价应采用鲁正基审字（2004）第0180号造价咨询报告的综合单价，建筑面积采用施工图纸，比较符合市场情况，即工程造价（市场价）为：388.35元/平方米（综合单价），建筑面积为29 240平方米，总造价为9 875 225.20元。因该说明中总造价数字计算有误，实信造价公司出具《造价鉴定补充说明（二）》称：本公司于2007年8月10日出具的《造价鉴定补充说明（一）》认定工程综合单价为388.35元/平方米，工程总面积为29 240平方米，工程总造价为11 355 354元，因笔误，补充说明（一）将总造价误算为9 875 225.20元，应更正为11 355 354元。上述《造价鉴定补充说明（一）》和《造价鉴定补充说明（二）》中依据的鲁正基审字（2004）第0180号造价咨询报告，是山东鲍德永君翼板有限公司委托山东正诺工程造价咨询有限公司所作的《关于山东鲍德永君翼板有限公司钢结构厂房工程结算的审核报告》。山东鲍德永君翼板有限公司委托审核的是订立时间为2003年11月1日合同价款为452万元的翼缘板轧制厂工程合同。报告审核结果为：原送审结算值为452万元，经审核核定的工程结算值为452万元，净核减值为0。工程造价审核说明称合同价款452万元为中标价。该工程造价鉴定结果认定表中建设单位加盖公章的是山东鲍德永君翼板有限公司，施工单位加盖的公章是“第九冶金建筑公司第五分公司”，经办人签名是徐显富（环盾公司的工作人员）。3. 工程款的支付情况。环盾公司确认收到永君公司支付工程款11 952 835.52元，其中永君公司为工程提供钢材抵工程款5 877 835.52元，永君公司直接支付工程款605万元，环盾公司工作人员王振楼在施工中为工程施工向永君公司借款25 000元，审理中环盾公司认可是永君公司支付的工程款。

三、环盾公司的施工资质和向公安机关报案情况。环盾公司提供的资质证书载明，环盾公司注册资金327万元；主项资质等级是钢结构工程叁级，承包范围是可承担单项合同额不超过企业注册资金5倍且跨度24米及以下、总重量600吨及以下、单体建筑面积6000平方米及以下的钢结构工程。环盾公司提交齐河县公安局证明，证明内容为：2005年12月份环盾公司来报案称，2003年11月张育鑫、薛兴堂等人冒充中国第九冶金建设公司工作人员，提供了中国第九冶金建设公司的相关资质材料及中国第九冶金建设公司第五分公司的印鉴及其他材料，以该公司的名义承包了永君公司的钢结构工程，并由环盾公司实际施工。在施工过程中，张育鑫、薛兴堂等人从环盾公司骗走20余万元。2005年10月经环盾公司到中国第九冶金建设公司落实，发现并无"中国第九冶金建筑公司第五分公司"，中国第九冶金建设公司也无张育鑫、薛兴堂等工作人员。于是向公安机关报案，要求追究张育鑫、薛兴堂等人的诈骗责任。该局接到报案后，由于环盾公司当时无法提供张育鑫、薛兴堂等人的确切身份、住址等情况，就告知环盾公司暂时不予立案，待公司将张育鑫、薛兴堂等人的身份、住址情况搞清楚后再决定是否立案。永君公司对环盾公司提供的该证明真实性无异议，但认为该书证只能证明环盾公司于2005年10月曾报过案，工程于2004年就结束了，该证明不能证明环盾公司受到过诈骗。一审法院认为永君公司异议成立，齐河县公安局的证明只能证明环盾公司曾报过案，仅依此书证不能证明环盾公司曾受过诈骗。

山东省济南市历城区人民法院一审认为，环盾公司和永君公司提供的三份施工合同中，工程承包方加盖的公章均是虚假的，环盾公司诉称是被张育鑫、薛兴堂等人诈骗，并曾经报警，但环盾公司提供的公安机关的证明表明环盾公司不能说清张育鑫、薛兴堂等人的确切身份、住址等情况，所以，环盾公司该主张的证据不充分，不能证明存在环盾公司被他人诈骗的事实。环盾公司和永君公司提供的合同、施工技术资料、财务往来凭证上的经办人均是环盾公司工作人员，这一方面能证明环盾公司是双方争议工程的实际施工人，同时也证明环盾公司在与永君公司业务往来中一直在使用"中国第九冶金建筑公司第五分公司"虚假公章。而且环盾公司为工程施工购买混凝土，外联委托加工铝合金门窗不是以自己公司名义签订合同，而是使用这枚虚假公章，充分说明环盾公司在此钢结构工程合同签订和履行过程中使用虚假公章，存在欺诈行为。环盾公司冒用虚假资质，使用虚假公章与永君公司签订的三份钢结构工程施工合同均是无效合同。但由于环盾公司按质量要求完成了钢结构厂房工程，工程质量验收合格，永君公司也已经接收厂房并已投入使用，所以，环盾公司可以实际施工人的身份主张工程款。本案争议的最大焦点是工程造价如何计算，工程款按什么标准结算。按照最高人民法院的有关司法解释规定，冒用资质签订的建设施工合同无效，但实际施工人完成工程，工程竣工验收合格，可以按双方合同约定结算工程款。但本案双方当事人针对同一工程提供的三份合同，约定的工程价款差额巨大，但合同记载的签订时间却是同一日期，由相同的委托代理人签订的，依据合同不能确认合同当事人对合同价款约定的真实意思表示。所以，法院委托鉴定机构鉴定该工程总造价，鉴定机构出具的报告称，钢结构工程有两种结算方式：一种为市场价；另一种为定额价，按照钢结构工程造价鉴定的惯例，应以市场价进行鉴定。鉴定机构根据法院委托按定额价和市场价结算方式分别出具了鉴定结论。一审法院审查后认为，鉴定机构按市场价结算方式出具的鉴定结论主要是以山东鲍德永君翼板有限公司委托山东正诺工程造价咨询有限公司所作的鲁正基审字(2004)第0180号《关于山东鲍德永君翼板有限公司钢结构厂房工程结算的审核报告》为鉴定依据。第一，该报告委托主体不是合同双方当事人；第二，鲁正基审字(2004)第0180号《关于山东鲍德永君翼板有限公司钢结构厂房工程结算的审核报告》报告结论是，"原送审结算值为452万元，经审核核定的工程结算值为452万元"，表明该报告是对452万元的施工合同约定结算值的认定，前面已经论述452万元的施工合同是无效合同，不能确认合同内容是工程发包方和实际施工人的真实意思表示；第三，鉴定机构按市场价结算方式出具的鉴定结论缺乏较充分的工程同期材料、人工、机械等工程造价主要构成要素的市场价格资料作依据。所以一审法院对鉴定机构以市场价出具的鉴定结论不予采信。钢结构工程与传统建筑工程相比属于较新型建设工程，工程定额与传统建筑工程定额相比不够完备,但本案中鉴定机构按定额价结算方式出具的鉴定结论与市场价结算方式出具的结论相比,事实和法律上的依据都较充分,所以一审法院采信鉴定机构按定额价结算方式出具的鉴定结论。鉴定机构依据定额结算方式计算的工程造价是采用的2003年山东省建设委员会颁布的《山东省建筑工程消耗量定额》,该定额是按工程类别确定取费标准。双方争议的工程属一类工程,环盾公司不具有承揽此类工程的施工资质,在合同签订和履行过程中环盾公司有欺诈行为,一审法院认为永君公司应按鉴定机构依据定额结算方式计算的工程总造价无异议部分中直接费总额给付环盾公司工程款。环盾公司与永君公司签订的三份钢结构工程施工合同无效,主要是环盾公司冒用资质承揽工程,使用虚假公章签订合同的行为造成。三份合同约定的工程价款差额巨大,但记载的却是同一签订时间,由永君公司同一个委托代理人签订,均加盖永君公司公章,永君公司在合同签订过程中也有过错,永君公司的过错行为也是造成无法依合同约定确认工程价款的原因之一,所以,鉴定费用应由环盾公司与永君公司按各自的过错分担。山东省济南市历城区人民法院于2007年11月9日作出(2006)历城民商初字第825号民事判决:一、永君公司给付环盾公司工程款144 586.48元,永君公司于本判决生效之日起10日内付清;二、驳回环盾公司其他诉讼请求。案件受理费32 770元,由环盾公司负担28 370元,永君公司负担4400元;财产保全费23 520元,由环盾公司负担;鉴定费13万元,由环盾公司负担9万元,永君公司负担4万元。

环盾公司不服一审判决,向山东省济南市中级人民法院提起上诉称,一、一审判决依据的是错误的鉴定报告。一审时对环盾公司提出的鉴定异议并未质证,违反了证据须经当事人进行质证才能采信的原则,该鉴定报告漏项及错算多达十几项,没有真实地反映该工程造价。环盾公司针对鉴定报告以上存在的诸多问题提出异议后鉴定人虽然进行了答复,但鉴定人答复显然不当,环盾公司针对其答复提出异议后,一审法院并未就此进一步质证,没有保障环盾公司充分的行使诉权。二、一审法院仅判令永君公司支付工程直接费违背了等价有偿的原则。虽然环盾公司在签订合同时应永君公司的要求而犯了错误,但环盾公司按合同要求,保质保量的按期履行了合同义务,该工程已经质监机构和永君公司验收合格并交付使用三年多。在履行该合同时,环盾公司同样付出了施工企业应当付出的一切,环盾公司也会发生企业管理费、规费、税金及其他项目费用,而这些也是承建该项目成本的一部分,虽然环盾公司承建该项目超越了资质,但对发生的成本应计算在内,超越资质承包与无资质承包显然是本质不同的,一审法院判决将这些费用排除在外,是对直接费概念的曲解。三、一审法院做出"在合同签订和履行过程中环盾公司有欺诈行为"的认定是错误的。1.环盾公司使用"第九冶金建筑公司第五分公司"的名义与永君公司签订合同,是应永君公司要求。永君公司签订合同时的代理人刘洪泽(永君公司工作人员,已去世)在与环盾公司洽谈该业务时,要求环盾公司以一级资质的企业名义签订合同,这样便于永君公司将该建好后的工程与"济钢"合资。为了满足永君公司的要求,环盾公司通过莱钢永峰轧钢厂介绍,认识了第九冶金建筑公司第五分公司的张育鑫,经协商张育鑫同意环盾公司挂靠该单位,并以该单位的名义承揽工程,由其出具第九冶金建筑公司第五分公司的全套手续,与永君公司签订合同,并收取环盾公司的管理费。在整个合同履行期间包括外协合同的签订,后来的应诉,张育鑫始终控制公章,所有文件和合同都由其加盖,环盾公司则向其交纳管理费。直至本案起诉前的2005年10月份,经与中国第九冶金建设公司接触,环盾公司才知道所谓的第九冶金建筑公司第五分公司并不存在,于是就在齐河县公安局报了案。因此,环盾公司并未有欺诈的故意。同时需要说明,从工程开始永君公司就知道工程是环盾公司承建,永君公司提供的主要材料都是由永君公司直接送到环盾公司院内,一审法院认定环盾公司在签订履行合同中存在欺诈行为无事实依据。2.在合同履行期间环盾公司没有任何欺诈行为。诚然,在合同签订时环盾公司因受了张育鑫等人的蒙骗而使用了不存在的分公司名义签订合同,但环盾公司积极地履行了合同义务,按期完成了工程并经质监机构验收合格,而且在结算上没有弄虚作假,不存在欺诈,一审法院在未查明事实的情况下认定环盾公司在合同签订和履行过程中有欺诈行为,没有事实依据。四、一审法院在审理期间,违法解除对永君公司存款的冻结保全措施,损害了环盾公司的合法权益。请求撤销一审判决,依法改判或发回重审;本案一、二审诉讼费、保全费、鉴定费用,全部由永君公司承担。

2008年2月2日,环盾公司又提交补充上诉状称,一审法院仅支持工程造价鉴定无异议部分中的直接费用无事实和法律依据。尽管环盾公司不具有承揽涉案工程的施工资质,但是争议的工程确实属于一类工程,而且该工程已经竣工验收合格，并投入使用三年之久，根据最高人民法院《关于审理建设工程施工合同纠纷案件适用法律问题的解释》第二条的规定，建设工程施工合同无效，但建设工程经竣工验收合格，承包人请求参照合同约定支付工程价款的，应予支持。工程价款包括直接费、间接费、税金及成本。而直接费和间接费是工程造价里面的成本，由于间接费是施工企业为工程所支出的实际费用，并不能因为合同无效而由施工人承担本应由发包人承担的成本。如果折价补偿应当包括施工人为建设工程所支出的所有实际费用，其价值就是建设工程的整体价值，也即建设工程的完整造价。如果合同无效后承包人只能主张合同约定的价款中的直接费和间接费，则承包人融进建筑工程产品当中的利润及税金就被发包人获得。发包人依据无效合同取得了承包人应当得到的利润，这与无效合同的处理原则不符合，违背了等价有偿原则。因此，一审法院扣减环盾公司应得的间接费、税金和利润无法律依据。

永君公司答辩称，其亦不同意一审判决。环盾公司主体不适格，应当认定真实的合同价款是988万元，并依此作为判决的依据。对环盾公司提交的补充上诉状，主张已过上诉期，不予认可，请求二审法院不予采纳。

山东省济南市中级人民法院二审查明，一审判决认定的事实属实，予以确认。另查明，本案一审期间，鉴定人员根据永君公司的申请，出庭接受双方当事人的质询，同时就环盾公司对鉴定报告的异议进行了回复。二审中，环盾公司提出鉴定申请，并提供鉴定材料。永君公司对鉴定材料质证后认为，一审法院审理过程中，依据当事人的申请，要求鉴定人员出庭接受询问，两位鉴定工程师出庭接受了当事人的询问，对鉴定过程中的问题作了解答，鉴定过程中不存在漏项的情况。因此，环盾公司认为原鉴定结论有漏项根本不存在。

山东省济南市中级人民法院二审认为，一审法院已经对涉案工程委托了有资质的鉴定机构进行了鉴定，并对环盾公司提出的相关问题进行了回复，对环盾公司提出的漏项部分已经答复，一审法院委托的鉴定机构出具的鉴定报告合法有效，环盾公司申请重新鉴定不予支持。环盾公司2008年1月2日提交的补充上诉状，因已过上诉期，永君公司不予认可，故不予审理。环盾公司使用虚假“第九冶金建筑公司第五分公司”的名义与永君公司签订建设工程施工合同，“第九冶金建筑公司第五分公司”公章系环盾公司冒用，环盾公司不具有承包涉案建筑工程的资质，违背了法律的强制性规定，故环盾公司与永君公司签订的三份建设工程施工合同均无效。根据最高人民法院《关于审理建设工程施工合同纠纷案件适用法律问题的解释》第二条的规定，建设工程施工合同无效，但建设工程竣工验收合格，承包人请求参照合同约定支付工程价款的，应予支持。但因本案中，涉案工程有三份价款不一致的建设工程施工合同，不能确定双方当事人对涉案工程价款的约定，故一审法院依据鉴定报告确定双方之间的工程款，并无不当。环盾公司称，鉴定报告未进一步质证，鉴定报告有漏项及错算的主张。但是，一审审理过程中，鉴定报告已送达双方当事人签收，鉴定人员已经出庭接受了双方当事人的询问，环盾公司对鉴定报告的异议，鉴定机构已做了答复，故环盾公司关于鉴定报告未进一步质证的主张，不予支持。关于鉴定报告中是否漏算车间钢屋架梁制作和安装、漏算车间采光带、漏算运输费、漏算钢制动梁、漏算面漆、漏算车间墙角泛水包角、背檐口包角、窗口包角、门口包角，漏算3mm的天沟钢构件及拉丝、隅撑及定额套用是否有误，实信造价公司就此问题已做说明，鉴定报告已对吊车梁、屋面采光带等做了计算，故环盾公司该主张，不予支持。关于环盾公司称一审法院判令永君公司向环盾公司支付工程直接费对环盾公司不公的主张，由于环盾公司冒用虚假公司的名义与永君公司签订建设施工合同，致使双方之间的建设施工合同无效，一审法院判令永君公司向环盾公司支付工程直接费用并无不当。关于环盾公司称一审法院违法解除对永君公司存款冻结的主张，在一审法院采取财产保全措施后，永君公司对冻结的存款已经提供了相应的担保，一审法院解除对永君公司存款的冻结并无不当。综上，环盾公司的上诉请求和理由，证据不足，不予支持。一审判决认定事实清楚，应予维持。依照《中华人民共和国民事诉讼法》第九十五条、第一百五十二条、第一百五十三条第一款第（一）项、第一百五十八条之规定，山东省济南市中级人民法院于2008年4月11日作出（2008）济民五终字第44号民事判决：驳回上诉，维持原判。二审案件受理费32 770元，由环盾公司负担。

环盾公司不服，向检察机关提出申诉。山东省人民检察院抗诉认为，二审判决以环盾公司没有承揽该类工程的施工资质，在合同签订和履行过程中其有欺诈行为为由，仅认定了实信造价公司《建筑工程结算书》中无异议部分的直接费用12 097 423.01元，而对施工过程中产生的间接费、税金、利润等部分均未予以认定，系适用法律错误。首先,二审判决因双方当事人提交的三份合同系当事人冒用“第九冶金建筑公司第五分公司”的名义签订的,且环盾公司系超越资质承揽业务,故认定合同无效,符合相关法律规定。最高人民法院《关于审理建设工程施工合同纠纷案件适用法律问题的解释》第二条规定:“建设工程施工合同无效,但建设工程经竣工验收合格,承包人请求参照合同约定支付工程价款的,应予支持。”所以,环盾公司请求永君公司按照原合同的约定支付工程价款,并无不当。既然涉案的三份合同均无效,则工程价款的数额应当以实际发生的价款为准。2004 年 5 月,涉案工程经双方当事人共同验收结算,工程达到合格标准,该工程的《工程竣工质量验收报告》中载明工程造价为 1588 万元。本案一审期间,经法院委托,实信造价公司于 2007 年 1 月 19 日对该工程作出《建筑工程结算书》,认定涉案工程造价无异议部分为 15 772 204.01 元,本案一、二审判决均对此予以确认。该认定的造价数额与双方当事人之间结算数额基本一致,进一步证明涉案工程实际造价应当是 1588 万元左右。其次,建设工程施工合同履行的过程,就是将劳动和建筑材料物化在建筑产品中的过程。合同被确认无效后,已经履行的内容不能适用返还的方式使合同恢复到签约前的状态,而只能按照折价补偿的方式处理。而所谓的“价”,从工程施工管理的角度来讲,应当包括直接费、间接费、税金及利润等各种实际发生的价款,而非仅仅指原材料费、人工费等直接费。最高人民法院《关于审理建设工程施工合同纠纷案件适用法律问题的解释》第二条实际上是对在因为无资质而导致合同无效的情况下所实际发生的合格建筑工程予以有条件的认可,从而对现实生活中普遍存在的此类现象予以合理规范与控制,对由此所产生的社会关系予以合理的解决与疏导。二审判决认定了上述事实,但却以环盾公司没有承揽该类工程的施工资质,在合同签订和履行过程中其有欺诈行为为由,仅认定了实信造价公司《建筑工程结算书》中无异议部分的直接费用 12 097 423.01元,而对施工过程中产生的各种间接费、税金、利润等部分均未予以认定,明显与最高人民法院《关于审理建设工程施工合同纠纷案件适用法律问题的解释》第二条的本意不符。而且直接费和间接费均属于工程造价里面的成本,是施工企业为工程所支出的实际费用,折价补偿理当包括施工人为建设工程所支出的所有实际费用。最后,就建设工程而言,其价值就是建设工程的整体价值,也即建设工程的完整造价。如果合同无效后承包人只能主张合同约定价款中的直接费和间接费,则承包人融入建筑工程产品当中的利润及税金就将被发包人获得。发包人依据无效合同取得了利润,这也与无效合同的处理原则不符,对施工方不公平,违背了等价有偿的原则。原审判决以环盾公司没有承揽该类工程的施工资质,在合同签订和履行过程中其有欺诈行为为由,仅认定了实信造价公司《建筑工程结算书》中无异议部分的直接费用 12 097 423.01 元,而对施工过程中产生的间接费、税金、利润等部分均未予以认定,系适用法律确有错误。

原再审过程中,环盾公司称,一、《工程竣工验收总表》和《工程竣工质量验收报告》记载的预算造价和包工总价均为 1588 万元,且签署在涉案工程竣工后,可以作为永君公司向环盾公司进行工程结算的依据。经法院委托,实信造价公司于 2007 年 1 月 19 日作出《建筑工程结算书》,认定涉案工程造价无异议部分为 15 772 204.01 元,本案一、二审判决均对此予以确认。该认定的造价数额与双方当事人之间结算数额基本一致,证明涉案工程实际造价是 1588 万元左右。二、一审法院采用的工程造价鉴定报告存在漏项、定额套用错误,导致对工程造价的认定错误,二审未予纠正。三、二审判决以环盾公司没有承揽该类工程的施工资质,在合同签订和履行过程中有欺诈行为为由,仅认定了实信造价公司鉴定报告中无异议部分的直接费用 12 097 423.01 元,而对施工过程中产生的间接费、税金、利润等部分均未予以认定,系适用法律错误。

永君公司辩称,原审判决正确,应予维持。

山东省高级人民法院再审查明的事实与原一、二审认定的事实一致。

山东省高级人民法院再审认为,环盾公司冒用“第九冶金建筑公司第五分公司”的名义,使用虚假公章与永君公司签订的三份建设工程施工合同均无效。因环盾公司按工程质量要求施工完成了工程,经验收工程质量合格,永君公司已经接收了工程并已投入使用,环盾公司以实际施工人的身份主张工程款,予以支持。因本案双方当事人分别举证的三份合同中约定的工程价款不同,双方均各自认为自己所举证的合同真实,因双方对三份合同本身及合同的工程价款存在分歧,法院无法予以参照。根据一审法院委托实信造价公司所作的《造价鉴定报告书》,经质证后,原一、二审法院判决均予以采信,《造价鉴定报告书》中济南永君轧钢车间工程造价无异议部分是 15 772 204.01 元,有异议部分是 39 922.82 元。

建设工程价值就是整体价值，也即建设工程的完整造价。合同无效后，如施工方只能主张建设工程造价中的直接费，则施工方融入建筑工程当中的间接费、利润及税金就被发包方获得，这与无效合同的处理原则不符，对施工方不公平，违背了等价有偿的原则。原审判决以环盾公司没有承揽涉案工程的施工资质，在合同签订和履行过程中有欺诈行为为由，仅支持了环盾公司无异议部分的直接费用 12 097 423.01 元，而对间接费、税金、利润等均未予以支持不当。检察机关关于本案应当保护环盾公司整体工程造价（包括直接费、间接费、利润及税金）的抗诉意见成立，予以支持。原一、二审判决适用法律不当，应予纠正。经山东省高级人民法院审判委员会研究决定，依照《中华人民共和国民事诉讼法》第一百五十三条第一款第（二）项，第一百八十六条第一款之规定，判决：一、撤销山东省济南市中级人民法院（2008）济民五终字第 44 号民事判决与山东省济南市历城区人民法院（2006）历城民商初字第 825 号民事判决；二、永君公司于本判决生效 10 日内偿付给环盾公司工程款 3 819 368.49 元（鉴定的工程造价 15 772 204.01 元 – 已支付的 11 952 835.52 元）。一审案件受理费 32 770 元，由环盾公司负担16 385 元，永君公司负担 16 385 元；财产保全费 23 520 元，由环盾公司负担；鉴定费 13 万元，由环盾公司负担 9 万元，永君公司负担 4 万元。二审案件受理费 32 770 元，由环盾公司负担 16 385 元，永君公司负担 16 385 元。

永君公司不服该判决，向法院申请再审称，一、环盾公司并非是施工人，从涉案项目的投标到合同的签订、履行，始终都是石忠义、刘文栋冒用“中国第九冶金建筑公司第五分公司”资质，使用虚假公章，属于严重欺诈行为，这是造成工程施工合同无效的根本原因。在山东省高级人民法院再审期间，永君公司曾申请对三份合同是否是同一天签订申请鉴定，但山东省高级人民法院未予采纳，属于程序不当。二、988 万元是涉案工程的真实价款，应参照该 988 万元的施工合同进行工程结算。山东省高级人民法院采纳定额价结算方式的鉴定报告，存在误算、多算的问题，对工程造价类别划分界定错误，将二类工程按照一类工程计取费率。即使本案采用司法审价也只能采用市场价结算方式的鉴定结论。三、涉案工程并没有经过竣工验收，山东省高级人民法院依据被申请人伪造的证据认定涉案工程经验收工程质量合格，显然属于事实认定错误。四、退一步讲，本案即使采用定额结算方式的鉴定结论，应仅支持直接费，而对于间接费、利润和税金则不应支持。五、原一、二审和原再审法院采纳的定额价鉴定报告本身就存在严重的硬伤。综上，请求撤销山东省高级人民法院（2008）鲁民提字第 304 号民事判决，驳回环盾公司的诉讼请求。

环盾公司辩称，原再审判决认定事实清楚，适用法律正确，应予维持。

法院再审查明的事实与原审判决认定的事实一致。

法院再审认为，本案争议的焦点问题是：1. 环盾公司是否是涉案工程的实际施工人；2. 涉案工程施工合同的效力认定；3. 涉案工程价款的确定依据。

一、关于环盾公司是否是涉案工程的实际施工人的问题。

法院认为，首先，虽然从本案建设工程施工合同的形式看，承包人为第九冶金建设公司第五分公司，与环盾公司并无直接的法律关系，从本案建设工程施工合同的内容看，也没有约定与环盾公司有关的权利义务内容，但是，环盾公司提供了中国网通齐河分公司书证，证明上述施工合同乙方（承包方）一栏记载的电话 0534 – 5676388、0534 – 5676999 均是环盾公司办公电话。其次，环盾公司提供的提货单证明永君公司抵顶工程款的钢材均运送到环盾公司；环盾公司的财务记账凭证、外联单位的收款收据、发票等证据能够证明支付给涉案工程外联单位的各种款项由环盾公司支付；环盾公司法定代表人刘文栋还以“第九冶金建筑公司第五分公司”名义与案外人山东英格利实业有限公司签订的用于“济南永君钢铁公司轧钢厂房”工程预拌混凝土供需合同。再次，环盾公司法定代表人刘文栋与永君公司工作人员刘泽洪签订的一份证明，证明称永君公司发包给“第九冶金建筑公司第五分公司”承建的 30 万吨棒线材轧钢厂、加热炉厂房及翼缘板轧钢工程的施工地点已由济南市工业北路 68 号改为董家镇机场路谢家屯村西。最后，环盾公司持有双方争议工程的施工合同、施工技术资料，收取了永君公司供应的工程用钢材及永君公司支付的工程价款。因此，原一、二审和认定环盾公司是涉案工程的实际施工人并无不当。永君公司提出的主张环盾公司不是实际施工人的申请再审理由不成立，法院不予支持。

二、关于涉案工程施工合同的效力问题。

法院认为，根据原一、二审查明的事实和证据，能够证明承包人“第九冶金建筑公司第五分公司”系环盾公司工作人员假冒中国第九冶金建设公司第五工程公司的企业名称和施工资质承包涉案工程，环盾公司的行为构成欺诈,且违反了建筑法以及相关行政法规关于建筑施工企业应当取得相应等级资质证书后,在其资质等级许可的范围内从事建筑活动的强制性规定。依照《中华人民共和国合同法》第五十二条第(五)项、最高人民法院《关于审理建设工程施工合同纠纷案件适用法律问题的解释》第一条之规定,应当认定环盾公司假冒中国第九冶金建设公司第五工程公司的企业名称和施工资质与永君公司签订的建设工程施工合同无效。永君公司提出的建设工程施工合同无效的主张正确,法院予以支持。

三、关于涉案工程价款的确定依据的问题。

法院认为,第一,本案应当通过鉴定方式确定工程价款。尽管当事人签订的三份建设工程施工合同无效,但在工程已竣工并交付使用的情况下,根据无效合同的处理原则和建筑施工行为的特殊性,对于环盾公司实际支出的施工费用应当采取折价补偿的方式予以处理。本案所涉建设工程已经竣工验收且质量合格,在工程款的确定问题上,按照最高人民法院《关于审理建设工程施工合同纠纷案件适用法律问题的解释》第二条的规定,可以参照合同约定支付工程款。但是,由于本案双方当事人提供了由相同的委托代理人签订的、签署时间均为同一天、工程价款各不相同的三份合同,在三份合同价款分配没有规律且无法辨别真伪的情况下,不能确认当事人对合同价款约定的真实意思表示。因此,该三份合同均不能作为工程价款结算的依据。一审法院为解决双方当事人的讼争,通过委托鉴定的方式,依据鉴定机构出具的鉴定结论对双方当事人争议的工程价款作出司法认定,并无不当。

第二,本案不应以定额价作为工程价款结算依据。一审法院委托实信造价公司进行鉴定时,先后要求实信造价公司通过定额价和市场价两种方式鉴定。2007 年 1 月 19 日,实信造价公司出具的鲁实信基鉴字〔2006〕第 006 号鉴定报告载明,采用定额价结算方式认定无异议部分工程造价为 15 772 204. 01 元,其中直接工程费和措施费合计 12 097 423. 01 元,有异议部分工程造价为 39 922. 82 元。一、二审判决以直接工程费和措施费合计 12 097 423. 01 元作为确定工程造价的依据;山东省高级法院再审判决则以无异议部分 15 772 204. 01 元作为工程造价。首先,建设工程定额标准是各地建设主管部门根据本地建筑市场建筑成本的平均值确定的,是完成一定计量单位产品的人工、材料、机械和资金消费的规定额度,是政府指导价范畴,属于任意性规范而非强制性规范。在当事人之间没有作出以定额价作为工程价款的约定时,一般不宜以定额价确定工程价款。其次,以定额为基础确定工程造价没有考虑企业的技术专长、劳动生产力水平、材料采购渠道和管理能力,这种计价模式不能反映企业的施工、技术和管理水平。本案中,环盾公司假冒中国第九冶金建设公司第五工程公司的企业名称和施工资质承包涉案工程,如果采用定额取价,亦不符合公平原则。再次,定额标准往往跟不上市场价格的变化,而建设行政主管部门发布的市场价格信息,更贴近市场价格,更接近建筑工程的实际造价成本。此外,本案所涉钢结构工程与传统建筑工程相比属于较新型建设工程,工程定额与传统建筑工程定额相比还不够完备,按照钢结构工程造价鉴定的惯例,以市场价鉴定的结论更接近造价成本,更有利于保护当事人的利益。最后,根据《中华人民共和国合同法》第六十二条第(二)项规定,当事人就合同价款或者报酬约定不明确,依照合同法第六十一条的规定仍不能确定的,按照订立合同时履行地的市场价格履行;依法应当执行政府定价或者政府指导价的,按照规定履行。本案所涉工程不属于政府定价,因此,以市场价作为合同履行的依据不仅更符合法律规定,而且对双方当事人更公平。

第三,以市场价进行鉴定的结论应当作为定案依据。实信造价公司根据一审法院的委托又以市场价进行了鉴定,并于 2007 年 9 月 26 日出具的造价鉴定补充说明(二)指出,涉案工程综合单价每平方米 388. 35 元,工程总造价 11 355 354 元。一审法院认为,实信造价公司按市场价结算方式出具的鉴定结论主要是以山东鲍德永君翼板有限公司委托山东正诺工程造价咨询有限公司所作的鲁正基审字(2004)第 0180 号《关于山东鲍德永君翼板有限公司钢结构厂房工程结算的审核报告》为鉴定依据,而该报告委托主体不是合同双方当事人,该报告所涉 452 万元的施工合同是无效合同,且该鉴定结论缺乏较充分的工程同期材料、人工、机械等工程造价主要构成要素的市场价格资料作依据。但是,实信造价公司于 2007 年 8 月 10 日出具的补充说明(一)已经明确载明,鲁正基审字(2004)第 0180 号造价咨询报告中的综合单价 388. 35 元,比较符合当时的市场情况。对于这一鉴定结论,双方当事人均未提供充分证据予以反驳。《关于山东鲍德永君翼板有限公司钢结构厂房工程结算的审核报告》委托主体是否为本案合同双方当事人,以及该报告所涉 452 万元施工合同是否有效,均不影响对综合单价每平方米388.35元的认定。一、二审和原再审判决对以市场价出具的鉴定结论不予采信的做法不当，应予纠正。本案所涉工程总面积为29 240平方米，故工程总造价按市场价应为11 355 354元。鉴于永君公司已经支付工程款11 952 835.52元，永君公司在一审判决后没有上诉；二审维持一审判决后，永君公司亦没有提出申请再审，因此，本案工程总造价可按一审确定的12 097 423.01元，作为永君公司应当支付的工程款项。

综上所述，永君公司申请再审的理由成立，原再审判决认定事实不当，应予纠正。依照《中华人民共和国民事诉讼法》第一百五十三条第一款第（二）项、第（三）项，第一百八十六条第一款之规定，判决如下：

一、撤销山东省高级人民法院（2008）鲁民提字第304号民事判决；

二、维持济南市中级人民法院（2008）济民五终字第44号民事判决和济南市历城区人民法院（2006）历城民商初字第825号民事判决。

一审案件受理费32 770元，由齐河环盾钢结构有限公司负担28 370元，济南永君物资有限责任公司负担4400元；财产保全费23 520元，由齐河环盾钢结构有限公司负担；鉴定费13万元，由齐河环盾钢结构有限公司负担9万元，济南永君物资有限责任公司负担4万元。二审案件受理费32 770元，由齐河环盾钢结构有限公司负担。

本判决为终审判决。

莫志华、深圳市东深工程有限公司与东莞市长富广场房地产开发有限公司建设工程合同纠纷案

【裁判摘要】

鉴于建设工程的特殊性，虽然合同无效，但施工人的劳动和建筑材料已经物化在建筑工程中，依据最高人民法院《关于审理建设工程施工合同纠纷案件适用法律的解释》第二条的规定，建设工程合同无效，但建设工程经竣工验收合格，承包人请求参照有效合同处理的，应当参照合同约定来计算涉案工程价款，承包人不应获得比合同有效时更多的利益。

申请再审人（一审原告、反诉被告、二审上诉人）：莫志华。

被申请人（一审被告、反诉原告、二审被上诉人）：东莞市长富广场房地产开发有限公司。

原审原告：深圳市东深工程有限公司，住所地广东省深圳市罗湖区水库南东深供水工程管理局办公楼一楼。

法定代表人：林进宇，该公司董事长。

委托代理人：王征，该公司员工。

委托代理人：周娜，该公司员工。

申请再审人莫志华因与被申请人东莞市长富广场房地产开发有限公司（以下简称长富广场公司）、原审原告深圳市东深工程有限公司（以下简称东深公司）建设工程合同纠纷一案，不服广东省高级人民法院（2008）粤高法民一终字第71号民事判决，向最高人民法院申请再审。最高人民法院于2010年12月2日作出（2010）民申字第1418号民事裁定，提审本案。法院依法组成合议庭，公开审理了本案。莫志华及其委托代理人朱海波、韦宁，长富广场公司的委托代理人何筝君，东深公司的委托代理人王征、周娜到庭参加诉讼。本案现已审理终结。

莫志华一审诉称，2003年初，莫志华为承建东莞市长富商贸广场工程项目与长富广场公司进行了多次洽谈，在莫志华支付长富广场公司50万元投标保证金（后转为履约保证金）后，长富广场公司同意莫志华承建该项目，但是同时还提出莫志华必须以具有二级建筑资质的公司名义投标、签订合同和报建。2003年4月30日，莫志华与深圳市东深工程有限公司（以下简称东深公司）签订了《长富商贸广场工程合作协议》，确立了双方在东莞市长富商贸广场工程项目上的挂靠承包关系。同年5月11日，莫志华以东深公司的名义与长富广场公司签订《长富广场工程初步协议》，约定由莫志华承建的工程分为三部分：第一部分为设计面积为80 523平方米的商住楼及地下室部分工程；第二部分为步行街街景及设施；第三部分为电力安装工程，莫志华在同等条件下具有优先承包权。莫志华与长富广场公司又分别于同年的5月19日和5月21日签订《东莞市建设工程施工合同》及《大朗长富商贸广场工程施工合同》，然而上述施工合同的工程造价以初步设计图纸粗略估算而来，是不真实的。长富广场公司与莫志华约定先行施工，工程造价则按照经会审后的设计施工图纸按实结算。在交付了270万元的履约保证金后，莫志华从2003年6月23日进场施工至2003年底，共计投入了550万元的现金以及价值约300万元的设备材料，期间长富广场公司却没有支付任何的工程进度款。从2003年下半年开始，建材价格不断大幅度涨价，工程造价成本大幅度提高。尽管莫志华多

次与长富广场公司就造价调整进行协商，但双方均未达成协议。在这种情况下，莫志华仍积极采取措施，保证正常施工。截至2005年3月31日，莫志华完成了3层1栋、4层1栋、6层1栋、12层2栋、16层2栋共70 522平方米建筑面积的全部土建工程，12 800平方米的地下室工程以及其他约定和增加、变动的工程，仅余下12层2栋和16层2栋裙楼以下小部分室内和外墙工程因长富广场公司停止支付工程款而未完成。莫志华实际已完成了相当于76 291 753.31元的工程量，然而长富广场公司仅支付了57 860 815.68元的工程款，仍欠莫志华工程款18 430 937.83元。在双方合作过程中，长富广场公司没有将步行街街景及设施工程发包给莫志华，又剥夺了莫志华对该项目第三部分的电力安装工程的优先承包权；未按照约定追加工程投资款，反而要求莫志华承担建筑材料大幅涨价所造成的后果；长富广场公司没有及时确定有关工程修改方案，导致工程工期严重延误，增加了莫志华的成本；在工程尚未交付和进行任何验收的情况下，强行将部分建筑交付使用，严重违法并影响了工程工期。综上所述，莫志华请求一审法院判令：1. 长富广场公司向莫志华支付工程款18 431 937.83元及该款从起诉之日到付清之日期间的利息（利率按人民银行规定同期同类贷款利率）；2. 长富广场公司向莫志华退还履约保证金270万元及自该保证金交付日至返还日利息（利率按人民银行规定同期同类贷款利率）计至2005年3月31日为278 302.5元；3. 长富广场公司承担本案全部诉讼费及鉴定费。

东深公司一审诉称，2003年4月，莫志华与东深公司签订《长富商贸广场工程合作协议》。2003年5月，莫志华以东深公司的名义与长富广场公司签订《长富广场工程初步协议》。现莫志华以挂靠承包建筑工程违反国家相关法律为由，向法院起诉要求解除与长富广场公司的合同，并要求长富广场公司支付工程款和退还履约保证金及相关利息。为了保护自身的合法利益，东深公司特向法院起诉，请求一审法院依法判令：1. 长富广场公司向东深公司支付工程款18 430 937.83元及该款从起诉之日到付清之日期间的利息（利率按人民银行规定同期同类贷款利率），并将上述款项付至东深公司的账户；2. 长富广场公司向东深公司退还履约保证金270万元及该保证金自交付之日至返还日的利息（利率按人民银行规定同期同类贷款利率）计至2005年3月31日为278 302.5元，并将上述款项付至东深公司的账户；3. 长富广场公司承担本案全部诉讼费。

长富广场公司于一审反诉并答辩称，其与东深公司最后约定工程总造价约为5480万元，合同工期由2003年6月1日至2004年7月31日，共计420天。其严格按照约定履行了付款义务，已经实际支付工程款57 166 406.48元，但是东深公司无理停工，提前退出项目工程的施工，没有最后完成工程任务，东深公司的违约行为已经给长富广场公司造成了巨额经济损失。长富广场公司认为莫志华可能与东深公司串通，编造合同文件，以达到废除长富广场公司与东深公司签订的合约、规避法律责任和逃避合同责任的目的。故请求一审法院判令东深公司、莫志华：1. 返还工程款4 871 657.84元；2. 赔偿长富广场公司其他经济损失2 918 177.97元，其中包括：（1）垫付工程款的利息236 177.97元，从2004年8月1日计至2005年6月1日（以后顺延计算）；（2）工程逾期交付违约金1 818 000元（按照每天6000元计算，从2004年8月1日至2005年6月1日）；（3）被查封价值1500万元房产经济损失864 000元（自2005年8月23日被查封时起至被解封日止，损失比照银行同期贷款暂计至2006年8月23日）；3. 承担本案的诉讼费用。

莫志华、东深公司均未对长富广场公司的反诉提出答辩。

广东省东莞市中级人民法院一审查明：2003年4月30日，莫志华与东深公司订立《长富商贸广场工程合作协议书》，协议由莫志华以东深公司的名义与建设单位签订大朗商贸广场工程施工合同，东深公司的权利义务由莫志华实际享有和承担，莫志华向东深公司缴纳工程造价的1.5%的费用作为东深公司工程管理费。2003年5月13日，东深公司与长富广场公司订立《长富广场工程初步协议》。2003年5月19日，东深公司与长富广场公司签订《东莞市建设工程施工合同》。2003年5月21日，东深公司与长富广场公司订立《大朗长富商贸广场工程施工合同》，工程范围为：东莞市大朗长富商贸广场的土建工程（不包括二次装修工程，但包含内墙身、天花找平层压光、天花线管预留到位）、给排水工程、防雷工程（包括基本防雷设施及阳台护栏、金属部件、铝窗的防雷施工）、地下室装修工程、公共楼梯装修工程等。建筑总面积为80 523平方米，工程总量按双方及设计单位、监理单位综合会审后确定的施工图纸为准，按施工图纸施工。东深公司的施工除包括该工程施工所需的所有必要工作、管理、开支外，还包括为工程施工而必须配套的临时设施、环保设施临时工程及政府对承包人的收费等。合同确定工程造价为5480万元,现行定额仅作为造价计算的参考,除合同规定可以调整的情况外,任何市场价格行情的变化都不能成为调价的理由。工程土建部分及安装部分,根据广东省建筑工程预算定额广东省《2001预算定额》,安装部分按照广东省《2002预算定额》进行编制,并参照东莞市2002年第六期东莞工程造价管理信息及东莞市现行材料价格,土建工程按照三类工程标准计费,其余工程按照相关规定计费。工程造价除合同另有约定外均下浮16.5%计算。所有预算外的其他费用,如:设备、人员进退场费、防护网费、卫生费、取土资源费、弃土费、相邻承包人之间的施工干扰等,已由承包人在议标报价时一起综合考虑于造价下浮率中,结算时不得计算,文明施工费已在合同价预算中。工程造价计算规定:如合同文件与定额站公布的解释有冲突,以合同文件为准。预算包干费的内容:施工雨水的排除、因地形影响造成的场内料具二次运输、工程用水如压措施、完工清场后的垃圾外运、施工材料堆放场地的整理、水电安装后的补洞工料费、工程成品保护费、施工中临时停水停电、基础的塌方、日间照明增加费(不包括地下室和特殊工程)、场地硬化、施工现场临时道路。合同约定,如果东深公司将工程转包给其他单位和个人,长富广场公司一经发现,立即解除合同,并没收履约保证金,并且由东深公司承担长富广场公司因此产生的所有损失。合同确定工程的工期为420天,东深公司不按照合同的规定开工或不按照批准的施工方案的施工计划施工,造成施工进度严重滞后,长富广场公司和监理工程师书面通知勒令其改正,而14天内仍未采取改正措施,长富广场公司有权解除合同并没收履约保证金或重新调整合同施工范围,并且由东深公司承担长富广场公司因此产生的所有损失。由于东深公司的责任造成工期拖延时,每拖延一天,给予6000元的处罚。东深公司在附件一中声明:如果履行合同中出现有关国家政策、法规、定额、价格、行业标准的编号涉及调整工程价款,除合同规定允许调整的情况外,自愿维持合同的规定不变,自愿放弃因上述的变化而追加费用的权利。对于双方签订的《东莞市建设工程施工合同》,双方确定只是给东深公司作办理报建等手续使用,一切合同条款的履行均以《大朗长富广场工程施工合同》为准。上述协议签订后,莫志华于2003年6月23日开始施工,长富广场公司中途设计变更及增加了部分工程。在工程施工过程中,由于材料涨价等原因,莫志华、东深公司与长富广场公司多次协商未果,在东莞市建设局的协调下,东深公司承诺退场。由于对已完成工程的造价产生争议,莫志华、东深公司遂提起诉讼。涉案工程在诉讼前没有进行造价结算,莫志华在诉讼过程中提出了对工程造价进行鉴定的申请。在诉讼中,莫志华确认长富广场公司已支付工程款57 860 815.68元。

一审法院另查明,莫志华以清远市清新建筑安装工程公司东莞分公司的名义于2003年4月30日通过中国建设银行汇款50万元给东莞市长和物业投资有限公司,进账单载明票据的种类为工程投标保证金。莫志华于2003年5月23日以东莞市金信联实业投资有限公司的名义通过广东发展银行东莞分行汇款220万元给长富广场公司。莫志华于2003年6月27日以清远市清新建筑安装工程公司东莞联络处的名义通过广东发展银行东莞分行汇款30万元给长富广场公司进账单载明票据种类为预交报建费。

一审法院根据长富广场公司的申请向东莞市建设局调取了如下证据:建筑企业项目经理暂代证、单项工程备案确认书、外籍企业单项工程备案表、外籍企业进莞承接工程项目备案登记表、向东莞市大朗镇人民政府城建规划办公室调取的涉案工程备案的图纸一套。对一审法院向东莞市建设局调取的证据,莫志华、东深公司均不予确认。对一审法院向东莞市大朗镇人民政府城建规划办公室调取的图纸,各方当事人均予确认。

由于各方当事人在一审诉讼中对工程款的数额未能达成一致意见,莫志华申请一审法院委托有资质的结算部门对其所做的工程价款进行结算。一审法院根据当事人的申请委托了东莞市华城工程造价咨询有限公司对莫志华所做的工程进行结算。东莞市华城工程造价咨询有限公司根据法院的要求作出了两份工程造价鉴定书,一份是按当事人在合同中约定的计价办法、包干价及调幅比例进行结算:工程含税总造价为52 989 157.84元(包括增加、减少及未完成工程)。另一份是按实际完成的工程量及建筑工程类别,参照定额及材差(未考虑合同中下浮16.5%的约定)结算:含税总造价为69 066 293.11元,其中利润为1 518 306.67元,税金为2 228 340.07元。

工程造价鉴定书作出后,一审法院开庭质证,对于鉴定机构确定的工程量,各方当事人均无异议。各方的异议主要有:莫志华对按合同结算的工程造价鉴定书不予质证。对按实结算的工程造价鉴定书的意见为:对于工程造价鉴定确定的建筑面积及工程量没有异议。对于长富广场公司指定的原材料,应当按当时的成本价(采购成本＋运输成本),对于没有指定的原材料价格,应当统一按市场价或东莞市建设局公布的信息价计算。其中:1. 长富广场公司指定企石沙场的河沙,应按当时市场价每立方米56.67元计价;长富广场公司指定樟木头铁路石场及大岭山铁路石场的碎石,应按当时的市场价每立方米71.67元计价;以上两项合计少计价款为1 220 933.10元;2. 长富广场公司指定外墙所有文化砖、纸皮砖等装饰材料使用东莞唯美陶瓷厂定做的产品,上述装饰材料的价格应按厂方当时的报价计算。其中文化砖应按每平方米130元计算,纸皮砖应按每平方米60元计算,此两项合计少计价款为1 955 805.44元;3. 工程抗渗膨胀砼采用UBA低碱高效膨胀剂,UBA膨胀剂的单价按2003年及2004年的市场价格为1650元/吨,而非900元/吨,因此应补C30及C25膨胀砼的价差370 499.22元;4. 2004年东莞市排气管道(TGWE9型)及排烟管道(TGCA6型)的成品市场价为80元/米,而非排气管道65元/米及排烟管道33元/米,应补价差67 605.8元;5. C栋独立费表(一)第2、3项及独立费表(二)所列费用150 620元未经双方确认,应以单独项目列出作为有争议的工程处理,不能作为确定的费用直接结算,该费用应从总额中剔除;6. 对于双方确认的增加工程结算应作单独项目工程按双方已确认的价格进行计算,无须按定额执行计算,双方已确认的价格为1 385 456.31元,对比应补计工程款64万元;7. 增加计算行政事业收费,该项费用有关部门已收取共531 696元,所以应补回此部分费用。另外,应补回社保金66 837 953.10元×2.9%＝1 938 300.64元;8. 漏计的费用共350 000元,包括:“三通一平”施工现场填碎石4500立方米,费用为49 500元;材料二次运输费239 300元;9个月的材料堆放费61 200元;9. 按实结算的工程造价鉴定书中确定的利润1 518 306.67元没有根据。

东深公司认为双方所签合同因涉及到挂靠而无效,因此按合同结算的工程造价鉴定书缺乏合法性。对按实结算工程造价鉴定书,东深公司基本同意莫志华的意见。

长富广场公司对涉案工程量的鉴定基本上没有异议,但认为基坑支护部分属于施工措施,不是增加的工程量。

东莞市华城工程造价咨询有限公司作出如下回应:1. 莫志华提到的沙石,由于没有具体品牌,故按照建委公布的信息价计算;2. 外墙砖是到唯美公司咨询的价格,并非市场价;3. 由于双方没有指定品牌的膨胀砼,故按照当时的市场价以及在网上查询的信息以平均价1200元/吨计价;4. 因排气管道及排烟管道无指定品牌,故以建委公布的信息价计算,如果莫志华能够提供购买单据,法院对此单据予以认可,可以该单据计价;5. C栋独立费扣除10万元的原因是C栋没有完工就退场了,而现场清理是需要费用的,该费用是酌定的;6. 莫志华提出的行政事业收费问题,是作为成本来计算的,由于莫志华没有提交这些单据,故造价未计算该部分;7. 莫志华提出的漏计的费用,是包括在包干费中的;8. 增加工程的问题,有部分工程是双方协商确定的,在按合同结算的工程造价鉴定中,是按照双方协定计价的,在按实结算的工程造价鉴定中,是按照实际完成的工程量计价的;9. 对于长富广场公司提到的基坑支护问题,该部分造价已经单列出来,由法院确定是否计入工程总造价。

一审法院认为,综合本案案情及需判决的事项归纳成以下几个焦点:一是本案的合同效力问题;二是本案工程款如何确定;三是长富广场公司的反诉请求应否支持;四是莫志华已交纳的履约保证金270万元应否由长富广场公司返还;五是东深公司的诉讼请求应否支持。

一、关于本案合同的效力问题。本案莫志华与东深公司在一审庭审及诉讼中自认莫志华挂靠东深公司承建涉案工程的事实,根据《中华人民共和国建筑法》第十二条:“从事建筑活动的建筑施工企业、勘察单位、设计单位和工程监理单位,应当具备下列条件:(一)有符合国家规定的注册资本;(二)有与其从事的建筑活动相适应的具有法定执业资格的专业技术人员;(三)有从事相关建筑活动所应有的技术装备;(四)法律、行政法规规定的其他条件及第二十六条”承包建筑工程的单位应当持有依法取得的资质证书,并在其资质等级许可的业务范围内承揽工程。禁止建筑施工企业超越本企业资质等级许可的业务范围或者以任何形式,用其他建筑施工企业的名义承揽工程。禁止建筑施工企业以任何形式允许其他单位或者个人使用本企业的资质证书、营业执照,以本企业的名义承揽工程之规定,莫志华作为自然人,不具有承包建筑工程的资质,莫志华挂靠有资质的建筑施工企业东深公司承包工程,违反了上述法律的强制性规定。根据《中华人民共和国合同法》第五十二条:“有下列情形之一的,合同无效:……(五)违反法律、行政法规的强制性规定”及最高人民法院《关于审理建设工程施工合同纠纷案件适用法律问题的解释》第一条:“建设工程施工合同具有下列情形之一的，应当根据合同法五十二条第（五）项的规定，认定无效：……（二）没有资质的实际施工人借用有资质的建筑施工企业名义的。”东深公司与长富广场公司签订的《长富广场工程初步协议》、《东莞市建设工程施工合同》及《大朗长富商贸广场工程施工合同》依法应认定为无效。根据两原告之间订立的《长富商贸广场工程合作协议书》中约定的“甲乙双方必须保证本协议内容不得对外泄露，严格保密……”，结合在《长富广场工程初步协议》中载明的乙方为东深公司、《大朗长富商贸广场工程施工合同》上载明的承包人为东深公司、《东莞市建设工程施工合同》上载明的承包方为东深公司、有关施工现场签证单中施工单位、工程联系单中的收件单位均署名东深公司、有关工程造价协商往来文书中载明的收件单位是深圳市东深工程有限公司项目经理部、主体分部（子分部）工程验收记录中施工单位一栏签章者为东深公司、隐蔽工程载明的施工单位为东深公司、工程移交单中载明的移交单位为东深公司、深圳市东深工程有限公司大朗长富商贸广场工程项目经理部、长富广场公司提交的收款收据表明涉案工程进度款是向东深公司支付的、在有关协调会议中莫志华是以“施工单位深圳市东深工程有限公司”工作人员的名义参加的，即使是莫志华所提交的借条及借据也均是以东深公司大朗长富商贸广场工程项目经理部的名义借款的。以上证据及事实表明，在合同的签订和履行过程中与长富广场公司发生法律关系的是东深公司，同时莫志华与东深公司未能提供充分的证据证明长富广场公司对于莫志华与东深公司之间的挂靠关系知情。因此，本案导致合同无效的根本原因在于莫志华与东深公司，东深公司明知莫志华无建筑资质而仍让其挂靠承建工程违法却仍然实施了上述行为，故应承担全部过错责任。

二、本案工程款如何确定问题。《中华人民共和国合同法》第五十八条规定：“合同无效或者被撤销后，因该合同取得的财产，应当予以返还；不能返还或者没有必要返还的，应当折价补偿。有过错的一方应当赔偿对方因此所受到的损失，双方都有过错的，应当各自承担相应的责任。”本案莫志华与东深公司要求是请求长富广场公司支付工程款，而长富广场公司取得的是莫志华与东深公司将劳动和建筑材料物化的建筑物。鉴于建设工程合同的特殊性，尽管合同被确认无效，但已经履行的内容不能适用返还的方式使合同恢复到签约前的状态，故只能按折价补偿的方式处理。但如何执行，各方当事人未能达成一致意见。如前所述，导致本案合同无效的原因在莫志华与东深公司，莫志华、东深公司不应因由其过错而导致合同无效反而获得比如期履行有效合同还要多的利益，同时，鉴于长富广场公司对于已完成工程的质量未提出异议，因此，本案虽然合同无效，但仍应按照实际完成的工程量以合同约定的结算办法来计算工程造价，增加、减少或变更的工程造价应参考合同约定及鉴定单位通常做法来计算，一审法院只能参照合同约定和参考专业机构鉴定结论来确定。

本案中共有两份合同，分别是2003年5月19日用于备案的东莞市建设工程施工合同（以下简称备案合同）和2003年5月21日的大朗长富商贸广场工程施工合同。合同结算时应以哪份合同为准，莫志华、东深公司主张以2003年5月21日的大朗长富商贸广场工程施工合同为准。长富广场公司称如判决应以备案合同为准，如调解应以2003年5月21日的大朗长富商贸广场工程施工合同为准。但长富广场公司对于按合同结算的工程造价鉴定书中鉴定公司确定的2003年5月21日的大朗长富商贸广场工程施工合同为结算的依据并无提出异议。可认定2003年5月21日的大朗长富商贸广场工程施工合同反映了各方当事人的真实意思表示，因此，应以2003年5月21日的大朗长富商贸广场工程施工合同作为本案结算的依据（以下所称的合同均指2003年5月21日的大朗长富商贸广场工程施工合同）。

一审法院委托了东莞华城工程造价咨询有限公司对工程造价进行结算，结论为：按合同结算的工程造价是52 989 157.84元。由于合同规定了所有工程价款的应缴税金，包括：营业税、教育费附加、城市建设维护税、带征所得税，均由承包人向税务部门交纳，所有预算外的其他费用，如：设备、人员进退场费、防护网费、卫生费、取土资源费、弃土费、相邻承包人之间的施工干扰等，已由承包人在议标报价时一起综合考虑于造价下浮率中，结算时不得计算，因此，有关的行政事业收费已经包括在合同价内，莫志华提出的增加计算行政事业收费531 696元的请求不予支持。由于未能举证证明，因此对于莫志华提出的增加社保金1 938 300.64元的请求，一审法院不予支持。关于长富广场公司提出的基坑支护不属实体工程，而是施工措施的问题。经咨询鉴定机构，基坑支护属于一项实体工程，因此，基坑支护应该作为增加工程，其造价应计入工程造价。关于莫志华对鉴定机构对有些材料以市场询价计算提出异议，要求以其购买价及运输价的总和计算材料价的问题。由于合同中已经固定了上述材料的产地及规格，而合同在“2.7　材料价格的确定”中规定：“本工程的材料按照本合同2.6中所列材料的价格计算，结算时不得调整”，这就意味着订立合同时，合同价格已经规定了上述结算时的取价办法，因此，对于莫志华要求增加河沙及碎石价款的请求，一审法院不予支持。因鉴定单位的鉴定人员是具有专业知识的人员，鉴定程序合法，因此，鉴定机构以市场询价计算定额中未能涉及的材料的价格，并无不当，对莫志华要求增加文化砖、纸皮砖等装饰材料、排气管道及排烟管道及C30和C25膨胀砼的价差的请求，一审法院不予支持。关于莫志华提出的C栋独立费表中涉及到的减少工程问题，在按合同结算的造价结算中，包括了清场及垃圾外运等的费用10万元，由于5月21日的合同约定了预算包干费用包括了完工清场后的垃圾外运，因此，鉴定机构扣减该部分费用符合合同的约定。至于C栋独立费表中扣减及修补洞口12 030个和扣减混凝土10立方米的费用，该工程量有长富广场公司提供的由东深公司、长富广场公司及监理公司东莞市粤建监理工程有限公司共同盖章确认的《长富广场未完成工程量(实量)》为据，作为未完成的工程，应当在计算工程造价时扣减该部分的费用，莫志华要求补回C栋独立费表中涉及到该部分费用的主张，缺乏依据，一审法院不予支持。关于莫志华提出的增加现场签证费350 000元，莫志华提交了2003年9月17日及2004年10月30日的施工现场签证单来证明。鉴于签证单上“东莞市粤建监理工程有限公司”一栏虽有工程师签名但该公司没有盖章，长富广场公司不予确认，而莫志华未能提供证据证明签名的工程师系东莞市粤建监理工程有限公司现场监理人员，因此，莫志华的该项证据不能证明该部分费用属其已支出且经长富广场公司同意支付的，对莫志华的该项请求，予以驳回。经询问东莞市华城工程造价咨询有限公司，莫志华针对按实结算的工程造价鉴定书提出的其他意见对于按合同结算的工程造价没有影响。综上，涉案工程总价款为52 989 157.84元。

三、莫志华、东深公司关于支付工程款的请求应否支持。最高人民法院《关于审理建设工程施工合同纠纷案件适用法律问题的解释》规定支付工程款的前提条件是工程经竣工验收合格。涉案工程作为公共产品，其质量是否合格不能仅仅依据各方当事人的确认，需要经过建设行政主管部门依法验收方能确定。由于莫志华拒绝提供施工资料，涉案工程无法进入竣工验收程序，同时，莫志华请求支付工程款，就负有证明其所作工程经竣工验收合格的责任，现莫志华不配合竣工验收，对其要求支付工程款的诉讼请求，依法予以驳回。

四、莫志华已交纳的履约保证金270万元应否由长富广场公司返还。莫志华提交了2003年4月30日中国建设银行进账单、2003年5月23日的广东发展银行东莞分行进账单、清远市清新建筑安装工程公司东莞分公司出具的证明、东莞市金信联实业投资有限公司出具的证明，用以证明其支付了270万元的履约保证金。长富广场公司对两份进账单的真实性无异议，认为其收到了上述履约保证金，但对于清远市清新建筑安装工程公司东莞分公司出具的证明、东莞市金信联实业投资有限公司出具的证明的真实性不予确认，认为上述证明不能证明履约保证金属莫志华所有，而东深公司确认270万元的履约保证金属莫志华所有并支付。由于长富广场公司确认其已收到合同约定的履约保证金，而当时签订合同时另一方是东深公司，现东深公司自认上述履约保证金属莫志华所有，因此，应当确认长富广场公司收到的270万元的履约保证金属莫志华所有。由于合同无效，长富广场公司依据合同取得的履约保证金应当返还莫志华，对莫志华要求长富广场公司返还履约保证金270万元的请求，一审法院予以支持。关于履约保证金的利息，由于合同中并无约定，故长富广场公司应从莫志华请求之日即莫志华起诉之日开始支付，利率为中国人民银行规定的同期同类贷款利率。

五、东深公司的诉讼请求应否支持。对于东深公司请求长富广场公司支付工程款及其利息和退还履约保证金270万元及其利息的问题。由于东深公司出借资质给莫志华承建涉案工程的行为同样违反国家禁止性规定，为无效民事行为，同时东深公司并未承建涉案工程且履约保证金实为莫志华所支付，故对东深公司的诉讼请求，一审法院不予支持。

六、长富广场公司反诉请求应否支持。长富广场公司已付工程款为57 860 815.68元，莫志华、东深公司应当返还长富广场公司多支付的工程款4 871 657.84元。虽然合同无效，但长富广场公司实际上已垫付了上述的工程款，莫志华、东深公司实际占用了资金，根据公平原则，莫志华、东深公司应向长富广场公司支付垫付工程款的利息。长富广场公司请求莫志华、东深公司返还其多支付的工程款的利息，起算时间为合同约定的竣工日期的第二日即2004年8月1日。由于涉案工程在莫志华、东深公司起诉时并未竣工且合同无效，故应从莫志华、东深公司起诉时即2005年4月20日开始计算上述利息，即莫志华、东深公司应从2005年4月20日起至清偿日止按中国人民银行规定的同期同类贷款利率计付长富广场公司多支付的工程款的利息。长富广场公司反诉要求莫志华、东深公司支付逾期完工的违约金，因合同无效，不存在违约的问题，故对长富广场公司的这一反诉请求，一审法院不予支持。长富广场公司提供了租赁合同以证明其由于莫志华、东深公司未能如期完工所遭受的租金损失，但上述合同未能载明长富广场公司减少部分租赁方租金及部分租赁方未能签订租赁合同是由于莫志华、东深公司未能如期完工所造成，因此，对长富广场公司的该项反诉请求，一审法院不予支持。长富广场公司要求的其他经济损失，由于未能提供证据证明，对其该项反诉请求一审法院也不予支持。

综上所述，依照《中华人民共和国合同法》第五十二条第（五）项、第五十八条，《中华人民共和国建筑法》第十二条、第二十六条，最高人民法院《关于民事诉讼证据的若干规定》第一条、第二条、第七十一条、第七十二条及最高人民法院《关于审理建设工程施工合同纠纷案件适用法律问题的解释》第一条之规定，一审法院于2007年11月30日判决：一、东深公司与长富广场公司签订的《长富广场工程初步协议》《东莞市建设工程施工合同》《大朗长富商贸广场工程施工合同》无效。二、莫志华、东深公司于判决发生法律效力之日起十天内返还长富广场公司多支付的工程款4 871 657.84元及该款的利息（从2005年4月20日起按中国人民银行规定的同期同类贷款利率计至付清日止）。三、长富广场公司于判决发生法律效力之日起十天内返还莫志华支付的履约保证金270万元及该款的利息（从2005年4月20日起按中国人民银行规定的同期同类贷款利率计至付清日止）。四、驳回莫志华其他的诉讼请求。五、驳回东深公司的诉讼请求。六、驳回长富广场公司反诉的其他诉讼请求。各方当事人如未按本判决指定的期限履行给付金钱义务，应当依照《中华人民共和国民事诉讼法》有关规定，加倍支付迟延履行期间的债务利息。本诉诉讼费137 059元、诉讼保全费75 520元、鉴定结算费611 146元，共计82 372.5元，由莫志华承担358 320元，东深公司承担358 320元，由长富广场公司承担107 085元。本案反诉诉讼费44 360元，由长富广场公司（反诉原告）承担16 618元，由莫志华承担13 871元，由东深公司承担13 871元。

莫志华不服一审判决，向广东省高级人民法院提起上诉称，（一）双方签订的施工合同无效，应该据实结算。2003年5月21日签订《大朗长富商贸广场工程施工合同》为实际施工依据，但并非结算依据。（二）最高人民法院《关于审理建设工程合同纠纷案件适用法律问题的解释》并没有规定所有未经验收合格的工程不能支付工程款。本案涉诉工程全部单项工程已经验收合格，只是没有进行综合验收，而且长富广场公司已经使用了建设工程。（三）一审判决违反公平原则。本案双方合同属无效合同，长富广场公司一直与莫志华个人洽谈合同，保证金由莫志华支付，工程施工管理由莫志华负责，长富广场亦向莫志华支付工程款，这些都足以证明长富广场公司一直知道并认可莫志华为实际施工人。一审判决认定合同无效的过错责任全部由莫志华和东深公司承担不当。（四）一审法院无故超期审理，损害当事人利益。故请求撤销一审判决，支持莫志华的起诉请求。

东深公司亦不服一审判决，上诉称，（一）长富广场公司对莫志华非法挂靠施工行为是明知的，一审判决东深公司和莫志华承担全部过错责任是错误的。双方签订合同时，长富广场公司就指定施工方项目经理为莫志华，合同附件中莫志华的《项目经理证书》也显示其并非长富广场公司员工。而且施工期间，长富广场公司将4000多万元工程款汇入莫志华的指定账户，这些都说明挂靠施工行为是长富广场公司积极促成的。（二）一审判决在认定工程造价上存在错误。本案合同无效，一审法院再依照无效合同办理结算，在逻辑上存在矛盾。莫志华在编制施工预算报价时，图纸尚未最后完成，存在严重的缺项，施工单价也明显低于施工成本，按无效合同办理结算，显失公平。（三）长富商贸广场工程已实际交付使用，已基本销售完毕。依照合同约定，应视为验收合格。（四）一审判决东深公司与莫志华共同清偿长富广场公司487万元工程款不符合法律规定，应该先以挂靠者的资产清偿债务，被挂靠人承担补充清偿责任。故请求：撤销一审判决第二、三、五项，改判准许东深公司的诉讼请求。

长富广场公司针对莫志华的上诉答辩认为，（一）依照最高人民法院《关于审理建设工程施工合同纠纷案件适用法律问题的解释》第二十一条的规定，本案应适用经备案的建设施工合同作为本案审计评估的结算依据。（二）一审法院已经对涉案双方关于结算工程款问题进行了实质的处理，不存在一审法院实质性驳回莫志华请求支付工程款的事实。(三)涉案工程在洽谈、正式合同签署、工程质量验收、工程款支付、工程退场、工程尾项处理、工程纠纷洽商以及东莞市建设局协商处理都是由东深公司出具介绍信、签订涉案合同、提供收款银行账号、收据、组织派人处理的，莫志华与东深公司签订的挂靠承包合同是一秘密协议，泄露该协议的违约处罚是 10 万元。这些都证明挂靠承包的全部过错责任应由莫志华及东深公司承担。(四)由于莫志华非法挂靠和扰乱建筑市场行为造成涉案物业至今都无法竣工备案，形成巨大的社会隐患。请求二审法院维护长富广场公司的合法权益。

长富广场公司针对东深公司的上诉答辩认为，东深公司推定长富广场公司应当知道非法挂靠行为没有事实依据，一审法院认定涉案工程造价及处理方式基本程序是公平、合法的。一审判决认定东深公司对涉案返还工程款承担连带责任合理、合法。请求二审法院维护长富广场公司利益。

二审法院查明的事实与一审法院查明的事实相同。

二审法院认为，莫志华以东深公司的名义与长富广场公司签订的《大朗长富商贸广场工程施工合同》等合同，违反了《中华人民共和国建筑法》第二十六条第二款的规定，应确认为无效合同。鉴于建设工程合同的特殊性，双方无法相互返还，故只能按折价补偿的方式处理。从现有证据来看，并无证据显示长富广场公司在签约及履约过程中知道莫志华挂靠东深公司进行施工，因此，造成合同无效的过错责任应由莫志华和东深公司承担。

关于莫志华、东深公司提出合同无效，长富广场公司清楚挂靠事实，也存在过错，已完成的工程应按实结算的问题。无论签约还是履约过程中，莫志华都以东深公司项目经理的名义出现，莫志华的行为都代表东深公司，长富广场公司与莫志华协商有关工程事宜，依照莫志华的指令支付工程款都不能证明长富广场公司知道莫志华与东深公司之间的挂靠关系，莫志华、东深公司认为长富广场公司知道他们之间的挂靠关系证据不足，不予采纳。本案一审法院委托中介机构对已完成工程分别按合同及按实进行了结算，按实结算的工程造价远高于按合同价结算的工程造价。由于长富广场公司没有过错，讼争工程又已实际使用，那么依照公平和诚实信用原则，本案的处理就不能让无过错方长富广场公司承担合同外的损失。而且比照最高人民法院《关于审理建设工程施工合同纠纷案件适用法律问题的解释》第二条的规定，可以得出如下结论：除非合同无效的原因归于价格条款违反法律、行政法规的强制性规定，否则无效的施工合同仍应按照合同的约定确定工程造价。故一审法院比照原合同约定确定已完成工程的造价是正确的，予以维持。莫志华和东深公司关于应按实结算工程款的依据不足，不予支持。由于比照合同约定进行结算，长富广场公司已多支付了工程款，因此，莫志华、东深公司请求长富广场继续支付工程款依据不足，亦不予支持。

关于东深公司提出莫志华挂靠其进行经营，因此对于长富广场公司多付的工程款，应由莫志华的资产偿还，东深公司只应承担补充清偿责任，不应承担共同清偿责任的问题。莫志华以东深公司与长富广场公司签订合同、进行施工及收取工程款，东深公司亦予以认可，因此，长富广场公司支付的工程款应视为是莫志华和东深公司共同收取的，两者应共同承担还款责任。东深公司的该项上诉请求依据不足，不予支持。综上，一审判决认定事实清楚，适用法律正确，依法应予维持。依照《中华人民共和国民事诉讼法》第一百五十三条第一款第(一)项的规定，二审判决：驳回上诉，维持原判。二审案件受理费 181 419 元，由东深公司、莫志华各承担 90 709. 5 元。

莫志华不服该判决，向法院申请再审称，(一)东莞市华城工程造价咨询有限公司依据合同约定和据实结算分别做出了含税总造价为 52 989 157. 84 元的《工程造价鉴定书》(简称合同造价鉴定报告)和工程含税总造价为 69 066 293. 11 元的《工程造价鉴定书》两份鉴定结论。原审判决认定工程价款依据的是《合同造价鉴定报告》，该报告未经莫志华质证。根据《中华人民共和国民事诉讼法》第一百七十九条第一款第(四)项规定，人民法院认定的主要证据未经质证的，应当再审。(二)《合同造价鉴定报告》存在以下错误：1. 2004 年 2 月 28 日，双方签订有一份《会议纪要》，该会议纪要明确了双方已达成钢材、水泥两大主要材料差价各承担 50% 的协议，但该份鉴定书没有按照该协议的内容对钢材、水泥的差价予以扣减，遗漏鉴定材料。2. 该份《工程造价鉴定书》存在对增加工程部分的少计和漏计的情况以及对减少工程存在多计的情况。具体理由见附件《关于大朗长富广场工程〈工程造价鉴定书〉按合同结算部分的异议》。3. 根据《中华人民共和国建筑法》第四十八条规定：建筑施工企业必须为从事危险作业的职工办理意外伤害保险，支付保险费。莫志华依法交纳社保金198 300.64元，是证明莫志华是奉公守法的公民，其依法履行建筑法规定的必须交的保险费。原审法院未能核实，简单以无证据为由不予支持违背事实。（三）2003年5月21日《大朗长富商贸广场工程施工合同》结算条款是附条件的条款，在2003年5月11日《长富广场工程初步协议》中长富广场公司承诺将电力安装工程、街景工程、二次装修工程承包给莫志华前提下，工程总造价方能下浮16.5%，但长富广场公司并没有按此履行，从而使2003年5月21日《大朗长富商贸广场工程施工合同》结算条款失去履行的条件和基础。本案所争议的工程并没有竣工验收，属未完工程。该项工程经过了增加工程、设计变更的情况，莫志华是依据实际完成工程量向长富广场公司主张工程款，该公司也是按实际工程量支付工程款，而不是按约定支付。原审判决依据2003年5月21日《大朗长富商贸广场工程施工合同》结算工程款错误。（四）长富广场公司明知莫志华挂靠东深公司承包本案工程，原审法院认定长富广场公司不知情，合同无效的全部责任由莫志华承担错误。根据《中华人民共和国民事诉讼法》第一百七十九条第一款第（二）、（四）、（六）项的规定，申请再审。

长富广场公司答辩称，原判决认定事实清楚，适用法律正确，应予维持。

法院再审查明：双方就材差问题，在广东省东莞市建设局的主持下，进行过调解。陈志鹏作为长富广场公司的代表，在大朗长富广场工程会议上表示，长富广场公司除愿意承担两大主材的价差的50%，约380万元，为表示诚意，愿意再多补偿100万元给东深公司，即共计约480万元。

法院再审查明的其他事实与一审、二审查明的事实相同。

法院认为，本案双方当事人在再审中争议的焦点为：1.原判决对于合同无效后责任的认定是否适当。2.涉案工程款应如何计算。包括：(1)涉案工程款是应按照合同约定结算还是据实结算；(2)原审法院采信的《合同造价鉴定报告》是否经过质证；(3)该鉴定报告对于工程款数额的鉴定是否有误。

一、关于原判决对于合同无效后责任的认定是否适当的问题。

双方当事人对于合同无效均不存在争议，但莫志华认为原判决对于合同无效的责任认定有失公正。莫志华认为，长富广场公司对于其挂靠东深公司的行为应当知情，但未提供相应证据证明其主张。从莫志华与东深公司签订的保密协议的内容看，保密协议以外的第三人很难知晓他们之间的挂靠关系。涉案合同的签订主体为长富广场公司与东深公司，长富广场公司提交的收款收据表明涉案工程进度款是向东深公司支付的、且莫志华参加有关协调会议中亦是以东深公司的工作人员身份参加的，莫志华所提交的借条及借据也均是以东深公司大朗长富商贸广场工程项目经理部的名义借款的。以上证据及事实表明，在合同的签订和履行过程中与长富广场公司发生法律关系的是东深公司，而非莫志华。因此，莫志华与东深公司对于合同无效应当承担全部责任，原判决对于合同无效后责任的认定并无不当。即便长富广场公司对此知情，应承担一定的过错责任，也不影响本案的实体处理。过错责任的划分，仅在计算损失赔偿时有意义，对于涉案工程款数额的认定并无影响。依据《合同法》第五十八条的规定，“合同无效或者被撤销后，因该合同取得的财产，应当予以返还；不能返还或者没有必要返还的，应当折价补偿。有过错的一方应当赔偿对方因此所受到的损失，双方都有过错的，应当各自承担相应的责任。”而本案中双方仅对工程款的计算数额存在争议，双方当事人均未提起损害赔偿之诉，因此，过错责任的认定其并不影响对于涉案工程款数额的计算。

二、关于涉案工程款应如何计算的问题。

（一）关于涉案工程款的计算依据。关于涉案工程款是应按照合同约定结算还是据实结算。鉴于建筑工程的特殊性，虽然合同无效，但莫志华与东深公司的劳动和建筑材料已经物化在涉案工程中，依据《最高人民法院关于审理建设工程施工合同纠纷案件适用法律的解释》第二条的规定，建设工程无效合同参照有效合同处理，应当参照合同约定来计算涉案工程款。莫志华与东深公司主张应据实结算工程款，其主张缺乏依据。莫志华与东深公司不应获得比合同有效时更多的利益。涉案工程款应当依据合同约定结算。

（二）关于《合同造价鉴定报告》是否经过质证。莫志华主张《合同造价鉴定报告》未经其质证。2006年9月6日，一审法院开庭审理本案，莫志华、长富广场公司、东深公司以及鉴定单位均参加庭审。一审庭审过程中，一审法院要求各方当事人对本案两份鉴定报告发表意见，莫志华对于据实结算的鉴定报告发表意见，对于按合同结算的鉴定报告不认可，因此不予质证。一审法院已将相关证据材料在法庭出示并要求各方当事人互相质证,莫志华主张《合同造价鉴定报告》未经质证与事实不符。

(三)关于鉴定报告对涉案工程款数额的计算是否有误的问题。莫志华主张,鉴定报告存在对增加工程部分的少计和漏计的情况以及对减少工程存在多计的情况。东莞市华城工程造价咨询有限公司已对其异议给予解答。该鉴定机构主体合格且鉴定程序合法,因此,莫志华主张鉴定数额有误,缺乏依据,法院不予支持。

关于长富广场公司是否多支付给莫志华与东深公司480多万元工程款。从法院再审查明的事实看,莫志华与长富广场公司曾在东莞市建设局的主持下进行过调解。就760万元钢材、水泥价差问题,长富公司表示愿意负担50%,在此基础上,长富广场公司另行补偿100万元,两者相加共计约480万元,长富广场公司作出该意思表示,同时亦有已多支付480万元工程款的行为,应当认定其自愿补偿给莫志华与东深公司的行为,其现又主张莫志华与东深公司退回其多支付的工程款,有违诚实信用原则,法院不予支持。原判决认定莫志华、东深公司返还长富广场公司多支付的工程款4 871 657.84元及该款的利息,显属不当,应予纠正。综上,依照《中华人民共和国民事诉讼法》第一百八十六条第一款、第一百五十三第一款第(三)项之规定,判决如下:

一、撤销广东省高级人民法院(2008)粤高法民一终字第71号民事判决;

二、维持广东省东莞市中级人民法院(2005)东中法民一初字第11号民事判决第一项、第三项、第四项、第五项、第六项;

三、撤销广东省东莞市中级人民法院(2005)东中法民一初字第11号民事判决第二项。

一审案件本诉诉讼费137 059元、诉讼保全费75 520元、鉴定费611 146元,共计823 725元,由莫志华负担358 320元,深圳市东深工程有公司负担358 320元,东莞市长富广场房地产开发有限公司负担107 085元;反诉诉讼费44 360元,由东莞市长富广场房地产开发有限公司负担。

二审案件受理费181 419元,由莫志华负担63 496.65元、深圳市东深工程有公司负担63 496.65元,东莞市长富广场房地产开发有限公司负担54 425.70元。

本判决为终审判决。

西安市临潼区建筑工程公司与陕西恒升房地产开发有限公司建设工程施工合同纠纷案

【裁判摘要】

最高人民法院《关于审理建设工程施工合同纠纷案件适用法律问题的解释》第二十一条关于“当事人就同一建设工程另行订立的建设工程施工合同与经过备案的中标合同实质性内容不一致的,应当以备案的中标合同作为结算工程价款的根据”的规定,是指当事人就同一建设工程签订两份不同版本的合同,发生争议时应当以备案的中标合同作为结算工程价款的根据,而不是指以存档合同文本作为结算工程价款的依据。

上诉人(原审原告):西安市临潼区建筑工程公司。

被上诉人(原审被告):陕西恒升房地产开发有限公司。

西安市临潼区建筑工程公司(以下简称临潼公司)与陕西恒升房地产开发有限公司(以下简称恒升公司)建设工程施工合同纠纷一案,陕西省高级人民法院于2007年3月19日作出(2006)陕民一初字第15号民事判决。临潼公司不服该判决,向最高人民法院提起上诉。最高人民法院依法组成合议庭于2007年9月21日进行了开庭审理。临潼公司的委托代理人韩松、王东宽,恒升公司的委托代理人翟存柱、郝雅玲到庭参加诉讼。本案现已审理终结。

一审法院经审理查明:2003年3月10日,临潼公司依照约定进入恒升公司位于陕西省西安市建工路8号的恒升大厦综合楼工程工地进行施工。同年9月10日,临潼公司与恒升公司签订《建设工程施工合同》,约定:恒升公司(甲方)将其建设的恒升大厦综合楼项目的土建、安装、设备及装饰、装修和配套设施等工程发包给临潼公司(乙方);开竣工日期:2003年3月10日-2005年9月10日;合同价款:承包总价以决算为准,由乙方包工包料。价款计算以设计施工图纸加变更作为依据。土建工程执行99定额,安装工程执行2001定额,按相关配套文件进行取费,工程所用材料定额规定需要做差价的以当期信息价为准。定额信息价购买不到的,甲乙双方协商议价,高出定额部分作差价处理。施工现场签证作为合同价款组成部分并入合同价款内;价款支付及调整:工程施工到正负零时，甲方向乙方首次支付已完工程量95%的工程款。正负零以下工程，作为乙方第一次报量期。正负零以上工程，由乙方每月25日将当月工程量报甲方，经其审核后在次月1－3日内将上月所完工程量价款95%支付给乙方；竣工与决算：已完工程验收后，乙方应在15日内提出决算，甲方收到决算后在30日内审核完毕，甲方无正当理由在批准竣工报告后30日内不办理结算，从第31日起按施工企业向银行计划外贷款的利率支付拖欠工程款利息，并承担违约责任；违约与索赔：甲方不按合同约定履行自己的各项义务，支付款项及发生其他使合同无法履行的行为，应承担违约责任，相应顺延工期，按协议条款约定支付违约金和赔偿因其违约给乙方造成的窝工等损失。乙方不能按合同工期竣工，按协议条款约定支付违约金，赔偿因违约给甲方造成的损失；双方施工现场总代表人：甲方何西京，乙方张安明。合同还对双方应负责在开工前办理的事项、材料设备供应、设计、质量与验收等均作了具体明确的约定。

2004年4月5日，西安市城乡建设监察大队对未经招标的恒升大厦综合楼工程进行了处罚，恒升公司即委托临潼公司张安明在西安市招投标办公室补办了工程报建手续，双方所签合同已经备案。诉讼中双方持有的合同，内容区别是有无29－3条。恒升公司持有西安市城市建设档案馆出具的备案合同附有此条。其内容为：本工程为乙方垫资工程，以实结算，实做实收，按工程总价优惠8个点，工程结算以本合同为准。

2005年2月2日，恒升公司与临潼公司、设计单位、监理公司等就恒升大厦综合楼地基与基础分部工程，主体（1－10层）分部工程进行验收，认定该工程为合格工程。11－24层主体工程已完工但未进行竣工验收，恒升公司承认主体已封顶。同年2月26日，临潼公司作出恒升大厦综合楼《建设工程主体完决算书》，决算工程造价为31 020 507.31元，并主张已送达恒升公司，但无恒升公司签收的文字记录及其他证据佐证，恒升公司不予认可。后双方发生纠纷，致使工程于2005年4月停工至今。

一审法院依据临潼公司申请，委托陕西华春建设项目管理有限责任公司对恒升大厦综合楼已完工程造价和截至2006年6月22日的停窝工损失进行鉴定。2006年11月25日，2007年1月12日，陕西华春建设项目管理有限责任公司作出华春鉴字（2006）07号鉴定报告及对该报告的异议答复、补充意见确认：恒升大厦综合楼已完工程造价为20 242 313.44元；2004年4月至2006年6月22日的停窝工损失为346 421.84元。该工程造价中混凝土使用现场搅拌价，且按工程总造价优惠8个点即1 818 793.15元及四项保险费175 452.75元。对该鉴定结论，临潼公司认为该工程造价应依照合同约定采用信息价；商品砼应采用购买价；备案合同29－3内容是恒升公司事后添加的，所以优惠8个点即1 818 793.15元没有依据。恒升公司则认为：临潼公司停工的原因完全在于其自身，故停窝工损失根本没有计算的合法依据。

恒升公司主张已支付工程款12 219 182.8元，但临潼公司仅对2004年6月20日、9月15日张安明以工程款内容签收的175万元予以确认。对其他款项一审法院依据庭审质证意见作以下分类：（一）项下2 773 932.40元恒升公司认为全部用于工程，应认定为已付工程款。临潼公司认可该笔款项用于工程，但认为是归还其借款480万元。（二）项下款项共计680万元，恒升公司主张依张安明要求支付至陕西致圣装饰工程有限公司（以下简称致圣公司），因张安明系该公司总经理。对此临潼公司不予认可，认为收款主体非临潼公司。（三）项下款项208 410元，恒升公司主张由于临潼公司施工中不慎造成的支出，应认定为已付工程款。临潼公司认为依照监理公司的签证应由恒升公司承担。（四）项下款项686 840.4元，恒升公司认为临潼公司口头承诺从工程款中予以扣减，应认定为已付工程款。临潼公司认为与本案无关，不予认可。

另查明：临潼公司工地代表张安明，系致圣公司总经理，该公司的法定代表人张宏发与其系父子关系。

临潼公司2006年5月15日起诉至一审法院称，2003年9月10日，临潼公司与恒升公司签订《建设工程施工合同》，约定：由临潼公司包工包料承包恒升大厦综合楼工程，恒升公司按工程进度向其支付工程价款。工程施工到正负零时，恒升公司向临潼公司首次支付已完工程量95%的工程价款。正负零以上工程，由临潼公司每月25日报告当月工程量，经恒升公司审核后在次月1－3日将上月所完成工程量价款95%支付给临潼公司。若恒升公司不能依约支付工程款项，应赔偿因违约给临潼公司造成的损失，并支付逾期付款利息。临潼公司先后完成正负零以下工程、大厦主体工程，经验收均为合格，但恒升公司仅付工程款284万元。故请求：判令恒升公司立即支付拖欠的工程款29 480 391.06元及逾期利息2 825 417元；判令恒升公司赔偿临潼公司停、窝工损失200万元;判令恒升公司承担本案诉讼费用。

恒升公司辩称,双方签订《建设工程施工合同》属实,但对该工程进行施工的不是临潼公司,而是借用临潼公司资质的个人包工头张安明。本案合同项目为商业、住宅用途的商品房,关系社会公共利益、公共安全,但对施工单位的选定却未进行招标投标工作,违反了法律、法规的强制性规定,本案合同应当认定无效,临潼公司主张的利息及损失的诉讼请求依法应予驳回;在施工过程中恒升公司多次替张安明支付材料款、水电费,并将部分工程款支付至其指定的致圣公司。截至目前,恒升公司支付的各项工程款为12 219 182.8元,但张安明从未按合同约定向恒升公司申报过工程量及申请支付工程款,故对造成的拖欠工程款、停窝工损失不承担责任。

一审法院经审理认为:临潼公司与恒升公司双方签订并经西安市城乡建设委员会备案的建设工程施工合同,系双方当事人真实意思表示,张安明作为工地负责人组织施工,该工程应视为临潼公司实施完成,该合同内容不违反法律、行政法规的强制性规定,应依法有效。审理中双方当事人持有的合同内容不同,但鉴于备案合同手续是由临潼公司工地代表张安明办理,且一审法院对备案合同中有关29-3条内容到西安市城市建设档案馆进行了核查,故对备案合同应予以认定并作为结算依据。依照合同中对工程所用材料约定,定额规定需要做差价的以当期信息价为准,而混凝土不属于需要做差价的材料,不能采用信息价。一审庭审中,临潼公司未提供外购商品混凝土的相关证据,涉案工程也不在政府强制使用商品混凝土的范围内,故鉴定结论中混凝土采用现场搅拌价计算恒升大厦已完工程造价依据充分,临潼公司主张采用信息价计算造价及商品砼采用购买价的理由不能成立。同时该报告依据备案合同约定在总造价中优惠8个点并扣除四项保险费,符合合同和法律规定,应予采信。临潼公司未提供29-3条系事后添加的相关证据,故其主张不应在总造价中优惠8个点的理由不能成立。鉴定报告确定恒升大厦综合楼已完工程造价为20 242 313.44元,客观真实应予以采信。对于恒升公司已付的175万元工程款双方无争议予以确认。依照合同承包总价以决算为准由乙方包工包料的约定,对于临潼公司认可用于工程的(一)项下内容,因其没有证据证明借款事实的存在,故其主张的恒升公司归还借款的理由不能成立。对于(二)项下款项,恒升公司本应支付至临潼公司,但由于张安明既是临潼公司驻工地代表,又是致圣公司总经理,恒升公司主张应张安明要求支付至此理由成立,对于该公司签收的9笔580万元,应认定为已付工程款。对于2002年12月24日支付的100万元,因发生在双方进场、签订合同之前,且合同中并无预付款的特别约定,故不予认定。对于(三)项下共计208 410元,是临潼公司在施工中不慎发生天然气泄漏事故造成,应以监理公司的签证为依据认定责任,由临潼公司承担。对于租房费用因系工地实际发生费用,亦应由临潼公司承担,应认定为已付工程款。(四)项下共计686 840.4元,与本案工程无关联性,不予认定。综上,恒升公司已付工程款为10 532 342.4元。对临潼公司起诉请求的下欠工程款利息,因该工程未竣工,工程价款亦未结算,故依据最高人民法院审理建设工程施工合同纠纷案件法律适用的相关规定,应从起诉之日起计算。由于临潼公司未按合同约定申报工程量及申请支付工程款,亦未提供监理公司确认的停窝工证据,故对其主张的停窝工损失不予采信。据此判决:(一)临潼公司与恒升公司签订并备案的《建设工程施工合同》依法有效;(二)恒升公司于判决生效之日起30日内支付临潼公司工程款9 709 971.04元及利息(自2006年5月15日起按照同期同类银行贷款利率计息)。逾期履行,按照《中华人民共和国民事诉讼法》第二百三十二条之规定,加倍支付迟延履行期间的债务利息;(三)驳回临潼公司的其他诉讼请求。案件受理费181 539元、诉讼保全费10 520元、鉴定费30万元,共计492 059元,由临潼公司与恒升公司各承担246 029.50元。

临潼公司不服一审判决,向法院提起上诉称,1.本项工程因周边环境所限,不能在施工现场进行混凝土搅拌作业,整个大厦全部使用商品混凝土,诉讼中恒升公司也没有否认大厦实际使用商品混凝土的事实,只是强调要以实际购买价结算。一审判决按照现场搅拌混凝土价格计算工程造价,有违公平,恒升公司应按照鉴定报告以商品混凝土市场信息价计算的工程款向临潼公司支付工程欠款及利息。2.一审判决以临潼公司未按合同约定申报工程量及申请支付工程款,亦未提供监理公司确认的停窝工证据为由,对停窝工损失不予认定明显错误。3.恒升公司提交的存档合同文本是经过篡改和伪造的,不能作为定案的依据。双方2003年9月10日签订的《建设工程施工合同》一式四份均经备案,双方各持一份,存档两份。本案中恒升公司开始提供的合同文本与临潼公司提交的合同文本并无差异,在工程造价鉴定结果出来之后又提供添加了29－3款的存档文本。29－3款的字迹明显与前款不同，非一人所写，同时其内容又明显与其他条款相矛盾。4.一审判决认定恒升公司已经向临潼公司支付了1053万元工程款与实际不符。其一，（一）项下的277万元，临潼公司确实收到该款项，也用于工程建设，但系恒升公司归还之前所借债务。其二，一审判决认定恒升公司向致圣公司支付的580万元全部为恒升公司付给临潼公司的工程款是错误的，对于致圣公司收款收据上写明是恒升大厦工程款的340万元予以认可。其三，临潼公司是在执行恒升公司指令的施工方案时发生的事故，对此造成的实际损失，恒升公司当时就承诺完全由其承担，此事不仅有监理公司出具字据为证，也有其实际支付相关费用的事实相佐。5.一审判决恒升公司支付欠款利息的起息日不当，恒升公司约定给付工程款而不予给付，即属迟延履行合同义务，利息就应当产生，而不应从临潼公司起诉之日开始计息。为了简化违约利息计算的复杂性，请求从2005年4月12日停工之日起开始计息。故请求撤销一审判决；改判恒升公司支付工程款22 173 276.52元及利息，并赔偿停窝工损失346 421.60元；一审、二审案件受理费、保全费、鉴定费由恒升公司承担。

恒升公司答辩称：1.临潼公司所主张备案合同29－3款是擅自添加的上诉理由，既不是事实也无足够的证据支持。备案合同中的29－3款是双方经过协商同意，由何西京填写的。该合同是施工方代表张安明和建设方代表何西京一起到建委办理的备案手续，张安明对备案合同中填写29－3款是知道或应当知道的。根据最高人民法院建设工程的司法解释的规定，建设工程施工合同若出现"阴阳合同"，即备案合同和实际履行合同，依法应以备案合同为有效合同并以此办理工程结算。2.临潼公司提供不出反映本案所用混凝土是商品混凝土的直接证据，本案所涉工程所在位置也不在政府强制性使用商品混凝土的范围内，完全可以使用现场搅拌。根据一审鉴定单位的补充鉴定意见，本案所涉混凝土应当按现场搅拌价计价。3.停窝工损失完全是临潼公司自身原因导致的，因而一审判决不支持临潼公司主张的停窝工损失是正确的。4.恒升公司以工程款名义支付给致圣公司的款项应当被认定是本案所涉工程款。临潼公司主张恒升公司支付款项中有480万元是归还临潼公司的借款，而临潼公司未提供证据证明借款事实的存在，即便借款成立，也是双方的债权债务关系，与本案无涉，临潼公司应另行起诉。5.恒升公司提供的证据足以证实本案所涉施工合同是实际施工人张安明借用临潼公司资质签订的，根据相关法律规定应当认定无效。

法院二审查明：陕西华春建设项目管理有限责任公司2006年11月25日作出的华春鉴字（2006）07号鉴定报告载明："（1）恒升大厦已完工程总造价23 846 047.39元是在该工程所采用的混凝土为商品混凝土且单价采用实际购买价的情况下计算的结果。这里所说的实际购买价，是指被告所提供的资料'陕西尧柏混凝土有限公司用于华业有限公司的商品混凝土报价单'中的商品混凝土单价。以此单价为依据所鉴定的恒升大厦已完工程总造价相对于其他两种总造价较真实。（2）恒升大厦已完工程总造价22 734 914.34元是在该工程所采用的混凝土为现场搅拌的情况下计算的结果。该工程所在位置不在地方政府强制性使用商品混凝土的范围内，可以使用现场搅拌混凝土，而且比较经济。（3）恒升大厦已完工程总造价25 297 208.92元是在该工程所采用的混凝土为商品混凝土且单价采用当期信息价的情况下计算的结果。""该工程停、窝工时间为自2004年4月至2006年6月22日，但数量没有建设单位指定的工地代表签证。"2007年1月12日对该鉴定报告异议的答复及补充意见载明："工程造价中所含的四项保险费应在总造价中扣除，其金额为175 452.75元；鉴定报告中的已完工程造价应扣除六层以下及十七层以上部分的90厚GS板的造价，其金额为498 355元。"

另查明：陕西长安工程建设监理有限责任公司（以下简称长安监理公司）出具的《情况说明》载明："一、我项目部监理的恒升大厦综合楼《建设工程施工合同》复印件第17页第29条增订条款中仅有29－1款和29－2款。二、在2005年4月21日资金专题会议上，双方没有提出垫资与优惠8个百分点的问题。"西安市城市建设档案馆存档的一份委托书，内容是恒升公司委托何西京前去西安市建委工程建设审批办公室办理招投标手续。《建设工程项目报建表》上也注明经办人是何西京。2004年3月15日临潼公司向恒升公司出具的"法人代表授权委托书"，授权张安明为临潼公司办理恒升大厦招投标事宜。

再查明：2004年1月1日，临潼公司恒升大厦项目部编制了恒升综合大厦基础筏板砼施工方案，该方案第五条明确写到："采用商品砼，砼配合比的选料要严格控制，水泥用尧柏股份公司尧柏牌P.032.5水泥，自来水。"

2004年1月10日，长安监理公司经审查同意该施工方案。2004年10月18日及2006年2月26日长安监理公司出具的恒升综合大厦主体工程1－10层及11－24层《质量评估报告》均载明："对商品混凝土及砌体中用到的砂浆（混合砂浆）均按规范要求留置了足够数量的试块，进行了标准养护，作为评定主体中砼及砂浆强度的依据。"2005年6月2日，长安监理公司出具的"关于恒升大厦工程审计过程中需要明确的几个问题"中写明："砼搅拌现场无堆材料场地，施工中用砼全部为外购商品砼。"临潼公司还提供了在陕西尧柏混凝土有限公司购买商品混凝土的发票。

在二审庭审中，临潼公司提供了西北政法大学司法鉴定中心作出的鉴定结论，证明存档合同文本中29－3条款内容是恒升公司的何西京私自添加的。恒升公司认为：西北政法大学的鉴定结论只能说明29－3条款是何西京书写，这一点本身不存在任何异议，根本无须通过鉴定加以证明。

法院认为：根据临潼公司的上诉请求和庭审调查辩论，双方当事人争议的焦点问题为：（一）本案所涉工程应以哪个《建设工程施工合同》文本作为结算依据；（二）一审判决关于混凝土采用现场搅拌价计算恒升大厦已完工程造价是否适当；（三）恒升公司已向临潼公司支付工程款的数额；（四）临潼公司主张的停窝工损失是否应得到支持；（五）恒升公司应从何时开始向临潼公司支付所欠工程款利息。

（一）关于本案所涉工程应以哪个《建设工程施工合同》文本作为结算依据的问题

恒升公司与临潼公司于2003年9月10日签订《建设工程施工合同》，2004年4月5日在西安市城乡建设委员会进行了备案。双方当事人在一审举证期限内向一审法院提供的《建设工程施工合同》文本内容是一致的，即没有29－3条款的内容，长安监理公司出具的《情况说明》也证明《建设工程施工合同》的文本没有29－3条款的内容。《建设工程施工合同》第十一条约定了工程进度款问题，对具体的工程进度和付款期限做了明确约定，恒升公司自己也主张已向临潼公司支付工程款12 219 182.8元，而29－3条款的内容与《建设工程施工合同》第十一条明显矛盾。

最高人民法院《关于审理建设工程施工合同纠纷案件适用法律问题的解释》第二十一条规定："当事人就同一建设工程另行订立的建设工程施工合同与经过备案的中标合同实质性内容不一致的，应当以备案的中标合同作为结算工程价款的根据。"该条是指当事人就同一建设工程签订两份不同版本的合同，发生争议时应以备案的中标合同作为结算工程价款的依据，而不是指以存档合同文本为依据结算工程价款。恒升公司提交的西安市城市建设档案馆存档的《建设工程施工合同》文本，该合同文本上的29－3条款是恒升公司何西京书写的，没有证据证明该条款系经双方当事人协商一致。故应以一审举证期限届满前双方提交的同样内容的《建设工程施工合同》文本作为本案结算工程款的依据。一审判决仅凭招投标补办手续档案中有临潼公司向恒升公司出具的"法人代表授权委托书"，认定备案合同手续是由临潼公司工地代表张安明办理并按恒升公司提交的存档合同文本作为工程价款结算根据，缺乏事实和法律依据，法院应予纠正。

（二）一审判决关于混凝土采用现场搅拌价计算恒升大厦已完工程造价是否适当的问题

根据恒升大厦工程设计施工方案关于采用商品砼的具体要求、长安监理公司工程主体质量评估报告中关于采用商品砼符合规范要求的评估结论、长安监理公司出具的关于全部采用商品砼的情况说明以及临潼公司从陕西尧柏混凝土有限公司购买商品混凝土的发票等一系列证据，足以证明本案所涉工程采用的是商品砼而非现场搅拌砼。陕西华春建设项目管理有限责任公司对恒升大厦综合楼已完工程造价作出的华春鉴字（2006）07号鉴定报告也认为："恒升大厦已完工程总造价23 846 047.39元是在该工程所采用的混凝土为商品混凝土且单价采用实际购买价的情况下计算的结果。以此单价为依据所鉴定的恒升大厦已完工程总造价相对于其他两种总造价较真实。"故恒升大厦已完工程总造价应以鉴定结论中的23 846 047.39元为依据，对恒升公司以混凝土现场搅拌价格计算工程造价的主张及临潼公司以商品混凝土市场信息价计算工程造价的主张均不予采信。

（三）关于恒升公司已向临潼公司支付工程款的数额问题

一审判决认定恒升公司已付工程款数额为10 532 342.4元，临潼公司认为该认定数额错误。临潼公司提出异议的有三个方面：其一是主张恒升公司向其借款480万元应从恒升公司的已付工程款中予以扣除。法院认为：临潼公司的诉讼请求是要求判令恒升公司支付拖欠的工程款及利息，赔偿停、窝工损失。支付工程款与借款是两个不同的法律关系，临潼公司主张将借款

480万元从恒升公司已付工程款中直接扣除缺乏相应的法律依据，法院不予支持，临潼公司主张的借款问题应另行解决；其二是临潼公司主张恒升公司支付给致圣公司的580万元不应全部认定为恒升公司已付工程款。法院认为：对于恒升公司已付工程款数额的认定问题，一般来讲，收款人应当是临潼公司，如果是按临潼公司的要求向其他单位付款，恒升公司应出具临潼公司委托付款方面的证据，而恒升公司并没有提供相关证据。鉴于临潼公司已认可其中的340万元为恒升公司已付工程款，故恒升公司支付给致圣公司的340万元应认定为恒升公司已付工程款；其三是临潼公司主张天然气泄漏事故造成的支出208 410元应由恒升公司承担。法院认为：对天然气泄漏事故造成的支出208 410元，应以长安监理公司最后出具的说明为依据，临潼公司主张由恒升公司承担依据不足，法院不予采信。综上，恒升公司已付工程款的数额应认定为8 132 342.4元。

（四）关于临潼公司主张的停窝工损失是否应得到支持的问题

法院认为：虽然陕西华春建设工程项目管理有限责任公司2006年11月25日出具的鉴定报告中，对于恒升大厦工程停、窝工损失计算为346 421.84元，但该鉴定报告也明确说明："该工程停、窝工时间为自2004年4月至2006年6月22日，但数量没有建设单位指定的工地代表签证。"一审判决以临潼公司未按合同约定申报工程量及申请支付工程款，亦未提供监理公司确认的停、窝工证据，故对临潼公司主张的停、窝工损失不予支持。由于二审中临潼公司也没有提供相关证据支持其主张，故对临潼公司上诉要求恒升公司按鉴定报告计算的346 421.84元支付停、窝工损失，法院亦不予支持。

（五）关于恒升公司应从何时开始向临潼公司支付所欠工程款利息的问题

法院认为：依照最高人民法院《关于审理建设工程施工合同纠纷案件适用法律问题的解释》第十八条规定："利息从应付工程价款之日计付。当事人对付款时间没有约定或者约定不明的，下列时间视为应付款时间：（一）建设工程已实际交付的，为交付之日；（二）建设工程没有交付的，为提交竣工结算文件之日；（三）建设工程未交付，工程价款也未结算的，为当事人起诉之日。"合同有约定的，应当遵从当事人约定，只有在当事人对付款时间没有约定或者约定不明的，才分别不同情况适用该条司法解释的规定。从本案双方当事人签订的《建设工程施工合同》的约定来看，约定工程施工到正负零时，甲方向乙方首次支付已完工程量95%的工程款。正负零以下工程，作为乙方第一次报量期。正负零以上工程，由乙方每月25日将当月工程量报甲方，经其审核后在次月1－3日内将上月所完工程量价款95%支付给乙方。故一审判决恒升公司从临潼公司起诉之日起支付工程欠款利息不当，法院予以纠正。临潼公司主张从2005年4月12日停工之日起支付利息，法院照准。

综上，根据《中华人民共和国民事诉讼法》第一百五十三条第一款第（二）项之规定，判决如下：

一、维持陕西省高级人民法院（2006）陕民一初字第15号民事判决第一项、第三项；

二、变更陕西省高级人民法院（2006）陕民一初字第15号民事判决第二项为：陕西恒升房地产开发有限公司于本判决生效之日起30日内支付西安市临潼区建筑工程公司工程款15 039 897.24元及利息（自2005年4月12日起按照中国人民银行同期同类贷款利率计息）。

逾期不履行本判决确定的金钱给付义务，应当依照《中华人民共和国民事诉讼法》第二百三十二条之规定，加倍支付迟延履行期间的债务利息。

一审案件受理费等按一审判决执行；二审案件受理费181 539元，由陕西恒升房地产开发有限公司负担72 616元，西安市临潼区建筑工程公司负担108 923元。

本判决为终审判决。

金坛市建筑安装工程公司
与大庆市庆龙房地产开发有限公司
建设工程结算纠纷案

【裁判摘要】

在审理建设工程施工合同纠纷案件中，一审法院针对发包人和承包人就已完工程总造价、材料分析退价、不合格工程返修费用等事项产生的争议，基于当事人申请，分别委托鉴定机构就上述事项进行鉴定，经一审法院组织质证后，当事人对上述鉴定结论仍有异议提起上诉，经二审庭审补充质证，当事人对上述鉴定结论没有提出充分的相反证据和反驳理由的，可以认定上述鉴定结论的证明力。

上诉人（原审原告、反诉被告）：金坛市建筑安装工程公司。

上诉人(原审被告、反诉原告):大庆市庆龙房地产开发有限公司。

上诉人金坛市建筑安装工程公司(以下简称金坛公司)与上诉人大庆市庆龙房地产开发有限公司(以下简称庆龙公司)建设工程结算纠纷一案,黑龙江省高级人民法院于2004年6月25日作出(2000)黑民初字第12号民事判决,于2004年10月14日作出(2000)黑民初字第12号民事裁定对该判决进行了补正。金坛公司和庆龙公司均对该判决不服,向最高人民法院提起上诉。最高人民法院依法组成合议庭,于2005年3月3日公开开庭审理了本案。金坛公司的委托代理人朱建岳,庆龙公司的委托代理人刘海龙、栾志勤到庭参加了诉讼。本案现已审理终结。

一审法院经审理查明:1999年4月13日,庆龙公司与金坛公司签订《建设工程施工合同》。该合同第一条约定:庆龙公司将大庆商城超市(其中包括28层商住楼、20层商业银行楼、4层裙房超市)工程发包给金坛公司施工,建筑面积145 000平方米;承包范围为土建、水电、采暖、通风及附属工程;承包方式为包工包料;开工时间为1999年4月20日,竣工时间为2001年12月30日;工程质量为优良。该合同第六条约定:合同价款按黑龙江省大庆市现行定额及其有关取费规定执行,合同价款按实际发生的工程量增减进行调整,取费标准按一类工程取费,临时设施由庆龙公司提供;合同签订后,庆龙公司付给金坛公司400万元,主体完成至一层付30%,主体完成后付25%,交付后付40%(扣除400万元预付款),余款5%作为质量保修金,一年内付清。如资金不到位而影响工期,由庆龙公司负责。该合同第七条约定:庆龙公司提供材料必须保质保量送至现场,经金坛公司验收签证为结算依据。该合同第十一条约定:主体材料凡庆龙公司有能力提供的按定额价提供至施工现场,并按金坛公司要求时间按时提供,由于材料供应不及时,影响工期由庆龙公司负责;该工程由庆龙公司负责办理全部施工审批手续,边设计边施工;由于庆龙公司把该工程的商城超市售给哈尔滨华侨经贸集团公司,因此,该工程只能分期交付,交付四层(商场裙房部分)的时间为1999年10月30日,为保证交付时间,该工程1999年4月15日必须开工,如1999年4月15日不能开工,则工期顺延;金坛公司垫资的1000万元保证金,庆龙公司在1999年10月30日还给金坛公司。庆龙公司代收代缴一切政策性上缴的费用。工程造价高层下浮9%,裙房下浮8%(扣除计划利润、管理费、税金)。

1999年6月8日,双方签订《修改建设工程施工合同协议条款》(以下简称《补充协议》)约定:金坛公司将每月实际完成的工作量,按大庆市预算定额作出预算,每月25日报监理部、工程指挥部,审批后扣除庆龙公司所供的材料价款及机械费、台班费,每月30日拨给金坛公司工程款的80%,留5%作为工程保证金,余款在竣工后付给金坛公司;金坛公司不计取临时设施费;所有材料均由庆龙公司提供,按大庆市预算定额价结算;工程所需塔吊、混凝土泵由庆龙公司提供,金坛公司不再计取机械费及机械台班费;庆龙公司代收代缴一切政策性上缴费用,在工程决算中扣回。

庆龙公司于1999年3月17日取得争议工程的国有土地使用证,1999年5月21日取得建设工程施工许可证,1999年5月24日取得建设用地规划许可证。金坛公司为工业与民用建筑一级企业。

1999年11月15日,金坛公司施工的大庆商城超市工程完工。1999年11月底,银行楼施工至15层顶板时双方发生纠纷,金坛公司撤出工地。庆龙公司将28层商住楼从计划中取消,争议全部工程实际建筑面积为96 000平方米,其中的桩基础由庆龙公司另行发包。庆龙公司已给付金坛公司工程款13 352 000元。经对账,双方认可由金坛公司施工的附属工程价款为495 000元。

2000年4月16日,金坛市第三建筑安装工程公司北京公司下发坛三建京字(2000)第3号任免通知,内容为:因工作需要,经公司研究决定,免去景国庆庆龙公司工程项目部经理,负责配合徐锁庆做好与庆龙公司的善后工作。同日,金坛市第三建筑安装工程公司北京公司下发坛三建京字(2000)第4号任命书,内容为:因工作需要,经公司研究决定,任命徐锁庆为庆龙公司工程项目部经理,全权负责与庆龙公司(超市商城)工程的收尾工作,包括整个工程的结算、收款、人事安排、材料和机具的调配、租赁以及庆龙公司后期工程的承接工作。2001年1月21日,徐锁庆以金坛公司名义与庆龙公司形成2000年金坛公司承担施工劳务工程结算书,结论为:2000年金坛公司完成土建工程费用为3 074 580.37元。2000年徐锁庆在庆龙公司预借工程款7 228 775元。

一审审理期间,根据当事人申请,一审法院于2001年3月13日、2001年4月28日、2001年6月5日、2003年9月5日分别委托有关鉴定机构对争议工程的工程造价、未报验不合格的工程量、材料款退价进行鉴定及对证据进行保全。

金坛公司提出书面申请,要求对由其承建的大庆商城超市工程及附属工程造价进行鉴定。黑龙江省高级人民法院司法鉴定中心(以下简称鉴定中心)对大庆商城超市工程及附属工程造价进行鉴定,结论为:(一)大庆商城超市及高层工程造价为56 103 764.68元。(二)待定部分合计3 608 045.76元,其中劳动保险基金1 561 292.73元、税金2 046 753.03元。水电部分原鉴定认定完成7根电缆,金坛公司提出完成21根电缆,因鉴定机构无法区分1999年和2000年施工界限,故请法庭调查处理。7根电缆工程费用为208 067.79元;21根电缆工程费用为1 916 565.27元。附属工程因双方均未提供计算依据,无法进行鉴定。

庆龙公司提出书面申请,要求对由金坛公司承建的大庆商城超市工程未报验不合格的工程量进行鉴定,对超市工程4层及B区18楼层已完工程进行勘验,对丽宫新世纪、丽宫名店及B区商业银行16-21层未完工程进行证据保全。鉴定中心对由金坛公司承建的未报验不合格的工程量进行了鉴定,结论为:"1999年施工工程:1.由庆龙公司及黑龙江宏业工程建设监理有限责任公司确认的不合格工程项目:内墙抹灰返修费用为169 847.10元;消防喷淋工程费用为949 514元。2.庆龙公司及黑龙江宏业工程建设监理有限责任公司确认的不合格工程项目,由黑龙江省第一建筑工程公司大庆六处B栋项目经理部返工维修工程:超市B区银行地面维修费用为42 810元;超市B区银行墙面维修费用为602 408元。2000年施工工程:1.鉴定人员现场勘察,大庆市工程质量监督站确认的不合格工程项目,由黑龙江省第一建筑工程公司大庆六处B栋项目经理部返工维修的工程:C、D栋外墙理石、外墙砖所需维修费用为785 935元。2.大庆市工程质量监督站确认的不合格工程项目,由黑龙江省第一建筑工程公司大庆六处B栋项目经理部返工维修的工程:A、B栋地下室防水所需维修费用为404 232元。3.金坛公司及黑龙江宏业工程建设监理有限责任公司确认的不合格工程项目,由黑龙江省第一建筑工程公司大庆六处B栋项目经理部返工维修的工程:C、D栋地面返修费用为527 310元。C、D栋电气修补工程返修费用为15 542元。4.金坛公司及黑龙江宏业工程建设监理有限责任公司确认的不合格工程项目:C、D栋水暖修补工程费用为14 051元。5.庆龙公司及黑龙江宏业工程建设监理有限责任公司确认的不合格工程项目,由黑龙江省第一建筑工程公司大庆六处B栋项目经理部返工维修费用为:C、D栋屋面防水返修费用为325 706元;超市B区银行地面维修费用为142 467元。"

因双方对1999年由庆龙公司为金坛公司提供的材料进行退价问题协商不成,双方共同指定黑龙江中信会计师事务所有限责任公司进行分析退价,结论为:A、C、D区(裙房)和B区高层工程土建部分材料总价款为27 614 917.05元。按照合同约定工程造价高层(B区)下浮9%、裙房(A、C、D区)下浮8%(扣除计划利润、管理费、税金),其下浮后材料总价款为25 355 275.27元。水电部分因双方均未提供1999年大庆定额标准,鉴定机构对此无法鉴定。庆龙公司为金坛公司提供的水电部分材料款,由金坛公司签字票据上载明的单价合计7 342 506.54元。

金坛公司向一审法院起诉称:双方于1999年4月13日和1999年6月8日,分别签订了《建设工程施工合同》及《补充协议》。双方约定:金坛公司为庆龙公司承建大庆商城超市工程,工程造价下浮8%,临时设施由庆龙公司提供;金坛公司垫资的1000万元作为工程保证金,庆龙公司于1999年10月30日归还;金坛公司每月将实际完成的工程量,按大庆市预算定额作出预算,每月25日报监理部、工程指挥部,审批后扣除庆龙公司提供的材料预算价款及机械费、台班费,每月30日按工程款的80%拨给金坛公司。合同签订后,金坛公司保质保量地完成了土建、水暖、电照、消防等工程,并按约定将每月完成的工程量报监理审批,合计工程款7872万元,扣除庆龙公司提供的材料、机械使用等费用及工程造价下浮8%,庆龙公司应向金坛公司支付工程款3577万元。按约定庆龙公司应向金坛公司支付80%的工程进度款28 616 000元,扣除庆龙公司已付工程款1158万元,尚欠工程款17 036 000元至今。另外庆龙公司拒不返还工程保证金1000万元,并扣押金坛公司的机械设备及周转材料总价值为300万元。为此,请求依法判令庆龙公司给付金坛公司80%的工程进度款17 036 000元;返还工程保证金1000万元;支付机械设备租赁费及周转材料款300万元。

一审庭审过程中,金坛公司变更诉讼请求为:1.庆龙公司支付工程进度款1836万元;2.庆龙公司返还工程保证金1000万元;3.庆龙公司返还周转材料并支付租赁费150万元;4.庆龙公司负担本案全部诉讼费用。

一审法庭辩论结束后，金坛公司又将诉讼请求调整为：1. 庆龙公司给付1999年由金坛公司为其施工部分的全部工程款及利息（利息自2000年10月1日起至生效判决确定的给付之日止，按中国人民银行1－3年贷款利率计算），并对上述工程款请求以拍卖工程价款优先受偿；2. 庆龙公司返还由金坛公司垫付的借款1000万元并支付逾期还款利息（自1999年11月16日起至生效判决确定的给付之日止，按中国人民银行1－3年贷款利率计算）；3. 庆龙公司返还借用的4355.56平方米钢模板、1066米钢角模和19 600只扣件。

庆龙公司答辩称：金坛公司的诉讼请求不应得到支持。1. 金坛公司诉称由其完成的土建、水暖、电照、消防等工程，合计工程款7872万元与事实不符。根据金坛公司1999年所完成的实际工程量测算，金坛公司应得工程款不足5200万元，庆龙公司已支付工程款1335万元，供应材料折款5000万元以上，支付生活费100万元以上。庆龙公司既未拖欠工程进度款，也不欠其他工程款项。2. 金坛公司违约在先，根据双方合同约定，金坛公司应交付工程保证金3000万元，而金坛公司仅履行1000万元，属保证金违约。1999年10月30日前，金坛公司应将大庆商城超市工程交付庆龙公司，但金坛公司未在规定的期限内交工，属工期违约。大庆商城超市工程属华联公司定建工程，因金坛公司违约，致使该工程不能按期交付给定建方，导致定建合同解除。金坛公司应给予赔偿，赔偿金额已超过金坛公司提供的1000万元保证金。3. 金坛公司作为施工单位应自备和租赁施工设备，金坛公司索要的工程款中已包括了机械费和取费，现又要求庆龙公司承担租赁费用无事实及法律依据。1999年工程尚未竣工，双方合同并未解除，金坛公司提出庆龙公司扣留其周转材料无事实依据。对金坛公司在法庭辩论结束后调整的诉讼请求，庆龙公司不进行答辩。

庆龙公司反诉称：双方签订《建设工程施工合同》、《补充协议》，约定大庆商城超市工程由金坛公司承建，并应于1999年10月30日交工。但实际施工的是金坛市第三建筑工程公司，因该公司不具备履约能力，给庆龙公司造成直接损失高达3700万元，扣除金坛公司提供的1000万元保证金，尚有2700万元的损失应由金坛公司赔偿。鉴于工程尚未完工，部分损失目前无法计算，庆龙公司暂时要求金坛公司赔偿损失500万元。根据金坛公司1999年实际完成的工程量，工程款应为5281万元，庆龙公司已直接给付工程款1335万元，给付生活费65万元，提供工程材料折款5039万元，庆龙公司实际已多支付工程款10 017 000元。鉴于争议工程双方尚未进行决算，庆龙公司请求金坛公司返还多付工程款500万元。反诉费用由金坛公司全部负担。

一审诉讼期间，庆龙公司增加反诉请求：1. 根据《建设工程施工合同》约定，合同期限自1999年4月15日至2001年12月30日，金坛公司在未通知庆龙公司的情况下，于2001年4月21日撤离施工现场，给庆龙公司造成巨大损失，庆龙公司以书面形式通知金坛公司继续履行合同，但金坛公司拒不履行，故请求判令金坛公司继续履行合同。2. 2000年11月，金坛公司为索要工程进度款向一审法院提起本案诉讼。法院审理期间，庆龙公司根据金坛公司的要求，共计给付对方工程款7 228 775元，在此期间金坛公司实际施工应得工程款为3 074 580.37元，庆龙公司实际多支付工程款4 154 194.63元。金坛公司在庆龙公司多付工程款后，擅自撤走施工队伍，导致合同无法履行，金坛公司应承担赔偿责任，请求金坛公司赔偿因毁约给庆龙公司造成的损失500万元。3. 诉讼费用由金坛公司负担。

金坛公司针对庆龙公司的反诉答辩称：庆龙公司要求赔偿500万元损失无事实依据，金坛公司按照约定进行施工，不存在违约。庆龙公司是否超付工程款，待工程造价鉴定结论作出后，不辩自明。庆龙公司不按约定支付工程款，导致合同无法履行，金坛公司有权停止施工、解除合同，因停工、解除合同造成的损失应由庆龙公司承担。综上，庆龙公司反诉无据，不应得到支持，反诉费用应由庆龙公司负担。

围绕着本诉、反诉的争议内容，双方各自提供了相关证据，一审法院组织双方进行了质证。

一审法院经审理认为，（一）关于庆龙公司主张金坛公司应交付工程保证金3000万元，而其仅履行1000万元及垫资1000万元工程保证金是否应返还金坛公司的问题。金坛公司垫资1000万元工程保证金后，庆龙公司为其出具收据"并注明还款日期1999年11月25日"。双方对约定由金坛公司垫资1000万元工程保证金均无异议，应认定该垫资1000万元工程保证金实为借款。该借款未附任何条件，故庆龙公司应予返还。

（二）关于金坛公司请求庆龙公司支付机械设备租赁费及周转材料款150万元的问题。根据《补充协议》约定，工程所需塔吊、混凝土泵由庆龙公司提供，金坛公司不再计取机械费及机械台班费。双方同时还约定，金坛公司因施工管理技术人员、工人、脚手架、铁支撑、钢模板不到位,不按工程所需用量提前进场,影响工期,造成的经济损失均由金坛公司负责。因双方并未约定由庆龙公司支付金坛公司机械设备租赁费及周转材料款,故金坛公司的此项请求不予支持。

(三)关于对金坛公司调整后的诉讼请求应否进行审理的问题。金坛公司将原诉讼请求在法庭辩论结束后进行调整,根据《中华人民共和国民事诉讼法》第一百二十六条及最高人民法院《关于适用〈中华人民共和国民事诉讼法〉若干问题的意见》第一百五十六条的规定,案件受理后,法庭辩论结束前,金坛公司增加的诉讼请求及庆龙公司提出的反诉,可以合并审理。但金坛公司在法庭辩论结束后又变更诉讼请求,庆龙公司对此提出异议,故对该变更后的诉讼请求不予审理。

(四)关于工期是否应顺延及庆龙公司反诉请求金坛公司赔偿损失的问题。根据《建设工程施工合同》约定,大庆商城超市工程1999年4月15日必须开工,如不能开工则工期顺延。金坛公司提交了由庆龙公司签字盖章的开工报告,开工日期为1999年5月15日。庆龙公司对此有异议,但未能提供相应证据予以证实,因此,"应认定开工日期为1999年5月15日,工期应顺延至1999年11月25日"。金坛公司如期完成大庆商城超市工程,庆龙公司主张金坛公司承担逾期交工的违约责任,不能支持。庆龙公司申请对由金坛公司承建的未报验不合格的工程量进行鉴定,结论为1999年及2000年由金坛公司承建的工程返修、维修费用合计3 979 822.10元。双方约定工程质量等级应为优良,虽尚属于未完工程,但庆龙公司主张金坛公司给付因工程质量不合格返修、维修费用,应予支持。不合格工程返修、维修费用应从庆龙公司给付金坛公司的工程款中扣除。

(五)关于代收代缴政策性费用问题。双方约定由庆龙公司代收代缴一切政策性费用,在工程决算中扣回。因此,应认定劳动保险基金1 561 292.73元、税金2 046 753.03元合计3 608 045.76元,由庆龙公司代收代缴,金坛公司不应计取此费用,此费用应从庆龙公司给付金坛公司的工程款中扣除。

(六)关于庆龙公司反诉请求金坛公司赔偿单方撕毁合同给其造成损失问题。庆龙公司未按约定支付金坛公司400万元工程款及返还金坛公司垫资1000万元工程保证金,庆龙公司违约在先。庆龙公司提供其与大庆市鑫城物业管理有限公司签订的供暖协议及中国银行大庆市分行业务部的证明,请求金坛公司赔偿庆龙公司支付未完工程一年供暖费450万元及因金坛公司违约,致使庆龙公司不能按期偿还银行贷款造成的额外利息6 043 000元。但庆龙公司未提供交纳供暖费收据,该供暖协议并不能证明供暖费用已经实际发生,对此损失不予认定。中国银行大庆市分行业务部的证明,证实大庆美固建材有限公司1999－2000年支付贷款利息6 043 000元,并未证明支付的是额外利息,也不能证实庆龙公司是该项贷款的借款人,因此,对庆龙公司此项请求不能支持。

(七)关于庆龙公司主张由金坛公司施工的1999年工程与2000年工程应统一进行结算及金坛公司应退还多领工程款4 154 194.63元的问题。1999年11月底金坛公司撤出施工工地后,2000年4月16日,虽然由金坛市第三建筑安装工程公司北京公司下发任免通知,但通知内容为由景国庆负责配合徐锁庆做好与庆龙公司的善后工作,并由徐锁庆全权负责与庆龙公司(超市商城)工程的收尾工作。根据该任免通知景国庆与徐锁庆进行了交接,应认定金坛公司已认可金坛市第三建筑安装工程公司北京公司继续施工,徐锁庆的行为代表金坛公司,徐锁庆以金坛公司名义与庆龙公司形成的2000年劳务工程结算书应予认定。因此,2000年徐锁庆在庆龙公司预借工程款7 228 775元,扣除庆龙公司应给付劳务费3 074 580.37元,庆龙公司主张金坛公司应返还多支付工程款4 154 194.63元,应予支持。但两年工程应按21根电缆计算,用21根电缆费用1 916 565.27元,减去7根电缆费用208 067.79元,庆龙公司应给付金坛公司电缆费用为1 708 497.48元。

(八)关于1999年由庆龙公司为金坛公司提供的材料,是按照大庆市现行定额计算,还是按照供料单上的单价计算及退价的问题。根据双方约定,对1999年金坛公司在庆龙公司领用材料用于争议工程的,应按照大庆市现行定额计算总造价;对于超出定额用量部分的材料款,应按市场价计算总价款。黑龙江中信会计师事务所有限责任公司经鉴定得出1999年由庆龙公司为金坛公司提供的土建部分材料款应为25 355 275.27元的结论,应予采信。水电部分因双方均未提供1999年水电部分大庆定额标准,鉴定机构无法鉴定,双方当事人对此又协商不成,因此,庆龙公司为金坛公司提供的水电部分材料,按金坛公司签字认可的票据上所载明的共计7 342 506.54元确定。庆龙公司应在给付金坛公司的工程款中扣除材料款合计 32 697 781. 81 元。庆龙公司主张由其提供给金坛公司的材料全部按照票据载明的数额进行退价，不能支持。

（九）关于庆龙公司请求金坛公司继续履行合同问题。金坛公司撤出工地后，2001 年 6 月，庆龙公司已将未完工程发包给案外人黑龙江省第一建筑工程公司。庆龙公司主张金坛公司继续履行合同已不可能，对此项请求不予支持。

综上，《建设工程施工合同》及《补充协议》系双方真实意思表示，不违反法律规定，应认定有效。依据《中华人民共和国民法通则》第一百零六条第一款、第一百零八条、第一百一十一条及《中华人民共和国合同法》第二百六十九条、第二百七十五条、第二百八十一条之规定，判决：（一）解除庆龙公司与金坛公司 1999 年 4 月 13 日签订的《建设工程施工合同》及 1999 年 6 月 8 日签订的《补充协议》；（二）判决生效后 30 日内，庆龙公司返还金坛公司垫资 1000 万元工程保证金；（三）判决生效后 30 日内，庆龙公司给付金坛公司工程款 11 724 014. 96 元的 80%，即 9 379 211. 97 元（工程总造价 56 103 764. 68 元 + 附属工程款 495 000 元 + 劳务费 3 074 580. 37 元 + 电缆费用 1 708 497. 48 元 - 已付工程款 13 352 000 元 - 材料退价款 32 697 781. 81元 - 劳动保险基金1 561 292. 73 元 - 税金 2 046 753. 03元）；（四）判决生效后 30 日内，金坛公司给付庆龙公司工程返修、维修费3 979 822. 10元；（五）判决生效后 30 日内，金坛公司返还庆龙公司多支付工程款4 154 194. 63元；（六）金坛公司、庆龙公司的其他诉讼请求均不予支持。以上（二）、（三）、（四）、（五）项合计计算后，庆龙公司应给付金坛公司 11 245 195. 24 元。案件受理费 160 160 元，由金坛公司负担 56 856. 80 元，庆龙公司负担 103 303. 20 元；反诉费 85 010 元，金坛公司负担46 075. 42 元，庆龙公司负担 38 934. 58 元；鉴定费 305 000 元，金坛公司负担 60 000 元，庆龙公司负担 245 000 元；保全费 20 000 元，金坛公司负担 10 000 元，庆龙公司负担 10 000 元。

2004 年 10 月 14 日，一审法院以原判决书中计算上存在笔误应予补正为由作出（2000）黑民初字第 12 号民事裁定。

具体内容如下：（一）原判决书中第 32 页上数第五行至第十行“三、本判决生效后 30 日内，庆龙公司给付金坛公司工程款 11 724 014. 96 元的 80%，即 9 379 211. 97 元（工程总造价 56 103 764. 68 元 + 附属工程款 495 000 元 + 劳务费 3 074 580. 37 元 + 电缆费用 1 708 497. 48 元 - 已付工程款 13 352 000 元 - 材料退价款 32 697 781. 81 元 - 劳动保险基金 1 561 292. 73 元 - 税金 2 046 753. 03 元）”的内容，现补正为：“三、本判决生效后 30 日内，庆龙公司给付金坛公司工程款 503 262. 02 元（工程总造价 56 103 764. 68元 ×80% + 附属工程款 495 000 元 + 劳务费 3 074 580. 37 元 + 电缆工程费用 1 708 497. 48 元 - 已付工程款 13 352 000 元 - 材料退价款 32 697 781. 81 元 - 劳动保险基金 1 561 292. 73 元 - 税金 2 046 753. 03 元）”；（二）原判决书中第 32 页上数第十七行至第十八行“以上二、三、四、五项合计计算后，庆龙公司应给付金坛公司 11 245 195. 24 元”的内容，现补正为：“以上二、三、四、五项合计计算后，庆龙公司应给付金坛公司 2 369 245. 29元”；（三）原判决书中第 32 页上数第十九行至第 33 页上数第二行“案件受理费160 160元，由金坛公司负担56 856. 80元，由庆龙公司负担 103 303. 20 元；反诉费85 010元，由金坛公司负担 46 075. 42 元，由庆龙公司负担 38 934. 58 元；鉴定费305 000元，由金坛公司负担60 000元，由庆龙公司负担 245 000 元；保全费 20 000 元，由金坛公司负担 10 000 元，由庆龙公司负担 10 000 元”的内容，现补正为：“案件受理费 160 160 元，由金坛公司负担 104 104 元，由庆龙公司负担 56 056 元；反诉费 85 010 元，由金坛公司负担 46 075. 42 元，由庆龙公司负担 38 934. 58 元；鉴定费 305 000 元，由金坛公司负担 167 500元，由庆龙公司负担 137 500 元；保全费 20 000 元，由金坛公司负担 10 000 元，由庆龙公司负担 10 000 元。”

金坛公司和庆龙公司均不服一审判决及裁定，向法院提起上诉。

金坛公司上诉称：一审判决及裁定认定事实错误，应予纠正。主要理由：（一）一审法院对劳动保险基金和税金处理不当。一审法院未将劳动保险基金和税金（两项合计 3 608 045. 76 元）计入工程造价已属错误，在庆龙公司未提供任何实际代收代缴合法票据的情况下，又判决从未包含劳动保险基金和税金的 56 103 764. 68 元工程款中扣除 3 608 045. 76 元，直接导致金坛公司少得 7 216 091. 52元。（二）水电材料退价处理有欠公正。1999 年工程造价鉴定结论中，水电部分的总造价为 4 478 674. 18元，系鉴定机构依双方合同约定按定额标准计算得出的，在计算水电材料退价时也应当按此定额标准。但一审法院却以无定额标准无法计算为由，直接按供货凭证载明的金额 7 342 506.54 元认定,不符合合同约定,也有失公平。(三)关于工程返修和维修费处理不当。一审法院将大量无效且未经质证的证据,直接作为计算工程返工和维修费用的依据,金坛公司除同意169 847.10元内墙抹灰翻修费用外,其他均不予认可。(四)认定庆龙公司多支付工程款的判项错误。庆龙公司主张已多支付工程款,却一直未能提供有效证据,故一审法院判决自庆龙公司应给付金坛公司的款项中扣除多支付工程款 4 154 194.63 元无事实和法律依据。(五)工程进度款计算存在错误。因一审计算方法错误,导致金坛公司在本案中应得的价款大幅减少。(六)金坛公司最后一次变更诉讼请求时一审法庭辩论尚未终结,一审法院对变更后的诉讼请求不予审理,程序违法。据此请求:1. 除保留一审判决第一、二项外,撤销一审判决和裁定的其他部分,依法改判庆龙公司向金坛公司支付价款 26 851 013.89 元(含工程价款 16 851 013.89 元和保证金 1000 万元)及相应利息。2. 由庆龙公司承担一审诉讼费、鉴定费、保全费和二审诉讼费。

二审审理期间,金坛公司就其上诉理由中提到的一审法院未支持其于一审法庭辩论终结前所变更的诉讼请求系程序违法一事,明确表示予以放弃。

庆龙公司上诉称:一审未查明金坛公司违约行为,判决认定事实不清,判决结果错误。主要理由:(一)一审法院对金坛公司与庆龙公司何方违约的认定错误。实际情况是庆龙公司全面且超约定地履行了合同义务,无任何违约行为。而金坛公司违反合同约定,未能按约定期限交付定建工程,擅自撤离工地,已构成违约,理应承担违约责任。一审法院无视存在未完工程的情况,认为金坛公司完全履行了合同,属于对事实认定不清。非但工程未完工,就是已完工部分亦因存在重大质量隐患而必须返工,返修费用经鉴定高达 390 余万元。一审法院对金坛公司的上述违约行为均未认定,反而认为庆龙公司违约在先、金坛公司未构成违约,显属不当。(二)一审法院对若干款项的认定及计算存在错误,应予纠正。其中主要问题有:1. 工程进度款。一审法院对金坛公司的诉讼请求认识有误。金坛公司在 2000 年 9 月 29 日起诉状中请求的工程进度款为 17 036 000 元,2001 年 2 月 5 日变更诉讼请求改为 1386 万元,而判决书中竟然认定为 1836 万元,比金坛公司主张的数额还多出 450 万元。2. 电缆造价。关于电缆造价,无论最终认定 7 根还是 21 根,单价应当是统一的。而按照一审法院认定 7 根电缆造价208 067.79元、21 根电缆造价为 1 916 565.20 元计算,7 根电缆造价的单价为 29 732.97 元、21 根电缆造价的单价为 91 265 元,两者单价相差 61 542 元,21 根共相差1 293 882元。争议工程所有材料均由庆龙公司提供,仅有 7 根电缆为 1999 年施工应按约定取费,2000 年双方协议包清工不涉及取费问题且当年劳务费对方已经全部领走,故一审法院判令庆龙公司应向金坛公司支付电缆费用 1 708 497 元是错判,应予纠正。3. 关于 2000 年土建部分劳务费的判令。一审法院认定 2000 年劳务费为3 074 586.37元的结果虽然正确,但在金坛公司已经多预支 4 154 194.63 元情况下,还判令庆龙公司再向金坛公司支付 3 074 586.37 元,显属错误。4. 关于金坛公司从庆龙公司支取的生活费 43 笔合计 653 085 元及以两辆车顶款问题。金坛公司对此已经承认,一审判决未予支持不正确。5. 庆龙公司代交纳的工程水电费问题。该笔费用理应由金坛公司承担,一审法院不予认定,属错判。6. 在对材料款的认定上,一审仅采信存在明显错误的鉴定结论,认定材料款为 3200 万元,比对方自认的还要少。7. 冬施费问题。鉴定机构对 1999 年冬施费鉴定为 85 万元,一审法院予以认定缺乏证据。8. 供暖费及逾期银行贷款利息问题。供暖费已实际发生,一审法院却错误地仅以无收据为由不予支持。此外,因金坛公司违约,使庆龙公司额外负担了逾期银行贷款利息,该款项理应由金坛公司承担,一审法院以未注明额外利息为由不支持,缺乏依据。(三)双方争议的工程为大型建设项目,理应由具有甲级工程造价咨询资质的鉴定机构进行造价鉴定,而一审法院委托的鉴定机构受理此项业务范围的资质仅为乙级,根本无权就本案争议工程进行鉴定。一审法院采信该超越资质等级的鉴定机构所作的鉴定结论,才导致对 1999 年工程总造价及材料款等问题的认定上均出现错误。据此请求:1. 撤销一审判决;2. 驳回金坛公司诉讼请求;3. 支持庆龙公司一审所提反诉请求;4. 案件受理费由金坛公司负担。

庆龙公司上诉请求中要求金坛公司继续履行合同,二审审理期间,庆龙公司明确表示因一审诉讼始于 2000 年,后来争议工程交由案外第三人施工并已交付使用,故此项请求已无实际意义,予以放弃。

此外,庆龙公司上诉时提出,一审法院就金坛公司从庆龙公司支取生活费 43 笔合计 653 085 元及两辆车顶款问题未予认定,存在错误。后庆龙公司承认一审判决中已经予以认定,支持了庆龙公司,故就此问题不再提出主张。

法院经审理查明：庆龙公司提供了相应证据的原件，证明2000年徐锁庆在庆龙公司确实预借工程款7 228 775元，金坛公司对上述原件的真实性予以认可。

另查明：一审期间鉴定机构就1999年工程造价鉴定后，至今未能归还由金坛公司提供的用于鉴定的部分资料的原件。

又查明：7根电缆造价与21根电缆造价单价不相同，系因电缆规格不同所致而非鉴定机构计算错误。

还查明：一审期间，根据当事人申请，一审法院就1999年工程造价、材料分析退价、未报验不合格的工程量等问题分别进行鉴定，三次鉴定均由鉴定中心对外委托鉴定机构，而且所有鉴定结论最终都由鉴定中心与相关鉴定机构以双方名义共同联合出具。负责鉴定1999年工程造价的黑龙江省中龙会计师事务所有限责任公司（以下简称中龙公司），其经营范围内工程造价咨询业务为乙级资质。

再查明：2001年2月5日，金坛公司以书面形式提出变更诉讼请求，将工程进度款数额变更为1836万元而非1386万元。

法院查明的其他事实与一审法院查明的事实相同。

法院认为，双方签订的《建设工程施工合同》及《补充协议》，意思表示真实，合法有效。因合同已经无法继续履行，一审法院依法判决解除合同是正确的。鉴于金坛公司向一审法院起诉主张1999年应得的工程进度款，庆龙公司反诉主张2000年已经多支付工程款及金坛公司1999年、2000年所完成的工程均有质量不合格需返修的项目，并主张金坛公司赔偿因其违约给庆龙公司造成的损失等情况，一审法院将双方1999年、2000年两年工程一并处理，并无不当。

双方争议的焦点，主要集中于金坛公司垫付的1000万元工程保证金应否返还、如何确定金坛公司应得工程进度款的数额、庆龙公司可以抵扣工程款的数额、金坛公司与庆龙公司哪一方存在违约行为及应否赔偿损失等几个方面。

（一）关于金坛公司垫付1000万元工程保证金应否返还的问题。

庆龙公司主张，该1000万元为工程保证金，现工程出现问题，理应从该款项中扣除，一审判决将其认定为借款判令庆龙公司予以返还不正确。一审法院已经查明，双方虽然约定该1000万元为保证金，但根据庆龙公司为金坛公司出具的书面收条所载内容，该1000万元实为庆龙公司向金坛公司所借，庆龙公司未附任何条件对还款期限作出明确承诺，现还款期限已过，金坛公司主张返还的请求理应支持，故一审法院将其认定为借款并判决由庆龙公司予以返还并无不当。

（二）关于如何确定金坛公司应得工程进度款数额的问题。

金坛公司完成的工程量，从时间上看可分成两部分，即1999年完成的工程量和2000年完成的工程量。其中，1999年完成的工程量包括未经鉴定但双方均认可的附属工程495 000元和经鉴定的大庆商城超市及高层造价56 103 764. 68元。1999年金坛公司应得的工程款，根据双方《建设工程施工合同》及《补充协议》约定是按定额标准计算。本案中金坛公司请求庆龙公司按双方约定支付工程进度款，即1999年全部工程款的80%。2000年金坛公司应得的工程款，根据双方包清工的口头约定仅为劳务费，双方亦无关于按进度给付劳务费的明确约定，加之庆龙公司已就2000年劳务费全部支付完毕，故对2000年金坛公司应得的工程款无须按进度确定。

1. 关于金坛公司1999年应得工程进度款问题。1999年金坛公司完成的工程包括附属工程和大庆商城超市及高层，附属工程造价为495 000元、大庆商城超市及高层造价56 103 764. 68元。其中主要问题：

（1）关于附属工程造价问题。附属工程属于1999年整体工程的组成部分之一，虽然未经鉴定，但双方对附属工程造价为495 000元的事实均予认可。根据金坛公司请求80%工程进度款的诉讼请求，属于1999年工程组成部分的附属工程亦应按照双方约定计算工程进度款。一审判决仅将经鉴定的主体工程大庆商城超市及高层造价按约定计算工程进度款，而对附属工程系按100%认定，与案件事实及当事人请求不符，应予调整。

（2）关于工程所用材料价格如何确定问题。庆龙公司主张，金坛公司在供料单上签字，意味着其对供料单载明价格、数量等的认可，是对原材料按定额计价约定条款的变更，故材料总价款应根据双方签字认可的供料单计算。而且一审庭审时金坛公司自认领取3600万元土建部分材料总价也高于3200万元的鉴定结论，判决不应简单地按照鉴定结论加以认定。金坛公司认为双方关于材料价格明确约定按定额计算，后来对此问题未作任何改变，供料单仅能证明材料数量的交付，不能据此认定材料价格。双方对材料价格认识不一致，金坛公司的主张符合双方约定,应予采信。金坛公司一审庭审时虽然有过承认领取3600万元材料的意思表示,但同时亦表示材料问题愿意通过鉴定解决。庆龙公司既然也同意就工程造价按约定的定额标准进行鉴定,意味着如无充分证据足以否定鉴定结论,一审判决对鉴定结论予以采信是正当的。

另外,庆龙公司主张双方约定工程造价下浮并不包含下浮材料价格,一审判决认定材料价格下浮,损害了庆龙公司的合法权益。双方约定扣除计划利润、管理费、税金后,工程造价高层下浮9%,裙房下浮8%。因双方约定工程造价下浮前予以扣除的项目并不包含材料价款,且材料价款为工程造价重要组成部分,故工程造价整体下浮,材料价款亦应下浮。一审法院采信由鉴定机构作出下浮后的材料价格进行材料退价分析,是正确的。

(3)关于鉴定机构资质问题。庆龙公司上诉提出,一审法院委托对1999年工程造价进行鉴定的中龙公司,其经营范围内工程造价咨询为乙级资质,而本案属于大型建设项目,理应由具有甲级资质的鉴定机构进行鉴定,据此认为一审法院采用该鉴定机构出具的结论系程序违法,申请重新鉴定。中龙公司虽然就工程造价咨询为乙级资质,但该鉴定机构经当地有关部门认定具有从事司法鉴定资格,且鉴定结论并非由中龙公司独立完成,是由鉴定中心和中龙公司联合作出,一审法院予以采信并无不当,亦不存在程序违法。庆龙公司在一审期间未就鉴定机构资质问题提出异议,现二审期间提出,加之鉴定所需要部分材料的原件已无法提供,不具备重新鉴定条件,故对庆龙公司的此项请求不予支持。

(4)关于1999年工程造价鉴定结论。根据当事人申请,鉴定中心及中龙公司共同对大庆商城超市工程造价进行鉴定,结论为大庆商城超市及高层工程造价为56 103 764.68元,待定部分合计3 608 045.76元(其中包括劳动保险基金1 561 292.73元、税金2 046 753.03元)。金坛公司主张一审判决认定工程造价56 103 764.68元中未包含劳动保险基金和税金,不符合行业惯例,少算了金坛公司应得的工程款,应予调整。劳动保险基金和税金是施工单位就其经营所得按规定比例应予上缴的,鉴定机构根据双方约定按定额取费而计算出的工程造价中已包含当事人的利润、税费等内容,只是未专项列出,故对金坛公司主张应在工程造价56 103 764.68元基础上再加入上述两笔款项,依法不予支持。

庆龙公司上诉提出,鉴定结论关于85万元冬施费的认定有误,实际仅应为58 000元。此问题在一审法院组织鉴定机构就鉴定结论答疑时,庆龙公司就已明确提出过,鉴定机构答复冬施费实际发生,依据双方监理小结及实际情况所作,不存在计算错误。现庆龙公司就所提异议无新的理由和证据,故依法不予支持。

庆龙公司认为金坛公司2001年2月5日变更诉讼请求将工程进度款数额改为1386万元,而一审判决书中竟然认定为1836万元,比金坛公司主张的数额还多出450万元。经二审法院审理查明,金坛公司2001年2月5日变更诉讼请求的书面材料与一审判决认定一致,工程进度款数额为1836万元,庆龙公司所提主张与事实不符,不予支持。

此外,庆龙公司上诉提出其代交纳的工程水电费应由金坛公司承担,一审法院不予认定,属错判。庆龙公司在一审答辩和反诉请求及理由中,均未明确提及代交工程水电费问题,也未向一审法院提交任何专门证明水电费实际发生及应由金坛公司负担的证据。现二审期间提出又未充分举证证明,故依法不予支持。

2. 关于2000年金坛公司应得劳务费的问题。庆龙公司主张一审判决在计算金坛公司应得工程款时判令庆龙公司给付2000年劳务费3 074 586.37元有误,应予纠正。一审法院已经查明2000年金坛公司应得劳务费为3 074 586.37元,而且庆龙公司已足额支付了该款项。在此前提下,一审法院一方面在认定金坛公司应得工程款时将该款项计算在内;另一方面又未在庆龙公司抵扣工程款时就这部分实际已支付款项进行扣除,造成庆龙公司重复负担2000年劳务费3 074 586.37元。庆龙公司此项请求理由成立,应予支持,但一审判决认定的2000年劳务费为3 074 580.37元,并非庆龙公司上诉所称3 074 586.37元。

3. 关于电缆造价问题。1999年大庆商城超市及高层工程造价为56 103 764.68元的鉴定结论中,包含7根电缆造价208 067.79元。金坛公司提出1999年共完成21根电缆,庆龙公司提出1999年只完成7根电缆,剩余14根电缆为2000年完成。鉴定机构无法分清1999年和2000年施工界限,故请法庭调查处理。一审法院认为无论电缆于何时施工完成,因均由金坛公司施工,故判决由庆龙公司给付金坛公司1 708 497.48元,即21根电缆费用1 916 565.27元与7根电缆费用208 067.79元之间的差额。庆龙公司主张2000年对方只挣取劳务费不应按定额取费,且2000年工程款庆龙公司已经全部支付完毕,故该14根电缆不应再予认定。另外,7根电缆与21根电缆的单价不统一,一审判决计算存在错误。二审期间已经查明7根电缆的单价与21根电缆的单价不一致系因具体电缆规格不同所致而非计算错误,庆龙公司主张一审判决就电缆造价存在计算上的错误,理由不成立。但因1999年工程涉及按定额取费,2000年仅为劳务费且已全部结算清楚,在双方就电缆问题意见不统一,又都未能充分举证证明各自主张的情况下,一审法院就争议电缆费用全部认定由庆龙公司按照定额取费标准计算的数额给付金坛公司的做法欠妥,庆龙公司对此问题所提异议有一定道理,应给予相应的支持。除双方均认可7根电缆为1999年所做之外,对于争议的14根电缆费用共计1 708 497.48元由双方共同承担不利后果,认定庆龙公司应给付金坛公司854 248.74元,即14根争议电缆费用1 708 497.48元的50%。

(三)关于金坛公司与庆龙公司何方违约及应否赔偿损失的问题。

一审法院认定双方均有违约行为,金坛公司虽然在交付大庆商城超市工程问题上不存在工期违约,但其擅自撤离工地、未按约定质量完成工程等行为已经构成违约。庆龙公司没有按照约定数额、期限及时给付工程款,没有按约定如期返还垫资款等行为,亦违反了双方约定。

庆龙公司主张,金坛公司违反双方关于1999年10月30日之前交付定建工程的约定,实际交付时间是1999年11月25日,已构成工期违约,一审判决认定有误。双方共同签字认可的开工报告上注明开工日期为1999年5月15日,加之双方关于开工日期顺延则完工日期相应顺延的约定,顺延后完工日期应为1999年11月25日。金坛公司实际完工于1999年11月15日,故一审判决认定属如期完工并未违约的结论是正确的。

庆龙公司主张,自己全面且超约定地履行了合同义务,无任何违约行为,金坛公司未按约定完成工程质量等方面存在违约行为。根据一、二审法院查明的事实,金坛公司施工未达到双方约定的质量等级,存在未报验的不合格工程,又擅自撤离工地,庆龙公司未按照约定的数额和期限及时给付工程款,亦未如期返还垫资款,故一审判决认定双方均有违约行为的结论并无不当。

庆龙公司主张,因对方违约,给庆龙公司造成未完工程一年供暖费450万元及额外利息6 043 000元共计上千万元的损失,理应由对方赔偿,一审判决未予支持是不正确的。关于供暖费问题,一审法院认为仅凭庆龙公司与大庆市鑫城物业管理有限公司签订的供暖协议,尚不足以认定双方实际履行了供暖协议项下的包括付款在内的权利义务,加之庆龙公司未能提供其已经实际支付了该款项的合法有效的凭据,故其主张因对方违约使自己受到该损失的请求不能支持。关于额外贷款利息的问题,庆龙公司提供的是中国银行大庆市分行业务部的证明,欲证明因庆龙公司不能按期偿还银行贷款造成额外利息6 043 000元。经一审法院和法院查明,该笔贷款的主体并不是庆龙公司,也无证据证明该款项确实为庆龙公司所用,故一审判决未予支持是正确的。

金坛公司一审时所提诉讼请求包括请求判令由对方给付工程进度款1836万元及保证金1000万元,二审时就前述两笔款项增加了关于支付相应利息的诉讼请求。因庆龙公司拒绝调解,故对金坛公司二审新增加的请求内容,法院依法不予审理。

(四)关于庆龙公司抵扣工程款项目范围的问题。

关于庆龙公司抵扣工程款项目包括哪些,除经双方核对均予认可的1999年庆龙公司已支付工程款13 352 000元应予抵扣外,双方对下述款项是否应予抵扣工程款及应如何抵扣问题,存在分歧:

1. 关于材料退价问题。双方《补充协议》约定一切材料均由庆龙公司提供,故在计算金坛公司就1999年大庆商城超市工程应得工程款时,需将土建材料及水电材料的造价自工程总造价中予以扣除。根据双方当事人申请,一审法院委托鉴定机构进行材料退价分析,结论是土建材料为25 355 275.27元,水电材料因未提供定额标准而无法鉴定,但查明经双方签字认可的水电材料供货凭证所载明的数额为7 342 506.54元。土建材料退价一审法院采信鉴定结论25 355 275.27元,庆龙公司虽有异议,因未能提供足以否定原鉴定结论的证据予以证明,故对其该项主张不予支持。水电材料因双方均未提供合同约定的定额标准而无法鉴定,一审法院认定根据双方签字认可的供货凭证据实结算,判令水电材料按7 342 506.54元退价。金坛公司主张,1999年工程造价鉴定结论中水电部分造价为4 478 674.18元,系鉴定机构依双方约定按定额标准计算得出的。一审判决在计算金坛公司应得工程款时水电部分按定额标准认定为4 478 674.18元,而在计算庆龙公司以其所供材料抵扣工程款时则按照远高于定额标准的供货凭证载明的数额认定为7 342 506.54元,有失公允,水电材料退价最多不应超过4 478 674.18元这一上限。庆龙公司虽然主张对方领用材料未完全用于争议工程,退价时应据实结算,但始终未向法院提供能充分证明其主张的证据。故金坛公司此项请求理由成立,水电材料应按4 478 674.18元退价,土建材料与水电材料两项合计退价应为29 833 949.45元。

2.关于2000年多支付工程款4 154 194.63元的问题。金坛公司主张其只承建了1999年的工程,2000年的施工、借款等系徐锁庆个人行为与金坛公司无关。一审法院已经查明并认定徐锁庆系金坛公司接替原项目负责人景国庆,代表金坛公司与庆龙公司进行了结算、继续施工等,故金坛公司否认徐锁庆的行为系代表金坛公司,理由不成立。2000年庆龙公司共向对方支付工程款7 228 775元,而金坛公司实际共完成土建工程费用为3 074 580.37元,由此可以认定庆龙公司2000年多支付工程款4 154 194.63元,该款项可用于抵扣应向金坛公司支付的工程款。

3.关于工程返修和维修费3 979 822.10元的问题。双方约定工程质量为优良,虽然工程未完成双方即发生纠纷,但金坛公司对由其完成的未报验不合格工程,理应承担返修和维修费用。经鉴定工程返修和维修费为3 979 822.10元,金坛公司除只认可其中一小部分外,认为鉴定机构以大量未经质证的材料为依据进行鉴定,结论不应被采信。一审期间,鉴定机构在说明材料中指出,一些材料未经质证,是金坛公司自己拒绝履行对用于鉴定的材料进行质证的义务,故其不认可鉴定结论的理由不成立。金坛公司施工工程质量不合格,违反了合同约定,一审判决支持庆龙公司主张其承担返修、维修费用的请求,并无不当。

4.关于代收代缴劳动保险基金1 561 292.73元及税金2 046 753.03元的问题。金坛公司主张,在庆龙公司未提供任何已实际上缴凭据的情况下,一审判决从未包含上述费用的工程造价56 103 764.68元中又扣除两项合计3 608 045.76元,是错误的,应予纠正。金坛公司作为施工企业,劳动保险基金和税金是其承接工程后按照有关规定理应缴纳的,工程造价中就此明确、专项列出与否,均不影响其履行上述义务,故金坛公司以工程造价中不包括上述费用为由而主张一审法院判令其负担该费用不当,理由不成立。因双方约定庆龙公司代收代缴一切政策性费用,在工程决算中扣回,现本案金坛公司的诉讼请求仅被固定为要求庆龙公司支付80%的工程进度款,双方还有20%的工程款未结算,加之庆龙公司一、二审始终未能证明其已经实际向有关部门缴纳了劳动保险基金和税金,故庆龙公司可在实际缴纳后,相应地用于抵扣其应向金坛公司支付的剩余20%的工程款。金坛公司的此项诉请有理,故对一审判决关于本案中在金坛公司应得工程款中扣除并由庆龙公司代收代缴上述费用的判项,予以调整。

综上所述,根据《中华人民共和国民事诉讼法》第一百五十三条第一款第(二)项、第(三)项之规定,判决如下:

一、维持黑龙江省高级人民法院(2000)黑民初字第12号民事判决第一项、第二项、第四项和第五项。

二、撤销黑龙江省高级人民法院(2000)黑民初字第12号民事判决第六项。

三、变更黑龙江省高级人民法院(2000)黑民初字第12号民事判决第三项为:本判决生效后三十日内,大庆市庆龙房地产开发有限公司给付金坛市建筑安装工程公司工程进度款45 279 011.74元;大庆市庆龙房地产开发有限公司给付金坛市建筑安装工程公司电缆工程费用854 248.74元;大庆市庆龙房地产开发有限公司给付金坛市建筑安装工程公司前述款项时,扣除已付工程款13 352 000元、材料退价款29 833 949.45元共计43 185 949.45元。

四、驳回大庆市庆龙房地产开发有限公司、金坛市建筑安装工程公司其他上诉请求。

以上一、三项合计计算后,大庆市庆龙房地产开发有限公司应给付金坛市建筑安装工程公司4 813 294.30元。

一审案件受理费、反诉费、财产保全费及鉴定费,按照一审经补正后的判决执行。二审案件受理费245 170元,由金坛市建筑安装工程公司负担98 068元,由大庆市庆龙房地产开发有限公司负担147 102元。

本判决为终审判决。

河南省偃师市鑫龙建安工程有限公司与洛阳理工学院、河南省第六建筑工程公司索赔及工程欠款纠纷案

【裁判摘要】

因发包人提供错误的地质报告致使建设工程停工,当事人对停工时间未作约定或未达成协议的,承包人不应盲目等待而放任停工状态的持续以及停工损失的扩

大。对于计算由此导致的停工损失所依据的停工时间的确定,也不能简单地以停工状态的自然持续时间为准,而是应根据案件事实综合确定一定的合理期间作为停工时间。

申诉人(一审原告、二审被上诉人、再审申请人):河南省偃师市鑫龙建安工程有限公司。

被申诉人(一审被告、二审上诉人、再审被申请人):洛阳理工学院。

被申诉人(一审被告、二审上诉人、再审被申请人):河南六建建筑集团有限公司。

申诉人河南省偃师市鑫龙建安工程有限公司(以下简称鑫龙公司)因与被申诉人洛阳理工学院(以下简称理工学院,原名称为洛阳大学)、河南六建建筑集团有限公司(以下简称六建公司,原名称为河南省第六建筑工程公司)索赔及工程欠款纠纷一案。不服河南省高级人民法院(2006)豫法民再字第106号民事判决,向最高人民法院申诉。最高人民法院于2009年12月3日作出(2009)民监字第109号民事裁定,提审本案,再审期间,中止原判决的执行。最高人民法院提审后,依法组成合议庭,于2011年10月20日对本案进行了开庭审理。鑫龙公司的法定代表人杨留欣及委托代理人刘洋、杨子龙,理工学院的委托代理人牛佩伟、李晓杰,六建公司的委托代理人李云立、商家泉到庭参加了诉讼。本案现已审理终结。

2001年3月10日,鑫龙公司向河南省洛阳市中级人民法院起诉称,因理工学院提供的地质报告有误、六建公司组织指挥和协调不力,造成鑫龙公司分包的理工学院成教楼、住宅楼工程停工,给鑫龙公司造成巨大经济损失。另外,鑫龙公司已完成工程未结算,工程款被拖欠。故请求:1. 判令六建公司、理工学院赔偿因过错给鑫龙公司造成的经济损失303.5万元;2. 判令六建公司、理工学院立即支付剩余工程款1 252 579.4元;3. 本案诉讼费由六建公司、理工学院承担。

六建公司辩称,鑫龙公司要求六建公司赔偿其损失不成立。1. 成教楼未发现质量问题时,鑫龙公司施工进度已违约,本应在1999年4月25日竣工的工程,在4月20日发停工通知书时主体还未完成。2. 鑫龙公司的施工责任造成工程质量不合格,停工是鑫龙公司的施工质量不合格造成的,损失应自己承担。3. 停工后鑫龙公司不积极整改,故无法复工。关于拖欠工程款问题,因该工程未决算、未审计,是否拖欠工程款不能确定,故不存在支付工程款的问题。

理工学院辩称,1. 住宅楼、成教楼工程施工合同的主体是理工学院和六建公司,鑫龙公司不是合同主体,其与理工学院无直接利害关系,理工学院不应作为本案被告。2. 鑫龙公司与六建公司签订的分包合同约定的权利义务与理工学院无关。3. 成教楼裂缝产生的直接原因是施工工程质量不合格,因此才导致工程停工,停工损失应由鑫龙公司自行承担。4. 地质报告的差异与楼板裂缝等质量问题没有直接因果关系。5. 鑫龙公司称理工学院隐瞒真相,没有事实依据。6. 理工学院不欠鑫龙公司任何工程款。7. 理工学院无任何过错,更没有给鑫龙公司造成任何损失。

河南省洛阳市中级人民法院一审查明:1998年6月18日,理工学院与六建公司通过招标方式签订了《建设工程施工合同》,理工学院将其成教楼、住宅楼发包给六建公司,并在合同中约定了工程名称、工程地点、工程内容、承包范围、工程造价、工期、质量等级及承包方式等内容。六建公司为组织施工,次日将上述工程分包给鑫龙公司,双方签订了《洛阳大学工程分包合同》,该分包合同除了鑫龙公司执行理工学院与六建公司签订的合同中的施工义务外,对鑫龙公司的责任进行了进一步明确。在分包合同中六建公司作为施工管理者的身份承担管理义务。至此,鑫龙公司以六建公司洛大项目部的名义到理工学院工地进行施工。洛阳华诚建设监理事务所(以下简称华诚事务所)作为该工程的监理单位对工程进行监理。

1999年1月,因发现成教楼西半部浇板出现裂缝,16日华诚事务所向洛大项目部下发停工整改通知书,20日六建公司工程管理部向洛大项目部下发了停工通知书,至此,成教楼全部停工。围绕成教楼裂缝问题,1998年元月24日,豫中地质勘察工程公司、理工学院土木工程系作出《洛阳大学成教楼、住宅楼岩土工程勘察报告》,结论为:"桩端持力层放在粉质粘土五层上",该五层土的数值是1500Kpa。1998年11月18日,机械工业部第四设计研究院给理工学院基建处函件记载:"《洛阳大学成人教育大楼基桩检测报告》发现部分桩端极限端阻力与原土质资料相差较大"。"若不处理,很可能引起楼房基础沉降不均,建筑物倾斜,开裂等不良后果"。1999年元月发现成教楼裂缝,1999年6月26日由洛阳市建委召集勘察、设计、建设、监理、施工单位就成教楼现浇板裂缝原因进行分析讨论，形成《洛阳大学成教楼裂缝原因分析会审纪要》，该纪要第二条："鉴于地质勘探由无资质的理工学院土木工程系勘探，所提供的承载力与桩检报告所反映的地基承载力有一定差异，要求理工学院委托有资质的勘探单位重新勘探"。6月29日又委托豫中地质勘察工程公司进行地质核查勘察，7月1日该公司复函确认原勘察报告符合有关规定。10月下旬理工学院又委托洛阳市规划建筑设计研究院进行补充勘察，11月该研究院作出《洛阳大学成教楼、住宅楼岩土工程勘察报告(补充)》，结论及建议为："该场地第5层粉质粘土的极端阻力标准值qp=1300kpa，第6层粉土与粉质粘土的极端阻力标准值在北部，东部为qpk=1200kpa"，"在西部、南部为750-900kpa"，"对成教楼需进行基础加固"。之后，理工学院又委托原设计单位机械工业部第四设计院对基础机械更改设计。2000年3月13日该研究所依据洛阳市规划建筑设计院的勘察报告对成教楼基础进行了更改设计，在《设计更改通知单》明确更改原因："因甲方(理工学院)所提供的地质报告有误。"本案在一审审理过程中，理工学院委托河南省建筑工程质量检验测试中心站对成教楼质量检验，2001年6月25日该站作出《质量检验报告》认为："该裂缝不属于地基不均匀沉降引起的裂缝。"在对该报告质检时，鑫龙公司以该报告有倾向性，且诉讼期间理工学院单方委托为由对报告予以否认。2001年10月，一审法院委托国家建筑工程质量监督检验中心对成教楼裂缝原因进行检验，结论为："裂缝是由于两轴间基础的不均匀沉降引起的。"本案在一审审理过程中，六建公司已按更改的基础加固图对基础进行了加固。

该工程从发现裂缝被下令停工至诉前，为分析裂缝原因及专家论证和确定责任等用去了近两年的时间。六建公司和理工学院不能证明在此期间对鑫龙公司何时复工，人员是否撤场，机械是否搬迁等事项作出处理，也未按"工程停工两个月以上应向主管部门报告"的规定向主管部门报告。鑫龙公司从1999年4月16日停工起至起诉前2001年3月6日止，共计691天，其中停滞机械设备台班费423 873.91元；建筑周转材料损失1 533 693.42元；人工窝工损失93 030元。另，该工程租用洛阳市信昌建筑安装工程公司第六分公司六吨塔式起重机一部，已经河南省洛阳市中级人民法院作出的(2001)洛经终字第215号民事判决，由鑫龙公司于判决生效后10日内按每日100元的标准支付赔偿金，(从1999年4月19日起算至2003年1月18日)共计135 000元，以上合计2 118 559.73元。

一审法院另查明，六建公司委托河南省建筑工程质量检验测试中心1999年第92号、100号《质量检验报告》对成教楼检验的结论是："该工程二、四层6-14轴线范围内所抽检的桩混凝土强度低于强度等级，"河南省建筑科学研究院1999年第026号《检测报告》对成教楼检验的结论是："一层楼板1-6轴线，二层楼板8-11轴线，四层楼板6-8轴线，8-1轴线混凝土推定强度低于C20。"以上证实鑫龙公司施工中存在部分质量问题。

一审法院又查明，理工学院土木工程系不具有工程勘察资格，无营业执照。关于鑫龙公司提出理工学院、六建公司拖欠工程款的诉讼请求，鑫龙公司于2003年元月4日表示由于水电部分的资料涉及案外人，影响工程量的计算，决算在短期内难以向法院提供，鉴于此，鑫龙公司先将要求理工学院、六建公司支付工程款的诉讼请求撤诉，待决算做出后另行起诉。

一审法院认为，理工学院与六建公司签订的成教楼、住宅楼建筑工程施工合同，理工学院作为业主是明确的，在合同的执行中鑫龙公司以洛阳大学项目部的名义进行施工，在施工中出现成教楼裂缝，现已查明裂缝是"基础不均匀沉降引起的"，造成基础不均匀沉降是理工学院提供的《洛阳大学成教楼、住宅楼岩土工程勘察报告》有误，该勘察报告由豫中地质勘察工程公司和理工学院土木工程系共同作出，理工学院在没有勘察资质，没有营业执照的情况下，与他人作出岩土工程勘察报告，是造成该报告有误的主要原因，具有过错责任。其作为成教楼的业主，应当向施工单位提供准确无误的图纸，本案中由于理工学院给施工单位提供的基础图纸有误，导致成教楼裂缝，造成鑫龙公司停工，应承担停工损失的主要责任，由于鑫龙公司诉请是损害赔偿，追究的是侵权民事责任，不是合同的违约责任，故理工学院提出因没有与鑫龙公司建立成教楼工程施工合同关系而不应成为本案被告的抗辩不能成立。六建公司在发现成教楼裂缝后，处理不力，致损失扩大，应承担一定责任。鑫龙公司在施工中存在部分质量问题，虽然该质量问题不是导致成教楼裂缝的原因，但其工程中的质量问题已对理工学院产生不安影响，工程停工有其不安成分在内，故鑫龙公司对停工亦应承担一定责任。据此，一审法院作出(2001)洛经初字第67号民事判决：(一)六建公司在判决生效后10日内赔偿鑫龙公司经济损失211 855.97元；(二)理工学院在判决生效后10日内赔偿鑫龙公司经济损失1 694 847.79元;(三)剩余损失211 855.97元,由鑫龙公司自负。案件受理费31 447元、鉴定费50 000元、其他费用6289.4元,计87 736.4元,分别由鑫龙公司和六建公司各负担8773.64元,理工学院负担70 189.12元。

理工学院不服一审判决,向河南省高级人民法院提起上诉称,1. 一审判决认定事实不清。六建公司与鑫龙公司的"分包合同"属整体转包,违反了法律禁止性规定,应为无效合同。成教楼工程停工的原因是鑫龙公司施工质量问题,与地质报告是否有误无必然的因果关系,成教楼出现裂缝是由施工质量问题而造成的。"未向主管部门报告"不能成为理工学院承担责任的理由,鑫龙公司的损失不是事实,鑫龙公司从未向六建公司及相关部门提出过对人员、设备、材料的清点及索赔,在诉讼中提出索赔请求无事实依据。2. 一审判决认定事实错误。豫中地质勘察工程公司是有资质的公司,该公司与理工学院共同作出的《地质勘察报告》,在1998年10月机械工业部第四设计研究院根据桩基检测结果,对成教楼的设计作了变更,理工学院没有过错。3. 一审判决适用法律错误。本案应为建筑工程施工合同纠纷,一审判决却以侵权纠纷作为受理本案的法律关系基础。故请求二审法院查明事实,依法改判。

六建公司上诉称,一审判决鑫龙公司索赔部分事实不清。鑫龙公司在一审审理过程中没有提供索赔的有效证据,索赔程序没有按照合同的约定及建筑工程施工的行业规范进行,一审判决认定的691天的损失是由鑫龙公司自己造成的。六建公司没有过错,不应承担赔偿责任。

鑫龙公司针对理工学院的上诉答辩称,1. 六建公司虽把工程总分包给鑫龙公司,但六建公司以洛大项目部的名义派有多名人员在现场负责,故鑫龙公司与六建所订立的合同、履行的模式符合法律、法规的规定,鑫龙公司进场施工也是得到理工学院认可的。2. 停工原因是理工学院提供的地质勘探报告有误造成的。机械工业部第四设计院两次致函理工学院,指出部分桩端阻力与地质资料相差较大,若不处理,很可能引起基础沉降不均匀、建筑物倾斜、开裂等不良后果,理工学院对此无动于衷,并继续让鑫龙公司施工,导致主体完工后出现裂缝。3. 鑫龙公司已因周转材料的租赁提出另案诉讼,理工学院也参加过,鑫龙公司的损失有书证、物证及有关生效判决可以证明。

鑫龙公司针对六建公司的上诉答辩称,1. 从1999年4月六建公司和理工学院下令停工后,鑫龙公司的建筑机械、周转材料、人员一直留在工地。2001年1月六建公司才与鑫龙公司签订退场付款协议,鑫龙公司撤出了成教楼施工现场,但机械、周转材料、人员等仍在工地等待结算。2. 1999年4月发现楼板裂缝,理工学院和六建公司下令停工,停工后一直在寻找和分析裂缝原因,让鑫龙公司等待结果和准备随时复工,在裂缝原因没有查明情况下,鑫龙公司等待根本不可能提出索赔请求。3. 关于停工691天,1999年8月2日召开了复工会议并形成纪要,该纪要证明了鑫龙公司属停工而绝非撤场。鑫龙公司是在2001年以后才退出施工现场的,但建筑材料、周转材料、人员仍在工地,因六建公司未给鑫龙公司结算,造成损失进一步扩大,其应当承担赔偿责任。

河南省高级人民法院二审查明:1999年4月20日,因成教楼出现质量问题,六建公司向鑫龙公司发出停工通知,同月25日六建公司又向鑫龙公司发出了全部人员停工、撤场的通知。二审法院查明的其他案件事实与一审法院查明的事实相同。

二审法院认为,一、关于六建公司、鑫龙公司所签"洛阳大学工程分包合同"效力的问题。六建公司在承包理工学院成教楼后。把该工程总分包给鑫龙公司,虽然总分包合同是两个合同,合同当事人也不一致,但合同标的是有联系的,六建公司在将其承包的工程分包给鑫龙公司后并未退出承包关系,其作为对自己承包的建设工程承担全面的责任的当事人仍肩负组织施工、技术资料、质量管理、协调施工单位与理工学院关系等职责,并以洛阳大学项目部的名义派有多名人员在现场负责,监督施工单位的施工质量。特别是在理工学院成教楼出现裂缝后,其积极分析查找原因并下令施工单位停工。从六建公司对承包的工程分包后还对工程负责的行为看,不存在六建公司以盈利为目的,将承包的工程分包给其他施工单位,不对工程承担任何技术、质量经济责任的行为。六建公司与鑫龙公司所订立的"洛阳大学工程分包合同"履行的模式不违反法律、法规禁止性规定,鑫龙公司与六建公司签订工程分包合同后,其与六建公司共同成为总包合同的当事人,共同对所承建的理工学院成教楼承担责任。理工学院上诉主张六建公司与鑫龙公司签订的分包合同实为转包合同,违反了法律禁止性规定应无效的理由不能成立,不予支持。

二、关于成教楼裂缝责任应由谁承担及停工损失应如何计算的问题。二审法院综合全案事实认为，造成理工学院成教楼出现裂缝，停工损失三方当事人均有责任，应依其原因力大小承担相应的责任。根据六建公司委托河南省建筑工程质量检测中心1999年第92、100号质量检验报告、河南省建筑科学研究院1999年第026号检测报告，上述鉴定结论均证明，鑫龙公司承建的理工学院成教楼工程混凝土强度低于设计强度等级，建议有关部门对此采取措施。华诚事务所在对鑫龙公司所承建的工程进行质量问题没解决、未整改的情况下，向鑫龙公司发出停工整改通知，要求鑫龙公司对由于施工不规范所造成的问题进行整改。以上的专家论证、鉴定结论等均证明鑫龙公司在施工中确实存在质量问题，此种现象的存在对于各方不能及时客观地认识成教楼出现裂缝的原因，从而导致工程停工以及鑫龙公司人员长期滞留工地造成相应的损失有一定的影响，为此，鑫龙公司对自身人员设备停滞所造成的损失，应自负一定的责任。但理工学院成教楼出现裂缝的真正原因是理工学院出具的地质报告有误所导致的地质不均匀沉降。在理工学院成教楼还未完工时，1998年11月18日，机械工业部第四设计研究院给理工学院基建处致函，指出理工学院成教楼部分桩端阻力与地质资料相差较大，若不处理，很可能引起楼房基础沉降不均、建筑物倾斜、开裂等不良后果。对此，理工学院没有采取措施。成教楼停工后，1999年6月26日，洛阳市建委组织由勘探、设计、建设、监理施工等单位参加的专题会议，对楼房裂缝原因进行分析并形成纪要，要求理工学院委托有资质的勘探单位重新勘探。2000年元月27日，洛阳市建委组织多名专家对裂缝原因进行论证，结论为“原工程地质报告深度不够，结论有误。”2000年3月13日，机械工业部第四设计院对设计进行了更改，更改的原因为“因甲方所提供地质报告有误。”2001年11月16日，国家建筑工程质量监督检验中心对成教楼的裂缝原因进行了检验，结论为：“……基桩持力层的不均匀性，承载力经验参数取值偏高，是可能造成基础不均匀沉降的原因。”以上事实说明，理工学院成教楼的裂缝与理工学院提供的地质报告有误有直接的因果关系，如果属施工质量问题，地质报告及设计不可能一再变更。根据专家的论证和鉴定结论，理工学院在不能提供确凿的证据证明其成教楼裂缝的原因是与地质报告是否有误无直接的因果关系情况下，一审法院依据有关的专家论证及科学的鉴定结论认定理工学院作为业主，应向施工单位提供准确无误的施工图纸和地质报告，因其给施工单位提供的图纸和地质报告有误，导致成教楼裂缝，造成鑫龙公司停工，应承担主要的责任并无不当。但一审法院确定理工学院承担责任的比例和数额不当，应当予以纠正。六建公司作为洛大项目部的质量管理、监督并对工程全面负责的部门，应上对理工学院负责，下对施工单位负责，六建公司对在成教楼出现裂缝之后，在分析认定裂缝原因的过程中鑫龙公司是否还应当继续施工等问题的解决组织协调不力，并对停工后如何避免分包施工单位的损失，没有采取有效的措施，使鑫龙公司人员设备长期停滞在施工现场，由此给鑫龙公司所造成的损失也应承担相应的责任。关于损失计算的依据问题。因理工学院成教楼出现裂缝后需要查清裂缝的原因，停工后一直在寻找和分析裂缝的原因，在裂缝原因没有查明的情况下，理工学院、六建公司一直未给鑫龙公司明确的态度，虽然六建公司于1999年4月20日、25日两次向施工单位发出停工撤场通知，当时并未明确该工程不让鑫龙公司继续施工，撤场通知也未明确是人员撤场，还是人员和设备一并撤场。在此情况下，鑫龙公司于停止施工后留下人员看场并将机械设备、周转材料继续留存于工地，以备将来复工之用合情合理。并且导致停工的原因并不能完全归责于鑫龙公司，对因停工所产生的人员窝工损失、机械设备停滞损失、建筑材料周转损失等也不能只让鑫龙公司承受，根据造成停工和鑫龙公司机械设备、周转材料不能及时撤场的原因，鑫龙公司、六建公司、理工学院对因停工所造成的损失应承担与自身原因相适应的责任。鉴于成教楼裂缝的主要原因是由于理工学院提供的岩土工程勘察报告有误导致地基不均匀沉降所致，裂缝出现后，理工学院既不正视自身的原因，也没有对是否复工、是否还让鑫龙公司继续施工做出明确的指令，导致鑫龙公司是去是留难于及时决断，因此对因停工给鑫龙公司造成的机械设备停滞、周转材料、人员窝工等损失，理工学院应承担主要责任。具体承担责任的比例确定为50%。六建公司沟通协调不力，对导致鑫龙公司长期停工而又没让其及时撤场有因果关系，对停窝工损失也应承担相应的责任，其承担责任的比例确定为20%，其余损失由鑫龙公司自负。但计算停窝工损失的期限一审认定为691天过长，根据河南省建设厅豫建标定（1999）21号《关于记取暂停工程有关损失费用规定的通知》，暂停施工的期限一般为3个月，超过3个月的，双方应协商工程缓建停建。本案理工学院成教楼出现裂缝导致工程施工不能继续进行的事由时，三方当事人均没有本着诚实信用、协力合作的合同法原则,以客观的态度查找原因,以积极的态度采取善后措施,而是不同程度地向别人推卸责任,回避自己应承担的责任。但由此导致停工持续一段时间后,鑫龙公司自身应当意识到在短期内已经不能复工,自己应立即采取措施避免损失的扩大,其无权就扩大的损失要求赔偿。据此,计算鑫龙公司停工窝工损失的期限,二审法院酌定为鑫龙公司从1999年4月16日停工起6个月,此后的停窝工状况,鑫龙公司应当采取措施加以改变,故不再计入赔偿损失的期限范围。根据一审查明的情况,鑫龙公司691天停滞机械设备台班费423 873.91元、建筑周转材料损失1 533 693.42元、人工窝工损失93 030元、租用六吨塔式起重机支付的赔偿金135 000元,以上共计2 185 597.33元,则鑫龙公司6个月停工损失应为534 162.6元(停滞机械设备台班费、建筑周转材料损失费、人工窝工损失费2 050 597.33元÷691天=每天的损失为2967.57元×6个月);租用六吨塔式起重机支付的赔偿金135 000元,以每天100元,共计6个月,合计18 000元。以上两部分合计552 162.6元,理工学院赔偿鑫龙公司损失50%即276 081.3元,六建公司承担20%的赔偿责任即110 432.52元,其余损失由鑫龙公司承担。一审法院未考虑到鑫龙公司在成教楼裂缝查找原因期间,自己应采取必要的措施防止损失的扩大,认定鑫龙公司691天的损失依据不足,应予纠正。一审法院收取的其他费用无依据,不应收取。综上,一审判决认定事实基本清楚,处理结果欠妥,应予以改判。根据《中华人民共和国民事诉讼法》第一百五十三条第一款第(三)项之规定,河南省高级人民法院作出了(2003)豫法民一终字第140号民事判决:(一)撤销洛阳市中级人民法院(2001)洛经初字第67号民事判决;(二)理工学院于判决生效后10日内赔偿鑫龙公司经济损失276 081.3元;(三)六建公司于判决生效后10日内赔偿鑫龙公司经济损失110 432.52元;(四)驳回鑫龙公司的其他诉讼请求。一审案件受理费31 447元,鉴定费50 000元,共计81 447元,由理工学院负担40 723.5元,六建公司负担16 289.4元,鑫龙公司负担15 723.5元。二审案件受理费31 447元,由理工学院负担15 723.5元,六建公司负担6289.4元,鑫龙公司负担9434.1元。

鑫龙公司不服二审判决,向河南省高级人民法院申请再审称,1. 机械工业部第四设计院早在1998年11月18日就致函理工学院,指出理工学院成教楼基桩检测报告有误。理工学院对停工损失应承担主要责任。2. 河南省建设厅豫建标定(1999)21号文件不适用本案,停工时间不应计算六个月,一审对停工时间的计算正确。3. 鑫龙公司对检测、开工、撤场无主动权,无法预见停工时间的长短,鑫龙公司多次请求妥善解决停工问题,对损失的扩大没有任何过错。请求撤销二审判决,维持一审判决。

理工学院答辩称,1. 造成停工损失的直接责任人是鑫龙公司,经鉴定,裂缝的原因是由于鑫龙公司施工用料不合格造成的,经多次鉴定,桩基、地质资料与裂缝无关。2. 鑫龙公司恶意扩大损失。1999年5月22日、27日,理工学院通知项目部撤场,鑫龙公司拒绝,继续对住宅楼施工。对损失部分鑫龙公司从未请求,未采取任何措施。3. 二审判决损失按六个月计算正确,应予维持。

六建公司答辩称,1. 二审判决下达后,鑫龙公司至今未向六建公司申请执行,应视为放弃权利。2. 对停工损失,国家规定三个月,二审判决按六个月计算已充分保护了鑫龙公司的权益,是正确的,请求维持。

河南省高级人民法院再审查明的案件事实与二审法院查明的事实相同。

河南省高级人民法院再审认为,鑫龙公司在承建理工学院成教楼的施工过程中发现成教楼裂缝后,三方当事人对理工学院成教楼裂缝的原因,经多次勘查、检验、鉴定和专家论证,特别是在一审期间,一审法院又委托国家建筑工程质量监督检验中心对成教楼裂缝原因进行了检验。通过以上情况可以证明,理工学院作为业主,应向施工单位提供准确无误的施工图纸和地质报告,因其给施工单位提供的图纸和地质报告有误,导致成教楼裂缝,造成鑫龙公司停工,一审、二审判决认定理工学院承担主要责任是正确的。鑫龙公司承建的理工学院成教楼工程混凝土强度低于设计强度等级,华诚事务所在对鑫龙公司所承建的工程进行质量自检时,也发现在建工程存在多处质量问题,在多处工程质量问题没有解决、未整改的情况下,向鑫龙公司发出停工整改通知,要求鑫龙公司对由于施工不规范所造成的问题进行整改。专家的论证和鉴定结论均证明鑫龙公司在施工中确实存在质量问题,此种现象的存在对于各方不能及时客观地认识成教楼出现裂缝的原因,从而导致工程停工以及鑫龙公司人员长期滞留工地造成相应的损失有一定的影响,据此,二审判令理工学院承担50%责任、鑫龙公司对自身人员设备停滞所造成的损失,负一定的责任并无不当。本案当事人鑫龙公司、理工学院和六建公司在停工的事由发生后,不是积极协商解决,而是相互指责推诿,导致停工损失进一步扩大。特别是作为实际施工方的鑫龙公司，在停工持续一段时间后，应采取必要的措施防止损失扩大而没有采取，对鑫龙公司停工的损失，二审法院参照河南省建设厅豫建标定(1999)21号《关于记取暂停工程有关损失费用规定的通知》的有关规定，酌定6个月，并不违反法律规定，亦是正确的。综上，二审判决认定事实清楚，适用法律及处理结果正确，应予维持。鑫龙公司的再审申请理由不能成立，予以驳回，依据《中华人民共和国民事诉讼法》第一百八十四条、第一百五十三条第一款第(一)项之规定，河南省高级人民法院作出(2006)豫法民再字第106号民事判决：维持(2003)豫法民一终字第140号民事判决。

鑫龙公司仍不服，向法院申诉，请求撤销二审判决和再审判决，依法改判。理由是：1.河南省建设厅豫建标定(1999)21号《关于记取暂停工程有关损失费用规定的通知》不属于法律、行政法规和部门规章，二审判决和再审判决依据该文件将停工时间认定为6个月错误。2.上述文件内容也并不能涵盖本案的情形，二审判决和再审判决以该文件作为认定停工时间的依据属于适用法律错误。3.本案中鑫龙公司无法预见停工时间的长短，也不存在怠于采取措施致使损失扩大的问题，二审判决和再审判决认定鑫龙公司没有采取必要措施致使损失扩大错误。4.二审判决和再审判决对停工损失的责任分担及损失数额的认定明显不公平。

理工学院辩称，二审判决和再审判决认定事实和适用法律都是正确的，应当驳回鑫龙公司的申诉请求。1.二审判决和再审判决适用法律是正确的，二审判决和再审判决参照河南省建设厅豫建标定(1999)21号《关于记取暂停工程有关损失费用规定的通知》对鑫龙公司的停工时间酌定为6个月，是二审及再审法院依法行使自由裁量权对鑫龙公司停工时间这一事实的认定，不违反法律规定。2.二审判决和再审判决将停工时间酌定为6个月是正确的。六建公司于1999年4月20日和1999年5月25日两次向鑫龙公司发出停工撤场通知，而鑫龙公司拒不撤场，并且鑫龙公司于此后没有采取必要措施从而致使停工损失扩大，对扩大的损失应当自行承担责任。3.一审判决认定的鑫龙公司的停工损失过高，二审判决和再审判决将停工时间酌定为6个月，并据此计算停工损失是适当的。

六建公司辩称，鑫龙公司的申诉理由不成立，应当依法驳回其请求。1.六建公司对工程停工不存在过错，并且鑫龙公司在收到六建公司做出的停工撤场通知后仍拒不撤场，故六建公司对鑫龙公司的损失不应承担任何赔偿责任。2.在此情况下，六建公司出于息事宁人，放弃了申诉，认可了二审判决和再审判决。并于2008年4月11日与鑫龙公司就涉及双方经济业务的包括本案二审判决在内的多份判决书、调解书在执行过程中与鑫龙公司进行了清算，达成了《执行和解协议》。2008年4月15日，六建公司按和解协议约定支付给鑫龙公司26.9万元，双方所有经济往来纠纷已全部结清。因此，六建公司不应再对本案中鑫龙公司的停工损失承担任何责任。

法院经审理查明：1999年5月25日，六建公司召开洛大成教楼工程质量会议，根据该会议记录显示，六建公司经理吴志浩对鑫龙公司经理杨留欣要求“所有人员退场，找可靠人员把所有现场封闭，特别是成教楼，任何人不准进入”，杨留欣对此表示“能做到”。同日，六建公司向鑫龙公司发出了全部人员停工、撤场的通知，曹冠周于1999年5月27日签收。对于曹冠周的身份，鑫龙公司认可其是六建公司派驻到洛大项目部的工作人员。

1999年8月2日，六建公司召开了洛大成教楼、住宅楼复工会议，根据会议纪要显示，六建公司要求“分承包方”即鑫龙公司于8月中旬复工，工期100天，六建公司副经理蔡宝祥并要求“必须保证工期，……如果杨留欣再出现什么事，公司将采取强硬态度”。杨留欣则表示“一定按公司的要求保质、保量完成，尽快安排人员进场”。但从1999年10月26日、2000年3月4日鑫龙公司给理工学院、六建公司的信函以及各方当事人在一审、二审以及再审中的陈述来看，工程并未于1999年8月中旬复工，各方当事人仍因成教楼裂缝问题而就停工、复工未达成一致。

2001年1月20日、1月21日，鑫龙公司与六建公司签订了两份《协议书》，约定“(六建)公司于2000年元月22日支付给偃师鑫龙建安工程有限公司工程款50万元”，“2月7日前就款项问题理工学院、省建六公司履约的同时，向省建六公司腾出成教楼施工现场”。后由于双方均未履行协议，六建公司诉至河南省洛阳市西工区人民法院，在西工区人民法院主持下达成调解，西工区人民法院于2001年3月20日作出了(2001)西经初字第175号民事调解书，明确“被告(即鑫龙公司)撤出现场”。

以上证据记载于(2001)洛经初字第67号卷宗正卷二和正卷三。

庭审中,六建公司提交了2008年4月11日其与鑫龙公司签订的《执行和解协议》、4月14日的《执行笔录》及4月15日的收款条,证明其与鑫龙公司对包括本案纠纷在内双方之间的所有债权债务已经全部结清。2008年4月11日,六建公司与鑫龙公司签订的《执行和解协议》约定:"1.被执行人(即六建公司)在签字后五日内付给申请人(即鑫龙公司)26.9万元,款在2008年4月18日前付给申请方,过期仍按原判决执行。2.双方所有的经济来往、工程款、租赁设备纠纷全部结清。"2008年4月14日,在河南省洛阳市中级人民法院制作的《执行笔录》中,六建公司代理人黄玉群称:"我们领导同意。……(2003)豫法民一终字第140号民事判决,数额是126 721.92元,……相抵之后,再让50 000元,实际我们付26.9万元,承担执行费8700元。"鑫龙公司代理人杨留欣称:"我方的意见就是本金部分全部相抵后,我方再让50 000元,实得26.9万元,必须在4月18日前款付到我单位账上或给现金。执行费8700元由对方负担。"双方代理人并在《执行笔录》上签字。2008年4月15日,杨留欣给六建公司出具了一份收款条,写道:"今收到省建六公司法院执行款贰拾陆万玖仟元正(269 000)。"对上述证据及事实,鑫龙公司均予认可,法院予以确认。

法院查明的其他案件事实与一审、二审及再审法院查明的事实相同。

另外,在法院庭审中,鑫龙公司放弃了其在再审申请书中所主张的本案是侵权纠纷,二审判决和再审判决中认定鑫龙公司对扩大的损失自负责任是错误地适用合同法的申请理由。同时,进一步明确了其申诉请求,主张对其停工损失,理工学院应承担70%,六建公司承担20%,其自负10%。

法院认为,综合各方当事人在法院开庭审理时的诉辩主张和主要理由,本案的争议焦点为理工学院、六建公司应当如何承担鑫龙公司诉请的停工损失。具体又包含两个方面的问题,一是停工时间为多长,二是停工损失的分担比例。

关于停工时间。本案中,在发现成教楼楼板出现裂缝后,1999年4月16日,华诚事务所向洛大项目部下发停工整改通知书:4月20日,六建公司工程管理部向洛大项目部下发了停工通知书,决定"洛大成教楼从即日起停工"。至此,成教楼工程全部停工。为了查明成教楼出现裂缝的原因,在工程停工后,理工学院和六建公司均多次委托不同的第三方机构对成教楼工程进行了鉴定,由于结论存在差异,故自停工之日起至2001年3月19日本案一审立案时的近两年时间里,各方一直未能就成教楼出现裂缝的原因达成一致意见。在此期间,1999年5月25日,六建公司召开洛大成教楼工程质量会议,根据该会议记录显示,六建公司经理吴志浩要求鑫龙公司退场,鑫龙公司经理杨留欣表示同意。六建公司并于当日形成了书面的停工撤场通知,要求鑫龙公司"全部人员停工,撤场",该通知于5月27日由六建公司派驻洛大项目部的人员曹冠周签收。但该通知也未能得到实际执行。1999年8月2日,六建公司召开了洛大成教楼、住宅楼复工会议,根据会议纪要显示,六建公司要求"分承包方"即鑫龙公司于8月中旬复工,工期100天,六建公司副经理蔡宝祥并要求"必须保证工期,……如果杨留欣再出现什么事,公司将采取强硬态度"。杨留欣则表示"一定按公司的要求保质、保量完成,尽快安排人员进场"。但从1999年10月26日、2000年3月4日鑫龙公司给理工学院、六建公司的信函以及各方当事人在一审、二审以及再审审理中的陈述来看。工程并未于1999年8月中旬复工,各方当事人仍因成教楼裂缝问题而就停工、复工未达成一致。直至2001年1月20日、1月21日,鑫龙公司与六建公司才签订了两份《协议书》,约定"(六建)公司于2000年元月22日支付给偃师鑫龙建安工程有限公司工程款50万元","2月7日前就款项问题理工学院、省建六公司履约的同时,向省建六公司腾出成教楼施工现场"。但双方仍均未履行该协议,六建公司遂诉至河南省洛阳市西工区人民法院,在西工区人民法院主持下达成调解,西工区人民法院2001年3月20日作出了(2001)西经初字第175号民事调解书,明确"被告(即鑫龙公司)撤出现场"。

从以上事实可以看出,在1999年4月20日成教楼工程停工后,鑫龙公司与六建公司就停工撤场还是复工问题一直存在争议。对此,各方当事人应当本着诚实信用的原则加以协商处理,暂时难以达成一致的,发包方对于停工、撤场应当有明确的意见,并应承担合理的停工损失;承包方、分包方也不应盲目等待而放任停工损失的扩大,而应当采取适当措施如及时将有关停工事宜告知有关各方、自行做好人员和机械的撤离等,以减少自身的损失。而本案中,成教楼工程停工后,理工学院作为工程的发包方没有就停工、撤场以及是否复工作出明确的指令,六建公司对工程是否还由鑫龙公司继续施工等问题的解决组织协调不力，并且没有采取有效措施避免鑫龙公司的停工损失，理工学院和六建公司对此应承担一定责任。与此同时，鑫龙公司也未积极采取适当措施要求理工学院和六建公司明确停工时间以及是否需要撤出全部人员和机械，而是盲目等待近两年时间，从而放任了停工损失的扩大。因此，法院认为，虽然成教楼工程实际处于停工状态近两年，但对于计算停工损失的停工时间则应当综合案件事实加以合理确定，二审判决及再审判决综合本案各方当事人的责任大小，参照河南省建设厅豫建标定（1999）21号《关于记取暂停工程有关损失费用规定的通知》的规定，将鑫龙公司的停工时间计算为从1999年4月20日起的6个月，较为合理。鑫龙公司认为参照该通知将停工时间认定为6个月属于适用法律错误的理由不能成立。二审判决及再审判决据此认定对此后的停窝工，鑫龙公司应当采取措施加以改变，不应计入赔偿损失范围并无不当。鑫龙公司对其未采取适当措施致使的损失应当自行承担责任，鑫龙公司主张不存在怠于采取措施致使损失扩大的理由亦不能成立。

关于停工损失的数额。根据上述鑫龙公司停工损失的计算期间的认定结果，法院认定鑫龙公司6个月停工损失为534 162.6元（停滞机械设备台班费、建筑周转材料损失费、人工窝工损失费2 050 597.33元÷691天=每天的损失为2967.57元×6个月）；租用六吨塔式起重机支付的赔偿金135 000元，以每天100元，共计6个月，合计18 000元。以上两部分合计552 162.6元。

关于停工损失的分担比例。对于理工学院成教楼出现裂缝导致工程停工的责任问题，一审、二审及再审判决依据查明的案件事实认定理工学院提供地质报告有误，从而导致成教楼裂缝，造成鑫龙公司停工，对此应承担主要责任；六建公司处理不力致使损失扩大，鑫龙公司工程质量存在一定问题，均应承担一定责任。对此事实及认定，鑫龙公司没有异议，理工学院、六建公司对二审及再审判决亦没有提出申诉，法院予以确认。一审判决并据此认定理工学院承担损失的80%，六建公司和鑫龙公司各自承担损失的10%，属于在正常的自由裁量权范围内进行的责任分担比例划分，并无明显不当。二审及再审判决在认为一审认定责任正确的情况下，将理工学院所负主要责任的比例由80%调整为50%既与其相关认定结论不符，也没有充分证据，应当予以纠正。此外，鑫龙公司在我院提审庭审中主张，对于停工损失，理工学院应承担70%，六建公司承担20%，其自负10%。鑫龙公司该主张有事实及法律依据，应予支持。故理工学院应承担的损失比例为70%，六建公司仍按照二审及再审判决确定的20%承担损失责任，鑫龙公司自负10%。

因六建公司与鑫龙公司已于2008年4月（河南省高级人民法院再审判决生效后，法院提审前）就包括本案涉及的六建公司对鑫龙公司承担经济损失在内的有关债权债务纠纷在执行程序中达成执行和解并已执行完毕，而六建公司根据本判决应承担的义务（包括诉讼费用的负担）并未发生变化，故其与鑫龙公司在本案中的债权债务已经全部结清。

综上所述，依据《中华人民共和国民事诉讼法》第一百八十六条第一款、第一百五十三条第一款第（三）项之规定，判决如下：

一、撤销河南省高级人民法院（2006）豫法民再字第106号民事判决；

二、维持河南省高级人民法院（2003）豫法民一终字第140号民事判决第一项、第三项、第四项；

三、撤销河南省高级人民法院（2003）豫法民一终字第140号民事判决第二项；

四、洛阳理工学院赔偿河南省偃师市鑫龙建安工程有限公司经济损失386 513.82元。

一审案件受理费31 447元、鉴定费50 000元共计81 447元，由洛阳理工学院负担57 012.9元，河南六建建筑集团有限公司负担16 289.4元，河南省偃师市鑫龙建安工程有限公司负担8144.7元。二审案件受理费31 447元，由洛阳理工学院负担22 012.9元，河南六建建筑集团有限公司负担6289.4元，河南省偃师市鑫龙建安工程有限公司负担3144.7元。

本判决为终审判决。

四、工程相关要求

资料补充栏

1. 抗震

中华人民共和国防震减灾法（节录）

1. 1997年12月29日第八届全国人民代表大会常务委员会第二十九次会议通过
2. 2008年12月27日第十一届全国人民代表大会常务委员会第六次会议修订
3. 自2009年5月1日起施行

第四章　地震灾害预防

第三十四条　【地震烈度区划图、地震动参数区划图的制定】国务院地震工作主管部门负责制定全国地震烈度区划图或者地震动参数区划图。

国务院地震工作主管部门和省、自治区、直辖市人民政府负责管理地震工作的部门或者机构，负责审定建设工程的地震安全性评价报告，确定抗震设防要求。

第三十五条　【建设工程应当达到抗震设防要求】新建、扩建、改建建设工程，应当达到抗震设防要求。

重大建设工程和可能发生严重次生灾害的建设工程，应当按照国务院有关规定进行地震安全性评价，并按照经审定的地震安全性评价报告所确定的抗震设防要求进行抗震设防。建设工程的地震安全性评价单位应当按照国家有关标准进行地震安全性评价，并对地震安全性评价报告的质量负责。

前款规定以外的建设工程，应当按照地震烈度区划图或者地震动参数区划图所确定的抗震设防要求进行抗震设防；对学校、医院等人员密集场所的建设工程，应当按照高于当地房屋建筑的抗震设防要求进行设计和施工，采取有效措施，增强抗震设防能力。

第三十六条　【建设工程的强制性标准与抗震设防要求相衔接】有关建设工程的强制性标准，应当与抗震设防要求相衔接。

第三十七条　【地震小区划图】国家鼓励城市人民政府组织制定地震小区划图。地震小区划图由国务院地震工作主管部门负责审定。

第三十八条　【建设工程的抗震设计、施工】建设单位对建设工程的抗震设计、施工的全过程负责。

设计单位应当按照抗震设防要求和工程建设强制性标准进行抗震设计，并对抗震设计的质量以及出具的施工图设计文件的准确性负责。

施工单位应当按照施工图设计文件和工程建设强制性标准进行施工，并对施工质量负责。

建设单位、施工单位应当选用符合施工图设计文件和国家有关标准规定的材料、构配件和设备。

工程监理单位应当按照施工图设计文件和工程建设强制性标准实施监理，并对施工质量承担监理责任。

第三十九条　【应当进行抗震性能鉴定的建设工程】已经建成的下列建设工程，未采取抗震设防措施或者抗震设防措施未达到抗震设防要求的，应当按照国家有关规定进行抗震性能鉴定，并采取必要的抗震加固措施：

（一）重大建设工程；

（二）可能发生严重次生灾害的建设工程；

（三）具有重大历史、科学、艺术价值或者重要纪念意义的建设工程；

（四）学校、医院等人员密集场所的建设工程；

（五）地震重点监视防御区内的建设工程。

第四十条　【提高村民住宅和乡村公共设施的抗震设防水平】县级以上地方人民政府应当加强对农村村民住宅和乡村公共设施抗震设防的管理，组织开展农村实用抗震技术的研究和开发，推广达到抗震设防要求、经济适用、具有当地特色的建筑设计和施工技术，培训相关技术人员，建设示范工程，逐步提高农村村民住宅和乡村公共设施的抗震设防水平。

国家对需要抗震设防的农村村民住宅和乡村公共设施给予必要支持。

第四十一条　【应急疏散通道和应急避难场所的确定】城乡规划应当根据地震应急避难的需要，合理确定应急疏散通道和应急避难场所，统筹安排地震应急避难所必需的交通、供水、供电、排污等基础设施建设。

第四十二条　【抗震救灾资金、物资的安排】地震重点监视防御区的县级以上地方人民政府应当根据实际需要，在本级财政预算和物资储备中安排抗震救灾资金、物资。

第四十三条　【使用符合抗震设防要求的新技术、新工艺、新材料】国家鼓励、支持研究开发和推广使用符合抗震设防要求、经济实用的新技术、新工艺、新材料。

第四十四条　【地震应急知识的宣传普及和应急救援演练】县级人民政府及其有关部门和乡、镇人民政府、城市街道办事处等基层组织，应当组织开展地震应急知识的宣传普及活动和必要的地震应急救援演练，提高公民在地震灾害中自救互救的能力。

机关、团体、企业、事业等单位，应当按照所在地人民政府的要求，结合各自实际情况，加强对本单位人员的地震应急知识宣传教育，开展地震应急救援演练。

学校应当进行地震应急知识教育，组织开展必要的地震应急救援演练，培养学生的安全意识和自救互救能力。

新闻媒体应当开展地震灾害预防和应急、自救互救知识的公益宣传。

国务院地震工作主管部门和县级以上地方人民政府负责管理地震工作的部门或者机构，应当指导、协助、督促有关单位做好防震减灾知识的宣传教育和地震应急救援演练等工作。

第四十五条　**【地震灾害保险】**国家发展有财政支持的地震灾害保险事业，鼓励单位和个人参加地震灾害保险。

第八章　法律责任

第八十七条　**【未进行地震安全性评价，未按要求进行抗震设防的】**未依法进行地震安全性评价，或者未按照地震安全性评价报告所确定的抗震设防要求进行抗震设防的，由国务院地震工作主管部门或者县级以上地方人民政府负责管理地震工作的部门或者机构责令限期改正；逾期不改正的，处三万元以上三十万元以下的罚款。

建设工程抗震管理条例

1. 2021年7月19日国务院令第744号公布
2. 自2021年9月1日起施行

第一章　总　　则

第一条　为了提高建设工程抗震防灾能力，降低地震灾害风险，保障人民生命财产安全，根据《中华人民共和国建筑法》、《中华人民共和国防震减灾法》等法律，制定本条例。

第二条　在中华人民共和国境内从事建设工程抗震的勘察、设计、施工、鉴定、加固、维护等活动及其监督管理，适用本条例。

第三条　建设工程抗震应当坚持以人为本、全面设防、突出重点的原则。

第四条　国务院住房和城乡建设主管部门对全国的建设工程抗震实施统一监督管理。国务院交通运输、水利、工业和信息化、能源等有关部门按照职责分工，负责对全国有关专业建设工程抗震的监督管理。

县级以上地方人民政府住房和城乡建设主管部门对本行政区域内的建设工程抗震实施监督管理。县级以上地方人民政府交通运输、水利、工业和信息化、能源等有关部门在各自职责范围内，负责对本行政区域内有关专业建设工程抗震的监督管理。

县级以上人民政府其他有关部门应当依照本条例和其他有关法律、法规的规定，在各自职责范围内负责建设工程抗震相关工作。

第五条　从事建设工程抗震相关活动的单位和人员，应当依法对建设工程抗震负责。

第六条　国家鼓励和支持建设工程抗震技术的研究、开发和应用。

各级人民政府应当组织开展建设工程抗震知识宣传普及，提高社会公众抗震防灾意识。

第七条　国家建立建设工程抗震调查制度。

县级以上人民政府应当组织有关部门对建设工程抗震性能、抗震技术应用、产业发展等进行调查，全面掌握建设工程抗震基本情况，促进建设工程抗震管理水平提高和科学决策。

第八条　建设工程应当避开抗震防灾专项规划确定的危险地段。确实无法避开的，应当采取符合建设工程使用功能要求和适应地震效应的抗震设防措施。

第二章　勘察、设计和施工

第九条　新建、扩建、改建建设工程，应当符合抗震设防强制性标准。

国务院有关部门和国务院标准化行政主管部门依据职责依法制定和发布抗震设防强制性标准。

第十条　建设单位应当对建设工程勘察、设计和施工全过程负责，在勘察、设计和施工合同中明确拟采用的抗震设防强制性标准，按照合同要求对勘察设计成果文件进行核验，组织工程验收，确保建设工程符合抗震设防强制性标准。

建设单位不得明示或者暗示勘察、设计、施工等单位和从业人员违反抗震设防强制性标准，降低工程抗震性能。

第十一条　建设工程勘察文件中应当说明抗震场地类

别,对场地地震效应进行分析,并提出工程选址、不良地质处置等建议。

建设工程设计文件中应当说明抗震设防烈度、抗震设防类别以及拟采用的抗震设防措施。采用隔震减震技术的建设工程,设计文件中应当对隔震减震装置技术性能、检验检测、施工安装和使用维护等提出明确要求。

第十二条 对位于高烈度设防地区、地震重点监视防御区的下列建设工程,设计单位应当在初步设计阶段按照国家有关规定编制建设工程抗震设防专篇,并作为设计文件组成部分:

(一)重大建设工程;

(二)地震时可能发生严重次生灾害的建设工程;

(三)地震时使用功能不能中断或者需要尽快恢复的建设工程。

第十三条 对超限高层建筑工程,设计单位应当在设计文件中予以说明,建设单位应当在初步设计阶段将设计文件等材料报送省、自治区、直辖市人民政府住房和城乡建设主管部门进行抗震设防审批。住房和城乡建设主管部门应当组织专家审查,对采取的抗震设防措施合理可行的,予以批准。超限高层建筑工程抗震设防审批意见应当作为施工图设计和审查的依据。

前款所称超限高层建筑工程,是指超出国家现行标准所规定的适用高度和适用结构类型的高层建筑工程以及体型特别不规则的高层建筑工程。

第十四条 工程总承包单位、施工单位及工程监理单位应当建立建设工程质量责任制度,加强对建设工程抗震设防措施施工质量的管理。

国家鼓励工程总承包单位、施工单位采用信息化手段采集、留存隐蔽工程施工质量信息。

施工单位应当按照抗震设防强制性标准进行施工。

第十五条 建设单位应当将建筑的设计使用年限、结构体系、抗震设防烈度、抗震设防类别等具体情况和使用维护要求记入使用说明书,并将使用说明书交付使用人或者买受人。

第十六条 建筑工程根据使用功能以及在抗震救灾中的作用等因素,分为特殊设防类、重点设防类、标准设防类和适度设防类。学校、幼儿园、医院、养老机构、儿童福利机构、应急指挥中心、应急避难场所、广播电视等建筑,应当按照不低于重点设防类的要求采取抗震设防措施。

位于高烈度设防地区、地震重点监视防御区的新建学校、幼儿园、医院、养老机构、儿童福利机构、应急指挥中心、应急避难场所、广播电视等建筑应当按照国家有关规定采用隔震减震等技术,保证发生本区域设防地震时能够满足正常使用要求。

国家鼓励在除前款规定以外的建设工程中采用隔震减震等技术,提高抗震性能。

第十七条 国务院有关部门和国务院标准化行政主管部门应当依据各自职责推动隔震减震装置相关技术标准的制定,明确通用技术要求。鼓励隔震减震装置生产企业制定严于国家标准、行业标准的企业标准。

隔震减震装置生产经营企业应当建立唯一编码制度和产品检验合格印鉴制度,采集、存储隔震减震装置生产、经营、检测等信息,确保隔震减震装置质量信息可追溯。隔震减震装置质量应当符合有关产品质量法律、法规和国家相关技术标准的规定。

建设单位应当组织勘察、设计、施工、工程监理单位建立隔震减震工程质量可追溯制度,利用信息化手段对隔震减震装置采购、勘察、设计、进场检测、安装施工、竣工验收等全过程的信息资料进行采集和存储,并纳入建设项目档案。

第十八条 隔震减震装置用于建设工程前,施工单位应当在建设单位或者工程监理单位监督下进行取样,送建设单位委托的具有相应建设工程质量检测资质的机构进行检测。禁止使用不合格的隔震减震装置。

实行施工总承包的,隔震减震装置属于建设工程主体结构的施工,应当由总承包单位自行完成。

工程质量检测机构应当建立建设工程过程数据和结果数据、检测影像资料及检测报告记录与留存制度,对检测数据和检测报告的真实性、准确性负责,不得出具虚假的检测数据和检测报告。

第三章 鉴定、加固和维护

第十九条 国家实行建设工程抗震性能鉴定制度。

按照《中华人民共和国防震减灾法》第三十九条规定应当进行抗震性能鉴定的建设工程,由所有权人委托具有相应技术条件和技术能力的机构进行鉴定。

国家鼓励对除前款规定以外的未采取抗震设防措施或者未达到抗震设防强制性标准的已经建成的建设工程进行抗震性能鉴定。

第二十条 抗震性能鉴定结果应当对建设工程是否存在

严重抗震安全隐患以及是否需要进行抗震加固作出判定。

抗震性能鉴定结果应当真实、客观、准确。

第二十一条　建设工程所有权人应当对存在严重抗震安全隐患的建设工程进行安全监测，并在加固前采取停止或者限制使用等措施。

对抗震性能鉴定结果判定需要进行抗震加固且具备加固价值的已经建成的建设工程，所有权人应当进行抗震加固。

位于高烈度设防地区、地震重点监视防御区的学校、幼儿园、医院、养老机构、儿童福利机构、应急指挥中心、应急避难场所、广播电视等已经建成的建筑进行抗震加固时，应当经充分论证后采用隔震减震等技术，保证其抗震性能符合抗震设防强制性标准。

第二十二条　抗震加固应当依照《建设工程质量管理条例》等规定执行，并符合抗震设防强制性标准。

竣工验收合格后，应当通过信息化手段或者在建设工程显著部位设置永久性标牌等方式，公示抗震加固时间、后续使用年限等信息。

第二十三条　建设工程所有权人应当按照规定对建设工程抗震构件、隔震沟、隔震缝、隔震减震装置及隔震标识进行检查、修缮和维护，及时排除安全隐患。

任何单位和个人不得擅自变动、损坏或者拆除建设工程抗震构件、隔震沟、隔震缝、隔震减震装置及隔震标识。

任何单位和个人发现擅自变动、损坏或者拆除建设工程抗震构件、隔震沟、隔震缝、隔震减震装置及隔震标识的行为，有权予以制止，并向住房和城乡建设主管部门或者其他有关监督管理部门报告。

第四章　农村建设工程抗震设防

第二十四条　各级人民政府和有关部门应当加强对农村建设工程抗震设防的管理，提高农村建设工程抗震性能。

第二十五条　县级以上人民政府对经抗震性能鉴定未达到抗震设防强制性标准的农村村民住宅和乡村公共设施建设工程抗震加固给予必要的政策支持。

实施农村危房改造、移民搬迁、灾后恢复重建等，应当保证建设工程达到抗震设防强制性标准。

第二十六条　县级以上地方人民政府应当编制、发放适合农村的实用抗震技术图集。

农村村民住宅建设可以选用抗震技术图集，也可以委托设计单位进行设计，并根据图集或者设计的要求进行施工。

第二十七条　县级以上地方人民政府应当加强对农村村民住宅和乡村公共设施建设工程抗震的指导和服务，加强技术培训，组织建设抗震示范住房，推广应用抗震性能好的结构形式及建造方法。

第五章　保 障 措 施

第二十八条　县级以上人民政府应当加强对建设工程抗震管理工作的组织领导，建立建设工程抗震管理工作机制，将相关工作纳入本级国民经济和社会发展规划。

县级以上人民政府应当将建设工程抗震工作所需经费列入本级预算。

县级以上地方人民政府应当组织有关部门，结合本地区实际开展地震风险分析，并按照风险程度实行分类管理。

第二十九条　县级以上地方人民政府对未采取抗震设防措施或者未达到抗震设防强制性标准的老旧房屋抗震加固给予必要的政策支持。

国家鼓励建设工程所有权人结合电梯加装、节能改造等开展抗震加固，提升老旧房屋抗震性能。

第三十条　国家鼓励金融机构开发、提供金融产品和服务，促进建设工程抗震防灾能力提高，支持建设工程抗震相关产业发展和新技术应用。

县级以上地方人民政府鼓励和引导社会力量参与抗震性能鉴定、抗震加固。

第三十一条　国家鼓励科研教育机构设立建设工程抗震技术实验室和人才实训基地。

县级以上人民政府应当依法对建设工程抗震新技术产业化项目用地、融资等给予政策支持。

第三十二条　县级以上人民政府住房和城乡建设主管部门或者其他有关监督管理部门应当制定建设工程抗震新技术推广目录，加强对建设工程抗震管理和技术人员的培训。

第三十三条　地震灾害发生后，县级以上人民政府住房和城乡建设主管部门或者其他有关监督管理部门应当开展建设工程安全应急评估和建设工程震害调查，收集、保存相关资料。

第六章　监 督 管 理

第三十四条　县级以上人民政府住房和城乡建设主管部门和其他有关监督管理部门应当按照职责分工，加强对建设工程抗震设防强制性标准执行情况的监督检查。

县级以上人民政府住房和城乡建设主管部门应当会同有关部门建立完善建设工程抗震设防数据信息库，并与应急管理、地震等部门实时共享数据。

第三十五条　县级以上人民政府住房和城乡建设主管部门或者其他有关监督管理部门履行建设工程抗震监督管理职责时，有权采取以下措施：

（一）对建设工程或者施工现场进行监督检查；

（二）向有关单位和人员调查了解相关情况；

（三）查阅、复制被检查单位有关建设工程抗震的文件和资料；

（四）对抗震结构材料、构件和隔震减震装置实施抽样检测；

（五）查封涉嫌违反抗震设防强制性标准的施工现场；

（六）发现可能影响抗震质量的问题时，责令相关单位进行必要的检测、鉴定。

第三十六条　县级以上人民政府住房和城乡建设主管部门或者其他有关监督管理部门开展监督检查时，可以委托专业机构进行抽样检测、抗震性能鉴定等技术支持工作。

第三十七条　县级以上人民政府住房和城乡建设主管部门或者其他有关监督管理部门应当建立建设工程抗震责任企业及从业人员信用记录制度，将相关信用记录纳入全国信用信息共享平台。

第三十八条　任何单位和个人对违反本条例规定的违法行为，有权进行举报。

接到举报的住房和城乡建设主管部门或者其他有关监督管理部门应当进行调查，依法处理，并为举报人保密。

第七章　法 律 责 任

第三十九条　违反本条例规定，住房和城乡建设主管部门或者其他有关监督管理部门工作人员在监督管理工作中玩忽职守、滥用职权、徇私舞弊的，依法给予处分。

第四十条　违反本条例规定，建设单位明示或者暗示勘察、设计、施工等单位和从业人员违反抗震设防强制性标准，降低工程抗震性能的，责令改正，处20万元以上50万元以下的罚款；情节严重的，处50万元以上500万元以下的罚款；造成损失的，依法承担赔偿责任。

违反本条例规定，建设单位未经超限高层建筑工程抗震设防审批进行施工的，责令停止施工，限期改正，处20万元以上100万元以下的罚款；造成损失的，依法承担赔偿责任。

违反本条例规定，建设单位未组织勘察、设计、施工、工程监理单位建立隔震减震工程质量可追溯制度的，或者未对隔震减震装置采购、勘察、设计、进场检测、安装施工、竣工验收等全过程的信息资料进行采集和存储，并纳入建设项目档案的，责令改正，处10万元以上30万元以下的罚款；造成损失的，依法承担赔偿责任。

第四十一条　违反本条例规定，设计单位有下列行为之一的，责令改正，处10万元以上30万元以下的罚款；情节严重的，责令停业整顿，降低资质等级或者吊销资质证书；造成损失的，依法承担赔偿责任：

（一）未按照超限高层建筑工程抗震设防审批意见进行施工图设计；

（二）未在初步设计阶段将建设工程抗震设防专篇作为设计文件组成部分；

（三）未按照抗震设防强制性标准进行设计。

第四十二条　违反本条例规定，施工单位在施工中未按照抗震设防强制性标准进行施工的，责令改正，处工程合同价款2%以上4%以下的罚款；造成建设工程不符合抗震设防强制性标准的，负责返工、加固，并赔偿因此造成的损失；情节严重的，责令停业整顿，降低资质等级或者吊销资质证书。

第四十三条　违反本条例规定，施工单位未对隔震减震装置取样送检或者使用不合格隔震减震装置的，责令改正，处10万元以上20万元以下的罚款；情节严重的，责令停业整顿，并处20万元以上50万元以下的罚款，降低资质等级或者吊销资质证书；造成损失的，依法承担赔偿责任。

第四十四条　违反本条例规定，工程质量检测机构未建立建设工程过程数据和结果数据、检测影像资料及检测报告记录与留存制度的，责令改正，处10万元以上30万元以下的罚款；情节严重的，吊销资质证书；造成损失的，依法承担赔偿责任。

违反本条例规定，工程质量检测机构出具虚假的检测数据或者检测报告的，责令改正，处10万元以上30万元以下的罚款；情节严重的，吊销资质证书和负有直接责任的注册执业人员的执业资格证书，其直接负责的主管人员和其他直接责任人员终身禁止从事工程质量检测业务;造成损失的,依法承担赔偿责任。

第四十五条　违反本条例规定,抗震性能鉴定机构未按照抗震设防强制性标准进行抗震性能鉴定的,责令改正,处10万元以上30万元以下的罚款;情节严重的,责令停业整顿,并处30万元以上50万元以下的罚款;造成损失的,依法承担赔偿责任。

违反本条例规定,抗震性能鉴定机构出具虚假鉴定结果的,责令改正,处10万元以上30万元以下的罚款;情节严重的,责令停业整顿,并处30万元以上50万元以下的罚款,吊销负有直接责任的注册执业人员的执业资格证书,其直接负责的主管人员和其他直接责任人员终身禁止从事抗震性能鉴定业务;造成损失的,依法承担赔偿责任。

第四十六条　违反本条例规定,擅自变动、损坏或者拆除建设工程抗震构件、隔震沟、隔震缝、隔震减震装置及隔震标识的,责令停止违法行为,恢复原状或者采取其他补救措施,对个人处5万元以上10万元以下的罚款,对单位处10万元以上30万元以下的罚款;造成损失的,依法承担赔偿责任。

第四十七条　依照本条例规定,给予单位罚款处罚的,对其直接负责的主管人员和其他直接责任人员处单位罚款数额5%以上10%以下的罚款。

本条例规定的降低资质等级或者吊销资质证书的行政处罚,由颁发资质证书的机关决定;其他行政处罚,由住房和城乡建设主管部门或者其他有关监督管理部门依照法定职权决定。

第四十八条　违反本条例规定,构成犯罪的,依法追究刑事责任。

第八章　附　　则

第四十九条　本条例下列用语的含义:

(一)建设工程:主要包括土木工程、建筑工程、线路管道和设备安装工程等。

(二)抗震设防强制性标准:是指包括抗震设防类别、抗震性能要求和抗震设防措施等内容的工程建设强制性标准。

(三)地震时使用功能不能中断或者需要尽快恢复的建设工程:是指发生地震后提供应急医疗、供水、供电、交通、通信等保障或者应急指挥、避难疏散功能的建设工程。

(四)高烈度设防地区:是指抗震设防烈度为8度及以上的地区。

(五)地震重点监视防御区:是指未来5至10年内存在发生破坏性地震危险或者受破坏性地震影响,可能造成严重的地震灾害损失的地区和城市。

第五十条　抢险救灾及其他临时性建设工..程不适用本条例。

军事建设工程的抗震管理,中央军事委员会另有规定的,适用有关规定。

第五十一条　本条例自2021年9月1日起施行。

建设工程抗震设防要求管理规定

2002年1月28日中国地震局令第7号公布施行

第一条　为了加强对新建、扩建、改建建设工程(以下简称建设工程)抗震设防要求的管理,防御与减轻地震灾害,保护人民生命和财产安全,根据《中华人民共和国防震减灾法》和《地震安全性评价管理条例》,制定本规定。

第二条　在中华人民共和国境内进行建设工程抗震设防要求的确定、使用和监督管理,必须遵守本规定。

本规定所称抗震设防要求,是指建设工程抗御地震破坏的准则和在一定风险水准下抗震设计采用的地震烈度或地震动参数。

第三条　国务院地震工作主管部门负责全国建设工程抗震设防要求的监督管理工作。

县级以上地方人民政府负责管理地震工作的部门或者机构,负责本行政区域内建设工程抗震设防要求的监督管理工作。

第四条　建设工程必须按照抗震设防要求进行抗震设防。

应当进行地震安全性评价的建设工程,其抗震设防要求必须按照地震安全性评价结果确定;其他建设工程的抗震设防要求按照国家颁布的地震动参数区划图或者地震动参数复核、地震小区划结果确定。

第五条　应当进行地震安全性评价的建设工程的建设单位,必须在项目可行性研究阶段,委托具有资质的单位进行地震安全性评价工作,并将地震安全性评价报告报送有关地震工作主管部门或者机构审定。

第六条　国务院地震工作主管部门和省、自治区、直辖市人民政府负责管理地震工作的部门或者机构,应当设立地震安全性评审组织。

地震安全性评审组织应当由15名以上地震行业及有关行业的技术、管理专家组成,其中技术专家不得少于二分之一。

第七条 国务院地震工作主管部门和省、自治区、直辖市人民政府负责管理地震工作的部门或者机构,应当委托本级地震安全性评审组织,对地震安全性评价报告进行评审。

地震安全性评审组织应当按照国家地震安全性评价的技术规范和其他有关技术规范,对地震安全性评价报告的基础资料、技术途径和评价结果等进行审查,形成评审意见。

第八条 国务院地震工作主管部门和省、自治区、直辖市人民政府负责管理地震工作的部门或者机构,应当根据地震安全性评审组织的评审意见,结合建设工程特性和其他综合因素,确定建设工程的抗震设防要求。

第九条 下列区域内建设工程的抗震设防要求不应直接采用地震动参数区划图结果,必须进行地震动参数复核:

(一)位于地震动峰值加速度区划图峰值加速度分区界线两侧各4公里区域的建设工程;

(二)位于某些地震研究程度和资料详细程度较差的边远地区的建设工程。

第十条 下列地区应当根据需要和可能开展地震小区划工作:

(一)地震重点监视防御区内的大中城市和地震重点监视防御城市;

(二)位于地震动参数0.15g以上(含0.15g)的大中城市;

(三)位于复杂工程地质条件区域内的大中城市、大型厂矿企业、长距离生命线工程和新建开发区;

(四)其他需要开展地震小区划工作的地区。

第十一条 地震动参数复核和地震小区划工作必须由具有相应地震安全性评价资质的单位进行。

第十二条 地震动参数复核结果一般由省、自治区、直辖市人民政府负责管理地震工作的部门或者机构负责审定,结果变动显著的,报国务院地震工作主管部门审定;地震小区划结果,由国务院地震工作主管部门负责审定。

地震动参数复核和地震小区划结果的审定程序按照本规定第七条、第八条的规定执行。

省、自治区、直辖市人民政府负责管理地震工作的部门或者机构,应当将审定后的地震动参数复核结果报国务院地震工作主管部门备案。

第十三条 经过地震动参数复核或者地震小区划工作的区域内不需要进行地震安全性评价的建设工程,必须按照地震动参数复核或者地震小区划结果确定的抗震设防要求进行抗震设防。

第十四条 国务院地震工作主管部门和县级以上地方人民政府负责管理地震工作的部门或者机构,应当会同同级政府有关行业主管部门,加强对建设工程抗震设防要求使用的监督检查,确保建设工程按照抗震设防要求进行抗震设防。

第十五条 国务院地震工作主管部门和县级以上地方人民政府负责管理地震工作的部门或者机构,应当按照地震动参数区划图规定的抗震设防要求,加强对村镇房屋建设抗震设防的指导,逐步增强村镇房屋抗御地震破坏的能力。

第十六条 国务院地震工作主管部门和县级以上地方人民政府负责管理地震工作的部门或者机构,应当加强对建设工程抗震设防的宣传教育,提高社会的防震减灾意识,增强社会防御地震灾害的能力。

第十七条 建设单位违反本规定第十三条的规定,由国务院地震工作主管部门或者县级以上地方人民政府负责管理地震工作的部门或者机构,责令改正,并处5000元以上30000元以下的罚款。

第十八条 本规定自公布之日起施行。

住房和城乡建设部关于房屋建筑工程推广应用减隔震技术的若干意见(暂行)

1. 2014年2月21日
2. 建质〔2014〕25号

各省、自治区住房城乡建设厅,直辖市住房城乡建设委及有关部门,新疆生产建设兵团建设局:

近年来,随着建筑工程减震隔震技术(以下简称减隔震技术)研究不断深入,我国部分地震高烈度区开展了工程应用工作,一些应用了减隔震技术的工程经受了汶川、芦山等地震的实际考验,保障了人民生命财产安全,产生了良好的社会效益。实践证明,减隔震技术能有效减轻地震作用，提升房屋建筑工程抗震设防能力。为有序推进房屋建筑工程应用减隔震技术，确保工程质量，提出如下意见。

一、加强宣传指导，做好推广应用工作

1. 各级住房城乡建设主管部门要充分认识减隔震技术对提升工程抗震水平、推动建筑业技术进步的重要意义，高度重视减隔震技术研究和实践成果，有计划，有部署，积极稳妥推广应用。

2. 位于抗震设防烈度8度（含8度）以上地震高烈度区、地震重点监视防御区或地震灾后重建阶段的新建3层（含3层）以上学校、幼儿园、医院等人员密集公共建筑，应优先采用减隔震技术进行设计。

3. 鼓励重点设防类、特殊设防类建筑和位于抗震设防烈度8度（含8度）以上地震高烈度区的建筑采用减隔震技术。对抗震安全性或使用功能有较高需求的标准设防类建筑提倡采用减隔震技术。

4. 各级住房城乡建设主管部门要加强技术指导和政策支持，积极组织减隔震技术的宣传和培训，做好相关知识普及。组织开展试点示范，以点带面推动应用。对于列入试点、示范的工程参加评优评奖的，在同等条件下给予优先考虑。

二、加强设计管理，提高减隔震技术应用水平

5. 承担减隔震工程设计任务的单位，应具备甲级建筑工程设计资质；应认真比选设计方案，编制减隔震设计专篇，确保结构体系合理，并对减隔震装置的技术性能、施工安装和使用维护提出明确要求；要认真做好设计交底和现场服务；应配合编制减隔震工程使用说明书。

6. 从事减隔震工程设计的技术人员，应积极参加相关技术培训活动，严格执行国家有关工程建设强制性标准。项目结构专业设计负责人应具备一级注册结构工程师执业资格。

7. 对于采用减隔震技术的超限高层建筑工程，各地住房城乡建设主管部门在组织抗震设防专项审查时，应将减隔震技术应用的合理性作为重要审查内容。

8. 承担减隔震工程施工图设计文件审查的机构，应为省级住房城乡建设主管部门确定的具备超限高层建筑工程审查能力的一类建筑工程审查机构。

9. 施工图设计文件审查应重点对结构体系、减隔震设计专篇、计算书和减隔震产品技术参数进行审查。对于超限高层建筑工程采用减隔震技术的，应将抗震设防专项审查意见实施情况作为重要审查内容。审查人员应积极参加相关减隔震技术培训。

三、加强施工管理，保证减隔震工程质量

10. 建设单位应当组织有关专家对施工单位编制的减隔震装置及其构造措施专项施工方案进行论证，通过后方可进行安装施工。安装完成后，建设单位应当组织生产厂家、设计单位、施工单位、监理单位进行验收，验收合格后方可进入下一道施工工序。工程竣工后，建设单位应组织施工单位、设计单位、减隔震装置生产厂家，编制减隔震工程使用说明书，并与竣工图同时报有关部门备案。

11. 施工单位应严格执行国家有关工程建设强制性标准，强化施工质量过程控制。对于减隔震装置及其构造措施的安装施工，要结合工程实际编制专项施工方案，落实设计图纸会审中的交底措施。工程竣工后，应配合编制减隔震工程使用说明书。

12. 减隔震装置生产厂家对其产品质量负责。生产厂家提供的减隔震产品，必须通过型式检验，出厂时应明确标注有效使用年限。生产厂家应认真做好施工配合，参加减隔震装置安装的验收，履行合同服务承诺，配合编制减隔震工程使用说明书。

13. 监理单位应针对工程的具体情况制定监理规划和监理实施细则，减隔震装置安装阶段应根据监理合同的约定内容实施旁站监理。

14. 减隔震产品应由施工、监理单位见证取样，并经第三方检测机构检测合格后方可使用或安装。

15. 各级工程质量监督机构要加大对减隔震工程的巡查力度，重点检查进入施工现场的隔震支座、消能支撑的产品型式检验报告和质量检测报告，检查减隔震装置以及预留隔震沟（缝）和柔性连接等构造措施的安装和施工情况。

16. 各级住房城乡建设主管部门要加大对减隔震工程质量责任主体违法违规行为的处罚力度，要对生产不合格减隔震产品的厂家进行公示，并将有关情况报送我部工程质量安全监管司。

四、完善使用管理，保障减隔震工程运行安全

17. 建设单位应向使用单位提供减隔震工程使用说明书。建设单位应标识消能减震部件以及预留隔震沟（缝）和柔性连接等构造措施的部位，并在工程显著部位镶刻铭牌，标明工程抗震设防烈度和减隔震类别等重要信息。

18. 减隔震工程业主单位(物业管理单位)应确保减隔震工程的正常使用,不得随意改变、损坏、拆除减隔震装置或填埋、破坏隔震构造措施。应按使用说明书要求,定期检查所有减隔震装置及相关构造措施。有监测仪器的,应定期收集监测数据。地震、火灾、水淹、风灾等灾害发生后,应对减隔震装置进行仔细检查。发现变形、损坏等异常情况时,应及时联系有关单位进行修复或更换。

19. 减隔震装置在质保期内出现产品质量问题的,生产厂家应及时予以免费维修或更换,并按合同约定承担相应的赔偿责任。

20. 减隔震工程需要进行维修、改造的,原工程勘察设计、施工单位有义务提供有偿的勘察、设计、咨询、施工服务。因工程质量问题需进行维修的,由相关质量问题责任主体承担全部工程费用。

房屋建筑工程抗震设防管理规定

1. 2006年1月27日建设部令第148号公布

2. 根据2015年1月22日住房和城乡建设部令第23号《关于修改〈市政公用设施抗灾设防管理规定〉等部门规章的决定》修正

第一条 为了加强对房屋建筑工程抗震设防的监督管理,保护人民生命和财产安全,根据《中华人民共和国防震减灾法》、《中华人民共和国建筑法》、《建设工程质量管理条例》、《建设工程勘察设计管理条例》等法律、行政法规,制定本规定。

第二条 在抗震设防区从事房屋建筑工程抗震设防的有关活动,实施对房屋建筑工程抗震设防的监督管理,适用本规定。

第三条 房屋建筑工程的抗震设防,坚持预防为主的方针。

第四条 国务院住房城乡建设主管部门负责全国房屋建筑工程抗震设防的监督管理工作。

县级以上地方人民政府住房城乡建设主管部门负责本行政区域内房屋建筑工程抗震设防的监督管理工作。

第五条 国家鼓励采用先进的科学技术进行房屋建筑工程的抗震设防。

制定、修订工程建设标准时,应当及时将先进适用的抗震新技术、新材料和新结构体系纳入标准、规范,在房屋建筑工程中推广使用。

第六条 新建、扩建、改建的房屋建筑工程,应当按照国家有关规定和工程建设强制性标准进行抗震设防。

任何单位和个人不得降低抗震设防标准。

第七条 建设单位、勘察单位、设计单位、施工单位、工程监理单位,应当遵守有关房屋建筑工程抗震设防的法律、法规和工程建设强制性标准的规定,保证房屋建筑工程的抗震设防质量,依法承担相应责任。

第八条 城市房屋建筑工程的选址,应当符合城市总体规划中城市抗震防灾专业规划的要求;村庄、集镇建设的工程选址,应当符合村庄与集镇防灾专项规划和村庄与集镇建设规划中有关抗震防灾的要求。

第九条 房屋建筑工程勘察、设计文件中规定采用的新技术、新材料,可能影响房屋建筑工程抗震安全,又没有国家技术标准的,应当按照国家有关规定经检测和审定后,方可使用。

第十条 《建筑工程抗震设防分类标准》中甲类和乙类建筑工程的初步设计文件应当有抗震设防专项内容。

超限高层建筑工程应当在初步设计阶段进行抗震设防专项审查。

新建、扩建、改建房屋建筑工程的抗震设计应当作为施工图审查的重要内容。

第十一条 产权人和使用人不得擅自变动或者破坏房屋建筑抗震构件、隔震装置、减震部件或者地震反应观测系统等抗震设施。

第十二条 已建成的下列房屋建筑工程,未采取抗震设防措施且未列入近期拆除改造计划的,应当委托具有相应设计资质的单位按现行抗震鉴定标准进行抗震鉴定:

(一)《建筑工程抗震设防分类标准》中甲类和乙类建筑工程;

(二)有重大文物价值和纪念意义的房屋建筑工程;

(三)地震重点监视防御区的房屋建筑工程。

鼓励其他未采取抗震设防措施且未列入近期拆除改造计划的房屋建筑工程产权人,委托具有相应设计资质的单位按现行抗震鉴定标准进行抗震鉴定。

经鉴定需加固的房屋建筑工程,应当在县级以上地方人民政府住房城乡建设主管部门确定的限期内采取必要的抗震加固措施;未加固前应当限制使用。

第十三条 从事抗震鉴定的单位，应当遵守有关房屋建筑工程抗震设防的法律、法规和工程建设强制性标准的规定，保证房屋建筑工程的抗震鉴定质量，依法承担相应责任。

第十四条 对经鉴定需抗震加固的房屋建筑工程，产权人应当委托具有相应资质的设计、施工单位进行抗震加固设计与施工，并按国家规定办理相关手续。

抗震加固应当与城市近期建设规划、产权人的房屋维修计划相结合。经鉴定需抗震加固的房屋建筑工程在进行装修改造时，应当同时进行抗震加固。

有重大文物价值和纪念意义的房屋建筑工程的抗震加固，应当注意保持其原有风貌。

第十五条 房屋建筑工程的抗震鉴定、抗震加固费用，由产权人承担。

第十六条 已按工程建设标准进行抗震设计或抗震加固的房屋建筑工程在合理使用年限内，因各种人为因素使房屋建筑工程抗震能力受损的，或者因改变原设计使用性质，导致荷载增加或需提高抗震设防类别的，产权人应当委托有相应资质的单位进行抗震验算、修复或加固。需要进行工程检测的，应由委托具有相应资质的单位进行检测。

第十七条 破坏性地震发生后，当地人民政府住房城乡建设主管部门应当组织对受损房屋建筑工程抗震性能的应急评估，并提出恢复重建方案。

第十八条 震后经应急评估需进行抗震鉴定的房屋建筑工程，应当按照抗震鉴定标准进行鉴定。经鉴定需修复或者抗震加固的，应当按照工程建设强制性标准进行修复或者抗震加固。需易地重建的，应当按照国家有关法律、法规的规定进行规划和建设。

第十九条 当发生地震的实际烈度大于现行地震动参数区划图对应的地震基本烈度时，震后修复或者建设的房屋建筑工程，应当以国家地震部门审定、发布的地震动参数复核结果，作为抗震设防的依据。

第二十条 县级以上地方人民政府住房城乡建设主管部门应当加强对房屋建筑工程抗震设防质量的监督管理，并对本行政区域内房屋建筑工程执行抗震设防的法律、法规和工程建设强制性标准情况，定期进行监督检查。

县级以上地方人民政府住房城乡建设主管部门应当对村镇建设抗震设防进行指导和监督。

第二十一条 县级以上地方人民政府住房城乡建设主管部门应当对农民自建低层住宅抗震设防进行技术指导和技术服务，鼓励和指导其采取经济、合理、可靠的抗震措施。

地震重点监视防御区县级以上地方人民政府住房城乡建设主管部门应当通过拍摄科普教育宣传片、发送农房抗震图集、建设抗震样板房、技术培训等多种方式，积极指导农民自建低层住宅进行抗震设防。

第二十二条 县级以上地方人民政府住房城乡建设主管部门有权组织抗震设防检查，并采取下列措施：

（一）要求被检查的单位提供有关房屋建筑工程抗震的文件和资料；

（二）发现有影响房屋建筑工程抗震设防质量的问题时，责令改正。

第二十三条 地震发生后，县级以上地方人民政府住房城乡建设主管部门应当组织专家，对破坏程度超出工程建设强制性标准允许范围的房屋建筑工程的破坏原因进行调查，并依法追究有关责任人的责任。

国务院住房城乡建设主管部门应当根据地震调查情况，及时组织力量开展房屋建筑工程抗震科学研究，并对相关工程建设标准进行修订。

第二十四条 任何单位和个人对房屋建筑工程的抗震设防质量问题都有权检举和投诉。

第二十五条 违反本规定，擅自使用没有国家技术标准又未经审定的新技术、新材料的，由县级以上地方人民政府住房城乡建设主管部门责令限期改正，并处以1万元以上3万元以下罚款。

第二十六条 违反本规定，擅自变动或者破坏房屋建筑抗震构件、隔震装置、减震部件或者地震反应观测系统等抗震设施的，由县级以上地方人民政府住房城乡建设主管部门责令限期改正，并对个人处以1000元以下罚款，对单位处以1万元以上3万元以下罚款。

第二十七条 违反本规定，未对抗震能力受损、荷载增加或者需提高抗震设防类别的房屋建筑工程，进行抗震验算、修复和加固的，由县级以上地方人民政府住房城乡建设主管部门责令限期改正，逾期不改的，处以1万元以下罚款。

第二十八条 违反本规定，经鉴定需抗震加固的房屋建筑工程在进行装修改造时未进行抗震加固的，由县级以上地方人民政府建设主管部门责令限期改正，逾期不改的，处以1万元以下罚款。

第二十九条 本规定所称抗震设防区，是指地震基本烈度六度及六度以上地区(地震动峰值加速度≥0.05g的地区)。

本规定所称超限高层建筑工程,是指超出国家现行规范、规程所规定的适用高度和适用结构类型的高层建筑工程,体型特别不规则的高层建筑工程,以及有关规范、规程规定应当进行抗震专项审查的高层建筑工程。

第三十条 本规定自2006年4月1日起施行。

2. 消防

中华人民共和国消防法(节录)

1. 1998年4月29日第九届全国人民代表大会常务委员会第二次会议通过
2. 2008年10月28日第十一届全国人民代表大会常务委员会第五次会议修订
3. 根据2019年4月23日第十三届全国人民代表大会常务委员会第十次会议《关于修改〈中华人民共和国建筑法〉等八部法律的决定》第一次修正
4. 根据2021年4月29日第十三届全国人民代表大会常务委员会第二十八次会议《关于修改〈中华人民共和国道路交通安全法〉等八部法律的决定》第二次修正

第二章　火灾预防

第八条　【消防规划】地方各级人民政府应当将包括消防安全布局、消防站、消防供水、消防通信、消防车通道、消防装备等内容的消防规划纳入城乡规划,并负责组织实施。

城乡消防安全布局不符合消防安全要求的,应当调整、完善;公共消防设施、消防装备不足或者不适应实际需要的,应当增建、改建、配置或者进行技术改造。

第九条　【消防设计、施工要求】建设工程的消防设计、施工必须符合国家工程建设消防技术标准。建设、设计、施工、工程监理等单位依法对建设工程的消防设计、施工质量负责。

第十条　【消防设计审查验收】对按照国家工程建设消防技术标准需要进行消防设计的建设工程,实行建设工程消防设计审查验收制度。

第十一条　【消防设计文件报送审查】国务院住房和城乡建设主管部门规定的特殊建设工程,建设单位应当将消防设计文件报送住房和城乡建设主管部门审查,住房和城乡建设主管部门依法对审查的结果负责。

前款规定以外的其他建设工程,建设单位申请领取施工许可证或者申请批准开工报告时应当提供满足施工需要的消防设计图纸及技术资料。

第十二条　【消防设计未经审查或者审查不合格的法律后果】特殊建设工程未经消防设计审查或者审查不合格的,建设单位、施工单位不得施工;其他建设工程,建设单位未提供满足施工需要的消防设计图纸及技术资料的,有关部门不得发放施工许可证或者批准开工报告。

第十三条　【消防验收、备案和抽查】国务院住房和城乡建设主管部门规定应当申请消防验收的建设工程竣工,建设单位应当向住房和城乡建设主管部门申请消防验收。

前款规定以外的其他建设工程,建设单位在验收后应当报住房和城乡建设主管部门备案,住房和城乡建设主管部门应当进行抽查。

依法应当进行消防验收的建设工程,未经消防验收或者消防验收不合格的,禁止投入使用;其他建设工程经依法抽查不合格的,应当停止使用。

第十四条　【消防设计审查、消防验收、备案和抽查的具体办法】建设工程消防设计审查、消防验收、备案和抽查的具体办法,由国务院住房和城乡建设主管部门规定。

第十五条　【公众聚集场所的消防安全检查】公众聚集场所投入使用、营业前消防安全检查实行告知承诺管理。公众聚集场所在投入使用、营业前,建设单位或者使用单位应当向场所所在地的县级以上地方人民政府消防救援机构申请消防安全检查,作出场所符合消防技术标准和管理规定的承诺,提交规定的材料,并对其承诺和材料的真实性负责。

消防救援机构对申请人提交的材料进行审查;申请材料齐全、符合法定形式的,应当予以许可。消防救援机构应当根据消防技术标准和管理规定,及时对作出承诺的公众聚集场所进行核查。

申请人选择不采用告知承诺方式办理的,消防救援机构应当自受理申请之日起十个工作日内,根据消防技术标准和管理规定,对该场所进行检查。经检查符合消防安全要求的,应当予以许可。

公众聚集场所未经消防救援机构许可的,不得投入使用、营业。消防安全检查的具体办法,由国务院应急管理部门制定。

第十六条　【单位的消防安全职责】机关、团体、企业、事业等单位应当履行下列消防安全职责:

(一)落实消防安全责任制,制定本单位的消防安全制度、消防安全操作规程,制定灭火和应急疏散预案;

(二)按照国家标准、行业标准配置消防设施、器

材,设置消防安全标志,并定期组织检验、维修,确保完好有效;

(三)对建筑消防设施每年至少进行一次全面检测,确保完好有效,检测记录应当完整准确,存档备查;

(四)保障疏散通道、安全出口、消防车通道畅通,保证防火防烟分区、防火间距符合消防技术标准;

(五)组织防火检查,及时消除火灾隐患;

(六)组织进行有针对性的消防演练;

(七)法律、法规规定的其他消防安全职责。

单位的主要负责人是本单位的消防安全责任人。

第十七条 【消防安全重点单位的消防安全职责】县级以上地方人民政府消防救援机构应当将发生火灾可能性较大以及发生火灾可能造成重大的人身伤亡或者财产损失的单位,确定为本行政区域内的消防安全重点单位,并由应急管理部门报本级人民政府备案。

消防安全重点单位除应当履行本法第十六条规定的职责外,还应当履行下列消防安全职责:

(一)确定消防安全管理人,组织实施本单位的消防安全管理工作;

(二)建立消防档案,确定消防安全重点部位,设置防火标志,实行严格管理;

(三)实行每日防火巡查,并建立巡查记录;

(四)对职工进行岗前消防安全培训,定期组织消防安全培训和消防演练。

第十八条 【共用建筑物的消防安全责任】同一建筑物由两个以上单位管理或者使用的,应当明确各方的消防安全责任,并确定责任人对共用的疏散通道、安全出口、建筑消防设施和消防车通道进行统一管理。

住宅区的物业服务企业应当对管理区域内的共用消防设施进行维护管理,提供消防安全防范服务。

第十九条 【易燃易爆危险品生产经营场所的设置要求】生产、储存、经营易燃易爆危险品的场所不得与居住场所设置在同一建筑物内,并应当与居住场所保持安全距离。

生产、储存、经营其他物品的场所与居住场所设置在同一建筑物内的,应当符合国家工程建设消防技术标准。

第二十条 【大型群众性活动的消防安全】举办大型群众性活动,承办人应当依法向公安机关申请安全许可,制定灭火和应急疏散预案并组织演练,明确消防安全责任分工,确定消防安全管理人员,保持消防设施和消防器材配置齐全、完好有效,保证疏散通道、安全出口、疏散指示标志、应急照明和消防车通道符合消防技术标准和管理规定。

第二十一条 【特殊场所和特种作业防火要求】禁止在具有火灾、爆炸危险的场所吸烟、使用明火。因施工等特殊情况需要使用明火作业的,应当按照规定事先办理审批手续,采取相应的消防安全措施;作业人员应当遵守消防安全规定。

进行电焊、气焊等具有火灾危险作业的人员和自动消防系统的操作人员,必须持证上岗,并遵守消防安全操作规程。

第二十二条 【危险物品生产经营单位设置的消防安全要求】生产、储存、装卸易燃易爆危险品的工厂、仓库和专用车站、码头的设置,应当符合消防技术标准。易燃易爆气体和液体的充装站、供应站、调压站,应当设置在符合消防安全要求的位置,并符合防火防爆要求。

已经设置的生产、储存、装卸易燃易爆危险品的工厂、仓库和专用车站、码头,易燃易爆气体和液体的充装站、供应站、调压站,不再符合前款规定的,地方人民政府应当组织、协调有关部门、单位限期解决,消除安全隐患。

第二十三条 【易燃易爆危险品和可燃物资仓库管理】生产、储存、运输、销售、使用、销毁易燃易爆危险品,必须执行消防技术标准和管理规定。

进入生产、储存易燃易爆危险品的场所,必须执行消防安全规定。禁止非法携带易燃易爆危险品进入公共场所或者乘坐公共交通工具。

储存可燃物资仓库的管理,必须执行消防技术标准和管理规定。

第二十四条 【消防产品标准、强制性产品认证和技术鉴定制度】消防产品必须符合国家标准;没有国家标准的,必须符合行业标准。禁止生产、销售或者使用不合格的消防产品以及国家明令淘汰的消防产品。

依法实行强制性产品认证的消防产品,由具有法定资质的认证机构按照国家标准、行业标准的强制性要求认证合格后,方可生产、销售、使用。实行强制性产品认证的消防产品目录,由国务院产品质量监督部门会同国务院应急管理部门制定并公布。

新研制的尚未制定国家标准、行业标准的消防产品,应当按照国务院产品质量监督部门会同国务院应急管理部门规定的办法,经技术鉴定符合消防安全要求的,方可生产、销售、使用。

依照本条规定经强制性产品认证合格或者技术鉴定合格的消防产品,国务院应急管理部门应当予以公布。

第二十五条　【对消防产品质量的监督检查】产品质量监督部门、工商行政管理部门、消防救援机构应当按照各自职责加强对消防产品质量的监督检查。

第二十六条　【建筑构件、建筑材料和室内装修、装饰材料的防火要求】建筑构件、建筑材料和室内装修、装饰材料的防火性能必须符合国家标准;没有国家标准的,必须符合行业标准。

人员密集场所室内装修、装饰,应当按照消防技术标准的要求,使用不燃、难燃材料。

第二十七条　【电器产品、燃气用具产品标准及其安装、使用的消防安全要求】电器产品、燃气用具的产品标准,应当符合消防安全的要求。

电器产品、燃气用具的安装、使用及其线路、管路的设计、敷设、维护保养、检测,必须符合消防技术标准和管理规定。

第二十八条　【保护消防设施、器材,保障消防通道畅通】任何单位、个人不得损坏、挪用或者擅自拆除、停用消防设施、器材,不得埋压、圈占、遮挡消火栓或者占用防火间距,不得占用、堵塞、封闭疏散通道、安全出口、消防车通道。人员密集场所的门窗不得设置影响逃生和灭火救援的障碍物。

第二十九条　【公共消防设施的维护】负责公共消防设施维护管理的单位,应当保持消防供水、消防通信、消防车通道等公共消防设施的完好有效。在修建道路以及停电、停水、截断通信线路时有可能影响消防队灭火救援的,有关单位必须事先通知当地消防救援机构。

第三十条　【加强农村消防工作】地方各级人民政府应当加强对农村消防工作的领导,采取措施加强公共消防设施建设,组织建立和督促落实消防安全责任制。

第三十一条　【重要防火时期的消防工作】在农业收获季节、森林和草原防火期间、重大节假日期间以及火灾多发季节,地方各级人民政府应当组织开展有针对性的消防宣传教育,采取防火措施,进行消防安全检查。

第三十二条　【基层组织的群众性消防工作】乡镇人民政府、城市街道办事处应当指导、支持和帮助村民委员会、居民委员会开展群众性的消防工作。村民委员会、居民委员会应当确定消防安全管理人,组织制定防火安全公约,进行防火安全检查。

第三十三条　【火灾公众责任保险】国家鼓励、引导公众聚集场所和生产、储存、运输、销售易燃易爆危险品的企业投保火灾公众责任保险;鼓励保险公司承保火灾公众责任保险。

第三十四条　【对消防安全技术服务的规范】消防设施维护保养检测、消防安全评估等消防技术服务机构应当符合从业条件,执业人员应当依法获得相应的资格;依照法律、行政法规、国家标准、行业标准和执业准则,接受委托提供消防技术服务,并对服务质量负责。

第六章　法律责任

第五十八条　【对不符合消防设计审查、消防验收、消防安全检查要求等行为的处罚】违反本法规定,有下列行为之一的,由住房和城乡建设主管部门、消防救援机构按照各自职权责令停止施工、停止使用或者停产停业,并处三万元以上三十万元以下罚款:

(一)依法应当进行消防设计审查的建设工程,未经依法审查或者审查不合格,擅自施工的;

(二)依法应当进行消防验收的建设工程,未经消防验收或者消防验收不合格,擅自投入使用的;

(三)本法第十三条规定的其他建设工程验收后经依法抽查不合格,不停止使用的;

(四)公众聚集场所未经消防救援机构许可,擅自投入使用、营业的,或者经核查发现场所使用、营业情况与承诺内容不符的。

核查发现公众聚集场所使用、营业情况与承诺内容不符,经责令限期改正,逾期不整改或者整改后仍达不到要求的,依法撤销相应许可。

建设单位未依照本法规定在验收后报住房和城乡建设主管部门备案的,由住房和城乡建设主管部门责令改正,处五千元以下罚款。

第五十九条　【对不按消防技术标准设计、施工的行为的处罚】违反本法规定,有下列行为之一的,由住房和城乡建设主管部门责令改正或者停止施工,并处一万元以上十万元以下罚款:

(一)建设单位要求建筑设计单位或者建筑施工企业降低消防技术标准设计、施工的;

(二)建筑设计单位不按照消防技术标准强制性要求进行消防设计的;

(三)建筑施工企业不按照消防设计文件和消防技术标准施工,降低消防施工质量的;

（四）工程监理单位与建设单位或者建筑施工企业串通，弄虚作假，降低消防施工质量的。

第六十条 【对违背消防安全职责行为的处罚】单位违反本法规定，有下列行为之一的，责令改正，处五千元以上五万元以下罚款：

（一）消防设施、器材或者消防安全标志的配置、设置不符合国家标准、行业标准，或者未保持完好有效的；

（二）损坏、挪用或者擅自拆除、停用消防设施、器材的；

（三）占用、堵塞、封闭疏散通道、安全出口或者有其他妨碍安全疏散行为的；

（四）埋压、圈占、遮挡消火栓或者占用防火间距的；

（五）占用、堵塞、封闭消防车通道，妨碍消防车通行的；

（六）人员密集场所在门窗上设置影响逃生和灭火救援的障碍物的；

（七）对火灾隐患经消防救援机构通知后不及时采取措施消除的。

个人有前款第二项、第三项、第四项、第五项行为之一的，处警告或者五百元以下罚款。

有本条第一款第三项、第四项、第五项、第六项行为，经责令改正拒不改正的，强制执行，所需费用由违法行为人承担。

第六十一条 【对易燃易爆危险品生产经营场所设置不符合规定的处罚】生产、储存、经营易燃易爆危险品的场所与居住场所设置在同一建筑物内，或者未与居住场所保持安全距离的，责令停产停业，并处五千元以上五万元以下罚款。

生产、储存、经营其他物品的场所与居住场所设置在同一建筑物内，不符合消防技术标准的，依照前款规定处罚。

第六十二条 【对涉及消防的违反治安管理行为的处罚】有下列行为之一的，依照《中华人民共和国治安管理处罚法》的规定处罚：

（一）违反有关消防技术标准和管理规定生产、储存、运输、销售、使用、销毁易燃易爆危险品的；

（二）非法携带易燃易爆危险品进入公共场所或者乘坐公共交通工具的；

（三）谎报火警的；

（四）阻碍消防车、消防艇执行任务的；

（五）阻碍消防救援机构的工作人员依法执行职务的。

第六十三条 【对违反危险场所消防管理规定行为的处罚】违反本法规定，有下列行为之一的，处警告或者五百元以下罚款；情节严重的，处五日以下拘留：

（一）违反消防安全规定进入生产、储存易燃易爆危险品场所的；

（二）违反规定使用明火作业或者在具有火灾、爆炸危险的场所吸烟、使用明火的。

第六十四条 【对过失引起火灾、阻拦报火警等行为的处罚】违反本法规定，有下列行为之一，尚不构成犯罪的，处十日以上十五日以下拘留，可以并处五百元以下罚款；情节较轻的，处警告或者五百元以下罚款：

（一）指使或者强令他人违反消防安全规定，冒险作业的；

（二）过失引起火灾的；

（三）在火灾发生后阻拦报警，或者负有报告职责的人员不及时报警的；

（四）扰乱火灾现场秩序，或者拒不执行火灾现场指挥员指挥，影响灭火救援的；

（五）故意破坏或者伪造火灾现场的；

（六）擅自拆封或者使用被消防救援机构查封的场所、部位的。

第六十五条 【对生产、销售、使用不合格或国家明令淘汰的消防产品行为的处理】违反本法规定，生产、销售不合格的消防产品或者国家明令淘汰的消防产品的，由产品质量监督部门或者工商行政管理部门依照《中华人民共和国产品质量法》的规定从重处罚。

人员密集场所使用不合格的消防产品或者国家明令淘汰的消防产品的，责令限期改正；逾期不改正的，处五千元以上五万元以下罚款，并对其直接负责的主管人员和其他直接责任人员处五百元以上二千元以下罚款；情节严重的，责令停产停业。

消防救援机构对于本条第二款规定的情形，除依法对使用者予以处罚外，应当将发现不合格的消防产品和国家明令淘汰的消防产品的情况通报产品质量监督部门、工商行政管理部门。产品质量监督部门、工商行政管理部门应当对生产者、销售者依法及时查处。

第六十六条 【对电器产品、燃气用具的安装、使用等不符合消防技术标准和管理规定的处罚】电器产品、燃气用具的安装、使用及其线路、管路的设计、敷设、维护保养、检测不符合消防技术标准和管理规定的，责令限期改正；逾期不改正的，责令停止使用，可以并处一千元以上五千元以下罚款。

第六十七条　【单位未履行消防安全职责的法律责任】机关、团体、企业、事业等单位违反本法第十六条、第十七条、第十八条、第二十一条第二款规定的，责令限期改正；逾期不改正的，对其直接负责的主管人员和其他直接责任人员依法给予处分或者给予警告处罚。

第六十八条　【人员密集场所现场工作人员不履行职责的法律责任】人员密集场所发生火灾，该场所的现场工作人员不履行组织、引导在场人员疏散的义务，情节严重，尚不构成犯罪的，处五日以上十日以下拘留。

第六十九条　【消防技术服务机构失职的法律责任】消防设施维护保养检测、消防安全评估等消防技术服务机构，不具备从业条件从事消防技术服务活动或者出具虚假文件的，由消防救援机构责令改正，处五万元以上十万元以下罚款，并对直接负责的主管人员和其他直接责任人员处一万元以上五万元以下罚款；不按照国家标准、行业标准开展消防技术服务活动的，责令改正，处五万元以下罚款，并对直接负责的主管人员和其他直接责任人员处一万元以下罚款；有违法所得的，并处没收违法所得；给他人造成损失的，依法承担赔偿责任；情节严重的，依法责令停止执业或者吊销相应资格；造成重大损失的，由相关部门吊销营业执照，并对有关责任人员采取终身市场禁入措施。

前款规定的机构出具失实文件，给他人造成损失的，依法承担赔偿责任；造成重大损失的，由消防救援机构依法责令停止执业或者吊销相应资格，由相关部门吊销营业执照，并对有关责任人员采取终身市场禁入措施。

第七十条　【对违反消防行为的处罚程序】本法规定的行政处罚，除应当由公安机关依照《中华人民共和国治安管理处罚法》的有关规定决定的外，由住房和城乡建设主管部门、消防救援机构按照各自职权决定。

被责令停止施工、停止使用、停产停业的，应当在整改后向作出决定的部门或者机构报告，经检查合格，方可恢复施工、使用、生产、经营。

当事人逾期不执行停产停业、停止使用、停止施工决定的，由作出决定的部门或者机构强制执行。

责令停产停业，对经济和社会生活影响较大的，由住房和城乡建设主管部门或者应急管理部门报请本级人民政府依法决定。

第七十一条　【有关主管部门的工作人员滥用职权、玩忽职守、徇私舞弊的法律责任】住房和城乡建设主管部门、消防救援机构的工作人员滥用职权、玩忽职守、徇私舞弊，有下列行为之一，尚不构成犯罪的，依法给予处分：

（一）对不符合消防安全要求的消防设计文件、建设工程、场所准予审查合格、消防验收合格、消防安全检查合格的；

（二）无故拖延消防设计审查、消防验收、消防安全检查，不在法定期限内履行职责的；

（三）发现火灾隐患不及时通知有关单位或者个人整改的；

（四）利用职务为用户、建设单位指定或者变相指定消防产品的品牌、销售单位或者消防技术服务机构、消防设施施工单位的；

（五）将消防车、消防艇以及消防器材、装备和设施用于与消防和应急救援无关的事项的；

（六）其他滥用职权、玩忽职守、徇私舞弊的行为。

产品质量监督、工商行政管理等其他有关行政主管部门的工作人员在消防工作中滥用职权、玩忽职守、徇私舞弊，尚不构成犯罪的，依法给予处分。

第七十二条　【刑事责任】违反本法规定，构成犯罪的，依法追究刑事责任。

建设工程消防设计审查验收管理暂行规定

1. *2020年4月1日住房和城乡建设部令第51号公布*
2. *根据2023年8月21日住房和城乡建设部令第58号《关于修改〈建设工程消防设计审查验收管理暂行规定〉的决定》修正*

第一章　总　　则

第一条　为了加强建设工程消防设计审查验收管理，保证建设工程消防设计、施工质量，根据《中华人民共和国建筑法》《中华人民共和国消防法》《建设工程质量管理条例》等法律、行政法规，制定本规定。

第二条　特殊建设工程的消防设计审查、消防验收，以及其他建设工程的消防验收备案（以下简称备案）、抽查，适用本规定。

本规定所称特殊建设工程，是指本规定第十四条所列的建设工程。

本规定所称其他建设工程，是指特殊建设工程以外的其他按照国家工程建设消防技术标准需要进行消防设计的建设工程。

第三条　国务院住房和城乡建设主管部门负责指导监督全国建设工程消防设计审查验收工作。

县级以上地方人民政府住房和城乡建设主管部门（以下简称消防设计审查验收主管部门）依职责承担本行政区域内建设工程的消防设计审查、消防验收、备案和抽查工作。

跨行政区域建设工程的消防设计审查、消防验收、备案和抽查工作，由该建设工程所在行政区域消防设计审查验收主管部门共同的上一级主管部门指定负责。

第四条　消防设计审查验收主管部门应当运用互联网技术等信息化手段开展消防设计审查、消防验收、备案和抽查工作，建立健全有关单位和从业人员的信用管理制度，不断提升政务服务水平。

第五条　消防设计审查验收主管部门实施消防设计审查、消防验收、备案和抽查工作所需经费，按照《中华人民共和国行政许可法》等有关法律法规的规定执行。

第六条　消防设计审查验收主管部门应当及时将消防验收、备案和抽查情况告知消防救援机构，并与消防救援机构共享建筑平面图、消防设施平面布置图、消防设施系统图等资料。

第七条　从事建设工程消防设计审查验收的工作人员，以及建设、设计、施工、工程监理、技术服务等单位的从业人员，应当具备相应的专业技术能力，定期参加职业培训。

第二章　有关单位的消防设计、施工质量责任与义务

第八条　建设单位依法对建设工程消防设计、施工质量负首要责任。设计、施工、工程监理、技术服务等单位依法对建设工程消防设计、施工质量负主体责任。建设、设计、施工、工程监理、技术服务等单位的从业人员依法对建设工程消防设计、施工质量承担相应的个人责任。

第九条　建设单位应当履行下列消防设计、施工质量责任和义务：

（一）不得明示或者暗示设计、施工、工程监理、技术服务等单位及其从业人员违反建设工程法律法规和国家工程建设消防技术标准，降低建设工程消防设计、施工质量；

（二）依法申请建设工程消防设计审查、消防验收，办理备案并接受抽查；

（三）实行工程监理的建设工程，依法将消防施工质量委托监理；

（四）委托具有相应资质的设计、施工、工程监理单位；

（五）按照工程消防设计要求和合同约定，选用合格的消防产品和满足防火性能要求的建筑材料、建筑构配件和设备；

（六）组织有关单位进行建设工程竣工验收时，对建设工程是否符合消防要求进行查验；

（七）依法及时向档案管理机构移交建设工程消防有关档案。

第十条　设计单位应当履行下列消防设计、施工质量责任和义务：

（一）按照建设工程法律法规和国家工程建设消防技术标准进行设计，编制符合要求的消防设计文件，不得违反国家工程建设消防技术标准强制性条文；

（二）在设计文件中选用的消防产品和具有防火性能要求的建筑材料、建筑构配件和设备，应当注明规格、性能等技术指标，符合国家规定的标准；

（三）参加建设单位组织的建设工程竣工验收，对建设工程消防设计实施情况签章确认，并对建设工程消防设计质量负责。

第十一条　施工单位应当履行下列消防设计、施工质量责任和义务：

（一）按照建设工程法律法规、国家工程建设消防技术标准，以及经消防设计审查合格或者满足工程需要的消防设计文件组织施工，不得擅自改变消防设计进行施工，降低消防施工质量；

（二）按照消防设计要求、施工技术标准和合同约定检验消防产品和具有防火性能要求的建筑材料、建筑构配件和设备的质量，使用合格产品，保证消防施工质量；

（三）参加建设单位组织的建设工程竣工验收，对建设工程消防施工质量签章确认，并对建设工程消防

施工质量负责。

第十二条　工程监理单位应当履行下列消防设计、施工质量责任和义务：

（一）按照建设工程法律法规、国家工程建设消防技术标准，以及经消防设计审查合格或者满足工程需要的消防设计文件实施工程监理；

（二）在消防产品和具有防火性能要求的建筑材料、建筑构配件和设备使用、安装前，核查产品质量证明文件，不得同意使用或者安装不合格的消防产品和防火性能不符合要求的建筑材料、建筑构配件和设备；

（三）参加建设单位组织的建设工程竣工验收，对建设工程消防施工质量签章确认，并对建设工程消防施工质量承担监理责任。

第十三条　提供建设工程消防设计图纸技术审查、消防设施检测或者建设工程消防验收现场评定等服务的技术服务机构，应当按照建设工程法律法规、国家工程建设消防技术标准和国家有关规定提供服务，并对出具的意见或者报告负责。

第三章　特殊建设工程的消防设计审查

第十四条　具有下列情形之一的建设工程是特殊建设工程：

（一）总建筑面积大于二万平方米的体育场馆、会堂，公共展览馆、博物馆的展示厅；

（二）总建筑面积大于一万五千平方米的民用机场航站楼、客运车站候车室、客运码头候船厅；

（三）总建筑面积大于一万平方米的宾馆、饭店、商场、市场；

（四）总建筑面积大于二千五百平方米的影剧院，公共图书馆的阅览室，营业性室内健身、休闲场馆，医院的门诊楼，大学的教学楼、图书馆、食堂，劳动密集型企业的生产加工车间，寺庙、教堂；

（五）总建筑面积大于一千平方米的托儿所、幼儿园的儿童用房，儿童游乐厅等室内儿童活动场所，养老院、福利院，医院、疗养院的病房楼，中小学校的教学楼、图书馆、食堂，学校的集体宿舍，劳动密集型企业的员工集体宿舍；

（六）总建筑面积大于五百平方米的歌舞厅、录像厅、放映厅、卡拉 OK 厅、夜总会、游艺厅、桑拿浴室、网吧、酒吧，具有娱乐功能的餐馆、茶馆、咖啡厅；

（七）国家工程建设消防技术标准规定的一类高层住宅建筑；

（八）城市轨道交通、隧道工程，大型发电、变配电工程；

（九）生产、储存、装卸易燃易爆危险物品的工厂、仓库和专用车站、码头，易燃易爆气体和液体的充装站、供应站、调压站；

（十）国家机关办公楼、电力调度楼、电信楼、邮政楼、防灾指挥调度楼、广播电视楼、档案楼；

（十一）设有本条第一项至第六项所列情形的建设工程；

（十二）本条第十项、第十一项规定以外的单体建筑面积大于四万平方米或者建筑高度超过五十米的公共建筑。

第十五条　对特殊建设工程实行消防设计审查制度。

特殊建设工程的建设单位应当向消防设计审查验收主管部门申请消防设计审查，消防设计审查验收主管部门依法对审查的结果负责。

特殊建设工程未经消防设计审查或者审查不合格的，建设单位、施工单位不得施工。

第十六条　建设单位申请消防设计审查，应当提交下列材料：

（一）消防设计审查申请表；

（二）消防设计文件；

（三）依法需要办理建设工程规划许可的，应当提交建设工程规划许可文件；

（四）依法需要批准的临时性建筑，应当提交批准文件。

第十七条　特殊建设工程具有下列情形之一的，建设单位除提交本规定第十六条所列材料外，还应当同时提交特殊消防设计技术资料：

（一）国家工程建设消防技术标准没有规定的；

（二）消防设计文件拟采用的新技术、新工艺、新材料不符合国家工程建设消防技术标准规定的；

（三）因保护利用历史建筑、历史文化街区需要，确实无法满足国家工程建设消防技术标准要求的。

前款所称特殊消防设计技术资料，应当包括特殊消防设计文件，以及两个以上有关的应用实例、产品说明等资料。

特殊消防设计涉及采用国际标准或者境外工程建设消防技术标准的，还应当提供相应的中文文本。

第十八条　特殊消防设计文件应当包括特殊消防设计必要性论证、特殊消防设计方案、火灾数值模拟分析等内容，重大工程、火灾危险等级高的应当包括实体试验验证内容。

特殊消防设计方案应当对两种以上方案进行比选，从安全性、经济性、可实施性等方面进行综合分析后形成。

火灾数值模拟分析应当科学设定火灾场景和模拟参数，实体试验应当与实际场景相符。火灾数值模拟分析结论和实体试验结论应当一致。

第十九条 消防设计审查验收主管部门收到建设单位提交的消防设计审查申请后，对申请材料齐全的，应当出具受理凭证；申请材料不齐全的，应当一次性告知需要补正的全部内容。

第二十条 对具有本规定第十七条情形之一的建设工程，消防设计审查验收主管部门应当自受理消防设计审查申请之日起五个工作日内，将申请材料报送省、自治区、直辖市人民政府住房和城乡建设主管部门组织专家评审。

第二十一条 省、自治区、直辖市人民政府住房和城乡建设主管部门应当建立由具有工程消防、建筑等专业高级技术职称人员组成的专家库，制定专家库管理制度。

第二十二条 省、自治区、直辖市人民政府住房和城乡建设主管部门应当在收到申请材料之日起十个工作日内组织召开专家评审会，对建设单位提交的特殊消防设计技术资料进行评审。

评审专家从专家库随机抽取，对于技术复杂、专业性强或者国家有特殊要求的项目，可以直接邀请相应专业的中国科学院院士、中国工程院院士、全国工程勘察设计大师以及境外具有相应资历的专家参加评审；与特殊建设工程设计单位有利害关系的专家不得参加评审。

评审专家应当符合相关专业要求，总数不得少于七人，且独立出具同意或者不同意的评审意见。特殊消防设计技术资料经四分之三以上评审专家同意即为评审通过，评审专家有不同意见的，应当注明。省、自治区、直辖市人民政府住房和城乡建设主管部门应当将专家评审意见，书面通知报请评审的消防设计审查验收主管部门。

第二十三条 消防设计审查验收主管部门应当自受理消防设计审查申请之日起十五个工作日内出具书面审查意见。依照本规定需要组织专家评审的，专家评审时间不超过二十个工作日。

第二十四条 对符合下列条件的，消防设计审查验收主管部门应当出具消防设计审查合格意见：

（一）申请材料齐全、符合法定形式；

（二）设计单位具有相应资质；

（三）消防设计文件符合国家工程建设消防技术标准（具有本规定第十七条情形之一的特殊建设工程，特殊消防设计技术资料通过专家评审）。

对不符合前款规定条件的，消防设计审查验收主管部门应当出具消防设计审查不合格意见，并说明理由。

第二十五条 实行施工图设计文件联合审查的，应当将建设工程消防设计的技术审查并入联合审查。

第二十六条 建设、设计、施工单位不得擅自修改经审查合格的消防设计文件。确需修改的，建设单位应当依照本规定重新申请消防设计审查。

第四章 特殊建设工程的消防验收

第二十七条 对特殊建设工程实行消防验收制度。

特殊建设工程竣工验收后，建设单位应当向消防设计审查验收主管部门申请消防验收；未经消防验收或者消防验收不合格的，禁止投入使用。

第二十八条 建设单位组织竣工验收时，应当对建设工程是否符合下列要求进行查验：

（一）完成工程消防设计和合同约定的消防各项内容；

（二）有完整的工程消防技术档案和施工管理资料（含涉及消防的建筑材料、建筑构配件和设备的进场试验报告）；

（三）建设单位对工程涉及消防的各分部分项工程验收合格；施工、设计、工程监理、技术服务等单位确认工程消防质量符合有关标准；

（四）消防设施性能、系统功能联调联试等内容检测合格。

经查验不符合前款规定的建设工程，建设单位不得编制工程竣工验收报告。

第二十九条 建设单位申请消防验收，应当提交下列材料：

（一）消防验收申请表；

（二）工程竣工验收报告；

（三）涉及消防的建设工程竣工图纸。

消防设计审查验收主管部门收到建设单位提交的消防验收申请后，对申请材料齐全的，应当出具受理凭证；申请材料不齐全的，应当一次性告知需要补正的全部内容。

第三十条　消防设计审查验收主管部门受理消防验收申请后，应当按照国家有关规定，对特殊建设工程进行现场评定。现场评定包括对建筑物防（灭）火设施的外观进行现场抽样查看；通过专业仪器设备对涉及距离、高度、宽度、长度、面积、厚度等可测量的指标进行现场抽样测量；对消防设施的功能进行抽样测试、联调联试消防设施的系统功能等内容。

第三十一条　消防设计审查验收主管部门应当自受理消防验收申请之日起十五日内出具消防验收意见。对符合下列条件的，应当出具消防验收合格意见：

（一）申请材料齐全、符合法定形式；

（二）工程竣工验收报告内容完备；

（三）涉及消防的建设工程竣工图纸与经审查合格的消防设计文件相符；

（四）现场评定结论合格。

对不符合前款规定条件的，消防设计审查验收主管部门应当出具消防验收不合格意见，并说明理由。

第三十二条　实行规划、土地、消防、人防、档案等事项联合验收的建设工程，消防验收意见由地方人民政府指定的部门统一出具。

第五章　其他建设工程的消防设计、备案与抽查

第三十三条　其他建设工程，建设单位申请施工许可或者申请批准开工报告时，应当提供满足施工需要的消防设计图纸及技术资料。

未提供满足施工需要的消防设计图纸及技术资料的，有关部门不得发放施工许可证或者批准开工报告。

第三十四条　对其他建设工程实行备案抽查制度，分类管理。

其他建设工程经依法抽查不合格的，应当停止使用。

第三十五条　省、自治区、直辖市人民政府住房和城乡建设主管部门应当制定其他建设工程分类管理目录清单。

其他建设工程应当依据建筑所在区域环境、建筑使用功能、建筑规模和高度、建筑耐火等级、疏散能力、消防设施设备配置水平等因素分为一般项目、重点项目等两类。

第三十六条　其他建设工程竣工验收合格之日起五个工作日内，建设单位应当报消防设计审查验收主管部门备案。

建设单位办理备案，应当提交下列材料：

（一）消防验收备案表；

（二）工程竣工验收报告；

（三）涉及消防的建设工程竣工图纸。

本规定第二十八条有关建设单位竣工验收消防查验的规定，适用于其他建设工程。

第三十七条　消防设计审查验收主管部门收到建设单位备案材料后，对备案材料齐全的，应当出具备案凭证；备案材料不齐全的，应当一次性告知需要补正的全部内容。

一般项目可以采用告知承诺制的方式申请备案，消防设计审查验收主管部门依据承诺书出具备案凭证。

第三十八条　消防设计审查验收主管部门应当对备案的其他建设工程进行抽查，加强对重点项目的抽查。

抽查工作推行“双随机、一公开”制度，随机抽取检查对象，随机选派检查人员。抽取比例由省、自治区、直辖市人民政府住房和城乡建设主管部门，结合辖区内消防设计、施工质量情况确定，并向社会公示。

第三十九条　消防设计审查验收主管部门应当自其他建设工程被确定为检查对象之日起十五个工作日内，按照建设工程消防验收有关规定完成检查，制作检查记录。检查结果应当通知建设单位，并向社会公示。

第四十条　建设单位收到检查不合格整改通知后，应当停止使用建设工程，并组织整改，整改完成后，向消防设计审查验收主管部门申请复查。

消防设计审查验收主管部门应当自收到书面申请之日起七个工作日内进行复查，并出具复查意见。复查合格后方可使用建设工程。

第六章　附　　则

第四十一条　违反本规定的行为，依照《中华人民共和国建筑法》《中华人民共和国消防法》《建设工程质量管理条例》等法律法规给予处罚；构成犯罪的，依法追究刑事责任。

建设、设计、施工、工程监理、技术服务等单位及其从业人员违反有关建设工程法律法规和国家工程建设消防技术标准，除依法给予处罚或者追究刑事责任外，还应当依法承担相应的民事责任。

第四十二条　建设工程消防设计审查验收规则和执行本

规定所需要的文书式样，由国务院住房和城乡建设主管部门制定。

第四十三条　新颁布的国家工程建设消防技术标准实施之前，建设工程的消防设计已经依法审查合格的，按原审查意见的标准执行。

第四十四条　住宅室内装饰装修、村民自建住宅、救灾和非人员密集场所的临时性建筑的建设活动，不适用本规定。

第四十五条　省、自治区、直辖市人民政府住房和城乡建设主管部门可以根据有关法律法规和本规定，结合本地实际情况，制定实施细则。

第四十六条　本规定自2020年6月1日起施行。

建设工程消防设计审查验收工作细则

1. 2020年6月16日公布

2. 建科规〔2020〕5号

第一章　总　　则

第一条　为规范建设工程消防设计审查验收行为，保证建设工程消防设计、施工质量，根据《中华人民共和国建筑法》《中华人民共和国消防法》《建设工程质量管理条例》等法律法规，以及《建设工程消防设计审查验收管理暂行规定》（以下简称《暂行规定》）等部门规章，制定本细则。

第二条　本细则适用于县级以上地方人民政府住房和城乡建设主管部门（以下简称消防设计审查验收主管部门）依法对特殊建设工程的消防设计审查、消防验收，以及其他建设工程的消防验收备案（以下简称备案）、抽查。

第三条　本细则是和《暂行规定》配套的具体规定，建设工程消防设计审查验收除遵守本细则外，尚应符合其他相关法律法规和部门规章的规定。

第四条　省、自治区、直辖市人民政府住房和城乡建设主管部门可以根据有关法律法规和《暂行规定》，结合本地实际情况，细化本细则。

第五条　实行施工图设计文件联合审查的，应当将建设工程消防设计的技术审查并入联合审查，意见一并出具。消防设计审查验收主管部门根据施工图审查意见中的消防设计技术审查意见，出具消防设计审查意见。

实行规划、土地、消防、人防、档案等事项联合验收的建设工程，应当将建设工程消防验收并入联合验收。

第二章　特殊建设工程的消防设计审查

第六条　消防设计审查验收主管部门收到建设单位提交的特殊建设工程消防设计审查申请后，符合下列条件的，应当予以受理；不符合其中任意一项的，消防设计审查验收主管部门应当一次性告知需要补正的全部内容：

（一）特殊建设工程消防设计审查申请表信息齐全、完整；

（二）消防设计文件内容齐全、完整（具有《暂行规定》第十七条情形之一的特殊建设工程，提交的特殊消防设计技术资料内容齐全、完整）；

（三）依法需要办理建设工程规划许可的，已提交建设工程规划许可文件；

（四）依法需要批准的临时性建筑，已提交批准文件。

第七条　消防设计文件应当包括下列内容：

（一）封面：项目名称、设计单位名称、设计文件交付日期。

（二）扉页：设计单位法定代表人、技术总负责人和项目总负责人的姓名及其签字或授权盖章，设计单位资质，设计人员的姓名及其专业技术能力信息。

（三）设计文件目录。

（四）设计说明书，包括：

1. 工程设计依据，包括设计所执行的主要法律法规以及其他相关文件，所采用的主要标准（包括标准的名称、编号、年号和版本号），县级以上政府有关主管部门的项目批复性文件，建设单位提供的有关使用要求或生产工艺等资料，明确火灾危险性。

2. 工程建设的规模和设计范围，包括工程的设计规模及项目组成，分期建设情况，本设计承担的设计范围与分工等。

3. 总指标，包括总用地面积、总建筑面积和反映建设工程功能规模的技术指标。

4. 标准执行情况，包括：

(1)消防设计执行国家工程建设消防技术标准强制性条文的情况；

(2)消防设计执行国家工程建设消防技术标准中带有“严禁”“必须”“应”“不应”“不得”要求的非强制性条文的情况；

(3)消防设计中涉及国家工程建设消防技术标准没有规定内容的情况。

5. 总平面,应当包括有关主管部门对工程批准的规划许可技术条件,场地所在地的名称及在城市中的位置,场地内原有建构筑物保留、拆除的情况,建构筑物满足防火间距情况,功能分区,竖向布置方式(平坡式或台阶式),人流和车流的组织、出入口、停车场(库)的布置及停车数量,消防车道及高层建筑消防车登高操作场地的布置,道路主要的设计技术条件等。

6. 建筑和结构,应当包括项目设计规模等级,建构筑物面积,建构筑物层数和建构筑物高度,主要结构类型,建筑结构安全等级,建筑防火分类和耐火等级,门窗防火性能,用料说明和室内外装修,幕墙工程及特殊屋面工程的防火技术要求,建筑和结构设计防火设计说明等。

7. 建筑电气,应当包括消防电源、配电线路及电器装置,消防应急照明和疏散指示系统,火灾自动报警系统,以及电气防火措施等。

8. 消防给水和灭火设施,应当包括消防水源,消防水泵房、室外消防给水和室外消火栓系统、室内消火栓系统和其他灭火设施等。

9. 供暖通风与空气调节,应当包括设置防排烟的区域及其方式,防排烟系统风量确定,防排烟系统及其设施配置,控制方式简述,以及暖通空调系统的防火措施,空调通风系统的防火、防爆措施等。

10. 热能动力,应当包括有关锅炉房、涉及可燃气体的站房及可燃气、液体的防火、防爆措施等。

(五)设计图纸,包括:

1. 总平面图,应当包括:场地道路红线、建构筑物控制线、用地红线等位置;场地四邻原有及规划道路的位置;建构筑物的位置、名称、层数、防火间距;消防车道或通道及高层建筑消防车登高操作场地的布置等。

2. 建筑和结构,应当包括:平面图,包括平面布置,房间或空间名称或编号,每层建构筑物面积、防火分区面积、防火分区分隔位置及安全出口位置示意,以及主要结构和建筑构配件等;立面图,包括立面外轮廓及主要结构和建筑构造部件的位置,建构筑物的总高度、层高和标高以及关键控制标高的标注等;剖面图,应标示内外空间比较复杂的部位(如中庭与邻近的楼层或者错层部位),并包括建筑室内地面和室外地面标高,屋面檐口、女儿墙顶等的标高,层间高度尺寸及其他必需的高度尺寸等。

3. 建筑电气,应当包括:电气火灾监控系统,消防设备电源监控系统,防火门监控系统,火灾自动报警系统,消防应急广播,以及消防应急照明和疏散指示系统等。

4. 消防给水和灭火设施,应当包括:消防给水总平面图,消防给水系统的系统图、平面布置图,消防水池和消防水泵房平面图,以及其他灭火系统的系统图及平面布置图等。

5. 供暖通风与空气调节,应当包括:防烟系统的系统图、平面布置图,排烟系统的系统图、平面布置图,供暖、通风和空气调节系统的系统图、平面图等。

6. 热能动力,应当包括:所包含的锅炉房设备平面布置图,其他动力站房平面布置图,以及各专业管道防火封堵措施等。

第八条　具有《暂行规定》第十七条情形之一的特殊建设工程,提交的特殊消防设计技术资料应当包括下列内容:

(一)特殊消防设计文件,包括:

1. 设计说明。属于《暂行规定》第十七条第一款第一项情形的,应当说明设计中涉及国家工程建设消防技术标准没有规定的内容和理由,必须采用国际标准或者境外工程建设消防技术标准进行设计的内容和理由,特殊消防设计方案说明以及对特殊消防设计方案的评估分析报告、试验验证报告或数值模拟分析验证报告等。

属于《暂行规定》第十七条第一款第二项情形的,应当说明设计不符合国家工程建设消防技术标准的内容和理由,必须采用不符合国家工程建设消防技术标准规定的新技术、新工艺、新材料的内容和理由,特殊消防设计方案说明以及对特殊消防设计方案的评估分析报告、试验验证报告或数值模拟分析验证报告等。

2. 设计图纸。涉及采用国际标准、境外工程建设消防技术标准,或者采用新技术、新工艺、新材料的消防设计图纸。

(二)属于《暂行规定》第十七条第一款第一项情形的,应提交设计采用的国际标准、境外工程建设消防技术标准的原文及中文翻译文本。

(三)属于《暂行规定》第十七条第一款第二项情形的,采用新技术、新工艺的,应提交新技术、新工艺的说明;采用新材料的,应提交产品说明,包括新材料的产品标准文本(包括性能参数等)。

(四)应用实例。属于《暂行规定》第十七条第一款第一项情形的,应提交两个以上、近年内采用国际标准或者境外工程建设消防技术标准在国内或国外类似工程应用情况的报告;属于《暂行规定》第十七条第一款第二项情形的,应提交采用新技术、新工艺、新材料在国内或国外类似工程应用情况的报告或中试(生产)试验研究情况报告等。

(五)属于《暂行规定》第十七条第一款情形的,建筑高度大于250米的建筑,除上述四项以外,还应当说明在符合国家工程建设消防技术标准的基础上,所采取的切实增强建筑火灾时自防自救能力的加强性消防设计措施。包括:建筑构件耐火性能、外部平面布局、内部平面布置、安全疏散和避难、防火构造、建筑保温和外墙装饰防火性能、自动消防设施及灭火救援设施的配置及其可靠性、消防给水、消防电源及配电、建筑电气防火等内容。

第九条　对开展特殊消防设计的特殊建设工程进行消防设计技术审查前,应按照相关规定组织特殊消防设计技术资料的专家评审,专家评审意见应作为技术审查的依据。

专家评审应当针对特殊消防设计技术资料进行讨论,评审专家应当独立出具评审意见。讨论应当包括下列内容:

(一)设计超出或者不符合国家工程建设消防技术标准的理由是否充分;

(二)设计必须采用国际标准或者境外工程建设消防技术标准,或者采用新技术、新工艺、新材料的理由是否充分,运用是否准确,是否具备应用可行性等;

(三)特殊消防设计是否不低于现行国家工程建设消防技术标准要求的同等消防安全水平,方案是否可行;

(四)属于《暂行规定》第十七条第一款情形的,建筑高度大于250米的建筑,讨论内容除上述三项以外,还应当讨论采取的加强性消防设计措施是否可行、可靠和合理。

第十条　专家评审意见应当包括下列内容:

(一)会议概况,包括会议时间、地点,组织机构,专家组的成员构成,参加会议的建设、设计、咨询、评估等单位;

(二)项目建设与设计概况;

(三)特殊消防设计评审内容;

(四)评审专家独立出具的评审意见,评审意见应有专家签字,明确为同意或不同意,不同意的应当说明理由;

(五)专家评审结论,评审结论应明确为同意或不同意,特殊消防设计技术资料经3/4以上评审专家同意即为评审通过,评审结论为同意;

(六)评审结论专家签字;

(七)会议记录。

第十一条　省、自治区、直辖市人民政府住房和城乡建设主管部门应当按照规定将专家评审意见装订成册,及时报国务院住房和城乡建设主管部门备案,并同时报送其电子文本。

第十二条　消防设计审查验收主管部门可以委托具备相应能力的技术服务机构开展特殊建设工程消防设计技术审查,并形成意见或者报告,作为出具特殊建设工程消防设计审查意见的依据。

提供消防设计技术审查的技术服务机构,应当将出具的意见或者报告及时反馈消防设计审查验收主管部门。意见或者报告的结论应清晰、明确。

第十三条　消防设计技术审查符合下列条件的,结论为合格;不符合下列任意一项的,结论为不合格:

(一)消防设计文件编制符合相应建设工程设计文件编制深度规定的要求;

(二)消防设计文件内容符合国家工程建设消防技术标准强制性条文规定;

(三)消防设计文件内容符合国家工程建设消防技术标准中带有"严禁""必须""应""不应""不得"要求的非强制性条文规定;

(四)具有《暂行规定》第十七条情形之一的特殊建设工程,特殊消防设计技术资料通过专家评审。

第三章　特殊建设工程的消防验收

第十四条　消防设计审查验收主管部门开展特殊建设工程消防验收,建设、设计、施工、工程监理、技术服务机构等相关单位应当予以配合。

第十五条　消防设计审查验收主管部门收到建设单位提交的特殊建设工程消防验收申请后,符合下列条件的,应当予以受理;不符合其中任意一项的,消防设计审查验收主管部门应当一次性告知需要补正的全部内容:

(一)特殊建设工程消防验收申请表信息齐全、完整;

（二）有符合相关规定的工程竣工验收报告，且竣工验收消防查验内容完整、符合要求；

（三）涉及消防的建设工程竣工图纸与经审查合格的消防设计文件相符。

第十六条　建设单位编制工程竣工验收报告前，应开展竣工验收消防查验，查验合格后方可编制工程竣工验收报告。

第十七条　消防设计审查验收主管部门可以委托具备相应能力的技术服务机构开展特殊建设工程消防验收的消防设施检测、现场评定，并形成意见或者报告，作为出具特殊建设工程消防验收意见的依据。

提供消防设施检测、现场评定的技术服务机构，应当将出具的意见或者报告及时反馈消防设计审查验收主管部门，结论应清晰、明确。

现场评定技术服务应严格依据法律法规、国家工程建设消防技术标准和省、自治区、直辖市人民政府住房和城乡建设主管部门有关规定等开展，内容、依据、流程等应及时向社会公布公开。

第十八条　现场评定应当依据消防法律法规、国家工程建设消防技术标准和涉及消防的建设工程竣工图纸、消防设计审查意见，对建筑物防（灭）火设施的外观进行现场抽样查看；通过专业仪器设备对涉及距离、高度、宽度、长度、面积、厚度等可测量的指标进行现场抽样测量；对消防设施的功能进行抽样测试、联调联试消防设施的系统功能等。

现场评定具体项目包括：

（一）建筑类别与耐火等级；

（二）总平面布局，应当包括防火间距、消防车道、消防车登高面、消防车登高操作场地等项目；

（三）平面布置，应当包括消防控制室、消防水泵房等建设工程消防用房的布置，国家工程建设消防技术标准中有位置要求场所（如儿童活动场所、展览厅等）的设置位置等项目；

（四）建筑外墙、屋面保温和建筑外墙装饰；

（五）建筑内部装修防火，应当包括装修情况，纺织织物、木质材料、高分子合成材料、复合材料及其他材料的防火性能，用电装置发热情况和周围材料的燃烧性能和防火隔热、散热措施，对消防设施的影响，对疏散设施的影响等项目；

（六）防火分隔，应当包括防火分区，防火墙，防火门、窗，竖向管道井、其他有防火分隔要求的部位等项目；

（七）防爆，应当包括泄压设施，以及防静电、防积聚、防流散等措施；

（八）安全疏散，应当包括安全出口、疏散门、疏散走道、避难层（间）、消防应急照明和疏散指示标志等项目；

（九）消防电梯；

（十）消火栓系统，应当包括供水水源、消防水池、消防水泵、管网、室内外消火栓、系统功能等项目；

（十一）自动喷水灭火系统，应当包括供水水源、消防水池、消防水泵、报警阀组、喷头、系统功能等项目；

（十二）火灾自动报警系统，应当包括系统形式、火灾探测器的报警功能、系统功能、以及火灾报警控制器、联动设备和消防控制室图形显示装置等项目；

（十三）防烟排烟系统及通风、空调系统防火，包括系统设置、排烟风机、管道、系统功能等项目；

（十四）消防电气，应当包括消防电源、柴油发电机房、变配电房、消防配电、用电设施等项目；

（十五）建筑灭火器，应当包括种类、数量、配置、布置等项目；

（十六）泡沫灭火系统，应当包括泡沫灭火系统防护区、以及泡沫比例混合、泡沫发生装置等项目；

（十七）气体灭火系统的系统功能；

（十八）其他国家工程建设消防技术标准强制性条文规定的项目，以及带有“严禁”“必须”“应”“不应”“不得”要求的非强制性条文规定的项目。

第十九条　现场抽样查看、测量、设施及系统功能测试应符合下列要求：

（一）每一项目的抽样数量不少于2处，当总数不大于2处时，全部检查；

（二）防火间距、消防车登高操作场地、消防车道的设置及安全出口的形式和数量应全部检查。

第二十条　消防验收现场评定符合下列条件的，结论为合格；不符合下列任意一项的，结论为不合格：

（一）现场评定内容符合经消防设计审查合格的消防设计文件；

（二）现场评定内容符合国家工程建设消防技术标准强制性条文规定的要求；

（三）有距离、高度、宽度、长度、面积、厚度等要求的内容，其与设计图纸标示的数值误差满足国家工程

建设消防技术标准的要求;国家工程建设消防技术标准没有数值误差要求的,误差不超过5%,且不影响正常使用功能和消防安全;

(四)现场评定内容为消防设施性能的,满足设计文件要求并能正常实现;

(五)现场评定内容为系统功能的,系统主要功能满足设计文件要求并能正常实现。

第四章 其他建设工程的消防验收备案与抽查

第二十一条 消防设计审查验收主管部门收到建设单位备案材料后,对符合下列条件的,应当出具备案凭证;不符合其中任意一项的,消防设计审查验收主管部门应当一次性告知需要补正的全部内容:

(一)消防验收备案表信息完整;

(二)具有工程竣工验收报告;

(三)具有涉及消防的建设工程竣工图纸。

第二十二条 消防设计审查验收主管部门应当对申请备案的火灾危险等级较高的其他建设工程适当提高抽取比例,具体由省、自治区、直辖市人民政府住房和城乡建设主管部门制定。

第二十三条 消防设计审查验收主管部门对被确定为检查对象的其他建设工程,应当按照建设工程消防验收有关规定,检查建设单位提交的工程竣工验收报告的编制是否符合相关规定,竣工验收消防查验内容是否完整、符合要求。

备案抽查的现场检查应当依据涉及消防的建设工程竣工图纸和建设工程消防验收现场评定有关规定进行。

第二十四条 消防设计审查验收主管部门对整改完成并申请复查的其他建设工程,应当按照建设工程消防验收有关规定进行复查,并出具复查意见。

第五章 档 案 管 理

第二十五条 消防设计审查验收主管部门应当严格按照国家有关档案管理的规定,做好建设工程消防设计审查、消防验收、备案和抽查的档案管理工作,建立档案信息化管理系统。

消防设计审查验收工作人员应当对所承办的消防设计审查、消防验收、备案和抽查的业务管理和业务技术资料及时收集、整理,确保案卷材料齐全完整、真实合法。

第二十六条 建设工程消防设计审查、消防验收、备案和抽查的档案内容较多时可立分册并集中存放,其中图纸可用电子档案的形式保存。建设工程消防设计审查、消防验收、备案和抽查的原始技术资料应长期保存。

住房和城乡建设部关于进一步加强建筑施工消防安全工作的通知

1. 2010年11月18日
2. 建质电〔2010〕53号

各省、自治区住房城乡建设厅,北京市住房城乡建设委,上海市、天津市城乡建设交通委,重庆市城乡建设委,新疆生产建设兵团建设局:

2010年11月13日,全国重点文物保护单位、清华大学清华学堂发生火灾,过火面积约800平方米;11月15日,上海市静安区一高层居民住宅楼发生特大火灾,造成53人死亡、70人受伤。上述两起事故均发生在既有建筑装修改造阶段。近日,国务院办公厅下发了《关于进一步做好消防工作坚决遏制重特大火灾事故的通知》(国办发明电〔2010〕35号,以下简称《通知》),对部分地区接连发生的重特大火灾事故进行了通报,并对加强消防安全工作提出了要求。为认真贯彻落实国务院办公厅《通知》精神,积极预防和有效遏制建筑施工消防事故的发生,现就有关事项通知如下:

一、高度重视建筑施工消防安全工作

各地要牢固树立"安全第一、以人为本"的理念,从落实科学发展观、保障和改善民生的高度,进一步提高对做好建筑施工消防工作重要性的认识,增强责任感、紧迫感。要按照公安部和我部联合下发的《关于进一步加强建设工程施工现场消防安全工作的通知》(公消〔2009〕131号)确定的职责分工,切实加强建筑施工消防安全工作。要针对本地区建筑施工消防安全工作存在的薄弱环节,制定完善各项建筑施工消防安全管理制度,督促指导建筑施工企业认真落实消防安全责任制。建筑施工企业的主要负责人要对本企业消防安全工作负总责,确保企业的相关各项制度措施真正落实到在建工程项目上,确保建筑施工消防安全。

二、认真组织开展建筑施工火灾隐患排查整改工作

各地要结合本地实际，立即组织开展对在建工程项目，特别是对既有建筑的改、扩建项目施工消防隐患排查治理工作。要重点检查以下几方面：一是企业和在建项目消防安全责任制、节假日期间治安防火值班制度等各项安全生产制度及落实情况；二是施工现场消防器材、消防设施的配备和消防通道的设置情况；三是建筑电工、焊工等特种作业人员的消防安全教育培训及持证上岗情况；四是施工现场动火作业是否符合相应的操作规程和标准规范要求，并采取相应的防火措施；五是施工现场生活区宿舍用电是否严格按照临时用电规范，是否存在违规使用大功率照明、取暖、电加热器具等方面的情况；六是对于建筑外保温系统及外墙装饰工程，是否按照公安部和我部联合下发的《民用建筑外保温系统及外墙装饰防火暂行规定》（公通字〔2009〕46 号）的要求进行防火设计、施工。

对排查发现的隐患，要督促企业立即整改。对发现的重大隐患，省级住房城乡建设部门要挂牌督办。对不执行政府及有关部门下达的安全隐患整改通知，不认真进行隐患整改以及对隐患整改不力造成事故的，要依法从重追究相关责任人员，尤其是企业负责人的责任。

三、严厉打击建筑施工违法违规行为

各地要按照《关于集中开展严厉打击建筑施工非法违法行为专项行动的通知》要求，继续深入开展严厉打击建筑施工非法违法行为的专项行动。要严厉打击不办理施工许可等法定建设手续，擅自从事建筑施工活动的行为，以及违法分包、转包、挂靠的行为，建筑施工企业无施工资质证书、无安全生产许可证，特种作业人员无操作资格证书进行施工活动的行为，拒不执行政府有关部门下达停工整改通知等行为。对于发生建筑施工火灾事故的，要加大责任追究力度，做到事故原因不查清不放过、事故责任者得不到处理不放过、整改措施不落实不放过、教训不吸取不放过。对发生建筑施工火灾事故的，除追究在建项目负责人和直接责任人责任外，还要追究企业主要负责人的责任。

四、加强消防安全宣传教育和培训

各地要结合本地实际，重点从消除建筑施工火灾隐患、组织扑救初起火灾、组织人员疏散逃生等方面，指导督促建筑施工企业有针对性地开展施工消防安全知识的宣传教育培训和演练等。要切实加强对施工现场一线操作人员，特别是电工、焊工等特种作业人员的消防安全知识培训，进一步提高安全意识和自防自救的能力。

目前各地已陆续进入冬季施工期，这也是火灾、煤气中毒等事故高发的时段。各地住房城乡建设主管部门要高度重视，切实履行职责，督促指导建设、设计、施工、监理等企业，认真落实安全生产主体责任，有效防范和坚决遏制建筑生产安全事故，确保冬季尤其是元旦、春节期间的建筑施工安全，为进一步促进建筑生产安全形势持续稳定好转而不懈努力。

3. 环境保护

中华人民共和国环境保护法(节录)

1. 1989年12月26日第七届全国人民代表大会常务委员会第十一次会议通过
2. 2014年4月24日第十二届全国人民代表大会常务委员会第八次会议修订
3. 自2015年1月1日起施行

第十九条 【环境影响评价】编制有关开发利用规划,建设对环境有影响的项目,应当依法进行环境影响评价。

未依法进行环境影响评价的开发利用规划,不得组织实施;未依法进行环境影响评价的建设项目,不得开工建设。

第四十一条 【防污设施的设计、施工与投产】建设项目中防治污染的设施,应当与主体工程同时设计、同时施工、同时投产使用。防治污染的设施应当符合经批准的环境影响评价文件的要求,不得擅自拆除或者闲置。

第五十六条 【公众参与】对依法应当编制环境影响报告书的建设项目,建设单位应当在编制时向可能受影响的公众说明情况,充分征求意见。

负责审批建设项目环境影响评价文件的部门在收到建设项目环境影响报告书后,除涉及国家秘密和商业秘密的事项外,应当全文公开;发现建设项目未充分征求公众意见的,应当责成建设单位征求公众意见。

第六十一条 【擅自开工建设的法律责任】建设单位未依法提交建设项目环境影响评价文件或者环境影响评价文件未经批准,擅自开工建设的,由负有环境保护监督管理职责的部门责令停止建设,处以罚款,并可以责令恢复原状。

第六十三条 【行政拘留】企业事业单位和其他生产经营者有下列行为之一,尚不构成犯罪的,除依照有关法律法规规定予以处罚外,由县级以上人民政府环境保护主管部门或者其他有关部门将案件移送公安机关,对其直接负责的主管人员和其他直接责任人员,处十日以上十五日以下拘留;情节较轻的,处五日以上十日以下拘留:

(一)建设项目未依法进行环境影响评价,被责令停止建设,拒不执行的;

(二)违反法律规定,未取得排污许可证排放污染物,被责令停止排污,拒不执行的;

(三)通过暗管、渗井、渗坑、灌注或者篡改、伪造监测数据,或者不正常运行防治污染设施等逃避监管的方式违法排放污染物的;

(四)生产、使用国家明令禁止生产、使用的农药,被责令改正,拒不改正的。

第六十四条 【侵权责任】因污染环境和破坏生态造成损害的,应当依照《中华人民共和国侵权责任法》的有关规定承担侵权责任。

中华人民共和国环境影响评价法(节录)

1. 2002年10月28日第九届全国人民代表大会常务委员会第三十次会议通过
2. 根据2016年7月2日第十二届全国人民代表大会常务委员会第二十一次会议《关于修改〈中华人民共和国节约能源法〉等六部法律的决定》第一次修正
3. 根据2018年12月29日第十三届全国人民代表大会常务委员会第七次会议《关于修改〈中华人民共和国劳动法〉等七部法律的决定》第二次修正

第三章 建设项目的环境影响评价

第十六条 【分类管理】国家根据建设项目对环境的影响程度,对建设项目的环境影响评价实行分类管理。

建设单位应当按照下列规定组织编制环境影响报告书、环境影响报告表或者填报环境影响登记表(以下统称环境影响评价文件):

(一)可能造成重大环境影响的,应当编制环境影响报告书,对产生的环境影响进行全面评价;

(二)可能造成轻度环境影响的,应当编制环境影响报告表,对产生的环境影响进行分析或者专项评价;

(三)对环境影响很小、不需要进行环境影响评价的,应当填报环境影响登记表。

建设项目的环境影响评价分类管理名录,由国务院生态环境主管部门制定并公布。

第十七条 【建设项目环境影响报告书的内容】建设项目的环境影响报告书应当包括下列内容:

(一)建设项目概况;

(二)建设项目周围环境现状;

(三)建设项目对环境可能造成影响的分析、预测和评估；

（四）建设项目环境保护措施及其技术、经济论证；

（五）建设项目对环境影响的经济损益分析；

（六）对建设项目实施环境监测的建议；

（七）环境影响评价的结论。

环境影响报告表和环境影响登记表的内容和格式，由国务院生态环境主管部门制定。

第十八条 【建设项目评价与规划评价的区别】建设项目的环境影响评价，应当避免与规划的环境影响评价相重复。

作为一项整体建设项目的规划，按照建设项目进行环境影响评价，不进行规划的环境影响评价。

已经进行了环境影响评价的规划包含具体建设项目的，规划的环境影响评价结论应当作为建设项目环境影响评价的重要依据，建设项目环境影响评价的内容应当根据规划的环境影响评价审查意见予以简化。

第十九条 【技术服务机构】建设单位可以委托技术单位对其建设项目开展环境影响评价，编制建设项目环境影响报告书、环境影响报告表；建设单位具备环境影响评价技术能力的，可以自行对其建设项目开展环境影响评价，编制建设项目环境影响报告书、环境影响报告表。

编制建设项目环境影响报告书、环境影响报告表应当遵守国家有关环境影响评价标准、技术规范等规定。

国务院生态环境主管部门应当制定建设项目环境影响报告书、环境影响报告表编制的能力建设指南和监管办法。

接受委托为建设单位编制建设项目环境影响报告书、环境影响报告表的技术单位，不得与负责审批建设项目环境影响报告书、环境影响报告表的生态环境主管部门或者其他有关审批部门存在任何利益关系。

第二十条 【对评价机构的要求】建设单位应当对建设项目环境影响报告书、环境影响报告表的内容和结论负责，接受委托编制建设项目环境影响报告书、环境影响报告表的技术单位对其编制的建设项目环境影响报告书、环境影响报告表承担相应责任。

设区的市级以上人民政府生态环境主管部门应当加强对建设项目环境影响报告书、环境影响报告表编制单位的监督管理和质量考核。

负责审批建设项目环境影响报告书、环境影响报告表的生态环境主管部门应当将编制单位、编制主持人和主要编制人员的相关违法信息记入社会诚信档案，并纳入全国信用信息共享平台和国家企业信用信息公示系统向社会公布。

任何单位和个人不得为建设单位指定编制建设项目环境影响报告书、环境影响报告表的技术单位。

第二十一条 【专项规划环境影响评价的公开原则】除国家规定需要保密的情形外，对环境可能造成重大影响、应当编制环境影响报告书的建设项目，建设单位应当在报批建设项目环境影响报告书前，举行论证会、听证会，或者采取其他形式，征求有关单位、专家和公众的意见。

建设单位报批的环境影响报告书应当附具对有关单位、专家和公众的意见采纳或者不采纳的说明。

第二十二条 【建设项目环境影响报告书的审批】建设项目的环境影响报告书、报告表，由建设单位按照国务院的规定报有审批权的生态环境主管部门审批。

海洋工程建设项目的海洋环境影响报告书的审批，依照《中华人民共和国海洋环境保护法》的规定办理。

审批部门应当自收到环境影响报告书之日起六十日内，收到环境影响报告表之日起三十日内，分别作出审批决定并书面通知建设单位。

国家对环境影响登记表实行备案管理。

审核、审批建设项目环境影响报告书、报告表以及备案环境影响登记表，不得收取任何费用。

第二十三条 【审批的部门】国务院生态环境主管部门负责审批下列建设项目的环境影响评价文件：

（一）核设施、绝密工程等特殊性质的建设项目；

（二）跨省、自治区、直辖市行政区域的建设项目；

（三）由国务院审批的或者由国务院授权有关部门审批的建设项目。

前款规定以外的建设项目的环境影响评价文件的审批权限，由省、自治区、直辖市人民政府规定。

建设项目可能造成跨行政区域的不良环境影响，有关生态环境主管部门对该项目的环境影响评价结论有争议的，其环境影响评价文件由共同的上一级生态环境主管部门审批。

第二十四条 【环境影响评价文件的重新审核】建设项目的环境影响评价文件经批准后，建设项目的性质、规模、地点、采用的生产工艺或者防治污染、防止生态破坏的措施发生重大变动的，建设单位应当重新报批建设项目的环境影响评价文件。

建设项目的环境影响评价文件自批准之日起超过

五年，方决定该项目开工建设的，其环境影响评价文件应当报原审批部门重新审核；原审批部门应当自收到建设项目环境影响评价文件之日起十日内，将审核意见书面通知建设单位。

第二十五条　【环评文件未经审查或未获批准的建设项目不得开工】建设项目的环境影响评价文件未依法经审批部门审查或者审查后未予批准的，建设单位不得开工建设。

第二十六条　【环保对策的实施】建设项目建设过程中，建设单位应当同时实施环境影响报告书、环境影响报告表以及环境影响评价文件审批部门审批意见中提出的环境保护对策措施。

第二十七条　【后评价】在项目建设、运行过程中产生不符合经审批的环境影响评价文件的情形的，建设单位应当组织环境影响的后评价，采取改进措施，并报原环境影响评价文件审批部门和建设项目审批部门备案；原环境影响评价文件审批部门也可以责成建设单位进行环境影响的后评价，采取改进措施。

第二十八条　【跟踪检查】生态环境主管部门应当对建设项目投入生产或者使用后所产生的环境影响进行跟踪检查，对造成严重环境污染或者生态破坏的，应当查清原因、查明责任。对属于建设项目环境影响报告书、环境影响报告表存在基础资料明显不实，内容存在重大缺陷、遗漏或者虚假，环境影响评价结论不正确或者不合理等严重质量问题的，依照本法第三十二条的规定追究建设单位及其相关责任人员和接受委托编制建设项目环境影响报告书、环境影响报告表的技术单位及其相关人员的法律责任；属于审批部门工作人员失职、渎职，对依法不应批准的建设项目环境影响报告书、环境影响报告表予以批准的，依照本法第三十四条的规定追究其法律责任。

第四章　法 律 责 任

第三十一条　【建设单位违法】建设单位未依法报批建设项目环境影响报告书、报告表，或者未依照本法第二十四条的规定重新报批或者报请重新审核环境影响报告书、报告表，擅自开工建设的，由县级以上生态环境主管部门责令停止建设，根据违法情节和危害后果，处建设项目总投资额百分之一以上百分之五以下的罚款，并可以责令恢复原状；对建设单位直接负责的主管人员和其他直接责任人员，依法给予行政处分。

建设项目环境影响报告书、报告表未经批准或者未经原审批部门重新审核同意，建设单位擅自开工建设的，依照前款的规定处罚、处分。

建设单位未依法备案建设项目环境影响登记表的，由县级以上生态环境主管部门责令备案，处五万元以下的罚款。

海洋工程建设项目的建设单位有本条所列违法行为的，依照《中华人民共和国海洋环境保护法》的规定处罚。

第三十二条　【技术服务机构违法】建设项目环境影响报告书、环境影响报告表存在基础资料明显不实，内容存在重大缺陷、遗漏或者虚假，环境影响评价结论不正确或者不合理等严重质量问题的，由设区的市级以上人民政府生态环境主管部门对建设单位处五十万元以上二百万元以下的罚款，并对建设单位的法定代表人、主要负责人、直接负责的主管人员和其他直接责任人员，处五万元以上二十万元以下的罚款。

接受委托编制建设项目环境影响报告书、环境影响报告表的技术单位违反国家有关环境影响评价标准和技术规范等规定，致使其编制的建设项目环境影响报告书、环境影响报告表存在基础资料明显不实，内容存在重大缺陷、遗漏或者虚假，环境影响评价结论不正确或者不合理等严重质量问题的，由设区的市级以上人民政府生态环境主管部门对技术单位处所收费用三倍以上五倍以下的罚款；情节严重的，禁止从事环境影响报告书、环境影响报告表编制工作；有违法所得的，没收违法所得。

编制单位有本条第一款、第二款规定的违法行为的，编制主持人和主要编制人员五年内禁止从事环境影响报告书、环境影响报告表编制工作；构成犯罪的，依法追究刑事责任，并终身禁止从事环境影响报告书、环境影响报告表编制工作。

建设项目环境保护管理条例

1. 1998年11月29日国务院令第253号发布
2. 根据2017年7月16日国务院令第682号《关于修改〈建设项目环境保护管理条例〉的决定》修订

第一章　总　　则

第一条　为了防止建设项目产生新的污染、破坏生态环境，制定本条例。

第二条　在中华人民共和国领域和中华人民共和国管辖

的其他海域内建设对环境有影响的建设项目，适用本条例。

第三条 建设产生污染的建设项目，必须遵守污染物排放的国家标准和地方标准；在实施重点污染物排放总量控制的区域内，还必须符合重点污染物排放总量控制的要求。

第四条 工业建设项目应当采用能耗物耗小、污染物产生量少的清洁生产工艺，合理利用自然资源，防止环境污染和生态破坏。

第五条 改建、扩建项目和技术改造项目必须采取措施，治理与该项目有关的原有环境污染和生态破坏。

第二章 环境影响评价

第六条 国家实行建设项目环境影响评价制度。

第七条 国家根据建设项目对环境的影响程度，按照下列规定对建设项目的环境保护实行分类管理：

（一）建设项目对环境可能造成重大影响的，应当编制环境影响报告书，对建设项目产生的污染和对环境的影响进行全面、详细的评价；

（二）建设项目对环境可能造成轻度影响的，应当编制环境影响报告表，对建设项目产生的污染和对环境的影响进行分析或者专项评价；

（三）建设项目对环境影响很小，不需要进行环境影响评价的，应当填报环境影响登记表。

建设项目环境影响评价分类管理名录，由国务院环境保护行政主管部门在组织专家进行论证和征求有关部门、行业协会、企事业单位、公众等意见的基础上制定并公布。

第八条 建设项目环境影响报告书，应当包括下列内容：

（一）建设项目概况；

（二）建设项目周围环境现状；

（三）建设项目对环境可能造成影响的分析和预测；

（四）环境保护措施及其经济、技术论证；

（五）环境影响经济损益分析；

（六）对建设项目实施环境监测的建议；

（七）环境影响评价结论。

建设项目环境影响报告表、环境影响登记表的内容和格式，由国务院环境保护行政主管部门规定。

第九条 依法应当编制环境影响报告书、环境影响报告表的建设项目，建设单位应当在开工建设前将环境影响报告书、环境影响报告表报有审批权的环境保护行政主管部门审批；建设项目的环境影响评价文件未依法经审批部门审查或者审查后未予批准的，建设单位不得开工建设。

环境保护行政主管部门审批环境影响报告书、环境影响报告表，应当重点审查建设项目的环境可行性、环境影响分析预测评估的可靠性、环境保护措施的有效性、环境影响评价结论的科学性等，并分别自收到环境影响报告书之日起60日内、收到环境影响报告表之日起30日内，作出审批决定并书面通知建设单位。

环境保护行政主管部门可以组织技术机构对建设项目环境影响报告书、环境影响报告表进行技术评估，并承担相应费用；技术机构应当对其提出的技术评估意见负责，不得向建设单位、从事环境影响评价工作的单位收取任何费用。

依法应当填报环境影响登记表的建设项目，建设单位应当按照国务院环境保护行政主管部门的规定将环境影响登记表报建设项目所在地县级环境保护行政主管部门备案。

环境保护行政主管部门应当开展环境影响评价文件网上审批、备案和信息公开。

第十条 国务院环境保护行政主管部门负责审批下列建设项目环境影响报告书、环境影响报告表：

（一）核设施、绝密工程等特殊性质的建设项目；

（二）跨省、自治区、直辖市行政区域的建设项目；

（三）国务院审批的或者国务院授权有关部门审批的建设项目。

前款规定以外的建设项目环境影响报告书、环境影响报告表的审批权限，由省、自治区、直辖市人民政府规定。

建设项目造成跨行政区域环境影响，有关环境保护行政主管部门对环境影响评价结论有争议的，其环境影响报告书或者环境影响报告表由共同上一级环境保护行政主管部门审批。

第十一条 建设项目有下列情形之一的，环境保护行政主管部门应当对环境影响报告书、环境影响报告表作出不予批准的决定：

（一）建设项目类型及其选址、布局、规模等不符合环境保护法律法规和相关法定规划；

（二）所在区域环境质量未达到国家或者地方环境质量标准，且建设项目拟采取的措施不能满足区域环境质量改善目标管理要求；

（三）建设项目采取的污染防治措施无法确保污

染物排放达到国家和地方排放标准，或者未采取必要措施预防和控制生态破坏；

（四）改建、扩建和技术改造项目，未针对项目原有环境污染和生态破坏提出有效防治措施；

（五）建设项目的环境影响报告书、环境影响报告表的基础资料数据明显不实，内容存在重大缺陷、遗漏，或者环境影响评价结论不明确、不合理。

第十二条　建设项目环境影响报告书、环境影响报告表经批准后，建设项目的性质、规模、地点、采用的生产工艺或者防治污染、防止生态破坏的措施发生重大变动的，建设单位应当重新报批建设项目环境影响报告书、环境影响报告表。

建设项目环境影响报告书、环境影响报告表自批准之日起满5年，建设项目方开工建设的，其环境影响报告书、环境影响报告表应当报原审批部门重新审核。原审批部门应当自收到建设项目环境影响报告书、环境影响报告表之日起10日内，将审核意见书面通知建设单位；逾期未通知的，视为审核同意。

审核、审批建设项目环境影响报告书、环境影响报告表及备案环境影响登记表，不得收取任何费用。

第十三条　建设单位可以采取公开招标的方式，选择从事环境影响评价工作的单位，对建设项目进行环境影响评价。

任何行政机关不得为建设单位指定从事环境影响评价工作的单位，进行环境影响评价。

第十四条　建设单位编制环境影响报告书，应当依照有关法律规定，征求建设项目所在地有关单位和居民的意见。

第三章　环境保护设施建设

第十五条　建设项目需要配套建设的环境保护设施，必须与主体工程同时设计、同时施工、同时投产使用。

第十六条　建设项目的初步设计，应当按照环境保护设计规范的要求，编制环境保护篇章，落实防治环境污染和生态破坏的措施以及环境保护设施投资概算。

建设单位应当将环境保护设施建设纳入施工合同，保证环境保护设施建设进度和资金，并在项目建设过程中同时组织实施环境影响报告书、环境影响报告表及其审批部门审批决定中提出的环境保护对策措施。

第十七条　编制环境影响报告书、环境影响报告表的建设项目竣工后，建设单位应当按照国务院环境保护行政主管部门规定的标准和程序，对配套建设的环境保护设施进行验收，编制验收报告。

建设单位在环境保护设施验收过程中，应当如实查验、监测、记载建设项目环境保护设施的建设和调试情况，不得弄虚作假。

除按照国家规定需要保密的情形外，建设单位应当依法向社会公开验收报告。

第十八条　分期建设、分期投入生产或者使用的建设项目，其相应的环境保护设施应当分期验收。

第十九条　编制环境影响报告书、环境影响报告表的建设项目，其配套建设的环境保护设施经验收合格，方可投入生产或者使用；未经验收或者验收不合格的，不得投入生产或者使用。

前款规定的建设项目投入生产或者使用后，应当按照国务院环境保护行政主管部门的规定开展环境影响后评价。

第二十条　环境保护行政主管部门应当对建设项目环境保护设施设计、施工、验收、投入生产或者使用情况，以及有关环境影响评价文件确定的其他环境保护措施的落实情况，进行监督检查。

环境保护行政主管部门应当将建设项目有关环境违法信息记入社会诚信档案，及时向社会公开违法者名单。

第四章　法律责任

第二十一条　建设单位有下列行为之一的，依照《中华人民共和国环境影响评价法》的规定处罚：

（一）建设项目环境影响报告书、环境影响报告表未依法报批或者报请重新审核，擅自开工建设；

（二）建设项目环境影响报告书、环境影响报告表未经批准或者重新审核同意，擅自开工建设；

（三）建设项目环境影响登记表未依法备案。

第二十二条　违反本条例规定，建设单位编制建设项目初步设计未落实防治环境污染和生态破坏的措施以及环境保护设施投资概算，未将环境保护设施建设纳入施工合同，或者未依法开展环境影响后评价的，由建设项目所在地县级以上环境保护行政主管部门责令限期改正，处5万元以上20万元以下的罚款；逾期不改正的，处20万元以上100万元以下的罚款。

违反本条例规定，建设单位在项目建设过程中未同时组织实施环境影响报告书、环境影响报告表及其审批部门审批决定中提出的环境保护对策措施的，由建设项目所在地县级以上环境保护行政主管部门责令限期改正，处20万元以上100万元以下的罚款；逾期不改正的，责令停止建设。

第二十三条　违反本条例规定，需要配套建设的环境保护设施未建成、未经验收或者验收不合格，建设项目即投入生产或者使用，或者在环境保护设施验收中弄虚作假的，由县级以上环境保护行政主管部门责令限期改正，处20万元以上100万元以下的罚款；逾期不改正的，处100万元以上200万元以下的罚款；对直接负责的主管人员和其他责任人员，处5万元以上20万元以下的罚款；造成重大环境污染或者生态破坏的，责令停止生产或者使用，或者报经有批准权的人民政府批准，责令关闭。

违反本条例规定，建设单位未依法向社会公开环境保护设施验收报告的，由县级以上环境保护行政主管部门责令公开，处5万元以上20万元以下的罚款，并予以公告。

第二十四条　违反本条例规定，技术机构向建设单位、从事环境影响评价工作的单位收取费用的，由县级以上环境保护行政主管部门责令退还所收费用，处所收费用1倍以上3倍以下的罚款。

第二十五条　从事建设项目环境影响评价工作的单位，在环境影响评价工作中弄虚作假的，由县级以上环境保护行政主管部门处所收费用1倍以上3倍以下的罚款。

第二十六条　环境保护行政主管部门的工作人员徇私舞弊、滥用职权、玩忽职守，构成犯罪的，依法追究刑事责任；尚不构成犯罪的，依法给予行政处分。

第五章　附　　则

第二十七条　流域开发、开发区建设、城市新区建设和旧区改建等区域性开发，编制建设规划时，应当进行环境影响评价。具体办法由国务院环境保护行政主管部门会同国务院有关部门另行规定。

第二十八条　海洋工程建设项目的环境保护管理，按照国务院关于海洋工程环境保护管理的规定执行。

第二十九条　军事设施建设项目的环境保护管理，按照中央军事委员会的有关规定执行。

第三十条　本条例自发布之日起施行。

城市建筑垃圾管理规定

1．2005年3月23日建设部令第139号公布

2．自2005年6月1日起施行

第一条　为了加强对城市建筑垃圾的管理，保障城市市容和环境卫生，根据《中华人民共和国固体废物污染环境防治法》、《城市市容和环境卫生管理条例》和《国务院对确需保留的行政审批项目设定行政许可的决定》，制定本规定。

第二条　本规定适用于城市规划区内建筑垃圾的倾倒、运输、中转、回填、消纳、利用等处置活动。

本规定所称建筑垃圾，是指建设单位、施工单位新建、改建、扩建和拆除各类建筑物、构筑物、管网等以及居民装饰装修房屋过程中所产生的弃土、弃料及其他废弃物。

第三条　国务院建设主管部门负责全国城市建筑垃圾的管理工作。

省、自治区建设主管部门负责本行政区域内城市建筑垃圾的管理工作。

城市人民政府市容环境卫生主管部门负责本行政区域内建筑垃圾的管理工作。

第四条　建筑垃圾处置实行减量化、资源化、无害化和谁产生、谁承担处置责任的原则。

国家鼓励建筑垃圾综合利用，鼓励建设单位、施工单位优先采用建筑垃圾综合利用产品。

第五条　建筑垃圾消纳、综合利用等设施的设置，应当纳入城市市容环境卫生专业规划。

第六条　城市人民政府市容环境卫生主管部门应当根据城市内的工程施工情况，制定建筑垃圾处置计划，合理安排各类建设工程需要回填的建筑垃圾。

第七条　处置建筑垃圾的单位，应当向城市人民政府市容环境卫生主管部门提出申请，获得城市建筑垃圾处置核准后，方可处置。

城市人民政府市容环境卫生主管部门应当在接到申请后的20日内作出是否核准的决定。予以核准的，颁发核准文件；不予核准的，应当告知申请人，并说明理由。

城市建筑垃圾处置核准的具体条件按照《建设部关于纳入国务院决定的十五项行政许可的条件的规定》执行。

第八条　禁止涂改、倒卖、出租、出借或者以其他形式非法转让城市建筑垃圾处置核准文件。

第九条　任何单位和个人不得将建筑垃圾混入生活垃圾，不得将危险废物混入建筑垃圾，不得擅自设立弃置场受纳建筑垃圾。

第十条　建筑垃圾储运消纳场不得受纳工业垃圾、生活垃圾和有毒有害垃圾。

第十一条 居民应当将装饰装修房屋过程中产生的建筑垃圾与生活垃圾分别收集，并堆放到指定地点。建筑垃圾中转站的设置应当方便居民。

装饰装修施工单位应当按照城市人民政府市容环境卫生主管部门的有关规定处置建筑垃圾。

第十二条 施工单位应当及时清运工程施工过程中产生的建筑垃圾，并按照城市人民政府市容环境卫生主管部门的规定处置，防止污染环境。

第十三条 施工单位不得将建筑垃圾交给个人或者未经核准从事建筑垃圾运输的单位运输。

第十四条 处置建筑垃圾的单位在运输建筑垃圾时，应当随车携带建筑垃圾处置核准文件，按照城市人民政府有关部门规定的运输路线、时间运行，不得丢弃、遗撒建筑垃圾，不得超出核准范围承运建筑垃圾。

第十五条 任何单位和个人不得随意倾倒、抛撒或者堆放建筑垃圾。

第十六条 建筑垃圾处置实行收费制度，收费标准依据国家有关规定执行。

第十七条 任何单位和个人不得在街道两侧和公共场地堆放物料。因建设等特殊需要，确需临时占用街道两侧和公共场地堆放物料的，应当征得城市人民政府市容环境卫生主管部门同意后，按照有关规定办理审批手续。

第十八条 城市人民政府市容环境卫生主管部门核发城市建筑垃圾处置核准文件，有下列情形之一的，由其上级行政机关或者监察机关责令纠正，对直接负责的主管人员和其他直接责任人员依法给予行政处分；构成犯罪的，依法追究刑事责任：

（一）对不符合法定条件的申请人核发城市建筑垃圾处置核准文件或者超越法定职权核发城市建筑垃圾处置核准文件的；

（二）对符合条件的申请人不予核发城市建筑垃圾处置核准文件或者不在法定期限内核发城市建筑垃圾处置核准文件的。

第十九条 城市人民政府市容环境卫生主管部门的工作人员玩忽职守、滥用职权、徇私舞弊的，依法给予行政处分；构成犯罪的，依法追究刑事责任。

第二十条 任何单位和个人有下列情形之一的，由城市人民政府市容环境卫生主管部门责令限期改正，给予警告，处以罚款：

（一）将建筑垃圾混入生活垃圾的；

（二）将危险废物混入建筑垃圾的；

（三）擅自设立弃置场受纳建筑垃圾的。

单位有前款第一项、第二项行为之一的，处3000元以下罚款；有前款第三项行为的，处5000元以上1万元以下罚款。个人有前款第一项、第二项行为之一的，处200元以下罚款；有前款第三项行为的，处3000元以下罚款。

第二十一条 建筑垃圾储运消纳场受纳工业垃圾、生活垃圾和有毒有害垃圾的，由城市人民政府市容环境卫生主管部门责令限期改正，给予警告，处5000元以上1万元以下罚款。

第二十二条 施工单位未及时清运工程施工过程中产生的建筑垃圾，造成环境污染的，由城市人民政府市容环境卫生主管部门责令限期改正，给予警告，处5000元以上5万元以下罚款。

施工单位将建筑垃圾交给个人或者未经核准从事建筑垃圾运输的单位处置的，由城市人民政府市容环境卫生主管部门责令限期改正，给予警告，处1万元以上10万元以下罚款。

第二十三条 处置建筑垃圾的单位在运输建筑垃圾过程中沿途丢弃、遗撒建筑垃圾的，由城市人民政府市容环境卫生主管部门责令限期改正，给予警告，处5000元以上5万元以下罚款。

第二十四条 涂改、倒卖、出租、出借或者以其他形式非法转让城市建筑垃圾处置核准文件的，由城市人民政府市容环境卫生主管部门责令限期改正，给予警告，处5000元以上2万元以下罚款。

第二十五条 违反本规定，有下列情形之一的，由城市人民政府市容环境卫生主管部门责令限期改正，给予警告，对施工单位处1万元以上10万元以下罚款，对建设单位、运输建筑垃圾的单位处5000元以上3万元以下罚款：

（一）未经核准擅自处置建筑垃圾的；

（二）处置超出核准范围的建筑垃圾的。

第二十六条 任何单位和个人随意倾倒、抛撒或者堆放建筑垃圾的，由城市人民政府市容环境卫生主管部门责令限期改正，给予警告，并对单位处5000元以上5万元以下罚款，对个人处200元以下罚款。

第二十七条 本规定自2005年6月1日起施行。

4. 规划

中华人民共和国城乡规划法(节录)

1. 2007年10月28日第十届全国人民代表大会常务委员会第三十次会议通过
2. 根据2015年4月24日第十二届全国人民代表大会常务委员会第十四次会议《关于修改〈中华人民共和国港口法〉等七部法律的决定》第一次修正
3. 根据2019年4月23日第十三届全国人民代表大会常务委员会第十次会议《关于修改〈中华人民共和国建筑法〉等八部法律的决定》第二次修正

第三章 城乡规划的实施

第二十八条 【实施城乡规划的总体要求】地方各级人民政府应当根据当地经济社会发展水平,量力而行,尊重群众意愿,有计划、分步骤地组织实施城乡规划。

第二十九条 【城、镇、乡、村庄建设和发展的原则】城市的建设和发展,应当优先安排基础设施以及公共服务设施的建设,妥善处理新区开发与旧区改建的关系,统筹兼顾进城务工人员生活和周边农村经济社会发展、村民生产与生活的需要。

镇的建设和发展,应当结合农村经济社会发展和产业结构调整,优先安排供水、排水、供电、供气、道路、通信、广播电视等基础设施和学校、卫生院、文化站、幼儿园、福利院等公共服务设施的建设,为周边农村提供服务。

乡、村庄的建设和发展,应当因地制宜、节约用地,发挥村民自治组织的作用,引导村民合理进行建设,改善农村生产、生活条件。

第三十条 【城市新区开发和建设的原则】城市新区的开发和建设,应当合理确定建设规模和时序,充分利用现有市政基础设施和公共服务设施,严格保护自然资源和生态环境,体现地方特色。

在城市总体规划、镇总体规划确定的建设用地范围以外,不得设立各类开发区和城市新区。

第三十一条 【旧城区改建的原则】旧城区的改建,应当保护历史文化遗产和传统风貌,合理确定拆迁和建设规模,有计划地对危房集中、基础设施落后等地段进行改建。

历史文化名城、名镇、名村的保护以及受保护建筑物的维护和使用,应当遵守有关法律、行政法规和国务院的规定。

第三十二条 【城市建设和发展与风景名胜区保护的关系】城乡建设和发展,应当依法保护和合理利用风景名胜资源,统筹安排风景名胜区及周边乡、镇、村庄的建设。

风景名胜区的规划、建设和管理,应当遵守有关法律、行政法规和国务院的规定。

第三十三条 【城市地下空间的开发和利用的原则】城市地下空间的开发和利用,应当与经济和技术发展水平相适应,遵循统筹安排、综合开发、合理利用的原则,充分考虑防灾减灾、人民防空和通信等需要,并符合城市规划,履行规划审批手续。

第三十四条 【近期建设规划】城市、县、镇人民政府应当根据城市总体规划、镇总体规划、土地利用总体规划和年度计划以及国民经济和社会发展规划,制定近期建设规划,报总体规划审批机关备案。

近期建设规划应当以重要基础设施、公共服务设施和中低收入居民住房建设以及生态环境保护为重点内容,明确近期建设的时序、发展方向和空间布局。近期建设规划的规划期限为五年。

第三十五条 【禁止擅自改变用途的用地】城乡规划确定的铁路、公路、港口、机场、道路、绿地、输配电设施及输电线路走廊、通信设施、广播电视设施、管道设施、河道、水库、水源地、自然保护区、防汛通道、消防通道、核电站、垃圾填埋场及焚烧厂、污水处理厂和公共服务设施的用地以及其他需要依法保护的用地,禁止擅自改变用途。

第三十六条 【需领取选址意见书的建设工程】按照国家规定需要有关部门批准或者核准的建设项目,以划拨方式提供国有土地使用权的,建设单位在报送有关部门批准或者核准前,应当向城乡规划主管部门申请核发选址意见书。

前款规定以外的建设项目不需要申请选址意见书。

第三十七条 【对划拨土地的规划管理】在城市、镇规划区内以划拨方式提供国有土地使用权的建设项目,经有关部门批准、核准、备案后,建设单位应当向城市、县人民政府城乡规划主管部门提出建设用地规划许可申请,由城市、县人民政府城乡规划主管部门依据控制性详细规划核定建设用地的位置、面积、允许建设的范围,核发建设用地规划许可证。

建设单位在取得建设用地规划许可证后,方可向县级以上地方人民政府土地主管部门申请用地,经县级以上人民政府审批后,由土地主管部门划拨土地。

第三十八条 【对出让土地的规划管理】在城市、镇规划区内以出让方式提供国有土地使用权的,在国有土地使用权出让前,城市、县人民政府城乡规划主管部门应当依据控制性详细规划,提出出让地块的位置、使用性质、开发强度等规划条件,作为国有土地使用权出让合同的组成部分。未确定规划条件的地块,不得出让国有土地使用权。

以出让方式取得国有土地使用权的建设项目,建设单位在取得建设项目的批准、核准、备案文件和签订国有土地使用权出让合同后,向城市、县人民政府城乡规划主管部门领取建设用地规划许可证。

城市、县人民政府城乡规划主管部门不得在建设用地规划许可证中,擅自改变作为国有土地使用权出让合同组成部分的规划条件。

第三十九条 【规划对国有土地使用权出让合同效力的影响】规划条件未纳入国有土地使用权出让合同的,该国有土地使用权出让合同无效;对未取得建设用地规划许可证的建设单位批准用地的,由县级以上人民政府撤销有关批准文件;占用土地的,应当及时退回;给当事人造成损失的,应当依法给予赔偿。

第四十条 【建设工程规划许可证的申请程序】在城市、镇规划区内进行建筑物、构筑物、道路、管线和其他工程建设的,建设单位或者个人应当向城市、县人民政府城乡规划主管部门或者省、自治区、直辖市人民政府确定的镇人民政府申请办理建设工程规划许可证。

申请办理建设工程规划许可证,应当提交使用土地的有关证明文件、建设工程设计方案等材料。需要建设单位编制修建性详细规划的建设项目,还应当提交修建性详细规划。对符合控制性详细规划和规划条件的,由城市、县人民政府城乡规划主管部门或者省、自治区、直辖市人民政府确定的镇人民政府核发建设工程规划许可证。

城市、县人民政府城乡规划主管部门或者省、自治区、直辖市人民政府确定的镇人民政府应当依法将经审定的修建性详细规划、建设工程设计方案的总平面图予以公布。

第四十一条 【在乡、村规划区内进行建设的行政许可】在乡、村庄规划区内进行乡镇企业、乡村公共设施和公益事业建设的,建设单位或者个人应当向乡、镇人民政府提出申请,由乡、镇人民政府报城市、县人民政府城乡规划主管部门核发乡村建设规划许可证。

在乡、村庄规划区内使用原有宅基地进行农村村民住宅建设的规划管理办法,由省、自治区、直辖市制定。

在乡、村庄规划区内进行乡镇企业、乡村公共设施和公益事业建设以及农村村民住宅建设,不得占用农用地;确需占用农用地的,应当依照《中华人民共和国土地管理法》有关规定办理农用地转用审批手续后,由城市、县人民政府城乡规划主管部门核发乡村建设规划许可证。

建设单位或者个人在取得乡村建设规划许可证后,方可办理用地审批手续。

第四十二条 【城乡规划行政许可地域范围的限制】城乡规划主管部门不得在城乡规划确定的建设用地范围以外作出规划许可。

第四十三条 【规划条件的变更】建设单位应当按照规划条件进行建设;确需变更的,必须向城市、县人民政府城乡规划主管部门提出申请。变更内容不符合控制性详细规划的,城乡规划主管部门不得批准。城市、县人民政府城乡规划主管部门应当及时将依法变更后的规划条件通报同级土地主管部门并公示。

建设单位应当及时将依法变更后的规划条件报有关人民政府土地主管部门备案。

第四十四条 【临时建设的规划管理】在城市、镇规划区内进行临时建设的,应当经城市、县人民政府城乡规划主管部门批准。临时建设影响近期建设规划或者控制性详细规划的实施以及交通、市容、安全等的,不得批准。

临时建设应当在批准的使用期限内自行拆除。

临时建设和临时用地规划管理的具体办法,由省、自治区、直辖市人民政府制定。

第四十五条 【对建设工程是否符合规划条件的核实】县级以上地方人民政府城乡规划主管部门按照国务院规定对建设工程是否符合规划条件予以核实。未经核实或者经核实不符合规划条件的,建设单位不得组织竣工验收。

建设单位应当在竣工验收后六个月内向城乡规划

主管部门报送有关竣工验收资料。

第六章　法 律 责 任

第五十八条　【未按规定制定规划的人民政府的法律责任】对依法应当编制城乡规划而未组织编制，或者未按法定程序编制、审批、修改城乡规划的，由上级人民政府责令改正，通报批评；对有关人民政府负责人和其他直接责任人员依法给予处分。

第五十九条　【委托不具资质的单位承担规划编制任务的法律责任】城乡规划组织编制机关委托不具有相应资质等级的单位编制城乡规划的，由上级人民政府责令改正，通报批评；对有关人民政府负责人和其他直接责任人员依法给予处分。

第六十条　【镇人民政府和县级以上城乡规划主管部门需承担法律责任的违法行为】镇人民政府或者县级以上人民政府城乡规划主管部门有下列行为之一的，由本级人民政府、上级人民政府城乡规划主管部门或者监察机关依据职权责令改正，通报批评；对直接负责的主管人员和其他直接责任人员依法给予处分：

（一）未依法组织编制城市的控制性详细规划、县人民政府所在地镇的控制性详细规划的；

（二）超越职权或者对不符合法定条件的申请人核发选址意见书、建设用地规划许可证、建设工程规划许可证、乡村建设规划许可证的；

（三）对符合法定条件的申请人未在法定期限内核发选址意见书、建设用地规划许可证、建设工程规划许可证、乡村建设规划许可证的；

（四）未依法对经审定的修建性详细规划、建设工程设计方案的总平面图予以公布的；

（五）同意修改修建性详细规划、建设工程设计方案的总平面图前未采取听证会等形式听取利害关系人的意见的；

（六）发现未依法取得规划许可或者违反规划许可的规定在规划区内进行建设的行为，而不予查处或者接到举报后不依法处理的。

第六十一条　【县级以上人民政府其他部门的法律责任】县级以上人民政府有关部门有下列行为之一的，由本级人民政府或者上级人民政府有关部门责令改正，通报批评；对直接负责的主管人员和其他直接责任人员依法给予处分：

（一）对未依法取得选址意见书的建设项目核发建设项目批准文件的；

（二）未依法在国有土地使用权出让合同中确定规划条件或者改变国有土地使用权出让合同中依法确定的规划条件的；

（三）对未依法取得建设用地规划许可证的建设单位划拨国有土地使用权的。

第六十二条　【城乡规划编制单位的法律责任】城乡规划编制单位有下列行为之一的，由所在地城市、县人民政府城乡规划主管部门责令限期改正，处合同约定的规划编制费一倍以上二倍以下的罚款；情节严重的，责令停业整顿，由原发证机关降低资质等级或者吊销资质证书；造成损失的，依法承担赔偿责任：

（一）超越资质等级许可的范围承揽城乡规划编制工作的；

（二）违反国家有关标准编制城乡规划的。

未依法取得资质证书承揽城乡规划编制工作的，由县级以上地方人民政府城乡规划主管部门责令停止违法行为，依照前款规定处以罚款；造成损失的，依法承担赔偿责任。

以欺骗手段取得资质证书承揽城乡规划编制工作的，由原发证机关吊销资质证书，依照本条第一款规定处以罚款；造成损失的，依法承担赔偿责任。

第六十三条　【规划编制单位取得资质证书后不再符合条件的法律责任】城乡规划编制单位取得资质证书后，不再符合相应的资质条件的，由原发证机关责令限期改正；逾期不改正的，降低资质等级或者吊销资质证书。

第六十四条　【建设单位违法行为的法律责任】未取得建设工程规划许可证或者未按照建设工程规划许可证的规定进行建设的，由县级以上地方人民政府城乡规划主管部门责令停止建设；尚可采取改正措施消除对规划实施的影响的，限期改正，处建设工程造价百分之五以上百分之十以下的罚款；无法采取改正措施消除影响的，限期拆除，不能拆除的，没收实物或者违法收入，可以并处建设工程造价百分之十以下的罚款。

第六十五条　【乡、村建设中违反规划行为的法律责任】在乡、村庄规划区内未依法取得乡村建设规划许可证或者未按照乡村建设规划许可证的规定进行建设的，由乡、镇人民政府责令停止建设、限期改正；逾期不改正的，可以拆除。

第六十六条　【临时建设违法行为的法律责任】建设单位或者个人有下列行为之一的，由所在地城市、县人民

政府城乡规划主管部门责令限期拆除,可以并处临时建设工程造价一倍以下的罚款:

（一）未经批准进行临时建设的;

（二）未按照批准内容进行临时建设的;

（三）临时建筑物、构筑物超过批准期限不拆除的。

第六十七条　【建设工程竣工后不报收竣工验收资料的法律责任】建设单位未在建设工程竣工验收后六个月内向城乡规划主管部门报送有关竣工验收资料的,由所在地城市、县人民政府城乡规划主管部门责令限期补报;逾期不补报的,处一万元以上五万元以下的罚款。

第六十八条　【违章建筑的强制拆除】城乡规划主管部门作出责令停止建设或者限期拆除的决定后,当事人不停止建设或者逾期不拆除的,建设工程所在地县级以上地方人民政府可以责成有关部门采取查封施工现场、强制拆除等措施。

第六十九条　【刑事责任】违反本法规定,构成犯罪的,依法追究刑事责任。

城市设计管理办法

1. 2017年3月14日住房和城乡建设部令第35号公布
2. 自2017年6月1日起施行

第一条　为提高城市建设水平,塑造城市风貌特色,推进城市设计工作,完善城市规划建设管理,依据《中华人民共和国城乡规划法》等法律法规,制定本办法。

第二条　城市、县人民政府所在地建制镇开展城市设计管理工作,适用本办法。

第三条　城市设计是落实城市规划、指导建筑设计、塑造城市特色风貌的有效手段,贯穿于城市规划建设管理全过程。通过城市设计,从整体平面和立体空间上统筹城市建筑布局、协调城市景观风貌,体现地域特征、民族特色和时代风貌。

第四条　开展城市设计,应当符合城市(县人民政府所在地建制镇)总体规划和相关标准;尊重城市发展规律,坚持以人为本,保护自然环境,传承历史文化,塑造城市特色,优化城市形态,节约集约用地,创造宜居公共空间;根据经济社会发展水平、资源条件和管理需要,因地制宜,逐步推进。

第五条　国务院城乡规划主管部门负责指导和监督全国城市设计工作。

省、自治区城乡规划主管部门负责指导和监督本行政区域内城市设计工作。

城市、县人民政府城乡规划主管部门负责本行政区域内城市设计的监督管理。

第六条　城市、县人民政府城乡规划主管部门,应当充分利用新技术开展城市设计工作。有条件的地方可以建立城市设计管理辅助决策系统,并将城市设计要求纳入城市规划管理信息平台。

第七条　城市设计分为总体城市设计和重点地区城市设计。

第八条　总体城市设计应当确定城市风貌特色,保护自然山水格局,优化城市形态格局,明确公共空间体系,并可与城市(县人民政府所在地建制镇)总体规划一并报批。

第九条　下列区域应当编制重点地区城市设计:

（一）城市核心区和中心地区;

（二）体现城市历史风貌的地区;

（三）新城新区;

（四）重要街道,包括商业街;

（五）滨水地区,包括沿河、沿海、沿湖地带;

（六）山前地区;

（七）其他能够集中体现和塑造城市文化、风貌特色,具有特殊价值的地区。

第十条　重点地区城市设计应当塑造城市风貌特色,注重与山水自然的共生关系,协调市政工程,组织城市公共空间功能,注重建筑空间尺度,提出建筑高度、体量、风格、色彩等控制要求。

第十一条　历史文化街区和历史风貌保护相关控制地区开展城市设计,应当根据相关保护规划和要求,整体安排空间格局,保护延续历史文化,明确新建建筑和改扩建建筑的控制要求。

重要街道、街区开展城市设计,应当根据居民生活和城市公共活动需要,统筹交通组织,合理布置交通设施、市政设施、街道家具,拓展步行活动和绿化空间,提升街道特色和活力。

第十二条　城市设计重点地区范围以外地区,可以根据当地实际条件,依据总体城市设计,单独或者结合控制性详细规划等开展城市设计,明确建筑特色、公共空间和景观风貌等方面的要求。

第十三条　编制城市设计时，组织编制机关应当通过座谈、论证、网络等多种形式及渠道，广泛征求专家和公众意见。审批前应依法进行公示，公示时间不少于30日。

城市设计成果应当自批准之日起20个工作日内，通过政府信息网站以及当地主要新闻媒体予以公布。

第十四条　重点地区城市设计的内容和要求应当纳入控制性详细规划，并落实到控制性详细规划的相关指标中。

重点地区的控制性详细规划未体现城市设计内容和要求的，应当及时修改完善。

第十五条　单体建筑设计和景观、市政工程方案设计应当符合城市设计要求。

第十六条　以出让方式提供国有土地使用权，以及在城市、县人民政府所在地建制镇规划区内的大型公共建筑项目，应当将城市设计要求纳入规划条件。

第十七条　城市、县人民政府城乡规划主管部门负责组织编制本行政区域内总体城市设计、重点地区的城市设计，并报本级人民政府审批。

第十八条　城市、县人民政府城乡规划主管部门组织编制城市设计所需的经费，应列入城乡规划的编制经费预算。

第十九条　城市、县人民政府城乡规划主管部门开展城乡规划监督检查时，应当加强监督检查城市设计工作情况。

国务院和省、自治区人民政府城乡规划主管部门应当定期对各地的城市设计工作和风貌管理情况进行检查。

第二十条　城市、县人民政府城乡规划主管部门进行建筑设计方案审查和规划核实时，应当审核城市设计要求落实情况。

第二十一条　城市、县人民政府城乡规划主管部门开展城市规划实施评估时，应当同时评估城市设计工作实施情况。

第二十二条　城市设计的技术管理规定由国务院城乡规划主管部门另行制定。

第二十三条　各地可根据本办法，按照实际情况，制定实施细则和技术导则。

第二十四条　县人民政府所在地以外的镇可以参照本办法开展城市设计工作。

第二十五条　本办法自2017年6月1日起施行。

建设用地容积率管理办法

1. 2012年2月17日住房和城乡建设部发布
2. 建规〔2012〕22号
3. 自2012年3月1日起施行

第一条　为进一步规范建设用地容积率的管理，根据《中华人民共和国城乡规划法》、《城市、镇控制性详细规划编制审批办法》等法律法规，制定本办法。

第二条　在城市、镇规划区内以划拨或出让方式提供国有土地使用权的建设用地的容积率管理，适用本办法。

第三条　容积率是指一定地块内，总建筑面积与建筑用地面积的比值。

容积率计算规则由省（自治区）、市、县人民政府城乡规划主管部门依据国家有关标准规范确定。

第四条　以出让方式提供国有土地使用权的，在国有土地使用权出让前，城市、县人民政府城乡规划主管部门应当依据控制性详细规划，提出容积率等规划条件，作为国有土地使用权出让合同的组成部分。未确定容积率等规划条件的地块，不得出让国有土地使用权。容积率等规划条件未纳入土地使用权出让合同的，土地使用权出让合同无效。

以划拨方式提供国有土地使用权的建设项目，建设单位应当向城市、县人民政府城乡规划主管部门提出建设用地规划许可申请，由城市、县人民政府城乡规划主管部门依据控制性详细规划核定建设用地容积率等控制性指标，核发建设用地规划许可证。建设单位在取得建设用地规划许可证后，方可向县级以上地方人民政府土地主管部门申请用地。

第五条　任何单位和个人都应当遵守经依法批准的控制性详细规划确定的容积率指标，不得随意调整。确需调整的，应当按本办法的规定进行，不得以政府会议纪要等形式代替规定程序调整容积率。

第六条　在国有土地使用权划拨或出让前需调整控制性详细规划确定的容积率的，应当遵照《城市、镇控制性详细规划编制审批办法》第二十条的规定执行。

第七条　国有土地使用权一经出让或划拨，任何建设单位或个人都不得擅自更改确定的容积率。符合下列情形之一的，方可进行调整：

（一）因城乡规划修改造成地块开发条件变化的；

（二）因城乡基础设施、公共服务设施和公共安全设施建设需要导致已出让或划拨地块的大小及相关建设条件发生变化的；

（三）国家和省、自治区、直辖市的有关政策发生变化的；

（四）法律、法规规定的其他条件。

第八条 国有土地使用权划拨或出让后，拟调整的容积率不符合划拨或出让地块控制性详细规划要求的，应当符合以下程序要求：

（一）建设单位或个人向控制性详细规划组织编制机关提出书面申请并说明变更理由；

（二）控制性详细规划组织编制机关应就是否需要收回国有土地使用权征求有关部门意见，并组织技术人员、相关部门、专家等对容积率修改的必要性进行专题论证；

（三）控制性详细规划组织编制机关应当通过本地主要媒体和现场进行公示等方式征求规划地段内利害关系人的意见，必要时应进行走访、座谈或组织听证；

（四）控制性详细规划组织编制机关提出修改或不修改控制性详细规划的建议，向原审批机关专题报告，并附有关部门意见及论证、公示等情况。经原审批机关同意修改的，方可组织编制修改方案；

（五）修改后的控制性详细规划应当按法定程序报城市、县人民政府批准。报批材料中应当附具规划地段内利害关系人意见及处理结果；

（六）经城市、县人民政府批准后，城乡规划主管部门方可办理后续的规划审批，并及时将变更后的容积率抄告土地主管部门。

第九条 国有土地使用权划拨或出让后，拟调整的容积率符合划拨或出让地块控制性详细规划要求的，应当符合以下程序要求：

（一）建设单位或个人向城市、县城乡规划主管部门提出书面申请报告，说明调整的理由并附拟调整方案，调整方案应表明调整前后的用地总平面布局方案、主要经济技术指标、建筑空间环境、与周围用地和建筑的关系、交通影响评价等内容；

（二）城乡规划主管部门应就是否需要收回国有土地使用权征求有关部门意见，并组织技术人员、相关部门、专家对容积率修改的必要性进行专题论证；

专家论证应根据项目情况确定专家的专业构成和数量，从建立的专家库中随机抽取有关专家，论证意见应当附专家名单和本人签名，保证专家论证的公正性、科学性。专家与申请调整容积率的单位或个人有利害关系的，应当回避；

（三）城乡规划主管部门应当通过本地主要媒体和现场进行公示等方式征求规划地段内利害关系人的意见，必要时应进行走访、座谈或组织听证；

（四）城乡规划主管部门依法提出修改或不修改建议并附有关部门意见、论证、公示等情况报城市、县人民政府批准；

（五）经城市、县人民政府批准后，城乡规划主管部门方可办理后续的规划审批，并及时将变更后的容积率抄告土地主管部门。

第十条 城市、县城乡规划主管部门应当将容积率调整程序、各环节责任部门等内容在办公地点和政府网站上公开。在论证后，应将参与论证的专家名单公开。

第十一条 城乡规划主管部门在对建设项目实施规划管理，必须严格遵守经批准的控制性详细规划确定的容积率。

对同一建设项目，在给出规划条件、建设用地规划许可、建设工程规划许可、建设项目竣工规划核实过程中，城乡规划主管部门给定的容积率均应符合控制性详细规划确定的容积率，且前后一致，并将各环节的审批结果公开，直至该项目竣工验收完成。

对于分期开发的建设项目，各期建设工程规划许可确定的建筑面积的总和，应该符合规划条件、建设用地规划许可证确定的容积率要求。

第十二条 县级以上地方人民政府城乡规划主管部门对建设工程进行核实时，要严格审查建设工程是否符合容积率要求。未经核实或经核实不符合容积率要求的，建设单位不得组织竣工验收。

第十三条 因建设单位或个人原因提出申请容积率调整而不能按期开工的项目，依据土地闲置处置有关规定执行。

第十四条 建设单位或个人违反本办法规定，擅自调整容积率进行建设的，县级以上地方人民政府城乡规划主管部门应按照《城乡规划法》第六十四条规定查处。

第十五条 违反本办法规定进行容积率调整或违反公开公示规定的，对相关责任人员依法给予处分。

第十六条 本办法自2012年3月1日起施行。

建设项目选址规划管理办法

1. 1991年8月23日建设部、国家计委发布
2. 建规〔1991〕583号

第一条　为了保障建设项目的选址和布局与城市规划密切结合,科学合理,提高综合效益,根据《中华人民共和国城市规划法》和国家基本建设程序的有关规定,制定本办法。

第二条　在城市规划区内新建、扩建、改建工程项目,编制、审批项目建议书和设计任务书,必须遵守本办法。

第三条　县级以上人民政府城市规划行政主管部门负责本行政区域内建设项目选址和布局的规划管理工作。

第四条　城市规划行政主管部门应当了解建设项目建议书阶段的选址工作。各级人民政府计划行政主管部门在审批项目建议书时,对拟安排在城市规划区内的建设项目,要征求同级人民政府城市规划行政主管部门的意见。

第五条　城市规划行政主管部门应当参加建设项目设计任务书阶段的选址工作,对确定安排在城市规划区内的建设项目从城市规划方面提出选址意见书。设计任务书报请批准时,必须附有城市规划行政主管部门的选址意见书。

第六条　建设项目选址意见书应当包括下列内容:

(一)建设项目的基本情况

主要是建设项目名称、性质,用地与建设规模,供水与能源的需求量,采取的运输方式与运输量,以及废水、废气、废渣的排放方式和排放量。

(二)建设项目规划选址的主要依据

1. 经批准的项目建议书;

2. 建设项目与城市规划布局的协调;

3. 建设项目与城市交通、通讯、能源、市政、防灾规划的衔接与协调;

4. 建设项目配套的生活设施与城市生活居住及公共设施规划的衔接与协调;

5. 建设项目对于城市环境可能造成的污染影响,以及与城市环境保护规划和风景名胜、文物古迹保护规划的协调。

(三)建设项目选址、用地范围和具体规划要求。

第七条　建设项目选址意见书,按建设项目计划审批权限实行分级规划管理。

县人民政府计划行政主管部门审批的建设项目,由县人民政府城市规划行政主管部门核发选址意见书;

地级、县级市人民政府计划行政主管部门审批的建设项目,由该市人民政府城市规划行政主管部门核发选址意见书;

直辖市、计划单列市人民政府计划行政主管部门审批的建设项目,由直辖市、计划单列市人民政府城市规划行政主管部门核发选址意见书;

省、自治区人民政府计划行政主管部门审批的建设项目,由项目所在地县、市人民政府城市规划行政主管部门提出审查意见,报省、自治区人民政府城市规划行政主管部门核发选址意见书;

中央各部门、公司审批的小型和限额以下的建设项目,由项目所在地县、市人民政府城市规划行政主管部门核发选址意见书;

国家审批的大中型和限额以上的建设项目,由项目所在地县、市人民政府城市规划行政主管部门提出审查意见,报省、自治区、直辖市、计划单列市人民政府城市规划行政主管部门核发选址意见书,并报国务院城市规划行政主管部门备案。

第八条　对符合手续的项目,各级人民政府城市规划行政主管部门应在规定的审批期限内核发选址意见书,不得无故拖延。

第九条　本办法自发布之日起施行。

建设部关于《建设项目选址规划管理办法》有关问题的复函

1. 1992年8月17日
2. 建规〔1992〕533号

浙江省城乡建设厅:

你厅浙建规〔1992〕129号文《关于要求明确〈建设项目选址规划管理办法〉有关问题的请示》收悉。经研究,并征求国家计委的意见,函复如下:

一、由地区行署计划行政主管部门审批的建设项目,其选址意见书,除地方法规规定由地区行署城市规划行政主管部门核发的外,应当由建设项目所在地县、市人民政府城市规划行政主管部门核发。

由地区行署城市规划行政主管部门核发选址意见书前，应当先由建设项目所在地县、市人民政府城市规划行政主管部门提出审查意见。

二、省、自治区计划行政主管部门和省、自治区级其他主管部门依法审批的建设项目，其选址意见书应当由省、自治区人民政府城市规划行政主管部门核发。

由省、自治区城市规划行政主管部门核发选址意见书前，应当先由建设项目所在地县、市人民政府城市规划行政主管部门提出审查意见。

三、省、自治区人民政府计划行政主管部门审批的建设项目和国家审批的大中型和限额以上的建设项目，除地方法规规定需要由地区行署城市规划行政主管部门提出审查意见的外；由建设项目所在地县、市人民政府城市规划行政主管部门提出审查意见，报省、自治区人民政府城市规划行政主管部门核发选址意见书，其中国家审批的大中型和限额以上的建设项目，还需要报国务院城市规划行政主管部门备案。

四、地级市人民政府和计划单列市人民政府的城市规划行政主管部门在核发选址意见书前，应当征求建设项目所在地县、市人民政府城市规划行政主管部门的意见。

5. 节能

中华人民共和国节约能源法(节录)

1. 1997年11月1日第八届全国人民代表大会常务委员会第二十八次会议通过
2. 2007年10月28日第十届全国人民代表大会常务委员会第三十次会议修订
3. 根据2016年7月2日第十二届全国人民代表大会常务委员会第二十一次会议《关于修改〈中华人民共和国节约能源法〉等六部法律的决定》第一次修正
4. 根据2018年10月26日第十三届全国人民代表大会常务委员会第六次会议《关于修改〈中华人民共和国野生动物保护法〉等十五部法律的决定》第二次修正

第三章　合理使用与节约能源

第三节　建筑节能

第三十四条　【建筑节能监管部门及职责】国务院建设主管部门负责全国建筑节能的监督管理工作。

县级以上地方各级人民政府建设主管部门负责本行政区域内建筑节能的监督管理工作。

县级以上地方各级人民政府建设主管部门会同同级管理节能工作的部门编制本行政区域内的建筑节能规划。建筑节能规划应当包括既有建筑节能改造计划。

第三十五条　【建筑节能标准】建筑工程的建设、设计、施工和监理单位应当遵守建筑节能标准。

不符合建筑节能标准的建筑工程,建设主管部门不得批准开工建设;已经开工建设的,应当责令停止施工、限期改正;已经建成的,不得销售或者使用。

建设主管部门应当加强对在建建筑工程执行建筑节能标准情况的监督检查。

第三十六条　【房地产开发企业的告知义务】房地产开发企业在销售房屋时,应当向购买人明示所售房屋的节能措施、保温工程保修期等信息,在房屋买卖合同、质量保证书和使用说明书中载明,并对其真实性、准确性负责。

第三十七条　【公共建筑室内温控制度】使用空调采暖、制冷的公共建筑应当实行室内温度控制制度。具体办法由国务院建设主管部门制定。

第三十八条　【对集中供热建筑计量收费制度】国家采取措施,对实行集中供热的建筑分步骤实行供热分户计量、按照用热量收费的制度。新建建筑或者对既有建筑进行节能改造,应当按照规定安装用热计量装置、室内温度调控装置和供热系统调控装置。具体办法由国务院建设主管部门会同国务院有关部门制定。

第三十九条　【加强城市节约用电】县级以上地方各级人民政府有关部门应当加强城市节约用电管理,严格控制公用设施和大型建筑物装饰性景观照明的能耗。

第四十条　【国家鼓励政策】国家鼓励在新建建筑和既有建筑节能改造中使用新型墙体材料等节能建筑材料和节能设备,安装和使用太阳能等可再生能源利用系统。

第六章　法律责任

第七十九条　【违反建筑节能标准的法律责任】建设单位违反建筑节能标准的,由建设主管部门责令改正,处二十万元以上五十万元以下罚款。

设计单位、施工单位、监理单位违反建筑节能标准的,由建设主管部门责令改正,处十万元以上五十万元以下罚款;情节严重的,由颁发资质证书的部门降低资质等级或者吊销资质证书;造成损失的,依法承担赔偿责任。

第八十条　【房地产开发企业违规的法律责任】房地产开发企业违反本法规定,在销售房屋时未向购买人明示所售房屋的节能措施、保温工程保修期等信息的,由建设主管部门责令限期改正,逾期不改正的,处三万元以上五万元以下罚款;对以上信息作虚假宣传的,由建设主管部门责令改正,处五万元以上二十万元以下罚款。

中华人民共和国循环经济促进法(节录)

1. 2008年8月29日第十一届全国人民代表大会常务委员会第四次会议通过
2. 根据2018年10月26日第十三届全国人民代表大会常务委员会第六次会议《关于修改〈中华人民共和国野生动物保护法〉等十五部法律的决定》修正

第二十三条　【建筑领域资源节约】建筑设计、建设、施工等单位应当按照国家有关规定和标准,对其设计、建设、施工的建筑物及构筑物采用节能、节水、节地、节材的技术工艺和小型、轻型、再生产品。有条件的地区，应当充分利用太阳能、地热能、风能等可再生能源。

国家鼓励利用无毒无害的固体废物生产建筑材料，鼓励使用散装水泥，推广使用预拌混凝土和预拌砂浆。

禁止损毁耕地烧砖。在国务院或者省、自治区、直辖市人民政府规定的期限和区域内，禁止生产、销售和使用粘土砖。

第二十五条　【国家机关及其他组织的资源节约和建筑物维护管理】国家机关及使用财政性资金的其他组织应当厉行节约、杜绝浪费，带头使用节能、节水、节地、节材和有利于保护环境的产品、设备和设施，节约使用办公用品。国务院和县级以上地方人民政府管理机关事务工作的机构会同本级人民政府有关部门制定本级国家机关等机构的用能、用水定额指标，财政部门根据该定额指标制定支出标准。

城市人民政府和建筑物的所有者或者使用者，应当采取措施，加强建筑物维护管理，延长建筑物使用寿命。对符合城市规划和工程建设标准，在合理使用寿命内的建筑物，除为了公共利益的需要外，城市人民政府不得决定拆除。

第三十三条　【建筑废物综合利用】建设单位应当对工程施工中产生的建筑废物进行综合利用；不具备综合利用条件的，应当委托具备条件的生产经营者进行综合利用或者无害化处置。

第五十四条　【违法生产、销售、使用粘土砖的法律责任】违反本法规定，在国务院或者省、自治区、直辖市人民政府规定禁止生产、销售、使用粘土砖的期限或者区域内生产、销售或者使用粘土砖的，由县级以上地方人民政府指定的部门责令限期改正；有违法所得的，没收违法所得；逾期继续生产、销售的，由地方人民政府市场监督管理部门依法吊销营业执照。

公共机构节能条例(节录)

1. 2008年8月1日国务院令第531号公布
2. 根据2017年3月1日国务院令第676号《关于修改和废止部分行政法规的决定》修订

第二十条　公共机构新建建筑和既有建筑维修改造应当严格执行国家有关建筑节能设计、施工、调试、竣工验收等方面的规定和标准，国务院和县级以上地方人民政府建设主管部门对执行国家有关规定和标准的情况应当加强监督检查。

国务院和县级以上地方各级人民政府负责审批固定资产投资项目的部门，应当严格控制公共机构建设项目的建设规模和标准，统筹兼顾节能投资和效益，对建设项目进行节能评估和审查，未通过节能评估和审查的项目，不得开工建设；政府投资项目未通过节能评估和审查的，依法负责项目审批的部门不得批准建设。

第二十一条　国务院和县级以上地方各级人民政府管理机关事务工作的机构会同有关部门制定本级公共机构既有建筑节能改造计划，并组织实施。

民用建筑节能条例

1. 2008年8月1日国务院令第530号公布
2. 自2008年10月1日起施行

第一章　总　　则

第一条　为了加强民用建筑节能管理，降低民用建筑使用过程中的能源消耗，提高能源利用效率，制定本条例。

第二条　本条例所称民用建筑节能，是指在保证民用建筑使用功能和室内热环境质量的前提下，降低其使用过程中能源消耗的活动。

本条例所称民用建筑，是指居住建筑、国家机关办公建筑和商业、服务业、教育、卫生等其他公共建筑。

第三条　各级人民政府应当加强对民用建筑节能工作的领导，积极培育民用建筑节能服务市场，健全民用建筑节能服务体系，推动民用建筑节能技术的开发应用，做好民用建筑节能知识的宣传教育工作。

第四条　国家鼓励和扶持在新建建筑和既有建筑节能改造中采用太阳能、地热能等可再生能源。

在具备太阳能利用条件的地区，有关地方人民政府及其部门应当采取有效措施，鼓励和扶持单位、个人安装使用太阳能热水系统、照明系统、供热系统、采暖制冷系统等太阳能利用系统。

第五条　国务院建设主管部门负责全国民用建筑节能的

监督管理工作。县级以上地方人民政府建设主管部门负责本行政区域民用建筑节能的监督管理工作。

县级以上人民政府有关部门应当依照本条例的规定以及本级人民政府规定的职责分工，负责民用建筑节能的有关工作。

第六条　国务院建设主管部门应当在国家节能中长期专项规划指导下，编制全国民用建筑节能规划，并与相关规划相衔接。

县级以上地方人民政府建设主管部门应当组织编制本行政区域的民用建筑节能规划，报本级人民政府批准后实施。

第七条　国家建立健全民用建筑节能标准体系。国家民用建筑节能标准由国务院建设主管部门负责组织制定，并依照法定程序发布。

国家鼓励制定、采用优于国家民用建筑节能标准的地方民用建筑节能标准。

第八条　县级以上人民政府应当安排民用建筑节能资金，用于支持民用建筑节能的科学技术研究和标准制定、既有建筑围护结构和供热系统的节能改造、可再生能源的应用，以及民用建筑节能示范工程、节能项目的推广。

政府引导金融机构对既有建筑节能改造、可再生能源的应用，以及民用建筑节能示范工程等项目提供支持。

民用建筑节能项目依法享受税收优惠。

第九条　国家积极推进供热体制改革，完善供热价格形成机制，鼓励发展集中供热，逐步实行按照用热量收费制度。

第十条　对在民用建筑节能工作中做出显著成绩的单位和个人，按照国家有关规定给予表彰和奖励。

第二章　新建建筑节能

第十一条　国家推广使用民用建筑节能的新技术、新工艺、新材料和新设备，限制使用或者禁止使用能源消耗高的技术、工艺、材料和设备。国务院节能工作主管部门、建设主管部门应当制定、公布并及时更新推广使用、限制使用、禁止使用目录。

国家限制进口或者禁止进口能源消耗高的技术、材料和设备。

建设单位、设计单位、施工单位不得在建筑活动中使用列入禁止使用目录的技术、工艺、材料和设备。

第十二条　编制城市详细规划、镇详细规划，应当按照民用建筑节能的要求，确定建筑的布局、形状和朝向。

城乡规划主管部门依法对民用建筑进行规划审查，应当就设计方案是否符合民用建筑节能强制性标准征求同级建设主管部门的意见；建设主管部门应当自收到征求意见材料之日起10日内提出意见。征求意见时间不计算在规划许可的期限内。

对不符合民用建筑节能强制性标准的，不得颁发建设工程规划许可证。

第十三条　施工图设计文件审查机构应当按照民用建筑节能强制性标准对施工图设计文件进行审查；经审查不符合民用建筑节能强制性标准的，县级以上地方人民政府建设主管部门不得颁发施工许可证。

第十四条　建设单位不得明示或者暗示设计单位、施工单位违反民用建筑节能强制性标准进行设计、施工，不得明示或者暗示施工单位使用不符合施工图设计文件要求的墙体材料、保温材料、门窗、采暖制冷系统和照明设备。

按照合同约定由建设单位采购墙体材料、保温材料、门窗、采暖制冷系统和照明设备的，建设单位应当保证其符合施工图设计文件要求。

第十五条　设计单位、施工单位、工程监理单位及其注册执业人员，应当按照民用建筑节能强制性标准进行设计、施工、监理。

第十六条　施工单位应当对进入施工现场的墙体材料、保温材料、门窗、采暖制冷系统和照明设备进行查验；不符合施工图设计文件要求的，不得使用。

工程监理单位发现施工单位不按照民用建筑节能强制性标准施工的，应当要求施工单位改正；施工单位拒不改正的，工程监理单位应当及时报告建设单位，并向有关主管部门报告。

墙体、屋面的保温工程施工时，监理工程师应当按照工程监理规范的要求，采取旁站、巡视和平行检验等形式实施监理。

未经监理工程师签字，墙体材料、保温材料、门窗、采暖制冷系统和照明设备不得在建筑上使用或者安装，施工单位不得进行下一道工序的施工。

第十七条　建设单位组织竣工验收，应当对民用建筑是否符合民用建筑节能强制性标准进行查验；对不符合民用建筑节能强制性标准的，不得出具竣工验收合格报告。

第十八条　实行集中供热的建筑应当安装供热系统调控

装置、用热计量装置和室内温度调控装置；公共建筑还应当安装用电分项计量装置。居住建筑安装的用热计量装置应当满足分户计量的要求。

计量装置应当依法检定合格。

第十九条 建筑的公共走廊、楼梯等部位，应当安装、使用节能灯具和电气控制装置。

第二十条 对具备可再生能源利用条件的建筑，建设单位应当选择合适的可再生能源，用于采暖、制冷、照明和热水供应等；设计单位应当按照有关可再生能源利用的标准进行设计。

建设可再生能源利用设施，应当与建筑主体工程同步设计、同步施工、同步验收。

第二十一条 国家机关办公建筑和大型公共建筑的所有权人应当对建筑的能源利用效率进行测评和标识，并按照国家有关规定将测评结果予以公示，接受社会监督。

国家机关办公建筑应当安装、使用节能设备。

本条例所称大型公共建筑，是指单体建筑面积2万平方米以上的公共建筑。

第二十二条 房地产开发企业销售商品房，应当向购买人明示所售商品房的能源消耗指标、节能措施和保护要求、保温工程保修期等信息，并在商品房买卖合同和住宅质量保证书、住宅使用说明书中载明。

第二十三条 在正常使用条件下，保温工程的最低保修期限为5年。保温工程的保修期，自竣工验收合格之日起计算。

保温工程在保修范围和保修期内发生质量问题的，施工单位应当履行保修义务，并对造成的损失依法承担赔偿责任。

第三章 既有建筑节能

第二十四条 既有建筑节能改造应当根据当地经济、社会发展水平和地理气候条件等实际情况，有计划、分步骤地实施分类改造。

本条例所称既有建筑节能改造，是指对不符合民用建筑节能强制性标准的既有建筑的围护结构、供热系统、采暖制冷系统、照明设备和热水供应设施等实施节能改造的活动。

第二十五条 县级以上地方人民政府建设主管部门应当对本行政区域内既有建筑的建设年代、结构形式、用能系统、能源消耗指标、寿命周期等组织调查统计和分析，制定既有建筑节能改造计划，明确节能改造的目标、范围和要求，报本级人民政府批准后组织实施。

中央国家机关既有建筑的节能改造，由有关管理机关事务工作的机构制定节能改造计划，并组织实施。

第二十六条 国家机关办公建筑、政府投资和以政府投资为主的公共建筑的节能改造，应当制定节能改造方案，经充分论证，并按照国家有关规定办理相关审批手续方可进行。

各级人民政府及其有关部门、单位不得违反国家有关规定和标准，以节能改造的名义对前款规定的既有建筑进行扩建、改建。

第二十七条 居住建筑和本条例第二十六条规定以外的其他公共建筑不符合民用建筑节能强制性标准的，在尊重建筑所有权人意愿的基础上，可以结合扩建、改建，逐步实施节能改造。

第二十八条 实施既有建筑节能改造，应当符合民用建筑节能强制性标准，优先采用遮阳、改善通风等低成本改造措施。

既有建筑围护结构的改造和供热系统的改造，应当同步进行。

第二十九条 对实行集中供热的建筑进行节能改造，应当安装供热系统调控装置和用热计量装置；对公共建筑进行节能改造，还应当安装室内温度调控装置和用电分项计量装置。

第三十条 国家机关办公建筑的节能改造费用，由县级以上人民政府纳入本级财政预算。

居住建筑和教育、科学、文化、卫生、体育等公益事业使用的公共建筑节能改造费用，由政府、建筑所有权人共同负担。

国家鼓励社会资金投资既有建筑节能改造。

第四章 建筑用能系统运行节能

第三十一条 建筑所有权人或者使用权人应当保证建筑用能系统的正常运行，不得人为损坏建筑围护结构和用能系统。

国家机关办公建筑和大型公共建筑的所有权人或者使用权人应当建立健全民用建筑节能管理制度和操作规程，对建筑用能系统进行监测、维护，并定期将分项用电量报县级以上地方人民政府建设主管部门。

第三十二条 县级以上地方人民政府节能工作主管部门应当会同同级建设主管部门确定本行政区域内公共建筑重点用电单位及其年度用电限额。

县级以上地方人民政府建设主管部门应当对本行政区域内国家机关办公建筑和公共建筑用电情况进行调查统计和评价分析。国家机关办公建筑和大型公共建筑采暖、制冷、照明的能源消耗情况应当依照法律、行政法规和国家其他有关规定向社会公布。

国家机关办公建筑和公共建筑的所有权人或者使用权人应当对县级以上地方人民政府建设主管部门的调查统计工作予以配合。

第三十三条　供热单位应当建立健全相关制度，加强对专业技术人员的教育和培训。

供热单位应当改进技术装备，实施计量管理，并对供热系统进行监测、维护，提高供热系统的效率，保证供热系统的运行符合民用建筑节能强制性标准。

第三十四条　县级以上地方人民政府建设主管部门应当对本行政区域内供热单位的能源消耗情况进行调查统计和分析，并制定供热单位能源消耗指标；对超过能源消耗指标的，应当要求供热单位制定相应的改进措施，并监督实施。

第五章　法 律 责 任

第三十五条　违反本条例规定，县级以上人民政府有关部门有下列行为之一的，对负有责任的主管人员和其他直接责任人员依法给予处分；构成犯罪的，依法追究刑事责任：

（一）对设计方案不符合民用建筑节能强制性标准的民用建筑项目颁发建设工程规划许可证的；

（二）对不符合民用建筑节能强制性标准的设计方案出具合格意见的；

（三）对施工图设计文件不符合民用建筑节能强制性标准的民用建筑项目颁发施工许可证的；

（四）不依法履行监督管理职责的其他行为。

第三十六条　违反本条例规定，各级人民政府及其有关部门、单位违反国家有关规定和标准，以节能改造的名义对既有建筑进行扩建、改建的，对负有责任的主管人员和其他直接责任人员，依法给予处分。

第三十七条　违反本条例规定，建设单位有下列行为之一的，由县级以上地方人民政府建设主管部门责令改正，处20万元以上50万元以下的罚款：

（一）明示或者暗示设计单位、施工单位违反民用建筑节能强制性标准进行设计、施工的；

（二）明示或者暗示施工单位使用不符合施工图设计文件要求的墙体材料、保温材料、门窗、采暖制冷系统和照明设备的；

（三）采购不符合施工图设计文件要求的墙体材料、保温材料、门窗、采暖制冷系统和照明设备的；

（四）使用列入禁止使用目录的技术、工艺、材料和设备的。

第三十八条　违反本条例规定，建设单位对不符合民用建筑节能强制性标准的民用建筑项目出具竣工验收合格报告的，由县级以上地方人民政府建设主管部门责令改正，处民用建筑项目合同价款2%以上4%以下的罚款；造成损失的，依法承担赔偿责任。

第三十九条　违反本条例规定，设计单位未按照民用建筑节能强制性标准进行设计，或者使用列入禁止使用目录的技术、工艺、材料和设备的，由县级以上地方人民政府建设主管部门责令改正，处10万元以上30万元以下的罚款；情节严重的，由颁发资质证书的部门责令停业整顿，降低资质等级或者吊销资质证书；造成损失的，依法承担赔偿责任。

第四十条　违反本条例规定，施工单位未按照民用建筑节能强制性标准进行施工的，由县级以上地方人民政府建设主管部门责令改正，处民用建筑项目合同价款2%以上4%以下的罚款；情节严重的，由颁发资质证书的部门责令停业整顿，降低资质等级或者吊销资质证书；造成损失的，依法承担赔偿责任。

第四十一条　违反本条例规定，施工单位有下列行为之一的，由县级以上地方人民政府建设主管部门责令改正，处10万元以上20万元以下的罚款；情节严重的，由颁发资质证书的部门责令停业整顿，降低资质等级或者吊销资质证书；造成损失的，依法承担赔偿责任：

（一）未对进入施工现场的墙体材料、保温材料、门窗、采暖制冷系统和照明设备进行查验的；

（二）使用不符合施工图设计文件要求的墙体材料、保温材料、门窗、采暖制冷系统和照明设备的；

（三）使用列入禁止使用目录的技术、工艺、材料和设备的。

第四十二条　违反本条例规定，工程监理单位有下列行为之一的，由县级以上地方人民政府建设主管部门责令限期改正；逾期未改正的，处10万元以上30万元以下的罚款；情节严重的，由颁发资质证书的部门责令停业整顿，降低资质等级或者吊销资质证书；造成损失的，依法承担赔偿责任：

(一)未按照民用建筑节能强制性标准实施监理的;

(二)墙体、屋面的保温工程施工时,未采取旁站、巡视和平行检验等形式实施监理的。

对不符合施工图设计文件要求的墙体材料、保温材料、门窗、采暖制冷系统和照明设备,按照符合施工图设计文件要求签字的,依照《建设工程质量管理条例》第六十七条的规定处罚。

第四十三条 违反本条例规定,房地产开发企业销售商品房,未向购买人明示所售商品房的能源消耗指标、节能措施和保护要求、保温工程保修期等信息,或者向购买人明示的所售商品房能源消耗指标与实际能源消耗不符的,依法承担民事责任;由县级以上地方人民政府建设主管部门责令限期改正;逾期未改正的,处交付使用的房屋销售总额2%以下的罚款;情节严重的,由颁发资质证书的部门降低资质等级或者吊销资质证书。

第四十四条 违反本条例规定,注册执业人员未执行民用建筑节能强制性标准的,由县级以上人民政府建设主管部门责令停止执业3个月以上1年以下;情节严重的,由颁发资格证书的部门吊销执业资格证书,5年内不予注册。

第六章 附 则

第四十五条 本条例自2008年10月1日起施行。

民用建筑节能管理规定

1. 2005年11月10日建设部令第143号公布
2. 自2006年1月1日起施行

第一条 为了加强民用建筑节能管理,提高能源利用效率,改善室内热环境质量,根据《中华人民共和国节约能源法》、《中华人民共和国建筑法》、《建设工程质量管理条例》,制定本规定。

第二条 本规定所称民用建筑,是指居住建筑和公共建筑。

本规定所称民用建筑节能,是指民用建筑在规划、设计、建造和使用过程中,通过采用新型墙体材料,执行建筑节能标准,加强建筑物用能设备的运行管理,合理设计建筑围护结构的热工性能,提高采暖、制冷、照明、通风、给排水和通道系统的运行效率,以及利用可再生能源,在保证建筑物使用功能和室内热环境质量的前提下,降低建筑能源消耗,合理、有效地利用能源的活动。

第三条 国务院建设行政主管部门负责全国民用建筑节能的监督管理工作。

县级以上地方人民政府建设行政主管部门负责本行政区域内民用建筑节能的监督管理工作。

第四条 国务院建设行政主管部门根据国家节能规划,制定国家建筑节能专项规划;省、自治区、直辖市以及设区城市人民政府建设行政主管部门应当根据本地节能规划,制定本地建筑节能专项规划,并组织实施。

第五条 编制城乡规划应当充分考虑能源、资源的综合利用和节约,对城镇布局、功能区设置、建筑特征,基础设施配置的影响进行研究论证。

第六条 国务院建设行政主管部门根据建筑节能发展状况和技术先进、经济合理的原则,组织制定建筑节能相关标准,建立和完善建筑节能标准体系;省、自治区、直辖市人民政府建设行政主管部门应当严格执行国家民用建筑节能有关规定,可以制定严于国家民用建筑节能标准的地方标准或者实施细则。

第七条 鼓励民用建筑节能的科学研究和技术开发,推广应用节能型的建筑、结构、材料、用能设备和附属设施及相应的施工工艺、应用技术和管理技术,促进可再生能源的开发利用。

第八条 鼓励发展下列建筑节能技术和产品:

(一)新型节能墙体和屋面的保温、隔热技术与材料;

(二)节能门窗的保温隔热和密闭技术;

(三)集中供热和热、电、冷联产联供技术;

(四)供热采暖系统温度调控和分户热量计量技术与装置;

(五)太阳能、地热等可再生能源应用技术及设备;

(六)建筑照明节能技术与产品;

(七)空调制冷节能技术与产品;

(八)其他技术成熟、效果显著的节能技术和节能管理技术。

鼓励推广应用和淘汰的建筑节能部品及技术的目录,由国务院建设行政主管部门制定;省、自治区、直辖市建设行政主管部门可以结合该目录,制定适合本区域的鼓励推广应用和淘汰的建筑节能部品及技术的目录。

第九条　国家鼓励多元化、多渠道投资既有建筑的节能改造，投资人可以按照协议分享节能改造的收益；鼓励研究制定本地区既有建筑节能改造资金筹措办法和相关激励政策。

第十条　建筑工程施工过程中，县级以上地方人民政府建设行政主管部门应当加强对建筑物的围护结构（含墙体、屋面、门窗、玻璃幕墙等）、供热采暖和制冷系统、照明和通风等电器设备是否符合节能要求的监督检查。

第十一条　新建民用建筑应当严格执行建筑节能标准要求，民用建筑工程扩建和改建时，应当对原建筑进行节能改造。

既有建筑节能改造应当考虑建筑物的寿命周期，对改造的必要性、可行性以及投入收益比进行科学论证。节能改造要符合建筑节能标准要求，确保结构安全，优化建筑物使用功能。

寒冷地区和严寒地区既有建筑节能改造应当与供热系统节能改造同步进行。

第十二条　采用集中采暖制冷方式的新建民用建筑应当安设建筑物室内温度控制和用能计量设施，逐步实行基本冷热价和计量冷热价共同构成的两部制用能价格制度。

第十三条　供热单位、公共建筑所有权人或者其委托的物业管理单位应当制定相应的节能建筑运行管理制度，明确节能建筑运行状态各项性能指标、节能工作诸环节的岗位目标责任等事项。

第十四条　公共建筑的所有权人或者委托的物业管理单位应当建立用能档案，在供热或者制冷间歇期委托相关检测机构对用能设备和系统的性能进行综合检测评价，定期进行维护、维修、保养及更新置换，保证设备和系统的正常运行。

第十五条　供热单位、房屋产权单位或者其委托的物业管理等有关单位，应当记录并按有关规定上报能源消耗资料。

鼓励新建民用建筑和既有建筑实施建筑能效测评。

第十六条　从事建筑节能及相关管理活动的单位，应当对其从业人员进行建筑节能标准与技术等专业知识的培训。

建筑节能标准和节能技术应当作为注册城市规划师、注册建筑师、勘察设计注册工程师、注册监理工程师、注册建造师等继续教育的必修内容。

第十七条　建设单位应当按照建筑节能政策要求和建筑节能标准委托工程项目的设计。

建设单位不得以任何理由要求设计单位、施工单位擅自修改经审查合格的节能设计文件，降低建筑节能标准。

第十八条　房地产开发企业应当将所售商品住房的节能措施、围护结构保温隔热性能指标等基本信息在销售现场显著位置予以公示，并在《住宅使用说明书》中予以载明。

第十九条　设计单位应当依据建筑节能标准的要求进行设计，保证建筑节能设计质量。

施工图设计文件审查机构在进行审查时，应当审查节能设计的内容，在审查报告中单列节能审查章节；不符合建筑节能强制性标准的，施工图设计文件审查结论应当定为不合格。

第二十条　施工单位应当按照审查合格的设计文件和建筑节能施工标准的要求进行施工，保证工程施工质量。

第二十一条　监理单位应当依照法律、法规以及建筑节能标准、节能设计文件、建设工程承包合同及监理合同对节能工程建设实施监理。

第二十二条　对超过能源消耗指标的供热单位、公共建筑的所有权人或者其委托的物业管理单位，责令限期达标。

第二十三条　对擅自改变建筑围护结构节能措施，并影响公共利益和他人合法权益的，责令责任人及时予以修复，并承担相应的费用。

第二十四条　建设单位在竣工验收过程中，有违反建筑节能强制性标准行为的，按照《建设工程质量管理条例》的有关规定，重新组织竣工验收。

第二十五条　建设单位未按照建筑节能强制性标准委托设计，擅自修改节能设计文件，明示或暗示设计单位、施工单位违反建筑节能设计强制性标准，降低工程建设质量的，处20万元以上50万元以下的罚款。

第二十六条　设计单位未按照建筑节能强制性标准进行设计的，应当修改设计。未进行修改的，给予警告，处10万元以上30万元以下罚款；造成损失的，依法承担赔偿责任；两年内，累计三项工程未按照建筑节能强制性标准设计的，责令停业整顿，降低资质等级或者吊销资质证书。

第二十七条　对未按照节能设计进行施工的施工单位，责令改正；整改所发生的工程费用，由施工单位负责；可以给予警告，情节严重的，处工程合同价款2%以上4%以下的罚款；两年内，累计三项工程未按照符合节能标准要求的设计进行施工的，责令停业整顿，降低资质等级或者吊销资质证书。

第二十八条　本规定的责令停业整顿、降低资质等级和吊销资质证书的行政处罚，由颁发资质证书的机关决定；其他行政处罚，由建设行政主管部门依照法定职权决定。

第二十九条　农民自建低层住宅不适用本规定。

第三十条　本规定自2006年1月1日起施行。原《民用建筑节能管理规定》（建设部令第76号）同时废止。

民用建筑工程节能质量监督管理办法

1. 2006年7月31日建设部发布
2. 建质〔2006〕192号

第一条　为了加强民用建筑工程节能质量的监督管理，保证民用建筑工程符合建筑节能标准，根据《建设工程质量管理条例》、《建设工程勘察设计管理条例》、《实施工程建设强制性标准监督规定》、《民用建筑节能管理规定》、《房屋建筑和市政基础设施工程施工图设计文件审查管理办法》、《建设工程质量检测管理办法》等有关法规规章，制定本办法。

第二条　凡在中华人民共和国境内从事民用建筑工程的新建、改建、扩建等有关活动及对民用建筑工程质量实施监督管理的，必须遵守本办法。

本办法所称民用建筑，是指居住建筑和公共建筑。

第三条　建设单位、设计单位、施工单位、监理单位、施工图审查机构、工程质量检测机构等单位，应当遵守国家有关建筑节能的法律法规和技术标准，履行合同约定义务，并依法对民用建筑工程节能质量负责。

各地建设主管部门及其委托的工程质量监督机构依法实施建筑节能质量监督管理。

第四条　建设单位应当履行以下质量责任和义务：

1. 组织设计方案评选时，应当将建筑节能要求作为重要内容之一。

2. 不得擅自修改设计文件。当建筑设计修改涉及建筑节能强制性标准时，必须将修改后的设计文件送原施工图审查机构重新审查。

3. 不得明示或者暗示设计单位、施工单位降低建筑节能标准。

4. 不得明示或者暗示施工单位使用不符合建筑节能性能要求的墙体材料、保温材料、门窗部品、采暖空调系统、照明设备等。按照合同约定由建设单位采购的有关建筑材料和设备，建设单位应当保证其符合建筑节能指标。

5. 不得明示或者暗示检测机构出具虚假检测报告，不得篡改或者伪造检测报告。

6. 在组织建筑工程竣工验收时，应当同时验收建筑节能实施情况，在工程竣工验收报告中，应当注明建筑节能的实施内容。

大型公共建筑工程竣工验收时，对采暖空调、通风、电气等系统，应当进行调试。

第五条　设计单位应当履行以下质量责任和义务：

1. 建立健全质量保证体系，严格执行建筑节能标准。

2. 民用建筑工程设计要按功能要求合理组合空间造型，充分考虑建筑体形、围护结构对建筑节能的影响，合理确定冷源、热源的形式和设备性能，选用成熟、可靠、先进、适用的节能技术、材料和产品。

3. 初步设计文件应设建筑节能设计专篇，施工图设计文件须包括建筑节能热工计算书，大型公共建筑工程方案设计须同时报送有关建筑节能专题报告，明确建筑节能措施及目标等内容。

第六条　施工图审查机构应当履行以下质量责任和义务：

1. 严格按照建筑节能强制性标准对送审的施工图设计文件进行审查，对不符合建筑节能强制性标准的施工图设计文件，不得出具审查合格书。

2. 向建设主管部门报送的施工图设计文件审查备案材料中应包括建筑节能强制性标准的执行情况。

3. 审查机构应将审查过程中发现的设计单位和注册人员违反建筑节能强制性标准的情况，及时上报当地建设主管部门。

第七条　施工单位应当履行以下质量责任和义务：

1. 严格按照审查合格的设计文件和建筑节能标准的要求进行施工，不得擅自修改设计文件。

2. 对进入施工现场的墙体材料、保温材料、门窗部品等进行检验。对采暖空调系统、照明设备等进行检验，保证产品说明书和产品标识上注明的性能指标符合建筑节能要求。

3. 应当编制建筑节能专项施工技术方案，并由施工单位专业技术人员及监理单位专业监理工程师进行审核，审核合格，由施工单位技术负责人及监理单位总监理工程师签字。

4. 应当加强施工过程质量控制，特别应当加强对易产生热桥和热工缺陷等重要部位的质量控制，保证符合设计要求和有关节能标准规定。

5. 对大型公共建筑工程采暖空调、通风、电气等系统的调试，应当符合设计等要求。

6. 保温工程等在保修范围和保修期限内发生质量问题的，施工单位应当履行保修义务，并对造成的损失承担赔偿责任。

第八条　监理单位应当履行以下质量责任和义务：

1. 严格按照审查合格的设计文件和建筑节能标准的要求实施监理，针对工程的特点制定符合建筑节能要求的监理规划及监理实施细则。

2. 总监理工程师应当对建筑节能专项施工技术方案审查并签字认可。专业监理工程师应当对工程使用的墙体材料、保温材料、门窗部品、采暖空调系统、照明设备，以及涉及建筑节能功能的重要部位施工质量检查验收并签字认可。

3. 对易产生热桥和热工缺陷部位的施工，以及墙体、屋面等保温工程隐蔽前的施工，专业监理工程师应当采取旁站形式实施监理。

4. 应当在《工程质量评估报告》中明确建筑节能标准的实施情况。

第九条　工程质量检测机构应当将检测过程中发现建设单位、监理单位、施工单位违反建筑节能强制性标准的情况，及时上报当地建设主管部门或者工程质量监督机构。

第十条　建设主管部门及其委托的工程质量监督机构应当加强对施工过程建筑节能标准执行情况的监督检查，发现未按施工图设计文件进行施工和违反建筑节能标准的，应当责令改正。

第十一条　建设、勘察、设计、施工、监理单位，以及施工图审查和工程质量检测机构违反建筑节能有关法律法规的，建设主管部门依法给予处罚。

第十二条　达不到节能要求的工程项目，不得参加各类评奖活动。

绿色建材评价标识管理办法

1. 2014年5月21日住房和城乡建设部、工业和信息化部发布

2. 建科〔2014〕75号

第一章　总　　则

第一条　为加快绿色建材推广应用，规范绿色建材评价标识管理，更好地支撑绿色建筑发展，制定本办法。

第二条　本办法所称绿色建材是指在全生命周期内可减少对天然资源消耗和减轻对生态环境影响，具有“节能、减排、安全、便利和可循环”特征的建材产品。

第三条　本办法所称绿色建材评价标识（以下简称评价标识），是指依据绿色建材评价技术要求，按照本办法确定的程序和要求，对申请开展评价的建材产品进行评价，确认其等级并进行信息性标识的活动。

标识包括证书和标志，具有可追溯性。标识的式样与格式由住房城乡建设部和工业和信息化部共同制定。

证书包括以下内容：

（一）申请企业名称、地址；

（二）产品名称、产品系列、规格/型号；

（三）评价依据；

（四）绿色建材等级；

（五）发证日期和有效期限；

（六）发证机构；

（七）绿色建材评价机构；

（八）证书编号；

（九）其他需要标注的内容。

第四条　每类建材产品按照绿色建材内涵和生产使用特性，分别制定绿色建材评价技术要求。

标识等级依据技术要求和评价结果，由低至高分为一星级、二星级和三星级三个等级。

第五条　评价标识工作遵循企业自愿原则，坚持科学、公开、公平和公正。

第六条　鼓励企业研发、生产、推广应用绿色建材。鼓励新建、改建、扩建的建设项目优先使用获得评价标识的绿色建材。绿色建筑、绿色生态城区、政府投资和使用财政资金的建设项目，应使用获得评价标识的绿色建材。

第二章 组织管理

第七条 住房城乡建设部、工业和信息化部负责全国绿色建材评价标识监督管理工作，指导各地开展绿色建材评价标识工作。负责制定实施细则和绿色建材评价机构管理办法，制定绿色建材评价技术要求，建立全国统一的绿色建材标识产品信息发布平台，动态发布管理所有星级产品的评价结果与标识产品目录。

第八条 住房城乡建设部、工业和信息化部负责三星级绿色建材的评价标识管理工作。省级住房城乡建设、工业和信息化主管部门负责本地区一星级、二星级绿色建材评价标识管理工作，负责在全国统一的信息发布平台上发布本地区一星级、二星级产品的评价结果与标识产品目录，省级主管部门可依据本办法制定本地区管理办法或实施细则。

第九条 绿色建材评价机构依据本办法和相应的技术要求，负责绿色建材的评价标识工作，包括受理生产企业申请，评价、公示、确认等级，颁发证书和标志。

第三章 申请和评价

第十条 绿色建材评价标识申请由生产企业向相应的绿色建材评价机构提出。

第十一条 企业可根据产品特性、评价技术要求申请相应星级的标识。

第十二条 绿色建材评价标识申请企业应当具备以下条件：

(一)具备独立法人资格；

(二)具有与申请相符的生产能力和知识产权；

(三)符合行业准入条件；

(四)具有完备的质量管理、环境管理和职业安全卫生管理体系；

(五)申请的建材产品符合绿色建材的技术要求，并在绿色建筑中有实际工程应用；

(六)其他应具备的条件。

第十三条 申请企业应当提供真实、完整的申报材料，提交评价申报书，提供相关证书、检测报告、使用报告、影像记录等资料。

第十四条 绿色建材评价机构依据本办法及每类绿色建材评价技术要求进行独立评价，必要时可进行生产现场核查和产品抽检。

第十五条 评审结果由绿色建材评价机构进行公示，依据公示结果确定标识等级，颁发证书和标志，同时报主管部门备案，由主管部门在信息平台上予以公开。

标识有效期为3年。有效期届满6个月前可申请延期复评。

第十六条 取得标识的企业，可将标识用于相应绿色建材产品的包装和宣传。

第四章 监督检查

第十七条 标识持有企业应建立标识使用管理制度，规范使用证书和标志，保证出厂产品与标识的一致性。

第十八条 标识不得转让、伪造或假冒。

第十九条 对绿色建材评价过程或评价结果有异议的，可向主管部门申诉，主管部门应及时进行调查处理。

第二十条 出现下列重大问题之一的，绿色建材评价机构撤销或者由主管部门责令绿色建材评价机构撤销已授予标识，并通过信息发布平台向社会公布。

(一)出现影响环境的恶性事件和重大质量事故的；

(二)标识产品经国家或省市质量监督抽查或工商流通领域抽查不合格的；

(三)标识产品与申请企业提供的样品不一致的；

(四)超范围使用标识的；

(五)以欺骗等不正当手段获得标识的；

(六)其他依法应当撤销的情形。

被撤销标识的企业，自撤销之日起2年内不得再次申请标识。

第五章 附 则

第二十一条 每类建材产品的评价技术要求、绿色建材评价机构管理办法等配套文件由住房城乡建设部、工业和信息化部另行发布。

第二十二条 本办法自印发之日起实施。

住房城乡建设部、工业和信息化部关于印发《绿色建材评价标识管理办法实施细则》和《绿色建材评价技术导则(试行)》的通知

1. 2015年10月14日
2. 建科〔2015〕162号

各省、自治区、直辖市住房城乡建设厅(委)、工业和信息化主管部门,新疆生产建设兵团建设局、工业和信息化委员会,计划单列市住房城乡建设委、工业和信息化主管部门,有关单位:

为切实落实《绿色建筑行动方案》和《促进绿色建材生产和应用行动方案》有关要求,推动绿色建筑和建材工业转型升级、推进新型城镇化,做好《绿色建材评价标识管理办法》的实施工作,住房城乡建设部、工业和信息化部制定了《绿色建材评价标识管理办法实施细则》和《绿色建材评价技术导则(试行)》(第一版)。现印发给你们,请结合本地实际,抓好贯彻落实。

附件:1.《绿色建材评价标识管理办法实施细则》
2.《绿色建材评价技术导则(试行)》(第一版)(略)

附件1

绿色建材评价标识管理办法实施细则

第一章　总　　则

第一条　为落实《绿色建筑行动方案》和《促进绿色建材生产和应用行动方案》、推动绿色建筑发展和建材工业转型升级、推进新型城镇化,依据《中华人民共和国节约能源法》、《民用建筑节能条例》有关要求和《绿色建材评价标识管理办法》,制定本细则。

第二条　本细则规定绿色建材评价标识工作(以下简称评价工作)的组织管理、专家委员会、评价机构的申请与发布、标识申请、评价及使用、监督管理。

第三条　绿色建材评价应紧密围绕绿色建筑和建材工业发展需求,促进节地与室内外环境保护、节能与能源利用、节水与水资源利用、节材与资源综合利用等方面的材料与产品以及通用绿色建材的生产与应用。

第四条　评价工作遵循企业自愿和公益性原则,政府倡导,市场化运作。评价技术要求和程序全国统一,标识全国通用,在全国绿色建材评价标识管理信息平台(以下简称信息平台)发布。

第五条　绿色建材评价机构、评价专家及有关工作人员对评价结果负责。

建材生产企业应对获得标识产品的质量及该产品的全部公开信息负责。

第二章　组 织 管 理

第六条　住房城乡建设部、工业和信息化部绿色建材推广和应用协调组明确绿色建材评价标识日常管理机构,由该机构承担绿色建材评价标识日常实施管理和服务工作,以及住房城乡建设部、工业和信息化部(以下简称两部门)委托的相关事项。

第七条　各省、自治区、直辖市住房城乡建设、工业和信息化主管部门(以下简称省级部门。两部门和省级部门统称为主管部门),负责本地区绿色建材评价标识工作。主要职责是:

(一)明确承担省级绿色建材评价标识日常管理工作的机构;

(二)对一星级、二星级评价机构进行备案并将备案情况及时报两部门;

(三)本地区绿色建材评价标识应用的协调和监管;

(四)在信息平台发布本地区绿色建材评价标识等工作。

第三章　专家委员会

第八条　全国绿色建材评价标识专家委员会(以下简称专家委员会)由两部门负责组建。专家委员会主要职责是:

(一)提供技术咨询和支持;

(二)评审绿色建材评价技术要求;

(三)其他相关工作。

第九条　专家委员会由建筑、建材等领域专家组成,设主任委员1名、副主任委员2-3名。委员任期为3年,可连续聘任。委员应具备以下条件:

(一)高级技术职称且长期从事本专业工作,具有丰富的理论知识和实践经验,在专业领域有一定的学术影响;

(二)熟悉建筑或建材产业发展现状和国内外趋

势,了解相关政策、法规、标准和规范;

(三)出版过相关专著、发表过相关科技论文、主持过相关国家或行业标准编制或主持过国家相关科技项目;

(四)良好的科学道德、认真严谨的学风和工作精神,秉公办事,并勇于承担责任;

(五)身体健康,年龄一般不超过68岁。

第十条 专家委员会委员按以下程序聘任:

(一)单位或个人推荐,填写《全国绿色建材评价标识专家委员会专家登记表》,并提供相应的证明材料,经所在单位同意,报两部门审核;

(二)通过审核的,颁发《全国绿色建材评价标识专家证书》。

第十一条 省级部门可参照本章成立省级专家委员会。

第四章 评价机构

第十二条 评价机构应具备以下条件:

(一)评价工作所需要的土木工程、材料与制品、市政与环境、节能与能源利用、机电与智能化、资源利用和可持续发展等专业人员,一星级、二星级评价机构不少于10人,三星级评价机构不少于30人。

其中中级及以上专业技术职称人员比例不得低于60%,高级专业技术职称人员比例不得低于30%;

(二)独立法人资格,在行业内具有权威性、影响力;

(三)评价机构人员应遵守国家法律法规,熟悉相关政策和标准规范,以及绿色建材评价技术要求;

(四)组织或参与过国家、行业或地方相关标准编制工作,或从事过相关建材产品的检测、检验或认证工作;

(五)开展评价工作相适应的办公条件;

(六)所需的其他条件。

第十三条 对评价机构实施备案和动态信用清单管理。拟从事绿色建材评价标识工作的机构应提交《绿色建材评价机构备案表》。

备案表应随附相关材料复印件,如法人资格证书、营业执照和其他证明材料等。

第十四条 从事三星级绿色建材评价标识工作的机构,经所在地省级部门向两部门备案。中央企事业单位、全国性行业学(协)会可直接向两部门提交备案表,同时抄报所在地省级部门。从事各地一、二星级绿色建材评价标识工作的机构,向当地省级部门备案。

三星级评价机构如开展一星级、二星级标识评价的,向相应的省级部门备案。

从事三星级评价标识工作的机构应不少于两家,每省(自治区、直辖市)从事一、二星级评价标识工作的机构应不少于两家。

评价机构相关信息及时在信息平台发布。

第十五条 评价机构与申请评价标识的企业不得有任何经济利益关系。从事相关建材产品设计、生产和销售的企事业单位原则上不得作为绿色建材评价机构。

第五章 标识申请、评价及使用

第十六条 标识申请由建材生产企业向相应的评价机构提出。生产企业可依据评价技术要求向相应等级的评价机构,申请相应的星级评价和标识。

同一生产企业的同一种产品不得同时向多个评价机构提出相同星级的申请。

第十七条 标识申请企业应填写《绿色建材评价标识申报书》,按照评价技术要求提供相应技术数据和证明材料,并对其真实性和准确性负责。

第十八条 评价机构收到企业申请后,须在5个工作日内完成形式审查。通过形式审查的,评价机构向申请企业发放受理通知书。双方应以自愿为原则,协议双方的权利和义务等。

未通过形式审查的,应一次性告知申请企业应补充的材料。

第十九条 评价工作应在30个工作日内完成(不含抽样复测时间)。

评价通过的,予以公示,公示期为10个工作日。公示无异议后,评价机构向两部门申请证书编号,颁发标识;公示有异议的,由相应主管部门组织复核。

评价未通过的,如企业对评价结果有异议,应在10个工作日内向受理的评价机构提出申诉,评价机构应在10个工作日内给出答复意见;企业对评价机构的答复意见仍有异议的,可向相应的主管部门提出申诉。

第二十条 评价机构按照本办法规定和评价技术要求对企业申请的产品进行评价,出具评价报告,明确评价结论和等级等。

第二十一条 获得绿色建材评价标识的企业,应以适当、醒目的方式在产品或包装上明示绿色建材标识。

第二十二条 获得标识的企业应建立标识使用管理制度,规范标识使用,保证出厂产品各项性能指标与标识的一致性。对标识的使用情况应如实记录和存档。

第二十三条　标识有效期为3年，有效期内企业应于每年12月底前向评价机构提交标识使用情况报告。有效期满6个月前可向评价机构申请延期使用复评。延期复评程序与初次申请程序一致。

第二十四条　获得标识的企业如发生企业重大经营活动变化的，应及时向评价机构报备。出现下列重大变化之一的，应重新提出评价申请：

（一）企业生产装备、工艺等发生重大变化且严重影响产品性能的；

（二）企业生产地点发生转移的；

（三）产品标准发生更新且影响产品检测结论的。

第六章　监督管理

第二十五条　评价机构每年3月底前向相应的主管部门提交上年度工作报告。报告内容应包括：评价工作概况、当年发放标识的统计、评价工作情况分析、机构和人员情况、存在的困难、问题及建议、其他应说明的情况。

第二十六条　主管部门应对相应的评价机构和获得标识的企业进行定期或不定期抽查和检查。

第二十七条　评价机构有下列情况之一的，计入诚信记录并以适当方式公布：

（一）备案过程中提供虚假资料、信息的；

（二）未经当地主管部门备案在当地从事绿色建材评价标识工作的；

（三）评审过程中提供虚假资料、信息，造成评价结果严重失实的；

（四）出具虚假评价报告的；

（五）不能保证评价工作质量的；

（六）其他违背诚实信用原则的情况。

第二十八条　获得标识的企业出现下列重大问题之一的，评价机构应撤销或者由主管部门责令评价机构撤销已授予的标识，并通过信息平台向社会公布：

（一）出现影响环境的恶性事件和重大质量问题的；

（二）标识产品抽查不合格的；

（三）超范围使用标识的；

（四）以欺骗等不正当手段获得标识的；

（五）利用获得的标识进行虚假或夸大宣传的；

（六）其他依法应当撤销的情形。

第二十九条　被撤销标识的企业，自撤销之日起2年内不得再次申请标识；再次被撤销标识的企业，评价机构不得再受理其评价申请。撤销标识的有关信息在信息平台上予以公示。

第三十条　主管部门和管理机构工作人员在工作中徇私舞弊、滥用职权、玩忽职守或者干扰评价工作导致评价不公正的，依照有关规定给予纪律处分；构成犯罪的，依法移送司法机关追究刑事责任。

第三十一条　任何单位或个人对评价过程或评价结果有异议的，可向主管部门提出申诉和举报。

第七章　附　　则

第三十二条　专家登记表及证书、评价机构备案表、标识申报书、标识式样与格式等另行发布。

第三十三条　省级部门可依据《绿色建材评价标识管理办法》和本细则制定本地区实施细则。

第三十四条　本细则自印发之日起实施。

6. 无障碍设施

中华人民共和国
无障碍环境建设法（节录）

1. 2023年6月28日第十四届全国人民代表大会常务委员会第三次会议通过
2. 2023年6月28日中华人民共和国主席令第6号公布
3. 自2023年9月1日起施行

第二章　无障碍设施建设

第十二条　【无障碍设施建设要求】新建、改建、扩建的居住建筑、居住区、公共建筑、公共场所、交通运输设施、城乡道路等，应当符合无障碍设施工程建设标准。

无障碍设施应当与主体工程同步规划、同步设计、同步施工、同步验收、同步交付使用，并与周边的无障碍设施有效衔接、实现贯通。

无障碍设施应当设置符合标准的无障碍标识，并纳入周边环境或者建筑物内部的引导标识系统。

第十三条　【鼓励先进技术】国家鼓励工程建设、设计、施工等单位采用先进的理念和技术，建设人性化、系统化、智能化并与周边环境相协调的无障碍设施。

第十四条　【纳入经费概预算】工程建设单位应当将无障碍设施建设经费纳入工程建设项目概预算。

工程建设单位不得明示或者暗示设计、施工单位违反无障碍设施工程建设标准；不得擅自将未经验收或者验收不合格的无障碍设施交付使用。

第十五条　【无障碍设施工程设计】工程设计单位应当按照无障碍设施工程建设标准进行设计。

依法需要进行施工图设计文件审查的，施工图审查机构应当按照法律、法规和无障碍设施工程建设标准，对无障碍设施设计内容进行审查；不符合有关规定的，不予审查通过。

第十六条　【无障碍设施施工和监理】工程施工、监理单位应当按照施工图设计文件以及相关标准进行无障碍设施施工和监理。

住房和城乡建设等主管部门对未按照法律、法规和无障碍设施工程建设标准开展无障碍设施验收或者验收不合格的，不予办理竣工验收备案手续。

第十七条　【鼓励意见征询和体验试用】国家鼓励工程建设单位在新建、改建、扩建建设项目的规划、设计和竣工验收等环节，邀请残疾人、老年人代表以及残疾人联合会、老龄协会等组织，参加意见征询和体验试用等活动。

第十八条　【居住建筑等的无障碍设施改造】对既有的不符合无障碍设施工程建设标准的居住建筑、居住区、公共建筑、公共场所、交通运输设施、城乡道路等，县级以上人民政府应当根据实际情况，制定有针对性的无障碍设施改造计划并组织实施。

无障碍设施改造由所有权人或者管理人负责。所有权人、管理人和使用人之间约定改造责任的，由约定的责任人负责。

不具备无障碍设施改造条件的，责任人应当采取必要的替代性措施。

第十九条　【家庭无障碍设施改造】县级以上人民政府应当支持、指导家庭无障碍设施改造。对符合条件的残疾人、老年人家庭应当给予适当补贴。

居民委员会、村民委员会、居住区管理服务单位以及业主委员会应当支持并配合家庭无障碍设施改造。

第二十条　【用人单位的无障碍设施建设和改造】残疾人集中就业单位应当按照有关标准和要求，建设和改造无障碍设施。

国家鼓励和支持用人单位开展就业场所无障碍设施建设和改造，为残疾人职工提供必要的劳动条件和便利。

第二十一条　【公共服务设施等的无障碍设施建设和改造】新建、改建、扩建公共建筑、公共场所、交通运输设施以及居住区的公共服务设施，应当按照无障碍设施工程建设标准，配套建设无障碍设施；既有的上述建筑、场所和设施不符合无障碍设施工程建设标准的，应当进行必要的改造。

第二十二条　【加装电梯或者其他无障碍设施】国家支持城镇老旧小区既有多层住宅加装电梯或者其他无障碍设施，为残疾人、老年人提供便利。

县级以上人民政府及其有关部门应当采取措施、创造条件，并发挥社区基层组织作用，推动既有多层住宅加装电梯或者其他无障碍设施。

房屋所有权人应当弘扬中华民族与邻为善、守望相助等传统美德，加强沟通协商，依法配合既有多层住宅加装电梯或者其他无障碍设施。

第二十三条　【城市主干路、主要商业区等的无障碍设施建设和改造】新建、改建、扩建和具备改造条件的城市主干路、主要商业区和大型居住区的人行天桥和人行地下通道，应当按照无障碍设施工程建设标准，建设或者改造无障碍设施。

城市主干路、主要商业区等无障碍需求比较集中的区域的人行道，应当按照标准设置盲道；城市中心区、残疾人集中就业单位和集中就读学校周边的人行横道的交通信号设施，应当按照标准安装过街音响提示装置。

第二十四条　【停车场无障碍停车位的设置】停车场应当按照无障碍设施工程建设标准，设置无障碍停车位，并设置显著标志标识。

无障碍停车位优先供肢体残疾人驾驶或者乘坐的机动车使用。优先使用无障碍停车位的，应当在显著位置放置残疾人车辆专用标志或者提供残疾人证。

在无障碍停车位充足的情况下，其他行动不便的残疾人、老年人、孕妇、婴幼儿等驾驶或者乘坐的机动车也可以使用。

第二十五条　【公共交通运输工具符合无障碍标准比例】新投入运营的民用航空器、客运列车、客运船舶、公共汽电车、城市轨道交通车辆等公共交通运输工具，应当确保一定比例符合无障碍标准。

既有公共交通运输工具具备改造条件的，应当进行无障碍改造，逐步符合无障碍标准的要求；不具备改造条件的，公共交通运输工具的运营单位应当采取必要的替代性措施。

县级以上地方人民政府根据当地情况，逐步建立城市无障碍公交导乘系统，规划配置适量的无障碍出租汽车。

第二十六条　【无障碍设施的维护和管理】无障碍设施所有权人或者管理人应当对无障碍设施履行以下维护和管理责任，保障无障碍设施功能正常和使用安全：

（一）对损坏的无障碍设施和标识进行维修或者替换；

（二）对需改造的无障碍设施进行改造；

（三）纠正占用无障碍设施的行为；

（四）进行其他必要的维护和保养。

所有权人、管理人和使用人之间有约定的，由约定的责任人负责维护和管理。

第二十七条　【临时无障碍设施符合无障碍建设标准】因特殊情况设置的临时无障碍设施，应当符合无障碍设施工程建设标准。

第二十八条　【不得非法占用、损坏无障碍设施】任何单位和个人不得擅自改变无障碍设施的用途或者非法占用、损坏无障碍设施。

因特殊情况临时占用无障碍设施的，应当公告并设置护栏、警示标志或者信号设施，同时采取必要的替代性措施。临时占用期满，应当及时恢复原状。

五、从业管理

资料补充栏

1. 企业资质

(1)勘察设计资质

建设工程勘察设计资质管理规定

1. 2007年6月26日建设部令第160号公布
2. 根据2015年5月4日住房和城乡建设部令第24号《关于修改〈房地产开发企业资质管理规定〉等部门规章的决定》第一次修正
3. 根据2016年9月13日住房和城乡建设部令第32号《关于修改〈勘察设计注册工程师管理规定〉等11个部门规章的决定》第二次修正
4. 根据2018年12月22日住房和城乡建设部令第45号《关于修改〈建筑业企业资质管理规定〉等部门规章的决定》第三次修正

第一章 总 则

第一条 为了加强对建设工程勘察、设计活动的监督管理,保证建设工程勘察、设计质量,根据《中华人民共和国行政许可法》、《中华人民共和国建筑法》、《建设工程质量管理条例》和《建设工程勘察设计管理条例》等法律、行政法规,制定本规定。

第二条 在中华人民共和国境内申请建设工程勘察、工程设计资质,实施对建设工程勘察、工程设计资质的监督管理,适用本规定。

第三条 从事建设工程勘察、工程设计活动的企业,应当按照其拥有的资产、专业技术人员、技术装备和勘察设计业绩等条件申请资质,经审查合格,取得建设工程勘察、工程设计资质证书后,方可在资质许可的范围内从事建设工程勘察、工程设计活动。

第四条 国务院住房城乡建设主管部门负责全国建设工程勘察、工程设计资质的统一监督管理。国务院铁路、交通、水利、信息产业、民航等有关部门配合国务院住房城乡建设主管部门实施相应行业的建设工程勘察、工程设计资质管理工作。

省、自治区、直辖市人民政府住房城乡建设主管部门负责本行政区域内建设工程勘察、工程设计资质的统一监督管理。省、自治区、直辖市人民政府交通、水利、信息产业等有关部门配合同级住房城乡建设主管部门实施本行政区域内相应行业的建设工程勘察、工程设计资质管理工作。

第二章 资质分类和分级

第五条 工程勘察资质分为工程勘察综合资质、工程勘察专业资质、工程勘察劳务资质。

工程勘察综合资质只设甲级;工程勘察专业资质设甲级、乙级,根据工程性质和技术特点,部分专业可以设丙级;工程勘察劳务资质不分等级。

取得工程勘察综合资质的企业,可以承接各专业(海洋工程勘察除外)、各等级工程勘察业务;取得工程勘察专业资质的企业,可以承接相应等级相应专业的工程勘察业务;取得工程勘察劳务资质的企业,可以承接岩土工程治理、工程钻探、凿井等工程勘察劳务业务。

第六条 工程设计资质分为工程设计综合资质、工程设计行业资质、工程设计专业资质和工程设计专项资质。

工程设计综合资质只设甲级;工程设计行业资质、工程设计专业资质、工程设计专项资质设甲级、乙级。

根据工程性质和技术特点,个别行业、专业、专项资质可以设丙级,建筑工程专业资质可以设丁级。

取得工程设计综合资质的企业,可以承接各行业、各等级的建设工程设计业务;取得工程设计行业资质的企业,可以承接相应行业相应等级的工程设计业务及本行业范围内同级别的相应专业、专项(设计施工一体化资质除外)工程设计业务;取得工程设计专业资质的企业,可以承接本专业相应等级的专业工程设计业务及同级别的相应专项工程设计业务(设计施工一体化资质除外);取得工程设计专项资质的企业,可以承接本专项相应等级的专项工程设计业务。

第七条 建设工程勘察、工程设计资质标准和各资质类别、级别企业承担工程的具体范围由国务院住房城乡建设主管部门商国务院有关部门制定。

第三章 资质申请和审批

第八条 申请工程勘察甲级资质、工程设计甲级资质,以及涉及铁路、交通、水利、信息产业、民航等方面的工程设计乙级资质的,可以向企业工商注册所在地的省、自治区、直辖市人民政府住房城乡建设主管部门提交申请材料。

省、自治区、直辖市人民政府住房城乡建设主管部门收到申请材料后，应当在5日内将全部申请材料报审批部门。

国务院住房城乡建设主管部门在收到申请材料后，应当依法作出是否受理的决定，并出具凭证；申请材料不齐全或者不符合法定形式的，应当在5日内一次性告知申请人需要补正的全部内容。逾期不告知的，自收到申请材料之日起即为受理。

国务院住房城乡建设主管部门应当自受理之日起20日内完成审查。自作出决定之日起10日内公告审批结果。其中，涉及铁路、交通、水利、信息产业、民航等方面的工程设计资质，由国务院住房城乡建设主管部门送国务院有关部门审核，国务院有关部门应当在15日内审核完毕，并将审核意见送国务院住房城乡建设主管部门。

组织专家评审所需时间不计算在上述时限内，但应当明确告知申请人。

第九条　工程勘察乙级及以下资质、劳务资质、工程设计乙级（涉及铁路、交通、水利、信息产业、民航等方面的工程设计乙级资质除外）及以下资质许可由省、自治区、直辖市人民政府住房城乡建设主管部门实施。具体实施程序由省、自治区、直辖市人民政府住房城乡建设主管部门依法确定。

省、自治区、直辖市人民政府住房城乡建设主管部门应当自作出决定之日起30日内，将准予资质许可的决定报国务院住房城乡建设主管部门备案。

第十条　工程勘察、工程设计资质证书分为正本和副本，正本一份，副本六份，由国务院住房城乡建设主管部门统一印制，正、副本具备同等法律效力。资质证书有效期为5年。

第十一条　企业申请工程勘察、工程设计资质，应在资质许可机关的官方网站或审批平台上提出申请，提交资金、专业技术人员、技术装备和已完成的业绩等电子材料。

第十二条　资质有效期届满，企业需要延续资质证书有效期的，应当在资质证书有效期届满60日前，向原资质许可机关提出资质延续申请。

对在资质有效期内遵守有关法律、法规、规章、技术标准，信用档案中无不良行为记录，且专业技术人员满足资质标准要求的企业，经资质许可机关同意，有效期延续5年。

第十三条　企业在资质证书有效期内名称、地址、注册资本、法定代表人等发生变更的，应当在工商部门办理变更手续后30日内办理资质证书变更手续。

取得工程勘察甲级资质、工程设计甲级资质，以及涉及铁路、交通、水利、信息产业、民航等方面的工程设计乙级资质的企业，在资质证书有效期内发生企业名称变更的，应当向企业工商注册所在地省、自治区、直辖市人民政府住房城乡建设主管部门提出变更申请，省、自治区、直辖市人民政府住房城乡建设主管部门应当自受理申请之日起2日内将有关变更证明材料报国务院住房城乡建设主管部门，由国务院住房城乡建设主管部门在2日内办理变更手续。

前款规定以外的资质证书变更手续，由企业工商注册所在地的省、自治区、直辖市人民政府住房城乡建设主管部门负责办理。省、自治区、直辖市人民政府住房城乡建设主管部门应当自受理申请之日起2日内办理变更手续，并在办理资质证书变更手续后15日内将变更结果报国务院住房城乡建设主管部门备案。

涉及铁路、交通、水利、信息产业、民航等方面的工程设计资质的变更，国务院住房城乡建设主管部门应当将企业资质变更情况告知国务院有关部门。

第十四条　企业申请资质证书变更，应当提交以下材料：

（一）资质证书变更申请；

（二）企业法人、合伙企业营业执照副本复印件；

（三）资质证书正、副本原件；

（四）与资质变更事项有关的证明材料。

企业改制的，除提供前款规定资料外，还应当提供改制重组方案、上级资产管理部门或者股东大会的批准决定、企业职工代表大会同意改制重组的决议。

第十五条　企业首次申请、增项申请工程勘察、工程设计资质，其申请资质等级最高不超过乙级，且不考核企业工程勘察、工程设计业绩。

已具备施工资质的企业首次申请同类别或相近类别的工程勘察、工程设计资质的，可以将相应规模的工程总承包业绩作为工程业绩予以申报。其申请资质等级最高不超过其现有施工资质等级。

第十六条　企业合并的，合并后存续或者新设立的企业可以承继合并前各方中较高的资质等级，但应当符合相应的资质标准条件。

企业分立的，分立后企业的资质按照资质标准及本规定的审批程序核定。

企业改制的,改制后不再符合资质标准的,应按其实际达到的资质标准及本规定重新核定;资质条件不发生变化的,按本规定第十六条办理。

第十七条　从事建设工程勘察、设计活动的企业,申请资质升级、资质增项,在申请之日起前一年内有下列情形之一的,资质许可机关不予批准企业的资质升级申请和增项申请:

(一)企业相互串通投标或者与招标人串通投标承揽工程勘察、工程设计业务的;

(二)将承揽的工程勘察、工程设计业务转包或违法分包的;

(三)注册执业人员未按照规定在勘察设计文件上签字的;

(四)违反国家工程建设强制性标准的;

(五)因勘察设计原因造成过重大生产安全事故的;

(六)设计单位未根据勘察成果文件进行工程设计的;

(七)设计单位违反规定指定建筑材料、建筑构配件的生产厂、供应商的;

(八)无工程勘察、工程设计资质或者超越资质等级范围承揽工程勘察、工程设计业务的;

(九)涂改、倒卖、出租、出借或者以其他形式非法转让资质证书的;

(十)允许其他单位、个人以本单位名义承揽建设工程勘察、设计业务的;

(十一)其他违反法律、法规行为的。

第十八条　企业在领取新的工程勘察、工程设计资质证书的同时,应当将原资质证书交回原发证机关予以注销。

企业需增补(含增加、更换、遗失补办)工程勘察、工程设计资质证书的,应当持资质证书增补申请等材料向资质许可机关申请办理。遗失资质证书的,在申请补办前应当在公众媒体上刊登遗失声明。资质许可机关应当在 2 日内办理完毕。

第四章　监督与管理

第十九条　国务院住房城乡建设主管部门对全国的建设工程勘察、设计资质实施统一的监督管理。国务院铁路、交通、水利、信息产业、民航等有关部门配合国务院住房城乡建设主管部门对相应的行业资质进行监督管理。

县级以上地方人民政府住房城乡建设主管部门负责对本行政区域内的建设工程勘察、设计资质实施监督管理。县级以上人民政府交通、水利、信息产业等有关部门配合同级住房城乡建设主管部门对相应的行业资质进行监督管理。

上级住房城乡建设主管部门应当加强对下级住房城乡建设主管部门资质管理工作的监督检查,及时纠正资质管理中的违法行为。

第二十条　住房城乡建设主管部门、有关部门履行监督检查职责时,有权采取下列措施:

(一)要求被检查单位提供工程勘察、设计资质证书、注册执业人员的注册执业证书,有关工程勘察、设计业务的文档,有关质量管理、安全生产管理、档案管理、财务管理等企业内部管理制度的文件;

(二)进入被检查单位进行检查,查阅相关资料;

(三)纠正违反有关法律、法规和本规定及有关规范和标准的行为。

住房城乡建设主管部门、有关部门依法对企业从事行政许可事项的活动进行监督检查时,应当将监督检查情况和处理结果予以记录,由监督检查人员签字后归档。

第二十一条　住房城乡建设主管部门、有关部门在实施监督检查时,应当有两名以上监督检查人员参加,并出示执法证件,不得妨碍企业正常的生产经营活动,不得索取或者收受企业的财物,不得谋取其他利益。

有关单位和个人对依法进行的监督检查应当协助与配合,不得拒绝或者阻挠。

监督检查机关应当将监督检查的处理结果向社会公布。

第二十二条　企业违法从事工程勘察、工程设计活动的,其违法行为发生地的住房城乡建设主管部门应当依法将企业的违法事实、处理结果或处理建议告知该企业的资质许可机关。

第二十三条　企业取得工程勘察、设计资质后,不再符合相应资质条件的,住房城乡建设主管部门、有关部门根据利害关系人的请求或者依据职权,可以责令其限期改正;逾期不改的,资质许可机关可以撤回其资质。

第二十四条　有下列情形之一的,资质许可机关或者其上级机关,根据利害关系人的请求或者依据职权,可以撤销工程勘察、工程设计资质:

(一)资质许可机关工作人员滥用职权、玩忽职守作出准予工程勘察、工程设计资质许可的；

（二）超越法定职权作出准予工程勘察、工程设计资质许可；

（三）违反资质审批程序作出准予工程勘察、工程设计资质许可的；

（四）对不符合许可条件的申请人作出工程勘察、工程设计资质许可的；

（五）依法可以撤销资质证书的其他情形。

以欺骗、贿赂等不正当手段取得工程勘察、工程设计资质证书的，应当予以撤销。

第二十五条　有下列情形之一的，企业应当及时向资质许可机关提出注销资质的申请，交回资质证书，资质许可机关应当办理注销手续，公告其资质证书作废：

（一）资质证书有效期届满未依法申请延续的；

（二）企业依法终止的；

（三）资质证书依法被撤销、撤回，或者吊销的；

（四）法律、法规规定的应当注销资质的其他情形。

第二十六条　有关部门应当将监督检查情况和处理意见及时告知住房城乡建设主管部门。资质许可机关应当将涉及铁路、交通、水利、信息产业、民航等方面的资质被撤回、撤销和注销的情况及时告知有关部门。

第二十七条　企业应当按照有关规定，向资质许可机关提供真实、准确、完整的企业信用档案信息。

企业的信用档案应当包括企业基本情况、业绩、工程质量和安全、合同违约等情况。被投诉举报和处理、行政处罚等情况应当作为不良行为记入其信用档案。

企业的信用档案信息按照有关规定向社会公示。

第五章　法律责任

第二十八条　企业隐瞒有关情况或者提供虚假材料申请资质的，资质许可机关不予受理或者不予行政许可，并给予警告，该企业在1年内不得再次申请该资质。

第二十九条　企业以欺骗、贿赂等不正当手段取得资质证书的，由县级以上地方人民政府住房城乡建设主管部门或者有关部门给予警告，并依法处以罚款；该企业在3年内不得再次申请该资质。

第三十条　企业不及时办理资质证书变更手续的，由资质许可机关责令限期办理；逾期不办理的，可处以1000元以上1万元以下的罚款。

第三十一条　企业未按照规定提供信用档案信息的，由县级以上地方人民政府住房城乡建设主管部门给予警告，责令限期改正；逾期未改正的，可处以1000元以上1万元以下的罚款。

第三十二条　涂改、倒卖、出租、出借或者以其他形式非法转让资质证书的，由县级以上地方人民政府住房城乡建设主管部门或者有关部门给予警告，责令改正，并处以1万元以上3万元以下的罚款；造成损失的，依法承担赔偿责任；构成犯罪的，依法追究刑事责任。

第三十三条　县级以上地方人民政府住房城乡建设主管部门依法给予工程勘察、设计企业行政处罚的，应当将行政处罚决定以及给予行政处罚的事实、理由和依据，报国务院住房城乡建设主管部门备案。

第三十四条　住房城乡建设主管部门及其工作人员，违反本规定，有下列情形之一的，由其上级行政机关或者监察机关责令改正；情节严重的，对直接负责的主管人员和其他直接责任人员，依法给予行政处分：

（一）对不符合条件的申请人准予工程勘察、设计资质许可的；

（二）对符合条件的申请人不予工程勘察、设计资质许可或者未在法定期限内作出许可决定的；

（三）对符合条件的申请不予受理或者未在法定期限内初审完毕的；

（四）利用职务上的便利，收受他人财物或者其他好处的；

（五）不依法履行监督职责或者监督不力，造成严重后果的。

第六章　附　　则

第三十五条　本规定所称建设工程勘察包括建设工程项目的岩土工程、水文地质、工程测量、海洋工程勘察等。

第三十六条　本规定所称建设工程设计是指：

（一）建设工程项目的主体工程和配套工程（含厂（矿）区内的自备电站、道路、专用铁路、通信、各种管网管线和配套的建筑物等全部配套工程）以及与主体工程、配套工程相关的工艺、土木、建筑、环境保护、水土保持、消防、安全、卫生、节能、防雷、抗震、照明工程等的设计。

（二）建筑工程建设用地规划许可证范围内的室外工程设计、建筑物构筑物设计、民用建筑修建的地下工程设计及住宅小区、工厂厂前区、工厂生活区、小区规划设计及单体设计等，以及上述建筑工程所包含的相关专业的设计内容（包括总平面布置、竖向设计、各类管网管线设计、景观设计、室内外环境设计及建筑装饰、道路、消防、安保、通信、防雷、人防、供配电、照明、废水治理、空调设施、抗震加固等）。

第三十七条　取得工程勘察、工程设计资质证书的企业，可以从事资质证书许可范围内相应的建设工程总承包业务，可以从事工程项目管理和相关的技术与管理服务。

第三十八条　本规定自2007年9月1日起实施。2001年7月25日建设部颁布的《建设工程勘察设计企业资质管理规定》（建设部令第93号）同时废止。

建设工程勘察设计资质管理规定实施意见

1. 2007年8月21日建设部发布

2. 建市〔2007〕202号

3. 根据2015年12月10日《住房和城乡建设部关于调整工程设计综合资质中年度工程勘察设计营业收入指标考核有关问题的通知》（建市〔2015〕202号）第一次修正

4. 根据2016年6月16日《住房和城乡建设部关于建设工程企业资质管理资产考核有关问题的通知》（建市〔2016〕122号）第二次修正

为实施《建设工程勘察设计资质管理规定》（建设部令第160号）（以下简称新《规定》）和《工程设计资质标准》（建市〔2007〕86号）（以下简称新《标准》），制定本实施意见。

一、资质申请条件

（一）凡在中华人民共和国境内，依法取得工商行政管理部门颁发的企业法人营业执照的企业，均可申请建设工程勘察、工程设计资质。依法取得合伙企业营业执照的企业，只可申请建筑工程设计事务所资质。

（二）因建设工程勘察未对外开放，资质审批部门不受理外商投资企业（含新成立、改制、重组、合并、并购等）申请建设工程勘察资质。

（三）工程设计综合资质涵盖所有工程设计行业、专业和专项资质。凡具有工程设计综合资质的企业不需单独申请工程设计行业、专业或专项资质证书。

工程设计行业资质涵盖该行业资质标准中的全部设计类型的设计资质。凡具有工程设计某行业资质的企业不需单独申请该行业内的各专业资质证书。

（四）具备建筑工程行业或专业设计资质的企业，可承担相应范围相应等级的建筑装饰工程设计、建筑幕墙工程设计、轻型钢结构工程设计、建筑智能化系统设计、照明工程设计和消防设施工程设计等专项工程设计业务，不需单独申请以上专项工程设计资质。

（五）有下列资质情形之一的，资质审批部门按照升级申请办理：

1. 具有工程设计行业、专业、专项乙级资质的企业，申请与其行业、专业、专项资质对应的甲级资质的；

2. 具有工程设计行业乙级资质或专业乙级资质的企业，申请现有资质范围内的一个或多个专业甲级资质的；

3. 具有工程设计某行业或专业甲、乙级资质的企业，其本行业和本专业工程设计内容中包含了某专项工程设计内容，申请相应的专项甲级资质的；

4. 具有丙级、丁级资质的企业，直接申请乙级资质的。

（六）新设置的分级别的工程勘察设计资质，自正式设置起，设立两年过渡期。在过渡期内，允许企业根据实际达到的条件申请资质等级，不受最高不超过乙级申请的限制，且申报材料不需提供企业业绩。

（七）具有一级及以上施工总承包资质的企业可直接申请同类别或相近类别的工程设计甲级资质。具有一级及以上施工总承包资质的企业申请不同类别的工程设计资质的，应从乙级资质开始申请（不设乙级的除外）。

（八）企业的专业技术人员、工程业绩、技术装备等资质条件，均是以独立企业法人为审核单位。企业（集团）的母、子公司在申请资质时，各项指标不得重复计算。

（九）允许每个大专院校有一家所属勘察设计企业可以聘请本校在职教师和科研人员作为企业的主要专业技术人员，但是其人数不得大于资质标准中要求的专业技术人员总数的三分之一，且聘期不得少于2年。在职教师和科研人员作为非注册人员考核时，其职称应满足讲师/助理研究员及以上要求，从事相应专业的教学、科研和设计时间10年及以上。

二、申报材料

（十）因《工程勘察资质标准》未修订，除本实施意见另有规定外，工程勘察资质的有关申报材料要求仍按建办市函〔2006〕274号文办理。

（十一）首次申请工程设计资质，需提交以下材料：

1. 工程设计资质申请表及电子文档（见附件1）；

2. 企业法人、合伙企业营业执照副本复印件；

3. 企业章程或合伙人协议文本复印件；

4. 企业法定代表人、合伙人的身份证明复印件；

5. 企业负责人、主要技术负责人或总工程师的身份证明、任职文件、毕业证书、职称证书等复印件，主要技术负责人或总工程师提供“专业技术人员基本情况及业绩表”；

6. 工程设计资质申请表中所列注册执业人员的身份证明复印件、企业注册所在地省级注册管理部门盖章的注册变更表或初始注册表；

7. 工程设计资质标准要求的非注册专业技术人员的身份证明、职称证书、毕业证书等复印件，主导专业的非注册人员还需提供“专业技术人员基本情况及业绩表”；

8. 工程设计资质标准要求的主要专业技术人员（注册、非注册）与企业依法签订的劳动合同主要页（包括合同双方名称、聘用起止时间、签字盖章、生效日期）、与原聘用单位解除聘用劳动合同的证明或近一个月的社保证明复印件；其中，对军队或高校从事工程设计的事业编制的主要专业技术人员不需提供社保证明，但需提供所在单位上级人事主管部门的人事证明材料；

9. 办公场所证明，属于自有产权的出具产权证复印件；属于租用或借用的，出具出租（借）方产权证和双方租赁合同或借用协议的复印件。

（十二）申请工程设计资质升级，需提交以下材料：

1. 工程设计资质申请表及电子文档（见附件1）；

2. 企业法人、合伙企业营业执照副本复印件；

3. 原工程设计资质证书副本复印件；

4. 企业负责人、主要技术负责人或总工程师的身份证明、任职文件、毕业证书、职称证书等复印件，主要技术负责人或总工程师提供“专业技术人员基本情况及业绩表”；

5. 工程设计资质申请表中所列注册执业人员的身份证明复印件、加盖执业印章的注册证书复印件；

6. 工程设计资质标准要求的非注册专业技术人员的身份证明、职称证书、毕业证书等复印件，主导专业的非注册人员还需提供“专业技术人员基本情况及业绩表”；

7. 工程设计资质标准要求的非注册专业技术人员与企业依法签订的劳动合同主要页（包括合同双方名称、聘用起止时间、签字盖章、生效日期）及近一个月的社保证明复印件；其中，对军队或高校从事工程设计的事业编制的非注册专业技术人员不需提供社保证明，但需提供所在单位上级人事主管部门的人事证明材料；

8. 满足工程设计资质标准要求的企业业绩证明材料，包括：工程设计合同主要页的复印件；建设单位（业主）出具的工程竣工、移交、试运行证明文件，或工程竣工验收文件的复印件。

（十三）申请工程设计资质增项，需提交以下材料：

1. 工程设计资质申请表及电子文档（见附件1）；

2. 企业法人、合伙企业营业执照副本复印件；

3. 原工程设计资质证书副本复印件；

4. 企业负责人、主要技术负责人或总工程师的身份证明、任职文件、毕业证书、职称证书等复印件，主要技术负责人或总工程师提供“专业技术人员基本情况及业绩表”；

5. 工程设计资质申请表中所列注册执业人员的身份证明复印件、加盖执业印章的注册证书复印件；

6. 工程设计资质标准要求的非注册专业技术人员的身份证明、职称证书、毕业证书等复印件，主导专业的非注册人员还需提供“专业技术人员基本情况及业绩表”；

7. 工程设计资质标准要求的非注册专业技术人员与企业依法签订的劳动合同主要页（包括合同双方名称、聘用起止时间、签字盖章、生效日期）及近一个月的社保证明复印件；其中，对军队或高校从事工程设计的事业编制的非注册专业技术人员不需提供社保证明，但需提供所在单位上级主管部门人事部门的人事证明材料。

（十四）申请设计综合资质的，需提交以下材料：

1. 工程设计资质申请表及电子文档（见附件1）；

2. 企业法人营业执照副本复印件；

3. 企业法定代表人基本情况表、任职文件、身份证明复印件；

4. 企业主要技术负责人或总工程师的任职文件、毕业证书、职称证书或注册执业证书、身份证明等复印件及“专业技术人员基本情况及业绩表”；

5. 甲级工程设计资质证书正、副本复印件；

6. 大型建设项目工程设计合同，试运行或竣工验收证明复印件；

7. 企业相应年度合法的财务报表（资产负债表、损益表）复印件；

8. 注册执业人员的注册执业证书（加盖执业印章）、身份证明复印件；

9. 专业技术人员初级以上职称证书、身份证明复印件；

10. 工程勘察、工程设计、科技进步奖证书复印件；

11. 国家、行业工程建设标准、规范发布批准文件及出版物主要页（包括出版物名称、批准部门、主编或参编单位名称、出版社名称）复印件；

12. 专利证书、专有技术发布（批准）文件或工艺包认可、认定、鉴定证书复印件；

13. ISO9001 标准质量体系认证证书复印件；

14. 办公场所证明，属于自有产权的出具产权证复印件；属于租用或借用的，出具出租（借）方产权证和双方租赁合同或借用协议的复印件。

（十五）延续工程设计资质，需提交以下材料：

1. 工程设计资质申请表及电子文档（见附件 1）；

2. 企业法人、合伙企业营业执照副本复印件；

3. 原工程设计资质证书副本复印件；

4. 工程设计资质申请表中所列注册执业人员的身份证明复印件、加盖执业印章的注册证书复印件；

5. 工程设计资质标准要求的非注册专业技术人员的身份证明、职称证书、毕业证书等复印件，主导专业的非注册人员还需提供“专业技术人员基本情况及业绩表”；

6. 工程设计资质标准要求的非注册专业技术人员近一个月的社保证明复印件；其中，对军队或高校从事工程设计的事业编制的非注册专业技术人员不需提供社保证明，但需提供所在单位上级主管部门人事部门的人事证明材料。

（十六）已具备施工资质的企业首次申请同类别或相近类别的工程勘察、工程设计资质的，其申报材料除应提供首次申请所列全部材料外，申请甲级勘察设计资质的，还应提供相应规模的工程勘察、设计业绩或工程总承包业绩证明材料，包括：工程勘察、工程设计或工程总承包合同主要页的复印件；建设单位（业主）出具的工程竣工、移交、试运行证明文件，或工程竣工验收文件的复印件。

（十七）企业因注册名称、净资产、法定代表人或执行合伙企业事务的合伙人、注册地址等发生变化需变更资质证书内容的，由企业提出变更理由及变更事项，并提交以下材料：

1. 企业出具由法定代表人、执行合伙企业事务的合伙人签署的资质证书变更申请；

2. 企业法人、合伙企业营业执照副本复印件；

3. 资质证书正、副本原件；

4. 建设工程企业资质证书变更审核表；

5. 与资质变更事项有关的证明材料：

（1）企业名称、净资产变更的，提供变更后的工商营业执照副本复印件；

（2）法定代表人或执行合伙企业事务的合伙人变更的，提供企业法定代表人或执行合伙企业事务的合伙人的身份证明；

（3）地址变更的提交新的办公场地的自有产权证明或租赁（借）合同和所租（借）场地的产权证明。

具有工程勘察甲级、工程设计甲级以及涉及铁路、交通、水利、信息产业、民航等方面的工程设计乙级资质的企业变更注册名称的，企业应向工商注册所在地的省级人民政府建设主管部门提出申请，由建设部负责办理。其它所有资质变更手续由企业工商注册所在地省级建设主管部门负责办理。但其中涉及企业资质证书编号发生变化的，省级人民政府建设主管部门需报建设部核准后，方可办理。

（十八）企业合并、分立、改制、重组后，需重新核定资质的，应提交下列材料：

1. 企业合并、分立、改制情况报告，包括新企业与原企业的产权关系、资本构成及资产负债情况，人员、内部组织机构的分立与合并、工程勘察设计业绩的分割、合并等情况；

2. 本实施意见第（十一）条所列的全部材料；

3. 原资质证书正、副本复印件；

4. 改制（重组）方案，上级行政主管部门及国有资产管理部门的批复文件，企业职工代表大会的决议；或股东（代表）大会、董事会的决议。

（十九）具有工程勘察甲级、工程设计甲级以及涉及铁路、交通、水利、信息产业、民航等方面的工程设计乙级资质的企业申请工商注册地跨省、自治区、直辖市变更，除提供本实施意见第（十一）条所列材料外，还应提交下列材料：

1. 企业原工商注册所在地省级建设主管部门同意资质变更的书面意见；

2. 资质变更前原企业工商注册登记注销证明及资质变更后新企业法人营业执照正本、副本复印件。

其中涉及到资质证书中企业名称变更的，省级人民政府建设主管部门应将受理的申请材料报建设部办理。

乙级及以下资质（涉及铁路、交通、水利、信息产业、民航等方面的工程设计乙级资质除外）的工程勘察设计企业申请工商注册地跨省、自治区、直辖市变更，由各省级人民政府建设主管部门参照上述程序依法制定。

（二十）材料要求

1. 申请设计综合资质的，申请表一式二份，附件材料一份；申请一个行业的设计资质，申请表一式二份，附件材料一份，每增加一个行业的设计资质，增加一份申请表和一份附件材料；涉及铁道、交通、水利、信息产业、民航等行业的，需另增加一份申请表和一份附件材料。专项设计资质申请表及附件材料份数要求同上。

2. 附件材料采用A4纸装订成册，并有目录和分类编号；技术人员证明材料应按人整理并依照申请表所列技术人员顺序装订。需要核实原件的，由资质受理部门进行审查核实，并在初审部门审查意见表中由核验人签字。其中资质证书正、副本须全部复印，不得有缺页。复印件应加盖企业公章，注册执业人员应加盖个人执业印章（非注册人员除外）。材料中要求加盖公章或印鉴的，复印无效。

3. 企业申请工程勘察设计资质要如实填报《工程勘察、工程设计资质申请表》，企业法定代表人须在申请表上签名，对其真实性负责。申报材料要清楚、齐全，出现数据不全、字迹潦草、印鉴不清、难以辨认的，资质受理部门可不予受理。

三、资质受理审查程序

（二十一）资质受理部门应在规定时限内对工程勘察、工程设计提出的资质申请做出是否受理的决定。

（二十二）依据新《规定》第八条，各有关资质初审部门应当对申请甲级资质以及涉及铁路、交通、水利、信息产业、民航等方面的工程设计乙级资质企业所提交的材料是否齐全、是否与原件相符、是否具有不良行为记录以及个人业绩材料等进行核查，提出初审意见，并填写初审部门审查意见表。各有关资质初审部门应在规定初审时限内，将初审部门审查意见表、《工程勘察、工程设计资质申请表》、附件材料和报送公函一并报国务院建设主管部门。

对具有下列情况的申请人，不予受理资质申请材料：

1. 材料不齐全，或不符合法定形式的；

2. 按照新《规定》第十九条、第三十条、第三十一条规定，不予受理的。

国务院建设主管部门对收到各有关资质初审部门的初审材料、直接受理的企业资质申请材料组织审查或转国务院有关部门审核，并将审核意见予以公示。对于准予建设工程勘察、设计资质许可的申请，在建设部网站发布公告，并颁发资质证书。

（二十三）工程勘察设计企业应于资质证书有效期届满60日前，向原资质许可机关提出资质延续申请。逾期不申请资质延续的，有效期届满后，其资质证书自动失效。如需开展工程勘察设计业务，应按首次申请办理。

（二十四）对企业改制、分立、重组、合并设立的工程勘察设计企业，资质审批程序按以下规定执行：

1. 整体改制的企业，按本实施意见第（十七）条资质变更程序办理；

2. 重组、合并后的工程勘察设计企业可以承继重组、合并前各方中较高资质等级和范围。重组、合并后不涉及资质升级和增项的，按本实施意见第（十七）条资质变更程序办理；涉及资质升级或增项的，按照160号部令中的审批程序核定；

3. 企业分立成两个以上工程勘察设计企业时，分立后的企业应分别按其实际达到的资质条件重新核定资质。

（二十五）省级人民政府建设主管部门对负责实施审批的建设工程勘察、工程设计资质许可，其资质受理审批程序由各省级人民政府建设主管部门研究确定。

省级人民政府建设主管部门应当自决定之日起30日内，将准予资质许可的决定报国务院建设主管部门备案，备案材料包括：准予资质许可的批准文件，批准企业的工程勘察、工程设计资质基本信息的电子文档。

（二十六）国务院国资委管理的企业及其下属一层级的企业申请工程勘察甲级资质、工程设计甲级资质，以及涉及铁路、交通、水利、信息产业、民航等方面的工程设计乙级资质的，应向国务院建设主管部门提出申请。国务院国资委管理的企业及其下属一层级的企业按规定程序申请获得甲级资质或涉及铁路、交通、水利、信息产业、民航等方面的工程设计乙级资质证书后30日内应将准予许可的公告、资质证书正副本复印件及工程勘察、工程设计资质基本信息的电子文档，向其工商注册所在地省级人民政府建设主管部门告知性备案。

教育部直属高校所属勘察设计企业参考上述规定办理。

四、资质证书

（二十七）建设工程勘察、工程设计资质证书由国务院建设主管部门统一印制，统一管理，由审批部门负责颁发，并加盖审批部门公章。

国务院建设主管部门统一制定资质证书编号规则。

（二十八）各序列、各级别建设工程勘察、工程设计资质证书全国通用，各地不得以任何名义设置审批性准入条件、收取费用。

（二十九）建设工程勘察、工程设计资质证书有效期为五年。建设工程勘察、工程设计资质证书分为正本和副本。

（三十）企业需遗失补办工程勘察、工程设计资质证书的，应当持下列材料，经其资质初审机关签署意见，报资质许可机关办理。企业在申请补办前应在全国性建筑行业报刊或省级以上（含省级）综合类报刊上刊登遗失作废的声明。资质许可机关应当在2日内办理完毕。

1. 由企业法定代表人、执行合伙企业事务的合伙人签署的申请补办证书的申请；

2.《建设工程企业资质证书变更审核表》及电子文档；

3. 全国性建筑行业报刊或省级以上（含省级）综合类报刊上刊登遗失作废的声明。

五、监督管理

（三十一）地方各级建设主管部门和有关部门对本辖区内从事工程勘察、工程设计的企业资质实施动态监督管理。按照新《规定》对企业的市场行为以及满足相应资质标准条件等方面加强检查，并将检查和处理结果记入企业信用档案。

具体抽查企业的数量和比例由各级建设主管部门和有关部门根据实际情况研究决定。

监督检查可以采取下列形式：

1. 集中监督检查。由建设主管部门或有关部门统一部署的监督检查；

2. 抽查和巡查。各级建设主管部门或有关部门随机进行的监督检查。

（三十二）实施监督检查时应当按以下程序进行：

1. 制定监督检查方案，其中集中监督检查方案应予以公布；

2. 检查应出具相应的检查文件或证件；

3. 上级部门实施监督检查时，当地建设主管部门和有关部门应当配合；

4. 实施检查时，应首先明确监督检查内容，被检单位应如实提供相关文件资料；对弄虚作假的，予以通报，并对其工程勘察设计资质重新核定，不符合相应资质标准要求的，资质许可机关可以撤回其工程勘察设计资质；对拒不提供被检资料的，予以通报，并责令其限期提供被检资料；

5. 检查人员应当将检查情况予以记录，并由被检单位负责人和检查人员签字确认；

6. 在监督检查中发现被检单位专业技术人员达不到资质标准要求或者发现其他违法行为和重大质量安全问题的，应当进行核实，依法提出行政处理或者行政处罚的建议；

7. 检查人员应当将检查情况汇总，连同有关行政处理或者行政处罚建议，向派出机关报告，并书面告知当地建设行政主管部门。

（三十三）企业违法从事工程勘察、工程设计活动的，其违法行为发生地的建设主管部门应当依法将企业的违法事实、处理结果或处理建议告知该企业的资质许可机关，同时告知企业工商注册所在地建设主管部门。

六、关于《工程设计资质标准》的有关说明

（三十四）资历和信誉

1. 企业排名

综合资质中工程勘察设计营业收入排名，是指经住房城乡建设部业务主管部门依据企业年度报表，对各申报企业同期的年度工程勘察设计营业收入从大到小的顺序排名；年度勘察设计营业收入数额以申报企业同期年度合法的财务报表为准。

2. 净资产

《标准》中的净资产以企业申请资质前一年度或当期合法的财务报表中净资产指标为准考核。

（三十五）技术条件

1. 企业主要技术负责人

新《标准》中所称企业主要技术负责人，是指企业中对所申请行业的工程设计在技术上负总责的人员。

2. 专业技术负责人

新《标准》中所称专业技术负责人，是指企业中对某一设计类型中的某个专业工程设计负总责的人员。

3. 非注册人员

新《标准》中所称非注册人员是指：

（1）经考核认定或考试取得了某个专业注册工程师资格证书，但还没有启动该专业注册的人员；

（2）在本标准“专业设置”范围内还没有建立对应专业的注册工程师执业资格制度的专业技术人员；

（3）在本标准“专业设置”范围内，某专业已经实施注册了，但该专业不需要配备具有注册执业资格的人员，只配备对应该专业的技术人员；或配备一部分注册执业资格人员，一部分对应该专业的技术人员（例如，某行业“专业设置”中“建筑”专业的技术岗位设置了二列，其中“注册专业”为“建筑”的一列是对注册人员数量的考核，“注册专业”为空白的一列则是对“建筑”专业非注册技术人员数量的考核）。

4. 专业技术职称

新《标准》中所称专业技术职称，是指经国务院人事主管部门授权的部门、行业或中央企业、省级专业技术职称评审机构评审的工程系列专业技术职称。

具有教学、研究系列职称的人员从事工程设计时，讲师、助理研究员可等同于工程系列的中级职称；副教授、副研究员可等同于工程系列的高级职称；教授、研究员可等同于工程系列的正高级职称。

5. 专业设置

新《标准》“各行业工程设计主要专业技术人员配备表”专业设置栏目中的专业，是指为完成某工程设计所设置的专业技术岗位（以下简称岗位），其称谓即为岗位的称谓。

在新《标准》中，将高等教育所学的且能够直接胜任岗位工程设计的学历专业称为本专业，与本专业同属于一个高等教育工学学科（如地矿类、土建类、电气信息类、机械类等工学学科）中的某些专业称为相近专业。本专业、相近专业的具体范围另行规定。岗位对人员所学专业和技术职称的考核要求为：学历专业为本专业，职称证书专业范围与岗位称谓相符。

在确定主要专业技术人员为有效专业人员时，除具备有效劳动关系以外，主要专业技术人员中的非注册人员学历专业、职称证书的专业范围，应与岗位要求的本专业和称谓一致和相符。符合下列条件之一的，也可作为有效专业人员认定：

（1）学历专业与岗位要求的本专业不一致，职称证书专业范围与岗位称谓相符，个人资历和业绩符合资质标准对主导专业非注册人员的资历和业绩要求的；

（2）学历专业与岗位要求的本专业一致，职称证书专业范围空缺或与岗位称谓不相符，个人资历和业绩符合资质标准对主导专业非注册人员的资历和业绩要求的；

（3）学历专业为相近专业，职称证书专业范围与岗位称谓相近，个人资历和业绩符合资质标准对主导专业非注册人员的资历和业绩要求的；

（4）学历专业、职称证书专业范围均与岗位要求的不一致，但取得高等院校一年以上本专业学习结业证书，从事工程设计 10 年及以上，个人资历和业绩符合资质标准对主导专业非注册人员的资历和业绩要求的。

6. 个人业绩

企业主要技术负责人或总工程师的个人业绩是指，作为所申请行业某一个大型项目的工程设计的项目技术总负责人（设总）所完成的项目业绩；主导专业的非注册人员的个人业绩是指，作为所申请行业某个大、中型项目工程设计中某个专业的技术负责人所完成的业绩。

建筑、结构专业的非注册人员业绩，也可是作为所申请行业某个大、中型项目工程设计中建筑、结构专业的主要设计人所完成的业绩。

工程设计专项资质标准中的非注册人员，均须按新《标准》规定的对主导专业的非注册人员需考核业绩的要求,按相应专项资质标准对个人业绩规定的考核条件考核个人业绩。

7. 企业业绩

(1)申请乙级、丙级资质的,不考核企业的业绩;

(2)申请乙级升甲级资质的,企业业绩应为其取得相应乙级资质后所完成的中型项目的业绩,其数量以甲级资质标准中中型项目考核指标为准;

(3)除综合资质外,只设甲级资质的,企业申请该资质时不考核企业业绩;

(4)以工程总承包业绩为企业业绩申请设计资质的,企业的有效业绩为工程总承包业绩中的工程设计业绩;

(5)申请专项资质的,企业业绩应是独立签定专项工程设计合同的业绩。行业配套工程中符合专项工程设计规模标准,但未独立签定专项工程设计合同的业绩,不作为申请专项资质时的有效专项工程设计业绩。

8. 专有技术、工艺包(软件包)

本标准中的专有技术是指企业自主开发、申报,经所在行业的业务主管部门或所在行业的全国性专业社团组织等认定并对外发布的某项技术。本标准中的工艺包是指企业引进或自主开发的,用于工程设计关键技术或核心技术,经所在行业的业务主管部门或所在行业的全国性专业社团组织等认可的工艺包(软件包)。

9. 承担业务范围

取得工程设计综合资质的企业可以承担各行业的工程项目设计、工程项目管理和相关的技术、咨询与管理服务业务;其同时具有一级施工总承包(施工专业承包)资质的,可以自行承担相应类别工程项目的工程总承包业务(包括设计和施工)及相应的工程施工总承包(施工专业承包)业务;其不具有一级施工总承包(施工专业承包)资质的企业,可以承担该项目的工程总承包业务,但应将施工业务分包给具有相应施工资质的企业。

取得工程设计行业、专业、专项资质的企业可以承担资质证书许可范围内的工程项目设计、工程总承包、工程项目管理和相关的技术、咨询与管理业务。承担工程总承包业务时,应将工程施工业务分包给具有工程施工资质的企业。

(三十六)对于申请工程设计综合资质的,在已启动的工程勘察设计系列(造价系列)的注册专业数量未达到五个专业前,已启动注册工程师考试但未启动注册的专业可视为有效注册专业,已取得该专业执业资格证书的人员可视为有效注册人员。在申请资质时需提供这些人员的注册申请表或本人同意在该企业注册的声明、执业资格证书、劳动合同及身份证明复印件。

工程勘察设计系列(造价系列)的注册专业数量达到或超过五个专业后,申请工程设计综合资质时,需提供注册人员的注册执业证书、执业印章印鉴、身份证明复印件。

(三十七)工程设计综合资质标准中所称具有初级以上专业技术职称且从事工程设计的人员;行业、专业、专项资质标准中所称企业主要技术负责人或总工程师以及结构设计、机电设计事务所资质标准中的合伙人,年龄限制在60周岁及以下。

(三十八)新《标准》中的注册人员具有二个及以上注册执业资格,作为注册人员考核时只认定其一个专业的注册执业资格,其他注册执业资格不再作为相关专业的注册人员予以认定。

(三十九)持原《工程设计资质证书》的,其承接业务范围,以原《工程设计资质分级标准》(建设〔2001〕22号,以下简称原《标准》)规定的承接业务范围为准。持新《工程设计资质证书》的,其承接业务范围,以新《标准》规定的承接业务范围为准。

(四十)申请各专项资质的,企业主要技术负责人或总设计师、总工程师,以及主要专业技术人员中的非注册人员的资格条件以相应专项资质标准规定的考核条件为准。其中企业主要专业技术人员中的非注册人员的学历、职称条件在专项资质标准未作规定的,按大专以上学历、中级以上专业技术职称确定。

申请建筑工程设计丁级的,专业技术人员的学历和从业年限以建筑工程设计专业丁级资质标准规定的考核条件为准。

(四十一)对于新《标准》新设置的军工(地面设备工程、运载火箭制造工程、地面制导弹工程)、机械(金属制品业工程、热加工、表面处理、检测、物料搬运及仓储)、铁道(轨道)、水运(港口装卸工艺)、民航(供油工程)、水利(水土保持、水文设施)、农林(种植业工程)等工程设计专业资质和照明工程设计专项资质,在2009年3月31日以前,企业可根据实际达到的资质条件申请不同级别的资质。2009年4月1日以后，企业新申请以上类别工程设计专业或专项资质的最高等级为乙级（不设乙级的除外）。

七、过渡期有关规定

（四十二）自新《标准》发布之日起，新申请资质、申请增项资质、申请资质升级的企业应按新《标准》提出申请。各地区、各部门按原《标准》已经受理的申请材料报送国家建设主管部门的截止日期为2007年8月31日。

（四十三）为确保新旧资质证书的平稳过渡，按照"简单、便捷、高效"的原则，对已经取得行业设计资质、行业部分设计资质、专业事务所资质（暂定级除外）的企业，在2010年3月31日以前，在满足原《标准》的条件下，其资质证书继续有效。2010年3月31日以前，企业只需满足新《标准》中主要专业技术人员等基本标准条件，即可按照新旧设计类型对照关系换领有效期为5年的新资质证书，具体换领工作安排另行通知。自2010年4月1日起，原资质证书作废。

已经取得工程设计专项资质（暂定级除外）的企业，应在2008年3月31日前达到新《标准》规定的相应资质标准条件，从2008年4月1日起，我部将按照新《标准》开展换证工作，具体换证工作安排另行通知。

已经取得主导工艺设计资质、综合事务所资质的企业，应在2010年1月31日前按照新《标准》提出资质重新核定申请，并换发新资质证书，核定后证书有效期为5年。其现有资质证书有效期至2010年3月31日，过期作废。

（四十四）按原《标准》取得暂定级设计资质证书的企业，应在其暂定级届满前60日提出转正申请，对符合新《标准》的，给予转正，证书有效期为5年；对符合原《标准》的，给予转正，证书有效期至2010年3月31日，证书到期后需按新《标准》重新核定，核定后证书有效期为5年；对既不符合新《标准》也不符合原《标准》的，按新《标准》重新核定，核定后证书有效期为5年。

企业按新《标准》申请资质转正所需提交的申报材料，按本实施意见第（十二）条申请资质升级所应提交的申报材料要求办理。企业按原《标准》申请资质转正所需提交的申报材料，仍按建办市函〔2006〕274号文相应要求办理。

（四十五）企业如因证书变更等换领证书（专项资质除外）的，符合新《标准》设置要求的，且满足新《标准》中主要专业技术人员等基本标准条件，即可按照新旧设计类型对照关系换领有效期为5年的新资质证书。不符合新《标准》设置要求或不满足新《标准》中主要专业技术人员等基本标准条件的，换领有效期至2010年3月31日的资质证书。

（四十六）原已取得市政行业风景园林专业资质的企业，可直接换领新标准中相应等级的风景园林专项资质。

附件：（略）

工程设计资质标准①

1. 2007年3月29日住房和城乡建设部发布

2. 建市〔2007〕86号

3. 根据2016年6月16日《住房和城乡建设部关于建设工程企业资质管理资产考核有关问题的通知》（建市〔2016〕122号）修正

为适应社会主义市场经济发展，根据《建设工程勘察设计管理条例》和《建设工程勘察设计资质管理规定》，结合各行业工程设计的特点，制定本标准。

一、总则

（一）本标准包括21个行业的相应工程设计类型、主要专业技术人员配备及规模划分等内容（见附件1：工程设计行业划分表；附件2：各行业工程设计主要专业技术人员配备表；附件3：各行业建设项目设计规模划分表）。

（二）本标准分为四个序列：

1. 工程设计综合资质

工程设计综合资质是指涵盖21个行业的设计资质。

2. 工程设计行业资质

工程设计行业资质是指涵盖某个行业资质标准中

① 本篇法规中"建筑工程设计事务所资质标准（附件5）"已被2016年11月24日住房和城乡建设部《关于促进建筑工程设计事务所发展有关事项的通知》（建市〔2016〕261号）废止并更新；本篇法规中"原民航行业工程设计资质标准（附件2－16、附件3－16、附件4－16）"已被2017年3月10日住房和城乡建设部、中国民用航空总局《关于进一步开放民航工程设计市场的通知》（建市〔2017〕66号）废止。

的全部设计类型的设计资质。

3. 工程设计专业资质

工程设计专业资质是指某个行业资质标准中的某一个专业的设计资质。

4. 工程设计专项资质

工程设计专项资质是指为适应和满足行业发展的需求,对已形成产业的专项技术独立进行设计以及设计、施工一体化而设立的资质。

(三)工程设计综合资质只设甲级。工程设计行业资质和工程设计专业资质设甲、乙两个级别;根据行业需要,建筑、市政公用、水利、电力(限送变电)、农林和公路行业可设立工程设计丙级资质,建筑工程设计专业资质设丁级。建筑行业根据需要设立建筑工程设计事务所资质。工程设计专项资质根据需要设置等级。

(四)工程设计范围包括本行业建设工程项目的主体工程和配套工程(含厂/矿区内的自备电站、道路、专用铁路、通信、各种管网管线和配套的建筑物等全部配套工程)以及与主体工程、配套工程相关的工艺、土木、建筑、环境保护、水土保持、消防、安全、卫生、节能、防雷、抗震、照明工程等。

建筑工程设计范围包括建设用地规划许可证范围内的建筑物构筑物设计、室外工程设计、民用建筑修建的地下工程设计及住宅小区、工厂厂前区、工厂生活区、小区规划设计及单体设计等,以及所包含的相关专业的设计内容(总平面布置、竖向设计、各类管网管线设计、景观设计、室内外环境设计及建筑装饰、道路、消防、智能、安保、通信、防雷、人防、供配电、照明、废水治理、空调设施、抗震加固等)。

(五)本标准主要对企业资历和信誉、技术条件、技术装备及管理水平进行考核。其中对技术条件中的主要专业技术人员的考核内容为:

1. 已经实施注册且需配备注册执业人员的专业,对其专业技术人员的注册执业资格及相应专业进行考核。

2. 尚未实施注册、尚未建立注册执业资格制度的和已经实施注册但不需配备注册执业资格人员(以下简称非注册人员)的专业,对其专业技术人员的所学专业、技术职称按附件2专业设置中规定的专业进行考核。主导专业的非注册人员需考核相应业绩,并提供业绩证明。各行业主导专业见工程设计主要专业技术人员配备表。

(六)申请二个以上工程设计行业资质时,应同时满足附件2中相应行业的专业设置或注册专业的配置,其相同专业的专业技术人员的数量以其中的高值为准。

申请二个以上设计类型的工程设计专业资质时,应同时满足附表2中相应行业的相应设计类型的专业设置或注册专业的配置,其相同专业的专业技术人员的数量以其中的高值为准。

(七)具有工程设计资质的企业,可从事资质证书许可范围内的相应工程总承包、工程项目管理和相关的技术、咨询与管理服务。

(八)具有工程设计综合资质的企业,满足相应的施工总承包(专业承包)一级资质对注册建造师(项目经理)的人员要求后,可以准予与工程设计甲级行业资质(专业资质)相应的施工总承包(专业承包)一级资质。

(九)本标准所称主要专业技术人员,年龄限60周岁及以下。

二、标准

(一)工程设计综合资质

1-1 资历和信誉

(1)具有独立企业法人资格。

(2)注册资本不少于6000万元人民币。

(3)近3年年平均工程勘察设计营业收入不少于10000万元人民币,且近5年内2次工程勘察设计营业收入在全国勘察设计企业排名列前50名以内;或近5年内2次企业营业税金及附加在全国勘察设计企业排名列前50名以内。

(4)具有2个工程设计行业甲级资质,且近10年内独立承担大型建设项目工程设计每行业不少于3项,并已建成投产。

或同时具有某1个工程设计行业甲级资质和其他3个不同行业甲级工程设计的专业资质,且近10年内独立承担大型建设项目工程设计不少于4项。其中,工程设计行业甲级相应业绩不少于1项,工程设计专业甲级相应业绩各不少于1项,并已建成投产。

1-2 技术条件

(1)技术力量雄厚,专业配备合理。

企业具有初级以上专业技术职称且从事工程勘察设计的人员不少于500人,其中具备注册执业资格或高级专业技术职称的不少于200人,且注册专业不少于5个,5个专业的注册人员总数不低于40人。

企业从事工程项目管理且具备建造师或监理工程师注册执业资格的人员不少于10人。

(2)企业主要技术负责人或总工程师应当具有大学本科以上学历、15年以上设计经历,主持过大型项目工程设计不少于2项,具备注册执业资格或高级专业技术职称。

(3)拥有与工程设计有关的专利、专有技术、工艺包(软件包)不少于3项。

(4)近10年获得过全国优秀工程设计奖、全国优秀工程勘察奖、国家级科技进步奖的奖项不少于5项,或省部级(行业)优秀工程设计一等奖(金奖)、省部级(行业)科技进步一等奖的奖项不少于5项。

(5)近10年主编2项或参编过5项以上国家、行业工程建设标准、规范。

1-3　技术装备及管理水平

(1)有完善的技术装备及固定工作场所,且主要固定工作场所建筑面积不少于10000平方米。

(2)有完善的企业技术、质量、安全和档案管理,通过ISO9000族标准质量体系认证。

(3)具有与承担建设项目工程总承包或工程项目管理相适应的组织机构或管理体系。

(二)工程设计行业资质

1.甲级

1-1　资历和信誉

(1)具有独立企业法人资格。

(2)社会信誉良好,注册资本不少于600万元人民币。

(3)企业完成过的工程设计项目应满足所申请行业主要专业技术人员配备表中对工程设计类型业绩考核的要求,且要求考核业绩的每个设计类型的大型项目工程设计不少于1项或中型项目工程设计不少于2项,并已建成投产。

1-2　技术条件

(1)专业配备齐全、合理,主要专业技术人员数量不少于所申请行业资质标准中主要专业技术人员配备表规定的人数。

(2)企业主要技术负责人或总工程师应当具有大学本科以上学历、10年以上设计经历,主持过所申请行业大型项目工程设计不少于2项,具备注册执业资格或高级专业技术职称。

(3)在主要专业技术人员配备表规定的人员中,主导专业的非注册人员应当作为专业技术负责人主持过所申请行业中型以上项目不少于3项,其中大型项目不少于1项。

1-3　技术装备及管理水平

(1)有必要的技术装备及固定的工作场所。

(2)企业管理组织结构、标准体系、质量体系、档案管理体系健全。

具有施工总承包特级资质的企业,可以取得相应行业的设计甲级资质。

2.乙级

2-1　资历和信誉

(1)具有独立企业法人资格。

(2)社会信誉良好,注册资本不少于300万元人民币。

2-2　技术条件

(1)专业配备齐全、合理,主要专业技术人员数量不少于所申请行业资质标准中主要专业技术人员配备表规定的人数。

(2)企业的主要技术负责人或总工程师应当具有大学本科以上学历、10年以上设计经历,主持过所申请行业大型项目工程设计不少于1项,或中型项目工程设计不少于3项,具备注册执业资格或高级专业技术职称。

(3)在主要专业技术人员配备表规定的人员中,主导专业的非注册人员应当作为专业技术负责人主持过所申请行业中型项目不少于2项,或大型项目不少于1项。

2-3　技术装备及管理水平

(1)有必要的技术装备及固定的工作场所。

(2)有完善的质量体系和技术、经营、人事、财务、档案管理制度。

3.丙级

3-1　资历和信誉

(1)具有独立企业法人资格。

(2)社会信誉良好,注册资本不少于100万元人民币。

3-2　技术条件

(1)专业配备齐全、合理,主要专业技术人员数量不少于所申请行业资质标准中主要专业技术人员配备表规定的人数。

(2)企业的主要技术负责人或总工程师应当具有大专以上学历、10年以上设计经历,且主持过所申请行业项目工程设计不少于2项,具有中级以上专业技术职称。

(3)在主要专业技术人员配备表规定的人员中,主导专业的非注册人员应当作为专业技术负责人主持过所申请行业项目工程设计不少于2项。

3-3 技术装备及管理水平

(1)有必要的技术装备及固定的工作场所。

(2)有较完善的质量体系和技术、经营、人事、财务、档案管理制度。

(三)工程设计专业资质

1. 甲级

1-1 资历和信誉

(1)具有独立企业法人资格。

(2)社会信誉良好,注册资本不少于300万元人民币。

(3)企业完成过所申请行业相应专业设计类型大型项目工程设计不少于1项,或中型项目工程设计不少于2项,并已建成投产。

1-2 技术条件

(1)专业配备齐全、合理,主要专业技术人员数量不少于所申请专业资质标准中主要专业技术人员配备表规定的人数。

(2)企业主要技术负责人或总工程师应当具有大学本科以上学历、10年以上设计经历,且主持过所申请行业相应专业设计类型的大型项目工程设计不少于2项,具备注册执业资格或高级专业技术职称。

(3)在主要专业技术人员配备表规定的人员中,主导专业的非注册人员应当作为专业技术负责人主持过所申请行业相应专业设计类型的中型以上项目工程设计不少于3项,其中大型项目不少于1项。

1-3 技术装备及管理水平

(1)有必要的技术装备及固定的工程场所。

(2)企业管理组织结构、标准体系、质量、档案体系健全。

2. 乙级

2-1 资历和信誉

(1)具有独立企业法人资格。

(2)社会信誉良好,注册资本不少于100万元人民币。

2-2 技术条件

(1)专业配备齐全、合理,主要专业技术人员数量不少于所申请专业资质标准中主要专业技术人员配备表规定的人数。

(2)企业的主要技术负责人或总工程师应当具有大学本科以上学历、10年以上设计经历,且主持过所申请行业相应专业设计类型的中型项目工程设计不少于3项,或大型项目工程设计不少于1项,具备注册执业资格或高级专业技术职称。

(3)在主要专业技术人员配备表规定的人员中,主导专业的非注册人员应当作为专业技术负责人主持过所申请行业相应专业设计类型的中型项目工程设计不少于2项,或大型项目工程设计不少于1项。

2-3 技术装备及管理水平

(1)有必要的技术装备及固定的工作场所。

(2)有较完善的质量体系和技术、经营、人事、财务、档案等管理制度。

3. 丙级

3-1 资历和信誉

(1)具有独立企业法人资格。

(2)社会信誉良好,注册资本不少于50万元人民币。

3-2 技术条件

(1)专业配备齐全、合理,主要专业技术人员数量不少于所申请专业资质标准中主要专业技术人员配备表规定的人数。

(2)企业的主要技术负责人或总工程师应当具有大专以上学历、10年以上设计经历,且主持过所申请行业相应专业设计类型的工程设计不少于2项,具有中级及以上专业技术职称。

(3)在主要专业技术人员配备表规定的人员中,主导专业的非注册人员应当作为专业技术负责人主持过所申请行业相应专业设计类型的项目工程设计不少于2项。

3-3 技术装备及管理水平

(1)有必要的技术装备及固定的工作场所。

(2)有较完善的质量体系和技术、经营、人事、财务、档案等管理制度。

4. 丁级(限建筑工程设计)

4-1 资历和信誉

(1)具有独立企业法人资格。

(2)社会信誉良好,注册资本不少于5万元人民币。

4－2 技术条件

企业专业技术人员总数不少于5人。其中，二级以上注册建筑师或注册结构工程师不少于1人；具有建筑工程类专业学历、2年以上设计经历的专业技术人员不少于2人；具有3年以上设计经历，参与过至少2项工程设计的专业技术人员不少于2人。

4－3 技术装备及管理水平

（1）有必要的技术装备及固定的工作场所。

（2）有较完善的技术、财务、档案等管理制度。

（四）工程设计专项资质

1. 资历和信誉

（1）具有独立企业法人资格。

（2）社会信誉良好，注册资本符合相应工程设计专项资质标准的规定。

2. 技术条件

专业配备齐全、合理，企业的主要技术负责人或总工程师、主要专业技术人员配备符合相应工程设计专项资质标准的规定。

3. 技术装备及管理水平

（1）有必要的技术装备及固定的工作场所。

（2）企业管理的组织结构、标准体系、质量体系、档案管理体系运行有效。

三、承担业务范围

承担资质证书许可范围内的工程设计业务，承担与资质证书许可范围相应的建设工程总承包、工程项目管理和相关的技术、咨询与管理服务业务。承担业务的地区不受限制。

（一）工程设计综合甲级资质

承担各行业建设工程项目的设计业务，其规模不受限制；但在承接工程项目设计时，须满足本标准中与该工程项目对应的设计类型对人员配置的要求。

承担其取得的施工总承包（施工专业承包）一级资质证书许可范围内的工程施工总承包（施工专业承包）业务。

（二）工程设计行业资质

1. 甲级

承担本行业建设工程项目主体工程及其配套工程的设计业务，其规模不受限制。

2. 乙级

承担本行业中、小型建设工程项目的主体工程及其配套工程的设计业务。

3. 丙级

承担本行业小型建设项目的工程设计业务。

（三）工程设计专业资质

1. 甲级

承担本专业建设工程项目主体工程及其配套工程的设计业务，其规模不受限制。

2. 乙级

承担本专业中、小型建设工程项目的主体工程及其配套工程的设计业务。

3. 丙级

承担本专业小型建设项目的设计业务。

4. 丁级（限建筑工程设计）

4－1 一般公共建筑工程

（1）单体建筑面积2000平方米及以下。

（2）建筑高度12米及以下。

4－2 一般住宅工程

（1）单体建筑面积2000平方米及以下。

（2）建筑层数4层及以下的砖混结构。

4－3 厂房和仓库

（1）跨度不超过12米，单梁式吊车吨位不超过5吨的单层厂房和仓库。

（2）跨度不超过7.5米，楼盖无动荷载的二层厂房和仓库。

4－4 构筑物

（1）套用标准通用图高度不超过20米的烟囱。

（2）容量小于50立方米的水塔。

（3）容量小于300立方米的水池。

（4）直径小于6米的料仓。

（四）工程设计专项资质

承担规定的专项工程的设计业务，具体规定见有关专项设计资质标准。

四、附则

（一）本标准主要专业技术人员指下列人员：

（1）注册人员。

注册人员是指参加中华人民共和国统一考试或考核认定，取得执业资格证书，并按照规定注册，取得相应注册执业证书的人员。

注册人员专业包括：

注册建筑师；

注册工程师：结构（房屋结构、塔架、桥梁）、土木（岩土、水利水电、港口与航道、道路、铁路、民航）、公用设备(暖通空调、动力、给水排水)、电气(发输变电、供配电)、机械、化工、电子工程(电子信息、广播电影电视)、航天航空、农业、冶金、采矿/矿物、核工业、石油/天然气、造船、军工、海洋、环保、材料工程师;

注册造价工程师。

(2)非注册人员。

非注册人员须具有大专以上学历、中级以上专业技术职称,并从事工程设计实践10年以上。

(二)本标准自颁布之日起施行。

(三)本标准由建设部负责解释。

附件1:工程设计行业划分表(略)

附件2:各行业工程设计主要专业技术人员配备表(略,仅保留2-21)

附件3:各行业建设项目设计规模划分表(略)

附件4:各行业配备注册人员的专业在未启动注册时专业设置对照表(略)

附件5:建筑工程设计事务所资质标准(略)

附件6:工程设计专项资质标准(略)

附件2-21:

建筑行业工程设计主要专业技术人员配备表

工程设计资质	设计类型与等级		(1)建筑			(2)结构			(3)给水排水		(4)暖通空调		(5)电气		(6)防护	(7)防化	(8)通信	总计
注册专业			建筑(一级)	建筑(二级)		结构(一级)	结构(二级)		公用设备(给水排水)		公用设备(暖通空调)		电气					
行业资质	甲级		3		5	3		5	2	2	2	2	2	2	3	1	2	34
行业资质	乙级		2		4	2		4	1	2	1	2	1	2	2		1	24
专业资质	建筑工程	甲级	3		3	3		3	1	2	1	2	1	2				21
专业资质	建筑工程	乙级	2		1	2		1	1	1	1	1	1	1				12
专业资质	建筑工程	丙级		2			2		2				1					7
专业资质	建筑工程	丁级	5															5
专业资质	人防工程	甲级	1		3	2		1		2	1	1	1	1	3	1	2	19
专业资质	人防工程	乙级		1	1		2			1	1		1		2		1	10

注:1. 专业设置中的主导专业为:(1)—(5)的专业。

2. 申请行业资质时,企业和人员业绩需包括建筑工程和人防工程。

3. 建筑工程丙级资质的专业设置中,(3)给水排水、(4)暖通空调专业各配备1名专业技术人员,其中1人为注册人员。

4. 建筑工程丁级资质的专业设置中,技术人员总数不少于5人。其中,二级以上注册建筑师或注册结构工程师不少于1人;具有建筑工程类专业学历、2年以上设计经历的专业技术人员不少于2人;具有3年以上设计经历,参与过至少2项工程设计的专业技术人员不少于2人。

5. 取得建筑工程专业资质可承担相应等级的附建式人防工程。

6. 防护专业、通信专业、防化专业的人员,指从事人防工程相应专业设计工作并有相应业绩的人员。

7. 人防工程专业资质甲级中,防护专业3人、通信专业1人要求为高级工程师。

8. 人防工程专业资质乙级中,防护专业1人为高级工程师;结构专业也可配备1名一级注册结构工程师。

工程勘察资质标准

1. 2013年1月21日住房和城乡建设部发布
2. 建市〔2013〕9号
3. 根据2016年6月16日《住房和城乡建设部关于建设工程企业资质管理资产考核有关问题的通知》(建市〔2016〕122号)修正

根据《建设工程勘察设计管理条例》和《建设工程勘察设计资质管理规定》,制定本标准。

一、总则

(一)本标准包括工程勘察相应类型、主要专业技术人员配备、技术装备配备及规模划分等内容(见附件1:工程勘察行业主要专业技术人员配备表;附件2:工程勘察主要技术装备配备表;附件3:工程勘察项目规模划分表)。

(二)工程勘察范围包括建设工程项目的岩土工程、水文地质勘察和工程测量。

(三)工程勘察资质分为三个类别:

1. 工程勘察综合资质

工程勘察综合资质是指包括全部工程勘察专业资质的工程勘察资质。

2. 工程勘察专业资质

工程勘察专业资质包括:岩土工程专业资质、水文地质勘察专业资质和工程测量专业资质;其中,岩土工程专业资质包括:岩土工程勘察、岩土工程设计、岩土工程物探测试检测监测等岩土工程(分项)专业资质。

3. 工程勘察劳务资质

工程勘察劳务资质包括:工程钻探和凿井。

(四)工程勘察综合资质只设甲级。岩土工程、岩土工程设计、岩土工程物探测试检测监测专业资质设甲、乙两个级别;岩土工程勘察、水文地质勘察、工程测量专业资质设甲、乙、丙三个级别。工程勘察劳务资质不分等级。

(五)本标准主要对企业资历和信誉、技术条件、技术装备及管理水平进行考核。其中技术条件中的主要专业技术人员的考核内容为:

1. 对注册土木工程师(岩土)或一级注册结构工程师的注册执业资格和业绩进行考核。

2. 对非注册的专业技术人员(以下简称非注册人员)的所学专业、技术职称,依据附件1专业设置中规定的专业进行考核。主导专业非注册人员需考核相应业绩,工程勘察主导专业见附件1。

(六)申请两个以上工程勘察专业资质时,应同时满足附件1中相应专业的专业设置和注册人员的配置,其相同专业的专业技术人员的数量以其中的高值为准。

(七)具有岩土工程专业资质,即可承担其资质范围内相应的岩土工程治理业务;具有岩土工程专业甲级资质或岩土工程勘察、设计、物探测试检测监测等三类(分项)专业资质中任一项甲级资质,即可承担其资质范围内相应的岩土工程咨询业务。

(八)本标准中所称主要专业技术人员,年龄限60周岁及以下。

二、标准

(一)工程勘察综合资质

1-1　资历和信誉

(1)符合企业法人条件,具有10年及以上工程勘察资历。

(2)净资产不少于1000万元人民币。

(3)社会信誉良好,近3年未发生过一般及以上质量安全责任事故。

(4)近5年内独立完成过的工程勘察项目应满足以下要求:岩土工程勘察、设计、物探测试检测监测甲级项目各不少于5项,水文地质勘察或工程测量甲级项目不少于5项,且质量合格。

1-2　技术条件

(1)专业配备齐全、合理。主要专业技术人员数量不少于“工程勘察行业主要专业技术人员配备表”规定的人数。

(2)企业主要技术负责人或总工程师应当具有大学本科以上学历、10年以上工程勘察经历,作为项目负责人主持过本专业工程勘察甲级项目不少于2项,具备注册土木工程师(岩土)执业资格或本专业高级专业技术职称。

(3)在“工程勘察行业主要专业技术人员配备表”规定的人员中,注册人员应作为专业技术负责人主持过所申请工程勘察类型乙级以上项目不少于2项;主导专业非注册人员中,每个主导专业至少有1人作为专业技术负责人主持过相应类型的工程勘察甲级项目不少于2项,其他非注册人员应作为专业技术负责人主持过相应类型的工程勘察乙级以上项目不少于3项，其中甲级项目不少于1项。

1－3 技术装备及管理水平

（1）有完善的技术装备，满足“工程勘察主要技术装备配备表”规定的要求。

（2）有满足工作需要的固定工作场所及室内试验场所，主要固定场所建筑面积不少于3000平方米。

（3）有完善的技术、经营、设备物资、人事、财务和档案管理制度，通过ISO9001质量管理体系认证。

（二）工程勘察专业资质

1. 甲级

1－1 资历和信誉

（1）符合企业法人条件，具有5年及以上工程勘察资历。

（2）净资产不少于300万元人民币。

（3）社会信誉良好，近3年未发生过一般及以上质量安全责任事故。

（4）近5年内独立完成过的工程勘察项目应满足以下要求：

岩土工程专业资质：岩土工程勘察甲级项目不少于3项或乙级项目不少于5项、岩土工程设计甲级项目不少于2项或乙级项目不少于4项、岩土工程物探测试检测监测甲级项目不少于2项或乙级项目不少于4项，且质量合格。

岩土工程（分项）专业资质、水文地质勘察专业资质、工程测量专业资质：完成过所申请工程勘察专业类型甲级项目不少于3项或乙级项目不少于5项，且质量合格。

1－2 技术条件

（1）专业配备齐全、合理。主要专业技术人员数量不少于“工程勘察行业主要专业技术人员配备表”规定的人数。

（2）企业主要技术负责人或总工程师应当具有大学本科以上学历、10年以上工程勘察经历，作为项目负责人主持过本专业工程勘察甲级项目不少于2项，具备注册土木工程师（岩土）执业资格或本专业高级专业技术职称。

（3）在“工程勘察行业主要专业技术人员配备表”规定的人员中，注册人员应作为专业技术负责人主持过所申请工程勘察类型乙级以上项目不少于2项；主导专业非注册人员作为专业技术负责人主持过所申请工程勘察类型乙级以上项目不少于2项，其中，每个主导专业至少有1名专业技术人员作为专业技术负责人主持过所申请工程勘察类型甲级项目不少于2项。

1－3 技术装备及管理水平

（1）有完善的技术装备，满足“工程勘察主要技术装备配备表”规定的要求。

（2）有满足工作需要的固定工作场所及室内试验场所。

（3）有完善的质量、安全管理体系和技术、经营、设备物资、人事、财务、档案等管理制度。

2. 乙级

2－1 资历和信誉

（1）符合企业法人条件。

（2）社会信誉良好，净资产不少于150万元人民币。

2－2 技术条件

（1）专业配备齐全、合理。主要专业技术人员数量不少于“工程勘察行业主要专业技术人员配备表”规定的人数。

（2）企业主要技术负责人或总工程师应当具有大学本科以上学历、10年以上工程勘察经历，作为项目负责人主持过本专业工程勘察乙级项目不少于2项或甲级项目不少于1项，具备注册土木工程师（岩土）执业资格或本专业高级专业技术职称。

（3）在“工程勘察行业主要专业技术人员配备表”规定的人员中，注册人员应作为专业技术负责人主持过所申请工程勘察类型乙级以上项目不少于2项；主导专业非注册人员作为专业技术负责人主持过所申请工程勘察类型乙级项目不少于2项或甲级项目不少于1项。

2－3 技术装备及管理水平

（1）有与工程勘察项目相应的能满足要求的技术装备，满足“工程勘察主要技术装备配备表”规定的要求。

（2）有满足工作需要的固定工作场所。

（3）有较完善的质量、安全管理体系和技术、经营、设备物资、人事、财务、档案等管理制度。

3. 丙级

3－1 资历和信誉

（1）符合企业法人条件。

（2）社会信誉良好，净资产不少于80万元人民币。

3－2　技术条件

（1）专业配备齐全、合理。主要专业技术人员数量不少于“工程勘察行业主要专业技术人员配备表”规定的人数。

（2）企业主要技术负责人或总工程师应当具有大专以上学历、10年以上工程勘察经历；作为项目负责人主持过本专业工程勘察类型的项目不少于2项，其中，乙级以上项目不少于1项；具备注册土木工程师（岩土）执业资格或中级以上专业技术职称。

（3）在“工程勘察行业主要专业技术人员配备表”规定的人员中，主导专业非注册人员作为专业技术负责人主持过所申请工程勘察类型的项目不少于2项。

3－3　技术装备及管理水平

（1）有与工程勘察项目相应的能满足要求的技术装备，满足“工程勘察主要技术装备配备表”规定的要求。

（2）有满足工作需要的固定工作场所。

（3）有较完善的质量、安全管理体系和技术、经营、设备物资、人事、财务、档案等管理制度。

（三）工程勘察劳务资质

1. 工程钻探

1－1　资历和信誉

（1）符合企业法人条件。

（2）社会信誉良好，净资产不少于50万元人民币。

1－2　技术条件

（1）企业主要技术负责人具有5年以上从事工程管理工作经历，并具有初级以上专业技术职称或高级工以上职业资格。

（2）具有经考核或培训合格的钻工、描述员、测量员、安全员等技术工人，工种齐全且不少于12人。

1－3　技术装备及管理水平

（1）有必要的技术装备，满足“工程勘察主要技术装备配备表”规定的要求。

（2）有满足工作需要的固定工作场所。

（3）质量、安全管理体系和技术、经营、设备物资、人事、财务、档案等管理制度健全。

2. 凿井

2－1　资历和信誉

（1）符合企业法人条件。

（2）社会信誉良好，净资产不少于50万元人民币。

2－2　技术条件

（1）企业主要技术负责人具有5年以上从事工程管理工作经历，并具有初级以上专业技术职称或高级工以上职业资格。

（2）具有经考核或培训合格的钻工、电焊工、电工、安全员等技术工人，工种齐全且不少于13人。

2－3　技术装备及管理水平

（1）有必要的技术装备，满足“工程勘察主要技术装备配备表”规定的要求。

（2）有满足工作需要的固定工作场所。

（3）质量、安全管理体系和技术、经营、设备物资、人事、财务、档案等管理制度健全。

三、承担业务范围

（一）工程勘察综合甲级资质

承担各类建设工程项目的岩土工程、水文地质勘察、工程测量业务（海洋工程勘察除外），其规模不受限制（岩土工程勘察丙级项目除外）。

（二）工程勘察专业资质

1. 甲级

承担本专业资质范围内各类建设工程项目的工程勘察业务，其规模不受限制。

2. 乙级

承担本专业资质范围内各类建设工程项目乙级及以下规模的工程勘察业务。

3. 丙级

承担本专业资质范围内各类建设工程项目丙级规模的工程勘察业务。

（三）工程勘察劳务资质

承担相应的工程钻探、凿井等工程勘察劳务业务。

四、附则

（一）本标准中对非注册专业技术人员的其它考核要求：

“工程勘察行业主要专业技术人员配备表”中的非注册人员，须具有大专以上学历、中级以上专业技术职称，并从事工程勘察实践8年以上；表中要求专业技术人员具有高级专业技术职称的，从其规定。

（二）海洋工程勘察资质标准另行制定。

（三）本标准自颁布之日起施行。

（四）本标准由住房和城乡建设部负责解释。

附件1：工程勘察行业主要专业技术人员配备表

附件2：工程勘察主要技术装备配备表（略）

附件3：工程勘察项目规模划分表（略）

附件 1：

工程勘察行业主要专业技术人员配备表

工程勘察资质	工程勘察类型与等级		等级	注册专业	非注册专业								总计
	专业设置			土木（岩土）	(1)岩土工程勘察	(2)岩土工程设计	(3)水文地质	(4)工程测量	(5)工程物探	(6)岩土测试检测	(7)岩土监测	(8)室内试验	
综合资质	甲级			8(2)	3	3	8(5)	8(5)	2	2	3	3	40
专业资质	岩土工程		甲级	5(2)	3	2	2	2	2	2	2	2	22
			乙级	2	3	2	1	1	1	1	1		12
	岩土工程（分项）	岩土工程勘察	甲级	3	3		1	1	1	1		2	12
			乙级	2	3					1			6
			丙级		5(1)								5
		岩土工程设计	甲级	5(2)		2	2						9
			乙级	2		2	1						5
		岩土工程物探测试检测监测	甲级	2				2	2	2	2		10
			乙级	1				1	1	1	1		5
	水文地质勘察		甲级				7(3)		2				9
			乙级				5(2)		1				6
			丙级				5(1)						5
	工程测量		甲级					8(3)					8
			乙级					6(2)					6
			丙级					5(1)					5

注：1. 主导专业规定如下：岩土工程为(1)、(2)、(5)、(6)、(7)，其中岩土工程勘察为(1)，岩土工程设计为(2)，岩土工程物探测试检测监测为(5)、(6)、(7)；水文地质勘察为(3)；工程测量为(4)。各专业资质中的主导专业均为综合资质的主导专业。

2. 注册专业中的专业人员配备数量后括号中的数字，为可由一级注册结构工程师替代的最高数值；非注册专业中的专业人员配备数量后括号中的数字，为对其中具有高级及以上专业技术职称人员数量的要求。

工程勘察资质标准实施办法

1. 2013年6月7日住房和城乡建设部发布
2. 建市〔2013〕86号

为实施《工程勘察资质标准》(建市〔2013〕9号,以下简称新《标准》),制定本实施办法。

一、资质申请条件和审批程序

(一)建设工程勘察资质申请条件和审批程序按照《建设工程勘察设计资质管理规定》(建设部令第160号)和《建设工程勘察设计资质管理规定实施意见》(建市〔2007〕202号)有关规定执行。

(二)申请工程勘察综合资质,须具有岩土工程专业甲级资质,及水文地质勘察专业甲级资质或工程测量专业甲级资质。

工程勘察综合资质涵盖所有专业类别,取得工程勘察综合资质的企业,不需单独申请工程勘察专业资质。

岩土工程专业资质涵盖岩土工程勘察、岩土工程设计、岩土工程物探测试检测监测三类岩土工程(分项)专业资质,取得岩土工程专业资质的企业,不需单独申请同级别及以下级别岩土工程(分项)专业资质。

二、新《标准》有关内容解释

(三)主要专业技术人员

新《标准》中所称主要专业技术人员是指下列人员:

1. 注册人员

注册人员是指参加中华人民共和国统一考试或考核认定,取得执业资格证书,并按照规定注册,取得注册证书和执业印章的人员。包括:注册土木工程师(岩土)、一级注册结构工程师。

2. 非注册人员

非注册人员是指按照"工程勘察行业主要专业技术人员配备表"要求,不考核其是否具备注册执业资格的人员。注册人员作为非注册人员申报时,可提供注册证书认定其专业,其学历水平、职称等级、从业经历、个人业绩等条件仍需按新《标准》有关要求考核。

(四)企业主要技术负责人(或总工程师)

新《标准》中所称企业主要技术负责人(或总工程师),是指企业中对工程勘察业务在技术上负总责的人员。

(五)专业技术负责人

新《标准》中所称专业技术负责人,是指企业中对某一工程勘察项目中的某个专业在技术上负总责的人员。

(六)学历

新《标准》中所称学历,是指国务院教育主管部门认可的高等教育学历。

(七)专业技术职称

1. 新《标准》中所称专业技术职称,是指经国务院人事主管部门授权的部门、行业、中央企业颁发的,或者省级人事主管部门颁发(或授权颁发)的工程系列专业技术职称。

2. 具有教学、研究系列职称的人员从事工程勘察时,讲师、助理研究员可按工程系列中级职称考核;副教授、教授、副研究员、研究员可按工程系列高级职称考核。

(八)专业设置

1. 新《标准》"工程勘察行业主要专业技术人员配备表"的专业设置,是指为完成工程勘察项目所设置的专业技术岗位(以下简称"岗位")。

2. 非注册人员的学历专业、职称证书专业范围应满足岗位要求,符合下列条件之一的,可作为有效专业人员认定:

(1)学历专业与岗位要求的专业不一致,职称证书专业范围与岗位要求的专业一致,个人资历和业绩符合资质标准对主导专业非注册人员资历和业绩要求的;

(2)学历专业与岗位要求的专业一致,职称证书专业范围空缺或与岗位要求的专业不一致,个人资历和业绩符合资质标准对主导专业非注册人员资历和业绩要求的;

(3)学历专业、职称证书专业范围均与岗位要求的专业不一致,但取得高等院校一年以上本专业学习结业证书,从事工程勘察10年以上,个人资历和业绩符合资质标准对主导专业非注册人员资历和业绩要求的。

(九)企业业绩

1. 新《标准》中要求的企业业绩应为独立完成的非涉密工程勘察项目业绩。

2. 申请工程勘察综合资质、专业甲级资质的,须考核企业业绩；申请工程勘察乙级、丙级资质的，不考核企业业绩。

（十）个人业绩

1. 新《标准》中要求的个人业绩应为近5年完成的非涉密工程勘察项目业绩。

2. 主要技术负责人（或总工程师）个人业绩应为所申请工程勘察类型项目业绩；申请综合资质或两个及以上工程勘察专业资质时，主要技术负责人（或总工程师）业绩可为其中某一工程勘察类型项目业绩。

3. 主导专业非注册人员业绩，应为该专业独立项目业绩。如，申请工程勘察综合资质时，工程物探专业技术人员业绩应为工程物探项目业绩。

4. 申请工程勘察综合资质、岩土工程专业资质时，注册人员业绩总和应涵盖所有岩土工程（分项）专业资质业绩类型。

（十一）申请工程勘察资质时，每个专业技术人员只可作为1个专业技术岗位人员申报。

（十二）新《标准》及本《实施办法》中所称近5年，是指自申报年度起逆推5年。如：申报年度为2013年，则近5年业绩年限从2008年1月1日算起。

（十三）新《标准》中所称主要专业技术人员（包括企业主要技术负责人或总工程师、注册人员、非注册人员）和技术工人，年龄限60周岁及以下。

（十四）具有工程勘察综合资质、专业资质企业从事工程钻探、凿井业务时，须取得相应工程勘察劳务资质。

（十五）工程勘察项目中的工程钻探、凿井业务需要分包时，应由承揽该工程勘察项目的工程勘察综合资质、专业资质企业与具有相应资质的工程勘察劳务企业依法签订劳务分包合同；工程勘察综合资质、专业资质企业对整个工程勘察项目负总责。

（十六）工程勘察企业从事地基与基础施工业务时，需取得相应施工资质。

三、申报有关要求

（十七）企业不具有工程勘察资质，申请勘察资质的，按首次申请要求提交材料（材料要求见《工程勘察资质申报材料清单》，下同）。

（十八）下列情形按增项要求提交材料：

1. 具有工程勘察专业资质，申请增加其他工程勘察专业资质的。

2. 具有岩土工程（分项）专业乙级资质，申请岩土工程专业乙级资质的。

（十九）下列情形按升级要求提交材料：

1. 申请工程勘察综合资质的。

2. 具有工程勘察丙、乙级资质，申请对应的乙、甲级资质的。

3. 具有三项岩土工程（分项）专业乙级及以上资质，申请岩土工程专业甲级资质的。

（二十）企业资质证书有效期届满，申请资质证书有效期延续有关要求另行规定。

（二十一）企业在本省级行政区域内因企业名称、注册资本、法定代表人、注册地址（本省级区域内）等发生变化需变更资质证书内容的，按简单变更要求提交材料。

简单变更办理程序和时限要求按照《关于建设部批准的建设工程企业办理资质证书变更和增补有关事项的通知》（建市函〔2005〕375号）相关规定执行。

（二十二）企业若发生合并、分立、改制、重组事项，须重新核定其工程勘察资质，按重新核定要求提交材料。其中，企业发生吸收合并、整体改制的按《工程勘察资质申报材料清单》中相应申请事项提交材料。

（二十三）企业工商注册地从一个省级行政区域变更至另一个省级行政区域的，按跨省变更要求提交材料。

甲级资质企业申请跨省变更的，应由迁入地省级住房城乡建设主管部门报国务院住房城乡建设主管部门。

乙级及以下资质、劳务资质企业申请跨省变更的，由迁入地省级住房城乡建设主管部门负责。

（二十四）申报材料说明及要求

1.《工程勘察资质申请表》一式二份，附件材料一份。

2. 附件材料采用A4纸装订成册，并有目录和分类编号；技术人员证明材料应按人整理并依照申请表所列技术人员顺序装订。需要核实原件的，由资质受理部门进行审查核实，并在初审部门审查意见表中由核验人签字。其中，资质证书正、副本须全部复印，不得有缺页；复印件应加盖企业公章；材料中要求加盖公章或印鉴的，复印无效。

3. 企业申请工程勘察资质，要如实填报《工程勘察资质申请表》，企业法定代表人须在申请表上签名，对其真实性负责。申报材料要清楚、齐全，出现数据不全、字迹潦草、印鉴不清、难以辨认的，资质受理部门应当告知申请人补正。

4. 社保证明是指社会统筹保险基金管理部门出具的基本养老保险对账单或加盖社会统筹保险基金管理部门公章的单位缴费明细，以及企业缴费凭证（社保缴费发票或银行转账凭证、地方税务局出具的税收通用缴款书或完税证明）；社保证明应体现以下内容：缴纳保险单位名称、人员姓名、社会保障号（或身份证号）、险种、缴费期限、缴费基数等；个人缴纳社保不予认可。

5. 如实行资质电子申报，具体申报要求，另行制定。

四、过渡期有关规定

（二十五）自新《标准》颁布之日至2015年6月30日为过渡期。

（二十六）各地区、各部门按原《工程勘察资质分级标准》（建设〔2001〕22号，以下简称原《标准》）已经受理的申请材料报送国务院住房城乡建设主管部门的截止日期为2013年7月15日。

（二十七）过渡期内，首次申请、升级、增项工程勘察资质的，按新《标准》执行。持旧版《工程勘察资质证书》的企业，在满足原《标准》的条件下，资质证书继续有效，其承接业务范围以原《标准》规定的业务范围为准，自2015年7月1日起，旧版《工程勘察资质证书》作废。

（二十八）过渡期内，企业需延续工程勘察资质，或因合并、分立、改制、重组、跨省变更等原因需重新核定资质的，符合原《标准》要求的颁发旧版《工程勘察资质证书》，有效期至2015年6月30日；符合新《标准》要求的颁发新版《工程勘察资质证书》，证书有效期为5年。

（二十九）持旧版《工程勘察资质证书》的企业须于2015年1月31日以前，按新《标准》提出资质换证申请，并按《工程勘察资质标准申报材料清单》中延续要求提交材料。

附件：1.《工程勘察资质申报材料清单》（略）
　　　2.《工程勘察资质申请表》（略）
　　　3.《专业技术人员基本情况及业绩表》（略）
　　　4.《工程勘察企业业绩基本情况表》（略）

工程勘察、工程设计资质分级标准补充规定

1. 2001年8月20日
2. 建设〔2001〕178号

一、关于工程勘察资质分级标准的补充规定

（一）申请工程勘察综合类资质或岩土工程甲级资质的企业，必须拥有相应的室内试验室和原位测试等仪器；申请工程勘察综合类资质或工程测量甲级资质的企业必须拥有生产数字化产品的能力、以上应在申报表的技术装备栏中注明。

（二）工程勘察专业类资质原则上不设丙级，如确有必要设置丙级工程勘察资质的地区，应由省、自治区、直辖市人民政府建设行政主管部门于2001年12月31日前将设置丙级工程勘察资质的申请函报建设部，函中应明确设置丙级工程勘察资质的理由和设置范围，原有工程勘察单位甲、乙、丙级单位数量等情况，经建设部同意后方可设置丙级。

（三）取得岩土工程专业中勘察、设计、测试监测检测任一内容的甲级资质，即可获得岩土工程咨询监理资质。

（四）取得工程勘察综合类资质的单位可承担劳务类业务，不需单独领取劳务类资质证书（工程勘察专业类资质不包括劳务类内容）。新标准规定了劳务类资质的分级标准，具体的劳务类资质实施细则由各省、自治区、直辖市人民政府建设行政主管部门结合本地实际制定，并报建设部勘察设计司备案。

（五）原有工程勘察单位若具备勘察劳务力量，在换证时应在工程勘察专业类资质申报表中同时注明申请劳务类资质，审查通过后，由省、自治区、直辖市人民政府建设行政主管部门颁发劳务类资质证书。

独立企业法人的工程勘察劳务公司申请劳务类资质由工商注册所在地的省、自治区、直辖市建设行政主管部门审查并颁发证书。

（六）工程勘察劳务企业从事工程钻探、凿井不得直接和建设单位签订工程合同，必须和具备工程勘察综合类资质或专业类资质的单位签订合同。

二、关于工程设计行业资质分级标准的补充规定

（一）按新标准规定，工程设计行业资质划分为煤

炭、化工石化医药等 21 个行业。

企业具备行业设计资质后，不需单独申请某工程设计专项资质即可承担相应范围相应等级的工程设计专项资质的业务。其中具备甲、乙级建筑工程设计资质的企业可承担相应范围相应等级的建筑装饰设计、消防设施专项工程设计、轻型房屋钢结构专项工程设计、建筑幕墙专项工程设计、村镇建筑专项工程设计；具备甲、乙级其它行业设计资质的企业可承担与其资质范围相应建设项目的环境污染防治专项工程设计和消防设施专项工程设计。今后新设立的工程设计专项资质的承担业务范围按上述规定执行。

对于每一个行业，工程设计行业资质分为该行业的全部设计资质、该行业的部分设计资质、该行业的主导工艺（主导专业）设计资质等三种情况。

1. 某行业的全部设计资质

某行业的全部设计资质是指包含该行业所有设计类型的设计资质。

企业申请甲、乙级某行业的全部设计资质时，需满足所申请行业工程设计类型总量 1/3 以上设计类型所需的主导工艺（主导专业）人员要求，并同时满足该行业土建及公用专业（附属专业）人员要求。其中上述主导工艺（主导专业）人员、土建及公用专业（附属专业）人员均是指新标准中有明确数量要求和相应业绩、职称要求的专职技术骨干（以下同）。

企业满足甲、乙级市政行业的全部设计资质的要求，但不能满足燃气工程、地铁轻轨工程设计类型的要求，仍可获得市政行业的全部设计资质，但须在所获得的证书中注明燃气工程、地铁轻轨工程除外。

企业申请工程设计丙级某行业的全部设计资质时，必须满足所申请行业全部工程设计类型的设计资质要求。

2. 某行业的部分设计资质

某行业的部分设计资质是指包含该行业的部分设计类型的设计资质。

企业在满足所申请行业土建及公用专业（附属专业）人员要求后，只能满足该行业工程设计类型总量 1/3 及以下类型所需的主导工艺（主导专业）人员要求，则只能申请该行业的部分设计资质。

3. 某行业的主导工艺（主导专业）设计资质

某行业的主导工艺（主导专业）设计资质是某行业部分设计资质的一种，是指只能从事该行业某设计类型中主导工艺（主导专业）的设计资质。

企业满足所申请行业一个或几个设计类型的主导工艺（主导专业）要求，但不满足该行业的土建及公用专业（附属专业）要求时，可以申请该行业的主导工艺（主导专业）设计资质。

行业的主导工艺（主导专业）设计资质不设丙级。

（二）企业申请资质时，所完成建设项目的规模应按新标准规定的行业划分和设计规模划分确定。具体要求如下：

1. 资质的核定

企业在申请任一行业设计资质核定时（包括申请某行业的全部设计资质、某行业的部分设计资质、某行业的主导工艺［主导专业］设计资质），所申请行业的每一个工程设计类型中均应有不少于 3 项相应行业建设项目的工程设计业绩。所申报的该行业的全部业绩中至少应有 3 个建设项目的规模与所申请的资质等级相对应，其他业绩的项目规模可允许比所申请的资质等级低一级别。

所申报的业绩中与所申请资质等级相对应的建设项目数量达不到以上要求，但可满足所申请级别下一等级行业资质标准规定的业绩要求时，在资质换证时可按暂定级核定。

2. 资质升级

企业申请晋升资质等级时，所申请行业每个工程设计类型应满足不少于 3 项所申请级别下一等级行业资质标准规定的业绩要求，可按暂定级核定。

3. 资质增项

企业申请增加其他设计类型时，可不要求提供该企业相应的工程设计业绩。资质增项按暂定级核定，申请的最高等级为乙级。

（三）甲、乙级设计资质技术骨干中除注册建筑师和注册结构工程师外均不含返聘人员。丙级设计资质技术骨干允许有不超过总数 1/3 的返聘人员。二级注册建筑师、二级注册结构工程师可作为丙级资质的技术骨干考核认定，但不作为甲、乙级资质的技术骨干考核认定。

（四）申请资质时，允许某一主导工艺（主导专业）人员按照所从事的专业作为 3 种不同的工程设计类型中相同或相近的主导工艺（主导专业）人员申报。

（五）申请建筑行业中建筑工程设计资质换证时，应符合《建筑工程设计资质分级标准》（建设〔1999〕9

号文)对注册执业人员的要求。申请建筑行业中人防工程设计类型时,按部分设计资质要求核定注册执业人员。

申请超过3个行业的全部设计资质时,注册建筑师、注册结构工程师的数量要求应增加100%,申请超过3个行业的部分设计资质时,注册工程师的数量要求应增加50%。

(六)各行业资质中公用专业(附属专业)人员的数量不包含已在标准中规定的注册建筑师和注册结构工程师人数。申请超过3个行业的全部设计资质时,公用专业(附属专业)人员的数量要求应增加100%,申请超过3个行业的部分设计资质时,公用专业(附属专业)人员的数量要求应增加50%。

(七)新标准中对业务成果等要求在资质审查时作为参考指标考核。

(八)企业申请2个以上行业设计资质时,在满足1个行业设计资质技术骨干总数要求的基础上,只需增加所申请行业相应的主导工艺(主导专业)技术骨干人员数。

(九)企业申请某行业的部分设计资质时,有关技术骨干和注册资本要求如下:

1. 技术骨干数量要求

甲级:申请1个工程设计类型资质时,其技术骨干总数应不少于30人,每增加一个设计类型应增加10人。达到80人以上即不再增加对总数的要求;

乙级:申请1个工程设计类型资质其技术骨干总数应不少于15人,每增加一个设计类型应增加5人,达到30人以上即不再增加对总数的要求;

丙级:申请1个工程设计类型资质其技术骨干总数应不少于10人,申请2个以上设计类型的丙级资质则要求15人。

2. 主导工艺(主导专业)人员

甲级:每个设计类型要求对应的主导工艺(主导专业)人员不少于2人,当主导工艺(主导专业)人员总数超过10人以上时,每个设计类型对应的主导工艺人员不少于1人;

乙级:每个设计类型要求对应的主导工艺(主导专业)人员不少于2人,当主导工艺(主导专业)人员总数超过5人以上时,每个设计类型要求对应的主导工艺(主导专业)人员不少于1人;

丙级:申请一个设计类型设计资质时,其对应的主导工艺人数要求不少于2人。当主导工艺(主导专业)人员总数超过4人以上时,每个设计类型要求对应的主导工艺(主导专业)人员不少于1人。

3. 注册建筑师、注册结构工程师

甲级:一级注册建筑师不少于1人(非返聘人员),一级注册结构工程师不少于2人(非返聘人员)。

其中市政、公路行业交通工程设计类型对注册建筑师可只要求一级注册建筑师1人(可为返聘人员)或二级注册建筑师2人(非返聘)。公路行业公路、特大桥梁、特大隧道等设计类型对注册建筑师不作要求,水利行业对注册建筑师和注册结构工程师不作要求;

乙级:二级注册建筑师不少于2人(非返聘人员)或一级注册建筑师不少于1人(非返聘人员),二级注册结构工程师不少于4人(非返聘人员)或一级注册结构工程师不少于2人(非返聘人员)。

其中市政、公路行业交通工程设计类型对注册建筑师可只要求二级注册建筑师1人(非返聘人员)。公路行业公路工程设计类型对注册建筑师不作要求,水利行业对注册建筑师和注册结构工程师不作要求;

丙级:二级注册建筑师不少于1人(非返聘人员),二级注册结构工程师不少于2人(非返聘人员)。公路行业公路工程设计类型对注册建筑师不作要求,水利行业对注册建筑师和注册结构工程师不作要求。

4. 公用专业(附属专业)应满足新标准规定的人数要求;

5. 注册资本

甲级不少于300万元;

乙级不少于100万元;

丙级不少于50万元。

其中市政行业的园林设计类型对注册资本的要求按建筑工程设计资质分级标准执行;

(十)企业申请某行业主导工艺(主导专业)设计资质时,有关技术骨干和注册资本要求如下:

1. 技术骨干数量要求

甲级:申请1个主导工艺(主导专业)设计资质其技术骨干总数不应少于8人,每增加1个主导工艺(主导专业)设计资质应增加5人;

乙级:申请1个主导工艺(主导专业)设计资质其技术骨干总数不应少于5人,每增加一个主导工艺(主导专业)应增加5人。

2. 主导工艺(主导专业)人员

甲级:每个主导工艺(主导专业)要求对应的主导工艺人员不少于3人,主导工艺(主导专业)人员总数超过10人以上时,每个主导工艺(主导专业)对应的主导工艺人员不少于1人。

乙级:每个主导工艺(主导专业)要求对应的主导工艺(主导专业)人员不少于2人,主导工艺(主导专业)人员总数超过5人以上时,每个主导工艺(主导专业)要求对应的主导工艺(主导专业)人员不少于1人。

3. 注册建筑师、注册结构工程师

申请某行业的主导工艺(主导专业)设计资质时,对企业的注册建筑师、注册结构工程师数量不作要求。但如果该主导专业是建筑或结构专业时,其数量应满足标准对主导专业人员的要求。

4. 土建及公用专业(附属专业)

土建及对公用专业(附属专业)人员数不作要求。

5. 注册资本

申请1个及以上行业的主导工艺(主导专业)设计资质对,其工商注册资本金的要求为甲级不少于100万元、乙级不少于50万元。

(十一)其他有关规定要求

1. 新标准中建筑行业工程设计资质分建筑和人防两个工程设计类型,其中建筑设计类型的资质要求按照《建筑工程设计资质分级标准》(建设〔1999〕9号)执行,但该标准不包含人防设计类型。要取得建筑行业全行业的设计资质,必须按新标准的要求补充申请人防设计类型。建筑行业的全行业设计资质、单独的人防工程设计类型设计资质对注册资本的要求均按建筑工程设计资质分级标准执行。

取得建筑行业的全行业设计资质,将在资质证书上注明"建筑(含人防工程)";取得单独的建筑设计类型的设计资质,将在资质证书上注明"建筑工程",不能承担单建式人防工程的设计;取得单独的人防设计类型设计资质,将在资质证书正本上注明"建筑(限人防工程)",并在证书副本中注明只能承担单建式人防工程设计业务。

2. 电力行业可增设丙级设计资质。其他行业确需设置丙级,需报建设部批准。

电力行业工程设计专业基本配备表个人电工程设计类型中的核电是指核电发电的常规岛部分。

3. 市政公用行业公共交通工程设计类型调整为公共交通工程、地铁轻轨工程和载人索道工程三个设计类型,市政公用行业工程设计类型总量为11个。

(2)施工资质

施工总承包企业特级资质标准

1. 2007年3月13日建设部发布

2. 建市〔2007〕72号

申请特级资质,必须具备以下条件:

一、企业资信能力

1. 企业注册资本金3亿元以上。

2. 企业净资产3.6亿元以上。

3. 企业近三年上缴建筑业营业税均在5000万元以上。

4. 企业银行授信额度近三年均在5亿元以上。

二、企业主要管理人员和专业技术人员要求

1. 企业经理具有10年以上从事工程管理工作经历。

2. 技术负责人具有15年以上从事工程技术管理工作经历,且具有工程序列高级职称及一级注册建造师或注册工程师执业资格;主持完成过两项及以上施工总承包一级资质要求的代表工程的技术工作或甲级设计资质要求的代表工程或合同额2亿元以上的工程总承包项目。

3. 财务负责人具有高级会计师职称及注册会计师资格。

4. 企业具有注册一级建造师(一级项目经理)50人以上。

5. 企业具有本类别相关的行业工程设计甲级资质标准要求的专业技术人员。

三、科技进步水平

1. 企业具有省部级(或相当于省部级水平)及以上的企业技术中心。

2. 企业近三年科技活动经费支出平均达到营业额的0.5%以上。

3. 企业具有国家级工法3项以上;近五年具有与工程建设相关的,能够推动企业技术进步的专利3项以上,累计有效专利8项以上,其中至少有一项发明专利。

4. 企业近十年获得过国家级科技进步奖项或主编过工程建设国家或行业标准。

5. 企业已建立内部局域网或管理信息平台，实现了内部办公、信息发布、数据交换的网络化；已建立并开通了企业外部网站；使用了综合项目管理信息系统和人事管理系统、工程设计相关软件，实现了档案管理和设计文档管理。

四、代表工程业绩（见附件1）

（一）房屋建筑工程（附件1－1）

（二）公路工程（附件1－2）

（三）铁路工程（附件1－3）

（四）港口与航道工程（附件1－4）

（五）水利水电工程（附件1－5）

（六）电力工程（附件1－6）

（七）矿山工程（附件1－7）

（八）冶炼工程（附件1－8）

（九）石油化工工程（附件1－9）

（十）市政公用工程（附件1－10）

承包范围

1. 取得施工总承包特级资质的企业可承担本类别各等级工程施工总承包、设计及开展工程总承包和项目管理业务。

2. 取得房屋建筑、公路、铁路、市政公用、港口与航道、水利水电等专业中任意1项施工总承包特级资质和其中2项施工总承包一级资质，即可承接上述各专业工程的施工总承包、工程总承包和项目管理业务，及开展相应设计主导专业人员齐备的施工图设计业务。

3. 取得房屋建筑、矿山、冶炼、石油化工、电力等专业中任意1项施工总承包特级资质和其中2项施工总承包一级资质，即可承接上述各专业工程的施工总承包、工程总承包和项目管理业务，及开展相应设计主导专业人员齐备的施工图设计业务。

4. 特级资质的企业，限承担施工单项合同额3000万元以上的房屋建筑工程。

附件1－1　房屋建筑工程施工总承包企业特级资质标准代表工程业绩

近5年承担过下列5项工程总承包或施工总承包项目中的3项，工程质量合格。

1. 高度100米以上的建筑物；

2. 28层以上的房屋建筑工程；

3. 单体建筑面积5万平方米以上房屋建筑工程；

4. 钢筋混凝土结构单跨30米以上的建筑工程或钢结构单跨36米以上房屋建筑工程；

5. 单项建安合同额2亿元以上的房屋建筑工程。

附件1－2　公路工程施工总承包企业特级资质标准代表工程业绩

近10年承担过下列4项中的3项以上工程的工程总承包、施工总承包或主体工程承包，工程质量合格。

1. 累计修建一级以上公路路基100公里以上；

2. 累计修建高级路面400万平方米以上；

3. 累计修建单座桥长≥500米或单跨跨度≥100米的公路特大桥6座以上；

4. 单项合同额2亿元以上的公路工程3个以上。

附件1－3　铁路工程施工总承包企业特级资质标准代表工程业绩

近10年承担一级铁路干线综合工程300公里以上或铁路客运专线综合工程100公里以上，并承担下列4项中的2项以上工程的工程总承包、施工总承包或主体工程承包，工程质量合格。

1. 长度1000米以上隧道2座；

2. 长度500米以上特大桥3座，或长度1000米以上特大桥1座；

3. 编组站1个；

4. 单项合同额5亿元以上铁路工程2个。

附件1－4　港口与航道工程施工总承包企业特级资质标准代表工程业绩

近5年承担过下列11项中的6项以上工程的工程总承包、施工总承包或主体工程承包，工程质量合格。

1. 沿海3万吨或内河5000吨级以上码头；

2. 5万吨级以上船坞；

3. 水深>5米的防波堤600米以上；

4. 沿海5万吨或内河1000吨级以上航道工程；

5. 1000吨级以上船闸或300吨级以上升船机；

6. 500万立方米以上疏浚工程；

7. 400万立方米以上吹填造地工程；

8. 15万平方米以上港区堆场工程；

9. 1000米以上围堤护岸工程；

10. 3万立方米以上水下炸礁、清礁工程；

11. 单项合同额沿海2亿元以上或内河8000万元以上的港口与航道工程。

附件1-5 水利水电工程施工总承包企业特级资质标准代表工程业绩

近10年承担过下列6项中的3项以上工程的工程总承包、施工总承包或主体工程承包，其中至少有1项是1、2中的工程，工程质量合格。

1. 库容10亿立方米以上或坝高80米以上大坝1座，或库容1亿立方米以上或坝高60米以上大坝2座；

2. 过闸流量>3000立方米/秒的拦河闸1座，或过闸流量>1000立方米/米的拦河闸2座；

3. 总装机容量300MW以上水电站1座，或总装机容量100MW以上水电站2座；

4. 总装机容量10MW以上灌溉、排水泵站1座，或总装机容量5MW瓦以上灌溉、排水泵站2座；

5. 洞径>8米、长度>3000米的水工隧洞1个，或洞径>6米、长度>2000米的水工隧洞2个；

6. 年完成水工混凝土浇筑50万立方米以上或坝体土石方填筑120万立方米以上或岩基灌浆12万米以上或防渗墙成墙8万平方米以上。

附件1-6 电力工程施工总承包企业特级资质标准代表工程业绩

近5年承担过下列5项中的2项以上工程的工程总承包、施工总承包或主体工程承包，工程质量合格。

1. 累计电站装机容量500万千瓦以上；

2. 单机容量60万千瓦机组，或2台单机容量30万千瓦机组，或4台单机容量20万千瓦机组整体工程；

3. 单机容量90万千瓦以上核电站核岛或常规岛整体工程；

4. 330千伏以上送电线路500公里；

5. 330千伏以上电压等级变电站4座。

附件1-7 矿山工程施工总承包企业特级资质标准代表工程业绩

近10年承担过下列7项中的3项以上或1-5项中某一项的3倍以上规模工程的工程总承包、施工总承包或主体工程承包，工程质量合格。

1. 100万吨/年以上铁矿采、选工程；

2. 100万吨/年以上有色砂矿或60万吨/年以上有色脉矿采、选工程；

3. 120万吨/年以上煤矿或300万吨/年以上洗煤工程；

4. 60万吨/年以上磷矿、硫铁矿或30万吨/年以上铀矿工程；

5. 20万吨/年以上石膏矿、石英矿或70万吨/年以上石灰石矿等建材矿山工程；

6. 10000米以上巷道工程及100万吨以上尾矿库工程；

7. 单项合同额3000万元以上矿山主体工程。

附件1-8 冶炼工程施工总承包企业特级资质标准代表工程业绩

近10年承担过下列11项中的4项以上工程的工程总承包、施工总承包或主体工程承包，工程质量合格。

1. 年产100万吨以上炼钢或连铸工程（或单座容量120吨以上转炉，90吨以上电炉）；

2. 年产80万吨以上轧钢工程；

3. 年产100万吨以上炼铁工程（或单座容积1200立方米以上高炉）或烧结机使用面积180平方米以上烧结工程；

4. 年产90万吨以上炼焦工程（炭化室高度6米以上焦炉）；

5. 小时制氧10000立方米以上制氧工程；

6. 年产30万吨以上氧化铝加工工程；

7. 年产20万吨以上铜、铝或10万吨以上铅、锌、镍等有色金属冶炼、电解工程；

8. 年产5万吨以上有色金属加工工程或生产5000吨以上金属箔材工程；

9. 日产2000吨以上窑外分解水泥工程；

10. 日产2000吨以上预热器系统或水泥烧成系统工程；

11. 日熔量400吨以上浮法玻璃工程。

附件1-9 石油化工工程施工总承包企业特级资质标准代表工程业绩

近5年承担过3项以上大型石油化工工程的工程总承包、施工总承包或主体工程承包，工程质量合格。

附件1-10 市政公用工程施工总承包企业特级资质标准代表工程业绩

近十年承担过下列7项中的4项市政公用工程的施工总承包或主体工程承包，工程质量合格。

1. 累计修建城市道路(含城市主干道、城市快速路、城市环路,不含城际间公路)长度30公里以上;或累计修建城市道路面积200万平方米以上;

2. 累计修建直径1米以上的供、排、中水管道(含净宽1米以上方沟)工程30公里以上,或累计修建直径0.3米以上的中、高压燃气管道30公里以上,或累计修建直径0.5米以上的热力管道工程30公里以上;

3. 累计修建内径5米以上地铁隧道工程5公里以上,或累计修建地下交通工程3万平米以上,或修建合同额6000万元以上的地铁车站工程3项以上;

4. 累计修建城市桥梁工程的桥梁面积15万平方米以上;或累计修建单跨40米以上的城市桥梁5座以上;

5. 修建日处理30万吨以上的污水处理厂工程3座以上,或日供水50万吨以上的供水厂工程2座以上;

6. 修建合同额5000万元以上的城市生活垃圾处理工程3项以上;

7. 合同额8000万元以上的市政综合工程(含城市道路、桥梁、及供水、排水、中水、燃气、热力、电力、通信等管线)总承包项目5项以上,或合同额为2000万美元以上的国(境)外市政公用工程项目1项以上。

建筑业企业资质管理规定

1. 2015年1月22日住房和城乡建设部令第22号公布

2. 根据2016年9月13日住房和城乡建设部令第32号《关于修改〈勘察设计注册工程师管理规定〉等11个部门规章的决定》第一次修正

3. 根据2018年12月22日住房和城乡建设部令第45号《关于修改〈建筑业企业资质管理规定〉等部门规章的决定》第二次修正

第一章　总　　则

第一条　为了加强对建筑活动的监督管理,维护公共利益和规范建筑市场秩序,保证建设工程质量安全,促进建筑业的健康发展,根据《中华人民共和国建筑法》、《中华人民共和国行政许可法》、《建设工程质量管理条例》、《建设工程安全生产管理条例》等法律、行政法规,制定本规定。

第二条　在中华人民共和国境内申请建筑业企业资质,实施对建筑业企业资质监督管理,适用本规定。

本规定所称建筑业企业,是指从事土木工程、建筑工程、线路管道设备安装工程的新建、扩建、改建等施工活动的企业。

第三条　企业应当按照其拥有的资产、主要人员、已完成的工程业绩和技术装备等条件申请建筑业企业资质,经审查合格,取得建筑业企业资质证书后,方可在资质许可的范围内从事建筑施工活动。

第四条　国务院住房城乡建设主管部门负责全国建筑业企业资质的统一监督管理。国务院交通运输、水利、工业信息化等有关部门配合国务院住房城乡建设主管部门实施相关资质类别建筑业企业资质的管理工作。

省、自治区、直辖市人民政府住房城乡建设主管部门负责本行政区域内建筑业企业资质的统一监督管理。省、自治区、直辖市人民政府交通运输、水利、通信等有关部门配合同级住房城乡建设主管部门实施本行政区域内相关资质类别建筑业企业资质的管理工作。

第五条　建筑业企业资质分为施工总承包资质、专业承包资质、施工劳务资质三个序列。

施工总承包资质、专业承包资质按照工程性质和技术特点分别划分为若干资质类别,各资质类别按照规定的条件划分为若干资质等级。施工劳务资质不分类别与等级。

第六条　建筑业企业资质标准和取得相应资质的企业可以承担工程的具体范围,由国务院住房城乡建设主管部门会同国务院有关部门制定。

第七条　国家鼓励取得施工总承包资质的企业拥有全资或者控股的劳务企业。

建筑业企业应当加强技术创新和人员培训,使用先进的建造技术、建筑材料,开展绿色施工。

第二章　申请与许可

第八条　企业可以申请一项或多项建筑业企业资质。

企业首次申请或增项申请资质,应当申请最低等级资质。

第九条　下列建筑业企业资质,由国务院住房城乡建设主管部门许可:

(一)施工总承包资质序列特级资质、一级资质及铁路工程施工总承包二级资质;

(二)专业承包资质序列公路、水运、水利、铁路、民航方面的专业承包一级资质及铁路、民航方面的专业承包二级资质;涉及多个专业的专业承包一级资质。

第十条　下列建筑业企业资质，由企业工商注册所在地省、自治区、直辖市人民政府住房城乡建设主管部门许可：

（一）施工总承包资质序列二级资质及铁路、通信工程施工总承包三级资质；

（二）专业承包资质序列一级资质（不含公路、水运、水利、铁路、民航方面的专业承包一级资质及涉及多个专业的专业承包一级资质）；

（三）专业承包资质序列二级资质（不含铁路、民航方面的专业承包二级资质）；铁路方面专业承包三级资质；特种工程专业承包资质。

第十一条　下列建筑业企业资质，由企业工商注册所在地设区的市人民政府住房城乡建设主管部门许可：

（一）施工总承包资质序列三级资质（不含铁路、通信工程施工总承包三级资质）；

（二）专业承包资质序列三级资质（不含铁路方面专业承包资质）及预拌混凝土、模板脚手架专业承包资质；

（三）施工劳务资质；

（四）燃气燃烧器具安装、维修企业资质。

第十二条　申请本规定第九条所列资质的，可以向企业工商注册所在地省、自治区、直辖市人民政府住房城乡建设主管部门提交申请材料。

省、自治区、直辖市人民政府住房城乡建设主管部门收到申请材料后，应当在5日内将全部申请材料报审批部门。

国务院住房城乡建设主管部门在收到申请材料后，应当依法作出是否受理的决定，并出具凭证；申请材料不齐全或者不符合法定形式的，应当在5日内一次性告知申请人需要补正的全部内容。逾期不告知的，自收到申请材料之日起即为受理。

国务院住房城乡建设主管部门应当自受理之日起20个工作日内完成审查。自作出决定之日起10日内公告审批结果。其中，涉及公路、水运、水利、通信、铁路、民航等方面资质的，由国务院住房城乡建设主管部门会同国务院有关部门审查。

需要组织专家评审的，所需时间不计算在许可时限内，但应当明确告知申请人。

第十三条　本规定第十条规定的资质许可程序由省、自治区、直辖市人民政府住房城乡建设主管部门依法确定，并向社会公布。

本规定第十一条规定的资质许可程序由设区的市级人民政府住房城乡建设主管部门依法确定，并向社会公布。

第十四条　企业申请建筑业企业资质，在资质许可机关的网站或审批平台提出申请事项，提交资金、专业技术人员、技术装备和已完成业绩等电子材料。

第十五条　企业申请建筑业企业资质，应当如实提交有关申请材料。资质许可机关收到申请材料后，应当按照《中华人民共和国行政许可法》的规定办理受理手续。

第十六条　资质许可机关应当及时将资质许可决定向社会公开，并为公众查询提供便利。

第十七条　建筑业企业资质证书分为正本和副本，由国务院住房城乡建设主管部门统一印制，正、副本具备同等法律效力。资质证书有效期为5年。

第三章　延续与变更

第十八条　建筑业企业资质证书有效期届满，企业继续从事建筑施工活动的，应当于资质证书有效期届满3个月前，向原资质许可机关提出延续申请。

资质许可机关应当在建筑业企业资质证书有效期届满前做出是否准予延续的决定；逾期未做出决定的，视为准予延续。

第十九条　企业在建筑业企业资质证书有效期内名称、地址、注册资本、法定代表人等发生变更的，应当在工商部门办理变更手续后1个月内办理资质证书变更手续。

第二十条　由国务院住房城乡建设主管部门颁发的建筑业企业资质证书的变更，企业应当向企业工商注册所在地省、自治区、直辖市人民政府住房城乡建设主管部门提出变更申请，省、自治区、直辖市人民政府住房城乡建设主管部门应当自受理申请之日起2日内将有关变更证明材料报国务院住房城乡建设主管部门，由国务院住房城乡建设主管部门在2日内办理变更手续。

前款规定以外的资质证书的变更，由企业工商注册所在地的省、自治区、直辖市人民政府住房城乡建设主管部门或者设区的市人民政府住房城乡建设主管部门依法另行规定。变更结果应当在资质证书变更后15日内，报国务院住房城乡建设主管部门备案。

涉及公路、水运、水利、通信、铁路、民航等方面的建筑业企业资质证书的变更，办理变更手续的住房城乡建设主管部门应当将建筑业企业资质证书变更情况告知同级有关部门。

第二十一条 企业发生合并、分立、重组以及改制等事项，需承继原建筑业企业资质的，应当申请重新核定建筑业企业资质等级。

第二十二条 企业需更换、遗失补办建筑业企业资质证书的，应当持建筑业企业资质证书更换、遗失补办申请等材料向资质许可机关申请办理。资质许可机关应当在2个工作日内办理完毕。

企业遗失建筑业企业资质证书的，在申请补办前应当在公众媒体上刊登遗失声明。

第二十三条 企业申请建筑业企业资质升级、资质增项，在申请之日起前一年至资质许可决定作出前，有下列情形之一的，资质许可机关不予批准其建筑业企业资质升级申请和增项申请：

（一）超越本企业资质等级或以其他企业的名义承揽工程，或允许其他企业或个人以本企业的名义承揽工程的；

（二）与建设单位或企业之间相互串通投标，或以行贿等不正当手段谋取中标的；

（三）未取得施工许可证擅自施工的；

（四）将承包的工程转包或违法分包的；

（五）违反国家工程建设强制性标准施工的；

（六）恶意拖欠分包企业工程款或者劳务人员工资的；

（七）隐瞒或谎报、拖延报告工程质量安全事故，破坏事故现场、阻碍对事故调查的；

（八）按照国家法律、法规和标准规定需要持证上岗的现场管理人员和技术工种作业人员未取得证书上岗的；

（九）未依法履行工程质量保修义务或拖延履行保修义务的；

（十）伪造、变造、倒卖、出租、出借或者以其他形式非法转让建筑业企业资质证书的；

（十一）发生过较大以上质量安全事故或者发生过两起以上一般质量安全事故的；

（十二）其它违反法律、法规的行为。

第四章 监督管理

第二十四条 县级以上人民政府住房城乡建设主管部门和其他有关部门应当依照有关法律、法规和本规定，加强对企业取得建筑业企业资质后是否满足资质标准和市场行为的监督管理。

上级住房城乡建设主管部门应当加强对下级住房城乡建设主管部门资质管理工作的监督检查，及时纠正建筑业企业资质管理中的违法行为。

第二十五条 住房城乡建设主管部门、其他有关部门的监督检查人员履行监督检查职责时，有权采取下列措施：

（一）要求被检查企业提供建筑业企业资质证书、企业有关人员的注册执业证书、职称证书、岗位证书和考核或者培训合格证书，有关施工业务的文档，有关质量管理、安全生产管理、合同管理、档案管理、财务管理等企业内部管理制度的文件；

（二）进入被检查企业进行检查，查阅相关资料；

（三）纠正违反有关法律、法规和本规定及有关规范和标准的行为。

监督检查人员应当将监督检查情况和处理结果予以记录，由监督检查人员和被检查企业的有关人员签字确认后归档。

第二十六条 住房城乡建设主管部门、其他有关部门的监督检查人员在实施监督检查时，应当出示证件，并要有两名以上人员参加。

监督检查人员应当为被检查企业保守商业秘密，不得索取或者收受企业的财物，不得谋取其他利益。

有关企业和个人对依法进行的监督检查应当协助与配合，不得拒绝或者阻挠。

监督检查机关应当将监督检查的处理结果向社会公布。

第二十七条 企业违法从事建筑活动的，违法行为发生地的县级以上地方人民政府住房城乡建设主管部门或者其他有关部门应当依法查处，并将违法事实、处理结果或者处理建议及时告知该建筑业企业资质的许可机关。

对取得国务院住房城乡建设主管部门颁发的建筑业企业资质证书的企业需要处以停业整顿、降低资质等级、吊销资质证书行政处罚的，县级以上地方人民政府住房城乡建设主管部门或者其他有关部门，应当通过省、自治区、直辖市人民政府住房城乡建设主管部门或者国务院有关部门，将违法事实、处理建议及时报送国务院住房城乡建设主管部门。

第二十八条 取得建筑业企业资质证书的企业，应当保持资产、主要人员、技术装备等方面满足相应建筑业企业资质标准要求的条件。

企业不再符合相应建筑业企业资质标准要求条件的，县级以上地方人民政府住房城乡建设主管部门、其他有关部门，应当责令其限期改正并向社会公告，整改期限最长不超过3个月；企业整改期间不得申请建筑业企业资质的升级、增项，不能承揽新的工程；逾期仍未达到建筑业企业资质标准要求条件的，资质许可机关可以撤回其建筑业企业资质证书。

被撤回建筑业企业资质证书的企业，可以在资质被撤回后3个月内，向资质许可机关提出核定低于原等级同类别资质的申请。

第二十九条 有下列情形之一的，资质许可机关应当撤销建筑业企业资质：

（一）资质许可机关工作人员滥用职权、玩忽职守准予资质许可的；

（二）超越法定职权准予资质许可的；

（三）违反法定程序准予资质许可的；

（四）对不符合资质标准条件的申请企业准予资质许可的；

（五）依法可以撤销资质许可的其他情形。

以欺骗、贿赂等不正当手段取得资质许可的，应当予以撤销。

第三十条 有下列情形之一的，资质许可机关应当依法注销建筑业企业资质，并向社会公布其建筑业企业资质证书作废，企业应当及时将建筑业企业资质证书交回资质许可机关：

（一）资质证书有效期届满，未依法申请延续的；

（二）企业依法终止的；

（三）资质证书依法被撤回、撤销或吊销的；

（四）企业提出注销申请的；

（五）法律、法规规定的应当注销建筑业企业资质的其他情形。

第三十一条 有关部门应当将监督检查情况和处理意见及时告知资质许可机关。资质许可机关应当将涉及有关公路、水运、水利、通信、铁路、民航等方面的建筑业企业资质许可被撤回、撤销、吊销和注销的情况告知同级有关部门。

第三十二条 资质许可机关应当建立、健全建筑业企业信用档案管理制度。建筑业企业信用档案应当包括企业基本情况、资质、业绩、工程质量和安全、合同履约、社会投诉和违法行为等情况。

企业的信用档案信息按照有关规定向社会公开。

取得建筑业企业资质的企业应当按照有关规定，向资质许可机关提供真实、准确、完整的企业信用档案信息。

第三十三条 县级以上地方人民政府住房城乡建设主管部门或其它有关部门依法给予企业行政处罚的，应当将行政处罚决定以及给予行政处罚的事实、理由和依据，通过省、自治区、直辖市人民政府住房城乡建设主管部门或者国务院有关部门报国务院住房城乡建设主管部门备案。

第三十四条 资质许可机关应当推行建筑业企业资质许可电子化，建立建筑业企业资质管理信息系统。

第五章 法律责任

第三十五条 申请企业隐瞒有关真实情况或者提供虚假材料申请建筑业企业资质的，资质许可机关不予许可，并给予警告，申请企业在1年内不得再次申请建筑业企业资质。

第三十六条 企业以欺骗、贿赂等不正当手段取得建筑业企业资质的，由原资质许可机关予以撤销；由县级以上地方人民政府住房城乡建设主管部门或者其他有关部门给予警告，并处3万元的罚款；申请企业3年内不得再次申请建筑业企业资质。

第三十七条 企业有本规定第二十三条行为之一，《中华人民共和国建筑法》、《建设工程质量管理条例》和其他有关法律、法规对处罚机关和处罚方式有规定的，依照法律、法规的规定执行；法律、法规未作规定的，由县级以上地方人民政府住房城乡建设主管部门或者其他有关部门给予警告，责令改正，并处1万元以上3万元以下的罚款。

第三十八条 企业未按照本规定及时办理建筑业企业资质证书变更手续的，由县级以上地方人民政府住房城乡建设主管部门责令限期办理；逾期不办理的，可处以1000元以上1万元以下的罚款。

第三十九条 企业在接受监督检查时，不如实提供有关材料，或者拒绝、阻碍监督检查的，由县级以上地方人民政府住房城乡建设主管部门责令限期改正，并可以处3万元以下罚款。

第四十条 企业未按照本规定要求提供企业信用档案信息的，由县级以上地方人民政府住房城乡建设主管部门或者其他有关部门给予警告，责令限期改正；逾期未改正的，可处以1000元以上1万元以下的罚款。

第四十一条 县级以上人民政府住房城乡建设主管部门

及其工作人员，违反本规定，有下列情形之一的，由其上级行政机关或者监察机关责令改正；对直接负责的主管人员和其他直接责任人员，依法给予行政处分；直接负责的主管人员和其他直接责任人员构成犯罪的，依法追究刑事责任：

（一）对不符合资质标准规定条件的申请企业准予资质许可的；

（二）对符合受理条件的申请企业不予受理或者未在法定期限内初审完毕的；

（三）对符合资质标准规定条件的申请企业不予许可或者不在法定期限内准予资质许可的；

（四）发现违反本规定规定的行为不予查处，或者接到举报后不依法处理的；

（五）在企业资质许可和监督管理中，利用职务上的便利，收受他人财物或者其他好处，以及有其他违法行为的。

第六章　附　　则

第四十二条　本规定自2015年3月1日起施行。2007年6月26日建设部颁布的《建筑业企业资质管理规定》（建设部令第159号）同时废止。

建筑业企业资质标准（节录）

1. 2014年11月6日住房和城乡建设部发布
2. 建市〔2014〕159号
3. 根据2016年10月14日《住房和城乡建设部关于简化建筑业企业资质标准部分指标的通知》（建市〔2016〕226号）修正

一、总　　则

为规范建筑市场秩序，加强建筑活动监管，保证建设工程质量安全，促进建筑业科学发展，根据《中华人民共和国建筑法》、《中华人民共和国行政许可法》、《建设工程质量管理条例》和《建设工程安全生产管理条例》等法律、法规，制定本资质标准。

一、资质分类

建筑业企业资质分为施工总承包、专业承包和施工劳务三个序列。其中施工总承包序列设有12个类别，一般分为4个等级（特级、一级、二级、三级）；专业承包序列设有36个类别，一般分为3个等级（一级、二级、三级）；施工劳务序列不分类别和等级。本标准包括建筑业企业资质各个序列、类别和等级的资质标准。

二、基本条件

具有法人资格的企业申请建筑业企业资质应具备下列基本条件：

（一）具有满足本标准要求的资产；

（二）具有满足本标准要求的注册建造师及其他注册人员、工程技术人员、施工现场管理人员和技术工人；

（三）具有满足本标准要求的工程业绩；

（四）具有必要的技术装备。

三、业务范围

（一）施工总承包工程应由取得相应施工总承包资质的企业承担。取得施工总承包资质的企业可以对所承接的施工总承包工程内各专业工程全部自行施工，也可以将专业工程依法进行分包。对设有资质的专业工程进行分包时，应分包给具有相应专业承包资质的企业。施工总承包企业将劳务作业分包时，应分包给具有施工劳务资质的企业。

（二）设有专业承包资质的专业工程单独发包时，应由取得相应专业承包资质的企业承担。取得专业承包资质的企业可以承接具有施工总承包资质的企业依法分包的专业工程或建设单位依法发包的专业工程。取得专业承包资质的企业应对所承接的专业工程全部自行组织施工，劳务作业可以分包，但应分包给具有施工劳务资质的企业。

（三）取得施工劳务资质的企业可以承接具有施工总承包资质或专业承包资质的企业分包的劳务作业。

（四）取得施工总承包资质的企业，可以从事资质证书许可范围内的相应工程总承包、工程项目管理等业务。

四、有关说明

（一）本标准"注册建造师或其他注册人员"是指取得相应的注册证书并在申请资质企业注册的人员；"持有岗位证书的施工现场管理人员"是指持有国务院有关行业部门认可单位颁发的岗位（培训）证书的施工现场管理人员，或按照相关行业标准规定，通过有关部门或行业协会职业能力评价，取得职业能力评价合格证书的人员；"经考核或培训合格的技术工人"是指经国务院有关行业部门、地方有关部门以及行业协会考核或培训合格的技术工人。

（二）本标准"企业主要人员"年龄限60周岁以下。

（三）本标准要求的职称是指工程序列职称。

（四）施工总承包资质标准中的"技术工人"包括企

业直接聘用的技术工人和企业全资或控股的劳务企业的技术工人。

（五）本标准要求的工程业绩是指申请资质企业依法承揽并独立完成的工程业绩。

（六）本标准"配套工程"含厂/矿区内的自备电站、道路、专用铁路、通信、各种管网管线和相应建筑物、构筑物等全部配套工程。

（七）本标准的"以上"、"以下"、"不少于"、"超过"、"不超过"均包含本数。

（八）施工总承包特级资质标准另行制定。

二、标　　准

（一）施工总承包序列资质标准

施工总承包序列设有12个类别，分别是：建筑工程施工总承包、公路工程施工总承包、铁路工程施工总承包、港口与航道工程施工总承包、水利水电工程施工总承包、电力工程施工总承包、矿山工程施工总承包、冶金工程施工总承包、石油化工工程施工总承包、市政公用工程施工总承包、通信工程施工总承包、机电工程施工总承包。

1　建筑工程施工总承包资质标准

建筑工程施工总承包资质分为特级、一级、二级、三级。

1.1　一级资质标准

1.1.1　企业资产

净资产1亿元以上。

1.1.2　企业主要人员

（1）建筑工程、机电工程专业一级注册建造师合计不少于12人，其中建筑工程专业一级注册建造师不少于9人。

（2）技术负责人具有10年以上从事工程施工技术管理工作经历，且具有结构专业高级职称；建筑工程相关专业中级以上职称人员不少于30人，且结构、给排水、暖通、电气等专业齐全。

（3）持有岗位证书的施工现场管理人员不少于50人，且施工员、质量员、安全员、机械员、造价员、劳务员等人员齐全。

（4）经考核或培训合格的中级工以上技术工人不少于150人。

1.1.3　企业工程业绩

近5年承担过下列4类中的2类工程的施工总承包或主体工程承包，工程质量合格。

（1）地上25层以上的民用建筑工程1项或地上18－24层的民用建筑工程2项；

（2）高度100米以上的构筑物工程1项或高度80－100米（不含）的构筑物工程2项；

（3）建筑面积12万平方米以上的建筑工程1项或建筑面积10万平方米以上的建筑工程2项；

（4）钢筋混凝土结构单跨30米以上（或钢结构单跨36米以上）的建筑工程1项或钢筋混凝土结构单跨27－30米（不含）（或钢结构单跨30－36米（不含））的建筑工程2项。

1.2　二级资质标准

1.2.1　企业资产

净资产4000万元以上。

1.2.2　企业主要人员

（1）建筑工程、机电工程专业注册建造师合计不少于12人，其中建筑工程专业注册建造师不少于9人。

（2）技术负责人具有8年以上从事工程施工技术管理工作经历，且具有结构专业高级职称或建筑工程专业一级注册建造师执业资格；建筑工程相关专业中级以上职称人员不少于15人，且结构、给排水、暖通、电气等专业齐全。

（3）持有岗位证书的施工现场管理人员不少于30人，且施工员、质量员、安全员、机械员、造价员、劳务员等人员齐全。

（4）经考核或培训合格的中级工以上技术工人不少于75人。

1.2.3　企业工程业绩

近5年承担过下列4类中的2类工程的施工总承包或主体工程承包，工程质量合格。

（1）地上12层以上的民用建筑工程1项或地上8－11层的民用建筑工程2项；

（2）高度50米以上的构筑物工程1项或高度35－50米（不含）的构筑物工程2项；

（3）建筑面积6万平方米以上的建筑工程1项或建筑面积5万平方米以上的建筑工程2项；

（4）钢筋混凝土结构单跨21米以上（或钢结构单跨24米以上）的建筑工程1项或钢筋混凝土结构单跨18－21米（不含）（或钢结构单跨21－24米（不含））的建筑工程2项。

1.3　三级资质标准

1.3.1　企业资产

净资产800万元以上。

1.3.2　企业主要人员

(1)建筑工程、机电工程专业注册建造师合计不少于5人,其中建筑工程专业注册建造师不少于4人。

(2)技术负责人具有5年以上从事工程施工技术管理工作经历,且具有结构专业中级以上职称或建筑工程专业注册建造师执业资格;建筑工程相关专业中级以上职称人员不少于6人,且结构、给排水、电气等专业齐全。

(3)持有岗位证书的施工现场管理人员不少于15人,且施工员、质量员、安全员、机械员、造价员、劳务员等人员齐全。

(4)经考核或培训合格的中级工以上技术工人不少于30人。

(5)技术负责人(或注册建造师)主持完成过本类别资质二级以上标准要求的工程业绩不少于2项。

1.4　承包工程范围

1.4.1　一级资质

可承担单项合同额3000万元以上的下列建筑工程的施工:

(1)高度200米以下的工业、民用建筑工程;

(2)高度240米以下的构筑物工程。

1.4.2　二级资质

可承担下列建筑工程的施工:

(1)高度100米以下的工业、民用建筑工程;

(2)高度120米以下的构筑物工程;

(3)建筑面积15万平方米以下的建筑工程;

(4)单跨跨度39米以下的建筑工程。

1.4.3　三级资质

可承担下列建筑工程的施工:

(1)高度50米以下的工业、民用建筑工程;

(2)高度70米以下的构筑物工程;

(3)建筑面积8万平方米以下的建筑工程;

(4)单跨跨度27米以下的建筑工程。

注:

1.建筑工程是指各类结构形式的民用建筑工程、工业建筑工程、构筑物工程以及相配套的道路、通信、管网管线等设施工程。工程内容包括地基与基础、主体结构、建筑屋面、装修装饰、建筑幕墙、附建人防工程以及给水排水及供暖、通风与空调、电气、消防、智能化、防雷等配套工程。

2.建筑工程相关专业职称包括结构、给排水、暖通、电气等专业职称。

3.单项合同额3000万元以下且超出建筑工程施工总承包二级资质承包工程范围的建筑工程的施工,应由建筑工程施工总承包一级资质企业承担。

2　公路工程施工总承包资质标准(略)

3　铁路工程施工总承包资质标准(略)

4　港口与航道工程施工总承包资质标准(略)

5　水利水电工程施工总承包资质标准(略)

6　电力工程施工总承包资质标准(略)

7　矿山工程施工总承包资质标准(略)

8　冶金工程施工总承包资质标准(略)

9　石油化工工程施工总承包资质标准(略)

10　市政公用工程施工总承包资质标准

市政公用工程施工总承包资质分为特级、一级、二级、三级。

10.1　一级资质标准

10.1.1　企业资产

净资产1亿元以上。

10.1.2　企业主要人员

(1)市政公用工程专业一级注册建造师不少于12人。

(2)技术负责人具有10年以上从事工程施工技术管理工作经历,且具有市政工程相关专业高级职称;市政工程相关专业中级以上职称人员不少于30人,且专业齐全。

(3)持有岗位证书的施工现场管理人员不少于50人,且施工员、质量员、安全员、机械员、造价员、劳务员等人员齐全。

(4)经考核或培训合格的中级工以上技术工人不少于150人。

10.1.3　企业工程业绩

近10年承担过下列7类中的4类工程的施工,其中至少有第1类所列工程,工程质量合格。

(1)累计修建城市主干道25公里以上;或累计修建城市次干道以上道路面积150万平方米以上;或累计修建城市广场硬质铺装面积10万平方米以上;

(2)累计修建城市桥梁面积10万平方米以上;或累计修建单跨40米以上的城市桥梁3座;

(3)累计修建直径1米以上的排水管道(含净宽1米以上方沟)工程20公里以上;或累计修建直径0.6米以上供水、中水管道工程20公里以上;或累计修建直径

0.3 米以上的中压燃气管道工程 20 公里以上；或累计修建直径 0.5 米以上的热力管道工程 20 公里以上；

(4)修建 8 万吨/日以上的污水处理厂或 10 万吨/日以上的供水厂工程 2 项；或修建 20 万吨/日以上的给水泵站、10 万吨/日以上的排水泵站 4 座；

(5)修建 500 吨/日以上的城市生活垃圾处理工程 2 项；

(6)累计修建断面 20 平方米以上的城市隧道工程 3 公里以上；

(7)单项合同额 3000 万元以上的市政综合工程项目 2 项。

10.1.4 技术装备

具有下列 3 项中的 2 项机械设备：

(1)摊铺宽度 8 米以上沥青混凝土摊铺设备 2 台；

(2)100 千瓦以上平地机 2 台；

(3)直径 1.2 米以上顶管设备 2 台。

10.2 二级资质标准

10.2.1 企业资产

净资产 4000 万元以上。

10.2.2 企业主要人员

(1)市政公用工程专业注册建造师不少于 12 人。

(2)技术负责人具有 8 年以上从事工程施工技术管理工作经历，且具有市政工程相关专业高级职称或市政公用工程一级注册建造师执业资格；市政工程相关专业中级以上职称人员不少于 15 人，且专业齐全。

(3)持有岗位证书的施工现场管理人员不少于 30 人，且施工员、质量员、安全员、机械员、造价员、劳务员等人员齐全。

(4)经考核或培训合格的中级工以上技术工人不少于 75 人。

10.2.3 企业工程业绩

近 10 年承担过下列 7 类中的 4 类工程的施工，其中至少有第 1 类所列工程，工程质量合格。

(1)累计修建城市道路 10 公里以上；或累计修建城市道路面积 50 万平方米以上；

(2)累计修建城市桥梁面积 5 万平方米以上；或修建单跨 20 米以上的城市桥梁 2 座；

(3)累计修建排水管道工程 10 公里以上；或累计修建供水、中水管道工程 10 公里以上；或累计修建燃气管道工程 10 公里以上；或累计修建热力管道工程 10 公里以上；

(4)修建 4 万吨/日以上的污水处理厂或 5 万吨/日以上的供水厂工程 2 项；或修建 5 万吨/日以上的给水泵站、排水泵站 4 座；

(5)修建 200 吨/日以上的城市生活垃圾处理工程 2 项；

(6)累计修建城市隧道工程 1.5 公里以上；

(7)单项合同额 2000 万元以上的市政综合工程项目 2 项。

10.3 三级资质标准

10.3.1 企业资产

净资产 1000 万元以上。

10.3.2 企业主要人员

(1)市政公用工程专业注册建造师不少于 5 人。

(2)技术负责人具有 5 年以上从事工程施工技术管理工作经历，且具有市政工程相关专业中级以上职称或市政公用工程注册建造师执业资格；市政工程相关专业中级以上职称人员不少于 8 人。

(3)持有岗位证书的施工现场管理人员不少于 15 人，且施工员、质量员、安全员、机械员、造价员、劳务员等人员齐全。

(4)经考核或培训合格的中级工以上技术工人不少于 30 人。

(5)技术负责人(或注册建造师)主持完成过本类别资质二级以上标准要求的工程业绩不少于 2 项。

10.4 承包工程范围

10.4.1 一级资质

可承担各类市政公用工程的施工。

10.4.2 二级资质

可承担下列市政公用工程的施工：

(1)各类城市道路；单跨 45 米以下的城市桥梁；

(2)15 万吨/日以下的供水工程；10 万吨/日以下的污水处理工程；2 万吨/日以下的给水泵站、15 万吨/日以下的污水泵站、雨水泵站；各类给排水及中水管道工程；

(3)中压以下燃气管道、调压站；供热面积 150 万平方米以下热力工程和各类热力管道工程；

(4)各类城市生活垃圾处理工程；

(5)断面 25 平方米以下隧道工程和地下交通工程；

(6)各类城市广场、地面停车场硬质铺装；

(7)单项合同额 4000 万元以下的市政综合工程。

10.4.3 三级资质

可承担下列市政公用工程的施工：

(1)城市道路工程(不含快速路);单跨25米以下的城市桥梁工程;

(2)8万吨/日以下的给水厂;6万吨/日以下的污水处理工程;10万吨/日以下的给水泵站、10万吨/日以下的污水泵站、雨水泵站,直径1米以下供水管道;直径1.5米以下污水及中水管道;

(3)2公斤/平方厘米以下中压、低压燃气管道、调压站;供热面积50万平方米以下热力工程,直径0.2米以下热力管道;

(4)单项合同额2500万元以下的城市生活垃圾处理工程;

(5)单项合同额2000万元以下地下交通工程(不包括轨道交通工程);

(6)5000平方米以下城市广场、地面停车场硬质铺装;

(7)单项合同额2500万元以下的市政综合工程。

注:

1. 市政公用工程包括给水工程、排水工程、燃气工程、热力工程、城市道路工程、城市桥梁工程、城市隧道工程(含城市规划区内的穿山过江隧道、地铁隧道、地下交通工程、地下过街通道)、公共交通工程、轨道交通工程、环境卫生工程、照明工程、绿化工程。

2. 市政综合工程指包括城市道路和桥梁、供水、排水、中水、燃气、热力、电力、通信、照明等中的任意两类以上的工程。

3. 市政工程相关专业职称包括道路与桥梁、给排水、结构、机电、燃气等专业职称。

11 通信工程施工总承包资质标准(略)

12 机电工程施工总承包资质标准(略)

(二)专业承包序列资质标准

专业承包序列设有36个类别,分别是:地基基础工程专业承包、起重设备安装工程专业承包、预拌混凝土专业承包、电子与智能化工程专业承包、消防设施工程专业承包、防水防腐保温工程专业承包、桥梁工程专业承包资质、隧道工程专业承包、钢结构工程专业承包、模板脚手架专业承包、建筑装修装饰工程专业承包、建筑机电安装工程专业承包、建筑幕墙工程专业承包、古建筑工程专业承包、城市及道路照明工程专业承包、公路路面工程专业承包、公路路基工程专业承包、公路交通工程专业承包、铁路电务工程专业承包、铁路铺轨架梁工程专业承包、铁路电气化工程专业承包、机场场道工程专业承包、民航空管工程及机场弱电系统工程专业承包、机场目视助航工程专业承包、港口与海岸工程专业承包、航道工程专业承包、通航建筑物工程专业承包、港航设备安装及水上交管工程专业承包、水工金属结构制作与安装工程专业承包、水利水电机电安装工程专业承包、河湖整治工程专业承包、输变电工程专业承包、核工程专业承包、海洋石油工程专业承包、环保工程专业承包、特种工程专业承包。

13 地基基础工程专业承包资质标准

地基基础工程专业承包资质分为一级、二级、三级。

13.1 一级资质标准

13.1.1 企业资产

净资产2000万元以上。

13.1.2 企业主要人员

(1)一级注册建造师不少于6人。

(2)技术负责人具有10年以上从事工程施工技术管理工作经历,且具有工程序列高级职称或一级注册建造师或注册岩土工程师执业资格;结构、岩土、机械、测量等专业中级以上职称人员不少于15人,且专业齐全。

(3)持有岗位证书的施工现场管理人员不少于30人,且施工员、质量员、安全员、机械员、造价员等人员齐全。

(4)经考核或培训合格的桩机操作工、电工、焊工等技术工人不少于30人。

13.1.3 企业工程业绩

近5年承担过下列4类中的2类工程的施工,工程质量合格。

(1)25层以上民用建筑工程或高度100米以上构筑物的地基基础工程;

(2)刚性桩复合地基处理深度超过18米或深度超过8米的其它地基处理工程;

(3)单桩承受设计荷载3000千牛以上的桩基础工程;

(4)开挖深度超过12米的基坑围护工程。

13.2 二级资质标准

13.2.1 企业资产

净资产1000万元以上。

13.2.2 企业主要人员

(1)注册建造师不少于6人。

(2)技术负责人具有8年以上从事工程施工技术管理工作经历,且具有工程序列高级职称或一级注册建造师或注册岩土工程师执业资格;结构、岩土、机械等专业中级以上职称人员不少于10人,且专业齐全。

(3)持有岗位证书的施工现场管理人员不少于20人,且施工员、质量员、安全员、机械员、造价员等人员齐全。

(4)经考核或培训合格的桩机操作工、电工、焊工等技术工人不少于20人。

13.2.3 企业工程业绩

近5年承担过下列4类中的2类工程的施工,工程质量合格。

(1)12层以上民用建筑工程或高度50米以上的构筑物的地基基础工程;

(2)刚性桩复合地基处理深度超过12米或深度超过6米的其它地基处理工程;

(3)单桩承受设计荷载2000千牛以上的桩基础工程;

(4)开挖深度超过9米的基坑围护工程。

13.3 三级资质标准

13.3.1 企业资产

净资产400万元以上。

13.3.2 企业主要人员

(1)注册建造师不少于3人。

(2)技术负责人具有5年以上从事工程施工技术管理工作经历,且具有工程序列中级以上职称或注册建造师或注册岩土工程师执业资格;结构、岩土、机械等专业中级以上职称人员不少于8人,且专业齐全。

(3)持有岗位证书的施工现场管理人员不少于10人,且施工员、质量员、安全员、机械员、造价员等人员齐全。

(4)经考核或培训合格的桩机操作工、电工、焊工等技术工人不少于15人。

(5)技术负责人(或注册建造师)主持完成过本类别资质二级以上标准要求的工程业绩不少于2项。

13.4 承包工程范围

13.4.1 一级资质

可承担各类地基基础工程的施工。

13.4.2 二级资质

可承担下列工程的施工:

(1)高度100米以下工业、民用建筑工程和高度120米以下构筑物的地基基础工程;

(2)深度不超过24米的刚性桩复合地基处理和深度不超过10米的其它地基处理工程;

(3)单桩承受设计荷载5000千牛以下的桩基础工程;

(4)开挖深度不超过15米的基坑围护工程。

13.4.3 三级资质

可承担下列工程的施工:

(1)高度50米以下工业、民用建筑工程和高度70米以下构筑物的地基基础工程;

(2)深度不超过18米的刚性桩复合地基处理或深度不超过8米的其它地基处理工程;

(3)单桩承受设计荷载3000千牛以下的桩基础工程;

(4)开挖深度不超过12米的基坑围护工程。

14 起重设备安装工程专业承包资质标准

起重设备安装工程专业承包资质分为一级、二级、三级。

14.1 一级资质标准

14.1.1 企业资产

净资产800万元以上。

14.1.2 企业主要人员

(1)技术负责人具有10年以上从事工程施工技术管理工作经历,且具有工程序列高级职称;电气、机械等专业中级以上职称人员不少于8人,且专业齐全。

(2)持有岗位证书的施工现场管理人员不少于15人,且安全员、机械员等人员齐全。

(3)经考核或培训合格的工人不少30人,其中起重信号司索工不少于6人、建筑起重机械安装拆卸工不少于18人、电工不少于3人。

14.1.3 企业工程业绩

近5年承担过下列2类中的1类工程,工程质量合格。

(1)累计安装拆卸1600千牛·米以上塔式起重机8台次;

(2)累计安装拆卸100吨以上门式起重机8台次。

14.2 二级资质标准

14.2.1 企业资产

净资产400万元以上。

14.2.2 企业主要人员

(1)技术负责人具有8年以上从事工程施工技术管理工作经历,且具有工程序列中级以上职称;电气、机械等专业中级以上职称人员不少于4人,且专业齐全。

(2)持有岗位证书的施工现场管理人员不少于6人,且安全员、机械员等人员齐全。

(3)经考核或培训合格的工人不少于20人,其中起重信号司索工不少于4人、建筑起重机械安装拆卸工不少于12人、电工不少于2人。

14.2.3 企业工程业绩

近5年承担过下列2类中的1类工程,工程质量合格。

(1)累计安装拆卸600千牛·米以上塔式起重机8台次;

(2)累计安装拆卸50吨以上门式起重机8台次。

14.3 三级资质标准

14.3.1 企业资产

净资产150万元以上。

14.3.2 企业主人员

(1)技术负责人具有5年以上从事工程施工技术管理工作经历,且具有工程序列中级以上职称;电气、机械等专业中级以上职称人员不少于2人,且专业齐全。

(2)持有岗位证书的施工现场管理人员不少于3人,且安全员、机械员等人员齐全。

(3)经考核或培训合格的工人不少于10人,其中起重信号司索工不少于2人、建筑起重机械安装拆卸工不少于6人、电工不少于1人。

(4)技术负责人主持完成过本类别资质二级以上标准要求的工程业绩不少于2项。

14.4 承包工程范围

14.4.1 一级资质

可承担塔式起重机、各类施工升降机和门式起重机的安装与拆卸。

14.4.2 二级资质

可承担3150千牛·米以下塔式起重机、各类施工升降机和门式起重机的安装与拆卸。

14.4.3 三级资质

可承担800千牛·米以下塔式起重机、各类施工升降机和门式起重机的安装与拆卸。

15 预拌混凝土专业承包资质标准

预拌混凝土专业承包资质不分等级。

15.1 资质标准

15.1.1 企业资产

净资产2500万元以上。

15.1.2 企业主要人员

(1)技术负责人具有5年以上从事工程施工技术管理工作经历,且具有工程序列高级职称或一级注册建造师执业资格。实验室负责人具有2年以上混凝土实验室工作经历,且具有工程序列中级以上职称或注册建造师执业资格。

(2)工程序列中级以上职称人员不少于4人。混凝土试验员不少于4人。

15.1.3 技术装备

具有下列机械设备:

(1)120立方米/小时以上混凝土搅拌设备1台,并具有混凝土试验室;

(2)混凝土运输车10辆;

(3)混凝土输送泵2台。

15.2 承包工程范围

可生产各种强度等级的混凝土和特种混凝土。

16 电子与智能化工程专业承包资质标准(略)

17 消防设施工程专业承包资质标准

消防设施工程专业承包资质分为一级、二级。

17.1 一级资质标准

17.1.1 企业资产

净资产1000万元以上。

17.1.2 企业主要人员

(1)机电工程专业一级注册建造师不少于5人。

(2)技术负责人具有10年以上从事消防设施工程施工技术管理工作经历,且具有工程序列高级职称;暖通、给排水、电气、自动化等专业中级以上职称人员不少于10人,且专业齐全。

(3)持有岗位证书的施工现场管理人员不少于20人,且施工员、质量员、安全员、材料员、资料员等人员齐全。

(4)经考核或培训合格的中级工以上技术工人不少于30人。

17.1.3 企业工程业绩

近5年承担过2项单体建筑面积4万平方米以上消防设施工程(每项工程均包含火灾自动报警系统、自动灭火系统和防烟排烟系统)的施工,工程质量合格。

17.2 二级资质标准

17.2.1 企业资产

净资产600万元以上。

17.2.2 企业主要人员

(1)机电工程专业注册建造师不少于3人。

(2)技术负责人具有8年以上从事消防设施工程施工技术管理工作经历,且具有工程序列高级职称或机电工程专业一级注册建造师执业资格;暖通、给排水、电气、自动化等专业中级以上职称人员不少于6人,且专业齐全。

(3)持有岗位证书的施工现场管理人员不少于15人,且施工员、质量员、安全员、材料员、资料员等人员齐全。

(4)经考核或培训合格的中级工以上技术工人不少于20人。

(5)技术负责人(或注册建造师)主持完成过本类别一级资质标准要求的工程业绩不少于2项。

17.3 承包工程范围

17.3.1 一级资质

可承担各类型消防设施工程的施工。

17.3.2 二级资质

可承担单体建筑面积5万平方米以下的下列消防设施工程的施工:

(1)一类高层民用建筑以外的民用建筑;

(2)火灾危险性丙类以下的厂房、仓库、储罐、堆场。

注:民用建筑的分类,厂房、仓库、储罐、堆场火灾危险性的划分,依据《建筑设计防火规范》(GB 50016－2014)确定。

18 防水防腐保温工程专业承包资质标准(略)

19 桥梁工程专业承包资质标准(略)

20 隧道工程专业承包资质标准(略)

21 钢结构工程专业承包资质标准(略)

22 模板脚手架专业承包资质标准(略)

23 建筑装修装饰工程专业承包资质标准(略)

建筑装修装饰工程专业承包资质分为一级、二级。

23.1 一级资质标准

23.1.1 企业资产

净资产1500万元以上。

23.1.2 企业主要人员

(1)建筑工程专业一级注册建造师不少于5人。

(2)技术负责人具有10年以上从事工程施工技术管理工作经历,且具有工程序列高级职称或建筑工程专业一级注册建造师(或一级注册建筑师或一级注册结构工程师)执业资格;建筑美术设计、结构、暖通、给排水、电气等专业中级以上职称人员不少于10人。

(3)持有岗位证书的施工现场管理人员不少于30人,且施工员、质量员、安全员、材料员、造价员、劳务员、资料员等人员齐全。

(4)经考核或培训合格的木工、砌筑工、镶贴工、油漆工、石作业工、水电工等中级工以上技术工人不少于30人。

23.1.3 企业工程业绩

近5年承担过单项合同额1500万元以上的装修装饰工程2项,工程质量合格。

23.2 二级资质标准

23.2.1 企业资产

净资产200万元以上。

23.2.2 企业主要人员

(1)建筑工程专业注册建造师不少于3人。

(2)技术负责人具有8年以上从事工程施工技术管理工作经历,且具有工程序列中级以上职称或建筑工程专业注册建造师(或注册建筑师或注册结构工程师)执业资格;建筑美术设计、结构、暖通、给排水、电气等专业中级以上职称人员不少于5人。

(3)持有岗位证书的施工现场管理人员不少于10人,且施工员、质量员、安全员、材料员、造价员、劳务员、资料员等人员齐全。

(4)经考核或培训合格的木工、砌筑工、镶贴工、油漆工、石作业工、水电工等专业技术工人不少于15人。

(5)技术负责人(或注册建造师)主持完成过本类别工程业绩不少于2项。

23.3 承包工程范围

23.3.1 一级资质

可承担各类建筑装修装饰工程,以及与装修工程直接配套的其他工程的施工。

23.3.2 二级资质

可承担单项合同额2000万元以下的建筑装修装饰工程,以及与装修工程直接配套的其他工程的施工。

注:

1. 与装修工程直接配套的其他工程是指在不改变主体结构的前提下的水、暖、电及非承重墙的改造。

2. 建筑美术设计职称包括建筑学、环境艺术、室内设计、装潢设计、舞美设计、工业设计、雕塑等专业职称。

24 建筑机电安装工程专业承包资质标准(略)

25 建筑幕墙工程专业承包资质标准(略)

26 古建筑工程专业承包资质标准(略)

27 城市及道路照明工程专业承包资质标准(略)

28 公路路面工程专业承包资质标准(略)

29 公路路基工程专业承包资质标准(略)

30 公路交通工程专业承包资质标准(略)

31 铁路电务工程专业承包资质标准(略)

32　铁路铺轨架梁工程专业承包资质标准（略）

33　铁路电气化工程专业承包资质标准（略）

34　机场场道工程专业承包资质标准（略）

35　民航空管工程及机场弱电系统工程专业承包资质标准（略）

36　机场目视助航工程专业承包资质标准（略）

37　港口与海岸工程专业承包资质标准（略）

38　航道工程专业承包资质标准（略）

39　通航建筑物工程专业承包资质标准（略）

40　港航设备安装及水上交管工程专业承包资质标准（略）

41　水工金属结构制作与安装工程专业承包资质标准（略）

42　水利水电机电安装工程专业承包资质标准（略）

43　河湖整治工程专业承包资质标准（略）

44　输变电工程专业承包资质标准（略）

45　核工程专业承包资质标准（略）

46　海洋石油工程专业承包资质标准（略）

47　环保工程专业承包资质标准（略）

48　特种工程专业承包资质标准（略）

（三）施工劳务序列资质标准

施工劳务序列不分类别和等级。

49　施工劳务企业资质标准

49.1　资质标准

49.1.1　企业资产

（1）净资产200万元以上。

（2）具有固定的经营场所。

49.1.2　企业主要人员

（1）技术负责人具有工程序列中级以上职称或高级工以上资格。

（2）持有岗位证书的施工现场管理人员不少于5人，且施工员、质量员、安全员、劳务员等人员齐全。

（3）经考核或培训合格的技术工人不少于50人。

49.2　承包业务范围

可承担各类施工劳务作业。

建筑业企业资质管理规定和资质标准实施意见

1. 2015年1月31日住房和城乡建设部发布

2. 建市〔2015〕20号

3. 根据2015年11月9日《住房和城乡建设部关于调整建筑业企业资质标准中净资产指标考核有关问题的通知》（建市〔2015〕177号）第一次修正

4. 根据2020年1月16日《住房和城乡建设部关于修改建筑业企业资质管理规定和资质标准实施意见的通知》（建市规〔2020〕1号）第二次修正

为规范建筑业企业资质管理，依据《建筑业企业资质管理规定》（住房城乡建设部令第22号，以下简称《规定》）和《建筑业企业资质标准》（建市〔2014〕159号，以下简称《标准》）及相关法律法规，制定本实施意见。

一、资质申请和许可程序

（一）申请建筑业企业资质的，应依法取得工商行政管理部门颁发的公司法人《营业执照》。

（二）企业申请住房城乡建设部许可的建筑业企业资质应按照《规定》第十二条规定的申请程序提出申请。军队所属企业可由总后基建营房部工程管理局向住房城乡建设部提出申请。

（三）企业申请省、自治区、直辖市人民政府住房城乡建设主管部门（以下简称省级住房城乡建设主管部门）许可的建筑业企业资质，按照省级住房城乡建设主管部门规定的程序提出申请。省级住房城乡建设主管部门应在其门户网站公布有关审批程序。

（四）企业申请设区的市人民政府住房城乡建设主管部门许可的建筑业企业资质，按照设区的市人民政府住房城乡建设主管部门规定的程序提出申请。设区的市人民政府住房城乡建设主管部门应在其门户网站公布有关审批程序。

（五）企业首次申请或增项申请建筑业企业资质，其资质按照最低等级资质核定。

企业可以申请施工总承包、专业承包、施工劳务资质三个序列的各类别资质，申请资质数量不受限制。

（六）企业申请资质升级（含一级升特级）、资质增项的，资质许可机关应当核查其申请之日起前一年至资质许可决定作出前有无《规定》第二十三条所列违法违规行为，并将核查结果作为资质许可的依据。

（七）企业申请资质升级不受年限限制。

（八）资质许可机关应当在其门户网站公布企业资质许可结果。

（九）资质许可机关对建筑业企业的所有申请、审查等书面材料应当至少保存5年。

（十）《标准》中特种工程专业承包资质包含的建筑物纠偏和平移、结构补强、特殊设备起重吊装、特种防雷等工程内容，可由省级住房城乡建设主管部门根据企业拥有的专业技术人员和技术负责人个人业绩情况，批准相应的资质内容。

省级住房城乡建设主管部门根据本地区特殊情况，需要增加特种工程专业承包资质标准的，可参照"特种工程专业承包资质标准"的条件提出申请，报住房城乡建设部批准后，由提出申请的省级住房城乡建设主管部门予以颁布，并限在本省级行政区域内实施。

已取得工程设计综合资质、行业甲级资质，但未取得建筑业企业资质的企业，可以直接申请相应类别施工总承包一级资质，企业完成的相应规模工程总承包业绩可以作为其工程业绩申报。工程设计资质与施工总承包资质类别对照表见附件4-1。

其它工程设计企业申请建筑业企业资质按照首次申请的要求办理。

（十一）住房城乡建设部负责许可的建筑业企业资质的中级及以上职称人员（涉及公路、水运、水利、通信、铁路、民航等方面资质除外）、现场管理人员、技术工人、企业资产的审核，由企业工商注册地省级住房城乡建设主管部门负责，其中通过国务院国有资产管理部门直接监管的建筑企业（以下简称"中央建筑企业"）直接申报的，由中央建筑企业审核；省级住房城乡建设主管部门以及中央建筑企业将审核结果与企业申报材料一并上报，住房城乡建设部将审核结果与企业基本信息一并在住房城乡建设部网站公示，并组织抽查。

（十二）企业发生合并、分立、改制、重组以及跨省变更等事项，企业性质由内资变为外商投资或由外商投资变为内资的，承继原资质的企业应当同时申请重新核定，并按照《住房城乡建设部关于建设工程企业发生重组、合并、分立等情况资质核定有关问题的通知》（建市〔2014〕79号）有关规定办理。

（十三）香港服务提供者和澳门服务提供者申请设立建筑业企业时，其在香港、澳门和内地的业绩可共同作为评定其在内地设立的建筑业企业资质的依据。管理和技术人员数量应以其在内地设立的建筑业企业的实际人员数量为资质评定依据。

二、申报材料有关要求

（十四）企业首次申请资质，申请资质升级、增项、延续、简单变更、遗失补办证书，以及发生合并、分立、改制、重组、跨省变更等事项后申请资质的，分别按照以下有关要求和《建筑业企业资质申报材料清单》（附件2）要求，提交相应材料：

1. 不具有建筑业企业资质的企业，申请建筑业企业资质的，按照首次申请要求提交材料。

2. 已具有建筑业企业资质的企业，申请同类别高一等级资质的，以及具有工程设计综合资质、行业甲级资质的企业直接申请一级施工总承包资质的，按照升级要求提交材料。

3. 已具有建筑业企业资质的企业，申请增加其他类别的建筑业企业资质的，按照增项要求提交材料。

4. 资质证书有效期届满的企业，申请延续证书有效期的，按照延续要求提交材料。

5. 企业发生合并、分立、改制、重组、跨省变更等事项，企业性质由内资变为外商投资或由外商投资变为内资的，按《住房城乡建设部关于建设工程企业发生重组、合并、分立等情况资质核定有关问题的通知》（建市〔2014〕79号）中所列情形提交材料。

6. 企业因企业名称、注册资本、法定代表人、注册地址（本省级区域内）等发生变化需变更资质证书内容的，按简单变更要求提交材料。

7. 企业遗失资质证书，需补办资质证书，按照遗失补办要求提交材料。

（十五）企业应提交《建筑业企业资质申请表》（附件1-1）一式一份，附件材料一套。其中涉及公路、水运、水利、通信、铁路、民航等方面专业资质的，每涉及一个方面专业，须另增加《建筑业企业资质申请表》一份、附件材料一套。

（十六）资质受理机关负责核对企业提供的材料原件，核对后退还企业。资质受理机关受理后，申报材料不得修改更换。

（十七）资质许可机关对企业申报材料存疑的，企业应当提供相关材料原件和证明材料，必要时须配合相关部门进行实地核查。

（十八）附件材料应按“综合资料、人员资料、工程业绩资料”的顺序装订，规格为A4（210mm×297mm）型纸，并有标明页码的总目录及申报说明，采用软封面封底，逐页编写页码。

（十九）企业的申报材料必须使用中文，材料原文是其它文字的，须同时附翻译准确的中文译本。申报材料必须数据齐全、填表规范、印鉴齐全、字迹清晰，附件材料必须清晰、可辨。

（二十）实行电子化申报资质的具体要求另行制定。

三、资质证书

（二十一）建筑业企业资质证书分为正本和副本，由住房城乡建设部统一印制。新版建筑业企业资质证书正本规格为297mm×420mm（A3）；副本规格为210mm×297mm（A4）。资质证书增加二维码标识，公众可通过二维码查询企业资质情况。资质证书实行全国统一编码，由资质证书管理系统自动生成，新版建筑业企业资质证书编码规则见附件5。

（二十二）每套建筑业企业资质证书包括1个正本和1个副本。同一资质许可机关许可的资质打印在一套资质证书上；不同资质许可机关做出许可决定后，分别打印资质证书。各级资质许可机关不得增加证书副本数量。

（二十三）企业名称、注册资本、法定代表人、注册地址（本省级区域内）等发生变化的，企业应向资质许可机关提出变更申请。

（二十四）企业遗失资质证书，应向资质许可机关申请补办。

（二十五）企业因变更、升级、注销等原因需要换发或交回资质证书的，企业应将资质证书交原资质许可机关收回并销毁。

（二十六）建筑业企业资质证书有效期为5年。证书有效期是指自企业取得本套证书的首个建筑业企业资质时起算，期间企业除延续、重新核定外，证书有效期不变；重新核定资质的，有效期自核定之日起重新计算（按简化审批手续办理的除外）。

（二十七）资质证书的延续

1. 企业应于资质证书有效期届满3个月前，按原资质申报途径申请资质证书有效期延续。企业净资产和主要人员满足现有资质标准要求的，经资质许可机关核准，更换有效期5年的资质证书，有效期自批准延续之日起计算。

2. 企业在资质证书有效期届满前3个月内申请资质延续的，资质受理部门应受理其申请；资质证书有效期届满之日至批准延续之日内，企业不得承接相应资质范围内的工程。

3. 企业不再满足资质标准要求的，资质许可机关不批准其相应资质延续，企业可在资质许可结果公布后3个月内申请重新核定低于原资质等级的同类别资质。超过3个月仍未提出申请，从最低等级资质申请。

4. 资质证书有效期届满，企业仍未提出延续申请的，其资质证书自动失效。如需继续开展建筑施工活动，企业应从最低等级资质重新申请。

四、监督管理

（二十八）各级住房城乡建设主管部门及其他有关部门应对从事建筑施工活动的建筑业企业建立信用档案，制定动态监管办法，按照企业诚信情况实行差别化管理，积极运用信息化手段对建筑业企业实施监督管理。

县级以上人民政府住房城乡建设主管部门和其他有关部门应当对企业取得建筑业企业资质后，资产和主要人员是否满足资质标准条件和市场行为进行定期或不定期核查。

（二十九）企业申请资质升级（含一级升特级）、资质增项的，资质许可机关应对其既有全部建筑业企业资质要求的资产和主要人员是否满足标准要求进行检查。

（三十）企业应当接受资质许可机关，以及企业注册所在地、承接工程项目所在地住房城乡建设主管部门和其他有关部门的监督管理。

（三十一）对于发生违法违规行为的企业，违法行为发生地县级以上住房城乡建设主管部门应当依法查处，将违法事实、处罚结果或处理建议告知资质许可机关，并逐级上报至住房城乡建设部，同时将处罚结果记入建筑业企业信用档案，在全国建筑市场监管与诚信平台公布。企业工商注册地不在本省区域的，违法行为发生地县级以上住房城乡建设主管部门应通过省级住房城乡建设主管部门告知该企业的资质许可机关。

（三十二）对住房城乡建设部许可资质的建筑业企业，需处以停业整顿、降低资质等级、吊销资质证书等行政处罚的，省级及以下地方人民政府住房城乡建设主管部门或者其他有关部门，在违法事实查实认定后30个工作日内，应通过省级住房城乡建设主管部门或国务院有关部门，将违法事实、处理建议报送住房城乡建设部；住房城乡建设部依法作出相应行政处罚。

（三十三）各级住房城乡建设主管部门应及时将有关处罚信息向社会公布，并报上一级住房城乡建设主管部门备案。

五、有关说明和指标解释

（三十四）对于原《建筑业企业资质等级标准》（建建〔2001〕82号，以下简称原标准）中被取消的土石方、混凝土预制构件、电梯安装、金属门窗、预应力、无损检测、体育场地设施工程等7个专业承包资质，在相应专业工程承发包过程中，不再作资质要求。施工总承包企业进行专业工程分包时，应将上述专业工程分包给具有一定技术实力和管理能力且取得公司法人《营业执照》的企业。

拆除作业按工程性质由具有相应资质类别的企业承担。

专业承包资质修订情况对照表见附件4－3。

（三十五）对于原标准中并入了相应施工总承包资质的高耸构筑物、电信、水工建筑物基础处理、堤防、水工大坝、水工隧洞、火电设备安装、炉窑、冶炼机电设备安装、化工石油设备管道安装、管道、城市轨道交通工程等12个专业承包资质，在相应工程承发包过程中，可按工程性质和规模由具有相应类别和等级的施工总承包资质的企业承担。其中，城市轨道交通工程由具有市政公用工程施工总承包特级、一级资质的企业承担；城市轨道交通工程中车站建筑由具有建筑工程施工总承包特级、一级资质的企业承担。

（三十六）涉及公路、水运、水利、通信、铁路、民航等方面资质及涉及多个专业资质情况如下：

1. 涉及公路方面的资质：公路工程施工总承包资质、公路路面工程专业承包资质、公路路基工程专业承包资质、公路交通工程专业承包资质。

2. 涉及水运方面的资质：港口与航道工程施工总承包资质、港口与海岸工程专业承包资质、航道工程专业承包资质、通航建筑物工程专业承包资质、港航设备安装及水上交管工程专业承包资质。

3. 涉及水利方面的资质：水利水电工程施工总承包资质、水工金属结构制作与安装工程专业承包资质、河湖整治工程专业承包资质、水利水电机电安装工程专业承包资质。

4. 涉及通信方面的资质：通信工程施工总承包资质。

5. 涉及铁路方面的资质：铁路工程施工总承包资质、铁路电务工程专业承包资质、铁路铺轨架梁工程专业承包资质、铁路电气化工程专业承包资质。

6. 涉及民航方面的资质：机场场道工程专业承包资质、民航空管工程及机场弱电系统工程专业承包资质、机场目视助航工程专业承包资质。

7. 涉及多个专业资质：桥梁工程专业承包资质、隧道工程专业承包资质、核工程专业承包资质、海洋石油工程专业承包资质、输变电工程专业承包资质、钢结构工程专业承包资质。

（三十七）中央建筑企业是指国务院国有资产管理部门直接监管的，主业为建筑业或下属一层级企业中建筑业企业数量较多的企业，具体名单见附件4－2。

中央建筑企业下属一层级企业是指中央建筑企业全资或绝对控股的建筑业企业。

（三十八）企业资产

1. 企业净资产以企业申请资质前一年度或当期合法的财务报表中净资产指标为准考核。首次申请资质的，以企业《营业执照》所载注册资本为准考核；申请多项资质的，企业净资产不累加计算考核，按企业所申请资质和已拥有资质标准要求的净资产指标最高值考核。

2. 厂房包括企业自有或租赁的厂房。

（三十九）企业主要人员

1. 企业主要人员包括：注册执业人员、技术职称人员（包括技术负责人）、现场管理人员、技术工人等4类人员。

2.《标准》中所称中级及以上技术职称，是指设区的市级及以上人事主管部门或其授权的单位评审的工程系列专业技术职称。

3. 现场管理人员是指与企业依法签订1年以上劳动合同，由企业依法为其缴纳社会保险，并按规定取得省级住房城乡建设主管部门或有关部门颁发的相应岗位证书的人员，以及住房城乡建设部或国务院有关部门认可的行业协会颁发的相应岗位证书的人员。

相应岗位证书包括：岗位培训考核合格证书、安全生产考核合格证书、职业资格证书等。

4. 技术工人是指与企业依法签订1年以上劳动合同，由企业依法为其缴纳社会保险，并取得住房城乡建设部、国务院有关部门、省级住房城乡建设主管部门或有关部门认可的机构或建筑业企业颁发的职业培训合格证书或职业技能等级证书的人员。

企业以其全资或控股的劳务企业技术工人作为企业主要人员申请施工总承包资质的，技术工人社会保险应由其全资或绝对控股的劳务企业缴纳。

5. 企业主要人员应满足60周岁及以下且由企业为其缴纳社会保险的要求。

6. 企业主要人员在两家及以上企业受聘或注册的，不作为资质标准要求的有效人员考核。

7. 技术负责人的资历、专业职称、业绩等方面按企业所申请资质的相应标准要求进行考核。企业应按所申请资质类别明确对应的1名专业技术负责人。

8. 中级及以上职称人员的“相关专业”按职称证书的岗位专业或毕业证书中所学专业进行考核。

其中，结构专业包括：土木工程、工民建、结构、建筑施工、建筑工程等专业。

9. 企业申请某一类别资质，企业主要人员中每类人员数量、专业、工种均应满足《标准》要求。一个人同时具有注册证书、技术职称、岗位证书、技术工人培训合格证书或职业技能等级证书中两个及以上的，只能作为一人考核；但一个人同时拥有注册证书和技术职称的，可同时作为注册人员和技术职称人员考核。

10. 企业申请多个类别资质，企业主要人员中每类人员数量、专业、工种等应分别满足《标准》要求，每类人员数量不累加考核。如：企业同时申请建筑工程和市政公用工程施工总承包一级资质，企业只要拥有150名中级工以上技术工人即可分别满足两个类别的技术工人指标要求。

一个人具有两个及以上技术职称（注册资格）或专业工种的，可分别考核。如：一个人同时具有建筑工程职称证书和道路工程毕业证书，可分别作为企业申请建筑工程和市政公用工程施工总承包资质要求的职称人员考核。

11. 社会保险证明是指社会统筹保险基金管理部门出具的基本养老保险对账单或加盖社会统筹保险基金管理部门公章的单位缴费明细，以及企业缴费凭证（社会保险缴费发票或银行转账凭证等证明）；社会保险证明应至少体现以下内容：缴纳保险单位名称、人员姓名、社会保障号（或身份证号）、险种、缴费期限等。社会保险证明中缴费单位应与申报单位一致，上级公司、子公司、事业单位、人力资源服务机构等其他单位缴纳或个人缴纳社会保险均不予认定，分公司缴纳的社会保险可以予以认定。

12.《标准》中要求×××专业、×××专业注册建造师合计不少于××人，不要求所列专业必须齐全。

13.《标准》中对职称人员专业作了限定，且要求专业齐全的，是指申报人员应由具有相应专业的技术职称人员组成，且每个专业至少有1人。如：建筑工程施工总承包一级资质标准中要求“建筑工程相关专业中级以上职称人员不少于30人，且结构、给排水、暖通、电气等专业齐全”，是指30人应当由结构、给排水、暖通、电气等4个专业中级以上有职称人员组成，且结构、给排水、暖通、电气各专业至少有1人，其他专业人员不予认可。

14.《标准》未对技术职称人员专业作限定，但要求部分专业齐全的，是指要求齐全的专业至少有1人，其余申报人员专业不作限定。如：防水防腐保温工程专业承包一级资质标准中要求“工程序列中级以上职称和注册建造师合计不少于15人，且结构、材料或化工等专业齐全”，是指具有工程序列中级以上技术职称人员或注册建造师数量或两者之和的数量为15人，但其中至少应有1名结构专业、1名材料或化工专业人员，其他人员专业不作要求。

15.《标准》中对技术职称人员专业作了限定，且未要求专业齐全的，是指相应专业的申报人员数量达到标准要求即可，每一类专业人员数量不作要求。如：水利水电工程施工总承包一级资质标准中要求“水利水电工程相关专业中级以上职称不少于60人”，指具有水利水电工程相关专业人员总数满足60人即可，每个专业人数不限，也不要求所有专业齐全。

16.《标准》中现场管理人员岗位证书齐全是指企业申报人员中所要求岗位证书人员至少有1人，其他岗位证书人员数量不作要求。如：机场场道专业承包一级资质标准中要求“持有岗位证书的施工现场管理人员不少于30人，且施工员、质量员、安全员、材料员、资料员等人员齐全”，是指持有岗位证书的施工现场管理人员30人中至少有施工员、质量员、安全员、材料员、资料员各1人,其余人员可以是施工员、质量员、安全员、材料员、资料员、劳务员、造价员、测量员、试验员、标准员、机械员等任意一种人员。

17.《标准》中未对技术工人的工种作出要求的,不对技术工人的工种进行考核。

18.《标准》中技术负责人(或注册建造师)主持完成的业绩是指作为施工项目经理或项目技术负责人主持完成的工程项目。其中,《标准》中考核指标为累计指标的,技术负责人(或注册建造师)主持完成的业绩不做累计考核。如:公路工程施工总承包二级资质标准中要求"近10年承担过下列3类工程施工,工程质量合格。(1)累计修建三级以上公路路基200公里以上……",企业申请公路工程施工总承包三级资质时,技术负责人(或注册建造师)提供的主持完成的个人业绩应当是三级以上公路的路基工程项目即可,长度不作考核。

(四十)技术装备

《标准》中明确要求的设备应为企业自有设备,以企业设备购置发票为准进行考核;其中,申请港口与航道施工总承包资质的,应提供设备主要性能指标证明、所属权证明和检验合格证明。

(四十一)企业工程业绩和承包范围

1. 一项单位工程业绩同时满足多项技术指标的,只作为一项指标考核。《标准》中分别考核累计和单项技术指标的,同一工程业绩可同时考核,但铁路方面资质除外。

2. 业绩中要求的"×类中的×类"必须分别满足,不能相互替代。如:建筑工程一级资质标准,要求企业完成"4类中的2类以上工程",是指企业完成的工程中,高度、层数、单体面积、跨度等4类考核指标中至少应满足2类,否则即为业绩不达标。

3. 企业申请多个类别资质的,工程业绩应当分别满足各类别资质标准条件。

4. 申请建筑工程施工总承包资质的,单位工程竣工验收合格后,方可作为施工总承包业绩考核。

5. 企业以施工总承包方式承接的工程,不论该工程是否实行分包,均可作为其施工总承包业绩考核。

6. 申请专业承包资质的,以企业依法单独承接的专业工程业绩考核。

7. 施工总承包工程范围包括主体工程和配套工程。配套工程不得单独作为企业申报施工总承包资质工程业绩考核。

8.《标准》中要求的"近5年"或"近10年",是指自申请资质年度起逆推5年或10年期间竣工的工程业绩。如:申报年度为2015年,"近5年"的业绩是指2010年1月1日之后竣工(交工)验收合格的项目。超过时限的代表工程业绩不予认可。

9. 超越本企业资质承包工程范围的代表工程业绩不予认可。企业以境外承包工程作为代表工程业绩申报的,不考核其是否超越资质承包工程范围。

10. 企业申报的工程业绩中项目负责人在项目实施时存在非本企业注册建造师、不具备注册建造师资格、超越注册建造师执业范围执业、或违反有关规定同时在两个及以上项目担任项目负责人的,企业该项工程业绩不予认可。

11. 保密工程不得作为企业代表工程业绩申报。

12. 单项合同额是指一个承包合同所载合同价。

13. 建筑工程高度应为从标高正负零算起至檐口的高度。

14. 建筑工程层数是指正负零到檐口之间的楼层数,其中,设备层不计算在内,跃层按单层计算。

15. 群体建筑(无论基础是否相连)不作为单体建筑面积业绩考核。

16. 轻钢、网架结构跨度业绩不作为建筑工程施工总承包跨度业绩考核。

17. 企业因负有工程质量、生产安全事故责任被降级、吊销资质,或因工程业绩弄虚作假申报资质被通报批评或撤销资质的,其相应工程业绩不得作为代表工程业绩申报。

六、过渡期

(四十二)自《规定》施行之日至2016年12月31日为过渡期。

(四十三)按原标准取得建筑业企业资质的企业应于2016年12月31日前,按照《规定》和《标准》及本实施意见的要求换发新版建筑业企业资质证书(以下简称换证)。对企业资产、主要人员、技术装备符合《标准》要求的,资质许可机关颁发新版建筑业企业资质证书,资质证书有效期为5年。自2017年1月1日起,旧版建筑业企业资质证书自行失效。

对企业资产、主要人员、技术装备不满足《标准》要求的,资质许可机关不批准其相应资质换证,企业可在换证结果公布后3个月内提出低于原资质等级的同类别资质换证。超过3个月仍未提出申请，从最低等级资质申请。

企业应按照《规定》的许可程序一次性提出全部建筑业企业资质换证申请，并按照《建筑业企业资质申报材料清单》中换证要求提交相应材料。

企业最多只能选择5个类别的专业承包资质换证，超过5个类别的其他专业承包资质按资质增项要求提出申请。

（四十四）按原标准取得建筑业企业资质的企业，申请资质升级（含一级升特级）、资质增项的，既有全部建筑业企业资质应当按第四十二条规定同时申请资质换证。

（四十五）按原标准取得建筑业企业资质的企业原则上可申请《标准》中同类别同等级资质换证，其中：

1. 按原标准取得预拌商品混凝土、园林古建筑、机电设备安装、机场空管工程及航站楼弱电系统、附着升降脚手架、送变电工程等专业承包资质的企业，可申请《标准》中名称变更后的相应专业承包资质换证。

2. 按原标准取得建筑防水、防腐保温、建筑智能化、电子、港口装卸设备安装、通航设备安装、水上交通管制工程等专业承包资质的企业，可申请《标准》中合并后的专业承包资质换证。

3. 按原标准取得高耸构筑物、电信工程、水工建筑物基础处理、堤防、水工大坝、水工隧洞、火电设备安装、炉窑、冶炼机电设备安装、化工石油设备管道安装、管道工程等专业承包资质的企业，可申请《标准》中1项低于原资质等级并入的相应类别施工总承包资质换证；其中，按原标准取得堤防工程专业承包资质的企业也可申请不高于原资质等级的河湖整治工程专业承包资质换证。

4. 按原标准取得轨道交通工程专业承包资质的企业，可以申请一级及以下市政公用工程施工总承包资质换证。

5. 按原标准取得建筑防水、防腐保温、建筑智能化、电子、建筑装修装饰工程等三级专业承包资质的企业，可申请《标准》中相应二级专业承包资质换证；按原标准取得建筑防水工程二级专业承包资质的企业，可申请防水防腐保温工程一级专业承包资质换证。

6. 按原标准取得公路交通工程、水上交通管制工程等不分等级专业承包资质的企业，可申请《标准》中相应一级专业承包资质换证。

7. 按原标准取得模板作业分包、脚手架作业分包资质的企业，可申请《标准》中模板脚手架专业承包资质换证。

（四十六）过渡期内，按原标准取得建筑业企业资质的企业原则上按照《标准》对应的资质类别及等级的承包工程范围承接工程，其中：

1. 按原标准取得被合并专业承包资质的企业，按照《标准》中合并后的专业承包资质承包范围承接工程。

2. 按原标准取得被并入相应施工总承包资质的专业承包资质企业，仍可在其专业承包资质许可范围内承接工程。

3. 按原标准取得爆破与拆除工程专业承包资质的，仍可在其专业承包资质许可范围内承接相应工程。

4. 按原标准取得建筑防水工程二级、三级专业承包资质的企业，分别按《标准》中防水防腐保温工程一级、二级专业承包资质承包范围承接工程。

5. 按原标准取得劳务分包资质的企业，按《标准》中施工劳务资质承包范围承接劳务作业，不再划分类别和等级。按原标准取得模板作业分包、脚手架作业分包资质的企业，在承接业务时只能签订劳务分包合同。

（四十七）住房城乡建设主管部门及其他有关主管部门实施建筑业企业资质动态监管时，对按原标准取得建筑业企业资质的企业，按《规定》和原标准进行动态监管；对按《标准》取得建筑业企业资质的企业，按《规定》和《标准》进行动态监管。

七、其他

（四十八）企业申请施工总承包特级资质，仍按《施工总承包企业特级资质标准》（建市〔2007〕72号）和《施工总承包企业特级资质标准实施办法》（建市〔2010〕210号）有关规定执行，其中，《施工总承包企业特级资质标准》承包范围第4条改为“取得特级资质的企业，限承担施工单项合同额6000万元以上的建筑工程”；《施工总承包企业特级资质标准》中“房屋建筑”改为“建筑”，“冶炼”改为“冶金”。

（四十九）企业申请燃气燃烧器具安装、维修企业资质，仍按《关于燃气燃烧器具安装、维修企业资质管理有关事项的通知》(建城〔2007〕250号)有关规定执行。

(五十)本实施意见自2015年3月1日起施行。2007年10月18日原建设部颁发的《建筑业企业资质管理规定实施意见》(建市〔2007〕241号)同时废止。

附件:1－1. 建筑业企业资质申请表(略)

1－2. 建筑业企业资质证书变更、遗失补办申请审核表(略)

2. 建筑业企业资质申报材料清单(略)

3. 技术负责人(或注册人员)基本情况及业绩表(略)

4－1. 工程设计资质与施工总承包资质类别对照表(略)

4－2. 国务院国有资产管理部门直接监管的建筑企业名单(略)

4－3. 专业承包资质修订情况对照表(略)

5. 新版建筑业企业资质证书编码规则(略)

房地产开发企业资质管理规定

1. 2000年3月29日建设部令第77号公布

2. 根据2015年5月4日住房和城乡建设部令第24号《关于修改〈房地产开发企业资质管理规定〉等部门规章的决定》第一次修正

3. 根据2022年3月2日住房和城乡建设部令第54号《关于修改〈房地产开发企业资质管理规定〉的决定》第二次修正

第一条　为了加强房地产开发企业资质管理,规范房地产开发企业经营行为,根据《中华人民共和国城市房地产管理法》、《城市房地产开发经营管理条例》,制定本规定。

第二条　本规定所称房地产开发企业是指依法设立、具有企业法人资格的经济实体。

第三条　房地产开发企业应当按照本规定申请核定企业资质等级。

未取得房地产开发资质等级证书(以下简称资质证书)的企业,不得从事房地产开发经营业务。

第四条　国务院住房和城乡建设主管部门负责全国房地产开发企业的资质管理工作;县级以上地方人民政府房地产开发主管部门负责本行政区域内房地产开发企业的资质管理工作。

第五条　房地产开发企业按照企业条件分为一、二两个资质等级。

各资质等级企业的条件如下:

(一)一级资质:

1. 注册资本不低于5000万元;

2. 从事房地产开发经营5年以上;

3. 近3年房屋建筑面积累计竣工30万平方米以上,或者累计完成与此相当的房地产开发投资额;

4. 连续5年建筑工程质量合格率达100%;

5. 上一年房屋建筑施工面积15万平方米以上,或者完成与此相当的房地产开发投资额;

6. 有职称的建筑、结构、财务、房地产及有关经济类的专业管理人员不少于40人,其中具有中级以上职称的管理人员不少于20人,专职会计人员不少于4人;

7. 工程技术、财务、统计等业务负责人具有相应专业中级以上职称;

8. 具有完善的质量保证体系,商品住宅销售中实行了《住宅质量保证书》和《住宅使用说明书》制度;

9. 未发生过重大工程质量事故

(二)二级资质:

1. 有职称的建筑、结构、财务、房地产及有关经济类的专业管理人员不少于5人,其中专职会计人员不少于2人;

2. 工程技术负责人具有相应专业中级以上职称,财务负责人具有相应专业初级以上职称,配有统计人员;

3. 具有完善的质量保证体系。

第六条　临时聘用或者兼职的管理、技术人员不得计入企业管理、技术人员总数。

第七条　申请核定资质等级的房地产开发企业,应当提交下列材料:

(一)一级资质:

1. 企业资质等级申报表;

2. 专业管理、技术人员的职称证件;

3. 已开发经营项目的有关材料;

4.《住宅质量保证书》、《住宅使用说明书》执行情况报告,建立质量管理制度、具有质量管理部门及相应质量管理人员等质量保证体系情况说明。

（二）二级资质：

1. 企业资质等级申报表；

2. 专业管理、技术人员的职称证件；

3. 建立质量管理制度、具有质量管理部门及相应质量管理人员等质量保证体系情况说明。

第八条　房地产开发企业资质等级实行分级审批。

一级资质由省、自治区、直辖市人民政府住房和城乡建设主管部门初审，报国务院住房和城乡建设主管部门审批。

二级资质由省、自治区、直辖市人民政府住房和城乡建设主管部门或者其确定的设区的市级人民政府房地产开发主管部门审批。

经资质审查合格的企业，由资质审批部门发给相应等级的资质证书。资质证书有效期为3年。

申请核定资质的房地产开发企业，应当通过相应的政务服务平台提出申请。

第九条　资质证书由国务院住房和城乡建设主管部门统一制作。资质证书分为正本和副本，资质审批部门可以根据需要核发资质证书副本若干份。

第十条　任何单位和个人不得涂改、出租、出借、转让、出卖资质证书。

企业遗失资质证书，必须在新闻媒体上声明作废后，方可补领。

第十一条　企业发生分立、合并的，应当在向市场监督管理部门办理变更手续后的30日内，到原资质审批部门申请办理资质证书注销手续，并重新申请资质等级。

第十二条　企业变更名称、法定代表人和主要管理、技术负责人，应当在变更30日内，向原资质审批部门办理变更手续。

第十三条　企业破产、歇业或者因其他原因终止业务时，应当在向市场监督管理部门办理注销营业执照后的15日内，到原资质审批部门注销资质证书。

第十四条　县级以上人民政府房地产开发主管部门应当开展“双随机、一公开”监管，依法查处房地产开发企业的违法违规行为。

县级以上人民政府房地产开发主管部门应当加强对房地产开发企业信用监管，不断提升信用监管水平。

第十五条　一级资质的房地产开发企业承担房地产项目的建筑规模不受限制。

二级资质的房地产开发企业可以承担建筑面积25万平方米以下的开发建设项目。

各资质等级企业应当在规定的业务范围内从事房地产开发经营业务，不得越级承担任务。

第十六条　企业未取得资质证书从事房地产开发经营的，由县级以上地方人民政府房地产开发主管部门责令限期改正，处5万元以上10万元以下的罚款；逾期不改正的，由房地产开发主管部门提请市场监督管理部门吊销营业执照。

第十七条　企业超越资质等级从事房地产开发经营的，由县级以上地方人民政府房地产开发主管部门责令限期改正，处5万元以上10万元以下的罚款；逾期不改正的，由原资质审批部门提请市场监督管理部门吊销营业执照，并依法注销资质证书。

第十八条　企业有下列行为之一的，由原资质审批部门按照《中华人民共和国行政许可法》等法律法规规定予以处理，并可处以1万元以上3万元以下的罚款：

（一）隐瞒真实情况、弄虚作假骗取资质证书的；

（二）涂改、出租、出借、转让、出卖资质证书的。

第十九条　企业开发经营活动中有违法行为的，按照《中华人民共和国行政处罚法》、《中华人民共和国城市房地产管理法》、《城市房地产开发经营管理条例》、《建设工程质量管理条例》、《建设工程安全生产管理条例》、《民用建筑节能条例》等有关法律法规规定予以处罚。

第二十条　各级住房和城乡建设主管部门工作人员在资质审批和管理中玩忽职守、滥用职权，徇私舞弊的，由其所在单位或者上级主管部门给予行政处分；构成犯罪的，由司法机关依法追究刑事责任。

第二十一条　省、自治区、直辖市人民政府住房和城乡建设主管部门可以根据本规定制定实施细则。

第二十二条　本规定由国务院住房和城乡建设主管部门负责解释。

第二十三条　本规定自发布之日起施行。1993年11月16日建设部发布的《房地产开发企业资质管理规定》（建设部令第28号）同时废止。

(3)监理资质

工程监理企业资质管理规定

1. 2007年6月26日建设部令第158号公布
2. 根据2015年5月4日住房和城乡建设部令第24号《关于修改〈房地产开发企业资质管理规定〉等部门规章的决定》第一次修正
3. 根据2016年9月13日住房和城乡建设部令第32号《关于修改〈勘察设计注册工程师管理规定〉等11个部门规章的决定》第二次修正
4. 根据2018年12月22日住房和城乡建设部令第45号《关于修改〈建筑业企业资质管理规定〉等部门规章的决定》第三次修正

第一章　总　　则

第一条　为了加强工程监理企业资质管理,规范建设工程监理活动,维护建筑市场秩序,根据《中华人民共和国建筑法》、《中华人民共和国行政许可法》、《建设工程质量管理条例》等法律、行政法规,制定本规定。

第二条　在中华人民共和国境内从事建设工程监理活动,申请工程监理企业资质,实施对工程监理企业资质监督管理,适用本规定。

第三条　从事建设工程监理活动的企业,应当按照本规定取得工程监理企业资质,并在工程监理企业资质证书(以下简称资质证书)许可的范围内从事工程监理活动。

第四条　国务院住房城乡建设主管部门负责全国工程监理企业资质的统一监督管理工作。国务院铁路、交通、水利、信息产业、民航等有关部门配合国务院住房城乡建设主管部门实施相关资质类别工程监理企业资质的监督管理工作。

省、自治区、直辖市人民政府住房城乡建设主管部门负责本行政区域内工程监理企业资质的统一监督管理工作。省、自治区、直辖市人民政府交通、水利、信息产业等有关部门配合同级住房城乡建设主管部门实施相关资质类别工程监理企业资质的监督管理工作。

第五条　工程监理行业组织应当加强工程监理行业自律管理。

鼓励工程监理企业加入工程监理行业组织。

第二章　资质等级和业务范围

第六条　工程监理企业资质分为综合资质、专业资质和事务所资质。其中,专业资质按照工程性质和技术特点划分为若干工程类别。

综合资质、事务所资质不分级别。专业资质分为甲级、乙级;其中,房屋建筑、水利水电、公路和市政公用专业资质可设立丙级。

第七条　工程监理企业的资质等级标准如下:

(一)综合资质标准

1. 具有独立法人资格且具有符合国家有关规定的资产。

2. 企业技术负责人应为注册监理工程师,并具有15年以上从事工程建设工作的经历或者具有工程类高级职称。

3. 具有5个以上工程类别的专业甲级工程监理资质。

4. 注册监理工程师不少于60人,注册造价工程师不少于5人,一级注册建造师、一级注册建筑师、一级注册结构工程师或者其它勘察设计注册工程师合计不少于15人次。

5. 企业具有完善的组织结构和质量管理体系,有健全的技术、档案等管理制度。

6. 企业具有必要的工程试验检测设备。

7. 申请工程监理资质之日前一年内没有本规定第十六条禁止的行为。

8. 申请工程监理资质之日前一年内没有因本企业监理责任造成重大质量事故。

9. 申请工程监理资质之日前一年内没有因本企业监理责任发生三级以上工程建设重大安全事故或者发生两起以上四级工程建设安全事故。

(二)专业资质标准

1. 甲级

(1)具有独立法人资格且具有符合国家有关规定的资产。

(2)企业技术负责人应为注册监理工程师,并具有15年以上从事工程建设工作的经历或者具有工程类高级职称。

(3)注册监理工程师、注册造价工程师、一级注册建造师、一级注册建筑师、一级注册结构工程师或者其它勘察设计注册工程师合计不少于25人次;其中,相应专业注册监理工程师不少于《专业资质注册监理工程师人数配备表》(附表1)中要求配备的人数,注册造价工程师不少于2人。

(4)企业近2年内独立监理过3个以上相应专业的二级工程项目,但是,具有甲级设计资质或一级及以上施工总承包资质的企业申请本专业工程类别甲级资质的除外。

(5)企业具有完善的组织结构和质量管理体系,有健全的技术、档案等管理制度。

(6)企业具有必要的工程试验检测设备。

(7)申请工程监理资质之日前一年内没有本规定第十六条禁止的行为。

(8)申请工程监理资质之日前一年内没有因本企业监理责任造成重大质量事故。

(9)申请工程监理资质之日前一年内没有因本企业监理责任发生三级以上工程建设重大安全事故或者发生两起以上四级工程建设安全事故。

2. 乙级

(1)具有独立法人资格且具有符合国家有关规定的资产。

(2)企业技术负责人应为注册监理工程师,并具有10年以上从事工程建设工作的经历。

(3)注册监理工程师、注册造价工程师、一级注册建造师、一级注册建筑师、一级注册结构工程师或者其它勘察设计注册工程师合计不少于15人次。其中,相应专业注册监理工程师不少于《专业资质注册监理工程师人数配备表》(附表1)中要求配备的人数,注册造价工程师不少于1人。

(4)有较完善的组织结构和质量管理体系,有技术、档案等管理制度。

(5)有必要的工程试验检测设备。

(6)申请工程监理资质之日前一年内没有本规定第十六条禁止的行为。

(7)申请工程监理资质之日前一年内没有因本企业监理责任造成重大质量事故。

(8)申请工程监理资质之日前一年内没有因本企业监理责任发生三级以上工程建设重大安全事故或者发生两起以上四级工程建设安全事故。

3. 丙级

(1)具有独立法人资格且具有符合国家有关规定的资产。

(2)企业技术负责人应为注册监理工程师,并具有8年以上从事工程建设工作的经历。

(3)相应专业的注册监理工程师不少于《专业资质注册监理工程师人数配备表》(附表1)中要求配备的人数。

(4)有必要的质量管理体系和规章制度。

(5)有必要的工程试验检测设备。

(三)事务所资质标准

1. 取得合伙企业营业执照,具有书面合作协议书。

2. 合伙人中有3名以上注册监理工程师,合伙人均有5年以上从事建设工程监理的工作经历。

3. 有固定的工作场所。

4. 有必要的质量管理体系和规章制度。

5. 有必要的工程试验检测设备。

第八条　工程监理企业资质相应许可的业务范围如下:

(一)综合资质

可以承担所有专业工程类别建设工程项目的工程监理业务。

(二)专业资质

1. 专业甲级资质

可承担相应专业工程类别建设工程项目的工程监理业务(见附表2)。

2. 专业乙级资质

可承担相应专业工程类别二级以下(含二级)建设工程项目的工程监理业务(见附表2)。

3. 专业丙级资质

可承担相应专业工程类别三级建设工程项目的工程监理业务(见附表2)。

(三)事务所资质

可承担三级建设工程项目的工程监理业务(见附表2),但是,国家规定必须实行强制监理的工程除外。

工程监理企业可以开展相应类别建设工程的项目管理、技术咨询等业务。

第三章　资质申请和审批

第九条　申请综合资质、专业甲级资质的,可以向企业工商注册所在地的省、自治区、直辖市人民政府住房城乡建设主管部门提交申请材料。

省、自治区、直辖市人民政府住房城乡建设主管部门收到申请材料后,应当在5日内将全部申请材料报审批部门。

国务院住房城乡建设主管部门在收到申请材料

后，应当依法作出是否受理的决定，并出具凭证；申请材料不齐全或者不符合法定形式的，应当在5日内一次性告知申请人需要补正的全部内容。逾期不告知的，自收到申请材料之日起即为受理。

国务院住房城乡建设主管部门应当自受理之日起20日内作出审批决定。自作出决定之日起10日内公告审批结果。其中，涉及铁路、交通、水利、通信、民航等专业工程监理资质的，由国务院住房城乡建设主管部门送国务院有关部门审核。国务院有关部门应当在15日内审核完毕，并将审核意见报国务院住房城乡建设主管部门。

组织专家评审所需时间不计算在上述时限内，但应当明确告知申请人。

第十条　专业乙级、丙级资质和事务所资质由企业所在地省、自治区、直辖市人民政府住房城乡建设主管部门审批。

专业乙级、丙级资质和事务所资质许可。延续的实施程序由省、自治区、直辖市人民政府住房城乡建设主管部门依法确定。

省、自治区、直辖市人民政府住房城乡建设主管部门应当自作出决定之日起10日内，将准予资质许可的决定报国务院住房城乡建设主管部门备案。

第十一条　工程监理企业资质证书分为正本和副本，每套资质证书包括一本正本，四本副本。正、副本具有同等法律效力。

工程监理企业资质证书的有效期为5年。

工程监理企业资质证书由国务院住房城乡建设主管部门统一印制并发放。

第十二条　企业申请工程监理企业资质，在资质许可机关的网站或审批平台提出申请事项，提交专业技术人员、技术装备和已完成业绩等电子材料。

第十三条　资质有效期届满，工程监理企业需要继续从事工程监理活动的，应当在资质证书有效期届满60日前，向原资质许可机关申请办理延续手续。

对在资质有效期内遵守有关法律、法规、规章、技术标准，信用档案中无不良记录，且专业技术人员满足资质标准要求的企业，经资质许可机关同意，有效期延续5年。

第十四条　工程监理企业在资质证书有效期内名称、地址、注册资本、法定代表人等发生变更的，应当在工商行政管理部门办理变更手续后30日内办理资质证书变更手续。

涉及综合资质、专业甲级资质证书中企业名称变更的，由国务院住房城乡建设主管部门负责办理，并自受理申请之日起3日内办理变更手续。

前款规定以外的资质证书变更手续，由省、自治区、直辖市人民政府住房城乡建设主管部门负责办理。省、自治区、直辖市人民政府住房城乡建设主管部门应当自受理申请之日起3日内办理变更手续，并在办理资质证书变更手续后15日内将变更结果报国务院住房城乡建设主管部门备案。

第十五条　申请资质证书变更，应当提交以下材料：

（一）资质证书变更的申请报告；

（二）企业法人营业执照副本原件；

（三）工程监理企业资质证书正、副本原件。

工程监理企业改制的，除前款规定材料外，还应当提交企业职工代表大会或股东大会关于企业改制或股权变更的决议、企业上级主管部门关于企业申请改制的批复文件。

第十六条　工程监理企业不得有下列行为：

（一）与建设单位串通投标或者与其他工程监理企业串通投标，以行贿手段谋取中标；

（二）与建设单位或者施工单位串通弄虚作假、降低工程质量；

（三）将不合格的建设工程、建筑材料、建筑构配件和设备按照合格签字；

（四）超越本企业资质等级或以其他企业名义承揽监理业务；

（五）允许其他单位或个人以本企业的名义承揽工程；

（六）将承揽的监理业务转包；

（七）在监理过程中实施商业贿赂；

（八）涂改、伪造、出借、转让工程监理企业资质证书；

（九）其他违反法律法规的行为。

第十七条　工程监理企业合并的，合并后存续或者新设立的工程监理企业可以承继合并前各方中较高的资质等级，但应当符合相应的资质等级条件。

工程监理企业分立的，分立后企业的资质等级，根据实际达到的资质条件，按照本规定的审批程序核定。

第十八条　企业需增补工程监理企业资质证书的（含增

加、更换、遗失补办)，应当持资质证书增补申请及电子文档等材料向资质许可机关申请办理。遗失资质证书的，在申请补办前应当在公众媒体刊登遗失声明。资质许可机关应当自受理申请之日起3日内予以办理。

第四章　监督管理

第十九条　县级以上人民政府住房城乡建设主管部门和其他有关部门应当依照有关法律、法规和本规定，加强对工程监理企业资质的监督管理。

第二十条　住房城乡建设主管部门履行监督检查职责时，有权采取下列措施：

（一）要求被检查单位提供工程监理企业资质证书、注册监理工程师注册执业证书，有关工程监理业务的文档，有关质量管理、安全生产管理、档案管理等企业内部管理制度的文件；

（二）进入被检查单位进行检查，查阅相关资料；

（三）纠正违反有关法律、法规和本规定及有关规范和标准的行为。

第二十一条　住房城乡建设主管部门进行监督检查时，应当有两名以上监督检查人员参加，并出示执法证件，不得妨碍被检查单位的正常经营活动，不得索取或者收受财物、谋取其他利益。

有关单位和个人对依法进行的监督检查应当协助与配合，不得拒绝或者阻挠。

监督检查机关应当将监督检查的处理结果向社会公布。

第二十二条　工程监理企业违法从事工程监理活动的，违法行为发生地的县级以上地方人民政府住房城乡建设主管部门应当依法查处，并将违法事实、处理结果或处理建议及时报告该工程监理企业资质的许可机关。

第二十三条　工程监理企业取得工程监理企业资质后不再符合相应资质条件的，资质许可机关根据利害关系人的请求或者依据职权，可以责令其限期改正；逾期不改的，可以撤回其资质。

第二十四条　有下列情形之一的，资质许可机关或者其上级机关，根据利害关系人的请求或者依据职权，可以撤销工程监理企业资质：

（一）资质许可机关工作人员滥用职权、玩忽职守作出准予工程监理企业资质许可的；

（二）超越法定职权作出准予工程监理企业资质许可的；

（三）违反资质审批程序作出准予工程监理企业资质许可的；

（四）对不符合许可条件的申请人作出准予工程监理企业资质许可的；

（五）依法可以撤销资质证书的其他情形。

以欺骗、贿赂等不正当手段取得工程监理企业资质证书的，应当予以撤销。

第二十五条　有下列情形之一的，工程监理企业应当及时向资质许可机关提出注销资质的申请，交回资质证书，国务院住房城乡建设主管部门应当办理注销手续，公告其资质证书作废：

（一）资质证书有效期届满，未依法申请延续的；

（二）工程监理企业依法终止的；

（三）工程监理企业资质依法被撤销、撤回或吊销的；

（四）法律、法规规定的应当注销资质的其他情形。

第二十六条　工程监理企业应当按照有关规定，向资质许可机关提供真实、准确、完整的工程监理企业的信用档案信息。

工程监理企业的信用档案应当包括基本情况、业绩、工程质量和安全、合同违约等情况。被投诉举报和处理、行政处罚等情况应当作为不良行为记入其信用档案。

工程监理企业的信用档案信息按照有关规定向社会公示，公众有权查阅。

第五章　法律责任

第二十七条　申请人隐瞒有关情况或者提供虚假材料申请工程监理企业资质的，资质许可机关不予受理或者不予行政许可，并给予警告，申请人在1年内不得再次申请工程监理企业资质。

第二十八条　以欺骗、贿赂等不正当手段取得工程监理企业资质证书的，由县级以上地方人民政府住房城乡建设主管部门或者有关部门给予警告，并处1万元以上2万元以下的罚款，申请人3年内不得再次申请工程监理企业资质。

第二十九条　工程监理企业有本规定第十六条第七项、第八项行为之一的，由县级以上地方人民政府住房城乡建设主管部门或者有关部门予以警告，责令其改正，并处1万元以上3万元以下的罚款；造成损失的，依法承担赔偿责任；构成犯罪的，依法追究刑事责任。

第三十条 违反本规定，工程监理企业不及时办理资质证书变更手续的，由资质许可机关责令限期办理；逾期不办理的，可处以1千元以上1万元以下的罚款。

第三十一条 工程监理企业未按照本规定要求提供工程监理企业信用档案信息的，由县级以上地方人民政府住房城乡建设主管部门予以警告，责令限期改正；逾期未改正的，可处以1千元以上1万元以下的罚款。

第三十二条 县级以上地方人民政府住房城乡建设主管部门依法给予工程监理企业行政处罚的，应当将行政处罚决定以及给予行政处罚的事实、理由和依据，报国务院住房城乡建设主管部门备案。

第三十三条 县级以上人民政府住房城乡建设主管部门及有关部门有下列情形之一的，由其上级行政主管部门或者监察机关责令改正，对直接负责的主管人员和其他直接责任人员依法给予处分；构成犯罪的，依法追究刑事责任：

（一）对不符合本规定条件的申请人准予工程监理企业资质许可的；

（二）对符合本规定条件的申请人不予工程监理企业资质许可或者不在法定期限内作出准予许可决定的；

（三）对符合法定条件的申请不予受理或者未在法定期限内初审完毕的；

（四）利用职务上的便利，收受他人财物或者其他好处的；

（五）不依法履行监督管理职责或者监督不力，造成严重后果的。

第六章 附 则

第三十四条 本规定自2007年8月1日起施行。2001年8月29日建设部颁布的《工程监理企业资质管理规定》（建设部令第102号）同时废止。

附件：1. 专业资质注册监理工程师人数配备表（略）

2. 专业工程类别和等级表（略）

工程监理企业资质管理规定实施意见

1. 2007年7月31日建设部发布
2. 建市〔2007〕190号
3. 根据2016年6月16日《住房和城乡建设部关于建设工程企业资质管理资产考核有关问题的通知》（建市〔2016〕122号）修正

为规范工程监理企业资质管理，依据《工程监理企业资质管理规定》（建设部令第158号，以下简称158号部令）及相关法律法规，制定本实施意见。

一、资质申请条件

（一）新设立的企业申请工程监理企业资质和已具有工程监理企业资质的企业申请综合资质、专业资质升级、增加其他专业资质，自2007年8月1日起应按照158号部令要求提出资质申请。

（二）新设立的企业申请工程监理企业资质，应先取得《企业法人营业执照》或《合伙企业营业执照》，办理完相应的执业人员注册手续后，方可申请资质。

取得《企业法人营业执照》的企业，只可申请综合资质和专业资质，取得《合伙企业营业执照》的企业，只可申请事务所资质。

（三）新设立的企业申请工程监理企业资质和已获得工程监理企业资质的企业申请增加其他专业资质，应从专业乙级、丙级资质或事务所资质开始申请，不需要提供业绩证明材料。申请房屋建筑、水利水电、公路和市政公用工程专业资质的企业，也可以直接申请专业乙级资质。

（四）已具有专业丙级资质企业可直接申请专业乙级资质，不需要提供业绩证明材料。已具有专业乙级资质申请晋升专业甲级资质的企业，应在近2年内独立监理过3个及以上相应专业的二级工程项目。

（五）具有甲级设计资质或一级及以上施工总承包资质的企业可以直接申请与主营业务相对应的专业工程类别甲级工程监理企业资质。具有甲级设计资质或一级及以上施工总承包资质的企业申请主营业务以外的专业工程类别监理企业资质的，应从专业乙级及以下资质开始申请。

主营业务是指企业在具有的甲级设计资质或一级及以上施工总承包资质中主要从事的工程类别业务。

（六）工程监理企业申请专业资质升级、增加其他专业资质的，相应专业的注册监理工程师人数应满足已有监理资质所要求的注册监理工程师等人员标准后，方可申请。申请综合资质的，应至少满足已有资质中的5个甲级专业资质要求的注册监理工程师人员数量。

（七）工程监理企业的注册人员、工程监理业绩（包括境外工程业绩）和技术装备等资质条件，均是以独立企业法人为审核单位。企业（集团）的母、子公司在申请资质时，各项指标不得重复计算。

二、申请材料

（八）申请专业甲级资质或综合资质的工程监理企业需提交以下材料：

1.《工程监理企业资质申请表》（见附件1）一式三份及相应的电子文档；

2. 企业法人营业执照正、副本复印件；

3. 企业章程复印件；

4. 工程监理企业资质证书正、副本复印件；

5. 企业法定代表人、企业负责人的身份证明、工作简历及任命（聘用）文件的复印件；

6. 企业技术负责人的身份证明、工作简历、任命（聘用）文件、毕业证书、相关专业学历证书、职称证书和加盖执业印章的《中华人民共和国注册监理工程师注册执业证书》等复印件；

7.《工程监理企业资质申请表》中所列注册执业人员的身份证明、加盖执业印章的注册执业证书复印件（无执业印章的，须提供注册执业证书复印件）；

8. 企业近2年内业绩证明材料的复印件，包括：监理合同、监理规划、工程竣工验收证明、监理工作总结和监理业务手册；

9. 企业必要的工程试验检测设备的购置清单（按申请表要求填写）。

（九）具有甲级设计资质或一级及以上施工总承包资质的企业申请与主营业务对应的专业工程类别甲级监理资质的，除应提供本实施意见第（八）条1、2、3、5、6、7、9所列材料外，还需提供企业具有的甲级设计资质或一级及以上施工总承包资质的资质证书正、副本复印件，不需提供相应的业绩证明。

（十）申请专业乙级和丙级资质的工程监理企业，需提供本实施意见第（八）条1、2、3、5、6、7、9所列材料，不需提供相应的业绩证明。

（十一）申请事务所资质的企业，需提供以下材料：

1.《工程监理企业资质申请表》（见附件1）一式三份及相应的电子文档；

2. 合伙企业营业执照正、副本复印件；

3. 合伙人协议文本复印件；

4. 合伙人组成名单、身份证明、工作简历以及加盖执业印章的《中华人民共和国注册监理工程师注册执业证书》复印件；

5. 办公场所属于自有产权的，应提供产权证明复印件；办公场所属于租用的，应提供出租方产权证明、双方租赁合同的复印件；

6. 必要的工程试验检测设备的购置清单（按申请表要求填写）。

（十二）申请综合资质、专业资质延续的企业，需提供本实施意见第（八）条1、2、4、7所列材料，不需提供相应的业绩证明；申请事务所资质延续的企业，应提供本实施意见第（十一）条1、2、4所列材料。

（十三）具有综合资质、专业甲级资质的企业申请变更资质证书中企业名称的，由建设部负责办理。企业应向工商注册所在地的省、自治区、直辖市人民政府建设主管部门提出申请，并提交下列材料：

1.《建设工程企业资质证书变更审核表》；

2. 企业法人营业执照副本复印件；

3. 企业原有资质证书正、副本原件及复印件；

4. 企业股东大会或董事会关于变更事项的决议或文件。

上述规定以外的资质证书变更手续，由省、自治区、直辖市人民政府建设主管部门负责办理，具体办理程序由省、自治区、直辖市人民政府建设主管部门依法确定。其中具有综合资质、专业甲级资质的企业其资质证书编号发生变化的，省、自治区、直辖市人民政府建设主管部门需报建设部核准后，方可办理。

（十四）企业改制、分立、合并后设立的工程监理企业申请资质，除提供本实施意见第（八）条所要求的材料外，还应当提供如下证明材料的复印件：

1. 企业改制、分立、合并或重组的情况说明，包括新企业与原企业的产权关系、资本构成及资产负债情况，人员、内部组织机构的分立与合并、工程业绩的分割、合并等情况；

2. 上级主管部门的批复文件，职工代表大会的决议;或股东大会、董事会的决议。

(十五)具有综合资质、专业甲级资质的工程监理企业申请工商注册地跨省、自治区、直辖市变更的,企业应向新注册所在地的省、自治区、直辖市人民政府建设主管部门提出申请,并提交下列材料:

1. 工程监理企业原工商注册地省、自治区、直辖市人民政府建设主管部门同意资质变更的书面意见;

2. 变更前原工商营业执照注销证明及变更后新工商营业执照正、副本复印件;

3. 本实施意见第(八)条1、2、3、4、5、6、7、9所列的材料。

其中涉及到资质证书中企业名称变更的,省、自治区、直辖市人民政府建设主管部门应将受理的申请材料报建设部办理。

具有专业乙级、丙级资质和事务所资质的工程监理企业申请工商注册地跨省、自治区、直辖市变更,由各省、自治区、直辖市人民政府建设主管部门参照上述程序依法制定。

(十六)企业申请工程监理企业资质的申报材料,应符合以下要求:

1. 申报材料应包括:《工程监理企业资质申请表》及相应的附件材料;

2.《工程监理企业资质申请表》一式三份,涉及申请铁路、交通、水利、信息产业、民航等专业资质的,每增加申请一项资质,申报材料应增加二份申请表和一份附件材料;

3. 申请表与附件材料应分开装订,用A4纸打印或复印。附件材料应按《工程监理企业资质申请表》填写顺序编制详细目录及页码范围,以便审查查找。复印材料要求清晰、可辨;

4. 所有申报材料必须填写规范、盖章或印鉴齐全、字迹清晰;

5. 工程监理企业申报材料中如有外文,需附中文译本。

三、资质受理审查程序

(十七)工程监理企业资质申报材料应当齐全,手续完备。对于手续不全、盖章或印鉴不清的,资质管理部门将不予受理。

资质受理部门应对工程监理企业资质申报材料中的附件材料原件进行核验,确认企业附件材料中相关内容与原件相符。对申请综合资质、专业甲级资质的企业,省、自治区、直辖市人民政府建设主管部门应将其《工程监理企业资质申请表》(附件1)及附件材料、报送文件一并报建设部。

(十八)工程监理企业应于资质证书有效期届满60日前,向原资质许可机关提出资质延续申请。逾期不申请资质延续的,有效期届满后,其资质证书自动失效。如需开展工程监理业务,应按首次申请办理。

(十九)工程监理企业的所有申报材料一经建设主管部门受理,未经批准,不得修改。

(二十)各省、自治区、直辖市人民政府建设主管部门可根据本地的实际情况,制定事务所资质的具体实施办法。

(二十一)对企业改制、分立或合并后设立的工程监理企业,资质许可机关按下列规定进行资质核定:

1. 整体改制的企业,按资质变更程序办理;

2. 合并后存续或者新设立的工程监理企业可以承继合并前各方中较高资质等级。合并后不申请资质升级和增加其他专业资质的,按资质变更程序办理;申请资质升级或增加其他专业资质的,资质许可机关应根据其实际达到的资质条件,按照158号部令中的审批程序核定;

3. 企业分立成两个及以上工程监理企业的,应根据其实际达到的资质条件,按照158号部令的审批程序对分立后的企业分别重新核定资质等级。

(二十二)对工程监理企业的所有申请、审查等书面材料,有关建设主管部门应保存5年。

四、资质证书

(二十三)工程监理企业资质证书由建设部统一印制。专业甲级资质、乙级资质、丙级资质证书分别打印,每套资质证书包括一本正本和四本副本。

工程监理企业资质证书有效期为5年,有效期的计算时间以资质证书最后的核定日期为准。

(二十四)工程监理企业资质证书全国通用,各地、各部门不得以任何名义设立158号部令规定以外的其它准入条件,不得违法收取费用。

(二十五)工程监理企业遗失资质证书,应首先在全国性建设行业报刊或省级(含省级)综合类报刊上刊登遗失作废声明,然后再向原资质许可机关申请补办,并提供下列材料:

1. 企业补办资质证书的书面申请;

2. 刊登遗失声明的报刊原件;

3.《建设工程企业资质证书增补审核表》。

五、监督管理

(二十六)县级以上人民政府建设主管部门和有关部门应依法对本辖区内工程监理企业的资质情况实施动态监督管理。重点检查158号部令第十六条和第二十三条的有关内容,并将检查和处理结果记入企业信用档案。

具体抽查企业的数量和比例由县级以上人民政府建设主管部门或者有关部门根据实际情况研究决定。

监督检查可以采取下列形式:

1. 集中监督检查。由县级以上人民政府建设主管部门或者有关部门统一部署的监督检查;

2. 抽查和巡查。县级以上人民政府建设主管部门或者有关部门随机进行的监督检查。

(二十七)县级以上人民政府建设主管部门和有关部门应按以下程序实施监督检查:

1. 制定监督检查方案,其中集中监督检查方案应予以公布;

2. 检查应出具相应的检查文件或证件;

3. 当地建设主管部门和有关部门应当配合上级部门的监督检查;

4. 实施检查时,应首先明确监督检查内容,被检企业应如实提供相关文件资料。对于提供虚假材料的企业,予以通报;对于不符合相应资质条件要求的监理企业,应及时上报资质许可机关,资质许可机关可以责令其限期改正,逾期不改的,撤回其相应工程监理企业资质;对于拒不提供被检资料的企业,予以通报,并责令其限期提供被检资料;

5. 检查人员应当将检查情况予以记录,并由被检企业负责人和检查人员签字确认;

6. 检查人员应当将检查情况汇总,连同有关行政处理或者行政处罚建议书面告知当地建设主管部门。

(二十八)工程监理企业违法从事工程监理活动的,违法行为发生地的县级以上地方人民政府建设主管部门应当依法查处,并将工程监理企业的违法事实、处理结果或处理建议及时报告违法行为发生地的省、自治区、直辖市人民政府建设主管部门;其中对综合资质或专业甲级资质工程监理企业的违法事实、处理结果或处理建议,须通过违法行为发生地的省、自治区、直辖市人民政府建设主管部门报建设部。

六、有关说明

(二十九)工程监理企业的注册监理工程师是指在本企业注册的取得《中华人民共和国注册监理工程师注册执业证书》的人员。注册监理工程师不得同时受聘、注册于两个及以上企业。

注册监理工程师的专业是指《中华人民共和国注册监理工程师注册执业证书》上标注的注册专业。

一人同时具有注册监理工程师、注册造价工程师、一级注册建造师、一级注册建筑师、一级注册结构工程师或者其它勘察设计注册工程师两个及以上执业资格,且在同一监理企业注册的,可以按照取得的注册执业证书个数,累计计算其人次。

申请工程监理企业资质的企业,其注册人数和注册人次应分别满足158号部令中规定的注册人数和注册人次要求。申请综合资质的企业具有一级注册建造师、一级注册建筑师、一级注册结构工程师或者其它勘察设计注册工程师合计应不少于15人次,且具有一级注册建造师不少于1人次、具有一级注册结构工程师或其它勘察设计注册工程师或一级注册建筑师不少于1人次。

(三十)“企业近2年内独立监理过3个以上相应专业的二级工程项目”是指企业自申报之日起前2年内独立监理完成并已竣工验收合格的工程项目。企业申报材料中应提供相应的工程验收证明复印件。

(三十一)因本企业监理责任造成重大质量事故和因本企业监理责任发生安全事故的发生日期,以行政处罚决定书中认定的事故发生日为准。

(三十二)具有事务所资质的企业只可承担房屋建筑、水利水电、公路和市政公用工程专业等级三级且非强制监理的建设工程项目的监理、项目管理、技术咨询等相关服务。

七、过渡期的有关规定

(三十三)158号部令自实施之日起设2年过渡期,即从2007年8月1日起,至2009年7月31日止。过渡期内,已取得工程监理企业资质的企业申请资质升级、增加其他专业资质以及申请企业分立的,按158号部令和本实施意见执行。对于准予资质许可的工程监理企业,核发新的工程监理企业资质证书,旧的资质证书交回原发证机关,予以作废。

(三十四)过渡期内,已取得工程监理企业资质证书的企业申请资质更名、遗失补证、两家及以上企业整体合并等不涉及申请资质升级和增加其他专业资质的,可按资质变更程序办理,并换发新的工程监理企业资质证书,新资质证书有效期至2009年7月31日。

(三十五)建设主管部门在2007年8月1日之前颁发的工程监理企业资质证书,在过渡期内有效,但企业资质条件仍应符合《工程监理企业资质管理规定》(建设部令第102号)的相关要求。过渡期内,各省、自治区、直辖市人民政府建设主管部门应按《工程监理企业资质管理规定》(建设部令第102号)要求的资质条件对本辖区内已取得工程监理企业资质的企业进行监督检查。过渡期届满后,对达不到158号部令要求条件的企业,要重新核定其监理企业资质等级。

对于已取得冶炼、矿山、化工石油、电力、铁路、港口与航道、航天航空和通信工程丙级资质的工程监理企业,过渡期内,企业可继续完成已承揽的工程项目。过渡期届满后,上述专业工程类别的工程监理企业丙级资质证书自行失效。

(三十六)已取得工程监理企业资质证书但未换发新的资质证书的企业,在过渡期届满60日前,应按158号部令要求向资质许可机关提交换发工程监理企业资质证书的申请材料,不需提供相应的业绩证明。对于满足相应资质标准要求的企业,资质许可机关给予换发新的工程监理企业资质证书,旧资质证书交回原发证机关,予以作废;对于不满足相应资质标准要求的企业,由资质许可机关根据其实际达到的资质条件,按照158号部令的审批程序和标准给予重新核定,旧资质证书交回原发证机关,予以作废。过渡期届满后,未申请换发工程监理企业资质证书的企业,其旧资质证书自行失效。

附件:(略)

(4)项目管理资质

建设工程项目管理试行办法

1. 2004年11月16日建设部发布
2. 建市〔2004〕200号
3. 自2004年12月1日起施行

第一条　【目的和依据】为了促进我国建设工程项目管理健康发展,规范建设工程项目管理行为,不断提高建设工程投资效益和管理水平,依据国家有关法律、行政法规,制定本办法。

第二条　【适用范围】凡在中华人民共和国境内从事工程项目管理活动,应当遵守本办法。

本办法所称建设工程项目管理,是指从事工程项目管理的企业(以下简称项目管理企业),受工程项目业主方委托,对工程建设全过程或分阶段进行专业化管理和服务活动。

第三条　【企业资质】项目管理企业应当具有工程勘察、设计、施工、监理、造价咨询、招标代理等一项或多项资质。

工程勘察、设计、施工、监理、造价咨询、招标代理等企业可以在本企业资质以外申请其他资质。企业申请资质时,其原有工程业绩、技术人员、管理人员、注册资金和办公场所等资质条件可合并考核。

第四条　【执业资格】从事工程项目管理的专业技术人员,应当具有城市规划师、建筑师、工程师、建造师、监理工程师、造价工程师等一项或者多项执业资格。

取得城市规划师、建筑师、工程师、建造师、监理工程师、造价工程师等执业资格的专业技术人员,可在工程勘察、设计、施工、监理、造价咨询、招标代理等任何一家企业申请注册并执业。

取得上述多项执业资格的专业技术人员,可以在同一企业分别注册并执业。

第五条　【服务范围】项目管理企业应当改善组织结构,建立项目管理体系,充实项目管理专业人员,按照现行有关企业资质管理规定,在其资质等级许可的范围内开展工程项目管理业务。

第六条　【服务内容】工程项目管理业务范围包括:

(一)协助业主方进行项目前期策划、经济分析、专项评估与投资确定;

(二)协助业主方办理土地征用、规划许可等有关手续;

(三)协助业主方提出工程设计要求、组织评审工程设计方案、组织工程勘察设计招标、签订勘察设计合同并监督实施,组织设计单位进行工程设计优化、技术经济方案比选并进行投资控制;

(四)协助业主方组织工程监理、施工、设备材料采购招标;

(五)协助业主方与工程项目总承包企业或施工企业及建筑材料、设备、构配件供应等企业签订合同并监督实施；

（六）协助业主方提出工程实施用款计划，进行工程竣工结算和工程决算，处理工程索赔，组织竣工验收，向业主方移交竣工档案资料；

（七）生产试运行及工程保修期管理，组织项目后评估；

（八）项目管理合同约定的其他工作。

第七条　【委托方式】工程项目业主方可以通过招标或委托等方式选择项目管理企业，并与选定的项目管理企业以书面形式签订委托项目管理合同。合同中应当明确履约期限，工作范围，双方的权利、义务和责任，项目管理酬金及支付方式，合同争议的解决办法等。

工程勘察、设计、监理等企业同时承担同一工程项目管理和其资质范围内的工程勘察、设计、监理业务时，依法应当招标投标的应当通过招标投标方式确定。

施工企业不得在同一工程从事项目管理和工程承包业务。

第八条　【联合投标】两个及以上项目管理企业可以组成联合体以一个投标人身份共同投标。联合体中标的，联合体各方应当共同与业主方签定委托项目管理合同，对委托项目管理合同的履行承担连带责任。联合体各方应签订联合体协议，明确各方权利、义务和责任，并确定一方作为联合体的主要责任方，项目经理由主要责任方选派。

第九条　【合作管理】项目管理企业经业主方同意，可以与其他项目管理企业合作，并与合作方签定合作协议，明确各方权利、义务和责任。合作各方对委托项目管理合同的履行承担连带责任。

第十条　【管理机构】项目管理企业应当根据委托项目管理合同约定，选派具有相应执业资格的专业人员担任项目经理，组建项目管理机构，建立与管理业务相适应的管理体系，配备满足工程项目管理需要的专业技术管理人员，制定各专业项目管理人员的岗位职责，履行委托项目管理合同。

工程项目管理实行项目经理责任制。项目经理不得同时在两个及以上工程项目中从事项目管理工作。

第十一条　【服务收费】工程项目管理服务收费应当根据受委托工程项目规模、范围、内容、深度和复杂程度等，由业主方与项目管理企业在委托项目管理合同中约定。

工程项目管理服务收费应在工程概算中列支。

第十二条　【执业原则】在履行委托项目管理合同时，项目管理企业及其人员应当遵守国家现行的法律法规、工程建设程序，执行工程建设强制性标准，遵守职业道德，公平、科学、诚信地开展项目管理工作。

第十三条　【奖励】业主方应当对项目管理企业提出并落实的合理化建议按照相应节省投资额的一定比例给予奖励。奖励比例由业主方与项目管理企业在合同中约定。

第十四条　【禁止行为】项目管理企业不得有下列行为：

（一）与受委托工程项目的施工以及建筑材料、构配件和设备供应企业有隶属关系或者其他利害关系；

（二）在受委托工程项目中同时承担工程施工业务；

（三）将其承接的业务全部转让给他人，或者将其承接的业务肢解以后分别转让给他人；

（四）以任何形式允许其他单位和个人以本企业名义承接工程项目管理业务；

（五）与有关单位串通，损害业主方利益，降低工程质量。

第十五条　【禁止行为】项目管理人员不得有下列行为：

（一）取得一项或多项执业资格的专业技术人员，不得同时在两个及以上企业注册并执业；

（二）收受贿赂、索取回扣或者其他好处；

（三）明示或者暗示有关单位违反法律法规或工程建设强制性标准，降低工程质量。

第十六条　【监督管理】国务院有关专业部门、省级政府建设行政主管部门应当加强对项目管理企业及其人员市场行为的监督管理，建立项目管理企业及其人员的信用评价体系，对违法违规等不良行为进行处罚。

第十七条　【行业指导】各行业协会应当积极开展工程项目管理业务培训，培养工程项目管理专业人才，制定工程项目管理标准、行为规则，指导和规范建设工程项目管理活动，加强行业自律，推动建设工程项目管理业务健康发展。

第十八条　本办法由建设部负责解释。

第十九条　本办法自2004年12月1日起执行。

建设部关于培育发展工程总承包和工程项目管理企业的指导意见

1. 2003年2月13日
2. 建市〔2003〕30号

各省、自治区建设厅，直辖市建委（规委），国务院有关部门建设司，总后基建营房部，新疆生产建设兵团建设局，中央管理的有关企业：

为了深化我国工程建设项目组织实施方式改革，培育发展专业化的工程总承包和工程项目管理企业，现提出指导意见如下：

一、推行工程总承包和工程项目管理的重要性和必要性

工程总承包和工程项目管理是国际通行的工程建设项目组织实施方式。积极推行工程总承包和工程项目管理，是深化我国工程建设项目组织实施方式改革，提高工程建设管理水平，保证工程质量和投资效益，规范建筑市场秩序的重要措施；是勘察、设计、施工、监理企业调整经营结构，增强综合实力，加快与国际工程承包和管理方式接轨，适应社会主义市场经济发展和加入世界贸易组织后新形势的必然要求；是贯彻党的十六大关于“走出去”的发展战略，积极开拓国际承包市场，带动我国技术、机电设备及工程材料的出口，促进劳务输出，提高我国企业国际竞争力的有效途径。

各级建设行政主管部门要统一思想，提高认识，采取有效措施，切实加强对工程总承包和工程项目管理活动的指导，及时总结经验，促进我国工程总承包和工程项目管理的健康发展。

二、工程总承包的基本概念和主要方式

（一）工程总承包是指从事工程总承包的企业（以下简称工程总承包企业）受业主委托，按照合同约定对工程项目的勘察、设计、采购、施工、试运行（竣工验收）等实行全过程或若干阶段的承包。

（二）工程总承包企业按照合同约定对工程项目的质量、工期、造价等向业主负责。工程总承包企业可依法将所承包工程中的部分工作发包给具有相应资质的分包企业；分包企业按照分包合同的约定对总承包企业负责。

（三）工程总承包的具体方式、工作内容和责任等，由业主与工程总承包企业在合同中约定。工程总承包主要有如下方式：

1. 设计采购施工（EPC）/交钥匙总承包

设计采购施工总承包是指工程总承包企业按照合同约定，承担工程项目的设计、采购、施工、试运行服务等工作，并对承包工程的质量、安全、工期、造价全面负责。

交钥匙总承包是设计采购施工总承包业务和责任的延伸，最终是向业主提交一个满足使用功能、具备使用条件的工程项目。

2. 设计—施工总承包（D-B）

设计—施工总承包是指工程总承包企业按照合同约定，承担工程项目设计和施工，并对承包工程的质量、安全、工期、造价全面负责。

根据工程项目的不同规模、类型和业主要求，工程总承包还可采用设计—采购总承包（E-P）、采购—施工总承包（P-C）等方式。

三、工程项目管理的基本概念和主要方式

（一）工程项目管理是指从事工程项目管理的企业（以下简称工程项目管理企业）受业主委托，按照合同约定，代表业主对工程项目的组织实施进行全过程或若干阶段的管理和服务。

（二）工程项目管理企业不直接与该工程项目的总承包企业或勘察、设计、供货、施工等企业签订合同，但可以按合同约定，协助业主与工程项目的总承包企业或勘察、设计、供货、施工等企业签订合同，并受业主委托监督合同的履行。

（三）工程项目管理的具体方式及服务内容、权限、取费和责任等，由业主与工程项目管理企业在合同中约定。工程项目管理主要有如下方式：

1. 项目管理服务（PM）

项目管理服务是指工程项目管理企业按照合同约定，在工程项目决策阶段，为业主编制可行性研究报告，进行可行性分析和项目策划；在工程项目实施阶段，为业主提供招标代理、设计管理、采购管理、施工管理和试运行（竣工验收）等服务，代表业主对工程项目进行质量、安全、进度、费用、合同、信息等管理和控制。工程项目管理企业一般应按照合同约定承担相应的管理责任。

2. 项目管理承包（PMC）

项目管理承包是指工程项目管理企业按照合同约定，除完成项目管理服务（PM）的全部工作内容外，还

可以负责完成合同约定的工程初步设计（基础工程设计）等工作。对于需要完成工程初步设计（基础工程设计）工作的工程项目管理企业，应当具有相应的工程设计资质。

项目管理承包企业一般应当按照合同约定承担一定的管理风险和经济责任。

根据工程项目的不同规模、类型和业主要求，还可采用其他项目管理方式。

四、进一步推行工程总承包和工程项目管理的措施

（一）鼓励具有工程勘察、设计或施工总承包资质的勘察、设计和施工企业，通过改造和重组，建立与工程总承包业务相适应的组织机构、项目管理体系，充实项目管理专业人员，提高融资能力，发展成为具有设计、采购、施工（施工管理）综合功能的工程公司，在其勘察、设计或施工总承包资质等级许可的工程项目范围内开展工程总承包业务。

工程勘察、设计、施工企业也可以组成联合体对工程项目进行联合总承包。

（二）鼓励具有工程勘察、设计、施工、监理资质的企业，通过建立与工程项目管理业务相适应的组织机构、项目管理体系，充实项目管理专业人员，按照有关资质管理规定在其资质等级许可的工程项目范围内开展相应的工程项目管理业务。

（三）打破行业界限，允许工程勘察、设计、施工、监理等企业，按照有关规定申请取得其他相应资质。

（四）工程总承包企业可以接受业主委托，按照合同约定承担工程项目管理业务，但不应在同一个工程项目上同时承担工程总承包和工程项目管理业务，也不应与承担工程总承包或者工程项目管理业务的另一方企业有隶属关系或者其他利害关系。

（五）对于依法必须实行监理的工程项目，具有相应监理资质的工程项目管理企业受业主委托进行项目管理，业主可不再另行委托工程监理，该工程项目管理企业依法行使监理权利，承担监理责任；没有相应监理资质的工程项目管理企业受业主委托进行项目管理，业主应当委托监理。

（六）各级建设行政主管部门要加强与有关部门的协调，认真贯彻《国务院办公厅转发外经贸部等部门关于大力发展对外承包工程意见的通知》（国办发〔2000〕32号）精神，使有关融资、担保、税收等方面的政策落实到重点扶持发展的工程总承包企业和工程项目管理企业，增强其国际竞争实力，积极开拓国际市场。

鼓励大型设计、施工、监理等企业与国际大型工程公司以合资或合作的方式，组建国际型工程公司或项目管理公司，参加国际竞争。

（七）提倡具备条件的建设项目，采用工程总承包、工程项目管理方式组织建设。

鼓励有投融资能力的工程总承包企业，对具备条件的工程项目，根据业主的要求，按照建设—转让（BT）、建设—经营—转让（BOT）、建设—拥有—经营（BOO）、建设—拥有—经营—转让（BOOT）等方式组织实施。

（八）充分发挥行业协会和高等院校的作用，进一步开展工程总承包和工程项目管理的专业培训，培养工程总承包和工程项目管理的专业人才，适应国内外工程建设的市场需要。

有条件的行业协会、高等院校和企业等，要加强对工程总承包和工程项目管理的理论研究，开发工程项目管理软件，促进我国工程总承包和工程项目管理水平的提高。

（九）本指导意见自印发之日起实施。1992年11月17日建设部颁布的《设计单位进行工程总承包资格管理的有关规定》（建设〔1992〕805号）同时废止。

住房和城乡建设部关于大型工程监理单位创建工程项目管理企业的指导意见

1. *2008年11月12日*
2. *建市〔2008〕226号*

为了贯彻落实《国务院关于加快发展服务业的若干意见》和《国务院关于投资体制改革的决定》的精神，推进有条件的大型工程监理单位创建工程项目管理企业，适应我国投资体制改革和建设项目组织实施方式改革的需要，提高工程建设管理水平，增强工程监理单位的综合实力及国际竞争力，提出以下指导意见。

一、工程项目管理企业的基本特征

工程项目管理企业是以工程项目管理专业人员为基础，以工程项目管理技术为手段，以工程项目管理服务为主业，具有与提供专业化工程项目管理服务相适应的组织机构、项目管理体系、项目管理专业人员和项目管理技术，通过提供项目管理服务，创造价值并获取利润的企业。工程项目管理企业应具备以下基本特征：

（一）具有工程项目投资咨询、勘察设计管理、施工管理、工程监理、造价咨询和招标代理等方面能力，能够在工程项目决策阶段为业主编制项目建议书、可行性研究报告，在工程项目实施阶段为业主提供招标管理、勘察设计管理、采购管理、施工管理和试运行管理等服务，代表业主对工程项目的质量、安全、进度、费用、合同、信息、环境、风险等方面进行管理。根据合同约定，可以为业主提供全过程或分阶段项目管理服务。

（二）具有与工程项目管理服务相适应的组织机构和管理体系，在企业的组织结构、专业设置、资质资格、管理制度和运行机制等方面满足开展工程项目管理服务的需要。

（三）掌握先进、科学的项目管理技术和方法，拥有先进的工程项目管理软件，具有完善的项目管理程序、作业指导文件和基础数据库，能够实现工程项目的科学化、信息化和程序化管理。

（四）拥有配备齐全的专业技术人员和复合型管理人员构成的高素质人才队伍。配备与开展全过程工程项目管理服务相适应的注册监理工程师、注册造价工程师、一级注册建造师、一级注册建筑师、勘察设计注册工程师等各类执业人员和专业工程技术人员。

（五）具有良好的职业道德和社会责任感，遵守国家法律法规、标准规范，科学、诚信地开展项目管理服务。

二、创建工程项目管理企业的基本原则和措施

创建工程项目管理企业的大型工程监理单位（以下简称创建单位）要按照科学发展观的要求，适应社会主义市场经济和与国际惯例接轨的需要，因地制宜、实事求是地开展创建工程项目管理企业的工作。在创建过程中，应以工程项目管理企业的基本特征为目标，制定企业发展战略，分步实施。

（一）提高认识，明确目标

创建单位要充分认识到工程项目管理服务是服务业的重要组成部分，是国际通行的工程项目管理组织模式；创建工程项目管理企业是适应国务院关于深化投资体制改革和加快发展服务业的政策要求，是工程建设领域工程项目管理专业化、社会化、科学化发展的市场需要，也是工程监理单位拓展业务领域、提升竞争实力的有效途径。创建单位应结合自身的实际情况，制订创建工程项目管理企业的发展战略和实施计划。

（二）完善组织机构，健全运行机制

创建单位应根据工程项目管理服务的需求，设置相应的企业组织机构，建立健全项目管理制度，逐步完善工程项目管理服务的运行机制。应按照工程项目管理服务的特点，组建项目管理机构，制定项目管理人员岗位职责，配备满足项目需要的专业技术管理人员，选派具有相应执业能力和执业资格的专业人员担任项目经理。

（三）完善项目管理体系文件，应用项目管理软件

创建单位应逐步建立完善项目管理程序文件、作业指导书和基础数据库，应用先进、科学的项目管理技术和方法，改善和充实工程项目管理技术装备，建立工程项目管理计算机网络系统，引进或开发项目管理应用软件，形成工程项目管理综合数据库，在工程项目管理过程中实现计算机网络化管理，档案管理制度健全完善。

（四）实施人才战略，培养高素质的项目管理团队

创建单位应制定人才发展战略，落实人才培养计划，通过多种渠道、多种方式，有计划、有目的地培养和引进工程项目管理专业人才，特别是具有相应执业资格和丰富项目管理实践经验的高素质人才，并通过绩效管理提高全员的业务水平和管理能力，培养具有协作和敬业精神的项目管理团队。

（五）树立良好的职业道德，诚信开展项目管理服务

创建单位应通过交流、学习等方式不断强化职业道德教育，制定项目管理职业操守及行为准则，严格遵守国家法律法规，执行标准规范，信守合同，能够与业主利益共享、风险同当地开展项目管理服务活动。

三、加强组织领导

创建工程项目管理企业是一项系统工程，各地建设主管部门要加强对此项工作的组织领导。

（一）各地建设主管部门要从本地实际出发，优先选择具有综合工程监理企业资质或具有甲级工程监理企业资质、甲级工程造价咨询企业资质、甲级工程招标代理机构资格等一项或多项资质的大型工程监理单位，加以组织和引导，促使其积极参与创建工程项目管理企业。要在深入动员的基础上，制定周密的计划，并组织其实施，帮助创建单位落实规定的条件，使其能顺利开展项目管理业务。

（二）各地建设主管部门要加大对社会化、专业化工程项目管理服务市场的培育和引导，加大对创建单位的扶持力度，支持创建单位在政府投资建设项目开展项目管理服务业务。同时，还要引导非政府投资项目的业主优先委托创建单位进行项目管理服务。鼓励创建单位在同一工程建设项目上为业主提供集工程监理、造价咨询、招标代理为一体的项目管理服务。

（三）鼓励创建单位与国际著名的工程咨询、管理企业合作与交流，提高业务水平，形成核心竞争力，创建自主品牌，参与国际竞争。

（四）中国建设监理协会及有关行业协会要积极协助政府部门落实创建工作，加强工程项目管理的理论研究，深入调查了解工程监理单位在创建工程项目管理企业过程中遇到的实际问题；要发挥企业与政府之间的桥梁和纽带作用，积极做好项目管理工作的总结、交流、宣传、推广和专业培训工作；要加强行业自律建设，建立完善诚信体系，规范企业市场行为。

（五）各地建设行政主管部门可结合本地实际情况，制定大型工程监理单位创建工程项目管理企业的具体实施细则。

（5）其他

国务院关于优化建设工程防雷许可的决定

1. 2016年6月24日

2. 国发〔2016〕39号

各省、自治区、直辖市人民政府，国务院各部委、各直属机构：

根据简政放权、放管结合、优化服务协同推进的改革要求，为减少建设工程防雷重复许可、重复监管，切实减轻企业负担，进一步明确和落实政府相关部门责任，加强事中事后监管，保障建设工程防雷安全，现作出如下决定：

一、整合部分建设工程防雷许可

（一）将气象部门承担的房屋建筑工程和市政基础设施工程防雷装置设计审核、竣工验收许可，整合纳入建筑工程施工图审查、竣工验收备案，统一由住房城乡建设部门监管，切实优化流程、缩短时限、提高效率。

（二）油库、气库、弹药库、化学品仓库、烟花爆竹、石化等易燃易爆建设工程和场所，雷电易发区内的矿区、旅游景点或者投入使用的建（构）筑物、设施等需要单独安装雷电防护装置的场所，以及雷电风险高且没有防雷标准规范、需要进行特殊论证的大型项目，仍由气象部门负责防雷装置设计审核和竣工验收许可。

（三）公路、水路、铁路、民航、水利、电力、核电、通信等专业建设工程防雷管理，由各专业部门负责。

二、清理规范防雷单位资质许可

取消气象部门对防雷专业工程设计、施工单位资质许可；新建、改建、扩建建设工程防雷的设计、施工，可由取得相应建设、公路、水路、铁路、民航、水利、电力、核电、通信等专业工程设计、施工资质的单位承担。同时，规范防雷检测行为，降低防雷装置检测单位准入门槛，全面开放防雷装置检测市场，允许企事业单位申请防雷检测资质，鼓励社会组织和个人参与防雷技术服务，促进防雷减灾服务市场健康发展。

三、进一步强化建设工程防雷安全监管

（一）气象部门要加强对雷电灾害防御工作的组织管理，做好雷电监测、预报预警、雷电灾害调查鉴定和防雷科普宣传，划分雷电易发区域及其防范等级并及时向社会公布。

（二）各相关部门要按照谁审批、谁负责、谁监管的原则，切实履行建设工程防雷监管职责，采取有效措施，明确和落实建设工程设计、施工、监理、检测单位以及业主单位等在防雷工程质量安全方面的主体责任。同时，地方各级政府要继续依法履行防雷监管职责，落实雷电灾害防御责任。

（三）中国气象局、住房城乡建设部要会同相关部门建立建设工程防雷管理工作机制，加强指导协调和相互配合，完善标准规范，研究解决防雷管理中的重大问题，优化审批流程，规范中介服务行为。

建设工程防雷许可具体范围划分，由中国气象局、住房城乡建设部会同中央编办、工业和信息化部、环境保护部、交通运输部、水利部、国务院法制办、国家能源局、国家铁路局、中国民航局等部门研究确定并落实责任，及时向社会公布，2016年底前完成相关交接工作。相关部门要按程序修改《气象灾害防御条例》，对涉及的部门规章等进行清理修订。国务院办公厅适时组织督查，督促各部门、各地区在规定时限内落实改革要求。

本决定自印发之日起施行，已有规定与本决定不一致的，按照本决定执行。

工程咨询行业管理办法

1. 2017年11月6日国家发展和改革委员会令第9号发布
2. 根据2023年3月23日国家发展和改革委员会令第1号《关于修订投资管理有关规章和行政规范性文件的决定》修正

第一章　总　　则

第一条　为加强对工程咨询行业的管理，规范从业行为，保障工程咨询服务质量，促进投资科学决策、规范实施，发挥投资对优化供给结构的关键性作用，根据《中共中央、国务院关于深化投融资体制改革的意见》、《政府投资条例》、《企业投资项目核准和备案管理条例》及有关法律法规，制定本办法。

第二条　工程咨询是遵循独立、公正、科学的原则，综合运用多学科知识、工程实践经验、现代科学和管理方法，在经济社会发展、境内外投资建设项目决策与实施活动中，为投资者和政府部门提供阶段性或全过程咨询和管理的智力服务。

第三条　工程咨询单位是指在中国境内设立的从事工程咨询业务并具有独立法人资格的企业、事业单位。

工程咨询单位及其从业人员应当遵守国家法律法规和政策要求，恪守行业规范和职业道德，积极参与和接受行业自律管理。

第四条　国家发展改革委负责指导和规范全国工程咨询行业发展，制定工程咨询单位从业规则和标准，组织开展对工程咨询单位及其人员执业行为的监督管理。地方各级发展改革部门负责指导和规范本行政区域内工程咨询行业发展，实施对工程咨询单位及其人员执业行为的监督管理。

第五条　各级发展改革部门对工程咨询行业协会等行业组织进行政策和业务指导，依法加强监管。

第二章　工程咨询单位管理

第六条　对工程咨询单位实行告知性备案管理。工程咨询单位应当通过全国投资项目在线审批监管平台（以下简称在线平台）备案以下信息：

（一）基本情况，包括企业营业执照（事业单位法人证书）、在岗人员及技术力量、从事工程咨询业务年限、联系方式等；

（二）从事的工程咨询专业和服务范围；

（三）备案专业领域的专业技术人员配备情况；

（四）非涉密的咨询成果简介。

工程咨询单位应当保证所备案信息真实、准确、完整。备案信息有变化的，工程咨询单位应及时通过在线平台告知。

工程咨询单位基本信息由国家发展改革委通过在线平台向社会公布。

第七条　工程咨询业务按照以下专业划分：

（一）农业、林业；（二）水利水电；（三）电力（含火电、水电、核电、新能源）；（四）煤炭；（五）石油天然气；（六）公路；（七）铁路、城市轨道交通；（八）民航；（九）水运（含港口河海工程）；（十）电子、信息工程（含通信、广电、信息化）；（十一）冶金（含钢铁、有色）；（十二）石化、化工、医药；（十三）核工业；（十四）机械（含智能制造）；（十五）轻工、纺织；（十六）建材；（十七）建筑；（十八）市政公用工程；（十九）生态建设和环境工程；（二十）水文地质、工程测量、岩土工程；（二十一）其他（以实际专业为准）。

第八条　工程咨询服务范围包括：

（一）规划咨询：含总体规划、专项规划、区域规划及行业规划的编制；

（二）项目咨询：含项目投资机会研究、投融资策划，项目建议书（预可行性研究）、项目可行性研究报告、项目申请报告、资金申请报告的编制，政府和社会资本合作（PPP）项目咨询等；

（三）评估咨询：各级政府及有关部门委托的对规划、项目建议书、可行性研究报告、项目申请报告、资金申请报告、PPP项目实施方案、初步设计的评估，规划和项目中期评价、后评价，项目概预决算审查，及其他履行投资管理职能所需的专业技术服务；

（四）全过程工程咨询：采用多种服务方式组合，为项目决策、实施和运营持续提供局部或整体解决方案以及管理服务。有关工程设计、工程造价、工程监理等资格，由国务院有关主管部门认定。

第九条　工程咨询单位订立服务合同和开展相应的咨询业务，应当与备案的专业和服务范围一致。

第十条　工程咨询单位应当建立健全咨询质量管理制度，建立和实行咨询成果质量、成果文件审核等岗位人员责任制。

第十一条　工程咨询单位应当和委托方订立书面合同，约定各方权利义务并共同遵守。合同中应明确咨询活动形成的知识产权归属。

第十二条　工程咨询实行有偿服务。工程咨询服务价格由双方协商确定，促进优质优价，禁止价格垄断和恶意低价竞争。

第十三条　编写咨询成果文件应当依据法律法规、有关发展建设规划、技术标准、产业政策以及政府部门发布的标准规范等。

第十四条　咨询成果文件上应当加盖工程咨询单位公章和咨询工程师（投资）执业专用章。

工程咨询单位对咨询质量负总责。主持该咨询业务的人员对咨询成果文件质量负主要直接责任，参与人员对其编写的篇章内容负责。

实行咨询成果质量终身负责制。工程咨询单位在开展项目咨询业务时，应在咨询成果文件中就符合本办法第十三条要求，及独立、公正、科学的原则作出信用承诺。工程项目在设计使用年限内，因工程咨询质量导致项目单位重大损失的，应倒查咨询成果质量责任，并根据本办法第三十、三十一条进行处理，形成工程咨询成果质量追溯机制。

第十五条　工程咨询单位应当建立从业档案制度，将委托合同、咨询成果文件等存档备查。

第十六条　承担编制任务的工程咨询单位，不得承担同一事项的评估咨询任务。

承担评估咨询任务的工程咨询单位，与同一事项的编制单位、项目业主单位之间不得存在控股、管理关系或者负责人为同一人的重大关联关系。

第三章　从业人员管理

第十七条　国家设立工程咨询（投资）专业技术人员水平评价类职业资格制度。

通过咨询工程师（投资）职业资格考试并取得职业资格证书的人员，表明其已具备从事工程咨询（投资）专业技术岗位工作的职业能力和水平。

取得咨询工程师（投资）职业资格证书的人员从事工程咨询工作的，应当选择且仅能同时选择一个工程咨询单位作为其执业单位，进行执业登记并取得登记证书。

第十八条　咨询工程师（投资）是工程咨询行业的核心技术力量。工程咨询单位应当配备一定数量的咨询工程师（投资）。

第十九条　国家发展改革委和人力资源社会保障部按职责分工负责工程咨询（投资）专业技术人员职业资格制度实施的指导、监督、检查工作。

中国工程咨询协会具体承担咨询工程师（投资）的管理工作，开展考试、执业登记、继续教育、执业检查等管理事务。

第二十条　执业登记分为初始登记、变更登记、继续登记和注销登记四类。

申请登记的人员，应当选择已通过在线平台备案的工程咨询单位，按照本办法第七条划分的专业申请登记。申请人最多可以申请两个专业。

第二十一条　申请人登记合格取得《中华人民共和国咨询工程师（投资）登记证书》和执业专用章，登记证书和执业专用章是咨询工程师（投资）的执业证明。登记的有效期为3年。

第四章　行业自律和监督检查

第二十二条　工程咨询单位应具备良好信誉和相应能力。国家发展改革委应当推进工程咨询单位资信管理体系建设，指导监督行业组织开展资信评价，为委托单位择优选择工程咨询单位和政府部门实施重点监督提供参考依据。

第二十三条　工程咨询单位资信评价等级以一定时期内的合同业绩、守法信用记录和专业技术力量为主要指标，分为甲级和乙级两个级别，具体标准由国家发展改革委制定。

第二十四条　甲级资信工程咨询单位的评定工作，由国家发展改革委指导有关行业组织开展。

乙级资信工程咨询单位的评定工作，由省级发展改革委指导有关行业组织开展。

第二十五条　开展工程咨询单位资信评价工作的行业组织，应当根据本办法及资信评价标准开展资信评价工作，并向获得资信评价的工程咨询单位颁发资信评价等级证书。

第二十六条　工程咨询单位的资信评价结果，由国家和省级发展改革委通过在线平台和“信用中国”网站向社会公布。

行业自律性质的资信评价等级，仅作为委托咨询业务的参考。任何单位不得对资信评价设置机构数量限制，不得对各类工程咨询单位设置区域性、行业性从业限制，也不得对未参加或未获得资信评价的工程咨询单位设置执业限制。

第二十七条 国家和省级发展改革委应当依照有关法律法规、本办法及有关规定，制订工程咨询单位监督检查计划，按照一定比例开展抽查，并及时公布抽查结果。监督检查内容主要包括：

（一）遵守国家法律法规及有关规定的情况；

（二）信息备案情况；

（三）咨询质量管理制度建立情况；

（四）咨询成果质量情况；

（五）咨询成果文件档案建立情况；

（六）其他应当检查的内容。

第二十八条 中国工程咨询协会应当对咨询工程师（投资）执业情况进行检查。检查内容包括：

（一）遵守国家法律法规及有关规定的情况；

（二）登记申请材料的真实性；

（三）遵守职业道德、廉洁从业情况；

（四）行使权利、履行义务情况；

（五）接受继续教育情况；

（六）其他应当检查的情况。

第二十九条 国家和省级发展改革委应当对实施行业自律管理的工程咨询行业组织开展年度评估，提出加强和改进自律管理的建议。对评估中发现问题的，按照本办法第三十二条处理。

第五章 法律责任

第三十条 工程咨询单位有下列行为之一的，由发展改革部门责令改正；情节严重的，给予警告处罚并从备案名录中移除；已获得资信评价等级的，由开展资信评价的组织取消其评价等级。触犯法律的，依法追究法律责任。

（一）备案信息存在弄虚作假或与实际情况不符的；

（二）违背独立公正原则，帮助委托单位骗取批准文件和国家资金的；

（三）弄虚作假、泄露委托方的商业秘密以及采取不正当竞争手段损害其他工程咨询单位利益的；

（四）咨询成果存在严重质量问题的；

（五）未建立咨询成果文件完整档案的；

（六）伪造、涂改、出租、出借、转让资信评价等级证书的；

（七）弄虚作假、提供虚假材料申请资信评价的；

（八）弄虚作假、帮助他人申请咨询工程师（投资）登记的；

（九）其他违反法律法规的行为。

对直接责任人员，由发展改革部门责令改正，或给予警告处罚；涉及咨询工程师（投资）的，按本办法第三十一条处理。

第三十一条 咨询工程师（投资）有下列行为之一的，由中国工程咨询协会视情节轻重给予警告、通报批评、注销登记证书并收回执业专用章。触犯法律的，依法追究法律责任。

（一）在执业登记中弄虚作假的；

（二）准许他人以本人名义执业的；

（三）涂改或转让登记证书和执业专用章的；

（四）接受任何影响公正执业的酬劳的。

第三十二条 行业组织有下列情形之一的，由国家或省级发展改革委责令改正或停止有关行业自律管理工作；情节严重的，对行业组织和责任人员给予警告处罚。触犯法律的，依法追究法律责任。

（一）无故拒绝工程咨询单位申请资信评价的；

（二）无故拒绝申请人申请咨询工程师（投资）登记的；

（三）未按规定标准开展资信评价的；

（四）未按规定开展咨询工程师（投资）登记的；

（五）伙同申请单位或申请人弄虚作假的；

（六）其他违反法律、法规的行为。

第三十三条 工程咨询行业有关单位、组织和人员的违法违规信息，列入不良记录，及时通过在线平台和“信用中国”网站向社会公布，并建立违法失信联合惩戒机制。

第六章 附 则

第三十四条 本办法所称省级发展改革委是指各省、自治区、直辖市及计划单列市、新疆生产建设兵团发展改革委。

第三十五条 本办法由国家发展改革委负责解释。

第三十六条 本办法自2017年12月6日起施行。《工程咨询单位资格认定办法》（国家发展改革委2005年第29号令）、《国家发展改革委关于适用〈工程咨询单位资格认定办法〉有关条款的通知》（发改投资〔2009〕620号）、《咨询工程师（投资）管理办法》（国家发展改革委2013年第2号令）同时废止。

工程造价改革工作方案

1. 2020年7月24日
2. 建办标〔2020〕38号

工程造价、质量、进度是工程建设管理的三大核心要素。改革开放以来，工程造价管理坚持市场化改革方向，在工程发承包计价环节探索引入竞争机制，全面推行工程量清单计价，各项制度不断完善。但还存在定额等计价依据不能很好满足市场需要，造价信息服务水平不高，造价形成机制不够科学等问题。为充分发挥市场在资源配置中的决定性作用，促进建筑业转型升级，制定本工作方案。

一、总体思路

以习近平新时代中国特色社会主义思想为指导，深入贯彻落实党中央、国务院关于推进建筑业高质量发展的决策部署，坚持市场在资源配置中起决定性作用，正确处理政府与市场的关系，通过改进工程计量和计价规则、完善工程计价依据发布机制、加强工程造价数据积累、强化建设单位造价管控责任、严格施工合同履约管理等措施，推行清单计量、市场询价、自主报价、竞争定价的工程计价方式，进一步完善工程造价市场形成机制。

二、主要任务

（一）改进工程计量和计价规则。坚持从国情出发，借鉴国际通行做法，修订工程量计算规范，统一工程项目划分、特征描述、计量规则和计算口径。修订工程量清单计价规范，统一工程费用组成和计价规则。通过建立更加科学合理的计量和计价规则，增强我国企业市场询价和竞争谈判能力，提升企业国际竞争力，促进企业"走出去"。

（二）完善工程计价依据发布机制。加快转变政府职能，优化概算定额、估算指标编制发布和动态管理，取消最高投标限价按定额计价的规定，逐步停止发布预算定额。搭建市场价格信息发布平台，统一信息发布标准和规则，鼓励企事业单位通过信息平台发布各自的人工、材料、机械台班市场价格信息，供市场主体选择。加强市场价格信息发布行为监管，严格信息发布单位主体责任。

（三）加强工程造价数据积累。加快建立国有资金投资的工程造价数据库，按地区、工程类型、建筑结构等分类发布人工、材料、项目等造价指标指数，利用大数据、人工智能等信息化技术为概预算编制提供依据。加快推进工程总承包和全过程工程咨询，综合运用造价指标指数和市场价格信息，控制设计限额、建造标准、合同价格，确保工程投资效益得到有效发挥。

（四）强化建设单位造价管控责任。引导建设单位根据工程造价数据库、造价指标指数和市场价格信息等编制和确定最高投标限价，按照现行招标投标有关规定，在满足设计要求和保证工程质量前提下，充分发挥市场竞争机制，提高投资效益。

（五）严格施工合同履约管理。加强工程施工合同履约和价款支付监管，引导发承包双方严格按照合同约定开展工程款支付和结算，全面推行施工过程价款结算和支付，探索工程造价纠纷的多元化解决途径和方法，进一步规范建筑市场秩序，防止工程建设领域腐败和农民工工资拖欠。

三、组织实施

工程造价改革关系建设各方主体利益，涉及建筑业转型升级和建筑市场秩序治理。各地住房和城乡建设主管部门要提高政治站位、统一思想认识，坚持不立不破的原则，统筹兼顾、周密部署、稳步推进。

（一）强化组织协调。加强与发展改革、财政、审计等部门间沟通协作，做好顶层设计，按照改革工作方案要求，共同完善投资审批、建设管理、招标投标、财政评审、工程审计等配套制度，统筹推进工程造价改革。

（二）积极宣传引导。加强工程造价改革政策宣传解读和舆论引导，增进社会各方对工程造价改革的理解和支持，及时回应社会关切，为顺利实施改革营造良好的社会舆论环境。

（三）做好经验总结。充分尊重基层、企业和群众的首创精神，认真总结可复制、可推广的经验，不断完善工程造价改革思路和措施。

工程造价咨询企业管理办法

1. 2006年3月22日建设部令第149号发布
2. 根据2015年5月4日住房和城乡建设部令第24号《关于修改〈房地产开发企业资质管理规定〉等部门规章的决定》第一次修正
3. 根据2016年9月13日住房和城乡建设部令第32号《关于修改〈勘察设计注册工程师管理规定〉等11个部门规章的决定》第二次修正
4. 根据2020年2月19日住房和城乡建设部令第50号《关于修改〈工程造价咨询企业管理办法〉〈注册造价工程师管理办法〉的决定》第三次修正

第一章 总 则

第一条 为了加强对工程造价咨询企业的管理,提高工程造价咨询工作质量,维护建设市场秩序和社会公共利益,根据《中华人民共和国行政许可法》、《国务院对确需保留的行政审批项目设定行政许可的决定》,制定本办法。

第二条 在中华人民共和国境内从事工程造价咨询活动,实施对工程造价咨询企业的监督管理,应当遵守本办法。

第三条 本办法所称工程造价咨询企业,是指接受委托,对建设项目投资、工程造价的确定与控制提供专业咨询服务的企业。

第四条 工程造价咨询企业应当依法取得工程造价咨询企业资质,并在其资质等级许可的范围内从事工程造价咨询活动。

第五条 工程造价咨询企业从事工程造价咨询活动,应当遵循独立、客观、公正、诚实信用的原则,不得损害社会公共利益和他人的合法权益。

任何单位和个人不得非法干预依法进行的工程造价咨询活动。

第六条 国务院住房城乡建设主管部门负责全国工程造价咨询企业的统一监督管理工作。

省、自治区、直辖市人民政府住房城乡建设主管部门负责本行政区域内工程造价咨询企业的监督管理工作。

有关专业部门负责对本专业工程造价咨询企业实施监督管理。

第七条 工程造价咨询行业组织应当加强行业自律管理。

鼓励工程造价咨询企业加入工程造价咨询行业组织。

第二章 资质等级与标准

第八条 工程造价咨询企业资质等级分为甲级、乙级。

第九条 甲级工程造价咨询企业资质标准如下:

(一)已取得乙级工程造价咨询企业资质证书满3年;

(二)技术负责人已取得一级造价工程师注册证书,并具有工程或工程经济类高级专业技术职称,且从事工程造价专业工作15年以上;

(三)专职从事工程造价专业工作的人员(以下简称专职专业人员)不少于12人,其中,具有工程(或工程经济类)中级以上专业技术职称或者取得二级造价工程师注册证书的人员合计不少于10人;取得一级造价工程师注册证书的人员不少于6人,其他人员具有从事工程造价专业工作的经历;

(四)企业与专职专业人员签订劳动合同,且专职专业人员符合国家规定的职业年龄(出资人除外);

(五)企业近3年工程造价咨询营业收入累计不低于人民币500万元;

(六)企业为本单位专职专业人员办理的社会基本养老保险手续齐全;

(七)在申请核定资质等级之日前3年内无本办法第二十五条禁止的行为。

第十条 乙级工程造价咨询企业资质标准如下:

(一)技术负责人已取得一级造价工程师注册证书,并具有工程或工程经济类高级专业技术职称,且从事工程造价专业工作10年以上;

(二)专职专业人员不少于6人,其中,具有工程(或工程经济类)中级以上专业技术职称或者取得二级造价工程师注册证书的人员合计不少于4人;取得一级造价工程师注册证书的人员不少于3人,其他人员具有从事工程造价专业工作的经历;

(三)企业与专职专业人员签订劳动合同,且专职专业人员符合国家规定的职业年龄(出资人除外);

(四)企业为本单位专职专业人员办理的社会基本养老保险手续齐全;

(五)暂定期内工程造价咨询营业收入累计不低于人民币50万元;

（六）申请核定资质等级之日前无本办法第二十五条禁止的行为。

第三章　资质许可

第十一条　甲级工程造价咨询企业资质，由国务院住房城乡建设主管部门审批。

申请甲级工程造价咨询企业资质的，可以向申请人工商注册所在地省、自治区、直辖市人民政府住房城乡建设主管部门或者国务院有关专业部门提交申请材料。

省、自治区、直辖市人民政府住房城乡建设主管部门或者国务院有关专业部门收到申请材料后，应当在5日内将全部申请材料报国务院住房城乡建设主管部门，国务院住房城乡建设主管部门应当自受理之日起20日内作出决定。

组织专家评审所需时间不计算在上述时限内，但应当明确告知申请人。

第十二条　申请乙级工程造价咨询企业资质的，由省、自治区、直辖市人民政府住房城乡建设主管部门审查决定。其中，申请有关专业乙级工程造价咨询企业资质的，由省、自治区、直辖市人民政府住房城乡建设主管部门商同级有关专业部门审查决定。

乙级工程造价咨询企业资质许可的实施程序由省、自治区、直辖市人民政府住房城乡建设主管部门依法确定。

省、自治区、直辖市人民政府住房城乡建设主管部门应当自作出决定之日起30日内，将准予资质许可的决定报国务院住房城乡建设主管部门备案。

第十三条　企业在申请工程造价咨询甲级（或乙级）资质，以及在资质延续、变更时，应当提交下列申报材料：

（一）工程造价咨询企业资质申请书（含企业法定代表人承诺书）；

（二）专职专业人员（含技术负责人）的中级以上专业技术职称证书和身份证；

（三）企业开具的工程造价咨询营业收入发票和对应的工程造价咨询合同（如发票能体现工程造价咨询业务的，可不提供对应的工程造价咨询合同；新申请工程造价咨询企业资质的，不需提供）；

（四）工程造价咨询企业资质证书（新申请工程造价咨询企业资质的，不需提供）；

（五）企业营业执照。

企业在申请工程造价咨询甲级（或乙级）资质，以及在资质延续、变更时，企业法定代表人应当对下列事项进行承诺，并由资质许可机关调查核实：

（一）企业与专职专业人员签订劳动合同；

（二）企业缴纳营业收入的增值税；

（三）企业为专职专业人员（含技术负责人）缴纳本年度社会基本养老保险费用。

第十四条　新申请工程造价咨询企业资质的，其资质等级按照本办法第十条第（一）项至第（四）项所列资质标准核定为乙级，设暂定期一年。

暂定期届满需继续从事工程造价咨询活动的，应当在暂定期届满30日前，向资质许可机关申请换发资质证书。符合乙级资质条件的，由资质许可机关换发资质证书。

第十五条　准予资质许可的，资质许可机关应当向申请人颁发工程造价咨询企业资质证书。

工程造价咨询企业资质证书由国务院住房城乡建设主管部门统一印制，分正本和副本。正本和副本具有同等法律效力。

工程造价咨询企业遗失资质证书的，应当向资质许可机关申请补办，由资质许可机关在官网发布信息。

第十六条　工程造价咨询企业资质有效期为3年。

资质有效期届满，需要继续从事工程造价咨询活动的，应当在资质有效期届满30日前向资质许可机关提出资质延续申请。资质许可机关应当根据申请作出是否准予延续的决定。准予延续的，资质有效期延续3年。

第十七条　工程造价咨询企业的名称、住所、组织形式、法定代表人、技术负责人、注册资本等事项发生变更的，应当自变更确立之日起30日内，到资质许可机关办理资质证书变更手续。

第十八条　工程造价咨询企业合并的，合并后存续或者新设立的工程造价咨询企业可以承继合并前各方中较高的资质等级，但应当符合相应的资质等级条件。

工程造价咨询企业分立的，只能由分立后的一方承继原工程造价咨询企业资质，但应当符合原工程造价咨询企业资质等级条件。

第四章　工程造价咨询管理

第十九条　工程造价咨询企业依法从事工程造价咨询活动，不受行政区域限制。

甲级工程造价咨询企业可以从事各类建设项目的工程造价咨询业务。

乙级工程造价咨询企业可以从事工程造价2亿元人民币以下各类建设项目的工程造价咨询业务。

第二十条 工程造价咨询业务范围包括：

（一）建设项目建议书及可行性研究投资估算、项目经济评价报告的编制和审核；

（二）建设项目概预算的编制与审核，并配合设计方案比选、优化设计、限额设计等工作进行工程造价分析与控制；

（三）建设项目合同价款的确定（包括招标工程工程量清单和标底、投标报价的编制和审核）；合同价款的签订与调整（包括工程变更、工程洽商和索赔费用的计算）及工程款支付，工程结算及竣工结（决）算报告的编制与审核等；

（四）工程造价经济纠纷的鉴定和仲裁的咨询；

（五）提供工程造价信息服务等。

工程造价咨询企业可以对建设项目的组织实施进行全过程或者若干阶段的管理和服务。

第二十一条 工程造价咨询企业在承接各类建设项目的工程造价咨询业务时，应当与委托人订立书面工程造价咨询合同。

工程造价咨询企业与委托人可以参照《建设工程造价咨询合同》（示范文本）订立合同。

第二十二条 工程造价咨询企业从事工程造价咨询业务，应当按照有关规定的要求出具工程造价成果文件。

工程造价成果文件应当由工程造价咨询企业加盖有企业名称、资质等级及证书编号的执业印章，并由执行咨询业务的注册造价工程师签字、加盖执业印章。

第二十三条 工程造价咨询企业跨省、自治区、直辖市承接工程造价咨询业务的，应当自承接业务之日起30日内到建设工程所在地省、自治区、直辖市人民政府住房城乡建设主管部门备案。

第二十四条 工程造价咨询收费应当按照有关规定，由当事人在建设工程造价咨询合同中约定。

第二十五条 工程造价咨询企业不得有下列行为：

（一）涂改、倒卖、出租、出借资质证书，或者以其他形式非法转让资质证书；

（二）超越资质等级业务范围承接工程造价咨询业务；

（三）同时接受招标人和投标人或两个以上投标人对同一工程项目的工程造价咨询业务；

（四）以给予回扣、恶意压低收费等方式进行不正当竞争；

（五）转包承接的工程造价咨询业务；

（六）法律、法规禁止的其他行为。

第二十六条 除法律、法规另有规定外，未经委托人书面同意，工程造价咨询企业不得对外提供工程造价咨询服务过程中获知的当事人的商业秘密和业务资料。

第二十七条 县级以上地方人民政府住房城乡建设主管部门、有关专业部门应当依照有关法律、法规和本办法的规定，对工程造价咨询企业从事工程造价咨询业务的活动实施监督检查。

第二十八条 监督检查机关履行监督检查职责时，有权采取下列措施：

（一）要求被检查单位提供工程造价咨询企业资质证书、造价工程师注册证书，有关工程造价咨询业务的文档，有关技术档案管理制度、质量控制制度、财务管理制度的文件；

（二）进入被检查单位进行检查，查阅工程造价咨询成果文件以及工程造价咨询合同等相关资料；

（三）纠正违反有关法律、法规和本办法及执业规程规定的行为。

监督检查机关应当将监督检查的处理结果向社会公布。

第二十九条 监督检查机关进行监督检查时，应当有两名以上监督检查人员参加，并出示执法证件，不得妨碍被检查单位的正常经营活动，不得索取或者收受财物、谋取其他利益。

有关单位和个人对依法进行的监督检查应当协助与配合，不得拒绝或者阻挠。

第三十条 有下列情形之一的，资质许可机关或者其上级机关，根据利害关系人的请求或者依据职权，可以撤销工程造价咨询企业资质：

（一）资质许可机关工作人员滥用职权、玩忽职守作出准予工程造价咨询企业资质许可的；

（二）超越法定职权作出准予工程造价咨询企业资质许可的；

（三）违反法定程序作出准予工程造价咨询企业资质许可的；

（四）对不具备行政许可条件的申请人作出准予工程造价咨询企业资质许可的；

（五）依法可以撤销工程造价咨询企业资质的其他情形。

工程造价咨询企业以欺骗、贿赂等不正当手段取得工程造价咨询企业资质的，应当予以撤销。

第三十一条　工程造价咨询企业取得工程造价咨询企业资质后，不再符合相应资质条件的，资质许可机关根据利害关系人的请求或者依据职权，可以责令其限期改正；逾期不改的，可以撤回其资质。

第三十二条　有下列情形之一的，资质许可机关应当依法注销工程造价咨询企业资质：

（一）工程造价咨询企业资质有效期满，未申请延续的；

（二）工程造价咨询企业资质被撤销、撤回的；

（三）工程造价咨询企业依法终止的；

（四）法律、法规规定的应当注销工程造价咨询企业资质的其他情形。

第三十三条　工程造价咨询企业应当按照有关规定，向资质许可机关提供真实、准确、完整的工程造价咨询企业信用档案信息。

工程造价咨询企业信用档案应当包括工程造价咨询企业的基本情况、业绩、良好行为、不良行为等内容。违法行为、被投诉举报处理、行政处罚等情况应当作为工程造价咨询企业的不良记录记入其信用档案。

任何单位和个人有权查阅信用档案。

第五章　法律责任

第三十四条　申请人隐瞒有关情况或者提供虚假材料申请工程造价咨询企业资质的，不予受理或者不予资质许可，并给予警告，申请人在1年内不得再次申请工程造价咨询企业资质。

第三十五条　以欺骗、贿赂等不正当手段取得工程造价咨询企业资质的，由县级以上地方人民政府住房城乡建设主管部门或者有关专业部门给予警告，并处以1万元以上3万元以下的罚款，申请人3年内不得再次申请工程造价咨询企业资质。

第三十六条　未取得工程造价咨询企业资质从事工程造价咨询活动或者超越资质等级承接工程造价咨询业务的，出具的工程造价成果文件无效，由县级以上地方人民政府住房城乡建设主管部门或者有关专业部门给予警告，责令限期改正，并处以1万元以上3万元以下的罚款。

第三十七条　违反本办法第十七条规定，工程造价咨询企业不及时办理资质证书变更手续的，由资质许可机关责令限期办理；逾期不办理的，可处以1万元以下的罚款。

第三十八条　违反本办法第二十三条规定，跨省、自治区、直辖市承接业务不备案的，由县级以上地方人民政府住房城乡建设主管部门或者有关专业部门给予警告，责令限期改正；逾期未改正的，可处以5000元以上2万元以下的罚款。

第三十九条　工程造价咨询企业有本办法第二十五条行为之一的，由县级以上地方人民政府住房城乡建设主管部门或者有关专业部门给予警告，责令限期改正，并处以1万元以上3万元以下的罚款。

第四十条　资质许可机关有下列情形之一的，由其上级行政主管部门或者监察机关责令改正，对直接负责的主管人员和其他直接责任人员依法给予处分；构成犯罪的，依法追究刑事责任：

（一）对不符合法定条件的申请人准予工程造价咨询企业资质许可或者超越职权作出准予工程造价咨询企业资质许可决定的；

（二）对符合法定条件的申请人不予工程造价咨询企业资质许可或者不在法定期限内作出准予工程造价咨询企业资质许可决定的；

（三）利用职务上的便利，收受他人财物或者其他利益的；

（四）不履行监督管理职责，或者发现违法行为不予查处的。

第六章　附　　则

第四十一条　本办法自2006年7月1日起施行。2000年1月25日建设部发布的《工程造价咨询单位管理办法》（建设部令第74号）同时废止。

本办法施行前建设部发布的规章与本办法的规定不一致的，以本办法为准。

建设工程企业资质申报弄虚作假行为处理办法

1. 2011年12月8日住房和城乡建设部发布

2. 建市〔2011〕200号

第一条　为建立和维护公平竞争、规范有序的建筑市场秩序，加强建筑市场的准入清出管理，严肃查处建设工程企业资质申报中弄虚作假行为，依据《中华人民共和国建筑法》、《中华人民共和国行政许可法》等法律法规，制定本办法。

第二条　本办法所称企业资质申报，是指工程勘察资质、工程设计资质、建筑业企业资质、工程监理企业资质、工程建设项目招标代理机构资格、工程设计与施工一体化资质的首次申请、升级、增项、延续（就位）等。

第三条　企业申报资质，必须按照规定如实提供有关申报材料，凡与实际情况不符，有伪造、虚报相关数据或证明材料行为的，可认定为弄虚作假。

第四条　对涉嫌在企业资质申报中弄虚作假行为的核查、认定和处理，应当坚持实事求是、责任追究与教育防范相结合的原则。

第五条　各级住房城乡建设主管部门应当依法按照行政审批权限，对涉嫌在资质申报中弄虚作假企业进行核查处理，不在行政审批权限范围内的，应当及时将相关情况逐级上报至有权限的住房城乡建设主管部门研究处理。涉嫌在资质申报中弄虚作假的企业应配合接受核查，并在规定时限内按要求提供证明材料。

铁路、交通、水利、信息产业等部门在资质审查中发现弄虚作假行为的，应将有关情况告知同级住房城乡建设主管部门，并配合核查。

第六条　住房和城乡建设部可委托省级住房城乡建设主管部门对涉嫌在资质申报中弄虚作假的企业进行核查。受委托部门应在规定时限内将核查的有关情况、原始材料和处理建议上报。

第七条　省级住房城乡建设主管部门应当每半年将资质申报中对弄虚作假行为的处理结果汇总上报住房和城乡建设部备案。

第八条　任何单位和个人有权向住房城乡建设主管部门举报企业在申报资质中弄虚作假的行为。对能提供基本事实线索或相关证明材料的举报，住房城乡建设主管部门应予受理，并为举报单位或个人保密。

第九条　住房城乡建设主管部门之间应当建立资质申报中弄虚作假行为的协查机制。协助核查的主管部门应当予以配合，并在规定时限内书面反馈核查情况。

第十条　住房城乡建设主管部门应在20个工作日内完成对涉嫌申报资质中弄虚作假企业的核查，可要求被核查企业提供相关材料；核查期间，暂不予做出该申报行政许可决定，核查时间不计入审批时限。

第十一条　因涉嫌在资质申报过程中弄虚作假被核查的企业，应积极配合相关部门核查。

第十二条　对资质申报中弄虚作假的企业，住房城乡建设主管部门按照行政审批权限依法给予警告，并作如下处理：

（一）企业新申请资质时弄虚作假的，不批准其资质申请，企业在一年内不得再次申请该项资质；

（二）企业在资质升级、增项申请中弄虚作假的，不批准其资质申请，企业在一年内不得再次申请该项资质升级、增项；

（三）企业在资质延续申请中弄虚作假的，不予延续；企业按低一等级资质或缩小原资质范围重新申请核定资质，并一年内不得申请该项资质升级、增项。

第十三条　对弄虚作假取得资质的企业，住房城乡建设主管部门依法给予行政处罚并撤销其相应资质，且自撤销资质之日起三年内不得申请该项资质。

第十四条　被核查企业拒绝配合调查，或未在规定时限内提供相应反映真实情况说明材料的，不批准其资质申报。

第十五条　受住房城乡建设部委托进行核查的省级住房城乡建设主管部门，逾期未上报核查结果的，住房城乡建设部给予通报批评，且不批准被核查企业的资质申请。

第十六条　对参与企业资质申报弄虚作假或为企业提供虚假证明的有关单位或个人，住房城乡建设主管部门给予通报批评或抄报有关部门依法进行处理。

第十七条　对参与企业资质申报弄虚作假的住房城乡建设主管部门及其工作人员，依法由其上级行政机关或者监察机关责令改正，对直接负责的主管人员和其他直接责任人员依法给予行政处分。

第十八条　住房城乡建设主管部门将企业资质申报中的弄虚作假行为作为企业或个人不良行为在全国诚信信息平台予以发布。

第十九条　本办法自发布之日起施行，原《对工程勘察、设计、施工、监理和招标代理企业资质申报中弄虚作假行为的处理办法》（建市〔2002〕40号）同时废止。

建设部办公厅关于工程勘察、设计、施工、监理企业及招标代理机构资质申请及年检有关问题的通知

1. 2005年8月9日
2. 建办市函〔2005〕456号

各省、自治区建设厅，直辖市建委，北京市规划委员会，

江苏省、山东省建管局，新疆生产建设兵团建设局，国务院有关部门建设司（局），总后基建营房部工程管理局，中央管理的有关企业：

为贯彻落实《行政许可法》，规范建设工程企业资质管理工作，现将工程勘察、设计、施工、监理企业及招标代理机构资质申请及年检的有关问题通知如下：

一、根据《行政许可法》规定，建设部机关直接实施的工程勘察、设计、施工、监理企业及招标代理机构资质新设立、升级、增项等行政许可事项，随时受理企业申请材料。

二、自2005年起，建设部不再开展对工程勘察、设计、施工、监理企业及招标代理机构的资质年检工作。我部将抓紧制定后续监管和市场清出管理标准，进一步规范监管行为。各地建设行政主管部门应当建立建设工程企业监督检查制度，核查企业的从业人员数量和持证情况及市场行为、质量安全状况等，建立健全建筑市场的监管信息系统，加强对持证企业的日常监管，发现问题及时记入企业不良记录，对资质标准不达标的企业，依法予以处理。

三、2004年7月1日《行政许可法》施行后，我部资质审查对资质年检工作已不作要求。2004年7月1日后，工程勘察、设计、施工、监理企业及招标代理机构的资质证书，凡在证书有效期内，包括通过资质年检的与未进行资质年检的企业资质证书均为有效证书，任何单位、部门不得以企业未进行年检为由，限制企业在其资质许可范围内从事正常的生产经营活动。

住房和城乡建设部关于建设工程企业资质资格延续审查有关问题的通知

1. *2013年7月10日*
2. *建市〔2013〕106号*

各省、自治区住房城乡建设厅，直辖市建委（建设交通委），北京市规委，新疆生产建设兵团建设局，国务院有关部门建设司，总后基建营房部工程管理局，有关中央企业：

为贯彻落实国务院关于深入推进行政审批制度改革的要求，进一步方便服务企业，提高审查效率，经研究，决定将部分由我部负责审批的勘察、设计、施工、监理、设计与施工企业及招标代理机构（以下简称“建设工程企业”）资质资格延续审查工作委托各省级人民政府住房城乡建设主管部门（以下简称“各省级主管部门”）实施。现将有关要求通知如下：

一、由我部负责审批资质资格的建设工程企业，凡资质证书有效期在2013年10月1日（含）后到期的，其资质资格延续审查工作交由企业所在地省级人民政府住房城乡建设主管部门负责实施。

二、企业资质资格延续申请材料仍按现行规定执行。

各建设工程企业应通过我部网站下载“企业资质申请受理信息填报软件”，填写《建设工程企业资质申请受理信息采集表》，并加盖企业公章后，与申请材料一并报送各省级主管部门。

三、各省级主管部门应按现行资质资格标准和实施意见规定的程序、标准和时限完成审查工作（包括公示和受理申诉、调查举报等），并对审查结果负责。

各省级主管部门应在审查结束后5日内，按资质类别分别填写《建设工程企业资质延续审查情况汇总表》（见附件），并附汇总表上全部企业的《建设工程企业资质申请受理信息采集表》报送我部。

四、我部将根据各省级主管部门的审查结果，依法作出行政许可决定，对同意延续资质资格的企业颁发资质证书。

五、各省级主管部门应建立并严格执行资质延续审查工作各项规章制度，明确审查工作要求，规范审查工作程序，保证审查工作质量。

我部将对各省级主管部门的审查工作定期进行抽查。对于违反规定或审查不严导致不符合延续条件的企业通过资质资格延续的，我部将予以通报批评，并对不符合延续条件的企业依法撤销其资质资格。

六、企业资质资格有效期届满未提出延续的，其资质证书自动失效，各省级主管部门应在其有效期届满后1个月内将企业名单上报我部。

七、涉及我部审批的铁路、交通、水利、信息产业、民航、海洋、消防等方面的资质，国务院有关部门所属单位和国务院国有资产管理部门直接监管企业及其下属一层级企业申请由我部审批的勘察、设计、施工资质，其资质延续审查工作仍由我部组织实施。

八、总后基建营房部工程管理局所属单位的资质延续审查工作参照本通知执行。

住房和城乡建设部关于建筑业企业资质管理有关问题的通知

1. 2015 年 10 月 9 日
2. 建市〔2015〕154 号

各省、自治区住房城乡建设厅，直辖市建委，新疆生产建设兵团建设局，国务院有关部门建设司，总后基建营房部工程管理局：

为充分发挥市场配置资源的决定性作用，进一步简政放权，促进建筑业发展，现就建筑业企业资质有关问题通知如下：

一、取消《施工总承包企业特级资质标准》（建市〔2007〕72 号）中关于国家级工法、专利、国家级科技进步奖项、工程建设国家或行业标准等考核指标要求。对于申请施工总承包特级资质的企业，不再考核上述指标。

二、取消《建筑业企业资质标准》（建市〔2014〕159 号）中建筑工程施工总承包一级资质企业可承担单项合同额3000 万元以上建筑工程的限制。取消《建筑业企业资质管理规定和资质标准实施意见》（建市〔2015〕20 号）特级资质企业限承担施工单项合同额 6000 万元以上建筑工程的限制以及《施工总承包企业特级资质标准》（建市〔2007〕72 号）特级资质企业限承担施工单项合同额 3000 万元以上房屋建筑工程的限制。

三、将《建筑业企业资质标准》（建市〔2014〕159 号）中钢结构工程专业承包一级资质承包工程范围修改为：可承担各类钢结构工程的施工。

四、将《建筑业企业资质管理规定和资质标准实施意见》（建市〔2015〕20 号）规定的资质换证调整为简单换证，资质许可机关取消对企业资产、主要人员、技术装备指标的考核，企业按照《建筑业企业资质管理规定》（住房城乡建设部令第 22 号）确定的审批权限以及建市〔2015〕20 号文件规定的对应换证类别和等级要求，持旧版建筑业企业资质证书到资质许可机关直接申请换发新版建筑业企业资质证书（具体换证要求另行通知）。将过渡期调整至 2016 年 6 月 30 日，2016 年 7 月 1 日起，旧版建筑业企业资质证书失效。

五、取消《建筑业企业资质管理规定和资质标准实施意见》（建市〔2015〕20 号）第二十八条“企业申请资质升级（含一级升特级）、资质增项的，资质许可机关应对其既有全部建筑业企业资质要求的资产和主要人员是否满足标准要求进行检查”的规定；取消第四十二条关于“企业最多只能选择 5 个类别的专业承包资质换证，超过 5 个类别的其他专业承包资质按资质增项要求提出申请”的规定。

六、劳务分包（脚手架作业分包和模板作业分包除外）企业资质暂不换证。

各地要认真组织好建筑业企业资质换证工作，加强事中事后监管，适时对本地区取得建筑业企业资质的企业是否满足资质标准条件进行动态核查。

本通知自发布之日起施行。

2. 专业技术人员

（1）注册建筑师、建造师

中华人民共和国注册建筑师条例

1. 1995年9月23日国务院令第184号发布
2. 根据2019年4月23日国务院令第714号《关于修改部分行政法规的决定》修订

第一章　总　　则

第一条　为了加强对注册建筑师的管理，提高建筑设计质量与水平，保障公民生命和财产安全，维护社会公共利益，制定本条例。

第二条　本条例所称注册建筑师，是指依法取得注册建筑师证书并从事房屋建筑设计及相关业务的人员。

注册建筑师分为一级注册建筑师和二级注册建筑师。

第三条　注册建筑师的考试、注册和执业，适用本条例。

第四条　国务院建设行政主管部门、人事行政主管部门和省、自治区、直辖市人民政府建设行政主管部门、人事行政主管部门依照本条例的规定对注册建筑师的考试、注册和执业实施指导和监督。

第五条　全国注册建筑师管理委员会和省、自治区、直辖市注册建筑师管理委员会，依照本条例的规定负责注册建筑师的考试和注册的具体工作。

全国注册建筑师管理委员会由国务院建设行政主管部门、人事行政主管部门、其他有关行政主管部门的代表和建筑设计专家组成。

省、自治区、直辖市注册建筑师管理委员会由省、自治区、直辖市建设行政主管部门、人事行政主管部门、其他有关行政主管部门的代表和建筑设计专家组成。

第六条　注册建筑师可以组建注册建筑师协会，维护会员的合法权益。

第二章　考试和注册

第七条　国家实行注册建筑师全国统一考试制度。注册建筑师全国统一考试办法，由国务院建设行政主管部门会同国务院人事行政主管部门商国务院其他有关行政主管部门共同制定，由全国注册建筑师管理委员会组织实施。

第八条　符合下列条件之一的，可以申请参加一级注册建筑师考试：

（一）取得建筑学硕士以上学位或者相近专业工学博士学位，并从事建筑设计或者相关业务2年以上的；

（二）取得建筑学学士学位或者相近专业工学硕士学位，并从事建筑设计或者相关业务3年以上的；

（三）具有建筑学专业大学本科毕业学历并从事建筑设计或者相关业务5年以上的，或者具有建筑学相近专业大学本科毕业学历并从事建筑设计或者相关业务7年以上的；

（四）取得高级工程师技术职称并从事建筑设计或者相关业务3年以上的，或者取得工程师技术职称并从事建筑设计或者相关业务5年以上的；

（五）不具有前四项规定的条件，但设计成绩突出，经全国注册建筑师管理委员会认定达到前四项规定的专业水平的。

前款第三项至第五项规定的人员应当取得学士学位。

第九条　符合下列条件之一的，可以申请参加二级注册建筑师考试：

（一）具有建筑学或者相近专业大学本科毕业以上学历，从事建筑设计或者相关业务2年以上的；

（二）具有建筑设计技术专业或者相近专业大专毕业以上学历，并从事建筑设计或者相关业务3年以上的；

（三）具有建筑设计技术专业4年制中专毕业学历，并从事建筑设计或者相关业务5年以上的；

（四）具有建筑设计技术相近专业中专毕业学历，并从事建筑设计或者相关业务7年以上的；

（五）取得助理工程师以上技术职称，并从事建筑设计或者相关业务3年以上的。

第十条　本条例施行前已取得高级、中级技术职称的建筑设计人员，经所在单位推荐，可以按照注册建筑师全国统一考试办法的规定，免予部分科目的考试。

第十一条　注册建筑师考试合格，取得相应的注册建筑师资格的，可以申请注册。

第十二条　一级注册建筑师的注册，由全国注册建筑师管理委员会负责；二级注册建筑师的注册，由省、自治区、直辖市注册建筑师管理委员会负责。

第十三条　有下列情形之一的，不予注册：

（一）不具有完全民事行为能力的；

（二）因受刑事处罚，自刑罚执行完毕之日起至申请注册之日止不满5年的；

（三）因在建筑设计或者相关业务中犯有错误受行政处罚或者撤职以上行政处分，自处罚、处分决定之日起至申请注册之日止不满2年的；

（四）受吊销注册建筑师证书的行政处罚，自处罚决定之日起至申请注册之日止不满5年的；

（五）有国务院规定不予注册的其他情形的。

第十四条　全国注册建筑师管理委员会和省、自治区、直辖市注册建筑师管理委员会依照本条例第十三条的规定，决定不予注册的，应当自决定之日起15日内书面通知申请人；申请人有异议的，可以自收到通知之日起15日内向国务院建设行政主管部门或者省、自治区、直辖市人民政府建设行政主管部门申请复议。

第十五条　全国注册建筑师管理委员会应当将准予注册的一级注册建筑师名单报国务院建设行政主管部门备案；省、自治区、直辖市注册建筑师管理委员会应当将准予注册的二级注册建筑师名单报省、自治区、直辖市人民政府建设行政主管部门备案。

国务院建设行政主管部门或者省、自治区、直辖市人民政府建设行政主管部门发现有关注册建筑师管理委员会的注册不符合本条例规定的，应当通知有关注册建筑师管理委员会撤销注册，收回注册建筑师证书。

第十六条　准予注册的申请人，分别由全国注册建筑师管理委员会和省、自治区、直辖市注册建筑师管理委员会核发由国务院建设行政主管部门统一制作的一级注册建筑师证书或者二级注册建筑师证书。

第十七条　注册建筑师注册的有效期为2年。有效期届满需要继续注册的，应当在期满前30日内办理注册手续。

第十八条　已取得注册建筑师证书的人员，除本条例第十五条第二款规定的情形外，注册后有下列情形之一的，由准予注册的全国注册建筑师管理委员会或者省、自治区、直辖市注册建筑师管理委员会撤销注册，收回注册建筑师证书：

（一）完全丧失民事行为能力的；

（二）受刑事处罚的；

（三）因在建筑设计或者相关业务中犯有错误，受到行政处罚或者撤职以上行政处分的；

（四）自行停止注册建筑师业务满2年的。

被撤销注册的当事人对撤销注册、收回注册建筑师证书有异议的，可以自接到撤销注册、收回注册建筑师证书的通知之日起15日内向国务院建设行政主管部门或者省、自治区、直辖市人民政府建设行政主管部门申请复议。

第十九条　被撤销注册的人员可以依照本条例的规定重新注册。

第三章　执　　业

第二十条　注册建筑师的执业范围：

（一）建筑设计；

（二）建筑设计技术咨询；

（三）建筑物调查与鉴定；

（四）对本人主持设计的项目进行施工指导和监督；

（五）国务院建设行政主管部门规定的其他业务。

第二十一条　注册建筑师执行业务，应当加入建筑设计单位。

建筑设计单位的资质等级及其业务范围，由国务院建设行政主管部门规定。

第二十二条　一级注册建筑师的执业范围不受建筑规模和工程复杂程度的限制。二级注册建筑师的执业范围不得超越国家规定的建筑规模和工程复杂程度。

第二十三条　注册建筑师执行业务，由建筑设计单位统一接受委托并统一收费。

第二十四条　因设计质量造成的经济损失，由建筑设计单位承担赔偿责任；建筑设计单位有权向签字的注册建筑师追偿。

第四章　权利和义务

第二十五条　注册建筑师有权以注册建筑师的名义执行注册建筑师业务。

非注册建筑师不得以注册建筑师的名义执行注册建筑师业务。二级注册建筑师不得以一级注册建筑师的名义执行业务，也不得超越国家规定的二级注册建筑师的执业范围执行业务。

第二十六条　国家规定的一定跨度、跨径和高度以上的房屋建筑，应当由注册建筑师进行设计。

第二十七条　任何单位和个人修改注册建筑师的设计图纸，应当征得该注册建筑师同意；但是，因特殊情况不能征得该注册建筑师同意的除外。

第二十八条 注册建筑师应当履行下列义务：

（一）遵守法律、法规和职业道德，维护社会公共利益；

（二）保证建筑设计的质量，并在其负责的设计图纸上签字；

（三）保守在执业中知悉的单位和个人的秘密；

（四）不得同时受聘于二个以上建筑设计单位执行业务；

（五）不得准许他人以本人名义执行业务。

第五章 法律责任

第二十九条 以不正当手段取得注册建筑师考试合格资格或者注册建筑师证书的，由全国注册建筑师管理委员会或者省、自治区、直辖市注册建筑师管理委员会取消考试合格资格或者吊销注册建筑师证书；对负有直接责任的主管人员和其他直接责任人员，依法给予行政处分。

第三十条 未经注册擅自以注册建筑师名义从事注册建筑师业务的，由县级以上人民政府建设行政主管部门责令停止违法活动，没收违法所得，并可以处以违法所得5倍以下的罚款；造成损失的，应当承担赔偿责任。

第三十一条 注册建筑师违反本条例规定，有下列行为之一的，由县级以上人民政府建设行政主管部门责令停止违法活动，没收违法所得，并可以处以违法所得5倍以下的罚款；情节严重的，可以责令停止执行业务或者由全国注册建筑师管理委员会或者省、自治区、直辖市注册建筑师管理委员会吊销注册建筑师证书：

（一）以个人名义承接注册建筑师业务、收取费用的；

（二）同时受聘于二个以上建筑设计单位执行业务的；

（三）在建筑设计或者相关业务中侵犯他人合法权益的；

（四）准许他人以本人名义执行业务的；

（五）二级注册建筑师以一级注册建筑师的名义执行业务或者超越国家规定的执业范围执行业务的。

第三十二条 因建筑设计质量不合格发生重大责任事故，造成重大损失的，对该建筑设计负有直接责任的注册建筑师，由县级以上人民政府建设行政主管部门责令停止执行业务；情节严重的，由全国注册建筑师管理委员会或者省、自治区、直辖市注册建筑师管理委员会吊销注册建筑师证书。

第三十三条 违反本条例规定，未经注册建筑师同意擅自修改其设计图纸的，由县级以上人民政府建设行政主管部门责令纠正；造成损失的，应当承担赔偿责任。

第三十四条 违反本条例规定，构成犯罪的，依法追究刑事责任。

第六章 附 则

第三十五条 本条例所称建筑设计单位，包括专门从事建筑设计的工程设计单位和其他从事建筑设计的工程设计单位。

第三十六条 外国人申请参加中国注册建筑师全国统一考试和注册以及外国建筑师申请在中国境内执行注册建筑师业务，按照对等原则办理。

第三十七条 本条例自发布之日起施行。

中华人民共和国
注册建筑师条例实施细则

1. 2008年1月29日建设部令第167号公布

2. 自2008年3月15日起施行

第一章 总 则

第一条 根据《中华人民共和国行政许可法》和《中华人民共和国注册建筑师条例》（以下简称《条例》），制定本细则。

第二条 中华人民共和国境内注册建筑师的考试、注册、执业、继续教育和监督管理，适用本细则。

第三条 注册建筑师，是指经考试、特许、考核认定取得中华人民共和国注册建筑师执业资格证书（以下简称执业资格证书），或者经资格互认方式取得建筑师互认资格证书（以下简称互认资格证书），并按照本细则注册，取得中华人民共和国注册建筑师注册证书（以下简称注册证书）和中华人民共和国注册建筑师执业印章（以下简称执业印章），从事建筑设计及相关业务活动的专业技术人员。

未取得注册证书和执业印章的人员，不得以注册建筑师的名义从事建筑设计及相关业务活动。

第四条 国务院建设主管部门、人事主管部门按职责分工对全国注册建筑师考试、注册、执业和继续教育实施指导和监督。

省、自治区、直辖市人民政府建设主管部门、人事主管部门按职责分工对本行政区域内注册建筑师考试、注册、执业和继续教育实施指导和监督。

第五条 全国注册建筑师管理委员会负责注册建筑师考试、一级注册建筑师注册、制定颁布注册建筑师有关标准以及相关国际交流等具体工作。

省、自治区、直辖市注册建筑师管理委员会负责本行政区域内注册建筑师考试、注册以及协助全国注册建筑师管理委员会选派专家等具体工作。

第六条 全国注册建筑师管理委员会委员由国务院建设主管部门商人事主管部门聘任。

全国注册建筑师管理委员会由国务院建设主管部门、人事主管部门、其他有关主管部门的代表和建筑设计专家组成，设主任委员一名、副主任委员若干名。全国注册建筑师管理委员会秘书处设在建设部执业资格注册中心。全国注册建筑师管理委员会秘书处承担全国注册建筑师管理委员会的日常工作职责，并承担相应的法律责任。

省、自治区、直辖市注册建筑师管理委员会由省、自治区、直辖市人民政府建设主管部门商同级人事主管部门参照本条第一款、第二款规定成立。

第二章 考　　试

第七条 注册建筑师考试分为一级注册建筑师考试和二级注册建筑师考试。注册建筑师考试实行全国统一考试，每年进行一次。遇特殊情况，经国务院建设主管部门和人事主管部门同意，可调整该年度考试次数。

注册建筑师考试由全国注册建筑师管理委员会统一部署，省、自治区、直辖市注册建筑师管理委员会组织实施。

第八条 一级注册建筑师考试内容包括：建筑设计前期工作、场地设计、建筑设计与表达、建筑结构、环境控制、建筑设备、建筑材料与构造、建筑经济、施工与设计业务管理、建筑法规等。上述内容分成若干科目进行考试。科目考试合格有效期为八年。

二级注册建筑师考试内容包括：场地设计、建筑设计与表达、建筑结构与设备、建筑法规、建筑经济与施工等。上述内容分成若干科目进行考试。科目考试合格有效期为四年。

第九条 《条例》第八条第（一）、（二）、（三）项，第九条第（一）项中所称相近专业，是指大学本科及以上建筑学的相近专业，包括城市规划、建筑工程和环境艺术等专业。

《条例》第九条第（二）项所称相近专业，是指大学专科建筑设计的相近专业，包括城乡规划、房屋建筑工程、风景园林、建筑装饰技术和环境艺术等专业。

《条例》第九条第（四）项所称相近专业，是指中等专科学校建筑设计技术的相近专业，包括工业与民用建筑、建筑装饰、城镇规划和村镇建设等专业。

《条例》第八条第（五）项所称设计成绩突出，是指获得国家或省部级优秀工程设计铜质或二等奖（建筑）及以上奖励。

第十条 申请参加注册建筑师考试者，可向省、自治区、直辖市注册建筑师管理委员会报名，经省、自治区、直辖市注册建筑师管理委员会审查，符合《条例》第八条或者第九条规定的，方可参加考试。

第十一条 经一级注册建筑师考试，在有效期内全部科目考试合格的，由全国注册建筑师管理委员会核发国务院建设主管部门和人事主管部门共同用印的一级注册建筑师执业资格证书。

经二级注册建筑师考试，在有效期内全部科目考试合格的，由省、自治区、直辖市注册建筑师管理委员会核发国务院建设主管部门和人事主管部门共同用印的二级注册建筑师执业资格证书。

自考试之日起，九十日内公布考试成绩；自考试成绩公布之日起，三十日内颁发执业资格证书。

第十二条 申请参加注册建筑师考试者，应当按规定向省、自治区、直辖市注册建筑师管理委员会交纳考务费和报名费。

第三章 注　　册

第十三条 注册建筑师实行注册执业管理制度。取得执业资格证书或者互认资格证书的人员，必须经过注册方可以注册建筑师的名义执业。

第十四条 取得一级注册建筑师资格证书并受聘于一个相关单位的人员，应当通过聘用单位向单位工商注册所在地的省、自治区、直辖市注册建筑师管理委员会提出申请；省、自治区、直辖市注册建筑师管理委员会受理后提出初审意见，并将初审意见和申请材料报全国注册建筑师管理委员会审批；符合条件的，由全国注册建筑师管理委员会颁发一级注册建筑师注册证书和执业印章。

第十五条 省、自治区、直辖市注册建筑师管理委员会在收到申请人申请一级注册建筑师注册的材料后，应当即时作出是否受理的决定，并向申请人出具书面凭证；

申请材料不齐全或者不符合法定形式的,应当在五日内一次性告知申请人需要补正的全部内容。逾期不告知的,自收到申请材料之日起即为受理。

对申请初始注册的,省、自治区、直辖市注册建筑师管理委员会应当自受理申请之日起二十日内审查完毕,并将申请材料和初审意见报全国注册建筑师管理委员会。全国注册建筑师管理委员会应当自收到省、自治区、直辖市注册建筑师管理委员会上报材料之日起,二十日内审批完毕并作出书面决定。

审查结果由全国注册建筑师管理委员会予以公示,公示时间为十日,公示时间不计算在审批时间内。

全国注册建筑师管理委员会自作出审批决定之日起十日内,在公众媒体上公布审批结果。

对申请变更注册、延续注册的,省、自治区、直辖市注册建筑师管理委员会应当自受理申请之日起十日内审查完毕。全国注册建筑师管理委员会应当自收到省、自治区、直辖市注册建筑师管理委员会上报材料之日起,十五日内审批完毕并作出书面决定。

二级注册建筑师的注册办法由省、自治区、直辖市注册建筑师管理委员会依法制定。

第十六条 注册证书和执业印章是注册建筑师的执业凭证,由注册建筑师本人保管、使用。

注册建筑师由于办理延续注册、变更注册等原因,在领取新执业印章时,应当将原执业印章交回。

禁止涂改、倒卖、出租、出借或者以其他形式非法转让执业资格证书、互认资格证书、注册证书和执业印章。

第十七条 申请注册建筑师初始注册,应当具备以下条件:

(一)依法取得执业资格证书或者互认资格证书;

(二)只受聘于中华人民共和国境内的一个建设工程勘察、设计、施工、监理、招标代理、造价咨询、施工图审查、城乡规划编制等单位(以下简称聘用单位);

(三)近三年内在中华人民共和国境内从事建筑设计及相关业务一年以上;

(四)达到继续教育要求;

(五)没有本细则第二十一条所列的情形。

第十八条 初始注册者可以自执业资格证书签发之日起三年内提出申请。逾期未申请者,须符合继续教育的要求后方可申请初始注册。

初始注册需要提交下列材料:

(一)初始注册申请表;

(二)资格证书复印件;

(三)身份证明复印件;

(四)聘用单位资质证书副本复印件;

(五)与聘用单位签订的聘用劳动合同复印件;

(六)相应的业绩证明;

(七)逾期初始注册的,应当提交达到继续教育要求的证明材料。

第十九条 注册建筑师每一注册有效期为二年。注册建筑师注册有效期满需继续执业的,应在注册有效期届满三十日前,按照本细则第十五条规定的程序申请延续注册。延续注册有效期为二年。

延续注册需要提交下列材料:

(一)延续注册申请表;

(二)与聘用单位签订的聘用劳动合同复印件;

(三)注册期内达到继续教育要求的证明材料。

第二十条 注册建筑师变更执业单位,应当与原聘用单位解除劳动关系,并按照本细则第十五条规定的程序办理变更注册手续。变更注册后,仍延续原注册有效期。

原注册有效期届满在半年以内的,可以同时提出延续注册申请。准予延续的,注册有效期重新计算。

变更注册需要提交下列材料:

(一)变更注册申请表;

(二)新聘用单位资质证书副本的复印件;

(三)与新聘用单位签订的聘用劳动合同复印件;

(四)工作调动证明或者与原聘用单位解除聘用劳动合同的证明文件、劳动仲裁机构出具的解除劳动关系的仲裁文件、退休人员的退休证明复印件;

(五)在办理变更注册时提出延续注册申请的,还应当提交在本注册有效期内达到继续教育要求的证明材料。

第二十一条 申请人有下列情形之一的,不予注册:

(一)不具有完全民事行为能力的;

(二)申请在两个或者两个以上单位注册的;

(三)未达到注册建筑师继续教育要求的;

(四)因受刑事处罚,自刑事处罚执行完毕之日起至申请注册之日止不满五年的;

(五)因在建筑设计或者相关业务中犯有错误受行政处罚或者撤职以上行政处分,自处罚、处分决定之日起至申请之日止不满二年的;

（六）受吊销注册建筑师证书的行政处罚，自处罚决定之日起至申请注册之日止不满五年的；

（七）申请人的聘用单位不符合注册单位要求的；

（八）法律、法规规定不予注册的其他情形。

第二十二条 注册建筑师有下列情形之一的，其注册证书和执业印章失效：

（一）聘用单位破产的；

（二）聘用单位被吊销营业执照的；

（三）聘用单位相应资质证书被吊销或者撤回的；

（四）已与聘用单位解除聘用劳动关系的；

（五）注册有效期满且未延续注册的；

（六）死亡或者丧失民事行为能力的；

（七）其他导致注册失效的情形。

第二十三条 注册建筑师有下列情形之一的，由注册机关办理注销手续，收回注册证书和执业印章或公告注册证书和执业印章作废：

（一）有本细则第二十二条所列情形发生的；

（二）依法被撤销注册的；

（三）依法被吊销注册证书的；

（四）受刑事处罚的；

（五）法律、法规规定应当注销注册的其他情形。

注册建筑师有前款所列情形之一的，注册建筑师本人和聘用单位应当及时向注册机关提出注销注册申请；有关单位和个人有权向注册机关举报；县级以上地方人民政府建设主管部门或者有关部门应当及时告知注册机关。

第二十四条 被注销注册者或者不予注册者，重新具备注册条件的，可以按照本细则第十五条规定的程序重新申请注册。

第二十五条 高等学校（院）从事教学、科研并具有注册建筑师资格的人员，只能受聘于本校（院）所属建筑设计单位从事建筑设计，不得受聘于其他建筑设计单位。在受聘于本校（院）所属建筑设计单位工作期间，允许申请注册。获准注册的人员，在本校（院）所属建筑设计单位连续工作不得少于二年。具体办法由国务院建设主管部门商教育主管部门规定。

第二十六条 注册建筑师因遗失、污损注册证书或者执业印章，需要补办的，应当持在公众媒体上刊登的遗失声明的证明，或者污损的原注册证书和执业印章，向原注册机关申请补办。原注册机关应当在十日内办理完毕。

第四章 执　　业

第二十七条 取得资格证书的人员，应当受聘于中华人民共和国境内的一个建设工程勘察、设计、施工、监理、招标代理、造价咨询、施工图审查、城乡规划编制等单位，经注册后方可从事相应的执业活动。

从事建筑工程设计执业活动的，应当受聘并注册于中华人民共和国境内一个具有工程设计资质的单位。

第二十八条 注册建筑师的执业范围具体为：

（一）建筑设计；

（二）建筑设计技术咨询；

（三）建筑物调查与鉴定；

（四）对本人主持设计的项目进行施工指导和监督；

（五）国务院建设主管部门规定的其他业务。

本条第一款所称建筑设计技术咨询包括建筑工程技术咨询，建筑工程招标、采购咨询，建筑工程项目管理，建筑工程设计文件及施工图审查，工程质量评估，以及国务院建设主管部门规定的其他建筑技术咨询业务。

第二十九条 一级注册建筑师的执业范围不受工程项目规模和工程复杂程度的限制。二级注册建筑师的执业范围只限于承担工程设计资质标准中建设项目设计规模划分表中规定的小型规模的项目。

注册建筑师的执业范围不得超越其聘用单位的业务范围。注册建筑师的执业范围与其聘用单位的业务范围不符时，个人执业范围服从聘用单位的业务范围。

第三十条 注册建筑师所在单位承担民用建筑设计项目，应当由注册建筑师任工程项目设计主持人或设计总负责人；工业建筑设计项目，须由注册建筑师任工程项目建筑专业负责人。

第三十一条 凡属工程设计资质标准中建筑工程建设项目设计规模划分表规定的工程项目，在建筑工程设计的主要文件（图纸）中，须由主持该项设计的注册建筑师签字并加盖其执业印章，方为有效。否则设计审查部门不予审查，建设单位不得报建，施工单位不准施工。

第三十二条 修改经注册建筑师签字盖章的设计文件，应当由原注册建筑师进行；因特殊情况，原注册建筑师不能进行修改的，可以由设计单位的法人代表书面委托其他符合条件的注册建筑师修改，并签字、加盖执业印章，对修改部分承担责任。

第三十三条 注册建筑师从事执业活动，由聘用单位接受委托并统一收费。

第五章　继续教育

第三十四条　注册建筑师在每一注册有效期内应当达到全国注册建筑师管理委员会制定的继续教育标准。继续教育作为注册建筑师逾期初始注册、延续注册、重新申请注册的条件之一。

第三十五条　继续教育分为必修课和选修课，在每一注册有效期内各为四十学时。

第六章　监督检查

第三十六条　国务院建设主管部门对注册建筑师注册执业活动实施统一的监督管理。县级以上地方人民政府建设主管部门负责对本行政区域内的注册建筑师注册执业活动实施监督管理。

第三十七条　建设主管部门履行监督检查职责时，有权采取下列措施：

（一）要求被检查的注册建筑师提供资格证书、注册证书、执业印章、设计文件（图纸）；

（二）进入注册建筑师聘用单位进行检查，查阅相关资料；

（三）纠正违反有关法律、法规和本细则及有关规范和标准的行为。

建设主管部门依法对注册建筑师进行监督检查时，应当将监督检查情况和处理结果予以记录，由监督检查人员签字后归档。

第三十八条　建设主管部门在实施监督检查时，应当有两名以上监督检查人员参加，并出示执法证件，不得妨碍注册建筑师正常的执业活动，不得谋取非法利益。

注册建筑师和其聘用单位对依法进行的监督检查应当协助与配合，不得拒绝或者阻挠。

第三十九条　注册建筑师及其聘用单位应当按照要求，向注册机关提供真实、准确、完整的注册建筑师信用档案信息。

注册建筑师信用档案应当包括注册建筑师的基本情况、业绩、良好行为、不良行为等内容。违法违规行为、被投诉举报处理、行政处罚等情况应当作为注册建筑师的不良行为记入其信用档案。

注册建筑师信用档案信息按照有关规定向社会公示。

第七章　法律责任

第四十条　隐瞒有关情况或者提供虚假材料申请注册的，注册机关不予受理，并由建设主管部门给予警告，申请人一年之内不得再次申请注册。

第四十一条　以欺骗、贿赂等不正当手段取得注册证书和执业印章的，由全国注册建筑师管理委员会或省、自治区、直辖市注册建筑师管理委员会撤销注册证书并收回执业印章，三年内不得再次申请注册，并由县级以上人民政府建设主管部门处以罚款。其中没有违法所得的，处以1万元以下罚款；有违法所得的处以违法所得3倍以下且不超过3万元的罚款。

第四十二条　违反本细则，未受聘并注册于中华人民共和国境内一个具有工程设计资质的单位，从事建筑工程设计执业活动的，由县级以上人民政府建设主管部门给予警告，责令停止违法活动，并可处以1万元以上3万元以下的罚款。

第四十三条　违反本细则，未办理变更注册而继续执业的，由县级以上人民政府建设主管部门责令限期改正；逾期未改正的，可处以5000元以下的罚款。

第四十四条　违反本细则，涂改、倒卖、出租、出借或者以其他形式非法转让执业资格证书、互认资格证书、注册证书和执业印章的，由县级以上人民政府建设主管部门责令改正，其中没有违法所得的，处以1万元以下罚款；有违法所得的处以违法所得3倍以下且不超过3万元的罚款。

第四十五条　违反本细则，注册建筑师或者其聘用单位未按照要求提供注册建筑师信用档案信息的，由县级以上人民政府建设主管部门责令限期改正；逾期未改正的，可处以1000元以上1万元以下的罚款。

第四十六条　聘用单位为申请人提供虚假注册材料的，由县级以上人民政府建设主管部门给予警告，责令限期改正；逾期未改正的，可处以1万元以上3万元以下的罚款。

第四十七条　有下列情形之一的，全国注册建筑师管理委员会或者省、自治区、直辖市注册建筑师管理委员可以撤销其注册：

（一）全国注册建筑师管理委员会或者省、自治区、直辖市注册建筑师管理委员的工作人员滥用职权、玩忽职守颁发注册证书和执业印章的；

（二）超越法定职权颁发注册证书和执业印章的；

（三）违反法定程序颁发注册证书和执业印章的；

（四）对不符合法定条件的申请人颁发注册证书和执业印章的；

（五）依法可以撤销注册的其他情形。

第四十八条 县级以上人民政府建设主管部门、人事主管部门及全国注册建筑师管理委员会或者省、自治区、直辖市注册建筑师管理委员会的工作人员，在注册建筑师管理工作中，有下列情形之一的，依法给予处分；构成犯罪的，依法追究刑事责任：

（一）对不符合法定条件的申请人颁发执业资格证书、注册证书和执业印章的；

（二）对符合法定条件的申请人不予颁发执业资格证书、注册证书和执业印章的；

（三）对符合法定条件的申请不予受理或者未在法定期限内初审完毕的；

（四）利用职务上的便利，收受他人财物或者其他好处的；

（五）不依法履行监督管理职责，或者发现违法行为不予查处的。

第八章 附 则

第四十九条 注册建筑师执业资格证书由国务院人事主管部门统一制作；一级注册建筑师注册证书、执业印章和互认资格证书由全国注册建筑师管理委员会统一制作；二级注册建筑师注册证书和执业印章由省、自治区、直辖市注册建筑师管理委员会统一制作。

第五十条 香港特别行政区、澳门特别行政区、台湾地区的专业技术人员按照国家有关规定和有关协议，报名参加全国统一考试和申请注册。

外籍专业技术人员参加全国统一考试按照对等原则办理；申请建筑师注册的，其所在国应当已与中华人民共和国签署双方建筑师对等注册协议。

第五十一条 本细则自 2008 年 3 月 15 日起施行。1996 年 7 月 1 日建设部颁布的《中华人民共和国注册建筑师条例实施细则》（建设部令第 52 号）同时废止。

注册建筑师执业及管理工作有关问题的暂行规定

1. 1996 年 12 月 13 日建设部发布
2. 建设〔1996〕624 号

一、1997 年 1 月 1 日起民用建筑工程特级、一级项目，及国家重点工程项目施行一级注册建筑师签字制度。二级以下及其他项目是否实行注册建筑师签字制度，各省、自治区、直辖市建设行政主管部门可根据本地区实际情况研究决定。

二、设计单位内部质量管理

（一）注册建筑师执业是在设计单位法人的领导下，依法从事建筑设计工作。注册建筑师有资格做建筑工程项目负责人或建筑专业负责人，行使岗位技术职责权力，并具有在相关的设计文件上的签字权，承担岗位责任。

（二）设计单位内部质量管理仍采用国家推行和单位现行的质量保证体系，实行法人负责的技术管理责任制。

（三）在过渡期内凡属一级以上或国家重点工程项目中民用建筑工程，工程项目负责人须由有相应级别的注册建筑师承担；工业建筑工程须由相应级别的注册建筑师承担建筑专业负责人；对于一些特殊性质或工业民用界限属难于确定的工程，在其他专业注册制度未建立之前，单位法人可根据工程性质和需要安排非注册专业人员作为工程项目负责人。

在实行一、二级注册建筑师签字制度的地区，民用建筑工程四级以上工程项目负责人须由注册建筑师承担；工业建筑工程，须由相应级别的注册建筑师承担专业负责人。

（四）在涉及有关规范、工程安全、公众利益等技术问题上，当注册建筑师与单位最高技术负责人（或技术管理部门）的处理意见有分歧、不能协调解决时，由所在单位法人裁定，并向当地注册建筑师管理委员会备案。

三、设计项目的代审、代签

（一）实施注册建筑师制度后，设计单位设计资质及勘察设计市场管理按建设部有关规定执行。

（二）在实行民用建筑工程特级、一级及国家重点工程项目设计注册建筑师签字制度中，具有相应设计等级资格而暂无相应级别注册建筑师的单位，在过渡期内允许实行代审、代签设计项目制度。

（三）省辖市以上建设行政主管部门可根据当地设计单位内注册建筑师的分布情况，按行政区域就近指定代审、代签设计单位。在设计单位内由法人指定代审、代签注册建筑师。

（四）在代审、代签设计项目中，设计单位之间应签定代审、代签的有关合同。注册建筑师不得以个人名义接受代审、代签设计项目工作，违纪者按《细则》有关规定处罚。

（五）代审、代签设计项目工作应从工程项目的方案设计开始直至全过程。

（六）代审、代签的设计文件，除应加盖设计单位出图章外，还应加盖代审、代签单位的出图章和指派的注册建筑师执业专用章，方为有效。

（七）代审、代签单位负责代审、代签项目的技术规范性审核责任。注册建筑师代审、代签的技术职责范围：工业建筑项目，为建筑专业负责人；民用建筑项目，为工程项目负责人。

（八）高设计资质的单位不得由低设计资质的单位代审、代签设计文件。

（九）对于极少数边远地区无注册建筑师的设计单位，如其“过渡期”时间需延长，须经省、市建设行政主管部门核定，报国家建设行政主管部门批准后方可实行。

（十）代审、代签合同文本由省、自治区、直辖市建设行政主管部门统一印制。

四、离退休人员执业

（一）注册建筑师离退休问题应按国家有关规定执行。办理离、退休手续后，方可受聘设计单位继续执业。

（二）注册建筑师执业年龄不得超过70周岁。

（三）如接受其他单位聘用，须经原所在单位同意并与新聘用单位签订聘用合同，向注册建筑师管理委员会申办更换执业专用章。有关工资、医疗、保险等福利待遇等按国家对离、退休人员有关规定执行。

五、注册建筑师服务期限和流动

（一）注册建筑师受聘于一个设计单位执业应按有关劳动用工规定同聘用单位签订聘用合同。在聘用单位的服务年限不得少于两年。聘用期内注册建筑师调离聘用单位到其他设计单位执业，新聘用单位和原聘用单位按有关规定办理手续，并向注册建筑师管理委员会申办更换执业专用章。

（二）设计单位被吊销单位资格或破产后，原单位法人应在本单位被核销后一个月内将本单位注册建筑师执业专用章等上交地方注册建筑师管理委员会核销。地方注册建筑师管理委员会负责注册建筑师受聘到其他设计单位重新注册的申报或审批工作。

六、注册建筑师在工业建筑项目中签字范围

（一）工业建筑项目中凡属独立的民用建筑工程，应分列项目，由注册建筑师按项目负责人岗位负责并签字。

（二）工业建筑项目中工业建筑工程，注册建筑师按建筑专业负责人岗位负责并签字。

（三）工业建筑工程中，一、二级注册建筑师签字权限范围，按工程分类标准执行。

七、注册建筑师签字盖章设计文件范围

（一）注册建筑师应在其负责岗位上的设计文件上签字并盖执业专用章。

（二）注册建筑师应在以下设计文件图纸（底图）签字并加盖执业专用章：民用建筑项目，作为项目负责人的注册建筑师在建筑工程项目设计总说明目录、设计总平面图、设计主要平面、立面、剖面图签字，并加盖执业专用章。工业建筑项目，作为建筑专业负责人的注册建筑师应在建筑设计总平面图及主要平面、立面、剖面图签字，并加盖执业专用章。

八、注册建筑师执业管理

（一）注册建筑师执业印章、签字审查制度。由省、市建设行政主管部门按注册年度向工程项目审批部门提供本地区注册建筑师执业专用章、签字图样目录，工程项目审批部门在项目报建时审查。从1997年1月1日起，凡民用建筑工程特级、一级及国家重点工程项目报批有关设计文件（包括方案设计、扩初及施工图设计等）没有同时加盖设计单位出图章和一级注册建筑师执业专用章的，规划部门和施工管理部门不予审查批准实施。

（二）注册建筑师执业情况备案制度。注册建筑师在注册有效期内完成的主要项目须填写《注册建筑师执业登记表》，年检时报省、市建设行政主管部门。

（三）中外合作设计的工程项目，其报批设计文件中须加盖中方相应级别的注册建筑师执业专用章。

九、注册建筑师执业及管理工作的暂行规定条文由建设部勘察设计司注册管理办公室负责解释。

注册建造师管理规定

1. 2006年12月28日建设部令第153号公布

2. 根据2016年9月13日住房和城乡建设部令第32号《关于修改〈勘察设计注册工程师管理规定〉等11个部门规章的决定》修正

第一章 总 则

第一条 为了加强对注册建造师的管理，规范注册建造师的执业行为，提高工程项目管理水平，保证工程质量和安全，依据《建筑法》、《行政许可法》、《建设工程质量管理条例》等法律、行政法规，制定本规定。

第二条 中华人民共和国境内注册建造师的注册、执业、继续教育和监督管理，适用本规定。

第三条 本规定所称注册建造师，是指通过考核认定或考试合格取得中华人民共和国建造师资格证书（以下简称资格证书），并按照本规定注册，取得中华人民共和国建造师注册证书（以下简称注册证书）和执业印章，担任施工单位项目负责人及从事相关活动的专业技术人员。

未取得注册证书和执业印章的，不得担任大中型建设工程项目的施工单位项目负责人，不得以注册建造师的名义从事相关活动。

第四条 国务院住房城乡建设主管部门对全国注册建造师的注册、执业活动实施统一监督管理；国务院铁路、交通、水利、信息产业、民航等有关部门按照国务院规定的职责分工，对全国有关专业工程注册建造师的执业活动实施监督管理。

县级以上地方人民政府住房城乡建设主管部门对本行政区域内的注册建造师的注册、执业活动实施监督管理；县级以上地方人民政府交通、水利、通信等有关部门在各自职责范围内，对本行政区域内有关专业工程注册建造师的执业活动实施监督管理。

第二章 注 册

第五条 注册建造师实行注册执业管理制度，注册建造师分为一级注册建造师和二级注册建造师。

取得资格证书的人员，经过注册方能以注册建造师的名义执业。

第六条 申请初始注册时应当具备以下条件：

（一）经考核认定或考试合格取得资格证书；

（二）受聘于一个相关单位；

（三）达到继续教育要求；

（四）没有本规定第十五条所列情形。

第七条 取得一级建造师资格证书并受聘于一个建设工程勘察、设计、施工、监理、招标代理、造价咨询等单位的人员，应当通过聘用单位提出注册申请，并可以向单位工商注册所在地的省、自治区、直辖市人民政府住房城乡建设主管部门提交申请材料。

省、自治区、直辖市人民政府住房城乡建设主管部门收到申请材料后，应当在5日内将全部申请材料报国务院住房城乡建设主管部门审批。

国务院住房城乡建设主管部门在收到申请材料后，应当依法作出是否受理的决定，并出具凭证；申请材料不齐全或者不符合法定形式的，应当在5日内一次性告知申请人需要补正的全部内容。逾期不告知的，自收到申请材料之日起即为受理。

涉及铁路、公路、港口与航道、水利水电、通信与广电、民航专业的，国务院住房城乡建设主管部门应当将全部申报材料送同级有关部门审核。符合条件的，由国务院住房城乡建设主管部门核发《中华人民共和国一级建造师注册证书》，并核定执业印章编号。

第八条 对申请初始注册的，国务院住房城乡建设主管部门应当自受理之日起20日内作出审批决定。自作出决定之日起10日内公告审批结果。国务院有关部门收到国务院住房城乡建设主管部门移送的申请材料后，应当在10日内审核完毕，并将审核意见送国务院住房城乡建设主管部门。

对申请变更注册、延续注册的，国务院住房城乡建设主管部门应当自受理之日起10日内作出审批决定。自作出决定之日起10日内公告审批结果。国务院有关部门收到国务院住房城乡建设主管部门移送的申请材料后，应当在5日内审核完毕，并将审核意见送国务院住房城乡建设主管部门。

第九条 取得二级建造师资格证书的人员申请注册，由省、自治区、直辖市人民政府住房城乡建设主管部门负责受理和审批，具体审批程序由省、自治区、直辖市人民政府住房城乡建设主管部门依法确定。对批准注册的，核发由国务院住房城乡建设主管部门统一样式的《中华人民共和国二级建造师注册证书》和执业印章，并在核发证书后30日内送国务院住房城乡建设主管部门备案。

第十条 注册证书和执业印章是注册建造师的执业凭证，由注册建造师本人保管、使用。

注册证书与执业印章有效期为3年。

一级注册建造师的注册证书由国务院住房城乡建设主管部门统一印制，执业印章由国务院住房城乡建设主管部门统一样式，省、自治区、直辖市人民政府住房城乡建设主管部门组织制作。

第十一条 初始注册者，可自资格证书签发之日起3年内提出申请。逾期未申请者，须符合本专业继续教育的要求后方可申请初始注册。

申请初始注册需要提交下列材料：

（一）注册建造师初始注册申请表；

（二）资格证书、学历证书和身份证明复印件；

（三）申请人与聘用单位签订的聘用劳动合同复印件或其他有效证明文件；

（四）逾期申请初始注册的，应当提供达到继续教育要求的证明材料。

第十二条　注册有效期满需继续执业的，应当在注册有效期届满30日前，按照第七条、第八条的规定申请延续注册。延续注册的，有效期为3年。

申请延续注册的，应当提交下列材料：

（一）注册建造师延续注册申请表；

（二）原注册证书；

（三）申请人与聘用单位签订的聘用劳动合同复印件或其他有效证明文件；

（四）申请人注册有效期内达到继续教育要求的证明材料。

第十三条　在注册有效期内，注册建造师变更执业单位，应当与原聘用单位解除劳动关系，并按照第七条、第八条的规定办理变更注册手续，变更注册后仍延续原注册有效期。

申请变更注册的，应当提交下列材料：

（一）注册建造师变更注册申请表；

（二）注册证书和执业印章；

（三）申请人与新聘用单位签订的聘用合同复印件或有效证明文件；

（四）工作调动证明（与原聘用单位解除聘用合同或聘用合同到期的证明文件、退休人员的退休证明）。

第十四条　注册建造师需要增加执业专业的，应当按照第七条的规定申请专业增项注册，并提供相应的资格证明。

第十五条　申请人有下列情形之一的，不予注册：

（一）不具有完全民事行为能力的；

（二）申请在两个或者两个以上单位注册的；

（三）未达到注册建造师继续教育要求的；

（四）受到刑事处罚，刑事处罚尚未执行完毕的；

（五）因执业活动受到刑事处罚，自刑事处罚执行完毕之日起至申请注册之日止不满5年的；

（六）因前项规定以外的原因受到刑事处罚，自处罚决定之日起至申请注册之日止不满3年的；

（七）被吊销注册证书，自处罚决定之日起至申请注册之日止不满2年的；

（八）在申请注册之日前3年内担任项目经理期间，所负责项目发生过重大质量和安全事故的；

（九）申请人的聘用单位不符合注册单位要求的；

（十）年龄超过65周岁的；

（十一）法律、法规规定不予注册的其他情形。

第十六条　注册建造师有下列情形之一的，其注册证书和执业印章失效：

（一）聘用单位破产的；

（二）聘用单位被吊销营业执照的；

（三）聘用单位被吊销或者撤回资质证书的；

（四）已与聘用单位解除聘用合同关系的；

（五）注册有效期满且未延续注册的；

（六）年龄超过65周岁的；

（七）死亡或不具有完全民事行为能力的；

（八）其他导致注册失效的情形。

第十七条　注册建造师有下列情形之一的，由注册机关办理注销手续，收回注册证书和执业印章或者公告注册证书和执业印章作废：

（一）有本规定第十六条所列情形发生的；

（二）依法被撤销注册的；

（三）依法被吊销注册证书的；

（四）受到刑事处罚的；

（五）法律、法规规定应当注销注册的其他情形。

注册建造师有前款所列情形之一的，注册建造师本人和聘用单位应当及时向注册机关提出注销注册申请；有关单位和个人有权向注册机关举报；县级以上地方人民政府住房城乡建设主管部门或者有关部门应当及时告知注册机关。

第十八条　被注销注册或者不予注册的，在重新具备注册条件后，可按第七条、第八条规定重新申请注册。

第十九条　注册建造师因遗失、污损注册证书或执业印章，需要补办的，应当持在公众媒体上刊登的遗失声明的证明，向原注册机关申请补办。原注册机关应当在5日内办理完毕。

第三章　执　　业

第二十条　取得资格证书的人员应当受聘于一个具有建设工程勘察、设计、施工、监理、招标代理、造价咨询等一项或者多项资质的单位，经注册后方可从事相应的执业活动。

担任施工单位项目负责人的，应当受聘并注册于一个具有施工资质的企业。

第二十一条 注册建造师的具体执业范围按照《注册建造师执业工程规模标准》执行。

注册建造师不得同时在两个及两个以上的建设工程项目上担任施工单位项目负责人。

注册建造师可以从事建设工程项目总承包管理或施工管理，建设工程项目管理服务，建设工程技术经济咨询，以及法律、行政法规和国务院住房城乡建设主管部门规定的其他业务。

第二十二条 建设工程施工活动中形成的有关工程施工管理文件，应当由注册建造师签字并加盖执业印章。

施工单位签署质量合格的文件上，必须有注册建造师的签字盖章。

第二十三条 注册建造师在每一个注册有效期内应当达到国务院住房城乡建设主管部门规定的继续教育要求。

继续教育分为必修课和选修课，在每一注册有效期内各为60学时。经继续教育达到合格标准的，颁发继续教育合格证书。

继续教育的具体要求由国务院住房城乡建设主管部门会同国务院有关部门另行规定。

第二十四条 注册建造师享有下列权利：

（一）使用注册建造师名称；

（二）在规定范围内从事执业活动；

（三）在本人执业活动中形成的文件上签字并加盖执业印章；

（四）保管和使用本人注册证书、执业印章；

（五）对本人执业活动进行解释和辩护；

（六）接受继续教育；

（七）获得相应的劳动报酬；

（八）对侵犯本人权利的行为进行申述。

第二十五条 注册建造师应当履行下列义务：

（一）遵守法律、法规和有关管理规定，恪守职业道德；

（二）执行技术标准、规范和规程；

（三）保证执业成果的质量，并承担相应责任；

（四）接受继续教育，努力提高执业水准；

（五）保守在执业中知悉的国家秘密和他人的商业、技术等秘密；

（六）与当事人有利害关系的，应当主动回避；

（七）协助注册管理机关完成相关工作。

第二十六条 注册建造师不得有下列行为：

（一）不履行注册建造师义务；

（二）在执业过程中，索贿、受贿或者谋取合同约定费用外的其他利益；

（三）在执业过程中实施商业贿赂；

（四）签署有虚假记载等不合格的文件；

（五）允许他人以自己的名义从事执业活动；

（六）同时在两个或者两个以上单位受聘或者执业；

（七）涂改、倒卖、出租、出借或以其他形式非法转让资格证书、注册证书和执业印章；

（八）超出执业范围和聘用单位业务范围内从事执业活动；

（九）法律、法规、规章禁止的其他行为。

第四章 监督管理

第二十七条 县级以上人民政府住房城乡建设主管部门、其他有关部门应当依照有关法律、法规和本规定，对注册建造师的注册、执业和继续教育实施监督检查。

第二十八条 国务院住房城乡建设主管部门应当将注册建造师注册信息告知省、自治区、直辖市人民政府住房城乡建设主管部门。

省、自治区、直辖市人民政府住房城乡建设主管部门应当将注册建造师注册信息告知本行政区域内市、县、市辖区人民政府住房城乡建设主管部门。

第二十九条 县级以上人民政府住房城乡建设主管部门和有关部门履行监督检查职责时，有权采取下列措施：

（一）要求被检查人员出示注册证书；

（二）要求被检查人员所在聘用单位提供有关人员签署的文件及相关业务文档；

（三）就有关问题询问签署文件的人员；

（四）纠正违反有关法律、法规、本规定及工程标准规范的行为。

第三十条 注册建造师违法从事相关活动的，违法行为发生地县级以上地方人民政府住房城乡建设主管部门或者其他有关部门应当依法查处，并将违法事实、处理结果告知注册机关；依法应当撤销注册的，应当将违法事实、处理建议及有关材料报注册机关。

第三十一条 有下列情形之一的，注册机关依据职权或者根据利害关系人的请求，可以撤销注册建造师的注册：

（一）注册机关工作人员滥用职权、玩忽职守作出准予注册许可的；

（二）超越法定职权作出准予注册许可的；

（三）违反法定程序作出准予注册许可的；

（四）对不符合法定条件的申请人颁发注册证书和执业印章的；

（五）依法可以撤销注册的其他情形。

申请人以欺骗、贿赂等不正当手段获准注册的，应当予以撤销。

第三十二条　注册建造师及其聘用单位应当按照要求，向注册机关提供真实、准确、完整的注册建造师信用档案信息。

注册建造师信用档案应当包括注册建造师的基本情况、业绩、良好行为、不良行为等内容。违法违规行为、被投诉举报处理、行政处罚等情况应当作为注册建造师的不良行为记入其信用档案。

注册建造师信用档案信息按照有关规定向社会公示。

第五章　法律责任

第三十三条　隐瞒有关情况或者提供虚假材料申请注册的，住房城乡建设主管部门不予受理或者不予注册，并给予警告，申请人1年内不得再次申请注册。

第三十四条　以欺骗、贿赂等不正当手段取得注册证书的，由注册机关撤销其注册，3年内不得再次申请注册，并由县级以上地方人民政府住房城乡建设主管部门处以罚款。其中没有违法所得的，处以1万元以下的罚款；有违法所得的，处以违法所得3倍以下且不超过3万元的罚款。

第三十五条　违反本规定，未取得注册证书和执业印章，担任大中型建设工程项目施工单位项目负责人，或者以注册建造师的名义从事相关活动的，其所签署的工程文件无效，由县级以上地方人民政府住房城乡建设主管部门或者其他有关部门给予警告，责令停止违法活动，并可处以1万元以上3万元以下的罚款。

第三十六条　违反本规定，未办理变更注册而继续执业的，由县级以上地方人民政府住房城乡建设主管部门或者其他有关部门责令限期改正；逾期不改正的，可处以5000元以下的罚款。

第三十七条　违反本规定，注册建造师在执业活动中有第二十六条所列行为之一的，由县级以上地方人民政府住房城乡建设主管部门或者其他有关部门给予警告，责令改正，没有违法所得的，处以1万元以下的罚款；有违法所得的，处以违法所得3倍以下且不超过3万元的罚款。

第三十八条　违反本规定，注册建造师或者其聘用单位未按照要求提供注册建造师信用档案信息的，由县级以上地方人民政府住房城乡建设主管部门或者其他有关部门责令限期改正；逾期未改正的，可处以1000元以上1万元以下的罚款。

第三十九条　聘用单位为申请人提供虚假注册材料的，由县级以上地方人民政府住房城乡建设主管部门或者其他有关部门给予警告，责令限期改正；逾期未改正的，可处以1万元以上3万元以下的罚款。

第四十条　县级以上人民政府住房城乡建设主管部门及其工作人员，在注册建造师管理工作中，有下列情形之一的，由其上级行政机关或者监察机关责令改正，对直接负责的主管人员和其他直接责任人员依法给予处分；构成犯罪的，依法追究刑事责任：

（一）对不符合法定条件的申请人准予注册的；

（二）对符合法定条件的申请人不予注册或者不在法定期限内作出准予注册决定的；

（三）对符合法定条件的申请不予受理或者未在法定期限内初审完毕的；

（四）利用职务上的便利，收受他人财物或者其他好处的；

（五）不依法履行监督管理职责或者监督不力，造成严重后果的。

第六章　附　　则

第四十一条　本规定自2007年3月1日起施行。

注册建造师执业管理办法（试行）

1. 2008年2月26日建设部发布

2. 建市〔2008〕48号

第一条　为规范注册建造师执业行为，提高工程项目管理水平，保证工程质量和安全，依据《中华人民共和国建筑法》、《建设工程质量管理条例》、《建设工程安全生产管理条例》、《注册建造师管理规定》及相关法律、法规，制订本办法。

第二条　中华人民共和国境内注册建造师从事建设工程施工管理活动的监督管理，适用本办法。

第三条　国务院建设主管部门对全国注册建造师的执业

活动实施统一监督管理;国务院铁路、交通、水利、信息产业、民航等有关部门按照国务院规定的职责分工,对全国相关专业注册建造师执业活动实施监督管理。

县级以上地方人民政府建设主管部门对本行政区域内注册建造师执业活动实施监督管理;县级以上地方人民政府交通、水利、通信等有关部门在各自职责范围内,对本行政区域内相关专业注册建造师执业活动实施监督管理。

第四条 注册建造师应当在其注册证书所注明的专业范围内从事建设工程施工管理活动,具体执业按照本办法附件《注册建造师执业工程范围》执行。未列入或新增工程范围由国务院建设主管部门会同国务院有关部门另行规定。

第五条 大中型工程施工项目负责人必须由本专业注册建造师担任。一级注册建造师可担任大、中、小型工程施工项目负责人,二级注册建造师可以承担中、小型工程施工项目负责人。

各专业大、中、小型工程分类标准按《关于印发〈注册建造师执业工程规模标准〉(试行)的通知》(建市〔2007〕171号)执行。

第六条 一级注册建造师可在全国范围内以一级注册建造师名义执业。

通过二级建造师资格考核认定,或参加全国统考取得二级建造师资格证书并经注册人员,可在全国范围内以二级注册建造师名义执业。

工程所在地各级建设主管部门和有关部门不得增设或者变相设置跨地区承揽工程项目执业准入条件。

第七条 担任施工项目负责人的注册建造师应当按照国家法律法规、工程建设强制性标准组织施工,保证工程施工符合国家有关质量、安全、环保、节能等有关规定。

第八条 担任施工项目负责人的注册建造师,应当按照国家劳动用工有关规定,规范项目劳动用工管理,切实保障劳务人员合法权益。

第九条 注册建造师不得同时担任两个及以上建设工程施工项目负责人。发生下列情形之一的除外:

(一)同一工程相邻分段发包或分期施工的;

(二)合同约定的工程验收合格的;

(三)因非承包方原因致使工程项目停工超过120天(含),经建设单位同意的。

第十条 注册建造师担任施工项目负责人期间原则上不得更换。如发生下列情形之一的,应当办理书面交接手续后更换施工项目负责人:

(一)发包方与注册建造师受聘企业已解除承包合同的;

(二)发包方同意更换项目负责人的;

(三)因不可抗力等特殊情况必须更换项目负责人的。

建设工程合同履行期间变更项目负责人的,企业应当于项目负责人变更5个工作日内报建设行政主管部门和有关部门及时进行网上变更。

第十一条 注册建造师担任施工项目负责人,在其承建的建设工程项目竣工验收或移交项目手续办结前,除第十条规定的情形外,不得变更注册至另一企业。

第十二条 担任建设工程施工项目负责人的注册建造师应当按《关于印发〈注册建造师施工管理签章文件目录〉(试行)的通知》(建市〔2008〕42号)和配套表格要求,在建设工程施工管理相关文件上签字并加盖执业印章,签章文件作为工程竣工备案的依据。

省级人民政府建设行政主管部门可根据本地实际情况,制定担任施工项目负责人的注册建造师签章文件补充目录。

第十三条 担任建设工程施工项目负责人的注册建造师对其签署的工程管理文件承担相应责任。注册建造师签章完整的工程施工管理文件方为有效。

注册建造师有权拒绝在不合格或者有弄虚作假内容的建设工程施工管理文件上签字并加盖执业印章。

第十四条 担任建设工程施工项目负责人的注册建造师在执业过程中,应当及时、独立完成建设工程施工管理文件签章,无正当理由不得拒绝在文件上签字并加盖执业印章。

担任工程项目技术、质量、安全等岗位的注册建造师,是否在有关文件上签章,由企业根据实际情况自行规定。

第十五条 建设工程合同包含多个专业工程的,担任施工项目负责人的注册建造师,负责该工程施工管理文件签章。

专业工程独立发包时,注册建造师执业范围涵盖该专业工程的,可担任该专业工程施工项目负责人。

分包工程施工管理文件应当由分包企业注册建造师签章。分包企业签署质量合格的文件上,必须由担任总包项目负责人的注册建造师签章。

第十六条 因续期注册、企业名称变更或印章污损遗失不能及时盖章的，经注册建造师聘用企业出具书面证明后，可先在规定文件上签字后补盖执业印章，完成签章手续。

第十七条　修改注册建造师签字并加盖执业印章的工程施工管理文件，应当征得所在企业同意后，由注册建造师本人进行修改；注册建造师本人不能进行修改的，应当由企业指定同等资格条件的注册建造师修改，并由其签字并加盖执业印章。

第十八条　注册建造师应当通过企业按规定及时申请办理变更注册、续期注册等相关手续。多专业注册的注册建造师，其中一个专业注册期满仍需以该专业继续执业和以其他专业执业的，应当及时办理续期注册。

注册建造师变更聘用企业的，应当在与新聘用企业签订聘用合同后的1个月内，通过新聘用企业申请办理变更手续。

因变更注册申报不及时影响注册建造师执业、导致工程项目出现损失的，由注册建造师所在聘用企业承担责任，并作为不良行为记入企业信用档案。

第十九条　聘用企业与注册建造师解除劳动关系的，应当及时申请办理注销注册或变更注册。聘用企业与注册建造师解除劳动合同关系后无故不办理注销注册或变更注册的，注册建造师可向省级建设主管部门申请注销注册证书和执业印章。

注册建造师要求注销注册或变更注册的，应当提供与原聘用企业解除劳动关系的有效证明材料。建设主管部门经向原聘用企业核实，聘用企业在7日内没有提供书面反对意见和相关证明材料的，应予办理注销注册或变更注册。

第二十条　监督管理部门履行监督检查职责时，有权采取下列措施：

（一）要求被检查人员出示注册证书和执业印章；

（二）要求被检查人员所在聘用企业提供有关人员签署的文件及相关业务文档；

（三）就有关问题询问签署文件的人员；

（四）纠正违反有关法律、法规、本规定及工程标准规范的行为；

（五）提出依法处理的意见和建议。

第二十一条　监督管理部门在对注册建造师执业活动进行监督检查时，不得妨碍被检查单位的正常生产经营活动，不得索取或者收受财物，谋取任何利益。

有关单位和个人对依法进行的监督检查应当协助与配合，不得拒绝或者阻挠。

注册建造师注册证书和执业印章由本人保管，任何单位（发证机关除外）和个人不得扣押注册建造师注册证书或执业印章。

第二十二条　注册建造师不得有下列行为：

（一）不按设计图纸施工；

（二）使用不合格建筑材料；

（三）使用不合格设备、建筑构配件；

（四）违反工程质量、安全、环保和用工方面的规定；

（五）在执业过程中，索贿、行贿、受贿或者谋取合同约定费用外的其他不法利益；

（六）签署弄虚作假或在不合格文件上签章的；

（七）以他人名义或允许他人以自己的名义从事执业活动；

（八）同时在两个或者两个以上企业受聘并执业；

（九）超出执业范围和聘用企业业务范围从事执业活动；

（十）未变更注册单位，而在另一家企业从事执业活动；

（十一）所负责工程未办理竣工验收或移交手续前，变更注册到另一企业；

（十二）伪造、涂改、倒卖、出租、出借或以其他形式非法转让资格证书、注册证书和执业印章；

（十三）不履行注册建造师义务和法律、法规、规章禁止的其他行为。

第二十三条　建设工程发生质量、安全、环境事故时，担任该施工项目负责人的注册建造师应当按照有关法律法规规定的事故处理程序及时向企业报告，并保护事故现场，不得隐瞒。

第二十四条　任何单位和个人可向注册建造师注册所在地或项目所在地县级以上地方人民政府建设主管部门和有关部门投诉、举报注册建造师的违法、违规行为，并提交相应材料。

第二十五条　注册建造师违法从事相关活动的，违法行为发生地县级以上地方人民政府建设主管部门或有关部门应当依法查处，并将违法事实、处理结果告知注册机关；依法应当撤销注册的，应当将违法事实、处理建议及有关材料报注册机关，注册机关或有关部门应当在7个工作日内作出处理，并告知行为发生地人民政府建设行政主管部门或有关部门。

注册建造师异地执业的，工程所在地省级人民政府建设主管部门应当将处理建议转交注册建造师注册所在地省级人民政府建设主管部门，注册所在地省级人民政府建设主管部门应当在14个工作日内作出处理，并告知工程所在地省级人民政府建设行政主管部门。

对注册建造师违法行为的处理结果通过中国建造师网（www.coc.gov.cn）向社会公告。不良行为处罚、信息登录、使用、保管、时效和撤销权限等另行规定。

第二十六条 国务院建设主管部门负责建立并完善全国网络信息平台，省级人民政府建设行政主管部门负责注册建造师本地执业状态信息收集、整理，通过中国建造师网（www.coc.gov.cn）向社会实时发布。

注册建造师执业状态信息包括工程基本情况、良好行为、不良行为等内容。注册建造师应当在开工前、竣工验收、工程款结算后3日内按照《注册建造师信用档案管理办法》要求，通过中国建造师网向注册机关提供真实、准确、完整的注册建造师信用档案信息。信息报送应当及时、全面和真实，并作为延续注册的依据。

县级以上地方人民政府建设主管部门和有关部门应当按照统一的诚信标准和管理办法，负责对本地区、本部门担任工程项目负责人的注册建造师诚信行为进行检查、记录，同时将不良行为记录信息按照管理权限及时采集信息并报送上级建设主管部门。

第二十七条 注册建造师有下列行为之一，经有关监督部门确认后由工程所在地建设主管部门或有关部门记入注册建造师执业信用档案：

（一）第二十二条所列行为；

（二）未履行注册建造师职责造成质量、安全、环境事故的；

（三）泄露商业秘密的；

（四）无正当理由拒绝或未及时签字盖章的；

（五）未按要求提供注册建造师信用档案信息的；

（六）未履行注册建造师职责造成不良社会影响的；

（七）未履行注册建造师职责导致项目未能及时交付使用的；

（八）不配合办理交接手续的；

（九）不积极配合有关部门监督检查的。

第二十八条 小型工程施工项目负责人任职条件和小型工程管理办法由各省、自治区、直辖市人民政府建设行政主管部门会同有关部门根据本地实际情况规定。

第二十九条 本办法自发布之日起施行。

注册建造师执业工程范围

序号	注册专业	工 程 范 围
1	建筑工程	房屋建筑、装饰装修，地基与基础、土石方、建筑装修装饰、建筑幕墙、预拌商品混凝土、混凝土预制构件、园林古建筑、钢结构、高耸建筑物、电梯安装、消防设施、建筑防水、防腐保温、附着升降脚手架、金属门窗、预应力、爆破与拆除、建筑智能化、特种专业
2	公路工程	公路，地基与基础、土石方、预拌商品混凝土、混凝土预制构件、钢结构、消防设施、建筑防水、防腐保温、预应力、爆破与拆除、公路路面、公路路基、公路交通、桥梁、隧道、附着升降脚手架、起重设备安装、特种专业
3	铁路工程	铁路，土石方、地基与基础、预拌商品混凝土、混凝土预制构件、钢结构、附着升降脚手架、预应力、爆破与拆除、铁路铺轨架梁、铁路电气化、铁路桥梁、铁路隧道、城市轨道交通、铁路电务、特种专业
4	民航机场工程	民航机场，土石方、预拌商品混凝土、混凝土预制构件、钢结构、高耸构筑物、电梯安装、消防设施、建筑防水、防腐保温、附着升降脚手架、金属门窗、预应力、爆破与拆除、建筑智能化、桥梁、机场场道、机场空管、航站楼弱电系统、机场目视助航、航油储运、暖通、空调、给排水、特种专业
5	港口与航道工程	港口与航道，土石方、地基与基础、预拌商品混凝土、混凝土预制构件、消防设施、建筑防水、防腐保温、附着升降脚手架、爆破与拆除、港口及海岸、港口装卸设备安装、航道、航运梯级、通航设备安装、水上交通管制、水工建筑物基础处理、水工金属结构制作与安装、船台、船坞、滑道、航标、灯塔、栈桥、人工岛、筒仓、堆场道路及陆域构筑物、围堤、护岸、特种专业
6	水利水电工程	水利水电，土石方、地基与基础、预拌商品混凝土、混凝土预制构件、钢结构、建筑防水、消防设施、起重设备安装、爆破与拆除、水工建筑物基础处理、水利水电金属结构制作与安装、水利水电机电设备安装、河湖整治、堤防、水工大坝、水工隧洞、送变电、管道、无损检测、特种专业

续表

序号	注册专业	工程范围
7	矿业工程	矿山，地基与基础、土石方、高耸构筑物、消防设施、防腐保温、环保、起重设备安装、管道、预拌商品混凝土、混凝土预制构件、钢结构、建筑防水、爆破与拆除、隧道、窑炉、特种专业
8	市政公用工程	市政公用，土石方、地基与基础、预拌商品混凝土、混凝土预制构件、预应力、爆破与拆除、环保、桥梁、隧道、道路路面、道路路基、道路交通、城市轨道交通、城市及道路照明、体育场地设施、给排水、燃气、供热、垃圾处理、园林绿化、管道、特种专业
9	通信与广电工程	通信与广电，通信线路、微波通信、传输设备、交换、卫星地球站、移动通信基站、数据通信及计算机网络、本地网、接入网、通信管道、通信电源、综合布线、信息化工程、铁路信号、特种专业
10	机电工程	机电、石油化工、电力、冶炼，钢结构、电梯安装、消防设施、防腐保温、起重设备安装、机电设备安装、建筑智能化、环保、电子、仪表安装、火电设备安装、送变电、核工业、炉窑、冶炼机电设备安装、化工石油设备、管道安装、管道、无损检测、海洋石油、体育场地设施、净化、旅游设施、特种专业

住房和城乡建设部建筑市场监管司关于《注册建造师执业管理办法》有关条款解释的复函

1. 2017年8月25日
2. 建市施函〔2017〕43号

安徽省住房城乡建设厅：

你厅《关于〈注册建造师执业管理办法〉有关条款解释的请示》（建市函〔2017〕1882号）收悉。经研究，现函复如下：

根据《注册建造师执业管理办法》（建市〔2008〕48号）第十条规定，建设工程合同履行期间变更项目负责人的，经发包方同意，应当予以认可。企业未在5个工作日内报建设行政主管部门和有关部门及时进行网上变更的，应由项目所在地县级以上住房城乡建设主管部门按照有关规定予以纠正。

（2）注册工程师

勘察设计注册工程师管理规定

1. 2005年2月4日建设部令第137号公布
2. 根据2016年9月13日住房和城乡建设部令第32号《关于修改〈勘察设计注册工程师管理规定〉等11个部门规章的决定》修正

第一章 总 则

第一条 为了加强对建设工程勘察、设计注册工程师的管理，维护公共利益和建筑市场秩序，提高建设工程勘察、设计质量与水平，依据《中华人民共和国建筑法》、《建设工程勘察设计管理条例》等法律法规，制定本规定。

第二条 中华人民共和国境内建设工程勘察设计注册工程师（以下简称注册工程师）的注册、执业、继续教育和监督管理，适用本规定。

第三条 本规定所称注册工程师，是指经考试取得中华人民共和国注册工程师资格证书（以下简称资格证书），并按照本规定注册，取得中华人民共和国注册工程师注册执业证书（以下简称注册证书）和执业印章，从事建设工程勘察、设计及有关业务活动的专业技术人员。

未取得注册证书及执业印章的人员，不得以注册工程师的名义从事建设工程勘察、设计及有关业务活动。

第四条 注册工程师按专业类别设置，具体专业划分由国务院住房城乡建设主管部门和人事主管部门商国务院有关部门制定。

除注册结构工程师分为一级和二级外，其他专业注册工程师不分级别。

第五条 国务院住房城乡建设主管部门对全国的注册工程师的注册、执业活动实施统一监督管理；国务院铁路、交通、水利等有关部门按照国务院规定的职责分工，负责全国有关专业工程注册工程师执业活动的监督管理。

县级以上地方人民政府住房城乡建设主管部门对本行政区域内的注册工程师的注册、执业活动实施监督管理；县级以上地方人民政府交通、水利等有关部门在各自的职责范围内，负责本行政区域内有关专业工程注册工程师执业活动的监督管理。

第二章 注 册

第六条 注册工程师实行注册执业管理制度。取得资格证书的人员,必须经过注册方能以注册工程师的名义执业。

第七条 取得资格证书的人员申请注册,由国务院住房城乡建设主管部门审批;其中涉及有关部门的专业注册工程师的注册,由国务院住房城乡建设主管部门和有关部门审批。

取得资格证书并受聘于一个建设工程勘察、设计、施工、监理、招标代理、造价咨询等单位的人员,应当通过聘用单位提出注册申请,并可以向单位工商注册所在地的省、自治区、直辖市人民政府住房城乡建设主管部门提交申请材料;省、自治区、直辖市人民政府住房城乡建设主管部门收到申请材料后,应当在5日内将全部申请材料报审批部门。

第八条 国务院住房城乡建设主管部门在收到申请材料后,应当依法作出是否受理的决定,并出具凭证;申请材料不齐全或者不符合法定形式的,应当在5日内一次性告知需要补正的全部内容。逾期不告知的,自收到申请材料之日起即为受理。

申请初始注册的,国务院住房城乡建设主管部门应当自受理之日起20日内审批完毕并作出书面决定。自作出决定之日起10日内公告审批结果。由国务院住房城乡建设主管部门和有关部门共同审批的,国务院有关部门应当在15日内审核完毕,并将审核意见报国务院住房城乡建设主管部门。

对申请变更注册、延续注册的,国务院住房城乡建设主管部门应当自受理之日起10日内审批完毕并作出书面决定。

符合条件的,由审批部门核发由国务院住房城乡建设主管部门统一制作、国务院住房城乡建设主管部门或者国务院住房城乡建设主管部门和有关部门共同用印的注册证书,并核定执业印章编号。对不予批准的,应当说明理由,并告知申请人享有依法申请行政复议或者提起行政诉讼的权利。

第九条 二级注册结构工程师的注册受理和审批,由省、自治区、直辖市人民政府住房城乡建设主管部门负责。

第十条 注册证书和执业印章是注册工程师的执业凭证,由注册工程师本人保管、使用。注册证书和执业印章的有效期为3年。

第十一条 初始注册者,可自资格证书签发之日起3年内提出申请。逾期未申请者,须符合本专业继续教育的要求后方可申请初始注册。

初始注册需要提交下列材料:

(一)申请人的注册申请表;

(二)申请人的资格证书复印件;

(三)申请人与聘用单位签订的聘用劳动合同复印件;

(四)逾期初始注册的,应提供达到继续教育要求的证明材料。

第十二条 注册工程师每一注册期为3年,注册期满需继续执业的,应在注册期满前30日,按照本规定第七条规定的程序申请延续注册。

延续注册需要提交下列材料:

(一)申请人延续注册申请表;

(二)申请人与聘用单位签订的聘用劳动合同复印件;

(三)申请人注册期内达到继续教育要求的证明材料。

第十三条 在注册有效期内,注册工程师变更执业单位,应与原聘用单位解除劳动关系,并按本规定第七条规定的程序办理变更注册手续,变更注册后仍延续原注册有效期。

变更注册需要提交下列材料:

(一)申请人变更注册申请表;

(二)申请人与新聘用单位签订的聘用劳动合同复印件;

(三)申请人的工作调动证明(或者与原聘用单位解除聘用劳动合同的证明文件、退休人员的退休证明)。

第十四条 注册工程师有下列情形之一的,其注册证书和执业印章失效:

(一)聘用单位破产的;

(二)聘用单位被吊销营业执照的;

(三)聘用单位相应资质证书被吊销的;

(四)已与聘用单位解除聘用劳动关系的;

(五)注册有效期满且未延续注册的;

(六)死亡或者丧失行为能力的;

(七)注册失效的其他情形。

第十五条 注册工程师有下列情形之一的,负责审批的部门应当办理注销手续,收回注册证书和执业印章或者公告其注册证书和执业印章作废：

（一）不具有完全民事行为能力的；

（二）申请注销注册的；

（三）有本规定第十四条所列情形发生的；

（四）依法被撤销注册的；

（五）依法被吊销注册证书的；

（六）受到刑事处罚的；

（七）法律、法规规定应当注销注册的其他情形。

注册工程师有前款情形之一的，注册工程师本人和聘用单位应当及时向负责审批的部门提出注销注册的申请；有关单位和个人有权向负责审批的部门举报；住房城乡建设主管部门和有关部门应当及时向负责审批的部门报告。

第十六条　有下列情形之一的，不予注册：

（一）不具有完全民事行为能力的；

（二）因从事勘察设计或者相关业务受到刑事处罚，自刑事处罚执行完毕之日起至申请注册之日止不满2年的；

（三）法律、法规规定不予注册的其他情形。

第十七条　被注销注册者或者不予注册者，在重新具备初始注册条件，并符合本专业继续教育要求后，可按照本规定第七条规定的程序重新申请注册。

第三章　执　　业

第十八条　取得资格证书的人员，应受聘于一个具有建设工程勘察、设计、施工、监理、招标代理、造价咨询等一项或多项资质的单位，经注册后方可从事相应的执业活动。但从事建设工程勘察、设计执业活动的，应受聘并注册于一个具有建设工程勘察、设计资质的单位。

第十九条　注册工程师的执业范围：

（一）工程勘察或者本专业工程设计；

（二）本专业工程技术咨询；

（三）本专业工程招标、采购咨询；

（四）本专业工程的项目管理；

（五）对工程勘察或者本专业工程设计项目的施工进行指导和监督；

（六）国务院有关部门规定的其他业务。

第二十条　建设工程勘察、设计活动中形成的勘察、设计文件由相应专业注册工程师按照规定签字盖章后方可生效。各专业注册工程师签字盖章的勘察、设计文件种类及办法由国务院住房城乡建设主管部门会同有关部门规定。

第二十一条　修改经注册工程师签字盖章的勘察、设计文件，应当由该注册工程师进行；因特殊情况，该注册工程师不能进行修改的，应由同专业其他注册工程师修改，并签字、加盖执业印章，对修改部分承担责任。

第二十二条　注册工程师从事执业活动，由所在单位接受委托并统一收费。

第二十三条　因建设工程勘察、设计事故及相关业务造成的经济损失，聘用单位应承担赔偿责任；聘用单位承担赔偿责任后，可依法向负有过错的注册工程师追偿。

第四章　继 续 教 育

第二十四条　注册工程师在每一注册期内应达到国务院住房城乡建设主管部门规定的本专业继续教育要求。继续教育作为注册工程师逾期初始注册、延续注册和重新申请注册的条件。

第二十五条　继续教育按照注册工程师专业类别设置，分为必修课和选修课，每注册期各为60学时。

第五章　权利和义务

第二十六条　注册工程师享有下列权利：

（一）使用注册工程师称谓；

（二）在规定范围内从事执业活动；

（三）依据本人能力从事相应的执业活动；

（四）保管和使用本人的注册证书和执业印章；

（五）对本人执业活动进行解释和辩护；

（六）接受继续教育；

（七）获得相应的劳动报酬；

（八）对侵犯本人权利的行为进行申诉。

第二十七条　注册工程师应当履行下列义务：

（一）遵守法律、法规和有关管理规定；

（二）执行工程建设标准规范；

（三）保证执业活动成果的质量，并承担相应责任；

（四）接受继续教育，努力提高执业水准；

（五）在本人执业活动所形成的勘察、设计文件上签字、加盖执业印章；

（六）保守在执业中知悉的国家秘密和他人的商业、技术秘密；

（七）不得涂改、出租、出借或者以其他形式非法转让注册证书或者执业印章；

（八）不得同时在两个或两个以上单位受聘或者执业；

（九）在本专业规定的执业范围和聘用单位业务范围内从事执业活动；

（十）协助注册管理机构完成相关工作。

第六章 法律责任

第二十八条 隐瞒有关情况或者提供虚假材料申请注册的，审批部门不予受理，并给予警告，一年之内不得再次申请注册。

第二十九条 以欺骗、贿赂等不正当手段取得注册证书的，由负责审批的部门撤销其注册，3年内不得再次申请注册；并由县级以上人民政府住房城乡建设主管部门或者有关部门处以罚款，其中没有违法所得的，处以1万元以下的罚款；有违法所得的，处以违法所得3倍以上但不超过3万元的罚款；构成犯罪的，依法追究刑事责任。

第三十条 注册工程师在执业活动中有下列行为之一的，由县级以上人民政府住房城乡建设主管部门或者有关部门予以警告，责令其改正，没有违法所得的，处以1万元以下的罚款；有违法所得的，处以违法所得3倍以上但不超过3万元的罚款；造成损失的，应当承担赔偿责任；构成犯罪的，依法追究刑事责任：

（一）以个人名义承接业务的；

（二）涂改、出租、出借或者以形式非法转让注册证书或者执业印章的；

（三）泄露执业中应当保守的秘密并造成严重后果的；

（四）超出本专业规定范围或者聘用单位业务范围从事执业活动的；

（五）弄虚作假提供执业活动成果的；

（六）其它违反法律、法规、规章的行为。

第三十一条 有下列情形之一的，负责审批的部门或者其上级主管部门，可以撤销其注册：

（一）住房城乡建设主管部门或者有关部门的工作人员滥用职权、玩忽职守颁发注册证书和执业印章的；

（二）超越法定职权颁发注册证书和执业印章的；

（三）违反法定程序颁发注册证书和执业印章的；

（四）对不符合法定条件的申请人颁发注册证书和执业印章的；

（五）依法可以撤销注册的其他情形。

第三十二条 县级以上人民政府住房城乡建设主管部门及有关部门的工作人员，在注册工程师管理工作中，有下列情形之一的，依法给予行政处分；构成犯罪的，依法追究刑事责任：

（一）对不符合法定条件的申请人颁发注册证书和执业印章的；

（二）对符合法定条件的申请人不予颁发注册证书和执业印章的；

（三）对符合法定条件的申请人未在法定期限内颁发注册证书和执业印章的；

（四）利用职务上的便利，收受他人财物或者其他好处的；

（五）不依法履行监督管理职责，或者发现违法行为不予查处的。

第七章 附则

第三十三条 注册工程师资格考试工作按照国务院住房城乡建设主管部门、国务院人事主管部门的有关规定执行。

第三十四条 香港特别行政区、澳门特别行政区、台湾地区及外籍专业技术人员，注册工程师注册和执业的管理办法另行制定。

第三十五条 本规定自2005年4月1日起施行。

注册造价工程师管理办法

1. *2006年12月25日建设部令第150号发布*
2. *根据2016年9月13日住房和城乡建设部令第32号《关于修改〈勘察设计注册工程师管理规定〉等11个部门规章的决定》第一次修正*
3. *根据2020年2月19日住房和城乡建设部令第50号《关于修改〈工程造价咨询企业管理办法〉〈注册造价工程师管理办法〉的决定》第二次修正*

第一章 总则

第一条 为了加强对注册造价工程师的管理，规范注册造价工程师执业行为，维护社会公共利益，制定本办法。

第二条 中华人民共和国境内注册造价工程师的注册、执业、继续教育和监督管理，适用本办法。

第三条 本办法所称注册造价工程师，是指通过土木建筑工程或者安装工程专业造价工程师职业资格考试取得造价工程师职业资格证书或者通过资格认定、资格互认,并按照本办法注册后,从事工程造价活动的专业人员。注册造价工程师分为一级注册造价工程师和二级注册造价工程师。

第四条 国务院住房城乡建设主管部门对全国注册造价工程师的注册、执业活动实施统一监督管理,负责实施全国一级注册造价工程师的注册,并负责建立全国统一的注册造价工程师注册信息管理平台;国务院有关专业部门按照国务院规定的职责分工,对本行业注册造价工程师的执业活动实施监督管理。

省、自治区、直辖市人民政府住房城乡建设主管部门对本行政区域内注册造价工程师的执业活动实施监督管理,并实施本行政区域二级注册造价工程师的注册。

第五条 工程造价行业组织应当加强造价工程师自律管理。

鼓励注册造价工程师加入工程造价行业组织。

第二章 注 册

第六条 注册造价工程师实行注册执业管理制度。

取得职业资格的人员,经过注册方能以注册造价工程师的名义执业。

第七条 注册造价工程师的注册条件为:

(一)取得职业资格;

(二)受聘于一个工程造价咨询企业或者工程建设领域的建设、勘察设计、施工、招标代理、工程监理、工程造价管理等单位;

(三)无本办法第十三条不予注册的情形。

第八条 符合注册条件的人员申请注册的,可以向聘用单位工商注册所在地的省、自治区、直辖市人民政府住房城乡建设主管部门或者国务院有关专业部门提交申请材料。

申请一级注册造价工程师初始注册,省、自治区、直辖市人民政府住房城乡建设主管部门或者国务院有关专业部门收到申请材料后,应当在5日内将申请材料报国务院住房城乡建设主管部门。国务院住房城乡建设主管部门在收到申请材料后,应当依法做出是否受理的决定,并出具凭证;申请材料不齐全或者不符合法定形式的,应当在5日内一次性告知申请人需要补正的全部内容。逾期不告知的,自收到申请材料之日起即为受理。国务院住房城乡建设主管部门应当自受理之日起20日内作出决定。

申请二级注册造价工程师初始注册,省、自治区、直辖市人民政府住房城乡建设主管部门收到申请材料后,应当依法做出是否受理的决定,并出具凭证;申请材料不齐全或者不符合法定形式的,应当在5日内一次性告知申请人需要补正的全部内容。逾期不告知的,自收到申请材料之日起即为受理。省、自治区、直辖市人民政府住房城乡建设主管部门应当自受理之日起20日内作出决定。

申请一级注册造价工程师变更注册、延续注册,省、自治区、直辖市人民政府住房城乡建设主管部门或者国务院有关专业部门收到申请材料后,应当在5日内将申请材料报国务院住房城乡建设主管部门,国务院住房城乡建设主管部门应当自受理之日起10日内作出决定。

申请二级注册造价工程师变更注册、延续注册,省、自治区、直辖市人民政府住房城乡建设主管部门收到申请材料后,应当自受理之日起10日内作出决定。

注册造价工程师的初始、变更、延续注册,通过全国统一的注册造价工程师注册信息管理平台实行网上申报、受理和审批。

第九条 准予注册的,由国务院住房城乡建设主管部门或者省、自治区、直辖市人民政府住房城乡建设主管部门(以下简称注册机关)核发注册造价工程师注册证书,注册造价工程师按照规定自行制作执业印章。

注册证书和执业印章是注册造价工程师的执业凭证,由注册造价工程师本人保管、使用。注册证书、执业印章的样式以及编码规则由国务院住房城乡建设主管部门统一制定。

一级注册造价工程师注册证书由国务院住房城乡建设主管部门印制;二级注册造价工程师注册证书由省、自治区、直辖市人民政府住房城乡建设主管部门按照规定分别印制。

注册造价工程师遗失注册证书,应当按照本办法第八条规定的延续注册程序申请补发,并由注册机关在官网发布信息。

第十条 取得职业资格证书的人员,可自职业资格证书签发之日起1年内申请初始注册。逾期未申请者,须符合继续教育的要求后方可申请初始注册。初始注册的有效期为4年。

申请初始注册的,应当提交下列材料:

（一）初始注册申请表；

（二）职业资格证书和身份证件；

（三）与聘用单位签订的劳动合同；

（四）取得职业资格证书的人员，自职业资格证书签发之日起1年后申请初始注册的，应当提供当年的继续教育合格证明；

（五）外国人应当提供外国人就业许可证书。

申请初始注册时，造价工程师本人和单位应当对下列事项进行承诺，并由注册机关调查核实：

（一）受聘于工程造价岗位；

（二）聘用单位为其交纳社会基本养老保险或者已办理退休。

第十一条 注册造价工程师注册有效期满需继续执业的，应当在注册有效期满30日前，按照本办法第八条规定的程序申请延续注册。延续注册的有效期为4年。

申请延续注册的，应当提交下列材料：

（一）延续注册申请表；

（二）注册证书；

（三）与聘用单位签订的劳动合同；

（四）继续教育合格证明。

申请延续注册时，造价工程师本人和单位应对其前一个注册的工作业绩进行承诺，并由注册机关调查核实。

第十二条 在注册有效期内，注册造价工程师变更执业单位的，应当与原聘用单位解除劳动合同，并按照本办法第八条规定的程序，到新聘用单位工商注册所在地的省、自治区、直辖市人民政府住房城乡建设主管部门或者国务院有关专业部门办理变更注册手续。变更注册后延续原注册有效期。

申请变更注册的，应当提交下列材料：

（一）变更注册申请表；

（二）注册证书；

（三）与新聘用单位签订的劳动合同。

申请变更注册时，造价工程师本人和单位应当对下列事项进行承诺，并由注册机关调查核实：

（一）与原聘用单位解除劳动合同；

（二）聘用单位为其交纳社会基本养老保险或者已办理退休。

第十三条 有下列情形之一的，不予注册：

（一）不具有完全民事行为能力的；

（二）申请在两个或者两个以上单位注册的；

（三）未达到造价工程师继续教育合格标准的；

（四）前一个注册期内工作业绩达不到规定标准或未办理暂停执业手续而脱离工程造价业务岗位的；

（五）受刑事处罚，刑事处罚尚未执行完毕的；

（六）因工程造价业务活动受刑事处罚，自刑事处罚执行完毕之日起至申请注册之日止不满5年的；

（七）因前项规定以外原因受刑事处罚，自处罚决定之日起至申请注册之日止不满3年的；

（八）被吊销注册证书，自被处罚决定之日起至申请注册之日止不满3年的；

（九）以欺骗、贿赂等不正当手段获准注册被撤销，自被撤销注册之日起至申请注册之日止不满3年的；

（十）法律、法规规定不予注册的其他情形。

第十四条 被注销注册或者不予注册者，在具备注册条件后重新申请注册的，按照本办法第八条规定的程序办理。

第三章 执 业

第十五条 一级注册造价工程师执业范围包括建设项目全过程的工程造价管理与工程造价咨询等，具体工作内容：

（一）项目建议书、可行性研究投资估算与审核，项目评价造价分析；

（二）建设工程设计概算、施工预算编制和审核；

（三）建设工程招标投标文件工程量和造价的编制与审核；

（四）建设工程合同价款、结算价款、竣工决算价款的编制与管理；

（五）建设工程审计、仲裁、诉讼、保险中的造价鉴定，工程造价纠纷调解；

（六）建设工程计价依据、造价指标的编制与管理；

（七）与工程造价管理有关的其他事项。

二级注册造价工程师协助一级注册造价工程师开展相关工作，并可以独立开展以下工作：

（一）建设工程工料分析、计划、组织与成本管理，施工图预算、设计概算编制；

（二）建设工程量清单、最高投标限价、投标报价编制；

（三）建设工程合同价款、结算价款和竣工决算价款的编制。

第十六条 注册造价工程师享有下列权利：

（一）使用注册造价工程师名称；

（二）依法从事工程造价业务；

（三）在本人执业活动中形成的工程造价成果文件上签字并加盖执业印章；

（四）发起设立工程造价咨询企业；

（五）保管和使用本人的注册证书和执业印章；

（六）参加继续教育。

第十七条 注册造价工程师应当履行下列义务：

（一）遵守法律、法规、有关管理规定，恪守职业道德；

（二）保证执业活动成果的质量；

（三）接受继续教育，提高执业水平；

（四）执行工程造价计价标准和计价方法；

（五）与当事人有利害关系的，应当主动回避；

（六）保守在执业中知悉的国家秘密和他人的商业、技术秘密。

第十八条 注册造价工程师应当根据执业范围，在本人形成的工程造价成果文件上签字并加盖执业印章，并承担相应的法律责任。最终出具的工程造价成果文件应当由一级注册造价工程师审核并签字盖章。

第十九条 修改经注册造价工程师签字盖章的工程造价成果文件，应当由签字盖章的注册造价工程师本人进行；注册造价工程师本人因特殊情况不能进行修改的，应当由其他注册造价工程师修改，并签字盖章；修改工程造价成果文件的注册造价工程师对修改部分承担相应的法律责任。

第二十条 注册造价工程师不得有下列行为：

（一）不履行注册造价工程师义务；

（二）在执业过程中，索贿、受贿或者谋取合同约定费用外的其他利益；

（三）在执业过程中实施商业贿赂；

（四）签署有虚假记载、误导性陈述的工程造价成果文件；

（五）以个人名义承接工程造价业务；

（六）允许他人以自己名义从事工程造价业务；

（七）同时在两个或者两个以上单位执业；

（八）涂改、倒卖、出租、出借或者以其他形式非法转让注册证书或者执业印章；

（九）超出执业范围、注册专业范围执业；

（十）法律、法规、规章禁止的其他行为。

第二十一条 在注册有效期内，注册造价工程师因特殊原因需要暂停执业的，应当到注册机关办理暂停执业手续，并交回注册证书和执业印章。

第二十二条 注册造价工程师应当适应岗位需要和职业发展的要求，按照国家专业技术人员继续教育的有关规定接受继续教育，更新专业知识，提高专业水平。

第四章 监督管理

第二十三条 县级以上人民政府住房城乡建设主管部门和其他有关部门应当依照有关法律、法规和本办法的规定，对注册造价工程师的注册、执业和继续教育实施监督检查。

第二十四条 国务院住房城乡建设主管部门应当将造价工程师注册信息告知省、自治区、直辖市人民政府住房城乡建设主管部门和国务院有关专业部门。

省、自治区、直辖市人民政府住房城乡建设主管部门应当将造价工程师注册信息告知本行政区域内市、县人民政府住房城乡建设主管部门。

第二十五条 县级以上人民政府住房城乡建设主管部门和其他有关部门依法履行监督检查职责时，有权采取下列措施：

（一）要求被检查人员提供注册证书；

（二）要求被检查人员所在聘用单位提供有关人员签署的工程造价成果文件及相关业务文档；

（三）就有关问题询问签署工程造价成果文件的人员；

（四）纠正违反有关法律、法规和本办法及工程造价计价标准和计价办法的行为。

第二十六条 注册造价工程师违法从事工程造价活动的，违法行为发生地县级以上地方人民政府住房城乡建设主管部门或者其他有关部门应当依法查处，并将违法事实、处理结果告知注册机关；依法应当撤销注册的，应当将违法事实、处理建议及有关材料报注册机关。

第二十七条 注册造价工程师有下列情形之一的，其注册证书失效：

（一）已与聘用单位解除劳动合同且未被其他单位聘用的；

（二）注册有效期满且未延续注册的；

（三）死亡或者不具有完全民事行为能力的；

（四）其他导致注册失效的情形。

第二十八条 有下列情形之一的，注册机关或者其上级行政机关依据职权或者根据利害关系人的请求，可以撤销注册造价工程师的注册：

（一）行政机关工作人员滥用职权、玩忽职守作出准予注册许可的；

（二）超越法定职权作出准予注册许可的；

（三）违反法定程序作出准予注册许可的；

（四）对不具备注册条件的申请人作出准予注册许可的；

（五）依法可以撤销注册的其他情形。

申请人以欺骗、贿赂等不正当手段获准注册的，应当予以撤销。

第二十九条 有下列情形之一的，由注册机关办理注销注册手续，收回注册证书和执业印章或者公告其注册证书和执业印章作废：

（一）有本办法第二十七条所列情形发生的；

（二）依法被撤销注册的；

（三）依法被吊销注册证书的；

（四）受到刑事处罚的；

（五）法律、法规规定应当注销注册的其他情形。

注册造价工程师有前款所列情形之一的，注册造价工程师本人和聘用单位应当及时向注册机关提出注销注册申请；有关单位和个人有权向注册机关举报；县级以上地方人民政府住房城乡建设主管部门或者其他有关部门应当及时告知注册机关。

第三十条 注册造价工程师及其聘用单位应当按照有关规定，向注册机关提供真实、准确、完整的注册造价工程师信用档案信息。

注册造价工程师信用档案应当包括造价工程师的基本情况、业绩、良好行为、不良行为等内容。违法违规行为、被投诉举报处理、行政处罚等情况应当作为造价工程师的不良行为记入其信用档案。

注册造价工程师信用档案信息按有关规定向社会公示。

第五章 法律责任

第三十一条 隐瞒有关情况或者提供虚假材料申请造价工程师注册的，不予受理或者不予注册，并给予警告，申请人在1年内不得再次申请造价工程师注册。

第三十二条 聘用单位为申请人提供虚假注册材料的，由县级以上地方人民政府住房城乡建设主管部门或者其他有关部门给予警告，并可处以1万元以上3万元以下的罚款。

第三十三条 以欺骗、贿赂等不正当手段取得造价工程师注册的，由注册机关撤销其注册，3年内不得再次申请注册，并由县级以上地方人民政府住房城乡建设主管部门处以罚款。其中，没有违法所得的，处以1万元以下罚款；有违法所得的，处以违法所得3倍以下且不超过3万元的罚款。

第三十四条 违反本办法规定，未经注册而以注册造价工程师的名义从事工程造价活动的，所签署的工程造价成果文件无效，由县级以上地方人民政府住房城乡建设主管部门或者其他有关部门给予警告，责令停止违法活动，并可处以1万元以上3万元以下的罚款。

第三十五条 违反本办法规定，未办理变更注册而继续执业的，由县级以上人民政府住房城乡建设主管部门或者其他有关部门责令限期改正；逾期不改的，可处以5000元以下的罚款。

第三十六条 注册造价工程师有本办法第二十条规定行为之一的，由县级以上地方人民政府住房城乡建设主管部门或者其他有关部门给予警告，责令改正，没有违法所得的，处以1万元以下罚款，有违法所得的，处以违法所得3倍以下且不超过3万元的罚款。

第三十七条 违反本办法规定，注册造价工程师或者其聘用单位未按照要求提供造价工程师信用档案信息的，由县级以上地方人民政府住房城乡建设主管部门或者其他有关部门责令限期改正；逾期未改正的，可处以1000元以上1万元以下的罚款。

第三十八条 县级以上人民政府住房城乡建设主管部门和其他有关部门工作人员，在注册造价工程师管理工作中，有下列情形之一的，依法给予处分；构成犯罪的，依法追究刑事责任：

（一）对不符合注册条件的申请人准予注册许可或者超越法定职权作出注册许可决定的；

（二）对符合注册条件的申请人不予注册许可或者不在法定期限内作出注册许可决定的；

（三）对符合法定条件的申请不予受理的；

（四）利用职务之便，收取他人财物或者其他好处的；

（五）不依法履行监督管理职责，或者发现违法行为不予查处的。

第六章 附　　则

第三十九条 造价工程师职业资格考试工作按照国务院

人力资源社会保障主管部门的有关规定执行。

第四十条 本办法自2007年3月1日起施行。2000年1月21日发布的《造价工程师注册管理办法》(建设部令第75号)同时废止。

注册监理工程师管理规定

1. 2006年1月26日建设部令第147号公布

2. 根据2016年9月13日住房和城乡建设部令第32号《关于修改〈勘察设计注册工程师管理规定〉等11个部门规章的决定》修正

第一章 总 则

第一条 为了加强对注册监理工程师的管理,维护公共利益和建筑市场秩序,提高工程监理质量与水平,根据《中华人民共和国建筑法》、《建设工程质量管理条例》等法律法规,制定本规定。

第二条 中华人民共和国境内注册监理工程师的注册、执业、继续教育和监督管理,适用本规定。

第三条 本规定所称注册监理工程师,是指经考试取得中华人民共和国监理工程师资格证书(以下简称资格证书),并按照本规定注册,取得中华人民共和国注册监理工程师注册执业证书(以下简称注册证书)和执业印章,从事工程监理及相关业务活动的专业技术人员。

未取得注册证书和执业印章的人员,不得以注册监理工程师的名义从事工程监理及相关业务活动。

第四条 国务院住房城乡建设主管部门对全国注册监理工程师的注册、执业活动实施统一监督管理。

县级以上地方人民政府住房城乡建设主管部门对本行政区域内的注册监理工程师的注册、执业活动实施监督管理。

第二章 注 册

第五条 注册监理工程师实行注册执业管理制度。

取得资格证书的人员,经过注册方能以注册监理工程师的名义执业。

第六条 注册监理工程师依据其所学专业、工作经历、工程业绩,按照《工程监理企业资质管理规定》划分的工程类别,按专业注册。每人最多可以申请两个专业注册。

第七条 取得资格证书的人员申请注册,由国务院住房城乡建设主管部门审批。

取得资格证书并受聘于一个建设工程勘察、设计、施工、监理、招标代理、造价咨询等单位的人员,应当通过聘用单位提出注册申请,并可以向单位工商注册所在地的省、自治区、直辖市人民政府住房城乡建设主管部门提交申请材料;省、自治区、直辖市人民政府住房城乡建设主管部门收到申请材料后,应当在5日内将全部申请材料报审批部门。

第八条 国务院住房城乡建设主管部门在收到申请材料后,应当依法作出是否受理的决定,并出具凭证;申请材料不齐全或者不符合法定形式的,应当在5日内一次性告知申请人需要补正的全部内容。逾期不告知的,自收到申请材料之日起即为受理。

对申请初始注册的,国务院住房城乡建设主管部门应当自受理申请之日起20日内审批完毕并作出书面决定。自作出决定之日起10日内公告审批结果。

对申请变更注册、延续注册的,国务院住房城乡建设主管部门应当自受理申请之日起10日内审批完毕并作出书面决定。

符合条件的,由国务院住房城乡建设主管部门核发注册证书,并核定执业印章编号。对不予批准的,应当说明理由,并告知申请人享有依法申请行政复议或者提起行政诉讼的权利。

第九条 注册证书和执业印章是注册监理工程师的执业凭证,由注册监理工程师本人保管、使用。

注册证书和执业印章的有效期为3年。

第十条 初始注册者,可自资格证书签发之日起3年内提出申请。逾期未申请者,须符合继续教育的要求后方可申请初始注册。

申请初始注册,应当具备以下条件:

(一)经全国注册监理工程师执业资格统一考试合格,取得资格证书;

(二)受聘于一个相关单位;

(三)达到继续教育要求;

(四)没有本规定第十三条所列情形。

初始注册需要提交下列材料:

(一)申请人的注册申请表;

(二)申请人的资格证书和身份证复印件;

(三)申请人与聘用单位签订的聘用劳动合同复印件;

(四)所学专业、工作经历、工程业绩、工程类中级及中级以上职称证书等有关证明材料；

（五）逾期初始注册的，应当提供达到继续教育要求的证明材料。

第十一条 注册监理工程师每一注册有效期为3年，注册有效期满需继续执业的，应当在注册有效期满30日前，按照本规定第七条规定的程序申请延续注册。延续注册有效期3年。延续注册需要提交下列材料：

（一）申请人延续注册申请表；

（二）申请人与聘用单位签订的聘用劳动合同复印件；

（三）申请人注册有效期内达到继续教育要求的证明材料。

第十二条 在注册有效期内，注册监理工程师变更执业单位，应当与原聘用单位解除劳动关系，并按本规定第七条规定的程序办理变更注册手续，变更注册后仍延续原注册有效期。

变更注册需要提交下列材料：

（一）申请人变更注册申请表；

（二）申请人与新聘用单位签订的聘用劳动合同复印件；

（三）申请人的工作调动证明（与原聘用单位解除聘用劳动合同或者聘用劳动合同到期的证明文件、退休人员的退休证明）。

第十三条 申请人有下列情形之一的，不予初始注册、延续注册或者变更注册：

（一）不具有完全民事行为能力的；

（二）刑事处罚尚未执行完毕或者因从事工程监理或者相关业务受到刑事处罚，自刑事处罚执行完毕之日起至申请注册之日止不满2年的；

（三）未达到监理工程师继续教育要求的；

（四）在两个或者两个以上单位申请注册的；

（五）以虚假的职称证书参加考试并取得资格证书的；

（六）年龄超过65周岁的；

（七）法律、法规规定不予注册的其他情形。

第十四条 注册监理工程师有下列情形之一的，其注册证书和执业印章失效：

（一）聘用单位破产的；

（二）聘用单位被吊销营业执照的；

（三）聘用单位被吊销相应资质证书的；

（四）已与聘用单位解除劳动关系的；

（五）注册有效期满且未延续注册的；

（六）年龄超过65周岁的；

（七）死亡或者丧失行为能力的；

（八）其他导致注册失效的情形。

第十五条 注册监理工程师有下列情形之一的，负责审批的部门应当办理注销手续，收回注册证书和执业印章或者公告其注册证书和执业印章作废：

（一）不具有完全民事行为能力的；

（二）申请注销注册的；

（三）有本规定第十四条所列情形发生的；

（四）依法被撤销注册的；

（五）依法被吊销注册证书的；

（六）受到刑事处罚的；

（七）法律、法规规定应当注销注册的其他情形。

注册监理工程师有前款情形之一的，注册监理工程师本人和聘用单位应当及时向国务院住房城乡建设主管部门提出注销注册的申请；有关单位和个人有权向国务院住房城乡建设主管部门举报；县级以上地方人民政府住房城乡建设主管部门或者有关部门应当及时报告或者告知国务院住房城乡建设主管部门。

第十六条 被注销注册者或者不予注册者，在重新具备初始注册条件，并符合继续教育要求后，可以按照本规定第七条规定的程序重新申请注册。

第三章 执 业

第十七条 取得资格证书的人员，应当受聘于一个具有建设工程勘察、设计、施工、监理、招标代理、造价咨询等一项或者多项资质的单位，经注册后方可从事相应的执业活动。从事工程监理执业活动的，应当受聘并注册于一个具有工程监理资质的单位。

第十八条 注册监理工程师可以从事工程监理、工程经济与技术咨询、工程招标与采购咨询、工程项目管理服务以及国务院有关部门规定的其他业务。

第十九条 工程监理活动中形成的监理文件由注册监理工程师按照规定签字盖章后方可生效。

第二十条 修改经注册监理工程师签字盖章的工程监理文件，应当由该注册监理工程师进行；因特殊情况，该注册监理工程师不能进行修改的，应当由其他注册监理工程师修改，并签字、加盖执业印章，对修改部分承担责任。

第二十一条 注册监理工程师从事执业活动，由所在单位接受委托并统一收费。

第二十二条　因工程监理事故及相关业务造成的经济损失，聘用单位应当承担赔偿责任；聘用单位承担赔偿责任后，可依法向负有过错的注册监理工程师追偿。

第四章　继续教育

第二十三条　注册监理工程师在每一注册有效期内应当达到国务院住房城乡建设主管部门规定的继续教育要求。继续教育作为注册监理工程师逾期初始注册、延续注册和重新申请注册的条件之一。

第二十四条　继续教育分为必修课和选修课，在每一注册有效期内各为48学时。

第五章　权利和义务

第二十五条　注册监理工程师享有下列权利：

（一）使用注册监理工程师称谓；

（二）在规定范围内从事执业活动；

（三）依据本人能力从事相应的执业活动；

（四）保管和使用本人的注册证书和执业印章；

（五）对本人执业活动进行解释和辩护；

（六）接受继续教育；

（七）获得相应的劳动报酬；

（八）对侵犯本人权利的行为进行申诉。

第二十六条　注册监理工程师应当履行下列义务：

（一）遵守法律、法规和有关管理规定；

（二）履行管理职责，执行技术标准、规范和规程；

（三）保证执业活动成果的质量，并承担相应责任；

（四）接受继续教育，努力提高执业水准；

（五）在本人执业活动所形成的工程监理文件上签字、加盖执业印章；

（六）保守在执业中知悉的国家秘密和他人的商业、技术秘密；

（七）不得涂改、倒卖、出租、出借或者以其他形式非法转让注册证书或者执业印章；

（八）不得同时在两个或者两个以上单位受聘或者执业；

（九）在规定的执业范围和聘用单位业务范围内从事执业活动；

（十）协助注册管理机构完成相关工作。

第六章　法律责任

第二十七条　隐瞒有关情况或者提供虚假材料申请注册的，住房城乡建设主管部门不予受理或者不予注册，并给予警告，1年之内不得再次申请注册。

第二十八条　以欺骗、贿赂等不正当手段取得注册证书的，由国务院住房城乡建设主管部门撤销其注册，3年内不得再次申请注册，并由县级以上地方人民政府住房城乡建设主管部门处以罚款，其中没有违法所得的，处以1万元以下罚款，有违法所得的，处以违法所得3倍以下且不超过3万元的罚款；构成犯罪的，依法追究刑事责任。

第二十九条　违反本规定，未经注册，擅自以注册监理工程师的名义从事工程监理及相关业务活动的，由县级以上地方人民政府住房城乡建设主管部门给予警告，责令停止违法行为，处以3万元以下罚款；造成损失的，依法承担赔偿责任。

第三十条　违反本规定，未办理变更注册仍执业的，由县级以上地方人民政府住房城乡建设主管部门给予警告，责令限期改正；逾期不改的，可处以5000元以下的罚款。

第三十一条　注册监理工程师在执业活动中有下列行为之一的，由县级以上地方人民政府住房城乡建设主管部门给予警告，责令其改正，没有违法所得的，处以1万元以下罚款，有违法所得的，处以违法所得3倍以下且不超过3万元的罚款；造成损失的，依法承担赔偿责任；构成犯罪的，依法追究刑事责任：

（一）以个人名义承接业务的；

（二）涂改、倒卖、出租、出借或者以其他形式非法转让注册证书或者执业印章的；

（三）泄露执业中应当保守的秘密并造成严重后果的；

（四）超出规定执业范围或者聘用单位业务范围从事执业活动的；

（五）弄虚作假提供执业活动成果的；

（六）同时受聘于两个或者两个以上的单位，从事执业活动的；

（七）其他违反法律、法规、规章的行为。

第三十二条　有下列情形之一的，国务院住房城乡建设主管部门依据职权或者根据利害关系人的请求，可以撤销监理工程师注册：

（一）工作人员滥用职权、玩忽职守颁发注册证书和执业印章的；

（二）超越法定职权颁发注册证书和执业印章的；

（三）违反法定程序颁发注册证书和执业印章的；

（四）对不符合法定条件的申请人颁发注册证书

和执业印章的；

（五）依法可以撤销注册的其他情形。

第三十三条　县级以上人民政府住房城乡建设主管部门的工作人员，在注册监理工程师管理工作中，有下列情形之一的，依法给予处分；构成犯罪的，依法追究刑事责任：

（一）对不符合法定条件的申请人颁发注册证书和执业印章的；

（二）对符合法定条件的申请人不予颁发注册证书和执业印章的；

（三）对符合法定条件的申请人未在法定期限内颁发注册证书和执业印章的；

（四）对符合法定条件的申请不予受理或者未在法定期限内初审完毕的；

（五）利用职务上的便利，收受他人财物或者其他好处的；

（六）不依法履行监督管理职责，或者发现违法行为不予查处的。

第七章　附　　则

第三十四条　注册监理工程师资格考试工作按照国务院住房城乡建设主管部门、国务院人事主管部门的有关规定执行。

第三十五条　香港特别行政区、澳门特别行政区、台湾地区及外籍专业技术人员，申请参加注册监理工程师注册和执业的管理办法另行制定。

第三十六条　本规定自 2006 年 4 月 1 日起施行。1992 年 6 月 4 日建设部颁布的《监理工程师资格考试和注册试行办法》（建设部令第 18 号）同时废止。

注册结构工程师
执业资格制度暂行规定

1997 年 9 月 1 日建设部令第 222 号公布施行

第一章　总　　则

第一条　为了加强对结构工程设计人员的管理，提高工程设计质量与水平，保障公众生命和财产安全，维护社会公共利益，根据执业资格制度的有关规定，制定本规定。

第二条　注册结构工程师资格制度纳入专业技术人员执业资格制度，由国家确认批准。

第三条　本规定所称注册结构工程师，是指取得中华人民共和国注册结构工程师执业资格证书和注册证书，从事房屋结构、桥梁结构及塔架结构等工程设计及相关业务的专业技术人员。

注册结构工程师分为一级注册结构工程师和二级注册结构工程师。

第四条　建设部、人事部和省、自治区、直辖市人民政府建设行政主管部门、人事行政主管部门依照本规定对注册结构工程师的考试、注册和执业实施指导、监督和管理。

第五条　全国注册结构工程师管理委员会由建设部、人事部和国务院有关部门的代表及工程设计专家组成。

省、自治区、直辖市可成立相应的注册结构工程师管理委员会。

各级注册结构工程师管理委员会可依照本规定及建设部、人事部有关规定，负责或参照注册结构工程师的考试和注册等具体工作。

第二章　考试与注册

第六条　注册结构工程师考试实行全国统一大纲、统一命题、统一组织的办法，原则上每年举行一次。

第七条　建设部负责组织有关专家拟定考试大纲、组织命题，编写培训教材、组织考前培训等工作；人事部负责组织有关专家审定考试大纲和试题，会同有关部门组织考试并负责考务等工作。

第八条　一级注册结构工程师资格考试由基础考试和专业考试两部分组成。通过基础考试的人员，从事结构工程设计或相关业务满规定年限，方可申请参加专业考试。

一级注册结构工程师考试具体办法由建设部、人事部另行制定。

第九条　注册结构工程师资格考试合格者，由省、自治区、直辖市人事（职改）部门颁发人事部统一印制、加盖建设部和人事部印章的中华人民共和国注册结构工程师执业资格证书。

第十条　取得注册结构工程师执业资格证书者，要从事结构工程设计业务的，须申请注册。

第十一条　有下列情形之一的，不予注册：

（一）不具备完全民事行为能力的；

（二）因受刑事处罚，自处罚完毕之日起至申请注册之日止不满 5 年的；

（三）因在结构工程设计或相关业务中犯有错误

受到行政处罚或者撤职以上行政处分，自处罚、处分决定之日起申请注册之日止满2年的；

（四）受吊销注册结构工程师注册证书处罚，自处罚决定之日起至申请注册之日止不满5年的；

（五）建设部和国务院有关部门规定不予注册的其他情形的。

第十二条　全国注册结构工程师管理委员会和省、自治区、直辖市注册结构工程师管理委员会依照本规定第十一条，决定不予注册的，应当自决定之日起15日内书面通知申请人。若有异议的，可自收到通知之日起15日内向建设部或各省、自治区、直辖市人民政府建设行政主管部门申请复议。

第十三条　各级注册结构工程师管理委员会按照职责分工应将准于注册的注册结构工程师名单报同级建设行政主管部门备案。

建设部或各省、自治区、直辖市人民政府建设行政主管部门发现有与注册规定不符的，应通知有关注册结构工程师管理委员会撤销注册。

第十四条　准予注册的申请人，分别由全国注册结构工程师管理委员会和省、自治区、直辖市注册结构工程师管理委员会核发由建设部统一制作的注册结构工程师注册证书。

第十五条　注册结构工程师注册有效期为2年，有效期届满需要继续注册的，应当在期满前30日内办理注册手续。

第十六条　注册结构工程师注册后，有下列情形之一的，由全国或省、自治区、直辖市注册结构工程师管理委员会撤销注册，收回注册证书：

（一）完全丧失民事行为能力的；

（二）受刑事处罚的；

（三）因在工程设计或者相关业务中造成工程事故，受到行政处罚或者撤职以上行政处分的；

（四）自行停止注册结构工程师业务满2年的。

被撤销注册的当事人对撤销注册有异议的，可以自接到撤销注册通知之日起15日内向建设部或省、自治区、直辖市人民政府建设行政主管部门申请复议。

第十七条　被撤销注册的人员可依照本规定的要求重新注册。

第三章　执　　业

第十八条　注册结构工程师的执业范围：

（一）结构工程设计；

（二）结构工程设计技术咨询；

（三）建筑物、构筑物、工程设施等调查和鉴定；

（四）对本人主持设计的项目进行施工指导和监督；

（五）建设部和国务院有关部门规定的其他业务。

一级注册结构工程师的执业范围不受工程规模及工程复杂程度的限制。

第十九条　注册结构工程师执行业务，应当加入一个勘察设计单位。

第二十条　注册结构工程师执行业务。由勘察设计单位统一接受委托并统一收费。

第二十一条　因结构设计质量造成的经济损失，由勘察设计单位承担赔偿责任；勘察设计单位有权向签字的注册结构工程师追偿。

第二十二条　注册结构工程师执业管理和处罚办法由建设部另行规定。

第四章　权利和义务

第二十三条　注册结构工程师有权以注册结构工程师的名义执行注册结构工程师业务。

非注册结构工程师不得以注册结构工程师的名义执行注册结构工程师业务。

第二十四条　国家规定的一定跨度、高度等以上的结构工程设计，应当由注册结构工程师主持设计。

第二十五条　任何单位和个人修改注册结构工程师的设计图纸，应当征得该注册结构工程师同意；但是因特殊情况不能征得该注册结构工程师同意的除外。

第二十六条　注册结构工程师应当履行下列义务：

（一）遵守法律、法规和职业道德，维护社会公众利益；

（二）保证工程设计的质量，并在其负责的设计图纸上签字盖章；

（三）保守在执业中知悉的单位和个人的秘密；

（四）不得同时受聘于二个以上勘察设计单位执行业务；

（五）不得准许他人以本人名义执行业务。

第二十七条　注册结构工程师按规定接受必要的继续教育，定期进行业务和法规培训，并作为重新注册的依据。

第五章　附　　则

第二十八条　在全国实施注册结构工程师考试之前，对已经达到注册结构工程师资格水平的,可经考核认定,获得注册结构工程师资格。

考核认定办法由建设部、人事部另行制定。

第二十九条 外国人申请参加中国注册结构工程师全国统一考试和注册以及外国结构工程师申请在中国境内执行注册结构工程师业务,由国务院主管部门另行规定。

第三十条 二级注册结构工程师依照本规定的原则执行,具体实施办法由建设部、人事部另行制定。

第三十一条 本规定自发布之日起施行。本规定由建设部、人事部在各自的职责内负责解释。

附件:(略)

注册结构工程师执业及管理工作有关问题的暂行规定

1. 1998年11月23日建设部发布

2. 建设〔1998〕229号

根据建设部、人事部对注册结构工程师工作的总体部署,全国勘察设计行业将于1999年1月1日起试行注册结构工程师执业制度。注册结构工程师的执业及管理应依据《注册结构工程师执业资格制度暂行规定》和国家建设行政主管部门颁发的勘察设计咨询业管理文件的有关规定执行。为了与注册建筑师制度的实施相配套,加强过渡期内勘察设计咨询业的管理,确保注册结构工程师制度的顺利实施,并为2000年全面实行注册结构工程师执业制度摸索经验,对注册结构工程师执业及管理工作特作如下规定:

一、注册结构工程师制度的实施范围

(一)此次注册结构工程师执业制度只限在一级注册结构工程师范围内实施。

(二)自1999年1月1日起民用建筑二级及以上项目(按民用建筑工程设计等级分类表执行)及工业建筑中型及以上项目(按国务院有关部、局和全国性行业总公司行业工程项目等级分类标准执行)实行注册结构工程师签字制度。过渡期内三级及以下项目是否试行注册结构工程师签字制度,由各省、自治区、直辖市建设行政主管部门根据本地区实际情况研究决定。

二、设计单位资质和内部质量管理

(一)在试行注册结构工程师执业制度后,设计单位的设计资质与注册结构工程师的个人执业资格实行双控管理。具有工程设计甲乙级资质等级单位的注册结构工程师数量必须达到下列要求:

甲级:主专业为建筑工程的设计单位不少于4名(其中离退休返聘人员不得超过1名);工交各行业设计单位均不少于8名(其中离退休返聘人员不得超过3名)。

乙级:主专业为建筑工程的设计单位不少于2名(其中离退休返聘人员不得超过1名);工交各行业设计单位均不少于5名(其中离退休返聘人员不得超过2名)。

(二)设计单位内部质量管理仍采用国家推行和单位现行的质量保证体系,实行法人负责的技术管理责任制。

(三)注册结构工程师执业是指在设计单位法人领导下,行使岗位技术职责,按照《注册结构工程师执业资格制度暂行规定》的有关要求,从事建筑工程结构设计等工作。注册结构工程师有资格做结构专业负责人或以结构为主的工业项目的工程项目负责人(设计总负责人),具有在相关的设计文件上的签字权,承担岗位责任并应享有相应的待遇。

(四)凡属民用建筑二级及以上、工业建筑中型及以上项目,必须由注册结构工程师做结构专业负责人或以结构为主的工业项目的工程项目负责人。

(五)具有甲、乙级资质的设计单位,结构审定人和结构专业总工程师(技术负责人)必须由注册结构工程师担任。

三、注册结构工程师签字盖章

(一)注册结构工程师的签字仍按现行有关规定在其负责岗位上的设计文件中签字。

(二)作为结构专业负责人的注册结构工程师应在以下设计文件上盖执业专用章并对其盖章的设计文件(或所列目录的内容)负责:

方案设计阶段:结构专业说明页右下角的适当位置;

初步设计和施工图设计阶段:设计文件目录页右下角的适当位置;

修改设计文件:每页的图签内或右下角的适当位置。

四、注册结构工程师执业

(一)注册结构工程师的执业范围不得超越其所

在设计单位的业务范围。注册结构工程师的执业范围与其所在设计单位的业务范围不符时，个人执业范围应服从设计单位的业务范围。

（二）注册结构工程师只能受聘于一个设计单位执业。设计单位聘用注册结构工程师时，必须依据有关劳动用工规定同注册结构工程师签定聘用合同。

（三）注册结构工程师执业年龄一般不得超过70岁，个别年龄达到70岁，身体状况良好、能完全胜任工作的注册结构工程师，由省级以上建设行政主管部门批准后可继续受聘执业。

五、注册结构工程师执业管理

（一）实行注册结构工程师执业专用印章、签字审查制度。由省、自治区、直辖市建设行政主管部门接注册年度向工程项目审批部门提供本地区注册结构工程师执业专用章印样和签字字样目录，作为工程项目审批部门进行有关审查工作的必要依据。从1999年1月1日起签定合同的凡民用建筑二级及以上、工业建筑中型及以上工程项目报批各阶段设计文件时，如未加盖与单位证书编号相符的注册结构工程师执业专用章，规划部门不予办理规划许可证、设计审查部门不予审查、建设部门不予办理施工许可手续。

（二）实行注册结构工程师执业情况备案制度。注册结构工程师在注册有效期内完成的设计项目须填写《注册结构工程师执业登记表》，年检时报省、自治区、直辖市建设行政主管部门备案。

（三）注册结构工程师在聘用单位执业的服务年限不得少于两年。聘用期内注册结构工程师因特殊情况调离聘用单位到其他设计单位执业时，原聘用单位与新聘用单位应按有关规定重新办理注销和注册手续，并向建设部执业资格注册中心申办更换执业专用章。

（四）设计单位被吊销资质或破产时，该单位有责任做好其注册结构工程师后续管理的有关工作。

（五）中外合作设计的工程项目，其报批设计文件中须加盖中方注册结构工程师执业专用章。

六、离退休注册结构工程师的执业管理

（一）注册结构工程师离退休问题应按国家有关规定执行。办理离退休手续后，可受聘于本单位继续执业。当本单位不再返聘后，方可受聘于其他设计单位继续执业。

（二）在接受其他单位聘用时，须经原所在单位同意并同新聘用单位签定聘用合同，并更换执业专用章。有关工资、医疗、保险等福利待遇按国家有关规定执行。

七、其他有关问题

（一）在试行注册结构工程师制度的过渡期内不实行代审、代签制度。注册结构工程师数量不能满足要求的甲乙级设计单位，允许有一年的过渡期，可与能满足单位设计资质与个人执业资格双控管理要求的单位进行合作设计，签定合作设计协议书，并由合作设计单位指派注册结构工程师担任结构专业负责人和结构设计审定人，并经签字盖章后，设计文件方可生效。合作设计费用由双方协商确定。2000年必须达到规定的注册结构工程师数量。

（二）试行注册结构工程师制度的过渡期自1999年1月1日起至1999年12月31日止。

（三）本规定由建设部负责解释。

（3）其他

建筑施工特种作业人员管理规定

1. 2008年4月18日住房和城乡建设部发布
2. 建质〔2008〕75号
3. 自2008年6月1日起施行

第一章　总　　则

第一条　为加强对建筑施工特种作业人员的管理，防止和减少生产安全事故，根据《安全生产许可证条例》、《建筑起重机械安全监督管理规定》等法规规章，制定本规定。

第二条　建筑施工特种作业人员的考核、发证、从业和监督管理，适用本规定。

本规定所称建筑施工特种作业人员是指在房屋建筑和市政工程施工活动中，从事可能对本人、他人及周围设备设施的安全造成重大危害作业的人员。

第三条　建筑施工特种作业包括：

（一）建筑电工；

（二）建筑架子工；

（三）建筑起重信号司索工；

（四）建筑起重机械司机；

（五）建筑起重机械安装拆卸工；

（六）高处作业吊篮安装拆卸工；

（七）经省级以上人民政府建设主管部门认定的其他特种作业。

第四条 建筑施工特种作业人员必须经建设主管部门考核合格，取得建筑施工特种作业人员操作资格证书（以下简称"资格证书"），方可上岗从事相应作业。

第五条 国务院建设主管部门负责全国建筑施工特种作业人员的监督管理工作。

省、自治区、直辖市人民政府建设主管部门负责本行政区域内建筑施工特种作业人员的监督管理工作。

第二章 考 核

第六条 建筑施工特种作业人员的考核发证工作，由省、自治区、直辖市人民政府建设主管部门或其委托的考核发证机构（以下简称"考核发证机关"）负责组织实施。

第七条 考核发证机关应当在办公场所公布建筑施工特种作业人员申请条件、申请程序、工作时限、收费依据和标准等事项。

考核发证机关应当在考核前在机关网站或新闻媒体上公布考核科目、考核地点、考核时间和监督电话等事项。

第八条 申请从事建筑施工特种作业的人员，应当具备下列基本条件：

（一）年满18周岁且符合相关工种规定的年龄要求；

（二）经医院体检合格且无妨碍从事相应特种作业的疾病和生理缺陷；

（三）初中及以上学历；

（四）符合相应特种作业需要的其他条件。

第九条 符合本规定第八条规定的人员应当向本人户籍所在地或者从业所在地考核发证机关提出申请，并提交相关证明材料。

第十条 考核发证机关应当自收到申请人提交的申请材料之日起5个工作日内依法作出受理或者不予受理决定。

对于受理的申请，考核发证机关应当及时向申请人核发准考证。

第十一条 建筑施工特种作业人员的考核内容应当包括安全技术理论和实际操作。

考核大纲由国务院建设主管部门制定。

第十二条 考核发证机关应当自考核结束之日起10个工作日内公布考核成绩。

第十三条 考核发证机关对于考核合格的，应当自考核结果公布之日起10个工作日内颁发资格证书；对于考核不合格的，应当通知申请人并说明理由。

第十四条 资格证书应当采用国务院建设主管部门规定的统一样式，由考核发证机关编号后签发。资格证书在全国通用。

资格证书样式见附件一，编号规则见附件二。

第三章 从 业

第十五条 持有资格证书的人员，应当受聘于建筑施工企业或者建筑起重机械出租单位（以下简称用人单位），方可从事相应的特种作业。

第十六条 用人单位对于首次取得资格证书的人员，应当在其正式上岗前安排不少于3个月的实习操作。

第十七条 建筑施工特种作业人员应当严格按照安全技术标准、规范和规程进行作业，正确佩戴和使用安全防护用品，并按规定对作业工具和设备进行维护保养。

建筑施工特种作业人员应当参加年度安全教育培训或者继续教育，每年不得少于24小时。

第十八条 在施工中发生危及人身安全的紧急情况时，建筑施工特种作业人员有权立即停止作业或者撤离危险区域，并向施工现场专职安全生产管理人员和项目负责人报告。

第十九条 用人单位应当履行下列职责：

（一）与持有效资格证书的特种作业人员订立劳动合同；

（二）制定并落实本单位特种作业安全操作规程和有关安全管理制度；

（三）书面告知特种作业人员违章操作的危害；

（四）向特种作业人员提供齐全、合格的安全防护用品和安全的作业条件；

（五）按规定组织特种作业人员参加年度安全教育培训或者继续教育，培训时间不少于24小时；

（六）建立本单位特种作业人员管理档案；

（七）查处特种作业人员违章行为并记录在档；

（八）法律法规及有关规定明确的其他职责。

第二十条 任何单位和个人不得非法涂改、倒卖、出租、出借或者以其他形式转让资格证书。

第二十一条 建筑施工特种作业人员变动工作单位，任何单位和个人不得以任何理由非法扣押其资格证书。

第四章 延期复核

第二十二条 资格证书有效期为两年。有效期满需要延期的，建筑施工特种作业人员应当于期满前3个月内向原考核发证机关申请办理延期复核手续。延期复核合格的，资格证书有效期延期2年。

第二十三条　建筑施工特种作业人员申请延期复核，应当提交下列材料：

（一）身份证（原件和复印件）；

（二）体检合格证明；

（三）年度安全教育培训证明或者继续教育证明；

（四）用人单位出具的特种作业人员管理档案记录；

（五）考核发证机关规定提交的其他资料。

第二十四条　建筑施工特种作业人员在资格证书有效期内，有下列情形之一的，延期复核结果为不合格：

（一）超过相关工种规定年龄要求的；

（二）身体健康状况不再适应相应特种作业岗位的；

（三）对生产安全事故负有责任的；

（四）2年内违章操作记录达3次（含3次）以上的；

（五）未按规定参加年度安全教育培训或者继续教育的；

（六）考核发证机关规定的其他情形。

第二十五条　考核发证机关在收到建筑施工特种作业人员提交的延期复核资料后，应当根据以下情况分别作出处理：

（一）对于属于本规定第二十四条情形之一的，自收到延期复核资料之日起5个工作日内作出不予延期决定，并说明理由；

（二）对于提交资料齐全且无本规定第二十四条情形的，自受理之日起10个工作日内办理准予延期复核手续，并在证书上注明延期复核合格，并加盖延期复核专用章。

第二十六条　考核发证机关应当在资格证书有效期满前按本规定第二十五条作出决定；逾期未作出决定的，视为延期复核合格。

第五章　监督管理

第二十七条　考核发证机关应当制定建筑施工特种作业人员考核发证管理制度，建立本地区建筑施工特种作业人员档案。

县级以上地方人民政府建设主管部门应当监督检查建筑施工特种作业人员从业活动，查处违章作业行为并记录在档。

第二十八条　考核发证机关应当在每年年底向国务院建设主管部门报送建筑施工特种作业人员考核发证和延期复核情况的年度统计信息资料。

第二十九条　有下列情形之一的，考核发证机关应当撤销资格证书：

（一）持证人弄虚作假骗取资格证书或者办理延期复核手续的；

（二）考核发证机关工作人员违法核发资格证书的；

（三）考核发证机关规定应当撤销资格证书的其他情形。

第三十条　有下列情形之一的，考核发证机关应当注销资格证书：

（一）依法不予延期的；

（二）持证人逾期未申请办理延期复核手续的；

（三）持证人死亡或者不具有完全民事行为能力的；

（四）考核发证机关规定应当注销的其他情形。

第六章　附　　则

第三十一条　省、自治区、直辖市人民政府建设主管部门可结合本地区实际情况制定实施细则，并报国务院建设主管部门备案。

第三十二条　本办法自2008年6月1日起施行。

附件一：建筑施工特种作业操作资格证书样式（略）

附件二：建筑施工特种作业操作资格证书编号规则（略）

住房和城乡建设部关于加强建筑市场资质资格动态监管完善企业和人员准入清出制度的指导意见

1. 2010年8月13日

2. 建市〔2010〕128号

进入新世纪以来，我国建筑市场开放程度不断提高，推动了建筑业持续发展，为促进国民经济发展发挥了重要作用。据统计，2009年我国全社会固定资产投资224846亿元，建筑业总产值75864亿元，占固定资产投资的33.7%；建筑业增加值22333亿元，比上年增长18.2%。目前，全国建筑业企业及其分支机构总量已达到23万家，从业人员约3400万人；工程勘察、工程设计、工程监理、工程招标代理等工程咨询服务企业近3万家，从业人员已超过200万人。

但是，当前建筑市场仍存在一些不容忽视的问题：建筑业企业数量过多，建筑业产业结构不尽合理，特别是房屋建筑和市政基础设施工程类企业“供大于求”矛盾比较突出；各类注册人员分布不均衡，部分地区注册人员与企业数量、建设规模不匹配；工程转包、违法分包、工程结算纠纷、拖欠农民工工资以及质量安全事故等问题屡有发生；建筑市场监管体系不健全，市场清出机制不完善，“重准入、轻监管”的现象依然存在。这些问题严重影响了建筑市场秩序和建筑业的健康发展，必须下大力气认真解决。

为解决建筑市场中存在的问题，以开展工程建设领域突出问题专项治理为契机，加快完善我国建筑市场监管体系；严格市场准入，着力解决企业、从业人员市场清出机制不健全的问题；实行市场准入清出与工程质量安全、诚信体系建设相结合，形成各部门监管合力；实现资质资格许可、动态监管、信用管理等各环节的联动；保障建设工程质量安全，维护统一、规范、公开、有序的建筑市场秩序，促进建筑业健康协调可持续发展，特制定本指导意见。

一、强化质量安全事故“一票否决制”

各级住房城乡建设主管部门应当依据《建设工程质量管理条例》、《建设工程安全生产管理条例》等法规规定，将工程质量安全作为建筑市场资质资格动态监管的重要内容，认真落实质量安全事故“一票否决制”。

质量安全事故发生后，在依法进行事故报告和调查处理的同时，事故发生地县级以上住房城乡建设主管部门应当在事故发生之日起3个工作日内将事故情况、与事故有关的企业以及注册人员简要情况上报省级住房城乡建设主管部门；对非本省市的企业和注册人员，事故发生地省级住房城乡建设主管部门接到报告后，应当在3个工作日内通报其注册所在地省级住房城乡建设主管部门。企业和注册人员注册所在地省级住房城乡建设主管部门，应当在接到报告或通报之日起3个工作日内，做出在事故调查处理期间暂停其资质升级、增项，资格认定、注册等事项的处理。

属于住房城乡建设部审批资质资格的企业和注册人员，其注册所在地省级住房城乡建设主管部门应当在接到事故调查报告或批复后7个工作日内，将事故调查报告或批复以及处理建议上报住房城乡建设部。

根据事故调查报告或批复，应当降低或吊销有关责任企业和注册人员资质资格的，原发证机关应当在做出行政处罚决定后7个工作日内，将其证书注销，并向社会公布。同时在15个工作日内监督企业或注册人员将资质、资格证书交回。住房城乡建设部负责审批的企业和注册人员资质、资格证书，由其注册所在地省级住房城乡建设主管部门负责在规定时间内监督企业或注册人员交回，并及时将资质、资格证书交住房城乡建设部。

对事故负有责任但未给予降低或吊销资质处罚的企业，一年内不得申请资质升级、增项。

事故调查报告或者负责组织事故调查的人民政府对事故调查报告的批复认定与事故有关的企业和注册人员无过错责任的，其注册所在地省级住房城乡建设主管部门应当在接到事故调查报告或批复后3个工作日内恢复其资质升级、增项，资格认定、注册等事项。

住房城乡建设部将抓紧开展规范工程建设领域行政处罚自由裁量权的相关工作，依法研究制定规范工程建设行政处罚自由裁量权实施办法和裁量基准。

二、加大对资质资格申报弄虚作假查处力度

住房城乡建设部将制定《建设工程企业资质弄虚作假处理办法》，明确资质核查及处理的主体、程序、具体措施以及责任追究等制度。各资质审查部门应实行申报企业注册人员、工程业绩等公示制度。对于申报材料有弄虚作假嫌疑或被举报的企业和个人，要及时开展核查。经核查确实存在弄虚作假行为的，对其申请事项不给予行政许可，在一年内不受理其资质升级和增项申请，在住房城乡建设主管部门网站和各级有形建筑市场予以通报，并记入企业和个人信用档案；对于存在伪造印章等严重违法行为的，移交公安或司法部门处理。

需要核查非本省市工程业绩的，由受理申请的省级住房城乡建设主管部门商请工程所在地省级住房城乡建设主管部门协助核查。工程所在地省级住房城乡建设主管部门应当给予配合，在接到协助核查函后7个工作日内书面反馈核查情况。

各级住房城乡建设主管部门应当加强对下级资质、资格审批情况的监督管理。我部将定期对省级资

质、资格审批情况进行抽查并向全国通报抽查结果。省级住房城乡建设主管部门要对所属设区市住房城乡建设主管部门资质、资格审批情况开展检查、抽查。严禁违规下放审批权限，对违规下放审批权限的，要责令限期收回，撤销行政许可，并给予通报批评。

三、加强建筑市场动态监管

住房城乡建设部将尽快出台《企业资质和注册人员动态核查办法》。各级住房城乡建设主管部门应当充分利用信息化等手段，对企业取得资质后是否继续符合资质标准进行动态核查。一是核查企业的工程业绩和主要技术指标情况；二是核查企业的主要管理和技术、经济注册人员变动情况；三是核查包括企业资本金在内的有关财务指标变动等情况；四是重点核查企业工程质量和安全生产管理的各项制度、措施落实情况，是否发生工程质量、安全生产事故，或者存在质量安全隐患；五是核查企业是否存在其他违法违规行为。

在核查企业时，要对注册在该企业的人员一并进行核查。重点核查其注册和在岗情况，以及是否存在出租、出借、倒卖或以其他形式非法转让执业资格证书、注册证书和执业印章，不履行执业责任，超越执业范围执业等违法违规行为。

省级住房城乡建设主管部门每年动态核查的比例应不低于在本地区注册企业总数的5%。对经核查认定已不符合相应资质标准的企业，应当撤回其资质；对存在违法违规行为的注册人员，应当给予相应的行政处罚。

省级住房城乡建设主管部门应当对在本地区从事经营活动的企业和注册人员招标投标、合同订立及履约、质量安全管理、劳务管理等市场行为实施动态监管，建立和完善动态监管制度，加大对依法诚信经营企业和注册人员的表彰宣传力度，可采取在有关管理事项中给予绿色通道服务等措施，发挥动态监管的激励作用。

对问题比较突出的企业和注册人员，可以采用预警提示或约谈等措施，督促其限期改正。逾期不改的，要采取进一步措施予以处理。其企业资质或个人执业资格由省级以下住房城乡建设主管部门负责审批的，省级以上住房城乡建设主管部门应当对其资质或执业资格条件进行核查，经核查已不符合相应资质、执业资格标准的，应当撤回其资质、资格许可。对外省市企业和注册人员，应当通报其注册所在地省级住房城乡建设主管部门进行核查、处理。其注册所在地省级住房城乡建设主管部门应当及时将核查、处理结果反馈工程所在地省级住房城乡建设主管部门。企业资质或执业资格由住房城乡建设部负责审批的，其注册所在地省级住房城乡建设主管部门核查后，应当将处理建议报住房城乡建设部。

省级住房城乡建设主管部门应当规范和完善外省市企业和注册人员进入本地区的告知性备案管理制度。不得擅自设立审批性备案和借用备案等名义违法、违规收取费用，不得强行要求企业和注册人员注册所在地省级住房城乡建设行政主管部门或其上级集团公司出具证明其资质、资格、诚信行为、合同履约、质量安全等情况的文件。企业和注册人员办理备案后，省级住房城乡建设主管部门应当将备案信息及时通报本地区各级住房城乡建设主管部门。企业或注册人员在备案时提供虚假资料的，省级住房城乡建设主管部门不予备案，并作为不良行为记录向社会公布。除省级住房城乡建设主管部门外，设区市和县(市)级住房城乡建设主管部门均不得设置外省市企业和注册人员进入本地区的备案管理制度。

四、加快建立完善基础数据库

加快建立和完善建设工程企业、注册人员、工程项目和质量安全事故基础数据库。最大程度利用各地现有信息化建设成果，健全数据采集、报送、发布制度，统一数据标准，实现注册人员、企业、工程项目和质量安全事故数据库之间的动态关联，实行住房城乡建设部数据库与省级住房城乡建设主管部门数据库数据信息的同步共享。要为监管机构对建设工程企业、注册人员市场准入和清出提供全面、准确、动态的基础数据；为政府部门制定政策提供科学、客观的依据；为社会公众提供真实、便捷的信息查询服务。

住房城乡建设部负责建立注册人员、企业和工程项目的中央数据库，制定统一的数据标准、数据交换标准，统一数据信息采集、报送标准，制定数据库运行、维护的相关管理制度，建立相关管理程序。

省级住房城乡建设主管部门应当建立和完善本地区统一的注册人员、企业、工程项目和质量安全事故数据库，按照住房城乡建设部的工作部署和要求，采集、报送各类数据信息，实现与全国中央数据库对接，及省际数据库之间互通共享。

人员数据库

2011年6月前，住房城乡建设部负责制定统一的注册人员数据标准，完善现有的一级注册建筑师、勘察设计注册工程师（二级注册结构工程师除外）、注册监理工程师、一级注册建造师、注册造价工程师等相关注册人员数据库，建立全国注册人员中央数据库，公布与各地的接口标准；省级住房城乡建设主管部门负责按照统一的数据标准，完善本地区二级注册建筑师、二级注册结构工程师和二级注册建造师数据库，实现与全国注册人员中央数据库对接，实时上传数据。

2012 年 6 月前，在部分有条件的省市开展将企业主要技术人员和管理人员纳入人员数据库的试点工作。

从 2010 年起开展农民工实名制管理试点工作，加强农民工输出地和输入地之间的联动管理，逐步建立包括农民工基本信息、技能培训、工作简历等基本数据系统和制发实名电子信息卡。通过农民工实名制管理，保护农民工合法权益，开展农民工基本技能培训，提高建设工程质量，促进城乡一体化的发展。

企业数据库

住房城乡建设部负责制定统一的企业数据标准，以 2007 年启用的资质证书管理信息系统为基础，完善现有工程招标代理机构、工程设计企业、工程监理企业数据库，尽快整合工程勘察企业、建筑业企业数据库，建立全国建设工程企业中央数据库。

2010 年前，完成各地资质证书管理系统使用情况检查，并向全国通报。督促未将本地管理系统与全国建设工程企业数据库对接的省市尽快对接，实现企业数据实时共享。

《工程勘察资质标准》和《建筑业企业资质等级标准》修订颁布后，住房城乡建设部将启动工程勘察和建筑业企业资质证书管理系统。2011 年底前建立实时联网共享的全国建设工程企业中央数据库。

2011 年 6 月前，实现全国建设工程企业数据库与注册人员数据库的互联互通，实时监控企业中的注册人员是否能够满足企业资质条件。

强化企业资质证书管理，企业资质证书必须通过证书管理系统订购，对证书使用量与证书订购量有明显偏差的地区，要求其说明情况后，再予以批准发放。

工程项目数据库

2012 年 6 月底前，住房城乡建设部充分依托各地已有工程项目数据资源和信息系统，研究制定统一的工程项目数据标准、数据交换标准，明确信息采集、数据上报的管理模式，构建覆盖工程项目招标投标、合同备案、施工图审查、施工许可、质量监督、安全生产监督、竣工验收备案各主要环节，包括工程规模、工程造价、参建企业以及与项目有关的主要管理、技术人员等信息的全国工程项目中央数据库。

2012 年底前，各省级住房城乡建设主管部门负责建立本地区工程项目数据库，并根据统一的数据标准和数据交换标准实现与全国工程项目中央数据库对接。

2013 年 6 月底前，建立建筑市场监管的指标数据库、信息发布与共享数据库和数据分析及应用模型，实现基础数据库的整合、统计、分析、评价及发布，做到建筑市场的立法与执法并重、市场准入管理与清出管理并重、资质资格审批管理与后续动态管理并重，为建筑市场与工程质量安全监管工作提供系统、科学的技术支撑与保障。

五、加强建筑市场诚信体系建设

在建立健全全国建筑市场诚信平台以及注册人员、企业、工程项目和质量安全事故数据库的基础上，完善各类企业和注册人员诚信行为标准，健全诚信信息采集、报送制度，实现各地诚信信息互通、互用和互认，建立有效的诚信激励和失信惩戒机制。

各级住房城乡建设主管部门应当按照规定做好企业和注册人员诚信信息的采集、发布和报送工作。住房城乡建设部将定期统计、公布各地报送情况，对存在不按期报送、瞒报等问题的地区通报批评。

省级住房城乡建设主管部门应当在开展资质、资格动态监管的基础上，及时将企业和注册人员在合同履约、招标投标、工程质量管理、安全生产管理等方面的良好行为信息和不良行为信息记入诚信档案，可以通过有形建筑市场、新闻媒体公布信誉良好的企业和注册人员，引导市场各方主体依法诚信经营；将发生不良行为较多的企业和注册人员列为重点监管对象，加强动态监管。

省级住房城乡建设主管部门应当建立和完善本地区建筑市场诚信行为公示制度，对发生较大及以上质量安全事故、拖欠劳务费或农民工工资、以讨要工资为名扰乱正常生产生活秩序、转包工程、违法分包工程等违法违规行为的企业和注册人员要及时向社会公布，引导市场各方主体重视诚信记录，选择守法诚信的合作者，同时加强与有关部门的信息互通，加大对违法失信企业和注册人员的信用惩戒。

2011 年底前，住房城乡建设部出台工程建设领域不良信息分级发布标准,建立部、省两级分级发布的信息平台。

六、加强与有关部门的联动

加强与铁道、交通、水利、工业与信息化等部门的配合,加快建立与工商等部门的工作协调机制,完善沟通渠道,健全信息共享、联动执法等制度,形成建筑市场监管合力。尽快实现与工商部门信息共享,对企业虚报、抽逃注册资本金等行为进行治理;将被吊销或伪造资质、资格证书,以及发生严重违法违规行为的企业和注册人员名单提供给工商部门。以此为基础,逐步与相关部门开展联动,及时准确的了解企业营业状况和纳税、社会保险缴纳等情况,以便更好地实施动态监管;对发生重大违法行为或拒不执行法院判决的企业和注册人员纳入重点监管范围,并作为不良行为记入诚信档案,对其实施资质、资格条件核查、信用惩戒等动态监管。

住房和城乡建设部办公厅关于做好取得建造师临时执业证书人员有关管理工作的通知

1. 2013年2月22日

2. 建办市〔2013〕7号

各省、自治区住房城乡建设厅,直辖市建委(建设交通委),国务院有关部门建设司,新疆生产建设兵团建设局,总后营房部工程局,中央管理的企业,有关行业协会:

为加强对取得建造师临时执业证书人员的管理,现将有关问题通知如下:

一、已取得建造师临时执业证书的人员,年龄不满60周岁且按要求参加继续教育并进行延续注册的,可参照《注册建造师执业管理办法》(试行)的规定继续担任施工单位项目负责人。其延续注册、变更注册、执业管理和继续教育等,参照注册建造师制度的有关规定执行。临时执业证书注销的,不予办理重新注册。

二、符合条件的取得建造师临时执业证书的人员,应在2013年12月31日前按要求参加继续教育并向单位所在地住房城乡建设主管部门提出延续注册申请。没有申请延续注册的,自2014年1月1日起,不得再担任施工单位项目负责人,2013年2月27日(含)前已经担任施工单位项目负责人的可执业至该项目竣工。

对于近五年内负有较大及以上质量安全事故责任或有严重违法违规行为的人员,不予延续注册;近五年内负有一般质量安全事故责任或有一般违法违规行为或信用档案中有其他不良行为记录的人员,应提供相关主管部门出具的整改情况的相应材料。

三、自2013年2月28日(含)起,各级住房城乡建设主管部门不再将取得建造师临时执业证书的人员作为建筑业企业资质管理认可的注册建造师。

最高人民法院关于如何认定工程造价从业人员是否同时在两个单位执业问题的答复

1. 2006年6月26日

2. 法函〔2006〕68号

四川省高级人民法院:

你院〔2003〕川民终字第343号《关于如何认定司法鉴定人员是否同时在两个司法鉴定机构执业问题的请示》收悉。经研究,答复如下:

一、根据全国人大常委会《关于司法鉴定管理问题的决定》第二条的规定,工程造价咨询单位不属于实行司法鉴定登记管理制度的范围。

二、根据《国务院对确需保留的行政审批项目设定行政许可的决定》(2004年国务院令第412号)以及国务院清理整顿经济鉴证类社会中介机构领导小组《关于规范工程造价咨询行业管理的通知》(国清〔2002〕6号)精神,工程造价咨询单位和造价工程师的审批、注册管理工作由建设行政部门负责。

关于你院请示中提出的由建设行政主管部门审批的工程造价咨询单位,又经司法行政主管部门核准登记注册为司法鉴定机构,其工程造价从业人员同时具有两个《执业许可证》的问题,是由当地行政主管部门对工程造价鉴定实行双重执业准入管理而引发的,应当视为一个单位两块牌子,不能因为工程造价咨询单位经过双重登记就认定在其单位注册从业的工程造价人员系同时在两个单位违规执业。对于从事工程造价咨询业务的单位和鉴定人员的执业资质认定以及对工程造价成果性文件的程序审查,应当以工程造价行政许可主管部门的审批、注册管理和相关法律规定为据。

此复。

住房和城乡建设部关于改进住房和城乡建设领域施工现场专业人员职业培训工作的指导意见

1. 2019年1月19日
2. 建人〔2019〕9号

各省、自治区住房和城乡建设厅，直辖市住房和城乡建设（管）委及有关部门，新疆生产建设兵团住房和城乡建设局，国务院国资委管理的有关建筑业企业：

住房和城乡建设领域施工现场专业人员（以下简称施工现场专业人员）是工程建设项目现场技术和管理关键岗位从业人员，人数多，责任大。为进一步提高施工现场专业人员技术水平和综合素质，保证工程质量安全，现就改进施工现场专业人员职业培训工作提出以下意见。

一、指导思想和工作目标

贯彻落实《中共中央印发〈关于深化人才发展体制机制改革的意见〉的通知》《中共中央办公厅 国务院办公厅印发〈关于分类推进人才评价机制改革的指导意见〉的通知》精神，坚持以人为本、服务行业发展、贴近岗位需求、突出专业素养，不断加强和改进施工现场专业人员职业培训工作。落实企业对施工现场专业人员职业培训主体责任，发挥企业和行业组织、职业院校等各类培训机构优势，不断完善施工现场专业人员职业教育培训机制，培育高素质技术技能人才和产业发展后备人才。发挥住房和城乡建设主管部门政策指导、监管服务重要作用，促进施工现场专业人员职业培训规范健康发展。

二、完善职业培训体系

按照“谁主管，谁负责”“谁用人，谁负责”原则，坚持统一标准、分类指导和属地管理，构建企业、行业组织、职业院校和社会力量共同参与的施工现场专业人员职业教育培训体系。充分调动企业职业培训工作积极性，鼓励龙头骨干企业建立培训机构，按照职业标准和岗位要求组织开展施工现场专业人员培训。鼓励社会培训机构、职业院校和行业组织按照市场化要求，发挥优势和特色，提供施工现场专业人员培训服务。各培训机构对参训人员的培训结果负责。

三、提升职业培训质量

省级住房和城乡建设主管部门要结合实际，制定本地区施工现场专业人员职业培训工作管理办法，确定施工现场专业人员职业培训机构应当具备的基本条件，及时公布符合条件的培训机构名单，供参训人员自主选择。要将职业培训考核要求与企业岗位用人统一起来，督促指导企业使用具备相应专业知识水平的施工现场专业人员。要加强培训质量管控，完善培训机构评价体系、诚信体系，引导培训机构严格遵循职业标准，按纲施训，促进职业培训质量不断提升。

四、创新考核评价方式

我部将依据职业标准、培训考核评价大纲，结合工程建设项目施工现场实际需求，建立全国统一测试题库，供各地培训机构免费使用。培训机构按照要求完成培训内容后，应组织参训人员进行培训考核，对考核合格者颁发培训合格证书，作为施工现场专业人员培训后具备相应专业知识水平的证明。培训考核信息须按照要求上传住房和城乡建设行业从业人员培训管理信息系统以备查验。

五、加强继续教育

不断完善施工现场专业人员职业标准，研究建立知识更新大纲，强化职业道德、安全生产、工程实践以及新技术、新工艺、新材料、新设备等内容培训，增强职业培训工作的针对性、时效性。探索更加务实高效的继续教育组织形式，积极推广网络教育、远程教育等方式。各省级住房和城乡建设主管部门要落实有关继续教育规定，充分发挥各类人才培养基地、继续教育基地、培训机构作用，开展形式多样的施工现场专业人员继续教育，促进从业人员专业能力提升。

六、优化培训管理服务

各省级住房和城乡建设主管部门要充分利用住房和城乡建设行业从业人员培训管理信息系统，为企业、培训机构和参训人员提供便利服务，规范培训合格证书发放和管理，实现各省（自治区、直辖市）施工现场专业人员培训数据在全国范围内互联互通。要加强指导监督，做好施工现场专业人员培训信息记录、汇总、上传。要全面推行培训合格证书电子化，结合施工现场实名制管理，提高证书管理和使用效率。

七、加强监督检查

各省级住房和城乡建设主管部门要加强对施工现场专业人员职业培训工作的事中事后监管，按照“双随机、一公开”原则，对相关培训机构实行动态管理。加强对开展职业培训的企业和培训机构师资、实训等软件硬件条件、培训内容等监督指导，及时公开信息。加强诚信体系建设，逐步将企业、培训机构守信和失信行为信息记入诚信档案。充分发挥社会监督作用，建立举报和责任追究制度，对培训弄虚作假等违法违纪行为，严肃追究相关责任人责任。

建筑工人实名制管理办法（试行）

1. 2019年2月17日
2. 建市〔2019〕18号
3. 根据2022年8月2日住房和城乡建设部、人力资源社会保障部《关于修改〈建筑工人实名制管理办法（试行）〉的通知》（建市〔2022〕59号）修正

第一条　为规范建筑市场秩序，加强建筑工人管理，维护建筑工人和建筑企业合法权益，保障工程质量和安全生产，培育专业型、技能型建筑产业工人队伍，促进建筑业持续健康发展，依据建筑法、劳动合同法、《国务院办公厅关于全面治理拖欠农民工工资问题的意见》（国办发〔2016〕1号）和《国务院办公厅关于促进建筑业持续健康发展的意见》（国办发〔2017〕19号）等法律法规及规范性文件，制定本办法。

第二条　本办法所称建筑工人实名制是指对建筑企业所招用建筑工人的从业、培训、技能和权益保障等以真实身份信息认证方式进行综合管理的制度。

第三条　本办法适用于房屋建筑和市政基础设施工程。

第四条　住房和城乡建设部、人力资源社会保障部负责制定全国建筑工人实名制管理规定，对各地实施建筑工人实名制管理工作进行指导和监督；负责组织实施全国建筑工人管理服务信息平台的规划、建设和管理，制定全国建筑工人管理服务信息平台数据标准。

第五条　省（自治区、直辖市）级以下住房和城乡建设部门、人力资源社会保障部门负责本行政区域建筑工人实名制管理工作，制定建筑工人实名制管理制度，督促建筑企业在施工现场全面落实建筑工人实名制管理工作的各项要求；负责建立完善本行政区域建筑工人实名制管理平台，确保各项数据的完整、及时、准确，实现与全国建筑工人管理服务信息平台联通、共享。

第六条　建设单位应与建筑企业约定实施建筑工人实名制管理的相关内容，督促建筑企业落实建筑工人实名制管理的各项措施，为建筑企业实行建筑工人实名制管理创造条件，按照工程进度将建筑工人工资按时足额付至建筑企业在银行开设的工资专用账户。

第七条　建筑企业应承担施工现场建筑工人实名制管理职责，制定本企业建筑工人实名制管理制度，配备专（兼）职建筑工人实名制管理人员，通过信息化手段将相关数据实时、准确、完整上传至相关部门的建筑工人实名制管理平台。

总承包企业（包括施工总承包、工程总承包以及依法与建设单位直接签订合同的专业承包企业，下同）对所承接工程项目的建筑工人实名制管理负总责，分包企业对其招用的建筑工人实名制管理负直接责任，配合总承包企业做好相关工作。

第八条　全面实行建筑工人实名制管理制度。建筑企业应与招用的建筑工人依法签订劳动合同，对不符合建立劳动关系情形的，应依法订立用工书面协议。建筑企业应对建筑工人进行基本安全培训，并在相关建筑工人实名制管理平台上登记，方可允许其进入施工现场从事与建筑作业相关的活动。

第九条　项目负责人、技术负责人、质量负责人、安全负责人、劳务负责人等项目管理人员应承担所承接项目的建筑工人实名制管理相应责任。进入施工现场的建设单位、承包单位、监理单位的项目管理人员及建筑工人均纳入建筑工人实名制管理范畴。

第十条　建筑工人应配合有关部门和所在建筑企业的实名制管理工作，进场作业前须依法签订劳动合同或用工书面协议并接受基本安全培训。

第十一条　建筑工人实名制信息由基本信息、从业信息、诚信信息等内容组成。

基本信息应包括建筑工人和项目管理人员的身份证信息、文化程度、工种（专业）、技能（职称或岗位证书）等级和基本安全培训等信息。

从业信息应包括工作岗位、劳动合同或用工书面协议签订、考勤、工资支付和从业记录等信息。

诚信信息应包括诚信评价、举报投诉、良好及不良行为记录等信息。

第十二条　总承包企业应以真实身份信息为基础，采集进入施工现场的建筑工人和项目管理人员的基本信息，并及时核实、实时更新；真实完整记录建筑工人工作岗位、劳动合同或用工书面协议签订情况、考勤、工资支付等从业信息，建立建筑工人实名制管理台账；按项目所在地建筑工人实名制管理要求，将采集的建筑工人信息及时上传相关部门。

已录入全国建筑工人管理服务信息平台的建筑工人,1 年以上(含 1 年)无数据更新的,再次从事建筑作业时,建筑企业应对其重新进行基本安全培训,记录相关信息,否则不得进入施工现场上岗作业。

第十三条 建筑企业应配备实现建筑工人实名制管理所必须的硬件设施设备,施工现场原则上实施封闭式管理,设立进出场门禁系统,采用人脸、指纹、虹膜等生物识别技术进行电子打卡;不具备封闭式管理条件的工程项目,应采用移动定位、电子围栏等技术实施考勤管理。相关电子考勤和图像、影像等电子档案保存期限不少于 2 年。

实施建筑工人实名制管理所需费用可列入安全文明施工费和管理费。

第十四条 建筑企业应依法按劳动合同或用工书面协议约定,通过农民工工资专用账户按月足额将工资直接发放给建筑工人,并按规定在施工现场显著位置设置"建筑工人维权告示牌",公开相关信息。

第十五条 各级住房和城乡建设部门、人力资源社会保障部门、建筑企业、系统平台开发应用等单位应制定制度,采取措施,确保建筑工人实名制管理相关数据信息安全,以及建筑工人实名制信息的真实性、完整性,不得漏报、瞒报。

第十六条 各级住房和城乡建设部门、人力资源社会保障部门应加强与相关部门的数据共享,通过数据运用分析,利用新媒体和信息化技术渠道,建立建筑工人权益保障预警机制,切实保障建筑工人合法权益,提高服务建筑工人的能力。

第十七条 各级住房和城乡建设部门、人力资源社会保障部门应对下级部门落实建筑工人实名制管理情况进行监督检查,对于发现的问题要责令限期整改;拒不整改或整改不到位的,要约谈相关责任人;约谈后仍拒不整改或整改不到位的,列入重点监管范围并提请有关部门进行问责。

第十八条 各级住房和城乡建设部门应按照"双随机、一公开"的要求,加强对本行政区域施工现场建筑工人实名制管理制度落实情况的日常检查,对涉及建筑工人实名制管理相关投诉举报事项进行调查处理。对涉及不依法签订劳动合同、欠薪等侵害建筑工人劳动保障权益的,由人力资源社会保障部门会同住房和城乡建设部门依法处理;对涉及其他部门职能的违法问题或案件线索,应按职责分工及时移送处理。

第十九条 各级住房和城乡建设部门可将建筑工人实名制管理列入标准化工地考核内容。建筑工人实名制信息可作为有关部门处理建筑工人劳动纠纷的依据。各有关部门应制定激励办法,对切实落实建筑工人实名制管理的建筑企业给予支持,一定时期内未发生工资拖欠的,可减免农民工工资保证金。

第二十条 各级住房和城乡建设部门对在监督检查中发现的企业及个人弄虚作假、漏报瞒报等违规行为,应予以纠正、限期整改,录入建筑工人实名制管理平台并及时上传相关部门。拒不整改或整改不到位的,可通过曝光、核查企业资质等方式进行处理,存在工资拖欠的,可提高农民工工资保证金缴纳比例,并将相关不良行为记入企业或个人信用档案,通过全国建筑市场监管公共服务平台向社会公布。

第二十一条 严禁各级住房和城乡建设部门、人力资源社会保障部门借推行建筑工人实名制管理的名义,指定建筑企业采购相关产品;不得巧立名目乱收费,增加企业额外负担。对违规要求建筑企业强制使用某款产品或乱收费用的,要立即予以纠正;情节严重的依法提请有关部门进行问责,构成犯罪的,依法追究刑事责任。

第二十二条 各级住房和城乡建设部门、人力资源社会保障部门应结合本地实际情况,制定本办法实施细则。

第二十三条 本办法由住房和城乡建设部、人力资源社会保障部负责解释。

第二十四条 本办法自 2019 年 3 月 1 日起施行。

3. 外商投资建筑企业

关于外国企业在中华人民共和国境内从事建设工程设计活动的管理暂行规定

1. 2004年5月10日建设部发布
2. 建市〔2004〕78号

第一条　为了规范在中华人民共和国境内从事建设工程设计活动的外国企业的管理，根据《中华人民共和国建筑法》、《建设工程勘察设计管理条例》、《建设工程质量管理条例》、《工程建设项目勘察设计招标投标办法》等法律、法规和规章，制定本规定。

第二条　本规定所称外国企业是指在中华人民共和国境外注册登记的、从事建设工程设计活动的企业。

第三条　外国企业以跨境交付的方式在中华人民共和国境内提供编制建设工程初步设计（基础设计）、施工图设计（详细设计）文件等建设工程设计服务的，应遵守本规定。

提供建设工程初步设计（基础设计）之前的方案设计不适用本规定。

第四条　外国企业承担中华人民共和国境内建设工程设计，必须选择至少一家持有建设行政主管部门颁发的建设工程设计资质的中方设计企业（以下简称中方设计企业）进行中外合作设计（以下简称合作设计），且在所选择的中方设计企业资质许可的范围内承接设计业务。

第五条　合作设计项目的工程设计合同，应当由合作设计的中方设计企业或者中外双方设计企业共同与建设单位签订，合同应明确各方的权利、义务。工程设计合同应为中文文本。

第六条　建设单位负责对合作设计的外国企业是否具备设计能力进行资格预审，符合资格预审条件的外国企业方可参与合作设计。

第七条　建设单位在对外国企业进行设计资格预审时，可以要求外国企业提供以下能满足建设工程项目需要的有效证明材料，证明材料均要求有外国企业所在国官方文字与中文译本两种文本。

（一）所在国政府主管部门核发的企业注册登记证明；

（二）所在国金融机构出具的资信证明和企业保险证明；

（三）所在国政府主管部门或者有关行业组织、公证机构出具的企业工程设计业绩证明；

（四）所在国政府主管部门或者有关行业组织核发的设计许可证明；

（五）国际机构颁发的ISO9000系列质量标准认证证书；

（六）参与中国项目设计的全部技术人员的简历、身份证明、最高学历证明和执业注册证明；

（七）与中方设计企业合作设计的意向书；

（八）其他有关材料。

第八条　外国企业与其所选择的中方设计企业进行合作设计时，必须按照中国的有关法律法规签订合作设计协议，明确各方的权利、义务。合作设计协议应有中文文本。

合作设计协议应包括以下内容：

（一）合作设计各方的企业名称、注册登记所在地和企业法定代表人的姓名、国籍、身份证明登记号码、住所、联系方式；

（二）建设工程项目的名称、所在地、规模；

（三）合作设计的范围、期限和方式，对设计内容、深度、质量和工作进度的要求；

（四）合作设计各方对设计任务、权利和义务的划分；

（五）合作设计的收费构成、分配方法和纳税责任；

（六）违反协议的责任及对协议发生争议时的解决方法；

（七）协议生效的条件及协议签定的日期、地点；

（八）各方约定的其它事项。

第九条　工程设计合同（副本）、合作设计协议（副本）和本规定第七条所规定的材料（复印件）应报项目所在地省级建设行政主管部门备案。

第十条　外国设计企业在中国境内承接建设工程设计，必须符合中国政府颁布的工程建设强制性标准和工程设计文件编制规定的要求。

无相应的工程建设强制性标准时，按照《实施工程建设强制性标准监督规定》（建设部令第81号）第五条的规定执行。

第十一条 根据《中华人民共和国建筑法》、《中华人民共和国城市规划法》等有关法律法规的规定，需报中国政府有关部门审查的中外合作设计文件应符合以下要求：

（一）提供中文文本；

（二）符合中国有关建设工程设计文件的编制规定；

（三）采用中国法定的计量单位；

（四）初步设计（基础设计）文件封面应注明项目及合作各方企业名称、首页应注明合作各方企业名称及法定代表人、主要技术负责人、项目负责人名称并签章；

（五）施工图设计（详细设计）文件图签中应注明合作设计各方的企业名称，应有项目设计人员的签字，其他按中国有关工程设计文件出图规定办理；

（六）初步设计（基础设计）文件、施工图设计（详细设计）文件应按规定由取得中国注册建筑师、注册工程师等注册执业资格的人员审核确认、在设计文件上签字盖章，并加盖中方设计企业的公章后方为有效设计文件。

未实施工程设计注册执业制度的专业，应由中方设计企业的专业技术负责人审核确认后，在设计文件上签字，并加盖中方设计企业的公章后方为有效设计文件。

第十二条 外国设计企业在中国境内承接建设工程设计收取设计费用，应参照执行中国的设计收费标准，并按中国有关法律规定向中国政府纳税。

由外国企业提供设计文件，需要中方设计企业按照国家标准规定审核并签署确认意见的，按照国际通行做法或者实际发生的工作量，由双方协商确定审核确认费用。

第十三条 香港、澳门特别行政区和台湾地区的设计机构在中国内地从事建设工程设计活动参照本规定执行。

第十四条 外国企业违反本规定的，由中国政府有关部门按有关的法律、法规、规章处罚，并在有关媒体上公布其不良记录，向其所在国政府和相关行业组织通报。

第十五条 保密工程、抢险救灾工程和我国未承诺对外开放的其他工程，禁止外国企业参与设计。

第十六条 本规定自发布之日起30日后施行。

六、行政监管

资料补充栏

中华人民共和国行政处罚法（节录）

1. 1996年3月17日第八届全国人民代表大会第四次会议通过

2. 根据2009年8月27日第十一届全国人民代表大会常务委员会第十次会议《关于修改部分法律的决定》第一次修正

3. 根据2017年9月1日第十二届全国人民代表大会常务委员会第二十九次会议《关于修改〈中华人民共和国法官法〉等八部法律的决定》第二次修正

4. 2021年1月22日第十三届全国人民代表大会常务委员会第二十五次会议修订

第五章　行政处罚的决定

第一节　一般规定

第三十九条　【行政处罚公示制度】行政处罚的实施机关、立案依据、实施程序和救济渠道等信息应当公示。

第四十条　【行政处罚的前提条件】公民、法人或者其他组织违反行政管理秩序的行为，依法应当给予行政处罚的，行政机关必须查明事实；违法事实不清、证据不足的，不得给予行政处罚。

第四十一条　【电子监控设备的配置程序、内容审核、权利告知】行政机关依照法律、行政法规规定利用电子技术监控设备收集、固定违法事实的，应当经过法制和技术审核，确保电子技术监控设备符合标准、设置合理、标志明显，设置地点应当向社会公布。

电子技术监控设备记录违法事实应当真实、清晰、完整、准确。行政机关应当审核记录内容是否符合要求；未经审核或者经审核不符合要求的，不得作为行政处罚的证据。

行政机关应当及时告知当事人违法事实，并采取信息化手段或者其他措施，为当事人查询、陈述和申辩提供便利。不得限制或者变相限制当事人享有的陈述权、申辩权。

第四十二条　【对行政执法人员的执法要求】行政处罚应当由具有行政执法资格的执法人员实施。执法人员不得少于两人，法律另有规定的除外。

执法人员应当文明执法，尊重和保护当事人合法权益。

第四十三条　【行政执法人员回避制度】执法人员与案件有直接利害关系或者有其他关系可能影响公正执法的，应当回避。

当事人认为执法人员与案件有直接利害关系或者有其他关系可能影响公正执法的，有权申请回避。

当事人提出回避申请的，行政机关应当依法审查，由行政机关负责人决定。决定作出之前，不停止调查。

第四十四条　【行政机关的告知义务】行政机关在作出行政处罚决定之前，应当告知当事人拟作出的行政处罚内容及事实、理由、依据，并告知当事人依法享有的陈述、申辩、要求听证等权利。

第四十五条　【当事人的陈述权和申辩权】当事人有权进行陈述和申辩。行政机关必须充分听取当事人的意见，对当事人提出的事实、理由和证据，应当进行复核；当事人提出的事实、理由或者证据成立的，行政机关应当采纳。

行政机关不得因当事人陈述、申辩而给予更重的处罚。

第四十六条　【证据的种类及适用规则】证据包括：

（一）书证；

（二）物证；

（三）视听资料；

（四）电子数据；

（五）证人证言；

（六）当事人的陈述；

（七）鉴定意见；

（八）勘验笔录、现场笔录。

证据必须经查证属实，方可作为认定案件事实的根据。

以非法手段取得的证据，不得作为认定案件事实的根据。

第四十七条　【行政执法全过程记录制度】行政机关应当依法以文字、音像等形式，对行政处罚的启动、调查取证、审核、决定、送达、执行等进行全过程记录，归档保存。

第四十八条　【行政处罚决定信息公开】具有一定社会影响的行政处罚决定应当依法公开。

公开的行政处罚决定被依法变更、撤销、确认违法或者确认无效的，行政机关应当在三日内撤回行政处罚决定信息并公开说明理由。

第四十九条　【重大突发事件从快处理、从重处罚】发生重大传染病疫情等突发事件，为了控制、减轻和消除突发事件引起的社会危害，行政机关对违反突发事件应对措施的行为，依法快速、从重处罚。

第五十条　【保护国家秘密、商业秘密或者个人隐私义务】行政机关及其工作人员对实施行政处罚过程中知悉的国家秘密、商业秘密或者个人隐私，应当依法予以保密。

第二节　简易程序

第五十一条　【行政机关当场处罚】违法事实确凿并有法定依据，对公民处以二百元以下、对法人或者其他组织处以三千元以下罚款或者警告的行政处罚的，可以当场作出行政处罚决定。法律另有规定的，从其规定。

第五十二条　【行政机关当场处罚需履行法定手续】执法人员当场作出行政处罚决定的，应当向当事人出示执法证件，填写预定格式、编有号码的行政处罚决定书，并当场交付当事人。当事人拒绝签收的，应当在行政处罚决定书上注明。

前款规定的行政处罚决定书应当载明当事人的违法行为，行政处罚的种类和依据、罚款数额、时间、地点，申请行政复议、提起行政诉讼的途径和期限以及行政机关名称，并由执法人员签名或者盖章。

执法人员当场作出的行政处罚决定，应当报所属行政机关备案。

第五十三条　【行政机关当场处罚履行方式】对当场作出的行政处罚决定，当事人应当依照本法第六十七条至第六十九条的规定履行。

第三节　普通程序

第五十四条　【处罚前调查取证程序】除本法第五十一条规定的可以当场作出的行政处罚外，行政机关发现公民、法人或者其他组织有依法应当给予行政处罚的行为的，必须全面、客观、公正地调查，收集有关证据；必要时，依照法律、法规的规定，可以进行检查。

符合立案标准的，行政机关应当及时立案。

第五十五条　【执法人员调查中应出示证件及调查对象配合义务】执法人员在调查或者进行检查时，应当主动向当事人或者有关人员出示执法证件。当事人或者有关人员有权要求执法人员出示执法证件。执法人员不出示执法证件的，当事人或者有关人员有权拒绝接受调查或者检查。

当事人或者有关人员应当如实回答询问，并协助调查或者检查，不得拒绝或者阻挠。询问或者检查应当制作笔录。

第五十六条　【取证方法和程序】行政机关在收集证据时，可以采取抽样取证的方法；在证据可能灭失或者以后难以取得的情况下，经行政机关负责人批准，可以先行登记保存，并应当在七日内及时作出处理决定，在此期间，当事人或者有关人员不得销毁或者转移证据。

第五十七条　【处罚决定】调查终结，行政机关负责人应当对调查结果进行审查，根据不同情况，分别作出如下决定：

（一）确有应受行政处罚的违法行为的，根据情节轻重及具体情况，作出行政处罚决定；

（二）违法行为轻微，依法可以不予行政处罚的，不予行政处罚；

（三）违法事实不能成立的，不予行政处罚；

（四）违法行为涉嫌犯罪的，移送司法机关。

对情节复杂或者重大违法行为给予行政处罚，行政机关负责人应当集体讨论决定。

第五十八条　【特定事项法制审核制度】有下列情形之一，在行政机关负责人作出行政处罚的决定之前，应当由从事行政处罚决定法制审核的人员进行法制审核；未经法制审核或者审核未通过的，不得作出决定：

（一）涉及重大公共利益的；

（二）直接关系当事人或者第三人重大权益，经过听证程序的；

（三）案件情况疑难复杂、涉及多个法律关系的；

（四）法律、法规规定应当进行法制审核的其他情形。

行政机关中初次从事行政处罚决定法制审核的人员，应当通过国家统一法律职业资格考试取得法律职业资格。

第五十九条　【行政处罚决定书的制作和内容】行政机关依照本法第五十七条的规定给予行政处罚，应当制作行政处罚决定书。行政处罚决定书应当载明下列事项：

（一）当事人的姓名或者名称、地址；

（二）违反法律、法规、规章的事实和证据；

（三）行政处罚的种类和依据；

（四）行政处罚的履行方式和期限；

（五）申请行政复议、提起行政诉讼的途径和期限；

（六）作出行政处罚决定的行政机关名称和作出

决定的日期。

行政处罚决定书必须盖有作出行政处罚决定的行政机关的印章。

第六十条 【行政处罚期限】行政机关应当自行政处罚案件立案之日起九十日内作出行政处罚决定。法律、法规、规章另有规定的,从其规定。

第六十一条 【行政处罚决定书的送达】行政处罚决定书应当在宣告后当场交付当事人;当事人不在场的,行政机关应当在七日内依照《中华人民共和国民事诉讼法》的有关规定,将行政处罚决定书送达当事人。

当事人同意并签订确认书的,行政机关可以采用传真、电子邮件等方式,将行政处罚决定书等送达当事人。

第六十二条 【不得做出行政处罚决定的情形】行政机关及其执法人员在作出行政处罚决定之前,未依照本法第四十四条、第四十五条的规定向当事人告知拟作出的行政处罚内容及事实、理由、依据,或者拒绝听取当事人的陈述、申辩,不得作出行政处罚决定;当事人明确放弃陈述或者申辩权利的除外。

第四节 听证程序

第六十三条 【行政处罚听证程序的适用范围】行政机关拟作出下列行政处罚决定,应当告知当事人有要求听证的权利,当事人要求听证的,行政机关应当组织听证:

(一)较大数额罚款;

(二)没收较大数额违法所得、没收较大价值非法财物;

(三)降低资质等级、吊销许可证件;

(四)责令停产停业、责令关闭、限制从业;

(五)其他较重的行政处罚;

(六)法律、法规、规章规定的其他情形。

当事人不承担行政机关组织听证的费用。

第六十四条 【行政处罚的听证程序】听证应当依照以下程序组织:

(一)当事人要求听证的,应当在行政机关告知后五日内提出;

(二)行政机关应当在举行听证的七日前,通知当事人及有关人员听证的时间、地点;

(三)除涉及国家秘密、商业秘密或者个人隐私依法予以保密外,听证公开举行;

(四)听证由行政机关指定的非本案调查人员主持;当事人认为主持人与本案有直接利害关系的,有权申请回避;

(五)当事人可以亲自参加听证,也可以委托一至二人代理;

(六)当事人及其代理人无正当理由拒不出席听证或者未经许可中途退出听证的,视为放弃听证权利,行政机关终止听证;

(七)举行听证时,调查人员提出当事人违法的事实、证据和行政处罚建议,当事人进行申辩和质证;

(八)听证应当制作笔录。笔录应当交当事人或者其代理人核对无误后签字或者盖章。当事人或者其代理人拒绝签字或者盖章的,由听证主持人在笔录中注明。

第六十五条 【听证笔录及处罚决定】听证结束后,行政机关应当根据听证笔录,依照本法第五十七条的规定,作出决定。

第六章 行政处罚的执行

第六十六条 【履行期限】行政处罚决定依法作出后,当事人应当在行政处罚决定书载明的期限内,予以履行。

当事人确有经济困难,需要延期或者分期缴纳罚款的,经当事人申请和行政机关批准,可以暂缓或者分期缴纳。

第六十七条 【罚缴分离原则】作出罚款决定的行政机关应当与收缴罚款的机构分离。

除依照本法第六十八条、第六十九条的规定当场收缴的罚款外,作出行政处罚决定的行政机关及其执法人员不得自行收缴罚款。

当事人应当自收到行政处罚决定书之日起十五日内,到指定的银行或者通过电子支付系统缴纳罚款。银行应当收受罚款,并将罚款直接上缴国库。

第六十八条 【当场收缴罚款情形】依照本法第五十一条的规定当场作出行政处罚决定,有下列情形之一,执法人员可以当场收缴罚款:

(一)依法给予一百元以下罚款的;

(二)不当场收缴事后难以执行的。

第六十九条 【边远地区当场收缴罚款】在边远、水上、交通不便地区,行政机关及其执法人员依照本法第五十一条、第五十七条的规定作出罚款决定后,当事人到指定的银行或者通过电子支付系统缴纳罚款确有困难,经当事人提出,行政机关及其执法人员可以当场收缴罚款。

第七十条　【罚款收据】行政机关及其执法人员当场收缴罚款的，必须向当事人出具国务院财政部门或者省、自治区、直辖市人民政府财政部门统一制发的专用票据；不出具财政部门统一制发的专用票据的，当事人有权拒绝缴纳罚款。

第七十一条　【当场收缴罚款的上缴程序】执法人员当场收缴的罚款，应当自收缴罚款之日起二日内，交至行政机关；在水上当场收缴的罚款，应当自抵岸之日起二日内交至行政机关；行政机关应当在二日内将罚款缴付指定的银行。

第七十二条　【执行措施】当事人逾期不履行行政处罚决定的，作出行政处罚决定的行政机关可以采取下列措施：

（一）到期不缴纳罚款的，每日按罚款数额的百分之三加处罚款，加处罚款的数额不得超出罚款的数额；

（二）根据法律规定，将查封、扣押的财物拍卖、依法处理或者将冻结的存款、汇款划拨抵缴罚款；

（三）根据法律规定，采取其他行政强制执行方式；

（四）依照《中华人民共和国行政强制法》的规定申请人民法院强制执行。

行政机关批准延期、分期缴纳罚款的，申请人民法院强制执行的期限，自暂缓或者分期缴纳罚款期限结束之日起计算。

第七十三条　【复议、诉讼期间行政处罚不停止执行】当事人对行政处罚决定不服，申请行政复议或者提起行政诉讼的，行政处罚不停止执行，法律另有规定的除外。

当事人对限制人身自由的行政处罚决定不服，申请行政复议或者提起行政诉讼的，可以向作出决定的机关提出暂缓执行申请。符合法律规定情形的，应当暂缓执行。

当事人申请行政复议或者提起行政诉讼的，加处罚款的数额在行政复议或者行政诉讼期间不予计算。

第七十四条　【罚没非法财物的处理】除依法应当予以销毁的物品外，依法没收的非法财物必须按照国家规定公开拍卖或者按照国家有关规定处理。

罚款、没收的违法所得或者没收非法财物拍卖的款项，必须全部上缴国库，任何行政机关或者个人不得以任何形式截留、私分或者变相私分。

罚款、没收的违法所得或者没收非法财物拍卖的款项，不得同作出行政处罚决定的行政机关及其工作人员的考核、考评直接或者变相挂钩。除依法应当退还、退赔的外，财政部门不得以任何形式向作出行政处罚决定的行政机关返还罚款、没收的违法所得或者没收非法财物拍卖的款项。

第七十五条　【行政处罚监督制度】行政机关应当建立健全对行政处罚的监督制度。县级以上人民政府应当定期组织开展行政执法评议、考核，加强对行政处罚的监督检查，规范和保障行政处罚的实施。

行政机关实施行政处罚应当接受社会监督。公民、法人或者其他组织对行政机关实施行政处罚的行为，有权申诉或者检举；行政机关应当认真审查，发现有错误的，应当主动改正。

第七章　法律责任

第七十六条　【违法行政处罚实施人员的法律责任】行政机关实施行政处罚，有下列情形之一，由上级行政机关或者有关机关责令改正，对直接负责的主管人员和其他直接责任人员依法给予处分：

（一）没有法定的行政处罚依据的；

（二）擅自改变行政处罚种类、幅度的；

（三）违反法定的行政处罚程序的；

（四）违反本法第二十条关于委托处罚的规定的；

（五）执法人员未取得执法证件的。

行政机关对符合立案标准的案件不及时立案的，依照前款规定予以处理。

第七十七条　【违法使用单据的法律责任】行政机关对当事人进行处罚不使用罚款、没收财物单据或者使用非法定部门制发的罚款、没收财物单据的，当事人有权拒绝，并有权予以检举，由上级行政机关或者有关机关对使用的非法单据予以收缴销毁，对直接负责的主管人员和其他直接责任人员依法给予处分。

第七十八条　【违反罚缴分离的法律责任】行政机关违反本法第六十七条的规定自行收缴罚款的，财政部门违反本法第七十四条的规定向行政机关返还罚款、没收的违法所得或者拍卖款项的，由上级行政机关或者有关机关责令改正，对直接负责的主管人员和其他直接责任人员依法给予处分。

第七十九条　【截留私分罚没款的法律责任】行政机关截留、私分或者变相私分罚款、没收的违法所得或者财物的，由财政部门或者有关机关予以追缴，对直接负责的主管人员和其他直接责任人员依法给予处分；情节严重构成犯罪的，依法追究刑事责任。

执法人员利用职务上的便利，索取或者收受他人财物、将收缴罚款据为己有，构成犯罪的，依法追究刑事责任；情节轻微不构成犯罪的，依法给予处分。

第八十条 **【使用、损毁查封、扣押财物的法律责任】**行政机关使用或者损毁查封、扣押的财物，对当事人造成损失的，应当依法予以赔偿，对直接负责的主管人员和其他直接责任人员依法给予处分。

第八十一条 **【违法行政检查和违法行政强制执行的法律责任】**行政机关违法实施检查措施或者执行措施，给公民人身或者财产造成损害、给法人或者其他组织造成损失的，应当依法予以赔偿，对直接负责的主管人员和其他直接责任人员依法给予处分；情节严重构成犯罪的，依法追究刑事责任。

第八十二条 **【以罚代刑的法律责任】**行政机关对应当依法移交司法机关追究刑事责任的案件不移交，以行政处罚代替刑事处罚，由上级行政机关或者有关机关责令改正，对直接负责的主管人员和其他直接责任人员依法给予处分；情节严重构成犯罪的，依法追究刑事责任。

第八十三条 **【执法人员不作为致损应担责】**行政机关对应当予以制止和处罚的违法行为不予制止、处罚，致使公民、法人或者其他组织的合法权益、公共利益和社会秩序遭受损害的，对直接负责的主管人员和其他直接责任人员依法给予处分；情节严重构成犯罪的，依法追究刑事责任。

住房城乡建设行政复议办法

1. 2015年9月7日住房和城乡建设部令第25号发布
2. 自2015年11月1日起施行

第一章 总 则

第一条 为规范住房城乡建设行政复议工作，防止和纠正违法或者不当的行政行为，保护公民、法人和其他组织的合法权益，根据《中华人民共和国行政复议法》和《中华人民共和国行政复议法实施条例》等相关规定，制定本办法。

第二条 公民、法人和其他组织（以下统称申请人）依法向住房城乡建设行政复议机关申请行政复议，住房城乡建设行政复议机关（以下简称行政复议机关）开展行政复议工作，适用本办法。

第三条 行政复议机关应当认真履行行政复议职责，遵循合法、公正、公开、及时、便民的原则，坚持有错必纠，保障法律、法规和规章的正确实施。

行政复议机关应当依照有关规定配备专职行政复议人员，为行政复议工作提供必要的物质和经费保障。

第四条 行政复议机关负责法制工作的机构作为行政复议机构，办理行政复议有关事项，履行下列职责：

（一）受理行政复议申请；

（二）向有关组织和人员调查取证，查阅文件和资料，组织行政复议听证；

（三）通知第三人参加行政复议；

（四）主持行政复议调解，审查行政复议和解协议；

（五）审查申请行政复议的行政行为是否合法与适当，提出处理建议，拟订行政复议决定；

（六）法律、法规、规章规定的其他职责。

第五条 行政复议机关可以根据行政复议工作的需要，设立行政复议委员会，其主要职责是：

（一）制定行政复议工作的规则、程序；

（二）对重大、复杂、疑难的行政复议案件提出处理意见；

（三）对行政复议涉及的有权处理的规范性文件的审查提出处理意见；

（四）其他需要决定的重大行政复议事项。

第六条 专职行政复议人员应当具备与履行行政复议职责相适应的品行、专业知识和业务能力，定期参加业务培训。

第七条 国务院住房城乡建设主管部门对全国住房城乡建设行政复议工作进行指导。

县级以上地方人民政府住房城乡建设主管部门对本行政区域内的住房城乡建设行政复议工作进行指导。

第八条 各级行政复议机关应当定期总结行政复议工作，对在行政复议工作中做出显著成绩的单位和个人，依照有关规定给予表彰和奖励。

第二章 行政复议申请

第九条 有下列情形之一的，申请人可以依法向住房城乡建设行政复议机关提出行政复议申请：

（一）不服县级以上人民政府住房城乡建设主管部门作出的警告，罚款，没收违法所得，没收违法建筑物、构筑物和其他设施,责令停业整顿,责令停止执业,降低资质等级,吊销资质证书,吊销执业资格证书和其他许可证、执照等行政处罚的;

(二)不服县级以上人民政府住房城乡建设主管部门作出的限期拆除决定和强制拆除违法建筑物、构筑物、设施以及其他住房城乡建设相关行政强制行为的;

(三)不服县级以上人民政府住房城乡建设主管部门作出的行政许可决定以及行政许可的变更、延续、中止、撤销、撤回和注销决定的;

(四)向县级以上人民政府住房城乡建设主管部门申请履行法律、法规和规章规定的法定职责,但认为县级以上人民政府住房城乡建设主管部门没有依法履行的;

(五)认为县级以上人民政府住房城乡建设主管部门违法要求履行其他义务的;

(六)认为县级以上人民政府住房城乡建设主管部门的其他具体行政行为侵犯其合法权益的。

第十条 有下列情形之一的,申请人提出行政复议申请,行政复议机关不予受理:

(一)不服县级以上人民政府住房城乡建设主管部门作出的行政处分、人事任免有关决定,或者认为住房城乡建设主管部门应当履行但未依法履行有关行政处分、人事任免职责的;

(二)不服县级以上人民政府住房城乡建设主管部门对有权处理的信访事项,根据《信访条例》作出的处理意见、复查意见、复核意见和不再受理决定的;

(三)不服县级以上人民政府住房城乡建设主管部门制定的规范性文件,以及作出的行政调解行为、行政和解行为、行政复议决定的;

(四)以行政复议申请名义,向行政复议机关提出批评、意见、建议、控告、检举、投诉,以及其他信访请求的;

(五)申请人已就同一事项先向其他有权受理的行政复议机关提出行政复议申请的,或者人民法院已就该事项立案登记的;

(六)被复议的行政行为已为其他生效法律文书的效力所羁束的;

(七)法律、法规规定的不应纳入行政复议范围的其他情形。

第十一条 申请人书面申请行政复议的,可以采取当面递交、邮寄等方式,向行政复议机关提交行政复议申请书及有关材料;书面申请确有困难的,可以口头申请,由行政复议机关记入笔录,经由申请人核实后签名或者盖章确认。有条件的行政复议机关,可以提供行政复议网上申请的有关服务。

申请人不服县级以上人民政府住房城乡建设主管部门作出的两个及两个以上行政行为的,应当分别提出行政复议申请。

第十二条 申请人以书面方式申请行政复议的,应当提交行政复议申请书正本副本各一份。复议申请书应当载明下列内容:

(一)申请人姓名或者名称、地址;

(二)被申请人的名称、地址;

(三)行政复议请求;

(四)主要事实和理由(包括知道行政行为的时间);

(五)提出行政复议申请的日期。

复议申请书应当由申请人或者申请人的法定代表人签字或者盖章,并附有必要的证据。申请人为自然人的,应当提交身份证件复印件;申请人为法人或者其他组织的,应当提交有效营业执照或者其他有效证件的复印件、法定代表人身份证明等。申请人授权委托人代为申请的,应当提交申请人与委托人的合法身份证明和授权委托书。

第十三条 申请人认为行政行为侵犯其合法权益的,可以自知道或者应当知道该行政行为之日起60日内提出行政复议申请;但是法律规定的申请期限超过60日的除外。因不可抗力或者其他正当理由耽误法定申请期限的,申请期限自障碍消除之日起继续计算。

申请人认为行政机关不履行法定职责的,可以在法律、法规、规章规定的履行期限届满后,按照前款规定提出行政复议申请;法律、法规、规章没有规定履行期限的,可以自向行政机关提出申请满60日后,按照前款规定提出行政复议申请。

对涉及不动产的行政行为从作出之日起超过20年、其他行政行为从作出之日起超过5年申请行政复议的,行政复议机关不予受理。

第十四条 有下列情形之一的,申请人应当提供相应的证明材料:

(一)认为被申请人行政不作为的,应当提供曾经要求被申请人履行法定职责而被申请人未履行的证明材料；

（二）行政复议申请超出本办法第十三条规定的行政复议申请期限的，应当提供因不可抗力或者其他正当理由耽误法定申请期限的证明材料；

（三）提出行政赔偿请求的，应当提供受行政行为侵害而造成损害的证明材料；

（四）法律、法规和规章规定需要申请人提供证明材料的其他情形。

第十五条 与行政行为有利害关系的其他公民、法人或者其他组织以书面形式提出申请，经行政复议机关审查同意，可以作为第三人参加行政复议。

行政复议机关认为必要时，也可以通知与行政行为有利害关系的其他公民、法人或者其他组织作为第三人参加行政复议。

第三人不参加行政复议的，不影响行政复议审查。

第十六条 申请人、被申请人、第三人可以委托一至两人作为复议代理人。下列人员可以被委托为复议代理人：

（一）律师、基层法律服务工作者；

（二）申请人、第三人的近亲属或者工作人员；

（三）申请人、第三人所在社区、单位及有关社会团体推荐的公民。

申请人、被申请人、第三人委托代理人参加行政复议的，应当向行政复议机关提交由委托人签字或者盖章的委托书，委托书应当载明委托事项和具体权限；解除或者变更委托的，应当书面通知行政复议机关。

第三章 行政复议受理

第十七条 行政复议机关收到行政复议申请后，应当在5日内进行审查，对不符合本办法第十八条规定的行政复议申请，决定不予受理，并书面告知申请人；对不属于本机关受理的行政复议申请，应当告知申请人向有关行政复议机关提出。

除前款规定外，行政复议申请自行政复议机构收到之日起即为受理。

第十八条 行政复议机关对符合下列条件的行政复议申请，应当予以受理：

（一）有明确的申请人和符合规定的被申请人；

（二）申请人与行政行为有利害关系；

（三）有具体的行政复议请求和理由；

（四）在法定申请期限内提出；

（五）属于本办法规定的行政复议范围；

（六）属于收到行政复议申请的行政复议机构的职责范围；

（七）申请人尚未就同一事项向其他有权受理的行政复议机关提出行政复议申请，人民法院尚未就申请人同一事项立案登记的；

（八）符合法律、法规规定的其他条件。

第十九条 行政复议申请材料不齐全或者表述不清楚的，行政复议机构可以自收到该行政复议申请之日起5日内书面通知申请人补正。补正通知书应当载明下列事项：

（一）行政复议申请书中需要补充、说明、修改的具体内容；

（二）需要补正的材料、证据；

（三）合理的补正期限；

（四）逾期未补正的法律后果。

申请人应当按照补正通知书要求提交补正材料。申请人无正当理由逾期不补正的，视为放弃行政复议申请。申请人超过补正通知书载明的补正期限补正，或者补正材料不符合补正通知书要求的，行政复议机关可以不予受理其行政复议申请。

补正申请材料所用时间不计入行政复议审理期限。

第二十条 行政复议机关应当自行政复议申请受理之日起7日内，向被申请人发出答复通知书，并将行政复议申请书副本或者行政复议申请笔录复印件发送被申请人。被申请人应当自收到答复通知书之日起10日内，提出书面答复。

第二十一条 被申请人的书面答复应当载明以下内容：

（一）被申请人的基本情况；

（二）作出行政行为的过程和相关情况；

（三）作出行政行为的事实依据和有关证据材料；

（四）对申请人提出的事实和理由进行答辩；

（五）作出行政行为所依据的法律、法规、规章和规范性文件；

（六）作出答复的时间。

第四章 行政复议审查

第二十二条 行政复议案件原则上采取书面审查的办法。行政复议机关认为必要，或者申请人提出听证要求经行政复议机关同意的，可以采取听证的方式审查。听证所需时间不计入行政复议审理期限。

行政复议机关决定举行听证的，应当于举行听证5日前将举行听证的时间、地点、具体要求等事项，通知申请人、被申请人和第三人。申请人超过5人的，应当推选1至5名代表参加听证。申请人无正当理由不参加听证或者未经许可中途退出听证的，视为自动放弃听证权利，听证程序终止；第三人不参加听证的，不影响听证的举行；被申请人必须参加听证。

行政复议机关认为必要的，可以实地调查核实。被调查单位和人员应当予以配合，不得拒绝或者阻挠。

第二十三条 两个及两个以上的复议申请人不服县级以上人民政府住房城乡建设主管部门作出的一个行政行为或者基本相同的多个行政行为，向行政复议机关分别提起多件行政复议申请的，行政复议机关可以合并审理。

第二十四条 在行政复议中，被申请人应当对其作出的行政行为承担举证责任，对其提交的证据材料应当分类编号，对证据材料的来源、证明对象和内容作简要说明。

第二十五条 行政复议机关审查行政复议案件，应当以证据证明的案件事实为依据。定案证据应当具有合法性、真实性和关联性。

第二十六条 行政复议机关应当对被申请人作出的行政行为的下列事项进行审查：

（一）是否具有相应的法定职责；

（二）主要事实是否清楚，证据是否确凿；

（三）适用依据是否正确；

（四）是否符合法定程序；

（五）是否超越或者滥用职权；

（六）是否存在明显不当。

第二十七条 行政复议机关对申请人认为被申请人不履行法定职责的行政复议案件，应当审查下列事项：

（一）申请人是否曾经要求被申请人履行法定职责；

（二）被申请人是否具有法律、法规或者规章明确规定的具体法定职责；

（三）被申请人是否明确表示拒绝履行或者不予答复；

（四）是否超过法定履行期限；

（五）被申请人提出不能在法定期限内履行或者不能及时履行的理由是否正当。

第二十八条 行政复议决定作出前，申请人可以撤回行政复议申请。

申请人撤回行政复议申请的，不得再以同一事实和理由提出行政复议申请。但是，申请人能够证明撤回行政复议申请违背其真实意思表示的除外。

第二十九条 行政复议机关中止、恢复行政复议案件的审理，或者终止行政复议的，应当书面通知申请人、被申请人和第三人。

第五章 行政复议决定

第三十条 行政行为认定事实清楚，证据确凿，适用依据正确，程序合法，内容适当的，行政复议机关应当决定维持。

第三十一条 行政行为有下列情形之一的，行政复议机关应当决定撤销：

（一）主要事实不清，证据不足的；

（二）适用依据错误的；

（三）违反法定程序的；

（四）超越或者滥用职权的；

（五）行政行为明显不当的。

第三十二条 行政行为有下列情形之一的，行政复议机关可以决定变更该行政行为：

（一）认定事实清楚，证据确凿，程序合法，但是明显不当或者适用依据错误的；

（二）认定事实不清，证据不足，经行政复议程序审理查明事实清楚，证据确凿的。

第三十三条 有下列情形之一的，行政复议机关应当决定驳回行政复议申请：

（一）申请人认为被申请人不履行法定职责申请行政复议，行政复议机关受理后发现被申请人没有相应法定职责或者在受理前已经履行法定职责的；

（二）行政复议机关受理行政复议申请后，发现该行政复议申请不属于本办法规定的行政复议受案范围或者不符合受理条件的；

（三）被复议的行政行为，已为人民法院或者行政复议机关作出的生效法律文书的效力所羁束的；

（四）法律、法规和规章规定的其他情形。

第三十四条 有下列情形之一的，行政复议机关应当决定被申请人在一定期限内履行法定职责：

（一）属于被申请人的法定职责，被申请人明确表示拒绝履行或者不予答复的；

（二）属于被申请人的法定职责，并有法定履行期限，被申请人无正当理由逾期未履行或者未予答复的；

（三）属于被申请人的法定职责，没有履行期限规定，被申请人自收到申请满60日起无正当理由未履行或者未予答复的。

前款规定的法定职责，是指县级以上人民政府住房城乡建设主管部门根据法律、法规或者规章的明确规定，在接到申请人的履责申请后应当履行的职责。

第三十五条 行政行为有下列情形之一的，行政复议机关应当确认违法，但不撤销或者变更行政行为：

（一）行政行为依法应当撤销或者变更，但撤销或者变更该行政行为将会给国家利益、社会公共利益造成重大损害的；

（二）行政行为程序轻微违法，但对申请人权利不产生实际影响的；

（三）被申请人不履行法定职责或者拖延履行法定职责，判令履行没有意义的；

（四）行政行为违法，但不具有可撤销、变更内容的；

（五）法律、法规和规章规定的其他情形。

第三十六条 被申请人在复议期间改变原行政行为的，应当书面告知行政复议机关。

被申请人改变原行政行为，申请人撤回行政复议申请的，行政复议机关准予撤回的，行政复议终止；申请人不撤回行政复议申请的，行政复议机关经审查认为原行政行为违法的，应当作出确认其违法的行政复议决定；认为原行政行为合法的，应当驳回行政复议申请。

第三十七条 行政复议机关决定撤销行政行为，可以责令被申请人在一定期限内重新作出行政行为。重新作出行政行为的期限自《行政复议决定书》送达之日起最长不超过60日，法律、法规、规章另有规定的除外。

行政复议机关确认行政行为违法的，可以责令被申请人采取相应的补救措施。

申请人对行政机关重新作出的行政行为不服，可以依法申请行政复议或者提起行政诉讼。

第三十八条 行政复议机关在申请人的行政复议请求范围内，不得作出对申请人更为不利的行政复议决定。但利害关系人同为申请人，且行政复议请求相反的除外。

第三十九条 申请人与被申请人在行政复议决定作出前，依法自愿达成和解的，由申请人按照本办法规定向行政复议机关撤回行政复议申请。和解内容不得损害国家利益、社会公共利益和他人合法权益。

第四十条 有下列情形之一的，行政复议机关可以按照自愿、合法的原则进行调解：

（一）申请人对行政机关行使法律、法规规定的自由裁量权作出的行政行为不服申请行政复议的；

（二）当事人之间的行政赔偿或者行政补偿纠纷。

经调解达成协议的，行政复议机关应当制作行政复议调解书。行政复议调解书经双方当事人签字，即具有法律效力。调解未达成协议或者调解书送达前一方反悔的，行政复议机关应当及时作出行政复议决定。

第四十一条 行政复议文书有笔误的，行政复议机关可以对笔误进行更正。

第四十二条 申请人、第三人在行政复议期间以及行政复议决定作出之日起90日内，可以向行政复议机关申请查阅被申请人提出的书面答复、作出行政行为的证据、依据和其他有关材料，除涉及国家秘密、商业秘密或者个人隐私外，行政复议机关不得拒绝。查阅应当依照下列程序办理：

（一）申请人、第三人应当至少提前5日向行政复议机关预约时间；

（二）查阅时，申请人、第三人应当出示身份证件，行政复议机关工作人员应当在场；

（三）申请人、第三人不得涂改、毁损、拆换、取走、增添查阅材料；未经复议机关同意，不得进行复印、翻拍、翻录。

申请人、第三人通过政府信息公开方式，向县级以上人民政府住房城乡建设部门申请公开被申请人提出的书面答复、作出行政行为的证据、依据和其他有关材料的，县级以上人民政府住房城乡建设部门可以告知申请人、第三人按照前款规定申请查阅。

申请人、第三人以外的其他人，或者申请人、第三人超过规定期限申请查阅被申请人提出的书面答复、作出行政行为的证据、依据和其他有关材料的，行政复议机关可以不予提供查阅。

第四十三条 行政复议机关应当推进信息化建设，研究开发行政复议信息系统，逐步实现行政复议办公自动化和行政复议档案电子化。

第四十四条 行政复议案件审查结束后，行政复议机关应当及时将案卷进行整理归档。

第六章 行政复议监督

第四十五条 被申请人应当履行行政复议决定。被申请人不履行或者无正当理由拖延履行行政复议决定的，作出复议决定的行政复议机关可以责令其在规定期限内履行。

第四十六条　被责令重新作出行政行为的，被申请人不得以同一事实和理由作出与原行政行为相同或者基本相同的行政行为，但因违反法定程序被责令重新作出行政行为的除外。

第四十七条　行政复议期间行政复议机关发现被申请人或者其他下级行政机关有下列情形之一的，可以制作行政复议意见书；有关机关应当自收到行政复议意见书之日起60日内将纠正相关行政违法行为或者做好善后工作的情况报告行政复议机关：

（一）具体行政行为有违法或者不当情形，导致被撤销、变更或者确认违法的；

（二）行政机关不依法履行法定职责，存在不作为的；

（三）具体行政行为存在瑕疵或者其他问题的；

（四）具体行政行为依据的规范性文件存在问题的；

（五）行政机关在行政管理中存在问题和制度漏洞的；

（六）行政机关需要做好相关善后工作的；

（七）其他需要制作行政复议意见书的。

行政复议期间，行政复议机构发现法律、法规、规章实施中带有普遍性的问题，可以制作行政复议建议书，向有关机关提出完善制度和改进行政执法的建议。

第四十八条　国务院住房城乡建设主管部门可以对县级以上地方人民政府住房城乡建设主管部门的行政复议工作和制度执行情况进行监督检查。

省、自治区、直辖市人民政府住房城乡建设主管部门可以通过定期检查、抽查等方式，对本行政区域内行政复议工作和制度执行情况进行监督检查。

不履行行政复议决定，或者在收到行政复议意见书之日起60日内未将纠正相关行政违法行为的情况报告行政复议机关的，行政复议机关可以通报批评。

第四十九条　行政复议工作、行政复议决定的执行情况纳入县级以上地方人民政府住房城乡建设主管部门依法行政的考核范围。

第五十条　行政复议机关应当建立行政复议案件统计制度，并按规定向上级行政复议主管部门报送本行政区的行政复议情况。

第七章　附　　则

第五十一条　本办法所称“涉及不动产的行政行为”，是指直接发生设立、变更、转让和消灭不动产物权效力的行政行为。

第五十二条　行政复议机关可以使用行政复议专用章。行政复议专用章用于办理行政复议事项，与行政复议机关印章具有同等效力。

第五十三条　行政复议文书直接送达的，复议申请人在送达回证上的签收日期为送达日期。行政复议文书邮寄送达的，邮寄地址为复议申请人在行政复议申请书中写明的地址，送达日期为复议申请人收到邮件的日期。因复议申请人自己提供的地址不准确、地址变更未及时告知行政复议机关、复议申请人本人或者其指定的代收人拒绝签收以及逾期签收，导致行政复议文书被国家邮政机构退回的，文书退回之日视为送达之日。

行政复议文书送达第三人的，适用前款规定。

第五十四条　期间开始之日不计算在期间内。期间届满的最后一日是节假日的，以节假日后的第一日为期间届满的日期。

本办法关于行政复议期间有关“5日”、“7日”的规定是指工作日，不含节假日和当日。

第五十五条　外国人、无国籍人、外国组织在中华人民共和国境内向行政复议机关申请行政复议，参照适用本办法。

第五十六条　本办法未规定事项，依照《中华人民共和国行政复议法》和《中华人民共和国行政复议法实施条例》的规定执行。

第五十七条　本办法自2015年11月1日起实施。

住房和城乡建设行政处罚程序规定

1. *2022年3月10日住房和城乡建设部令第55号公布*
2. *自2022年5月1日起施行*

第一章　总　　则

第一条　为保障和监督住房和城乡建设行政执法机关有效实施行政处罚，保护公民、法人或者其他组织的合法权益，促进住房和城乡建设行政执法工作规范化，根据《中华人民共和国行政处罚法》等法律法规，结合住房和城乡建设工作实际，制定本规定。

第二条　住房和城乡建设行政执法机关（以下简称执法机关）对违反相关法律、法规、规章的公民、法人或者其他组织依法实施行政处罚，适用本规定。

第三条 本规定适用的行政处罚种类包括：

（一）警告、通报批评；

（二）罚款、没收违法所得、没收非法财物；

（三）暂扣许可证件、降低资质等级、吊销许可证件；

（四）限制开展生产经营活动、责令停业整顿、责令停止执业、限制从业；

（五）法律、行政法规规定的其他行政处罚。

第四条 执法机关实施行政处罚，应当遵循公正、公开的原则，坚持处罚与教育相结合，做到认定事实清楚、证据合法充分、适用依据准确、程序合法、处罚适当。

第二章 行政处罚的管辖

第五条 行政处罚由违法行为发生地的执法机关管辖。法律、行政法规、部门规章另有规定的，从其规定。

行政处罚由县级以上地方人民政府执法机关管辖。法律、行政法规另有规定的，从其规定。

第六条 执法机关发现案件不属于本机关管辖的，应当将案件移送有管辖权的行政机关。

行政处罚过程中发生的管辖权争议，应当自发生争议之日起七日内协商解决，并制作保存协商记录；协商不成的，报请共同的上一级行政机关指定管辖。上一级执法机关应当自收到报请材料之日起七日内指定案件的管辖机关。

第七条 执法机关发现违法行为涉嫌犯罪的，应当依法将案件移送司法机关。

第三章 行政处罚的决定

第一节 基本规定

第八条 执法机关应当将本机关负责实施的行政处罚事项、立案依据、实施程序和救济渠道等信息予以公示。

第九条 执法机关应当依法以文字、音像等形式，对行政处罚的启动、调查取证、审核、决定、送达、执行等进行全过程记录，归档保存。

住房和城乡建设行政处罚文书示范文本，由国务院住房和城乡建设主管部门制定。省、自治区、直辖市人民政府执法机关可以参照制定适用于本行政区域的行政处罚文书示范文本。

第十条 执法机关作出具有一定社会影响的行政处罚决定，应当自作出决定之日起七日内依法公开。公开的行政处罚决定信息不得泄露国家秘密。涉及商业秘密和个人隐私的，应当依照有关法律法规规定处理。

公开的行政处罚决定被依法变更、撤销、确认违法或者确认无效的，执法机关应当在三日内撤回行政处罚决定信息并公开说明理由；相关行政处罚决定信息已推送至其他行政机关或者有关信用信息平台的，应当依照有关规定及时处理。

第十一条 行政处罚应当由两名以上具有行政执法资格的执法人员实施，法律另有规定的除外。执法人员应当依照有关规定参加执法培训和考核，取得执法证件。

执法人员在案件调查取证、听取陈述申辩、参加听证、送达执法文书等直接面对当事人或者有关人员的活动中，应当主动出示执法证件。配备统一执法制式服装或者执法标志标识的，应当按照规定着装或者佩戴执法标志标识。

第二节 简易程序

第十二条 违法事实确凿并有法定依据，对公民处以二百元以下、对法人或者其他组织处以三千元以下罚款或者警告的行政处罚的，可以当场作出行政处罚决定。法律另有规定的，从其规定。

第十三条 当场作出行政处罚决定的，执法人员应当向当事人出示执法证件，填写预定格式、编有号码的行政处罚决定书，并当场交付当事人。当事人拒绝签收的，应当在行政处罚决定书上注明。

当事人提出陈述、申辩的，执法人员应当听取当事人的意见，并复核事实、理由和证据。

第十四条 当场作出的行政处罚决定书应当载明当事人的违法行为，行政处罚的种类和依据、罚款数额、时间、地点，申请行政复议、提起行政诉讼的途径和期限以及执法机关名称，并由执法人员签名或者盖章。

执法人员当场作出的行政处罚决定，应当在三日内报所属执法机关备案。

第三节 普通程序

第十五条 执法机关对依据监督检查职权或者通过投诉、举报等途径发现的违法行为线索，应当在十五日内予以核查，情况复杂确实无法按期完成的，经本机关负责人批准，可以延长十日。

经核查，符合下列条件的，应当予以立案：

（一）有初步证据证明存在违法行为；

（二）违法行为属于本机关管辖；

（三）违法行为未超过行政处罚时效。

立案应当填写立案审批表，附上相关材料，报本机关负责人批准。

立案前核查或者监督检查过程中依法取得的证据材料，可以作为案件的证据使用。

第十六条 执法人员询问当事人及有关人员，应当个别进行并制作笔录，笔录经被询问人核对、修改差错、补充遗漏后，由被询问人逐页签名或者盖章。

第十七条 执法人员收集、调取的书证、物证应当是原件、原物。调取原件、原物有困难的，可以提取复制件、影印件或者抄录件，也可以拍摄或者制作足以反映原件、原物外形或者内容的照片、录像。复制件、影印件、抄录件和照片、录像应当标明经核对与原件或者原物一致，并由证据提供人、执法人员签名或者盖章。

提取物证应当有当事人在场，对所提取的物证应当开具物品清单，由执法人员和当事人签名或者盖章，各执一份。无法找到当事人，或者当事人在场确有困难、拒绝到场、拒绝签字的，执法人员可以邀请有关基层组织的代表或者无利害关系的其他人到场见证，也可以用录像等方式进行记录，依照有关规定提取物证。

对违法嫌疑物品或者场所进行检查时，应当通知当事人在场，并制作现场笔录，载明时间、地点、事件等内容，由执法人员、当事人签名或者盖章。无法找到当事人，或者当事人在场确有困难、拒绝到场、拒绝签字的，应当用录像等方式记录检查过程并在现场笔录中注明。

第十八条 为了查明案情，需要进行检测、检验、鉴定的，执法机关应当依法委托具备相应条件的机构进行。检测、检验、鉴定结果应当告知当事人。

执法机关因实施行政处罚的需要，可以向有关机关出具协助函，请求有关机关协助进行调查取证等。

第十九条 执法机关查处违法行为过程中，在证据可能灭失或者以后难以取得的情况下，经本机关负责人批准，可以对证据先行登记保存。

先行登记保存证据，应当当场清点，开具清单，标注物品的名称、数量、规格、型号、保存地点等信息，清单由执法人员和当事人签名或者盖章，各执一份。当事人拒绝签字的，执法人员在执法文书中注明，并通过录像等方式保留相应证据。先行登记保存期间，当事人或者有关人员不得销毁或者转移证据。

对于先行登记保存的证据，应当在七日内作出以下处理决定：

（一）根据情况及时采取记录、复制、拍照、录像等证据保全措施；

（二）需要检测、检验、鉴定的，送交检测、检验、鉴定；

（三）依据有关法律、法规规定应当采取查封、扣押等行政强制措施的，决定采取行政强制措施；

（四）违法事实成立，依法应当予以没收的，依照法定程序处理；

（五）违法事实不成立，或者违法事实成立但依法不应当予以查封、扣押或者没收的，决定解除先行登记保存措施。

逾期未作出处理决定的，先行登记保存措施自动解除。

第二十条 案件调查终结，执法人员应当制作书面案件调查终结报告。

案件调查终结报告的内容包括：当事人的基本情况、案件来源及调查经过、调查认定的事实及主要证据、行政处罚意见及依据、裁量基准的运用及理由等。

对涉及生产安全事故的案件，执法人员应当依据经批复的事故调查报告认定有关情况。

第二十一条 行政处罚决定作出前，执法机关应当制作行政处罚意见告知文书，告知当事人拟作出的行政处罚内容及事实、理由、依据以及当事人依法享有的陈述权、申辩权。拟作出的行政处罚属于听证范围的，还应当告知当事人有要求听证的权利。

第二十二条 执法机关必须充分听取当事人的意见，对当事人提出的事实、理由和证据进行复核，并制作书面复核意见。当事人提出的事实、理由或者证据成立的，执法机关应当予以采纳，不得因当事人陈述、申辩而给予更重的处罚。

当事人自行政处罚意见告知文书送达之日起五日内，未行使陈述权、申辩权，视为放弃此权利。

第二十三条 在作出《中华人民共和国行政处罚法》第五十八条规定情形的行政处罚决定前，执法人员应当将案件调查终结报告连同案件材料，提交执法机关负责法制审核工作的机构，由法制审核人员进行重大执法决定法制审核。未经法制审核或者审核未通过的，不得作出决定。

第二十四条 执法机关负责法制审核工作的机构接到审核材料后，应当登记并审核以下内容：

（一）行政处罚主体是否合法，行政执法人员是否具备执法资格；

（二）行政处罚程序是否合法；

（三）当事人基本情况、案件事实是否清楚，证据是否合法充分；

（四）适用法律、法规、规章是否准确，裁量基准运用是否适当；

（五）是否超越执法机关法定权限；

（六）行政处罚文书是否完备、规范；

（七）违法行为是否涉嫌犯罪、需要移送司法机关；

（八）法律、法规规定应当审核的其他内容。

第二十五条 执法机关负责法制审核工作的机构应当自收到审核材料之日起十日内完成审核，并提出以下书面意见：

（一）对事实清楚、证据合法充分、适用依据准确、处罚适当、程序合法的案件，同意处罚意见；

（二）对事实不清、证据不足的案件，建议补充调查；

（三）对适用依据不准确、处罚不当、程序不合法的案件，建议改正；

（四）对超出法定权限的案件，建议按有关规定移送。

对执法机关负责法制审核工作的机构提出的意见，执法人员应当进行研究，作出相应处理后再次报送法制审核。

第二十六条 执法机关负责人应当对案件调查结果进行审查，根据不同情况，分别作出如下决定：

（一）确有应受行政处罚的违法行为的，根据情节轻重及具体情况，作出行政处罚决定；

（二）违法行为轻微，依法可以不予行政处罚的，不予行政处罚；

（三）违法事实不能成立的，不予行政处罚；

（四）违法行为涉嫌犯罪的，移送司法机关。

对情节复杂或者重大违法行为给予行政处罚，执法机关负责人应当集体讨论决定。

第二十七条 执法机关对当事人作出行政处罚，应当制作行政处罚决定书。行政处罚决定书应当载明下列事项：

（一）当事人的姓名或者名称、地址；

（二）违反法律、法规、规章的事实和证据；

（三）行政处罚的种类和依据；

（四）行政处罚的履行方式和期限；

（五）申请行政复议、提起行政诉讼的途径和期限；

（六）作出行政处罚决定的执法机关名称和作出决定的日期。

行政处罚决定书必须盖有作出行政处罚决定的执法机关的印章。

第二十八条 行政处罚决定生效后，任何人不得擅自变更或者撤销。作出行政处罚决定的执法机关发现确需变更或者撤销的，应当依法办理。

行政处罚决定存在未载明决定作出日期等遗漏，对公民、法人或者其他组织的合法权益没有实际影响等情形的，应当予以补正。

行政处罚决定存在文字表述错误或者计算错误等情形，应当予以更正。

执法机关作出补正或者更正的，应当制作补正或者更正文书。

第二十九条 执法机关应当自立案之日起九十日内作出行政处罚决定。因案情复杂或者其他原因，不能在规定期限内作出行政处罚决定的，经本机关负责人批准，可以延长三十日。案情特别复杂或者有其他特殊情况，经延期仍不能作出行政处罚决定的，应当由本机关负责人集体讨论决定是否再次延期，决定再次延期的，再次延长的期限不得超过六十日。

案件处理过程中，听证、检测、检验、鉴定等时间不计入前款规定的期限。

第三十条 案件处理过程中，有下列情形之一，经执法机关负责人批准，中止案件调查：

（一）行政处罚决定须以相关案件的裁判结果或者其他行政决定为依据，而相关案件尚未审结或者其他行政决定尚未作出的；

（二）涉及法律适用等问题，需要报请有权机关作出解释或者确认的；

（三）因不可抗力致使案件暂时无法调查的；

（四）因当事人下落不明致使案件暂时无法调查的；

（五）其他应当中止调查的情形。

中止调查情形消失，执法机关应当及时恢复调查程序。中止调查的时间不计入案件办理期限。

第三十一条 行政处罚案件有下列情形之一，执法人员应当在十五日内填写结案审批表，经本机关负责人批准后，予以结案：

（一）行政处罚决定执行完毕的；

（二）依法终结执行的；

（三）因不能认定违法事实或者违法行为已过行政处罚时效等情形，案件终止调查的；

（四）依法作出不予行政处罚决定的；

（五）其他应予结案的情形。

第四节　听证程序

第三十二条　执法机关在作出较大数额罚款、没收较大数额违法所得、没收较大价值非法财物、降低资质等级、吊销许可证件、责令停业整顿、责令停止执业、限制从业等较重行政处罚决定之前，应当告知当事人有要求听证的权利。

第三十三条　当事人要求听证的，应当自行政处罚意见告知文书送达之日起五日内以书面或者口头方式向执法机关提出。

第三十四条　执法机关应当在举行听证的七日前，通知当事人及有关人员听证的时间、地点。

听证由执法机关指定的非本案调查人员主持，并按以下程序进行：

（一）听证主持人宣布听证纪律和流程，并告知当事人申请回避的权利；

（二）调查人员提出当事人违法的事实、证据和行政处罚建议，并向当事人出示证据；

（三）当事人进行申辩，并对证据的真实性、合法性和关联性进行质证；

（四）调查人员和当事人分别进行总结陈述。

听证应当制作笔录，全面、准确记录调查人员和当事人陈述内容、出示证据和质证等情况。笔录应当由当事人或者其代理人核对无误后签字或者盖章。当事人或者其代理人拒绝签字或者盖章的，由听证主持人在笔录中注明。执法机关应当根据听证笔录，依法作出决定。

第四章　送达与执行

第三十五条　执法机关应当依照《中华人民共和国行政处罚法》《中华人民共和国民事诉讼法》的有关规定送达行政处罚意见告知文书和行政处罚决定书。

执法机关送达行政处罚意见告知文书或者行政处罚决定书，应当直接送交受送达人，由受送达人在送达回证上签名或者盖章，并注明签收日期。签收日期为送达日期。

受送达人拒绝接收行政处罚意见告知文书或者行政处罚决定书的，送达人可以邀请有关基层组织或者所在单位的代表到场见证，在送达回证上注明拒收事由和日期，由送达人、见证人签名或者盖章，把行政处罚意见告知文书或者行政处罚决定书留在受送达人的住所；也可以将行政处罚意见告知文书或者行政处罚决定书留在受送达人的住所，并采取拍照、录像等方式记录送达过程，即视为送达。

第三十六条　行政处罚意见告知文书或者行政处罚决定书直接送达有困难的，按照下列方式送达：

（一）委托当地执法机关代为送达的，依照本规定第三十五条执行；

（二）邮寄送达的，交由邮政企业邮寄。挂号回执上注明的收件日期或者通过中国邮政网站等查询到的收件日期为送达日期。

受送达人下落不明，或者采用本章其他方式无法送达的，执法机关可以通过本机关或者本级人民政府网站公告送达，也可以根据需要在当地主要新闻媒体公告或者在受送达人住所地、经营场所公告送达。

第三十七条　当事人同意以电子方式送达的，应当签订确认书，准确提供用于接收行政处罚意见告知文书、行政处罚决定书和有关文书的传真号码、电子邮箱地址或者即时通讯账号，并提供特定系统发生故障时的备用联系方式。联系方式发生变更的，当事人应当在五日内书面告知执法机关。

当事人同意并签订确认书的，执法机关可以采取相应电子方式送达，并通过拍照、截屏、录音、录像等方式予以记录，传真、电子邮件、即时通讯信息等到达受送达人特定系统的日期为送达日期。

第三十八条　当事人不履行行政处罚决定，执法机关可以依法强制执行或者申请人民法院强制执行。

第三十九条　当事人不服执法机关作出的行政处罚决定，可以依法申请行政复议，也可以依法直接向人民法院提起行政诉讼。

行政复议和行政诉讼期间，行政处罚不停止执行，法律另有规定的除外。

第五章　监督管理

第四十条　结案后，执法人员应当将案件材料依照档案管理的有关规定立卷归档。案卷归档应当一案一卷、材料齐全、规范有序。

案卷材料按照下列类别归档，每一类别按照归档材料形成的时间先后顺序排列：

（一）案源材料、立案审批表；

（二）案件调查终结报告、行政处罚意见告知文书、行政处罚决定书等行政处罚文书及送达回证；

（三）证据材料；

（四）当事人陈述、申辩材料；

（五）听证笔录；

（六）书面复核意见、法制审核意见、集体讨论记录；

（七）执行情况记录、财物处理单据；

（八）其他有关材料。

执法机关应当依照有关规定对本机关和下级执法机关的行政处罚案卷进行评查。

第四十一条 执法机关及其执法人员应当在法定职权范围内依照法定程序从事行政处罚活动。行政处罚没有依据或者实施主体不具有行政主体资格的，行政处罚无效。违反法定程序构成重大且明显违法的，行政处罚无效。

第四十二条 执法机关从事行政处罚活动，应当自觉接受上级执法机关或者有关机关的监督管理。上级执法机关或者有关机关发现下级执法机关违法违规实施行政处罚的，应当依法责令改正，对直接负责的主管人员和有关执法人员给予处分。

第四十三条 对于阻碍执法人员依法行使职权，打击报复执法人员的单位或者个人，由执法机关或者有关机关视情节轻重，依法追究其责任。

第四十四条 执法机关应当对本行政区域内行政处罚案件进行统计。省、自治区、直辖市人民政府执法机关应当在每年3月底前，向国务院住房和城乡建设主管部门报送上一年度行政处罚案件统计数据。

第六章 附 则

第四十五条 本规定中有关期间以日计算的，期间开始的日不计算在内。期间不包括行政处罚文书送达在途时间。期间届满的最后一日为法定节假日的，以法定节假日后的第一日为期间届满的日期。

本规定中“三日”“五日”“七日”“十日”“十五日”的规定，是指工作日，不含法定节假日。

第四十六条 本规定自2022年5月1日起施行。1999年2月3日原建设部公布的《建设行政处罚程序暂行规定》同时废止。

建设领域违法违规行为稽查工作管理办法

1. 2010年1月7日建设部发布

2. 建稽〔2010〕4号

第一条 为加强对建设领域的法律、法规和规章等执行情况的监督检查，有效查处违法违规行为，规范住房和城乡建设部稽查工作，制定本办法。

第二条 本办法所称稽查工作，是指对住房保障、城乡规划、标准定额、房地产市场、建筑市场、城市建设、村镇建设、工程质量安全、建筑节能、住房公积金、历史文化名城和风景名胜区等方面的违法违规行为进行立案、调查、取证，核实情况并提出处理建议的活动。

第三条 住房和城乡建设部稽查办公室（以下简称部稽查办）负责建设领域违法违规行为的稽查工作。

第四条 稽查工作应坚持以事实为依据，以法律为准绳、客观公正以及重大案件集体研判的原则。

第五条 部稽查办在稽查工作中，应履行下列职责：

（一）受理公民、法人或其他组织对违法违规行为的举报；

（二）按照规定权限对建设活动进行检查，依法制止违法违规行为；

（三）查清违法违规事实、分析原因、及时报告稽查情况，提出处理意见、建议；

（四）督促省级住房和城乡建设主管部门落实转发的稽查报告提出的处理意见；

（五）及时制止稽查工作中发现的有可能危及公共安全等违法违规行为，并责成当地住房和城乡建设主管部门处理；

（六）接受省级住房和城乡建设主管部门申请，对其交送的重要违法违规线索直接进行稽查；

（七）依法或根据授权履行的其他职责。

第六条 稽查人员依法履行职责受法律保护。任何单位和个人不得阻挠和干涉。

稽查人员执行公务应遵守回避原则。

第七条 稽查工作一般应按照立案前研究分析、立案、稽查、撰写稽查报告、督办、结案和归档等程序开展。

第八条 部稽查办可通过受理公民、法人或其他组织的举报、直接检查、部有关业务司局以及相关单位移送等途径，发现违法违规线索，认为有必要查处的，报经部领导批准后，开展稽查工作。

对部领导的批办件应直接稽查，或转省级住房和城乡建设主管部门稽查，部稽查办跟踪督办。

第九条 开展稽查工作前，应分析案情，并与部有关单位沟通情况，制定工作方案，明确稽查重点、时间、地点、方式和程序等。

对于案情复杂，涉及其他相关部门的，应主动与其沟通协调。也可根据需要确定是否商请有关部门参加或邀请相关专家参与稽查工作，建立联合查处机制。

第十条 开展稽查工作应当全面调查并收集有关证据等，客观、公正地反映案件情况，分析问题，提出处理意见。

第十一条 稽查人员在稽查工作中，有权采取下列方式或措施：

（一）约谈被稽查对象，召开与稽查有关的会议，参加被稽查单位与稽查事项有关的会议；向被稽查单位及有关人员调查询问有关情况，并制作调查笔录；

（二）查阅、复制和摄录与案件有关的资料，要求被稽查单位提供与稽查有关的资料并做出说明；

（三）踏勘现场，调查、核实情况；

（四）依法责令违法当事人停止违法行为，对施工现场的建筑材料抽样检查等；

（五）依法先行登记保存证据；

（六）法律、法规和规章规定的其他措施。

第十二条 稽查人员依法履行稽查职责，有关单位和个人应当予以配合，如实反映情况，提供与稽查事项有关的文件、合同、协议、报表等资料。不得拒绝、隐匿和伪报。

第十三条 被稽查单位有下列行为之一的，稽查人员应当及时报告，并提出处理建议：

（一）阻挠稽查人员依法履行职责的；

（二）拒绝或拖延向稽查人员提供与稽查工作有关情况和资料的；

（三）销毁、隐匿、涂改有关文件、资料或提供虚假资料的；

（四）阻碍稽查人员进入现场调查取证、封存有关证据、物件的；

（五）其他妨碍稽查人员依法履行职责的行为。

第十四条 稽查工作结束后，一般应在10个工作日内完成稽查报告（附必要的稽查取证材料）。稽查报告一般包括案件基本情况、调查核实情况（包括存在问题和发现的其他情况）、调查结论和处理建议以及其他需要说明的问题等方面内容。

第十五条 重大案件的稽查报告应集体研判。

第十六条 稽查报告以部办公厅函转发给省级住房和城乡建设主管部门。

第十七条 稽查报告转发给省级住房和城乡建设主管部门后，部稽查办应要求其做好处理意见的落实工作，按照规定的时间回复处理结果。

第十八条 部稽查办转由省级住房和城乡建设主管部门查办的案件，原则上要求在收到转办函之日起30个工作日内，回复调查处理意见。特殊情况可提前或适当延长。

第十九条 对于稽查报告中有明确处理意见的案件，应将督办情况和处理意见落实情况报部领导批准后，方可结案。

第二十条 结案后，稽查人员应将稽查的线索、立案材料、取证材料、凭证、稽查报告、督办结果等材料，根据档案管理规定，分类整理、立卷、归档和保存。

第二十一条 对被稽查对象的处罚和处分，实行分工负责制度和处罚结果报告制度。

法律、法规规定由住房和城乡建设部做出行政处罚和行政处分决定的，由住房和城乡建设部实施。

法律、法规规定由地方人民政府住房和城乡建设主管部门及其有关部门做出行政处罚和行政处分决定的，由地方人民政府住房和城乡建设主管部门及其有关部门实施，并将处理结果报告上级住房和城乡建设主管部门。

涉及国务院其他有关部门和地方人民政府职责的问题，移交国务院有关部门和地方人民政府处理。

第二十二条 稽查人员有下列行为之一的，视其情节轻重，给予批评或行政处分；构成犯罪的，移交司法机关处理：

（一）对被稽查单位的重大违法违规问题隐匿不报的；

（二）与被稽查单位串通编造虚假稽查报告的；

（三）违法干预被稽查单位日常业务活动和经营管理活动，致使其合法权益受到损害的；

（四）其他影响稽查工作和公正执法的行为。

第二十三条 稽查人员在履行职责中，有其他违反法律、法规和规章行为，应当承担纪律责任的，依照《行政机关公务员处分条例》处理。

第二十四条　省、自治区、直辖市人民政府住房和城乡建设主管部门可结合本地区实际，参照本办法制定稽查工作管理办法。

第二十五条　本办法由住房和城乡建设部负责解释。

第二十六条　本办法自发布之日起施行。本办法施行前建设部发布的有关文件与本办法规定不一致的，以本办法为准。

建设部信访工作管理办法

1．2005年11月10日建设部发布

2．建办〔2005〕59号

第一章　总　　则

第一条　为了加强建设部的信访工作，畅通信访渠道，保障群众合法权益，维护社会稳定，根据国务院《信访条例》的规定，制定本办法。

第二条　建设部信访室是建设部对外接待群众来信来访的机构，负责日常信访的接待、处理和管理工作。

本办法所称来信是指信访人通过书信、电子邮件、传真等书面形式提出的信访事项。

本办法所称来访是指信访人采用走访形式提出信访事项。

第三条　部信访室应当向社会公布其通信地址、电子信箱、投诉电话、信访接待时间和地点、查询信访事项处理进展及结果的方式等相关事项，并在建设部网站上公布与信访工作有关的法律、行政法规和部门规章，信访事项的处理程序，以及其他为信访人提供便利的相关事项。

第四条　按照“属地管理、分级负责，谁主管、谁负责，依法、及时、就地解决问题与疏导教育相结合”的信访处理原则，部信访室转有关省、自治区建设厅和直辖市建委及有关部门（以下简称省级建设部门）负责解决的信访问题，或者转部有关司局处理的信访问题，有关省级建设部门或者部有关司局应当认真负责，依法在规定的时限内办结。

第五条　各省级建设部门应当建立健全信访责任人和联络员制度，有一名分管领导做为信访责任人，并确定一名专（兼）职信访联络员，负责本省（自治区、直辖市）建设系统信访工作的协调并指导做好处理工作。

第六条　各级建设部门应当坚持科学、民主决策，依法履行职责，从源头上预防导致信访事项的矛盾和纠纷。

第七条　各级建设部门要建立健全矛盾纠纷排查调处工作机制，认真做好各种矛盾纠纷的排查和超前化解工作，把工作重点从事后处置转到事前预防上。要高度重视并热情耐心地做好群众初次来信来访的接待处理工作，把矛盾化解在萌芽状态，把问题解决在基层。

第二章　部信访室的基本任务和人员要求

第八条　部信访室的基本任务：

（一）受理群众反映与建设部职能有关的意见、建议和诉求的来信来访，对建设系统的信访工作进行综合协调和指导。

（二）负责及时向各省级建设部门和部有关司局交办、转办、督办来信来访事项，承担党中央、国务院领导同志，以及国家信访局和部领导（含“三总师”，下同）交办信访案件的督办或查办。

（三）按月、季、年做好信访情况的统计分析报告工作，及时做好突发事件和集体上访的信息报送工作；紧急时可先口头报情况，事后补报文字材料；对重大事项应当追踪连续报送后续处理情况。

（四）从群众来信来访中，筛选出群众信访的热点、难点问题，搜集群众的意见、建议和要求，对来信来访中带普遍性、政策性、倾向性的问题及重大信访案件进行调查研究，商请部有关司局提出建议和处理意见，为领导决策服务。

（五）适时组织建设系统信访工作经验交流、业务培训和理论研讨，不断提高建设系统信访工作人员政策、业务水平和依法处理信访问题的能力。

（六）负责维护信访室及其候谈室的正常工作秩序。对在候谈室内纠缠、吵闹的人员应当及时劝阻。对躺卧、滞留候谈室，影响信访室正常办公秩序和候谈室公共卫生的人员进行必要的教育，维护正常的来访秩序。

第九条　部信访室工作人员必须做到：

（一）认真学习贯彻党和国家的路线、方针、政策和法律、法规，及建设系统的有关政策法规，坚持原则，依法、及时、合理处理信访人的投诉请求；

（二）热情接待来访群众，认真登记来信来访的诉求，倾听并分析所反映的问题，耐心解释政策，及时与地方有关部门取得联系，沟通情况；

（三）做好对来访群众的宣传教育工作，教育和引导群众学法、懂法、用法、守法，以理性合法的方式表达利益要求，依法维护自身合法权益，解决利益矛盾，自觉维护信访工作秩序。

第三章 处理信访事项的基本要求

第十条 部信访室应当保持与各省级建设部门信访联络员的联系畅通，一经发现进京集体上访、异常访及突发事件，及时协调地方有关部门与部有关司局派人到现场进行处理。

第十一条 部信访室对越级进京上访的人员，应当做好耐心细致的宣传和思想疏导工作，劝其依法向有权处理的机关或者上一级机关提出。如有必要，部信访室应当及时通知地方有关部门做好接待工作，防止矛盾扩大。

信访事项已经受理或者正在办理的，信访人在规定期限内向部信访室再提出同一信访事项的，部信访室不予受理。

第十二条 部信访室收到信访事项，应当予以登记。凡属反映部机关及其工作人员职务行为的意见和建议，或者不服部机关及其工作人员的职务行为，应当受理，并在15日内转送部有关司局处理，部有关司局不得推诿、敷衍、拖延；对于不属于部职权范围的信访事项，应当告知信访人向有权处理的机关提出。

对收到的信访事项，能够当场答复是否受理的，应当当场书面答复；不能当场答复的，应当自收到信访事项之日起15日内书面告知信访人；信访人的姓名（名称）、住址不清的除外。

第十三条 信访事项涉及地方建设部门或其工作人员行为的，应当告知信访人向有权处理的地方有关机关提出。情况重大、紧急的信访事项，由部信访室及时转送有权处理的有关市、县建设部门，并抄送该省级建设部门。

第十四条 地方建设部门或者部有关司局经过调查核实，应当依照有关政策、法规，分别作出以下处理，并书面答复信访人：

（一）请求事由事实清楚，符合法律、法规和政策规定的，予以支持，并督促有关机关或单位执行；

（二）请求事由合理但缺乏法律依据的，应当向信访人做好解释工作；

（三）请求事由缺乏事实根据或者不符合法律、法规和政策规定的，不予支持。

第十五条 信访事项应当自受理之日起60日内办结；情况复杂的，经本行政机关负责人批准，可以适当延长办理期限，但延长期限不得超过30日，并告知信访人延期理由。法律、行政法规另有规定的，从其规定。

第十六条 信访人对行政机关做出的信访事项处理意见不服的，可以自收到书面答复之日起30日内请求原办理行政机关的上一级行政机关复查。收到复查请求的行政机关应当自收到复查请求之日起30日内提出复查意见，并予以书面答复。

第十七条 信访人对复查意见不服的，可以自收到书面答复之日起30日内向复查机关的上一级行政机关请求复核。收到复核请求的行政机关应当自收到复核请求之日起30日内提出复核意见。

按照国务院法制办公室、国家信访局《对〈信访条例〉第三十四条、第三十五条中“上一级行政机关”的含义及〈信访条例〉适用问题的解释》的规定，本办法所指的原办理行政机关、复查机关是设区的市级以下建设部门的其上一级行政机关是指本级人民政府或者上一级建设部门；原办理行政机关复查机关是省级建设部门的，其上一级行政机关是指本级人民政府。

第十八条 信访人对复核意见不服，仍然以同一事实和理由提出投诉请求的，地方建设部门或者部信访室不再受理，但应当向信访人做好解释工作。

第十九条 信访人对各级人民代表大会及其常务委员会、人民法院、人民检察院职权范围内的信访事项，应当告知信访人分别向有关的人民代表大会及其常务委员会、人民法院、人民检察院提出。对已经或者依法应当通过诉讼、仲裁、行政复议等法定途径解决的，不予受理，但应当告知信访人依照有关法律、行政法规规定程序向有关机关提出。

第四章 来信处理程序

第二十条 部信访室指定专人办理人民群众给建设部或部领导的人民来信，以及国家信访局等有关单位转来的人民来信。

第二十一条 部信访室收到来信后，应当将来信和信封装订在一起并在来信第一页的右上角加盖当日建设部信访室收信印章，将来信人姓名、地址、反映的主要内容、办理情况等登录在《来信登记表》。

部有关司局收到群众来信的，也应当登记，及时转地方建设等有关部门处理，并书面告知信访人。有关司局应在每月 2 日前(节假日顺延至上班第 2 天)将上月群众来信登记表送部信访室。

第二十二条　下列内容的信件应报部领导或办公厅领导阅批:

(一)有关建设行业的管理、科技和改革等方面的重要意见和建议;

(二)带有普遍性、倾向性和苗头性的重大问题;

(三)建设系统的重要情况和动态;

(四)国内外知名人士的重要来信;

(五)反映对重大问题顶、拖不办、明显违反政策的来信;

(六)其他需经领导同志阅批的信件。

信件上报前,办信人可对信件的内容做适当的了解核实。上报的信件经领导批示后,由指定经办人按批示意见具体落实。在规定期限内无反馈结果的,由经办人负责催办。领导批示件要登记、复印保存。

第二十三条　下列内容的信件由部信访室用公函将信件转交有关省级建设部门或者部有关司局处理,并在规定时限内反馈办理结果:

(一)检举、控告严重违法乱纪、扰乱秩序或者以权谋私的问题;

(二)可能发生意外,给国家、单位和个人的利益造成重大损失的问题;

(三)其他应当由有关省级建设部门或者部有关司局进行调查处理的重要的情况、问题。

交办的函件由办信人拟稿,函稿应明确办理和反馈的期限。如需以部、办公厅名义发函交办的,应当按照《建设部机关公文处理办法》的有关规定办理。交办后,如果在规定期限内未反馈结果,由原办信人催办。

第二十四条　经办人对反馈的结果应认真审查,可以结案的,送部信访室负责人审定,其中重要问题,报办公厅领导审定。对处理明显不当或者不能结案的,应当商请有关单位或者有关部门做进一步处理。

来信人对上报处理结果表示不同意见的,应当认真研究,慎重做结案处理。

对已结案信件,经办人应当将该案办理过程中形成的有关材料整理保存。

第二十五条　一般信件由部信访室用固定格式的转办单,转交给有关省级建设部门或者部有关司局酌情处理,不需反馈处理结果。

对无查办和无参考价值,以及不需要再处理的重复信件,由部信访室做暂存处理。暂存信件由办信人登记、存放,定期整理销毁。

第五章　来访处理程序

第二十六条　来访人应当到部信访室提出来访事项。来访人应当遵守法律、法规,不得损害国家、社会、集体的利益和其他公民的合法权利,自觉维护社会公共秩序和信访秩序,不得有下列行为:

(一)在建设部机关大楼周围非法聚集,围堵、冲击建设部机关,拦截公务车辆,或者堵塞、阻断交通;

(二)携带危险物品、管制器具;

(三)侮辱、殴打、威胁国家机关工作人员,或者非法限制他人人身自由;

(四)在部信访室滞留、滋事,或者将生活不能自理的人弃留在部信访室;

(五)煽动、串联、胁迫、以财物诱使、幕后操纵他人信访或者以信访为名借机敛财;

(六)扰乱公共秩序、妨害国家和公共安全的其他行为。

第二十七条　来访人应当按照部信访室窗口接待人员的要求,填写《来访人员登记表》。集体来访的应当按来访人数逐一填写。

窗口接待人员应当仔细阅览来访人员填写的《来访人员登记表》,核实有关证件,确认是否接谈。确认接谈的,窗口接待人员应告来访人员在指定候谈室等候接谈。

第二十八条　接待人员要坚持文明接待,认真耐心地倾听来访人员的叙述,阅看来访人员携带的材料,做好接谈记录,认真负责地向群众做好政策解释和思想疏导工作。

来访人反映的问题专业性、政策性较强的,由部信访室通知部有关司局。有关司局应当及时安排专业人员到部信访接待室接待来访群众。

第二十九条　依法应当由部负责处理的信访事项,应当按照本办法第十二条的要求办理,并告知来访人员返回原地听候处理,不要在京等候结果。

信访事项涉及地方建设部门或者其工作人员行为的,应当按照本办法第十三条的要求办理。

第三十条　凡有下列情况之一的,可以立案交办或者请地方有关建设部门派人来京协调处理:

(一)问题比较复杂的疑难特殊案件和人数众多

的集体来访，经动员不返回或者情况不清，而又需要及时处理的；

（二）多次来访、多次交办而无处理结果的；

（三）来访人有异常表现或者意外情况，需要与地方有关建设部门当面研究的；

（四）地方有关建设部门的处理有明显失误，且处理难度较大的；

（五）其他需要请地方有关建设部门来京协调处理的情况。

第三十一条　对立案交办的信访事项，有关省级建设部门应当在规定的期限内反馈处理结果。

第三十二条　要做好集体来访的接待工作。

本制度所称集体来访，是指同一地区、反映同一问题的群众代表5人的来访。超过5人的，按照本办法第三十五条的规定处理。

接待集体来访时，应当有2名接待人员接待。

接待处理集体来访时，要注意加强与有关省级建设部门和市县的联系、沟通，避免矛盾激化，事态扩大。如需要请地方有关建设部门来京处理时，应当通过省级建设部门的信访联络员协调地方派人来京。集体来访反映的问题涉及部多个司局业务的，部信访室应当及时向办公厅领导报告，由办公厅领导协调部有关司局共同处理。

第六章　信访突发事件处理程序

第三十三条　部成立处置信访突发事件领导小组。部处置信访突发事件领导小组由分管副部长任组长，办公厅主任、分管副主任和有关单位负责人为成员。领导小组下设办公室，负责处置信访突发事件的协调工作，办公厅分管副主任兼办公室主任。

第三十四条　部信访室接待人员发现来访人在信访室及其候谈室患有危、急疾病，以及受到意外伤害或者服药自杀的，应当采取紧急措施，及时与部机关门诊部和北京市急救中心联系急救处理，并及时向办公厅领导报告。

接待人员发现来访人患有按规定应当上报的传染病时，应当及时与部机关门诊部和北京市海淀区卫生防疫部门联系处理，并配合做好传染病的有关防治工作。

第三十五条　对来访人中的下列行为之一的，接待人员可视情节轻重进行劝阻、批评、教育，请公安机关给予警告、训诫、制止，或移交公安机关处理：

（一）不按规定到指定场所上访，干扰社会秩序和机关工作秩序的；

（二）同一地区、反映同一问题的来访人数超过5人的；

（三）反映的问题已按国家有关政策、法规作了处理，仍提出无理要求，经耐心说服教育无效，长期在部信访室纠缠取闹的；

（四）反映的问题按有关政策、法规不应解决，但仍坚持无理要求，长期在部信访室纠缠取闹，妨碍正常工作秩序的；

（五）在来访人中串联闹事，拦截、纠缠领导的；

（六）扬言爆炸、杀人、自杀，企图制造事端，铤而走险的；

（七）携带危险品、爆炸品以及各种管制器械到接待场所或者机关办公区的；

（八）对接待人员进行纠缠、侮辱、殴打、威胁的；

（九）破坏接待室办公设施以及有其他违法乱纪行为的；

（十）其他严重影响办公秩序行为的。

第三十六条　接待人员遇有下列特殊情况时，应立即报告有关部门：

（一）来访人扬言要到中南海、天安门或者中央领导同志住处上访、制造事端的，应当及时向办公厅领导汇报，并及时向国家信访局、北京市公安局治安总队报告；

（二）发现被公安机关通缉的人犯来访时，应当立即向甘家口派出所报告；

（三）发现信访室或者附近有人员死亡时，应当立即向办公厅领导报告，并请公安机关勘验现场和尸体，验明死者身份。如属来访人的，应立即通知地方有关建设部门商讨处理办法；现场无保护必要的，应协助有关部门立即将其送医院存放，等待处理。如属非来访人的，由公安机关处理。

第三十七条　对规模较大、情绪激烈，或者围堵部机关办公大楼的集体来访事件，除按本办法第三十二条的要求做好接待工作外，部信访室应立即报告办公厅领导，由厅领导请部有关司局立即派人和部信访室接待人员共同听取上访人员反映的问题，耐心细致地做好政策解释工作。同时，要求有关省级建设部门、市驻京办事处派得力人员尽快到场，解答群众反映的问题，积极疏导上访人员尽早返回本地妥善处理。说服教育无效、集体来访人员继续围堵部机关办公大楼的,要提请公安机关处理。

部机关有关司局、部机关服务中心等有关单位,要按照部印发的《建设部处置群体性上访事件工作预案》(建办〔2004〕33 号)的要求,负责做好相应的工作。

第七章 附 则

第三十八条 本办法由建设部负责解释。

第三十九条 本办法自印发之日起执行。2005 年 4 月 28 日建设部印发的《建设部信访工作管理办法》(建办〔2005〕59 号)同时废止。

建筑市场诚信行为信息管理办法

1. 2007 年 1 月 12 日建设部发布
2. 建市〔2007〕9 号

第一条 为进一步规范建筑市场秩序,健全建筑市场诚信体系,加强对建筑市场各方主体的监管,营造诚实守信的市场环境,根据《建筑法》、《招标投标法》、《建设工程勘察设计管理条例》、《建设工程质量管理条例》、《建设工程安全生产管理条例》等有关法律法规,制定本办法。

第二条 本办法所称建筑市场各方主体是指建设项目的建设单位和参与工程建设活动的勘察、设计、施工、监理、招标代理、造价咨询、检测试验、施工图审查等企业或单位以及相关从业人员。

第三条 本办法所称诚信行为信息包括良好行为记录和不良行为记录。

良好行为记录指建筑市场各方主体在工程建设过程中严格遵守有关工程建设的法律、法规、规章或强制性标准,行为规范,诚信经营,自觉维护建筑市场秩序,受到各级建设行政主管部门和相关专业部门的奖励和表彰,所形成的良好行为记录。

不良行为记录是指建筑市场各方主体在工程建设过程中违反有关工程建设的法律、法规、规章或强制性标准和执业行为规范,经县级以上建设行政主管部门或其委托的执法监督机构查实和行政处罚,形成的不良行为记录。《全国建筑市场各方主体不良行为记录认定标准》由建设部制定和颁布。

第四条 建设部负责制定全国统一的建筑市场各方主体的诚信标准;负责指导建立建筑市场各方主体的信用档案;负责建立和完善全国联网的统一的建筑市场信用管理信息平台;负责对外发布全国建筑市场各方主体诚信行为记录信息;负责指导对建筑市场各方主体的信用评价工作。

各省、自治区和直辖市建设行政主管部门负责本地区建筑市场各方主体的信用管理工作,采集、审核、汇总和发布所属各市、县建设行政主管部门报送的各方主体的诚信行为记录,并将符合《全国建筑市场各方主体不良行为记录认定标准》的不良行为记录及时报送建设部。报送内容应包括:各方主体的基本信息、在建筑市场经营和生产活动中的不良行为表现、相关处罚决定等。

各市、县建设行政主管部门按照统一的诚信标准和管理办法,负责对本地区参与工程建设的各方主体的诚信行为进行检查、记录,同时将不良行为记录信息及时报送上级建设行政主管部门。

中央管理企业和工商注册不在本地区的企业的诚信行为记录,由其项目所在地建设行政主管部门负责采集、审核、记录、汇总和公布,逐级上报,同时向企业工商注册所在地的建设行政主管部门通报,建立和完善其信用档案。

第五条 各级建设行政主管部门要明确分管领导和承办机构人员,落实责任制,加强对各方主体不良行为的监督检查以及不良行为记录真实性的核查,负责收集、整理、归档、保全不良行为事实的证据和资料,不良行为记录报表要真实、完整、及时报送。

第六条 行业协会要协助政府部门做好诚信行为记录、信息发布和信用评价等工作,推进建筑市场动态监管;要完善行业内部监督和协调机制,建立以会员单位为基础的自律维权信息平台,加强行业自律,提高企业及其从业人员的诚信意识。

第七条 各省、自治区、直辖市建设行政主管部门应按照《全国建筑市场各方主体不良行为记录认定标准》,自行或通过市、县建设行政主管部门及其委托的执法监督机构,结合建筑市场检查、工程质量安全监督以及政府部门组织的各类执法检查、督查和举报、投诉等工作,采集不良行为记录,并建立与工商、税务、纪检、监察、司法、银行等部门的信息共享机制。

第八条 各省、自治区、直辖市建设行政主管部门应根据行政处罚情况,及时公布各方主体的不良行为信息,形成政府监管、行业自律、社会监督的有效约束机制。

第九条 各地建设行政主管部门要通过资源整合和组织协调，完善建筑市场和工程现场联动的业务监管体系，在健全建筑市场综合监管信息系统的基础上，建立向社会开放的建筑市场诚信信息平台，做好诚信信息的发布工作。诚信信息平台的建设可依托各地有形建筑市场（建设工程交易中心）的资源条件，避免重复建设和资源浪费。

第十条 诚信行为记录实行公布制度。

诚信行为记录由各省、自治区、直辖市建设行政主管部门在当地建筑市场诚信信息平台上统一公布。其中，不良行为记录信息的公布时间为行政处罚决定做出后7日内，公布期限一般为6个月至3年；良好行为记录信息公布期限一般为3年，法律、法规另有规定的从其规定。公布内容应与建筑市场监管信息系统中的企业、人员和项目管理数据库相结合，形成信用档案，内部长期保留。

属于《全国建筑市场各方主体不良行为记录认定标准》范围的不良行为记录除在当地发布外，还将由建设部统一在全国公布，公布期限与地方确定的公布期限相同，法律、法规另有规定的从其规定。各省、自治区、直辖市建设行政主管部门将确认的不良行为记录在当地发布之日起7日内报建设部。

通过与工商、税务、纪检、监察、司法、银行等部门建立的信息共享机制，获取的有关建筑市场各方主体不良行为记录的信息，省、自治区、直辖市建设行政主管部门也应参照本规定在本地区统一公布。

各地建筑市场综合监管信息系统，要逐步与全国建筑市场诚信信息平台实现网络互联、信息共享和实时发布。

第十一条 对发布有误的信息，由发布该信息的省、自治区和直辖市建设行政主管部门进行修正，根据被曝光单位对不良行为的整改情况，调整其信息公布期限，保证信息的准确和有效。

省、自治区和直辖市建设行政主管部门负责审查整改结果，对整改确有实效的，由企业提出申请，经批准，可缩短其不良行为记录信息公布期限，但公布期限最短不得少于3个月，同时将整改结果列于相应不良行为记录后，供有关部门和社会公众查询；对于拒不整改或整改不力的单位，信息发布部门可延长其不良行为记录信息公布期限。

行政处罚决定经行政复议、行政诉讼以及行政执法监督被变更或被撤消，应及时变更或删除该不良记录，并在相应诚信信息平台上予以公布，同时应依法妥善处理相关事宜。

第十二条 各省、自治区、直辖市建设行政主管部门应加强信息共享，推进各地诚信信息平台的互联互通，逐步开放诚信行为信息，维护建筑市场的统一、开放、竞争、有序。

第十三条 各级建设行政主管部门，应当依据国家有关法律、法规和规章，按照诚信激励和失信惩戒的原则，逐步建立诚信奖惩机制，在行政许可、市场准入、招标投标、资质管理、工程担保与保险、表彰评优等工作中，充分利用已公布的建筑市场各方主体的诚信行为信息，依法对守信行为给予激励，对失信行为进行惩处。在健全诚信奖惩机制的过程中，要防止利用诚信奖惩机制设置新的市场壁垒和地方保护。

第十四条 各级建设行政主管部门应按照管理权限和属地管理原则建立建筑市场各方主体的信用档案，将信用记录信息与建筑市场监管综合信息系统数据库相结合，实现数据共享和管理联动。

第十五条 各省、自治区、直辖市和计划单列市建设行政主管部门可结合本地区实际情况，依据地方性法规对本办法和认定标准加以补充，制订具体实施细则。

第十六条 各级建设行政主管部门要按照《最高人民检察院、建设部、交通部、水利部关于在工程建设领域开展行贿犯罪档案试点工作的通知》（高检会〔2004〕2号）要求，准确把握建立工程建设领域行贿犯罪档案查询系统的内容和要求，认真履行职责，加强领导，密切配合，做好工程建设领域行贿犯罪档案查询试点工作，将其纳入建筑市场信用体系建设工作中，逐步建立健全信用档案管理制度和失信惩戒制度。

第十七条 对参与工程建设的其他单位（如建筑材料、设备和构配件生产供应单位等）和实行个人注册执业制度的各类从业人员的诚信行为信息，可参照本办法进行管理。

第十八条 本办法由建设部负责解释。

第十九条 本办法自发布之日起施行。

附件：（略）

违反规定插手干预工程建设领域行为处分规定

2010年7月8日监察部、人力资源和社会保障部令第22号公布施行

第一条 为进一步促进行政机关公务员廉洁从政，规范工程建设秩序，惩处违反规定插手干预工程建设领域行为，确保工程建设项目安全、廉洁、高效运行，根据《中华人民共和国行政监察法》、《中华人民共和国公务员法》和《行政机关公务员处分条例》等有关法律、行政法规，制定本规定。

第二条 本规定适用于副科级以上行政机关公务员。

第三条 本规定所称违反规定插手干预工程建设领域行为，是指行政机关公务员违反法律、法规、规章或者行政机关的决定、命令，利用职权或者职务上的影响，向相关部门、单位或者有关人员以指定、授意、暗示等方式提出要求，影响工程建设正常开展或者干扰正常监管、执法活动的行为。

第四条 违反规定插手干预工程建设项目决策，有下列情形之一，索贿受贿、为自己或者他人谋取私利的，给予记过或者记大过处分；情节较重的，给予降级或者撤职处分；情节严重的，给予开除处分：

（一）要求有关部门允许未经审批、核准或者备案的工程建设项目进行建设的；

（二）要求建设单位对未经审批、核准或者备案的工程建设项目进行建设的；

（三）要求有关部门审批或者核准违反产业政策、发展规划、市场准入标准以及未通过节能评估和审查、环境影响评价审批等不符合有关规定的工程建设项目的；

（四）要求有关部门或者单位违反技术标准和有关规定，规划、设计项目方案的；

（五）违反规定以会议或者集体讨论决定方式安排工程建设有关事项的；

（六）有其他违反规定插手干预工程建设项目决策行为的。

第五条 违反规定插手干预工程建设项目招标投标活动，有下列情形之一，索贿受贿、为自己或者他人谋取私利的，给予记过或者记大过处分；情节较重的，给予降级或者撤职处分；情节严重的，给予开除处分：

（一）要求有关部门对依法应当招标的工程建设项目不招标，或者依法应当公开招标的工程建设项目实行邀请招标的；

（二）要求有关部门或者单位将依法必须进行招标的工程建设项目化整为零，或者假借保密工程、抢险救灾等特殊工程的名义规避招标的；

（三）为招标人指定招标代理机构并办理招标事宜的；

（四）影响工程建设项目投标人资格的确定或者评标、中标结果的；

（五）有其他违反规定插手干预工程建设项目招标投标活动行为的。

第六条 违反规定插手干预土地使用权、矿业权审批和出让，有下列情形之一，索贿受贿、为自己或者他人谋取私利的，给予记过或者记大过处分；情节较重的，给予降级或者撤职处分；情节严重的，给予开除处分：

（一）要求有关部门对应当实行招标拍卖挂牌出让的土地使用权采用划拨、协议方式供地的；

（二）要求有关部门或者单位采用合作开发、招商引资、历史遗留问题等名义或者使用先行立项、先行选址定点确定用地者等手段规避招标拍卖挂牌出让的；

（三）影响土地使用权招标拍卖挂牌出让活动中竞买人的确定或者招标拍卖挂牌出让结果的；

（四）土地使用权出让金确定后，要求有关部门违反规定批准减免、缓缴土地使用权出让金的；

（五）要求有关部门为不符合供地政策的工程建设项目批准土地，或者为不具备发放国有土地使用证书条件的工程建设项目发放国有土地使用证书的；

（六）要求有关部门违反规定审批或者出让探矿权、采矿权的；

（七）有其他违反规定插手干预土地使用权、矿业权审批和出让行为的。

第七条 违反规定插手干预城乡规划管理活动，有下列情形之一，索贿受贿、为自己或者他人谋取私利的，给予记过或者记大过处分；情节较重的，给予降级或者撤职处分；情节严重的，给予开除处分：

（一）要求有关部门违反规定改变城乡规划的；

（二）要求有关部门违反规定批准调整土地用途、容积率等规划设计条件的；

（三）有其他违反规定插手干预城乡规划管理活动行为的。

第八条 违反规定插手干预房地产开发与经营活动，有下列情形之一，索贿受贿、为自己或者他人谋取私利的，给予记过或者记大过处分；情节较重的，给予降级或者撤职处分；情节严重的，给予开除处分：

（一）要求有关部门同意不具备房地产开发资质或者资质等级不相符的企业从事房地产开发与经营活动的；

（二）要求有关部门为不符合商品房预售条件的开发项目发放商品房预售许可证的；

（三）对未经验收或者验收不合格的房地产开发项目，要求有关部门允许其交付使用的；

（四）有其他违反规定插手干预房地产开发用地、立项、规划、建设和销售等行为的。

第九条 违反规定插手干预工程建设实施和工程质量监督管理，有下列情形之一，索贿受贿、为自己或者他人谋取私利的，给予记过或者记大过处分；情节较重的，给予降级或者撤职处分；情节严重的，给予开除处分：

（一）要求建设单位或者勘察、设计、施工等单位转包、违法分包工程建设项目，或者指定生产商、供应商、服务商的；

（二）要求试验检测单位弄虚作假的；

（三）要求项目单位违反规定压缩工期、赶进度，导致发生工程质量事故或者严重工程质量问题的；

（四）在对工程建设实施和工程质量进行监督管理过程中，对有关行政监管部门或者中介机构施加影响，导致发生工程质量事故或者严重工程质量问题的；

（五）有其他违反规定插手干预工程建设实施和工程质量监督管理行为的。

第十条 违反规定插手干预工程建设安全生产，有下列情形之一，索贿受贿、为自己或者他人谋取私利的，给予记过或者记大过处分；情节较重的，给予降级或者撤职处分；情节严重的，给予开除处分：

（一）要求有关部门为不具备安全生产条件的单位发放安全生产许可证的；

（二）对有关行政监管部门进行的工程建设安全生产监督管理活动施加影响，导致发生生产安全事故的；

（三）有其他违反规定插手干预工程建设安全生产行为的。

第十一条 违反规定插手干预工程建设环境保护工作，有下列情形之一，索贿受贿、为自己或者他人谋取私利的，给予记过或者记大过处分；情节较重的，给予降级或者撤职处分；情节严重的，给予开除处分：

（一）要求有关部门降低建设项目环境影响评价等级、拆分审批、超越审批权限审批环境影响评价文件的；

（二）对有关行政监管部门进行的环境保护监督检查活动施加影响，导致建设项目中防治污染或者防治生态破坏的设施不能与工程建设项目主体工程同时设计、同时施工、同时投产使用的；

（三）有其他违反规定插手干预工程建设环境保护工作行为的。

第十二条 违反规定插手干预工程建设项目物资采购和资金安排使用管理，有下列情形之一，索贿受贿、为自己或者他人谋取私利的，给予记过或者记大过处分；情节较重的，给予降级或者撤职处分；情节严重的，给予开除处分：

（一）要求有关部门违反招标投标法和政府采购法的有关规定，进行物资采购的；

（二）要求有关部门对不符合预算要求、工程进度需要的工程建设项目支付资金，或者对符合预算要求、工程进度需要的工程建设项目不及时支付资金的；

（三）有其他违反规定插手干预物资采购和资金安排使用管理行为的。

第十三条 有本规定第四条至第十二条行为之一，虽未索贿受贿、为自己或者他人谋取私利，但给国家和人民利益以及公共财产造成较大损失，或者给本地区、本部门造成严重不良影响的，给予记过或者记大过处分；情节较重的，给予降级或者撤职处分；情节严重的，给予开除处分。

第十四条 利用职权或者职务上的影响，干预有关部门对工程建设领域中的违法违规行为进行查处的，给予记过或者记大过处分；情节较重的，给予降级或者撤职处分；情节严重的，给予开除处分。

第十五条 受到处分的人员对处分决定不服的，依照《中华人民共和国行政监察法》、《中华人民共和国公务员法》、《行政机关公务员处分条例》等有关规定，可以申请复核或者申诉。

第十六条 有违反规定插手干预工程建设领域行为，应当给予党纪处分的，移送党的纪律检查机关处理；涉嫌犯罪的，移送司法机关依法追究刑事责任。

第十七条 下列人员有本规定第四条至第十四条行为之一的，依照本规定给予处分：

（一）法律、法规授权的具有公共事务管理职能的组织以及国家行政机关依法委托的组织中副科级或者相当于副科级以上工作人员；

（二）企业、事业单位、社会团体中由行政机关任命的副科级或者相当于副科级以上人员。

第十八条 本规定由监察部、人力资源社会保障部负责解释。

第十九条 本规定自公布之日起施行。

政府投资项目审计规定

1. 2010年12月31日审计署发布
2. 审投发〔2010〕173号

第一条 为进一步加强政府投资项目审计工作，规范政府投资项目审计行为，提升政府投资审计质量和成效，充分发挥审计保障国家经济社会健康运行的“免疫系统”功能，根据《中华人民共和国审计法》、《中华人民共和国审计法实施条例》和《中华人民共和国国家审计准则》等有关法律法规，制定本规定。

第二条 审计机关对政府投资和以政府投资为主的项目实施的审计和专项审计调查适用本规定。

第三条 审计机关依据《中华人民共和国审计法》和《中华人民共和国审计法实施条例》以及本级人民政府规定，确定政府投资项目审计的对象、范围和内容。

第四条 审计机关应当根据法律、法规、规章的规定和本级人民政府的要求以及上级审计机关的工作安排，按照全面审计、突出重点、合理安排、确保质量的原则，确定年度政府投资审计项目计划。

各级政府及其发展改革部门审批的政府重点投资项目，应当作为政府投资审计重点。

审计机关按照确定的审计管辖范围开展政府投资项目审计，防止不必要的重复审计。

第五条 审计机关对政府重点投资项目以及涉及公共利益和民生的城市基础设施、保障性住房、学校、医院等工程，应当有重点地对其建设和管理情况实施跟踪审计。

第六条 审计机关对政府投资项目重点审计以下内容：

（一）履行基本建设程序情况；

（二）投资控制和资金管理使用情况；

（三）项目建设管理情况；

（四）有关政策措施执行和规划实施情况；

（五）工程质量情况；

（六）设备、物资和材料采购情况；

（七）土地利用和征地拆迁情况；

（八）环境保护情况；

（九）工程造价情况；

（十）投资绩效情况；

（十一）其他需要重点审计的内容。

除重点审计上述内容外，还应当关注项目决策程序是否合规，有无因决策失误和重复建设造成重大损失浪费等问题；应当注重揭示和查处工程建设领域中的重大违法违规问题和经济犯罪线索，促进反腐倡廉建设；应当注重揭示投资管理体制、机制和制度方面的问题。

第七条 审计机关在真实性、合法性审计的基础上，应当更加注重检查和评价政府投资项目的绩效，逐步做到所有审计的政府重点投资项目都开展绩效审计。

第八条 对政府投入大、社会关注度高的重点投资项目竣工决算前，审计机关应当先进行审计。

审计机关应当提高工程造价审计质量，对审计发现的多计工程价款等问题，应当责令建设单位与设计、施工、监理、供货等单位据实结算。

第九条 审计机关对列入年度审计计划的竣工决算审计项目，一般应当在审计通知书确定的审计实施日起3个月内出具审计报告。确需延长审计期限时，应当报经审计计划下达机关批准。

第十条 审计机关开展政府投资项目审计，应当确定项目法人单位或其授权委托进行建设管理的单位为被审计单位。在审计通知书中应当明确，实施审计中将对与项目直接有关的设计、施工、监理、供货等单位取得项目资金的真实性、合法性进行调查。

采取跟踪审计方式实施审计的，审计通知书应当列明跟踪审计的具体方式和要求。

第十一条 审计机关在法定职权范围内对审计发现的违法违规问题进行处理处罚；对审计发现的需要追究有关人员责任的违法违纪案件线索，应当及时移送司法机关或纪检监察等机关处理；对不属于审计管辖范围内的、应当依法由其他有关部门纠正、处理处罚的事项，应当移送有关部门处理。

办理审计移送事项时，应当按规定移交相关证据材料。

审计机关应当进一步建立健全审计机关与纪检监察机关和司法机关的案件线索移送、协查和信息共享的协调沟通机制，发挥监督合力。

第十二条 审计机关应当及时向本级人民政府报告重点投资项目审计结果，并通报有关部门。政府投资项目审计中发现的重大问题，应当纳入本级预算执行审计结果报告。

审计机关在审计中发现有关部门履行职责不到位、政策法规不完善等问题，应当及时向本级人民政府或有关主管部门提出建议。

第十三条 审计机关实施政府投资项目审计，遇有相关专业知识局限等情况时，可以聘请符合审计职业要求的外部人员参加审计项目或者提供技术支持、专业咨询、专业鉴定。

审计机关应当制定有关聘请外部人员的工作规范，加强对聘请外部人员工作的督导和业务复核，保证审计质量。

审计机关聘请的外部人员在政府投资项目审计中违反有关法律法规规定的，审计机关应当停止其承担的工作，追究违约责任，移送有关部门处理；涉嫌犯罪的，移送司法机关追究刑事责任。

第十四条 审计机关应当根据《中华人民共和国国家审计准则》，建立健全政府投资项目审计质量控制制度，实行审计组成员、审计组主审、审计组组长、审计机关业务部门、审理机构、总审计师和审计机关负责人对审计业务的分级质量控制，作出恰当的审计结论，依法进行处理处罚，防范审计风险。

第十五条 审计机关应当建立健全政府投资项目审计整改检查机制，督促被审计单位和其他有关单位根据审计结果进行整改。审计组在审计实施过程中，应当及时督促被审计单位整改审计发现的问题。

对于跟踪审计项目，审计机关应当将上次审计查出问题的整改情况作为审计的重要内容。

第十六条 审计机关应当依法实行公告制度，及时客观公正地向社会公告政府投资项目审计结果及整改情况；逐步实现所有政府重点投资项目审计结果及整改情况，除涉及国家秘密和商业秘密外，都按程序全面、如实向社会公告。

第十七条 审计机关应当充分运用信息化手段开展政府投资项目审计工作，努力搭建管理平台，逐步建立政府投资项目审计数据库，加快方法体系建设，扩大工程造价软件在竣工决算审计中的应用，并探索信息化条件下的联网审计，提高政府投资项目审计管理水平和效率。

第十八条 上级审计机关应当加强对下级审计机关政府投资项目审计工作的业务领导，及时总结和推广好的经验与做法，研究制定政府投资项目审计业务规范，提高规范化水平。

下一级审计机关应当按规定向上一级审计机关报告政府重点投资项目审计结果。

第十九条 审计机关应当重视和加强投资审计队伍建设，积极引进符合条件的投资审计相关专业人才，培养投资审计业务骨干人才和领军人才，改善投资审计队伍的专业结构，逐步提高投资审计人员的整体素质，使投资审计人员具备与政府投资项目审计工作相适应的专业知识、业务能力和实践经验，为投资审计发展提供人才保障。

第二十条 审计机关应当加强对投资审计人员的职业道德和廉政纪律教育，针对投资审计工作容易出现廉政风险的环节，加强内部控制，强化管理，确保严格执行审计纪律，维护审计机关廉洁从审的良好形象。

第二十一条 地方审计机关可以根据《中华人民共和国审计法》和《中华人民共和国审计法实施条例》，结合本地实际，制定地方政府投资项目审计的实施细则。

第二十二条 审计机关对国有资本占控股地位或者主导地位的企业和国家事业组织投资的项目审计，参照本规定执行。

第二十三条 本规定由审计署负责解释，自发布之日起施行。2006 年 1 月 20 日颁布的《政府投资项目审计管理办法》同时废止。

住房城乡建设领域违法违规行为举报管理办法

1. 2014 年 11 月 19 日住房和城乡建设部发布
2. 建稽〔2014〕166 号
3. 自 2015 年 1 月 1 日起施行

第一条 为规范住房城乡建设领域违法违规行为举报管

理，保障公民、法人和其他组织行使举报的权利，依法查处违法违规行为，依据住房城乡建设有关法律、法规，制定本办法。

第二条 本办法所称住房城乡建设领域违法违规行为是指违反住房保障、城乡规划、标准定额、房地产市场、建筑市场、城市建设、村镇建设、工程质量安全、建筑节能、住房公积金、历史文化名城和风景名胜区等方面法律法规的行为。

第三条 各级住房城乡建设主管部门及法律法规授权的管理机构（包括地方人民政府按照职责分工独立设置的城乡规划、房地产市场、建筑市场、城市建设、园林绿化等主管部门和住房公积金、风景名胜区等法律法规授权的管理机构，以下统称主管部门）应当设立并向社会公布违法违规行为举报信箱、网站、电话、传真等，明确专门机构（以下统称受理机构）负责举报受理工作。

第四条 向住房城乡建设部反映违法违规行为的举报，由部稽查办公室归口管理，有关司予以配合。

第五条 举报受理工作坚持属地管理、分级负责、客观公正、便民高效的原则。

第六条 举报人应提供被举报人姓名或单位名称、项目名称、具体位置、违法违规事实及相关证据等。

鼓励实名举报，以便核查有关情况。

第七条 受理机构应在收到举报后进行登记，并在7个工作日内区分下列情形予以处理：

（一）举报内容详细，线索清晰，属于受理机构法定职责或检举下一级主管部门的，由受理机构直接办理。

（二）举报内容详细，线索清晰，属于下级主管部门法定职责的，转下一级主管部门办理；受理机构可进行督办。

（三）举报内容不清，线索不明的，暂存待查。如举报人继续提供有效线索的，区分情形处理。

（四）举报涉及党员领导干部及其他行政监察对象违法违纪行为的，转送纪检监察部门调查处理。

第八条 对下列情形之一的举报，受理机构不予受理，登记后予以存档：

（一）不属于住房城乡建设主管部门职责范围的；

（二）未提供被举报人信息或无具体违法违规事实的；

（三）同一举报事项已经受理，举报人再次举报，但未提供新的违法违规事实的；

（四）已经或者依法应当通过诉讼、仲裁和行政复议等法定途径解决的；

（五）已信访终结的。

第九条 举报件应自受理之日起60个工作日内办结。

上级主管部门转办的举报件，下级主管部门应当按照转办的时限要求办结，并按期上报办理结果；情况复杂的，经上级主管部门批准，可适当延长办理时限，延长时限不得超过30个工作日。实施行政处罚的，依据相关法律法规规定执行。

第十条 上级主管部门应对下级主管部门报送的办理结果进行审核。凡有下列情形之一的，应退回重新办理：

（一）转由被举报单位办理的；

（二）对违法违规行为未作处理或处理不当、显失公正的；

（三）违反法定程序的。

第十一条 举报件涉及重大疑难问题的，各级主管部门可根据实际情况组织集体研判，供定性和处理参考。

第十二条 上级主管部门应当加强对下级主管部门受理举报工作的监督检查，必要时可进行约谈或现场督办。

第十三条 对存在违法违规行为的举报，依法作出处理决定后，方可结案。

第十四条 举报人署名或提供联系方式的，承办单位应当采取书面或口头等方式回复处理情况，并做好相关记录。

第十五条 举报件涉及两个以上行政区域，处理有争议的，由共同的上一级主管部门协调处理或直接调查处理。

第十六条 受理机构应建立举报档案管理制度。

第十七条 受理机构应定期统计分析举报办理情况。

第十八条 各级主管部门应建立违法违规行为预警预报制度。对举报受理工作的情况和典型违法违规案件以适当方式予以通报。

第十九条 负责办理举报的工作人员，严禁泄露举报人的姓名、身份、单位、地址和联系方式等情况；严禁将举报情况透露给被举报人及与举报办理无关人员；严禁私自摘抄、复制、扣压、销毁举报材料，不得故意拖延时间；凡与举报事项有利害关系的工作人员应当回避。

对于违反规定者，根据情节及其造成的后果，依法给予行政处分；构成犯罪的，依法追究刑事责任。

第二十条 任何单位和个人不得打击、报复举报人。对于违反规定者，按照有关规定处理；构成犯罪的，依法追究刑事责任。

第二十一条　举报应当实事求是。对于借举报捏造事实，诬陷他人或者以举报为名，制造事端，干扰主管部门正常工作的，应当依照法律、法规规定处理。

第二十二条　各省、自治区、直辖市主管部门可以结合本地区实际，制定实施办法。

第二十三条　本办法自 2015 年 1 月 1 日起施行。2002 年 7 月 11 日建设部发布的《建设领域违法违规行为举报管理办法》（建法〔2002〕185 号）同时废止。

规范住房和城乡建设部工程建设行政处罚裁量权实施办法

1. 2019 年 9 月 23 日
2. 建法规〔2019〕7 号
3. 自 2019 年 11 月 1 日起施行

第一条　为规范住房和城乡建设部工程建设行政处罚行为，促进依法行政，保护公民、法人和其他组织的合法权益，根据《中华人民共和国行政处罚法》《中华人民共和国建筑法》等法律法规，以及《法治政府建设实施纲要（2015—2020 年）》，制定本办法。

第二条　本办法所称工程建设行政处罚裁量权，是指住房和城乡建设部在工程建设领域行使法定的行政处罚权时，在法律法规规定的行政处罚种类和幅度范围内享有的自主决定权。

本办法所称规范工程建设行政处罚裁量权，是指住房和城乡建设部在法定的工程建设行政处罚权限范围内，通过制定《住房和城乡建设部工程建设行政处罚裁量基准》（以下简称《裁量基准》），视违法行为的情节轻重程度、后果影响大小，合理划分不同档次违法情形，明确行政处罚的具体标准。

第三条　工程建设法律法规未规定实施行政处罚可以选择处罚种类和幅度的，住房和城乡建设部应当严格依据法律法规的规定作出行政处罚。

第四条　住房和城乡建设部行使工程建设行政处罚裁量权，应当坚持合法合理、过罚相当、程序正当、行政效率、教育处罚相结合的原则。

第五条　依法应当由住房和城乡建设部实施的工程建设行政处罚，包括下列内容：

（一）对住房和城乡建设部核准资质的工程勘察设计企业、建筑施工企业、工程监理企业处以停业整顿、降低资质等级、吊销资质证书的行政处罚。

（二）对住房和城乡建设部核发注册执业证书的工程建设类注册执业人员，处以停止执业、吊销执业资格证书的行政处罚。

（三）其他应当由住房和城乡建设部实施的行政处罚。

第六条　地方各级住房和城乡建设主管部门发现需要由住房和城乡建设部实施行政处罚的工程建设违法行为，应当依据法律法规、本办法和《裁量基准》提出行政处罚建议，并及时将行政处罚建议和相关证据材料逐级上报住房和城乡建设部。

住房和城乡建设部收到省级住房和城乡建设主管部门的行政处罚建议，或者直接发现应当由住房和城乡建设部实施行政处罚的工程建设违法行为，应当依据法律法规、本办法和《裁量基准》确定的行政处罚种类和幅度实施行政处罚。

第七条　住房和城乡建设部依照法律法规、本办法和《裁量基准》实施行政处罚，不影响地方住房和城乡建设主管部门依法实施罚款等其他种类的行政处罚。依法应当由住房和城乡建设部作出行政处罚，并需要处以罚款的，由地方住房和城乡建设主管部门作出罚款的行政处罚。

第八条　工程建设违法行为导致建设工程质量、安全事故，须由住房和城乡建设部实施行政处罚的，事故发生地住房和城乡建设主管部门应当在事故调查报告被批准后 7 个工作日内向上一级住房和城乡建设主管部门提出行政处罚建议，并移送案件证据材料；省级住房和城乡建设主管部门收到下一级住房和城乡建设主管部门上报的处罚建议后，应当在 7 个工作日内向住房和城乡建设部提出行政处罚建议，并移送案件证据材料。

第九条　住房和城乡建设部收到省级住房和城乡建设主管部门的行政处罚建议和证据材料后，认为证据不够充分的，可以要求地方住房和城乡建设主管部门补充调查，也可以直接调查取证。

住房和城乡建设部收到省级住房和城乡建设主管部门的行政处罚建议后，应当及时将处理结果告知该省级住房和城乡建设主管部门。

第十条　住房和城乡建设部实施行政处罚，应当按照《住房城乡建设部关于印发集中行使部机关行政处罚权工作规程的通知》（建督〔2017〕96 号）履行行政处罚程序。

行政处罚决定依法作出后，应当于 7 个工作日内在住房和城乡建设部门户网站办事大厅栏目公示，并记入全国建筑市场监管公共服务平台。

第十一条 行政处罚决定书中应当明确履行停业整顿处罚的起止日期，起算日期应当考虑必要的文书制作、送达、合理范围知悉等因素，但不得超过处罚决定作出后 7 个工作日。

发生安全事故的建筑施工企业已经受到暂扣安全生产许可证处罚的，对其实施责令停业整顿处罚时，应当在折抵暂扣安全生产许可证的期限后，确定停业整顿的履行期限。

第十二条 停业整顿期间，企业在全国范围内不得以承接发生违法行为的工程项目时所用资质类别承接新的工程项目；对于设计、监理综合类资质企业，在全国范围内不得以承接发生违法行为的工程项目时所用工程类别承接新的工程项目。

降低资质等级、吊销资质证书处罚的范围是企业承接发生违法行为的工程项目时所用资质类别。

责令停止执业、吊销执业资格证书处罚的范围是相应执业资格注册的全部专业。

第十三条 当事人有下列情形之一的，应当根据法律法规和《裁量基准》从轻或者减轻处罚：

（一）主动消除或者减轻违法行为危害后果的；

（二）受他人胁迫有违法行为的；

（三）配合行政机关查处违法行为有立功表现的；

（四）其他依法从轻或者减轻行政处罚的。

第十四条 当事人有下列情形之一的，应当依法在《裁量基准》相应档次内从重处罚。情节特别严重的，可以按高一档次处罚。

（一）工程勘察设计企业、建筑施工企业、工程监理企业在发生建设工程质量、安全事故后 2 年内再次发生建设工程质量、安全事故且负有事故责任的；

（二）工程勘察设计企业、建筑施工企业、工程监理企业对建设工程质量、安全事故负有责任且存在超越资质、转包（转让业务）、违法分包、挂靠、租借资质等行为的；

（三）注册执业人员对建设工程质量、安全事故负有责任且存在注册单位与实际工作单位不一致，或者买卖租借执业资格证书等“挂证”行为的；

（四）工程勘察设计企业、建筑施工企业、工程监理企业和注册执业人员多次实施违法行为，或在有关主管部门责令改正后，拒不改正，继续实施违法行为的。

第十五条 住房和城乡建设部成立规范工程建设行政处罚裁量权专家委员会，对重大的工程建设行政处罚提供咨询意见。

住房和城乡建设部适时对本办法和《裁量基准》的实施情况，以及规范工程建设行政处罚裁量权工作情况进行评估。

第十六条 地方住房和城乡建设主管部门根据权限实施责令停业整顿、降低资质等级、吊销资质证书以及停止执业、吊销执业资格证书等处罚，应当参照本办法和《裁量基准》制定相应基准。

第十七条 在依法查处工程建设违法行为中发现涉嫌犯罪的，应当及时移送有关国家机关依法处理。

第十八条 本办法自 2019 年 11 月 1 日起施行。《规范住房城乡建设部工程建设行政处罚裁量权实施办法（试行）》和《住房城乡建设部工程建设行政处罚裁量基准（试行）》（建法〔2011〕6 号）同时废止。《住房城乡建设质量安全事故和其他重大突发事件督办处理办法》（建法〔2015〕37 号）与本办法和《裁量基准》规定不一致的，以本办法和《裁量基准》为准。

·典型案例·

重庆建工集团股份有限公司与中铁十九局集团有限公司建设工程合同纠纷案

【裁判摘要】

一、根据审计法的规定，国家审计机关对工程建设单位进行审计是一种行政监督行为，审计人与被审计人之间因国家审计发生的法律关系与本案当事人之间的民事法律关系性质不同。因此，在民事合同中，当事人对接受行政审计作为确定民事法律关系依据的约定，应当具体明确，而不能通过解释推定的方式，认为合同签订时，当事人已经同意接受国家机关的审计行为对民事法律关系的介入。

二、在双方当事人已经通过结算协议确认了工程结算价款并已基本履行完毕的情况下，国家审计机关做出的审计报告，不影响双方结算协议的效力。

申请再审人(一审被告、反诉原告、二审上诉人):中铁十九局集团有限公司。

被申请人(一审原告、反诉被告、二审被上诉人):重庆建工集团股份有限公司。

申请再审人中铁十九局集团有限公司(以下简称中铁十九局)与被申请人重庆建工集团股份有限公司(以下简称重庆建工集团)建设工程合同纠纷一案,重庆市高级人民法院于2012年3月19日作出(2012)渝高法民终字第00006号民事判决。中铁十九局不服,向最高人民法院申请再审。最高人民法院于2012年8月27日作出(2012)民申字第830号民事裁定,提审本案。最高人民法院依法组成合议庭,于2013年1月15日开庭进行了审理。中铁十九局的委托代理人邓群、张思琦,重庆建工集团的委托代理人张兆鑫、孙靖到庭参加诉讼。本案现已审理终结。

重庆市第一中级人民法院(以下简称重庆一中院)一审查明:2003年8月22日,重庆金凯实业股份有限公司(以下简称金凯公司)作为重庆市北部新区经开园金山大道西延段建设项目业主单位和监管单位,与重庆建工集团签订《金山大道西延段道路工程建设工程施工合同》,将金山大道西延段道路工程发包给重庆建工集团承包。在《金山大道西延段道路工程工程造价计价原则》中,双方对未定价的材料、立交桥专用材料、路灯未计价材料价格的确定方式约定为"金凯公司、经开区监审局审定后纳入工程结算"。中铁十九局经金凯公司确认为岚峰隧道工程分包商,并于2003年11月17日与重庆建工集团签订《单项工程项目承包合同》(以下简称分包合同),主要约定,重庆建工集团将金山大道西延段岚峰隧道工程分包给中铁十九局,合同价暂定80 000 000元(最终结算价按照业主审计为准);第6条资金管理6.2约定:工程竣工经综合验收合格,结算经审计部门审核确定后,扣除工程保修金,剩余工程尾款的支付,双方另行签订补充协议明确;合同对工程内容、承包结算等内容进行了具体约定。之后,中铁十九局按照合同约定施工。

2003年12月,金凯公司改制,重庆市北部新区经开园金山大道西延段项目业主变更为重庆市经开区土地储备整治中心,即现重庆市北部新区土地储备整治中心(以下简称土储中心)。2005年,金山大道更名为金渝大道。

2005年9月8日,金山大道西延段道路工程竣工,同年12月通过验收并于2006年2月6日取得《重庆市建设工程竣工验收备案登记证》(建竣备字〔2006〕024号)。之后,出于为该路段工程岚峰隧道、花沟隧道部分竣工结算提供价值依据的目的,重庆市经开区监察审计局(以下简称经开区监审局)委托重庆西恒招标代理公司(以下简称西恒公司)对上述工程进行竣工结算审核。2006年8月10日,西恒公司出具《基本建设工程结算审核报告》(以下简称审核报告),载明岚峰隧道造价为114 281 365.38元(包含岚峰隧道内人行道面层费用28 569.53元,非本案诉争工程范围)。以该审核报告为基础,重庆建工集团与中铁十九局于2007年12月5日对中铁十九局分包的工程进行结算,确认中铁十九局图纸范围内结算金额为114 252 795.85元,扣除各项费用后,分包结算金额为102 393 794元(税金等费用由财务部门按规定收取)。至一审起诉前,重庆建工集团累计已向中铁十九局支付涉案工程的工程款98 120 156.63元。

2008年10月9日至11月21日,重庆市审计局以土储中心为被审计单位,对金渝大道(原金山大道)道路工程竣工决算进行审计,并出具渝审报〔2008〕142号审计报告,审定土储中心应核减该工程竣工结算价款15 481 440.93元,其中本案所涉的岚峰隧道工程在送审金额114 252 795.85元的基础上审减8 168 328.52元。同年12月24日,重庆市审计局以《关于北部新区经开园金渝大道道路工程竣工决算的审计决定》(渝审决〔2008〕111号),责令土储中心核减该工程结算价款15 481 440.93元,调整有关账目,并要求土储中心在2009年3月20日前执行完毕。

2009年2月9日,土储中心向重庆建工集团发出《关于执行重庆市审计局对金渝大道(原金山大道)工程竣工决算审计决定的函》(渝新土储函〔2009〕5号),要求其按照重庆市审计局复议结果,将审减金额在3月1日前退还土储中心。重庆建工集团已经扣还了部分款项。

2010年9月1日,重庆建工集团向重庆一中院起诉称,根据重庆市审计局对金山大道西延段项目的审计,对中铁十九局完成工程的价款审减8 168 328.52元,扣除双方约定的费用,实际分包结算金额应为94 878 931.76元(含重庆建工集团应退的管理费)。重庆建工集团在上述审计前已累计向中铁十九局支付工程款98 120 156.63元,多支付了工程款3 241 224.87元,故请求:1. 中铁十九局立即返还重庆建工集团多支付的工程款 3 241 224.87 元;2. 本案诉讼费用由中铁十九局承担。

中铁十九局辩称兼反诉称,经开区监审局是本案工程的适格审计主体。案涉工程竣工后,按分包合同之约定由经开区监审局出于为案涉工程提供竣工结算依据的目的,委托西恒公司进行造价审计,西恒公司出具的审核报告得到了项目建设方、重庆建工集团及中铁十九局三方的认可,符合分包合同关于"最终结算价按业主审计为准"的约定。重庆建工集团与中铁十九局基于西恒公司的报告达成了分包结算协议,该协议依法成立,合法有效,对双方具有法律约束力。双方已按照该协议基本履行完毕。重庆市审计局的审计属二次审计,并非分包合同中双方当事人约定的范围,不能否认西恒公司审核报告的效力,亦未得到中铁十九局的认可,其审计报告及其审计结论对本案双方当事人不具有约束力,更不影响分包结算协议的效力。依据合同的相对性,重庆建工集团与业主方依据重庆市审计局的审计报告和审计决定,协商变更或调整总包合同的结算工程价款,对依据分包合同结算收取工程价款的分包人中铁十九局不具约束力。重庆建工集团尚欠中铁十九局工程款 4 273 637.37 元未支付,故请求驳回重庆建工集团的全部诉讼请求,并反诉请求:1. 重庆建工集团立即向中铁十九局支付拖欠的工程款 4 273 637.37 元;2. 重庆建工集团向中铁十九局支付拖欠工程款的资金占用损失,按同期银行贷款利率,从 2009 年 6 月 6 日起算计付至付清之日止;3. 由重庆建工集团承担本案的全部诉讼费用。

重庆建工集团对反诉答辩称,双方约定以最终的审计结果作为结算依据,2007 年 12 月 5 日双方签订的结算协议不能作为本案工程的最终结算依据。西恒公司不是双方约定的审计单位,其作出的审计报告也不是双方约定的最终的审计报告,故西恒公司出具的报告不能作为双方结算的审计依据,请求驳回中铁十九局的反诉请求。

重庆一中院一审认为,重庆建工集团自建设单位金凯公司处承包金山大道西延段道路工程后,在取得金凯公司同意的情况下将其中的岚峰隧道工程分包给中铁十九局承建,不违反法律及行政法规的强制性规定,合法有效,双方当事人签订的分包合同对双方均具有法律约束力,双方均应按约定履行。本案争议的焦点主要是案涉工程结算依据的认定,即西恒公司是否是符合双方合同约定的审计单位以及案涉工程结算应按照双方 2007 年 12 月 5 日确认的金额还是按照重庆市审计局审计报告的审定金额进行。根据审计法以及《重庆市国家建设项目审计办法》的相关规定,案涉工程为重庆市市级重点建设项目,应当由重庆市审计局对其竣工决算进行审计。经开区监审局作为经开区的内部审计机构,并非国家审计机关,无权代表国家行使审计监督的权力。本案双方当事人在分包合同中对合同价款的约定,并未明确该审计是指被审计单位的内部审计还是国家审计机关的审计,不能推断双方当事人之间约定的审计就是指内部审计。本案中,西恒公司受经开区监审局的委托作出的审核报告系以该公司名义出具,即使经开区监审局认可该审核结果,也不能据此认定该审核报告具有内部审计结论和决定的性质。经开区监审局既非法律规定对案涉工程具有审计管辖权的国家审计机关,西恒公司出具的审核报告亦非审计结果,中铁十九局主张经开区监审局是本案适格审计主体,西恒公司是符合双方合同约定的审计单位,理由不成立。因案涉工程的审计管辖权属重庆市审计局,故该局对案涉工程竣工决算审计是依法行使国家审计监督权的行为,不存在重复审计,其作出的审计决定具有一定的强制性,被审计单位及有关协助执行部门或单位应当主动自觉予以执行或协助执行。虽然审计是国家对建设单位的一种行政监督,其本身并不影响民事主体之间的合同效力,但是本案双方当事人"最终结算价按业主审计为准"的约定,实际上就是将有审计权限的审计机关对业主单位的审计结果作为双方结算的最终依据。结合土储中心要求重庆建工集团按照重庆市审计局的复议结果退还审减金额的事实,证明业主最终认可并执行的是重庆市审计局审计报告审定的金额。根据本案中双方当事人的合同约定,以及我国对政府投资和以政府投资为主的建设项目预算管理的相关规定,结合案涉工程的具体情况,经开区监审局委托西恒公司做出的审核报告仅是对案涉工程的结算提供阶段性的依据,而本案双方当事人根据该审核报告确认涉案工程总价为 102 393 794 元,重庆建工集团亦按照上述结算支付部分款项等行为,仅是诉争工程结算过程中的阶段性行为,不能以此对抗本案双方当事人之间关于工程结算的合同约定以及审计监督的相关法律法规。因此,中铁十九局诉请重庆建工集团按照双方 2007 年 12 月 5 日进行的结算支付尚欠工程款并支付利息的请求,理由不成立,该院不予支持。重庆建工集团诉请中铁十九局返还多支付的工程款,于法有据,该院予以支持。

重庆一中院根据《中华人民共和国民法通则》第四条、第九十二条之规定，判决：一、中铁十九局于判决生效后十日内返还重庆建工集团多支付的工程款3 130 595元；二、驳回重庆建工集团的其他诉讼请求；三、驳回中铁十九局的反诉请求。案件本诉受理费32 729.80元，由重庆建工集团负担1117.80元，由中铁十九局负担31 612元；反诉受理费20 495元，由中铁十九局负担。

中铁十九局不服一审判决，向重庆市高级人民法院（以下简称重庆高院）提起上诉称，分包合同只约定了以业主对分包工程"审计"作为最终结算的前提条件，对审计的经办单位、具体的实施方式、出具审计结论的形式并未作任何限制。该条款应理解为只要是经业主认可的审计结果，就足以作为工程结算的依据。经开区监审局委托西恒公司对工程结算进行审核后，工程业主土储中心在审核报告上签字盖章，说明土储中心对监审局委托西恒公司进行审计和审核报告本身均予以认可。审核报告符合合同约定的"业主审计"，合同约定的结算条件成就，双方于2007年12月5日签订结算协议是分包工程的最终结算行为。重庆市审计局对土储中心的审计是依职权发起的行政行为，是对土储中心进行的事后监督，该行政法律关系的相对人是土储中心，不能因此否认本案双方当事人之间民事法律关系中履约行为的合法性和正当性。重庆建工集团同意向土储中心返还审减金额，是重庆建工集团在已履约行为之外与土储中心达成的新的合意，但重庆建工集团与中铁十九局之间未有过依据重庆市审计局的审计结果修改结算的合意。中铁十九局对重庆市审计局的审计报告，没有任何提出异议的机会，如果该审计结果直接对中铁十九局生效，将形成行政权力对合法民事权利的不当侵害。因此重庆市审计局的审计报告和其对土储中心减低工程款的要求，并不当然对中铁十九局发生法律效力。故请求：1.撤销一审判决；2.依法改判驳回重庆建工集团的全部诉讼请求，支持中铁十九局的全部反诉请求。

重庆建工集团答辩称，虽然双方当事人不是重庆市审计局审计的相对人，但对业主的最终审计结果作为结算依据，是双方在合同中明确约定的。因此，业主最终认定重庆市审计局的审计结果作为双方结算依据，不违反双方的约定。业主虽然在审核报告上签字，但该审核报告不是最终认定结果，不符合双方合同约定的结算条件，不能作为结算依据。本案所涉工程是政府投资的重点工程，业主不能作为审计主体，只能是被审计的对象。合同约定的审计部门本身就是一个法律概念，指的就是审计局，其他任何机关不能代替。一审判决认定事实清楚，适用法律正确，请求驳回上诉，维持原判。

重庆高院二审查明的案件事实与一审查明的案件事实一致。

重庆高院二审认为，本案争议焦点为：案涉工程应当采用经开区监审局委托西恒公司所作的审核报告还是重庆市审计局所作的审计报告作为结算依据。中铁十九局与重庆建工集团签订的分包合同既是双方当事人真实意思表示，同时所涉承包事项也得到业主同意，且不违反法律、行政法规的强制性规定，故一审判决关于分包合同有效的认定正确。双方当事人在合同中约定"最终结算价按照业主审计为准"，"审计"一词本身有其特定的含义，能否进行扩张解释，应当结合案涉工程的实际情况，以及双方当事人作此约定的真实目的进行分析。案涉工程系政府投资的重点工程，应当受到国家的审计监督，即工程业主的财务收支须受此审计监督的约束，且该种审计监督并不当然以业主或当事人的意志为转移。对此，本案双方当事人是明知的。双方当事人在合同中约定以独立于双方之外的第三方审计作为结算依据，充分表明其知晓该种审计是严格的、重要的，并将影响双方以及业主最终结算结果的行为。基于此，对合同中约定的"审计"应当限缩解释为法定审计，而非广义的审核。从审计的主体资格上讲，案涉工程的业主并非审计部门或审计机关，不具备审计主体资格，不能成为审计主体，亦不能完成审计行为，本案中的审核报告、审计报告的出具方或委托方均非业主。因此，合同并未将审计主体限定为业主，案涉工程的审计主体应当遵循审计的法定主体。根据审计法和《重庆市国家建设项目审计办法》的规定，案涉工程作为重庆市市级重点建设项目，法定审计主体是重庆市审计局。经开区监审局作为经开区内部审计机构，并非法定国家审计机关，不能代表国家对案涉工程行使审计监督职能。因此，重庆市审计局才是符合合同约定的审计主体，其出具的审计结果才是符合双方当事人合同约定的结算依据。而且，即使按照中铁十九局提出的"业主审计"是指"业主同意的审计"来理解，业主最终同意和认可的审计仍然是重庆市审计局的审计结论。审核报告仅是施工过程中阶段性的审核意见，而非最终的审计结果，由于此时工程审计尚未完成，双方当事人根据审核报告所作的结算，只是双方结算过程中的一个阶段性行为，而非最终结算，双方最终结算仍有待于符合合同约定的审计结果形成后决定。但双方在结算中就其他费用的计算方式所达成的合意是有效的，对双方仍具有约束力。故一审法院按照重庆市审计局的审计结果以及双方无争议的其他费用计算方式计算出双方的最终结算价，并无不当。审计作为国家的一种行政监督，在当事人没有约定以审计结果作为结算依据的情况下，通常不会直接对当事人的结算产生法律后果。但在双方当事人约定以审计结果作为结算依据的情况下，由于双方当事人自愿选择以审计结果约束双方之间的结算，虽然从形式上表现为行政权力对民事法律关系的干涉，但这正是当事人意思自治的体现。本案双方当事人在合同中明确约定以审计作为结算依据，对可能出现的后果，当事人是知道或应当知道的，也是必须接受的。因此，中铁十九局的上诉请求，缺乏事实和法律依据。

重庆高院依照《中华人民共和国民事诉讼法》第一百五十三条第一款第（一）项的规定，判决：驳回上诉，维持原判。二审案件受理费77 800元，由中铁十九局负担。

中铁十九局对二审判决不服，向最高人民法院申请再审称，中铁十九局与重庆建工集团签订的结算协议是双方当事人真实意思表示，内容不违反国家法律，为合法有效。根据合同法及相关司法解释的规定，国家审计不能否定当事人之间已经签订的结算协议。一、二审均未判决撤销结算协议或认定结算协议无效，重庆建工集团也未提出要求撤销结算协议或确认结算协议无效的诉讼请求。因此，以重庆市审计局的审计报告否定结算协议效力，缺乏事实和法律依据。结算协议在法律上的效力与分包合同相同，一、二审判决以对分包合同约定的理解来否定结算协议没有法律依据。一、二审判决将西恒公司的社会审计混淆为经开区监审局的内部审计，属于基本概念错误，以经开区监审局违反审计管辖原则、内部审计无效等理由变相认定结算协议无效的做法，是违反合同法规定的当事人自愿原则的。国家审计不能否定社会审计的效力，本案双方当事人没有约定国家审计，社会审计也不属于内部审计，不存在所谓审计管辖权的问题。故请求：1.撤销重庆高院（2012）渝高法民终字第00006号民事判决和重庆一中院（2010）渝一中法民初字第425号民事判决；2.驳回重庆建工集团的全部诉讼请求；3.改判重庆建工集团向中铁十九局支付拖欠工程款4 273 637.37元并按中国人民银行同期贷款利率支付自2009年6月6日起至实际给付之日止的利息。

重庆建工集团再审答辩称，西恒公司作出的审核报告，不属于社会审计报告，该公司不具备社会审计主体资格，该报告仅是阶段性审核意见，经开区监审局是经开区的内部部门，不具有审计主体资格，该审核报告仅是一个内部审核，不能代替最终的竣工结算审计。重庆市审计局作出的审计报告是双方的竣工结算依据，因诉争项目是重庆市确定的重点建设项目，属于法定审计范围，应当受到国家审计监督。双方在分包合同中约定了最终结算价按照业主审计为准，即明确约定了审计作为最终的结算依据，按照最高院电话答复的意见，应属于当事人约定了以国家审计作为结算依据的情形。重庆市审计局的审计报告，对案涉工程的业主、重庆建工集团和中铁十九局均具有约束力。本案在执行过程中，双方已经达成执行和解，中铁十九局已经基本履行完毕给付义务。本案一、二审判决认定事实清楚，适用法律正确，中铁十九局的再审请求，没有事实和法律依据，应予驳回。

最高人民法院再审查明，2012年5月29日，重庆建工集团与中铁十九局签订执行还款协议，中铁十九局已实际支付重庆建工集团300万元。最高人民法院再审查明的其他案件事实与二审查明的事实一致。

最高人民法院认为，重庆建工集团与中铁十九局签订的分包合同，取得了项目建设单位金凯公司的同意，不违反法律及行政法规的强制性规定，合法有效，该合同对双方均具有法律约束力，双方均应按约定履行。

本案的争议焦点为：如何确定重庆建工集团与中铁十九局之间结算工程款的依据。

关于重庆建工集团主张案涉工程属于法定审计范围，因此必须按照国家审计机关的审计结果进行结算的问题。最高人民法院认为，根据审计法的规定及其立法宗旨，法律规定审计机关对政府投资和以政府投资为主的建设项目的预算执行情况和决算进行审计监督，目的在于维护国家财政经济秩序，提高财政资金使用效益，防止建设项目中出现违规行为。重庆建工集团与中铁十九局之间关于案涉工程款的结算，属于平等民事主体之间的民事法律关系。因此，本案诉争工程款的结算，与法律规定的国家审计的主体、范围、效力等，属于不同性质的法律关系问题，即无论案涉工程是否依法须经国家审计机关审计，均不能认为，国家审计机关的审计结论，可以成为确定本案双方当事人之间结算的当然依据，故对重庆建工集团的上述主张，最高人民法院不予采信，对案涉工程的结算依据问题，应当按照双方当事人的约定与履行等情况确定。

关于分包合同是否约定了案涉工程应以国家审计机关的审计结论作为结算依据的问题。最高人民法院认为，分包合同中对合同最终结算价约定按照业主审计为准，系因该合同属于分包合同，其工程量与工程款的最终确定，需依赖合同之外的第三人即业主的最终确认。因此，对该约定的理解，应解释为工程最终结算价须通过专业的审查途径或方式，确定结算工程款的真实合理性，该结果须经业主认可，而不应解释为须在业主接受国家审计机关审计后，依据审计结果进行结算。根据审计法的规定，国家审计机关的审计系对工程建设单位的一种行政监督行为，审计人与被审计人之间因国家审计发生的法律关系与本案当事人之间的民事法律关系性质不同。因此，在民事合同中，当事人对接受行政审计作为确定民事法律关系依据的约定，应当具体明确，而不能通过解释推定的方式，认为合同签订时，当事人已经同意接受国家机关的审计行为对民事法律关系的介入。因此，重庆建工集团所持分包合同约定了以国家审计机关的审计结论作为结算依据的主张，缺乏事实和法律依据，最高人民法院不予采信。

从上述分包合同的约定及双方当事人的合同履行情况看，案涉工程于2005年9月8日竣工，同年12月通过验收并于2006年2月6日取得《重庆市建设工程竣工验收备案登记证》。之后，出于为该路段工程岚峰隧道、花沟隧道部分竣工结算提供价值依据的目的，重庆市经开区监审局委托西恒公司对上述工程进行竣工结算审核。2006年8月10日，西恒公司出具审核报告，载明案涉工程范围的工程造价为114 252 796元。2007年12月5日，重庆建工集团与中铁十九局对分包工程进行结算，确认中铁十九局图纸范围内结算金额为114 252 795.85元。虽然在本案一、二审期间，双方当事人对西恒公司出具的审核报告是否属于分包合同约定的“业主审计”存在争议，但在该审核报告上，业主、承包人和分包人均签字盖章表示了对审核结果的认可。之后，重庆建工集团与中铁十九局签订结算协议，其确定的结算数额也与上述审核报告审定的数额一致。最高人民法院认为，以上事实能够形成完整的证据链，证明2007年12月5日双方当事人签订的结算协议，属于分包合同约定的旨在确定最终结算价格的补充协议。本案一审起诉前，重庆建工集团累计已向中铁十九局支付涉案工程的工程款98 120 156.63元，数额已经到达结算协议约定结算数额的96%。结算协议的实际履行情况，也佐证了其系双方当事人的真实意思表示。重庆建工集团虽主张结算协议仅是双方就案涉工程款结算的阶段性行为，但未提供相应证据证明，且分包合同未约定需对工程结算进行阶段性审核和阶段性结算，结算协议本身亦未体现其仅是对案涉工程的阶段性结算。因此，对重庆建工集团的上述主张，最高人民法院不予采信。结算协议属于合法有效的合同，对双方当事人具有法律拘束力。

结合结算协议的签订和实际履行情况，最高人民法院认为，虽然本案审理中，双方当事人对西恒公司出具的审核报告是否就是双方在分包合同中约定的业主审计存在争议，但该审核报告已经得到了案涉工程业主和本案双方当事人的认可，重庆建工集团与中铁十九局又在审核报告的基础上签订了结算协议并已实际履行。因此，即使西恒公司的审核报告与双方当事人签订分包合同时约定的业主审计存在差异，但根据《中华人民共和国合同法》第七十七条第一款的规定，双方当事人签订结算协议并实际履行的行为，亦可视为对分包合同约定的原结算方式的变更，该变更对双方当事人具有法律拘束力。在双方当事人已经通过结算协议确认了工程结算价款并已基本履行完毕的情况下，国家审计机关做出的审计报告，不影响双方结算协议的效力。现重庆建工集团提出不按结算协议的约定履行，但未举出相应证据证明该协议存在效力瑕疵，故最高人民法院对其主张不予支持；中铁十九局依据上述结算协议要求重庆建工集团支付欠付工程款，具有事实和法律依据，最高人民法院予以支持。

关于中铁十九局主张的利息问题，最高人民法院认为，双方在分包合同及结算协议中均未对工程款的给付时间、利息标准及计付时间等作出明确约定。因此，应当按照法律规定确定工程款利息是否应当支付以及按照何种标准支付。按照最高人民法院《关于审理建设工程施工合同纠纷案件适用法律问题的解释》第十七条、第十八条的规定，重庆建工集团应当按照中国人民银行发布的同期同类贷款利率，向中铁十九局支付自案涉工程实际交付之日起的利息；本案一、二审均未查明案涉工程的实际交付日期，再审中，经询问双方当事人，均不能提供案涉工程实际交付时间的证明，故对利息的起算时间，最高人民法院参照上述司法解释规定，酌定为中铁十九局提出反诉之日。

此外，关于重庆建工集团提出双方已于2012年5月29日签订了执行还款协议书，中铁十九局已实际支付

300万元，根据司法解释的规定，应当终结本案再审审查的问题。最高人民法院认为，最高人民法院《关于适用〈中华人民共和国民事诉讼法〉审判监督程序若干问题的解释》第二十五条规定，有下列情形之一的，人民法院可以裁定终结审查，其中第（三）项规定，当事人达成执行和解协议且已履行完毕的，但当事人在执行和解协议中声明不放弃申请再审权利的除外。上述司法解释的适用条件为当事人达成执行和解协议且已履行完毕，本案中铁十九局虽与重庆建工集团达成了执行和解协议，但尚未履行完毕，且该条司法解释是针对再审审查阶段的规定，本案再审审查阶段已经结束，案件已经进入再审审理阶段，故不应适用上述司法解释规定，对重庆建工集团的上述答辩意见，最高人民法院不予采信。

另，关于本案案件受理费的计算问题。根据《诉讼费用交纳办法》第十八条之规定，被告提起反诉，人民法院决定合并审理的，应当减半交纳案件受理费。本案二审案件受理费的计算有误，最高人民法院对此予以纠正。

综上，最高人民法院认为，中铁十九局的申请再审请求具有事实和法律依据，一审、二审判决将重庆市审计局的审计报告确定为重庆建工集团与中铁十九局案涉工程的结算依据不妥，应予纠正。最高人民法院根据《中华人民共和国民事诉讼法》第二百零七条第一款、第一百七十条第一款第（二）项之规定，于2013年3月20日判决如下：

一、撤销重庆市高级人民法院（2012）渝高法民终字第00006号民事判决；

二、撤销重庆市第一中级人民法院（2010）渝一中法民初字第425号民事判决；

三、重庆建工集团股份有限公司于本判决生效后十日内向中铁十九局集团有限公司支付工程款4 273 637.37元，并按照中国人民银行同期同类贷款利率支付上述工程款自2010年10月28日起至实际付款之日止的利息。

如果未按本判决指定的期间履行给付金钱义务，应当依照《中华人民共和国民事诉讼法》第二百五十三条之规定，加倍支付迟延履行期间的债务利息。

一审案件受理费32 729.80元、一审反诉案件受理费20 495元，由重庆建工集团股份有限公司负担；二审案件受理费53 224.80元，由重庆建工集团股份有限公司负担。

本判决为终审判决。

附　录

资料补充栏

建设部及住房和城乡建设部全部行政规章目录[①]

建设部(1988－2008年)

---

① 本附录内容由编者整理,截至2023年11月30日。“·”号后所列数字为该规章在本书中的页码位置。

28. 建设部令第 28 号(废止):房地产开发企业资质管理规定(1993.11.16)(已被建设部令第 77 号废止)
29. 建设部令第 29 号(废止):建设工程质量管理办法(1993.11.16)(已被建设部令第 106 号废止)
30. **建设部令第 30 号:工程建设项目施工招标投标办法**(2003.3.8)(已被住房和城乡建设部令第 23 号修正)·67
31. 建设部令第 31 号:城市公共交通车船乘坐规则(1993.12.20)
32. 建设部令第 32 号(废止):在中国境内承包工程的外国企业资质管理暂行办法(1994.3.22)(已被建设部令第 113 号废止)
33. 建设部令第 33 号(废止):城市新建住宅小区管理办法(1994.3.23)(已被建设部令第 161 号废止)
34. 建设部令第 34 号(废止):城市公有房屋管理规定(1994.3.23)(已被建设部令第 106 号废止)
35. 建设部令第 35 号:高等学校建筑类专业教育评估暂行规定(1994.4.5)
36. 建设部令第 36 号(废止):城镇体系规划编制审批办法(1994.8.15)(已被住房和城乡建设部令第 3 号废止)
37. 建设部令第 37 号:城市动物园管理规定(1994.8.16)(已被建设部令第 105 号、第 133 号修正)
38. 建设部令第 38 号(废止):建设工程抗御地震灾害管理规定(1994.11.10)(已被住房和城乡建设部令第 1 号废止)
39. 建设部令第 39 号(废止):风景名胜区管理处罚规定(1994.11.14)(已被建设部令第 161 号废止)
40. 建设部令第 40 号:城市商品房预售管理办法(1994.11.15)(已被建设部令第 95 号、第 131 号修正)
41. 建设部令第 41 号(废止):城市房地产开发经营管理暂行办法(1995.1.23)(已被建设部令第 92 号废止)
42. 建设部令第 42 号(废止):城市房屋租赁管理办法(1995.5.9)(已被住房和城乡建设部令第 6 号废止)
43. 建设部令第 43 号(废止):开发区规划管理办法(1995.6.1)(已被住房和城乡建设部令第 9 号废止)
44. 建设部令第 44 号:建制镇规划建设管理办法(1995.6.29)(已被住房和城乡建设部令第 9 号修正)
45. 建设部令第 45 号:城市房地产转让管理规定(1995.8.7)(已被建设部令第 96 号修正)
46. 建设部令第 46 号(废止):建筑装饰装修管理规定(1995.8.7)(已被建设部令第 127 号废止)
47. 建设部令第 47 号(废止):城市车辆清洗管理办法(1995.8.7)(已被建设部令第 127 号废止)
48. 建设部令第 48 号(废止):建筑业企业资质管理规定(1995.10.6)(已被建设部令第 87 号废止)
49. 建设部令第 49 号:城市居民住宅安全防范设施建设管理规定(1996.1.5)
50. 建设部令第 50 号(废止):城市房地产中介服务管理规定(1996.1.8)(已被建设部令第 97 号修正,被住房和城乡建设部令第 9 号废止)
51. 建设部令第 51 号(废止):城市燃气和集中供热企业资质管理规定(1996.7.1)(已被建设部令第 127 号废止)
52. 建设部令第 52 号(废止):中华人民共和国注册建筑师条例实施细则(1996.7.1)(已被建设部令第 167 号废止)
53. 建设部令第 53 号:生活饮用水卫生监督管理办法(1996.7.9)(已被住房和城乡建设部令第 31 号修正)
54. 建设部令第 54 号(废止):村镇建筑工匠从业资格管理办法(1996.7.17)(已被建设部令第 127 号废止)
55. 建设部令第 55 号(废止):关于修改《城建监察规定》的决定(1996.9.22)(已被住房和城乡建设部令第 34 号废止)
56. 建设部令第 56 号:城市房地产抵押管理办法(1997.5.9)(已被建设部令第 98 号修正)
57. 建设部令第 57 号(废止):城市房屋权属登记管理办法(1997.10.27)(已被建设部令第 99 号修正,被建设部令第 168 号废止)
58. 建设部令第 58 号:城市地下空间开发利用管理规定(1997.10.27)(已被建设部令第 108 号修正)
59. 建设部令第 59 号(废止):超限高层建筑工程抗震设防管理暂行规定(1997.12.23)(已被建设部令第 111 号废止)
60. 建设部令第 60 号(废止):建设工程勘察和设计单位资质管理规定(1997.12.23)(已被建设部令第 93 号废止)
61. **建设部令第 61 号:城市建设档案管理规定**(1997.12.23)(已被建设部令第 90 号修正)·146
62. 建设部令第 62 号(废止):城市燃气管理办法(1997.12.23)(已被住房和城乡建设部令第 10 号废止)
63. 建设部令第 63 号(废止):城市出租汽车管理办法(1997.12.23)(已被住房和城乡建设部令第 30 号废止)
64. 建设部令第 64 号(废止):房地产估价师注册管理办法(1998.9.1)(已被建设部令第 100 号修正,被建设部令第 151 号废止)

65. 建设部令第 65 号(废止):建设工程勘察设计市场管理规定(1999.1.21)(已被建设部令第 161 号废止)
66. 建设部令第 66 号(废止):建设行政处罚程序暂行规定(1999.2.3)(已被住房和城乡建设部令第 55 号废止)
67. 建设部令第 67 号(废止):城市供水水质管理规定(1999.2.3)(已被建设部令第 132 号修正,被建设部令第 156 号废止)
68. 建设部令第 68 号(废止):工程建设若干违法违纪行为处罚办法(1999.3.3)(已被建设部令第 106 号废止)
69. 建设部令第 69 号:已购公有住房和经济适用住房上市出售管理暂行办法(1999.4.22)
70. 建设部令第 70 号(废止):城镇廉租住房管理办法(1999.4.19)(已被建设部令第 120 号废止)
71. 建设部令第 71 号(废止):建筑工程施工许可管理办法(1999.10.15)(已被建设部令第 91 号修正,被住房和城乡建设部令第 18 号废止)
72. 建设部令第 72 号:城市房屋白蚁防治管理规定(1999.10.15)(已被建设部令第 130 号修正)
73. 建设部令第 73 号:燃气燃烧器具安装维修管理规定(2000.1.21)
74. 建设部令第 74 号(废止):工程造价咨询单位管理办法(2000.1.25)(已被建设部令第 149 号废止)
75. 建设部令第 75 号(废止):造价工程师注册管理办法(2000.1.21)(已被建设部令第 150 号废止)
76. 建设部令第 76 号(废止):民用建筑节能管理规定(2000.2.18)(已被建设部令第 143 号废止)
77. 建设部令第 77 号:房地产开发企业资质管理规定(2000.3.29)(已被住房和城乡建设部令第 24 号修正)
78. **建设部令第 78 号:房屋建筑和市政基础设施工程竣工验收备案管理办法**(2000.4.4)(已被住房和城乡建设部令第 2 号修正)·145
79. 建设部令第 79 号(废止):工程建设项目招标代理机构资格认定办法(2000.6.30)(已被建设部令第 154 号废止)
80. **建设部令第 80 号:房屋建筑工程质量保修办法**(2000.6.30)·277
81. **建设部令第 81 号:实施工程建设强制性标准监督规定**(2000.8.25)(已被住房和城乡建设部令第 23 号修正)·329
82. 建设部令第 82 号(废止):建筑工程设计招标投标管理办法(2000.10.18)(已被住房和城乡建设部令第 33 号废止)
83. 建设部令第 83 号:房产测绘管理办法(2000.12.28)
84. 建设部令第 84 号(废止):城市规划编制单位资质管理规定(2001.1.23)(已被住房和城乡建设部令第 12 号废止)
85. 建设部令第 85 号(废止):游乐园管理规定(2001.2.23)(已被住房和城乡建设部令第 15 号废止)
86. **建设部令第 86 号:建设工程监理范围和规模标准规定**(2001.1.17)·138
87. 建设部令第 87 号(废止):建筑业企业资质管理规定(2001.4.18)(已被建设部令第 159 号废止)
88. 建设部令第 88 号:商品房销售管理办法(2001.4.4)
89. **建设部令第 89 号:房屋建筑和市政基础设施工程施工招标投标管理办法**(2001.6.1)(已被住房和城乡建设部令第 43 号修正)·63
90. 建设部令第 90 号:关于修改《城市建设档案管理规定》的决定(2001.7.4)
91. 建设部令第 91 号(废止):关于修改《建筑工程施工许可管理办法》的决定(2001.7.4)(已被住房和城乡建设部令第 18 号废止)
92. 建设部令第 92 号:关于废止《国家优质工程奖评选与管理办法》等部令的决定(2001.7.1)
93. 建设部令第 93 号(废止):建设工程勘察设计企业资质管理规定(2001.7.25)(已被建设部令第 160 号废止)
94. 建设部令第 94 号(废止):关于修改《城市异产毗连房屋管理规定》的决定(2001.8.15)(已被住房和城乡建设部令第 9 号废止)
95. 建设部令第 95 号:关于修改《城市商品房预售管理办法》的决定(2001.8.15)(已被建设部令第 131 号修正)
96. 建设部令第 96 号:关于修改《城市房地产转让管理规定》的决定(2001.8.15)
97. 建设部令第 97 号(废止):关于修改《城市房地产中介服务管理规定》的决定(2001.8.15)(已被住房和城乡建设部令第 9 号废止)

98. 建设部令第 98 号:关于修改《城市房地产抵押管理办法》的决定(2001.8.15)
99. 建设部令第 99 号(废止):关于修改《城市房屋权属登记管理办法》的决定(2001.8.15)(已被建设部令第 168 号废止)
100. 建设部令第 100 号(废止):关于修改《房地产估价师注册管理办法》的决定(2001.8.15)(已被建设部令第 151 号废止)
101. 建设部令第 101 号:城市房地产权属档案管理办法(2001.8.29)
102. 建设部令第 102 号(废止):工程监理企业资质管理规定(2001.8.29)(已被建设部令第 158 号废止)
103. 建设部令第 103 号:关于修改《城市房屋便器水箱应用监督管理办法》的决定(2001.9.4)
104. 建设部令第 104 号(废止):关于修改《城市道路照明设施管理规定》的决定(2001.9.4)(已被住房和城乡建设部令第 4 号废止)
105. 建设部令第 105 号:关于修改《城市动物园管理规定》的决定(2001.9.7)(已被建设部令第 133 号修正)
106. 建设部令第 106 号:关于废止《建设工程质量管理办法》等部令的决定(2001.10.26)
107. 建设部令第 107 号(废止):建筑工程施工发包与承包计价管理办法(2001.11.5)(已被住房和城乡建设部令第 16 号废止)
108. 建设部令第 108 号:关于修改《城市地下空间开发利用管理规定》的决定(2001.11.20)
109. **建设部令第 109 号:建设领域推广应用新技术管理规定**(2001.11.29) · 273
110. 建设部令第 110 号:住宅室内装饰装修管理办法(2002.3.5)(已被住房和城乡建设部令第 9 号修正)
111. **建设部令第 111 号:超限高层建筑工程抗震设防管理规定**(2002.7.25)
112. 建设部令第 112 号:城市绿线管理办法(2002.9.13)(已被住房和城乡建设部令第 9 号修正)
113. **建设部令第 113 号:外商投资建筑业企业管理规定**(2002.9.27)
114. 建设部令第 114 号(废止):外商投资建设工程设计企业管理规定(2002.9.27)(已被住房和城乡建设部令第 44 号废止)
115. **建设部令第 115 号:建设工程勘察质量管理办法**(2002.12.4)(已被建设部令第 163 号修正) · 124
116. 建设部令第 116 号(废止):外商投资城市规划服务企业管理规定(2003.2.13)(已被住房和城乡建设部令第 27 号废止)
117. 建设部令第 117 号:城市抗震防灾规划管理规定(2003.9.19)(已被住房和城乡建设部令第 9 号修正)
118. 建设部令第 118 号:城市桥梁检测和养护维修管理办法(2003.10.10)
119. 建设部令第 119 号:城市紫线管理办法(2003.12.17)(已被住房和城乡建设部令第 9 号修正)
120. 建设部令第 120 号(废止):城镇最低收入家庭廉租住房管理办法(2003.12.31)(已被建设部令第 162 号废止)
121. **建设部令第 121 号:《外商投资建筑业企业管理规定》的补充规定**(2003.12.19)
122. 建设部令第 122 号(废止):《外商投资建设工程设计企业管理规定》的补充规定(2003.12.19)(已被住房和城乡建设部令第 44 号废止)
123. 建设部令第 123 号(废止):《外商投资城市规划服务企业管理规定》的补充规定(2003.12.19)(已被住房和城乡建设部令第 27 号废止)
124. **建设部令第 124 号:房屋建筑和市政基础设施工程施工分包管理办法**(2004.2.3)(已被住房和城乡建设部令第 19 号修正) · 107
125. 建设部令第 125 号:物业服务企业资质管理办法(2004.3.17)(已被建设部令第 164 号修正)
126. 建设部令第 126 号:市政公用事业特许经营管理办法(2004.3.19)(已被住房和城乡建设部令第 24 号修正)
127. 建设部令第 127 号:关于废止《城市房屋修缮管理规定》等部令的决定(2004.7.2)
128. **建设部令第 128 号:建筑施工企业安全生产许可证管理规定**(2004.7.5)(已被住房和城乡建设部令第 23 号修正) · 250

号修正）· 443
161. 建设部令第 161 号:关于废止《工程建设重大事故报告和调查程序规定》等部令的决定(2007.9.21)
162. 建设部令第 162 号:廉租住房保障办法(2007.11.8)
163. 建设部令第 163 号:关于修改《建设工程勘察质量管理办法》的决定(2007.11.22)
164. 建设部令第 164 号:关于修改《物业管理企业资质管理办法》的决定(2007.11.26)
165. 建设部令第 165 号:住宅专项维修资金管理办法(2007.12.4)
166. **建设部令第 166 号:建筑起重机械安全监督管理规定**(2008.1.28) · 262
167. **建设部令第 167 号:中华人民共和国注册建筑师条例实施细则**(2008.1.29) · 520
168. 建设部令第 168 号:房屋登记办法(2008.2.15)

住房和城乡建设部(2008 年至今)

1. 住房和城乡建设部令第 1 号:市政公用设施抗灾设防管理规定(2008.10.7)(已被住房和城乡建设部令第 23 号修正)
2. 住房和城乡建设部令第 2 号:关于修改〈房屋建筑工程和市政基础设施工程竣工验收备案管理暂行办法〉的决定(2009.10.19)
3. 住房和城乡建设部令第 3 号:省域城镇体系规划编制审批办法(2010.4.25)
4. 住房和城乡建设部令第 4 号:城市照明管理规定(2010.5.27)
5. **住房和城乡建设部令第 5 号:房屋建筑和市政基础设施工程质量监督管理规定**(2010.8.1) · 281
6. 住房和城乡建设部令第 6 号:商品房屋租赁管理办法(2010.12.1)
7. 住房和城乡建设部令第 7 号:城市、镇控制性详细规划编制审批办法(2010.12.1)
8. 住房和城乡建设部令第 8 号:房地产经纪管理办法(2011.1.20)(已被住房和城乡建设部令第 29 号修正)
9. 住房和城乡建设部令第 9 号:关于废止和修改部分规章的决定(2011.1.26)
10. 住房和城乡建设部令第 10 号:关于废止《城市燃气安全管理规定》、《城市燃气管理办法》和修改《建设部关于纳入国务院决定的十五项行政许可的条件的规定》的决定(2011.9.7)
11. 住房和城乡建设部令第 11 号:公共租赁住房管理办法(2012.5.28)
12. 住房和城乡建设部令第 12 号:城乡规划编制单位资质管理规定(2012.7.2)(已被住房和城乡建设部令第 24 号、第 28 号、第 32 号修正)
13. **住房和城乡建设部令第 13 号:房屋建筑和市政基础设施工程施工图设计文件审查管理办法**(2013.4.27)(已被住房和城乡建设部令第 24 号修正) · 126
14. 住房和城乡建设部令第 14 号:关于修改《房地产估价机构管理办法》的决定(2013.10.6)
15. 住房和城乡建设部令第 15 号:关于废止《游乐园管理规定》的决定(2013.10.30)
16. **住房和城乡建设部令第 16 号:建筑工程施工发包与承包计价管理办法**(2013.12.11) · 332
17. **住房和城乡建设部令第 17 号:建筑施工企业主要负责人、项目负责人和专职安全生产管理人员安全生产管理规定**(2014.6.25) · 233
18. **住房和城乡建设部令第 18 号:建筑工程施工许可管理办法**(2014.6.25)(已被住房和城乡建设部令第 42 号修正) · 136
19. 住房和城乡建设部令第 19 号:关于修改《房屋建筑和市政基础设施工程施工分包管理办法》的决定(2014.8.27)
20. 住房和城乡建设部令第 20 号:历史文化名城名镇名村街区保护规划编制审批办法(2014.10.15)
21. 住房和城乡建设部令第 21 号:城镇污水排入排水管网许可管理办法(2015.1.22)
22. **住房和城乡建设部令第 22 号:建筑业企业资质管理规定**(2015.1.22)(已被住房和城乡建设部令第 32 号修正) · 472
23. 住房和城乡建设部令第 23 号:关于修改《市政公用设施抗灾设防管理规定》等部门规章的决定(2015.1.22)

24. 住房和城乡建设部令第 24 号:关于修改《房地产开发企业资质管理规定》等部门规章的决定(2015.5.4)
25. **住房和城乡建设部令第 25 号:住房城乡建设行政复议办法**(2015.9.7)·567
26. 住房和城乡建设部令第 26 号:国家级风景名胜区规划编制审批办法(2015.9.14)
27. 住房和城乡建设部令第 27 号:关于废止部分部门规章的决定(2016.1.11)
28. 住房和城乡建设部令第 28 号:关于修改《城乡规划编制单位资质管理规定》的决定(2016.1.11)
29. 住房和城乡建设部令第 29 号:关于修改《房地产经纪管理办法》的决定(2016.3.1)
30. 住房和城乡建设部令第 30 号:关于废止《城市出租汽车管理办法》的决定(2016.3.16)
31. 住房和城乡建设部令第 31 号:关于修改《生活饮用水卫生监督管理办法》的决定(2016.4.17)
32. 住房和城乡建设部令第 32 号:关于修改《勘察设计注册工程师管理规定》等 11 个部门规章的决定(2016.9.13)
33. **住房和城乡建设部令第 33 号:建筑工程设计招标投标管理办法**(2017.1.24)·91
34. 住房和城乡建设部令第 34 号:城市管理执法办法(2017.1.24)
35. **住房和城乡建设部令第 35 号: 城市设计管理办法**(2017.3.14)·421
36. 住房和城乡建设部令第 36 号: 关于废止《城市公共汽电车客运管理办法》的决定(2017.5.31)
37. **住房和城乡建设部令第 37 号:危险性较大的分部分项工程安全管理规定**(2018.3.8)·219
38. 住房和城乡建设部令第 38 号:关于废止《工程建设项目招标代理机构资格认定办法》的决定(2018.3.8)
39. 住房和城乡建设部令第 39 号:关于废止《物业服务企业资质管理办法》的决定(2018.3.8)
40. 住房和城乡建设部令第 40 号:关于废止《城市公共交通车船乘坐规则》的决定(2018.3.28)
41. 住房和城乡建设部令第 41 号:关于废止《城市轨道交通运营管理办法》的决定(2018.6.22)
42. 住房和城乡建设部令第 42 号:关于修改《建筑工程施工许可管理办法》的决定(2018.9.28)
43. 住房和城乡建设部令第 43 号:关于修改《房屋建筑和市政基础设施工程施工招标投标管理办法》的决定(2018.9.28)
44. 住房和城乡建设部令第 44 号:关于废止《外商投资建设工程设计企业管理规定》等部门规章的决定(2018.10.31)
45. 住房和城乡建设部令第 45 号:关于修改《建筑业企业资质管理规定》等部门规章的决定(2018.12.22)
46. 住房和城乡建设部令第 46 号:关于修改《房屋建筑和市政基础设施工程施工图设计文件审查管理办法》的决定(2018.12.29)
47. 住房和城乡建设部令第 47 号:关于修改部分部门规章的决定(2019.3.13)
48. 住房和城乡建设部令第 48 号:关于废止部分规章的决定(2019.9.6)
49. 住房和城乡建设部令第 49 号: 关于废止《外商投资建筑业企业管理规定》等规章的决定(2020.1.17)
50. 住房和城乡建设部令第 50 号:关于修改《工程造价咨询企业管理办法》《注册造价工程师管理办法》的决定(2020.2.19)
51. **住房和城乡建设部令第 51 号:建设工程消防设计审查验收管理暂行规定**(2020.4.1)(已被住房和城乡建设部令第 58 号修正)·400
52. 住房和城乡建设部令第 52 号:关于修改《建筑工程施工许可管理办法》等三部规章的决定(2021.3.30)
53. 住房和城乡建设部令第 53 号:关于修改《建设工程勘察质量管理办法》的决定(2021.4.1)
54. 住房和城乡建设部令第 54 号:关于修改《房地产开发企业资质管理规定》的决定(2022.3.2)
55. **住房和城乡建设部令第 55 号:住房和城乡建设行政处罚程序规定**(2022.3.10)·572
56. 住房和城乡建设部令第 56 号:关于修改《城镇污水排入排水管网许可管理办法》的决定(2022.12.1)
57. **住房和城乡建设部令第 57 号:建设工程质量检测管理办法**(2022.12.29)·278
58. 住房和城乡建设部令第 58 号:关于修改《建设工程消防设计审查验收管理暂行规定》的决定(2023.8.21)

工程建设相关民事案件权威裁判观点

❖ **建设工程施工合同项下的债权可否转让**（陕西西岳山庄有限公司与中建三局建设工程有限公司、中建三局第三建设工程有限责任公司建设工程施工合同纠纷案——《最高人民法院公报(2007年卷)》）

根据《中华人民共和国合同法》第七十九条的规定，债权人可以将合同的权利全部或者部分转让给第三人，但根据合同性质不得转让的、按照当事人约定不得转让的和依照法律规定不得转让的除外。法律、法规并不禁止建设工程施工合同项下的债权转让，只要建设工程施工合同的当事人没有约定合同项下的债权不得转让，债权人向第三人转让债权并通知债务人的，债权转让合法有效，债权人无须就债权转让事项征得债务人同意。

❖ **建设工程施工合同司法解释第二十一条的理解**（西安市临潼区建筑工程公司与陕西恒升房地产开发有限公司建设工程施工合同纠纷案——《最高人民法院公报(2008年卷)》）

最高人民法院《关于审理建设工程施工合同纠纷案件适用法律问题的解释》第二十一条关于"当事人就同一建设工程另行订立的建设工程施工合同与经过备案的中标合同实质性内容不一致的，应当以备案的中标合同作为结算工程价款的根据"的规定，是指当事人就同一建设工程签订两份不同版本的合同，发生争议时应当以备案的中标合同作为结算工程价款的根据，而不是指以存档合同文本作为结算工程价款的依据。

❖ **工程价款的确定标准**（齐河环盾钢结构有限公司与济南永君物资有限责任公司建设工程施工合同纠纷案——《最高人民法院公报(2012年卷)》）

鉴定机构分别按照定额价和市场价作出鉴定结论的，在确定工程价款时，一般应以市场价确定工程价款。这是因为，以定额为基础确定工程造价大多未能反映企业的施工、技术和管理水平，定额标准往往跟不上市场价格的变化，而建设行政主管部门发布的市场价格信息，更贴近市场价格，更接近建筑工程的实际造价成本，且符合《合同法》的有关规定，对双方当事人更公平。

❖ **如何确定停工损失所依据的停工时间**（河南省偃师市鑫龙建安工程有限公司与洛阳理工学院、河南省第六建筑工程公司索赔及工程欠款纠纷案——《最高人民法院公报(2013年卷)》）

因发包人提供错误的地质报告致使建设工程停工，当事人对停工时间未作约定或未达成协议的，承包人不应盲目等待而放任停工状态的持续以及停工损失的扩大。对于计算由此导致的停工损失所依据的停工时间的确定，也不能简单地以停工状态的自然持续时间为准，而是应根据案件事实综合确定一定的合理期间作为停工时间。

❖ **承包人未经发包人同意对工程组织验收的法律后果**（威海市鲸园建筑有限公司与威海市福利企业服务公司、威海市盛发贸易有限公司拖欠建筑工程款纠纷案——《最高人民法院公报(2013年卷)》）

依照《中华人民共和国合同法》第二百七十九条、《建设工程质量管理条例》第十六条的规定，建设工程竣工后，发包人应当按照相关施工验收规定对工程及时组织验收，该验收既是发包人的义务，亦是发包人的权利。承包人未经发包人同意对工程组织验收，单方向质量监督部门办理竣工验收手续的，侵害了发包人工程验收权利。在此情况下，质检部门对该工程出具的验收报告及工程优良证书因不符合法定验收程序，不能产生相应的法律效力。

❖ **建设工程合同无效，但建设工程经竣工验收合格的工程价款计算**（莫志华、深圳市东深工程有限公司与东莞市长富广场房地产开发有限公司建设工程合同纠纷案——《最高人民法院公报(2013年卷)》）

鉴于建设工程的特殊性，虽然合同无效，但施工人的劳动和建筑材料已经物化在建筑工程中，依据《最高人民法院关于审理建设工程施工合同纠纷案件适用法律的解释》第二条的规定，建设工程合同无效，但建设工程经竣工验收合格，承包人请求参照有效合同处理的，应当参照合同约定来计算涉案工程价款，承包人不应获得比合同有效时更多的利益。

❖**审计报告不影响工程价款结算协议的效力**（重庆建工集团股份有限公司与中铁十九局集团有限公司建设工程合同纠纷案——《最高人民法院公报(2014年卷)》）

一、根据审计法的规定，国家审计机关对工程建设单位进行审计是一种行政监督行为，审计人与被审计人之间因国家审计发生的法律关系与本案当事人之间的民事法律关系性质不同。因此，在民事合同中，当事人对接受行政审计作为确定民事法律关系依据的约定，应当具体明确，而不能通过解释推定的方式，认为合同签订时，当事人已经同意接受国家机关的审计行为对民事法律关系的介入。

二、在双方当事人已经通过结算协议确认了工程结算价款并已基本履行完毕的情况下，国家审计机关做出的审计报告，不影响双方结算协议的效力。

❖**工程竣工验收合格，但不符合合同约定的交付条件的处理**（江苏南通二建集团有限公司与吴江恒森房地产开发有限公司建设工程施工合同纠纷案——《最高人民法院公报(2014年卷)》）

承包人交付的建设工程应符合合同约定的交付条件及相关工程验收标准。工程实际存在明显的质量问题，承包人以工程竣工验收合格证明等主张工程质量合格的，人民法院不予支持。

在双方当事人已失去合作信任的情况下，为解决双方矛盾，人民法院可以判决由发包人自行委托第三方参照修复设计方案对工程质量予以整改，所需费用由承包人承担。

❖**建设单位与施工单位对于建设工程质量问题的责任承担**（海擎重工机械有限公司与江苏中兴建设有限公司、中国建设银行股份有限公司泰兴支行建设工程施工合同纠纷案——《最高人民法院公报(2015年卷)》）

从事建设工程活动，必须严格执行基本建设程序，坚持先勘察、后设计、再施工原则。建设单位未提前交付地质勘查报告、施工图设计文件未经过建设主管部门审查批准的，应对于因双方签约前未曾预见的特殊地质条件导致工程质量问题承担主要责任。施工单位应秉持诚实信用原则，采取合理施工方案，避免损失扩大。

人民法院应当根据合同约定、法律及行政法规规定的工程建设程序，依据诚实信用原则，合理确定建设单位与施工单位对于建设工程质量问题的责任承担。

❖**双方未能如约履行的工程价款确定方法**（青海方升建筑安装工程有限责任公司与青海隆豪置业有限公司建设工程施工合同纠纷案——《最高人民法院公报(2015年卷)》）

对于约定了固定价款的建设工程施工合同，双方未能如约履行，致使合同解除的，在确定争议合同的工程价款时，既不能简单地依据政府部门发布的定额计算工程价款，也不宜直接以合同约定的总价与全部工程预算总价的比值作为下浮比例，再以该比例乘以已完工程预算价格的方式计算工程价款，而应当综合考虑案件实际履行情况，并特别注重双方当事人的过错和司法判决的价值取向等因素来确定。

❖**因发包人违约造成的停窝工损失和材料价差损失，不属于建设工程价款优先受偿权的权利行使范围**（中铁二十二局集团第四工程有限公司与安徽瑞讯交通开发有限公司、安徽省高速公路控股集团有限公司建设工程施工合同纠纷案——《最高人民法院公报(2016年卷)》）

最高人民法院《关于建设工程价款优先受偿权问题的批复》第三条规定："建筑工程价款包括承包人为建设工程应当支付的工作人员报酬、材料款等实际支出的费用，不包括承包人因发包人违约所造成的损失。"承包人诉讼请求中所主张的因发包人违约造成的停窝工损失和材料价差损失，不属于建设工程价款优先受偿权的权利行使范围，承包人请求对上述两部分款项行使优先受偿权的，人民法院不予支持。

❖建设工程中签订的以物抵债协议的效力尊重当事人的意思自治，但是只有在新债务合法有效履行完毕的情况下旧债务才归于消灭（通州建总集团有限公司与内蒙古兴华房地产有限责任公司建设工程施工合同纠纷案——《最高人民法院公报(2017年卷)》）

一、对以物抵债协议的效力、履行等问题的认定，应以尊重当事人的意思自治为基本原则。一般而言，除当事人有明确约定外，当事人于债务清偿期届满后签订的以物抵债协议，并不以债权人现实地受领抵债物，或取得抵债物所有权、使用权等财产权利，为成立或生效要件。只要双方当事人的意思表示真实，合同内容不违反法律、行政法规的强制性规定，合同即为有效。

二、当事人于债务清偿期届满后达成的以物抵债协议，可能构成债的更改，即成立新债务，同时消灭旧债务；亦可能属于新债清偿，即成立新债务，与旧债务并存。基于保护债权的理念，债的更改一般需有当事人明确消灭旧债的合意，否则，当事人于债务清偿期届满后达成的以物抵债协议，性质一般应为新债清偿。

三、在新债清偿情形下，旧债务于新债务履行之前不消灭，旧债务和新债务处于衔接并存的状态；在新债务合法有效并得以履行完毕后，因完成了债务清偿义务，旧债务才归于消灭。

四、在债权人与债务人达成以物抵债协议、新债务与旧债务并存时，确定债权是否得以实现，应以债务人是否按照约定全面履行自己义务为依据。若新债务届期不履行，致使以物抵债协议目的不能实现的，债权人有权请求债务人履行旧债务，且该请求权的行使，并不以以物抵债协议无效、被撤销或者被解除为前提。

❖应当按照施工合同约定内容、方式结算工程价款（《民事审判指导与参考》第34期）

合同约定按固定总价方式结算工程款的，应当按照合同约定的不同风险范围，可以或者不能调整工程价款。因设计变更导致超出合同约定风险范围内的工程量或质量标准变化，应按照司法解释规定据实结算，当事人另有约定的除外。

发包人未在合同约定的审价期限内审价，视为认可施工人报价；合同约定，既可以体现在施工合同中，也可以在履约甚至结算阶段作出。

❖财政评审中心作出的审核结论原则上不能作为工程结算依据（《民事审判指导与参考》第34期）

财政部门对财政投资的评定审核是国家对建设单位基本建设资金的监督管理，不影响建设单位与承建单位的合同效力及履行。但是，建设合同中明确约定以财政部门对财政投资的审核结论作为结算依据的，审核结论应当作为结算的依据。

❖未完工程承包人是否可以主张优先受偿工程款（《民事审判指导与参考》第35期）

《合同法》第二百八十六条的规定，是法律赋予承包人工程款优先受偿的权利。从合同法规定的条文表述分析，没有要求承包人优先受偿工程款以工程完工并经竣工验收为先决条件，在合同解除的情形下，承包人也对未完工程享有优先受偿的权利。

❖建设工程施工合同无效，但建设工程经竣工验收合格，发包人请求参照合同约定支付工程价款的，应予支持（《民事审判指导与参考》第35期）

在民事活动中，双方当事人的权利和义务是平等的。根据最高人民法院《关于审理建设工程施工合同纠纷案件适用法律问题的解释》第二条规定的精神，建设工程施工合同无效，但建设工程经竣工验收合格，发包人请求参照合同约定支付工程价款的，应予支持。

❖建设工程施工合同纠纷案件中让利承诺书效力的认定（《民事审判指导与参考》第38期）

依据《中华人民共和国招标投标法》第四十六条、最高人民法院《关于审理建设施工合同纠纷案件适用法律问题的解释》第二十一条之规定，招标人与中标人按照招标文件和中标人的投标文件订立《建设工程施工合同》后，中标人出具让利承诺书，承诺对承建工程予以大幅让利，实质上是对工程价款的实质性变更，应当认定该承诺无效。

❖一审判决支持承包人要求支付尚欠工程款本金及逾期付款违约金的诉讼请求，二审认定建设工程施工合同无效，能否判决发包人承担工程欠款的利息损失（《民事审判指导与参考》第38期）

对当事人诉讼请求的理解应当客观全面，不能机械和片面。承包人之所以未主张工程款利息，是基于合同有效的认识，二审法院在认定双方当事人所签建设工程施工合同无效时，不能以承包人没有主张工程款欠款利息而简单予以发回重审。如果承包人基于合同有效提出了违约金主张，而当事人对合同无效的过错清楚，损失确定明了且并未超出当事人请求的数额范围，从司法为民和提高诉讼效率出发，人民法院可以不将案件发回重审，直接判决发包人承担工程欠款的利息损失。

❖开具发票与支付工程款并非对等义务（《民事审判指导与参考》第39期）

依据双务合同的本质，合同抗辩的范围仅限于对价义务。一方不履行对价义务的，相对方才享有抗辩权。支付工程款与开具发票是两种不同性质的义务，前者是合同的主要义务，后者并非合同的主要义务，二者不具有对等关系，一方以另一方未及时开具发票作为拒绝支付工程款的抗辩理由不能成立。

❖第三人债务加入原债务人应否免责（《民事审判指导与参考》第39期）

建筑公司与第三人达成由第三人偿还工程款的协议，在性质上是债务加入，即第三人加入到建筑公司与发包人的债务关系中并承担偿还工程款的责任。该还款协议并未免除发包人作为原债务人的还款责任。第三人宣告破产后，建筑公司仅从第三人破产财产中实现了部分债权，建筑公司仍有权就其未实现的债权要求发包人承担偿还责任。一、二审判决驳回建筑公司要求发包人承担尚欠工程款的民事责任不当，应予纠正。

❖工程承包人承诺放弃优先受偿权的条件未成就其对转让的工程仍享有优先受偿权（《民事审判指导与参考》第42期）

承包人承诺放弃工程款优先受偿权的条件未成就，即使工程的所有权发生转让，如果受让人对工程的转让存在过错，发包人不支付工程款，承包人仍可依照《合同法》第二百八十六条及相关司法解释的规定，在工程款范围内对所建工程行使优先受偿权。

❖实际施工人请求支付无效建设工程施工合同约定的工程进度奖励金的，人民法院不予支持（《民事审判指导与参考》第43期）

建设工程施工合同无效，实际施工人请求发包方参照该建设工程施工合同中的工程进度奖励金约定支付工程进度奖励金的，人民法院不予支持。

❖《合同法》第二百八十六条规定的建设工程价款优先权的客体不及于建筑物所占用的建设用地使用权（《民事审判指导与参考》第44期）

我国《合同法》第二百八十六条规定："发包人未按照约定支付价款的，承包人可以催告发包人在合理期限内支付价款。发包人逾期不支付的，除按照建设工程的性质不宜折价、拍卖的以外，承包人可以与发包人协议将该工程折价，也可以申请人民法院将该工程依法拍卖。建设工程的价款就该工程折价或者拍卖的价款优先受偿。"该条规定的建设工程价款优先受偿权不及于建筑物所占用的建设用地使用权部分。在将建筑物价值变现时，尽管根据

“房地一体处分”原则要将建筑物和建设用地使用权一起进行处分，但是在一起处分时要区分开建筑物的价值和建设用地使用权的价值，建设工程价款优先仅仅对建筑物的价值部分有优先受偿的效力。

❖发包人明知或故意追求借用他人资质所签订的合同的效力和发包人欠付工程款的利息性质及其处理（《民事审判指导与参考》第48辑）

建设工程施工合同中，借用他人资质签订的合同，如果发包人在签订合同时是明知的或故意追求的，则借用有资质企业的实际施工人与承包人签订的合同和承包人与发包人签订的合同都应认定无效。实际施工人向发包人请求欠付工程款基础为不当得利返还请求权，其返还范围包括欠付的工程款及其利息，利息应从在建工程或已完工程交付给发包人时计算。

❖建设工程施工合同无效，但建设工程经竣工验收合格，承包人是否有权选择要求发包人参照合同约定结算或者据实结算支付工程价款（《民事审判指导与参考》第48辑）

《最高人民法院关于审理建设工程施工合同纠纷案件适用法律问题的解释》第二条确立了建设工程施工合同无效，但建设工程经竣工验收合格时的折价补偿原则，即“参照合同约定支付工程价款”。该条并未赋予承包人选择参照合同约定或者工程定额标准进行结算的权利，除非双方另行协商一致同意按照定额价或市场价据实结算，否则，一般应参照合同约定支付工程价款。

❖建筑物所有人依据合同约定对建筑工程总承包人应付工程款不承担责任的，应予支持（《民事审判指导与参考》第49辑）

作为建筑物所有人的建设单位将建设项目全权委托给房地产开发公司施工建设，同时签订了《三方协议》，该协议系当事人真实意思表示，不违反国家法律及法规的强制性规定，应认定为有效。建设单位对房地产开发公司应付工程款项不应承担连带责任。但是如果房地产开发公司不能按照约定支付工程价款，建设公司可依照合同法第二百八十六条规定，向建筑物所有人主张优先受偿权，并可通过对建筑工程的拍卖及折价等方式实现其权利。

❖施工合同约定工程尾款待验收通过后支付，如工程验收客观上无法进行，施工人请求支付该尾款，诉讼时效期间应当如何计算（《民事审判指导与参考》第49辑）

施工合同双方当事人约定，工程尾款待工程验收通过后支付，施工人对工程尾款享有的权利属于附条件请求权。如工程验收客观上已经无法进行，应认定合同所约定的条件无法成就。施工人请求建设方支付该工程尾款的诉讼时效期间，应自其知道或者应当知道条件无法成就时起计算。

❖双方当事人签订合作开发房地产合同后又签订建设工程施工合同，由一方负责施工并取得工程款，应当认定合同变更为建设工程施工合同（《民事审判指导与参考》第50辑）

双方当事人签订合作开发房地产合同，后又签订建设工程施工合同，由合作开发房地产合同中的一方负责施工并取得工程价款的，应当认定双方之间的合同关系已经变更为建设工程施工合同关系。

❖通过以物抵债方式取得建设工程所有权的第三人，不能对抗承包人行使建设工程价款优先受偿权（《民事审判指导与参考》第51辑）

通过以物抵债方式取得建设工程所有权的第三人，不是《最高人民法院关于建设工程价款优先受偿权问题的批复》第二条规定的消费者，不能对抗承包人就其承建的建设工程行使优先受偿权。

❖如何理解建设工程施工合同司法解释第二十一条所称的"实质性内容不一致"(《民事审判指导与参考》第58辑)

《解释》第二十一条的适用前提是当事人就同一建设工程另行订立的建设工程施工合同与经过备案的中标合同在内容上存在实质性不一致。判断两份合同在内容上是否构成"实质性不一致",首先,要看两份合同中不一致的内容是否属于工程价款、工程质量或者工程期限等影响当事人基本权利义务的条款,当事人经协商对上述条款以外的合同内容的变更,不构成实质性内容不一致。其次,要准确区分该条所称"实质性不一致"与依法进行的正常合同变更的界限。一方面,要衡量内容不一致所达到的程度,只有上述内容的变更足以影响当事人的基本合同权利义务,才可认定为构成"实质性内容不一致";另一方面,要区分导致合同重大变更的原因,如果在合同履行过程中,因设计变更导致工程量明显增加或减少等影响中标合同的实际履行,承包人与发包人经协商对中标合同的内容进行了相应变更,则即使两份合同在工程价款、工程质量和工程期限方面存在重大差异,也应认定属于正常的合同变更,而不构成本条所称的"实质性不一致"。

❖建设工程施工合同无效、工程尚未竣工且未经验收,承包人请求支付工程价款,发包人同意并主张参照合同约定支付的,一般应当参照合同约定支付工程价款(《民事审判指导与参考》第59辑)

建设工程施工合同无效、工程尚未竣工且未经验收,承包人请求支付工程价款 ,发包人同意并主张参照合同约定支付的,一般应当参照合同约定支付工程价款,当事人另有约定或者法律、司法解释另有规定的除外。

❖建设工程质量保证金返还期限应尊重合同约定(《民事审判指导与参考》第66辑)

当事人对发包人在应付工程款中预留的工程质量保证金返还有约定,承包人请求按照约定返还工程质量保证金的,应予支持。发包人返还工程质量保证金后,不影响承包人依照合同约定或法律规定履行工程保修义务。

❖约定了平方米均价的未完工程如何进行结算(《民事审判指导与参考》第67辑)

对于在施工合同中约定按照平方米均价进行结算的未完工程,对已完工程部分进行结算时,应尊重当事人的约定。可先以合同约定的平方米均价乘以总面积数计算得出约定的总价款,再通过鉴定确定已完工程的工程量占全部工程量的比例,最后以总价款乘以比例得出已完工程的工程价款。